盈科律师丛书
Yingke Lawyers Series
总主编：梅向荣

环境保护案件
实例解析
与办案实用法规大全

STUDY AND PRACTICAL CODIFICATION
FOR ENVIRONMENTAL CASES OF PRC

陈勇儒◎主编

法律出版社
LAW PRESS·CHINA

作者简介

陈勇儒/Yongru Chan

湖南常德人，现籍广东广州，湘潭大学法学院毕业（环境法学方向），进修于清华大学继续教育学院。北京市盈科律师事务所合伙人、全国环境与资源法律专业委员会秘书长，北京市盈科（广州）律师事务所环境资源法律事务部主任，广州市律师协会环境与资源法律专业委员会委员。

联系方式：

微信号：C452629956；

E-mail:chenyongru@yingkelawyer.com

13503049016@139.com（邮箱号为手机号）

建设国家生态文明，需法律人的工匠精神

（序一）

行政执法官、检察官、法官、律师，是法律共同体，都是实现“法治中国梦”不可或缺的重要专业群体。2012 年党的十八大首提生态文明建设等“五位一体”发展总体战略，“生态文明”成为国策重中之重，中共中央十八届三中全会公报所确立的司法改革路线提出，为加强生态文明建设，环境资源法律立法、执法、司法全面加强，律师作为司法工作者，责无旁贷应该勇于担当、有所作为。

2015 年 5 月，重要文件《中共中央、国务院关于加快推进生态文明建设的意见》出台，8 月，中共中央国务院再发《党政领导干部生态环境损害责任追究办法（试行）》，9 月，中共中央政治局审议通过《生态文明体制改革总体方案》。目前《“十三五”环境保护规划》正在加紧编制过程中，环保产业将在“十三五”时期成为国家的新兴支柱产业，环保领域法律问题日益繁多、复杂，环保政绩考核审计、环保司法专业化制度日渐形成，环保专业法律服务的需求越来越大。近年来，盈科律师先后参与过北京七里屯垃圾填埋场及焚烧场建设的环评案件、广州番禺垃圾发电厂选址环评案件、渤海湾漏油污染民事侵权案件、闽粤出口日本鳗鱼孔雀石绿案、欧盟 RoHS 指令案等知名案件的处理，也参与处理了无数非知名涉环境资源的案件，在多项水务、环保等 PPP 项目中担任非诉律师或法律顾问，为多地政府、企业单位提供碳排放权交易、排污权林权抵押融资、CCER 与 CDM 项目核证融资等专项法律顾问支持，盈科律师中的各级人大代表、政协委员、专业委员，也各自为国家、地方的治霾、清污、防毒、节能、减排等环境保护工作努力建言践行，作出了应有贡献。

律师也是生活在无缝自然空间里的自然人，与高贵贫贱者一概同呼吸、共命运。为维护当事人和我们自身的环境权、并维护我们的子孙后代的代际公平权，我们呼吁，为了将蓝天白云、绿水青山从儿时的回忆中唤醒给我们，交还给儿孙，我们不能不担当起来、行动起来！

盈科律师分布在亚洲、北美、欧洲、澳洲、南美等环境竞争力不一的不同地区，盈科律师所目前在中国（含台湾、港澳法域）内有31家直属分所，在海外有25家直属分所，执业律师人数达3000多人，伙伴总人数达5000余人，已连续三年成为亚太地区规模最大律师事务所。

陈勇儒律师是近年来盈科律师所中声名渐起的青年专家型环保律师，是盈科全国环境与资源法律专家委员会委员、广州市律师协会环境与资源法律专业委员会委员，本所广州分所环境资源法律事务部主任，其专心一致、勇于担当的盈科精神，是盈科专业化发展思路的典型体现，值得肯定、赞佩！

为了我们共同的生态文明，作为本所全球总负责人，我在此表示，盈科将竭尽行业本分，为中国的环保事业做工匠，支持本所律师在环境资源法律领域做专业、做实业、做功业！

是为序。

盈科全球合伙人、主任：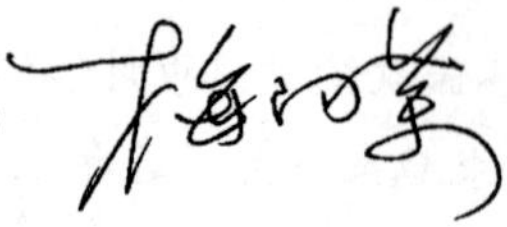

2015年12月18日

环保法治领域国内首本实用工具书

（序二）

据统计，自2012年年底国家确定生态文明战略之后、2013年两高颁布关于办理环境污染犯罪案件的司法解释以来，仅2014年一年，全国环保执法、司法部门办理的环保刑事案件超过了前8年的总和！自2015年1月1日新《环保法》生效以来，全国各地环保执法、司法部门办理的环保各类案件比2014年同期增长300%以上。自最高法颁布环保民事公益诉讼的司法解释生效以来，环保公益诉讼此起彼伏，南北呼应，东西声起。围绕生态文明的国策和上位法，各部委、地方环保条例、办法、意见、标准、司法解释日日新鲜。

在实际办理环保案件过程中，由于新法新规过多，环境资源法律文件密集出台，立法或制定机构包括各级人大机关、国务院及各级政府、各级人民检察院、各级人民法院、各级环保行政机关、各级公安行政机关、各级国土资源行政机关、标准化管理机构、律师机构等，相信无论环监执法官、环保警官、公诉检察官，还是法官、律师，都不能确信在实务中是否挂一漏万、是否执法司法适当。

截至目前，全国尚未出现一本工具性质的办理环保案件的综合性实用法律法规汇编作品，这就像学习汉字没有新华字典一样，学法、用法、执法、司法或学习研究之时难免困惑。

编者本人作为律师，因工作便利所需已经汇编整理了较为齐全的相关实用法律法规，便动了念头——能不能急共同法律人之所急，从实务的角度，汇编一本？如此，也算为环保法治、生态文明尽力？

本书的汇编结构，根据法律部门的不同，按照办理环境刑事、民商事、行政案件的实用角度，以案件性质分门别类，综合各类立法或制定机构出台的与办理案件直接相关的法律文件，力求全部汇编到齐，可以帮助省却学法、用法、执法、司法时的查询之烦，排除挂一漏万、适法不当担惊受怕之惑。

因《行政处罚法》第13条赋予地方政府对自由裁量的具体规定权，《立法法》第72条赋予地方设区的市对环境保护事务制定地方性法规的权力，《环境保护法》第15、16条赋予地方可制定严于国家的环境标准，故本书还以北京市、上海市、广东省、重庆市等省市及广州市、深圳市等大城市为例，列举了地方环保执法、司法规定，特别是涉及地方特别规定、自由裁量权或地方标准的规定。经查，各省和许多市均出台类似规定，因中国很大、省市很多，一一编入类似规定实无必要、实不环保，各法律同仁在各省、市办案时涉及地方规定、地方自由裁量和地方标准的，宜依葫芦画瓢，查询各地方例。

是为序。欢迎真知灼见者不吝赐教。

主编：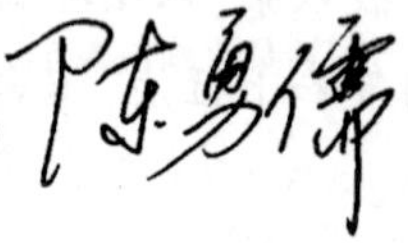

2015年12月18日

目　　录

第一部分　环境保护案件实例解析

第一章　环境保护刑事案件实例解析

第二章　环境资源民商事案例解析

第三章　环境行政案例解析

第二部分　办理环境保护案件实用法规大全

第一章　实用基本法
CHAPTER I　BASIC LAWS

基本法律法规

典型地方性环境法规

第二章　环保刑事案件适用法律法规

Chapter II　Codification for Environmental criminal Cases

基本法律法规

典型地方性环境刑事案件司法指导意见

第三章　环保民商事案件适用法律法规

Chapter III　Codification for Environmental Civil Cases

基本法律法规

典型地方性环境民商事案件司法指导意见、地方规范

第四章　环保行政案件适用法律

Chapter IV　Codification for Environmental Administrative Cases

一、基本法律法规

环境事件应急管理

环境信息公开

环境监测管理

环境行政许可

环境信用管理

生态多样性管理

排污费、水资源费征收管理

二、典型地方自由裁量权规定/地方特色环境行政法规、规章

三、典型地方性司法指导文件

第五章　办理环保案件主要涉及的强制性标准(列举,内容略)

Chapter V　Major Compulsory Standards for Environmental Cases

第五章　办理环保案件主要涉及的强制性标准（列举，内容略）

Chapter V　Major Compulsory Standards for Environmental Cases

第一部分　环境保护案件实例解析

第一章 环境保护刑事案件实例解析

案例一：危险废物非法处置污染环境案

（一）基本案情

重庆长风化学工业有限公司（以下简称长风公司）委托被告重庆云光化工有限公司（以下简称云光公司）处置其生产过程中产生的危险废物（次级苯系物有机产品）。之后，被告人蒋云川（云光公司法定代表人）将危险废物处置工作交由公司员工被告人夏勇负责。夏勇在未审查被告人张必宾是否具备危险废物处置能力的情况下，将长风公司委托处置的危险废物直接转交给张必宾处置。

张必宾随后与被告人胡学辉和周刚等人决定将危险废物运往四川省兴文县共乐镇境内的黄水沱倾倒。2011年6月12日，张必宾联系一辆罐车在长风公司装载28吨多工业废水，准备运往兴文县共乐镇境内的黄水沱倾倒。后因车辆太大而道路窄小，不能驶入黄水沱，周刚、胡学辉、张必宾等人临时决定将工业废水倾倒在大坳口公路边的荒坡处，致使当地环境受到严重污染。

2011年6月14日，张必宾在长风公司装载三车铁桶装半固体状危险废物约75余吨，倾倒在黄水沱振兴硫铁矿的荒坡处，致使当地环境受到严重污染，并对当地居民的身体健康和企业的生产作业产生危害和影响。经鉴定，黄水沱和大坳口两处危险废物的处置费、现场清理费、运输费等为918315元。

（二）裁判结果

四川省兴文县人民法院认为，被告重庆云光化工有限公司作为专业的化工危险废物处置企业，违反国家关于化工危险废物的处置规定，将工业污泥和工业废水交给不具有化工危险废物处置资质的被告人张必宾处置，导致环境严重污染，构成污染环境罪。被告人张必宾违反国家规定，向土地倾倒危险废物，造成环境严重污染，且后果严重，构成污染环境罪。

被告人周刚、胡学辉帮助被告人张必宾实施上述行为，构成污染环境罪的共犯。被告人张必宾投案自首，依法可以从轻或者减轻处罚。据此，以污染环境罪分别判处被告重庆云光化工有限公司罚金500000万元；被告人夏勇有期徒刑二年，并处罚金20000元；张必宾有期徒刑一年六个月，并处罚金20000元。对蒋云川、周刚、胡学辉宣告缓刑。

（三）解析

根据《危险废物经营许可证管理办法》规定，"危险废物，是指列入国家危险废物名录或者根据国家规定的危险废物鉴别标准和鉴别方法认定的具有危险性的废物"，《最高人民法院、最高人民检察院关于办理环境污染刑事案件适用法律若干问题的解释》对危险废物污染环境规定，"非法排放、倾倒、处置危险废物三吨以上的"，即构成犯罪，同时明确了共同犯罪的情形，即"行为人明知他人无经营许可证或者超出经营许可范围，向其提供或者委托其收集、贮存、利用、处置危险废物，严重污染环境的，以污染环境罪的共同犯罪论处"，因此，凡在生产经营中处置危险废物的，必须确认受托方是否具体经营许可证、是否超过经营许可范围，这是法律赋予污染物制造者的强制义务。

案例二：危险废物非法处置导致流域污染案

（一）基本案情

2014年11月至12月期间，被告人李灿青伪造其受广州光义化工科技发展有限公司委托收集、储存和运输危险废物的相关资质材料，伙同被告人覃松奇驾驶湘B83489油罐车从梧州市金海不锈钢有限公司及该公司旁边的一间不锈钢厂收集酚水6车（共计重量242.58吨），后将其中4车酚水非法排放到苍梧县旺甫镇山心界顶处旧207国道的两侧，将另外2车酚水非法排放到广东省德庆县顺德龙江产业转移工业区内的工地处。排放于苍梧县旺甫镇山心界顶的酚水顺山势而下，致使苍梧县旺甫镇山心村龙邻组龙邻冲水源、土质等被严重污染。经环保部门检测，苍梧县旺甫镇山心村龙邻组龙邻冲水源中含有有毒有害物质，其中氰化物、苯并芘、挥发酚等毒害性物质含量远超《地表水环境质量标准》Ⅲ类标准。

（二）裁判结果

苍梧县人民法院经审理认为，被告人李灿青、覃松奇违反国家防治环境污染管理法规，明知其收集、运输的工业废渣液是危险物质仍予以违法倾倒，严重污染环境，其二人的行为均构成污染环境罪。本案属于二人过失犯罪，依法应当按照两被告人所犯的罪分别处罚，其中被告人覃松奇是被告人李灿青雇请的工人，其应负的刑事责任相对较小，依法可以从轻处罚。依照刑法有关规定，以污染环境罪对被告人李灿青判处有期徒刑一年，并处罚金人民币20000元；以污染环境罪判处被告人覃松奇有期徒刑八个月，并处罚金人民币10000元。

（三）解析

此案发生在广东珠江的上游西江德庆县，流域污染在所难免，被告人的犯罪行为导致污染地水源、土质受到氰化物、苯并芘、挥发酚等毒害性物质污染，其环境恢复治理费用将不菲！在全国各地产业从发达地区转移至落后地区过程中，产业规划部门需关注环境部门意见，注意污染问题从下游地区转移至上游地区的问题！

案例三：出租厂房给无证经营危废者污染环境案

（一）基本案情

被告人田建国违反国家规定，在没有取得《危险废物经营许可证》的情况下，于2012年8月29日租赁张某等人建设的某炼铅厂，于2013年4月租赁被告人厉恩国建设的某炼铅厂，田建国组织人员到上述二个炼铅厂，在未采取任何污染防治措施的情况下，在非密闭负压条件下，利用火法冶金工艺进行废旧铅酸蓄电池还原铅生产。自2012年8月至2013年10月，田建国先后从他人处购买价值人民币108330105元的废旧铅酸蓄电池共计13500余吨，用于还原铅生产，严重污染环境，后将生产的铅锭销售。被告人厉恩国在明知被告人田建国及张某等人无《危险废物经营许可证》的情况下，仍将土地租赁给张某等人用于建设炼铅厂，并将炼铅厂租赁给田建国，共同经营协调。

2013年10月22日12时许，徐州市公安局治安警察支队及徐州市环境保护局对被告人田建国经营的二处炼铅厂进行查处，现场查获铅锭、砖渣、酸液、黑色废渣等物，其中酸液、黑色废渣已作为危险废物依法处理。案发后，相关部门对现场查获的含铅废物进行处理，处理费用共计131784元。

（二）裁判结果

徐州市云龙区人民法院审理认为，被告人田建国、厉恩国违反国家规定，处置有害物质，严重污染环境，后果特别严重，其行为均已构成污染环境罪，且系共同犯罪。遂于2015年3月一审分别判处田建国和厉恩国有期徒刑四年六个月，并处罚金人民币100000元，并判决田建国、厉恩国赔偿相关部门因处理含铅废物产生的费用共计131784元。田建国和厉恩国不服一审判决，提出上诉，认为原审量刑过重，请求改判。2015年8月，徐州市中级法院驳回其上诉，维持了原判。

（三）解析

本案的“亮点”在于，被告人厉恩国明知被告人田建国等人无《危险废物经营许可证》的情况下，仍将厂房租赁给被告人田建国用于炼铅，而被告人田建国收购的废旧铅酸蓄电池达13500吨并进行处置，构成污染环境罪的共同犯罪。另判决，因需对被告人田建国、厉恩国查获的含铅废物进行处理，因而产生的费用被告人田建国、厉恩国应承担附带民事赔偿责任。

案例四：以投放危险物质罪名从重处罚环境污染案

（一）基本案情

盐城市标新化工有限公司（以下简称标新化工公司）系环保部门规定的“废水不外排”企业。被告人胡文标系标新化工公司法定代表人，曾因犯虚开增值税专用发票罪被盐城市盐都区人民法院判处有期徒刑二年，缓刑三年。被告人丁月生系标新化工公司生产负责人。

2007年11月底至2009年2月16日期间，被告人胡文标、丁月生在明知该公司生产过程中所产生的废水含有苯、酚类有毒物质的情况下，仍将大量废水排放至该公司北侧的五支河内，任其流经蟒蛇河污染盐城市区城西、越河自来水厂取水口，致盐城市区20多万居民饮用水停水长达66小时40分钟，造成直接经济损失人民币543.21万元。

（二）裁判结果

盐城市盐都区人民法院一审判决、盐城市中级人民法院二审裁定认为：胡文标、丁月生明知其公司在生产过程中所产生的废水含有毒害性物质，仍然直接或间接地向其公司周边的河道大量排放，放任危害不特定多数人的生命、健康和公私财产安全结果的发生，使公私财产遭受重大损失，构成投放危险物质罪，且属共同犯罪。

胡文标在共同犯罪中起主要作用，是主犯；丁月生在共同犯罪中起次要作用，是从犯。胡文标系在缓刑考验期限内犯新罪，依法应当撤销缓刑，予以数罪并罚。据此，撤销对被告人胡文标的缓刑宣告；被告人胡文标犯投放危险物质罪，判处有期徒刑十年，与其前罪所判处的刑罚并罚，决定执行有期徒刑十一年；被告人丁月生犯投放危险物质罪，判处有期徒刑六年。

（三）解析

本案不以污染环境罪追究被告人责任，盖因以投放危险物质罪追究可从重处罚污染环境者，根据《刑法》关于犯罪竞合的原理，《最高人民法院、最高人民检察院关于办理环境污染刑事案件适用法律若干问题的解释》第8条明确规定：“违反国家规定，排放、倾倒、处置含有毒害性、放射性、传染病病原体等物质的污染物，同时构成污染环境罪、非法处置进口的固体废物罪、投放危险物质罪等犯罪的，依照处罚较重的犯罪定罪处罚。”故在实务中应注意罪名竞合的问题，以准确司法。

案例五：危险化学品污染环境案

（一）基本案情

2012年7月下旬，山东兴氟新材料有限公司为处理副产品危险化学品硫酰氯，公司总经理助理邢斌（另案处理）在请示总经理刘根宪（另案处理）后，与被告人樊爱东商定每吨给樊爱东300元交由樊爱东处置。同年7月25日，樊爱东安排被告人王圣华、蔡军驾驶罐车到山东兴氟新材料有限公司拉走35吨硫酰氯，得款10500元。7月27日2时许，樊爱东、王圣华、蔡军将罐车开至山东省高青县花沟镇唐口村南小清河大桥上，将35吨硫酰氯倾倒于小清河中。硫酰氯遇水反应生成的毒气雾团飘至山东省邹平县焦桥镇韩套村，将熟睡中的村民熏醒，致上百村民呼吸系统受损，并造成庄稼苗木等重大财产损失，村民韩学芳（被害人，女，殁年42岁）原患有扩张型心肌病等疾病，因吸入酸性刺激气体，致气管和肺充血、水肿，直接加重心肺负荷，导致急性呼吸循环衰竭死亡。7月28日，王圣华被抓获归案，樊爱东、蔡军投案自首。

（二）裁判结果

山东省淄博市人民检察院以被告人樊爱东、王圣华、蔡军犯以危险方法危害公共安全罪向淄博市中级人民法院提起公诉。淄博市中级人民法院经审理认为，被告人樊爱东、王圣华、蔡军违反国家规定，往河中倾倒具有腐蚀性、刺激性的化学品硫酰氯，严重污染环境，并造成一人死亡、重大财产损失的特别严重后果，其行为均已构成污染环境罪。公诉机关指控犯罪事实成立，但罪名不当。依照《中华人民共和国刑法》和《最高人民法院、最高人民检察院关于办理环境污染刑事案件适用法律若干问题的解释》的相关规定，认定被告人樊爱东犯污染环境罪，判处有期徒刑六年六个月，并处罚金人民币150000万元；被告人王圣华犯污染环境罪，判处有期徒刑六年，并处罚金人民币100000元；被告人蔡军犯污染环境罪，判处有期徒刑五年六个月，并处罚金人民币100000元。

（三）解析

本案同样存在犯罪竞合的问题，本案界定为污染环境罪，非以危险方法危害公共安全罪，也非投放危险物质罪，除考虑了犯罪构成的要件因素之外，还应与被害人死亡不能确信系犯罪行为所致有关，法院据此做出对被告人有利的认定，体现和发挥了人民法院严格依法惩治污染环境犯罪，促进生态文明建设和经济社会健康发展的职能作用。因刑事证明标准与民事证明标准不同，被害人家属提起附带民事赔偿之诉的，应由被告人承担证明被害人死亡与污染行为之间没有因果关系的举证责任，在证据规则上对被害人家属一方有利。

案例六：居民区污染环境从重处罚案

（一）基本案情

2013年8月初，被告人王永平在无环保审批手续、无污染防治设备情况下，擅自在雄县雄州镇亚古城村租赁的房屋内进行电镀加工、为空调支架镀铬，将生产过程中的污水直接排放到院外渗坑中。经检测，电镀槽及渗坑内水样中含有有毒有害物质。被告人王永平的加工点附近系农用耕地，并有居民居住。

（二）裁判结果

河北省雄县人民法院2013年12月19日一审判决认为：被告人王永平违反国家有关环境保护、水污染防治法律、法规，擅自开设国家明令禁止的小电镀摊点，并将含有有毒物质的污水直接排入渗坑中，根据《最高人民法院、最高人民检察院关于办理污染环境刑事案件适用法律若干问题的解释》第1条第（4）项的规定，其行为构成污染环境罪。被告人王永平在居民区附近排放有毒物质应酌情从重处罚，但其具有自愿认罪量刑情节，可酌情从轻处罚。据此，以污染环境罪判处被告人王永平有期徒刑一年六个月，并处罚金30000元。

（三）解析

根据《最高人民法院、最高人民检察院关于办理环境污染刑事案件适用法律若干问题的解释》的规定，“私设暗管或者利用渗井、渗坑、裂隙、溶洞等排放、倾倒、处置有放射性的废物、含传染病病原体的废物、有毒物质的”，不论是否超标超量排放，均以犯罪论处，另规定，“在医院、学校、居民区等人口集中地区及其附近，违反国家规定排放、倾倒、处置”的，从重处罚，本案两种情形都符合。

案例七:非法采伐、毁坏国家重点保护植物案

(一)基本案情

经审理查明,2010年春至2011年秋,被告人李某为了开地,在没有任何审批手续的情况下,在山河屯林业局七峰山林场施业区五林班内开垦林地4.439公顷,在开地过程中被告人李某用手锯和油锯非法采伐树木262株,其中国家重点保护植物水曲柳55株,黄菠萝12株。2011年秋,被告人李某雇佣钩机在七峰山林场施业区5林班内,在非法开垦的林地南侧勾出一条水壕,在勾壕过程中勾倒毁坏树木68株,其中国家重点保护植物水曲柳23株。被告人李某于2012年6月1日被山河屯林业地区公安局工作人员抓捕归案。

(二)裁判结果

法院经审理认为,被告人李某为了开地,在未经批准且没有任何审批手续的情况下,非法采伐国家重点保护植物水曲柳55株、黄菠萝12株,毁坏国家重点保护植物水曲柳23株,其行为已构成非法采伐、毁坏国家重点保护植物罪。检察机关起诉罪名成立。因被告人李某犯罪后能够如实供述其犯罪事实,属于自愿认罪,可酌情予以从轻处罚。依照《中华人民共和国刑法》第三百四十四条的规定,做出如下判决:被告人李某犯非法采伐、毁坏国家重点保护植物罪,判处有期徒刑五年,并处罚金30000元。

(三)解析

非法采伐、毁坏国家重点保护植物罪属于行为犯,即非法采伐、毁坏国家重点保护植物一株即入刑,根据《最高人民法院关于审理破坏森林资源刑事案件具体应用法律若干问题的解释》第2条的规定,非法采伐珍贵树木二株以上属于情节严重情节,本案中被告人李某的行为属于情节严重,应处三年以上七年以下有期徒刑,并处罚金。

案例八:非法猎捕、杀害珍贵、濒危野生动物被判刑11年案

(一)基本案情

2013年8月底,易元良、田华虎经事先预谋,在四川省道孚县,使用钢丝绳套猎野生动物19只,宰杀后存储于易元亮家中的冰柜内,后被丹巴县森林公安查获。

经鉴定,猎捕的19只野生动物为:国家一级重点保护动物林麝2只,国家二级重点保护动物斑羚8只,四川省重点保护动物毛冠鹿9只。

(二)裁判结果

2014年2月28日,四川省丹巴县人民法院以非法猎捕、杀害珍贵、濒危野生动物罪,判处易元良有期徒刑十一年,并处罚金3000元;判处田华虎有期徒刑八年,并处罚金2000元。此判决为生效判决。

(三)解析

本案被告人非法、大量攫取野生动植物资源以牟取暴利,极大地破坏了生物多样性等生态资源环境,四川省人民检察院充分履行检察职能,适时介入侦查,依法引导取证,加强跟踪力度,为案件成功办理奠定了坚实的基础,是检察机关回应社会对加强生态资源司法保护新期待的充分反映。

案例九:非法采矿案

(一)基本案情

2012年6月至11月,冯某某接受何某某的雇佣,在四川省邻水县高滩镇保家村六五界区"白岩湾"处负责原煤开采现场的管理,非法开采原煤1300余吨;2013年1月,冯某某接受何某某、漆某某的雇佣,在四川省邻水县高滩镇保家村六五界区"碑石岩"处负责原煤开采现场的管理,非法开采原煤500余吨。2013年1月至3月,李某、冯某某雇用贺某某帮助管理,先后三次在"白岩湾"处非法开采原煤600余吨,并将其中的300余吨出售,获利9万余元。

经四川省国土资源厅鉴定,高滩镇保家村六五界区"白岩湾"已开采的资源储量为2117.1吨。经邻水县价格鉴定中心鉴定,该区域原煤出厂市场平均价格为475元/吨,高滩镇保家村六五界区"白岩湾"非法采矿造成的矿产资源破坏价值为100.56万元;"碑石岩"处已开采的资源储量为1808.95吨,该区域原煤出厂市场平均价格为519元/吨,非法采矿造成的矿产资源破坏价值为94.608万元。

(二)裁判结果

2013年10月15日,四川省邻水县人民检察院提起公诉。2014年4月4日,四川省邻水县人民法院以非法采矿罪,判处李某有期徒刑三年,并处罚金20000元;判处冯某某有期徒刑三年,并处罚金20000元;判处何某某有期徒刑三年,并处罚金20000元;判处漆某某有期徒刑二年,缓刑三年,并处罚金6000元;判处贺某某有期徒刑一年,缓刑二年,并处罚金5000元。

(三)解析

资源破坏刑事案件涉及专业技术问题,根据《最高人民法院关于审理非法采矿、破坏性采矿刑事案件具体应用法律若干问题的解释》规定,此类案件必须经省级国土资源部门组织专家对资源破坏情况出具鉴定意见,本案中,由省国土资源厅对资源数量进行鉴定,并由县价格鉴定中心对价值出具鉴定意见,证据相对完善,值得借鉴。

案例十:最高检督办环境监管失职、受贿案

(一)基本案情

2010年6月,时任广西壮族自治区河池市环保局副局长的曾觉发对广西金河矿业股份有限公司(以下简称金河公司)进行检查时,发现金河公司下属冶化厂(以下简称金河冶化厂)长期大规模露天堆放废渣,金河公司"清污分流系统"不完善,渣场未采取"防水、防渗透、防流失"措施,废渣的渗滤液及厂区雨水镉浓度严重超标,存在环境污染隐患问题,但其仅口头提出整改意见,并没有采取有力措施督促该厂及时消除隐患。河池市政府发布的文件要求对重点污染源企业现场监察每月不少于2次,但市环境监察大队并未对该厂进行有效监管,被告人曾觉发对此不闻不问。2010年9月,河池市政府批示要求金河公司限期整改,市环保局跟踪检查,但市环保局怠于落实整改要求,致使整治计划至案发仍处于未验收状态。2011年12月,被告人曾觉发签发通知,要求排查、消除2012年元旦春节期间的环境污染隐患。但文件下发后,河池市环境监察支队并未进行排查,被告人曾觉发也未引起重视。2012年1月,广西龙江河发生重大镉污染事件,经广西环保厅专家组认定:金河冶化厂与龙江河镉污染事件有直接因果关系,是此次龙江河突发环境事件的责任污染源之一。河池市人民政府直接投入防止污染事态扩大的资金达2300万余元。

另外,被告人曾觉发还利用职务之便,先后收受他人贿赂共计45000元,涉嫌受贿罪。

(二)裁判结果

广西壮族自治区河池市人民检察院于2012年2月9日对犯罪嫌疑人曾觉发以涉嫌环境监管失职罪立案侦查,同年2月10日对其刑事拘留,2月24日执行逮捕。2012年11月6日,大化瑶族自治县人民检察院向该县人民法院提起公诉。2013年7月13日大化瑶族自治县人民法院以环境监管失职罪判处被告人曾觉发有期徒刑二年,以受贿罪判处其有期徒刑三年,决定执行有期徒刑四年六个月。

(三)解析

2012年1月,广西壮族自治区河池市突发龙江河镉污染事件。事件发生后,最高人民检察院立即发文督办,要求严查事件涉及的失职渎职犯罪。经查,作为广西自治区河池市环保局副局长的曾觉发对龙江河镉污染事件负有不可推卸的责任,最终被法院以环境监管失职罪和受贿罪数罪并罚。该事件中,河池市金城江区环保局环境监察大队原大队长蓝群峰、原副大队长韦毅也一并构成环境监管失职罪。对龙江河镉污染事件涉及的失职渎职犯罪的查处,是检察机关严肃查处生态环境领域渎职犯罪案件的一个典型。

案例十一:因恶劣社会影响被判玩忽职守案

(一)基本案情

2009年6月至2013年2月,被告人李明坤任云南省昆明市东川区环境监察大队大队长,在管理辖区内的排污企业向小江排污过程中,没有认真履行环境监督管理的职责,对东川区汤丹片区部分选矿企业违法排污、违法生产行为监管不力,致使部分选矿企业尾矿水、尾矿渣违法外排,流入小江,造成环境污染,小江变白,导致东川“牛奶河”事件的发生。该事件经国内多家媒体报道,网站转载,造成恶劣的社会影响。

(二)裁判结果

云南省昆明市东川区人民检察院于2013年5月23日对犯罪嫌疑人李明坤以涉嫌玩忽职守罪立案侦查,6月5日对李明坤采取取保候审措施,8月19日侦查终结。同年9月30日,东川区人民检察院向东川区人民法院提起公诉。2013年12月13日昆明市东川区人民法院判处被告人李明坤玩忽职守罪,免予刑事处罚。

(三)解析

2013年4月1日,网络媒体相继报道了云南省昆明市东川区“牛奶河”事件,在社会中造成了恶劣的社会影响。河水污染,人民群众感受最为直接,检察机关及时介入并成功查办环境污染背后的失职渎职犯罪,对在社会上造成恶劣影响的事件形成露头就打的态势,积极回应了人民群众对打击犯罪、保护环境的要求和期待。从司法角度而言,查处环境污染背后的失职渎职犯罪相当困难,主要是因为损失后果常常难以量化。根据相关司法解释,本案尝试用“恶劣社会影响”来认定渎职行为的损失后果,这对类似案例具有一定的启发和参考意义,希望引起相关部门,特别是司法机关的重视。

案例十二:机动车尾车监测造假被查玩忽职守、受贿案

(一)基本案情

2010年8月至2011年7月间,时任广州市公安局交通警察支队黄埔大队副大队长的杜立新,在负责协助广州市环境监测中心检测机动车尾气超标工作过程中,因收受杨建波(另案处理)给予的好处费,遂不认真履行职

责，疏于监管，致使杨建波与广州市环境监测中心工作人员、黄埔交警相互勾结，利用黄埔区毛岗路的机动车尾气监测点，要求尾气超标的货车司机到指定的汽修厂进行“检修”，实际不对车辆做任何修理，在对截查的1000多台车辆收取300－650元不等的费用后放行，从中牟取暴利，导致大量尾气超标的机动车在未经检修的情况下上路通行，造成严重的环境污染，引发恶劣的社会影响。

另外，被告人杜立新利用职务上的便利，多次收受他人的好处费共计人民币28.2万元，涉嫌受贿罪。

（二）裁判结果

广东省广州市荔湾区人民检察院于2012年8月7日对犯罪嫌疑人杜立新以涉嫌玩忽职守罪、受贿罪立案侦查，同年8月8日刑事拘留，8月21日执行逮捕，9月29日侦查终结并移送审查起诉。2012年11月8日，荔湾区人民检察院向荔湾区人民法院提起公诉。2012年12月18日，荔湾区人民法院以玩忽职守罪判处被告人杜立新有期徒刑九个月，以受贿罪判处其五年三个月，并处没收财产50000元，决定执行有期徒刑五年六个月，并处没收财产50000元。

（三）解析

本案是一起典型的行政机关工作人员无视国家三令五申治理机动车尾气排放超标的相关规定，利用权力寻租，谋取非法利益的案件，性质极为恶劣。检察机关查办该类案件，是用司法职能保障民生的直接体现，对于建设美丽中国，保护碧水蓝天无疑具有现实意义。同时，从该案中不难看出，生态环境领域渎职犯罪不仅涉及环保部门，只要肩负与环保有关的职责的国家机关工作人员，都可能涉及此类犯罪。

案例十三：7000亩公益林保护失职被判玩忽职守案

（一）基本案情

被告人郭新春系新疆维吾尔自治区沙湾县林业局项目办原主任。2006年年初，负责勘查沙湾县四道河子镇下八家户村村民马金洲（已判刑）以村委会名义申请的6万亩土地开发项目用地。其间，未认真履行职责，错误地认为从玛河大桥至古新线26公里处隶属于沙湾县管辖，提出了“对50亩以上的白板滩地可由下八家户村进行草场改良”的建议，并以沙湾县林业局名义起草了《关于四道河子镇下八家户村开发我县与150团交界处荒漠林区的意见》，将玛纳斯县的部分重点公益林划入沙湾县的项目用地范围内。沙湾县畜牧局和县政府先后对该文进行了批示，时任草原监理所所长的被告人提辽别克·吾马尔别克根据批示到现场实地调查，现场勘查过程中，未认真履行职责，仅进行简单目测后，便按照马金洲的要求，确定了四至界限和面积。2006年3月17日，被告人提辽别克·吾马尔别克安排本所工作人员为马金洲办理了下八户村的草原使用证，并签订了《草场使用合同书》，据此，马金洲联合本村11户农民于当年6月即开始对该地进行了非法开垦，用于种植农作物。经鉴定：马金洲等12户毁林开荒总面积7784.7亩，均属于国家重点公益林，毁坏梭梭等林木总计179289株，直接经济损失96.5万元，间接经济损失3180余万元。

（二）裁判结果

新疆维吾尔自治区玛纳斯县人民检察院于2011年1月5日对犯罪嫌疑人郭新春、提辽别克·吾马尔别克以涉嫌玩忽职守罪立案侦查，同年1月10日对其刑事拘留，1月14日取保候审，同年4月22日经昌吉州人民检察院决定逮捕，5月19日取保候审。2011年10月9日玛纳斯县人民检察院向玛纳斯县人民法院提起公诉。2011年11月11日，玛纳斯县人民法院以玩忽职守罪判处郭新春有期徒刑六个月，缓刑一年；以玩忽职守罪判处提辽别克·吾马尔别克有期徒刑六个月，缓刑一年。

（三）解析

草原和森林一直被认为是地球之肺，但近年来人为破坏相当严重，本案中7000余亩公益林被毁让人触目惊心。对于林业、草原监管人员在林地的批准、测量、使用等监管过程中玩忽职守行为，检察机关进行了严肃查处。本案在林业案件中具有一定的代表性，查办该类案件有助于提高林业主管部门对保护林业资源重要性的认识，增强林业主管部门工作人员的责任意识。

第二章　环境资源民商事案例解析

案例一:1721 人诉达标排放化工企业案

(一)基本案情

福建省(屏南)榕屏化工有限公司(以下简称榕屏公司)自 1995 年投产后,对周边地区陆续造成污染,排放的废水、废气、废渣,对环境和人体造成严重损害。特别是排放的氯气,造成大片树林、竹林、果树、庄稼枯死,鱼虾不能生存。对此,有现场勘验报告和当地乡人民政府出具的《屏城乡溪坪村受榕屏公司污染情况》佐证,江西惠普会计师事务所据此提出了损失计算标准。张长健等 1721 人提起诉讼,请求判令榕屏公司立即停止侵害,赔偿农作物及竹、木等损失,清除厂内及后山废渣。

(二)裁判结果

宁德市中级人民法院一审认为,榕屏公司虽主张排放达标,但不能证明排放不会造成损害,应推定因果关系存在,侵权责任成立。张长健等 1721 人从 1995 年榕屏公司投产后、山地陆续出现毛竹等死亡时,就陆续向有关部门反映,诉讼时效并未超过。一审判决,榕屏公司立即停止侵害,清除厂内和后山工业废渣,并赔偿山场林木、果树、毛竹和农田等部分损失。双方不服上诉至福建省高级人民法院。该院二审认为,污染物排放标准不是确定排污单位是否承担侵权赔偿责任的界限,榕屏公司未能提供证据证明其废气排放、废渣堆放与张长健等 1721 人的农作物受损没有因果关系,应承担举证不能的责任。二审法院于2005 年 11 月 16 日作出判决,维持一审判决关于榕屏公司立即停止侵害的判项,判令榕屏公司赔偿山场林木、果树、毛竹和农作物等损失 68.42 万元,在限期内对厂内及后山的含铬废渣进行清理,并按规范进行处置,对原后山的堆场进行封场。

(三)解析

环境污染责任系无过错责任,污染者有污染行为并造成损害的,除其举证证明存在法律规定的不承担责任或者减轻责任的情形外,均应承担侵权责任,不得以排污达标为由提出抗辩、减免责任。对此,最新《最高人民法院关于审理环境侵权责任纠纷案件适用法律若干问题的解释》(法释〔2015〕12 号)第 1 条明确,“因污染环境造成损害,不论污染者有无过错,污染者应当承担侵权责任。污染者以排污符合国家或者地方污染物排放标准为由主张不承担责任的,人民法院不予支持。”

案例二:村庄地下水受污染向周边企业追索异地取水误工费案

(一)基本案情

自 2003 年 6 月起,聂胜等 149 户辛庄村村民因本村井水达不到饮用水的标准,而到附近村庄取水。聂胜等人以平顶山天安煤业股份有限公司五矿(以下简称五矿)、平顶山天安煤业股份有限公司六矿(以下简称六矿)、中平能化医疗集团总医院(以下简称总医院)排放的污水将地下水污染,造成井水不能饮用为由提起诉讼,请求判令三被告赔偿异地取水的误工损失等共计 212.4 万元。

(二)裁判结果

河南省平顶山市新华区人民法院一审认为,三被告排放生产、生活污水污染了辛庄村井水,导致聂胜等 149 户村民无法饮用而到别处取水,对此产生的误工损失,三被告应承担民事责任,判决三被告共同承担赔偿责任。双方不服上诉至平顶山市中级人民法院。二审庭审中,鉴定人员出庭接受质询,证明即便三被告排放的是达标污水,也肯定会含有一定的污染因子,五矿、六矿职工及家属排放的生活污水与五矿、六矿排放的生产污水只能按主次责任划分。二审法院依据鉴定报告及专家意见,结合二审查明的生产污水与生活污水对损害发生所起的主次作用以及五矿、六矿职工及其家属所排生活污水约占致损生活污水总排量的60%等事实，认定三被告对因其排放生产污水造成的本案误工损失共同承担40%的赔偿责任；五矿、六矿就其职工及家属排放生活污水造成的其余60%误工损失共同承担六成的赔偿责任。二审法院于2011年7月作出判决，判令五矿、六矿、总医院因排放生产污水共同赔偿聂胜等人误工费17.65万元，五矿、六矿因其职工及其家属排放生活污水共同赔偿聂胜等人误工费15.89万元。

（三）解析

本案系多方排污导致地下水污染，危害饮用水水源，严重威胁聂胜等人的身心健康。被告的生产、生活污水排入地下，且不能举证证明其排污行为与聂胜等人的损害之间不存在因果关系，一审、二审法院认定三被告污染环境，应当承担民事责任并无不当。根据《侵权责任法》第65条和第66条的规定，污染者应对其污染行为造成的损害承担无过错责任，即使三被告排放的污染物达标，造成损害的，仍不能免除其民事责任。涉案地下水污染系多个责任主体、多个排污行为叠加所致，二审法院根据鉴定报告和专家意见，厘清了不同排污行为产生的主次责任以及被告承担责任的比例划分，进而作出了相应判决。

案例三：镇人民政府向污染者追索污染治理费案

（一）基本案情

浩盟车料（上海）有限公司（以下简称浩盟公司）、上海日新热镀锌有限公司（以下简称日新公司）与上海佳余化工有限公司（以下简称佳余公司）存在盐酸买卖关系，并委托佳余公司处理废酸。佳余公司委托未取得危险废物经营许可证的蒋荣祥从上述两公司运输和处理废酸。2011年2月至3月期间，蒋荣祥多次指派其雇佣的驾驶员董胜振将从三公司收集的共计6车废酸倾倒至叶榭镇叶兴路红先河桥南侧的雨水井中，导致废酸经雨水井流入红先河，造成严重污染。污染事故发生后，上海市松江区叶榭镇人民政府（以下简称叶榭镇政府）为治理污染，拨款并委托松江区叶榭水务管理站对污染河道进行治理。经审计确认红先河河道污染治理工程款、清理管道污染淤泥工程款、土地征用及迁移补偿费、勘察设计费、合同公证及工程质量监理费、审计费等合计887266元。因本次污染事故，蒋荣祥、董胜振分别被判处有期徒刑二年和一年三个月，佳余公司、浩盟公司、日新公司分别被上海市环境保护局罚款46万元、16万元、16万元。叶榭镇政府提起诉讼，请求判令蒋荣祥、董胜振、佳余公司、浩盟公司、日新公司连带赔偿经济损失887266元。

（二）裁判结果

上海市松江区人民法院一审认为，本案中叶榭镇政府作为被污染河道的主管单位，有权对污染河道进行治理，也有权作为原告提起诉讼。蒋荣祥以营利为目的，在未取得危险废物经营许可证的情况下，指派其雇员将废酸倾倒至叶榭镇政府境内通向红先河的雨水井中，造成严重污染，应当承担民事赔偿责任。董胜振盲目听从蒋荣祥的指派，故意将废酸倒入雨水井中导致红先河严重污染，应当与其雇主蒋荣祥承担连带赔偿责任。佳余公司、浩盟公司、日新公司在生产过程中所产生的废酸属于危险废物，应向当地环境保护行政主管部门申报，并移交到有相应资质的单位进行处理。但上述三公司均未办理法定手续，擅自处理废酸，与此后红先河严重污染有直接的因果关系，对本次污染事故具有重大过错，理应与蒋荣祥承担连带赔偿责任，综合三公司运出并倾倒的废酸数量及佳余公司在本次事故中所起作用等因素，酌情确定各自对损害后果承担的赔偿责任比例。一审法院于2012年6月作出判决，判令蒋荣祥赔偿叶榭镇政府各项经济损失887266元，董胜振承担连带赔偿责任；佳余公司、浩盟公司、日新公司分别对蒋荣祥应当赔偿的款项承担20%、65%、15%的连带赔偿责任。

（三）解析

本案中，蒋荣祥在未取得危险废物经营许可证的情况下擅自倾倒废酸，致使红先河严重污染，应承担全部赔偿责任。董胜振作为蒋荣祥雇佣的驾驶员，对未经处理的废酸倾倒至雨水井可能造成的危害后果应当具有预见能力，但其盲目听从蒋荣祥的指派，故意将废酸倒入雨水井中，应与蒋荣祥承担连带赔偿责任。佳余公司、浩盟公司与日新公司未办理法定手续，擅自将废酸交由不具备资质的个人运输并排放，应根据各自违法处理危险废物的数量以及对事故发生所起作用等因素按份额与蒋荣祥共同承担责任。法院通过刑事责任、行政责任、民事责任三种责任方式的综合运用，提高污染者的违法成本，并对潜在的污染者形成有效震慑，达到防治危险废物污染的目的。

案例四：环境保护局作原告追索环境修复费案

（一）基本案情

2013年3月，路某驾驶被告淄博某运输公司拥有的装载氯丙烯的重型半挂牵引车/挂重型罐式半挂车，未按交通信号灯通行，与王某驾驶的重型半挂牵引车/挂重型普通半挂车相碰，致所载氯丙烯大量泄漏，并造成道路设施损坏，农田、环境污染。东台环保局及时对氯丙烯泄漏造成的污染进行了处理，并支出了相关费用，故起诉要求被告承担相关费用。

（二）裁判结果

东台法院经审理认为，民诉法规定，公益诉讼为不特定多数人的公共利益受到侵害或有侵害危险时，法律规定的机关和有关组织向人民法院提起的诉讼，故东台环保局是适格诉讼主体。东台环保局为使不特定人群免受因氯丙烯泄漏而造成的损害，对氯丙烯泄漏造成的污染物进行了处理，具有公益性，其支出的相关费用符合公益诉讼的规定，对该费用依法有权向造成环境污染的责任方要求进行赔偿。

（三）解析

此案是新环保法实施前地方法院审结的环境公益诉讼案件。法院依法允许行政机关作为原告提起公益诉讼，并判决污染环境的相关企业承担修复环境的费用，此举对于支持行政机关代表政府依法履行环境保护和财政管理职责，积极主动修复被破坏的生态环境，防止交通事故引发的自然生态灾害给国家财政导致失具有重要意义。

案例五：水污染责任纠纷环境公益诉讼案

（一）基本案情

贵阳市乌当区定扒造纸厂（以下简称定扒纸厂）自2003年起经常将生产废水偷偷排入南明河或超标排放锅炉废气，多次受到当地环境保护行政主管部门处罚。但该纸厂仍采取夜间偷排的方式逃避监管，向南明河排放污水。中华环保联合会、贵阳公众环境教育中心提起诉讼，请求判令定扒纸厂立即停排污水，消除危险并支付原告支出的合理费用。贵州省清镇市人民法院（以下简称清镇法院）受理案件的同时，即依原告申请采取了拍照、取样等证据保全措施，固定了证据，并裁定责令定扒纸厂立即停止排污。经法院委托贵阳市环境中心监测站对定扒纸厂排放的废水取样检测，废水中氨氮含量等指标均严重超过国家允许的排放标准，其排污口下游的南明河水属劣五类水质。经原告申请，法院协调由贵阳市两湖一库基金会从环境公益诉讼援助基金中先行垫付上述检测费用。清镇法院确定由一名审判员和两名环保专家担任人民陪审员共同组成合议庭。审理过程中,合议庭充分发挥专家作用,召开专家咨询委员会会议对被告的排污行为进行论证,依法采信了专家意见。该院还针对其他几家纸厂排污行为提出由环境保护行政主管部门对这些纸厂进行查处的司法建议,将南明河的污染问题一并解决。

(二)裁判结果

清镇法院一审认为,定扒纸厂取得的排污许可证载明,其能够排放的污染物仅为二氧化硫、烟尘等,不包含废水。但定扒纸厂却采取白天储存、夜间偷排的方式,利用溶洞向南明河排放严重超标工业废水,从直观上、实质上都对南明河产生了污染,严重危害了环境公共利益,故其应当承担侵权民事责任。清镇法院于2011年1月作出判决,判令定扒纸厂立即停止向南明河排放污水,消除对南明河产生的危害,并承担原告合理支出的律师费用及贵阳市两湖一库基金会垫付的检测费用。

(三)解析

贵州省贵阳市积极探索环境保护案件集中管辖和三审合一的模式,即由清镇法院生态保护法庭负责审理贵阳市辖区内所有涉及环境保护的刑事、行政、民事一审案件。本案被告地处贵阳市乌当区,清镇法院系按照上述环境污染案件跨行政区域管辖的规定受理并审理本案。本案审理中,合议庭在受理案件的同时保全证据,及时采取先予执行措施,协助原告申请环保基金垫付评估、鉴定、分析检测费用,依法采信专家意见,邀请环保专家担任人民陪审员,进行了一系列有益的探索。

案例六:环境私益诉讼与公益诉讼合并审理并先予执行、调解案

(一)基本案情

2004年上半年,江阴港集装箱公司(以下简称集装箱公司)未经环境保护行政主管部门环境影响评价和建设行政主管部门立项审批,自行增设铁矿石(粉)货种接卸作业。在作业过程中,该公司采用露天接卸,造成了铁矿石粉尘直接侵入周边居民住宅;采用冲洗方式处理散落在港区路面和港口外道路上的红色粉尘,形成的污水直接排入到周边河道和长江水域,并在河道中积淀,造成了周边环境大气污染、水污染,严重影响了周边地区空气质量、长江水质和附近居民的生活环境。虽经朱正茂等周边居民反映情况、江阴市人民政府召开协调会议,集装箱公司亦采取了整改措施,但仍未彻底消除污染现象。2009年7月6日,朱正茂作为周边居民代表与中华环保联合会共同提起诉讼,请求判令集装箱公司停止侵害,使港口周围的大气环境符合环境标准,排除妨碍;对铁矿粉冲洗进行处理,消除对饮用水源地和取水口产生的危险;将港口附近的下水道恢复原状,铁矿粉泥做无害化处理。无锡市中级人民法院(以下简称无锡中院)于受理本案的次日,进行了现场勘验,裁定责令被告立即停止污染侵害行为,并向无锡市人民政府法制办公室、江阴市人民政府发函,取得政府部门的配合和支持。该院还召集听证,责成集装箱公司在案件审结前采取切实可行的方案和措施,迅速改善环境质量状态。集装箱公司据此再次采取整改措施,并在审理过程中提出调解申请。

(二)裁判结果

无锡中院一审认为,集装箱公司自行增设铁矿石(粉)港口接卸作业,属违法行为,对周边大气环境和地表、水域造成了污染侵害,影响了周边居民的正常生活。鉴于集装箱公司在诉讼前已采取了一定的污染防治措施,在本案审理过程中又采取了一系列治理措施,并提出调解申请。经法院依法主持调解,双方当事人达成协议,由集装箱公司限期补办相关的行政许可审批手续,限期内未获得行政许可的,必须立即停止相关业务;在申办期内,必须做到无尘化装卸作业,不得向周边河流、水域排放任何影响水体质量的污染物,不得产生超过国家规定标准的噪声;每30天书面报告本协议履行情况,并附当地环境保护行政主管部门的环境监测报告。无锡中院于2009年9月出

具民事调解书,对上述协议依法予以确认。

(三)解析

本案兼具私益诉讼和公益诉讼的特点。朱正茂是居民代表,同时又是环境污染的受害者,其与中华环保联合会共同作为原告起诉后,无锡中院依法予以受理,对环境公益诉讼的原告主体资格问题进行了有益的探索和实践。鉴于环境污染具有不可逆性、地域广阔性、潜在受害人不确定性和社会公共利益受损的广泛性,无锡中院受理案件后,依职权进行现场勘验,针对正在实施的环境污染侵害行为,先行裁定污染者立即停止侵害,防止了损害扩大。

案例七:噪声污染赔偿精神损害抚慰金案

(一)基本案情

2009年起荆军租用了谷某的房屋和院落,此院落与姜建波住所前后相邻,仅一墙之隔。荆军在租用的院落里对钢铁制品进行切割作业,产生的噪声使姜建波不堪忍受。姜建波先后向村委会及当地环境保护行政主管部门反映,但问题仍未得到解决,遂提起诉讼,请求判令荆军停止侵害,排除妨碍,将产生噪声污染及粉尘污染的铁制品搬离与姜建波相邻的院落,赔偿其精神损失8000元。

(二)裁判结果

乌鲁木齐市米东区人民法院一审判令荆军立即停止侵权、排除妨害,将产生噪声的钢铁制品搬离与姜建波相邻的院落,并赔偿姜建波精神损害抚慰金2000元。荆军不服,上诉至乌鲁木齐市中级人民法院。该院二审认为,钢铁制品在装卸、运送或者加工过程中产生的声音超出一般公众普遍可忍受的程度。本案中,荆军院落与姜建波居所一墙相隔,荆军在院落中放置工具、加工材料时所产生的声音势必能传入其他居民的居室内,已成为干扰周围居民生活的环境噪声。噪声污染对人体健康可能造成损害,是为公众普遍认可的,姜建波称其因噪声无法休息导致精神受到伤害符合日常生活经验法则,应推定属实。荆军否认噪声污染给姜建波造成了实际损害,应举证证明,但荆军不能举出其院落中发出的噪声对姜建波的身体健康未产生损害的证据。一审判决根据荆军加工钢铁制品产生的噪声的时间、两家距离的远近、噪声的大小酌情支持2000元精神损害抚慰金并无不当。二审法院于2012年7月作出判决,驳回上诉,维持原判。

(三)解析

噪声污染给受害人身心健康造成的损害具有持续性和隐蔽性等特点,受害人的症状往往不明显且暂时无法用精确的计量方法反映。二审判决适用了日常生活经验法则及事实推定规则,认为钢铁制品加工、搬卸的噪声会比较严重的影响相邻院落居民正常的生活和休息,符合一般人的认知规律,而且噪声污染对身心健康造成损害,也是为公众普遍认可的。在被告未举出反证证明其产生的噪声未对姜建波产生损害的情况下,即使原告尚未出现明显症状,其生活受到噪声侵扰而导致精神损害的事实也是客观存在的。二审法院系结合被告加工钢铁制品产生噪声的时间、双方距离的远近、噪声的大小,酌情作出了由被告赔偿原告精神损害抚慰金2000元的判决。

案例八:高速路噪声污染责任纠纷环境民事公益诉讼案

(一)基本案情

2007年4月起,涉案江苏省无锡市梓旺村村民黄震等陆续向当地政府部门信访,反映沪宁高速公路江苏段扩建工程完工营运后产生的交通噪声污染问题,当地政府部门回复宁沪高速公司将安装声屏障进行降噪。后宁沪高速公司虽安装声屏障进行整改,但当地村民仍反映交通噪声污染严重,整改措施未能解决交通噪声扰民问题。2010—2011 年,无锡市环保局陆续向宁沪高速公司发函要求进一步采取更换声屏障材质,延长声屏障距离等整改措施。但仍未能彻底解决涉案村庄的交通噪声污染问题。

(二)裁判结果

中华环保联合会于 2014 年 3 月 20 日向江苏省无锡市中级人民法院(以下简称无锡中院)提起噪声污染责任环境民事公益诉讼后,无锡中院进行了周密细致的调查工作,并委托有关环境监测站进行监测。对于监测报告中的噪声数据,法院又向交通部公路科学研究所等有关专家进行了咨询,从而确认涉案三个行政村(五个自然村)除个别测点昼间交通噪声超标外,夜间各测点交通噪声普遍超标。法院会同宁沪高速公司对涉案五个自然村的现状进行了调查,宁沪高速公司提出加装声屏障、更换声屏障材质、声屏障加高、延长等进一步降噪的解决方案,并根据专家建议对解决方案进行了进一步优化。在此基础上,法院主持制定调解方案,由宁沪高速公司于调解协议签订后六个月内,采取包括延长、加装、加高声屏障,更换声屏障材质等整改措施进行降噪,双方当事人对调解协议均予确认。

(三)解析

沪宁高速公路江苏段扩建八车道后,交通量增长迅速,在促进经济高速增长的同时,公众享受优美、舒适环境质量的权益时常受到损害。涉案无锡地区经济发达,但土地资源紧张,人口密度高,交通道路与沿线居民区距离近,交通噪声控制难度较大。无锡中院受理此案,坚持既要依法促进经济的可持续发展,又要保护群众安居乐业所需的良好环境,督促相关单位采取切实可行的降噪措施,防止噪声污染的再次产生,从根本上解决噪声挠民的问题,有效地维护了广大群众的合法效益。

案例九:林地非法占用异地补植公益诉讼案

(一)基本案情

无锡市蠡湖惠山景区管理委员会(以下简称景区管委会)在负责开发建设动植物园和儿童乐园项目的过程中,擅自占用 2 万平方米左右的林地。涉案项目尚有 2500 平方米山体土壤裸露宕口地块,系 20 世纪 80 年代开采山石遗留状态,景区管委会未在该地块进行任何建设。中华环保联合会提起诉讼,请求判令景区管委会将非法占用的林地恢复用途并赔偿损失,立即将项目区域内裸露的部分土地进行复绿固土。

(二)裁判结果

无锡市滨湖区人民法院一审认为,景区管委会未经审批占用 17477 平方米林地是事实,但动植物园项目系城市绿地系统的组成部分,后期景区管委会又恢复和新增了一定数量的林地,未造成显著损害。本案审理中,景区管委会已缴纳了植被恢复费 114 万余元,应当视为已经弥补了生态损害。景区管委会擅自改变 3677 平方米林地用途,应当恢复原状。鉴于该地块建设已经被纳入立项规划范围,且建设项目中的观光电梯具有逃生、急救通道的功能,涉及较大公共利益,不宜恢复原状。在审理中,景区管委会提出了异地补植方案,得到了主管单位和中华环保联合会的认可,并经咨询相关专业机构确定了杨湾异地补植恢复生态的方案。景区管委会等单位作为宕口裸露地块的使用人,有义务对该地块的状况进行持续整治,消除水土进一步流失的危险。在案件审理中,景区管委会自愿提出的复绿方案具有可行性,法院予以确认与准许。一审法院于 2012 年 12 月作出判决,判令景区管委会一个月内完成 17477 平方米林地改变用途的申报程序,将异地补植费用人民币 79.44 万元汇至指定账户并在六个月内完成杨湾地块 4500 平方米的异地补植,景区管委会及其他地块使用人六个月内完成 2500 平方米宕口地块复绿固土工作。

(三)解析

本案的特殊之处在于,涉案工程所占用土

地已经纳入立项规划范围，且工程对于整个项目具有重要作用，涉及公共利益，直接恢复原状不具可行性。在此情况下，一审法院经咨询专业机构意见，采纳了异地补植的方案进行生态恢复，探索了环境污染者、生态破坏者承担民事责任的方式，避免了社会财富的浪费，又在整个区域范围内恢复了生态容量的水平，可资借鉴。

案例十：海域渔业污染损害赔偿纠纷案

（一）基本案情

何远堂等人合伙经营位于合浦县西场镇鲎港江出海口高沙海域的312亩文蛤养殖场。2003年11月中旬何远堂等人的文蛤大量死亡。11月25日，北海环境监测中心监测结果显示：广西合浦西场永鑫糖业有限公司（以下简称永鑫糖业公司）排放的污水严重超标。2004年1月8日，广西壮族自治区渔业环境监测中心作出《渔业污染事故调查鉴定报告书》表明涉案海域受到了外来污染物的污染。同年5月10日，广西壮族自治区水产局渔政处所作的《广西合浦县西场镇养殖文蛤受污染事件结论》认为，2003年11月期间，合浦县西场镇文蛤养殖场文蛤死亡原因系永鑫糖业公司排放严重超过国家规定排放标准的污水所致，造成文蛤死亡损失2118000公斤，直接经济损失不低于9319200元。何远堂等人据此向北海海事法院提起诉讼。法院查明，何远堂等人没有养殖证，且海域使用许可证也已过期。

（二）裁判结果

北海海事法院一审认为，何远堂等人养殖文蛤死亡的损害事实与永鑫糖业公司超标排污的行为具有必然的因果关系，永鑫糖业公司应当承担损失赔偿责任。何远堂等人的养殖行为属于非法养殖，对其养殖文蛤的收入损失不予保护，但对其购买文蛤苗的财产损失应予适当保护。因何远堂等人擅自将文蛤苗投放养殖，其行为具有过错，应自负主要责任，对文蛤苗损失承担60%的责任，永鑫糖业公司承担40%的责任。一审判决永鑫糖业公司赔偿何远堂等人文蛤苗种损失300484元，驳回其他诉讼请求。广西壮族自治区高级人民法院于2005年12月20日判决驳回永鑫糖业公司的上诉，维持原判。

（三）解析

本案系海事法院受理的因陆源污染造成的养殖损害赔偿纠纷。本案判决的核心是：没有养殖许可证和海域使用权证属于非法养殖，在此情况下取得的养殖收益不能受到法律保护；但是由于进行非法养殖的人对其购买的养殖苗种具有合法的财产权益，该合法权益不应因养殖行为的违法性而丧失，应予以一定程度的法律保护。这一原则的确立既体现了无证养殖的法律后果，也体现了非法侵害他人财产权的法律责任，充分诠释了既要鼓励合法利用海洋资源发展生产，也要大力加强环境保护和资源管理的法律宗旨。

案例十一：采矿权转让合同未经审批未生效案

（一）基本案情

2007年8月27日，王仕龙以兴隆县龙思敏大理石厂的名义与刘俊波订立了矿山转让合同书，该合同约定王仕龙将兴隆县龙思敏大理石厂作价305万元转让给刘俊波。合同还对付款期限，违约责任等内容进行了约定。合同签订后，刘俊波共支付转让款等款项共计133.5万元。刘俊波修建了矿路及部分厂房，但未对该大理石矿进行开采。后王仕龙以刘俊波未足额付款为由提起诉讼请求判令解除矿山转让合同,刘俊波返还矿山并给付违约金76万元。刘俊波提起反诉请求判令王仕龙继续履行合同并赔偿损失108.8万元。

(二)裁判结果

承德市中级人民法院一审判决驳回双方的诉讼请求。双方不服上诉至河北省高级人民法院。该院二审认为,王仕龙和刘俊波均认可本案转让合同的标的物为大理石矿及相应采矿权,双方所签矿山转让合同已成立,但属于依照法律规定应到相关部门办理批准手续才能生效的合同。由于合同对移交矿山手续等约定不明,双方对合同未能履行均负有责任。对于按照法律、行政法规的规定须经批准或者登记才能生效的合同,双方当事人均应积极履行各自的义务,促使合同生效,以维护交易各方的合法权益。二审法院于2011年2月作出判决,判令王仕龙、刘俊波按照各自义务向有关部门提交相关资料,申请办理转让兴隆县龙思敏大理石矿的批准手续。王仕龙仍不服,向最高人民法院申请再审,最高人民法院裁定驳回再审申请。

(三)解析

根据国务院《探矿权采矿权转让管理办法》规定,采矿权转让未经审批的,转让合同尚未发生法律效力。二审法院在审理本案过程中严格依照法律规定,认定转让合同因未经审批而未生效,并判令双方按照各自义务办理采矿权转让报批手续,积极促使合同生效,维护了采矿权市场交易秩序,也符合合同法鼓励交易、创造财富的原则。

第三章　环境行政案例解析

第三章 环境行政案例解析

案例一:企业环境信息公开案

(一)基本案情

余穗珠在紧临三亚金冕混凝土有限公司海棠湾混凝土搅拌站旁种有 30 亩龙眼果树。为掌握搅拌站产生的烟尘对周围龙眼树开花结果的环境影响情况,于 2013 年 6 月 8 日请求三亚市国土环境资源局(以下简称三亚国土局)公开搅拌站相关环境资料,包括:三土环资察函〔2011〕50 号《关于建设项目环评审批文件执法监察查验情况的函》、三土环资察函〔2011〕23 号《关于行政许可事项执法监察查验情况的函》、三土环资监〔2011〕422 号《关于三亚金冕混凝土有限公司海棠湾混凝土搅拌站项目环评影响报告表的批复》、《三亚金冕混凝土有限公司海棠湾混凝土搅拌站项目环评影响报告表》。7 月 4 日,三亚国土局作出《政府信息部分公开告知书》,同意公开 422 号文,但认为 23 号、50 号文系该局内部事务形成的信息,不宜公开;《项目环评影响报告表》是企业文件资料,不属政府信息,也不予公开。原告提起行政诉讼,请求判令三亚国土局全部予以公开。

(二)裁判结果

三亚市城郊人民法院经审理认为,原告请求公开之信息包括了政府环境信息和企业环境信息。对此,应遵循的原则是:不存在法律法规规定不予公开的情形并确系申请人自身之生产、生活和科研特殊需要的,一般应予公开。本案原告申请公开的相关文件资料,是被告在履行职责过程中制作或者获取的,以一定形式记录、保存的信息,当然属于政府信息。被告未能证明申请公开之信息存在法定不予公开的情形而答复不予公开,属于适用法律法规错误。据此,判决撤销被告《政府信息部分公开告知书》中关于不予公开部分的第二项答复内容,限其依法按程序进行审查后重新作出答复。

一审判决后,余穗珠不服,提出上诉,二审期间主动撤回上诉。

(三)解析

本案的裁判亮点表现在三个方面:

第一,对外获取的信息也是政府信息。本案涉及两类信息,一是行政机关获取的企业环境信息;二是行政机关制作的具有内部特征的信息。关于前者,根据《政府信息公开条例》的规定,政府信息不仅包括行政机关制作的信息,同样包括行政机关从公民、法人或者其他组织获取的信息。因此,本案中行政机关在履行职责过程中获取的企业环境信息同样属于政府信息。关于后者,本案行政机关决定不予公开的 23 号函和 50 号函,虽然文件形式表现为内部报告,但实质仍是行政管理职能的延伸,不属于内部管理信息。

第二,例外法定。政府信息不公开是例外,例外情形应由法律法规明确规定。本案判决强调,凡属于政府信息,如不存在法定不予公开的事由,均应予以公开。被告未能证明申请公开的信息存在法定不予公开的情形,简单以政府内部信息和企业环境信息为由答复不予公开,属于适用法律错误。

第三,行政机关先行判断。考虑到行政机关获取的企业环境信息可能存在涉及第三方商业秘密的情形,应当首先由行政机关在行政程序中作出判断,法院并未越俎代庖直接判决公开,而是责令行政机关重新作出是否公开的答复,体现了对行政机关首次判断权的尊重。

案例二:204 人集体诉环境影响评价行政许可程序违法案

(一)基本案情

杭州萧山城市建设投资集团有限公司(以下简称城投公司,原审第三人)因涉案风情大道改造及南伸项目建设需要,委托浙江省工业环保设计研究院有限公司(以下简称省环保设计院)对该项目进行环境影响评价。在涉案环评报告书编制过程中,城投公司分别在建设项目所涉区域对案涉项目的基本情况及其对周边环境可能造成的影响、预防或减轻不良环境影响的对策和措施、环境影响评价结论要点等内容进行了两次公示。省环保设计院通过发放个人调查表和团体调查表的方式进行了公众调查。2012 年 4 月 20 日,杭州市萧山区环境保护局(以下简称区环保局)与城投公司、省环保设计院和邀请的专家召开了涉案项目环境影响报告书技术评审会并形成评审意见。同年 4 月 23 日,区环保局在区办事服务中心大厅的公示栏内张贴案涉项目的《环保审批公示》。公示期间为 2012 年 4 月 23 日至 5 月 7 日,共 10 个工作日。公示内容主要为:涉案项目基本情况;涉案项目对环境可能造成的影响;预防或减轻不良环境影响的对策和措施;环境影响评价结论要点;建设单位、环评单位及审批单位的联系方式,并注明征求意见的方式是电话和信件。2012 年 5 月 29 日,区环保局与城投公司、省环保设计院和邀请的专家召开案涉环评报告书(复审稿)技术复审评审会并形成复审意见。2012 年 6 月,省环保设计院形成环评报告书的送审稿。同年 6 月 28 日,城投公司向区环保局报送该环评报告书及相关的申请材料,申请对该环评报告书予以批准。区环保局于同日作出《关于风情大道改造及南伸(金城路 - 湘湖路)工程环境影响报告书审查意见的函》(以下简称《审查意见函》),同意该项目在萧山规划许可的区域内实施。

卢红等 204 人称,其均为萧山区风情大道湘湖段“苏黎世小镇”和“奥兰多小镇”两小区的居民。因不服萧山区发展和改革局审批的“风情大道改造及南伸(金城路 - 湘湖路)工程”可行性研究报告,向杭州市发展和改革委员会提起行政复议。在复议期间,萧山区发展和改革局提供了区环保局的《审查意见函》作为其审批依据。该 204 人认为涉案项目的建设将对两个小区造成不利影响,区环保局的行政许可行为侵害其合法权益,遂以该局为被告提起行政诉讼,请求法院撤销上述《审查意见函》。

(二)裁判结果

杭州市萧山区人民法院一审认为,根据《浙江省建设项目环境保护管理办法》(以下简称《办法》)第 22 条的规定,环保行政机关受理环境影响报告书审批申请后,除了依法需要保密的建设项目,仍需通过便于公众知晓的方式公开受理信息和环境影响报告书的查询方式以及公众享有的权利等事项,并征求公众意见,征求公众意见的期限不得少于 7 日。本案中,被告区环保局称其 2012 年 4 月 23 日受理第三人城建公司就案涉环评报告书提出的审批申请,而第三人委托评价单位省环保设计院编制的、用于申请被告批准的涉案环评报告书(报批稿)形成于 2013 年 6 月。因此,即使被告确实是 2012 年 4 月 23 日受理了第三人的申请,由于需要审批的环评报告书(报批稿)此时尚未编制完成,被告主张的受理行为亦不合法。被告在《承诺件受理通知书》中明确表示第三人向其申请环评审批的时间是 2012 年 6 月 28 日,而被告于同日即作出被诉《审查意见函》,对案涉环评报告书予以批准,其行为明显违反《办法》第 22 条关于环评审批行政机关在审批环节应进行公示和公众调查的相关规定,严重违反法定程序。据此,判决撤销被告作出《审查意见函》的具体行政行为。一审宣判后,各方当事人均未上诉。

(三)解析

环保机关受理环境影响报告书审批申请的基本前提是该报告书已正式形成,且环保机关受理后应依法履行公开该报告书并征求公众意见的程序后,才可予以审批。人民法院要严格审查行政行为是否履行了法定程序和正当程序,是否充分尊重了当事人的知情权、表达权,如果认为行政行为存在程序违法或明显不当的,有权确认违法或予以撤销。本案中,区环保局存在明显的程序违法情形,其所主张的受理城投公司提出的环评报告书审批申请的时间,尚未形成正式报批稿;其在环评报告编制过程中所公示的《环保审批公示》,不能替代《办法》所要求环保机关在申请人正式报送环评报告及相关申请材料后对环境影响报告书进行公示和公众调查的程序和义务。法院基于其程序的严重违法,判决撤销了被诉行政行为。

案例三:人民政府责令污染企业停业关闭案

(一)基本案情

2011年12月2日,广东省佛山市顺德区环境运输和城市管理局(以下简称区环运局)以佛山市三英精细材料有限公司(以下简称三英公司)在生产过程中排放废气的臭气浓度超标为由,对该公司作出《限期治理决定书》,要求2012年1月31日前完成排放臭气浓度治理达到《恶臭污染物排放标准》的要求,并经环运局验收合格;逾期未申请验收或未完成限期治理任务,将按规定责令停业、关闭;要求该公司分析臭气浓度超标排放原因,制定限期治理达标计划以及落实各项污染防治措施,确保污染物达标排放。

2012年2月9日,三英公司向区环运局申请治理验收。顺德区环境保护监测站受区环运局委托,于同年4月26日、6月28日对该公司进行臭气排放监测,两次监测报告均显示臭气浓度未达标。区环运局遂于2012年8月29日组织验收组现场检查并对法定代表人进行调查询问,告知该公司验收结果:即存在未提交限期治理方案、废气处理技术不能确保无组织废气达标排放、排放废气的臭气浓度超标、使用的燃油不符合环保要求四个方面的问题,未通过限期治理验收。

2013年1月11日,顺德区人民政府作出《行政处罚告知书》,同年3月18日经听证后作出《行政处罚决定书》,决定三英公司自收到行政处罚决定书之日起停业、关闭。该公司不服提起行政诉讼,请求法院撤销上述《行政处罚决定书》。

(二)裁判结果

佛山市中级人民法院一审认为,三英公司对顺德区人民政府作出处罚决定的职权依据及行政程序并无异议。原告认为上述两次臭气排放监测的采样点与频次不符合法定要求,未能排除其他干扰因素,故监测报告的结论不能作为定案依据。经查,顺德区环境保护监测站具有废气污染物检测的法定资质,该监测站两次臭气采样点即监测位置为三英公司厂界敏感点,符合《恶臭污染物排放标准》及国家环境保护总局《关于恶臭物无组织排放检测问题的复函》规定。原告认为臭气监测采样点的设置不合法的主张于法无据,其亦未提供充分证据证明上述臭气监测采样点存在其他干扰因素。至于采样频次问题,该监测站两次臭气监测均采用了4次×3点的监测频次并取其中最大测定值,但频次间隔不足2小时,存在一定瑕疵。但该瑕疵不足以推翻监测报告结论的正确性。由于原告在限期治理期限届满后,经两次监测臭气排放浓度仍未达到《恶臭污染物排放标准》的要求,且存在其他相关环保问题,经区环运局报请顺德区人民政府依照《广东省珠江三角洲大气污染防治办法》有关规定对原告作出停业、关闭的行政处罚决定,认定事实清楚,证据充分,适用法律正确,遂判决驳回原告诉讼请求。原告上诉后,广东省高级人民法院二审判决驳回上诉,维持原判。

(三)解析

责令停业关闭权,对企业而言是最严厉的行政处罚,在2014年版《环境保护法》在2015年1月1日生效之前,许多地方行政机关无权作出责令停业、关闭的处罚,但本案中的行政机关依据广东省地方性规章对排污不达标企业提出限期治理要求,仍未达标的,依法作出责令停业、关闭的处罚，于法有据。办理环境行政案件，一方面要依法审查行政机关的执法职权、执法依据和执法程序，另一方面对于废气污染物监测报告等专业性判断和专家证据，需从证据审查角度给予充分考查，对合法形成的证据予以采信。

案例四：噪声污染领域环境行政执法案

（一）基本案情

甘肃省武威市凉州区环境保护局（以下简称区环保局）接到其辖区陆羽茶楼对动感酒吧环境噪声污染的投诉后，组织环境检查执法人员和环境检测人员先后于2012年11月23日、12月20日和12月22日22时零5分至23时零5分，对动感酒吧环境噪声及环境噪声污染防治情况实施了现场检查（勘查）和采样检测，其夜间场界4个检测点环境噪声排放值分别达到58.9dB(A)；55.4dB(A)；52.9dB(A)；56.9dB(A)；均超过国家《社会生活环境噪声排放标准》（GB 22337—2008）规定的环境噪声排放标准。区环保局于2012年12月22日制作了检测报告，认定动感酒吧夜间噪声达58.9分贝，超过国家规定的排放标准，其行为违反了《中华人民共和国环境噪声污染防治法》第43条第2款规定，并依据该法第59条规定，于2013年1月18日对动感酒吧作出责令改正违法行为决定书：责令其立即停止超标排放环境噪声的违法行为，限于2013年2月28日前，采取隔音降噪措施进行整改，并于2013年2月28日前将改正情况书面报告。动感酒吧于2013年2月27日向区环保局提交了防噪音处理报告及申请，证明其已整改，同时申请对整改后的噪音再次测试，区环保局未予答复，也未再组织测试；同年4月17日，动感酒吧就区环保局于1月18日作出的上述责令改正违法行为决定书向武威市环保局申请复议，复议机关以逾期为由不予受理。遂以区环保局为被告，诉请法院撤销上述责令改正违法行为决定书。

（二）裁判结果

武威市凉州区人民法院一审认为，被告区环保局执法主体资格、执法程序合法。被告的检测报告所适用的检测标准（《社会生活环境噪声排放标准》）与原告所述的检测标准（《标准声环境质量标准》）是法律规定的两个不同的标准，前者是适用于对营业性文化娱乐场所、商业经营活动中使用的向环境排放噪声的设备、设施的管理、评价与控制的排放标准，后者是适用于声环境质量评价与管理的环境质量标准，被告检测噪音的方式方法并不违背法律规定，其检测结果合法有效，遂判决维持被告作出的责令改正违法行为决定书。动感酒吧上诉后，武威市中级人民法院二审认为，被上诉人在夜间经营期间环境噪声排放及环境噪声污染噪声已超过《社会生活环境噪声排放标准》规定限度，其行为违反了《中华人民共和国环境噪声污染防治法》第43条第2款“经营中的文化娱乐场所，其经营管理者必须采取有效措施，使其边界噪声不超过国家规定的环境噪声排放标准”的规定，原判认定事实清楚，适用法律准确，判决驳回上诉、维持原判。

（三）解析

本案中，人民法院以裁判方式明确了噪声相关标准执法适用范围。由国家环境保护部、国家质量监督检验检疫总局2008年10月1日发布施行的《声环境质量标准》、《社会生活环境噪声排放标准》和《工业企业厂界环境噪声排放标准》，是环境检测、执法人员进行噪声监管的重要依据。前一项是环境质量标准，后两项是排放标准，它们的适用范围、检测方法及限值等均有不同，应根据检测对象及目的等因素作出正确选择。本案判决对《声环境质量标准》、《社会生活环境噪声排放标准》的适用范围作了正确区分，对环保机关正确执法和人民法院审理类似行政案件具有示范作用。

本案中，行政机关所作行政命令得到法院支持，但如果原告的诉求改为状告行政机关对整改报告不予答复不予复检违法，或行政机关将败诉。

案例五:环境规划调整与行政许可信赖保护案

(一)基本案情

2006年年底,苏耀华与广东省博罗县农业科技示范场签订了《承包土地合同书》,在涉案土地上经营养殖场,养殖猪苗,并先后领取了《税务登记证》、《排放污染物许可证》和《个体工商户营业执照》。2012年3月22日,博罗县人民政府发布《关于将罗浮山国家级现代农业科技示范园划入禁养区范围的通告》(以下简称《通告》),要求此前禁养区内已有的畜禽养殖场(点)于当年6月30日前自行搬迁或清理,违者将依据有关法律、法规进行处理,直至关闭。

此后,博罗县环境保护局(以下简称环保局)、畜牧局均以《通告》为由不予通过养殖场的排污许可证、动物防疫合格证的年审;县国土资源局(以下简称国土)以养殖场未按规定申请办理用地手续,未取得县人民政府批准同意擅自兴建畜禽养殖房为由,要求养殖场自行关闭并拆除畜禽养殖房,恢复土地原状;县住房和城乡建设局(以下简称住建)对养殖场发出了《行政处罚告知书》,以养殖场的建筑未取得建设工程规划许可证为由,拟给予限期拆除的处罚。苏耀华对县人民政府作出的上述《通告》不服,提起行政诉讼,请求法院判决撤销该《通告》。

(二)裁判结果

惠州市中级人民法院一审认为,根据《广东省环境保护条例》、《中华人民共和国畜牧法》有关规定,被告博罗县人民政府有权将其管辖的罗浮山国家级现代农业科技示范园划定为畜禽禁养区,县政府已将《通告》告知并送达有关畜牧养殖户,《通告》明确告知当事人应履行的义务。被告划定畜禽禁养区完全合乎法律规定,遂判决维持《通告》。

苏耀华上诉后,广东省高级人民法院二审认为,罗浮山国家级现代农业科技示范园承担着农业科技推广的任务,需要严格的环境保护条件。科技示范园附近的河道连接着当地饮用水源地,在科技示范园内进行畜禽养殖有可能造成空气和水质污染。博罗县人民政府有权依据畜牧法、《畜禽养殖污染防治管理办法》和《广东省环境保护条例》相关规定,根据环境保护的需要,将其管辖的罗浮山国家级现代农业科技示范园划定为畜禽禁养区。据此,二审判决维持原判,驳回上诉。

但二审法院同时认为,苏耀华经营养殖场的行为发生在《通告》作出之前,已经依法领取了《税务登记证》、《排放污染物许可证》和《个体工商户营业执照》,其合法经营行为应当受到法律保护。根据《行政许可法》第8条的规定,虽然博罗县人民政府有权根据环境保护这一公共利益的需要划定畜禽禁养区,但亦应当对因此遭受损失的苏耀华依法给予补偿。县人民政府发布《通告》要求养殖场自行搬迁或清理,未涉及对苏耀华的任何补偿事宜显然不妥。环保、国土、住建等部门对苏耀华及其养殖场作出行政处罚、不予年审等行为的依据均是《通告》,县人民政府不能以此为由否定苏耀华的合法经营行为。苏耀华可依照《最高人民法院关于审理行政许可案件若干问题的规定》第14条的规定,另行提出有关行政补偿的申请。

(三)解析

人民法院在维护行政机关环境保护监管行为的同时,也注重利益的平衡,较好地诠释了环境行政管理活动中的信赖保护原则。虽然县级以上人民政府有权根据环境保护的需要,划定畜禽禁养区,严禁在畜禽禁养区内从事畜禽养殖业,也可要求已有的畜禽养殖场(点)自行搬迁或清理,即变更或撤回养殖户的生产经营许可。但与此同时,也应当考虑到在此之前合法经营的畜禽养殖户的利益保护问题,应根据《行政许可法》第8条所体现的信赖保护原则精神,对行政许可因环境公共利益需要被变更或撤回而遭受损失的合法养殖户依法给予补偿。在环境行政管理活动中,政府及环保部门需注重公共利益与私人利益的平衡,不能只考虑环境保护的需要，忽视合法经营者的信赖利益。尤其要防止为了逃避补偿责任，有意找各种理由将合法的生产经营活动认定为“违法”的现象。

案例六：核发排污证不等同于环保设施验收合格案

（一）基本案情

福建省晋江市环境保护局（以下简称市环保局）于2012年7月5日现场检查发现泉州弘盛石业有限公司（以下简称弘盛公司）在从事石材加工生产过程中，存在需要配套建设的水污染防治设施和未经环境保护主管部门验收（合格）而投入生产情形，遂于同年7月20日作出行政处罚决定，责令该公司停止生产并罚款人民币6万元。弘盛公司认为市环保局向其核发过《排放污染物临时许可证》，明确其建设项目的污水排放已达到零排放标准，符合项目环境保护的要求，应视同验收合格，遂申请行政复议。泉州市环境保护局复议后，决定维持上述行政处罚决定。弘盛公司仍不服，以市环保局为被告提起行政诉讼，请求法院撤销该行政处罚决定。

（二）裁判结果

晋江市人民法院一审认为，原告弘盛公司作为石材加工企业，在生产过程中必然产生污水等污染物，必须建设水污染防治设施并经验收合格才能投产。被告市环保局对其核发《排放污染物临时许可证》，准许其临时排放污染物，并不能视同原告的水污染防治设施验收合格，不能免除水污染防治设施应当经过环境保护主管部门验收合格方可投产的义务。原告在《排放污染物临时许可证》已过期的情形下继续生产，且水污染防治设施仍未经环保部门验收合格，其行为不属于《行政处罚法》第29条规定的不予处罚情形，且违法行为呈持续状态，行政处罚的追诉时效应从违法行为终了之日起计算。被告在作出行政处罚前，已依法作出《行政处罚告知书》并送达原告，告知原告所享有的权利，遂判决维持被告作出的行政处罚决定书。弘盛公司上诉后，泉州市中级人民法院二审以相同理由判决驳回上诉、维持原判。

（三）解析

人民法院通过判决的方式进一步明晰了环保机关核发《排放污染物临时许可证》，不能视同水污染防治设施已经验收合格。产生污水等污染物的排污企业，必须依法建设水污染防治设施并经环保机关验收合格后才能投入生产，否则环保机关有权依据水污染防治法以及地方性法规等规范性文件对违法排污企业予以处罚。本案中，弘盛公司主张所领取的《排放污染物临时许可证》应视同水污染防治设施验收合格的理由不能成立，同时还存在《排放污染物临时许可证》已过期继续生产的情形，且该许可证允许其对外排放的污染物种类中不包括废水等。此外，本案在法律适用上，结合污染物种类明确了“液态废物”的排放适用《固体废物污染环境防治法》。

案例七：拒绝环监现场执法被罚款案

（一）基本案情

江苏省苏州市工业园区环境保护局（以下简称园区环保局）连续接到汀兰家园小区居民关于周围企业产生异味影响正常生活和健康的投诉，于2013年9月起对该小区周边企业废气排放情况集中排查整治，划定包括梦达驰汽车系统（苏州工业园区）有限公司（以下简称梦达驰公司）在内的58家企业作为检查对象。同年9月30日，园区环保局执法人员会同苏州市环境监察支队执法人员至梦达驰公司进行执法检查时,该公司保安以未办理来访预约为由拒绝执法人员进入现场检查。执法人员随即拨打110报警求助,在民警和执法人员的要求下,保安电话联系公司环保负责人后仍以未预约为由拒绝执法人员进入现场检查。园区环保局执法人员因受阻挠而认为丧失最佳检查时机,故未强行进入现场进行检查。2013年12月6日,园区环保局向该公司邮寄送达了《行政处罚事先告知书》。在规定的期限内,该公司未向园区环保局提出陈述申辩意见。同年12月20日,园区环保局作出行政处罚决定,认定2013年9月30日园区环保局依法对梦达驰公司开展废气排放企业专项现场检查时,该公司拒绝其入内开展检查,违反大气污染防治法关于"环境保护行政主管部门和其他监督管理部门有权对管辖范围内的排污单位进行现场检查,被检查单位必须如实反映情况,提供必要的资料"的规定,根据行政处罚法、大气污染防治法有关规定,对该公司处以罚款人民币4万元的行政处罚。梦达驰公司不服,提起行政诉讼,请求法院撤销该行政处罚决定。

(二)裁判结果

苏州市姑苏区人民法院一审认为,国家环境保护行政机关依法实施环境保护执法检查,是法律赋予执法机关的权力和职责,原告梦达驰公司的内部管理规定不能对抗国家强制性法律规定。原告以公司管理规定为由阻碍、拒绝依法进行的行政执法行为,在公安民警到场介入的情况下,仍拒绝检查,其行为已构成拒绝执法检查。根据大气污染防治法相关规定,拒绝环境保护行政主管部门或者其他监督管理部门现场检查,环境保护行政主管部门或者法律规定的监督管理部门可以根据不同情节,责令停止违法行为,限期改正,给予警告或者处以50000元以下罚款,原告无正当理由拒绝被告的执法检查,事后也未及时采取补救、改正措施,其主观过错较大。被告对原告所作出的罚款在法定处罚幅度内,并无不当。故判决驳回原告的诉讼请求。一审宣判后,双方当事人均未上诉。

(三)解析

现场检查是环境保护行政部门收集证据、制止环境污染违法行为的重要程序和手段,被检查单位拒绝环境保护行政部门现场检查的行为,依法应予处罚。

案例八:海域资源保护行政处罚案

(一)基本案情

广东省海丰县海丽国际高尔夫球场有限公司(以下简称海丽公司)与海丰县人民政府(以下简称县政府)签订合同约定"征地范围南边的临海沙滩及向外延伸一公里海面给予乙方作为该项目建设旅游的配套设施"。海丽公司在海丰县后门镇红源管区海丽国际高尔夫球场五星级酒店以南海域进行涉案弧形护堤的建设。2009年3月9日,涉案弧形护堤部分形成。2010年3月19日,海监部门在执法检查中发现该公司未取得海域使用权证擅自建设涉案弧形护堤,涉嫌违反《中华人民共和国海域使用管理法》(以下简称《海域法》)第3条的规定。经逐级上报,国家海洋局立案审查。2011年3月,南海勘察中心受海监部门委托作出《汕尾市海丰县海丽国际高尔夫球场海岸线弧形护堤工程海域使用填海面积测量技术报告》,指出涉案弧形护堤填海形成非透水构筑物(堤坝),面积为0.1228公顷。

2011年6月2日,国家海洋局作出《行政处罚听证告知书》,告知海丽公司拟对其作出的处罚及事实和法律依据,经组织召开听证会,同年12月14日作出第12号行政处罚决定:认定海丽公司在未经有权机关批准的情况下,自2010年3月中旬进行涉案弧形护堤工程建设,以在海中直接堆筑碎石的方式进行填海活动,至2010年11月17日技术单位测量之日,填成弧形护堤面积为0.1228公顷。据此,依据《海域法》有关规定和《财政部、国家海洋局关于加强海域使用金征收管理的通知》，责令该公司退还非法占用的海域，恢复海域原状，并处非法占用海域期间内该海域面积应缴纳的海域使用金15倍的罚款人民币82.89万元。该公司不服，申请行政复议。国家海洋局于2012年5月30日作出行政复议决定认为：第12号处罚决定关于海丽公司自2010年3月中旬进行涉案弧形护堤建设的认定与海监部门航空照片显示涉案弧形护堤2009年已存在的情况不一致，系认定事实不清，决定撤销第12号处罚决定。其后，国家海洋局经履行听证告知、举行听证会等程序，于2012年7月25日作出海监七处罚(2012)003号行政处罚决定书，指出证据显示2009年3月9日涉案弧形护堤已部分形成，至2010年11月17日海监机构委托技术单位进行现场测量之日，该弧形护堤非法占用海域的面积为0.1228公顷；处罚依据与具体内容与上述12号处罚决定相同。海丽公司不服，提起行政诉讼，请求法院撤销海监七处罚(2012)003号行政处罚决定书。

(二)裁判结果

北京市第一中级人民法院一审认为，《国家海域使用管理暂行规定》、《广东省海域使用管理规定》等有关规定明确了任何单位或个人实施填海等占用海域的行为均必须依法取得海域使用权，海洋行政主管部门颁发的海域使用权证书是当事人合法使用海域的凭证。本案中，海丽公司未经批准合法取得海域使用权，填海建设弧形护堤的行为，属于《海域法》第42条所指未经批准非法占用海域进行填海活动的情形，被诉处罚决定中的该部分认定证据充分，定性准确。海丽公司关于涉案弧形护堤并非建设于海域范围，故国家海洋局无管辖权的诉讼理由，缺乏事实依据，其关于海丰县政府与其签订的合同可以作为其取得海域使用权证明的诉讼理由，缺乏法律依据，遂判决驳回该公司的诉讼请求。海丽公司上诉后，北京市高级人民法院判决驳回上诉，维持原判。

(三)解析

党的十八届三中全会明确提出了完善自然资源监管体制，对海洋资源超载区域等实行限制性措施。海域属于国家所有，任何单位和个人在未依法取得有权机关颁发的海域使用权证书的情况下，不得侵占、买卖或者以其他形式非法转让海域，否则要受到相应的处罚。本案中，虽然海丰县政府与海丽公司签订了合同，允许其使用涉案海域，但依照海域法等有关规定，该公司仍需依法向项目所在地县以上海洋行政主管部门提出申请，并按照《广东省海域使用管理规定》第11条规定的批准权限逐级上报，由批准机关的同级海洋行政主管部门发给海域使用证。本案的处理对于厘清地方政府与海洋行政主管部门的法定职权，对于相关行政执法和司法实践有着积极示范意义。

案例九：土地资源管理过程性信息公开案

(一)基本案情

2013年3月20日，姚新金、刘天水通过特快专递，要求福建省永泰县国土资源局书面公开二申请人房屋所在区域地块拟建设项目的“一书四方案”，即建设用地项目呈报说明书、农用地转用方案、补充耕地方案、征收方案、供地方案。2013年5月28日，永泰县国土资源局作出《关于刘天水、姚新金申请信息公开的答复》(以下简称《答复》)，称：“你们所申请公开的第3项(拟建设项目的‘一书四方案’)，不属于公开的范畴。”并按申请表确定的通信地址将《答复》邮寄给申请人。2013年7月8日，姚新金、刘天水以永泰县国土资源局未就政府公开申请作出答复为由，提起行政诉讼。永泰县国土资源局答辩称：“一书四方案”系被告制作的内部管理信息，处在审查中的过程性信息，不属于《政府信息公开条例》所指应公开的政府信息，被告没有公开的义务。

(二)裁判结果

永泰县人民法院经审理认为，“一书四方案”系永泰县国土局在向上级有关部门报批过程中的材料，不属于信息公开的范围。虽然

《答复》没有说明不予公开的理由,存在一定的瑕疵,但不足以否定具体行政行为的合法性。姚新金、刘天水要求被告公开"一书四方案"于法无据,判决驳回其诉讼请求。

姚新金、刘天水不服,提出上诉。福州市中级人民法院经审理认为,根据《土地管理法实施条例》第23条第1款第(2)项规定,永泰县国土资源局是"一书四方案"的制作机关,福建省人民政府作出征地批复后,有关"一书四方案"已经过批准并予以实施,不再属于过程性信息及内部材料,被上诉人不予公开没有法律依据。判决撤销一审判决,责令永泰县国土资源局限期向姚新金、刘天水公开"一书四方案"。

(三)解析

本案的焦点集中在过程性信息如何公开。《政府信息公开条例》确定的公开的例外仅限于国家秘密、商业秘密、个人隐私。《国务院办公厅关于做好政府信息依申请公开工作的意见》第2条第2款规定:"……行政机关在日常工作中制作或者获取的内部管理信息以及处于讨论、研究或者审查中的过程性信息,一般不属于《条例》所指应公开的政府信息。"但过程性信息不应是绝对的例外,当决策、决定完成后,此前处于调查、讨论、处理中的信息即不再是过程性信息,如果公开的需要大于不公开的需要,就应当公开。本案福建省人民政府作出征地批复后,当事人申请的"一书四方案"即已处于确定的实施阶段,行政机关以该信息属于过程性信息、内部材料为由不予公开,对当事人行使知情权构成不当阻却。

案例十:土地征用程序违法案

(一)基本案情

原告郝龙只等15人和第三人高安喜等6人均系屯留县李高乡王公庄村(以下简称王公庄村)村民,1991年郝义明、高安喜等人与王公庄村签订了土地承包合同,承包了村里的果园地,承包期限为1993年至1999年。承包期满后,合同变为一年一签,直至2003年。2003年10月,郝龙只、高安喜等人承包的果园地被长治市德凯亚飞汽车连锁销售有限公司(以下简称德凯公司)占用。2004年11月24日,屯留县人民政府向山西省人民政府和长治市人民政府报送了《关于长治市德凯亚飞汽车连锁销售有限公司清真肉业深加工改扩建项目建设用地的请示》,申请征用王公庄村土地6.7293公顷,其中耕地0.57公顷、园地6.1593公顷。郝龙只、高安喜等人承包的果园地在该请示拟征用的范围内。2005年12月14日,屯留县人民政府与王公庄村签订了《土地补偿协议》,约定屯留县人民政府使用王公庄村土地100亩,补偿费分年度支付,每年支付50000元(每亩500元)。2006年8月4日,山西省人民政府以晋政地字〔2006〕285号文批复同意屯留县人民政府征用上述土地,并由屯留县人民政府负责所转用面积的耕地补充、批后实施及公告等工作。从2004年开始,屯留县人民政府每年通过王公庄村支付郝龙只、高安喜等人租地费每亩500元,直至2008年。2009年,因郝义明、高安喜等人提起本案诉讼,王公庄村未将租地费给付各承包户。

2007年6月,屯留县国土资源局将征用的6.7293公顷土地出让给德凯公司,用于清真肉业深加工改扩建项目。同年8月27日,屯留县国土资源局对该块土地初始登记的审核情况进行公告。郝龙只、高安喜等人称,直至此时方得知所承包土地已被征用并出让给德凯公司,而屯留县政府自始没有告知其征用土地的事实,更没有依法履行征地方案和征地补偿、安置方案公告的法定职责,而是一直以租地费的形式给予其补偿。故提起诉讼,要求屯留县人民政府依法履行公告职责,并依法一次性支付征地补偿款。

(二)裁判结果

长治市中级人民法院一审认为,2005年12月14日,屯留县人民政府与王公庄村签订了土地补偿协议,约定每年给付王公庄村土地补偿款,郝龙只、高安喜等人均已从村委领取了补偿款，应视为其对土地补偿、安置方案已认可，再公告征地补偿、安置方案已无实际意义，故郝龙只等人要求屯留县人民政府履行征地补偿、安置方案公告职责的诉讼请求应予驳回。2006年8月，经山西省人民政府同意，该宗土地被转为建设用地，郝龙只、高安喜等人早已知道土地被征用，且被德凯公司使用，屯留县人民政府公布征地方案已无实际意义，故郝龙只等人要求屯留县人民政府履行征地方案公告职责的诉讼请求也应予以驳回。故依照《最高人民法院关于执行〈中华人民共和国行政诉讼法〉若干问题解释》第56条第(4)项之规定：判决驳回原告郝龙只等15人的诉讼请求。

山西省高级人民法院二审认为，根据《中华人民共和国土地管理法》及《中华人民共和国土地管理法实施条例》的有关规定，国家征收土地，应当依照法定程序履行征地方案和征地补偿、安置方案公告职责。国土资源部《征用土地公告办法》对公告事项作了详细规定，第4条规定："被征用土地所在地的市、县人民政府应当在收到征用土地方案批准文件之日起10个工作日内进行征用土地公告，该市、县人民政府土地行政主管部门负责具体实施。"第7条规定："有关市、县人民政府土地行政主管部门会同有关部门根据批准的征用土地方案，在征用土地公告之日起45日内以被征用土地的所有权人为单位拟订征地补偿、安置方案并予以公告。"第14条第1款规定："未依法进行征用土地公告的，被征地农村集体经济组织、农村村民或者其他权利人有权依法要求公告，有权拒绝办理征地补偿登记手续。未依法进行征地补偿、安置方案公告的，被征地农村集体经济组织、农村村民或者其他权利人有权依法要求公告，有权拒绝办理征地补偿、安置手续。"本案中，山西省人民政府于2006年8月4日批准讼争土地转为建设用地并办理征收手续，并确定屯留县人民政府负责批后实施及公告工作。屯留县人民政府在接到山西省人民政府的征地批文后，组织实施了征地工作及出让工作，但没有依法履行公告职责和办理补偿、安置手续。屯留县人民政府从2004年起支付给上诉人郝龙只等人的土地租赁费，不能等同于征收土地的补偿、安置费。上诉人郝龙只等15人作为被征地农村村民有权要求屯留县人民政府履行征地方案和征地补偿、安置方案公告职责，并依法支付征地补偿、安置费。原判关于征地行为已经完成且郝龙只等人领取了土地租赁费视为对补偿、安置方案已认可，屯留县人民政府履行征地公告职责已经没有实际意义的观点，不能成立。综上，原审判决理由和结果不当，本院依法予以纠正。根据《中华人民共和国行政诉讼法》第61条第(2)项之规定，判决如下：一、撤销长治市中级人民法院于2009年12月9日作出(2009)长行初字第007号行政判决；二、屯留县人民政府依法履行征地方案和征地补偿、安置方案公告职责。

(三)解析

《土地管理法》、《土地管理法实施条例》及国土资源部《征用土地公告办法》对征用土地公告的内容、形式和程序均作了明确规定。此外，国土资源部2004年5月1日施行的《国土资源听证规定》第19条规定，拟定拟征地项目的补偿标准和安置方案的，主管部门在报批之前，应当告知当事人有要求听证的权利。2008年5月1日实施的《政府信息公开条例》第10条至第12条规定，市、县人民政府及其部门和乡级人民政府重点公开征收土地及其补偿、补助费用的发放、使用等政府信息，这可以说是对我国征地公告制度的新要求和重要补充。实践中，如果在征地中出现行政机关没有依法履行征地公告职责，剥夺被征地农民对征地行为的知情权和对征地补偿安置方案的听证权、建议权，意味着征地程序严重违法，被征地农民有权向人民法院提起诉讼要求行政机关依法履行征地公告职责。本案中，人民法院直接判决行政机关履行征地公告职责，有力促进行政机关依法行政，保障被征地农民的合法权益。判决生效后，屯留县人民政府高度重视，成立执行工作领导组，积极履行判决，经协商和被征地农民达成补偿协议，征地补偿款3929310元已全部补偿到位，郝龙只等15人已向长治市中级人民法院提出《撤回执行申请书》。

案例十一:资源回收管理行政排除竞争案

(一)基本案情

江苏省南京市发展和改革委员会于2010年7月对10家企业作出废弃食用油脂定点回收加工单位备案,其中包括南京发尔士化工厂和南京立升废油脂回收处理中心。2012年11月,南京市江宁区人民政府(以下简称江宁区政府)作出江宁政发〔2012〕396号《关于印发江宁区餐厨废弃物管理工作方案的通知》(以下简称396号文),明确"目前指定南京立升再生资源开发有限公司(以下简称立升公司)实施全区餐厨废弃物收运处理。"该区城市管理局和区商务局于2014年3月发出公函,要求落实396号文的规定,各生猪屠宰场点必须和立升公司签订清运协议,否则将进行行政处罚。南京发尔士新能源有限公司(以下简称发尔士公司)对396号文不服,诉至法院,请求撤销该文对立升公司的指定,并赔偿损失。

(二)裁判结果

南京市中级人民法院一审认为,被告江宁区政府在396号文中的指定,实际上肯定了立升公司在江宁区开展餐厨废弃物业务的资格,构成实质上的行政许可。区城市管理局和区商务局作出的公函已经表明被告的指定行为事实上已经实施。根据行政许可法相关规定,行政机关受理、审查、作出行政许可应当履行相应的行政程序,被告在作出指定前,未履行任何行政程序,故被诉行政行为程序违法。被告采取直接指定的方式,未通过招标等公平竞争的方式,排除了其他可能的市场参与者,构成通过行政权力限制市场竞争,违反了《江苏省餐厨废弃物管理办法》第19条和《反垄断法》第32条的规定。被告为了加强餐厨废弃物处理市场监管的需要,对该市场的正常运行作出必要的规范和限制,但不应在行政公文中采取明确指定某一公司的方式。原告发尔士公司对其赔偿请求未提交证据证实,法院对此不予支持。遂判决撤销被告在396号文中对立升公司指定的行政行为,驳回原告的其他诉讼请求。一审宣判后,双方当事人均未上诉。

(三)解析

新修改的行政诉讼法将"滥用行政权力侵犯公平竞争权"明确纳入受案范围,本案是涉及行政垄断的典型案件。行政垄断指行政机关滥用行政权力,违法提高市场准入门槛、违法指定特定企业从事特定业务、违法设置条件限制其他企业参与竞争等行为。它侵犯了市场主体的公平竞争权,对经济活动的正常运行、商品的自由流通乃至政府的内外形象都会造成较大破坏和不利影响,我国反垄断法和反不正当竞争法对此明令禁止。本案中,江宁区政府在行政公文中直接指定立升公司,未通过招标等公平竞争方式,排除了其他可能的市场参与者,构成通过行政权力限制市场竞争的违法情形。人民法院依法裁判,具有积极导向意义。

第二部分　办理环境保护案件实用法规大全

第一章　实用基本法

基本法律法规

中华人民共和国宪法(节选)

(1982年12月4日第五届全国人民代表大会第五次会议通过,1982年12月4日全国人民代表大会公告公布施行,根据1988年4月12日第七届全国人民代表大会第一次会议通过的《中华人民共和国宪法修正案》,1993年3月29日第八届全国人民代表大会第一次会议通过的《中华人民共和国宪法修正案》,1999年3月15日第九届全国人民代表大会第二次会议通过的《中华人民共和国宪法修正案》,2004年3月14日第十届全国人民代表大会第二次会议通过的《中华人民共和国宪法修正案》修正)

第九条 矿藏、水流、森林、山岭、草原、荒地、滩涂等自然资源,都属于国家所有,即全民所有;由法律规定属于集体所有的森林和山岭、草原、荒地、滩涂除外。

国家保障自然资源的合理利用,保护珍贵的动物和植物。禁止任何组织或者个人用任何手段侵占或者破坏自然资源。

第十条 城市的土地属于国家所有。

农村和城市郊区的土地,除由法律规定属于国家所有的以外,属于集体所有;宅基地和自留地、自留山,也属于集体所有。

国家为了公共利益的需要,可以依照法律规定对土地实行征收或者征用并给予补偿。

任何组织或者个人不得侵占、买卖或者以其他形式非法转让土地。土地的使用权可以依照法律的规定转让。

一切使用土地的组织和个人必须合理地利用土地。

第二十六条 国家保护和改善生活环境和生态环境,防治污染和其他公害。

国家组织和鼓励植树造林,保护林木。

中共中央关于全面推进依法治国若干重大问题的决定(节选)

(2014年10月23日中国共产党第十八届中央委员会第四次全体会议通过)

二、完善以宪法为核心的中国特色社会主义法律体系,加强宪法实施

(四)加强重点领域立法。依法保障公民权利,加快完善体现权利公平、机会公平、规则公平的法律制度,保障公民人身权、财产权、基本政治权利等各项权利不受侵犯,保障公民经济、文化、社会等各方面权利得到落实,实现公民权利保障法治化。增强全社会尊重和保障人权意识,健全公民权利救济渠道和方式。

社会主义市场经济本质上是法治经济。使市场在资源配置中起决定性作用和更好发挥政府作用,必须以保护产权、维护契约、统一市场、平等交换、公平竞争、有效监管为基本导向,完善社会主义市场经济法律制度。……加强市场法律制度建设,编纂民法典,制定和完善发展规划、投资管理、土地管理、能源和矿产资源、农业、财政税收、金融等方面法律法规,促进商品和要素自由流动、公平交易、平等使用。

用严格的法律制度保护生态环境，加快建立有效约束开发行为和促进绿色发展、循环发展、低碳发展的生态文明法律制度，强化生产者环境保护的法律责任，大幅度提高违法成本。建立健全自然资源产权法律制度，完善国土空间开发保护方面的法律制度，制定完善生态补偿和土壤、水、大气污染防治及海洋生态环境保护等法律法规，促进生态文明建设。

三、深入推进依法行政，加快建设法治政府

（三）深化行政执法体制改革。……

推进综合执法，大幅减少市县两级政府执法队伍种类，重点在食品药品安全、工商质检、公共卫生、安全生产、文化旅游、资源环境、农林水利、交通运输、城乡建设、海洋渔业等领域内推行综合执法，有条件的领域可以推行跨部门综合执法。

五、增强全民法治观念，推进法治社会建设

（四）健全依法维权和化解纠纷机制。

深入推进社会治安综合治理，健全落实领导责任制。完善立体化社会治安防控体系，有效防范化解管控影响社会安定的问题，保障人民生命财产安全。……依法强化危害食品药品安全、影响安全生产、损害生态环境、破坏网络安全等重点问题治理。

中共中央、国务院生态文明体制改革总体方案（节选）

（中共中央、国务院2015年9月21日印发）

为加快建立系统完整的生态文明制度体系，加快推进生态文明建设，增强生态文明体制改革的系统性、整体性、协同性，制定本方案。

一、生态文明体制改革的总体要求

（二）生态文明体制改革的理念

（三）生态文明体制改革的原则

（四）生态文明体制改革的目标。

到2020年，构建起由自然资源资产产权制度、国土空间开发保护制度、空间规划体系、资源总量管理和全面节约制度、资源有偿使用和生态补偿制度、环境治理体系、环境治理和生态保护市场体系、生态文明绩效评价考核和责任追究制度等八项制度构成的产权清晰、多元参与、激励约束并重、系统完整的生态文明制度体系，推进生态文明领域国家治理体系和治理能力现代化，努力走向社会主义生态文明新时代。

构建归属清晰、权责明确、监管有效的自然资源资产产权制度，着力解决自然资源所有者不到位、所有权边界模糊等问题。

构建以空间规划为基础、以用途管制为主要手段的国土空间开发保护制度，着力解决因无序开发、过度开发、分散开发导致的优质耕地和生态空间占用过多、生态破坏、环境污染等问题。

构建以空间治理和空间结构优化为主要内容，全国统一、相互衔接、分级管理的空间规划体系，着力解决空间性规划重叠冲突、部门职责交叉重复、地方规划朝令夕改等问题。

构建覆盖全面、科学规范、管理严格的资源总量管理和全面节约制度，着力解决资源使用浪费严重、利用效率不高等问题。

构建反映市场供求和资源稀缺程度、体现自然价值和代际补偿的资源有偿使用和生态补偿制度，着力解决自然资源及其产品价格偏低、生产开发成本低于社会成本、保护生态得不到合理回报等问题。

构建以改善环境质量为导向，监管统一、执法严明、多方参与的环境治理体系，着力解决污染防治能力弱、监管职能交叉、权责不一致、违法成本过低等问题。

构建更多运用经济杠杆进行环境治理和生态保护的市场体系，着力解决市场主体和市场体系发育滞后、社会参与度不高等问题。

构建充分反映资源消耗、环境损害和生态

效益的生态文明绩效评价考核和责任追究制度，着力解决发展绩效评价不全面、责任落实不到位、损害责任追究缺失等问题。

二、健全自然资源资产产权制度

（五）建立统一的确权登记系统。坚持资源公有、物权法定，清晰界定全部国土空间各类自然资源资产的产权主体。对水流、森林、山岭、草原、荒地、滩涂等所有自然生态空间统一进行确权登记，逐步划清全民所有和集体所有之间的边界，划清全民所有、不同层级政府行使所有权的边界，划清不同集体所有者的边界。推进确权登记法治化。

（六）建立权责明确的自然资源产权体系。制定权利清单，明确各类自然资源产权主体权利。处理好所有权与使用权的关系，创新自然资源全民所有权和集体所有权的实现形式，除生态功能重要的外，可推动所有权和使用权相分离，明确占有、使用、收益、处分等权利归属关系和权责，适度扩大使用权的出让、转让、出租、抵押、担保、入股等权能。明确国有农场、林场和牧场土地所有者与使用者权能。全面建立覆盖各类全民所有自然资源资产的有偿出让制度，严禁无偿或低价出让。统筹规划，加强自然资源资产交易平台建设。

（七）健全国家自然资源资产管理体制。按照所有者和监管者分开和一件事情由一个部门负责的原则，整合分散的全民所有自然资源资产所有者职责，组建对全民所有的矿藏、水流、森林、山岭、草原、荒地、海域、滩涂等各类自然资源统一行使所有权的机构，负责全民所有自然资源的出让等。

（八）探索建立分级行使所有权的体制。对全民所有的自然资源资产，按照不同资源种类和在生态、经济、国防等方面的重要程度，研究实行中央和地方政府分级代理行使所有权职责的体制，实现效率和公平相统一。分清全民所有中央政府直接行使所有权、全民所有地方政府行使所有权的资源清单和空间范围。中央政府主要对石油天然气、贵重稀有矿产资源、重点国有林区、大江大河大湖和跨境河流、生态功能重要的湿地草原、海域滩涂、珍稀野生动植物种和部分国家公园等直接行使所有权。

（九）开展水流和湿地产权确权试点。探索建立水权制度，开展水域、岸线等水生态空间确权试点，遵循水生态系统性、整体性原则，分清水资源所有权、使用权及使用量。在甘肃、宁夏等地开展湿地产权确权试点。

三、建立国土空间开发保护制度

（十）完善主体功能区制度。统筹国家和省级主体功能区规划，健全基于主体功能区的区域政策，根据城市化地区、农产品主产区、重点生态功能区的不同定位，加快调整完善财政、产业、投资、人口流动、建设用地、资源开发、环境保护等政策。

（十一）健全国土空间用途管制制度。简化自上而下的用地指标控制体系，调整按行政区和用地基数分配指标的做法。将开发强度指标分解到各县级行政区，作为约束性指标，控制建设用地总量。将用途管制扩大到所有自然生态空间，划定并严守生态红线，严禁任意改变用途，防止不合理开发建设活动对生态红线的破坏。完善覆盖全部国土空间的监测系统，动态监测国土空间变化。

（十二）建立国家公园体制。加强对重要生态系统的保护和永续利用，改革各部门分头设置自然保护区、风景名胜区、文化自然遗产、地质公园、森林公园等的体制，对上述保护地进行功能重组，合理界定国家公园范围。国家公园实行更严格保护，除不损害生态系统的原住民生活生产设施改造和自然观光科研教育旅游外，禁止其他开发建设，保护自然生态和自然文化遗产原真性、完整性。加强对国家公园试点的指导，在试点基础上研究制定建立国家公园体制总体方案。构建保护珍稀野生动植物的长效机制。

（十三）完善自然资源监管体制。将分散在各部门的有关用途管制职责，逐步统一到一个部门，统一行使所有国土空间的用途管制职责。

四、建立空间规划体系

（十四）编制空间规划。整合目前各部门分头编制的各类空间性规划，编制统一的空间规划，实现规划全覆盖。空间规划是国家空间发展的指南、可持续发展的空间蓝图，是各类开发建设活动的基本依据。空间规划分为国家、省、市县（设区的市空间规划范围为市辖区）三级。研究建立统一规范的空间规划编制机制。鼓励开展省级空间规划试点。编制京津冀空间规划。

（十五）推进市县“多规合一”。支持市县推进“多规合一”，统一编制市县空间规划，逐步形成一个市县一个规划、一张蓝图。市县空间规划要统一土地分类标准，根据主体功能定位和省级空间规划要求，划定生产空间、生活空间、生态空间，明确城镇建设区、工业区、农村居民点等的开发边界，以及耕地、林地、草原、河流、湖泊、湿地等的保护边界，加强对城市地下空间的统筹规划。加强对市县“多规合一”试点的指导，研究制定市县空间规划编制指引和技术规范，形成可复制、能推广的经验。

（十六）创新市县空间规划编制方法。探索规范化的市县空间规划编制程序，扩大社会参与，增强规划的科学性和透明度。鼓励试点地区进行规划编制部门整合，由一个部门负责市县空间规划的编制，可成立由专业人员和有关方面代表组成的规划评议委员会。规划编制前应当进行资源环境承载能力评价，以评价结果作为规划的基本依据。规划编制过程中应当广泛征求各方面意见，全文公布规划草案，充分听取当地居民意见。规划经评议委员会论证通过后，由当地人民代表大会审议通过，并报上级政府部门备案。规划成果应当包括规划文本和较高精度的规划图，并在网络和其他本地媒体公布。鼓励当地居民对规划执行进行监督，对违反规划的开发建设行为进行举报。当地人民代表大会及其常务委员会定期听取空间规划执行情况报告，对当地政府违反规划行为进行问责。

五、完善资源总量管理和全面节约制度

（十七）完善最严格的耕地保护制度和土地节约集约利用制度。完善基本农田保护制度，划定永久基本农田红线，按照面积不减少、质量不下降、用途不改变的要求，将基本农田落地到户、上图入库，实行严格保护，除法律规定的国家重点建设项目选址确实无法避让外，其他任何建设不得占用。加强耕地质量等级评定与监测，强化耕地质量保护与提升建设。完善耕地占补平衡制度，对新增建设用地占用耕地规模实行总量控制，严格实行耕地占一补一、先补后占、占优补优。实施建设用地总量控制和减量化管理，建立节约集约用地激励和约束机制，调整结构，盘活存量，合理安排土地利用年度计划。

（十八）完善最严格的水资源管理制度。按照节水优先、空间均衡、系统治理、两手发力的方针，健全用水总量控制制度，保障水安全。加快制定主要江河流域水量分配方案，加强省级统筹，完善省市县三级取用水总量控制指标体系。建立健全节约集约用水机制，促进水资源使用结构调整和优化配置。完善规划和建设项目水资源论证制度。主要运用价格和税收手段，逐步建立农业灌溉用水量控制和定额管理、高耗水工业企业计划用水和定额管理制度。在严重缺水地区建立用水定额准入门槛，严格控制高耗水项目建设。加强水产品产地保护和环境修复，控制水产养殖，构建水生动植物保护机制。完善水功能区监督管理，建立促进非常规水源利用制度。

（十九）建立能源消费总量管理和节约制度。坚持节约优先，强化能耗强度控制，健全节能目标责任制和奖励制。进一步完善能源统计制度。健全重点用能单位节能管理制度，探索实行节能自愿承诺机制。完善节能标准体系，及时更新用能产品能效、高耗能行业能耗限额、建筑物能效等标准。合理确定全国能源消费总量目标，并分解落实到省级行政区和重点用能单位。健全节能低碳产品和技术装备推广机制，定期发布技术目录。强化节能评估审查和节能监察。加强对可再生能源发展的扶持，逐步取消对化石能源的普遍性补贴。逐步建立全国碳排放总量控制制度和分解落实机制，建立增加森林、草原、湿地、海洋碳汇的有效机制，加强应对气候变化国际合作。

（二十）建立天然林保护制度。将所有天然林纳入保护范围。建立国家用材林储备制度。逐步推进国有林区政企分开，完善以购买服务为主的国有林场公益林管护机制。完善

集体林权制度，稳定承包权，拓展经营权能，健全林权抵押贷款和流转制度。

（二十一）建立草原保护制度。稳定和完善草原承包经营制度，实现草原承包地块、面积、合同、证书“四到户”，规范草原经营权流转。实行基本草原保护制度，确保基本草原面积不减少、质量不下降、用途不改变。健全草原生态保护补奖机制，实施禁牧休牧、划区轮牧和草畜平衡等制度。加强对草原征用使用审核审批的监管，严格控制草原非牧使用。

（二十二）建立湿地保护制度。将所有湿地纳入保护范围，禁止擅自征用占用国际重要湿地、国家重要湿地和湿地自然保护区。确定各类湿地功能，规范保护利用行为，建立湿地生态修复机制。

（二十三）建立沙化土地封禁保护制度。将暂不具备治理条件的连片沙化土地划为沙化土地封禁保护区。建立严格保护制度，加强封禁和管护基础设施建设，加强沙化土地治理，增加植被，合理发展沙产业，完善以购买服务为主的管护机制，探索开发与治理结合新机制。

（二十四）健全海洋资源开发保护制度。实施海洋主体功能区制度，确定近海海域海岛主体功能，引导、控制和规范各类用海用岛行为。实行围填海总量控制制度，对围填海面积实行约束性指标管理。建立自然岸线保有率控制制度。完善海洋渔业资源总量管理制度，严格执行休渔禁渔制度，推行近海捕捞限额管理，控制近海和滩涂养殖规模。健全海洋督察制度。

（二十五）健全矿产资源开发利用管理制度。建立矿产资源开发利用水平调查评估制度，加强矿产资源查明登记和有偿计时占用登记管理。建立矿产资源集约开发机制，提高矿区企业集中度，鼓励规模化开发。完善重要矿产资源开采回采率、选矿回收率、综合利用率等国家标准。健全鼓励提高矿产资源利用水平的经济政策。建立矿山企业高效和综合利用信息公示制度，建立矿业权人“黑名单”制度。完善重要矿产资源回收利用的产业化扶持机制。完善矿山地质环境保护和土地复垦制度。

（二十六）完善资源循环利用制度。建立健全资源产出率统计体系。实行生产者责任延伸制度，推动生产者落实废弃产品回收处理等责任。建立种养业废弃物资源化利用制度，实现种养业有机结合、循环发展。加快建立垃圾强制分类制度。制定再生资源回收目录，对复合包装物、电池、农膜等低值废弃物实行强制回收。加快制定资源分类回收利用标准。建立资源再生产品和原料推广使用制度，相关原材料消耗企业要使用一定比例的资源再生产品。完善限制一次性用品使用制度。落实并完善资源综合利用和促进循环经济发展的税收政策。制定循环经济技术目录，实行政府优先采购、贷款贴息等政策。

六、健全资源有偿使用和生态补偿制度

（二十七）加快自然资源及其产品价格改革。按照成本、收益相统一的原则，充分考虑社会可承受能力，建立自然资源开发使用成本评估机制，将资源所有者权益和生态环境损害等纳入自然资源及其产品价格形成机制。加强对自然垄断环节的价格监管，建立定价成本监审制度和价格调整机制，完善价格决策程序和信息公开制度。推进农业水价综合改革，全面实行非居民用水超计划、超定额累进加价制度，全面推行城镇居民用水阶梯价格制度。

（二十八）完善土地有偿使用制度。扩大国有土地有偿使用范围，扩大招拍挂出让比例，减少非公益性用地划拨，国有土地出让收支纳入预算管理。改革完善工业用地供应方式，探索实行弹性出让年限以及长期租赁、先租后让、租让结合供应。完善地价形成机制和评估制度，健全土地等级价体系，理顺与土地相关的出让金、租金和税费关系。建立有效调节工业用地和居住用地合理比价机制，提高工业用地出让地价水平，降低工业用地比例。探索通过土地承包经营、出租等方式，健全国有农用地有偿使用制度。

（二十九）完善矿产资源有偿使用制度。完善矿业权出让制度，建立符合市场经济要求和矿业规律的探矿权采矿权出让方式，原则上实行市场化出让，国有矿产资源出让收支纳入预算管理。理清有偿取得、占用和开采中所有者、投资者、使用者的产权关系，研究建立矿产资源国家权益金制度。调整探矿权采矿权使用费标准、矿产资源最低勘查投入标准。推进实现全国统一的矿业权交易平台建设，加大矿业权出让转让信息公开力度。

（三十）完善海域海岛有偿使用制度。建立海域、无居民海岛使用金征收标准调整机制。建立健全海域、无居民海岛使用权招拍挂出让制度。

（三十一）加快资源环境税费改革。理顺自然资源及其产品税费关系，明确各自功能，合理确定税收调控范围。加快推进资源税从价计征改革，逐步将资源税扩展到占用各种自然生态空间，在华北部分地区开展地下水征收资源税改革试点。加快推进环境保护税立法。

（三十二）完善生态补偿机制。探索建立多元化补偿机制，逐步增加对重点生态功能区转移支付，完善生态保护成效与资金分配挂钩的激励约束机制。制定横向生态补偿机制办法，以地方补偿为主，中央财政给予支持。鼓励各地区开展生态补偿试点，继续推进新安江水环境补偿试点，推动在京津冀水源涵养区、广西广东九洲江、福建广东汀江—韩江等开展跨地区生态补偿试点，在长江流域水环境敏感地区探索开展流域生态补偿试点。

（三十三）完善生态保护修复资金使用机制。按照山水林田湖系统治理的要求，完善相关资金使用管理办法，整合现有政策和渠道，在深入推进国土江河综合整治的同时，更多用于青藏高原生态屏障、黄土高原—川滇生态屏障、东北森林带、北方防沙带、南方丘陵山地带等国家生态安全屏障的保护修复。

（三十四）建立耕地草原河湖休养生息制度。编制耕地、草原、河湖休养生息规划，调整严重污染和地下水严重超采地区的耕地用途，逐步将25度以上不适宜耕种且有损生态的陡坡地退出基本农田。建立巩固退耕还林还草、退牧还草成果长效机制。开展退田还湖还湿试点，推进长株潭地区土壤重金属污染修复试点、华北地区地下水超采综合治理试点。

七、建立健全环境治理体系

（三十五）完善污染物排放许可制。尽快在全国范围建立统一公平、覆盖所有固定污染源的企业排放许可制，依法核发排污许可证，排污者必须持证排污，禁止无证排污或不按许可证规定排污。

（三十六）建立污染防治区域联动机制。完善京津冀、长三角、珠三角等重点区域大气污染防治联防联控协作机制，其他地方要结合地理特征、污染程度、城市空间分布以及污染物输送规律，建立区域协作机制。在部分地区开展环境保护管理体制创新试点，统一规划、统一标准、统一环评、统一监测、统一执法。开展按流域设置环境监管和行政执法机构试点，构建各流域内相关省级涉水部门参加、多形式的流域水环境保护协作机制和风险预警防控体系。建立陆海统筹的污染防治机制和重点海域污染物排海总量控制制度。完善突发环境事件应急机制，提高与环境风险程度、污染物种类等相匹配的突发环境事件应急处置能力。

（三十七）建立农村环境治理体制机制。建立以绿色生态为导向的农业补贴制度，加快制定和完善相关技术标准和规范，加快推进化肥、农药、农膜减量化以及畜禽养殖废弃物资源化和无害化，鼓励生产使用可降解农膜。完善农作物秸秆综合利用制度。健全化肥农药包装物、农膜回收贮运加工网络。采取财政和村集体补贴、住户付费、社会资本参与的投入运营机制，加强农村污水和垃圾处理等环保设施建设。采取政府购买服务等多种扶持措施，培育发展各种形式的农业面源污染治理、农村污水垃圾处理市场主体。强化县乡两级政府的环境保护职责，加强环境监管能力建设。财政支农资金的使用要统筹考虑增强农业综合生产能力和防治农村污染。

（三十八）健全环境信息公开制度。全面推进大气和水等环境信息公开、排污单位环境信息公开、监管部门环境信息公开，健全建设项目环境影响评价信息公开机制。健全环境新闻发言人制度。引导人民群众树立环保意识，完善公众参与制度，保障人民群众依法有序行使环境监督权。建立环境保护网络举报平台和举报制度,健全举报、听证、舆论监督等制度。

(三十九)严格实行生态环境损害赔偿制度。强化生产者环境保护法律责任,大幅度提高违法成本。健全环境损害赔偿方面的法律制度、评估方法和实施机制,对违反环保法律法规的,依法严惩重罚;对造成生态环境损害的,以损害程度等因素依法确定赔偿额度;对造成严重后果的,依法追究刑事责任。

(四十)完善环境保护管理制度。建立和完善严格监管所有污染物排放的环境保护管理制度,将分散在各部门的环境保护职责调整到一个部门,逐步实行城乡环境保护工作由一个部门进行统一监管和行政执法的体制。有序整合不同领域、不同部门、不同层次的监管力量,建立权威统一的环境执法体制,充实执法队伍,赋予环境执法强制执行的必要条件和手段。完善行政执法和环境司法的衔接机制。

八、健全环境治理和生态保护市场体系

(四十一)培育环境治理和生态保护市场主体。采取鼓励发展节能环保产业的体制机制和政策措施。废止妨碍形成全国统一市场和公平竞争的规定和做法,鼓励各类投资进入环保市场。能由政府和社会资本合作开展的环境治理和生态保护事务,都可以吸引社会资本参与建设和运营。通过政府购买服务等方式,加大对环境污染第三方治理的支持力度。加快推进污水垃圾处理设施运营管理单位向独立核算、自主经营的企业转变。组建或改组设立国有资本投资运营公司,推动国有资本加大对环境治理和生态保护等方面的投入。支持生态环境保护领域国有企业实行混合所有制改革。

(四十二)推行用能权和碳排放权交易制度。结合重点用能单位节能行动和新建项目能评审查,开展项目节能量交易,并逐步改为基于能源消费总量管理下的用能权交易。建立用能权交易系统、测量与核准体系。推广合同能源管理。深化碳排放权交易试点,逐步建立全国碳排放权交易市场,研究制定全国碳排放权交易总量设定与配额分配方案。完善碳交易注册登记系统,建立碳排放权交易市场监管体系。

(四十三)推行排污权交易制度。在企业排污总量控制制度基础上,尽快完善初始排污权核定,扩大涵盖的污染物覆盖面。在现行以行政区为单元层层分解机制基础上,根据行业先进排污水平,逐步强化以企业为单元进行总量控制、通过排污权交易获得减排收益的机制。在重点流域和大气污染重点区域,合理推进跨行政区排污权交易。扩大排污权有偿使用和交易试点,将更多条件成熟地区纳入试点。加强排污权交易平台建设。制定排污权核定、使用费收取使用和交易价格等规定。

(四十四)推行水权交易制度。结合水生态补偿机制的建立健全,合理界定和分配水权,探索地区间、流域间、流域上下游、行业间、用水户间等水权交易方式。研究制定水权交易管理办法,明确可交易水权的范围和类型、交易主体和期限、交易价格形成机制、交易平台运作规则等。开展水权交易平台建设。

(四十五)建立绿色金融体系。推广绿色信贷,研究采取财政贴息等方式加大扶持力度,鼓励各类金融机构加大绿色信贷的发放力度,明确贷款人的尽职免责要求和环境保护法律责任。加强资本市场相关制度建设,研究设立绿色股票指数和发展相关投资产品,研究银行和企业发行绿色债券,鼓励对绿色信贷资产实行证券化。支持设立各类绿色发展基金,实行市场化运作。建立上市公司环保信息强制性披露机制。完善对节能低碳、生态环保项目的各类担保机制,加大风险补偿力度。在环境高风险领域建立环境污染强制责任保险制度。建立绿色评级体系以及公益性的环境成本核算和影响评估体系。积极推动绿色金融领域各类国际合作。

(四十六)建立统一的绿色产品体系。将目前分头设立的环保、节能、节水、循环、低碳、再生、有机等产品统一整合为绿色产品,建立统一的绿色产品标准、认证、标识等体系。完善对绿色产品研发生产、运输配送、购买使用的财税金融支持和政府采购等政策。

九、完善生态文明绩效评价考核和责任追究制度

(四十七)建立生态文明目标体系。研究

制定可操作、可视化的绿色发展指标体系。制定生态文明建设目标评价考核办法，把资源消耗、环境损害、生态效益纳入经济社会发展评价体系。根据不同区域主体功能定位，实行差异化绩效评价考核。

（四十八）建立资源环境承载能力监测预警机制。研究制定资源环境承载能力监测预警指标体系和技术方法，建立资源环境监测预警数据库和信息技术平台，定期编制资源环境承载能力监测预警报告，对资源消耗和环境容量超过或接近承载能力的地区，实行预警提醒和限制性措施。

（四十九）探索编制自然资源资产负债表。制定自然资源资产负债表编制指南，构建水资源、土地资源、森林资源等的资产和负债核算方法，建立实物量核算账户，明确分类标准和统计规范，定期评估自然资源资产变化状况。在市县层面开展自然资源资产负债表编制试点，核算主要自然资源实物量账户并公布核算结果。

（五十）对领导干部实行自然资源资产离任审计。在编制自然资源资产负债表和合理考虑客观自然因素基础上，积极探索领导干部自然资源资产离任审计的目标、内容、方法和评价指标体系。以领导干部任期内辖区自然资源资产变化状况为基础，通过审计，客观评价领导干部履行自然资源资产管理责任情况，依法界定领导干部应当承担的责任，加强审计结果运用。在内蒙古呼伦贝尔市、浙江湖州市、湖南娄底市、贵州赤水市、陕西延安市开展自然资源资产负债表编制试点和领导干部自然资源资产离任审计试点。

（五十一）建立生态环境损害责任终身追究制。实行地方党委和政府领导成员生态文明建设一岗双责制。以自然资源资产离任审计结果和生态环境损害情况为依据，明确对地方党委和政府领导班子主要负责人、有关领导人员、部门负责人的追责情形和认定程序。区分情节轻重，对造成生态环境损害的，予以诫勉、责令公开道歉、组织处理或党纪政纪处分，对构成犯罪的依法追究刑事责任。对领导干部离任后出现重大生态环境损害并认定其需要承担责任的，实行终身追责。建立国家环境保护督察制度。

十、生态文明体制改革的实施保障

（五十二）加强对生态文明体制改革的领导。各地区各部门要认真学习领会中央关于生态文明建设和体制改革的精神，深刻认识生态文明体制改革的重大意义，增强责任感、使命感、紧迫感，认真贯彻党中央、国务院决策部署，确保本方案确定的各项改革任务加快落实。各有关部门要按照本方案要求抓紧制定单项改革方案，明确责任主体和时间进度，密切协调配合，形成改革合力。

（五十三）积极开展试点试验。充分发挥中央和地方两个积极性，鼓励各地区按照本方案的改革方向，从本地实际出发，以解决突出生态环境问题为重点，发挥主动性，积极探索和推动生态文明体制改革，其中需要法律授权的按法定程序办理。将各部门自行开展的综合性生态文明试点统一为国家试点试验，各部门要根据各自职责予以指导和推动。

（五十四）完善法律法规。制定完善自然资源资产产权、国土空间开发保护、国家公园、空间规划、海洋、应对气候变化、耕地质量保护、节水和地下水管理、草原保护、湿地保护、排污许可、生态环境损害赔偿等方面的法律法规，为生态文明体制改革提供法治保障。

（五十五）加强舆论引导。面向国内外，加大生态文明建设和体制改革宣传力度，统筹安排、正确解读生态文明各项制度的内涵和改革方向，培育普及生态文化，提高生态文明意识，倡导绿色生活方式，形成崇尚生态文明、推进生态文明建设和体制改革的良好氛围。

（五十六）加强督促落实。中央全面深化改革领导小组办公室、经济体制和生态文明体制改革专项小组要加强统筹协调，对本方案落实情况进行跟踪分析和督促检查，正确解读和及时解决实施中遇到的问题，重大问题要及时向党中央、国务院请示报告。

全国人民代表大会关于修改《中华人民共和国立法法》的决定(节选)

(2015年3月15日第十二届全国人民代表大会第三次会议通过)

第十二届全国人民代表大会第三次会议决定对《中华人民共和国立法法》作如下修改:

三、将第六条修改为:“立法应当从实际出发,适应经济社会发展和全面深化改革的要求,科学合理地规定公民、法人和其他组织的权利与义务、国家机关的权力与责任。

“法律规范应当明确、具体,具有针对性和可执行性。”

三十一、将第六十三条改为第七十二条,第二款修改为:“设区的市的人民代表大会及其常务委员会根据本市的具体情况和实际需要,在不同宪法、法律、行政法规和本省、自治区的地方性法规相抵触的前提下,可以对城乡建设与管理、环境保护、历史文化保护等方面的事项制定地方性法规,法律对设区的市制定地方性法规的事项另有规定的,从其规定。设区的市的地方性法规须报省、自治区的人民代表大会常务委员会批准后施行。省、自治区的人民代表大会常务委员会对报请批准的地方性法规,应当对其合法性进行审查,同宪法、法律、行政法规和本省、自治区的地方性法规不抵触的,应当在四个月内予以批准。”

第三款修改为:“省、自治区的人民代表大会常务委员会在对报请批准的设区的市的地方性法规进行审查时,发现其同本省、自治区的人民政府的规章相抵触的,应当作出处理决定。”

三十二、将第六十四条改为第七十三条,第二款修改为:“除本法第八条规定的事项外,其他事项国家尚未制定法律或者行政法规的,省、自治区、直辖市和设区的市、自治州根据本地方的具体情况和实际需要,可以先制定地方性法规。在国家制定的法律或者行政法规生效后,地方性法规同法律或者行政法规相抵触的规定无效,制定机关应当及时予以修改或者废止。”

增加两款,作为第三款、第四款:“设区的市、自治州根据本条第一款、第二款制定地方性法规,限于本法第七十二条第二款规定的事项。

三十六、将第七十三条改为第八十二条,第一款修改为:“省、自治区、直辖市和设区的市、自治州的人民政府,可以根据法律、行政法规和本省、自治区、直辖市的地方性法规,制定规章。”

增加四款,作为第三款、第四款、第五款、第六款:“设区的市、自治州的人民政府根据本条第一款、第二款制定地方政府规章,限于城乡建设与管理、环境保护、历史文化保护等方面的事项。已经制定的地方政府规章,涉及上述事项范围以外的,继续有效。

“应当制定地方性法规但条件尚不成熟的,因行政管理迫切需要,可以先制定地方政府规章。规章实施满两年需要继续实施规章所规定的行政措施的,应当提请本级人民代表大会或者其常务委员会制定地方性法规。

“没有法律、行政法规、地方性法规的依据,地方政府规章不得设定减损公民、法人和其他组织权利或者增加其义务的规范。”

四十六、……

广东省东莞市和中山市、甘肃省嘉峪关市、海南省三沙市,比照适用本决定有关赋予设区的市地方立法权的规定。

中共中央、国务院关于加快推进生态文明建设的意见(节选)

(2015年4月25日)

生态文明建设是中国特色社会主义事业的重要内容,关系人民福祉,关乎民族未来,事关"两个一百年"奋斗目标和中华民族伟大复兴中国梦的实现。党中央、国务院高度重视生态文明建设,先后出台了一系列重大决策部署,推动生态文明建设取得了重大进展和积极成效。但总体上看我国生态文明建设水平仍滞后于经济社会发展,资源约束趋紧,环境污染严重,生态系统退化,发展与人口资源环境之间的矛盾日益突出,已成为经济社会可持续发展的重大瓶颈制约。

加快推进生态文明建设是加快转变经济发展方式、提高发展质量和效益的内在要求,是坚持以人为本、促进社会和谐的必然选择,是全面建成小康社会、实现中华民族伟大复兴中国梦的时代抉择,是积极应对气候变化、维护全球生态安全的重大举措。要充分认识加快推进生态文明建设的极端重要性和紧迫性,切实增强责任感和使命感,牢固树立尊重自然、顺应自然、保护自然的理念,坚持绿水青山就是金山银山,动员全党、全社会积极行动、深入持久地推进生态文明建设,加快形成人与自然和谐发展的现代化建设新格局,开创社会主义生态文明新时代。

一、总体要求

(一)指导思想

(二)基本原则

(三)主要目标

到2020年,资源节约型和环境友好型社会建设取得重大进展,主体功能区布局基本形成,经济发展质量和效益显著提高,生态文明主流价值观在全社会得到推行,生态文明建设水平与全面建成小康社会目标相适应。

——国土空间开发格局进一步优化。经济、人口布局向均衡方向发展,陆海空间开发强度、城市空间规模得到有效控制,城乡结构和空间布局明显优化。

——资源利用更加高效。单位国内生产总值二氧化碳排放强度比2005年下降40%－45%,能源消耗强度持续下降,资源产出率大幅提高,用水总量力争控制在6700亿立方米以内,万元工业增加值用水量降低到65立方米以下,农田灌溉水有效利用系数提高到0.55以上,非化石能源占一次能源消费比重达到15%左右。

——生态环境质量总体改善。主要污染物排放总量继续减少,大气环境质量、重点流域和近岸海域水环境质量得到改善,重要江河湖泊水功能区水质达标率提高到80%以上,饮用水安全保障水平持续提升,土壤环境质量总体保持稳定,环境风险得到有效控制。森林覆盖率达到23%以上,草原综合植被覆盖度达到56%,湿地面积不低于8亿亩,50%以上可治理沙化土地得到治理,自然岸线保有率不低于35%,生物多样性丧失速度得到基本控制,全国生态系统稳定性明显增强。

——生态文明重大制度基本确立。基本形成源头预防、过程控制、损害赔偿、责任追究的生态文明制度体系,自然资源资产产权和用途管制、生态保护红线、生态保护补偿、生态环境保护管理体制等关键制度建设取得决定性成果。

二、强化主体功能定位,优化国土空间开发格局

三、推动技术创新和结构调整,提高发展质量和效益

四、全面促进资源节约循环高效使用,推动利用方式根本转变

五、加大自然生态系统和环境保护力度,切实改善生态环境质量

六、健全生态文明制度体系

加快建立系统完整的生态文明制度体系,引导、规范和约束各类开发、利用、保护自然资源的行为,用制度保护生态环境。

(十七)健全法律法规。全面清理现行法

律法规中与加快推进生态文明建设不相适应的内容,加强法律法规间的衔接。研究制定节能评估审查、节水、应对气候变化、生态补偿、湿地保护、生物多样性保护、土壤环境保护等方面的法律法规,修订土地管理法、大气污染防治法、水污染防治法、节约能源法、循环经济促进法、矿产资源法、森林法、草原法、野生动物保护法等。

(十八)完善标准体系。加快制定修订一批能耗、水耗、地耗、污染物排放、环境质量等方面的标准,实施能效和排污强度"领跑者"制度,加快标准升级步伐。提高建筑物、道路、桥梁等建设标准。环境容量较小、生态环境脆弱、环境风险高的地区要执行污染物特别排放限值。鼓励各地区依法制定更加严格的地方标准。建立与国际接轨、适应我国国情的能效和环保标识认证制度。

(十九)健全自然资源资产产权制度和用途管制制度。对水流、森林、山岭、草原、荒地、滩涂等自然生态空间进行统一确权登记,明确国土空间的自然资源资产所有者、监管者及其责任。完善自然资源资产用途管制制度,明确各类国土空间开发、利用、保护边界,实现能源、水资源、矿产资源按质量分级、梯级利用。严格节能评估审查、水资源论证和取水许可制度。坚持并完善最严格的耕地保护和节约用地制度,强化土地利用总体规划和年度计划管控,加强土地用途转用许可管理。完善矿产资源规划制度,强化矿产开发准入管理。有序推进国家自然资源资产管理体制改革。

(二十)完善生态环境监管制度。建立严格监管所有污染物排放的环境保护管理制度。完善污染物排放许可证制度,禁止无证排污和超标准、超总量排污。违法排放污染物、造成或可能造成严重污染的,要依法查封扣押排放污染物的设施设备。对严重污染环境的工艺、设备和产品实行淘汰制度。实行企事业单位污染物排放总量控制制度,适时调整主要污染物指标种类,纳入约束性指标。健全环境影响评价、清洁生产审核、环境信息公开等制度。建立生态保护修复和污染防治区域联动机制。

(二十一)严守资源环境生态红线。树立底线思维,设定并严守资源消耗上限、环境质量底线、生态保护红线,将各类开发活动限制在资源环境承载能力之内。合理设定资源消耗"天花板",加强能源、水、土地等战略性资源管控,强化能源消耗强度控制,做好能源消费总量管理。继续实施水资源开发利用控制、用水效率控制、水功能区限制纳污三条红线管理。划定永久基本农田,严格实施永久保护,对新增建设用地占用耕地规模实行总量控制,落实耕地占补平衡,确保耕地数量不下降、质量不降低。严守环境质量底线,将大气、水、土壤等环境质量"只能更好、不能变坏"作为地方各级政府环保责任红线,相应确定污染物排放总量限值和环境风险防控措施。在重点生态功能区、生态环境敏感区和脆弱区等区域划定生态红线,确保生态功能不降低、面积不减少、性质不改变;科学划定森林、草原、湿地、海洋等领域生态红线,严格自然生态空间征(占)用管理,有效遏制生态系统退化的趋势。探索建立资源环境承载能力监测预警机制,对资源消耗和环境容量接近或超过承载能力的地区,及时采取区域限批等限制性措施。

(二十二)完善经济政策。健全价格、财税、金融等政策,激励、引导各类主体积极投身生态文明建设。深化自然资源及其产品价格改革,凡是能由市场形成价格的都交给市场,政府定价要体现基本需求与非基本需求以及资源利用效率高低的差异,体现生态环境损害成本和修复效益。进一步深化矿产资源有偿使用制度改革,调整矿业权使用费征收标准。加大财政资金投入,统筹有关资金,对资源节约和循环利用、新能源和可再生能源开发利用、环境基础设施建设、生态修复与建设、先进适用技术研发示范等给予支持。将高耗能、高污染产品纳入消费税征收范围。推动环境保护费改税。加快资源税从价计征改革,清理取消相关收费基金,逐步将资源税征收范围扩展到占用各种自然生态空间。完善节能环保、新能源、生态建设的税收优惠政策。推广绿色信贷,支持符合条件的项目通过资本市场融资。探索排污权抵押等融资模式。深化环境污染责任保险试点,研究建立巨灾保险制度。

（二十三）推行市场化机制。加快推行合同能源管理、节能低碳产品和有机产品认证、能效标识管理等机制。推进节能发电调度，优先调度可再生能源发电资源，按机组能耗和污染物排放水平依次调用化石类能源发电资源。建立节能量、碳排放权交易制度，深化交易试点，推动建立全国碳排放权交易市场。加快水权交易试点，培育和规范水权市场。全面推进矿业权市场建设。扩大排污权有偿使用和交易试点范围，发展排污权交易市场。积极推进环境污染第三方治理，引入社会力量投入环境污染治理。

（二十四）健全生态保护补偿机制。科学界定生态保护者与受益者权利义务，加快形成生态损害者赔偿、受益者付费、保护者得到合理补偿的运行机制。结合深化财税体制改革，完善转移支付制度，归并和规范现有生态保护补偿渠道，加大对重点生态功能区的转移支付力度，逐步提高其基本公共服务水平。建立地区间横向生态保护补偿机制，引导生态受益地区与保护地区之间、流域上游与下游之间，通过资金补助、产业转移、人才培训、共建园区等方式实施补偿。建立独立公正的生态环境损害评估制度。

（二十五）健全政绩考核制度。建立体现生态文明要求的目标体系、考核办法、奖惩机制。把资源消耗、环境损害、生态效益等指标纳入经济社会发展综合评价体系，大幅增加考核权重，强化指标约束，不唯经济增长论英雄。完善政绩考核办法，根据区域主体功能定位，实行差别化的考核制度。对限制开发区域、禁止开发区域和生态脆弱的国家扶贫开发工作重点县，取消地区生产总值考核；对农产品主产区和重点生态功能区，分别实行农业优先和生态保护优先的绩效评价；对禁止开发的重点生态功能区，重点评价其自然文化资源的原真性、完整性。根据考核评价结果，对生态文明建设成绩突出的地区、单位和个人给予表彰奖励。探索编制自然资源资产负债表，对领导干部实行自然资源资产和环境责任离任审计。

（二十六）完善责任追究制度。建立领导干部任期生态文明建设责任制，完善节能减排目标责任考核及问责制度。严格责任追究，对违背科学发展要求、造成资源环境生态严重破坏的要记录在案，实行终身追责，不得转任重要职务或提拔使用，已经调离的也要问责。对推动生态文明建设工作不力的，要及时诫勉谈话；对不顾资源和生态环境盲目决策、造成严重后果的，要严肃追究有关人员的领导责任；对履职不力、监管不严、失职渎职的，要依纪依法追究有关人员的监管责任。

七、加强生态文明建设统计监测和执法监督

坚持问题导向，针对薄弱环节，加强统计监测、执法监督，为推进生态文明建设提供有力保障。

（二十七）加强统计监测。建立生态文明综合评价指标体系。加快推进对能源、矿产资源、水、大气、森林、草原、湿地、海洋和水土流失、沙化土地、土壤环境、地质环境、温室气体等的统计监测核算能力建设，提升信息化水平，提高准确性、及时性，实现信息共享。加快重点用能单位能源消耗在线监测体系建设。建立循环经济统计指标体系、矿产资源合理开发利用评价指标体系。利用卫星遥感等技术手段，对自然资源和生态环境保护状况开展全天候监测，健全覆盖所有资源环境要素的监测网络体系。提高环境风险防控和突发环境事件应急能力，健全环境与健康调查、监测和风险评估制度。定期开展全国生态状况调查和评估。加大各级政府预算内投资等财政性资金对统计监测等基础能力建设的支持力度。

（二十八）强化执法监督。加强法律监督、行政监察，对各类环境违法违规行为实行"零容忍"，加大查处力度，严厉惩处违法违规行为。强化对浪费能源资源、违法排污、破坏生态环境等行为的执法监察和专项督察。资源环境监管机构独立开展行政执法，禁止领导干部违法违规干预执法活动。健全行政执法与刑事司法的衔接机制，加强基层执法队伍、环境应急处置救援队伍建设。强化对资源开发和交通建设、旅游开发等活动的生态环境监管。

……

八、加快形成推进生态文明建设的良好社会风尚

（三十一）鼓励公众积极参与。完善公众

参与制度，及时准确披露各类环境信息，扩大公开范围，保障公众知情权，维护公众环境权益。健全举报、听证、舆论和公众监督等制度，构建全民参与的社会行动体系。建立环境公益诉讼制度，对污染环境、破坏生态的行为，有关组织可提起公益诉讼。在建设项目立项、实施、后评价等环节，有序增强公众参与程度。引导生态文明建设领域各类社会组织健康有序发展，发挥民间组织和志愿者的积极作用。

九、切实加强组织领导

健全生态文明建设领导体制和工作机制，勇于探索和创新，推动生态文明建设蓝图逐步成为现实。

（三十二）强化统筹协调。各级党委和政府对本地区生态文明建设负总责，要建立协调机制，形成有利于推进生态文明建设的工作格局。各有关部门要按照职责分工，密切协调配合，形成生态文明建设的强大合力。

（三十三）探索有效模式。抓紧制定生态文明体制改革总体方案，深入开展生态文明先行示范区建设，研究不同发展阶段、资源环境禀赋、主体功能定位地区生态文明建设的有效模式。各地区要抓住制约本地区生态文明建设的瓶颈，在生态文明制度创新方面积极实践，力争取得重大突破。及时总结有效做法和成功经验，完善政策措施，形成有效模式，加大推广力度。

中华人民共和国环境保护法

（1989年12月26日第七届全国人民代表大会常务委员会第十一次会议通过，2014年4月24日第十二届全国人民代表大会常务委员会第八次会议修订）

第一章 总 则

第一条 为保护和改善环境，防治污染和其他公害，保障公众健康，推进生态文明建设，促进经济社会可持续发展，制定本法。

第二条 本法所称环境，是指影响人类生存和发展的各种天然的和经过人工改造的自然因素的总体，包括大气、水、海洋、土地、矿藏、森林、草原、湿地、野生生物、自然遗迹、人文遗迹、自然保护区、风景名胜区、城市和乡村等。

第三条 本法适用于中华人民共和国领域和中华人民共和国管辖的其他海域。

第四条 保护环境是国家的基本国策。

国家采取有利于节约和循环利用资源、保护和改善环境、促进人与自然和谐的经济、技术政策和措施，使经济社会发展与环境保护相协调。

第五条 环境保护坚持保护优先、预防为主、综合治理、公众参与、损害担责的原则。

第六条 一切单位和个人都有保护环境的义务。

地方各级人民政府应当对本行政区域的环境质量负责。

企业事业单位和其他生产经营者应当防止、减少环境污染和生态破坏，对所造成的损害依法承担责任。

公民应当增强环境保护意识，采取低碳、节俭的生活方式，自觉履行环境保护义务。

第七条 国家支持环境保护科学技术研究、开发和应用，鼓励环境保护产业发展，促进环境保护信息化建设，提高环境保护科学技术水平。

第八条 各级人民政府应当加大保护和改善环境、防治污染和其他公害的财政投入，提高财政资金的使用效益。

第九条 各级人民政府应当加强环境保护宣传和普及工作，鼓励基层群众性自治组织、社会组织、环境保护志愿者开展环境保护法律法规和环境保护知识的宣传，营造保护环境的良好风气。

教育行政部门、学校应当将环境保护知识纳入学校教育内容，培养学生的环境保护意识。

新闻媒体应当开展环境保护法律法规和环境保护知识的宣传，对环境违法行为进行舆论监督。

第十条 国务院环境保护主管部门,对全国环境保护工作实施统一监督管理;县级以上地方人民政府环境保护主管部门,对本行政区域环境保护工作实施统一监督管理。

县级以上人民政府有关部门和军队环境保护部门,依照有关法律的规定对资源保护和污染防治等环境保护工作实施监督管理。

第十一条 对保护和改善环境有显著成绩的单位和个人,由人民政府给予奖励。

第十二条 每年6月5日为环境日。

第二章 监督管理

第十三条 县级以上人民政府应当将环境保护工作纳入国民经济和社会发展规划。

国务院环境保护主管部门会同有关部门,根据国民经济和社会发展规划编制国家环境保护规划,报国务院批准并公布实施。

县级以上地方人民政府环境保护主管部门会同有关部门,根据国家环境保护规划的要求,编制本行政区域的环境保护规划,报同级人民政府批准并公布实施。

环境保护规划的内容应当包括生态保护和污染防治的目标、任务、保障措施等,并与主体功能区规划、土地利用总体规划和城乡规划等相衔接。

第十四条 国务院有关部门和省、自治区、直辖市人民政府组织制定经济、技术政策,应当充分考虑对环境的影响,听取有关方面和专家的意见。

第十五条 国务院环境保护主管部门制定国家环境质量标准。

省、自治区、直辖市人民政府对国家环境质量标准中未作规定的项目,可以制定地方环境质量标准;对国家环境质量标准中已作规定的项目,可以制定严于国家环境质量标准的地方环境质量标准。地方环境质量标准应当报国务院环境保护主管部门备案。

国家鼓励开展环境基准研究。

第十六条 国务院环境保护主管部门根据国家环境质量标准和国家经济、技术条件,制定国家污染物排放标准。

省、自治区、直辖市人民政府对国家污染物排放标准中未作规定的项目,可以制定地方污染物排放标准;对国家污染物排放标准中已作规定的项目,可以制定严于国家污染物排放标准的地方污染物排放标准。地方污染物排放标准应当报国务院环境保护主管部门备案。

第十七条 国家建立、健全环境监测制度。国务院环境保护主管部门制定监测规范,会同有关部门组织监测网络,统一规划国家环境质量监测站(点)的设置,建立监测数据共享机制,加强对环境监测的管理。

有关行业、专业等各类环境质量监测站(点)的设置应当符合法律法规规定和监测规范的要求。

监测机构应当使用符合国家标准的监测设备,遵守监测规范。监测机构及其负责人对监测数据的真实性和准确性负责。

第十八条 省级以上人民政府应当组织有关部门或者委托专业机构,对环境状况进行调查、评价,建立环境资源承载能力监测预警机制。

第十九条 编制有关开发利用规划,建设对环境有影响的项目,应当依法进行环境影响评价。

未依法进行环境影响评价的开发利用规划,不得组织实施;未依法进行环境影响评价的建设项目,不得开工建设。

第二十条 国家建立跨行政区域的重点区域、流域环境污染和生态破坏联合防治协调机制,实行统一规划、统一标准、统一监测、统一的防治措施。

前款规定以外的跨行政区域的环境污染和生态破坏的防治,由上级人民政府协调解决,或者由有关地方人民政府协商解决。

第二十一条 国家采取财政、税收、价格、政府采购等方面的政策和措施,鼓励和支持环境保护技术装备、资源综合利用和环境服务等环境保护产业的发展。

第二十二条 企业事业单位和其他生产经营者,在污染物排放符合法定要求的基础上,进一步减少污染物排放的,人民政府应当依法采取财政、税收、价格、政府采购等方面的政策和措施予以鼓励和支持。

第二十三条 企业事业单位和其他生产经营者,为改善环境,依照有关规定转产、搬迁、关闭的，人民政府应当予以支持。

第二十四条 县级以上人民政府环境保护主管部门及其委托的环境监察机构和其他负有环境保护监督管理职责的部门，有权对排放污染物的企业事业单位和其他生产经营者进行现场检查。被检查者应当如实反映情况，提供必要的资料。实施现场检查的部门、机构及其工作人员应当为被检查者保守商业秘密。

第二十五条 企业事业单位和其他生产经营者违反法律法规规定排放污染物，造成或者可能造成严重污染的，县级以上人民政府环境保护主管部门和其他负有环境保护监督管理职责的部门，可以查封、扣押造成污染物排放的设施、设备。

第二十六条 国家实行环境保护目标责任制和考核评价制度。县级以上人民政府应当将环境保护目标完成情况纳入对本级人民政府负有环境保护监督管理职责的部门及其负责人和下级人民政府及其负责人的考核内容，作为对其考核评价的重要依据。考核结果应当向社会公开。

第二十七条 县级以上人民政府应当每年向本级人民代表大会或者人民代表大会常务委员会报告环境状况和环境保护目标完成情况，对发生的重大环境事件应当及时向本级人民代表大会常务委员会报告，依法接受监督。

第三章 保护和改善环境

第二十八条 地方各级人民政府应当根据环境保护目标和治理任务，采取有效措施，改善环境质量。

未达到国家环境质量标准的重点区域、流域的有关地方人民政府，应当制定限期达标规划，并采取措施按期达标。

第二十九条 国家在重点生态功能区、生态环境敏感区和脆弱区等区域划定生态保护红线，实行严格保护。

各级人民政府对具有代表性的各种类型的自然生态系统区域，珍稀、濒危的野生动植物自然分布区域，重要的水源涵养区域，具有重大科学文化价值的地质构造、著名溶洞和化石分布区、冰川、火山、温泉等自然遗迹，以及人文遗迹、古树名木，应当采取措施予以保护，严禁破坏。

第三十条 开发利用自然资源，应当合理开发，保护生物多样性，保障生态安全，依法制定有关生态保护和恢复治理方案并予以实施。

引进外来物种以及研究、开发和利用生物技术，应当采取措施，防止对生物多样性的破坏。

第三十一条 国家建立、健全生态保护补偿制度。

国家加大对生态保护地区的财政转移支付力度。有关地方人民政府应当落实生态保护补偿资金，确保其用于生态保护补偿。

国家指导受益地区和生态保护地区人民政府通过协商或者按照市场规则进行生态保护补偿。

第三十二条 国家加强对大气、水、土壤等的保护，建立和完善相应的调查、监测、评估和修复制度。

第三十三条 各级人民政府应当加强对农业环境的保护，促进农业环境保护新技术的使用，加强对农业污染源的监测预警，统筹有关部门采取措施，防治土壤污染和土地沙化、盐渍化、贫瘠化、石漠化、地面沉降以及防治植被破坏、水土流失、水体富营养化、水源枯竭、种源灭绝等生态失调现象，推广植物病虫害的综合防治。

县级、乡级人民政府应当提高农村环境保护公共服务水平，推动农村环境综合整治。

第三十四条 国务院和沿海地方各级人民政府应当加强对海洋环境的保护。向海洋排放污染物、倾倒废弃物，进行海岸工程和海洋工程建设，应当符合法律法规规定和有关标准，防止和减少对海洋环境的污染损害。

第三十五条 城乡建设应当结合当地自然环境的特点，保护植被、水域和自然景观，加强城市园林、绿地和风景名胜区的建设与管理。

第三十六条 国家鼓励和引导公民、法人和其他组织使用有利于保护环境的产品和再生产品，减少废弃物的产生。

国家机关和使用财政资金的其他组织应当优先采购和使用节能、节水、节材等有利于保护环境的产品、设备和设施。

第三十七条 地方各级人民政府应当采取措施，组织对生活废弃物的分类处置、回收利用。

第三十八条 公民应当遵守环境保护法律法规，配合实施环境保护措施，按照规定对生活废弃物进行分类放置，减少日常生活对环境造成的损害。

第三十九条 国家建立、健全环境与健康监测、调查和风险评估制度；鼓励和组织开展环境质量对公众健康影响的研究，采取措施预防和控制与环境污染有关的疾病。

第四章 防治污染和其他公害

第四十条 国家促进清洁生产和资源循环利用。

国务院有关部门和地方各级人民政府应当采取措施，推广清洁能源的生产和使用。

企业应当优先使用清洁能源，采用资源利用率高、污染物排放量少的工艺、设备以及废弃物综合利用技术和污染物无害化处理技术，减少污染物的产生。

第四十一条 建设项目中防治污染的设施，应当与主体工程同时设计、同时施工、同时投产使用。防治污染的设施应当符合经批准的环境影响评价文件的要求，不得擅自拆除或者闲置。

第四十二条 排放污染物的企业事业单位和其他生产经营者，应当采取措施，防治在生产建设或者其他活动中产生的废气、废水、废渣、医疗废物、粉尘、恶臭气体、放射性物质以及噪声、振动、光辐射、电磁辐射等对环境的污染和危害。

排放污染物的企业事业单位，应当建立环境保护责任制度，明确单位负责人和相关人员的责任。

重点排污单位应当按照国家有关规定和监测规范安装使用监测设备，保证监测设备正常运行，保存原始监测记录。

严禁通过暗管、渗井、渗坑、灌注或者篡改、伪造监测数据，或者不正常运行防治污染设施等逃避监管的方式违法排放污染物。

第四十三条 排放污染物的企业事业单位和其他生产经营者，应当按照国家有关规定缴纳排污费。排污费应当全部专项用于环境污染防治，任何单位和个人不得截留、挤占或者挪作他用。

依照法律规定征收环境保护税的，不再征收排污费。

第四十四条 国家实行重点污染物排放总量控制制度。重点污染物排放总量控制指标由国务院下达，省、自治区、直辖市人民政府分解落实。企业事业单位在执行国家和地方污染物排放标准的同时，应当遵守分解落实到本单位的重点污染物排放总量控制指标。

对超过国家重点污染物排放总量控制指标或者未完成国家确定的环境质量目标的地区，省级以上人民政府环境保护主管部门应当暂停审批其新增重点污染物排放总量的建设项目环境影响评价文件。

第四十五条 国家依照法律规定实行排污许可管理制度。

实行排污许可管理的企业事业单位和其他生产经营者应当按照排污许可证的要求排放污染物；未取得排污许可证的，不得排放污染物。

第四十六条 国家对严重污染环境的工艺、设备和产品实行淘汰制度。任何单位和个人不得生产、销售或者转移、使用严重污染环境的工艺、设备和产品。

禁止引进不符合我国环境保护规定的技术、设备、材料和产品。

第四十七条 各级人民政府及其有关部门和企业事业单位，应当依照《中华人民共和国突发事件应对法》的规定，做好突发环境事件的风险控制、应急准备、应急处置和事后恢复等工作。

县级以上人民政府应当建立环境污染公共监测预警机制，组织制定预警方案；环境受到污染，可能影响公众健康和环境安全时，依法及时公布预警信息，启动应急措施。

企业事业单位应当按照国家有关规定制定突发环境事件应急预案，报环境保护主管部门和有关部门备案。在发生或者可能发生突发环境事件时，企业事业单位应当立即采取措施处理，及时通报可能受到危害的单位和居民，并向环境保护主管部门和有关部门报告。

突发环境事件应急处置工作结束后，有关

人民政府应当立即组织评估事件造成的环境影响和损失,并及时将评估结果向社会公布。

第四十八条 生产、储存、运输、销售、使用、处置化学物品和含有放射性物质的物品,应当遵守国家有关规定,防止污染环境。

第四十九条 各级人民政府及其农业等有关部门和机构应当指导农业生产经营者科学种植和养殖,科学合理施用农药、化肥等农业投入品,科学处置农用薄膜、农作物秸秆等农业废弃物,防止农业面源污染。

禁止将不符合农用标准和环境保护标准的固体废物、废水施入农田。施用农药、化肥等农业投入品及进行灌溉,应当采取措施,防止重金属和其他有毒有害物质污染环境。

畜禽养殖场、养殖小区、定点屠宰企业等的选址、建设和管理应当符合有关法律法规规定。从事畜禽养殖和屠宰的单位和个人应当采取措施,对畜禽粪便、尸体和污水等废弃物进行科学处置,防止污染环境。

县级人民政府负责组织农村生活废弃物的处置工作。

第五十条 各级人民政府应当在财政预算中安排资金,支持农村饮用水水源地保护、生活污水和其他废弃物处理、畜禽养殖和屠宰污染防治、土壤污染防治和农村工矿污染治理等环境保护工作。

第五十一条 各级人民政府应当统筹城乡建设污水处理设施及配套管网,固体废物的收集、运输和处置等环境卫生设施,危险废物集中处置设施、场所以及其他环境保护公共设施,并保障其正常运行。

第五十二条 国家鼓励投保环境污染责任保险。

第五章 信息公开和公众参与

第五十三条 公民、法人和其他组织依法享有获取环境信息、参与和监督环境保护的权利。

各级人民政府环境保护主管部门和其他负有环境保护监督管理职责的部门,应当依法公开环境信息、完善公众参与程序,为公民、法人和其他组织参与和监督环境保护提供便利。

第五十四条 国务院环境保护主管部门统一发布国家环境质量、重点污染源监测信息及其他重大环境信息。省级以上人民政府环境保护主管部门定期发布环境状况公报。

县级以上人民政府环境保护主管部门和其他负有环境保护监督管理职责的部门,应当依法公开环境质量、环境监测、突发环境事件以及环境行政许可、行政处罚、排污费的征收和使用情况等信息。

县级以上地方人民政府环境保护主管部门和其他负有环境保护监督管理职责的部门,应当将企业事业单位和其他生产经营者的环境违法信息记入社会诚信档案,及时向社会公布违法者名单。

第五十五条 重点排污单位应当如实向社会公开其主要污染物的名称、排放方式、排放浓度和总量、超标排放情况,以及防治污染设施的建设和运行情况,接受社会监督。

第五十六条 对依法应当编制环境影响报告书的建设项目,建设单位应当在编制时向可能受影响的公众说明情况,充分征求意见。

负责审批建设项目环境影响评价文件的部门在收到建设项目环境影响报告书后,除涉及国家秘密和商业秘密的事项外,应当全文公开;发现建设项目未充分征求公众意见的,应当责成建设单位征求公众意见。

第五十七条 公民、法人和其他组织发现任何单位和个人有污染环境和破坏生态行为的,有权向环境保护主管部门或者其他负有环境保护监督管理职责的部门举报。

公民、法人和其他组织发现地方各级人民政府、县级以上人民政府环境保护主管部门和其他负有环境保护监督管理职责的部门不依法履行职责的,有权向其上级机关或者监察机关举报。

接受举报的机关应当对举报人的相关信息予以保密,保护举报人的合法权益。

第五十八条 对污染环境、破坏生态,损害社会公共利益的行为,符合下列条件的社会组织可以向人民法院提起诉讼:

(一)依法在设区的市级以上人民政府民政部门登记;

(二)专门从事环境保护公益活动连续五年以上且无违法记录。

符合前款规定的社会组织向人民法院提

起诉讼，人民法院应当依法受理。

提起诉讼的社会组织不得通过诉讼牟取经济利益。

第六章 法律责任

第五十九条 企业事业单位和其他生产经营者违法排放污染物，受到罚款处罚，被责令改正，拒不改正的，依法作出处罚决定的行政机关可以自责令改正之日的次日起，按照原处罚数额按日连续处罚。

前款规定的罚款处罚，依照有关法律法规按照防治污染设施的运行成本、违法行为造成的直接损失或者违法所得等因素确定的规定执行。

地方性法规可以根据环境保护的实际需要，增加第一款规定的按日连续处罚的违法行为的种类。

第六十条 企业事业单位和其他生产经营者超过污染物排放标准或者超过重点污染物排放总量控制指标排放污染物的，县级以上人民政府环境保护主管部门可以责令其采取限制生产、停产整治等措施；情节严重的，报经有批准权的人民政府批准，责令停业、关闭。

第六十一条 建设单位未依法提交建设项目环境影响评价文件或者环境影响评价文件未经批准，擅自开工建设的，由负有环境保护监督管理职责的部门责令停止建设，处以罚款，并可以责令恢复原状。

第六十二条 违反本法规定，重点排污单位不公开或者不如实公开环境信息的，由县级以上地方人民政府环境保护主管部门责令公开，处以罚款，并予以公告。

第六十三条 企业事业单位和其他生产经营者有下列行为之一，尚不构成犯罪的，除依照有关法律法规规定予以处罚外，由县级以上人民政府环境保护主管部门或者其他有关部门将案件移送公安机关，对其直接负责的主管人员和其他直接责任人员，处十日以上十五日以下拘留；情节较轻的，处五日以上十日以下拘留：

（一）建设项目未依法进行环境影响评价，被责令停止建设，拒不执行的；

（二）违反法律规定，未取得排污许可证排放污染物，被责令停止排污，拒不执行的；

（三）通过暗管、渗井、渗坑、灌注或者篡改、伪造监测数据，或者不正常运行防治污染设施等逃避监管的方式违法排放污染物的；

（四）生产、使用国家明令禁止生产、使用的农药，被责令改正，拒不改正的。

第六十四条 因污染环境和破坏生态造成损害的，应当依照《中华人民共和国侵权责任法》的有关规定承担侵权责任。

第六十五条 环境影响评价机构、环境监测机构以及从事环境监测设备和防治污染设施维护、运营的机构，在有关环境服务活动中弄虚作假，对造成的环境污染和生态破坏负有责任的，除依照有关法律法规规定予以处罚外，还应当与造成环境污染和生态破坏的其他责任者承担连带责任。

第六十六条 提起环境损害赔偿诉讼的时效期间为三年，从当事人知道或者应当知道其受到损害时起计算。

第六十七条 上级人民政府及其环境保护主管部门应当加强对下级人民政府及其有关部门环境保护工作的监督。发现有关工作人员有违法行为，依法应当给予处分的，应当向其任免机关或者监察机关提出处分建议。

依法应当给予行政处罚，而有关环境保护主管部门不给予行政处罚的，上级人民政府环境保护主管部门可以直接作出行政处罚的决定。

第六十八条 地方各级人民政府、县级以上人民政府环境保护主管部门和其他负有环境保护监督管理职责的部门有下列行为之一的，对直接负责的主管人员和其他直接责任人员给予记过、记大过或者降级处分；造成严重后果的，给予撤职或者开除处分，其主要负责人应当引咎辞职：

（一）不符合行政许可条件准予行政许可的；

（二）对环境违法行为进行包庇的；

（三）依法应当作出责令停业、关闭的决定而未作出的；

（四）对超标排放污染物、采用逃避监管的方式排放污染物、造成环境事故以及不落实生态保护措施造成生态破坏等行为，发现或者接到举报未及时查处的；

（五）违反本法规定，查封、扣押企业事业单位和其他生产经营者的设施、设备的；

（六）篡改、伪造或者指使篡改、伪造监测数据的；

（七）应当依法公开环境信息而未公开的；

（八）将征收的排污费截留、挤占或者挪作他用的；

（九）法律法规规定的其他违法行为。

第六十九条 违反本法规定，构成犯罪的，依法追究刑事责任。

第七章 附 则

第七十条 本法自 2015 年 1 月 1 日起施行。

中华人民共和国环境影响评价法

（2002 年 10 月 28 日第九届全国人民代表大会常务委员会第三十次会议通过，自 2003 年 9 月 1 日起施行）

第一章 总 则

第一条 为了实施可持续发展战略，预防因规划和建设项目实施后对环境造成不良影响，促进经济、社会和环境的协调发展，制定本法。

第二条 本法所称环境影响评价，是指对规划和建设项目实施后可能造成的环境影响进行分析、预测和评估，提出预防或者减轻不良环境影响的对策和措施，进行跟踪监测的方法与制度。

第三条 编制本法第九条所规定的范围内的规划，在中华人民共和国领域和中华人民共和国管辖的其他海域内建设对环境有影响的项目，应当依照本法进行环境影响评价。

第四条 环境影响评价必须客观、公开、公正，综合考虑规划或者建设项目实施后对各种环境因素及其所构成的生态系统可能造成的影响，为决策提供科学依据。

第五条 国家鼓励有关单位、专家和公众以适当方式参与环境影响评价。

第六条 国家加强环境影响评价的基础数据库和评价指标体系建设，鼓励和支持对环境影响评价的方法、技术规范进行科学研究，建立必要的环境影响评价信息共享制度，提高环境影响评价的科学性。

国务院环境保护行政主管部门应当会同国务院有关部门，组织建立和完善环境影响评价的基础数据库和评价指标体系。

第二章 规划的环境影响评价

第七条 国务院有关部门、设区的市级以上地方人民政府及其有关部门，对其组织编制的土地利用的有关规划，区域、流域、海域的建设、开发利用规划，应当在规划编制过程中组织进行环境影响评价，编写该规划有关环境影响的篇章或者说明。

规划有关环境影响的篇章或者说明，应当对规划实施后可能造成的环境影响作出分析、预测和评估，提出预防或者减轻不良环境影响的对策和措施，作为规划草案的组成部分一并报送规划审批机关。

未编写有关环境影响的篇章或者说明的规划草案，审批机关不予审批。

第八条 国务院有关部门、设区的市级以上地方人民政府及其有关部门，对其组织编制的工业、农业、畜牧业、林业、能源、水利、交通、城市建设、旅游、自然资源开发的有关专项规划（以下简称专项规划），应当在该专项规划草案上报审批前，组织进行环境影响评价，并向审批该专项规划的机关提出环境影响报告书。

前款所列专项规划中的指导性规划，按照本法第七条的规定进行环境影响评价。

第九条 依照本法第七条、第八条的规定进行环境影响评价的规划的具体范围，由国务院环境保护行政主管部门会同国务院有关部门规定，报国务院批准。

第十条 专项规划的环境影响报告书应当包括下列内容：

（一）实施该规划对环境可能造成影响的分析、预测和评估；

（二）预防或者减轻不良环境影响的对策和措施；

（三）环境影响评价的结论。

第十一条　专项规划的编制机关对可能造成不良环境影响并直接涉及公众环境权益的规划，应当在该规划草案报送审批前，举行论证会、听证会，或者采取其他形式，征求有关单位、专家和公众对环境影响报告书草案的意见。但是，国家规定需要保密的情形除外。

编制机关应当认真考虑有关单位、专家和公众对环境影响报告书草案的意见，并应当在报送审查的环境影响报告书中附具对意见采纳或者不采纳的说明。

第十二条　专项规划的编制机关在报批规划草案时，应当将环境影响报告书一并附送审批机关审查；未附送环境影响报告书的，审批机关不予审批。

第十三条　设区的市级以上人民政府在审批专项规划草案，作出决策前，应当先由人民政府指定的环境保护行政主管部门或者其他部门召集有关部门代表和专家组成审查小组，对环境影响报告书进行审查。审查小组应当提出书面审查意见。

参加前款规定的审查小组的专家，应当从按照国务院环境保护行政主管部门的规定设立的专家库内的相关专业的专家名单中，以随机抽取的方式确定。

由省级以上人民政府有关部门负责审批的专项规划，其环境影响报告书的审查办法，由国务院环境保护行政主管部门会同国务院有关部门制定。

第十四条　设区的市级以上人民政府或者省级以上人民政府有关部门在审批专项规划草案时，应当将环境影响报告书结论以及审查意见作为决策的重要依据。

在审批中未采纳环境影响报告书结论以及审查意见的，应当作出说明，并存档备查。

第十五条　对环境有重大影响的规划实施后，编制机关应当及时组织环境影响的跟踪评价，并将评价结果报告审批机关；发现有明显不良环境影响的，应当及时提出改进措施。

第三章　建设项目的环境影响评价

第十六条　国家根据建设项目对环境的影响程度，对建设项目的环境影响评价实行分类管理。

建设单位应当按照下列规定组织编制环境影响报告书、环境影响报告表或者填报环境影响登记表（以下统称环境影响评价文件）：

（一）可能造成重大环境影响的，应当编制环境影响报告书，对产生的环境影响进行全面评价；

（二）可能造成轻度环境影响的，应当编制环境影响报告表，对产生的环境影响进行分析或者专项评价；

（三）对环境影响很小、不需要进行环境影响评价的，应当填报环境影响登记表。

建设项目的环境影响评价分类管理名录，由国务院环境保护行政主管部门制定并公布。

第十七条　建设项目的环境影响报告书应当包括下列内容：

（一）建设项目概况；

（二）建设项目周围环境现状；

（三）建设项目对环境可能造成影响的分析、预测和评估；

（四）建设项目环境保护措施及其技术、经济论证；

（五）建设项目对环境影响的经济损益分析；

（六）对建设项目实施环境监测的建议；

（七）环境影响评价的结论。

涉及水土保持的建设项目，还必须有经水行政主管部门审查同意的水土保持方案。

环境影响报告表和环境影响登记表的内容和格式，由国务院环境保护行政主管部门制定。

第十八条　建设项目的环境影响评价，应当避免与规划的环境影响评价相重复。

作为一项整体建设项目的规划，按照建设项目进行环境影响评价，不进行规划的环境影响评价。

已经进行了环境影响评价的规划所包含的具体建设项目，其环境影响评价内容建设单位可以简化。

第十九条 接受委托为建设项目环境影响评价提供技术服务的机构,应当经国务院环境保护行政主管部门考核审查合格后,颁发资质证书,按照资质证书规定的等级和评价范围,从事环境影响评价服务,并对评价结论负责。为建设项目环境影响评价提供技术服务的机构的资质条件和管理办法,由国务院环境保护行政主管部门制定。

国务院环境保护行政主管部门对已取得资质证书的为建设项目环境影响评价提供技术服务的机构的名单,应当予以公布。

为建设项目环境影响评价提供技术服务的机构,不得与负责审批建设项目环境影响评价文件的环境保护行政主管部门或者其他有关审批部门存在任何利益关系。

第二十条 环境影响评价文件中的环境影响报告书或者环境影响报告表,应当由具有相应环境影响评价资质的机构编制。

任何单位和个人不得为建设单位指定对其建设项目进行环境影响评价的机构。

第二十一条 除国家规定需要保密的情形外,对环境可能造成重大影响、应当编制环境影响报告书的建设项目,建设单位应当在报批建设项目环境影响报告书前,举行论证会、听证会,或者采取其他形式,征求有关单位、专家和公众的意见。

建设单位报批的环境影响报告书应当附具对有关单位、专家和公众的意见采纳或者不采纳的说明。

第二十二条 建设项目的环境影响评价文件,由建设单位按照国务院的规定报有审批权的环境保护行政主管部门审批;建设项目有行业主管部门的,其环境影响报告书或者环境影响报告表应当经行业主管部门预审后,报有审批权的环境保护行政主管部门审批。

海洋工程建设项目的海洋环境影响报告书的审批,依照《中华人民共和国海洋环境保护法》的规定办理。

审批部门应当自收到环境影响报告书之日起六十日内,收到环境影响报告表之日起三十日内,收到环境影响登记表之日起十五日内,分别作出审批决定并书面通知建设单位。

预审、审核、审批建设项目环境影响评价文件,不得收取任何费用。

第二十三条 国务院环境保护行政主管部门负责审批下列建设项目的环境影响评价文件:

(一)核设施、绝密工程等特殊性质的建设项目;

(二)跨省、自治区、直辖市行政区域的建设项目;

(三)由国务院审批的或者由国务院授权有关部门审批的建设项目。

前款规定以外的建设项目的环境影响评价文件的审批权限,由省、自治区、直辖市人民政府规定。

建设项目可能造成跨行政区域的不良环境影响,有关环境保护行政主管部门对该项目的环境影响评价结论有争议的,其环境影响评价文件由共同的上一级环境保护行政主管部门审批。

第二十四条 建设项目的环境影响评价文件经批准后,建设项目的性质、规模、地点、采用的生产工艺或者防治污染、防止生态破坏的措施发生重大变动的,建设单位应当重新报批建设项目的环境影响评价文件。

建设项目的环境影响评价文件自批准之日起超过五年,方决定该项目开工建设的,其环境影响评价文件应当报原审批部门重新审核;原审批部门应当自收到建设项目环境影响评价文件之日起十日内,将审核意见书面通知建设单位。

第二十五条 建设项目的环境影响评价文件未经法律规定的审批部门审查或者审查后未予批准的,该项目审批部门不得批准其建设,建设单位不得开工建设。

第二十六条 建设项目建设过程中,建设单位应当同时实施环境影响报告书、环境影响报告表以及环境影响评价文件审批部门审批意见中提出的环境保护对策措施。

第二十七条 在项目建设、运行过程中产生不符合经审批的环境影响评价文件的情形的,建设单位应当组织环境影响的后评价,采取改进措施,并报原环境影响评价文件审批部门和建设项目审批部门备案；原环境影响评价文件审批部门也可以责成建设单位进行环境影响的后评价，采取改进措施。

第二十八条 环境保护行政主管部门应当对建设项目投入生产或者使用后所产生的环境影响进行跟踪检查，对造成严重环境污染或者生态破坏的，应当查清原因、查明责任。对属于为建设项目环境影响评价提供技术服务的机构编制不实的环境影响评价文件的，依照本法第三十三条的规定追究其法律责任；属于审批部门工作人员失职、渎职，对依法不应批准的建设项目环境影响评价文件予以批准的，依照本法第三十五条的规定追究其法律责任。

第四章 法律责任

第二十九条 规划编制机关违反本法规定，组织环境影响评价时弄虚作假或者有失职行为，造成环境影响评价严重失实的，对直接负责的主管人员和其他直接责任人员，由上级机关或者监察机关依法给予行政处分。

第三十条 规划审批机关对依法应当编写有关环境影响的篇章或者说明而未编写的规划草案，依法应当附送环境影响报告书而未附送的专项规划草案，违法予以批准的，对直接负责的主管人员和其他直接责任人员，由上级机关或者监察机关依法给予行政处分。

第三十一条 建设单位未依法报批建设项目环境影响评价文件，或者未依照本法第二十四条的规定重新报批或者报请重新审核环境影响评价文件，擅自开工建设的，由有权审批该项目环境影响评价文件的环境保护行政主管部门责令停止建设，限期补办手续；逾期不补办手续的，可以处五万元以上二十万元以下的罚款，对建设单位直接负责的主管人员和其他直接责任人员，依法给予行政处分。

建设项目环境影响评价文件未经批准或者未经原审批部门重新审核同意，建设单位擅自开工建设的，由有权审批该项目环境影响评价文件的环境保护行政主管部门责令停止建设，可以处五万元以上二十万元以下的罚款，对建设单位直接负责的主管人员和其他直接责任人员，依法给予行政处分。

海洋工程建设项目的建设单位有前两款所列违法行为的，依照《中华人民共和国海洋环境保护法》的规定处罚。

第三十二条 建设项目依法应当进行环境影响评价而未评价，或者环境影响评价文件未经依法批准，审批部门擅自批准该项目建设的，对直接负责的主管人员和其他直接责任人员，由上级机关或者监察机关依法给予行政处分；构成犯罪的，依法追究刑事责任。

第三十三条 接受委托为建设项目环境影响评价提供技术服务的机构在环境影响评价工作中不负责任或者弄虚作假，致使环境影响评价文件失实的，由授予环境影响评价资质的环境保护行政主管部门降低其资质等级或者吊销其资质证书，并处所收费用一倍以上三倍以下的罚款；构成犯罪的，依法追究刑事责任。

第三十四条 负责预审、审核、审批建设项目环境影响评价文件的部门在审批中收取费用的，由其上级机关或者监察机关责令退还；情节严重的，对直接负责的主管人员和其他直接责任人员依法给予行政处分。

第三十五条 环境保护行政主管部门或者其他部门的工作人员徇私舞弊，滥用职权，玩忽职守，违法批准建设项目环境影响评价文件的，依法给予行政处分；构成犯罪的，依法追究刑事责任。

第五章 附 则

第三十六条 省、自治区、直辖市人民政府可以根据本地的实际情况，要求对本辖区的县级人民政府编制的规划进行环境影响评价。具体办法由省、自治区、直辖市参照本法第二章的规定制定。

第三十七条 军事设施建设项目的环境影响评价办法，由中央军事委员会依照本法的原则制定。

第三十八条 本法自2003年9月1日起施行。

中华人民共和国大气污染防治法

(1987 年 9 月 5 日第六届全国人民代表大会常务委员会第二十二次会议通过,1995 年 8 月 29 日第八届全国人民代表大会常务委员会第十五次会议修正,2000 年 4 月 29 日第九届全国人民代表大会常务委员会第十五次会议第一次修订,自 2000 年 9 月 1 日起施行,2015 年 8 月 29 日第十二届全国人民代表大会常务委员会第十六次会议第二次修订,2016 年 1 月 1 日施行)

第一章　总　　则

第一条　为保护和改善环境,防治大气污染,保障公众健康,推进生态文明建设,促进经济社会可持续发展,制定本法。

第二条　防治大气污染,应当以改善大气环境质量为目标,坚持源头治理,规划先行,转变经济发展方式,优化产业结构和布局,调整能源结构。

防治大气污染,应当加强对燃煤、工业、机动车船、扬尘、农业等大气污染的综合防治,推行区域大气污染联合防治,对颗粒物、二氧化硫、氮氧化物、挥发性有机物、氨等大气污染物和温室气体实施协同控制。

第三条　县级以上人民政府应当将大气污染防治工作纳入国民经济和社会发展规划,加大对大气污染防治的财政投入。

地方各级人民政府应当对本行政区域的大气环境质量负责,制定规划,采取措施,控制或者逐步削减大气污染物的排放量,使大气环境质量达到规定标准并逐步改善。

第四条　国务院环境保护主管部门会同国务院有关部门,按照国务院的规定,对省、自治区、直辖市大气环境质量改善目标、大气污染防治重点任务完成情况进行考核。省、自治区、直辖市人民政府制定考核办法,对本行政区域内地方大气环境质量改善目标、大气污染防治重点任务完成情况实施考核。考核结果应当向社会公开。

第五条　县级以上人民政府环境保护主管部门对大气污染防治实施统一监督管理。

县级以上人民政府其他有关部门在各自职责范围内对大气污染防治实施监督管理。

第六条　国家鼓励和支持大气污染防治科学技术研究,开展对大气污染来源及其变化趋势的分析,推广先进适用的大气污染防治技术和装备,促进科技成果转化,发挥科学技术在大气污染防治中的支撑作用。

第七条　企业事业单位和其他生产经营者应当采取有效措施,防止、减少大气污染,对所造成的损害依法承担责任。

公民应当增强大气环境保护意识,采取低碳、节俭的生活方式,自觉履行大气环境保护义务。

第二章　大气污染防治标准和限期达标规划

第八条　国务院环境保护主管部门或者省、自治区、直辖市人民政府制定大气环境质量标准,应当以保障公众健康和保护生态环境为宗旨,与经济社会发展相适应,做到科学合理。

第九条　国务院环境保护主管部门或者省、自治区、直辖市人民政府制定大气污染物排放标准,应当以大气环境质量标准和国家经济、技术条件为依据。

第十条　制定大气环境质量标准、大气污染物排放标准,应当组织专家进行审查和论证,并征求有关部门、行业协会、企业事业单位和公众等方面的意见。

第十一条　省级以上人民政府环境保护主管部门应当在其网站上公布大气环境质量标准、大气污染物排放标准,供公众免费查阅、下载。

第十二条　大气环境质量标准、大气污染物排放标准的执行情况应当定期进行评估,根据评估结果对标准适时进行修订。

第十三条　制定燃煤、石油焦、生物质燃料、涂料等含挥发性有机物的产品、烟花爆竹以及锅炉等产品的质量标准,应当明确大气环境保护要求。

制定燃油质量标准,应当符合国家大气污

染物控制要求，并与国家机动车船、非道路移动机械大气污染物排放标准相互衔接，同步实施。

前款所称非道路移动机械，是指装配有发动机的移动机械和可运输工业设备。

第十四条　未达到国家大气环境质量标准城市的人民政府应当及时编制大气环境质量限期达标规划，采取措施，按照国务院或者省级人民政府规定的期限达到大气环境质量标准。

编制城市大气环境质量限期达标规划，应当征求有关行业协会、企业事业单位、专家和公众等方面的意见。

第十五条　城市大气环境质量限期达标规划应当向社会公开。直辖市和设区的市的大气环境质量限期达标规划应当报国务院环境保护主管部门备案。

第十六条　城市人民政府每年在向本级人民代表大会或者其常务委员会报告环境状况和环境保护目标完成情况时，应当报告大气环境质量限期达标规划执行情况，并向社会公开。

第十七条　城市大气环境质量限期达标规划应当根据大气污染防治的要求和经济、技术条件适时进行评估、修订。

第三章　大气污染防治的监督管理

第十八条　企业事业单位和其他生产经营者建设对大气环境有影响的项目，应当依法进行环境影响评价、公开环境影响评价文件；向大气排放污染物的，应当符合大气污染物排放标准，遵守重点大气污染物排放总量控制要求。

第十九条　排放工业废气或者本法第七十八条规定名录中所列有毒有害大气污染物的企业事业单位、集中供热设施的燃煤热源生产运营单位以及其他依法实行排污许可管理的单位，应当取得排污许可证。排污许可的具体办法和实施步骤由国务院规定。

第二十条　企业事业单位和其他生产经营者向大气排放污染物的，应当依照法律法规和国务院环境保护主管部门的规定设置大气污染物排放口。

禁止通过偷排、篡改或者伪造监测数据、以逃避现场检查为目的的临时停产、非紧急情况下开启应急排放通道、不正常运行大气污染防治设施等逃避监管的方式排放大气污染物。

第二十一条　国家对重点大气污染物排放实行总量控制。

重点大气污染物排放总量控制目标，由国务院环境保护主管部门在征求国务院有关部门和各省、自治区、直辖市人民政府意见后，会同国务院经济综合主管部门报国务院批准并下达实施。

省、自治区、直辖市人民政府应当按照国务院下达的总量控制目标，控制或者削减本行政区域的重点大气污染物排放总量。

确定总量控制目标和分解总量控制指标的具体办法，由国务院环境保护主管部门会同国务院有关部门规定。省、自治区、直辖市人民政府可以根据本行政区域大气污染防治的需要，对国家重点大气污染物之外的其他大气污染物排放实行总量控制。

国家逐步推行重点大气污染物排污权交易。

第二十二条　对超过国家重点大气污染物排放总量控制指标或者未完成国家下达的大气环境质量改善目标的地区，省级以上人民政府环境保护主管部门应当会同有关部门约谈该地区人民政府的主要负责人，并暂停审批该地区新增重点大气污染物排放总量的建设项目环境影响评价文件。约谈情况应当向社会公开。

第二十三条　国务院环境保护主管部门负责制定大气环境质量和大气污染源的监测和评价规范，组织建设与管理全国大气环境质量和大气污染源监测网，组织开展大气环境质量和大气污染源监测，统一发布全国大气环境质量状况信息。

县级以上地方人民政府环境保护主管部门负责组织建设与管理本行政区域大气环境质量和大气污染源监测网，开展大气环境质量和大气污染源监测，统一发布本行政区域大气环境质量状况信息。

第二十四条　企业事业单位和其他生产经营者应当按照国家有关规定和监测规范，对其排放的工业废气和本法第七十八条规定名录中所列有毒有害大气污染物进行监测，并保存原始监测记录。其中，重点排污单位应当安装、使用大气污染物排放自动监测设备，与环境保护主管部门的监控设备联网，保证监测设备正常运行并依法公开排放信息。监测的具体办法和重点排污单位的条件由国务院环境保护主管部门规定。

重点排污单位名录由设区的市级以上地方人民政府环境保护主管部门按照国务院环境保护主管部门的规定，根据本行政区域的大气环境承载力、重点大气污染物排放总量控制指标的要求以及排污单位排放大气污染物的种类、数量和浓度等因素，商有关部门确定，并向社会公布。

第二十五条 重点排污单位应当对自动监测数据的真实性和准确性负责。环境保护主管部门发现重点排污单位的大气污染物排放自动监测设备传输数据异常，应当及时进行调查。

第二十六条 禁止侵占、损毁或者擅自移动、改变大气环境质量监测设施和大气污染物排放自动监测设备。

第二十七条 国家对严重污染大气环境的工艺、设备和产品实行淘汰制度。

国务院经济综合主管部门会同国务院有关部门确定严重污染大气环境的工艺、设备和产品淘汰期限，并纳入国家综合性产业政策目录。

生产者、进口者、销售者或者使用者应当在规定期限内停止生产、进口、销售或者使用列入前款规定目录中的设备和产品。工艺的采用者应当在规定期限内停止采用列入前款规定目录中的工艺。

被淘汰的设备和产品，不得转让给他人使用。

第二十八条 国务院环境保护主管部门会同有关部门，建立和完善大气污染损害评估制度。

第二十九条 环境保护主管部门及其委托的环境监察机构和其他负有大气环境保护监督管理职责的部门，有权通过现场检查监测、自动监测、遥感监测、远红外摄像等方式，对排放大气污染物的企业事业单位和其他生产经营者进行监督检查。被检查者应当如实反映情况，提供必要的资料。实施检查的部门、机构及其工作人员应当为被检查者保守商业秘密。

第三十条 企业事业单位和其他生产经营者违反法律法规规定排放大气污染物，造成或者可能造成严重大气污染，或者有关证据可能灭失或者被隐匿的，县级以上人民政府环境保护主管部门和其他负有大气环境保护监督管理职责的部门，可以对有关设施、设备、物品采取查封、扣押等行政强制措施。

第三十一条 环境保护主管部门和其他负有大气环境保护监督管理职责的部门应当公布举报电话、电子邮箱等，方便公众举报。

环境保护主管部门和其他负有大气环境保护监督管理职责的部门接到举报的，应当及时处理并对举报人的相关信息予以保密；对实名举报的，应当反馈处理结果等情况，查证属实的，处理结果依法向社会公开，并对举报人给予奖励。

举报人举报所在单位的，该单位不得以解除、变更劳动合同或者其他方式对举报人进行打击报复。

第四章 大气污染防治措施

第一节 燃煤和其他能源污染防治

第三十二条 国务院有关部门和地方各级人民政府应当采取措施，调整能源结构，推广清洁能源的生产和使用；优化煤炭使用方式，推广煤炭清洁高效利用，逐步降低煤炭在一次能源消费中的比重，减少煤炭生产、使用、转化过程中的大气污染物排放。

第三十三条 国家推行煤炭洗选加工，降低煤炭的硫分和灰分，限制高硫分、高灰分煤炭的开采。新建煤矿应当同步建设配套的煤炭洗选设施，使煤炭的硫分、灰分含量达到规定标准；已建成的煤矿除所采煤炭属于低硫分、低灰分或者根据已达标排放的燃煤电厂要求不需要洗选的以外，应当限期建成配套的煤炭洗选设施。

禁止开采含放射性和砷等有毒有害物质超过规定标准的煤炭。

第三十四条 国家采取有利于煤炭清洁高效利用的经济、技术政策和措施，鼓励和支持洁净煤技术的开发和推广。

国家鼓励煤矿企业等采用合理、可行的技术措施，对煤层气进行开采利用，对煤矸石进行综合利用。从事煤层气开采利用的，煤层气排放应当符合有关标准规范。

第三十五条 国家禁止进口、销售和燃用不符合质量标准的煤炭，鼓励燃用优质煤炭。

单位存放煤炭、煤矸石、煤渣、煤灰等物料，应当采取防燃措施，防止大气污染。

第三十六条 地方各级人民政府应当采取措施，加强民用散煤的管理，禁止销售不符合民用散煤质量标准的煤炭，鼓励居民燃用优质煤炭和洁净型煤，推广节能环保型炉灶。

第三十七条 石油炼制企业应当按照燃油质量标准生产燃油。

禁止进口、销售和燃用不符合质量标准的石油焦。

第三十八条 城市人民政府可以划定并公布高污染燃料禁燃区，并根据大气环境质量改善要求，逐步扩大高污染燃料禁燃区范围。高污染燃料的目录由国务院环境保护主管部门确定。

在禁燃区内，禁止销售、燃用高污染燃料；禁止新建、扩建燃用高污染燃料的设施，已建成的，应当在城市人民政府规定的期限内改用天然气、页岩气、液化石油气、电或者其他清洁能源。

第三十九条 城市建设应当统筹规划，在燃煤供热地区，推进热电联产和集中供热。在集中供热管网覆盖地区，禁止新建、扩建分散燃煤供热锅炉；已建成的不能达标排放的燃煤供热锅炉，应当在城市人民政府规定的期限内拆除。

第四十条 县级以上人民政府质量监督部门应当会同环境保护主管部门对锅炉生产、进口、销售和使用环节执行环境保护标准或者要求的情况进行监督检查；不符合环境保护标准或者要求的，不得生产、进口、销售和使用。

第四十一条 燃煤电厂和其他燃煤单位应当采用清洁生产工艺，配套建设除尘、脱硫、脱硝等装置，或者采取技术改造等其他控制大气污染物排放的措施。

国家鼓励燃煤单位采用先进的除尘、脱硫、脱硝、脱汞等大气污染物协同控制的技术和装置，减少大气污染物的排放。

第四十二条 电力调度应当优先安排清洁能源发电上网。

第二节　工业污染防治

第四十三条 钢铁、建材、有色金属、石油、化工等企业生产过程中排放粉尘、硫化物和氮氧化物的，应当采用清洁生产工艺，配套建设除尘、脱硫、脱硝等装置，或者采取技术改造等其他控制大气污染物排放的措施。

第四十四条 生产、进口、销售和使用含挥发性有机物的原材料和产品的，其挥发性有机物含量应当符合质量标准或者要求。

国家鼓励生产、进口、销售和使用低毒、低挥发性有机溶剂。

第四十五条 产生含挥发性有机物废气的生产和服务活动，应当在密闭空间或者设备中进行，并按照规定安装、使用污染防治设施；无法密闭的，应当采取措施减少废气排放。

第四十六条 工业涂装企业应当使用低挥发性有机物含量的涂料，并建立台账，记录生产原料、辅料的使用量、废弃量、去向以及挥发性有机物含量。台账保存期限不得少于三年。

第四十七条 石油、化工以及其他生产和使用有机溶剂的企业，应当采取措施对管道、设备进行日常维护、维修，减少物料泄漏，对泄漏的物料应当及时收集处理。

储油储气库、加油加气站、原油成品油码头、原油成品油运输船舶和油罐车、气罐车等，应当按照国家有关规定安装油气回收装置并保持正常使用。

第四十八条 钢铁、建材、有色金属、石油、化工、制药、矿产开采等企业，应当加强精细化管理，采取集中收集处理等措施，严格控制粉尘和气态污染物的排放。

工业生产企业应当采取密闭、围挡、遮盖、清扫、洒水等措施，减少内部物料的堆存、传输、装卸等环节产生的粉尘和气态污染物的排放。

第四十九条 工业生产、垃圾填埋或者其他活动产生的可燃性气体应当回收利用，不具备回收利用条件的，应当进行污染防治处理。

可燃性气体回收利用装置不能正常作业的，应当及时修复或者更新。在回收利用装置不能正常作业期间确需排放可燃性气体的,应当将排放的可燃性气体充分燃烧或者采取其他控制大气污染物排放的措施,并向当地环境保护主管部门报告,按照要求限期修复或者更新。

第三节　机动车船等污染防治

第五十条　国家倡导低碳、环保出行,根据城市规划合理控制燃油机动车保有量,大力发展城市公共交通,提高公共交通出行比例。

国家采取财政、税收、政府采购等措施推广应用节能环保型和新能源机动车船、非道路移动机械,限制高油耗、高排放机动车船、非道路移动机械的发展,减少化石能源的消耗。

省、自治区、直辖市人民政府可以在条件具备的地区,提前执行国家机动车大气污染物排放标准中相应阶段排放限值,并报国务院环境保护主管部门备案。

城市人民政府应当加强并改善城市交通管理,优化道路设置,保障人行道和非机动车道的连续、畅通。

第五十一条　机动车船、非道路移动机械不得超过标准排放大气污染物。

禁止生产、进口或者销售大气污染物排放超过标准的机动车船、非道路移动机械。

第五十二条　机动车、非道路移动机械生产企业应当对新生产的机动车和非道路移动机械进行排放检验。经检验合格的,方可出厂销售。检验信息应当向社会公开。

省级以上人民政府环境保护主管部门可以通过现场检查、抽样检测等方式,加强对新生产、销售机动车和非道路移动机械大气污染物排放状况的监督检查。工业、质量监督、工商行政管理等有关部门予以配合。

第五十三条　在用机动车应当按照国家或者地方的有关规定,由机动车排放检验机构定期对其进行排放检验。经检验合格的,方可上道路行驶。未经检验合格的,公安机关交通管理部门不得核发安全技术检验合格标志。

县级以上地方人民政府环境保护主管部门可以在机动车集中停放地、维修地对在用机动车的大气污染物排放状况进行监督抽测;在不影响正常通行的情况下,可以通过遥感监测等技术手段对在道路上行驶的机动车的大气污染物排放状况进行监督抽测,公安机关交通管理部门予以配合。

第五十四条　机动车排放检验机构应当依法通过计量认证,使用经依法检定合格的机动车排放检验设备,按照国务院环境保护主管部门制定的规范,对机动车进行排放检验,并与环境保护主管部门联网,实现检验数据实时共享。机动车排放检验机构及其负责人对检验数据的真实性和准确性负责。

环境保护主管部门和认证认可监督管理部门应当对机动车排放检验机构的排放检验情况进行监督检查。

第五十五条　机动车生产、进口企业应当向社会公布其生产、进口机动车车型的排放检验信息、污染控制技术信息和有关维修技术信息。

机动车维修单位应当按照防治大气污染的要求和国家有关技术规范对在用机动车进行维修,使其达到规定的排放标准。交通运输、环境保护主管部门应当依法加强监督管理。

禁止机动车所有人以临时更换机动车污染控制装置等弄虚作假的方式通过机动车排放检验。禁止机动车维修单位提供该类维修服务。禁止破坏机动车车载排放诊断系统。

第五十六条　环境保护主管部门应当会同交通运输、住房城乡建设、农业行政、水行政等有关部门对非道路移动机械的大气污染物排放状况进行监督检查,排放不合格的,不得使用。

第五十七条　国家倡导环保驾驶,鼓励燃油机动车驾驶人在不影响道路通行且需停车三分钟以上的情况下熄灭发动机,减少大气污染物的排放。

第五十八条　国家建立机动车和非道路移动机械环境保护召回制度。

生产、进口企业获知机动车、非道路移动机械排放大气污染物超过标准,属于设计、生产缺陷或者不符合规定的环境保护耐久性要求的,应当召回;未召回的,由国务院质量监督部门会同国务院环境保护主管部门责令其召回。

第五十九条　在用重型柴油车、非道路移动机械未安装污染控制装置或者污染控制装置不符合要求,不能达标排放的,应当加装或者更换符合要求的污染控制装置。

第六十条 在用机动车排放大气污染物超过标准的,应当进行维修;经维修或者采用污染控制技术后,大气污染物排放仍不符合国家在用机动车排放标准的,应当强制报废。其所有人应当将机动车交售给报废机动车回收拆解企业,由报废机动车回收拆解企业按照国家有关规定进行登记、拆解、销毁等处理。

国家鼓励和支持高排放机动车船、非道路移动机械提前报废。

第六十一条 城市人民政府可以根据大气环境质量状况,划定并公布禁止使用高排放非道路移动机械的区域。

第六十二条 船舶检验机构对船舶发动机及有关设备进行排放检验。经检验符合国家排放标准的,船舶方可运营。

第六十三条 内河和江海直达船舶应当使用符合标准的普通柴油。远洋船舶靠港后应当使用符合大气污染物控制要求的船舶用燃油。

新建码头应当规划、设计和建设岸基供电设施;已建成的码头应当逐步实施岸基供电设施改造。船舶靠港后应当优先使用岸电。

第六十四条 国务院交通运输主管部门可以在沿海海域划定船舶大气污染物排放控制区,进入排放控制区的船舶应当符合船舶相关排放要求。

第六十五条 禁止生产、进口、销售不符合标准的机动车船、非道路移动机械用燃料;禁止向汽车和摩托车销售普通柴油以及其他非机动车用燃料;禁止向非道路移动机械、内河和江海直达船舶销售渣油和重油。

第六十六条 发动机油、氮氧化物还原剂、燃料和润滑油添加剂以及其他添加剂的有害物质含量和其他大气环境保护指标,应当符合有关标准的要求,不得损害机动车船污染控制装置效果和耐久性,不得增加新的大气污染物排放。

第六十七条 国家积极推进民用航空器的大气污染防治,鼓励在设计、生产、使用过程中采取有效措施减少大气污染物排放。

民用航空器应当符合国家规定的适航标准中的有关发动机排出物要求。

第四节　扬尘污染防治

第六十八条 地方各级人民政府应当加强对建设施工和运输的管理,保持道路清洁,控制料堆和渣土堆放,扩大绿地、水面、湿地和地面铺装面积,防治扬尘污染。

住房城乡建设、市容环境卫生、交通运输、国土资源等有关部门,应当根据本级人民政府确定的职责,做好扬尘污染防治工作。

第六十九条 建设单位应当将防治扬尘污染的费用列入工程造价,并在施工承包合同中明确施工单位扬尘污染防治责任。施工单位应当制定具体的施工扬尘污染防治实施方案。

从事房屋建筑、市政基础设施建设、河道整治以及建筑物拆除等施工单位,应当向负责监督管理扬尘污染防治的主管部门备案。

施工单位应当在施工工地设置硬质围挡,并采取覆盖、分段作业、择时施工、洒水抑尘、冲洗地面和车辆等有效防尘降尘措施。建筑土方、工程渣土、建筑垃圾应当及时清运;在场地内堆存的,应当采用密闭式防尘网遮盖。工程渣土、建筑垃圾应当进行资源化处理。

施工单位应当在施工工地公示扬尘污染防治措施、负责人、扬尘监督管理主管部门等信息。

暂时不能开工的建设用地,建设单位应当对裸露地面进行覆盖;超过三个月的,应当进行绿化、铺装或者遮盖。

第七十条 运输煤炭、垃圾、渣土、砂石、土方、灰浆等散装、流体物料的车辆应当采取密闭或者其他措施防止物料遗撒造成扬尘污染,并按照规定路线行驶。

装卸物料应当采取密闭或者喷淋等方式防治扬尘污染。

城市人民政府应当加强道路、广场、停车场和其他公共场所的清扫保洁管理,推行清洁动力机械化清扫等低尘作业方式,防治扬尘污染。

第七十一条 市政河道以及河道沿线、公共用地的裸露地面以及其他城镇裸露地面,有关部门应当按照规划组织实施绿化或者透水铺装。

第七十二条 贮存煤炭、煤矸石、煤渣、煤灰、水泥、石灰、石膏、砂土等易产生扬尘的物料应当密闭;不能密闭的,应当设置不低于堆放物高度的严密围挡,并采取有效覆盖措施防治扬尘污染。

码头、矿山、填埋场和消纳场应当实施分区作业,并采取有效措施防治扬尘污染。

第五节 农业和其他污染防治

第七十三条 地方各级人民政府应当推动转变农业生产方式,发展农业循环经济,加大对废弃物综合处理的支持力度,加强对农业生产经营活动排放大气污染物的控制。

第七十四条 农业生产经营者应当改进施肥方式,科学合理施用化肥并按照国家有关规定使用农药,减少氨、挥发性有机物等大气污染物的排放。

禁止在人口集中地区对树木、花草喷洒剧毒、高毒农药。

第七十五条 畜禽养殖场、养殖小区应当及时对污水、畜禽粪便和尸体等进行收集、贮存、清运和无害化处理,防止排放恶臭气体。

第七十六条 各级人民政府及其农业行政等有关部门应当鼓励和支持采用先进适用技术,对秸秆、落叶等进行肥料化、饲料化、能源化、工业原料化、食用菌基料化等综合利用,加大对秸秆还田、收集一体化农业机械的财政补贴力度。

县级人民政府应当组织建立秸秆收集、贮存、运输和综合利用服务体系,采用财政补贴等措施支持农村集体经济组织、农民专业合作经济组织、企业等开展秸秆收集、贮存、运输和综合利用服务。

第七十七条 省、自治区、直辖市人民政府应当划定区域,禁止露天焚烧秸秆、落叶等产生烟尘污染的物质。

第七十八条 国务院环境保护主管部门应当会同国务院卫生行政部门,根据大气污染物对公众健康和生态环境的危害和影响程度,公布有毒有害大气污染物名录,实行风险管理。

排放前款规定名录中所列有毒有害大气污染物的企业事业单位,应当按照国家有关规定建设环境风险预警体系,对排放口和周边环境进行定期监测,评估环境风险,排查环境安全隐患,并采取有效措施防范环境风险。

第七十九条 向大气排放持久性有机污染物的企业事业单位和其他生产经营者以及废弃物焚烧设施的运营单位,应当按照国家有关规定,采取有利于减少持久性有机污染物排放的技术方法和工艺,配备有效的净化装置,实现达标排放。

第八十条 企业事业单位和其他生产经营者在生产经营活动中产生恶臭气体的,应当科学选址,设置合理的防护距离,并安装净化装置或者采取其他措施,防止排放恶臭气体。

第八十一条 排放油烟的餐饮服务业经营者应当安装油烟净化设施并保持正常使用,或者采取其他油烟净化措施,使油烟达标排放,并防止对附近居民的正常生活环境造成污染。

禁止在居民住宅楼、未配套设立专用烟道的商住综合楼以及商住综合楼内与居住层相邻的商业楼层内新建、改建、扩建产生油烟、异味、废气的餐饮服务项目。

任何单位和个人不得在当地人民政府禁止的区域内露天烧烤食品或者为露天烧烤食品提供场地。

第八十二条 禁止在人口集中地区和其他依法需要特殊保护的区域内焚烧沥青、油毡、橡胶、塑料、皮革、垃圾以及其他产生有毒有害烟尘和恶臭气体的物质。

禁止生产、销售和燃放不符合质量标准的烟花爆竹。任何单位和个人不得在城市人民政府禁止的时段和区域内燃放烟花爆竹。

第八十三条 国家鼓励和倡导文明、绿色祭祀。

火葬场应当设置除尘等污染防治设施并保持正常使用,防止影响周边环境。

第八十四条 从事服装干洗和机动车维修等服务活动的经营者,应当按照国家有关标准或者要求设置异味和废气处理装置等污染防治设施并保持正常使用,防止影响周边环境。

第八十五条 国家鼓励、支持消耗臭氧层物质替代品的生产和使用,逐步减少直至停止消耗臭氧层物质的生产和使用。

国家对消耗臭氧层物质的生产、使用、进出口实行总量控制和配额管理。具体办法由国务院规定。

第五章 重点区域大气污染联合防治

第八十六条 国家建立重点区域大气污染联防联控机制，统筹协调重点区域内大气污染防治工作。国务院环境保护主管部门根据主体功能区划、区域大气环境质量状况和大气污染传输扩散规律，划定国家大气污染防治重点区域，报国务院批准。

重点区域内有关省、自治区、直辖市人民政府应当确定牵头的地方人民政府，定期召开联席会议，按照统一规划、统一标准、统一监测、统一的防治措施的要求，开展大气污染联合防治，落实大气污染防治目标责任。国务院环境保护主管部门应当加强指导、督促。

省、自治区、直辖市可以参照第一款规定划定本行政区域的大气污染防治重点区域。

第八十七条 国务院环境保护主管部门会同国务院有关部门、国家大气污染防治重点区域内有关省、自治区、直辖市人民政府，根据重点区域经济社会发展和大气环境承载力，制定重点区域大气污染联合防治行动计划，明确控制目标，优化区域经济布局，统筹交通管理，发展清洁能源，提出重点防治任务和措施，促进重点区域大气环境质量改善。

第八十八条 国务院经济综合主管部门会同国务院环境保护主管部门，结合国家大气污染防治重点区域产业发展实际和大气环境质量状况，进一步提高环境保护、能耗、安全、质量等要求。

重点区域内有关省、自治区、直辖市人民政府应当实施更严格的机动车大气污染物排放标准，统一在用机动车检验方法和排放限值，并配套供应合格的车用燃油。

第八十九条 编制可能对国家大气污染防治重点区域的大气环境造成严重污染的有关工业园区、开发区、区域产业和发展等规划，应当依法进行环境影响评价。规划编制机关应当与重点区域内有关省、自治区、直辖市人民政府或者有关部门会商。

重点区域内有关省、自治区、直辖市建设可能对相邻省、自治区、直辖市大气环境质量产生重大影响的项目，应当及时通报有关信息，进行会商。

会商意见及其采纳情况作为环境影响评价文件审查或者审批的重要依据。

第九十条 国家大气污染防治重点区域内新建、改建、扩建用煤项目的，应当实行煤炭的等量或者减量替代。

第九十一条 国务院环境保护主管部门应当组织建立国家大气污染防治重点区域的大气环境质量监测、大气污染源监测等相关信息共享机制，利用监测、模拟以及卫星、航测、遥感等新技术分析重点区域内大气污染来源及其变化趋势，并向社会公开。

第九十二条 国务院环境保护主管部门和国家大气污染防治重点区域内有关省、自治区、直辖市人民政府可以组织有关部门开展联合执法、跨区域执法、交叉执法。

第六章 重污染天气应对

第九十三条 国家建立重污染天气监测预警体系。

国务院环境保护主管部门会同国务院气象主管机构等有关部门、国家大气污染防治重点区域内有关省、自治区、直辖市人民政府，建立重点区域重污染天气监测预警机制，统一预警分级标准。可能发生区域重污染天气的，应当及时向重点区域内有关省、自治区、直辖市人民政府通报。

省、自治区、直辖市、设区的市人民政府环境保护主管部门会同气象主管机构等有关部门建立本行政区域重污染天气监测预警机制。

第九十四条 县级以上地方人民政府应当将重污染天气应对纳入突发事件应急管理体系。

省、自治区、直辖市、设区的市人民政府以及可能发生重污染天气的县级人民政府，应当制定重污染天气应急预案，向上一级人民政府环境保护主管部门备案，并向社会公布。

第九十五条 省、自治区、直辖市、设区的市人民政府环境保护主管部门应当会同气象主管机构建立会商机制，进行大气环境质量预报。可能发生重污染天气的，应当及时向本级人民政府报告。省、自治区、直辖市、设区的市人民政府依据重污染天气预报信息，进行综合研判，确定预警等级并及时发出预警。预警等级根据情况变化及时调整。任何单位和个人不得擅自向社会发布重污染天气预报预警信息。

预警信息发布后,人民政府及其有关部门应当通过电视、广播、网络、短信等途径告知公众采取健康防护措施,指导公众出行和调整其他相关社会活动。

第九十六条 县级以上地方人民政府应当依据重污染天气的预警等级,及时启动应急预案,根据应急需要可以采取责令有关企业停产或者限产、限制部分机动车行驶、禁止燃放烟花爆竹、停止工地土石方作业和建筑物拆除施工、停止露天烧烤、停止幼儿园和学校组织的户外活动、组织开展人工影响天气作业等应急措施。

应急响应结束后,人民政府应当及时开展应急预案实施情况的评估,适时修改完善应急预案。

第九十七条 发生造成大气污染的突发环境事件,人民政府及其有关部门和相关企业事业单位,应当依照《中华人民共和国突发事件应对法》、《中华人民共和国环境保护法》的规定,做好应急处置工作。环境保护主管部门应当及时对突发环境事件产生的大气污染物进行监测,并向社会公布监测信息。

第七章 法律责任

第九十八条 违反本法规定,以拒绝进入现场等方式拒不接受环境保护主管部门及其委托的环境监察机构或者其他负有大气环境保护监督管理职责的部门的监督检查,或者在接受监督检查时弄虚作假的,由县级以上人民政府环境保护主管部门或者其他负有大气环境保护监督管理职责的部门责令改正,处二万元以上二十万元以下的罚款;构成违反治安管理行为的,由公安机关依法予以处罚。

第九十九条 违反本法规定,有下列行为之一的,由县级以上人民政府环境保护主管部门责令改正或者限制生产、停产整治,并处十万元以上一百万元以下的罚款;情节严重的,报经有批准权的人民政府批准,责令停业、关闭:

(一)未依法取得排污许可证排放大气污染物的;

(二)超过大气污染物排放标准或者超过重点大气污染物排放总量控制指标排放大气污染物的;

(三)通过逃避监管的方式排放大气污染物的。

第一百条 违反本法规定,有下列行为之一的,由县级以上人民政府环境保护主管部门责令改正,处二万元以上二十万元以下的罚款;拒不改正的,责令停产整治:

(一)侵占、损毁或者擅自移动、改变大气环境质量监测设施或者大气污染物排放自动监测设备的;

(二)未按照规定对所排放的工业废气和有毒有害大气污染物进行监测并保存原始监测记录的;

(三)未按照规定安装、使用大气污染物排放自动监测设备或者未按照规定与环境保护主管部门的监控设备联网,并保证监测设备正常运行的;

(四)重点排污单位不公开或者不如实公开自动监测数据的;

(五)未按照规定设置大气污染物排放口的。

第一百零一条 违反本法规定,生产、进口、销售或者使用国家综合性产业政策目录中禁止的设备和产品,采用国家综合性产业政策目录中禁止的工艺,或者将淘汰的设备和产品转让给他人使用的,由县级以上人民政府经济综合主管部门、出入境检验检疫机构按照职责责令改正,没收违法所得,并处货值金额一倍以上三倍以下的罚款;拒不改正的,报经有批准权的人民政府批准,责令停业、关闭。进口行为构成走私的,由海关依法予以处罚。

第一百零二条 违反本法规定,煤矿未按照规定建设配套煤炭洗选设施的,由县级以上人民政府能源主管部门责令改正,处十万元以上一百万元以下的罚款;拒不改正的,报经有批准权的人民政府批准,责令停业、关闭。

违反本法规定,开采含放射性和砷等有毒有害物质超过规定标准的煤炭的,由县级以上人民政府按照国务院规定的权限责令停业、关闭。

第一百零三条 违反本法规定,有下列行为之一的，由县级以上地方人民政府质量监督、工商行政管理部门按照职责责令改正，没收原材料、产品和违法所得，并处货值金额一倍以上三倍以下的罚款：

（一）销售不符合质量标准的煤炭、石油焦的；

（二）生产、销售挥发性有机物含量不符合质量标准或者要求的原材料和产品的；

（三）生产、销售不符合标准的机动车船和非道路移动机械用燃料、发动机油、氮氧化物还原剂、燃料和润滑油添加剂以及其他添加剂的；

（四）在禁燃区内销售高污染燃料的。

第一百零四条 违反本法规定，有下列行为之一的，由出入境检验检疫机构责令改正，没收原材料、产品和违法所得，并处货值金额一倍以上三倍以下的罚款；构成走私的，由海关依法予以处罚：

（一）进口不符合质量标准的煤炭、石油焦的；

（二）进口挥发性有机物含量不符合质量标准或者要求的原材料和产品的；

（三）进口不符合标准的机动车船和非道路移动机械用燃料、发动机油、氮氧化物还原剂、燃料和润滑油添加剂以及其他添加剂的。

第一百零五条 违反本法规定，单位燃用不符合质量标准的煤炭、石油焦的，由县级以上人民政府环境保护主管部门责令改正，处货值金额一倍以上三倍以下的罚款。

第一百零六条 违反本法规定，使用不符合标准或者要求的船舶用燃油的，由海事管理机构、渔业主管部门按照职责处一万元以上十万元以下的罚款。

第一百零七条 违反本法规定，在禁燃区内新建、扩建燃用高污染燃料的设施，或者未按照规定停止燃用高污染燃料，或者在城市集中供热管网覆盖地区新建、扩建分散燃煤供热锅炉，或者未按照规定拆除已建成的不能达标排放的燃煤供热锅炉的，由县级以上地方人民政府环境保护主管部门没收燃用高污染燃料的设施，组织拆除燃煤供热锅炉，并处二万元以上二十万元以下的罚款。

违反本法规定，生产、进口、销售或者使用不符合规定标准或者要求的锅炉，由县级以上人民政府质量监督、环境保护主管部门责令改正，没收违法所得，并处二万元以上二十万元以下的罚款。

第一百零八条 违反本法规定，有下列行为之一的，由县级以上人民政府环境保护主管部门责令改正，处二万元以上二十万元以下的罚款；拒不改正的，责令停产整治：

（一）产生含挥发性有机物废气的生产和服务活动，未在密闭空间或者设备中进行，未按照规定安装、使用污染防治设施，或者未采取减少废气排放措施的；

（二）工业涂装企业未使用低挥发性有机物含量涂料或者未建立、保存台账的；

（三）石油、化工以及其他生产和使用有机溶剂的企业，未采取措施对管道、设备进行日常维护、维修，减少物料泄漏或者对泄漏的物料未及时收集处理的；

（四）储油储气库、加油加气站和油罐车、气罐车等，未按照国家有关规定安装并正常使用油气回收装置的；

（五）钢铁、建材、有色金属、石油、化工、制药、矿产开采等企业，未采取集中收集处理、密闭、围挡、遮盖、清扫、洒水等措施，控制、减少粉尘和气态污染物排放的；

（六）工业生产、垃圾填埋或者其他活动中产生的可燃性气体未回收利用，不具备回收利用条件未进行防治污染处理，或者可燃性气体回收利用装置不能正常作业，未及时修复或者更新的。

第一百零九条 违反本法规定，生产超过污染物排放标准的机动车、非道路移动机械的，由省级以上人民政府环境保护主管部门责令改正，没收违法所得，并处货值金额一倍以上三倍以下的罚款，没收销毁无法达到污染物排放标准的机动车、非道路移动机械；拒不改正的，责令停产整治，并由国务院机动车生产主管部门责令停止生产该车型。

违反本法规定，机动车、非道路移动机械生产企业对发动机、污染控制装置弄虚作假、以次充好，冒充排放检验合格产品出厂销售的,由省级以上人民政府环境保护主管部门责令停产整治,没收违法所得,并处货值金额一倍以上三倍以下的罚款,没收销毁无法达到污染物排放标准的机动车、非道路移动机械,并由国务院机动车生产主管部门责令停止生产该车型。

第一百一十条 违反本法规定,进口、销售超过污染物排放标准的机动车、非道路移动机械的,由县级以上人民政府工商行政管理部门、出入境检验检疫机构按照职责没收违法所得,并处货值金额一倍以上三倍以下的罚款,没收销毁无法达到污染物排放标准的机动车、非道路移动机械;进口行为构成走私的,由海关依法予以处罚。

违反本法规定,销售的机动车、非道路移动机械不符合污染物排放标准的,销售者应当负责修理、更换、退货;给购买者造成损失的,销售者应当赔偿损失。

第一百一十一条 违反本法规定,机动车生产、进口企业未按照规定向社会公布其生产、进口机动车车型的排放检验信息或者污染控制技术信息的,由省级以上人民政府环境保护主管部门责令改正,处五万元以上五十万元以下的罚款。

违反本法规定,机动车生产、进口企业未按照规定向社会公布其生产、进口机动车车型的有关维修技术信息的,由省级以上人民政府交通运输主管部门责令改正,处五万元以上五十万元以下的罚款。

第一百一十二条 违反本法规定,伪造机动车、非道路移动机械排放检验结果或者出具虚假排放检验报告的,由县级以上人民政府环境保护主管部门没收违法所得,并处十万元以上五十万元以下的罚款;情节严重的,由负责资质认定的部门取消其检验资格。

违反本法规定,伪造船舶排放检验结果或者出具虚假排放检验报告的,由海事管理机构依法予以处罚。

违反本法规定,以临时更换机动车污染控制装置等弄虚作假的方式通过机动车排放检验或者破坏机动车车载排放诊断系统的,由县级以上人民政府环境保护主管部门责令改正,对机动车所有人处五千元的罚款;对机动车维修单位处每辆机动车五千元的罚款。

第一百一十三条 违反本法规定,机动车驾驶人驾驶排放检验不合格的机动车上道路行驶的,由公安机关交通管理部门依法予以处罚。

第一百一十四条 违反本法规定,使用排放不合格的非道路移动机械,或者在用重型柴油车、非道路移动机械未按照规定加装、更换污染控制装置的,由县级以上人民政府环境保护等主管部门按照职责责令改正,处五千元的罚款。

违反本法规定,在禁止使用高排放非道路移动机械的区域使用高排放非道路移动机械的,由城市人民政府环境保护等主管部门依法予以处罚。

第一百一十五条 违反本法规定,施工单位有下列行为之一的,由县级以上人民政府住房城乡建设等主管部门按照职责责令改正,处一万元以上十万元以下的罚款;拒不改正的,责令停工整治:

(一)施工工地未设置硬质密闭围挡,或者未采取覆盖、分段作业、择时施工、洒水抑尘、冲洗地面和车辆等有效防尘降尘措施的;

(二)建筑土方、工程渣土、建筑垃圾未及时清运,或者未采用密闭式防尘网遮盖的。

违反本法规定,建设单位未对暂时不能开工的建设用地的裸露地面进行覆盖,或者未对超过三个月不能开工的建设用地的裸露地面进行绿化、铺装或者遮盖的,由县级以上人民政府住房城乡建设等主管部门依照前款规定予以处罚。

第一百一十六条 违反本法规定,运输煤炭、垃圾、渣土、砂石、土方、灰浆等散装、流体物料的车辆,未采取密闭或者其他措施防止物料遗撒的,由县级以上地方人民政府确定的监督管理部门责令改正,处二千元以上二万元以下的罚款;拒不改正的,车辆不得上道路行驶。

第一百一十七条 违反本法规定,有下列行为之一的,由县级以上人民政府环境保护等主管部门按照职责责令改正,处一万元以上十万元以下的罚款;拒不改正的,责令停工整治或者停业整治:

(一)未密闭煤炭、煤矸石、煤渣、煤灰、水泥、石灰、石膏、砂土等易产生扬尘的物料的；

（二）对不能密闭的易产生扬尘的物料，未设置不低于堆放物高度的严密围挡，或者未采取有效覆盖措施防治扬尘污染的；

（三）装卸物料未采取密闭或者喷淋等方式控制扬尘排放的；

（四）存放煤炭、煤矸石、煤渣、煤灰等物料，未采取防燃措施的；

（五）码头、矿山、填埋场和消纳场未采取有效措施防治扬尘污染的；

（六）排放有毒有害大气污染物名录中所列有毒有害大气污染物的企业事业单位，未按照规定建设环境风险预警体系或者对排放口和周边环境进行定期监测、排查环境安全隐患并采取有效措施防范环境风险的；

（七）向大气排放持久性有机污染物的企业事业单位和其他生产经营者以及废弃物焚烧设施的运营单位，未按照国家有关规定采取有利于减少持久性有机污染物排放的技术方法和工艺，配备净化装置的；

（八）未采取措施防止排放恶臭气体的。

第一百一十八条　违反本法规定，排放油烟的餐饮服务业经营者未安装油烟净化设施、不正常使用油烟净化设施或者未采取其他油烟净化措施，超过排放标准排放油烟的，由县级以上地方人民政府确定的监督管理部门责令改正，处五千元以上五万元以下的罚款；拒不改正的，责令停业整治。

违反本法规定，在居民住宅楼、未配套设立专用烟道的商住综合楼、商住综合楼内与居住层相邻的商业楼层内新建、改建、扩建产生油烟、异味、废气的餐饮服务项目的，由县级以上地方人民政府确定的监督管理部门责令改正；拒不改正的，予以关闭，并处一万元以上十万元以下的罚款。

违反本法规定，在当地人民政府禁止的时段和区域内露天烧烤食品或者为露天烧烤食品提供场地的，由县级以上地方人民政府确定的监督管理部门责令改正，没收烧烤工具和违法所得，并处五百元以上二万元以下的罚款。

第一百一十九条　违反本法规定，在人口集中地区对树木、花草喷洒剧毒、高毒农药，或者露天焚烧秸秆、落叶等产生烟尘污染的物质的，由县级以上地方人民政府确定的监督管理部门责令改正，并可以处五百元以上二千元以下的罚款。

违反本法规定，在人口集中地区和其他依法需要特殊保护的区域内，焚烧沥青、油毡、橡胶、塑料、皮革、垃圾以及其他产生有毒有害烟尘和恶臭气体的物质的，由县级人民政府确定的监督管理部门责令改正，对单位处一万元以上十万元以下的罚款，对个人处五百元以上二千元以下的罚款。

违反本法规定，在城市人民政府禁止的时段和区域内燃放烟花爆竹的，由县级以上地方人民政府确定的监督管理部门依法予以处罚。

第一百二十条　违反本法规定，从事服装干洗和机动车维修等服务活动，未设置异味和废气处理装置等污染防治设施并保持正常使用，影响周边环境的，由县级以上地方人民政府环境保护主管部门责令改正，处二千元以上二万元以下的罚款；拒不改正的，责令停业整治。

第一百二十一条　违反本法规定，擅自向社会发布重污染天气预报预警信息，构成违反治安管理行为的，由公安机关依法予以处罚。

违反本法规定，拒不执行停止工地土石方作业或者建筑物拆除施工等重污染天气应急措施的，由县级以上地方人民政府确定的监督管理部门处一万元以上十万元以下的罚款。

第一百二十二条　违反本法规定，造成大气污染事故的，由县级以上人民政府环境保护主管部门依照本条第二款的规定处以罚款；对直接负责的主管人员和其他直接责任人员可以处上一年度从本企业事业单位取得收入百分之五十以下的罚款。

对造成一般或者较大大气污染事故的，按照污染事故造成直接损失的一倍以上三倍以下计算罚款；对造成重大或者特大大气污染事故的，按照污染事故造成的直接损失的三倍以上五倍以下计算罚款。

第一百二十三条　违反本法规定，企业事业单位和其他生产经营者有下列行为之一，受到罚款处罚，被责令改正，拒不改正的，依法作出处罚决定的行政机关可以自责令改正之日的次日

起,按照原处罚数额按日连续处罚:

(一)未依法取得排污许可证排放大气污染物的;

(二)超过大气污染物排放标准或者超过重点大气污染物排放总量控制指标排放大气污染物的;

(三)通过逃避监管的方式排放大气污染物的;

(四)建筑施工或者贮存易产生扬尘的物料未采取有效措施防治扬尘污染的。

第一百二十四条 违反本法规定,对举报人以解除、变更劳动合同或者其他方式打击报复的,应当依照有关法律的规定承担责任。

第一百二十五条 排放大气污染物造成损害的,应当依法承担侵权责任。

第一百二十六条 地方各级人民政府、县级以上人民政府环境保护主管部门和其他负有大气环境保护监督管理职责的部门及其工作人员滥用职权、玩忽职守、徇私舞弊、弄虚作假的,依法给予处分。

第一百二十七条 违反本法规定,构成犯罪的,依法追究刑事责任。

第八章 附 则

第一百二十八条 海洋工程的大气污染防治,依照《中华人民共和国海洋环境保护法》的有关规定执行。

第一百二十九条 本法自2016年1月1日起施行。

国务院关于印发大气污染防治行动计划的通知(节选)

(国发〔2013〕37号)

各省、自治区、直辖市人民政府,国务院各部委、各直属机构:

现将《大气污染防治行动计划》印发给你们,请认真贯彻执行。

国务院

2013年9月10日

大气污染防治行动计划(节选)

大气环境保护事关人民群众根本利益,事关经济持续健康发展,事关全面建成小康社会,事关实现中华民族伟大复兴中国梦。当前,我国大气污染形势严峻,以可吸入颗粒物(PM10)、细颗粒物(PM2.5)为特征污染物的区域性大气环境问题日益突出,损害人民群众身体健康,影响社会和谐稳定。随着我国工业化、城镇化的深入推进,能源资源消耗持续增加,大气污染防治压力继续加大。为切实改善空气质量,制定本行动计划。

总体要求:……

奋斗目标:经过五年努力,全国空气质量总体改善,重污染天气较大幅度减少;京津冀、长三角、珠三角等区域空气质量明显好转。力争再用五年或更长时间,逐步消除重污染天气,全国空气质量明显改善。

具体指标:到2017年,全国地级及以上城市可吸入颗粒物浓度比2012年下降10%以上,优良天数逐年提高;京津冀、长三角、珠三角等区域细颗粒物浓度分别下降25%、20%、15%左右,其中北京市细颗粒物年均浓度控制在60微克/立方米左右。

一、加大综合治理力度,减少多污染物排放

(一)加强工业企业大气污染综合治理。全面整治燃煤小锅炉。加快推进集中供热、“煤改气”、“煤改电”工程建设,到2017年,除必要保留的以外,地级及以上城市建成区基本淘汰每小时10蒸吨及以下的燃煤锅炉,禁止新建每小时20蒸吨以下的燃煤锅炉;其他地区原则上不再新建每小时10蒸吨以下的燃煤锅炉。在供热供气管网不能覆盖的地区,改用电、新能源或洁净煤,推广应用高效节能环保型锅炉。在化工、造纸、印染、制革、制药等产

业集聚区，通过集中建设热电联产机组逐步淘汰分散燃煤锅炉。

加快重点行业脱硫、脱硝、除尘改造工程建设。所有燃煤电厂、钢铁企业的烧结机和球团生产设备、石油炼制企业的催化裂化装置、有色金属冶炼企业都要安装脱硫设施，每小时20蒸吨及以上的燃煤锅炉要实施脱硫。除循环流化床锅炉以外的燃煤机组均应安装脱硝设施，新型干法水泥窑要实施低氮燃烧技术改造并安装脱硝设施。燃煤锅炉和工业窑炉现有除尘设施要实施升级改造。

推进挥发性有机物污染治理。在石化、有机化工、表面涂装、包装印刷等行业实施挥发性有机物综合整治，在石化行业开展“泄漏检测与修复”技术改造。限时完成加油站、储油库、油罐车的油气回收治理，在原油成品油码头积极开展油气回收治理。完善涂料、胶粘剂等产品挥发性有机物限值标准，推广使用水性涂料，鼓励生产、销售和使用低毒、低挥发性有机溶剂。

京津冀、长三角、珠三角等区域要于2015年底前基本完成燃煤电厂、燃煤锅炉和工业窑炉的污染治理设施建设与改造，完成石化企业有机废气综合治理。

（二）深化面源污染治理。综合整治城市扬尘。加强施工扬尘监管，积极推进绿色施工，建设工程施工现场应全封闭设置围挡墙，严禁敞开式作业，施工现场道路应进行地面硬化。渣土运输车辆应采取密闭措施，并逐步安装卫星定位系统。推行道路机械化清扫等低尘作业方式。大型煤堆、料堆要实现封闭储存或建设防风抑尘设施。推进城市及周边绿化和防风防沙林建设，扩大城市建成区绿地规模。

开展餐饮油烟污染治理。城区餐饮服务经营场所应安装高效油烟净化设施，推广使用高效净化型家用吸油烟机。

（三）强化移动源污染防治。加强城市交通管理。优化城市功能和布局规划，推广智能交通管理，缓解城市交通拥堵。实施公交优先战略，提高公共交通出行比例，加强步行、自行车交通系统建设。根据城市发展规划，合理控制机动车保有量，北京、上海、广州等特大城市要严格限制机动车保有量。通过鼓励绿色出行、增加使用成本等措施，降低机动车使用强度。

提升燃油品质。加快石油炼制企业升级改造，力争在2013年底前，全国供应符合国家第四阶段标准的车用汽油，在2014年底前，全国供应符合国家第四阶段标准的车用柴油，在2015年底前，京津冀、长三角、珠三角等区域内重点城市全面供应符合国家第五阶段标准的车用汽、柴油，在2017年底前，全国供应符合国家第五阶段标准的车用汽、柴油。加强油品质量监督检查，严厉打击非法生产、销售不合格油品行为。

加快淘汰黄标车和老旧车辆。采取划定禁行区域、经济补偿等方式，逐步淘汰黄标车和老旧车辆。到2015年，淘汰2005年底前注册营运的黄标车，基本淘汰京津冀、长三角、珠三角等区域内的500万辆黄标车。到2017年，基本淘汰全国范围的黄标车。

加强机动车环保管理。环保、工业和信息化、质检、工商等部门联合加强新生产车辆环保监管，严厉打击生产、销售环保不达标车辆的违法行为；加强在用机动车年度检验，对不达标车辆不得发放环保合格标志，不得上路行驶。加快柴油车车用尿素供应体系建设。研究缩短公交车、出租车强制报废年限。鼓励出租车每年更换高效尾气净化装置。开展工程机械等非道路移动机械和船舶的污染控制。

加快推进低速汽车升级换代。不断提高低速汽车（三轮汽车、低速货车）节能环保要求，减少污染排放，促进相关产业和产品技术升级换代。自2017年起，新生产的低速货车执行与轻型载货车同等的节能与排放标准。

大力推广新能源汽车。公交、环卫等行业和政府机关要率先使用新能源汽车，采取直接上牌、财政补贴等措施鼓励个人购买。北京、上海、广州等城市每年新增或更新的公交车中新能源和清洁燃料车的比例达到60%以上。

二、调整优化产业结构，推动产业转型升级

三、加快企业技术改造，提高科技创新能力

（八）强化科技研发和推广。

(九)全面推行清洁生产。对钢铁、水泥、化工、石化、有色金属冶炼等重点行业进行清洁生产审核,针对节能减排关键领域和薄弱环节,采用先进适用的技术、工艺和装备,实施清洁生产技术改造;到2017年,重点行业排污强度比2012年下降30%以上。推进非有机溶剂型涂料和农药等产品创新,减少生产和使用过程中挥发性有机物排放。积极开发缓释肥料新品种,减少化肥施用过程中氨的排放。

(十)大力发展循环经济。鼓励产业集聚发展,实施园区循环化改造,推进能源梯级利用、水资源循环利用、废物交换利用、土地节约集约利用,促进企业循环式生产、园区循环式发展、产业循环式组合,构建循环型工业体系。推动水泥、钢铁等工业窑炉、高炉实施废物协同处置。大力发展机电产品再制造,推进资源再生利用产业发展。到2017年,单位工业增加值能耗比2012年降低20%左右,在50%以上的各类国家级园区和30%以上的各类省级园区实施循环化改造,主要有色金属品种以及钢铁的循环再生比重达到40%左右。

(十一)大力培育节能环保产业。

四、加快调整能源结构,增加清洁能源供应

(十二)控制煤炭消费总量。

(十三)加快清洁能源替代利用。加大天然气、煤制天然气、煤层气供应。到2015年,新增天然气干线管输能力1500亿立方米以上,覆盖京津冀、长三角、珠三角等区域。优化天然气使用方式,新增天然气应优先保障居民生活或用于替代燃煤;鼓励发展天然气分布式能源等高效利用项目,限制发展天然气化工项目;有序发展天然气调峰电站,原则上不再新建天然气发电项目。

制定煤制天然气发展规划,在满足最严格的环保要求和保障水资源供应的前提下,加快煤制天然气产业化和规模化步伐。

积极有序发展水电,开发利用地热能、风能、太阳能、生物质能,安全高效发展核电。到2017年,运行核电机组装机容量达到5000万千瓦,非化石能源消费比重提高到13%。

京津冀区域城市建成区、长三角城市群、珠三角区域要加快现有工业企业燃煤设施天然气替代步伐;到2017年,基本完成燃煤锅炉、工业窑炉、自备燃煤电站的天然气替代改造任务。

(十四)推进煤炭清洁利用。

扩大城市高污染燃料禁燃区范围,逐步由城市建成区扩展到近郊。结合城中村、城乡结合部、棚户区改造,通过政策补偿和实施峰谷电价、季节性电价、阶梯电价、调峰电价等措施,逐步推行以天然气或电替代煤炭。鼓励北方农村地区建设洁净煤配送中心,推广使用洁净煤和型煤。

(十五)提高能源使用效率。

五、严格节能环保准入,优化产业空间布局

(十六)调整产业布局。按照主体功能区规划要求,合理确定重点产业发展布局、结构和规模,重大项目原则上布局在优化开发区和重点开发区。所有新、改、扩建项目,必须全部进行环境影响评价;未通过环境影响评价审批的,一律不准开工建设;违规建设的,要依法进行处罚。加强产业政策在产业转移过程中的引导与约束作用,严格限制在生态脆弱或环境敏感地区建设"两高"行业项目。加强对各类产业发展规划的环境影响评价。

在东部、中部和西部地区实施差别化的产业政策,对京津冀、长三角、珠三角等区域提出更高的节能环保要求。强化环境监管,严禁落后产能转移。

(十七)强化节能环保指标约束。提高节能环保准入门槛,健全重点行业准入条件,公布符合准入条件的企业名单并实施动态管理。严格实施污染物排放总量控制,将二氧化硫、氮氧化物、烟粉尘和挥发性有机物排放是否符合总量控制要求作为建设项目环境影响评价审批的前置条件。

京津冀、长三角、珠三角区域以及辽宁中部、山东、武汉及其周边、长株潭、成渝、海峡西岸、山西中北部、陕西关中、甘宁、乌鲁木齐城市群等"三区十群"中的47个城市,新建火电、钢铁、石化、水泥、有色、化工等企业以及燃煤锅炉项目要执行大气污染物特别排放限值。各地区可根据环境质量改善的需要,扩大特别排放限值实施的范围。

对未通过能评、环评审查的项目,有关部门不得审批、核准、备案,不得提供土地,不得批准开工建设,不得发放生产许可证、安全生产许可证、排污许可证,金融机构不得提供任何形式的新增授信支持,有关单位不得供电、供水。

(十八)优化空间格局。科学制定并严格实施城市规划,强化城市空间管制要求和绿地控制要求,规范各类产业园区和城市新城、新区设立和布局,禁止随意调整和修改城市规划,形成有利于大气污染物扩散的城市和区域空间格局。研究开展城市环境总体规划试点工作。

结合化解过剩产能、节能减排和企业兼并重组,有序推进位于城市主城区的钢铁、石化、化工、有色金属冶炼、水泥、平板玻璃等重污染企业环保搬迁、改造,到2017年基本完成。

六、发挥市场机制作用,完善环境经济政策

七、健全法律法规体系,严格依法监督管理

(二十二)完善法律法规标准。加快大气污染防治法修订步伐,重点健全总量控制、排污许可、应急预警、法律责任等方面的制度,研究增加对恶意排污、造成重大污染危害的企业及其相关负责人追究刑事责任的内容,加大对违法行为的处罚力度。建立健全环境公益诉讼制度。研究起草环境税法草案,加快修改环境保护法,尽快出台机动车污染防治条例和排污许可证管理条例。各地区可结合实际,出台地方性大气污染防治法规、规章。

加快制(修)订重点行业排放标准以及汽车燃料消耗量标准、油品标准、供热计量标准等,完善行业污染防治技术政策和清洁生产评价指标体系。

(二十三)提高环境监管能力。完善国家监察、地方监管、单位负责的环境监管体制,加强对地方人民政府执行环境法律法规和政策的监督。加大环境监测、信息、应急、监察等能力建设力度,达到标准化建设要求。

建设城市站、背景站、区域站统一布局的国家空气质量监测网络,加强监测数据质量管理,客观反映空气质量状况。加强重点污染源在线监控体系建设,推进环境卫星应用。建设国家、省、市三级机动车排污监管平台。到2015年,地级及以上城市全部建成细颗粒物监测点和国家直管的监测点。

(二十四)加大环保执法力度。推进联合执法、区域执法、交叉执法等执法机制创新,明确重点,加大力度,严厉打击环境违法行为。对偷排偷放、屡查屡犯的违法企业,要依法停产关闭。对涉嫌环境犯罪的,要依法追究刑事责任。落实执法责任,对监督缺位、执法不力、徇私枉法等行为,监察机关要依法追究有关部门和人员的责任。

(二十五)实行环境信息公开。国家每月公布空气质量最差的10个城市和最好的10个城市的名单。各省(区、市)要公布本行政区域内地级及以上城市空气质量排名。地级及以上城市要在当地主要媒体及时发布空气质量监测信息。

各级环保部门和企业要主动公开新建项目环境影响评价、企业污染物排放、治污设施运行情况等环境信息,接受社会监督。涉及群众利益的建设项目,应充分听取公众意见。建立重污染行业企业环境信息强制公开制度。

八、建立区域协作机制,统筹区域环境治理

九、建立监测预警应急体系,妥善应对重污染天气

(二十九)建立监测预警体系。环保部门要加强与气象部门的合作,建立重污染天气监测预警体系。到2014年,京津冀、长三角、珠三角区域要完成区域、省、市级重污染天气监测预警系统建设;其他省(区、市)、副省级市、省会城市于2015年底前完成。要做好重污染天气过程的趋势分析,完善会商研判机制,提高监测预警的准确度,及时发布监测预警信息。

(三十)制定完善应急预案。空气质量未达到规定标准的城市应制定和完善重污染天气应急预案并向社会公布;要落实责任主体,明确应急组织机构及其职责、预警预报及响应程序、应急处置及保障措施等内容,按不同污染等级确定企业限产停产、机动车和扬尘管控、中小学校停课以及可行的气象干预等应对措施。开展重污染天气应急演练。

京津冀、长三角、珠三角等区域要建立健全区域、省、市联动的重污染天气应急响应体系。区域内各省(区、市)的应急预案,应于2013年底前报环境保护部备案。

十、明确政府企业和社会的责任,动员全民参与环境保护

中华人民共和国水污染防治法

(1984年5月11日第六届全国人民代表大会常务委员会第五次会议通过,1996年5月15日第八届全国人民代表大会常务委员会第十九次会议修正,2008年2月28日第十届全国人民代表大会常务委员会第三十二次会议修订通过,自2008年6月1日起施行)

第一章　总　　则

第一条　为了防治水污染,保护和改善环境,保障饮用水安全,促进经济社会全面协调可持续发展,制定本法。

第二条　本法适用于中华人民共和国领域内的江河、湖泊、运河、渠道、水库等地表水体以及地下水体的污染防治。

海洋污染防治适用《中华人民共和国海洋环境保护法》。

第三条　水污染防治应当坚持预防为主、防治结合、综合治理的原则,优先保护饮用水水源,严格控制工业污染、城镇生活污染,防治农业面源污染,积极推进生态治理工程建设,预防、控制和减少水环境污染和生态破坏。

第四条　县级以上人民政府应当将水环境保护工作纳入国民经济和社会发展规划。

县级以上地方人民政府应当采取防治水污染的对策和措施,对本行政区域的水环境质量负责。

第五条　国家实行水环境保护目标责任制和考核评价制度,将水环境保护目标完成情况作为对地方人民政府及其负责人考核评价的内容。

第六条　国家鼓励、支持水污染防治的科学技术研究和先进适用技术的推广应用,加强水环境保护的宣传教育。

第七条　国家通过财政转移支付等方式,建立健全对位于饮用水水源保护区区域和江河、湖泊、水库上游地区的水环境生态保护补偿机制。

第八条　县级以上人民政府环境保护主管部门对水污染防治实施统一监督管理。

交通主管部门的海事管理机构对船舶污染水域的防治实施监督管理。

县级以上人民政府水行政、国土资源、卫生、建设、农业、渔业等部门以及重要江河、湖泊的流域水资源保护机构,在各自的职责范围内,对有关水污染防治实施监督管理。

第九条　排放水污染物,不得超过国家或者地方规定的水污染物排放标准和重点水污染物排放总量控制指标。

第十条　任何单位和个人都有义务保护水环境,并有权对污染损害水环境的行为进行检举。

县级以上人民政府及其有关主管部门对在水污染防治工作中做出显著成绩的单位和个人给予表彰和奖励。

第二章　水污染防治的标准和规划

第十一条　国务院环境保护主管部门制定国家水环境质量标准。

省、自治区、直辖市人民政府可以对国家水环境质量标准中未作规定的项目,制定地方标准,并报国务院环境保护主管部门备案。

第十二条　国务院环境保护主管部门会同国务院水行政主管部门和有关省、自治区、直辖市人民政府,可以根据国家确定的重要江河、湖泊流域水体的使用功能以及有关地区的经济、技术条件,确定该重要江河、湖泊流域的省界水体适用的水环境质量标准,报国务院批准后施行。

第十三条　国务院环境保护主管部门根据国家水环境质量标准和国家经济、技术条件,制定国家水污染物排放标准。

省、自治区、直辖市人民政府对国家水污

染物排放标准中未作规定的项目,可以制定地方水污染物排放标准;对国家水污染物排放标准中已作规定的项目,可以制定严于国家水污染物排放标准的地方水污染物排放标准。地方水污染物排放标准须报国务院环境保护主管部门备案。

向已有地方水污染物排放标准的水体排放污染物的,应当执行地方水污染物排放标准。

第十四条 国务院环境保护主管部门和省、自治区、直辖市人民政府,应当根据水污染防治的要求和国家或者地方的经济、技术条件,适时修订水环境质量标准和水污染物排放标准。

第十五条 防治水污染应当按流域或者按区域进行统一规划。国家确定的重要江河、湖泊的流域水污染防治规划,由国务院环境保护主管部门会同国务院经济综合宏观调控、水行政等部门和有关省、自治区、直辖市人民政府编制,报国务院批准。

前款规定外的其他跨省、自治区、直辖市江河、湖泊的流域水污染防治规划,根据国家确定的重要江河、湖泊的流域水污染防治规划和本地实际情况,由有关省、自治区、直辖市人民政府环境保护主管部门会同同级水行政等部门和有关市、县人民政府编制,经有关省、自治区、直辖市人民政府审核,报国务院批准。

省、自治区、直辖市内跨县江河、湖泊的流域水污染防治规划,根据国家确定的重要江河、湖泊的流域水污染防治规划和本地实际情况,由省、自治区、直辖市人民政府环境保护主管部门会同同级水行政等部门编制,报省、自治区、直辖市人民政府批准,并报国务院备案。

经批准的水污染防治规划是防治水污染的基本依据,规划的修订须经原批准机关批准。

县级以上地方人民政府应当根据依法批准的江河、湖泊的流域水污染防治规划,组织制定本行政区域的水污染防治规划。

第十六条 国务院有关部门和县级以上地方人民政府开发、利用和调节、调度水资源时,应当统筹兼顾,维持江河的合理流量和湖泊、水库以及地下水体的合理水位,维护水体的生态功能。

第三章 水污染防治的监督管理

第十七条 新建、改建、扩建直接或者间接向水体排放污染物的建设项目和其他水上设施,应当依法进行环境影响评价。

建设单位在江河、湖泊新建、改建、扩建排污口的,应当取得水行政主管部门或者流域管理机构同意;涉及通航、渔业水域的,环境保护主管部门在审批环境影响评价文件时,应当征求交通、渔业主管部门的意见。

建设项目的水污染防治设施,应当与主体工程同时设计、同时施工、同时投入使用。水污染防治设施应当经过环境保护主管部门验收,验收不合格的,该建设项目不得投入生产或者使用。

第十八条 国家对重点水污染物排放实施总量控制制度。

省、自治区、直辖市人民政府应当按照国务院的规定削减和控制本行政区域的重点水污染物排放总量,并将重点水污染物排放总量控制指标分解落实到市、县人民政府。市、县人民政府根据本行政区域重点水污染物排放总量控制指标的要求,将重点水污染物排放总量控制指标分解落实到排污单位。具体办法和实施步骤由国务院规定。

省、自治区、直辖市人民政府可以根据本行政区域水环境质量状况和水污染防治工作的需要,确定本行政区域实施总量削减和控制的重点水污染物。

对超过重点水污染物排放总量控制指标的地区,有关人民政府环境保护主管部门应当暂停审批新增重点水污染物排放总量的建设项目的环境影响评价文件。

第十九条 国务院环境保护主管部门对未按照要求完成重点水污染物排放总量控制指标的省、自治区、直辖市予以公布。省、自治区、直辖市人民政府环境保护主管部门对未按照要求完成重点水污染物排放总量控制指标的市、县予以公布。

县级以上人民政府环境保护主管部门对违反本法规定、严重污染水环境的企业予以公布。

第二十条 国家实行排污许可制度。

直接或者间接向水体排放工业废水和医疗污水以及其他按照规定应当取得排污许可证方可排放的废水、污水的企业事业单位，应当取得排污许可证；城镇污水集中处理设施的运营单位，也应当取得排污许可证。排污许可的具体办法和实施步骤由国务院规定。

禁止企业事业单位无排污许可证或者违反排污许可证的规定向水体排放前款规定的废水、污水。

第二十一条 直接或者间接向水体排放污染物的企业事业单位和个体工商户，应当按照国务院环境保护主管部门的规定，向县级以上地方人民政府环境保护主管部门申报登记拥有的水污染物排放设施、处理设施和在正常作业条件下排放水污染物的种类、数量和浓度，并提供防治水污染方面的有关技术资料。

企业事业单位和个体工商户排放水污染物的种类、数量和浓度有重大改变的，应当及时申报登记；其水污染物处理设施应当保持正常使用；拆除或者闲置水污染物处理设施的，应当事先报县级以上地方人民政府环境保护主管部门批准。

第二十二条 向水体排放污染物的企业事业单位和个体工商户，应当按照法律、行政法规和国务院环境保护主管部门的规定设置排污口；在江河、湖泊设置排污口的，还应当遵守国务院水行政主管部门的规定。

禁止私设暗管或者采取其他规避监管的方式排放水污染物。

第二十三条 重点排污单位应当安装水污染物排放自动监测设备，与环境保护主管部门的监控设备联网，并保证监测设备正常运行。排放工业废水的企业，应当对其所排放的工业废水进行监测，并保存原始监测记录。具体办法由国务院环境保护主管部门规定。

应当安装水污染物排放自动监测设备的重点排污单位名录，由设区的市级以上地方人民政府环境保护主管部门根据本行政区域的环境容量、重点水污染物排放总量控制指标的要求以及排污单位排放水污染物的种类、数量和浓度等因素，商同级有关部门确定。

第二十四条 直接向水体排放污染物的企业事业单位和个体工商户，应当按照排放水污染物的种类、数量和排污费征收标准缴纳排污费。

排污费应当用于污染的防治，不得挪作他用。

第二十五条 国家建立水环境质量监测和水污染物排放监测制度。国务院环境保护主管部门负责制定水环境监测规范，统一发布国家水环境状况信息，会同国务院水行政等部门组织监测网络。

第二十六条 国家确定的重要江河、湖泊流域的水资源保护工作机构负责监测其所在流域的省界水体的水环境质量状况，并将监测结果及时报国务院环境保护主管部门和国务院水行政主管部门；有经国务院批准成立的流域水资源保护领导机构的，应当将监测结果及时报告流域水资源保护领导机构。

第二十七条 环境保护主管部门和其他依照本法规定行使监督管理权的部门，有权对管辖范围内的排污单位进行现场检查，被检查的单位应当如实反映情况，提供必要的资料。检查机关有义务为被检查的单位保守在检查中获取的商业秘密。

第二十八条 跨行政区域的水污染纠纷，由有关地方人民政府协商解决，或者由其共同的上级人民政府协调解决。

第四章 水污染防治措施

第一节 一般规定

第二十九条 禁止向水体排放油类、酸液、碱液或者剧毒废液。

禁止在水体清洗装贮过油类或者有毒污染物的车辆和容器。

第三十条 禁止向水体排放、倾倒放射性固体废物或者含有高放射性和中放射性物质的废水。

向水体排放含低放射性物质的废水，应当符合国家有关放射性污染防治的规定和标准。

(相关资料：地方法规1篇 修订沿革 条文释义)

第三十一条 向水体排放含热废水，应当采取措施，保证水体的水温符合水环境质量标准。

第三十二条 含病原体的污水应当经过消毒处理；符合国家有关标准后，方可排放。

第三十三条 禁止向水体排放、倾倒工业废渣、城镇垃圾和其他废弃物。

禁止将含有汞、镉、砷、铬、铅、氰化物、黄磷等的可溶性剧毒废渣向水体排放、倾倒或者直接埋入地下。

存放可溶性剧毒废渣的场所，应当采取防水、防渗漏、防流失的措施。

第三十四条 禁止在江河、湖泊、运河、渠道、水库最高水位线以下的滩地和岸坡堆放、存贮固体废弃物和其他污染物。

第三十五条 禁止利用渗井、渗坑、裂隙和溶洞排放、倾倒含有毒污染物的废水、含病原体的污水和其他废弃物。

第三十六条 禁止利用无防渗漏措施的沟渠、坑塘等输送或者存贮含有毒污染物的废水、含病原体的污水和其他废弃物。

第三十七条 多层地下水的含水层水质差异大的，应当分层开采；对已受污染的潜水和承压水，不得混合开采。

第三十八条 兴建地下工程设施或者进行地下勘探、采矿等活动，应当采取防护性措施，防止地下水污染。

第三十九条 人工回灌补给地下水，不得恶化地下水质。

第二节 工业水污染防治

第四十条 国务院有关部门和县级以上地方人民政府应当合理规划工业布局，要求造成水污染的企业进行技术改造，采取综合防治措施，提高水的重复利用率，减少废水和污染物排放量。

第四十一条 国家对严重污染水环境的落后工艺和设备实行淘汰制度。

国务院经济综合宏观调控部门会同国务院有关部门，公布限期禁止采用的严重污染水环境的工艺名录和限期禁止生产、销售、进口、使用的严重污染水环境的设备名录。

生产者、销售者、进口者或者使用者应当在规定的期限内停止生产、销售、进口或者使用列入前款规定的设备名录中的设备。工艺的采用者应当在规定的期限内停止采用列入前款规定的工艺名录中的工艺。

依照本条第二款、第三款规定被淘汰的设备，不得转让给他人使用。

第四十二条 国家禁止新建不符合国家产业政策的小型造纸、制革、印染、染料、炼焦、炼硫、炼砷、炼汞、炼油、电镀、农药、石棉、水泥、玻璃、钢铁、火电以及其他严重污染水环境的生产项目。

第四十三条 企业应当采用原材料利用效率高、污染物排放量少的清洁工艺，并加强管理，减少水污染物的产生。

第三节 城镇水污染防治

第四十四条 城镇污水应当集中处理。

县级以上地方人民政府应当通过财政预算和其他渠道筹集资金，统筹安排建设城镇污水集中处理设施及配套管网，提高本行政区域城镇污水的收集率和处理率。

国务院建设主管部门应当会同国务院经济综合宏观调控、环境保护主管部门，根据城乡规划和水污染防治规划，组织编制全国城镇污水处理设施建设规划。县级以上地方人民政府组织建设、经济综合宏观调控、环境保护、水行政等部门编制本行政区域的城镇污水处理设施建设规划。县级以上地方人民政府建设主管部门应当按照城镇污水处理设施建设规划，组织建设城镇污水集中处理设施及配套管网，并加强对城镇污水集中处理设施运营的监督管理。

城镇污水集中处理设施的运营单位按照国家规定向排污者提供污水处理的有偿服务，收取污水处理费用，保证污水集中处理设施的正常运行。向城镇污水集中处理设施排放污水、缴纳污水处理费用的，不再缴纳排污费。收取的污水处理费用应当用于城镇污水集中处理设施的建设和运行，不得挪作他用。

城镇污水集中处理设施的污水处理收费、管理以及使用的具体办法，由国务院规定。

第四十五条 向城镇污水集中处理设施排放水污染物，应当符合国家或者地方规定的水污染物排放标准。

城镇污水集中处理设施的出水水质达到国家或者地方规定的水污染物排放标准的，可以按照国家有关规定免缴排污费。

城镇污水集中处理设施的运营单位，应当对城镇污水集中处理设施的出水水质负责。

环境保护主管部门应当对城镇污水集中处理设施的出水水质和水量进行监督检查。

第四十六条 建设生活垃圾填埋场，应当采取防渗漏等措施，防止造成水污染。

第四节 农业和农村水污染防治

第四十七条 使用农药，应当符合国家有关农药安全使用的规定和标准。

运输、存贮农药和处置过期失效农药，应当加强管理，防止造成水污染。

第四十八条 县级以上地方人民政府农业主管部门和其他有关部门，应当采取措施，指导农业生产者科学、合理地施用化肥和农药，控制化肥和农药的过量使用，防止造成水污染。

第四十九条 国家支持畜禽养殖场、养殖小区建设畜禽粪便、废水的综合利用或者无害化处理设施。

畜禽养殖场、养殖小区应当保证其畜禽粪便、废水的综合利用或者无害化处理设施正常运转，保证污水达标排放，防止污染水环境。

第五十条 从事水产养殖应当保护水域生态环境，科学确定养殖密度，合理投饵和使用药物，防止污染水环境。

第五十一条 向农田灌溉渠道排放工业废水和城镇污水，应当保证其下游最近的灌溉取水点的水质符合农田灌溉水质标准。

利用工业废水和城镇污水进行灌溉，应当防止污染土壤、地下水和农产品。

第五节 船舶水污染防治

第五十二条 船舶排放含油污水、生活污水，应当符合船舶污染物排放标准。从事海洋航运的船舶进入内河和港口的，应当遵守内河的船舶污染物排放标准。

船舶的残油、废油应当回收，禁止排入水体。

禁止向水体倾倒船舶垃圾。

船舶装载运输油类或者有毒货物，应当采取防止溢流和渗漏的措施，防止货物落水造成水污染。

第五十三条 船舶应当按照国家有关规定配置相应的防污设备和器材，并持有合法有效的防止水域环境污染的证书与文书。

船舶进行涉及污染物排放的作业，应当严格遵守操作规程，并在相应的记录簿上如实记载。

第五十四条 港口、码头、装卸站和船舶修造厂应当备有足够的船舶污染物、废弃物的接收设施。从事船舶污染物、废弃物接收作业，或者从事装载油类、污染危害性货物船舱清洗作业的单位，应当具备与其运营规模相适应的接收处理能力。

第五十五条 船舶进行下列活动，应当编制作业方案，采取有效的安全和防污染措施，并报作业地海事管理机构批准：

（一）进行残油、含油污水、污染危害性货物残留物的接收作业，或者进行装载油类、污染危害性货物船舱的清洗作业；

（二）进行散装液体污染危害性货物的过驳作业；

（三）进行船舶水上拆解、打捞或者其他水上、水下船舶施工作业。

在渔港水域进行渔业船舶水上拆解活动，应当报作业地渔业主管部门批准。

第五章 饮用水水源和其他特殊水体保护

第五十六条 国家建立饮用水水源保护区制度。饮用水水源保护区分为一级保护区和二级保护区；必要时，可以在饮用水水源保护区外围划定一定的区域作为准保护区。

饮用水水源保护区的划定，由有关市、县人民政府提出划定方案，报省、自治区、直辖市人民政府批准；跨市、县饮用水水源保护区的划定，由有关市、县人民政府协商提出划定方案，报省、自治区、直辖市人民政府批准；协商不成的，由省、自治区、直辖市人民政府环境保护主管部门会同同级水行政、国土资源、卫生、建设等部门提出划定方案，征求同级有关部门的意见后，报省、自治区、直辖市人民政府批准。

跨省、自治区、直辖市的饮用水水源保护区，由有关省、自治区、直辖市人民政府商有关流域管理机构划定；协商不成的，由国务院环境保护主管部门会同同级水行政、国土资源、卫生、建设等部门提出划定方案,征求国务院有关部门的意见后,报国务院批准。

国务院和省、自治区、直辖市人民政府可以根据保护饮用水水源的实际需要,调整饮用水水源保护区的范围,确保饮用水安全。有关地方人民政府应当在饮用水水源保护区的边界设立明确的地理界标和明显的警示标志。

第五十七条 在饮用水水源保护区内,禁止设置排污口。

第五十八条 禁止在饮用水水源一级保护区内新建、改建、扩建与供水设施和保护水源无关的建设项目;已建成的与供水设施和保护水源无关的建设项目,由县级以上人民政府责令拆除或者关闭。

禁止在饮用水水源一级保护区内从事网箱养殖、旅游、游泳、垂钓或者其他可能污染饮用水水体的活动。

第五十九条 禁止在饮用水水源二级保护区内新建、改建、扩建排放污染物的建设项目;已建成的排放污染物的建设项目,由县级以上人民政府责令拆除或者关闭。

在饮用水水源二级保护区内从事网箱养殖、旅游等活动的,应当按照规定采取措施,防止污染饮用水水体。

第六十条 禁止在饮用水水源准保护区内新建、扩建对水体污染严重的建设项目;改建建设项目,不得增加排污量。

第六十一条 县级以上地方人民政府应当根据保护饮用水水源的实际需要,在准保护区内采取工程措施或者建造湿地、水源涵养林等生态保护措施,防止水污染物直接排入饮用水水体,确保饮用水安全。

第六十二条 饮用水水源受到污染可能威胁供水安全的,环境保护主管部门应当责令有关企业事业单位采取停止或者减少排放水污染物等措施。

第六十三条 国务院和省、自治区、直辖市人民政府根据水环境保护的需要,可以规定在饮用水水源保护区内,采取禁止或者限制使用含磷洗涤剂、化肥、农药以及限制种植养殖等措施。

第六十四条 县级以上人民政府可以对风景名胜区水体、重要渔业水体和其他具有特殊经济文化价值的水体划定保护区,并采取措施,保证保护区的水质符合规定用途的水环境质量标准。

第六十五条 在风景名胜区水体、重要渔业水体和其他具有特殊经济文化价值的水体的保护区内,不得新建排污口。在保护区附近新建排污口,应当保证保护区水体不受污染。

第六章 水污染事故处置

第六十六条 各级人民政府及其有关部门,可能发生水污染事故的企业事业单位,应当依照《中华人民共和国突发事件应对法》的规定,做好突发水污染事故的应急准备、应急处置和事后恢复等工作。

第六十七条 可能发生水污染事故的企业事业单位,应当制定有关水污染事故的应急方案,做好应急准备,并定期进行演练。

生产、储存危险化学品的企业事业单位,应当采取措施,防止在处理安全生产事故过程中产生的可能严重污染水体的消防废水、废液直接排入水体。

第六十八条 企业事业单位发生事故或者其他突发性事件,造成或者可能造成水污染事故的,应当立即启动本单位的应急方案,采取应急措施,并向事故发生地的县级以上地方人民政府或者环境保护主管部门报告。环境保护主管部门接到报告后,应当及时向本级人民政府报告,并抄送有关部门。

造成渔业污染事故或者渔业船舶造成水污染事故的,应当向事故发生地的渔业主管部门报告,接受调查处理。其他船舶造成水污染事故的,应当向事故发生地的海事管理机构报告,接受调查处理;给渔业造成损害的,海事管理机构应当通知渔业主管部门参与调查处理。

第七章 法律责任

第六十九条 环境保护主管部门或者其他依照本法规定行使监督管理权的部门,不依法作出行政许可或者办理批准文件的,发现违法行为或者接到对违法行为的举报后不予查处的,或者有其他未依照本法规定履行职责的行为的,对直接负责的主管人员和其他直接责任人员依法给予处分。

第七十条 拒绝环境保护主管部门或者其他依照本法规定行使监督管理权的部门的监督检查，或者在接受监督检查时弄虚作假的，由县级以上人民政府环境保护主管部门或者其他依照本法规定行使监督管理权的部门责令改正，处一万元以上十万元以下的罚款。

第七十一条 违反本法规定，建设项目的水污染防治设施未建成、未经验收或者验收不合格，主体工程即投入生产或者使用的，由县级以上人民政府环境保护主管部门责令停止生产或者使用，直至验收合格，处五万元以上五十万元以下的罚款。

第七十二条 违反本法规定，有下列行为之一的，由县级以上人民政府环境保护主管部门责令限期改正；逾期不改正的，处一万元以上十万元以下的罚款：

（一）拒报或者谎报国务院环境保护主管部门规定的有关水污染物排放申报登记事项的；

（二）未按照规定安装水污染物排放自动监测设备或者未按照规定与环境保护主管部门的监控设备联网，并保证监测设备正常运行的；

（三）未按照规定对所排放的工业废水进行监测并保存原始监测记录的。

第七十三条 违反本法规定，不正常使用水污染物处理设施，或者未经环境保护主管部门批准拆除、闲置水污染物处理设施的，由县级以上人民政府环境保护主管部门责令限期改正，处应缴纳排污费数额一倍以上三倍以下的罚款。

第七十四条 违反本法规定，排放水污染物超过国家或者地方规定的水污染物排放标准，或者超过重点水污染物排放总量控制指标的，由县级以上人民政府环境保护主管部门按照权限责令限期治理，处应缴纳排污费数额二倍以上五倍以下的罚款。

限期治理期间，由环境保护主管部门责令限制生产、限制排放或者停产整治。限期治理的期限最长不超过一年；逾期未完成治理任务的，报经有批准权的人民政府批准，责令关闭。

第七十五条 在饮用水水源保护区内设置排污口的，由县级以上地方人民政府责令限期拆除，处十万元以上五十万元以下的罚款；逾期不拆除的，强制拆除，所需费用由违法者承担，处五十万元以上一百万元以下的罚款，并可以责令停产整顿。

除前款规定外，违反法律、行政法规和国务院环境保护主管部门的规定设置排污口或者私设暗管的，由县级以上地方人民政府环境保护主管部门责令限期拆除，处二万元以上十万元以下的罚款；逾期不拆除的，强制拆除，所需费用由违法者承担，处十万元以上五十万元以下的罚款；私设暗管或者有其他严重情节的，县级以上地方人民政府环境保护主管部门可以提请县级以上地方人民政府责令停产整顿。

未经水行政主管部门或者流域管理机构同意，在江河、湖泊新建、改建、扩建排污口的，由县级以上人民政府水行政主管部门或者流域管理机构依据职权，依照前款规定采取措施、给予处罚。

第七十六条 有下列行为之一的，由县级以上地方人民政府环境保护主管部门责令停止违法行为，限期采取治理措施，消除污染，处以罚款；逾期不采取治理措施的，环境保护主管部门可以指定有治理能力的单位代为治理，所需费用由违法者承担：

（一）向水体排放油类、酸液、碱液的；

（二）向水体排放剧毒废液，或者将含有汞、镉、砷、铬、铅、氰化物、黄磷等的可溶性剧毒废渣向水体排放、倾倒或者直接埋入地下的；

（三）在水体清洗装贮过油类、有毒污染物的车辆或者容器的；

（四）向水体排放、倾倒工业废渣、城镇垃圾或者其他废弃物，或者在江河、湖泊、运河、渠道、水库最高水位线以下的滩地、岸坡堆放、存贮固体废弃物或者其他污染物的；

（五）向水体排放、倾倒放射性固体废物或者含有高放射性、中放射性物质的废水的；

（六）违反国家有关规定或者标准，向水体排放含低放射性物质的废水、热废水或者含病原体的污水的；

（七）利用渗井、渗坑、裂隙或者溶洞排放、倾倒含有毒污染物的废水、含病原体的污水或者其他废弃物的；

（八）利用无防渗漏措施的沟渠、坑塘等输送或者存贮含有毒污染物的废水、含病原体的污水或者其他废弃物的。

有前款第三项、第六项行为之一的，处一万元以上十万元以下的罚款；有前款第一项、第四项、第八项行为之一的，处二万元以上二十万元以下的罚款；有前款第二项、第五项、第七项行为之一的，处五万元以上五十万元以下的罚款。

第七十七条　违反本法规定，生产、销售、进口或者使用列入禁止生产、销售、进口、使用的严重污染水环境的设备名录中的设备，或者采用列入禁止采用的严重污染水环境的工艺名录中的工艺的，由县级以上人民政府经济综合宏观调控部门责令改正，处五万元以上二十万元以下的罚款；情节严重的，由县级以上人民政府经济综合宏观调控部门提出意见，报请本级人民政府责令停业、关闭。

第七十八条　违反本法规定，建设不符合国家产业政策的小型造纸、制革、印染、染料、炼焦、炼硫、炼砷、炼汞、炼油、电镀、农药、石棉、水泥、玻璃、钢铁、火电以及其他严重污染水环境的生产项目的，由所在地的市、县人民政府责令关闭。

第七十九条　船舶未配置相应的防污染设备和器材，或者未持有合法有效的防止水域环境污染的证书与文书的，由海事管理机构、渔业主管部门按照职责分工责令限期改正，处二千元以上二万元以下的罚款；逾期不改正的，责令船舶临时停航。

船舶进行涉及污染物排放的作业，未遵守操作规程或者未在相应的记录簿上如实记载的，由海事管理机构、渔业主管部门按照职责分工责令改正，处二千元以上二万元以下的罚款。

第八十条　违反本法规定，有下列行为之一的，由海事管理机构、渔业主管部门按照职责分工责令停止违法行为，处以罚款；造成水污染的，责令限期采取治理措施，消除污染；逾期不采取治理措施的，海事管理机构、渔业主管部门按照职责分工可以指定有治理能力的单位代为治理，所需费用由船舶承担：

（一）向水体倾倒船舶垃圾或者排放船舶的残油、废油的；

（二）未经作业地海事管理机构批准，船舶进行残油、含油污水、污染危害性货物残留物的接收作业，或者进行装载油类、污染危害性货物船舱的清洗作业，或者进行散装液体污染危害性货物的过驳作业的；

（三）未经作业地海事管理机构批准，进行船舶水上拆解、打捞或者其他水上、水下船舶施工作业的；

（四）未经作业地渔业主管部门批准，在渔港水域进行渔业船舶水上拆解的。

有前款第一项、第二项、第四项行为之一的，处五千元以上五万元以下的罚款；有前款第三项行为的，处一万元以上十万元以下的罚款。

第八十一条　有下列行为之一的，由县级以上地方人民政府环境保护主管部门责令停止违法行为，处十万元以上五十万元以下的罚款；并报经有批准权的人民政府批准，责令拆除或者关闭：

（一）在饮用水水源一级保护区内新建、改建、扩建与供水设施和保护水源无关的建设项目的；

（二）在饮用水水源二级保护区内新建、改建、扩建排放污染物的建设项目的；

（三）在饮用水水源准保护区内新建、扩建对水体污染严重的建设项目，或者改建建设项目增加排污量的。

在饮用水水源一级保护区内从事网箱养殖或者组织进行旅游、垂钓或者其他可能污染饮用水水体的活动的，由县级以上地方人民政府环境保护主管部门责令停止违法行为，处二万元以上十万元以下的罚款。个人在饮用水水源一级保护区内游泳、垂钓或者从事其他可能污染饮用水水体的活动的，由县级以上地方人民政府环境保护主管部门责令停止违法行为，可以处五百元以下的罚款。

第八十二条　企业事业单位有下列行为之一的，由县级以上人民政府环境保护主管部门责令

改正;情节严重的,处二万元以上十万元以下的罚款:

(一)不按照规定制定水污染事故的应急方案的;

(二)水污染事故发生后,未及时启动水污染事故的应急方案,采取有关应急措施的。

第八十三条 企业事业单位违反本法规定,造成水污染事故的,由县级以上人民政府环境保护主管部门依照本条第二款的规定处以罚款,责令限期采取治理措施,消除污染;不按要求采取治理措施或者不具备治理能力的,由环境保护主管部门指定有治理能力的单位代为治理,所需费用由违法者承担;对造成重大或者特大水污染事故的,可以报经有批准权的人民政府批准,责令关闭;对直接负责的主管人员和其他直接责任人员可以处上一年度从本单位取得的收入百分之五十以下的罚款。

对造成一般或者较大水污染事故的,按照水污染事故造成的直接损失的百分之二十计算罚款;对造成重大或者特大水污染事故的,按照水污染事故造成的直接损失的百分之三十计算罚款。

造成渔业污染事故或者渔业船舶造成水污染事故的,由渔业主管部门进行处罚;其他船舶造成水污染事故的,由海事管理机构进行处罚。

第八十四条 当事人对行政处罚决定不服的,可以申请行政复议,也可以在收到通知之日起十五日内向人民法院起诉;期满不申请行政复议或者起诉,又不履行行政处罚决定的,由作出行政处罚决定的机关申请人民法院强制执行。

第八十五条 因水污染受到损害的当事人,有权要求排污方排除危害和赔偿损失。

由于不可抗力造成水污染损害的,排污方不承担赔偿责任;法律另有规定的除外。

水污染损害是由受害人故意造成的,排污方不承担赔偿责任。水污染损害是由受害人重大过失造成的,可以减轻排污方的赔偿责任。

水污染损害是由第三人造成的,排污方承担赔偿责任后,有权向第三人追偿。

第八十六条 因水污染引起的损害赔偿责任和赔偿金额的纠纷,可以根据当事人的请求,由环境保护主管部门或者海事管理机构、渔业主管部门按照职责分工调解处理;调解不成的,当事人可以向人民法院提起诉讼。当事人也可以直接向人民法院提起诉讼。

第八十七条 因水污染引起的损害赔偿诉讼,由排污方就法律规定的免责事由及其行为与损害结果之间不存在因果关系承担举证责任。

第八十八条 因水污染受到损害的当事人人数众多的,可以依法由当事人推选代表人进行共同诉讼。

环境保护主管部门和有关社会团体可以依法支持因水污染受到损害的当事人向人民法院提起诉讼。

国家鼓励法律服务机构和律师为水污染损害诉讼中的受害人提供法律援助。

第八十九条 因水污染引起的损害赔偿责任和赔偿金额的纠纷,当事人可以委托环境监测机构提供监测数据。环境监测机构应当接受委托,如实提供有关监测数据。

第九十条 违反本法规定,构成违反治安管理行为的,依法给予治安管理处罚;构成犯罪的,依法追究刑事责任。

第八章 附 则

第九十一条 本法中下列用语的含义:

(一)水污染,是指水体因某种物质的介入,而导致其化学、物理、生物或者放射性等方面特性的改变,从而影响水的有效利用,危害人体健康或者破坏生态环境,造成水质恶化的现象。

(二)水污染物,是指直接或者间接向水体排放的,能导致水体污染的物质。

(三)有毒污染物,是指那些直接或者间接被生物摄入体内后,可能导致该生物或者其后代发病、行为反常、遗传异变、生理机能失常、机体变形或者死亡的污染物。

(四)渔业水体,是指划定的鱼虾类的产卵场、索饵场、越冬场、洄游通道和鱼虾贝藻类的养殖场的水体。

第九十二条 本法自2008年6月1日起施行。

国务院关于印发水污染防治行动计划的通知(节选)

(国发〔2015〕17号)

各省、自治区、直辖市人民政府,国务院各部委、各直属机构:

现将《水污染防治行动计划》印发给你们,请认真贯彻执行。

国务院

2015年4月2日

水污染防治行动计划(节选)

水环境保护事关人民群众切身利益,事关全面建成小康社会,事关实现中华民族伟大复兴中国梦。当前,我国一些地区水环境质量差、水生态受损重、环境隐患多等问题十分突出,影响和损害群众健康,不利于经济社会持续发展。为切实加大水污染防治力度,保障国家水安全,制定本行动计划。

总体要求:……

工作目标:……

主要指标:到2020年,长江、黄河、珠江、松花江、淮河、海河、辽河等七大重点流域水质优良(达到或优于Ⅲ类)比例总体达到70%以上,地级及以上城市建成区黑臭水体均控制在10%以内,地级及以上城市集中式饮用水水源水质达到或优于Ⅲ类比例总体高于93%,全国地下水质量极差的比例控制在15%左右,近岸海域水质优良(一、二类)比例达到70%左右。京津冀区域丧失使用功能(劣于Ⅴ类)的水体断面比例下降15个百分点左右,长三角、珠三角区域力争消除丧失使用功能的水体。

到2030年,全国七大重点流域水质优良比例总体达到75%以上,城市建成区黑臭水体总体得到消除,城市集中式饮用水水源水质达到或优于Ⅲ类比例总体为95%左右。

一、全面控制污染物排放

(一)狠抓工业污染防治。取缔"十小"企业。全面排查装备水平低、环保设施差的小型工业企业。2016年底前,按照水污染防治法律法规要求,全部取缔不符合国家产业政策的小型造纸、制革、印染、染料、炼焦、炼硫、炼砷、炼油、电镀、农药等严重污染水环境的生产项目。(环境保护部牵头,工业和信息化部、国土资源部、能源局等参与,地方各级人民政府负责落实。以下均需地方各级人民政府落实,不再列出)

专项整治十大重点行业。制定造纸、焦化、氮肥、有色金属、印染、农副食品加工、原料药制造、制革、农药、电镀等行业专项治理方案,实施清洁化改造。新建、改建、扩建上述行业建设项目实行主要污染物排放等量或减量置换。2017年底前,造纸行业力争完成纸浆无元素氯漂白改造或采取其他低污染制浆技术,钢铁企业焦炉完成干熄焦技术改造,氮肥行业尿素生产完成工艺冷凝液水解解析技术改造,印染行业实施低排水染整工艺改造,制药(抗生素、维生素)行业实施绿色酶法生产技术改造,制革行业实施铬减量化和封闭循环利用技术改造。(环境保护部牵头,工业和信息化部等参与)

集中治理工业集聚区水污染。强化经济技术开发区、高新技术产业开发区、出口加工区等工业集聚区污染治理。集聚区内工业废水必须经预处理达到集中处理要求,方可进入污水集中处理设施。新建、升级工业集聚区应同步规划、建设污水、垃圾集中处理等污染治理设施。2017年底前,工业集聚区应按规定建成污水集中处理设施,并安装自动在线监控装置,京津冀、长三角、珠三角等区域提前一年完成;逾期未完成的,一律暂停审批和核准其增加水污染物排放的建设项目,并依照有关规定撤销其园区资格。(环境保护部牵头,科技部、工业和信息化部、商务部等参与)

(二)强化城镇生活污染治理。加快城镇

污水处理设施建设与改造。现有城镇污水处理设施,要因地制宜进行改造,2020年底前达到相应排放标准或再生利用要求。敏感区域(重点湖泊、重点水库、近岸海域汇水区域)城镇污水处理设施应于2017年底前全面达到一级A排放标准。建成区水体水质达不到地表水Ⅳ类标准的城市,新建城镇污水处理设施要执行一级A排放标准。按照国家新型城镇化规划要求,到2020年,全国所有县城和重点镇具备污水收集处理能力,县城、城市污水处理率分别达到85%、95%左右。京津冀、长三角、珠三角等区域提前一年完成。(住房城乡建设部牵头,发展改革委、环境保护部等参与)

全面加强配套管网建设。强化城中村、老旧城区和城乡结合部污水截流、收集。现有合流制排水系统应加快实施雨污分流改造,难以改造的,应采取截流、调蓄和治理等措施。新建污水处理设施的配套管网应同步设计、同步建设、同步投运。除干旱地区外,城镇新区建设均实行雨污分流,有条件的地区要推进初期雨水收集、处理和资源化利用。到2017年,直辖市、省会城市、计划单列市建成区污水基本实现全收集、全处理,其他地级城市建成区于2020年底前基本实现。(住房城乡建设部牵头,发展改革委、环境保护部等参与)

推进污泥处理处置。污水处理设施产生的污泥应进行稳定化、无害化和资源化处理处置,禁止处理处置不达标的污泥进入耕地。非法污泥堆放点一律予以取缔。现有污泥处理处置设施应于2017年底前基本完成达标改造,地级及以上城市污泥无害化处理处置率应于2020年底前达到90%以上。(住房城乡建设部牵头,发展改革委、工业和信息化部、环境保护部、农业部等参与)

(三)推进农业农村污染防治。防治畜禽养殖污染。科学划定畜禽养殖禁养区,2017年底前,依法关闭或搬迁禁养区内的畜禽养殖场(小区)和养殖专业户,京津冀、长三角、珠三角等区域提前一年完成。现有规模化畜禽养殖场(小区)要根据污染防治需要,配套建设粪便污水贮存、处理、利用设施。散养密集区要实行畜禽粪便污水分户收集、集中处理利用。自2016年起,新建、改建、扩建规模化畜禽养殖场(小区)要实施雨污分流、粪便污水资源化利用。(农业部牵头,环境保护部参与)

控制农业面源污染。制定实施全国农业面源污染综合防治方案。推广低毒、低残留农药使用补助试点经验,开展农作物病虫害绿色防控和统防统治。实行测土配方施肥,推广精准施肥技术和机具。完善高标准农田建设、土地开发整理等标准规范,明确环保要求,新建高标准农田要达到相关环保要求。敏感区域和大中型灌区,要利用现有沟、塘、窖等,配置水生植物群落、格栅和透水坝,建设生态沟渠、污水净化塘、地表径流集蓄池等设施,净化农田排水及地表径流。到2020年,测土配方施肥技术推广覆盖率达到90%以上,化肥利用率提高到40%以上,农作物病虫害统防统治覆盖率达到40%以上;京津冀、长三角、珠三角等区域提前一年完成。(农业部牵头,发展改革委、工业和信息化部、国土资源部、环境保护部、水利部、质检总局等参与)

调整种植业结构与布局。在缺水地区试行退地减水。地下水易受污染地区要优先种植需肥需药量低、环境效益突出的农作物。地表水过度开发和地下水超采问题较严重,且农业用水比重较大的甘肃、新疆(含新疆生产建设兵团)、河北、山东、河南等五省(区),要适当减少用水量较大的农作物种植面积,改种耐旱作物和经济林;2018年底前,对3300万亩灌溉面积实施综合治理,退减水量37亿立方米以上。(农业部、水利部牵头,发展改革委、国土资源部等参与)

加快农村环境综合整治。以县级行政区域为单元,实行农村污水处理统一规划、统一建设、统一管理,有条件的地区积极推进城镇污水处理设施和服务向农村延伸。深化"以奖促治"政策,实施农村清洁工程,开展河道清淤疏浚,推进农村环境连片整治。到2020年,新增完成环境综合整治的建制村13万个。(环境保护部牵头,住房城乡建设部、水利部、农业部等参与)

(四)加强船舶港口污染控制。积极治理船舶污染。依法强制报废超过使用年限的船舶。分类分级修订船舶及其设施、设备的相关环保标准。2018年起投入使用的沿海船舶、2021年起投入使用的内河船舶执行新的标准；其他船舶于2020年底前完成改造，经改造仍不能达到要求的，限期予以淘汰。航行于我国水域的国际航线船舶，要实施压载水交换或安装压载水灭活处理系统。规范拆船行为，禁止冲滩拆解。（交通运输部牵头，工业和信息化部、环境保护部、农业部、质检总局等参与）

增强港口码头污染防治能力。编制实施全国港口、码头、装卸站污染防治方案。加快垃圾接收、转运及处理处置设施建设，提高含油污水、化学品洗舱水等接收处置能力及污染事故应急能力。位于沿海和内河的港口、码头、装卸站及船舶修造厂，分别于2017年底前和2020年底前达到建设要求。港口、码头、装卸站的经营人应制定防治船舶及其有关活动污染水环境的应急计划。（交通运输部牵头，工业和信息化部、住房城乡建设部、农业部等参与）

二、推动经济结构转型升级

（五）调整产业结构。依法淘汰落后产能。自2015年起，各地要依据部分工业行业淘汰落后生产工艺装备和产品指导目录、产业结构调整指导目录及相关行业污染物排放标准，结合水质改善要求及产业发展情况，制定并实施分年度的落后产能淘汰方案，报工业和信息化部、环境保护部备案。未完成淘汰任务的地区，暂停审批和核准其相关行业新建项目。（工业和信息化部牵头，发展改革委、环境保护部等参与）

严格环境准入。根据流域水质目标和主体功能区规划要求，明确区域环境准入条件，细化功能分区，实施差别化环境准入政策。建立水资源、水环境承载能力监测评价体系，实行承载能力监测预警，已超过承载能力的地区要实施水污染物削减方案，加快调整发展规划和产业结构。到2020年，组织完成市、县域水资源、水环境承载能力现状评价。（环境保护部牵头，住房城乡建设部、水利部、海洋局等参与）

（六）优化空间布局。合理确定发展布局、结构和规模。充分考虑水资源、水环境承载能力，以水定城、以水定地、以水定人、以水定产。重大项目原则上布局在优化开发区和重点开发区，并符合城乡规划和土地利用总体规划。鼓励发展节水高效现代农业、低耗水高新技术产业以及生态保护型旅游业，严格控制缺水地区、水污染严重地区和敏感区域高耗水、高污染行业发展，新建、改建、扩建重点行业建设项目实行主要污染物排放减量置换。七大重点流域干流沿岸，要严格控制石油加工、化学原料和化学制品制造、医药制造、化学纤维制造、有色金属冶炼、纺织印染等项目环境风险，合理布局生产装置及危险化学品仓储等设施。（发展改革委、工业和信息化部牵头，国土资源部、环境保护部、住房城乡建设部、水利部等参与）

推动污染企业退出。城市建成区内现有钢铁、有色金属、造纸、印染、原料药制造、化工等污染较重的企业应有序搬迁改造或依法关闭。（工业和信息化部牵头，环境保护部等参与）

积极保护生态空间。严格城市规划蓝线管理，城市规划区范围内应保留一定比例的水域面积。新建项目一律不得违规占用水域。严格水域岸线用途管制，土地开发利用应按照有关法律法规和技术标准要求，留足河道、湖泊和滨海地带的管理和保护范围，非法挤占的应限期退出。（国土资源部、住房城乡建设部牵头，环境保护部、水利部、海洋局等参与）

（七）推进循环发展。加强工业水循环利用。推进矿井水综合利用，煤炭矿区的补充用水、周边地区生产和生态用水应优先使用矿井水，加强洗煤废水循环利用。鼓励钢铁、纺织印染、造纸、石油石化、化工、制革等高耗水企业废水深度处理回用。（发展改革委、工业和信息化部牵头，水利部、能源局等参与）

促进再生水利用。以缺水及水污染严重地区城市为重点，完善再生水利用设施，工业生产、城市绿化、道路清扫、车辆冲洗、建筑施工以及生态景观等用水，要优先使用再生水。推进高速公路服务区污水处理和利用。具备使用再生水条件但未充分利用的钢铁、火电、化工、制浆造纸、印染等项目,不得批准其新增取水许可。自2018年起,单体建筑面积超过2万平方米的新建公共建筑,北京市2万平方米、天津市5万平方米、河北省10万平方米以上集中新建的保障性住房,应安装建筑中水设施。积极推动其他新建住房安装建筑中水设施。到2020年,缺水城市再生水利用率达到20%以上,京津冀区域达到30%以上。(住房城乡建设部牵头,发展改革委、工业和信息化部、环境保护部、交通运输部、水利部等参与)

推动海水利用。在沿海地区电力、化工、石化等行业,推行直接利用海水作为循环冷却等工业用水。在有条件的城市,加快推进淡化海水作为生活用水补充水源。(发展改革委牵头,工业和信息化部、住房城乡建设部、水利部、海洋局等参与)

三、着力节约保护水资源

(八)控制用水总量。实施最严格水资源管理。健全取用水总量控制指标体系。加强相关规划和项目建设布局水资源论证工作,国民经济和社会发展规划以及城市总体规划的编制、重大建设项目的布局,应充分考虑当地水资源条件和防洪要求。对取用水总量已达到或超过控制指标的地区,暂停审批其建设项目新增取水许可。对纳入取水许可管理的单位和其他用水大户实行计划用水管理。新建、改建、扩建项目用水要达到行业先进水平,节水设施应与主体工程同时设计、同时施工、同时投运。建立重点监控用水单位名录。到2020年,全国用水总量控制在6700亿立方米以内。(水利部牵头,发展改革委、工业和信息化部、住房城乡建设部、农业部等参与)

严控地下水超采。在地面沉降、地裂缝、岩溶塌陷等地质灾害易发区开发利用地下水,应进行地质灾害危险性评估。严格控制开采深层承压水,地热水、矿泉水开发应严格实行取水许可和采矿许可。依法规范机井建设管理,排查登记已建机井,未经批准的和公共供水管网覆盖范围内的自备水井,一律予以关闭。编制地面沉降区、海水入侵区等区域地下水压采方案。开展华北地下水超采区综合治理,超采区内禁止工农业生产及服务业新增取用地下水。京津冀区域实施土地整治、农业开发、扶贫等农业基础设施项目,不得以配套打井为条件。2017年底前,完成地下水禁采区、限采区和地面沉降控制区范围划定工作,京津冀、长三角、珠三角等区域提前一年完成。(水利部、国土资源部牵头,发展改革委、工业和信息化部、财政部、住房城乡建设部、农业部等参与)

(九)提高用水效率。建立万元国内生产总值水耗指标等用水效率评估体系,把节水目标任务完成情况纳入地方政府政绩考核。将再生水、雨水和微咸水等非常规水源纳入水资源统一配置。到2020年,全国万元国内生产总值用水量、万元工业增加值用水量比2013年分别下降35%、30%以上。(水利部牵头,发展改革委、工业和信息化部、住房城乡建设部等参与)

抓好工业节水。制定国家鼓励和淘汰的用水技术、工艺、产品和设备目录,完善高耗水行业取用水定额标准。开展节水诊断、水平衡测试、用水效率评估,严格用水定额管理。到2020年,电力、钢铁、纺织、造纸、石油石化、化工、食品发酵等高耗水行业达到先进定额标准。(工业和信息化部、水利部牵头,发展改革委、住房城乡建设部、质检总局等参与)

加强城镇节水。禁止生产、销售不符合节水标准的产品、设备。公共建筑必须采用节水器具,限期淘汰公共建筑中不符合节水标准的水嘴、便器水箱等生活用水器具。鼓励居民家庭选用节水器具。对使用超过50年和材质落后的供水管网进行更新改造,到2017年,全国公共供水管网漏损率控制在12%以内;到2020年,控制在10%以内。积极推行低影响开发建设模式,建设滞、渗、蓄、用、排相结合的雨水收集利用设施。新建城区硬化地面,可渗透面积要达到40%以上。到2020年,地级及以上缺水城市全部达到国家节水型城市标准要求,京津冀、长三角、珠三角等区域提前一年完成。(住房城乡建设部牵头,发展改革委、工业和信息化部、水利部、质检总局等参与)

发展农业节水。推广渠道防渗、管道输水、喷灌、微灌等节水灌溉技术,完善灌溉用水计量设施。在东北、西北、黄淮海等区域，推进规模化高效节水灌溉，推广农作物节水抗旱技术。到2020年，大型灌区、重点中型灌区续建配套和节水改造任务基本完成，全国节水灌溉工程面积达到7亿亩左右，农田灌溉水有效利用系数达到0.55以上。（水利部、农业部牵头，发展改革委、财政部等参与）

四、强化科技支撑

（十三）大力发展环保产业。规范环保产业市场。对涉及环保市场准入、经营行为规范的法规、规章和规定进行全面梳理，废止妨碍形成全国统一环保市场和公平竞争的规定和做法。健全环保工程设计、建设、运营等领域招投标管理办法和技术标准。推进先进适用的节水、治污、修复技术和装备产业化发展。（发展改革委牵头，科技部、工业和信息化部、财政部、环境保护部、住房城乡建设部、水利部、海洋局等参与）

加快发展环保服务业。明确监管部门、排污企业和环保服务公司的责任和义务，完善风险分担、履约保障等机制。鼓励发展包括系统设计、设备成套、工程施工、调试运行、维护管理的环保服务总承包模式、政府和社会资本合作模式等。以污水、垃圾处理和工业园区为重点，推行环境污染第三方治理。（发展改革委、财政部牵头，科技部、工业和信息化部、环境保护部、住房城乡建设部等参与）

五、充分发挥市场机制作用

（十四）理顺价格税费。加快水价改革。县级及以上城市应于2015年底前全面实行居民阶梯水价制度，具备条件的建制镇也要积极推进。2020年底前，全面实行非居民用水超定额、超计划累进加价制度。深入推进农业水价综合改革。（发展改革委牵头，财政部、住房城乡建设部、水利部、农业部等参与）

完善收费政策。修订城镇污水处理费、排污费、水资源费征收管理办法，合理提高征收标准，做到应收尽收。城镇污水处理收费标准不应低于污水处理和污泥处理处置成本。地下水水资源费征收标准应高于地表水，超采地区地下水水资源费征收标准应高于非超采地区。（发展改革委、财政部牵头，环境保护部、住房城乡建设部、水利部等参与）

六、严格环境执法监管

（十七）完善法规标准。健全法律法规。加快水污染防治、海洋环境保护、排污许可、化学品环境管理等法律法规制修订步伐，研究制定环境质量目标管理、环境功能区划、节水及循环利用、饮用水水源保护、污染责任保险、水功能区监督管理、地下水管理、环境监测、生态流量保障、船舶和陆源污染防治等法律法规。各地可结合实际，研究起草地方性水污染防治法规。（法制办牵头，发展改革委、工业和信息化部、国土资源部、环境保护部、住房城乡建设部、交通运输部、水利部、农业部、卫生计生委、保监会、海洋局等参与）

完善标准体系。制修订地下水、地表水和海洋等环境质量标准，城镇污水处理、污泥处理处置、农田退水等污染物排放标准。健全重点行业水污染物特别排放限值、污染防治技术政策和清洁生产评价指标体系。各地可制定严于国家标准的地方水污染物排放标准。（环境保护部牵头，发展改革委、工业和信息化部、国土资源部、住房城乡建设部、水利部、农业部、质检总局等参与）

（十八）加大执法力度。所有排污单位必须依法实现全面达标排放。逐一排查工业企业排污情况，达标企业应采取措施确保稳定达标；对超标和超总量的企业予以“黄牌”警示，一律限制生产或停产整治；对整治仍不能达到要求且情节严重的企业予以“红牌”处罚，一律停业、关闭。自2016年起，定期公布环保“黄牌”、“红牌”企业名单。定期抽查排污单位达标排放情况，结果向社会公布。（环境保护部负责）

完善国家督查、省级巡查、地市检查的环境监督执法机制，强化环保、公安、监察等部门和单位协作，健全行政执法与刑事司法衔接配合机制，完善案件移送、受理、立案、通报等规定。加强对地方人民政府和有关部门环保工作的监督，研究建立国家环境监察专员制度。（环境保护部牵头，工业和信息化部、公安部、中央编办等参与）

严厉打击环境违法行为。重点打击私设

暗管或利用渗井、渗坑、溶洞排放、倾倒含有毒有害污染物废水、含病原体污水,监测数据弄虚作假,不正常使用水污染物处理设施,或者未经批准拆除、闲置水污染物处理设施等环境违法行为。对造成生态损害的责任者严格落实赔偿制度。严肃查处建设项目环境影响评价领域越权审批、未批先建、边批边建、久试不验等违法违规行为。对构成犯罪的,要依法追究刑事责任。(环境保护部牵头,公安部、住房城乡建设部等参与)

(十九)提升监管水平。完善流域协作机制。健全跨部门、区域、流域、海域水环境保护议事协调机制,发挥环境保护区域督查派出机构和流域水资源保护机构作用,探索建立陆海统筹的生态系统保护修复机制。流域上下游各级政府、各部门之间要加强协调配合、定期会商,实施联合监测、联合执法、应急联动、信息共享。京津冀、长三角、珠三角等区域要于2015年底前建立水污染防治联动协作机制。建立严格监管所有污染物排放的水环境保护管理制度。(环境保护部牵头,交通运输部、水利部、农业部、海洋局等参与)

完善水环境监测网络。统一规划设置监测断面(点位)。提升饮用水水源水质全指标监测、水生生物监测、地下水环境监测、化学物质监测及环境风险防控技术支撑能力。2017年底前,京津冀、长三角、珠三角等区域、海域建成统一的水环境监测网。(环境保护部牵头,发展改革委、国土资源部、住房城乡建设部、交通运输部、水利部、农业部、海洋局等参与)

提高环境监管能力。加强环境监测、环境监察、环境应急等专业技术培训,严格落实执法、监测等人员持证上岗制度,加强基层环保执法力量,具备条件的乡镇(街道)及工业园区要配备必要的环境监管力量。各市、县应自2016年起实行环境监管网格化管理。(环境保护部负责)

七、切实加强水环境管理

(二十)强化环境质量目标管理。明确各类水体水质保护目标,逐一排查达标状况。未达到水质目标要求的地区要制定达标方案,将治污任务逐一落实到汇水范围内的排污单位,明确防治措施及达标时限,方案报上一级人民政府备案,自2016年起,定期向社会公布。对水质不达标的区域实施挂牌督办,必要时采取区域限批等措施。(环境保护部牵头,水利部参与)

(二十一)深化污染物排放总量控制。完善污染物统计监测体系,将工业、城镇生活、农业、移动源等各类污染源纳入调查范围。选择对水环境质量有突出影响的总氮、总磷、重金属等污染物,研究纳入流域、区域污染物排放总量控制约束性指标体系。(环境保护部牵头,发展改革委、工业和信息化部、住房城乡建设部、水利部、农业部等参与)

(二十二)严格环境风险控制。防范环境风险。定期评估沿江河湖库工业企业、工业集聚区环境和健康风险,落实防控措施。评估现有化学物质环境和健康风险,2017年底前公布优先控制化学品名录,对高风险化学品生产、使用进行严格限制,并逐步淘汰替代。(环境保护部牵头,工业和信息化部、卫生计生委、安全监管总局等参与)

稳妥处置突发水环境污染事件。地方各级人民政府要制定和完善水污染事故处置应急预案,落实责任主体,明确预警预报与响应程序、应急处置及保障措施等内容,依法及时公布预警信息。(环境保护部牵头,住房城乡建设部、水利部、农业部、卫生计生委等参与)

(二十三)全面推行排污许可。依法核发排污许可证。2015年底前,完成国控重点污染源及排污权有偿使用和交易试点地区污染源排污许可证的核发工作,其他污染源于2017年底前完成。(环境保护部负责)

加强许可证管理。以改善水质、防范环境风险为目标,将污染物排放种类、浓度、总量、排放去向等纳入许可证管理范围。禁止无证排污或不按许可证规定排污。强化海上排污监管,研究建立海上污染排放许可证制度。2017年底前,完成全国排污许可证管理信息平台建设。(环境保护部牵头,海洋局参与)

八、全力保障水生态环境安全

(二十四)保障饮用水水源安全。从水源

到水龙头全过程监管饮用水安全。地方各级人民政府及供水单位应定期监测、检测和评估本行政区域内饮用水水源、供水厂出水和用户水龙头水质等饮水安全状况,地级及以上城市自2016年起每季度向社会公开。自2018年起,所有县级及以上城市饮水安全状况信息都要向社会公开。(环境保护部牵头,发展改革委、财政部、住房城乡建设部、水利部、卫生计生委等参与)

强化饮用水水源环境保护。开展饮用水水源规范化建设,依法清理饮用水水源保护区内违法建筑和排污口。单一水源供水的地级及以上城市应于2020年底前基本完成备用水源或应急水源建设,有条件的地方可以适当提前。加强农村饮用水水源保护和水质检测。(环境保护部牵头,发展改革委、财政部、住房城乡建设部、水利部、卫生计生委等参与)

防治地下水污染。定期调查评估集中式地下水型饮用水水源补给区等区域环境状况。石化生产存贮销售企业和工业园区、矿山开采区、垃圾填埋场等区域应进行必要的防渗处理。加油站地下油罐应于2017年底前全部更新为双层罐或完成防渗池设置。报废矿井、钻井、取水井应实施封井回填。公布京津冀等区域内环境风险大、严重影响公众健康的地下水污染场地清单,开展修复试点。(环境保护部牵头,财政部、国土资源部、住房城乡建设部、水利部、商务部等参与)

(二十五)深化重点流域污染防治。编制实施七大重点流域水污染防治规划。研究建立流域水生态环境功能分区管理体系。对化学需氧量、氨氮、总磷、重金属及其他影响人体健康的污染物采取针对性措施,加大整治力度。汇入富营养化湖库的河流应实施总氮排放控制。到2020年,长江、珠江总体水质达到优良,松花江、黄河、淮河、辽河在轻度污染基础上进一步改善,海河污染程度得到缓解。三峡库区水质保持良好,南水北调、引滦入津等调水工程确保水质安全。太湖、巢湖、滇池富营养化水平有所好转。白洋淀、乌梁素海、呼伦湖、艾比湖等湖泊污染程度减轻。环境容量较小、生态环境脆弱,环境风险高的地区,应执行水污染物特别排放限值。各地可根据水环境质量改善需要,扩大特别排放限值实施范围。(环境保护部牵头,发展改革委、工业和信息化部、财政部、住房城乡建设部、水利部等参与)

加强良好水体保护。对江河源头及现状水质达到或优于Ⅲ类的江河湖库开展生态环境安全评估,制定实施生态环境保护方案。东江、滦河、千岛湖、南四湖等流域于2017年底前完成。浙闽片河流、西南诸河、西北诸河及跨界水体水质保持稳定。(环境保护部牵头,外交部、发展改革委、财政部、水利部、林业局等参与)

(二十六)加强近岸海域环境保护。实施近岸海域污染防治方案。重点整治黄河口、长江口、闽江口、珠江口、辽东湾、渤海湾、胶州湾、杭州湾、北部湾等河口海湾污染。沿海地级及以上城市实施总氮排放总量控制。研究建立重点海域排污总量控制制度。规范入海排污口设置,2017年底前全面清理非法或设置不合理的入海排污口。到2020年,沿海省(区、市)入海河流基本消除劣于Ⅴ类的水体。提高涉海项目准入门槛。(环境保护部、海洋局牵头,发展改革委、工业和信息化部、财政部、住房城乡建设部、交通运输部、农业部等参与)

推进生态健康养殖。在重点河湖及近岸海域划定限制养殖区。实施水产养殖池塘、近海养殖网箱标准化改造,鼓励有条件的渔业企业开展海洋离岸养殖和集约化养殖。积极推广人工配合饲料,逐步减少冰鲜杂鱼饲料使用。加强养殖投入品管理,依法规范、限制使用抗生素等化学药品,开展专项整治。到2015年,海水养殖面积控制在220万公顷左右。(农业部负责)

严格控制环境激素类化学品污染。2017年底前完成环境激素类化学品生产使用情况调查,监控评估水源地、农产品种植区及水产品集中养殖区风险,实施环境激素类化学品淘汰、限制、替代等措施。(环境保护部牵头,工业和信息化部、农业部等参与)

(二十七)整治城市黑臭水体。采取控源

截污、垃圾清理、清淤疏浚、生态修复等措施，加大黑臭水体治理力度，每半年向社会公布治理情况。地级及以上城市建成区应于2015年底前完成水体排查，公布黑臭水体名称、责任人及达标期限；于2017年底前实现河面无大面积漂浮物，河岸无垃圾，无违法排污口；于2020年底前完成黑臭水体治理目标。直辖市、省会城市、计划单列市建成区要于2017年底前基本消除黑臭水体。（住房城乡建设部牵头，环境保护部、水利部、农业部等参与）

（二十八）保护水和湿地生态系统。加强河湖水生态保护，科学划定生态保护红线。禁止侵占自然湿地等水源涵养空间，已侵占的要限期予以恢复。强化水源涵养林建设与保护，开展湿地保护与修复，加大退耕还林、还草、还湿力度。加强滨河（湖）带生态建设，在河道两侧建设植被缓冲带和隔离带。加大水生野生动植物类自然保护区和水产种质资源保护区保护力度，开展珍稀濒危水生生物和重要水产种质资源的就地和迁地保护，提高水生生物多样性。2017年底前，制定实施七大重点流域水生生物多样性保护方案。（环境保护部、林业局牵头，财政部、国土资源部、住房城乡建设部、水利部、农业部等参与）

保护海洋生态。加大红树林、珊瑚礁、海草床等滨海湿地、河口和海湾典型生态系统，以及产卵场、索饵场、越冬场、洄游通道等重要渔业水域的保护力度，实施增殖放流，建设人工鱼礁。开展海洋生态补偿及赔偿等研究，实施海洋生态修复。认真执行围填海管制计划，严格围填海管理和监督，重点海湾、海洋自然保护区的核心区及缓冲区、海洋特别保护区的重点保护区及预留区、重点河口区域、重要滨海湿地区域、重要砂质岸线及沙源保护海域、特殊保护海岛及重要渔业海域禁止实施围填海，生态脆弱敏感区、自净能力差的海域严格限制围填海。严肃查处违法围填海行为，追究相关人员责任。将自然海岸线保护纳入沿海地方政府政绩考核。到2020年，全国自然岸线保有率不低于35%（不包括海岛岸线）。（环境保护部、海洋局牵头，发展改革委、财政部、农业部、林业局等参与）

九、明确和落实各方责任

（二十九）强化地方政府水环境保护责任。各级地方人民政府是实施本行动计划的主体，要于2015年底前分别制定并公布水污染防治工作方案，逐年确定分流域、分区域、分行业的重点任务和年度目标。要不断完善政策措施，加大资金投入，统筹城乡水污染治理，强化监管，确保各项任务全面完成。各省（区、市）工作方案报国务院备案。（环境保护部牵头，发展改革委、财政部、住房城乡建设部、水利部等参与）

（三十）加强部门协调联动。建立全国水污染防治工作协作机制，定期研究解决重大问题。各有关部门要认真按照职责分工，切实做好水污染防治相关工作。环境保护部要加强统一指导、协调和监督，工作进展及时向国务院报告。（环境保护部牵头，发展改革委、科技部、工业和信息化部、财政部、住房城乡建设部、水利部、农业部、海洋局等参与）

（三十一）落实排污单位主体责任。各类排污单位要严格执行环保法律法规和制度，加强污染治理设施建设和运行管理，开展自行监测，落实治污减排、环境风险防范等责任。中央企业和国有企业要带头落实，工业集聚区内的企业要探索建立环保自律机制。（环境保护部牵头，国资委参与）

（三十二）严格目标任务考核。国务院与各省（区、市）人民政府签订水污染防治目标责任书，分解落实目标任务，切实落实“一岗双责”。每年分流域、分区域、分海域对行动计划实施情况进行考核，考核结果向社会公布，并作为对领导班子和领导干部综合考核评价的重要依据。（环境保护部牵头，中央组织部参与）

将考核结果作为水污染防治相关资金分配的参考依据。（财政部、发展改革委牵头，环境保护部参与）

对未通过年度考核的，要约谈省级人民政府及其相关部门有关负责人，提出整改意见，予以督促；对有关地区和企业实施建设项目环评限批。对因工作不力、履职缺位等导致未能有效应对水环境污染事件的，以及干预、伪造数据和没有完成年度目标任务的，要依法依纪追究有关单位和人员责任。对不顾生态环境盲目决策，导致水环境质量恶化，造成严重后果的领导干部，要记录在案，视情节轻重，给予组织处理或党纪政纪处分，已经离任的也要终身追究责任。（环境保护部牵头，监察部参与）

十、强化公众参与和社会监督

（三十三）依法公开环境信息。综合考虑水环境质量及达标情况等因素，国家每年公布最差、最好的10个城市名单和各省（区、市）水环境状况。对水环境状况差的城市，经整改后仍达不到要求的，取消其环境保护模范城市、生态文明建设示范区、节水型城市、园林城市、卫生城市等荣誉称号，并向社会公告。（环境保护部牵头，发展改革委、住房城乡建设部、水利部、卫生计生委、海洋局等参与）

各省（区、市）人民政府要定期公布本行政区域内各地级市（州、盟）水环境质量状况。国家确定的重点排污单位应依法向社会公开其产生的主要污染物名称、排放方式、排放浓度和总量、超标排放情况，以及污染防治设施的建设和运行情况，主动接受监督。研究发布工业集聚区环境友好指数、重点行业污染物排放强度、城市环境友好指数等信息。（环境保护部牵头，发展改革委、工业和信息化部等参与）

（三十四）加强社会监督。为公众、社会组织提供水污染防治法规培训和咨询，邀请其全程参与重要环保执法行动和重大水污染事件调查。公开曝光环境违法典型案件。健全举报制度，充分发挥“12369”环保举报热线和网络平台作用。限期办理群众举报投诉的环境问题，一经查实，可给予举报人奖励。通过公开听证、网络征集等形式，充分听取公众对重大决策和建设项目的意见。积极推行环境公益诉讼。（环境保护部负责）

（三十五）构建全民行动格局。树立“节水洁水，人人有责”的行为准则。加强宣传教育，把水资源、水环境保护和水情知识纳入国民教育体系，提高公众对经济社会发展和环境保护客观规律的认识。依托全国中小学节水教育、水土保持教育、环境教育等社会实践基地，开展环保社会实践活动。支持民间环保机构、志愿者开展工作。倡导绿色消费新风尚，开展环保社区、学校、家庭等群众性创建活动，推动节约用水，鼓励购买使用节水产品和环境标志产品。（环境保护部牵头，教育部、住房城乡建设部、水利部等参与）

中华人民共和国固体废物污染环境防治法

（1995年10月30日第八届全国人民代表大会常务委员会第十六次会议通过，2004年12月29日第十届全国人民代表大会常务委员会第十三次会议修订，根据2013年6月29日第十二届全国人民代表大会常务委员会第三次会议《关于修改〈中华人民共和国文物保护法〉等十二部法律的决定》第一次修正，2015年4月24日第十二届全国人民代表大会常务委员会第十四次会议第二次修正）

第一章　总　　则

第一条　为了防治固体废物污染环境，保障人体健康，维护生态安全，促进经济社会可持续发展，制定本法。

第二条　本法适用于中华人民共和国境内固体废物污染环境的防治。

固体废物污染海洋环境的防治和放射性固体废物污染环境的防治不适用本法。

第三条　国家对固体废物污染环境的防治，实行减少固体废物的产生量和危害性、充分合理利用固体废物和无害化处置固体废物的原则，促进清洁生产和循环经济发展。

国家采取有利于固体废物综合利用活动的经济、技术政策和措施，对固体废物实行充分回收和合理利用。

国家鼓励、支持采取有利于保护环境的集中处置固体废物的措施，促进固体废物污染环境防治产业发展。

第四条 县级以上人民政府应当将固体废物污染环境防治工作纳入国民经济和社会发展计划,并采取有利于固体废物污染环境防治的经济、技术政策和措施。

国务院有关部门、县级以上地方人民政府及其有关部门组织编制城乡建设、土地利用、区域开发、产业发展等规划,应当统筹考虑减少固体废物的产生量和危害性、促进固体废物的综合利用和无害化处置。

第五条 国家对固体废物污染环境防治实行污染者依法负责的原则。

产品的生产者、销售者、进口者、使用者对其产生的固体废物依法承担污染防治责任。

第六条 国家鼓励、支持固体废物污染环境防治的科学研究、技术开发、推广先进的防治技术和普及固体废物污染环境防治的科学知识。

各级人民政府应当加强防治固体废物污染环境的宣传教育,倡导有利于环境保护的生产方式和生活方式。

第七条 国家鼓励单位和个人购买、使用再生产品和可重复利用产品。

第八条 各级人民政府对在固体废物污染环境防治工作以及相关的综合利用活动中作出显著成绩的单位和个人给予奖励。

第九条 任何单位和个人都有保护环境的义务,并有权对造成固体废物污染环境的单位和个人进行检举和控告。

第十条 国务院环境保护行政主管部门对全国固体废物污染环境的防治工作实施统一监督管理。国务院有关部门在各自的职责范围内负责固体废物污染环境防治的监督管理工作。

县级以上地方人民政府环境保护行政主管部门对本行政区域内固体废物污染环境的防治工作实施统一监督管理。县级以上地方人民政府有关部门在各自的职责范围内负责固体废物污染环境防治的监督管理工作。

国务院建设行政主管部门和县级以上地方人民政府环境卫生行政主管部门负责生活垃圾清扫、收集、贮存、运输和处置的监督管理工作。

第二章 固体废物污染环境防治的监督管理

第十一条 国务院环境保护行政主管部门会同国务院有关行政主管部门根据国家环境质量标准和国家经济、技术条件,制定国家固体废物污染环境防治技术标准。

第十二条 国务院环境保护行政主管部门建立固体废物污染环境监测制度,制定统一的监测规范,并会同有关部门组织监测网络。

大、中城市人民政府环境保护行政主管部门应当定期发布固体废物的种类、产生量、处置状况等信息。

第十三条 建设产生固体废物的项目以及建设贮存、利用、处置固体废物的项目,必须依法进行环境影响评价,并遵守国家有关建设项目环境保护管理的规定。

第十四条 建设项目的环境影响评价文件确定需要配套建设的固体废物污染环境防治设施,必须与主体工程同时设计、同时施工、同时投入使用。固体废物污染环境防治设施必须经原审批环境影响评价文件的环境保护行政主管部门验收合格后,该建设项目方可投入生产或者使用。对固体废物污染环境防治设施的验收应当与对主体工程的验收同时进行。

第十五条 县级以上人民政府环境保护行政主管部门和其他固体废物污染环境防治工作的监督管理部门,有权依据各自的职责对管辖范围内与固体废物污染环境防治有关的单位进行现场检查。被检查的单位应当如实反映情况,提供必要的资料。检查机关应当为被检查的单位保守技术秘密和业务秘密。

检查机关进行现场检查时,可以采取现场监测、采集样品、查阅或者复制与固体废物污染环境防治相关的资料等措施。检查人员进行现场检查,应当出示证件。

第三章 固体废物污染环境的防治

第一节 一般规定

第十六条 产生固体废物的单位和个人,应当采取措施,防止或者减少固体废物对环境的污染。

第十七条 收集、贮存、运输、利用、处置固体废物的单位和个人，必须采取防扬散、防流失、防渗漏或者其他防止污染环境的措施；不得擅自倾倒、堆放、丢弃、遗撒固体废物。

禁止任何单位或者个人向江河、湖泊、运河、渠道、水库及其最高水位线以下的滩地和岸坡等法律、法规规定禁止倾倒、堆放废弃物的地点倾倒、堆放固体废物。

第十八条 产品和包装物的设计、制造，应当遵守国家有关清洁生产的规定。国务院标准化行政主管部门应当根据国家经济和技术条件、固体废物污染环境防治状况以及产品的技术要求，组织制定有关标准，防止过度包装造成环境污染。

生产、销售、进口依法被列入强制回收目录的产品和包装物的企业，必须按照国家有关规定对该产品和包装物进行回收。

第十九条 国家鼓励科研、生产单位研究、生产易回收利用、易处置或者在环境中可降解的薄膜覆盖物和商品包装物。

使用农用薄膜的单位和个人，应当采取回收利用等措施，防止或者减少农用薄膜对环境的污染。

第二十条 从事畜禽规模养殖应当按照国家有关规定收集、贮存、利用或者处置养殖过程中产生的畜禽粪便，防止污染环境。

禁止在人口集中地区、机场周围、交通干线附近以及当地人民政府划定的区域露天焚烧秸秆。

第二十一条 对收集、贮存、运输、处置固体废物的设施、设备和场所，应当加强管理和维护，保证其正常运行和使用。

第二十二条 在国务院和国务院有关主管部门及省、自治区、直辖市人民政府划定的自然保护区、风景名胜区、饮用水水源保护区、基本农田保护区和其他需要特别保护的区域内，禁止建设工业固体废物集中贮存、处置的设施、场所和生活垃圾填埋场。

第二十三条 转移固体废物出省、自治区、直辖市行政区域贮存、处置的，应当向固体废物移出地的省、自治区、直辖市人民政府环境保护行政主管部门提出申请。移出地的省、自治区、直辖市人民政府环境保护行政主管部门应当商经接受地的省、自治区、直辖市人民政府环境保护行政主管部门同意后，方可批准转移该固体废物出省、自治区、直辖市行政区域。未经批准的，不得转移。

第二十四条 禁止中华人民共和国境外的固体废物进境倾倒、堆放、处置。

第二十五条 禁止进口不能用作原料或者不能以无害化方式利用的固体废物；对可以用作原料的固体废物实行限制进口和自动许可进口分类管理。

国务院环境保护行政主管部门会同国务院对外贸易主管部门、国务院经济综合宏观调控部门、海关总署、国务院质量监督检验检疫部门制定、调整并公布禁止进口、限制进口和自动许可进口的固体废物目录。

禁止进口列入禁止进口目录的固体废物。进口列入限制进口目录的固体废物，应当经国务院环境保护行政主管部门会同国务院对外贸易主管部门审查许可。进口列入自动许可进口目录的固体废物，应当依法办理自动许可手续。

进口的固体废物必须符合国家环境保护标准，并经质量监督检验检疫部门检验合格。

进口固体废物的具体管理办法，由国务院环境保护行政主管部门会同国务院对外贸易主管部门、国务院经济综合宏观调控部门、海关总署、国务院质量监督检验检疫部门制定。

第二十六条 进口者对海关将其所进口的货物纳入固体废物管理范围不服的，可以依法申请行政复议，也可以向人民法院提起行政诉讼。

第二节 工业固体废物污染环境的防治

第二十七条 国务院环境保护行政主管部门应当会同国务院经济综合宏观调控部门和其他有关部门对工业固体废物对环境的污染作出界定，制定防治工业固体废物污染环境的技术政策，组织推广先进的防治工业固体废物污染环境的生产工艺和设备。

第二十八条 国务院经济综合宏观调控部门应当会同国务院有关部门组织研究、开发和推广减少工业固体废物产生量和危害性的生产工艺和设备，公布限期淘汰产生严重污染环境的工业固体废物的落后生产工艺、落后设备的名录。

生产者、销售者、进口者、使用者必须在国务院经济综合宏观调控部门会同国务院有关部门规定的期限内分别停止生产、销售、进口或者使用列入前款规定的名录中的设备。生产工艺的采用者必须在国务院经济综合宏观调控部门会同国务院有关部门规定的期限内停止采用列入前款规定的名录中的工艺。

列入限期淘汰名录被淘汰的设备,不得转让给他人使用。

第二十九条 县级以上人民政府有关部门应当制定工业固体废物污染环境防治工作规划,推广能够减少工业固体废物产生量和危害性的先进生产工艺和设备,推动工业固体废物污染环境防治工作。

第三十条 产生工业固体废物的单位应当建立、健全污染环境防治责任制度,采取防治工业固体废物污染环境的措施。

第三十一条 企业事业单位应当合理选择和利用原材料、能源和其他资源,采用先进的生产工艺和设备,减少工业固体废物产生量,降低工业固体废物的危害性。

第三十二条 国家实行工业固体废物申报登记制度。

产生工业固体废物的单位必须按照国务院环境保护行政主管部门的规定,向所在地县级以上地方人民政府环境保护行政主管部门提供工业固体废物的种类、产生量、流向、贮存、处置等有关资料。

前款规定的申报事项有重大改变的,应当及时申报。

第三十三条 企业事业单位应当根据经济、技术条件对其产生的工业固体废物加以利用;对暂时不利用或者不能利用的,必须按照国务院环境保护行政主管部门的规定建设贮存设施、场所,安全分类存放,或者采取无害化处置措施。

建设工业固体废物贮存、处置的设施、场所,必须符合国家环境保护标准。

第三十四条 禁止擅自关闭、闲置或者拆除工业固体废物污染环境防治设施、场所;确有必要关闭、闲置或者拆除的,必须经所在地县级以上地方人民政府环境保护行政主管部门核准,并采取措施,防止污染环境。

第三十五条 产生工业固体废物的单位需要终止的,应当事先对工业固体废物的贮存、处置的设施、场所采取污染防治措施,并对未处置的工业固体废物作出妥善处置,防止污染环境。

产生工业固体废物的单位发生变更的,变更后的单位应当按照国家有关环境保护的规定对未处置的工业固体废物及其贮存、处置的设施、场所进行安全处置或者采取措施保证该设施、场所安全运行。变更前当事人对工业固体废物及其贮存、处置的设施、场所的污染防治责任另有约定的,从其约定;但是,不得免除当事人的污染防治义务。

对本法施行前已经终止的单位未处置的工业固体废物及其贮存、处置的设施、场所进行安全处置的费用,由有关人民政府承担;但是,该单位享有的土地使用权依法转让的,应当由土地使用权受让人承担处置费用。当事人另有约定的,从其约定;但是,不得免除当事人的污染防治义务。

第三十六条 矿山企业应当采取科学的开采方法和选矿工艺,减少尾矿、矸石、废石等矿业固体废物的产生量和贮存量。

尾矿、矸石、废石等矿业固体废物贮存设施停止使用后,矿山企业应当按照国家有关环境保护规定进行封场,防止造成环境污染和生态破坏。

第三十七条 拆解、利用、处置废弃电器产品和废弃机动车船,应当遵守有关法律、法规的规定,采取措施,防止污染环境。

第三节 生活垃圾污染环境的防治

第三十八条 县级以上人民政府应当统筹安排建设城乡生活垃圾收集、运输、处置设施,提高生活垃圾的利用率和无害化处置率,促进生活垃圾收集、处置的产业化发展,逐步建立和完善生活垃圾污染环境防治的社会服务体系。

第三十九条 县级以上地方人民政府环境卫生行政主管部门应当组织对城市生活垃圾进行清扫、收集、运输和处置,可以通过招标等方式选择具备条件的单位从事生活垃圾的清扫、收集、运输和处置。

第四十条 对城市生活垃圾应当按照环境卫生行政主管部门的规定,在指定的地点放置,不得随意倾倒、抛撒或者堆放。

第四十一条 清扫、收集、运输、处置城市生活垃圾,应当遵守国家有关环境保护和环境卫生管理的规定,防止污染环境。

第四十二条 对城市生活垃圾应当及时清运,逐步做到分类收集和运输,并积极开展合理利用和实施无害化处置。

第四十三条 城市人民政府应当有计划地改进燃料结构,发展城市煤气、天然气、液化气和其他清洁能源。

城市人民政府有关部门应当组织净菜进城,减少城市生活垃圾。

城市人民政府有关部门应当统筹规划,合理安排收购网点,促进生活垃圾的回收利用工作。

第四十四条 建设生活垃圾处置的设施、场所,必须符合国务院环境保护行政主管部门和国务院建设行政主管部门规定的环境保护和环境卫生标准。

禁止擅自关闭、闲置或者拆除生活垃圾处置的设施、场所;确有必要关闭、闲置或者拆除的,必须经所在地的市、县人民政府环境卫生行政主管部门和环境保护行政主管部门核准,并采取措施,防止污染环境。

第四十五条 从生活垃圾中回收的物质必须按照国家规定的用途或者标准使用,不得用于生产可能危害人体健康的产品。

第四十六条 工程施工单位应当及时清运工程施工过程中产生的固体废物,并按照环境卫生行政主管部门的规定进行利用或者处置。

第四十七条 从事公共交通运输的经营单位,应当按照国家有关规定,清扫、收集运输过程中产生的生活垃圾。

第四十八条 从事城市新区开发、旧区改建和住宅小区开发建设的单位,以及机场、码头、车站、公园、商店等公共设施、场所的经营管理单位,应当按照国家有关环境卫生的规定,配套建设生活垃圾收集设施。

第四十九条 农村生活垃圾污染环境防治的具体办法,由地方性法规规定。

第四章 危险废物污染环境防治的特别规定

第五十条 危险废物污染环境的防治,适用本章规定;本章未作规定的,适用本法其他有关规定。

第五十一条 国务院环境保护行政主管部门应当会同国务院有关部门制定国家危险废物名录,规定统一的危险废物鉴别标准、鉴别方法和识别标志。

第五十二条 对危险废物的容器和包装物以及收集、贮存、运输、处置危险废物的设施、场所,必须设置危险废物识别标志。

第五十三条 产生危险废物的单位,必须按照国家有关规定制定危险废物管理计划,并向所在地县级以上地方人民政府环境保护行政主管部门申报危险废物的种类、产生量、流向、贮存、处置等有关资料。

前款所称危险废物管理计划应当包括减少危险废物产生量和危害性的措施以及危险废物贮存、利用、处置措施。危险废物管理计划应当报产生危险废物的单位所在地县级以上地方人民政府环境保护行政主管部门备案。

本条规定的申报事项或者危险废物管理计划内容有重大改变的,应当及时申报。

第五十四条 国务院环境保护行政主管部门会同国务院经济综合宏观调控部门组织编制危险废物集中处置设施、场所的建设规划,报国务院批准后实施。

县级以上地方人民政府应当依据危险废物集中处置设施、场所的建设规划组织建设危险废物集中处置设施、场所。

第五十五条 产生危险废物的单位,必须按照国家有关规定处置危险废物,不得擅自倾倒、堆放;不处置的,由所在地县级以上地方人民政府环境保护行政主管部门责令限期改正;逾期不处置或者处置不符合国家有关规定的,由所在地县级以上地方人民政府环境保护行政主管部门指定单位按照国家有关规定代为处置,处置费用由产生危险废物的单位承担。

第五十六条 以填埋方式处置危险废物不符合国务院环境保护行政主管部门规定的,应当缴纳危险废物排污费。危险废物排污费征收的具体办法由国务院规定。

危险废物排污费用于污染环境的防治,不得挪作他用。

第五十七条 从事收集、贮存、处置危险废物经营活动的单位,必须向县级以上人民政府环境保护行政主管部门申请领取经营许可证;从事利用危险废物经营活动的单位,必须向国务院环境保护行政主管部门或者省、自治区、直辖市人民政府环境保护行政主管部门申请领取经营许可证。具体管理办法由国务院规定。

禁止无经营许可证或者不按照经营许可证规定从事危险废物收集、贮存、利用、处置的经营活动。

禁止将危险废物提供或者委托给无经营许可证的单位从事收集、贮存、利用、处置的经营活动。

第五十八条 收集、贮存危险废物,必须按照危险废物特性分类进行。禁止混合收集、贮存、运输、处置性质不相容而未经安全性处置的危险废物。

贮存危险废物必须采取符合国家环境保护标准的防护措施,并不得超过一年;确需延长期限的,必须报经原批准经营许可证的环境保护行政主管部门批准;法律、行政法规另有规定的除外。

禁止将危险废物混入非危险废物中贮存。

第五十九条 转移危险废物的,必须按照国家有关规定填写危险废物转移联单,并向危险废物移出地设区的市级以上地方人民政府环境保护行政主管部门提出申请。移出地设区的市级以上地方人民政府环境保护行政主管部门应当商经接受地设区的市级以上地方人民政府环境保护行政主管部门同意后,方可批准转移该危险废物。未经批准的,不得转移。

转移危险废物途经移出地、接受地以外行政区域的,危险废物移出地设区的市级以上地方人民政府环境保护行政主管部门应当及时通知沿途经过的设区的市级以上地方人民政府环境保护行政主管部门。

第六十条 运输危险废物,必须采取防止污染环境的措施,并遵守国家有关危险货物运输管理的规定。

禁止将危险废物与旅客在同一运输工具上载运。

第六十一条 收集、贮存、运输、处置危险废物的场所、设施、设备和容器、包装物及其他物品转作他用时,必须经过消除污染的处理,方可使用。

第六十二条 产生、收集、贮存、运输、利用、处置危险废物的单位,应当制定意外事故的防范措施和应急预案,并向所在地县级以上地方人民政府环境保护行政主管部门备案;环境保护行政主管部门应当进行检查。

第六十三条 因发生事故或者其他突发性事件,造成危险废物严重污染环境的单位,必须立即采取措施消除或者减轻对环境的污染危害,及时通报可能受到污染危害的单位和居民,并向所在地县级以上地方人民政府环境保护行政主管部门和有关部门报告,接受调查处理。

第六十四条 在发生或者有证据证明可能发生危险废物严重污染环境、威胁居民生命财产安全时,县级以上地方人民政府环境保护行政主管部门或者其他固体废物污染环境防治工作的监督管理部门必须立即向本级人民政府和上一级人民政府有关行政主管部门报告,由人民政府采取防止或者减轻危害的有效措施。有关人民政府可以根据需要责令停止导致或者可能导致环境污染事故的作业。

第六十五条 重点危险废物集中处置设施、场所的退役费用应当预提,列入投资概算或者经营成本。具体提取和管理办法,由国务院财政部门、价格主管部门会同国务院环境保护行政主管部门规定。

第六十六条 禁止经中华人民共和国过境转移危险废物。

第五章 法律责任

第六十七条 县级以上人民政府环境保护行政主管部门或者其他固体废物污染环境防治工作的监督管理部门违反本法规定,有下列行为之一的,由本级人民政府或者上级人民政府有关行政主管部门责令改正,对负有责任的主管人员和其他直接责任人员依法给予行政处分;构成犯罪的,依法追究刑事责任:

(一)不依法作出行政许可或者办理批准

文件的；

（二）发现违法行为或者接到对违法行为的举报后不予查处的；

（三）有不依法履行监督管理职责的其他行为的。

第六十八条　违反本法规定，有下列行为之一的，由县级以上人民政府环境保护行政主管部门责令停止违法行为，限期改正，处以罚款：

（一）不按照国家规定申报登记工业固体废物，或者在申报登记时弄虚作假的；

（二）对暂时不利用或者不能利用的工业固体废物未建设贮存的设施、场所安全分类存放，或者未采取无害化处置措施的；

（三）将列入限期淘汰名录被淘汰的设备转让给他人使用的；

（四）擅自关闭、闲置或者拆除工业固体废物污染环境防治设施、场所的；

（五）在自然保护区、风景名胜区、饮用水水源保护区、基本农田保护区和其他需要特别保护的区域内，建设工业固体废物集中贮存、处置的设施、场所和生活垃圾填埋场的；

（六）擅自转移固体废物出省、自治区、直辖市行政区域贮存、处置的；

（七）未采取相应防范措施，造成工业固体废物扬散、流失、渗漏或者造成其他环境污染的；

（八）在运输过程中沿途丢弃、遗撒工业固体废物的。

有前款第一项、第八项行为之一的，处五千元以上五万元以下的罚款；有前款第二项、第三项、第四项、第五项、第六项、第七项行为之一的，处一万元以上十万元以下的罚款。

第六十九条　违反本法规定，建设项目需要配套建设的固体废物污染环境防治设施未建成、未经验收或者验收不合格，主体工程即投入生产或者使用的，由审批该建设项目环境影响评价文件的环境保护行政主管部门责令停止生产或者使用，可以并处十万元以下的罚款。

第七十条　违反本法规定，拒绝县级以上人民政府环境保护行政主管部门或者其他固体废物污染环境防治工作的监督管理部门现场检查的，由执行现场检查的部门责令限期改正；拒不改正或者在检查时弄虚作假的，处二千元以上二万元以下的罚款。

第七十一条　从事畜禽规模养殖未按照国家有关规定收集、贮存、处置畜禽粪便，造成环境污染的，由县级以上地方人民政府环境保护行政主管部门责令限期改正，可以处五万元以下的罚款。

第七十二条　违反本法规定，生产、销售、进口或者使用淘汰的设备，或者采用淘汰的生产工艺的，由县级以上人民政府经济综合宏观调控部门责令改正；情节严重的，由县级以上人民政府经济综合宏观调控部门提出意见，报请同级人民政府按照国务院规定的权限决定停业或者关闭。

第七十三条　尾矿、矸石、废石等矿业固体废物贮存设施停止使用后，未按照国家有关环境保护规定进行封场的，由县级以上地方人民政府环境保护行政主管部门责令限期改正，可以处五万元以上二十万元以下的罚款。

第七十四条　违反本法有关城市生活垃圾污染环境防治的规定，有下列行为之一的，由县级以上地方人民政府环境卫生行政主管部门责令停止违法行为，限期改正，处以罚款：

（一）随意倾倒、抛撒或者堆放生活垃圾的；

（二）擅自关闭、闲置或者拆除生活垃圾处置设施、场所的；

（三）工程施工单位不及时清运施工过程中产生的固体废物，造成环境污染的；

（四）工程施工单位不按照环境卫生行政主管部门的规定对施工过程中产生的固体废物进行利用或者处置的；

（五）在运输过程中沿途丢弃、遗撒生活垃圾的。

单位有前款第一项、第三项、第五项行为之一的，处五千元以上五万元以下的罚款；有前款第二项、第四项行为之一的，处一万元以上十万元以下的罚款。个人有前款第一项、第五项行为之一的，处二百元以下的罚款。

第七十五条　违反本法有关危险废物污染环境防治的规定，有下列行为之一的，由县级以上人民政府环境保护行政主管部门责令停止违

法行为,限期改正,处以罚款:

(一)不设置危险废物识别标志的;

(二)不按照国家规定申报登记危险废物,或者在申报登记时弄虚作假的;

(三)擅自关闭、闲置或者拆除危险废物集中处置设施、场所的;

(四)不按照国家规定缴纳危险废物排污费的;

(五)将危险废物提供或者委托给无经营许可证的单位从事经营活动的;

(六)不按照国家规定填写危险废物转移联单或者未经批准擅自转移危险废物的;

(七)将危险废物混入非危险废物中贮存的;

(八)未经安全性处置,混合收集、贮存、运输、处置具有不相容性质的危险废物的;

(九)将危险废物与旅客在同一运输工具上载运的;

(十)未经消除污染的处理将收集、贮存、运输、处置危险废物的场所、设施、设备和容器、包装物及其他物品转作他用的;

(十一)未采取相应防范措施,造成危险废物扬散、流失、渗漏或者造成其他环境污染的;

(十二)在运输过程中沿途丢弃、遗撒危险废物的;

(十三)未制定危险废物意外事故防范措施和应急预案的。

有前款第一项、第二项、第七项、第八项、第九项、第十项、第十一项、第十二项、第十三项行为之一的,处一万元以上十万元以下的罚款;有前款第三项、第五项、第六项行为之一的,处二万元以上二十万元以下的罚款;有前款第四项行为的,限期缴纳,逾期不缴纳的,处应缴纳危险废物排污费金额一倍以上三倍以下的罚款。

第七十六条 违反本法规定,危险废物产生者不处置其产生的危险废物又不承担依法应当承担的处置费用的,由县级以上地方人民政府环境保护行政主管部门责令限期改正,处代为处置费用一倍以上三倍以下的罚款。

第七十七条 无经营许可证或者不按照经营许可证规定从事收集、贮存、利用、处置危险废物经营活动的,由县级以上人民政府环境保护行政主管部门责令停止违法行为,没收违法所得,可以并处违法所得三倍以下的罚款。

不按照经营许可证规定从事前款活动的,还可以由发证机关吊销经营许可证。

第七十八条 违反本法规定,将中华人民共和国境外的固体废物进境倾倒、堆放、处置的,进口属于禁止进口的固体废物或者未经许可擅自进口属于限制进口的固体废物用作原料的,由海关责令退运该固体废物,可以并处十万元以上一百万元以下的罚款;构成犯罪的,依法追究刑事责任。进口者不明的,由承运人承担退运该固体废物的责任,或者承担该固体废物的处置费用。

逃避海关监管将中华人民共和国境外的固体废物运输进境,构成犯罪的,依法追究刑事责任。

第七十九条 违反本法规定,经中华人民共和国过境转移危险废物的,由海关责令退运该危险废物,可以并处五万元以上五十万元以下的罚款。

第八十条 对已经非法入境的固体废物,由省级以上人民政府环境保护行政主管部门依法向海关提出处理意见,海关应当依照本法第七十八条的规定作出处罚决定;已经造成环境污染的,由省级以上人民政府环境保护行政主管部门责令进口者消除污染。

第八十一条 违反本法规定,造成固体废物严重污染环境的,由县级以上人民政府环境保护行政主管部门按照国务院规定的权限决定限期治理;逾期未完成治理任务的,由本级人民政府决定停业或者关闭。

第八十二条 违反本法规定,造成固体废物污染环境事故的,由县级以上人民政府环境保护行政主管部门处二万元以上二十万元以下的罚款;造成重大损失的,按照直接损失的百分之三十计算罚款,但是最高不超过一百万元,对负有责任的主管人员和其他直接责任人员,依法给予行政处分;造成固体废物污染环境重大事故的,并由县级以上人民政府按照国务院规定的权限决定停业或者关闭。

第八十三条 违反本法规定,收集、贮存、利用、处置危险废物，造成重大环境污染事故，构成犯罪的，依法追究刑事责任。

第八十四条　受到固体废物污染损害的单位和个人，有权要求依法赔偿损失。

赔偿责任和赔偿金额的纠纷，可以根据当事人的请求，由环境保护行政主管部门或者其他固体废物污染环境防治工作的监督管理部门调解处理；调解不成的，当事人可以向人民法院提起诉讼。当事人也可以直接向人民法院提起诉讼。

国家鼓励法律服务机构对固体废物污染环境诉讼中的受害人提供法律援助。

第八十五条　造成固体废物污染环境的，应当排除危害，依法赔偿损失，并采取措施恢复环境原状。

第八十六条　因固体废物污染环境引起的损害赔偿诉讼，由加害人就法律规定的免责事由及其行为与损害结果之间不存在因果关系承担举证责任。

第八十七条　固体废物污染环境的损害赔偿责任和赔偿金额的纠纷，当事人可以委托环境监测机构提供监测数据。环境监测机构应当接受委托，如实提供有关监测数据。

第六章　附　　则

第八十八条　本法下列用语的含义：

（一）固体废物，是指在生产、生活和其他活动中产生的丧失原有利用价值或者虽未丧失利用价值但被抛弃或者放弃的固态、半固态和置于容器中的气态的物品、物质以及法律、行政法规规定纳入固体废物管理的物品、物质。

（二）工业固体废物，是指在工业生产活动中产生的固体废物。

（三）生活垃圾，是指在日常生活中或者为日常生活提供服务的活动中产生的固体废物以及法律、行政法规规定视为生活垃圾的固体废物。

（四）危险废物，是指列入国家危险废物名录或者根据国家规定的危险废物鉴别标准和鉴别方法认定的具有危险特性的固体废物。

（五）贮存，是指将固体废物临时置于特定设施或者场所中的活动。

（六）处置，是指将固体废物焚烧和用其他改变固体废物的物理、化学、生物特性的方法，达到减少已产生的固体废物数量、缩小固体废物体积、减少或者消除其危险成份的活动，或者将固体废物最终置于符合环境保护规定要求的填埋场的活动。

（七）利用，是指从固体废物中提取物质作为原材料或者燃料的活动。

第八十九条　液态废物的污染防治，适用本法；但是，排入水体的废水的污染防治适用有关法律，不适用本法。

第九十条　中华人民共和国缔结或者参加的与固体废物污染环境防治有关的国际条约与本法有不同规定的，适用国际条约的规定；但是，中华人民共和国声明保留的条款除外。

第九十一条　本法自2005年4月1日起施行。

中华人民共和国环境噪声污染防治法

（1996年10月29日第八届全国人民代表大会常务委员会第二十次会议通过，自1997年3月1日起施行）

第一章　总　　则

第一条　为防治环境噪声污染，保护和改善生活环境，保障人体健康，促进经济和社会发展，制定本法。

第二条　本法所称环境噪声，是指在工业生产、建筑施工、交通运输和社会生活中所产生的干扰周围生活环境的声音。

本法所称环境噪声污染，是指所产生的环境噪声超过国家规定的环境噪声排放标准，并干扰他人正常生活、工作和学习的现象。

第三条　本法适用于中华人民共和国领域内环境噪声污染的防治。

因从事本职生产、经营工作受到噪声危害的防治,不适用本法。

第四条 国务院和地方各级人民政府应当将环境噪声污染防治工作纳入环境保护规划,并采取有利于声环境保护的经济、技术政策和措施。

第五条 地方各级人民政府在制定城乡建设规划时,应当充分考虑建设项目和区域开发、改造所产生的噪声对周围生活环境的影响,统筹规划,合理安排功能区和建设布局,防止或者减轻环境噪声污染。

第六条 国务院环境保护行政主管部门对全国环境噪声污染防治实施统一监督管理。

县级以上地方人民政府环境保护行政主管部门对本行政区域内的环境噪声污染防治实施统一监督管理。

各级公安、交通、铁路、民航等主管部门和港务监督机构,根据各自的职责,对交通运输和社会生活噪声污染防治实施监督管理。

第七条 任何单位和个人都有保护声环境的义务,并有权对造成环境噪声污染的单位和个人进行检举和控告。

第八条 国家鼓励、支持环境噪声污染防治的科学研究、技术开发,推广先进的防治技术和普及防治环境噪声污染的科学知识。

第九条 对在环境噪声污染防治方面成绩显著的单位和个人,由人民政府给予奖励。

第二章 环境噪声污染防治的监督管理

第十条 国务院环境保护行政主管部门分别不同的功能区制定国家声环境质量标准。

县级以上地方人民政府根据国家声环境质量标准,划定本行政区域内各类声环境质量标准的适用区域,并进行管理。

第十一条 国务院环境保护行政主管部门根据国家声环境质量标准和国家经济、技术条件,制定国家环境噪声排放标准。

第十二条 城市规划部门在确定建设布局时,应当依据国家声环境质量标准和民用建筑隔声设计规范,合理划定建筑物与交通干线的防噪声距离,并提出相应的规划设计要求。

第十三条 新建、改建、扩建的建设项目,必须遵守国家有关建设项目环境保护管理的规定。

建设项目可能产生环境噪声污染的,建设单位必须提出环境影响报告书,规定环境噪声污染的防治措施,并按照国家规定的程序报环境保护行政主管部门批准。

环境影响报告书中,应当有该建设项目所在地单位和居民的意见。

第十四条 建设项目的环境噪声污染防治设施必须与主体工程同时设计、同时施工、同时投产使用。

建设项目在投入生产或者使用之前,其环境噪声污染防治设施必须经原审批环境影响报告书的环境保护行政主管部门验收;达不到国家规定要求的,该建设项目不得投入生产或者使用。

第十五条 产生环境噪声污染的企业事业单位,必须保持防治环境噪声污染的设施的正常使用;拆除或者闲置环境噪声污染防治设施的,必须事先报经所在地的县级以上地方人民政府环境保护行政主管部门批准。

第十六条 产生环境噪声污染的单位,应当采取措施进行治理,并按照国家规定缴纳超标准排污费。

征收的超标准排污费必须用于污染的防治,不得挪作他用。

第十七条 对于在噪声敏感建筑物集中区域内造成严重环境噪声污染的企业事业单位,限期治理。

被限期治理的单位必须按期完成治理任务。限期治理由县级以上人民政府按照国务院规定的权限决定。

对小型企业事业单位的限期治理,可以由县级以上人民政府在国务院规定的权限内授权其环境保护行政主管部门决定。

第十八条 国家对环境噪声污染严重的落后设备实行淘汰制度。

国务院经济综合主管部门应当会同国务院有关部门公布限期禁止生产、禁止销售、禁止进口的环境噪声污染严重的设备名录。

生产者、销售者或者进口者必须在国务院经济综合主管部门会同国务院有关部门规定的期限内分别停止生产、销售或者进口列入前款规定的名录中的设备。

第十九条 在城市范围内从事生产活动确需排放偶发性强烈噪声的,必须事先向当地公安机关提出申请,经批准后方可进行。当地公安机关应当向社会公告。

第二十条 国务院环境保护行政主管部门应当建立环境噪声监测制度,制定监测规范,并会同有关部门组织监测网络。

环境噪声监测机构应当按照国务院环境保护行政主管部门的规定报送环境噪声监测结果。

第二十一条 县级以上人民政府环境保护行政主管部门和其他环境噪声污染防治工作的监督管理部门、机构,有权依据各自的职责对管辖范围内排放环境噪声的单位进行现场检查。被检查的单位必须如实反映情况,并提供必要的资料。检查部门、机构应当为被检查的单位保守技术秘密和业务秘密。

检查人员进行现场检查,应当出示证件。

第三章 工业噪声污染防治

第二十二条 本法所称工业噪声,是指在工业生产活动中使用固定的设备时产生的干扰周围生活环境的声音。

第二十三条 在城市范围内向周围生活环境排放工业噪声的,应当符合国家规定的工业企业厂界环境噪声排放标准。

第二十四条 在工业生产中因使用固定的设备造成环境噪声污染的工业企业,必须按照国务院环境保护行政主管部门的规定,向所在地的县级以上地方人民政府环境保护行政主管部门申报拥有的造成环境噪声污染的设备的种类、数量以及在正常作业条件下所发出的噪声值和防治环境噪声污染的设施情况,并提供防治噪声污染的技术资料。

造成环境噪声污染的设备的种类、数量、噪声值和防治设施有重大改变的,必须及时申报,并采取应有的防治措施。

第二十五条 产生环境噪声污染的工业企业,应当采取有效措施,减轻噪声对周围生活环境的影响。

第二十六条 国务院有关主管部门对可能产生环境噪声污染的工业设备,应当根据声环境保护的要求和国家的经济、技术条件,逐步在依法制定的产品的国家标准、行业标准中规定噪声限值。

前款规定的工业设备运行时发出的噪声值,应当在有关技术文件中予以注明。

第四章 建筑施工噪声污染防治

第二十七条 本法所称建筑施工噪声,是指在建筑施工过程中产生的干扰周围生活环境的声音。

第二十八条 在城市市区范围内向周围生活环境排放建筑施工噪声的,应当符合国家规定的建筑施工场界环境噪声排放标准。

第二十九条 在城市市区范围内,建筑施工过程中使用机械设备,可能产生环境噪声污染的,施工单位必须在工程开工十五日以前向工程所在地县级以上地方人民政府环境保护行政主管部门申报该工程的项目名称、施工场所和期限、可能产生的环境噪声值以及所采取的环境噪声污染防治措施的情况。

第三十条 在城市市区噪声敏感建筑物集中区域内,禁止夜间进行产生环境噪声污染的建筑施工作业,但抢修、抢险作业和因生产工艺上要求或者特殊需要必须连续作业的除外。

因特殊需要必须连续作业的,必须有县级以上人民政府或者其有关主管部门的证明。

前款规定的夜间作业,必须公告附近居民。

第五章 交通运输噪声污染防治

第三十一条 本法所称交通运输噪声,是指机动车辆、铁路机车、机动船舶、航空器等交通运输工具在运行时所产生的干扰周围生活环境的声音。

第三十二条 禁止制造、销售或者进口超过规定的噪声限值的汽车。

第三十三条 在城市市区范围内行使的机动车辆的消声器和喇叭必须符合国家规定的要求。机动车辆必须加强维修和保养,保持技术性能良好,防治环境噪声污染。

第三十四条 机动车辆在城市市区范围内行驶,机动船舶在城市市区的内河航道航行,铁路机车驶经或者进入城市市区、疗养区时,必须按照规定使用声响装置。

警车、消防车、工程抢险车、救护车等机动车辆安装、使用警报器,必须符合国务院公安部门的规定;在执行非紧急任务时,禁止使用警报器。

第三十五条 城市人民政府公安机关可以根据本地城市市区区域声环境保护的需要,划定禁止机动车辆行驶和禁止其使用声响装置的路段和时间,并向社会公告。

第三十六条 建设经过已有的噪声敏感建筑物集中区域的高速公路和城市高架、轻轨道路,有可能造成环境噪声污染的,应当设置声屏障或者采取其他有效的控制环境噪声污染的措施。

第三十七条 在已有的城市交通干线的两侧建设噪声敏感建筑物的,建设单位应当按照国家规定间隔一定距离,并采取减轻、避免交通噪声影响的措施。

第三十八条 在车站、铁路编组站、港口、码头、航空港等地指挥作业时使用广播喇叭的,应当控制音量,减轻噪声对周围生活环境的影响。

第三十九条 穿越城市居民区、文教区的铁路,因铁路机车运行造成环境噪声污染的,当地城市人民政府应当组织铁路部门和其他有关部门,制定减轻环境噪声污染的规划。铁路部门和其他有关部门应当按照规划的要求,采取有效措施,减轻环境噪声污染。

第四十条 除起飞、降落或者依法规定的情形以外,民用航空器不得飞越城市市区上空。城市人民政府应当在航空器起飞、降落的净空周围划定限制建设噪声敏感建筑物的区域;在该区域内建设噪声敏感建筑物的,建设单位应当采取减轻、避免航空器运行时产生的噪声影响的措施。民航部门应当采取有效措施,减轻环境噪声污染。

第六章 社会生活噪声污染防治

第四十一条 本法所称社会生活噪声,是指人为活动所产生的除工业噪声、建筑施工噪声和交通运输噪声之外的干扰周围生活环境的声音。

第四十二条 在城市市区噪声敏感建筑物集中区域内,因商业经营活动中使用固定设备造成环境噪声污染的商业企业,必须按照国务院环境保护行政主管部门的规定,向所在地的县级以上地方人民政府环境保护行政主管部门申报拥有的造成环境噪声污染的设备的状况和防治环境噪声污染的设施的情况。

第四十三条 新建营业性文化娱乐场所的边界噪声必须符合国家规定的环境噪声排放标准;不符合国家规定的环境噪声排放标准的,文化行政主管部门不得核发文化经营许可证,工商行政管理部门不得核发营业执照。

经营中的文化娱乐场所,其经营管理者必须采取有效措施,使其边界噪声不超过国家规定的环境噪声排放标准。

第四十四条 禁止在商业经营活动中使用高音广播喇叭或者采用其他发出高噪声的方法招揽顾客。

在商业经营活动中使用空调器、冷却塔等可能产生环境噪声污染的设备、设施的,其经营管理者应当采取措施,使其边界噪声不超过国家规定的环境噪声排放标准。

第四十五条 禁止任何单位、个人在城市市区噪声敏感建设物集中区域内使用高音广播喇叭。

在城市市区街道、广场、公园等公共场所组织娱乐、集会等活动,使用音响器材可能产生干扰周围生活环境的过大音量的,必须遵守当地公安机关的规定。

第四十六条 使用家用电器、乐器或者进行其他家庭室内娱乐活动时,应当控制音量或者采取其他有效措施,避免对周围居民造成环境噪声污染。

第四十七条 在已竣工交付使用的住宅楼进行室内装修活动,应当限制作业时间,并采取其他有效措施,以减轻、避免对周围居民造成环境噪声污染。

第七章 法律责任

第四十八条 违反本法第十四条的规定,建设项目中需要配套建设的环境噪声污染防治设施没有建成或者没有达到国家规定的要求,擅自投入生产或者使用的,由批准该建设项目的环境影响报告书的环境保护行政主管部门责令停止生产或者使用,可以并处罚款。

第四十九条 违反本法规定,拒报或者谎报规定的环境噪声排放申报事项的,县级以上地方人民政府环境保护行政主管部门可以根据不同情节，给予警告或者处以罚款。

第五十条 违反本法第十五条的规定，未经环境保护行政主管部门批准，擅自拆除或者闲置环境噪声污染防治设施，致使环境噪声排放超过规定标准的，由县级以上地方人民政府环境保护行政主管部门责令改正，并处罚款。

第五十一条 违反本法第十六条的规定，不按照国家规定缴纳超标准排污费的，县级以上地方人民政府环境保护行政主管部门可以根据不同情节，给予警告或者处以罚款。

第五十二条 违反本法第十七条的规定，对经限期治理逾期未完成治理任务的企业事业单位，除依照国家规定加收超标准排污费外，可以根据所造成的危害后果处以罚款，或者责令停业、搬迁、关闭。

前款规定的罚款由环境保护行政主管部门决定。责令停业、搬迁、关闭由县级以上人民政府按照国务院规定的权限决定。

第五十三条 违反本法第十八条的规定，生产、销售、进口禁止生产、销售、进口的设备的，由县级以上人民政府经济综合主管部门责令改正；情节严重的，由县级以上人民政府经济综合主管部门提出意见，报请同级人民政府按照国务院规定的权限责令停业、关闭。

第五十四条 违反本法第十九条的规定，未经当地公安机关批准，进行产生偶发性强烈噪声活动的，由公安机关根据不同情节给予警告或者处以罚款。

第五十五条 排放环境噪声的单位违反本法第二十一条的规定，拒绝环境保护行政主管部门或者其他依照本法规定行使环境噪声监督管理权的部门、机构现场检查或者在被检查时弄虚作假的，环境保护行政主管部门或者其他依照本法规定行使环境噪声监督管理权的监督管理部门、机构可以根据不同情节，给予警告或者处以罚款。

第五十六条 建筑施工单位违反本法第三十条第一款的规定，在城市市区噪声敏感建筑物集中区域内，夜间进行禁止进行的产生环境噪声污染的建筑施工作业的，由工程所在地县级以上地方人民政府环境保护行政主管部门责令改正，可以并处罚款。

第五十七条 违反本法第三十四条的规定，机动车辆不按照规定使用声响装置的，由当地公安机关根据不同情节给予警告或者处以罚款。

机动船舶有前款违法行为的，由港务监督机构根据不同情节给予警告或者处以罚款。

铁路机车有第一款违法行为的，由铁路主管部门对有关责任人员给予行政处分。

第五十八条 违反本法规定，有下列行为之一的，由公安机关给予警告，可以并处罚款：

（一）在城市市区噪声敏感建筑物集中区域内使用高音广播喇叭；

（二）违反当地公安机关的规定，在城市市区街道、广场、公园等公共场所组织娱乐、集会等活动，使用音响器材，产生干扰周围生活环境的过大音量的；

（三）未按本法第四十六条和第四十七条规定采取措施，从家庭室内发出严重干扰周围居民生活的环境噪声的。

第五十九条 违反本法第四十三条第二款、第四十四条第二款的规定，造成环境噪声污染的，由县级以上地方人民政府环境保护行政主管部门责令改正，可以并处罚款。

第六十条 违反本法第四十四条第一款的规定，造成环境噪声污染的，由公安机关责令改正，可以并处罚款。

省级以上人民政府依法决定由县级以上地方人民政府环境保护行政主管部门行使前款规定的行政处罚权的，从其决定。

第六十一条 受到环境噪声污染危害的单位和个人，有权要求加害人排除危害；造成损失的，依法赔偿损失。

赔偿责任和赔偿金额的纠纷，可以根据当事人的请求，由环境保护行政主管部门或者其他环境噪声污染防治工作的监督管理部门、机构调解处理；调解不成的，当事人可以向人民法院起诉。当事人也可以直接向人民法院起诉。

第六十二条 环境噪声污染防治监督管理人员滥用职权、玩忽职守、徇私舞弊的，由其所在单位或者上级主管机关给予行政处分；构成犯罪的，依法追究刑事责任。

第八章 附 则

第六十三条 本法中下列用语的含义是：

（一）“噪声排放”是指噪声源向周围生活环境辐射噪声。

（二）“噪声敏感建筑物”是指医院、学校、机关、科研单位、住宅等需要保持安静的建筑物。

（三）“噪声敏感建筑物集中区域”是指医疗区、文教科研区和以机关或者居民住宅为主的区域。

（四）“夜间”是指晚二十二点至晨六点之间的期间。

（五）“机动车辆”是指汽车和摩托车。

第六十四条 本法自1997年3月1日起施行。1989年9月26日国务院发布的《中华人民共和国环境噪声污染防治条例》同时废止。

中华人民共和国城市区域环境噪声标准（节选）

（1982年4月6日国务院环境保护领导小组颁布）

1 主题内容与适用范围

本标准规定了城市五类区域的环境噪声最高限值。

本标准适用于城市区域。乡村生活区域可参照本标准执行。

2 标准值

城市5类环境噪声标准值如下：

类别	昼间	夜间
0类	50分贝	40分贝
1类	55分贝	45分贝
2类	60分贝	50分贝
3类	65分贝	55分贝
4类	70分贝	55分贝

3 各类标准的适用区域

(1)0类标准适用于疗养区、高级别墅区、高级宾馆区等特别需要安静的区域。位于城郊和乡村的这一类区域分别按严于0类标准5分贝执行。

(2)1类标准适用于以居住、文教机关为主的区域。乡村居住环境可参照执行该类标准。

(3)2类标准适用于居住、商业、工业混杂区。

(4)3类标准适用于工业区。

(5)4类标准适用于城市中的道路交通干线道路两侧区域，穿越城区的内河航道两侧区域。穿越城区的铁路主、次干线两侧区域的背景噪声（指不通过列车时的噪声水平）限值也执行该类标准。

4 夜间突发噪声

夜间突发的噪声，其最大值不准超过标准值15分贝。

中华人民共和国工业企业厂界噪声标准（节选）

（2006年4月8日国家环境保护总局颁布）

1. 标准的适用范围

本标准适用于工厂及有可能造成噪声污染的企事业单位的边界。

2. 标准值

各类厂界噪声标准值如下：

类别	昼间	夜间
一类	55分贝	45分贝
二类	60分贝	50分贝
三类	65分贝	55分贝
四类	70分贝	55分贝

3. 各类标准适用范围的划定

一类标准适用于以居住、文教机关为主的区域。

二类标准适用于居住、商业、工业混杂区及商业中心区。

三类标准适用于工业区。

四类标准适用于交通干线道路两侧区域。

4. 各类标准适用范围由地方人民政府划定。

5. 夜间频繁突发的噪声（如排气噪声）。其峰值不准超过标准值10分贝，夜间偶然突发的噪声（如短促鸣笛声），其峰值不准超过标准值15分贝。

中华人民共和国放射性污染防治法

(2003年6月28日第十届全国人民代表大会常务委员会第三次会议通过,自2003年10月1日起施行)

第一章 总 则

第一条 为了防治放射性污染,保护环境,保障人体健康,促进核能、核技术的开发与和平利用,制定本法。

第二条 本法适用于中华人民共和国领域和管辖的其他海域在核设施选址、建造、运行、退役和核技术、铀(钍)矿、伴生放射性矿开发利用过程中发生的放射性污染的防治活动。

第三条 国家对放射性污染的防治,实行预防为主、防治结合、严格管理、安全第一的方针。

第四条 国家鼓励、支持放射性污染防治的科学研究和技术开发利用,推广先进的放射性污染防治技术。

国家支持开展放射性污染防治的国际交流与合作。

第五条 县级以上人民政府应当将放射性污染防治工作纳入环境保护规划。

县级以上人民政府应当组织开展有针对性的放射性污染防治宣传教育,使公众了解放射性污染防治的有关情况和科学知识。

第六条 任何单位和个人有权对造成放射性污染的行为提出检举和控告。

第七条 在放射性污染防治工作中作出显著成绩的单位和个人,由县级以上人民政府给予奖励。

第八条 国务院环境保护行政主管部门对全国放射性污染防治工作依法实施统一监督管理。

国务院卫生行政部门和其他有关部门依据国务院规定的职责,对有关的放射性污染防治工作依法实施监督管理。

第二章 放射性污染防治的监督管理

第九条 国家放射性污染防治标准由国务院环境保护行政主管部门根据环境安全要求、国家经济技术条件制定。国家放射性污染防治标准由国务院环境保护行政主管部门和国务院标准化行政主管部门联合发布。

第十条 国家建立放射性污染监测制度。国务院环境保护行政主管部门会同国务院其他有关部门组织环境监测网络,对放射性污染实施监测管理。

第十一条 国务院环境保护行政主管部门和国务院其他有关部门,按照职责分工,各负其责,互通信息,密切配合,对核设施、铀(钍)矿开发利用中的放射性污染防治进行监督检查。

县级以上地方人民政府环境保护行政主管部门和同级其他有关部门,按照职责分工,各负其责,互通信息,密切配合,对本行政区域内核技术利用、伴生放射性矿开发利用中的放射性污染防治进行监督检查。

监督检查人员进行现场检查时,应当出示证件。被检查的单位必须如实反映情况,提供必要的资料。监督检查人员应当为被检查单位保守技术秘密和业务秘密。对涉及国家秘密的单位和部位进行检查时,应当遵守国家有关保守国家秘密的规定,依法办理有关审批手续。

第十二条 核设施营运单位、核技术利用单位、铀(钍)矿和伴生放射性矿开发利用单位,负责本单位放射性污染的防治,接受环境保护行政主管部门和其他有关部门的监督管理,并依法对其造成的放射性污染承担责任。

第十三条 核设施营运单位、核技术利用单位、铀(钍)矿和伴生放射性矿开发利用单位,必须采取安全与防护措施,预防发生可能导致放射性污染的各类事故,避免放射性污染危害。

核设施营运单位、核技术利用单位、铀(钍)矿和伴生放射性矿开发利用单位,应当对其工作人员进行放射性安全教育、培训,采取有效的防护安全措施。

第十四条 国家对从事放射性污染防治的专业人员实行资格管理制度;对从事放射性污染监测工作的机构实行资质管理制度。

第十五条 运输放射性物质和含放射源的射线

装置,应当采取有效措施,防止放射性污染。具体办法由国务院规定。

第十六条 放射性物质和射线装置应当设置明显的放射性标识和中文警示说明。生产、销售、使用、贮存、处置放射性物质和射线装置的场所,以及运输放射性物质和含放射源的射线装置的工具,应当设置明显的放射性标志。

第十七条 含有放射性物质的产品,应当符合国家放射性污染防治标准;不符合国家放射性污染防治标准的,不得出厂和销售。

使用伴生放射性矿渣和含有天然放射性物质的石材做建筑和装修材料,应当符合国家建筑材料放射性核素控制标准。

第三章 核设施的放射性污染防治

第十八条 核设施选址,应当进行科学论证,并按照国家有关规定办理审批手续。在办理核设施选址审批手续前,应当编制环境影响报告书,报国务院环境保护行政主管部门审查批准;未经批准,有关部门不得办理核设施选址批准文件。

第十九条 核设施营运单位在进行核设施建造、装料、运行、退役等活动前,必须按照国务院有关核设施安全监督管理的规定,申请领取核设施建造、运行许可证和办理装料、退役等审批手续。

核设施营运单位领取有关许可证或者批准文件后,方可进行相应的建造、装料、运行、退役等活动。

第二十条 核设施营运单位应当在申请领取核设施建造、运行许可证和办理退役审批手续前编制环境影响报告书,报国务院环境保护行政主管部门审查批准;未经批准,有关部门不得颁发许可证和办理批准文件。

第二十一条 与核设施相配套的放射性污染防治设施,应当与主体工程同时设计、同时施工、同时投入使用。

放射性污染防治设施应当与主体工程同时验收;验收合格的,主体工程方可投入生产或者使用。

第二十二条 进口核设施,应当符合国家放射性污染防治标准;没有相应的国家放射性污染防治标准的,采用国务院环境保护行政主管部门指定的国外有关标准。

第二十三条 核动力厂等重要核设施外围地区应当划定规划限制区。规划限制区的划定和管理办法,由国务院规定。

第二十四条 核设施营运单位应当对核设施周围环境中所含的放射性核素的种类、浓度以及核设施流出物中的放射性核素总量实施监测,并定期向国务院环境保护行政主管部门和所在地省、自治区、直辖市人民政府环境保护行政主管部门报告监测结果。

国务院环境保护行政主管部门负责对核动力厂等重要核设施实施监督性监测,并根据需要对其他核设施的流出物实施监测。监督性监测系统的建设、运行和维护费用由财政预算安排。

第二十五条 核设施营运单位应当建立健全安全保卫制度,加强安全保卫工作,并接受公安部门的监督指导。

核设施营运单位应当按照核设施的规模和性质制定核事故场内应急计划,做好应急准备。

出现核事故应急状态时,核设施营运单位必须立即采取有效的应急措施控制事故,并向核设施主管部门和环境保护行政主管部门、卫生行政部门、公安部门以及其他有关部门报告。

第二十六条 国家建立健全核事故应急制度。

核设施主管部门、环境保护行政主管部门、卫生行政部门、公安部门以及其他有关部门,在本级人民政府的组织领导下,按照各自的职责依法做好核事故应急工作。

中国人民解放军和中国人民武装警察部队按照国务院、中央军事委员会的有关规定在核事故应急中实施有效的支援。

第二十七条 核设施营运单位应当制定核设施退役计划。

核设施的退役费用和放射性废物处置费用应当预提,列入投资概算或者生产成本。核设施的退役费用和放射性废物处置费用的提取和管理办法,由国务院财政部门、价格主管部门会同国务院环境保护行政主管部门、核设施主管部门规定。

第四章 核技术利用的放射性污染防治

第二十八条 生产、销售、使用放射性同位素和射线装置的单位,应当按照国务院有关放射性同位素与射线装置放射防护的规定申请领取许可证,办理登记手续。

转让、进口放射性同位素和射线装置的单位以及装备有放射性同位素的仪表的单位,应当按照国务院有关放射性同位素与射线装置放射防护的规定办理有关手续。

第二十九条 生产、销售、使用放射性同位素和加速器、中子发生器以及含放射源的射线装置的单位,应当在申请领取许可证前编制环境影响评价文件,报省、自治区、直辖市人民政府环境保护行政主管部门审查批准;未经批准,有关部门不得颁发许可证。

国家建立放射性同位素备案制度。具体办法由国务院规定。

第三十条 新建、改建、扩建放射工作场所的放射防护设施,应当与主体工程同时设计、同时施工、同时投入使用。

放射防护设施应当与主体工程同时验收;验收合格的,主体工程方可投入生产或者使用。

第三十一条 放射性同位素应当单独存放,不得与易燃、易爆、腐蚀性物品等一起存放,其贮存场所应当采取有效的防火、防盗、防射线泄漏的安全防护措施,并指定专人负责保管。贮存、领取、使用、归还放射性同位素时,应当进行登记、检查,做到账物相符。

第三十二条 生产、使用放射性同位素和射线装置的单位,应当按照国务院环境保护行政主管部门的规定对其产生的放射性废物进行收集、包装、贮存。

生产放射源的单位,应当按照国务院环境保护行政主管部门的规定回收和利用废旧放射源;使用放射源的单位,应当按照国务院环境保护行政主管部门的规定将废旧放射源交回生产放射源的单位或者送交专门从事放射性固体废物贮存、处置的单位。

第三十三条 生产、销售、使用、贮存放射源的单位,应当建立健全安全保卫制度,指定专人负责,落实安全责任制,制定必要的事故应急措施。发生放射源丢失、被盗和放射性污染事故时,有关单位和个人必须立即采取应急措施,并向公安部门、卫生行政部门和环境保护行政主管部门报告。

公安部门、卫生行政部门和环境保护行政主管部门接到放射源丢失、被盗和放射性污染事故报告后,应当报告本级人民政府,并按照各自的职责立即组织采取有效措施,防止放射性污染蔓延,减少事故损失。当地人民政府应当及时将有关情况告知公众,并做好事故的调查、处理工作。

第五章 铀(钍)矿和伴生放射性矿开发利用的放射性污染防治

第三十四条 开发利用或者关闭铀(钍)矿的单位,应当在申请领取采矿许可证或者办理退役审批手续前编制环境影响报告书,报国务院环境保护行政主管部门审查批准。

开发利用伴生放射性矿的单位,应当在申请领取采矿许可证前编制环境影响报告书,报省级以上人民政府环境保护行政主管部门审查批准。

第三十五条 与铀(钍)矿和伴生放射性矿开发利用建设项目相配套的放射性污染防治设施,应当与主体工程同时设计、同时施工、同时投入使用。

放射性污染防治设施应当与主体工程同时验收;验收合格的,主体工程方可投入生产或者使用。

第三十六条 铀(钍)矿开发利用单位应当对铀(钍)矿的流出物和周围的环境实施监测,并定期向国务院环境保护行政主管部门和所在地省、自治区、直辖市人民政府环境保护行政主管部门报告监测结果。

第三十七条 对铀(钍)矿和伴生放射性矿开发利用过程中产生的尾矿,应当建造尾矿库进行贮存、处置;建造的尾矿库应当符合放射性污染防治的要求。

第三十八条 铀(钍)矿开发利用单位应当制定铀(钍)矿退役计划。铀矿退役费用由国家财政预算安排。

第六章 放射性废物管理

第三十九条 核设施营运单位、核技术利用单位、铀(钍)矿和伴生放射性矿开发利用单位，应当合理选择和利用原材料，采用先进的生产工艺和设备，尽量减少放射性废物的产生量。

第四十条 向环境排放放射性废气、废液，必须符合国家放射性污染防治标准。

第四十一条 产生放射性废气、废液的单位向环境排放符合国家放射性污染防治标准的放射性废气、废液，应当向审批环境影响评价文件的环境保护行政主管部门申请放射性核素排放量，并定期报告排放计量结果。

第四十二条 产生放射性废液的单位，必须按照国家放射性污染防治标准的要求，对不得向环境排放的放射性废液进行处理或者贮存。

产生放射性废液的单位，向环境排放符合国家放射性污染防治标准的放射性废液，必须采用符合国务院环境保护行政主管部门规定的排放方式。

禁止利用渗井、渗坑、天然裂隙、溶洞或者国家禁止的其他方式排放放射性废液。

第四十三条 低、中水平放射性固体废物在符合国家规定的区域实行近地表处置。

高水平放射性固体废物实行集中的深地质处置。

α放射性固体废物依照前款规定处置。

禁止在内河水域和海洋上处置放射性固体废物。

第四十四条 国务院核设施主管部门会同国务院环境保护行政主管部门根据地质条件和放射性固体废物处置的需要，在环境影响评价的基础上编制放射性固体废物处置场所选址规划，报国务院批准后实施。

有关地方人民政府应当根据放射性固体废物处置场所选址规划，提供放射性固体废物处置场所的建设用地，并采取有效措施支持放射性固体废物的处置。

第四十五条 产生放射性固体废物的单位，应当按照国务院环境保护行政主管部门的规定，对其产生的放射性固体废物进行处理后，送交放射性固体废物处置单位处置，并承担处置费用。

放射性固体废物处置费用收取和使用管理办法，由国务院财政部门、价格主管部门会同国务院环境保护行政主管部门规定。

第四十六条 设立专门从事放射性固体废物贮存、处置的单位，必须经国务院环境保护行政主管部门审查批准，取得许可证。具体办法由国务院规定。

禁止未经许可或者不按照许可的有关规定从事贮存和处置放射性固体废物的活动。

禁止将放射性固体废物提供或者委托给无许可证的单位贮存和处置。

第四十七条 禁止将放射性废物和被放射性污染的物品输入中华人民共和国境内或者经中华人民共和国境内转移。

第七章 法律责任

第四十八条 放射性污染防治监督管理人员违反法律规定，利用职务上的便利收受他人财物、谋取其他利益，或者玩忽职守，有下列行为之一的，依法给予行政处分；构成犯罪的，依法追究刑事责任：

(一)对不符合法定条件的单位颁发许可证和办理批准文件的；

(二)不依法履行监督管理职责的；

(三)发现违法行为不予查处的。

第四十九条 违反本法规定，有下列行为之一的，由县级以上人民政府环境保护行政主管部门或者其他有关部门依据职权责令限期改正，可以处二万元以下罚款：

(一)不按照规定报告有关环境监测结果的；

(二)拒绝环境保护行政主管部门和其他有关部门进行现场检查，或者被检查时不如实反映情况和提供必要资料的。

第五十条 违反本法规定，未编制环境影响评价文件，或者环境影响评价文件未经环境保护行政主管部门批准，擅自进行建造、运行、生产和使用等活动的，由审批环境影响评价文件的环境保护行政主管部门责令停止违法行为，限期补办手续或者恢复原状，并处一万元以上二十万元以下罚款。

第五十一条 违反本法规定，未建造放射性污染防治设施、放射防护设施，或者防治防护设施未经验收合格，主体工程即投入生产或者使用的，由审批环境影响评价文件的环境保护行政主管部门责令停止违法行为，限期改正，并处五万元以上二十万元以下罚款。

第五十二条　违反本法规定，未经许可或者批准，核设施营运单位擅自进行核设施的建造、装料、运行、退役等活动的，由国务院环境保护行政主管部门责令停止违法行为，限期改正，并处二十万元以上五十万元以下罚款；构成犯罪的，依法追究刑事责任。

第五十三条　违反本法规定，生产、销售、使用、转让、进口、贮存放射性同位素和射线装置以及装备有放射性同位素的仪表的，由县级以上人民政府环境保护行政主管部门或者其他有关部门依据职权责令停止违法行为，限期改正；逾期不改正的，责令停产停业或者吊销许可证；有违法所得的，没收违法所得；违法所得十万元以上的，并处违法所得一倍以上五倍以下罚款；没有违法所得或者违法所得不足十万元的，并处一万元以上十万元以下罚款；构成犯罪的，依法追究刑事责任。

第五十四条　违反本法规定，有下列行为之一的，由县级以上人民政府环境保护行政主管部门责令停止违法行为，限期改正，处以罚款；构成犯罪的，依法追究刑事责任：

（一）未建造尾矿库或者不按照放射性污染防治的要求建造尾矿库，贮存、处置铀（钍）矿和伴生放射性矿的尾矿的；

（二）向环境排放不得排放的放射性废气、废液的；

（三）不按照规定的方式排放放射性废液，利用渗井、渗坑、天然裂隙、溶洞或者国家禁止的其他方式排放放射性废液的；

（四）不按照规定处理或者贮存不得向环境排放的放射性废液的；

（五）将放射性固体废物提供或者委托给无许可证的单位贮存和处置的。

有前款第（一）项、第（二）项、第（三）项、第（五）项行为之一的，处十万元以上二十万元以下罚款；有前款第（四）项行为的，处一万元以上十万元以下罚款。

第五十五条　违反本法规定，有下列行为之一的，由县级以上人民政府环境保护行政主管部门或者其他有关部门依据职权责令限期改正；逾期不改正的，责令停产停业，并处二万元以上十万元以下罚款；构成犯罪的，依法追究刑事责任：

（一）不按照规定设置放射性标识、标志、中文警示说明的；

（二）不按照规定建立健全安全保卫制度和制定事故应急计划或者应急措施的；

（三）不按照规定报告放射源丢失、被盗情况或者放射性污染事故的。

第五十六条　产生放射性固体废物的单位，不按照本法第四十五条的规定对其产生的放射性固体废物进行处置的，由审批该单位立项环境影响评价文件的环境保护行政主管部门责令停止违法行为，限期改正；逾期不改正的，指定有处置能力的单位代为处置，所需费用由产生放射性固体废物的单位承担，可以并处二十万元以下罚款；构成犯罪的，依法追究刑事责任。

第五十七条　违反本法规定，有下列行为之一的，由省级以上人民政府环境保护行政主管部门责令停产停业或者吊销许可证；有违法所得的，没收违法所得；违法所得十万元以上的，并处违法所得一倍以上五倍以下罚款；没有违法所得或者违法所得不足十万元的，并处五万元以上十万元以下罚款；构成犯罪的，依法追究刑事责任：

（一）未经许可，擅自从事贮存和处置放射性固体废物活动的；

（二）不按照许可的有关规定从事贮存和处置放射性固体废物活动的。

第五十八条　向中华人民共和国境内输入放射性废物和被放射性污染的物品，或者经中华人民共和国境内转移放射性废物和被放射性污染的物品的，由海关责令退运该放射性废物和被放射性污染的物品，并处五十万元以上一百万元以下罚款；构成犯罪的，依法追究刑事责任。

第五十九条　因放射性污染造成他人损害的，应当依法承担民事责任。

第八章　附　则

第六十条　军用设施、装备的放射性污染防治，由国务院和军队的有关主管部门依照本法规定的原则和国务院、中央军事委员会规定的职责实施监督管理。

第六十一条 劳动者在职业活动中接触放射性物质造成的职业病的防治，依照《中华人民共和国职业病防治法》的规定执行。

第六十二条 本法中下列用语的含义：

（一）放射性污染，是指由于人类活动造成物料、人体、场所、环境介质表面或者内部出现超过国家标准的放射性物质或者射线。

（二）核设施，是指核动力厂（核电厂、核热电厂、核供汽供热厂等）和其他反应堆（研究堆、实验堆、临界装置等）；核燃料生产、加工、贮存和后处理设施；放射性废物的处理和处置设施等。

（三）核技术利用，是指密封放射源、非密封放射源和射线装置在医疗、工业、农业、地质调查、科学研究和教学等领域中的使用。

（四）放射性同位素，是指某种发生放射性衰变的元素中具有相同原子序数但质量不同的核素。

（五）放射源，是指除研究堆和动力堆核燃料循环范畴的材料以外，永久密封在容器中或者有严密包层并呈固态的放射性材料。

（六）射线装置，是指 X 线机、加速器、中子发生器以及含放射源的装置。

（七）伴生放射性矿，是指含有较高水平天然放射性核素浓度的非铀矿（如稀土矿和磷酸盐矿等）。

（八）放射性废物，是指含有放射性核素或者被放射性核素污染，其浓度或者比活度大于国家确定的清洁解控水平，预期不再使用的废弃物。

第六十三条 本法自 2003 年 10 月 1 日起施行。

中华人民共和国清洁生产促进法

（2002 年 6 月 29 日第九届全国人民代表大会常务委员会第二十八次会议通过，自 2003 年 1 月 1 日起施行，根据 2012 年 2 月 29 日第十一届全国人民代表大会常务委员会第二十五次会议《关于修改〈中华人民共和国清洁生产促进法〉的决定》修正）

第一章 总 则

第一条 为了促进清洁生产，提高资源利用效率，减少和避免污染物的产生，保护和改善环境，保障人体健康，促进经济与社会可持续发展，制定本法。

第二条 本法所称清洁生产，是指不断采取改进设计、使用清洁的能源和原料、采用先进的工艺技术与设备、改善管理、综合利用等措施，从源头削减污染，提高资源利用效率，减少或者避免生产、服务和产品使用过程中污染物的产生和排放，以减轻或者消除对人类健康和环境的危害。

第三条 在中华人民共和国领域内，从事生产和服务活动的单位以及从事相关管理活动的部门依照本法规定，组织、实施清洁生产。

第四条 国家鼓励和促进清洁生产。国务院和县级以上地方人民政府，应当将清洁生产促进工作纳入国民经济和社会发展规划、年度计划以及环境保护、资源利用、产业发展、区域开发等规划。

第五条 国务院清洁生产综合协调部门负责组织、协调全国的清洁生产促进工作。国务院环境保护、工业、科学技术、财政部门和其他有关部门，按照各自的职责，负责有关的清洁生产促进工作。

县级以上地方人民政府负责领导本行政区域内的清洁生产促进工作。县级以上地方人民政府确定的清洁生产综合协调部门负责组织、协调本行政区域内的清洁生产促进工作。县级以上地方人民政府其他有关部门，按照各自的职责，负责有关的清洁生产促进工作。

第六条 国家鼓励开展有关清洁生产的科学研究、技术开发和国际合作，组织宣传、普及清洁生产知识，推广清洁生产技术。

国家鼓励社会团体和公众参与清洁生产

的宣传、教育、推广、实施及监督。

第二章 清洁生产的推行

第七条 国务院应当制定有利于实施清洁生产的财政税收政策。

国务院及其有关部门和省、自治区、直辖市人民政府，应当制定有利于实施清洁生产的产业政策、技术开发和推广政策。

第八条 国务院清洁生产综合协调部门会同国务院环境保护、工业、科学技术部门和其他有关部门，根据国民经济和社会发展规划及国家节约资源、降低能源消耗、减少重点污染物排放的要求，编制国家清洁生产推行规划，报经国务院批准后及时公布。

国家清洁生产推行规划应当包括：推行清洁生产的目标、主要任务和保障措施，按照资源能源消耗、污染物排放水平确定开展清洁生产的重点领域、重点行业和重点工程。

国务院有关行业主管部门根据国家清洁生产推行规划确定本行业清洁生产的重点项目，制定行业专项清洁生产推行规划并组织实施。

县级以上地方人民政府根据国家清洁生产推行规划、有关行业专项清洁生产推行规划，按照本地区节约资源、降低能源消耗、减少重点污染物排放的要求，确定本地区清洁生产的重点项目，制定推行清洁生产的实施规划并组织落实。

第九条 中央预算应当加强对清洁生产促进工作的资金投入，包括中央财政清洁生产专项资金和中央预算安排的其他清洁生产资金，用于支持国家清洁生产推行规划确定的重点领域、重点行业、重点工程实施清洁生产及其技术推广工作，以及生态脆弱地区实施清洁生产的项目。中央预算用于支持清洁生产促进工作的资金使用的具体办法，由国务院财政部门、清洁生产综合协调部门会同国务院有关部门制定。

县级以上地方人民政府应当统筹地方财政安排的清洁生产促进工作的资金，引导社会资金，支持清洁生产重点项目。

第十条 国务院和省、自治区、直辖市人民政府的有关部门，应当组织和支持建立促进清洁生产信息系统和技术咨询服务体系，向社会提供有关清洁生产方法和技术、可再生利用的废物供求以及清洁生产政策等方面的信息和服务。

第十一条 国务院清洁生产综合协调部门会同国务院环境保护、工业、科学技术、建设、农业等有关部门定期发布清洁生产技术、工艺、设备和产品导向目录。

国务院清洁生产综合协调部门、环境保护部门和省、自治区、直辖市人民政府负责清洁生产综合协调的部门、环境保护部门会同同级有关部门，组织编制重点行业或者地区的清洁生产指南，指导实施清洁生产。

第十二条 国家对浪费资源和严重污染环境的落后生产技术、工艺、设备和产品实行限期淘汰制度。国务院有关部门按照职责分工，制定并发布限期淘汰的生产技术、工艺、设备以及产品的名录。

第十三条 国务院有关部门可以根据需要批准设立节能、节水、废物再生利用等环境与资源保护方面的产品标志，并按照国家规定制定相应标准。

第十四条 县级以上人民政府科学技术部门和其他有关部门，应当指导和支持清洁生产技术和有利于环境与资源保护的产品的研究、开发以及清洁生产技术的示范和推广工作。

第十五条 国务院教育部门，应当将清洁生产技术和管理课程纳入有关高等教育、职业教育和技术培训体系。

县级以上人民政府有关部门组织开展清洁生产的宣传和培训，提高国家工作人员、企业经营管理者和公众的清洁生产意识，培养清洁生产管理和技术人员。

新闻出版、广播影视、文化等单位和有关社会团体，应当发挥各自优势做好清洁生产宣传工作。

第十六条 各级人民政府应当优先采购节能、节水、废物再生利用等有利于环境与资源保护的产品。

各级人民政府应当通过宣传、教育等措施，鼓励公众购买和使用节能、节水、废物再生利用等有利于环境与资源保护的产品。

第十七条 省、自治区、直辖市人民政府负责清洁生产综合协调的部门、环境保护部门,根据促进清洁生产工作的需要,在本地区主要媒体上公布未达到能源消耗控制指标、重点污染物排放控制指标的企业的名单,为公众监督企业实施清洁生产提供依据。

列入前款规定名单的企业,应当按照国务院清洁生产综合协调部门、环境保护部门的规定公布能源消耗或者重点污染物产生、排放情况,接受公众监督。

第三章 清洁生产的实施

第十八条 新建、改建和扩建项目应当进行环境影响评价,对原料使用、资源消耗、资源综合利用以及污染物产生与处置等进行分析论证,优先采用资源利用率高以及污染物产生量少的清洁生产技术、工艺和设备。

第十九条 企业在进行技术改造过程中,应当采取以下清洁生产措施:

(一)采用无毒、无害或者低毒、低害的原料,替代毒性大、危害严重的原料;

(二)采用资源利用率高、污染物产生量少的工艺和设备,替代资源利用率低、污染物产生量多的工艺和设备;

(三)对生产过程中产生的废物、废水和余热等进行综合利用或者循环使用;

(四)采用能够达到国家或者地方规定的污染物排放标准和污染物排放总量控制指标的污染防治技术。

第二十条 产品和包装物的设计,应当考虑其在生命周期中对人类健康和环境的影响,优先选择无毒、无害、易于降解或者便于回收利用的方案。

企业对产品的包装应当合理,包装的材质、结构和成本应当与内装产品的质量、规格和成本相适应,减少包装性废物的产生,不得进行过度包装。

第二十一条 生产大型机电设备、机动运输工具以及国务院工业部门指定的其他产品的企业,应当按照国务院标准化部门或者其授权机构制定的技术规范,在产品的主体构件上注明材料成分的标准牌号。

第二十二条 农业生产者应当科学地使用化肥、农药、农用薄膜和饲料添加剂,改进种植和养殖技术,实现农产品的优质、无害和农业生产废物的资源化,防止农业环境污染。

禁止将有毒、有害废物用作肥料或者用于造田。

第二十三条 餐饮、娱乐、宾馆等服务性企业,应当采用节能、节水和其他有利于环境保护的技术和设备,减少使用或者不使用浪费资源、污染环境的消费品。

第二十四条 建筑工程应当采用节能、节水等有利于环境与资源保护的建筑设计方案、建筑和装修材料、建筑构配件及设备。

建筑和装修材料必须符合国家标准。禁止生产、销售和使用有毒、有害物质超过国家标准的建筑和装修材料。

第二十五条 矿产资源的勘查、开采,应当采用有利于合理利用资源、保护环境和防止污染的勘查、开采方法和工艺技术,提高资源利用水平。

第二十六条 企业应当在经济技术可行的条件下对生产和服务过程中产生的废物、余热等自行回收利用或者转让给有条件的其他企业和个人利用。

第二十七条 企业应当对生产和服务过程中的资源消耗以及废物的产生情况进行监测,并根据需要对生产和服务实施清洁生产审核。

有下列情形之一的企业,应当实施强制性清洁生产审核:

(一)污染物排放超过国家或者地方规定的排放标准,或者虽未超过国家或者地方规定的排放标准,但超过重点污染物排放总量控制指标的;

(二)超过单位产品能源消耗限额标准构成高耗能的;

(三)使用有毒、有害原料进行生产或者在生产中排放有毒、有害物质的。

污染物排放超过国家或者地方规定的排放标准的企业,应当按照环境保护相关法律的规定治理。

实施强制性清洁生产审核的企业,应当将审核结果向所在地县级以上地方人民政府负责清洁生产综合协调的部门、环境保护部门报告,并在本地区主要媒体上公布,接受公众监督，但涉及商业秘密的除外。

县级以上地方人民政府有关部门应当对企业实施强制性清洁生产审核的情况进行监督，必要时可以组织对企业实施清洁生产的效果进行评估验收，所需费用纳入同级政府预算。承担评估验收工作的部门或者单位不得向被评估验收企业收取费用。

实施清洁生产审核的具体办法，由国务院清洁生产综合协调部门、环境保护部门会同国务院有关部门制定。

第二十八条 本法第二十七条第二款规定以外的企业，可以自愿与清洁生产综合协调部门和环境保护部门签订进一步节约资源、削减污染物排放量的协议。该清洁生产综合协调部门和环境保护部门应当在本地区主要媒体上公布该企业的名称以及节约资源、防治污染的成果。

第二十九条 企业可以根据自愿原则，按照国家有关环境管理体系等认证的规定，委托经国务院认证认可监督管理部门认可的认证机构进行认证，提高清洁生产水平。

第四章 鼓励措施

第三十条 国家建立清洁生产表彰奖励制度。对在清洁生产工作中做出显著成绩的单位和个人，由人民政府给予表彰和奖励。

第三十一条 对从事清洁生产研究、示范和培训，实施国家清洁生产重点技术改造项目和本法第二十八条规定的自愿节约资源、削减污染物排放量协议中载明的技术改造项目，由县级以上人民政府给予资金支持。

第三十二条 在依照国家规定设立的中小企业发展基金中，应当根据需要安排适当数额用于支持中小企业实施清洁生产。

第三十三条 依法利用废物和从废物中回收原料生产产品的，按照国家规定享受税收优惠。

第三十四条 企业用于清洁生产审核和培训的费用，可以列入企业经营成本。

第五章 法律责任

第三十五条 清洁生产综合协调部门或者其他有关部门未依照本法规定履行职责的，对直接负责的主管人员和其他直接责任人员依法给予处分。

第三十六条 违反本法第十七条第二款规定，未按照规定公布能源消耗或者重点污染物产生、排放情况的，由县级以上地方人民政府负责清洁生产综合协调的部门、环境保护部门按照职责分工责令公布，可以处十万元以下的罚款。

第三十七条 违反本法第二十一条规定，未标注产品材料的成分或者不如实标注的，由县级以上地方人民政府质量技术监督部门责令限期改正；拒不改正的，处以五万元以下的罚款。

第三十八条 违反本法第二十四条第二款规定，生产、销售有毒、有害物质超过国家标准的建筑和装修材料的，依照产品质量法和有关民事、刑事法律的规定，追究行政、民事、刑事法律责任。

第三十九条 违反本法第二十七条第二款、第四款规定，不实施强制性清洁生产审核或者在清洁生产审核中弄虚作假的，或者实施强制性清洁生产审核的企业不报告或者不如实报告审核结果的，由县级以上地方人民政府负责清洁生产综合协调的部门、环境保护部门按照职责分工责令限期改正；拒不改正的，处以五万元以上五十万元以下的罚款。

违反本法第二十七条第五款规定，承担评估验收工作的部门或者单位及其工作人员向被评估验收企业收取费用的，不如实评估验收或者在评估验收中弄虚作假的，或者利用职务上的便利谋取利益的，对直接负责的主管人员和其他直接责任人员依法给予处分；构成犯罪的，依法追究刑事责任。

第六章 附　　则

第四十条 本法自 2003 年 1 月 1 日起施行。

中华人民共和国循环经济促进法(节选)

(2008年8月29日第十一届全国人民代表大会常务委员会第四次会议通过,2009年1月1日起施行)

第一章 总 则

第二条 本法所称循环经济,是指在生产、流通和消费等过程中进行的减量化、再利用、资源化活动的总称。

本法所称减量化,是指在生产、流通和消费等过程中减少资源消耗和废物产生。

本法所称再利用,是指将废物直接作为产品或者经修复、翻新、再制造后继续作为产品使用,或者将废物的全部或者部分作为其他产品的部件予以使用。

本法所称资源化,是指将废物直接作为原料进行利用或者对废物进行再生利用。

第三条 发展循环经济是国家经济社会发展的一项重大战略,应当遵循统筹规划、合理布局,因地制宜、注重实效,政府推动、市场引导,企业实施、公众参与的方针。

第二章 基本管理制度

第十二条 国务院循环经济发展综合管理部门会同国务院环境保护等有关主管部门编制全国循环经济发展规划,报国务院批准后公布施行。设区的市级以上地方人民政府循环经济发展综合管理部门会同本级人民政府环境保护等有关主管部门编制本行政区域循环经济发展规划,报本级人民政府批准后公布施行。

循环经济发展规划应当包括规划目标、适用范围、主要内容、重点任务和保障措施等,并规定资源产出率、废物再利用和资源化率等指标。

第十三条 县级以上地方人民政府应当依据上级人民政府下达的本行政区域主要污染物排放、建设用地和用水总量控制指标,规划和调整本行政区域的产业结构,促进循环经济发展。

新建、改建、扩建建设项目,必须符合本行政区域主要污染物排放、建设用地和用水总量控制指标的要求。

第十四条 国务院循环经济发展综合管理部门会同国务院统计、环境保护等有关主管部门建立和完善循环经济评价指标体系。

上级人民政府根据前款规定的循环经济主要评价指标,对下级人民政府发展循环经济的状况定期进行考核,并将主要评价指标完成情况作为对地方人民政府及其负责人考核评价的内容。

第十五条 生产列入强制回收名录的产品或者包装物的企业,必须对废弃的产品或者包装物负责回收;对其中可以利用的,由各该生产企业负责利用;对因不具备技术经济条件而不适合利用的,由各该生产企业负责无害化处置。

对前款规定的废弃产品或者包装物,生产者委托销售者或者其他组织进行回收的,或者委托废物利用或者处置企业进行利用或者处置的,受托方应当依照有关法律、行政法规的规定和合同的约定负责回收或者利用、处置。

对列入强制回收名录的产品和包装物,消费者应当将废弃的产品或者包装物交给生产者或者其委托回收的销售者或者其他组织。

强制回收的产品和包装物的名录及管理办法,由国务院循环经济发展综合管理部门规定。

第十六条 国家对钢铁、有色金属、煤炭、电力、石油加工、化工、建材、建筑、造纸、印染等行业年综合能源消费量、用水量超过国家规定总量的重点企业,实行能耗、水耗的重点监督管理制度。

重点能源消费单位的节能监督管理,依照《中华人民共和国节约能源法》的规定执行。

重点用水单位的监督管理办法,由国务院循环经济发展综合管理部门会同国务院有关部门规定。

第十七条 国家建立健全循环经济统计制度,加强资源消耗、综合利用和废物产生的统计管理,并将主要统计指标定期向社会公布。

国务院标准化主管部门会同国务院循环经济发展综合管理和环境保护等有关主管部门建立健全循环经济标准体系，制定和完善节能、节水、节材和废物再利用、资源化等标准。

国家建立健全能源效率标识等产品资源消耗标识制度。

第六章　法律责任

第四十九条　县级以上人民政府循环经济发展综合管理部门或者其他有关主管部门发现违反本法的行为或者接到对违法行为的举报后不予查处，或者有其他不依法履行监督管理职责行为的，由本级人民政府或者上一级人民政府有关主管部门责令改正，对直接负责的主管人员和其他直接责任人员依法给予处分。

第五十条　生产、销售列入淘汰名录的产品、设备的，依照《中华人民共和国产品质量法》的规定处罚。

使用列入淘汰名录的技术、工艺、设备、材料的，由县级以上地方人民政府循环经济发展综合管理部门责令停止使用，没收违法使用的设备、材料，并处五万元以上二十万元以下的罚款；情节严重的，由县级以上人民政府循环经济发展综合管理部门提出意见，报请本级人民政府按照国务院规定的权限责令停业或者关闭。

违反本法规定，进口列入淘汰名录的设备、材料或者产品的，由海关责令退运，可以处十万元以上一百万元以下的罚款。进口者不明的，由承运人承担退运责任，或者承担有关处置费用。

第五十一条　违反本法规定，对在拆解或者处置过程中可能造成环境污染的电器电子等产品，设计使用列入国家禁止使用名录的有毒有害物质的，由县级以上地方人民政府产品质量监督部门责令限期改正；逾期不改正的，处二万元以上二十万元以下的罚款；情节严重的，由县级以上地方人民政府产品质量监督部门向本级工商行政管理部门通报有关情况，由工商行政管理部门依法吊销营业执照。

第五十二条　违反本法规定，电力、石油加工、化工、钢铁、有色金属和建材等企业未在规定的范围或者期限内停止使用不符合国家规定的燃油发电机组或者燃油锅炉的，由县级以上地方人民政府循环经济发展综合管理部门责令限期改正；逾期不改正的，责令拆除该燃油发电机组或者燃油锅炉，并处五万元以上五十万元以下的罚款。

第五十三条　违反本法规定，矿山企业未达到经依法审查确定的开采回采率、采矿贫化率、选矿回收率、矿山水循环利用率和土地复垦率等指标的，由县级以上人民政府地质矿产主管部门责令限期改正，处五万元以上五十万元以下的罚款；逾期不改正的，由采矿许可证颁发机关依法吊销采矿许可证。

第五十四条　违反本法规定，在国务院或者省、自治区、直辖市人民政府规定禁止生产、销售、使用粘土砖的期限或者区域内生产、销售或者使用粘土砖的，由县级以上地方人民政府指定的部门责令限期改正；有违法所得的，没收违法所得；逾期继续生产、销售的，由地方人民政府工商行政管理部门依法吊销营业执照。

第五十五条　违反本法规定，电网企业拒不收购企业利用余热、余压、煤层气以及煤矸石、煤泥、垃圾等低热值燃料生产的电力的，由国家电力监管机构责令限期改正；造成企业损失的，依法承担赔偿责任。

第五十六条　违反本法规定，有下列行为之一的，由地方人民政府工商行政管理部门责令限期改正，可以处五千元以上五万元以下的罚款；逾期不改正的，依法吊销营业执照；造成损失的，依法承担赔偿责任：

（一）销售没有再利用产品标识的再利用电器电子产品的；

（二）销售没有再制造或者翻新产品标识的再制造或者翻新产品的。

第五十七条　违反本法规定，构成犯罪的，依法追究刑事责任。

中华人民共和国节约能源法(节选)

(1997年11月1日第八届全国人民代表大会常务委员会第二十八次会议通过,自1998年1月1日起施行,2007年10月28日第十届全国人民代表大会常务委员会第三十次会议修订)

第一章 总 则

第一条 为了推动全社会节约能源,提高能源利用效率,保护和改善环境,促进经济社会全面协调可持续发展,制定本法。

第二条 本法所称能源,是指煤炭、石油、天然气、生物质能和电力、热力以及其他直接或者通过加工、转换而取得有用能的各种资源。

第三条 本法所称节约能源(以下简称节能),是指加强用能管理,采取技术上可行、经济上合理以及环境和社会可以承受的措施,从能源生产到消费的各个环节,降低消耗、减少损失和污染物排放、制止浪费,有效、合理地利用能源。

第四条 节约资源是我国的基本国策。国家实施节约与开发并举、把节约放在首位的能源发展战略。

第十条 国务院管理节能工作的部门主管全国的节能监督管理工作。国务院有关部门在各自的职责范围内负责节能监督管理工作,并接受国务院管理节能工作的部门的指导。

县级以上地方各级人民政府管理节能工作的部门负责本行政区域内的节能监督管理工作。县级以上地方各级人民政府有关部门在各自的职责范围内负责节能监督管理工作,并接受同级管理节能工作的部门的指导。

第六章 法律责任

第六十八条 负责审批或者核准固定资产投资项目的机关违反本法规定,对不符合强制性节能标准的项目予以批准或者核准建设的,对直接负责的主管人员和其他直接责任人员依法给予处分。

固定资产投资项目建设单位开工建设不符合强制性节能标准的项目或者将该项目投入生产、使用的,由管理节能工作的部门责令停止建设或者停止生产、使用,限期改造;不能改造或者逾期不改造的生产性项目,由管理节能工作的部门报请本级人民政府按照国务院规定的权限责令关闭。

第六十九条 生产、进口、销售国家明令淘汰的用能产品、设备的,使用伪造的节能产品认证标志或者冒用节能产品认证标志的,依照《中华人民共和国产品质量法》的规定处罚。

第七十条 生产、进口、销售不符合强制性能源效率标准的用能产品、设备的,由产品质量监督部门责令停止生产、进口、销售,没收违法生产、进口、销售的用能产品、设备和违法所得,并处违法所得一倍以上五倍以下罚款;情节严重的,由工商行政管理部门吊销营业执照。

第七十一条 使用国家明令淘汰的用能设备或者生产工艺的,由管理节能工作的部门责令停止使用,没收国家明令淘汰的用能设备;情节严重的,可以由管理节能工作的部门提出意见,报请本级人民政府按照国务院规定的权限责令停业整顿或者关闭。

第七十二条 生产单位超过单位产品能耗限额标准用能,情节严重,经限期治理逾期不治理或者没有达到治理要求的,可以由管理节能工作的部门提出意见,报请本级人民政府按照国务院规定的权限责令停业整顿或者关闭。

第七十三条 违反本法规定,应当标注能源效率标识而未标注的,由产品质量监督部门责令改正,处三万元以上五万元以下罚款。

违反本法规定,未办理能源效率标识备案,或者使用的能源效率标识不符合规定的,由产品质量监督部门责令限期改正;逾期不改正的,处一万元以上三万元以下罚款。

伪造、冒用能源效率标识或者利用能源效率标识进行虚假宣传的,由产品质量监督部门责令改正,处五万元以上十万元以下罚款;情节严重的,由工商行政管理部门吊销营业执照。

第七十四条 用能单位未按照规定配备、使用能源计量器具的，由产品质量监督部门责令限期改正；逾期不改正的，处一万元以上五万元以下罚款。

第七十五条 瞒报、伪造、篡改能源统计资料或者编造虚假能源统计数据的，依照《中华人民共和国统计法》的规定处罚。

第七十六条 从事节能咨询、设计、评估、检测、审计、认证等服务的机构提供虚假信息的，由管理节能工作的部门责令改正，没收违法所得，并处五万元以上十万元以下罚款。

第七十七条 违反本法规定，无偿向本单位职工提供能源或者对能源消费实行包费制的，由管理节能工作的部门责令限期改正；逾期不改正的，处五万元以上二十万元以下罚款。

第七十八条 电网企业未按照本法规定安排符合规定的热电联产和利用余热余压发电的机组与电网并网运行，或者未执行国家有关上网电价规定的，由国家电力监管机构责令改正；造成发电企业经济损失的，依法承担赔偿责任。

第七十九条 建设单位违反建筑节能标准的，由建设主管部门责令改正，处二十万元以上五十万元以下罚款。

设计单位、施工单位、监理单位违反建筑节能标准的，由建设主管部门责令改正，处十万元以上五十万元以下罚款；情节严重的，由颁发资质证书的部门降低资质等级或者吊销资质证书；造成损失的，依法承担赔偿责任。

第八十条 房地产开发企业违反本法规定，在销售房屋时未向购买人明示所售房屋的节能措施、保温工程保修期等信息的，由建设主管部门责令限期改正，逾期不改正的，处三万元以上五万元以下罚款；对以上信息作虚假宣传的，由建设主管部门责令改正，处五万元以上二十万元以下罚款。

第八十一条 公共机构采购用能产品、设备，未优先采购列入节能产品、设备政府采购名录中的产品、设备，或者采购国家明令淘汰的用能产品、设备的，由政府采购监督管理部门给予警告，可以并处罚款；对直接负责的主管人员和其他直接责任人员依法给予处分，并予通报。

第八十二条 重点用能单位未按照本法规定报送能源利用状况报告或者报告内容不实的，由管理节能工作的部门责令限期改正；逾期不改正的，处一万元以上五万元以下罚款。

第八十三条 重点用能单位无正当理由拒不落实本法第五十四条规定的整改要求或者整改没有达到要求的，由管理节能工作的部门处十万元以上三十万元以下罚款。

第八十四条 重点用能单位未按照本法规定设立能源管理岗位，聘任能源管理负责人，并报管理节能工作的部门和有关部门备案的，由管理节能工作的部门责令改正；拒不改正的，处一万元以上三万元以下罚款。

第八十五条 违反本法规定，构成犯罪的，依法追究刑事责任。

第八十六条 国家工作人员在节能管理工作中滥用职权、玩忽职守、徇私舞弊，构成犯罪的，依法追究刑事责任；尚不构成犯罪的，依法给予处分。

中华人民共和国水土保持法(节选)

(1991年6月29日第七届全国人民代表大会常务委员会第二十次会议通过，2009年8月27日《全国人民代表大会常务委员会关于修改部分法律的决定》修正，2010年12月25日第十一届全国人民代表大会常务委员会第十八次会议修订)

第一章　总　　则

第二条 在中华人民共和国境内从事水土保持活动，应当遵守本法。

本法所称水土保持，是指对自然因素和人为活动造成水土流失所采取的预防和治理措施。

第五条 国务院水行政主管部门主管全国的水土保持工作。

国务院水行政主管部门在国家确定的重要江河、湖泊设立的流域管理机构(以下简称流域管理机构),在所管辖范围内依法承担水土保持监督管理职责。

县级以上地方人民政府水行政主管部门主管本行政区域的水土保持工作。

县级以上人民政府林业、农业、国土资源等有关部门按照各自职责,做好有关的水土流失预防和治理工作。

第六章 法律责任

第四十七条 水行政主管部门或者其他依照本法规定行使监督管理权的部门,不依法作出行政许可决定或者办理批准文件的,发现违法行为或者接到对违法行为的举报不予查处的,或者有其他未依照本法规定履行职责的行为的,对直接负责的主管人员和其他直接责任人员依法给予处分。

第四十八条 违反本法规定,在崩塌、滑坡危险区或者泥石流易发区从事取土、挖砂、采石等可能造成水土流失的活动的,由县级以上地方人民政府水行政主管部门责令停止违法行为,没收违法所得,对个人处一千元以上一万元以下的罚款,对单位处二万元以上二十万元以下的罚款。

第四十九条 违反本法规定,在禁止开垦坡度以上陡坡地开垦种植农作物,或者在禁止开垦、开发的植物保护带内开垦、开发的,由县级以上地方人民政府水行政主管部门责令停止违法行为,采取退耕、恢复植被等补救措施;按照开垦或者开发面积,可以对个人处每平方米二元以下的罚款、对单位处每平方米十元以下的罚款。

第五十条 违反本法规定,毁林、毁草开垦的,依照《中华人民共和国森林法》、《中华人民共和国草原法》的有关规定处罚。

第五十一条 违反本法规定,采集发菜,或者在水土流失重点预防区和重点治理区铲草皮、挖树兜、滥挖虫草、甘草、麻黄等的,由县级以上地方人民政府水行政主管部门责令停止违法行为,采取补救措施,没收违法所得,并处违法所得一倍以上五倍以下的罚款;没有违法所得的,可以处五万元以下的罚款。

在草原地区有前款规定违法行为的,依照《中华人民共和国草原法》的有关规定处罚。

第五十二条 在林区采伐林木不依法采取防止水土流失措施的,由县级以上地方人民政府林业主管部门、水行政主管部门责令限期改正,采取补救措施;造成水土流失的,由水行政主管部门按照造成水土流失的面积处每平方米二元以上十元以下的罚款。

第五十三条 违反本法规定,有下列行为之一的,由县级以上人民政府水行政主管部门责令停止违法行为,限期补办手续;逾期不补办手续的,处五万元以上五十万元以下的罚款;对生产建设单位直接负责的主管人员和其他直接责任人员依法给予处分:

(一)依法应当编制水土保持方案的生产建设项目,未编制水土保持方案或者编制的水土保持方案未经批准而开工建设的;

(二)生产建设项目的地点、规模发生重大变化,未补充、修改水土保持方案或者补充、修改的水土保持方案未经原审批机关批准的;

(三)水土保持方案实施过程中,未经原审批机关批准,对水土保持措施作出重大变更的。

第五十四条 违反本法规定,水土保持设施未经验收或者验收不合格将生产建设项目投产使用的,由县级以上人民政府水行政主管部门责令停止生产或者使用,直至验收合格,并处五万元以上五十万元以下的罚款。

第五十五条 违反本法规定,在水土保持方案确定的专门存放地以外的区域倾倒砂、石、土、矸石、尾矿、废渣等的,由县级以上地方人民政府水行政主管部门责令停止违法行为,限期清理,按照倾倒数量处每立方米十元以上二十元以下的罚款;逾期仍不清理的,县级以上地方人民政府水行政主管部门可以指定有清理能力的单位代为清理,所需费用由违法行为人承担。

第五十六条 违反本法规定,开办生产建设项目或者从事其他生产建设活动造成水土流失,不进行治理的,由县级以上人民政府水行政主管部门责令限期治理；逾期仍不治理的，县级以上人民政府水行政主管部门可以指定有治理能力的单位代为治理，所需费用由违法行为人承担。

第五十七条 违反本法规定，拒不缴纳水土保持补偿费的，由县级以上人民政府水行政主管部门责令限期缴纳；逾期不缴纳的，自滞纳之日起按日加收滞纳部分万分之五的滞纳金，可以处应缴水土保持补偿费三倍以下的罚款。

第五十八条 违反本法规定，造成水土流失危害的，依法承担民事责任；构成违反治安管理行为的，由公安机关依法给予治安管理处罚；构成犯罪的，依法追究刑事责任。

第七章 附 则

第五十九条 县级以上地方人民政府根据当地实际情况确定的负责水土保持工作的机构，行使本法规定的水行政主管部门水土保持工作的职责。

第六十条 本法自2011年3月1日起施行。

中华人民共和国防沙治沙法(节选)

(2001年8月31日第九届全国人民代表大会常务委员会第二十三次会议通过，自2002年1月1日起施行)

第一章 总 则

第一条 为预防土地沙化，治理沙化土地，维护生态安全，促进经济和社会的可持续发展，制定本法。

第二条 在中华人民共和国境内，从事土地沙化的预防、沙化土地的治理和开发利用活动，必须遵守本法。

土地沙化是指因气候变化和人类活动所导致的天然沙漠扩张和沙质土壤上植被破坏、沙土裸露的过程。

本法所称土地沙化，是指主要因人类不合理活动所导致的天然沙漠扩张和沙质土壤上植被及覆盖物被破坏，形成流沙及沙土裸露的过程。

本法所称沙化土地，包括已经沙化的土地和具有明显沙化趋势的土地。具体范围，由国务院批准的全国防沙治沙规划确定。

第五条 在国务院领导下，国务院林业行政主管部门负责组织、协调、指导全国防沙治沙工作。

国务院林业、农业、水利、土地、环境保护等行政主管部门和气象主管机构，按照有关法律规定的职责和国务院确定的职责分工，各负其责，密切配合，共同做好防沙治沙工作。

县级以上地方人民政府组织、领导所属有关部门，按照职责分工，各负其责，密切配合，共同做好本行政区域的防沙治沙工作。

第六章 法律责任

第三十八条 违反本法第二十二条第一款规定，在沙化土地封禁保护区范围内从事破坏植被活动的，由县级以上地方人民政府林业、农(牧)业行政主管部门按照各自的职责，责令停止违法行为；有违法所得的，没收其违法所得；构成犯罪的，依法追究刑事责任。

第三十九条 违反本法第二十五条第一款规定，国有土地使用权人和农民集体所有土地承包经营权人未采取防沙治沙措施，造成土地严重沙化的，由县级以上地方人民政府农(牧)业、林业行政主管部门按照各自的职责，责令限期治理；造成国有土地严重沙化的，县级以上人民政府可以收回国有土地使用权。

第四十条 违反本法规定，进行营利性治沙活动，造成土地沙化加重的，由县级以上地方人民政府负责受理营利性治沙申请的行政主管部门责令停止违法行为，可以并处每公顷五千元以上五万元以下的罚款。

第四十一条 违反本法第二十八条第一款规定，不按照治理方案进行治理的，或者违反本法第二十九条规定，经验收不合格又不按要求继续治理的，由县级以上地方人民政府负责受理营利性治沙申请的行政主管部门责令停止违法行为，限期改正，可以并处相当于治理费用一倍以上三倍以下的罚款。

第四十二条 违反本法第二十八条第二款规定,未经治理者同意,擅自在他人的治理范围内从事治理或者开发利用活动的,由县级以上地方人民政府负责受理营利性治沙申请的行政主管部门责令停止违法行为;给治理者造成损失的,应当赔偿损失。

第四十三条 违反本法规定,有下列情形之一的,对直接负责的主管人员和其他直接责任人员,由所在单位、监察机关或者上级行政主管部门依法给予行政处分:

(一)违反本法第十五条第一款规定,发现土地发生沙化或者沙化程度加重不及时报告的,或者收到报告后不责成有关行政主管部门采取措施的;

(二)违反本法第十六条第二款、第三款规定,批准采伐防风固沙林网、林带的;

(三)违反本法第二十条规定,批准在沙漠边缘地带和林地、草原开垦耕地的;

(四)违反本法第二十二条第二款规定,在沙化土地封禁保护区范围内安置移民的;

(五)违反本法第二十二条第三款规定,未经批准在沙化土地封禁保护区范围内进行修建铁路、公路等建设活动的。

第四十四条 违反本法第三十七条第一款规定,截留、挪用防沙治沙资金的,对直接负责的主管人员和其他直接责任人员,由监察机关或者上级行政主管部门依法给予行政处分;构成犯罪的,依法追究刑事责任。

第四十五条 防沙治沙监督管理人员滥用职权、玩忽职守、徇私舞弊,构成犯罪的,依法追究刑事责任。

第七章 附 则

第四十六条 本法第五条第二款中所称的有关法律,是指《中华人民共和国森林法》、《中华人民共和国草原法》、《中华人民共和国水土保持法》、《中华人民共和国土地管理法》、《中华人民共和国环境保护法》和《中华人民共和国气象法》。

中华人民共和国水法(节选)

(1988年1月21日第六届全国人民代表大会常务委员会第24次会议通过,2002年8月29日第九届全国人民代表大会常务委员会第29次会议修订,2009年8月27日《全国人民代表大会常务委员会关于修改部分法律的决定》修正)

第一章 总 则

第二条 在中华人民共和国领域内开发、利用、节约、保护、管理水资源,防治水害,适用本法。

本法所称水资源,包括地表水和地下水。

第六章 水事纠纷处理与执法监督检查

第五十六条 不同行政区域之间发生水事纠纷的,应当协商处理;协商不成的,由上一级人民政府裁决,有关各方必须遵照执行。在水事纠纷解决前,未经各方达成协议或者共同的上一级人民政府批准,在行政区域交界线两侧一定范围内,任何一方不得修建排水、阻水、取水和截(蓄)水工程,不得单方面改变水的现状。

第五十七条 单位之间、个人之间、单位与个人之间发生的水事纠纷,应当协商解决;当事人不愿协商或者协商不成的,可以申请县级以上地方人民政府或者其授权的部门调解,也可以直接向人民法院提起民事诉讼。县级以上地方人民政府或者其授权的部门调解不成的,当事人可以向人民法院提起民事诉讼。

在水事纠纷解决前,当事人不得单方面改变现状。

第五十八条 县级以上人民政府或者其授权的部门在处理水事纠纷时,有权采取临时处置措施,有关各方或者当事人必须服从。

第五十九条 县级以上人民政府水行政主管部门和流域管理机构应当对违反本法的行为加强监督检查并依法进行查处。

水政监督检查人员应当忠于职守，秉公执法。

第六十条　县级以上人民政府水行政主管部门、流域管理机构及其水政监督检查人员履行本法规定的监督检查职责时，有权采取下列措施：

（一）要求被检查单位提供有关文件、证照、资料；

（二）要求被检查单位就执行本法的有关问题作出说明；

（三）进入被检查单位的生产场所进行调查；

（四）责令被检查单位停止违反本法的行为，履行法定义务。

第六十一条　有关单位或者个人对水政监督检查人员的监督检查工作应当给予配合，不得拒绝或者阻碍水政监督检查人员依法执行职务。

第六十二条　水政监督检查人员在履行监督检查职责时，应当向被检查单位或者个人出示执法证件。

第六十三条　县级以上人民政府或者上级水行政主管部门发现本级或者下级水行政主管部门在监督检查工作中有违法或者失职行为的，应当责令其限期改正。

第七章　法律责任

第六十四条　水行政主管部门或者其他有关部门以及水工程管理单位及其工作人员，利用职务上的便利收取他人财物、其他好处或者玩忽职守，对不符合法定条件的单位或者个人核发许可证、签署审查同意意见，不按照水量分配方案分配水量，不按照国家有关规定收取水资源费，不履行监督职责，或者发现违法行为不予查处，造成严重后果，构成犯罪的，对负有责任的主管人员和其他直接责任人员依照刑法的有关规定追究刑事责任；尚不够刑事处罚的，依法给予行政处分。

第六十五条　在河道管理范围内建设妨碍行洪的建筑物、构筑物，或者从事影响河势稳定、危害河岸堤防安全和其他妨碍河道行洪的活动的，由县级以上人民政府水行政主管部门或者流域管理机构依据职权，责令停止违法行为，限期拆除违法建筑物、构筑物，恢复原状；逾期不拆除、不恢复原状的，强行拆除，所需费用由违法单位或者个人负担，并处一万元以上十万元以下的罚款。

未经水行政主管部门或者流域管理机构同意，擅自修建水工程，或者建设桥梁、码头和其他拦河、跨河、临河建筑物、构筑物，铺设跨河管道、电缆，且防洪法未作规定的，由县级以上人民政府水行政主管部门或者流域管理机构依据职权，责令停止违法行为，限期补办有关手续；逾期不补办或者补办未被批准的，责令限期拆除违法建筑物、构筑物；逾期不拆除的，强行拆除，所需费用由违法单位或者个人负担，并处一万元以上十万元以下的罚款。

虽经水行政主管部门或者流域管理机构同意，但未按照要求修建前款所列工程设施的，由县级以上人民政府水行政主管部门或者流域管理机构依据职权，责令限期改正，按照情节轻重，处一万元以上十万元以下的罚款。

第六十六条　有下列行为之一，且防洪法未作规定的，由县级以上人民政府水行政主管部门或者流域管理机构依据职权，责令停止违法行为，限期清除障碍或者采取其他补救措施，处一万元以上五万元以下的罚款：

（一）在江河、湖泊、水库、运河、渠道内弃置、堆放阻碍行洪的物体和种植阻碍行洪的林木及高秆作物的；

（二）围湖造地或者未经批准围垦河道的。

第六十七条　在饮用水水源保护区内设置排污口的，由县级以上地方人民政府责令限期拆除、恢复原状；逾期不拆除、不恢复原状的，强行拆除、恢复原状，并处五万元以上十万元以下的罚款。

未经水行政主管部门或者流域管理机构审查同意，擅自在江河、湖泊新建、改建或者扩大排污口的，由县级以上人民政府水行政主管部门或者流域管理机构依据职权，责令停止违法行为，限期恢复原状，处五万元以上十万元以下的罚款。

第六十八条　生产、销售或者在生产经营中使用国家明令淘汰的落后的、耗水量高的工艺、设备和产品的，由县级以上地方人民政府经济综合主管部门责令停止生产、销售或者使用，处二万元以上十万元以下的罚款。

第六十九条 有下列行为之一的，由县级以上人民政府水行政主管部门或者流域管理机构依据职权，责令停止违法行为，限期采取补救措施，处二万元以上十万元以下的罚款；情节严重的，吊销其取水许可证：

（一）未经批准擅自取水的；

（二）未依照批准的取水许可规定条件取水的。

第七十条 拒不缴纳、拖延缴纳或者拖欠水资源费的，由县级以上人民政府水行政主管部门或者流域管理机构依据职权，责令限期缴纳；逾期不缴纳的，从滞纳之日起按日加收滞纳部分千分之二的滞纳金，并处应缴或者补缴水资源费一倍以上五倍以下的罚款。

第七十一条 建设项目的节水设施没有建成或者没有达到国家规定的要求，擅自投入使用的，由县级以上人民政府有关部门或者流域管理机构依据职权，责令停止使用，限期改正，处五万元以上十万元以下的罚款。

第七十二条 有下列行为之一，构成犯罪的，依照刑法的有关规定追究刑事责任；尚不够刑事处罚，且防洪法未作规定的，由县级以上地方人民政府水行政主管部门或者流域管理机构依据职权，责令停止违法行为，采取补救措施，处一万元以上五万元以下的罚款；违反治安管理处罚条例的，由公安机关依法给予治安管理处罚；给他人造成损失的，依法承担赔偿责任：

（一）侵占、毁坏水工程及堤防、护岸等有关设施，毁坏防汛、水文监测、水文地质监测设施的；

（二）在水工程保护范围内，从事影响水工程运行和危害水工程安全的爆破、打井、采石、取土等活动的。

第七十三条 侵占、盗窃或者抢夺防汛物资，防洪排涝、农田水利、水文监测和测量以及其他水工程设备和器材，贪污或者挪用国家救灾、抢险、防汛、移民安置和补偿及其他水利建设款物，构成犯罪的，依照刑法的有关规定追究刑事责任。

第七十四条 在水事纠纷发生及其处理过程中煽动闹事、结伙斗殴、抢夺或者损坏公私财物、非法限制他人人身自由，构成犯罪的，依照刑法的有关规定追究刑事责任；尚不够刑事处罚的，由公安机关依法给予治安管理处罚。

第七十五条 不同行政区域之间发生水事纠纷，有下列行为之一的，对负有责任的主管人员和其他直接责任人员依法给予行政处分：

（一）拒不执行水量分配方案和水量调度预案的；

（二）拒不服从水量统一调度的；

（三）拒不执行上一级人民政府的裁决的；

（四）在水事纠纷解决前，未经各方达成协议或者上一级人民政府批准，单方面违反本法规定改变水的现状的。

第七十六条 引水、截（蓄）水、排水，损害公共利益或者他人合法权益的，依法承担民事责任。

第七十七条 对违反本法第三十九条有关河道采砂许可制度规定的行政处罚，由国务院规定。

第八章 附 则

第七十八条 中华人民共和国缔结或者参加的与国际或者国境边界河流、湖泊有关的国际条约、协定与中华人民共和国法律有不同规定的，适用国际条约、协定的规定。但是，中华人民共和国声明保留的条款除外。

第七十九条 本法所称水工程，是指在江河、湖泊和地下水源上开发、利用、控制、调配和保护水资源的各类工程。

第八十条 海水的开发、利用、保护和管理，依照有关法律的规定执行。

第八十一条 从事防洪活动，依照防洪法的规定执行。

水污染防治，依照水污染防治法的规定执行。

中华人民共和国土地管理法(节选)

(1986年6月25日第六届全国人民代表大会常务委员会第十六次会议通过,1988年12月29日第七届全国人民代表大会常务委员会第五次会议第一次修正,根据2004年8月28日第十届全国人民代表大会常务委员会第十一次会议《关于修改〈中华人民共和国土地管理法〉的决定》第二次修正)

第一章 总 则

第四条 国家实行土地用途管制制度。

国家编制土地利用总体规划,规定土地用途,将土地分为农用地、建设用地和未利用地。严格限制农用地转为建设用地,控制建设用地总量,对耕地实行特殊保护。

前款所称农用地是指直接用于农业生产的土地,包括耕地、林地、草地、农田水利用地、养殖水面等;建设用地是指建造建筑物、构筑物的土地,包括城乡住宅和公共设施用地、工矿用地、交通水利设施用地、旅游用地、军事设施用地等;未利用地是指农用地和建设用地以外的土地。

使用土地的单位和个人必须严格按照土地利用总体规划确定的用途使用土地。

第五条 国务院土地行政主管部门统一负责全国土地的管理和监督工作。

县级以上地方人民政府土地行政主管部门的设置及其职责,由省、自治区、直辖市人民政府根据国务院有关规定确定。

第二章 土地的所有权和使用权

第十二条 依法改变土地权属和用途的,应当办理土地变更登记手续。

第十三条 依法登记的土地的所有权和使用权受法律保护,任何单位和个人不得侵犯。

第三章 土地利用总体规划

第二十四条 各级人民政府应当加强土地利用计划管理,实行建设用地总量控制。

土地利用年度计划,根据国民经济和社会发展计划、国家产业政策、土地利用总体规划以及建设用地和土地利用的实际状况编制。土地利用年度计划的编制审批程序与土地利用总体规划的编制审批程序相同,一经审批下达,必须严格执行。

第二十六条 经批准的土地利用总体规划的修改,须经原批准机关批准;未经批准,不得改变土地利用总体规划确定的土地用途。

经国务院批准的大型能源、交通、水利等基础设施建设用地,需要改变土地利用总体规划的,根据国务院的批准文件修改土地利用总体规划。

经省、自治区、直辖市人民政府批准的能源、交通、水利等基础设施建设用地,需要改变土地利用总体规划的,属于省级人民政府土地利用总体规划批准权限内的,根据省级人民政府的批准文件修改土地利用总体规划。

第四章 耕地保护

第三十一条 国家保护耕地,严格控制耕地转为非耕地。

国家实行占用耕地补偿制度。非农业建设经批准占用耕地的,按照“占多少,垦多少”的原则,由占用耕地的单位负责开垦与所占用耕地的数量和质量相当的耕地;没有条件开垦或者开垦的耕地不符合要求的,应当按照省、自治区、直辖市的规定缴纳耕地开垦费,专款用于开垦新的耕地。

第五章 建设用地

第四十三条 任何单位和个人进行建设,需要使用土地的,必须依法申请使用国有土地;但是,兴办乡镇企业和村民建设住宅经依法批准使用本集体经济组织农民集体所有的土地的,或者乡(镇)村公共设施和公益事业建设经依法批准使用农民集体所有的土地的除外。

前款所称依法申请使用的国有土地包括国家所有的土地和国家征收的原属于农民集体所有的土地。

第四十四条 建设占用土地,涉及农用地转为建设用地的,应当办理农用地转用审批手续。

省、自治区、直辖市人民政府批准的道路、管线工程和大型基础设施建设项目、国务院批准的建设项目占用土地，涉及农用地转为建设用地的，由国务院批准。

在土地利用总体规划确定的城市和村庄、集镇建设用地规模范围内，为实施该规划而将农用地转为建设用地的，按土地利用年度计划分批次由原批准土地利用总体规划的机关批准。在已批准的农用地转用范围内，具体建设项目用地可以由市、县人民政府批准。

本条第二款、第三款规定以外的建设项目占用土地，涉及农用地转为建设用地的，由省、自治区、直辖市人民政府批准。

第四十五条 征收下列土地的，由国务院批准：

（一）基本农田；

（二）基本农田以外的耕地超过三十五公顷的；

（三）其他土地超过七十公顷的。

征收前款规定以外的土地的，由省、自治区、直辖市人民政府批准，并报国务院备案。

征收农用地的，应当依照本法第四十四条的规定先行办理农用地转用审批。其中，经国务院批准农用地转用的，同时办理征地审批手续，不再另行办理征地审批；经省、自治区、直辖市人民政府在征地批准权限内批准农用地转用的，同时办理征地审批手续，不再另行办理征地审批，超过征地批准权限的，应当依照本条第一款的规定另行办理征地审批。

第四十六条 国家征收土地的，依照法定程序批准后，由县级以上地方人民政府予以公告并组织实施。

被征收土地的所有权人、使用权人应当在公告规定期限内，持土地权属证书到当地人民政府土地行政主管部门办理征地补偿登记。

第五十二条 建设项目可行性研究论证时，土地行政主管部门可以根据土地利用总体规划、土地利用年度计划和建设用地标准，对建设用地有关事项进行审查，并提出意见。

第五十三条 经批准的建设项目需要使用国有建设用地的，建设单位应当持法律、行政法规规定的有关文件，向有批准权的县级以上人民政府土地行政主管部门提出建设用地申请，经土地行政主管部门审查，报本级人民政府批准。

第五十四条 建设单位使用国有土地，应当以出让等有偿使用方式取得；但是，下列建设用地，经县级以上人民政府依法批准，可以以划拨方式取得：

（一）国家机关用地和军事用地；

（二）城市基础设施用地和公益事业用地；

（三）国家重点扶持的能源、交通、水利等基础设施用地；

（四）法律、行政法规规定的其他用地。

第五十五条 以出让等有偿使用方式取得国有土地使用权的建设单位，按照国务院规定的标准和办法，缴纳土地使用权出让金等土地有偿使用费和其他费用后，方可使用土地。

自本法施行之日起，新增建设用地的土地有偿使用费，百分之三十上缴中央财政，百分之七十留给有关地方人民政府，都专项用于耕地开发。

第五十六条 建设单位使用国有土地的，应当按照土地使用权出让等有偿使用合同的约定或者土地使用权划拨批准文件的规定使用土地；确需改变该幅土地建设用途的，应当经有关人民政府土地行政主管部门同意，报原批准用地的人民政府批准。其中，在城市规划区内改变土地用途的，在报批前，应当先经有关城市规划行政主管部门同意。

第五十七条 建设项目施工和地质勘查需要临时使用国有土地或者农民集体所有的土地的，由县级以上人民政府土地行政主管部门批准。其中，在城市规划区内的临时用地，在报批前，应当先经有关城市规划行政主管部门同意。土地使用者应当根据土地权属，与有关土地行政主管部门或者农村集体经济组织、村民委员会签订临时使用土地合同，并按照合同的约定支付临时使用土地补偿费。

临时使用土地的使用者应当按照临时使用土地合同约定的用途使用土地，并不得修建永久性建筑物。

临时使用土地期限一般不超过二年。

第五十九条 乡镇企业、乡（镇）村公共设施、公益事业、农村村民住宅等乡（镇）村建设，应当按照村庄和集镇规划，合理布局，综合开发，配套建设；建设用地，应当符合乡（镇）土地利用总体规划和土地利用年度计划，并依照本法第四十四条、第六十条、第六十一条、第六十二条的规定办理审批手续。

第六十条 农村集体经济组织使用乡（镇）土地利用总体规划确定的建设用地兴办企业或者与其他单位、个人以土地使用权入股、联营等形式共同举办企业的，应当持有关批准文件，向县级以上地方人民政府土地行政主管部门提出申请，按照省、自治区、直辖市规定的批准权限，由县级以上地方人民政府批准；其中，涉及占用农用地的，依照本法第四十四条的规定办理审批手续。

按照前款规定兴办企业的建设用地，必须严格控制。省、自治区、直辖市可以按照乡镇企业的不同行业和经营规模，分别规定用地标准。

第六十一条 乡（镇）村公共设施、公益事业建设，需要使用土地的，经乡（镇）人民政府审核，向县级以上地方人民政府土地行政主管部门提出申请，按照省、自治区、直辖市规定的批准权限，由县级以上地方人民政府批准；其中，涉及占用农用地的，依照本法第四十四条的规定办理审批手续。

第六章 监督检查

第六十七条 县级以上人民政府土地行政主管部门履行监督检查职责时，有权采取下列措施：

（一）要求被检查的单位或者个人提供有关土地权利的文件和资料，进行查阅或者予以复制；

（二）要求被检查的单位或者个人就有关土地权利的问题作出说明；

（三）进入被检查单位或者个人非法占用的土地现场进行勘测；

（四）责令非法占用土地的单位或者个人停止违反土地管理法律、法规的行为。

第七十条 县级以上人民政府土地行政主管部门在监督检查工作中发现国家工作人员的违法行为，依法应当给予行政处分的，应当依法予以处理；自己无权处理的，应当向同级或者上级人民政府的行政监察机关提出行政处分建议书，有关行政监察机关应当依法予以处理。

第七十一条 县级以上人民政府土地行政主管部门在监督检查工作中发现土地违法行为构成犯罪的，应当将案件移送有关机关，依法追究刑事责任；尚不构成犯罪的，应当依法给予行政处罚。

第七十二条 依照本法规定应当给予行政处罚，而有关土地行政主管部门不给予行政处罚的，上级人民政府土地行政主管部门有权责令有关土地行政主管部门作出行政处罚决定或者直接给予行政处罚，并给予有关土地行政主管部门的负责人行政处分。

第七章 法律责任

第七十三条 买卖或者以其他形式非法转让土地的，由县级以上人民政府土地行政主管部门没收违法所得；对违反土地利用总体规划擅自将农用地改为建设用地的，限期拆除在非法转让的土地上新建的建筑物和其他设施，恢复土地原状，对符合土地利用总体规划的，没收在非法转让的土地上新建的建筑物和其他设施；可以并处罚款；对直接负责的主管人员和其他直接责任人员，依法给予行政处分；构成犯罪的，依法追究刑事责任。

第七十四条 违反本法规定，占用耕地建窑、建坟或者擅自在耕地上建房、挖砂、采石、采矿、取土等，破坏种植条件的，或者因开发土地造成土地荒漠化、盐渍化的，由县级以上人民政府土地行政主管部门责令限期改正或者治理，可以并处罚款；构成犯罪的，依法追究刑事责任。

第七十五条 违反本法规定，拒不履行土地复垦义务的，由县级以上人民政府土地行政主管部门责令限期改正；逾期不改正的，责令缴纳复垦费，专项用于土地复垦，可以处以罚款。

第七十六条 未经批准或者采取欺骗手段骗取批准，非法占用土地的，由县级以上人民政府土地行政主管部门责令退还非法占用的土地，对违反土地利用总体规划擅自将农用地改为建设用地的，限期拆除在非法占用的土地上新建的建筑物和其他设施，恢复土地原状，对符合土地利用总体规划的，没收在非法占用的土地上新建的建筑物和其他设施，可以并处罚款；对非法占用土地单位的直接负责的主管人员和其他直接责任人员，依法给予行政处分；构成犯罪的，依法追究刑事责任。

超过批准的数量占用土地，多占的土地以非法占用土地论处。

第七十七条 农村村民未经批准或者采取欺骗手段骗取批准，非法占用土地建住宅的，由县级以上人民政府土地行政主管部门责令退还非法占用的土地，限期拆除在非法占用的土地上新建的房屋。

超过省、自治区、直辖市规定的标准，多占的土地以非法占用土地论处。

第七十八条 无权批准征收、使用土地的单位或者个人非法批准占用土地的，超越批准权限非法批准占用土地的，不按照土地利用总体规划确定的用途批准用地的，或者违反法律规定的程序批准占用、征收土地的，其批准文件无效，对非法批准征收、使用土地的直接负责的主管人员和其他直接责任人员，依法给予行政处分；构成犯罪的，依法追究刑事责任。非法批准、使用的土地应当收回，有关当事人拒不归还的，以非法占用土地论处。

非法批准征收、使用土地，对当事人造成损失的，依法应当承担赔偿责任。

第七十九条 侵占、挪用被征收土地单位的征地补偿费用和其他有关费用，构成犯罪的，依法追究刑事责任；尚不构成犯罪的，依法给予行政处分。

第八十条 依法收回国有土地使用权当事人拒不交出土地的，临时使用土地期满拒不归还的，或者不按照批准的用途使用国有土地的，由县级以上人民政府土地行政主管部门责令交还土地，处以罚款。

第八十一条 擅自将农民集体所有的土地的使用权出让、转让或者出租用于非农业建设的，由县级以上人民政府土地行政主管部门责令限期改正，没收违法所得，并处罚款。

第八十二条 不依照本法规定办理土地变更登记的，由县级以上人民政府土地行政主管部门责令其限期办理。

第八十三条 依照本法规定，责令限期拆除在非法占用的土地上新建的建筑物和其他设施的，建设单位或者个人必须立即停止施工，自行拆除；对继续施工的，作出处罚决定的机关有权制止。建设单位或者个人对责令限期拆除的行政处罚决定不服的，可以在接到责令限期拆除决定之日起十五日内，向人民法院起诉；期满不起诉又不自行拆除的，由作出处罚决定的机关依法申请人民法院强制执行，费用由违法者承担。

第八十四条 土地行政主管部门的工作人员玩忽职守、滥用职权、徇私舞弊，构成犯罪的，依法追究刑事责任；尚不构成犯罪的，依法给予行政处分。

中华人民共和国矿产资源法（节选）

（1986年3月19日第六届全国人民代表大会常务委员会第十五次会议通过，1996年8月29日第八届全国人民代表大会常务委员会第二十一次会议修正，自1997年1月1日起施行，2009年8月27日《全国人民代表大会常务委员会关于修改部分法律的决定》修正，当日施行）

第二章 矿产资源勘查的登记和开采的审批

第十二条 国家对矿产资源勘查实行统一的区块登记管理制度。矿产资源勘查登记工作，由国务院地质矿产主管部门负责；特定矿种的矿产资源勘查登记工作，可以由国务院授权有关主管部门负责。矿产资源勘查区块登记管理办法由国务院制定。

第十三条 国务院矿产储量审批机构或者省、自治区、直辖市矿产储量审批机构负责审查批准供矿山建设设计使用的勘探报告，并在规定的期限内批复报送单位。勘探报告未经批准，不得作为矿山建设设计的依据。

第十四条 矿产资源勘查成果档案资料和各类矿产储量的统计资料,实行统一的管理制度,按照国务院规定汇交或者填报。

第十五条 设立矿山企业,必须符合国家规定的资质条件,并依照法律和国家有关规定,由审批机关对其矿区范围、矿山设计或者开采方案、生产技术条件、安全措施和环境保护措施等进行审查;审查合格的,方予批准。

第十六条 开采下列矿产资源的,由国务院地质矿产主管部门审批,并颁发采矿许可证:

(一)国家规划矿区和对国民经济具有重要价值的矿区内的矿产资源;

(二)前项规定区域以外可供开采的矿产储量规模在大型以上的矿产资源;

(三)国家规定实行保护性开采的特定矿种;

(四)领海及中国管辖的其他海域的矿产资源;

(五)国务院规定的其他矿产资源。

开采石油、天然气、放射性矿产等特定矿种的,可以由国务院授权的有关主管部门审批,并颁发采矿许可证。

开采第一款、第二款规定以外的矿产资源,其可供开采的矿产的储量规模为中型的,由省、自治区、直辖市人民政府地质矿产主管部门审批和颁发采矿许可证。

开采第一款、第二款和第三款规定以外的矿产资源的管理办法,由省、自治区、直辖市人民代表大会常务委员会依法制定。

依照第三款、第四款的规定审批和颁发采矿许可证的,由省、自治区、直辖市人民政府地质矿产主管部门汇总向国务院地质矿产主管部门备案。

矿产储量规模的大型、中型的划分标准,由国务院矿产储量审批机构规定。

第十七条 国家对国家规划矿区、对国民经济具有重要价值的矿区和国家规定实行保护性开采的特定矿种,实行有计划的开采;未经国务院有关主管部门批准,任何单位和个人不得开采。

第十八条 国家规划矿区的范围、对国民经济具有重要价值的矿区的范围、矿山企业矿区的范围依法划定后,由划定矿区范围的主管机关通知有关县级人民政府予以公告。

矿山企业变更矿区范围,必须报请原审批机关批准,并报请原颁发采矿许可证的机关重新核发采矿许可证。

第十九条 地方各级人民政府应当采取措施,维护本行政区域内的国有矿山企业和其他矿山企业矿区范围内的正常秩序。

禁止任何单位和个人进入他人依法设立的国有矿山企业和其他矿山企业矿区范围内采矿。

第二十条 非经国务院授权的有关主管部门同意,不得在下列地区开采矿产资源:

(一)港口、机场、国防工程设施圈定地区以内;

(二)重要工业区、大型水利工程设施、城镇市政工程设施附近一定距离以内;

(三)铁路、重要公路两侧一定距离以内;

(四)重要河流、堤坝两侧一定距离以内;

(五)国家规定的自然保护区、重要风景区,国家重点保护的不能移动的历史文物和名胜古迹所在地;

(六)国家规定不得开采矿产资源的其他地区。

第二十一条 关闭矿山,必须提出矿山闭坑报告及有关采掘工程、不安全隐患、土地复垦利用、环境保护的资料,并按照国家规定报请审查批准。

第二十二条 勘查、开采矿产资源时,发现具有重大科学文化价值的罕见地质现象以及文化古迹,应当加以保护并及时报告有关部门。

第六章 法律责任

第三十九条 违反本法规定,未取得采矿许可证擅自采矿的,擅自进入国家规划矿区、对国民经济具有重要价值的矿区范围采矿的,擅自开采国家规定实行保护性开采的特定矿种的,责令停止开采、赔偿损失,没收采出的矿产品和违法所得,可以并处罚款;拒不停止开采,造成矿产资源破坏的,依照刑法有关规定对直接责任人员追究刑事责任。

单位和个人进入他人依法设立的国有矿

山企业和其他矿山企业矿区范围内采矿的，依照前款规定处罚。

第四十条 超越批准的矿区范围采矿的，责令退回本矿区范围内开采、赔偿损失，没收越界开采的矿产品和违法所得，可以并处罚款；拒不退回本矿区范围内开采，造成矿产资源破坏的，吊销采矿许可证，依照刑法有关规定对直接责任人员追究刑事责任。

第四十一条 盗窃、抢夺矿山企业和勘查单位的矿产品和其他财物的，破坏采矿、勘查设施的，扰乱矿区和勘查作业区的生产秩序、工作秩序的，分别依照刑法有关规定追究刑事责任；情节显著轻微的，依照治安管理处罚法有关规定予以处罚。

第四十二条 买卖、出租或者以其他形式转让矿产资源的，没收违法所得，处以罚款。

违反本法第六条的规定将探矿权、采矿权倒卖牟利的，吊销勘查许可证、采矿许可证，没收违法所得，处以罚款。

第四十三条 违反本法规定收购和销售国家统一收购的矿产品的，没收矿产品和违法所得，可以并处罚款；情节严重的，依照刑法有关规定追究刑事责任。

第四十四条 违反本法规定，采取破坏性的开采方法开采矿产资源的，处以罚款，可以吊销采矿许可证；造成矿产资源严重破坏的，依照刑法有关规定对直接责任人员追究刑事责任。

第四十五条 本法第三十九条、第四十条、第四十二条规定的行政处罚，由县级以上人民政府负责地质矿产管理工作的部门按照国务院地质矿产主管部门规定的权限决定。第四十三条规定的行政处罚，由县级以上人民政府工商行政管理部门决定。第四十四条规定的行政处罚，由省、自治区、直辖市人民政府地质矿产主管部门决定。给予吊销勘查许可证或者采矿许可证处罚的，须由原发证机关决定。

依照第三十九条、第四十条、第四十二条、第四十四条规定应当给予行政处罚而不给予行政处罚的，上级人民政府地质矿产主管部门有权责令改正或者直接给予行政处罚。

第四十六条 当事人对行政处罚决定不服的，可以依法申请复议，也可以依法直接向人民法院起诉。

当事人逾期不申请复议也不向人民法院起诉，又不履行处罚决定的，由作出处罚决定的机关申请人民法院强制执行。

第四十七条 负责矿产资源勘查、开采监督管理工作的国家工作人员和其他有关国家工作人员徇私舞弊、滥用职权或者玩忽职守，违反本法规定批准勘查、开采矿产资源和颁发勘查许可证、采矿许可证，或者对违法采矿行为不依法予以制止、处罚，构成犯罪的，依法追究刑事责任；不构成犯罪的，给予行政处分。违法颁发的勘查许可证、采矿许可证、采矿许可证，上级人民政府地质矿产主管部门有权予以撤销。

第四十八条 以暴力、威胁方法阻碍从事矿产资源勘查、开采监督管理工作的国家工作人员依法执行职务的，依照刑法有关规定追究刑事责任；拒绝、阻碍从事矿产资源勘查、开采监督管理工作的国家工作人员依法执行职务未使用暴力、威胁方法的，由公安机关依照治安管理处罚法的规定处罚。

第四十九条 矿山企业之间的矿区范围的争议，由当事人协商解决，协商不成的，由有关县级以上地方人民政府根据依法核定的矿区范围处理；跨省、自治区、直辖市的矿区范围的争议，由有关省、自治区、直辖市人民政府协商解决，协商不成的，由国务院处理。

中华人民共和国草原法(节选)

(1985年6月18日第六届全国人民代表大会常务委员会第十一次会议通过,2002年12月28日第九届全国人民代表大会常务委员会第三十一次会议修订通过,2009年8月27日第十一届全国人民代表大会常务委员会第十次会议第一次修正,根据2013年6月29日第十二届全国人民代表大会常务委员会第三次会议《关于修改〈中华人民共和国文物保护法〉等十二部法律的决定》第二次修正)

第八章　法律责任

第六十三条　无权批准征收、征用、使用草原的单位或者个人非法批准征收、征用、使用草原的,超越批准权限非法批准征收、征用、使用草原的,或者违反法律规定的程序批准征收、征用、使用草原,构成犯罪的,依法追究刑事责任;尚不够刑事处罚的,依法给予行政处分。非法批准征收、征用、使用草原的文件无效。非法批准征收、征用、使用的草原应当收回,当事人拒不归还的,以非法使用草原论处。

非法批准征收、征用、使用草原,给当事人造成损失的,依法承担赔偿责任。

第六十五条　未经批准或者采取欺骗手段骗取批准,非法使用草原,构成犯罪的,依法追究刑事责任;尚不够刑事处罚的,由县级以上人民政府草原行政主管部门依据职权责令退还非法使用的草原,对违反草原保护、建设、利用规划擅自将草原改为建设用地的,限期拆除在非法使用的草原上新建的建筑物和其他设施,恢复草原植被,并处草原被非法使用前三年平均产值六倍以上十二倍以下的罚款。

第六十六条　非法开垦草原,构成犯罪的,依法追究刑事责任;尚不够刑事处罚的,由县级以上人民政府草原行政主管部门依据职权责令停止违法行为,限期恢复植被,没收非法财物和违法所得,并处违法所得一倍以上五倍以下的罚款;没有违法所得的,并处五万元以下的罚款;给草原所有者或者使用者造成损失的,依法承担赔偿责任。

第六十七条　在荒漠、半荒漠和严重退化、沙化、盐碱化、石漠化、水土流失的草原,以及生态脆弱区的草原上采挖植物或者从事破坏草原植被的其他活动的,由县级以上地方人民政府草原行政主管部门依据职权责令停止违法行为,没收非法财物和违法所得,可以并处违法所得一倍以上五倍以下的罚款;没有违法所得的,可以并处五万元以下的罚款;给草原所有者或者使用者造成损失的,依法承担赔偿责任。

第六十八条　未经批准或者未按照规定的时间、区域和采挖方式在草原上进行采土、采砂、采石等活动的,由县级人民政府草原行政主管部门责令停止违法行为,限期恢复植被,没收非法财物和违法所得,可以并处违法所得一倍以上二倍以下的罚款;没有违法所得的,可以并处二万元以下的罚款;给草原所有者或者使用者造成损失的,依法承担赔偿责任。

第六十九条　违反本法第五十二条规定,擅自在草原上开展经营性旅游活动,破坏草原植被的,由县级以上地方人民政府草原行政主管部门依据职权责令停止违法行为,限期恢复植被,没收违法所得,可以并处违法所得一倍以上二倍以下的罚款;没有违法所得的,可以并处草原被破坏前三年平均产值六倍以上十二倍以下的罚款;给草原所有者或者使用者造成损失的,依法承担赔偿责任。

第七十条　非抢险救灾和牧民搬迁的机动车辆离开道路在草原上行驶,或者从事地质勘探、科学考察等活动,未事先向所在地县级人民政府草原行政主管部门报告或者未按照报告的行驶区域和行驶路线在草原上行驶,破坏草原植被的,由县级人民政府草原行政主管部门责令停止违法行为,限期恢复植被,可以并处草原被破坏前三年平均产值三倍以上九倍以下的罚款;给草原所有者或者使用者造成损失的,依法承担赔偿责任。

第七十一条　在临时占用的草原上修建永久性建筑物、构筑物的,由县级以上地方人民政府草原行政主管部门依据职权责令限期拆除;逾期不拆除的,依法强制拆除,所需费用由违法者承担。

临时占用草原,占用期届满,用地单位不予恢复草原植被的,由县级以上地方人民政府草原行政主管部门依据职权责令限期恢复;逾期不恢复的,由县级以上地方人民政府草原行政主管部门代为恢复,所需费用由违法者承担。

第七十二条 未经批准,擅自改变草原保护、建设、利用规划的,由县级以上人民政府责令限期改正;对直接负责的主管人员和其他直接责任人员,依法给予行政处分。

第七十三条 对违反本法有关草畜平衡制度的规定,牲畜饲养量超过县级以上地方人民政府草原行政主管部门核定的草原载畜量标准的纠正或者处罚措施,由省、自治区、直辖市人民代表大会或者其常务委员会规定。

中华人民共和国森林法(节选)

(1984年9月20日第六届全国人民代表大会常务委员会第七次会议通过,自1985年1月1日起施行,1998年4月29日第九届全国人民代表大会常务委员会第二次会议修正,根据2009年8月27日《全国人民代表大会常务委员会关于修改部分法律的决定》修正)

第一章 总 则

第三条 森林资源属于国家所有,由法律规定属于集体所有的除外。

国家所有的和集体所有的森林、林木和林地,个人所有的林木和使用的林地,由县级以上地方人民政府登记造册,发放证书,确认所有权或者使用权。国务院可以授权国务院林业主管部门,对国务院确定的国家所有的重点林区的森林、林木和林地登记造册,发放证书,并通知有关地方人民政府。

森林、林木、林地的所有者和使用者的合法权益,受法律保护,任何单位和个人不得侵犯。

第四条 森林分为以下五类:

(一)防护林:以防护为主要目的的森林、林木和灌木丛,包括水源涵养林,水土保持林,防风固沙林,农田、牧场防护林,护岸林,护路林;

(二)用材林:以生产木材为主要目的的森林和林木,包括以生产竹材为主要目的的竹林;

(三)经济林:以生产果品,食用油料、饮料、调料,工业原料和药材等为主要目的的林木;

(四)薪炭林:以生产燃料为主要目的的林木;

(五)特种用途林:以国防、环境保护、科学实验等为主要目的的森林和林木,包括国防林、实验林、母树林、环境保护林、风景林,名胜古迹和革命纪念地的林木,自然保护区的森林。

第八条 国家对森林资源实行以下保护性措施:

(一)对森林实行限额采伐,鼓励植树造林、封山育林,扩大森林覆盖面积;

(二)根据国家和地方人民政府有关规定,对集体和个人造林、育林给予经济扶持或者长期贷款;

(三)提倡木材综合利用和节约使用木材,鼓励开发、利用木材代用品;

(四)征收育林费,专门用于造林育林;

(五)煤炭、造纸等部门,按照煤炭和木浆纸张等产品的产量提取一定数额的资金,专门用于营造坑木、造纸等用材林;

(六)建立林业基金制度。

国家设立森林生态效益补偿基金,用于提供生态效益的防护林和特种用途林的森林资源、林木的营造、抚育、保护和管理。森林生态效益补偿基金必须专款专用,不得挪作他用。具体办法由国务院规定。

第二章 森林经营管理

第十五条 下列森林、林木、林地使用权可以依法转让，也可以依法作价入股或者作为合资、合作造林、经营林木的出资、合作条件，但不得将林地改为非林地：

（一）用材林、经济林、薪炭林；

（二）用材林、经济林、薪炭林的林地使用权；

（三）用材林、经济林、薪炭林的采伐迹地、火烧迹地的林地使用权；

（四）国务院规定的其他森林、林木和其他林地使用权。

依照前款规定转让、作价入股或者作为合资、合作造林、经营林木的出资、合作条件的，已经取得的林木采伐许可证可以同时转让，同时转让双方都必须遵守本法关于森林、林木采伐和更新造林的规定。

除本条第一款规定的情形外，其他森林、林木和其他林地使用权不得转让。

具体办法由国务院规定。

第十七条 单位之间发生的林木、林地所有权和使用权争议，由县级以上人民政府依法处理。

个人之间、个人与单位之间发生的林木所有权和林地使用权争议，由当地县级或者乡级人民政府依法处理。

当事人对人民政府的处理决定不服的，可以在接到通知之日起一个月内，向人民法院起诉。

在林木、林地权属争议解决以前，任何一方不得砍伐有争议的林木。

第十八条 进行勘查、开采矿藏和各项建设工程，应当不占或者少占林地；必须占用或者征收、征用林地的，经县级以上人民政府林业主管部门审核同意后，依照有关土地管理的法律、行政法规办理建设用地审批手续，并由用地单位依照国务院有关规定缴纳森林植被恢复费。森林植被恢复费专款专用，由林业主管部门依照有关规定统一安排植树造林，恢复森林植被，植树造林面积不得少于因占用、征用林地而减少的森林植被面积。上级林业主管部门应当定期督促、检查下级林业主管部门组织植树造林、恢复森林植被的情况。

第三章 森林保护

第二十条 依照国家有关规定在林区设立的森林公安机关，负责维护辖区社会治安秩序，保护辖区内的森林资源，并可以依照本法规定，在国务院林业主管部门授权的范围内，代行本法第三十九条、第四十二条、第四十三条、第四十四条规定的行政处罚权。

武装森林警察部队执行国家赋予的预防和扑救森林火灾的任务。

第二十四条 国务院林业主管部门和省、自治区、直辖市人民政府，应当在不同自然地带的典型森林生态地区、珍贵动物和植物生长繁殖的林区、天然热带雨林区和具有特殊保护价值的其他天然林区，划定自然保护区，加强保护管理。

自然保护区的管理办法，由国务院林业主管部门制定，报国务院批准施行。

对自然保护区以外的珍贵树木和林区内具有特殊价值的植物资源，应当认真保护；未经省、自治区、直辖市林业主管部门批准，不得采伐和采集。

第五章 森林采伐

第三十条 国家制定统一的年度木材生产计划。年度木材生产计划不得超过批准的年采伐限额。计划管理的范围由国务院规定。

第三十一条 采伐森林和林木必须遵守下列规定：

（一）成熟的用材林应当根据不同情况，分别采取择伐、皆伐和渐伐方式，皆伐应当严格控制，并在采伐的当年或者次年内完成更新造林；

（二）防护林和特种用途林中的国防林、母树林、环境保护林、风景林，只准进行抚育和更新性质的采伐；

（三）特种用途林中的名胜古迹和革命纪念地的林木、自然保护区的森林，严禁采伐。

第三十二条 采伐林木必须申请采伐许可证，按许可证的规定进行采伐；农村居民采伐自留地和房前屋后个人所有的零星林木除外。

国有林业企业事业单位、机关、团体、部队、学校和其他国有企业事业单位采伐林木，由所在地县级以上林业主管部门依照有关规定审核发放采伐许可证。

铁路、公路的护路林和城镇林木的更新采

伐,由有关主管部门依照有关规定审核发放采伐许可证。

农村集体经济组织采伐林木,由县级林业主管部门依照有关规定审核发放采伐许可证。

农村居民采伐自留山和个人承包集体的林木,由县级林业主管部门或者其委托的乡、镇人民政府依照有关规定审核发放采伐许可证。

采伐以生产竹材为主要目的的竹林,适用以上各款规定。

第三十三条 审核发放采伐许可证的部门,不得超过批准的年采伐限额发放采伐许可证。

第三十四条 国有林业企业事业单位申请采伐许可证时,必须提出伐区调查设计文件。其他单位申请采伐许可证时,必须提出有关采伐的目的、地点、林种、林况、面积、蓄积、方式和更新措施等内容的文件。

对伐区作业不符合规定的单位,发放采伐许可证的部门有权收缴采伐许可证,中止其采伐,直到纠正为止。

第三十五条 采伐林木的单位或者个人,必须按照采伐许可证规定的面积、株数、树种、期限完成更新造林任务,更新造林的面积和株数不得少于采伐的面积和株数。

第三十六条 林区木材的经营和监督管理办法,由国务院另行规定。

第三十七条 从林区运出木材,必须持有林业主管部门发给的运输证件,国家统一调拨的木材除外。

依法取得采伐许可证后,按照许可证的规定采伐的木材,从林区运出时,林业主管部门应当发给运输证件。

经省、自治区、直辖市人民政府批准,可以在林区设立木材检查站,负责检查木材运输。对未取得运输证件或者物资主管部门发给的调拨通知书运输木材的,木材检查站有权制止。

第三十八条 国家禁止、限制出口珍贵树木及其制品、衍生物。禁止、限制出口的珍贵树木及其制品、衍生物的名录和年度限制出口总量,由国务院林业主管部门会同国务院有关部门制定,报国务院批准。

第六章 法律责任

第三十九条 盗伐森林或者其他林木的,依法赔偿损失;由林业主管部门责令补种盗伐株数十倍的树木,没收盗伐的林木或者变卖所得,并处盗伐林木价值三倍以上十倍以下的罚款。

滥伐森林或者其他林木,由林业主管部门责令补种滥伐株数五倍的树木,并处滥伐林木价值二倍以上五倍以下的罚款。

拒不补种树木或者补种不符合国家有关规定的,由林业主管部门代为补种,所需费用由违法者支付。

盗伐、滥伐森林或者其他林木,构成犯罪的,依法追究刑事责任。

第四十条 违反本法规定,非法采伐、毁坏珍贵树木的,依法追究刑事责任。

第四十一条 违反本法规定,超过批准的年采伐限额发放林木采伐许可证或者超越职权发放林木采伐许可证、木材运输证件、批准出口文件、允许进出口证明书的,由上一级人民政府林业主管部门责令纠正,对直接负责的主管人员和其他直接责任人员依法给予行政处分;有关人民政府林业主管部门未予纠正的,国务院林业主管部门可以直接处理;构成犯罪的,依法追究刑事责任。

第四十二条 违反本法规定,买卖林木采伐许可证、木材运输证件、批准出口文件、允许进出口证明书的,由林业主管部门没收违法买卖的证件、文件和违法所得,并处违法买卖证件、文件的价款一倍以上三倍以下的罚款;构成犯罪的,依法追究刑事责任。

伪造林木采伐许可证、木材运输证件、批准出口文件、允许进出口证明书的,依法追究刑事责任。

第四十三条 在林区非法收购明知是盗伐、滥伐的林木的,由林业主管部门责令停止违法行为,没收违法收购的盗伐、滥伐的林木或者变卖所得,可以并处违法收购林木的价款一倍以上三倍以下的罚款;构成犯罪的,依法追究刑事责任。

第四十四条 违反本法规定,进行开垦、采石、采砂、采土、采种、采脂和其他活动,致使森林、林木受到毁坏的,依法赔偿损失;由林业主管部门责令停止违法行为,补种毁坏株数一倍以上三倍以下的树木,可以处毁坏林木价值一倍以上五倍以下的罚款。

违反本法规定,在幼林地和特种用途林内砍柴、放牧致使森林、林木受到毁坏的,依法赔偿损失;由林业主管部门责令停止违法行为,补种毁坏株数一倍以上三倍以下的树木。

拒不补种树木或者补种不符合国家有关规定的,由林业主管部门代为补种,所需费用由违法者支付。

第四十五条 采伐林木的单位或者个人没有按照规定完成更新造林任务的,发放采伐许可证的部门有权不再发给采伐许可证,直到完成更新造林任务为止;情节严重的,可以由林业主管部门处以罚款,对直接责任人员由所在单位或者上级主管机关给予行政处分。

中华人民共和国野生动物保护法(节选)

(1988 年 11 月 8 日第七届全国人民代表大会常务委员会第四次会议通过,自 1989 年 3 月 1 日起施行,2004 年 8 月 28 日第十届全国人民代表大会常务委员会第十一次会议修正,2009 年 8 月 27 日《全国人民代表大会常务委员会关于修改部分法律的决定》修正,同日施行)

第一章 总 则

第二条 在中华人民共和国境内从事野生动物的保护、驯养繁殖、开发利用活动,必须遵守本法。

本法规定保护的野生动物,是指珍贵、濒危的陆生、水生野生动物和有益的或者有重要经济、科学研究价值的陆生野生动物。

本法各条款所提野生动物,均系指前款规定的受保护的野生动物。

珍贵、濒危的水生野生动物以外的其他水生野生动物的保护,适用渔业法的规定。

第四章 法律责任

第三十一条 非法捕杀国家重点保护野生动物的,依照刑法有关规定追究刑事责任。

第三十二条 违反本法规定,在禁猎区、禁猎期或者使用禁用的工具、方法猎捕野生动物的,由野生动物行政主管部门没收猎获物、猎捕工具和违法所得,处以罚款;情节严重、构成犯罪的,依照刑法有关规定。

第三十三条 违反本法规定,未取得狩猎证或者未按狩猎证规定猎捕野生动物的,由野生动物行政主管部门没收猎获物和违法所得,处以罚款,并可以没收猎捕工具,吊销狩猎证。

违反本法规定,未取得持枪证持枪猎捕野生动物的,由公安机关依照治安管理处罚法第三十二条的规定处罚。

第三十四条 违反本法规定,在自然保护区、禁猎区破坏国家或者地方重点保护野生动物主要生息繁衍场所的,由野生动物行政主管部门责令停止破坏行为,限期恢复原状,处以罚款。

第三十五条 违反本法规定,出售、收购、运输、携带国家或者地方重点保护野生动物或者其产品的,由工商行政管理部门没收实物和违法所得,可以并处罚款。

违反本法规定,出售、收购国家重点保护野生动物或者其产品,情节严重,构成犯罪的,依照刑法有关规定追究刑事责任。

没收的实物,由野生动物行政主管部门或者其授权的单位按照规定处理。

第三十六条 非法进出口野生动物或者其产品的,由海关依照海关法处罚;情节严重、构成犯罪的,依照刑法关于走私罪的规定追究刑事责任。

第三十七条 伪造、倒卖、转让特许猎捕证、狩猎证、驯养繁殖许可证或者允许进出口证明书的,由野生动物行政主管部门或者工商行政管理部门吊销证件,没收违法所得,可以并处罚款。

伪造、倒卖特许猎捕证或者允许进出口证明书,情节严重、构成犯罪的,依照刑法有关规定追究刑事责任。

第三十八条 野生动物行政主管部门的工作人

员玩忽职守、滥用职权、徇私舞弊的，由其所在单位或者上级主管机关给予行政处分；情节严重、构成犯罪的，依法追究刑事责任。

第三十九条 当事人对行政处罚决定不服的，可以在接到处罚通知之日起十五日内，向作出处罚决定机关的上一级机关申请复议；对上一级机关的复议决定不服的，可以在接到复议决定通知之日起十五日内，向法院起诉。当事人也可以在接到处罚通知之日起十五日内，直接向法院起诉。当事人逾期不申请复议或者不向法院起诉又不履行处罚决定的，由作出处罚决定的机关申请法院强制执行。

对海关处罚或者治安管理处罚不服的，依照海关法或者治安管理处罚法的规定办理。

第五章 附 则

第四十条 中华人民共和国缔结或者参加的与保护野生动物有关的国际条约与本法有不同规定的，适用国际条约的规定，但中华人民共和国声明保留的条款除外。

中华人民共和国海洋环境保护法

(1982年8月23日第五届全国人民代表大会常务委员会第二十四次会议通过，1999年12月25日第九届全国人民代表大会常务委员会第十三次会议修订通过，根据2013年12月28日第十二届全国人民代表大会常务委员会第六次会议《关于修改〈中华人民共和国海洋环境保护法〉等七部法律的决定》修正)

第一章 总 则

第一条 为了保护和改善海洋环境，保护海洋资源，防治污染损害，维护生态平衡，保障人体健康，促进经济和社会的可持续发展，制定本法。

第二条 本法适用于中华人民共和国内水、领海、毗连区、专属经济区、大陆架以及中华人民共和国管辖的其他海域。

在中华人民共和国管辖海域内从事航行、勘探、开发、生产、旅游、科学研究及其他活动，或者在沿海陆域内从事影响海洋环境活动的任何单位和个人，都必须遵守本法。

在中华人民共和国管辖海域以外，造成中华人民共和国管辖海域污染的，也适用本法。

第三条 国家建立并实施重点海域排污总量控制制度，确定主要污染物排海总量控制指标，并对主要污染源分配排放控制数量。具体办法由国务院制定。

第四条 一切单位和个人都有保护海洋环境的义务，并有权对污染损害海洋环境的单位和个人，以及海洋环境监督管理人员的违法失职行为进行监督和检举。

第五条 国务院环境保护行政主管部门作为对全国环境保护工作统一监督管理的部门，对全国海洋环境保护工作实施指导、协调和监督，并负责全国防治陆源污染物和海岸工程建设项目对海洋污染损害的环境保护工作。

国家海洋行政主管部门负责海洋环境的监督管理，组织海洋环境的调查、监测、监视、评价和科学研究，负责全国防治海洋工程建设项目和海洋倾倒废弃物对海洋污染损害的环境保护工作。

国家海事行政主管部门负责所辖港区水域内非军事船舶和港区水域外非渔业、非军事船舶污染海洋环境的监督管理，并负责污染事故的调查处理；对在中华人民共和国管辖海域航行、停泊和作业的外国籍船舶造成的污染事故登轮检查处理。船舶污染事故给渔业造成损害的，应当吸收渔业行政主管部门参与调查处理。

国家渔业行政主管部门负责渔港水域内非军事船舶和渔港水域外渔业船舶污染海洋环境的监督管理，负责保护渔业水域生态环境工作，并调查处理前款规定的污染事故以外的渔业污染事故。

军队环境保护部门负责军事船舶污染海洋环境的监督管理及污染事故的调查处理。

沿海县级以上地方人民政府行使海洋环境监督管理权的部门的职责，由省、自治区、直辖市人民政府根据本法及国务院有关规定确定。

第二章 海洋环境监督管理

第六条 国家海洋行政主管部门会同国务院有关部门和沿海省、自治区、直辖市人民政府拟定全国海洋功能区划，报国务院批准。

沿海地方各级人民政府应当根据全国和地方海洋功能区划，科学合理地使用海域。

第七条 国家根据海洋功能区划制定全国海洋环境保护规划和重点海域区域性海洋环境保护规划。

毗邻重点海域的有关沿海省、自治区、直辖市人民政府及行使海洋环境监督管理权的部门，可以建立海洋环境保护区域合作组织，负责实施重点海域区域性海洋环境保护规划、海洋环境污染的防治和海洋生态保护工作。

第八条 跨区域的海洋环境保护工作，由有关沿海地方人民政府协商解决，或者由上级人民政府协调解决。

跨部门的重大海洋环境保护工作，由国务院环境保护行政主管部门协调；协调未能解决的，由国务院作出决定。

第九条 国家根据海洋环境质量状况和国家经济、技术条件，制定国家海洋环境质量标准。

沿海省、自治区、直辖市人民政府对国家海洋环境质量标准中未作规定的项目，可以制定地方海洋环境质量标准。

沿海地方各级人民政府根据国家和地方海洋环境质量标准的规定和本行政区近岸海域环境质量状况，确定海洋环境保护的目标和任务，并纳入人民政府工作计划，按相应的海洋环境质量标准实施管理。

第十条 国家和地方水污染物排放标准的制定，应当将国家和地方海洋环境质量标准作为重要依据之一。在国家建立并实施排污总量控制制度的重点海域，水污染物排放标准的制定，还应当将主要污染物排海总量控制指标作为重要依据。

第十一条 直接向海洋排放污染物的单位和个人，必须按照国家规定缴纳排污费。

向海洋倾倒废弃物，必须按照国家规定缴纳倾倒费。

根据本法规定征收的排污费、倾倒费，必须用于海洋环境污染的整治，不得挪作他用。具体办法由国务院规定。

第十二条 对超过污染物排放标准的，或者在规定的期限内未完成污染物排放削减任务的，或者造成海洋环境严重污染损害的，应当限期治理。

限期治理按照国务院规定的权限决定。

第十三条 国家加强防治海洋环境污染损害的科学技术的研究和开发，对严重污染海洋环境的落后生产工艺和落后设备，实行淘汰制度。

企业应当优先使用清洁能源，采用资源利用率高、污染物排放量少的清洁生产工艺，防止对海洋环境的污染。

第十四条 国家海洋行政主管部门按照国家环境监测、监视规范和标准，管理全国海洋环境的调查、监测、监视，制定具体的实施办法，会同有关部门组织全国海洋环境监测、监视网络，定期评价海洋环境质量，发布海洋巡航监视通报。

依照本法规定行使海洋环境监督管理权的部门分别负责各自所辖水域的监测、监视。

其他有关部门根据全国海洋环境监测网的分工，分别负责对入海河口、主要排污口的监测。

第十五条 国务院有关部门应当向国务院环境保护行政主管部门提供编制全国环境质量公报所必需的海洋环境监测资料。

环境保护行政主管部门应当向有关部门提供与海洋环境监督管理有关的资料。

第十六条 国家海洋行政主管部门按照国家制定的环境监测、监视信息管理制度，负责管理海洋综合信息系统，为海洋环境保护监督管理提供服务。

第十七条 因发生事故或者其他突发性事件，造成或者可能造成海洋环境污染事故的单位和个人，必须立即采取有效措施，及时向可能受到危害者通报，并向依照本法规定行使海洋环境监督管理权的部门报告，接受调查处理。

沿海县级以上地方人民政府在本行政区域近岸海域的环境受到严重污染时，必须采取有效措施，解除或者减轻危害。

第十八条 国家根据防止海洋环境污染的需要,制定国家重大海上污染事故应急计划。

国家海洋行政主管部门负责制定全国海洋石油勘探开发重大海上溢油应急计划,报国务院环境保护行政主管部门备案。

国家海事行政主管部门负责制定全国船舶重大海上溢油污染事故应急计划,报国务院环境保护行政主管部门备案。

沿海可能发生重大海洋环境污染事故的单位,应当依照国家的规定,制定污染事故应急计划,并向当地环境保护行政主管部门、海洋行政主管部门备案。

沿海县级以上地方人民政府及其有关部门在发生重大海上污染事故时,必须按照应急计划解除或者减轻危害。

第十九条 依照本法规定行使海洋环境监督管理权的部门可以在海上实行联合执法,在巡航监视中发现海上污染事故或者违反本法规定的行为时,应当予以制止并调查取证,必要时有权采取有效措施,防止污染事态的扩大,并报告有关主管部门处理。

依照本法规定行使海洋环境监督管理权的部门,有权对管辖范围内排放污染物的单位和个人进行现场检查。被检查者应当如实反映情况,提供必要的资料。

检查机关应当为被检查者保守技术秘密和业务秘密。

第三章 海洋生态保护

第二十条 国务院和沿海地方各级人民政府应当采取有效措施,保护红树林、珊瑚礁、滨海湿地、海岛、海湾、入海河口、重要渔业水域等具有典型性、代表性的海洋生态系统,珍稀、濒危海洋生物的天然集中分布区,具有重要经济价值的海洋生物生存区域及有重大科学文化价值的海洋自然历史遗迹和自然景观。

对具有重要经济、社会价值的已遭到破坏的海洋生态,应当进行整治和恢复。

第二十一条 国务院有关部门和沿海省级人民政府应当根据保护海洋生态的需要,选划、建立海洋自然保护区。

国家级海洋自然保护区的建立,须经国务院批准。

第二十二条 凡具有下列条件之一的,应当建立海洋自然保护区:

(一)典型的海洋自然地理区域、有代表性的自然生态区域,以及遭受破坏但经保护能恢复的海洋自然生态区域;

(二)海洋生物物种高度丰富的区域,或者珍稀、濒危海洋生物物种的天然集中分布区域;

(三)具有特殊保护价值的海域、海岸、岛屿、滨海湿地、入海河口和海湾等;

(四)具有重大科学文化价值的海洋自然遗迹所在区域;

(五)其他需要予以特殊保护的区域。

第二十三条 凡具有特殊地理条件、生态系统、生物与非生物资源及海洋开发利用特殊需要的区域,可以建立海洋特别保护区,采取有效的保护措施和科学的开发方式进行特殊管理。

第二十四条 开发利用海洋资源,应当根据海洋功能区划合理布局,不得造成海洋生态环境破坏。

第二十五条 引进海洋动植物物种,应当进行科学论证,避免对海洋生态系统造成危害。

第二十六条 开发海岛及周围海域的资源,应当采取严格的生态保护措施,不得造成海岛地形、岸滩、植被以及海岛周围海域生态环境的破坏。

第二十七条 沿海地方各级人民政府应当结合当地自然环境的特点,建设海岸防护设施、沿海防护林、沿海城镇园林和绿地,对海岸侵蚀和海水入侵地区进行综合治理。

禁止毁坏海岸防护设施、沿海防护林、沿海城镇园林和绿地。

第二十八条 国家鼓励发展生态渔业建设,推广多种生态渔业生产方式,改善海洋生态状况。

新建、改建、扩建海水养殖场,应当进行环境影响评价。

海水养殖应当科学确定养殖密度,并应当合理投饵、施肥,正确使用药物,防止造成海洋环境的污染。

第四章 防治陆源污染物对海洋环境的污染损害

第二十九条 向海域排放陆源污染物,必须严格执行国家或者地方规定的标准和有关规定。

第三十条 入海排污口位置的选择，应当根据海洋功能区划、海水动力条件和有关规定，经科学论证后，报设区的市级以上人民政府环境保护行政主管部门审查批准。

环境保护行政主管部门在批准设置入海排污口之前，必须征求海洋、海事、渔业行政主管部门和军队环境保护部门的意见。

在海洋自然保护区、重要渔业水域、海滨风景名胜区和其他需要特别保护的区域，不得新建排污口。

在有条件的地区，应当将排污口深海设置，实行离岸排放。设置陆源污染物深海离岸排放排污口，应当根据海洋功能区划、海水动力条件和海底工程设施的有关情况确定，具体办法由国务院规定。

第三十一条 省、自治区、直辖市人民政府环境保护行政主管部门和水行政主管部门应当按照水污染防治有关法律的规定，加强入海河流管理，防治污染，使入海河口的水质处于良好状态。

第三十二条 排放陆源污染物的单位，必须向环境保护行政主管部门申报拥有的陆源污染物排放设施、处理设施和在正常作业条件下排放陆源污染物的种类、数量和浓度，并提供防治海洋环境污染方面的有关技术和资料。

排放陆源污染物的种类、数量和浓度有重大改变的，必须及时申报。

拆除或者闲置陆源污染物处理设施的，必须事先征得环境保护行政主管部门的同意。

第三十三条 禁止向海域排放油类、酸液、碱液、剧毒废液和高、中水平放射性废水。

严格限制向海域排放低水平放射性废水；确需排放的，必须严格执行国家辐射防护规定。

严格控制向海域排放含有不易降解的有机物和重金属的废水。

第三十四条 含病原体的医疗污水、生活污水和工业废水必须经过处理，符合国家有关排放标准后，方能排入海域。

第三十五条 含有机物和营养物质的工业废水、生活污水，应当严格控制向海湾、半封闭海及其他自净能力较差的海域排放。

第三十六条 向海域排放含热废水，必须采取有效措施，保证邻近渔业水域的水温符合国家海洋环境质量标准，避免热污染对水产资源的危害。

第三十七条 沿海农田、林场施用化学农药，必须执行国家农药安全使用的规定和标准。

沿海农田、林场应当合理使用化肥和植物生长调节剂。

第三十八条 在岸滩弃置、堆放和处理尾矿、矿渣、煤灰渣、垃圾和其他固体废物的，依照《中华人民共和国固体废物污染环境防治法》的有关规定执行。

第三十九条 禁止经中华人民共和国内水、领海转移危险废物。

经中华人民共和国管辖的其他海域转移危险废物的，必须事先取得国务院环境保护行政主管部门的书面同意。

第四十条 沿海城市人民政府应当建设和完善城市排水管网，有计划地建设城市污水处理厂或者其他污水集中处理设施，加强城市污水的综合整治。

建设污水海洋处置工程，必须符合国家有关规定。

第四十一条 国家采取必要措施，防止、减少和控制来自大气层或者通过大气层造成的海洋环境污染损害。

第五章　防治海岸工程建设项目对海洋环境的污染损害

第四十二条 新建、改建、扩建海岸工程建设项目，必须遵守国家有关建设项目环境保护管理的规定，并把防治污染所需资金纳入建设项目投资计划。

在依法划定的海洋自然保护区、海滨风景名胜区、重要渔业水域及其他需要特别保护的区域，不得从事污染环境、破坏景观的海岸工程项目建设或者其他活动。

第四十三条 海岸工程建设项目的单位，必须在建设项目可行性研究阶段，对海洋环境进行科学调查，根据自然条件和社会条件，合理选址，编报环境影响报告书。环境影响报告书报环境保护行政主管部门审查批准。

环境保护行政主管部门在批准环境影响报告书之前,必须征求海洋、海事、渔业行政主管部门和军队环境保护部门的意见。

第四十四条 海岸工程建设项目的环境保护设施,必须与主体工程同时设计、同时施工、同时投产使用。环境保护设施未经环境保护行政主管部门检查批准,建设项目不得试运行;环境保护设施未经环境保护行政主管部门验收,或者经验收不合格的,建设项目不得投入生产或者使用。

第四十五条 禁止在沿海陆域内新建不具备有效治理措施的化学制浆造纸、化工、印染、制革、电镀、酿造、炼油、岸边冲滩拆船以及其他严重污染海洋环境的工业生产项目。

第四十六条 兴建海岸工程建设项目,必须采取有效措施,保护国家和地方重点保护的野生动植物及其生存环境和海洋水产资源。

严格限制在海岸采挖砂石。露天开采海滨砂矿和从岸上打井开采海底矿产资源,必须采取有效措施,防止污染海洋环境。

第六章 防治海洋工程建设项目对海洋环境的污染损害

第四十七条 海洋工程建设项目必须符合海洋功能区划、海洋环境保护规划和国家有关环境保护标准,在可行性研究阶段,编报海洋环境影响报告书,由海洋行政主管部门核准,并报环境保护行政主管部门备案,接受环境保护行政主管部门监督。

海洋行政主管部门在核准海洋环境影响报告书之前,必须征求海事、渔业行政主管部门和军队环境保护部门的意见。

第四十八条 海洋工程建设项目的环境保护设施,必须与主体工程同时设计、同时施工、同时投产使用。环境保护设施未经海洋行政主管部门检查批准,建设项目不得试运行;环境保护设施未经海洋行政主管部门验收,或者经验收不合格的,建设项目不得投入生产或者使用。

拆除或者闲置环境保护设施,必须事先征得海洋行政主管部门的同意。

第四十九条 海洋工程建设项目,不得使用含超标准放射性物质或者易溶出有毒有害物质的材料。

第五十条 海洋工程建设项目需要爆破作业时,必须采取有效措施,保护海洋资源。

海洋石油勘探开发及输油过程中,必须采取有效措施,避免溢油事故的发生。

第五十一条 海洋石油钻井船、钻井平台和采油平台的含油污水和油性混合物,必须经过处理达标后排放;残油、废油必须予以回收,不得排放入海。经回收处理后排放的,其含油量不得超过国家规定的标准。

钻井所使用的油基泥浆和其他有毒复合泥浆不得排放入海。水基泥浆和无毒复合泥浆及钻屑的排放,必须符合国家有关规定。

第五十二条 海洋石油钻井船、钻井平台和采油平台及其有关海上设施,不得向海域处置含油的工业垃圾。处置其他工业垃圾,不得造成海洋环境污染。

第五十三条 海上试油时,应当确保油气充分燃烧,油和油性混合物不得排放入海。

第五十四条 勘探开发海洋石油,必须按有关规定编制溢油应急计划,报国家海洋行政主管部门的海区派出机构备案。

第七章 防治倾倒废弃物对海洋环境的污染损害

第五十五条 任何单位未经国家海洋行政主管部门批准,不得向中华人民共和国管辖海域倾倒任何废弃物。

需要倾倒废弃物的单位,必须向国家海洋行政主管部门提出书面申请,经国家海洋行政主管部门审查批准,发给许可证后,方可倾倒。

禁止中华人民共和国境外的废弃物在中华人民共和国管辖海域倾倒。

第五十六条 国家海洋行政主管部门根据废弃物的毒性、有毒物质含量和对海洋环境影响程度,制定海洋倾倒废弃物评价程序和标准。

向海洋倾倒废弃物,应当按照废弃物的类别和数量实行分级管理。

可以向海洋倾倒的废弃物名录,由国家海洋行政主管部门拟定,经国务院环境保护行政主管部门提出审核意见后，报国务院批准。

第五十七条 国家海洋行政主管部门按照科学、合理、经济、安全的原则选划海洋倾倒区，经国务院环境保护行政主管部门提出审核意见后，报国务院批准。

临时性海洋倾倒区由国家海洋行政主管部门批准，并报国务院环境保护行政主管部门备案。

国家海洋行政主管部门在选划海洋倾倒区和批准临时性海洋倾倒区之前，必须征求国家海事、渔业行政主管部门的意见。

第五十八条 国家海洋行政主管部门监督管理倾倒区的使用，组织倾倒区的环境监测，对经确认不宜继续使用的倾倒区，国家海洋行政主管部门应当予以封闭，终止在该倾倒区的一切倾倒活动，并报国务院备案。

第五十九条 获准倾倒废弃物的单位，必须按照许可证注明的期限及条件，到指定的区域进行倾倒。废弃物装载之后，批准部门应当予以核实。

第六十条 获准倾倒废弃物的单位，应当详细记录倾倒的情况，并在倾倒后向批准部门作出书面报告。倾倒废弃物的船舶必须向驶出港的海事行政主管部门作出书面报告。

第六十一条 禁止在海上焚烧废弃物。

禁止在海上处置放射性废弃物或者其他放射性物质。废弃物中的放射性物质的豁免浓度由国务院制定。

第八章 防治船舶及有关作业活动对海洋环境的污染损害

第六十二条 在中华人民共和国管辖海域，任何船舶及相关作业不得违反本法规定向海洋排放污染物、废弃物和压载水、船舶垃圾及其他有害物质。

从事船舶污染物、废弃物、船舶垃圾接收、船舶清舱、洗舱作业活动的，必须具备相应的接收处理能力。

第六十三条 船舶必须按照有关规定持有防止海洋环境污染的证书与文书，在进行涉及污染物排放及操作时，应当如实记录。

第六十四条 船舶必须配置相应的防污设备和器材。

载运具有污染危害性货物的船舶，其结构与设备应当能够防止或者减轻所载货物对海洋环境的污染。

第六十五条 船舶应当遵守海上交通安全法律、法规的规定，防止因碰撞、触礁、搁浅、火灾或者爆炸等引起的海难事故，造成海洋环境的污染。

第六十六条 国家完善并实施船舶油污损害民事赔偿责任制度；按照船舶油污损害赔偿责任由船东和货主共同承担风险的原则，建立船舶油污保险、油污损害赔偿基金制度。

实施船舶油污保险、油污损害赔偿基金制度的具体办法由国务院规定。

第六十七条 载运具有污染危害性货物进出港口的船舶，其承运人、货物所有人或者代理人，必须事先向海事行政主管部门申报。经批准后，方可进出港口、过境停留或者装卸作业。

第六十八条 交付船舶装运污染危害性货物的单证、包装、标志、数量限制等，必须符合对所装货物的有关规定。

需要船舶装运污染危害性不明的货物，应当按照有关规定事先进行评估。

装卸油类及有毒有害货物的作业，船岸双方必须遵守安全防污操作规程。

第六十九条 港口、码头、装卸站和船舶修造厂必须按照有关规定备有足够的用于处理船舶污染物、废弃物的接收设施，并使该设施处于良好状态。

装卸油类的港口、码头、装卸站和船舶必须编制溢油污染应急计划，并配备相应的溢油污染应急设备和器材。

第七十条 进行下列活动，应当事先按照有关规定报经有关部门批准或者核准：

（一）船舶在港区水域内使用焚烧炉；

（二）船舶在港区水域内进行洗舱、清舱、驱气、排放压载水、残油、含油污水接收、舷外拷铲及油漆等作业；

（三）船舶、码头、设施使用化学消油剂；

（四）船舶冲洗沾有污染物、有毒有害物质的甲板；

（五）船舶进行散装液体污染危害性货物

的过驳作业；

（六）从事船舶水上拆解、打捞、修造和其他水上、水下船舶施工作业。

第七十一条 船舶发生海难事故，造成或者可能造成海洋环境重大污染损害的，国家海事行政主管部门有权强制采取避免或者减少污染损害的措施。

对在公海上因发生海难事故，造成中华人民共和国管辖海域重大污染损害后果或者具有污染威胁的船舶、海上设施，国家海事行政主管部门有权采取与实际的或者可能发生的损害相称的必要措施。

第七十二条 所有船舶均有监视海上污染的义务，在发现海上污染事故或者违反本法规定的行为时，必须立即向就近的依照本法规定行使海洋环境监督管理权的部门报告。

民用航空器发现海上排污或者污染事件，必须及时向就近的民用航空空中交通管制单位报告。接到报告的单位，应当立即向依照本法规定行使海洋环境监督管理权的部门通报。

第九章 法律责任

第七十三条 违反本法有关规定，有下列行为之一的，由依照本法规定行使海洋环境监督管理权的部门责令限期改正，并处以罚款：

（一）向海域排放本法禁止排放的污染物或者其他物质的；

（二）不按照本法规定向海洋排放污染物，或者超过标准排放污染物的；

（三）未取得海洋倾倒许可证，向海洋倾倒废弃物的；

（四）因发生事故或者其他突发性事件，造成海洋环境污染事故，不立即采取处理措施的。

有前款第（一）、（三）项行为之一的，处三万元以上二十万元以下的罚款；有前款第（二）、（四）项行为之一的，处二万元以上十万元以下的罚款。

第七十四条 违反本法有关规定，有下列行为之一的，由依照本法规定行使海洋环境监督管理权的部门予以警告，或者处以罚款：

（一）不按照规定申报，甚至拒报污染物排放有关事项，或者在申报时弄虚作假的；

（二）发生事故或者其他突发性事件不按照规定报告的；

（三）不按照规定记录倾倒情况，或者不按照规定提交倾倒报告的；

（四）拒报或者谎报船舶载运污染危害性货物申报事项的。

有前款第（一）、（三）项行为之一的，处二万元以下的罚款；有前款第（二）、（四）项行为之一的，处五万元以下的罚款。

第七十五条 违反本法第十九条第二款的规定，拒绝现场检查，或者在被检查时弄虚作假的，由依照本法规定行使海洋环境监督管理权的部门予以警告，并处二万元以下的罚款。

第七十六条 违反本法规定，造成珊瑚礁、红树林等海洋生态系统及海洋水产资源、海洋保护区破坏的，由依照本法规定行使海洋环境监督管理权的部门责令限期改正和采取补救措施，并处一万元以上十万元以下的罚款；有违法所得的，没收其违法所得。

第七十七条 违反本法第三十条第一款、第三款规定设置入海排污口的，由县级以上地方人民政府环境保护行政主管部门责令其关闭，并处二万元以上十万元以下的罚款。

第七十八条 违反本法第三十二条第三款的规定，擅自拆除、闲置环境保护设施的，由县级以上地方人民政府环境保护行政主管部门责令重新安装使用，并处一万元以上十万元以下的罚款。

第七十九条 违反本法第三十九条第二款的规定，经中华人民共和国管辖海域，转移危险废物的，由国家海事行政主管部门责令非法运输该危险废物的船舶退出中华人民共和国管辖海域，并处五万元以上五十万元以下的罚款。

第八十条 违反本法第四十三条第一款的规定，未持有经批准的环境影响报告书，兴建海岸工程建设项目的，由县级以上地方人民政府环境保护行政主管部门责令其停止违法行为和采取补救措施，并处五万元以上二十万元以下的罚款；或者按照管理权限，由县级以上地方人民政府责令其限期拆除。

第八十一条 违反本法第四十四条的规定，海岸工程建设项目未建成环境保护设施，或者环境保护设施未达到规定要求即投入生产、使用的，由环境保护行政主管部门责令其停止生产或者使用，并处二万元以上十万元以下的罚款。

第八十二条 违反本法第四十五条的规定，新建严重污染海洋环境的工业生产建设项目的，按照管理权限，由县级以上人民政府责令关闭。

第八十三条 违反本法第四十七条第一款、第四十八条的规定，进行海洋工程建设项目，或者海洋工程建设项目未建成环境保护设施、环境保护设施未达到规定要求即投入生产、使用的，由海洋行政主管部门责令其停止施工或者生产、使用，并处五万元以上二十万元以下的罚款。

第八十四条 违反本法第四十九条的规定，使用含超标准放射性物质或者易溶出有毒有害物质材料的，由海洋行政主管部门处五万元以下的罚款，并责令其停止该建设项目的运行，直到消除污染危害。

第八十五条 违反本法规定进行海洋石油勘探开发活动，造成海洋环境污染的，由国家海洋行政主管部门予以警告，并处二万元以上二十万元以下的罚款。

第八十六条 违反本法规定，不按照许可证的规定倾倒，或者向已经封闭的倾倒区倾倒废弃物的，由海洋行政主管部门予以警告，并处三万元以上二十万元以下的罚款；对情节严重的，可以暂扣或者吊销许可证。

第八十七条 违反本法第五十五条第三款的规定，将中华人民共和国境外废弃物运进中华人民共和国管辖海域倾倒的，由国家海洋行政主管部门予以警告，并根据造成或者可能造成的危害后果，处十万元以上一百万元以下的罚款。

第八十八条 违反本法规定，有下列行为之一的，由依照本法规定行使海洋环境监督管理权的部门予以警告，或者处以罚款：

（一）港口、码头、装卸站及船舶未配备防污设施、器材的；

（二）船舶未持有防污证书、防污文书，或者不按照规定记载排污记录的；

（三）从事水上和港区水域拆船、旧船改装、打捞和其他水上、水下施工作业，造成海洋环境污染损害的；

（四）船舶载运的货物不具备防污适运条件的。

有前款第（一）、（四）项行为之一的，处二万元以上十万元以下的罚款；有前款第（二）项行为的，处二万元以下的罚款；有前款第（三）项行为的，处五万元以上二十万元以下的罚款。

第八十九条 违反本法规定，船舶、石油平台和装卸油类的港口、码头、装卸站不编制溢油应急计划的，由依照本法规定行使海洋环境监督管理权的部门予以警告，或者责令限期改正。

第九十条 造成海洋环境污染损害的责任者，应当排除危害，并赔偿损失；完全由于第三者的故意或者过失，造成海洋环境污染损害的，由第三者排除危害，并承担赔偿责任。

对破坏海洋生态、海洋水产资源、海洋保护区，给国家造成重大损失的，由依照本法规定行使海洋环境监督管理权的部门代表国家对责任者提出损害赔偿要求。

第九十一条 对违反本法规定，造成海洋环境污染事故的单位，由依照本法规定行使海洋环境监督管理权的部门根据所造成的危害和损失处以罚款；负有直接责任的主管人员和其他直接责任人员属于国家工作人员的，依法给予行政处分。

前款规定的罚款数额按照直接损失的百分之三十计算，但最高不得超过三十万元。

对造成重大海洋环境污染事故，致使公私财产遭受重大损失或者人身伤亡严重后果的，依法追究刑事责任。

第九十二条 完全属于下列情形之一，经过及时采取合理措施，仍然不能避免对海洋环境造成污染损害的，造成污染损害的有关责任者免予承担责任：

（一）战争；

（二）不可抗拒的自然灾害；

（三）负责灯塔或者其他助航设备的主管部门，在执行职责时的疏忽，或者其他过失行为。

第九十三条 对违反本法第十一条、第十二条有关缴纳排污费、倾倒费和限期治理规定的行政处罚，由国务院规定。

第九十四条 海洋环境监督管理人员滥用职权、玩忽职守、徇私舞弊,造成海洋环境污染损害的,依法给予行政处分;构成犯罪的,依法追究刑事责任。

第十章 附 则

第九十五条 本法中下列用语的含义是:

(一)海洋环境污染损害,是指直接或者间接地把物质或者能量引入海洋环境,产生损害海洋生物资源、危害人体健康、妨害渔业和海上其他合法活动、损害海水使用素质和减损环境质量等有害影响。

(二)内水,是指我国领海基线向内陆一侧的所有海域。

(三)滨海湿地,是指低潮时水深浅于六米的水域及其沿岸浸湿地带,包括水深不超过六米的永久性水域、潮间带(或洪泛地带)和沿海低地等。

(四)海洋功能区划,是指依据海洋自然属性和社会属性,以及自然资源和环境特定条件,界定海洋利用的主导功能和使用范畴。

(五)渔业水域,是指鱼虾类的产卵场、索饵场、越冬场、洄游通道和鱼虾贝藻类的养殖场。

(六)油类,是指任何类型的油及其炼制品。

(七)油性混合物,是指任何含有油份的混合物。

(八)排放,是指把污染物排入海洋的行为,包括泵出、溢出、泄出、喷出和倒出。

(九)陆地污染源(简称陆源),是指从陆地向海域排放污染物,造成或者可能造成海洋环境污染的场所、设施等。

(十)陆源污染物,是指由陆地污染源排放的污染物。

(十一)倾倒,是指通过船舶、航空器、平台或者其他载运工具,向海洋处置废弃物和其他有害物质的行为,包括弃置船舶、航空器、平台及其辅助设施和其他浮动工具的行为。

(十二)沿海陆域,是指与海岸相连,或者通过管道、沟渠、设施,直接或者间接向海洋排放污染物及其相关活动的一带区域。

(十三)海上焚烧,是指以热摧毁为目的,在海上焚烧设施上,故意焚烧废弃物或者其他物质的行为,但船舶、平台或者其他人工构造物正常操作中,所附带发生的行为除外。

第九十六条 涉及海洋环境监督管理的有关部门的具体职权划分,本法未作规定的,由国务院规定。

第九十七条 中华人民共和国缔结或者参加的与海洋环境保护有关的国际条约与本法有不同规定的,适用国际条约的规定;但是,中华人民共和国声明保留的条款除外。

第九十八条 本法自2000年4月1日起施行。

中华人民共和国海岛保护法

(2009年12月26日第十一届全国人民代表大会常务委员会第十二次会议通过,自2010年3月1日起施行)

第一章 总 则

第一条 为了保护海岛及其周边海域生态系统,合理开发利用海岛自然资源,维护国家海洋权益,促进经济社会可持续发展,制定本法。

第二条 从事中华人民共和国所属海岛的保护、开发利用及相关管理活动,适用本法。

本法所称海岛,是指四面环海水并在高潮时高于水面的自然形成的陆地区域,包括有居民海岛和无居民海岛。

本法所称海岛保护,是指海岛及其周边海域生态系统保护,无居民海岛自然资源保护和特殊用途海岛保护。

第三条 国家对海岛实行科学规划、保护优先、合理开发、永续利用的原则。

国务院和沿海地方各级人民政府应当将海岛保护和合理开发利用纳入国民经济和社会发展规划,采取有效措施,加强对海岛的保护和管理,防止海岛及其周边海域生态系统遭受破坏。

第四条 无居民海岛属于国家所有,国务院代表国家行使无居民海岛所有权。

第五条 国务院海洋主管部门和国务院其他有关部门依照法律和国务院规定的职责分工,负责全国有居民海岛及其周边海域生态保护工作。沿海县级以上地方人民政府海洋主管部门和其他有关部门按照各自的职责,负责本行政区域内有居民海岛及其周边海域生态保护工作。

国务院海洋主管部门负责全国无居民海岛保护和开发利用的管理工作。沿海县级以上地方人民政府海洋主管部门负责本行政区域内无居民海岛保护和开发利用管理的有关工作。

第六条 海岛的名称,由国家地名管理机构和国务院海洋主管部门按照国务院有关规定确定和发布。

沿海县级以上地方人民政府应当按照国家规定,在需要设置海岛名称标志的海岛设置海岛名称标志。

禁止损毁或者擅自移动海岛名称标志。

第七条 国务院和沿海地方各级人民政府应当加强对海岛保护的宣传教育工作,增强公民的海岛保护意识,并对在海岛保护以及有关科学研究工作中做出显著成绩的单位和个人予以奖励。

任何单位和个人都有遵守海岛保护法律的义务,并有权向海洋主管部门或者其他有关部门举报违反海岛保护法律、破坏海岛生态的行为。

第二章 海岛保护规划

第八条 国家实行海岛保护规划制度。海岛保护规划是从事海岛保护、利用活动的依据。

制定海岛保护规划应当遵循有利于保护和改善海岛及其周边海域生态系统,促进海岛经济社会可持续发展的原则。

海岛保护规划报送审批前,应当征求有关专家和公众的意见,经批准后应当及时向社会公布。但是,涉及国家秘密的除外。

第九条 国务院海洋主管部门会同本级人民政府有关部门、军事机关,依据国民经济和社会发展规划、全国海洋功能区划,组织编制全国海岛保护规划,报国务院审批。

全国海岛保护规划应当按照海岛的区位、自然资源、环境等自然属性及保护、利用状况,确定海岛分类保护的原则和可利用的无居民海岛,以及需要重点修复的海岛等。

全国海岛保护规划应当与全国城镇体系规划和全国土地利用总体规划相衔接。

第十条 沿海省、自治区人民政府海洋主管部门会同本级人民政府有关部门、军事机关,依据全国海岛保护规划、省域城镇体系规划和省、自治区土地利用总体规划,组织编制省域海岛保护规划,报省、自治区人民政府审批,并报国务院备案。

沿海直辖市人民政府组织编制的城市总体规划,应当包括本行政区域内海岛保护专项规划。

省域海岛保护规划和直辖市海岛保护专项规划,应当规定海岛分类保护的具体措施。

第十一条 省、自治区人民政府根据实际情况,可以要求本行政区域内的沿海城市、县、镇人民政府组织编制海岛保护专项规划,并纳入城市总体规划、镇总体规划;可以要求沿海县人民政府组织编制县域海岛保护规划。

沿海城市、镇海岛保护专项规划和县域海岛保护规划,应当符合全国海岛保护规划和省域海岛保护规划。

编制沿海城市、镇海岛保护专项规划,应当征求上一级人民政府海洋主管部门的意见。

县域海岛保护规划报省、自治区人民政府审批,并报国务院海洋主管部门备案。

第十二条 沿海县级人民政府可以组织编制全国海岛保护规划确定的可利用无居民海岛的保护和利用规划。

第十三条 修改海岛保护规划,应当依照本法第九条、第十条、第十一条规定的审批程序报经批准。

第十四条 国家建立完善海岛统计调查制度。

国务院海洋主管部门会同有关部门拟定海岛综合统计调查计划,依法经批准后组织实施,并发布海岛统计调查公报。

第十五条 国家建立海岛管理信息系统,开展海岛自然资源的调查评估,对海岛的保护与利用等状况实施监视、监测。

第三章 海岛的保护

第一节 一般规定

第十六条 国务院和沿海地方各级人民政府应当采取措施,保护海岛的自然资源、自然景观以及历史、人文遗迹。

禁止改变自然保护区内海岛的海岸线。禁止采挖、破坏珊瑚和珊瑚礁。禁止砍伐海岛周边海域的红树林。

第十七条 国家保护海岛植被,促进海岛淡水资源的涵养;支持有居民海岛淡水储存、海水淡化和岛外淡水引入工程设施的建设。

第十八条 国家支持利用海岛开展科学研究活动。在海岛从事科学研究活动不得造成海岛及其周边海域生态系统破坏。

第十九条 国家开展海岛物种登记,依法保护和管理海岛生物物种。

第二十条 国家支持在海岛建立可再生能源开发利用、生态建设等实验基地。

第二十一条 国家安排海岛保护专项资金,用于海岛的保护、生态修复和科学研究活动。

第二十二条 国家保护设置在海岛的军事设施,禁止破坏、危害军事设施的行为。

国家保护依法设置在海岛的助航导航、测量、气象观测、海洋监测和地震监测等公益设施,禁止损毁或者擅自移动,妨碍其正常使用。

第二节 有居民海岛生态系统的保护

第二十三条 有居民海岛的开发、建设应当遵守有关城乡规划、环境保护、土地管理、海域使用管理、水资源和森林保护等法律、法规的规定,保护海岛及其周边海域生态系统。

第二十四条 有居民海岛的开发、建设应当对海岛土地资源、水资源及能源状况进行调查评估,依法进行环境影响评价。海岛的开发、建设不得超出海岛的环境容量。新建、改建、扩建建设项目,必须符合海岛主要污染物排放、建设用地和用水总量控制指标的要求。

有居民海岛的开发、建设应当优先采用风能、海洋能、太阳能等可再生能源和雨水集蓄、海水淡化、污水再生利用等技术。

有居民海岛及其周边海域应当划定禁止开发、限制开发区域,并采取措施保护海岛生物栖息地,防止海岛植被退化和生物多样性降低。

第二十五条 在有居民海岛进行工程建设,应当坚持先规划后建设、生态保护设施优先建设或者与工程项目同步建设的原则。

进行工程建设造成生态破坏的,应当负责修复;无力修复的,由县级以上人民政府责令停止建设,并可以指定有关部门组织修复,修复费用由造成生态破坏的单位、个人承担。

第二十六条 严格限制在有居民海岛沙滩建造建筑物或者设施;确需建造的,应当依照有关城乡规划、土地管理、环境保护等法律、法规的规定执行。未经依法批准在有居民海岛沙滩建造的建筑物或者设施,对海岛及其周边海域生态系统造成严重破坏的,应当依法拆除。

严格限制在有居民海岛沙滩采挖海砂;确需采挖的,应当依照有关海域使用管理、矿产资源的法律、法规的规定执行。

第二十七条 严格限制填海、围海等改变有居民海岛海岸线的行为,严格限制填海连岛工程建设;确需填海、围海改变海岛海岸线,或者填海连岛的,项目申请人应当提交项目论证报告、经批准的环境影响评价报告等申请文件,依照《中华人民共和国海域使用管理法》的规定报经批准。

本法施行前在有居民海岛建设的填海连岛工程,对海岛及其周边海域生态系统造成严重破坏的,由海岛所在省、自治区、直辖市人民政府海洋主管部门会同本级人民政府有关部门制定生态修复方案,报本级人民政府批准后组织实施。

第三节 无居民海岛的保护

第二十八条 未经批准利用的无居民海岛,应当维持现状;禁止采石、挖海砂、采伐林木以及进行生产、建设、旅游等活动。

第二十九条 严格限制在无居民海岛采集生物

和非生物样本;因教学、科学研究确需采集的,应当报经海岛所在县级以上地方人民政府海洋主管部门批准。

第三十条 从事全国海岛保护规划确定的可利用无居民海岛的开发利用活动,应当遵守可利用无居民海岛保护和利用规划,采取严格的生态保护措施,避免造成海岛及其周边海域生态系统破坏。

开发利用前款规定的可利用无居民海岛,应当向省、自治区、直辖市人民政府海洋主管部门提出申请,并提交项目论证报告、开发利用具体方案等申请文件,由海洋主管部门组织有关部门和专家审查,提出审查意见,报省、自治区、直辖市人民政府审批。

无居民海岛的开发利用涉及利用特殊用途海岛,或者确需填海连岛以及其他严重改变海岛自然地形、地貌的,由国务院审批。

无居民海岛开发利用审查批准的具体办法,由国务院规定。

第三十一条 经批准开发利用无居民海岛的,应当依法缴纳使用金。但是,因国防、公务、教学、防灾减灾、非经营性公用基础设施建设和基础测绘、气象观测等公益事业使用无居民海岛的除外。

无居民海岛使用金征收使用管理办法,由国务院财政部门会同国务院海洋主管部门规定。

第三十二条 经批准在可利用无居民海岛建造建筑物或者设施,应当按照可利用无居民海岛保护和利用规划限制建筑物、设施的建设总量、高度以及与海岸线的距离,使其与周围植被和景观相协调。

第三十三条 无居民海岛利用过程中产生的废水,应当按照规定进行处理和排放。

无居民海岛利用过程中产生的固体废物,应当按照规定进行无害化处理、处置,禁止在无居民海岛弃置或者向其周边海域倾倒。

第三十四条 临时性利用无居民海岛的,不得在所利用的海岛建造永久性建筑物或者设施。

第三十五条 在依法确定为开展旅游活动的可利用无居民海岛及其周边海域,不得建造居民定居场所,不得从事生产性养殖活动;已经存在生产性养殖活动的,应当在编制可利用无居民海岛保护和利用规划中确定相应的污染防治措施。

第四节 特殊用途海岛的保护

第三十六条 国家对领海基点所在海岛、国防用途海岛、海洋自然保护区内的海岛等具有特殊用途或者特殊保护价值的海岛,实行特别保护。

第三十七条 领海基点所在的海岛,应当由海岛所在省、自治区、直辖市人民政府划定保护范围,报国务院海洋主管部门备案。领海基点及其保护范围周边应当设置明显标志。

禁止在领海基点保护范围内进行工程建设以及其他可能改变该区域地形、地貌的活动。确需进行以保护领海基点为目的的工程建设的,应当经过科学论证,报国务院海洋主管部门同意后依法办理审批手续。

禁止损毁或者擅自移动领海基点标志。

县级以上人民政府海洋主管部门应当按照国家规定,对领海基点所在海岛及其周边海域生态系统实施监视、监测。

任何单位和个人都有保护海岛领海基点的义务。发现领海基点以及领海基点保护范围内的地形、地貌受到破坏的,应当及时向当地人民政府或者海洋主管部门报告。

第三十八条 禁止破坏国防用途无居民海岛的自然地形、地貌和有居民海岛国防用途区域及其周边的地形、地貌。

禁止将国防用途无居民海岛用于与国防无关的目的。国防用途终止时,经军事机关批准后,应当将海岛及其有关生态保护的资料等一并移交该海岛所在省、自治区、直辖市人民政府。

第三十九条 国务院、国务院有关部门和沿海省、自治区、直辖市人民政府,根据海岛自然资源、自然景观以及历史、人文遗迹保护的需要,对具有特殊保护价值的海岛及其周边海域,依法批准设立海洋自然保护区或者海洋特别保护区。

第四章 监督检查

第四十条 县级以上人民政府有关部门应当依

法对有居民海岛保护和开发、建设进行监督检查。

第四十一条 海洋主管部门应当依法对无居民海岛保护和合理利用情况进行监督检查。

海洋主管部门及其海监机构依法对海岛周边海域生态系统保护情况进行监督检查。

第四十二条 海洋主管部门依法履行监督检查职责，有权要求被检查单位和个人就海岛利用的有关问题作出说明，提供海岛利用的有关文件和资料；有权进入被检查单位和个人所利用的海岛实施现场检查。

检查人员在履行检查职责时，应当出示有效的执法证件。有关单位和个人对检查工作应当予以配合，如实反映情况，提供有关文件和资料等；不得拒绝或者阻碍检查工作。

第四十三条 检查人员必须忠于职守、秉公执法、清正廉洁、文明服务，并依法接受监督。在依法查处违反本法规定的行为时，发现国家机关工作人员有违法行为应当给予处分的，应当向其任免机关或者监察机关提出处分建议。

第五章 法律责任

第四十四条 海洋主管部门或者其他对海岛保护负有监督管理职责的部门，发现违法行为或者接到对违法行为的举报后不依法予以查处，或者有其他未依照本法规定履行职责的行为的，由本级人民政府或者上一级人民政府有关主管部门责令改正，对直接负责的主管人员和其他直接责任人员依法给予处分。

第四十五条 违反本法规定，改变自然保护区内海岛的海岸线，填海、围海改变海岛海岸线，或者进行填海连岛的，依照《中华人民共和国海域使用管理法》的规定处罚。

第四十六条 违反本法规定，采挖、破坏珊瑚、珊瑚礁，或者砍伐海岛周边海域红树林的，依照《中华人民共和国海洋环境保护法》的规定处罚。

第四十七条 违反本法规定，在无居民海岛采石、挖海砂、采伐林木或者采集生物、非生物样本的，由县级以上人民政府海洋主管部门责令停止违法行为，没收违法所得，可以并处二万元以下的罚款。

违反本法规定，在无居民海岛进行生产、建设活动或者组织开展旅游活动的，由县级以上人民政府海洋主管部门责令停止违法行为，没收违法所得，并处二万元以上二十万元以下的罚款。

第四十八条 违反本法规定，进行严重改变无居民海岛自然地形、地貌的活动的，由县级以上人民政府海洋主管部门责令停止违法行为，处以五万元以上五十万元以下的罚款。

第四十九条 在海岛及其周边海域违法排放污染物的，依照有关环境保护法律的规定处罚。

第五十条 违反本法规定，在领海基点保护范围内进行工程建设或者其他可能改变该区域地形、地貌活动，在临时性利用的无居民海岛建造永久性建筑物或者设施，或者在依法确定为开展旅游活动的可利用无居民海岛建造居民定居场所的，由县级以上人民政府海洋主管部门责令停止违法行为，处以二万元以上二十万元以下的罚款。

第五十一条 损毁或者擅自移动领海基点标志的，依法给予治安管理处罚。

第五十二条 破坏、危害设置在海岛的军事设施，或者损毁、擅自移动设置在海岛的助航导航、测量、气象观测、海洋监测和地震监测等公益设施的，依照有关法律、行政法规的规定处罚。

第五十三条 无权批准开发利用无居民海岛而批准，超越批准权限批准开发利用无居民海岛，或者违反海岛保护规划批准开发利用无居民海岛的，批准文件无效；对直接负责的主管人员和其他直接责任人员依法给予处分。

第五十四条 违反本法规定，拒绝海洋主管部门监督检查，在接受监督检查时弄虚作假，或者不提供有关文件和资料的，由县级以上人民政府海洋主管部门责令改正，可以处二万元以下的罚款。

第五十五条 违反本法规定，构成犯罪的，依法追究刑事责任。

造成海岛及其周边海域生态系统破坏的，依法承担民事责任。

第六章 附 则

第五十六条 低潮高地的保护及相关管理活动，比照本法有关规定执行。

第五十七条 本法中下列用语的含义：

（一）海岛及其周边海域生态系统，是指由维持海岛存在的岛体、海岸线、沙滩、植被、淡水和周边海域等生物群落和非生物环境组成的有机复合体。

（二）无居民海岛，是指不属于居民户籍管理的住址登记地的海岛。

（三）低潮高地，是指在低潮时四面环海水并高于水面但在高潮时没入水中的自然形成的陆地区域。

（四）填海连岛，是指通过填海造地等方式将海岛与陆地或者海岛与海岛连接起来的行为。

（五）临时性利用无居民海岛，是指因公务、教学、科学调查、救灾、避险等需要而短期登临、停靠无居民海岛的行为。

第五十八条 本法自2010年3月1日起施行。

中华人民共和国海域使用管理法（节选）

（2001年10月27日第九届全国人民代表大会常务委员会第二十四次会议通过，自2002年1月1日起施行）

第一章 总 则

第一条 为了加强海域使用管理，维护国家海域所有权和海域使用权人的合法权益，促进海域的合理开发和可持续利用，制定本法。

第二条 本法所称海域，是指中华人民共和国内水、领海的水面、水体、海床和底土。

本法所称内水，是指中华人民共和国领海基线向陆地一侧至海岸线的海域。

在中华人民共和国内水、领海持续使用特定海域三个月以上的排他性用海活动，适用本法。

第三章 申请与审批

第十六条 单位和个人可以向县级以上人民政府海洋行政主管部门申请使用海域。

申请使用海域的，申请人应当提交下列书面材料：

（一）海域使用申请书；

（二）海域使用论证材料；

（三）相关的资信证明材料；

（四）法律、法规规定的其他书面材料。

第十七条 县级以上人民政府海洋行政主管部门依据海洋功能区划，对海域使用申请进行审核，并依照本法和省、自治区、直辖市人民政府的规定，报有批准权的人民政府批准。

海洋行政主管部门审核海域使用申请，应当征求同级有关部门的意见。

第十八条 下列项目用海，应当报国务院审批：

（一）填海五十公顷以上的项目用海；

（二）围海一百公顷以上的项目用海；

（三）不改变海域自然属性的用海七百公顷以上的项目用海；

（四）国家重大建设项目用海；

（五）国务院规定的其他项目用海。

前款规定以外的项目用海的审批权限，由国务院授权省、自治区、直辖市人民政府规定。

第四章 海域使用权

第十九条 海域使用申请经依法批准后，国务院批准用海的，由国务院海洋行政主管部门登记造册，向海域使用申请人颁发海域使用权证书；地方人民政府批准用海的，由地方人民政府登记造册，向海域使用申请人颁发海域使用权证书。海域使用申请人自领取海域使用权证书之日起，取得海域使用权。

第二十条 海域使用权除依照本法第十九条规定的方式取得外，也可以通过招标或者拍卖的方式取得。招标或者拍卖方案由海洋行政主管部门制订，报有审批权的人民政府批准后组织实施。海洋行政主管部门制订招标或者拍卖方案，应当征求同级有关部门的意见。

招标或者拍卖工作完成后，依法向中标人或者买受人颁发海域使用权证书。中标人或者买受人自领取海域使用权证书之日起，取得海域使用权。

第二十一条 颁发海域使用权证书，应当向社会公告。

颁发海域使用权证书，除依法收取海域使用金外，不得收取其他费用。

海域使用权证书的发放和管理办法，由国务院规定。

第二十二条 本法施行前，已经由农村集体经济组织或者村民委员会经营、管理的养殖用海，符合海洋功能区划的，经当地县级人民政府核准，可以将海域使用权确定给该农村集体经济组织或者村民委员会，由本集体经济组织的成员承包，用于养殖生产。

第二十五条 海域使用权最高期限，按照下列用途确定：

（一）养殖用海十五年；

（二）拆船用海二十年；

（三）旅游、娱乐用海二十五年；

（四）盐业、矿业用海三十年；

（五）公益事业用海四十年；

（六）港口、修造船厂等建设工程用海五十年。

第二十六条 海域使用权期限届满，海域使用权人需要继续使用海域的，应当至迟于期限届满前二个月向原批准用海的人民政府申请续期。除根据公共利益或者国家安全需要收回海域使用权的外，原批准用海的人民政府应当批准续期。准予续期的，海域使用权人应当依法缴纳续期的海域使用金。

第二十七条 因企业合并、分立或者与他人合资、合作经营，变更海域使用权人的，需经原批准用海的人民政府批准。

海域使用权可以依法转让。海域使用权转让的具体办法，由国务院规定。

海域使用权可以依法继承。

第二十八条 海域使用权人不得擅自改变经批准的海域用途；确需改变的，应当在符合海洋功能区划的前提下，报原批准用海的人民政府批准。

第三十二条 填海项目竣工后形成的土地，属于国家所有。

海域使用权人应当自填海项目竣工之日起三个月内，凭海域使用权证书，向县级以上人民政府土地行政主管部门提出土地登记申请，由县级以上人民政府登记造册，换发国有土地使用权证书，确认土地使用权。

第六章 监督检查

第三十七条 县级以上人民政府海洋行政主管部门应当加强对海域使用的监督检查。

县级以上人民政府财政部门应当加强对海域使用金缴纳情况的监督检查。

第三十九条 县级以上人民政府海洋行政主管部门履行监督检查职责时，有权采取下列措施：

（一）要求被检查单位或者个人提供海域使用的有关文件和资料；

（二）要求被检查单位或者个人就海域使用的有关问题作出说明；

（三）进入被检查单位或者个人占用的海域现场进行勘查；

（四）责令当事人停止正在进行的违法行为。

第七章 法律责任

第四十二条 未经批准或者骗取批准，非法占用海域的，责令退还非法占用的海域，恢复海域原状，没收违法所得，并处非法占用海域期间内该海域面积应缴纳的海域使用金五倍以上十五倍以下的罚款；对未经批准或者骗取批准，进行围海、填海活动的，并处非法占用海域期间内该海域面积应缴纳的海域使用金十倍以上二十倍以下的罚款。

第四十三条 无权批准使用海域的单位非法批准使用海域的，超越批准权限非法批准使用海域的，或者不按海洋功能区划批准使用海域的，批准文件无效，收回非法使用的海域；对非法批准使用海域的直接负责的主管人员和其他直接责任人员，依法给予行政处分。

第四十四条 违反本法第二十三条规定，阻挠、妨害海域使用权人依法使用海域的，海域使用权人可以请求海洋行政主管部门排除妨害，也可以依法向人民法院提起诉讼；造成损失的，可以依法请求损害赔偿。

第四十五条 违反本法第二十六条规定,海域使用权期满,未办理有关手续仍继续使用海域的,责令限期办理,可以并处一万元以下的罚款;拒不办理的,以非法占用海域论处。

第四十六条 违反本法第二十八条规定,擅自改变海域用途的,责令限期改正,没收违法所得,并处非法改变海域用途的期间内该海域面积应缴纳的海域使用金五倍以上十五倍以下的罚款;对拒不改正的,由颁发海域使用权证书的人民政府注销海域使用权证书,收回海域使用权。

第四十七条 违反本法第二十九条第二款规定,海域使用权终止,原海域使用权人不按规定拆除用海设施和构筑物的,责令限期拆除;逾期拒不拆除的,处五万元以下的罚款,并由县级以上人民政府海洋行政主管部门委托有关单位代为拆除,所需费用由原海域使用权人承担。

第四十八条 违反本法规定,按年度逐年缴纳海域使用金的海域使用权人不按期缴纳海域使用金的,限期缴纳;在限期内仍拒不缴纳的,由颁发海域使用权证书的人民政府注销海域使用权证书,收回海域使用权。

第四十九条 违反本法规定,拒不接受海洋行政主管部门监督检查、不如实反映情况或者不提供有关资料的,责令限期改正,给予警告,可以并处二万元以下的罚款。

第五十条 本法规定的行政处罚,由县级以上人民政府海洋行政主管部门依据职权决定。但是,本法已对处罚机关作出规定的除外。

第五十一条 国务院海洋行政主管部门和县级以上地方人民政府违反本法规定颁发海域使用权证书,或者颁发海域使用权证书后不进行监督管理,或者发现违法行为不予查处的,对直接负责的主管人员和其他直接责任人员,依法给予行政处分;徇私舞弊、滥用职权或者玩忽职守构成犯罪的,依法追究刑事责任。

第八章 附 则

第五十二条 在中华人民共和国内水、领海使用特定海域不足三个月,可能对国防安全、海上交通安全和其他用海活动造成重大影响的排他性用海活动,参照本法有关规定办理临时海域使用证。

中华人民共和国渔业法(节选)

(1986年1月20日第六届全国人民代表大会常务委员会第十四次会议通过,1986年7月1日施行,2000年10月31日第九届全国人民代表大会常务委员会第十八次会议修正,2004年8月28日第十届全国人民代表大会常务委员会第十一次会议修正,2009年8月27日《全国人民代表大会常务委员会关于修改部分法律的决定》修正,2013年12月28日第十二届全国人民代表大会常务委员会第六次会议《全国人民代表大会常务委员会关于修改〈中华人民共和国海洋环境保护法〉等七部法律的决定》修正)

第一章 总 则

第二条 在中华人民共和国的内水、滩涂、领海、专属经济区以及中华人民共和国管辖的一切其他海域从事养殖和捕捞水生动物、水生植物等渔业生产活动,都必须遵守本法。

第六条 国务院渔业行政主管部门主管全国的渔业工作。县级以上地方人民政府渔业行政主管部门主管本行政区域内的渔业工作。县级以上人民政府渔业行政主管部门可以在重要渔业水域、渔港设渔政监督管理机构。

县级以上人民政府渔业行政主管部门及其所属的渔政监督管理机构可以设渔政检查人员。渔政检查人员执行渔业行政主管部门及其所属的渔政监督管理机构交付的任务。

第二章 养 殖 业

第十一条 国家对水域利用进行统一规划,确定可以用于养殖业的水域和滩涂。单位和个人使用国家规划确定用于养殖业的全民所有的水域、滩涂的,使用者应当向县级以上地方人民政府渔业行政主管部门提出申请,由本级人民政府核发养殖证,许可其使用该水域、滩涂从事养殖生产。核发养殖证的具体办法由国务院规定。

集体所有的或者全民所有由农业集体经济组织使用的水域、滩涂,可以由个人或者集体承包,从事养殖生产。

第十二条 县级以上地方人民政府在核发养殖证时,应当优先安排当地的渔业生产者。

第十三条 当事人因使用国家规划确定用于养殖业的水域、滩涂从事养殖生产发生争议的,按照有关法律规定的程序处理。在争议解决以前,任何一方不得破坏养殖生产。

第十四条 国家建设征收集体所有的水域、滩涂,按照《中华人民共和国土地管理法》有关征地的规定办理。

第十六条 国家鼓励和支持水产优良品种的选育、培育和推广。

水产新品种必须经全国水产原种和良种审定委员会审定,由国务院渔业行政主管部门公告后推广。水产苗种的进口、出口由国务院渔业行政主管部门或者省、自治区、直辖市人民政府渔业行政主管部门审批。

水产苗种的生产由县级以上地方人民政府渔业行政主管部门审批。但是,渔业生产者自育、自用水产苗种的除外。

第十七条 水产苗种的进口、出口必须实施检疫,防止病害传入境内和传出境外,具体检疫工作按照有关动植物进出境检疫法律、行政法规的规定执行。

引进转基因水产苗种必须进行安全性评价,具体管理工作按照国务院有关规定执行。

第三章 捕 捞 业

第二十三条 国家对捕捞业实行捕捞许可证制度。

到中华人民共和国与有关国家缔结的协定确定的共同管理的渔区或者公海从事捕捞作业的捕捞许可证,由国务院渔业行政主管部门批准发放。海洋大型拖网、围网作业的捕捞许可证,由省、自治区、直辖市人民政府渔业行政主管部门批准发放。其他作业的捕捞许可证,由县级以上地方人民政府渔业行政主管部门批准发放;但是,批准发放海洋作业的捕捞许可证不得超过国家下达的船网工具控制指标,具体办法由省、自治区、直辖市人民政府规定。

捕捞许可证不得买卖、出租和以其他形式转让,不得涂改、伪造、变造。

到他国管辖海域从事捕捞作业的,应当经国务院渔业行政主管部门批准,并遵守中华人民共和国缔结的或者参加的有关条约、协定和有关国家的法律。

第二十四条 具备下列条件的,方可发给捕捞许可证:

(一)有渔业船舶检验证书;

(二)有渔业船舶登记证书;

(三)符合国务院渔业行政主管部门规定的其他条件。

县级以上地方人民政府渔业行政主管部门批准发放的捕捞许可证,应当与上级人民政府渔业行政主管部门下达的捕捞限额指标相适应。

第二十五条 从事捕捞作业的单位和个人,必须按照捕捞许可证关于作业类型、场所、时限、渔具数量和捕捞限额的规定进行作业,并遵守国家有关保护渔业资源的规定,大中型渔船应当填写渔捞日志。

第二十六条 制造、更新改造、购置、进口的从事捕捞作业的船舶必须经渔业船舶检验部门检验合格后,方可下水作业。具体管理办法由国务院规定。

第四章 渔业资源的增殖和保护

第二十八条 县级以上人民政府渔业行政主管部门应当对其管理的渔业水域统一规划,采取措施,增殖渔业资源。县级以上人民政府渔业行政主管部门可以向受益的单位和个人征收渔业资源增殖保护费,专门用于增殖和保护渔业资源。渔业资源增殖保护费的征收办法由国务院渔业行政主管部门会同财政部门制定,报国务院批准后施行。

第二十九条 国家保护水产种质资源及其生存环境,并在具有较高经济价值和遗传育种价值的水产种质资源的主要生长繁育区域建立水产种质资源保护区。未经国务院渔业行政主管部门批准,任何单位或者个人不得在水产种质资源保护区内从事捕捞活动。

第三十条 禁止使用炸鱼、毒鱼、电鱼等破坏渔业资源的方法进行捕捞。禁止制造、销售、使用禁用的渔具。禁止在禁渔区、禁渔期进行捕捞。禁止使用小于最小网目尺寸的网具进行捕捞。捕捞的渔获物中幼鱼不得超过规定的比例。在禁渔区或者禁渔期内禁止销售非法捕捞的渔获物。

重点保护的渔业资源品种及其可捕捞标准,禁渔区和禁渔期,禁止使用或者限制使用的渔具和捕捞方法,最小网目尺寸以及其他保护渔业资源的措施,由国务院渔业行政主管部门或者省、自治区、直辖市人民政府渔业行政主管部门规定。

第三十二条 在鱼、虾、蟹洄游通道建闸、筑坝,对渔业资源有严重影响的,建设单位应当建造过鱼设施或者采取其他补救措施。

第三十五条 进行水下爆破、勘探、施工作业,对渔业资源有严重影响的,作业单位应当事先同有关县级以上人民政府渔业行政主管部门协商,采取措施,防止或者减少对渔业资源的损害;造成渔业资源损失的,由有关县级以上人民政府责令赔偿。

第三十六条 各级人民政府应当采取措施,保护和改善渔业水域的生态环境,防治污染。

渔业水域生态环境的监督管理和渔业污染事故的调查处理,依照《中华人民共和国海洋环境保护法》和《中华人民共和国水污染防治法》的有关规定执行。

第五章 法律责任

第三十八条 使用炸鱼、毒鱼、电鱼等破坏渔业资源方法进行捕捞的,违反关于禁渔区、禁渔期的规定进行捕捞的,或者使用禁用的渔具、捕捞方法和小于最小网目尺寸的网具进行捕捞或者渔获物中幼鱼超过规定比例的,没收渔获物和违法所得,处五万元以下的罚款;情节严重的,没收渔具,吊销捕捞许可证;情节特别严重的,可以没收渔船;构成犯罪的,依法追究刑事责任。

在禁渔区或者禁渔期内销售非法捕捞的渔获物的,县级以上地方人民政府渔业行政主管部门应当及时进行调查处理。

制造、销售禁用的渔具的,没收非法制造、销售的渔具和违法所得,并处一万元以下的罚款。

第三十九条 偷捕、抢夺他人养殖的水产品的,或者破坏他人养殖水体、养殖设施的,责令改正,可以处二万元以下的罚款;造成他人损失的,依法承担赔偿责任;构成犯罪的,依法追究刑事责任。

第四十条 使用全民所有的水域、滩涂从事养殖生产,无正当理由使水域、滩涂荒芜满一年的,由发放养殖证的机关责令限期开发利用;逾期未开发利用的,吊销养殖证,可以并处一万元以下的罚款。

未依法取得养殖证擅自在全民所有的水域从事养殖生产的,责令改正,补办养殖证或者限期拆除养殖设施。

未依法取得养殖证或者超越养殖证许可范围在全民所有的水域从事养殖生产,妨碍航运、行洪的,责令限期拆除养殖设施,可以并处一万元以下的罚款。

第四十一条 未依法取得捕捞许可证擅自进行捕捞的,没收渔获物和违法所得,并处十万元以下的罚款;情节严重的,并可以没收渔具和渔船。

第四十二条 违反捕捞许可证关于作业类型、场所、时限和渔具数量的规定进行捕捞的,没收渔获物和违法所得,可以并处五万元以下的罚款;情节严重的,并可以没收渔具,吊销捕捞许可证。

第四十三条 涂改、买卖、出租或者以其他形式转让捕捞许可证的,没收违法所得,吊销捕捞许可证,可以并处一万元以下的罚款;伪造、变造、买卖捕捞许可证,构成犯罪的,依法追究刑事责任。

第四十四条 非法生产、进口、出口水产苗种的,没收苗种和违法所得,并处五万元以下的罚款。

经营未经审定的水产苗种的,责令立即停止经营,没收违法所得,可以并处五万元以下的罚款。

第四十五条 未经批准在水产种质资源保护区内从事捕捞活动的,责令立即停止捕捞,没收渔获物和渔具,可以并处一万元以下的罚款。

第四十六条 外国人、外国渔船违反本法规定，擅自进入中华人民共和国管辖水域从事渔业生产和渔业资源调查活动的，责令其离开或者将其驱逐，可以没收渔获物、渔具，并处五十万元以下的罚款；情节严重的，可以没收渔船；构成犯罪的，依法追究刑事责任。

第四十七条 造成渔业水域生态环境破坏或者渔业污染事故的，依照《中华人民共和国海洋环境保护法》和《中华人民共和国水污染防治法》的规定追究法律责任。

第四十八条 本法规定的行政处罚，由县级以上人民政府渔业行政主管部门或者其所属的渔政监督管理机构决定。但是，本法已对处罚机关作出规定的除外。

在海上执法时，对违反禁渔区、禁渔期的规定或者使用禁用的渔具、捕捞方法进行捕捞，以及未取得捕捞许可证进行捕捞的，事实清楚、证据充分，但是当场不能按照法定程序作出和执行行政处罚决定的，可以先暂时扣押捕捞许可证、渔具或者渔船，回港后依法作出和执行行政处罚决定。

第四十九条 渔业行政主管部门和其所属的渔政监督管理机构及其工作人员违反本法规定核发许可证、分配捕捞限额或者从事渔业生产经营活动的，或者有其他玩忽职守不履行法定义务、滥用职权、徇私舞弊的行为的，依法给予行政处分；构成犯罪的，依法追究刑事责任。

最高人民法院关于全面加强环境资源审判工作为推进生态文明建设提供有力司法保障的意见

（法发〔2014〕11号）

为深入贯彻党的十八大、十八届三中全会和习近平总书记系列重要讲话精神，充分发挥人民法院审判职能作用，为推进生态文明建设提供有力司法保障，现就全面加强人民法院环境资源审判工作，提出如下意见。

一、新形势下全面加强环境资源审判工作的重大意义

1.全面加强环境资源审判工作是贯彻中央决定，推进生态文明建设的必然要求。当前，我国面临资源约束趋紧、环境污染严重、生态系统退化的严峻形势，已经影响到人民群众的生命健康和经济社会的可持续发展。为从源头上扭转生态环境恶化趋势，建设美丽中国，实现中华民族的永续发展，党的十八大把生态文明建设纳入中国特色社会主义事业五位一体总体布局。党的十八届三中全会作出的《中共中央关于全面深化改革若干重大问题的决定》进一步指出，要建设生态文明，必须建立系统完整的生态文明制度体系，用制度保护生态环境。习近平总书记强调，走向生态文明新时代，建设美丽中国，是实现中华民族伟大复兴的中国梦的重要内容。面对新的形势和任务，各级人民法院要认真学习中央关于加强生态文明建设的新思想、新论断，统一思想认识，全面加强环境资源审判工作，以法律的手段制裁污染环境、破坏生态等违法行为，切实保障自然资源和环境保护制度的落实，维护人民群众生命健康，促进社会和谐安定，推动经济社会可持续发展。

2.全面加强环境资源审判工作是回应人民群众环境资源司法新期待，维护人民群众环境资源权益的必然要求。习近平总书记提出了“山水林田湖是一个生命共同体”“绿水青山就是金山银山”“人民对美好生活的向往，就是我们的奋斗目标”等一系列新思想新要求。随着经济的快速发展和物质生活水平的日益提高，广大人民群众的环境资源意识正在逐步增强，对于洁净的水源、清新的空气、安全的食品等良好生态环境和优质生态产品的需求越来越迫切，要求参与环境资源保护的呼声也越来越高。各级人民法院要积极回应人民群众对环境资源司法的新期待新要求，通过依法审

理环境资源类案件,切实维护公众环境资源权益,为中华民族子孙后代永享优美宜居的生活空间、山清水秀的生态空间提供坚实的司法保障。

3. 全面加强环境资源审判工作是统一裁判尺度、保障环境资源法律正确实施的必然要求。民事诉讼法规定了环境公益诉讼制度,修订后的环境保护法大大强化了对生态环境的保护力度,进一步明确了环境公益诉讼主体范围,与其他环境资源保护法律一起形成了较为完善的环境资源保护法律体系,成为预防和惩治污染环境、破坏生态行为的有力法律武器。各级人民法院要认真学习、贯彻环境资源法律,深入研究环境资源审判规律,更新环境资源司法理念,规范环境资源审判程序,统一裁判尺度,通过优质高效的案件审理和执行工作,促进和保障环境资源法律的全面正确施行。

二、环境资源审判工作的指导思想、基本原则和目标任务

4. 指导思想。以党的十八大和十八届二中、三中全会精神为指导,认真学习贯彻习近平总书记系列重要讲话精神,深入贯彻中央关于全面深化改革的重大部署,紧紧围绕"让人民群众在每一个司法案件中都感受到公平正义"的目标,牢牢坚持司法为民、公正司法工作主线,切实贯彻节约资源和保护环境的基本国策,更加重视和全面加强环境资源审判工作,依法审理环境资源保护类案件,积极推进环境资源司法理论和制度研究,促进完善最严格的源头保护制度、损害赔偿制度、责任追究制度,为推进生态文明建设,增进人民福祉,建设美丽中国提供有力司法保障。

5. 基本原则。一要坚持依法保护。依照法律和行政法规的规定履行环境资源司法保护职责,切实维护人民群众环境资源权益。注意加强与检察机关、公安机关和环境资源保护行政执法机关的工作沟通,分工负责、各司其职、协调联动,共同扭转生态环境恶化趋势。二要坚持保护优先。积极创新审判机制和执行措施,按照环境资源保护优先的要求,加大对污染环境和破坏资源行为的惩处力度。三要坚持注重预防。在案件审理过程中积极采取司法措施预防、减少环境损害和资源破坏,通过事前预防措施降低环境风险发生的可能性及损害程度。四要坚持损害担责。落实全面赔偿规定,探索建立环境修复、惩罚性赔偿等制度,依法严肃追究违法者的法律责任。

6. 目标任务。环境资源纠纷司法救济渠道畅通;环境资源源头保护、损害赔偿、责任追究制度得到落实;环境公益诉讼、环境资源案件管辖等制度不断完善;环境资源刑事、民事、行政、执行等司法保护体系更加健全;环境资源法官队伍专业化水平和司法能力显著提高;环境资源审判工作全面加强,职能作用充分发挥。

三、充分发挥环境资源审判职能作用

7. 依法严惩污染环境、破坏资源犯罪。加大对涉及环境资源保护刑事案件的审判力度,依法严惩污染环境、乱砍滥伐、滥捕野生动物、乱采滥挖矿产资源、非法占用农用地、制污排污、非法处置进口固体废物、擅自进口固体废物等污染环境和破坏资源违法犯罪行为。严厉惩治环境监管失职犯罪。对造成环境污染严重后果的投放危险物质犯罪、重大安全责任事故犯罪,以及受害群众较多的涉众型案件,积极配合有关部门做好善后处置工作,最大限度地维护人民群众的合法权益。

8. 依法审理环境资源民事案件。畅通司法救济渠道,完善司法便民措施,依法及时受理环境资源保护民事案件。妥善审理与土地、矿产、草场、林场、渔业、水、电、气、热力以及海洋等环境资源保护相关的物权、合同和侵权案件,特别要加强对污染土壤、污染水源等环境侵权案件的审理。对于涉及到矿业权、林权及其他自然资源权属的股权转让、承包、联营、出租、抵押等案件,要将保护生态环境和自然资源作为裁判的重要因素予以综合考量。充分发挥保全和先予执行措施的预防和减损作用,对于保全和先予执行申请,要及时受理、迅速审查、依法裁定、立即执行。依法确定当事人举证责任,对于因污染环境、破坏生态发生的纠纷,原告应当就存在污染行为和损害承担举证责任,并提交污染行为和损害之间可能存在

因果关系的初步证据，被告应当就法律规定的不承担责任或者减轻责任的情形及其行为与损害之间不存在因果关系承担举证责任。

9. 依法审理环境资源行政案件。依法受理环境资源行政案件，充分保障当事人诉权。案件审理既要从程序上审查行政机关的执法程序是否合法，也要从实体上审查行政许可、行政处罚等行为是否符合法定标准，特别要加强对行政机关不履行查处违反环境资源保护法律法规行为职责案件的审理，督促行政机关依法履职。谨慎适用协调手段结案，最大限度保护行政相对人的合法权益以及社会公众的环境健康与安全。妥善审理山林权属纠纷及确权行政案件，促进健全自然资源资产产权制度，加强对土地、矿产、水源、森林等自然资源的保护。妥当处理因同一环境资源纠纷引发的民事诉讼与行政诉讼的关系，避免不同审判组织对同一行政行为作出矛盾认定。积极探索环境行政诉讼与民事诉讼的合并审理，不断完善环境行政诉讼证据规则和法律适用规则。

10. 加大环境资源案件执行力度。执行过程中积极争取环境资源保护行政执法机关的支持和配合，确保被执行人应承担的行政责任及民事责任落实到位。适当采取限期履行、代为履行等方式实现恢复生态环境的目的。创新执行方式，探索建立环境资源保护案件执行回访制度，密切监督判决后责任人对污染的治理、整改措施以及生态恢复是否落实到位。依法审查环境行政非诉案件，对环境资源保护行政执法机关依法申请人民法院强制执行生效行政处罚决定，人民法院经审查裁定准予强制执行的，应当及时组织实施强制执行。

四、大力推进环境民事公益诉讼

11. 充分保障法律规定的机关和有关组织的环境民事公益诉权。依照民事诉讼法、环境保护法和海洋环境保护法等有关法律规定，充分保障环境公益诉讼原告诉权，及时受理符合条件的公益诉讼。对于负有监督、管理、保护环境公共利益职责的海洋环境监督管理部门等机关依法提起的公益诉讼，以及符合环境保护法第五十八条规定的社会组织提起的公益诉讼，应当依法受理。同一污染环境、破坏生态行为既损害社会公共利益，又损害公民、法人和其他组织民事权益的，有关机关和组织提起公益诉讼，不影响受害人另行提起民事诉讼。

12. 依法确定环境民事公益诉讼的管辖法院。环境公益诉讼一般由侵权行为地或者被告住所地的中级人民法院管辖。同一原告或者不同原告对同一行为分别向两个或者两个以上有管辖权的人民法院提起环境公益诉讼的，由最先受理的人民法院管辖。共同上级人民法院也可以在有管辖权的法院中指定一个法院集中管辖。

13. 探索完善环境民事公益诉讼的审判程序。探索立案沟通协调机制，及时将环境公益诉讼起诉情况通报环境资源保护行政执法机关。探索建立受理公告制度，及时公告环境公益诉讼受理情况。对于审理案件需要的涉及社会公共利益的证据原告因客观原因无法取得的，可以依职权调取。对于原告承担举证责任的涉及社会公共利益的事实需要鉴定的，可以依职权委托鉴定。对于当事人达成的调解协议或者和解撤诉申请，应当特别注重审查是否损害国家利益、社会公共利益或者他人合法权益。对于需要采取强制执行措施的生效判决，可以依法移送执行。

14. 依法确定环境民事公益诉讼的责任方式和赔偿范围。人民法院审理环境公益诉讼案件，可以根据原告请求判令被告停止侵害、排除妨碍、消除危险、返还财产、恢复原状、赔偿损失。探索研究环境公益诉讼的赔偿范围及其与私益诉讼赔偿范围的关系。环境公益诉讼的原告请求被告赔偿预防损害发生或恢复环境费用、破坏自然资源等生态环境造成的损失以及合理的律师费、调查取证费、鉴定评估费等诉讼支出的，可以根据案件审理情况予以支持。探索设立环境公益诉讼专项基金，将环境赔偿金专款用于恢复环境、修复生态、维护环境公共利益；尚未设立基金的地方，可以与环境资源保护行政执法机关、政府财政部门等协商确定环境赔偿金的交付使用方式。

15. 探索构建合理的诉讼成本负担机制。

加大对环境公益诉讼原告的司法救助力度，法律规定的机关和有关组织向人民法院依法申请缓交、减交或者免交案件受理费、保全申请费的，可以予以准许。合理确定诉讼费用的负担主体，在原告胜诉时，原告支出的合理的律师费、调查取证费、鉴定评估费等费用可以判令由被告承担。鼓励从环境公益诉讼基金中支付原告环境公益诉讼费用的做法，充分发挥环境公益诉讼主体维护环境公共利益的积极作用。

五、有序推进环境资源司法体制改革

16. 合理设立环境资源专门审判机构。本着确有需要、因地制宜、分步推进的原则，建立环境资源专门审判机构，为加强环境资源审判工作提供组织保障。高级人民法院要按照审判专业化的思路，理顺机构职能，合理分配审判资源，设立环境资源专门审判机构。中级人民法院应当在高级人民法院的统筹指导下，根据环境资源审判业务量，合理设立环境资源审判机构，案件数量不足的地方，可以设立环境资源合议庭。个别案件较多的基层人民法院经高级人民法院批准，也可以考虑设立环境资源审判机构。

17. 积极探索环境资源刑事、民事、行政案件归口审理。结合各地实际，积极探索环境资源刑事、民事、行政案件由环境资源专门审判机构归口审理，优化审判资源，实现环境资源案件的专业化审判。未实行环境资源案件归口审理的地方，要注重加强刑事、民事、行政审判机构之间的业务协调与沟通。

18. 探索建立与行政区划适当分离的环境资源案件管辖制度。逐步改变目前以行政区划分割自然形成的流域等生态系统的管辖模式，着眼于从水、空气等环境因素的自然属性出发，结合各地的环境资源案件量，探索设立以流域等生态系统或以生态功能区为单位的跨行政区划环境资源专门审判机构，实行对环境资源案件的集中管辖，有效审理跨行政区划污染等案件。

六、建立健全环境资源司法工作机制

19. 加强环境资源司法解释和调研工作。紧密结合我国环境资源司法保护需求，加强对环境资源司法保护新问题的法律适用和诉讼制度研究，借鉴国际环境资源司法保护的有益经验，适时就环境资源损害民事责任、环境民事公益诉讼、矿业权等环境资源纠纷适用法律问题制定司法解释。加强对碳排放交易、排污权交易、水权交易、新能源开发利用及环境服务相关纠纷等新课题的研究，待条件成熟时出台司法解释或者指导意见。积极参与环境资源立法，深入调研及时提出立法建议，推动环境资源法律体系的不断完善。

20. 充分发挥专家在环境资源审判工作中的作用。建立环境资源审判专家库，在审理重大疑难案件、研讨疑难专业问题、制定规范性文件时，充分听取专家意见。可以聘请环境资源领域的专家担任特邀调解员，运用专业技术知识促使当事人自觉认识错误，修复环境，赔偿损失。保障当事人要求专家出庭发表意见的权利，对于符合条件的申请及时通知专家出庭就鉴定意见和专业问题提出意见。

21. 加强环境资源保护职能部门之间的协调联动。加强环境资源审判机构与立案、执行和审判监督机构之间的工作衔接，加强上下级法院之间的信息通报和业务交流。充分运用司法建议促进环境执法。积极推动建立审判机关、检察机关、公安机关和环境资源保护行政执法机关之间的环境资源执法协调机制。加强与环境资源保护行政执法机关和司法鉴定主管部门的沟通，推动完善环境资源司法鉴定和损害结果评估机制。

七、加大环境资源司法公开和宣传力度

22. 加大环境资源审判公众参与和司法公开力度。积极回应人民群众参与环境资源保护意愿，在环境资源审判领域全面推行人民陪审员参与案件审理。自觉接受社会公众监督，推动建立中国环境资源裁判文书网，及时上网公开生效裁判文书。对于有重大影响的案件，邀请人大代表、政协委员、社会公众等旁听庭审，增强环境资源审判的公开性和公信力。

23. 加大环境资源司法保护宣传力度。充分运用传统媒体和微信、微博、新闻客户端等新媒体，通过公开审判、以案说法、发布环境资源司法重要新闻和典型案例等形式，宣传环境资源保护法律法规,提高公众环境资源保护意识。定期发布《中国环境资源审判白皮书》,增进社会公众对环境资源司法保护制度及保护状况的客观全面了解。

八、大力加强环境资源审判队伍建设

24. 加强环境资源审判队伍的思想政治建设。按照习近平总书记提出的“五个过硬”的标准,结合环境资源审判工作的政策性与专业性要求,强化队伍的政治意识、大局意识、群众意识、国情意识、稳定意识,确保环境资源审判工作为党和国家工作大局服务。

25. 加强环境资源审判队伍专业化建设。按照环境资源专业审判要求,适时引进人才,注重培养人才。加大环境资源审判队伍的培训力度,学习环境资源专业知识,研究审判疑难问题,更新司法理念,提升司法能力,努力打造一支政治强、业务精、素质高的专业化环境资源审判队伍。

26. 加强环境资源审判机构领导班子建设。选优配强环境资源审判机构领导班子,增强领导班子把握环境资源审判工作全局和破解环境资源保护实践难题的能力,提高领导班子集体决策能力和整体合力,形成讲政治、顾大局、有凝聚力、有战斗力的领导核心,为全面加强人民法院环境资源审判工作提供坚强的组织领导。

最高人民法院

2014 年 6 月 23 日

国务院办公厅关于进一步推进排污权有偿使用和交易试点工作的指导意见

(国办发〔2014〕38 号)

各省、自治区、直辖市人民政府,国务院各部委、各直属机构:

排污权是指排污单位经核定、允许其排放污染物的种类和数量。2007 年以来,国务院有关部门组织天津、河北、内蒙古等11 个省(区、市)开展排污权有偿使用和交易试点,取得了一定进展。为进一步推进试点工作,促进主要污染物排放总量持续有效减少,经国务院同意,现提出以下指导意见:

一、总体要求

(一)高度重视排污权有偿使用和交易试点工作。建立排污权有偿使用和交易制度,是我国环境资源领域一项重大的、基础性的机制创新和制度改革,是生态文明制度建设的重要内容,将对更好地发挥污染物总量控制制度作用,在全社会树立环境资源有价的理念,促进经济社会持续健康发展产生积极影响。各地区、各有关部门要充分认识做好试点工作的重要意义,妥善处理好政府与市场、制度改革创新与保持经济平稳发展、新企业与老企业、试点地区与非试点地区的关系,把握好试点政策出台的时机、力度和节奏,因地制宜、循序渐进推进试点工作。

(二)工作目标。以邓小平理论、“三个代表”重要思想、科学发展观为指导,贯彻落实党的十八大和十八届二中、三中全会精神,按照党中央、国务院的决策部署,充分发挥市场在资源配置中的决定性作用,积极探索建立环境成本合理负担机制和污染减排激励约束机制,促进排污单位树立环境意识,主动减少污染物排放,加快推进产业结构调整,切实改善环境质量。到 2017 年,试点地区排污权有偿使用和交易制度基本建立,试点工作基本完成。

二、建立排污权有偿使用制度

(三)严格落实污染物总量控制制度。实施污染物排放总量控制是开展试点的前提。试点地区要严格按照国家确定的污染物减排要求,将污染物总量控制指标分解到基层,不得突破总量控制上限。试点的污染物应为国家作为约束性指标进行总量控制的污染物,试点地区也可选择对本地区环境质量有突出影响的其他污染物开展试点。

（四）合理核定排污权。核定排污权是试点工作的基础。试点地区应于2015年底前全面完成现有排污单位排污权的初次核定，以后原则上每5年核定一次。现有排污单位的排污权，应根据有关法律法规标准、污染物总量控制要求、产业布局和污染物排放现状等核定。新建、改建、扩建项目的排污权，应根据其环境影响评价结果核定。排污权以排污许可证形式予以确认。试点地区不得超过国家确定的污染物排放总量核定排污权，不得为不符合国家产业政策的排污单位核定排污权。排污权由地方环境保护部门按污染源管理权限核定。

（五）实行排污权有偿取得。试点地区实行排污权有偿使用制度，排污单位在缴纳使用费后获得排污权，或通过交易获得排污权。排污单位在规定期限内对排污权拥有使用、转让和抵押等权利。对现有排污单位，要考虑其承受能力、当地环境质量改善要求，逐步实行排污权有偿取得。新建项目排污权和改建、扩建项目新增排污权，原则上要以有偿方式取得。有偿取得排污权的单位，不免除其依法缴纳排污费等相关税费的义务。

（六）规范排污权出让方式。试点地区可以采取定额出让、公开拍卖方式出让排污权。现有排污单位取得排污权，原则上采取定额出让方式，出让标准由试点地区价格、财政、环境保护部门根据当地污染治理成本、环境资源稀缺程度、经济发展水平等因素确定。新建项目排污权和改建、扩建项目新增排污权，原则上通过公开拍卖方式取得，拍卖底价可参照定额出让标准。

（七）加强排污权出让收入管理。排污权使用费由地方环境保护部门按照污染源管理权限收取，全额缴入地方国库，纳入地方财政预算管理。排污权出让收入统筹用于污染防治，任何单位和个人不得截留、挤占和挪用。缴纳排污权使用费金额较大、一次性缴纳确有困难的排污单位，可分期缴纳，缴纳期限不得超过五年，首次缴款不得低于应缴总额的40%。试点地区财政、审计部门要加强对排污权出让收入使用情况的监督。

三、加快推进排污权交易

（八）规范交易行为。排污权交易应在自愿、公平、有利于环境质量改善和优化环境资源配置的原则下进行。交易价格由交易双方自行确定。试点初期，可参照排污权定额出让标准等确定交易指导价格。试点地区要严格按照《国务院关于清理整顿各类交易场所切实防范金融风险的决定》（国发〔2011〕38号）等有关规定，规范排污权交易市场。

（九）控制交易范围。排污权交易原则上在各试点省份内进行。涉及水污染物的排污权交易仅限于在同一流域内进行。火电企业（包括其他行业自备电厂，不含热电联产机组供热部分）原则上不得与其他行业企业进行涉及大气污染物的排污权交易。环境质量未达到要求的地区不得进行增加本地区污染物总量的排污权交易。工业污染源不得与农业污染源进行排污权交易。

（十）激活交易市场。国务院有关部门要研究制定鼓励排污权交易的财税等扶持政策。试点地区要积极支持和指导排污单位通过淘汰落后和过剩产能、清洁生产、污染治理、技术改造升级等减少污染物排放，形成“富余排污权”参加市场交易；建立排污权储备制度，回购排污单位“富余排污权”，适时投放市场，重点支持战略性新兴产业、重大科技示范等项目建设。积极探索排污权抵押融资，鼓励社会资本参与污染物减排和排污权交易。

（十一）加强交易管理。排污权交易按照污染源管理权限由相应的地方环境保护部门负责。跨省级行政区域的排污权交易试点，由环境保护部、财政部和发展改革委负责组织。排污权交易完成后，交易双方应在规定时限内向地方环境保护部门报告，并申请变更其排污许可证。

四、强化试点组织领导和服务保障

（十二）加强组织领导。试点地区地方人民政府要加强对试点工作的组织领导，制定具体可行的工作方案和配套政策规定，建立协调机制，加强能力建设，主动接受社会监督，积极稳妥推进试点工作。财政部、环境保护部、发展改革委负责对地方人民政府的试点申请进行确认,并加强对试点工作的指导、协调,对排污权交易平台建设等给予适当支持,按照各自职能分别研究制定排污权核定、使用费收取使用和交易价格等管理规定。

(十三)提高服务质量。试点地区要及时公开排污权核定、排污权使用费收取使用、排污权拍卖及回购等情况以及当地环境质量状况、污染物总量控制要求等信息,确保试点工作公开透明。要优化工作流程,认真做好排污单位“富余排污权”核定、排污许可证发放变更等工作;加强部门协作配合,积极研究制定帮扶政策,为排污单位参与排污权交易提供便利。

(十四)严格监督管理。排污单位应当准确计量污染物排放量,主动向当地环境保护部门报告。重点排污单位应安装污染源自动监测装置,与当地环境保护部门联网,并确保装置稳定运行、数据真实有效。试点地区要强化对排污单位的监督性监测,加大执法监管力度,对于超排污权排放或在交易中弄虚作假的排污单位,要依法严肃处理,并予以曝光。

试点省份每年要向国务院报告试点工作进展情况,其他地方可参照本意见开展试点工作。财政部、环境保护部、发展改革委要跟踪总结试点地区的经验做法,加强政策研究,为全面推行排污权有偿使用和交易制度奠定基础。

国务院办公厅

2014 年 8 月 6 日

典型地方性环境法规

北京市大气污染防治条例(节选)

(2014年1月22日北京市第十四届人民代表大会第二次会议通过,自2014年3月1日起施行)

第一章 总 则

第二条 本条例适用于本市行政区域内大气污染防治。

第五条 大气污染防治,应当以降低大气中的细颗粒物浓度为重点,坚持从源头到末端全过程控制污染物排放,严格排放标准,实行污染物排放总量和浓度控制,加快削减排放总量。

第二章 共同防治

第十三条 市人民政府应当根据限期达标的工作目标,制定大气环境质量达标规划和严于国家规定的大气污染控制阶段措施,可以制定严于国家标准的本市大气污染物排放和控制标准,并组织实施。

第十四条 本市禁止新建、扩建高污染工业项目。市人民政府应当定期制定或者修订禁止新建、扩建的高污染工业项目名录、高污染工业行业调整名录和高污染工艺设备淘汰名录,并向社会公布。

第十五条 市和区、县人民政府应当制定和推行有利于防治大气污染的经济政策,引导企业调整能源结构,促进污染企业进行技术改造与产业升级,或者转产、退出。

第十六条 市人民政府应当按照污染者担责和谁污染、谁治理、谁付费的原则,确定并公布排污费征收事项和征收标准。

第十七条 市环境保护行政主管部门应当组织建立监测网络,负责统一组织开展大气环境质量监测,发布大气环境质量信息。

市环境保护行政主管部门所属环境监测机构发布空气质量日报、预报、空气重污染等专业信息。

市气象行政主管部门开展大气污染气象条件规律的研究,所属气象台站配合空气质量预报工作和生活服务指导。

第十八条 环境保护行政主管部门负责确定重点污染源单位名录,并依法向社会公开其向大气排放污染物的监督性监测数据信息。

第十九条 市环境保护行政主管部门及有关部门应当向社会公布因违反大气污染防治相关法律法规而受到相应处罚的企业及其负责人名单,并录入企业信用系统。

第二十一条 市人民政府应当制定空气重污染应急预案并向社会公布。

在大气受到严重污染,发生或者可能发生危害人体健康和安全的紧急情况时,市人民政府应当及时启动应急方案,按照规定程序,通过媒体向社会发布空气重污染的预警信息,并按照预警级别实施相应的应对措施,包括:责令有关企业停产或者限产、限制部分机动车行驶、禁止燃放烟花爆竹、停止工地土石方作业和建筑拆除施工、停止露天烧烤、停止幼儿园和学校户外体育课等。

有关排污单位应当执行本条第二款规定的应对措施。

第二十二条 市人民政府应当完善污染大气环境举报制度,向社会公开举报电话、网址等,明确有关政府部门的受理范围和职责。

有关政府部门在接到举报后,应当依法及时处理,并将处理结果向举报人反馈。

举报内容经查证属实的,有关部门应当给予举报人表彰或者奖励。

第二十三条 各级人民政府应当加强大气环境保护宣传,普及大气环境保护法律法规以及科学知识,提高公众的大气环境保护意识。新闻媒体、居民委员会、村民委员会、学校及社会组织配合政府开展宣传普及,促进形成保护大气环境的社会风气。

各级人民政府对在大气污染防治方面做出显著成绩的单位和个人,给予表彰或者奖励。

第二十四条 市人民政府应当在国家区域联防联控机构领导下,加强与相关省区市的大气污染联防联控工作,建立重大污染事项通报制度,逐步实现重大监测信息和污染防治技术共享,推进区域联防联控与应急联动。

第二十五条 市人民政府应当实行大气环境质量目标责任制和考核评价制度,定期公示考核结果。对市人民政府有关部门和区、县人民政府及其负责人的综合考核评价,应当包含大气环境质量目标完成情况和措施落实情况。

第二十六条 市和区、县人民政府应当每年向本级人民代表大会报告本行政区域的大气环境质量目标和大气污染防治规划的完成情况,并向社会公布。

第二十八条 向大气排放污染物的单位,应当遵守国家和本市规定的大气污染物排放和控制标准,并不得超过核定的重点大气污染物排放总量指标。

第二十九条 向大气排放污染物的单位,应当建立大气环境保护责任制度,明确单位负责人的责任。

第三十条 新建、改建、扩建向大气排放污染物的建设项目,应当进行环境影响评价审批。建设项目未通过环境影响评价的,不得开工建设。

建设单位在编制建设项目环境影响报告书时,应当依法征求有关单位、专家和公众的意见。

第三十一条 建设单位应当保证建设项目配套建设的大气污染防治设施与主体工程同时设计、同时施工、同时投入使用。

建设项目配套建设的大气污染防治设施经环境保护行政主管部门验收合格后,主体工程方可正式投入生产或者使用。

第三十二条 向大气排放污染物的单位,应当保持大气污染防治设施的正常使用。未经环境保护行政主管部门同意,不得擅自拆除或者闲置大气污染防治设施。

第三十三条 向大气排放污染物的单位,应当按照国家和本市有关规定,进行排污申报登记并缴纳排污费。

第三十四条 向大气排放污染物的单位,应当按照国家和本市有关规定设置大气污染物排放口。

除因发生或者可能发生安全生产事故需要通过应急排放通道排放大气污染物外,禁止通过前款规定以外的其他排放通道排放大气污染物。

第三十五条 向大气排放污染物的单位,应当按照规定自行监测大气污染物排放情况,记录监测数据,并按照规定在网站或者其他对外公开场所向社会公开。监测数据的保存时间不得低于五年。

向大气排放污染物的单位,应当按照有关规定设置监测点位和采样监测平台并保持正常使用,接受环境保护行政主管部门或者其他监督管理部门的监督性监测。

第三十六条 列入本市自动监控计划的向大气排放污染物的单位,应当配备大气污染物排放自动监控设备,并纳入环境保护行政主管部门的统一监控系统。

前款规定的向大气排放污染物的单位,负责维护自动监控设备,保持稳定运行和监测数据准确。

第三十七条 可能发生大气污染事故的单位应当制定大气污染事故和突发事件的应急预案,并负责应急处置和事后恢复。

第三十八条 公民负有依法保护大气环境的义务,应当遵守大气污染防治法律法规,树立大气环境保护意识,自觉践行绿色生活方式,减少向大气排放污染物。

第三十九条 公民、法人和其他组织有权要求市和区、县人民政府及其环境保护等有关部门公开大气环境质量、突发大气环境事件,以及相关的行政许可、行政处罚、排污费的征收和使用、污染物排放限期治理情况等信息。

第四十条 公民、法人和其他组织有权向环境保护行政主管部门或者其他有关部门，举报污染大气环境的单位和个人。

公民、法人和其他组织发现市和区、县人民政府及其环境保护行政主管部门或者其他有关部门不依法履行大气环境监督管理职责，可以向其上级人民政府或者监察机关举报。

第三章 重点污染物排放总量控制

第四十一条 本市对重点大气污染物实行排放总量控制，逐步减少污染物排放总量。

第四十二条 全市排放总量控制的目标以及区域、重点行业和重点企业的排放总量，由市环境保护行政主管部门根据国家要求，结合本市经济社会发展水平、环境质量状况、产业结构特点、交通运行状况等提出，报市人民政府批准后实施，并每年向社会公布。

区、县人民政府和重点行业主管部门应当根据本市大气污染物排放总量控制要求，制定年度总量控制计划，并组织落实。

第四十三条 本市对大气污染物实行排污许可证制度。排污许可证的发放范围及具体管理办法由市环境保护行政主管部门制定，报市政府批准后实施。

纳入排污许可证管理的排污单位，应当按照规定向市、区县环境保护行政主管部门申请核发排污许可证，并按照排污许可证载明的污染物种类、排放总量指标等要求排放污染物，逐步减少污染物排放总量。

第四十四条 排污单位的重点大气污染物排放总量由环境保护行政主管部门根据本市大气污染物排放和控制标准、清洁生产水平、重点大气污染物排放总量控制要求、产业布局和结构优化等因素，按照公开、公平、公正的原则核定。

第四十五条 本市在严格控制重点大气污染物排放总量、实行排放总量削减计划的前提下，按照有利于总量减少的原则，可以进行大气污染物排污权交易试点。具体办法由市人民政府制定。

第四十六条 现有排污单位的大气污染物排放总量指标，由环境保护行政主管部门核定取得。

纳入总量控制范围的新建、改建、扩建建设项目，应当在进行环境影响评价审批前取得重点大气污染物排放总量指标，并在环境影响评价文件中说明指标来源。

涉及民生的重点工程，排放总量指标不能满足需要的，经市人民政府同意后可以调剂取得，并向社会公开。

第四十七条 环境保护行政主管部门按照减量替代、总量减少的原则，审批环境影响评价文件。

通过减量替代获得大气污染物排放总量指标的建设项目，在替代的排放量未削减完成前，不得投入试生产，环境保护行政主管部门不予办理建设项目环境保护竣工验收手续。

第四十八条 未完成年度大气污染物排放总量控制任务的区域、行业，环境保护行政主管部门应当暂停审批该区域或行业内除民生工程以外的、排放该项污染物的建设项目环境影响评价文件；该项目的审批部门不得批准其建设。

第四章 固定污染源污染防治

第四十九条 本市按照循环经济和清洁生产的要求推动生态工业园区建设，通过合理规划工业布局，引导工业企业入驻工业园区。

新建排放大气污染物的工业项目，应当按照环保规定进入工业园区。工业园区目录由市经济信息化行政主管部门会同有关部门制定并公布。

第五十条 本市实施燃煤消耗总量控制。

市发展改革行政主管部门应当会同有关部门制定清洁能源利用发展规划，确定燃煤总量控制目标，并规定实施步骤，逐步削减燃煤总量。

区、县人民政府应当按照燃煤消耗总量控制目标，制定本行政区域削减燃煤和清洁能源改造计划并组织落实。

第五十一条 市人民政府划定并公布高污染燃料禁燃区，并根据空气质量改善要求，规定实施步骤，逐步扩大禁燃区范围。

在禁燃区内，禁止新建、扩建燃烧高污染燃料的设施；现有燃烧煤炭、重油、渣油等高污染燃料的设施，应当在市人民政府规定的期限内停止使用或者改用清洁能源。

第五十二条 本市禁止新建、扩建燃烧煤炭、重油、渣油的设施。

使用煤炭、重油、渣油为燃料的工业锅炉、炉窑、发电机组等设施,应当按照市人民政府规定的期限改用清洁能源。

远郊区、县燃煤供热设施应当在规定期限内实施清洁能源改造。

第五十三条 本市禁止新建、扩建炼油、水泥、炼焦、钢铁、有色金属冶炼、铸造、平板玻璃、陶瓷、沥青防水卷材、人造板、粘土砖等制造加工项目以及非金属矿采选等矿产资源开发项目。

列入前款和本条例第十四条规定名录的项目,市人民政府有关部门不得批准建设;列入调整和淘汰名录的行业、工艺和设备,相关企业应当在规定期限内调整退出。

依照本条第二款的规定,应当退出、关闭、搬迁的现有企业,市经济信息化行政主管部门应当事先向企业公告,听取企业意见。

第五十四条 本市禁止销售不符合标准的散煤及制品。

居民住宅生活用煤应当按照市人民政府的规定,使用符合标准的低硫优质煤。

提供饮食、洗浴、住宿等服务的单位,应当使用天然气、液化石油气、电或者以其他清洁能源为燃料。

第五十五条 市住房城乡建设、规划行政主管部门应当会同有关部门,推进既有建筑节能改造,执行新建建筑强制性节能标准,减少能源消耗和大气污染物排放。

第五十六条 市环境保护行政主管部门应当会同市质量技术监督部门,制定本市产品挥发性有机物含量限值标准。

在本市生产、销售、使用含挥发性有机物的原材料和产品的,其挥发性有机物含量应当符合本市规定的限值标准。

第五十七条 产生含挥发性有机物废气的生产和服务活动,应当在密闭空间或者设备中进行,并按照规定安装、使用污染防治设施;无法密闭的活动除外。

加油加气站、储油储气库和使用油罐车、气罐车等的单位,应当按照本市规定安装油气回收装置并保持正常使用,并每年向环境保护行政主管部门报送由检测资质机构出具的油气排放检测报告。

第五十八条 工业涂装企业应当按照本市有关规定,使用低挥发性有机物含量涂料,记录生产工艺、设施及污染控制设备的主要操作参数、运行情况,并建立记录生产原料、辅料的使用量、废弃量和去向,及其挥发性有机物含量的台账。台账的保存时间不得低于三年。

第五十九条 石油、化工及其他生产和使用有机溶剂的企业,应当采取措施对管道、设备进行日常维护、维修,减少物料泄漏,并对已经泄漏的物料及时收集处理。

第六十条 饮食服务、服装干洗和机动车维修等项目,应当设置油烟、异味和废气处理装置等污染防治设施并保持正常使用,防止影响周边环境。

在居民住宅楼、未配套设立专用烟道的商住综合楼、商住综合楼内与居住层相邻的商业楼层内,禁止新建、改建、扩建产生油烟、异味、废气的饮食服务、服装干洗和机动车维修等项目。

第六十一条 向大气排放粉尘、有毒有害气体或恶臭气体的单位,应当安装净化装置或者采取其他措施,防止污染周边环境。

第六十二条 任何单位和个人不得进行露天焚烧秸秆、树叶、枯草、垃圾、电子废物、油毡、橡胶、塑料、皮革等向大气排放污染物的行为。

任何单位和个人不得在政府划定的禁止范围内露天烧烤食品或者为露天烧烤食品提供场地。

第五章 机动车和非道路移动机械排放污染防治

第六十三条 本市根据国家大气环境质量标准和本市大气环境质量目标,对机动车实施数量调控。

本市优化道路设置和管理,减少机动车怠速和低速行驶造成的污染。

第六十四条 环境保护行政主管部门可以委托其所属的机动车排放污染监督监测机构,对机动车和非道路移动机械排放污染防治实施监督管理。

第六十五条 在本市销售机动车和非道路移动机械的生产企业，应当按照规定向市环境保护行政主管部门申报在本市销售的机动车和非道路移动机械排放污染物的数据和防治污染的有关材料。

市环境保护行政主管部门审查数据和材料后，对符合国家和本市规定排放、耗能标准的，纳入可以在本市销售的机动车车型和非道路移动机械目录。

在本市销售的机动车和非道路移动机械，应当符合国家和本市规定的排放标准并在耐久性期限内稳定达标。机动车和非道路移动机械经按照规定检测，因质量原因不能稳定达标排放的，由市环境保护行政主管部门取消其在本市的机动车车型和非道路移动机械目录。

第六十六条 符合本市新车污染物排放标准，或者经国家认可的检测机构检测确认与本市新车污染物排放标准相当的机动车，方可在本市办理注册登记或者转入手续。

第六十七条 在用机动车应当符合本市机动车排放标准，并定期进行排放污染检测；检测合格的，方可进行机动车安全技术检验，核发环保、安全检测合格标志。

进入本市行驶的外埠车辆，应当按照本市规定，进行排放污染检测；检测合格的，方可办理机动车进京手续。

具体检测管理办法由市环境保护行政主管部门会同有关部门制定。

第六十八条 环境保护行政主管部门可以在机动车停放地，对在用机动车排放污染进行检查和检测，并可以在公安机关交通管理部门配合下，对行驶中的机动车排放污染状况进行抽测。

第六十九条 机动车排放污染定期检测，由市环境保护行政主管部门委托的检测机构承担。检测机构应当严格按照规定对机动车排放污染进行检测。

市环境保护行政主管部门应当向社会公布前款规定的检测机构名单。

第七十条 机动车和非道路移动机械所有者或者使用者不得拆除、闲置或者擅自更改排放污染控制装置，并保持装置正常使用。

机动车所有者或者使用者在车载排放诊断系统报警后，应当及时对机动车进行维修，确保车辆达到排放标准。

第七十一条 机动车维修单位应当具备维修资质，按照技术规范对排放不达标的机动车进行维修，确保机动车排放达标。

第七十二条 市人民政府可以根据大气环境质量状况，在一定区域内采取限制机动车行驶的交通管理措施。

第七十三条 本市提倡公民绿色出行，每年开展城市无车日活动。市人民政府应当创造条件方便公众选择公共交通、自行车、步行的出行方式，减少机动车排放污染。

第七十四条 本市提倡环保驾驶。在学校、宾馆、商场、公园、办公场所、社区、医院的周边和停车场等不影响车辆正常行驶的地段，机动车驾驶员在停车三分钟以上时，应当熄灭发动机。

第七十五条 在用非道路移动机械向大气排放污染物，应当符合本市规定的排放标准。

环境保护行政主管部门可以根据大气环境质量状况，划定禁止高排放非道路移动机械使用的区域。

第七十六条 本市按照国家规定对机动车实行强制报废制度。机动车达到国家规定的使用年限，或者经修理、调整、采用控制技术后仍不符合国家排放标准要求，或者在检测有效期届满后连续三个检测周期内未能取得排放检测合格标志的，应当依法强制报废。

第七十七条 本市加快老旧公交、邮政、环卫、出租等车辆淘汰，鼓励发展小排量、低能耗和新能源车与清洁能源车，加快新能源车与清洁能源车的配套设施建设。

第七十八条 本市鼓励淘汰高排放机动车和非道路移动机械。市环境保护行政主管部门会同市财政、交通、公安、商务、质量技术监督等行政主管部门，根据本市大气环境质量状况和机动车、非道路移动机械排放污染状况，制定高排放在用机动车、非道路移动机械淘汰、治理和限制使用方案，报市人民政府批准后实施。

第七十九条 市环境保护行政主管部门会同市

质量技术监督部门制定本市车用燃料标准。本市销售的车用燃料应当达到国家和本市规定的标准,并按照规定添加车用油品清净剂。

第六章 扬尘污染防治

第八十条 进行房屋建筑、市政基础设施施工、河道整治、建筑物拆除、物料运输和堆放、园林绿化等活动,应当采取措施,防止产生扬尘污染。

第八十一条 建设单位应当将防治扬尘污染的费用列入工程造价,并在工程承发包合同中明确施工单位防治扬尘污染的责任。

第八十二条 建设工程施工现场应当根据本市绿色施工的有关规定,采取下列措施:

(一)建设工程开工前,建设单位应当按照标准在施工现场周边设置围挡,施工单位应当对围挡进行维护;

(二)施工单位应当在施工现场出入口公示施工现场负责人、环保监督员、扬尘污染控制措施、举报电话等信息;

(三)施工单位应当对施工现场内主要道路和物料堆放场地进行硬化,对其他场地进行覆盖或者临时绿化,对土方集中堆放并采取覆盖或者固化措施;

(四)气象预报风速达到四级以上时,施工单位应当停止土石方作业、拆除作业及其他可能产生扬尘污染的施工作业;

(五)建设工程施工现场出口处应当设置冲洗车辆设施,按照本市规定安装视频监控系统;施工车辆经除泥、冲洗后方能驶出工地,不得带泥上路行驶;车辆清洗处应当配套设置排水、泥浆沉淀设施;

(六)建设工程施工现场道路及进出口周边一百米以内的道路不得有泥土和建筑垃圾;

(七)道路挖掘施工过程中,施工单位应当及时覆盖破损路面,并采取洒水等措施防治扬尘污染;道路挖掘施工完成后应当及时修复路面;

(八)国家和本市有关施工现场管理的其他规定。

本市将施工单位的施工现场扬尘违法行为,纳入本市施工企业市场行为信用评价系统。

第八十三条 煤炭、水泥、石灰、石膏、砂土等产生扬尘的物料应当密闭贮存;不具备密闭贮存条件的,应当在其周围设置不低于堆放物高度的围挡并有效覆盖,不得产生扬尘。

建筑土方、工程渣土、建筑垃圾应当及时运输到指定场所进行处置;在场地内堆存的,应当有效覆盖。

第八十四条 运输垃圾、渣土、砂石、土方、灰浆等散装、流体物料的,应当依法使用符合条件的车辆,安装卫星定位系统,密闭运输。

第八十五条 建筑垃圾资源化处置场、渣土消纳场、燃煤电厂贮灰场和垃圾填埋场应当实施分区作业,采取措施防治扬尘污染。

第八十六条 市市政市容行政主管部门应当会同市环境保护行政主管部门,制定道路清扫冲洗保洁标准。清扫单位应当严格执行清扫冲洗保洁标准,防治扬尘污染。

第八十七条 裸露地面应当按照下列规定进行绿化或者铺装:

(一)待开发的建设用地,建设单位负责对裸露地面进行覆盖;超过三个月的,应当进行临时绿化或铺装;

(二)市政道路及河道沿线、公共绿地的裸露地面,分别由交通、水务、园林绿化行政主管部门组织按照规划进行绿化或者铺装;

(三)其他裸露地面由使用权人或者管理单位负责进行绿化或者铺装,并采取防尘措施。

农业行政主管部门应当鼓励对裸露农田采取生物覆盖、留茬免耕等措施,防治扬尘污染。

第八十八条 本市严格控制矿产资源开采。在矿产资源开采过程中,应当采取措施防治大气污染。开采后应当进行生态修复。

第八十九条 本市施工工地禁止现场搅拌混凝土。由政府投资的建设工程以及在本市规定区域内的建设工程,禁止现场搅拌砂浆。其他建设工程在施工现场设置砂浆搅拌机的,应当配备降尘防尘装置。

本市禁止新建、扩建混凝土搅拌站;不符合环境治理规划的已建成企业,应当按照市人民政府的规定限期关闭。

第七章 法律责任

第九十条 造成大气污染危害的单位,有责任排除危害,并对直接遭受损失的单位或者个人赔偿损失。

赔偿责任和赔偿金额的纠纷,可以根据当事人的请求,由环境保护行政主管部门调解处理;调解不成的,当事人可以向人民法院起诉。当事人也可以直接向人民法院起诉。

第九十一条 环境保护行政主管部门和其他有关行政主管部门在大气污染防治工作中,有下列行为之一的,由行政监察机关责令改正,对直接负责的主管人员和其他直接责任人员依法给予行政处分;构成犯罪的,依法追究刑事责任:

(一)违法做出行政许可决定的;

(二)接到公民对污染大气环境行为的举报,不依法查处的;

(三)违反本条例规定不公开大气环境相关信息的;

(四)将征收的排污费截留、挤占或者挪作他用的;

(五)有滥用职权、玩忽职守的其他行为的。

第九十二条 违反本条例第二十一条第三款规定,有关排污单位拒不执行市人民政府责令停产、限产决定的,市环境保护行政主管部门可以查封排污设施,处五万元以上五十万元以下罚款;拒不执行停止工地土石方作业、建筑拆除施工或露天烧烤的应对措施的,由城市管理综合执法部门处一万元以上十万元以下罚款。

拒不执行机动车停驶和禁止燃放烟花爆竹的应对措施的,由公安机关依据有关规定予以处罚。

第九十三条 违反本条例第二十八条规定,向大气排放污染物不符合国家或本市大气污染物排放和控制标准的,由环境保护行政主管部门责令限期治理,处一万元以上十万元以下罚款;限期治理期间,由环境保护行政主管部门责令限制排放,不得新建、改建、扩建增加重点大气污染物排放总量的建设项目;逾期未完成治理任务的,由环境保护行政主管部门报经有批准权的人民政府批准,责令停业、关闭。向大气排放污染物超过排放总量指标的,由环境保护行政主管部门责令停止排污,处五万元以上五十万元以下罚款,并将超过排放总量指标的部分在核定下一年度排放总量指标时扣除;拒不停止排污的,可以查封排污设施。

第九十四条 违反本条例第三十条规定,建设项目未依法进行环境影响评价审批,擅自开工建设或者投入生产、使用的,由有审批权的环境保护行政主管部门责令停止建设或者生产、使用,处五万元以上二十万元以下的罚款;拒不停止建设或者生产、使用的,可以查封施工现场或者排污设施。

第九十五条 违反本条例第三十一条规定,需要配套建设的大气污染防治设施未建成、未经验收或者经验收不合格的,主体工程正式投入生产或者使用的,由环境保护行政主管部门责令停止生产或者使用,处一万元以上十万元以下的罚款。

第九十六条 违反本条例第三十二条规定,不正常使用大气污染防治设施,或者未经环境保护行政主管部门批准,擅自拆除、闲置大气污染防治设施的,由环境保护行政主管部门责令停止违法行为,限期改正,处五千元以上五万元以下罚款。

第九十七条 违反本条例第三十三条规定,未按照国家或本市规定进行排污申报登记的,由环境保护行政主管部门责令限期改正,处五千元以上五万元以下罚款。

第九十八条 违反本条例第三十四条规定,未按照规定设置大气污染物排放口或者通过其他排放通道排放大气污染物的,由环境保护行政主管部门责令限期改正,处二万元以上二十万元以下罚款。

第九十九条 违反本条例第三十五条第一款规定,未按照规定公布或者保存监测数据的,由环境保护行政主管部门责令限期改正,处一万元以上十万元以下罚款。

违反本条例第三十五条第二款规定,未按照规定设置监测点位或者采样平台的,由环境保护行政主管部门责令限期改正;逾期不改正的,处一万元以上十万元以下罚款。

第一百条 违反本条例第三十六条规定,未按照规定安装大气污染物排放自动监控设备，或者自动监控设备未稳定运行、数据不准确的，由环境保护行政主管部门责令限期改正，处二万元以上二十万元以下罚款。

第一百零一条 违反本条例第四十三条规定，应当取得而未取得排污许可证排放污染物的，由环境保护行政主管部门责令停止排污，处十万元以上五十万元以下罚款；拒不停止排污的，环境保护行政主管部门可以查封排污设施。未按照排污许可证的规定排放污染物的，由环境保护行政主管部门责令限期改正，处二万元以上二十万元以下罚款。

第一百零二条 违反本条例第四十七条第二款规定，在替代的排放量未削减完成前，建设项目投入试生产的，由环境保护行政主管部门责令停止试生产，处二万元以上二十万元以下罚款。

第一百零三条 违反本条例第五十一条规定，在禁燃区内新建、扩建燃烧高污染燃料的设施的，或者在规定的期限届满后，继续燃用煤炭、重油、渣油等高污染燃料的，由环境保护行政主管部门报同级人民政府责令限期拆除。

第一百零四条 违反本条例第五十二条第一款规定，新建、扩建燃烧煤炭、重油、渣油设施的，由环境保护行政主管部门报同级人民政府责令限期拆除，处二万元以上二十万元以下罚款。

违反本条例第五十二条第二款规定，燃用煤炭、重油、渣油的工业锅炉、炉窑、发电机组等设施未在规定的期限内实施清洁能源改造的，由环境保护行政主管部门报同级人民政府责令限期拆除。

第一百零五条 违反本条例第五十三条第一款、第二款规定的，由经济信息化行政主管部门报同级人民政府关停违法项目。

第一百零六条 违反本条例第五十四条第一款规定，销售不符合标准的散煤及制品的，由质量技术监督行政主管部门责令停止销售，处五千元以上五万元以下罚款。

违反本条例第五十四条第三款规定，不使用清洁能源的，由环境保护行政主管部门责令限期改正，处一万元以上十万元以下罚款。

第一百零七条 违反本条例第五十六条第二款规定，生产、销售含挥发性有机物的原材料和产品不符合本市规定标准的，由质量技术监督部门和工商行政管理部门依照有关法律法规规定予以处罚。

第一百零八条 违反本条例第五十七条第一款规定，未在密闭空间或者设备中进行产生含挥发性有机物废气的生产和服务活动或者未按规定安装并使用污染防治设施的，由环境保护行政主管部门责令停止违法行为，限期改正，处二万元以上十万元以下罚款；情节严重的，处十万元以上三十万元以下罚款。

违反本条例第五十七条第二款规定，未按照本市有关规定安装油气回收装置或者不正常使用的，由环境保护行政主管部门责令限期改正，处二万元以上二十万元以下罚款。

第一百零九条 违反本条例第五十八条规定，未按照规定使用低挥发性有机物含量涂料的，由环境保护行政主管部门责令改正，处二万元以上二十万元以下罚款；未按照要求记录或者保存相关数据和信息、弄虚作假的，由环境保护行政主管部门责令改正，处一万元以上十万元以下罚款。

第一百一十条 违反本条例第五十九条规定，未采取措施减少物料泄漏或者对泄漏的物料未及时收集处理的，由环境保护行政主管部门责令限期改正，处二万元以上二十万元以下罚款。

第一百一十一条 违反本条例第六十条第一款规定，不正常使用油烟、异味和废气处理装置等污染物处理设施的，由环境保护行政主管部门责令限期改正，处五千元以上五万元以下罚款。

第一百一十二条 违反本条例第六十一条规定，未安装净化装置或者采取其他措施防止污染周边环境的，由环境保护行政主管部门责令限期改正，处一万元以上五万元以下罚款。

第一百一十三条 违反本条例第六十二条第一款规定，露天焚烧秸秆、树叶、枯草的，由城市管理综合执法部门责令停止违法行为，可以处二百元以下罚款；露天焚烧垃圾、电子废物、油毡、沥青、橡胶、塑料、皮革的，由城市管理综合执法部门责令停止违法行为，处二千元以上二万元以下罚款。

违反本条例第六十二条第二款规定，在政府划定的禁止范围内露天烧烤食品或者为露天烧烤食品提供场地的，由城市管理综合执法部门责令停止违法行为，没收烧烤工具，处二千元以上二万元以下罚款。

第一百一十四条 违反本条例第六十五条第二款规定，销售未纳入本市目录的机动车和非道路移动机械的，由市环境保护行政主管部门责令停止违法行为，没收违法所得，可以处违法所得一倍以下的罚款。

违反本条例第六十五条第三款规定，销售不符合国家或本市规定标准的机动车和非道路移动机械的，由市环境保护行政主管部门责令停止违法行为，没收违法所得，可以处违法所得一倍以下的罚款；销售的机动车不符合注明的排放标准的，销售者应当负责修理、更换、退货；给购买机动车的消费者造成损失的，销售者应当赔偿损失。

第一百一十五条 违反本条例第六十七条第一款规定，在用机动车排放污染物超过规定排放标准的，由环境保护行政主管部门责令改正，对机动车所有者或者使用者处三百元以上三千元以下罚款；逾期未进行机动车排放污染定期检测的，由环境保护行政主管部门责令改正，每超过一个检测周期处五百元罚款。

第一百一十六条 违反本条例第六十九条第一款规定，检测机构未取得委托擅自进行机动车排放污染定期检测，或者未按照规定进行检测的，由环境保护行政主管部门责令停止违法行为，限期改正，处五千元以上五万元以下罚款；情节严重的，取消承担检测的资格。

第一百一十七条 违反本条例第七十条第一款规定，机动车和非道路移动机械所有者或者使用人拆除、闲置或者擅自更改排放污染控制装置的，由环境保护行政主管部门责令改正，处五千元以上一万元以下罚款。

违反本条例第七十条第二款规定，机动车所有者或者使用者在车载排放诊断系统报警后，未对机动车进行维修，车辆行驶超过二百公里的，由环境保护行政主管部门处三百元罚款。

第一百一十八条 违反本条例第七十二条规定，机动车进入限制行驶区域的，由公安机关交通管理部门责令停止违法行为并依法处罚。

第一百一十九条 违反本条例第七十五条第二款规定，在禁止区域内使用高排放非道路移动机械的，由环境保护行政主管部门责令停止违法行为，处五万元以上十万元以下罚款。

第一百二十条 违反本条例第七十九条规定，销售不符合国家或本市标准的车用燃料的，由工商行政主管部门责令停止销售，没收违法销售的产品，有违法所得的，没收违法所得，处违法销售金额一倍以上三倍以下的罚款；销售的车用油品不符合国家或本市车用油品清净性规定的，由环境保护行政主管部门责令限期改正违法行为，处一万元以上十万元以下罚款；情节严重的，由市商务行政主管部门吊销其经营资质。

第一百二十一条 违反本条例第八十一条规定，未将防治扬尘污染的费用列入工程造价即开工建设的，由住房城乡建设行政主管部门责令停止施工。

第一百二十二条 违反本条例第八十二条第一款规定的，对施工单位或者建设单位，由城市管理综合执法部门责令限期改正，处二千元以上二万元以下罚款；逾期未改正的，责令停工整顿。

第一百二十三条 违反本条例第八十三条规定的，由城市管理综合执法部门责令限期改正，处二千元以上二万元以下罚款；其中，对工业企业，由环境保护行政主管部门责令改正，处二千元以上二万元以下罚款；逾期未改正的，责令停工整顿。

第一百二十四条 违反本条例第八十四条规定的，由城市管理综合执法部门责令改正，处五百元以上三千元以下罚款。

第一百二十五条 违反本条例第八十五条规定的，由城市管理综合执法部门责令限期改正，处二千元以上二万元以下罚款；逾期未改正的，责令停工整顿。

第一百二十六条 违反本条例第八十八条规定，在矿产资源开采过程中未采取措施防治扬尘污染的，由环境保护行政主管部门责令限期改正,处二千元以上二万元以下罚款;逾期未改正的,责令停工整顿。

第一百二十七条 违反本条例第八十九条第一款规定的,由住房城乡建设行政主管部门责令限期改正,处二万元以上二十万元以下罚款;逾期未改正的,责令停工整顿。

违反本条例第八十九条第二款规定,新建、扩建混凝土搅拌站的,由市住房城乡建设行政主管部门责令关闭;不符合环境治理规划的已建成企业在规定期限内未关闭的,由市住房城乡建设行政主管部门关闭,处五万元以上二十万元以下罚款。

第一百二十八条 违反本条例,除第九十二条第二款、第一百零五条、第一百一十八条规定的情形外,受到罚款、没收等行政处罚两次以上的,做出处罚决定的部门可以在上一次罚款金额基础上加一倍进行处罚。

第一百二十九条 违反本条例规定,排放大气污染物,造成严重污染,构成犯罪的,依法追究刑事责任。

环境保护行政主管部门与公安机关应当建立健全大气污染案件行政执法和刑事司法衔接机制,完善案件移送、线索通报等制度。

第八章 附 则

第一百三十条 本条例自2014年3月1日起施行。2000年12月8日北京市第十一届人民代表大会常务委员会第二十三次会议通过的《北京市实施〈中华人民共和国大气污染防治法〉办法》同时废止。

北京市人民代表大会常务委员会关于北京市在严格控制碳排放总量前提下开展碳排放权交易试点工作的决定

(2013年12月27日北京市第十四届人民代表大会常务委员会第八次会议通过)

北京市第十四届人民代表大会常务委员会第八次会议听取审议了市人民政府关于本市碳排放权交易试点工作情况的报告。为保障试点工作的顺利开展,特作如下决定:

一、实行碳排放总量控制。市人民政府根据本市国民经济和社会发展计划,科学设立年度碳排放总量控制目标,严格碳排放管理,确保控制目标的实现和碳排放强度逐年下降。

二、实施碳排放配额管理和碳排放权交易制度。根据全市碳排放总量控制目标和年度减排指标,对本市行政区域内重点排放单位的二氧化碳排放实行配额管理。重点排放单位在配额许可范围内排放二氧化碳,其现有设施碳排放量应当逐年下降。碳排放配额可在市人民政府确定的交易机构进行交易,其他单位可自愿参与交易。市人民政府可以采取回购等方式调整碳排放总量。

三、实行碳排放报告和第三方核查制度。本市行政区域内年能源消耗2000吨标准煤(含)以上的法人单位应当按规定向市人民政府应对气候变化主管部门报送年度碳排放报告。重点排放单位应当同时提交符合条件的第三方核查机构的核查报告。市人民政府应对气候变化主管部门应当对排放报告和核查报告进行检查。

四、未按规定报送碳排放报告或者第三方核查报告的,由市人民政府应对气候变化主管部门责令限期改正;逾期未改正的,可以对排放单位处以5万元以下的罚款。重点排放单位超出配额许可范围进行排放的,由市人民政府应对气候变化主管部门责令限期履行控制排放责任,并可根据其超出配额许可范围的碳排放量,按照市场均价的3至5倍予以处罚。

五、市人民政府可以根据本决定确定的原则,制定碳排放权交易试点工作的具体办法。

六、本决定适用于碳排放权交易试点工作,自公布之日起施行。

广东省环境保护条例(节选)

(2004年9月24日广东省第十届人民代表大会常务委员会第十三次会议通过,自2005年1月1日起施行,2015年1月13日广东省第十二届人民代表大会常务委员会第十三次会议修订)

第一章　总　　则

第二条　本条例适用于本省行政区域内保护和改善环境、防治污染和其他公害以及监督管理等活动。

第四条　各级人民政府对本行政区域的环境质量负责,应当采取措施持续改善环境质量。

县级以上人民政府环境保护主管部门对本行政区域的环境保护工作实施统一监督管理。

县级以上人民政府有关部门依法对资源保护和污染防治等环境保护工作实施监督管理。

第二章　监督管理

第六条　本省实行环境质量领导责任制和环境保护目标责任制,逐步开展和推行自然资源资产离任审计和生态环境损害责任终身追究制,落实任期及年度环境保护目标和任务,使本行政区域的环境质量达到规定的标准。

省人民政府每年向各地级以上市人民政府下达年度环境保护目标,各地级以上市人民政府将省人民政府下达的环境保护目标分解落实到有关部门和下一级人民政府。

有关部门应当每年向本级人民政府报告上一年度环境保护目标完成情况,县级以上人民政府应当每年向上一级人民政府报告上一年度环境保护目标完成情况;未完成的,应当向本级或者上一级人民政府作出说明,提出整改措施并负责落实。

第八条　环境保护规划是生态环境保护和污染控制的基本依据,各种开发和建设活动应当符合环境保护规划的要求。

省人民政府环境保护主管部门应当根据国家环境保护规划与本省国民经济和社会发展规划,会同有关部门编制省或者区域环境保护规划,报省人民政府批准并公布实施。

地级以上市、县级人民政府环境保护主管部门应当根据上级人民政府批准的环境保护规划和本行政区域的环境状况,会同有关部门编制本行政区域的环境保护规划和小区域环境保护规划,经上一级人民政府环境保护主管部门审查后,报同级人民政府批准并公布实施。

环境保护规划、主体功能区规划、城乡规划和土地利用总体规划等应当相互衔接。

第九条　环境保护规划应当严格执行。因保护和改善环境而确有必要修改或者调整的,县级以上人民政府环境保护主管部门应当按照本条例规定的环境保护规划编制程序报请原批准机关予以批准,并向社会公布。修改或者调整的内容不得低于上级人民政府批准的环境保护规划的要求。

第十条　环境保护规划的编制和修改,应当采取论证会、听证会、公开征求意见等形式广泛征询公众意见并向社会公开。上报审批的环境保护规划应当附有公众意见以及对公众意见采纳和不采纳情况的说明。

第十一条　县级以上人民政府应当根据不同区域功能和经济社会发展需要,划定环境功能区划并执行相应的环境质量标准和污染物排放标准。

第十五条　省、地级以上市人民政府环境保护主管部门可以直接查处本行政区域内下列本应当由下级环境保护主管部门查处的违反环境保护法律法规的行为:

(一)造成本行政区域重大污染的;

(二)造成跨行政区域污染的;

(三)下级人民政府环境保护主管部门对造成重大污染或者跨行政区域污染的行为不处理或者处理不力的。

第十六条　环境保护主管部门与有关主管部门可以联合进行检查,在各自职责范围内对污染环境的行为依法进行处理。有关主管部门在日常监督管理过程中发现污染环境的行为时，应当在职责范围内及时依法进行处理并向有管辖权的环境保护主管部门通报；环境保护主管部门应当在职责范围内对违法行为依法作出处理。各主管部门之间应当及时反馈处理结果。

第十七条 县级以上人民政府环境保护主管部门应当完善举报制度，向社会公开举报电话、网址、通信地址等，明确受理范围和职责。

县级以上人民政府环境保护主管部门对公民、法人或者其他组织的举报，应当及时依法核查处理。对经查证属实的举报，环境保护主管部门可以对举报人予以表彰或者奖励。

县级以上人民政府环境保护主管部门应当对举报人的相关信息予以保密，保护举报人的合法权益。

第十八条 符合法律规定的机关和有关组织对污染环境、破坏生态，损害社会公共利益的行为，可以依法直接向人民法院提起环境民事公益诉讼。

第十九条 建立与行政区划适当分离的环境资源案件管辖制度，设立跨行政区划环境资源审判机构，审理跨行政区划环境污染案件。

第三章 防治污染和其他公害

第二十条 本省依照法律规定实行重点污染物排放总量控制制度。

省人民政府环境保护主管部门根据国务院下达的重点污染物排放总量控制指标制定本省重点污染物排放总量控制计划，报省人民政府批准后组织实施。

省人民政府环境保护主管部门可以根据本省环境质量状况和污染特征，制定本省特征性污染物控制因子的排放总量控制计划，报省人民政府批准后组织实施。

地级以上市、县级人民政府环境保护主管部门应当按照上一级人民政府重点污染物排放总量控制计划的要求，制定本行政区域重点污染物排放总量控制实施方案，报本级人民政府批准后组织实施，并在批准后十五日内报上一级人民政府环境保护主管部门备案。

第二十一条 本省依照法律规定实行排污许可管理制度。禁止未依法取得排污许可证或者违反排污许可证的要求排放污染物。

企业事业单位和其他生产经营者排放污染物应当符合国家或者地方规定的污染物排放标准和重点污染物排放总量控制指标。

第二十二条 排放污染物的企业事业单位和其他生产经营者是环境安全的责任主体，对其排放污染物的行为以及造成的环境污染和生态破坏承担责任，应当依法采取有效措施防治环境污染和生态破坏。

企业事业单位对其环境保护工作负有下列责任：

（一）建立健全环境保护责任制度，明确负责人和环境保护岗位等相关工作人员的责任；

（二）建立内部环境保护工作机构或者确定环境保护工作人员；

（三）制定完善内部环境保护管理制度和防治污染设施操作规程；

（四）保证各生产环节符合环境保护法律法规和技术规范的要求；

（五）建立健全环境保护工作档案；

（六）建立健全环境应急和环境风险防范机制，及时消除环境安全隐患；

（七）其他环境保护工作责任。

其他生产经营者应当明确有关人员的环境保护责任，按照环境保护法律法规和技术规范的要求从事生产经营活动。

第二十三条 建设项目中防治污染设施及其他环境保护设施应当与主体工程同时设计、同时施工、同时投产使用。防治污染设施及其他环境保护设施的建设，应当实施工程环境监理。具体实施办法由省人民政府另行制定。

企业事业单位和其他生产经营者应当将防治污染设施的安全管理纳入安全生产应急管理体系，保障其正常运行，并建立环境保护管理台账，如实记录防治污染设施的运行、维护、更新和污染物排放等情况及相应的主要参数。

企业事业单位和其他生产经营者不得擅自拆除、闲置防治污染设施。确需拆除、闲置的，应当提前十五日向环境保护主管部门书面申请，经批准后方可拆除、闲置；环境保护主管部门应当自接到申请之日起十个工作日内作出决定。

因防治污染设施运行故障等原因导致污染物排放超过国家或者地方规定的排放标准的，企业事业单位和其他生产经营者应当立即停止排放污染物，采取措施，保证污染物达到国家或者地方规定的排放标准方可排放，并及时向所在地环境保护主管部门报告。

企业事业单位和其他生产经营者可以委托具有相应能力的单位运营其防治污染设施或者实施污染治理，并与受委托单位签订协议，明确双方权利、义务及环境保护责任。受委托单位应当遵守环境保护法律、法规和相关技术规范的要求。

第二十四条 企业事业单位和其他生产经营者应当定期向所在地环境保护主管部门申报在正常作业条件下排放污染物的种类、数量、浓度和方式，污染物排放设施、处理设施运行和其他防治污染的情况，不得谎报、漏报、迟报或者拒报。

建设单位应当在建设项目施工前十五日内办理施工排污申报手续；建设项目需要试生产的，建设单位还应当在试生产前三个月内办理试生产排污申报手续。

排放污染物的种类、数量、浓度、方式等需要作重大改变的，企业事业单位和其他生产经营者应当在变更前十五日内，向所在地环境保护主管部门办理变更申报手续；排放污染物因不可控制因素发生紧急重大改变的，企业事业单位和其他生产经营者应当立即向所在地环境保护主管部门报告。

重点排污单位应当向社会如实公开其主要污染物的名称、排放方式、排放浓度和总量、超标排放情况以及防治污染设施的建设和运行情况等环境信息。鼓励和支持其他排污单位自愿公开有关环境信息。

第二十五条 企业事业单位和其他生产经营者应当按照国家和本省规定设置和管理排污口，并按照规定在排污口安装标志牌。

禁止通过非核定的排污口排放污染物；禁止从污染物处理设施的中间工序引出并排放污染物。

第二十六条 重点污染源应当安装并正常使用污染物排放自动监控设施，不得擅自拆除、闲置、改变或者损毁。自动监控设施应当与环境保护主管部门的监控设备联网。

自动监控设施的管理运营单位应当保障自动监控设施的正常运行，保证自动监控数据的真实、可靠和有效，不得弄虚作假，隐瞒、伪造、篡改自动监控数据，并按规定保存原始监控记录。自动监控数据经环境保护主管部门审查确认真实有效的，作为环境保护监督管理的依据。

重点污染源由县级以上人民政府环境保护主管部门根据本行政区域的环境容量、重点污染物排放总量控制指标以及企业事业单位和其他生产经营者排放污染物的种类、数量和浓度等因素确定，并向社会公布。

对污染物排放未实行自动监控或者自动监控未包含的污染物，企业事业单位和其他生产经营者应当按照规定定期进行监测，并向环境保护主管部门报告监测情况。

第二十七条 企业事业单位和其他生产经营者委托污染物集中处理单位处理污染物的，应当签订协议，明确双方权利、义务及环境保护责任。

污染物集中处理单位应当保障污染物集中处理设施正常运行，并建立事故应急制度；需要停止污染物集中处理设施运行的，应当提前三个月向环境保护主管部门申请并取得同意，并通知委托其进行污染物集中处理的企业事业单位和其他生产经营者。环境保护主管部门应当自接到申请之日起三十日内作出决定。

污染物集中处理单位应当定期向当地环境保护主管部门报告企业事业单位和其他生产经营者交付处理的污染物的种类、数量、浓度等信息并向社会公布；发现企业事业单位和其他生产经营者交付处理的污染物的种类、数量、浓度发生重大变化，应当立即报告当地环境保护主管部门。环境保护主管部门接到报告后应当进行调查；发现有违法行为的，应当依法查处。

第二十八条 各级人民政府应当统筹规划建设

本行政区域城镇污水集中处理设施及配套管网,垃圾收集、清运和集中处理设施,并保障其正常运行。

新建、改建、扩建建设项目的污水不能并入城镇集中处理设施以及管网的,应当单独配套建设污水处理设施,并保障其正常运行。

第二十九条 建设项目应当符合相关环境保护规划、主体功能区规划、环境功能区划、生态功能区划以及污染物排放总量控制指标的要求。

建设项目应当依法进行环境影响评价。对存在环境风险的建设项目,其环境影响评价文件应当包括环境风险评价的内容。对超过重点污染物排放总量控制指标或者未完成环境质量目标的地区、流域和行业,有关人民政府环境保护主管部门应当暂停审批新增重点污染物或者相关污染物排放总量的建设项目环境影响评价文件。

未依法进行环境影响评价的建设项目,该建设项目的审批部门不得批准其建设,建设单位不得开工建设。

第三十条 本省应当加强对重点区域、重点流域、重点行业的污染控制,合理确定产业发展布局、结构和规模,严格控制高污染高能耗项目的建设,鼓励和支持无污染或者轻污染产业的发展。

省人民政府应当根据环境容量、重点污染物排放总量控制和污染状况等因素,确定在全省或者部分区域内禁止建设和严格控制建设的高污染高能耗项目,并根据环境质量变化状况适时进行调整。

城市市区内不得建设污染严重、影响居民生活的化工、冶金、造纸、钢铁等重污染工业项目;已建的应当逐步调整或者搬迁。

第三十一条 本省按照循环经济和清洁生产的要求推动工业园区建设,通过合理规划工业布局,引导工业企业入驻工业园区,加强对印染、电镀、危险废物处置等重污染行业的统一规划、统一定点管理。工业园区应当配套污水处理、固体废物收集转运等防治污染设施,并保障其正常运行。

新建工业企业应当按照规定入驻工业园区;未入驻工业园区的,应当配套防治污染设施,并保障其正常运行。

第三十二条 环境保护等主管部门应当加强对排放重金属和其他有毒有害污染物的重点工业企业对地下水环境影响的监管,检查地下水污染区域内重点工业企业的污染治理状况,评估有关工业企业及其周边地下水环境安全隐患,对造成地下水严重污染的企业报经有批准权的人民政府批准,责令停业、关闭。

进行地下勘探、采矿、工程降排水、地下空间的开发利用等可能干扰地下含水层的活动,应当采取防护性措施,防止地下水污染。

第三十三条 省人民政府应当划定区域内地表水环境功能区,制定水质控制目标。

县级以上人民政府应当根据区域内地表水环境功能区和水质控制目标,采取相应措施保证功能区和交接断面水质符合规定的目标。

第三十四条 本省实行有利于保护环境的能源政策,逐步改善燃料结构,开发利用低污染、无污染的清洁能源。

地级以上市人民政府可以根据大气污染防治的需要,划定并公布高污染燃料禁燃区。在禁燃区内,禁止新建、扩建燃用高污染燃料的设施;已有燃用煤炭、重油、渣油等高污染燃料的设施,应当在地级以上市人民政府规定的期限内停止燃用高污染燃料,改用清洁能源。

在珠江三角洲区域内,新建项目不得配套建设自备燃煤电站。本省行政区域内的燃煤燃油火电机组、燃煤电站和其他燃煤单位以及其他尚未实施清洁能源替代的燃用高污染燃料的设施,应当配套建设脱硫、脱硝和除尘等装置或者采取其他措施,减少污染物排放量。

第三十五条 生产、进口、销售、使用含挥发性有机物的原材料和产品的,其挥发性有机物含量应当符合规定的标准,鼓励生产、进口、销售和使用低毒、低挥发性有机溶剂。

汽车、家具、包装、印刷、电子等使用涂料的行业应当使用低挥发性有机物含量涂料,记录生产工艺、涂料用量、生产设施及污染控制设备的主要操作参数、运行情况。

石油、化工及其他生产和使用有机溶剂的企业,应当推广泄漏检测与修复技术,采取措施对管道、设备进行日常维护、维修,减少物料泄漏,并对已经泄漏的物料及时收集处理。

油码头、加油加气站、储油储气库(区)和使用油罐车、气罐车等单位,应当按照规定安装油气回收装置并保持正常使用。

饮食服务、服装干洗和机动车维修等项目,应当设置油烟净化、异味或者废气处理装置等污染防治设施并保持正常使用。

第三十六条 省人民政府可以根据大气污染防治的需要,依法制定严于国家标准的地方机动车排放标准或者决定提前执行国家阶段性机动车排放标准,并对珠江三角洲地区以及其他大气污染防治重点城市制定更严格的机动车排气污染防治规定。

禁止生产、销售或者进口超过规定机动车排放标准或者国家已经明令淘汰的机动车。对未达到本行政区域现行执行的国家阶段性机动车排放标准或者地方机动车排放标准的机动车,不予办理注册登记或者迁入手续。

在用机动车应当依法进行排气污染定期检测;经检测不合格,未取得有效环保检验合格标志的,不得上路行驶。

各级人民政府应当加大公共交通投入,鼓励发展节能环保型机动车和新能源机动车及其配套设施,推广使用清洁燃料。国家机关、事业单位和公交、出租车、环卫、物流等行业购置、更新车辆应当优先选购节能环保型机动车和新能源机动车。

第三十七条 固体废物产生者应当按照国家规定对固体废物进行资源化利用或者无害化处置;不能自行利用或者处置的,应当提供给符合环境保护要求的企业利用或者处置。

危险废物产生者必须按照国家规定处置危险废物,不得擅自倾倒、堆放。确需临时贮存的,必须采取符合国家环境保护标准的防护措施,且贮存期限不得超过一年,并向环境保护主管部门报告临时贮存的时间、地点以及采取的防护措施。

第三十八条 县级以上人民政府应当确定本地区土壤环境保护优先区域,可以根据实际情况划定优先区域隔离带,建立并实行严格的土壤环境保护优先区域的保护和管理制度,并开展土壤污染治理与修复。

环境保护等主管部门应当加强对重点排放重金属、有机污染物的企业事业单位和其他生产经营者以及城镇生活污水、垃圾、危险废物等集中处理设施周边土壤进行监测;企业事业单位和其他生产经营者造成土壤污染的,有关人民政府或者部门应当责令其限制生产、排放或者停产,并责令进行土壤污染治理与修复。

农业主管部门应当开展耕地土壤环境监测和农产品质量检测,对已被轻度污染的耕地实施分类种植指导,采取农艺调控、种植业结构调整、土壤污染治理与修复等措施,保障耕地安全利用;污染严重且难以修复的,地方人民政府应当依法将其划定为农产品禁止生产区域。

国土资源、城乡建设、规划等部门应当合理规划受污染场地的土地用途,严格控制受污染场地的土地流转;未进行场地环境调查和风险评估,未明确治理修复责任主体的,禁止进行土地流转;经风险评估对人体健康有严重影响的被污染场地,未经治理修复或者治理修复不符合相关标准的,不得用于居民住宅、学校、幼儿园、医院、养老场所等项目开发。

第三十九条 各级人民政府及其有关主管部门应当加强重金属污染防治,确定重点防控的重金属污染地区、行业和企业,加强对涉铅、镉、汞、铬和类金属砷等重金属加工企业的环境监管。

禁止在重点防控区域内新建、改建、扩建增加重金属污染物排放总量的建设项目。

第四十条 建筑施工企业在施工时,应当保护施工现场周围环境,采取措施防止粉尘、噪声、振动、噪光等对周围环境的污染和危害。

建筑施工企业在施工工地应当设置硬质密闭围挡,并采取覆盖、分段作业、择时施工、洒水抑尘、冲洗地面和车辆等有效防尘措施。暂时不能开工的建设用地,土地使用权人应当对裸露地面进行覆盖;超过三个月的,应当进行绿化。建筑土方、建筑垃圾、渣土和散装物料应当及时清运,在工地内堆存的应当采用密闭式防尘网遮盖。建筑土方、建筑垃圾、渣土和散装物料以及灰浆等流体物料应当采用密闭方式运送或者采取其他措施防止物料遗撒；运输车辆应当按照规定路线行驶。

第四十一条 企业事业单位应当定期排查环境安全隐患，开展环境风险评估，依法编制突发环境事件应急预案，报所在地县级以上人民政府环境保护主管部门和有关部门备案，并定期进行演练。

在发生或者可能发生突发环境事件或者其他危害环境的紧急状况时，企业事业单位应当立即向环境保护主管部门和有关部门报告，及时通报可能受到危害的单位和居民，并启动应急预案，采取应急措施，控制、减轻污染损害，消除污染。

第四十二条 各级人民政府及其有关部门应当依法加强环境风险控制，做好突发环境事件的应急准备、应急处置和事后恢复等工作，在应急处置过程中采取必要措施，避免或者减少对环境造成损害。

县级以上人民政府及其环境保护主管部门应当编制突发环境事件应急预案。发生或者可能发生导致环境质量严重恶化、威胁公民生命财产安全等紧急情况时，环境保护主管部门应当立即启动应急预案，及时报告当地人民政府和上级人民政府环境保护主管部门，并通报当地可能受到危害的单位和居民以及可能受到影响的邻近地区的同级人民政府环境保护主管部门。

各级人民政府及其有关部门为应对因企业事业单位和其他生产经营者过错造成的突发环境事件而支付的费用按照成本合理确定，由企业事业单位和其他生产经营者承担。

第四十三条 县级以上人民政府应当根据本地实际建立大气重污染应急预案。

在大气受到严重污染，发生或者可能发生危害人体健康和安全的紧急情况时，县级以上人民政府应当向社会发布空气重污染的预警信息，并按照预警级别及时启动应急预案，实施责令有关企业停产或者限产、限制或者禁止部分机动车行驶、停止工地土石方作业和建筑拆除施工、停止幼儿园和学校户外体育活动等相应的临时应对措施。

第四章 保护和改善环境

第四十四条 县级以上人民政府应当组织开展本行政区域的生态调查和区域环境评估工作，划定生态功能区，制定生态保护和建设规划并纳入环境保护规划。江河源头区、重要水源涵养区、水土保持的重要区域、重要海洋与渔业水域等可以划定为生态功能保护区。

生态功能区和生态功能保护区的划定，应当向社会公布；变更功能的，应当按照环境保护规划编制程序报批。

禁止在生态功能保护区内采矿、采石、采砂、取土，以及进行其他污染环境、破坏生态的活动。

第四十五条 县级以上人民政府应当根据本行政区域生态环境状况，在重点生态功能区、生态敏感区和脆弱区等区域划定生态保护红线。生态保护红线、生态控制线应当相互衔接。

在生态保护红线区域内，实施严格的保护措施，禁止建设污染环境、破坏生态的项目。

第四十六条 各级人民政府在城乡建设和改造过程中，应当保护和规划各类重要生态用地，严格保护江河源头区、重要水源涵养区、饮用水水源保护区、江河洪水调蓄区、重点湿地、农业生态保护区、水土保持重点区域和重要渔业水域、自然保护区、森林公园、风景名胜区等区域内的自然生态系统，防止生态环境破坏和生态功能退化。

第四十七条 在依法设立的各级自然保护区、风景名胜区、森林公园、地质公园、重要水源地、湿地公园、重点湿地以及世界文化自然遗产等特殊保护区域，应当依据法律法规规定和相关规划实施强制性保护，不得从事不符合主体功能区定位的各类开发活动，严格控制人为因素破坏自然生态和文化自然遗产原真性、完整性，在进行旅游资源开发时应当同步建设完善污水、垃圾等收集清运设施，保护环境质量。

在自然保护区的核心区禁止从事任何生产建设活动；在缓冲区，禁止从事除经批准的教学研究活动外的旅游和生产经营活动；在实验区，禁止从事除必要的科学实验、教学实习、参考观察和符合自然保护区规划的旅游，以及驯化、繁殖珍稀濒危野生动植物等活动外的其他生产建设活动。

风景名胜区应当严格控制人工景观建设，保证服务设施和建设项目与自然景观相协调，不得破坏景观、污染环境。禁止在风景名胜区内设立各类开发区和开发房地产项目，禁止在核心景区建设宾馆、招待所、培训中心、疗养院以及与风景名胜资源保护无关的其他建筑物；已经建成的，应当按照风景名胜区规划逐步迁出。

森林公园除必要的保护设施和附属设施外，禁止从事与资源保护无关的任何生产建设活动；禁止随意占用、征用、征收和转让林地；禁止种植掠夺水土资源、破坏土壤结构的劣质树种。

在地质公园以及可能对地质公园造成影响的周边地区，禁止进行采石、取土、开矿、放牧、砍伐以及其他对保护对象有损害的活动，保护地质地貌的完整性和稀缺性。

第四十八条 各级人民政府应当建立农业和农村环境保护协调机制，加强对农业和农村环境统一规划和综合治理，安排一定比例的环境保护专项资金用于农村环境保护，推广生态农业，防止农业面源污染。

县级以上人民政府农业主管部门会同有关部门定期组织对农业灌溉水、农产品进行监测和评价。禁止使用超过农业灌溉标准和水产养殖标准的污水进行灌溉和养殖，禁止将有毒有害的污泥作为农用肥料使用。

乡镇人民政府应当统筹建设农村生活污水处理设施，完善生活垃圾收运设施，在农村集中居民点设置专门设施，集中收集、清运垃圾等固体废物。

第四十九条 除法律、法规规定的禁止养殖区域外，县级以上人民政府有关主管部门可以根据当地环境承载能力和污染物排放总量控制要求，划定畜禽禁养区和限养区，报同级人民政府批准后实施，并向社会公布。

畜禽禁养区内不得从事畜禽养殖业。

畜禽养殖场、养殖小区应当根据养殖规模和污染防治需要，建设相应的污染防治配套设施以及综合利用和无害化处理设施并保障其正常运行；未建设污染防治配套设施、自行建设的配套设施不合格，或者未自行建设综合利用和无害化处理设施又未委托他人对畜禽养殖废弃物进行综合利用和无害化处理的，畜禽养殖场、养殖小区不得投入生产或者使用。

第五十条 合理开发利用地下水，防止水源枯竭和地面沉降；禁止擅自圈围、侵占、填堵水面、沼泽、滩涂、洼地；禁止向农田和渔业水体排放有毒有害物质。

第五十一条 各级人民政府应当加强饮用水水源保护，保障饮用水的安全、清洁。

禁止在水库等饮用水水源保护区设置排污口和从事采矿、采石、取土等可能污染饮用水水体的活动。

畜禽养殖和水产养殖应当采取措施避免污染水体。禁止在饮用水水源一级保护区内放养畜禽和从事网箱养殖等可能污染饮用水水体的活动。

第五十二条 各级人民政府应当加强本行政区域内自然资源开发活动的生态保护，明确治理责任，落实治理资金和治理措施。

第五十三条 各级人民政府应当加强生物多样性保护，保护珍稀、濒危野生动植物，禁止从事非法猎捕、毒杀、采伐、采集、加工、收购、出售野生动植物等活动。

第五十四条 各级人民政府应当加强生物安全管理，对引进外来生物物种进行安全评估，加强进口检疫工作，防止国外有害生物物种进入，并对入侵的有害生物物种采取措施，严防扩散。

第五十五条 各级人民政府应当加强市容环境卫生工作，创造整洁、优美、文明的生活和工作环境。

政府有关主管部门应当加强对市容环境卫生工作的监督管理。道路、广场和其他公共场所的清扫保洁责任单位应当按照作业规范和环境卫生标准要求，定时清扫，及时保洁，防止扬尘污染。

第五十六条 各级人民政府应当采取措施，组织对生活垃圾的分类处置、回收利用和无害化集中处理，逐步推广废旧商品回收利用、焚烧发电、生物处理等生活垃圾资源化利用方式，并逐步建立与本区域生活垃圾分类处理相适应的投放垃圾与收运模式。

公民、法人和其他组织应当按照规定对生活垃圾进行分类投放，减少日常生活废弃物对环境造成的损害。分类投放的生活垃圾应当分类收集。

鼓励和支持采用易回收利用、易处置或者易消纳降解的包装物、容器，对可回收利用的产品包装物、容器、废油和废旧电池等资源进行回收利用。

第五章　环境保护经济政策

第五十七条　各级人民政府应当加大环境保护财政投入，建立政府、企业、社会多元化的环境保护投融资机制，鼓励、引导社会资金投入环境保护及相关产业。

第五十八条　省人民政府应当对生态优化区域实行以鼓励生态发展为基本导向的生态激励型财政机制。具体实施办法由省人民政府另行制定。

第五十九条　本省应当建立健全市场化的节能减排机制，逐步推行居民阶梯式电价、水价制度，对能源消耗超过国家和地区规定的单位产品能耗（电耗）限额标准的企业和产品实行差别电价和惩罚性电价，并按照国家规定实施脱硫电价和燃煤电厂烟气脱硝电价。

各级人民政府应当加大对节能减排的投入，对符合规定条件的重大节能减排工程项目和重大节能减排技术开发、示范项目给予补助或者贷款贴息等支持。

第六十条　本省逐步建立和完善排污权有偿使用和交易制度，逐步实行排污指标的有偿取得和有偿转让。省和地级以上市人民政府有关主管部门应当对市场交易行为进行监管。排污权有偿使用费应当全额上缴财政，实行收支两条线管理，专项用于污染防治。

排污权有偿使用和交易的具体办法由省人民政府另行制定。

第六十一条　本省建立和实施环境污染责任保险制度。鼓励和支持保险企业开发环境污染责任保险，企业事业单位和其他生产经营者投保环境污染责任保险。在重点区域、重点行业依法实行强制性环境污染责任保险。

环境污染责任保险的具体办法由省人民政府另行制定。

第六十二条　本省建立健全企业环境信用评价制度。环境保护主管部门每年对污染物排放总量大、环境风险高、生态环境影响大的企业进行环境信用评价，向社会公开并向有关部门和机构通报评价结果。评价过程不得向企业收取费用。

环境信用评价结果应当作为政府采购、公共资金项目招投标、安排和拨付财政补贴专项资金、国有土地出让、授予荣誉称号、评优评奖、金融支持等工作的重要考量因素。对环境信用评价结果不良的企业，环境保护主管部门应当加大执法监察频次，督促其进行整改。

第六章　法 律 责 任

第六十三条　各级人民政府及其环境保护主管部门和其他有关部门违反本条例规定，有下列情形之一的，对直接负责的主管人员和其他直接责任人员依法给予处分；造成严重后果的，给予撤职或者开除处分，其主要负责人应当引咎辞职：

（一）没有将环境保护工作纳入国民经济和社会发展规划和计划，没有制定本级政府、本部门环境保护目标的；

（二）未按照规定实施环境保护规划的；

（三）未按照规定编制、公开突发环境事件应急预案或者未按照规定处理本行政区域内的突发环境事件的；

（四）因违法决策、未依法履行监管职责等造成重大环境事件的；

（五）未依法公开相关环境信息的；

（六）违法实施行政许可、行政强制、行政处罚的；

（七）严重干扰正常环境执法的；

（八）发现环境违法行为不予查处的；

（九）将环境保护资金截留或者挪作他用的；

（十）有法律法规规定的其他违法行为的。

第六十四条　违反本条例第十二条第二款规定，擅自撤销或者变动环境保护主管部门确定的环境质量监测点（断面）的，由县级以上人民政府环境保护主管部门责令改正，并处二万元以上五万元以下罚款。

违反本条例第十二条第三款规定，环境监测机构未按照环境监测规范从事环境监测活动，造成监测数据失实的，由县级以上人民政府环境保护主管部门责令改正，并可处二万元以上五万元以下罚款；环境监测机构弄虚作假，隐瞒、伪造、篡改环境监测数据的，由县级以上人民政府环境保护主管部门处十万元以上二十万元以下罚款，并可对直接负责的主管人员和其他责任人员处二万元以上五万元以下罚款；环境监测机构弄虚作假对造成的环境污染和生态破坏负有责任的，还应当与造成环境污染和生态破坏的其他责任者承担连带责任。

第六十五条 违反本条例第十三条第二款规定，虚报、瞒报、拒报、迟报或者伪造、变造、篡改环境统计资料的，由县级以上人民政府环境保护主管部门责令改正，并可处一万元以上二万元以下罚款；情节严重的，并处二万元以上五万元以下罚款。

第六十六条 违反本条例第二十一条第一款规定，企业事业单位和其他生产经营者未依法取得排污许可证排放污染物的，由县级以上人民政府环境保护主管部门责令其立即停止排放污染物，并处十万元以上二十万元以下罚款；拒不停止排放污染物的，报经有批准权的人民政府批准，责令停业、关闭。企业事业单位和其他生产经营者不按照排污许可证的要求排放污染物的，由县级以上人民政府环境保护主管部门责令限期改正，并可处十万元以上二十万元以下罚款；拒不改正或者造成较大社会影响的，吊销其排污许可证，并报经有批准权的人民政府批准，责令停业、关闭。

违反本条例第二十一条第二款规定，企业事业单位和其他生产经营者超过污染物排放标准或者重点污染物排放总量控制指标排放污染物的，县级以上人民政府环境保护主管部门可以责令其采取限制生产、排放或者停产整治等措施；情节严重的，报经有批准权的人民政府批准，责令停业、关闭。

第六十七条 违反本条例第二十三条第二款规定，企业事业单位和其他生产经营者未依法建立载明防治污染设施运行、维护、更新和污染物排放等情况的管理台账的，由县级以上人民政府环境保护主管部门责令限期改正；逾期不改正的，处二万元以上五万元以下罚款。

违反本条例第二十三条第三款规定，企业事业单位和其他生产经营者未经批准擅自拆除、闲置水污染防治设施的，由环境保护主管部门责令限期改正，并处应缴纳排污费数额一倍以上三倍以下的罚款；未经批准擅自拆除、闲置环境噪声污染防治设施的，由县级以上人民政府环境保护主管部门责令限期改正，并处五万元以上十万元以下罚款；未经批准擅自拆除、闲置大气污染防治设施的，由县级以上人民政府环境保护主管部门依法处罚。

违反本条例第二十三条第五款规定，受委托单位未按照法律、法规和相关技术规范的要求运营防治污染设施或者实施污染治理，或者在运营防治污染设施或者实施污染治理中弄虚作假的，由县级以上人民政府环境保护主管部门责令改正，处五万元以上十万元以下罚款；受委托单位在运营防治污染设施或者实施污染治理中弄虚作假，对造成的环境污染和生态破坏负有责任的，还应当与造成环境污染和生态破坏的其他责任者承担连带责任。

第六十八条 违反本条例第二十四条第一款、第二款、第三款的规定，企业事业单位和其他生产经营者未按照规定办理排污申报手续或者变更申报手续的，由县级以上人民政府环境保护主管部门责令限期改正；逾期不改正的，处五万元以上十万元以下罚款。

违反本条例第二十四条第四款规定，重点排污单位不公开或者不如实公开环境信息的，由县级以上人民政府环境保护主管部门责令改正，处十万元以上二十万元以下罚款，并予以公告。

第六十九条 违反本条例第二十五条第一款规定，企业事业单位和其他生产经营者未按照国家和本省规定设置、管理排污口的，由县级以上人民政府环境保护主管部门责令限期改正，并处五万元以上十万元以下罚款；逾期不改正的，处二十万元以上五十万元以下罚款；情节严重的，报经有批准权的人民政府批准，责令停业、关闭。企业事业单位和其他生产经营者未按照规定设置标志牌的，由县级以上人民政府环境保护主管部门责令限期改正；逾期不改正的，处二万元以上五万元以下罚款。

违反本条例第二十五条第二款规定，企业事业单位和其他生产经营者通过非核定的排污口排放污染物或者从污染物处理设施的中间工序引出并排放污染物的，由县级以上人民政府环境保护主管部门责令限期改正，并处五万元以上十万元以下罚款；情节严重的，报经有批准权的人民政府批准，责令停业、关闭。

第七十条 违反本条例第二十六条第二款规定，自动监控设施的管理运营单位弄虚作假，隐瞒、伪造、篡改自动监控数据的，由县级以上人民政府环境保护主管部门处五万元以上十万元以下罚款；对造成的环境污染和生态破坏负有责任的，还应当与造成环境污染和生态破坏的其他责任者承担连带责任。

第七十一条 违反本条例第二十七条第二款规定，污染物集中处理单位不正常运行或者未经环境保护主管部门同意停止运行污染物集中处理设施的，由县级以上人民政府环境保护主管部门责令限期改正，并处二十万元以上五十万元以下罚款。

违反本条例第二十七条第三款规定，污染物集中处理单位未向当地环境保护主管部门报告企业事业单位和其他生产经营者交付处理的污染物的种类、数量、浓度等信息，或者发现企业事业单位和其他生产经营者交付处理的污染物的种类、数量、浓度发生重大变化，未立即报告当地环境保护主管部门的，处五万元以上十万元以下罚款。

第七十二条 违反本条例第二十九条第三款规定，建设单位未依法提交建设项目环境影响评价文件或者环境影响评价文件未经批准，擅自开工建设的，由负有环境保护监督管理职责的部门责令停止建设，处十万元以上二十万元以下罚款，并可以责令恢复原状。

第七十三条 违反本条例第三十五条第四款规定，油码头、加油加气站、储油储气库（区）和油罐车、气罐车等未按照规定安装油气回收装置的，由县级以上人民政府环境保护主管部门责令改正，并处十万元以上二十万元以下罚款；拒不改正的，责令停产整治。

违反本条例第三十五条第五款规定，饮食服务业经营者未按照规定设置油烟净化设施的，由县级以上人民政府环境保护主管部门责令改正，处二万元以上五万元以下罚款；拒不改正的，责令停业整治。服装干洗和机动车维修等项目未按照规定设置异味或者废气处理装置的，由县级以上人民政府环境保护主管部门责令改正，处一万元以上二万元以下罚款；拒不改正的，责令停业整治。

第七十四条 违反本条例第四十条第二款规定，建筑施工企业有下列行为之一，由县级以上人民政府住房和城乡建设等主管部门责令限期改正，处五万元以上十万元以下罚款；拒不改正的，责令其停工整顿：

（一）施工工地未设置硬质密闭围挡，或者未采取覆盖、分段作业、择时施工、洒水抑尘、冲洗地面和车辆等有效防尘措施的；

（二）未采用密闭式防尘网遮盖在施工工地内堆存的建筑土方、建筑垃圾、渣土和散装物料的；

（三）未及时清运建筑土方、建筑垃圾、渣土和散装物料的。

违反本条例第四十条第二款规定，土地使用权人对暂时不能开工的建设用地的裸露地面未进行覆盖或者绿化的，由县级以上人民政府住房和城乡建设等主管部门责令限期改正，处五万元以上十万元以下罚款。

违反本条例第四十条第二款规定，建筑土方、建筑垃圾、渣土和散装物料以及灰浆等流体物料未采用密闭方式运送或者未采取其他措施防止物料遗撒，或者未按照规定路线行驶的，由县级以上人民政府确定的监督管理部门责令改正，处一万元以上二万元以下罚款；拒不改正的，车辆不得上道路行驶。

第七十五条 违反本条例第四十一条规定，企业事业单位和其他生产经营者未依法编制突发环境事件应急预案，或者突发环境事件发生后，未及时启动突发环境事件应急预案的，由县级以上人民政府环境保护主管部门责令改正；情节严重的，处五万元以上十万元以下罚款。

第七十六条 违反本条例第四十八条第二款规定,单位或者个人使用超过农业灌溉标准和水产养殖标准的污水进行灌溉和养殖,或者将有毒有害的污泥作为农用肥料使用的,由县级以上人民政府农业或者渔业主管部门责令改正,对个人处五千元以上一万元以下罚款,对单位处二万元以上五万元以下罚款。

第七十七条 违反本条例第四十九条规定,在县级以上人民政府有关主管部门划定的畜禽禁养区从事畜禽养殖业的,由县级以上人民政府环境保护主管部门责令停止违法行为;拒不停止违法行为的,处五万元以上十万元以下罚款,并报县级以上人民政府责令拆除或者关闭。

第七十八条 对违法排污造成环境事件的企业事业单位和其他生产经营者,由县级以上人民政府环境保护主管部门或者其他有关主管部门按照以下规定处罚:

(一)对造成一般或者较大环境事件的,按照直接损失的百分之二十处以罚款;直接损失无法认定的,对造成一般环境事件的处十万元罚款,对造成较大环境事件的处三十万元罚款。对主要负责人和负直接责任的人员,处上一年度从本单位取得的收入百分之二十的罚款;

(二)对造成重大或者特大环境事件的,按照直接损失的百分之三十处以罚款;直接损失无法认定的,对造成重大环境事件的处一百万元罚款,对造成特大环境事件的处三百万元罚款。对主要负责人和负直接责任的人员,处上一年度从本单位取得的收入百分之五十的罚款。

对造成重大或者特大环境事件的,可以报经有批准权的人民政府批准,责令关闭。

第七十九条 违反本条例规定,有下列违法行为之一,受到罚款处罚,被责令停止或者改正违法行为,拒不停止或者改正违法行为的,依法作出处理决定的行政机关可以自责令停止或者改正违法行为的次日起,按照原罚款数额按日连续处罚:

(一)企业事业单位和其他生产经营者违法排放污染物的;

(二)企业事业单位和其他生产经营者未经批准擅自拆除、闲置防治污染设施的;

(三)重点排污单位不公开或者不如实公开环境信息的;

(四)污染物集中处理单位不正常运行或者未经环境保护主管部门同意停止运行污染物集中处理设施的;

(五)建设单位未依法提交建设项目环境影响评价文件或者环境影响评价文件未经批准,擅自开工建设的;

(六)法律法规规定的其他行为。

企业事业单位和其他生产经营者认为其环境违法行为已改正申请查验的,县级以上人民政府环境保护主管部门应当自受理申请的次日起五个工作日内实施查验;未申请查验的,环境保护主管部门应当自改正期限届满的次日起十五日内完成查验。

第八十条 违反环境保护法律法规的规定,构成犯罪的,依法追究刑事责任。

县级以上人民政府环境保护主管部门在依法查处环境违法行为过程中,发现涉嫌犯罪的,应当依法及时向公安机关或者人民检察院移送。公安机关、人民检察院对环境保护主管部门移送的涉嫌环境犯罪案件应当依法进行处理。

第八十一条 任何单位和个人以暴力、威胁或者其他方法阻碍环境保护主管部门以及有关主管部门工作人员依法履行环境监督管理职责的,由公安机关按照《中华人民共和国治安管理处罚法》等法律的规定予以行政处罚;构成犯罪的,依法追究刑事责任。

第七章 附 则

第八十二条 本条例所指的小区域,包括小城镇、小流域、各类经济开发区、生态保护区及其他需要特定保护的区域。

第八十三条 本条例自2015年7月1日起施行。

上海市环境保护条例(节选)

(1994年12月8日上海市第十届人民代表大会常务委员会第十四次会议通过,1995年5月1日起施行,2015年6月18日上海市第十四届人民代表大会常务委员会第二十一次会议修订)

第一章 总 则

第二条 本条例适用于本市行政区域内的环境保护及其相关的管理活动。

第四条 本市各级人民政府应当对本行政区域的环境质量负责,实行环境保护行政首长负责制。每届政府应当根据环境保护规划,制定任期内的环境保护目标和年度实施计划,并保证一定的财政资金投入环境保护工作。

各级人民政府应当每年向同级人民代表大会或者其常务委员会报告环境保护工作以及任期内的环境保护目标实现情况。

街道办事处根据所在区、县人民政府的要求,开展本辖区内有关的环境保护工作。

第五条 市环境保护局(以下简称市环保局)是本市环境保护行政主管部门,对全市环境保护工作实施统一监督管理,并负责组织实施本条例。区、县环境保护行政主管部门(以下简称区、县环保部门)对本行政区域内的环境保护工作实施统一监督管理,业务上同时受市环保局的领导。

市环保局和区、县环保部门(以下统称环保部门)所属的环境监察机构,负责本行政区域内环境保护情况的监督检查,对环境污染事故和纠纷进行调查、提出处理意见,并负责征收排污费。环保部门可以在法定权限范围内委托其所属的环境监察机构实施行政处罚和行政强制措施。

环保部门应当建立检举、控告制度,公布投诉电话。对属于环保部门职责范围的检举和控告,应当依法处理;对属于其他管理部门职责范围的检举和控告,应当按照规定转送相关管理部门处理,并告知当事人。

第七条 公安、交通、港口、海洋、海事、渔政、铁路、民航部门依照有关法律、法规的规定,对环境污染防治实施监督管理。

本市其他有关管理部门,按照各自职责,协同实施本条例。

第二章 规划、区划和标准

第十三条 市人民政府可以根据本市实际,对国家环境质量标准和国家污染物排放标准中未作规定的项目,制定地方标准;对国家污染物排放标准中已作规定的项目,可以制定严于国家污染物排放标准的地方污染物排放标准,但法律、行政法规另有规定的除外。

第三章 环境监督管理

第十四条 本市对水、大气主要污染物实行排放总量控制制度。

市环保局应当根据国家核定的本市不同时期水、大气主要污染物排放总量和本市环境容量以及经济、社会发展水平,拟订本市水、大气主要污染物排放总量控制计划,报市人民政府批准后组织实施。市环保局也可以根据本市环境保护的需要,制定国家未作规定的其他主要污染物的排放总量控制计划,报市人民政府批准后组织实施。

区、县环保部门应当根据本市的水、大气主要污染物排放总量控制计划,结合本行政区域的实际情况,拟订本行政区域水、大气主要污染物排放总量控制实施方案,经区、县人民政府批准后组织实施,并在批准后十五日内报市环保局备案。

污染物排放总量控制区域内的排污单位,其污染物排放应当达到规定的排放标准和总量控制指标。

第十五条 排污单位应当按照国家和本市的有关规定,向市或者区、县环保部门办理污染物排放申报登记手续,申报登记排放污染物的种类、数量和浓度及其处理设施,并提供有关污染防治的技术资料。

污染物排放的种类、数量、浓度、排放方式等发生重大变更的,排污单位应当在变更发生的十五日前，向原申报登记的环保部门办理变更申报登记手续。

第十六条 本市对主要污染物实行排污许可证制度。

排放主要污染物的单位，应当按照国家和本市的规定，向市或者区、县环保部门申请排污许可证，并按照排污许可证规定的要求排放主要污染物。无排污许可证的，不得排放主要污染物。

排污许可证实施的具体范围和核发程序，按照国家和本市的有关规定执行。其中，大气主要污染物排放许可证，市和区、县人民政府可以委托同级环保部门核发。

排污许可证应当载明允许排放的主要污染物种类和数量、执行的污染物排放标准、条件和污染控制要求。

第十七条 本市对排放水污染物、大气污染物、固体废物、环境噪声超过国家或本市规定排放标准或者对环境造成严重污染的排污单位，实行限期治理。

限期治理由市或者区、县环保部门提出意见，报同级人民政府作出决定。但对固体废物排污单位的限期治理，由市或者区、县环保部门作出决定。

限期治理期限应当根据排污单位的工艺特点和污染治理要求确定，最长不超过十二个月，但法律、法规另有规定的除外。

限期治理期间，排污单位应当采取限产、停产或者其他措施，使其污染物排放符合限期治理决定规定的排放要求。

限期治理期限届满，环保部门应当对排污单位的治理效果进行核查。

第十八条 列入国家建设项目环境影响评价分类管理名录和本市补充名录的建设项目（以下简称建设项目），应当按照国家和本市有关规定，进行环境影响评价。

环保部门应当按照法律、法规、规章和相关环境影响评价技术规范的规定，对环境影响评价文件进行审查，并依法作出审批决定。法律、法规、规章和相关环境影响评价技术规范对环境影响评价文件中的有关内容尚未作规定的，环保部门应当组织专家进行论证，并在规定的期限内作出审批决定。

环保部门在审批大中型建设项目的环境影响评价文件时，应当采取多种形式听取意见。

第十九条 新建、改建、扩建建设项目，建设单位应当根据环境影响评价文件以及环保部门审批决定的要求建设环境保护设施，并与主体工程同时设计、同时施工、同时投产使用。

建设单位在新建、改建、扩建建设项目时，与该新建、改建、扩建建设项目有关的原有污染源应当同时治理。

第二十条 建设项目确需试生产或者试运行的，建设单位应当向原审批环境影响评价文件的环保部门申请建设项目试生产或者试运行。环保部门应当根据环境影响评价文件审批决定提出的环境保护措施落实情况，在受理建设项目试生产或者试运行申请之日起二十日内作出审批决定，并书面通知申请人；不予批准的，应当说明理由。

建设项目经批准试生产或者试运行的，主体工程方可带负荷运行。

建设项目试生产或者试运行期间，配套建设的环境保护设施应当与主体工程同时投入试运行，排放的污染物应当符合环保部门对试生产、试运行审批决定规定的要求。

建设单位应当在建设项目试生产或者试运行期满前，向原审批环境影响评价文件的环保部门申请建设项目环境保护设施竣工验收。

第二十一条 建设项目竣工后，建设单位应当向环保部门申请环境保护设施竣工验收。环境保护设施未经验收或者验收不合格的，主体工程不得正式投入生产或者使用。

建设项目在试生产或者试运行期满时生产负荷达不到验收要求的，经审批该建设项目环境影响评价文件的环保部门同意，可以先按实际生产负荷，进行环境保护设施阶段性竣工验收。待建设项目生产达到规定负荷后，建设单位应当申请环境保护设施正式验收。

环境保护设施竣工验收按照国家和本市有关规定执行。环保部门在建设项目竣工验收阶段，应当对建设项目污染物的排放情况进行监测，监测不合格的，不予通过验收。

第二十二条 市环保局应当根据国家环境监测技术要求,统一组织编制本市环境监测技术规范。

环境监测专业机构应当根据国家和本市环境监测技术规范开展环境监测,保证监测数据的准确性,并对监测数据和监测结论负责。

当事人对区、县环保部门设立的环境监测机构和其他环境监测专业机构出具的与具体行政行为有关的监测数据有异议的,可以向市环保局设立的环境监测机构申请复核,市环保局设立的环境监测机构应当在三十日内出具复核意见;情况特殊的,可以延长三十日出具复核意见。

当事人对市环保局设立的环境监测机构出具的监测数据有异议的,可以向国家环境保护行政主管部门设立的环境监测机构申请复核。

复核得出的监测结论与原监测结论一致的,复核费用由申请复核者承担;复核得出的监测结论与原监测结论不一致的,复核费用由出具监测数据的单位承担。

第二十三条 本市对用于环境污染治理和生态环境保护的微生物菌剂,实行环境安全许可制度。

微生物菌剂用于环境污染治理和生态环境保护的,微生物菌剂提供单位应当向市环保局申请微生物菌剂应用环境安全许可证,并提交下列材料:

(一)环境安全评价机构出具的环境安全评价报告;

(二)提供单位的相关人员具备微生物技术应用专业知识和安全知识的证明材料;

(三)指导应用单位采取安全控制措施的承诺书;

(四)应用微生物菌剂的环境安全控制措施和事故处置应急预案。

市环保局应当在收到申请之日起二十日内,组织专家进行论证,并根据论证意见,在二十日内作出审批决定;不予批准的,应当说明理由。市环保局在二十日内不能作出审批决定的,经本部门负责人批准,可以延长十日作出审批决定,但应当将延长期限的理由告知申请人。

第二十四条 环保部门及其环境监察机构可以依法对管辖范围内的排污单位进行现场检查。

检查人员在进行现场检查时,可以采取现场监测、采集样品、查阅有关资料,以及根据本条例第二十五条的规定暂扣或者封存污染设施、物品等措施。检查人员进行现场检查时,应当出示证件。

被检查的单位应当如实反映情况,提供必要的资料,不得隐瞒情况,拒绝和阻挠检查。

检查人员应当为被检查单位保守商业秘密。

第二十五条 有下列情形之一的,环保部门可以对有关设施、物品予以暂扣或者封存:

(一)违法转移、处置放射源、危险废物的;

(二)造成严重环境污染或者可能造成严重环境污染,不当场暂扣或者封存,将可能造成证据灭失或者转移的。

暂扣或者封存有关设施、物品的,环保部门应当作出书面决定,并出具暂扣或者封存的设施、物品清单,交由当事人签名。当事人不在场或者拒绝签名的,检查人员应当在暂扣或者封存设施、物品清单上注明情况。

环保部门暂扣、封存有关设施、物品的期限不得超过二十日;情况复杂的,经本部门负责人批准,可以延长二十日。对被暂扣、封存的设施、物品,应当妥善保管,不得使用或者损毁。环保部门应当在暂扣、封存期间作出处理决定。

第二十六条 排污单位应当采取有效措施,防止环境污染事故的发生。

市和区、县人民政府应当根据实际,组织编制环境突发事件的应急预案。

可能发生重大环境污染事故的单位,应当根据市和区、县应急预案和本单位的具体情况,制定本单位环境污染事故应急方案,并报所在地环保部门备案。可能发生重大环境污染事故的单位目录由市环保局会同有关部门编制并公布。

发生环境污染事故时,有关单位应当立即采取应急措施并向所在地区、县人民政府突发公共事件应急联动机构或者环保部门报告;可能危及市民生命健康和财产安全的，应当立即通知周边单位和居民。市和区、县人民政府可以根据污染事故的具体情况，采取相关应急措施，疏散人员，并责令停止导致环境污染事故的相关活动。

第二十七条 各级人民政府应当采取有效措施，保障市民的环境信息知情权，鼓励和支持市民参与环境保护。

政府有关环境保护的信息，由环保部门统一汇总和发布；市环保局应当每年发布本市年度环境状况公报。

对于违反环境保护法律、法规、规章的排污单位，环保部门可以公布违法排污单位名单。

第四章 环境污染防治

第二十八条 排污单位应当按照环境保护设施的设计要求和排污许可证规定的排放要求，制定操作规程，并保持环境保护设施正常运行。

排污单位的环境保护设施因维修、故障等原因无法达标排放的，应当采取限产或者其他措施，确保其污染物排放达到规定的标准，并在十二个小时内向区、县环保部门报告；采取措施后仍不能达标排放的，应当立即停产，停止排放污染物。

禁止擅自拆除或者闲置环境保护设施。直接向环境排放污染物或者向城市污水集中处理设施排放一类水污染物的排污单位，确有必要拆除或者闲置环境保护设施的，应当在拆除或闲置三十日前，向市或者区、县环保部门提出申请。

环保部门受理申请后，应当在二十日内作出审批决定；不予批准的，应当说明理由。

第二十九条 鼓励排污单位委托具有相应能力的污染治理设施运营单位实施污染治理。

禁止将污染物委托给无环境污染治理设施运营资质的机构处理或者处置。无环境污染治理设施运营资质的单位和个人不得接受委托，处置污染物或者运行管理环境污染治理设施。

第三十条 排污单位应当按照国家和本市环境保护技术规范和标准设置污染物排放口，安装排污计量装置，设置标志牌，并对本单位排放口的排放行为负责。

排污单位排放的污水应当从污水排放口排出，禁止使用雨水排放口排放污水。

已设置的污染物排放口不符合环保部门关于排放口设置技术规范和标准的，应当按照环保部门的规定进行改造。

第三十一条 本市逐步推进排污单位污染物排放的在线监测。

直接向环境排放污染物的单位，应当按照规定安装污染物排放在线监测设备。在线监测的具体范围和管理办法，由市环保局会同有关部门另行规定。

排污单位应当保证在线监测设备的正常运行，不得拆除、损坏在线监测设备；在线监测设备出现故障的，应当立即向环保部门报告。

在线监测设备应当纳入污染物排放在线信息系统。在线监测设备在正常运行情况下取得的监测数据，可以作为环保部门实施环境监督管理的证据。

第三十二条 排污单位应当建立环境管理台账。环境管理台账应当载明环境保护设施运行和维护的情况及相应的主要参数、污染物排放情况及相关监测数据。

对污染物排放未实行在线监测或者在线监测未包含的污染物，排污单位应当按照市环保局的规定，定期进行环境监测，并向环保部门报告监测情况。排污单位报送的监测数据，可以作为环保部门实施环境监督管理的参考依据。

环保部门设立的环境监测机构不得接受本行政区域内排污单位的委托，提供与前款规定的环境监测报告有关的监测服务。

第三十三条 直接向环境排放水污染物或者向城市污水集中处理设施排放一类水污染物的排污单位，其污染物排放不得超过国家或者本市规定的排放标准。向城市污水集中处理设施排放二类水污染物的，按照有关法律、法规执行。

禁止运输剧毒化学品的船舶进入黄浦江和其他内河水域。

居住区污水应当纳入城市污水集中处理设施集中处置，因特殊情况无法纳入城市污水集中处理设施而自建污水处理设施的，所在地区、县人民政府应当建立运营和监管机制，确保排放的污水达到国家或者本市规定的排放标准。

开发区应当按照规定对水污染物实施集中处置，水污染防治设施未建成或者不完备的，不得引进产生污染的项目。

第三十四条 有关单位使用的煤、柴油、重油等燃料含硫量应当符合本市燃料含硫量限值标准，但已安装脱硫设施的单位除外。

禁止生产企业无组织排放粉尘和生产性废气。

建设、公安、海事、环保等部门应当依法加强对扬尘污染、机动车船排放污染、饮食服务业油烟污染的监督管理。

第三十五条 排放环境噪声的单位和个人应当采取有效措施，使其排放的环境噪声符合国家和本市规定的环境噪声排放标准。

使用家用电器、进行室内装修或者进行其他家庭室内娱乐活动的，应当采取有效措施，减轻、避免对周围居民造成环境噪声污染。

除抢修、抢险外，禁止在夜间和其他市人民政府规定的特定时间内从事产生环境噪声污染的建筑施工作业。但因混凝土连续浇注等原因，确需在夜间从事建筑施工作业的，施工单位应当在施工作业前，向所在地区、县环保部门提出申请。区、县环保部门应当在三个工作日内作出审批决定，并书面通知申请人；不予批准的，应当说明理由。经批准在夜间施工作业的施工单位应当在施工作业现场的显著位置公示行政许可的内容。

第三十六条 本市鼓励和促进企业采用资源利用率高、污染物产生量少的生产工艺和设备，实行清洁生产。

本市鼓励对固体废物进行资源化利用，不能资源化利用的固体废物应当进行无害化处置。

禁止将境外或者外省市的危险废物以及不作为生产原料的其他固体废物转移到本市。

因特殊情况确需从境外进口固体废物用作原料的，应当依照国家有关规定经批准后，方可进入本市；因特殊情况确需将外省市固体废物作为原料运入本市的，应当经市环保局批准。

医疗卫生机构产生的医疗废物的污染防治，按照国家和本市有关规定执行。

第三十七条 生产、销售被列入强制回收目录的产品和包装物的企业，必须在产品报废和包装物使用后对该产品和包装物进行回收。

本市强制回收的产品和包装物的具体目录以及回收和处置的具体办法，由市人民政府公布实施。

第三十八条 本市生产、销售的建筑材料，应当符合国家建筑材料放射性核素控制标准。不符合放射性核素控制标准的建筑材料，不得生产和销售。

质量技术监督等有关部门应当加强对本市建筑材料放射性污染的监督检查，并定期公布不符合放射性核素控制标准的建筑材料目录。

第三十九条 设置产生电磁辐射污染的设施或者设备，设置单位应当采取有效的屏蔽防护措施，确保环境中电场、磁场符合国家有关规定和防护要求。

第四十条 本市中心城区严格控制建筑物外墙采用反光材料。建筑物外墙采用反光材料的，应当符合国家和本市有关标准。

在室外使用灯光照明设备，应当符合本市环境装饰照明技术规范的要求，不得影响周围居民的正常生活。未按照技术规范要求使用室外灯光照明设备的，由市容环卫部门责令限期改正。

第四十一条 市和区、县人民政府应当加强对饮用水源的管理，采取有效措施防止饮用水源环境污染，并根据保护需要划定饮用水源保护区。其中，市级饮用水源保护区范围，本市法规已有规定的，按照规定执行，没有规定的，由市人民政府划定；区级饮用水源保护区范围，由区、县人民政府提出划定方案，报市人民政府批准。

第四十二条 本市禁止开垦占用列入国际重要湿地名录和国家重要湿地名录以及位于自然保护区的自然湿地，并不得随意改变湿地的用途；对滩涂等其他湿地的开发利用，应当进行环境影响评价和科学论证。

第四十三条 本市有关部门应当采取有效措施，加强对畜禽、水产养殖污染的防治以及对使用化肥、农药、农用薄膜的监督管理。

畜禽养殖者应当按照规定收集、贮存、利用或者处置养殖过程中产生的畜禽粪便。畜禽养殖场按照规范实施畜禽粪便生态还田的，视作达标排放。

农业生产者应当科学地使用化肥、农药、农用薄膜和饲料添加剂，防止对土壤和农畜产品产生污染。

第五章 法律责任

第四十四条 违反本条例第十六条第二款规定，未取得排污许可证排放主要污染物的，由市或者区、县环保部门责令停产；未按照排污许可证的规定排放主要污染物的，由颁发许可证的环保部门按照有关法律、法规的规定处理。

第四十五条 违反本条例第十七条第四款规定，排污单位在限期治理期间污染物排放不符合限期治理决定中规定的排放要求的，由市或者区、县环保部门责令其限产或者停产，可以并处一万元以上十万元以下的罚款。

限期治理期限届满，排污单位经核查未完成限期治理任务的，按照有关法律、法规的规定处理。其中，被市或者区、县人民政府责令关闭的企业，环保部门应当注销其排污许可证，有关部门应当依法注销其相关证照。

第四十六条 违反本条例第二十条第二款规定，建设项目未经批准主体工程擅自带负荷运行的，由审批该项目环境影响评价文件的环保部门责令停止试生产或者试运行，可以并处一万元以上十万元以下的罚款。

违反本条例第二十条第三款规定，建设单位在试生产或者试运行期间，污染物排放不符合试生产、试运行审批决定规定的排放要求的，由市或者区、县环保部门责令停止试生产或者试运行，可以并处一万元以上十万元以下的罚款。

第四十七条 违反本条例第二十二条第二款规定，环境监测专业机构未按环境监测技术规范进行监测，造成监测数据失实的，由市或者区、县环保部门责令改正，可以处五千元以上五万元以下的罚款；环境监测专业机构弄虚作假，伪造数据的，由市或者区、县环保部门处五万元以上二十万元以下的罚款。

第四十八条 违反本条例第二十六条第一款规定，造成环境污染事故的，由市或者区、县环保部门按照有关法律、行政法规的规定处以罚款；对直接经济损失难以认定的，处二万元以上二十万元以下的罚款。

违反本条例第二十六条第三款规定，环境污染事故应急方案未向环保部门备案的，由市或者区、县环保部门责令限期改正；逾期不改正的，给予通报批评。

违反本条例第二十六条第四款规定，发生环境污染事故时未立即报告的，由市或者区、县环保部门向社会公布其名单。

第四十九条 违反本条例第二十八条第一款、第二款规定，未制定操作规程、环境保护设施未保持正常运行或者未按照规定及时报告的，由市或者区、县环保部门责令限期改正，处五千元以上五万元以下的罚款。

违反本条例第二十八条第三款规定，擅自拆除或者闲置环境保护设施的，由市或者区、县环保部门责令限期改正，处一万元以上五万元以下的罚款。

第五十条 违反本条例第三十条第一款规定，不按有关环境保护技术规范和标准设置污染物排放口、安装排污计量装置或者设置标志牌的，由市或者区、县环保部门责令限期改正；逾期不改正的，处二千元以上一万元以下的罚款。

违反本条例第三十条第二款规定，使用雨水排放口排放污水的，由市或者区、县环保部门责令限期改正，可以处五千元以上五万元以下的罚款。

第五十一条 违反本条例第三十一条第二款、第三款规定，未按规定安装污染物排放在线监测设备、未保证在线监测设备正常运行或者拆除、损坏在线监测设备的，由市或者区、县环保部门责令限期改正，处一万元以上五万元以下的罚款。

第五十二条 违反本条例第三十二条规定，未按规定建立环境管理台账或者未载明有关事项的,由市或者区、县环保部门责令限期改正,可以处一千元以上五千元以下的罚款;未按规定报告监测情况或者提供不实监测情况报告的,可以处五千元以上二万元以下的罚款。

第五十三条 违反本条例第三十三条第一款规定,直接向环境排放水污染物或者向城市污水集中处理设施排放一类水污染物超过国家或者本市规定的排放标准,严重污染水环境的,由市或者区、县环保部门责令限期改正,处一万元以上十万元以下的罚款。

违反本条例第三十三条第二款规定,运输剧毒化学品的船舶进入黄浦江或者其他内河水域的,由海事行政主管部门处二万元以上十万元以下的罚款。

第五十四条 违反本条例第三十四条第一款规定,使用的燃料含硫量不符合本市燃料含硫量限值标准且未安装脱硫设施的,由市或者区、县环保部门责令限期改正;逾期不改正的,处五千元以上五万元以下的罚款。

违反本条例第三十四条第二款规定,生产企业无组织排放粉尘或者生产性废气的,由市或者区、县环保部门责令限期改正;逾期不改正的,处五千元以上五万元以下的罚款。

第五十五条 违反本条例第三十五条第三款规定,未经批准或者未按照批准的要求在规定的时间内从事施工作业的,由所在地区、县环保部门责令改正,处一万元以上十万元以下的罚款。

第五十六条 违反本条例第三十九条规定,致使环境中的电场、磁场不符合国家的规定和防护要求的,由市或者区、县环保部门责令限期改正;逾期不改正的,处一万元以上十万元以下的罚款。

第五十七条 违反环境保护方面法律、行政法规规定的其他行为,由环保部门按照有关法律、行政法规的规定处理。

违反环境保护方面法律、法规规定,构成犯罪的,依法追究刑事责任。

第五十八条 环保部门、环境监察机构以及其他有关行政管理部门的工作人员违反本条例规定,有下列行为之一的,由其所在单位或者上级主管部门给予行政处分;构成犯罪的,依法追究刑事责任:

(一)违反环境保护法律、法规,出现重大决策失误,造成环境严重污染的;

(二)对环境违法行为查处不力,包庇、纵容违法排污企业的;

(三)不依法行使职权,并造成严重后果的;

(四)其他玩忽职守、滥用职权、徇私舞弊的。

第五十九条 当事人对有关管理部门的具体行政行为不服的,可以依照《中华人民共和国行政复议法》或者《中华人民共和国行政诉讼法》的规定,申请行政复议或者提起行政诉讼。

当事人对具体行政行为逾期不申请复议,不提起诉讼,又不履行的,作出具体行政行为的部门可以依法申请人民法院强制执行。

第六章 附 则

第六十条 本条例自2006年5月1日起施行。

深圳经济特区环境保护条例(节选)

(2009年8月13日深圳市第四届人民代表大会常务委员会公告第110号公布,自2010年1月1日起施行)

第一章 总 则

第二条 特区内环境污染防治以及生态保护与建设适用本条例。

第二章 政府责任

第七条 市政府对本市环境质量负责,制定环境责任目标、落实环境责任任务,持续改善本市整体环境质量。

区政府对辖区环境质量负责,按照市政府提出的环境保护任务和要求,制定本辖区年度实施计划,并报市政府备案。

第八条 市、区政府有关部门应当按年度向本级政府报告环境保护工作目标、任务的完成情况，并以适当形式向社会公布。

市、区政府应当按年度分别向本级人民代表大会常务委员会报告环境责任目标、任务、年度实施计划的执行情况，并通过政府网站等途径向社会公布。

第九条 实行环境保护实绩考核制。市政府对区政府及市政府有关部门主要负责人、区政府对街道办事处及区政府有关部门主要负责人的环境保护实绩实施年度考核，并向社会公布考核结果。

考核结果应当作为被考核人任职以及对其奖惩的重要依据。

第十条 环保部门应当根据市、区政府确定的环境责任目标、任务，分别组织制定市、区年度环境保护工作计划和任务分解方案，报本级政府批准后组织实施。

市、区政府有关部门应当按照年度环境保护工作计划和任务分解方案完成相关环境保护工作任务，并定期向本级环保部门通报工作进展情况；环保部门应当及时核查和通报有关部门的任务完成情况。

第十一条 实行政策环境影响评价制度。法规、规章和规范性文件实施后可能对环境产生重大影响的，起草单位在起草时应当组织进行环境影响评价，并形成政策环境影响评价说明书。

环保部门负责召集由有关政府代表和专家组成的审查小组，对政策环境影响评价说明书进行审查，并出具书面审查意见。

政策环境影响评价说明书和审查小组的书面审查意见应当作为制定政策的重要依据。对应当报送而未报送政策环境影响评价说明书及其书面审查意见的政策，不予审议、审查。

对本条所列由政府起草的法规、规章和规范性文件进行环境影响评价的具体办法由市政府另行制定。

第十二条 市、区政府及其有关部门在组织编制城市总体规划、土地利用总体规划以及区域、流域、海域的建设、开发利用规划时，应当进行环境影响评价，编写有关环境影响的篇章或者说明。

市、区政府及其有关部门对组织编制的工业、农业、林业、能源、水利、交通、城市建设、旅游、自然资源开发的有关专项规划，应当在该专项规划草案上报审批前，组织环境影响评价，并向审批该专项规划的机关提出环境影响报告书。

第十五条 市环保部门应当根据环境保护的需要，组织起草环境保护技术规范以及在产品中限制使用的严重污染环境的有害物质名录，报市政府批准后组织施行。

第十七条 市环保部门应当定期通过政府网站等途径向社会公布环境质量、环境污染状况、重大环境治理措施、企业环境行为等信息；发布上一年度环境状况公报。

第十八条 市政府通过财政转移支付等方式，建立健全饮用水水源保护区和其他敏感生态区域的生态补偿机制。具体办法由市政府另行制定。

第三章 监督管理

第二十二条 市环保部门应当根据国家和广东省核定的主要污染物排放总量控制指标，编制本市重点污染物排放总量控制计划，报市政府批准后实施。

对未列入国家和广东省污染物排放总量控制指标的其他污染物，市环保部门根据本市环境保护的需要，会同市政府有关部门制定专门的污染物排放总量控制计划，报市政府批准后实施。

市、区政府应当采取有效措施，将本辖区的污染物排放总量控制在规定的排放总量指标之内。

第二十三条 对未完成污染物排放总量控制计划且环境质量恶化的区域，有关部门应当暂停审批新增污染物排放总量和对生态环境有较大影响的建设项目。

对超过污染物排放总量控制计划指标的行业，有关部门不得审批增加污染物排放总量的该行业建设项目。

需要暂停审批的区域或者行业，由市环保部门确定，并统一公布。

第二十四条 生产经营活动中向环境排放废水、废气、噪声等污染物的法人、其他组织和个体经营者(以下简称排污者),应当依法向环保部门申领排污许可证。排污许可证申领的标准和目录由市环保部门制定,经市政府批准后向社会公布。但法律、法规另有规定的除外。

有废水、废气、噪声等污染物排放的新建项目和技术改造项目投入试生产、试运行的,项目建设单位应当向环保部门申领临时排污许可证。

未取得排污许可证或者临时排污许可证的,或者排污许可证被依法吊销的,不得排放污染物。

排污许可证颁发机关对排污许可证和临时排污许可证实施定期查验。

排污许可证的具体实施办法由市政府另行制定。

第二十七条 排污者的环境保护设施因工艺设计缺陷或者设施老化等原因不能达到污染物处理要求,导致排放污染物超过国家或者地方排放标准或者污染物排放总量控制指标,且不能立即改正的,环保部门应当责令排污者限期治理。限期治理期限不超过一年。

限期治理期间,环保部门根据不同情况责令排污者限制生产、限制排放。对排放污染物超过排放标准且造成严重污染的排污者,环保部门应当责令其停产整治。

排污者应当按照限定的时间和要求完成整治,并报决定限期治理的环保部门验收。在限期治理期间,排污者排放污染物不得超过排放总量控制指标,浓度不得超过国家或者地方规定标准。

第二十八条 发生环境污染事故或者其他危害环境的紧急状况时,环保部门和其他有关部门应当立即采取应急措施,控制、减轻或者清除污染、减少损失,并立即向本级政府报告。

控制、减轻或者清除污染所发生的费用由导致环境污染事故或者造成危害环境紧急状况的责任者承担。责任者无力承担或者责任主体暂时不明确、无法落实事故应急处理费用的,由市、区政府先予统筹安排,再依法向责任者追偿。

第二十九条 环保部门应当建立排污者环保诚信档案,记录其环保诚信信息,将遵守环保法律、法规,承担环保社会责任等情况载入诚信档案,并向社会公开。

排污者的环保诚信信息应当作为环境监督管理、财政支持、政府采购的参考依据,并可以作为银行信贷、外贸出口、企业信用和企业上市等方面的参考依据。

第三十三条 有下列情形之一的,环保部门应当依法作出处理,并可以对有关设施、物品予以查封或者扣押:

(一)非法贮存、转移、处置危险废物的;

(二)非法转移、处置、排放放射性物以及含传染病病原体或者有毒污染物的;

(三)在夜间和中午违法进行建筑施工等产生环境噪声污染作业,拒不改正的;

(四)未领取排污许可证排放污染物的,或者排污许可证被依法吊销后仍然继续排放污染物的。

第三十四条 环保部门实施查封、扣押时,执法人员不得少于两人,并应当出示证件。查封、扣押设施或者物品的决定,应当以书面形式作出,同时出具拟查封、扣押的设施或者物品清单,交当事人或者有关人员签名。当事人或者有关人员不在场或者拒绝签名的,执法人员应当在清单上注明情况。

环保部门查封、扣押设施或者物品的期限不得超过二十日;情况复杂的,经环保部门主要负责人批准,可以适当延长,但延长时间累计不得超过二十日。

第三十五条 环保部门应当在查封、扣押设施或者物品的期限届满前,对当事人作出处理决定。

经调查核实属于违法行为且被查封、扣押的设施或者物品应当依法没收的,环保部门应当依法作出处理决定,并对相关设施或者物品予以处理;对于经调查核实没有违法行为或者不再需要查封、扣押的,应当自作出处理决定之日起三个工作日内解除查封,退还被扣押的物品。

被查封、扣押的设施或者物品具有危险性需要立即处置的,环保部门应当委托具有处置能力的单位予以处置,相关处置费用由违法行为的责任者承担;责任者无力承担或者责任主体暂时不明确、无法落实处置费用的，由市、区政府先予统筹安排，再依法向责任者追偿。

环保部门逾期未作出处理决定的，应当启封、返还被查封、扣押的设施或者物品。

环保部门应当妥善保管被查封、扣押的设施或者物品。任何单位和个人不得擅自解除查封，不得擅自隐匿、转移、变卖、损毁、使用被查封、扣押的设施或者物品。

第三十六条 环保部门可以联合有关部门对污染环境和破坏生态等违法行为进行检查，各有关部门应当在职责范围内对违法行为依法作出处理，并将处理结果及时反馈市环保部门。

第四章 污染防治

第三十七条 产生或者排放污染物的单位或者个人，应当采取有效措施，防治环境污染。

不需要申领排污许可证或者临时排污许可证的，排放污染物不得超过国家或者地方规定的污染物排放标准。

第三十八条 实行排污权交易制度。排污者可以在规定的条件下有偿转让污染物排放指标。鼓励削减污染物排放，降低污染物治理成本。具体办法由市政府另行制定。

第三十九条 建设项目应当符合相关城市规划、环境保护规划、环境功能区划、生态功能区划以及污染物排放总量控制的要求。

对不符合相关城市规划、环境保护规划、环境功能区划、生态功能区划以及污染物排放总量控制要求的建设项目，环保部门不得批准其环境影响评价文件。

第四十条 排污者应当在试生产、试运行、试营业以及正式投入生产、运营之前三个月内，向环保部门如实申报登记所拥有的污染物排放设施、处理设施和在正常作业条件下排放污染物的种类、数量、浓度以及排放方式和排放去向，并提供防治环境污染的有关技术资料。

排污者应当在每年12月15日前，向环保部门如实申报下一年度正常作业条件下排放污染物的种类、数量、浓度等情况，并提供与污染物排放有关的资料。

排放污染物的种类、数量、浓度以及排放方式和排放去向有重大变更的，排污者应当在变更前十五日内履行变更申报手续；发生紧急重大变更的，应当在变更后三个工作日内补办变更申报手续。

排污者应当如实和按时填报环境统计报表。

环保部门应当自收到前款规定的申报登记资料或者环境统计报表资料之日起十五日内作出审核，不符合要求的，责令限期补报；逾期未报的，视为拒报。

第四十一条 排污者应当保证环境保护设施的正常运行，建立环境管理台账，记录环境保护设施运行和维护情况及相应的主要参数；应当将环境保护设施的安全管理纳入企业安全生产应急管理体系。

禁止通过埋设暗管或者其他隐蔽排放的方式，直接排放污染物；禁止从污染物处理设施的中间工序引出污染物并直接排放。

因环境保护设施运转故障等原因导致污染物排放超标的，排污者应当采取减量或者限量生产等措施，保证污染物排放达到规定的标准；采取措施后仍不能达到排放标准的，应当立即停止排放污染物或者暂停污染物产生工序。

需要拆除或者闲置环境保护设施的，排污者应当向环保部门申报，经批准后方可拆除或者闲置。环保部门接到申报后，应当在五个工作日内予以批复；逾期未批复的，视为同意。

第四十二条 重点排污单位应当按照有关规定，在环保部门的指导和监督下，安装、使用在线监测装置或者视频监控系统，不得擅自拆除、闲置、改变或者损毁。

重点排污单位应当定期对在线监测装置或者视频监控系统进行维护校验，确保数据、图像等信息的实时准确传输。在线监测装置或者视频监控系统出现故障的，重点排污单位应当立即向环保部门报告，并及时修复。

第四十三条 未实行在线监测或者所排放的污染物未被全部纳入在线监测系统的工业企业，其内设的监测机构具备国家规定的环境监测能力和技术条件的，应当对污染物的排放情况定期进行环境监测并向环保部门报告监测情况；未内设监测机构或者内设的监测机构不具备环境监测能力的，应当按照国家规定委托符合条件的环境监测机构，对污染物的排放情况定期进行环境监测，并向环保部门报告监测情况。具体办法由市环保部门另行制定。

第四十四条 排污者可以委托具有相应资质的专业服务单位对自有环境保护设施的运营实行专业化管理。

委托人和受托人应当签订书面合同，明确污染物处理责任；污染物处理责任不明确的，由委托人承担污染防治责任。委托人应当在合同签订后五个工作日内将相关合同报环保部门备案。

第四十五条 排污者可以通过以下方式集中处理污染物：

（一）合作共建污染物处理设施集中处理各自产生的污染物；

（二）委托具有相应处理能力的排污者集中处理污染物；

（三）委托具有相应资质的专业服务单位集中处理污染物。

以第一款第（一）项规定的方式集中处理污染物的，参与合作的排污者应当签订书面合同，明确污染物处理责任，并在合同签订之日起五个工作日内将相关合同报环保部门备案。

以第一款第（二）、（三）项规定的方式集中处理污染物的，委托人和受托人应当签订书面合同，委托人应当在合同签订之日起五个工作日内将相关合同报环保部门备案。受托人接受委托后超标排放污染物的，由受托人承担超标排放的责任。

第四十六条 环保部门认定的造成严重环境污染的排污者，应当在环保部门公布名单之日起一年内，每季度在所在地主要媒体、相邻社区以及敏感点如实公布其污染物排放情况和所采取的环境保护措施等环境信息，并将向社会公布的情况报环保部门备案。

鼓励其他排污者主动将自身的环境信息通过新闻媒体、互联网等方式向社会公开或者发布企业年度环境报告。

环保部门可以对企业公布的环境信息或者年度环境报告进行核查，将企业遵守环保法律、法规并自愿、真实公开环境信息的情况，载入环保诚信档案。

第四十七条 排污者应当制定环境污染事故应急预案，建设配套应急设施，储备必要的应急物资和器材，及时排查环境安全隐患。涉及有毒有害及危险化学品生产、加工的建设项目，在建设项目环境影响评价阶段应当提交相应的环境风险评估报告，作为环境影响评价文件的必要内容。

发生环境污染事故或者其他危害环境的紧急状况时，排污者应当立即启动本单位的应急预案，采取应急措施，控制、减轻污染损害、消除污染，并向当地的区环保部门和其他有关部门报告。

第四十八条 排污者因违法行为造成环境污染或者生态破坏但尚未构成环境污染事故的，应当按照环保部门或者其他有关部门的要求在规定的期限内消除污染，恢复原状。逾期未消除污染或者不能及时确定责任人的，由环保部门或者其他有关部门指定有治理能力的单位代为治理，所需费用由责任人承担。

第四十九条 未超标排放污染物或者排放的污染物无相应标准，但造成实际环境影响或者社会影响的，受影响者可以与排污者就减少或者消除影响进行协商。排污者应当按照经协商达成的协议采取措施，降低污染强度，缓解对环境造成的危害。

环保部门可以根据受影响者或者排污者的申请，组织排污者与受影响者协商解决纠纷。

第五十条 禁止生产、销售、储存和使用列入严重消耗臭氧层物质名录的物质及含此类物质的产品。

无其他替代用品的，可以将列入严重消耗臭氧层物质名录的物质用作原料或者用于维修等必要用途。使用者应当按照规定回收此类物质，不得直接排放。

第五十一条 对危险废物实行分级管理和动态管理制度。具体办法由市环保部门另行制定。

产生危险废物的单位应当如实申报危险废物的产生量。申报量与按照规定的物料衡算方法计算所得物料衡算数据明显不符且无正当理由的，视为虚报、瞒报。

在市内转移危险废物的，应当事先向市环

保部门报告,并按照有关规定填写危险废物转移联单。但不立即转移可能造成严重污染或者危险的,可先予转移,并在转移后三个工作日内补报和补填联单。法律、法规规定应当向有关部门报告的,应当依法报告,并办理有关手续。

第五十二条 新建、改建、扩建建筑和立面装修工程使用玻璃幕墙应当符合有关标准。设计单位在设计时,应当遵守相关规范,并提供相应参数;勘察设计主管部门在审查建筑方案和初步设计文件时,应当审查玻璃幕墙的设置,并在相关批文中明确玻璃幕墙设置的比例、反射系数、节能等要求。

第五十三条 市政府应当制定环境装饰照明技术规范,并组织实施。在室外使用灯光等照明设备,应当符合环境装饰照明技术规范的要求。

第五十四条 购物袋的生产、销售、使用应当遵循减量化、资源化、再利用的原则,最大限度降低资源消耗,减少废弃物的产生。鼓励开发、生产、使用可循环利用的环保购物袋;限制生产、销售一次性购物袋;禁止生产、销售、使用国家明令淘汰的塑料及其他材质的购物袋。

超市、商场、集贸市场等商品零售场所实行塑料购物袋有偿使用制度,不得免费提供塑料购物袋。

经营者在向消费者销售塑料购物袋时,应当同时提供可反复使用的环保购物袋或者购物篮等容器,供消费者选择购买,并采取有效措施鼓励消费者循环使用。

第五章 生态保护与建设

第五十七条 进行区域开发,应当同步规划和建设城市污水处理设施、垃圾转运及处理设施、医疗废物集中处理场以及其他危险废物集中处理场等环境基础设施。

对未按规划要求配套建设环境基础设施的区域,规划行政主管部门不得通过区域内建设项目的规划验收。

第五十八条 市农林渔业行政主管部门会同市环保、科技、海关、出入境检验检疫等部门,建立源头预防、监测预警和控制治理外来物种入侵防控体系,保障生物多样性安全。

从境外引进外来生物物种或者转基因生物的,应当事先进行生态安全评估,并依法经批准后,方可引进。

第五十九条 禁止使用超过水产养殖标准和农业灌溉标准的污水进行养殖和灌溉。

禁止将有害污泥作为农用肥料使用。

第六章 公众参与

第六十条 单位和个人享有在良好环境中生活、获取环境信息、参与环境监督管理以及得到环境损害赔偿的权利。

单位和个人负有保护环境的义务。

第六十一条 鼓励和支持依法设立环境保护社会团体。

环境保护社会团体依法参与环境决策和环境监督管理,开展维护公民环境权益的活动。

第六十三条 单位和个人可以按照相关规定向政府及其有关部门申请获取相关的环境信息。有关部门应当依法予以答复。

单位和个人有权对政府及其有关部门的环境信息公开工作以及排污者的环境信息公开活动进行监督。对不依法履行环境信息公开义务的,有权举报或者投诉。

单位和个人使用公开的环境信息不得损害国家利益、公共利益和他人的合法权益,不得编造、传播虚假环境质量和企业环境行为等信息。

第七章 法律责任

第六十七条 市、区政府及其有关部门有下列行为之一的,依法责令改正,通报批评;对主要负责人和其他责任人员,依法给予处理;构成犯罪的,依法追究刑事责任:

(一)对符合规定条件的申请应予受理而不予受理,或者受理不符合规定条件的申请的;

(二)拟订政策或者组织编制相关规划,未按规定进行环境影响评价的;

(三)编制规划、制定政策、审批建设项目等与公众环境利益密切相关的重大决策,未公开听取公众意见的;

(四)违法审批、违法处罚或者违法采取强

制措施的；

（五）滥用职权、玩忽职守，徇私舞弊的；

（六）其他不履行或者不适当履行法定职责的行为。

第六十八条 违反本条例规定，有下列行为之一的，由环保部门责令改正，并按照下列规定予以处罚：

（一）违反本条例第三十五条第五款规定，擅自解除查封，或者隐匿、转移、变卖、损毁、使用被查封、扣押的设施或者物品的，处二万元罚款；

（二）违反本条例第四十一条第二款、第四款规定，排污者通过埋设暗管或者其他隐蔽排放的方式直接排放污染物的，或者从污染物处理设施的中间工序引出污染物并直接排放的，或者未经环保部门批准，擅自拆除、闲置环境保护设施的，处十五万元以上二十万元以下罚款；情节严重的，并吊销排污许可证；

（三）违反本条例第五十条第二款规定，未按规定回收，直接向环境排放消耗臭氧层物质的，处一万元罚款；

（四）违反本条例第五十一条第二款规定，危险废物实际产生量大于申报产生量且无正当理由的，处三万元罚款；

（五）违反本条例第六十三条第三款规定，编造、传播虚假环境质量或者企业环境行为等信息的，处五千元罚款。

第六十九条 违反本条例规定，有下列行为之一的，由环保部门按照下列规定予以处罚：

（一）违反本条例第二十四条第三款规定，排污者未取得排污许可证或者临时排污许可证排放污染物的，责令立即停止排放，处五万元以上十万元以下罚款；情节严重的，并报本级政府责令其停产或者停业；排污者被依法吊销排污许可证后排放污染物的，责令立即停止排放，处二十万元以上三十万元以下罚款，并报本级政府责令其停产或者停业；

（二）违反本条例第二十五条第二款规定，排污者未按照排污许可证或者临时排污许可证规定排放污染物的，责令限期改正，处三万元以上十万元以下罚款；情节严重的，并吊销排污许可证或者临时排污许可证；

（三）违反本条例第三十七条第二款规定，不需要领取排污许可证或者临时排污许可证的排污者，排放污染物超过国家或者地方规定的污染物排放标准的，责令限期改正，可以处一万元以上二万元以下罚款。

有前款规定的行为之一，经环保部门处罚后，不停止违法行为或者逾期不改的，环保部门应当对该违法行为实施按日计罚。

按日计罚的每日罚款额度为一万元，计罚期间自环保部门作出责令停止违法行为决定之日或者责令限期改正的期限届满之日起至环保部门查验之日止。当事人申请查验的，环保部门应当自受理申请之日起三个工作日内实施查验；当事人未申请查验的，环保部门应当自作出责令停止违法行为决定之日或者责令限期改正的期限届满之日起三十日内完成查验。

第七十条 有下列行为之一的，环保部门可以按照本条例第六十九条第三款的规定实施按日计罚：

（一）建设单位未编制环境影响评价文件或者环境影响评价文件未经审批，擅自开工建设或者投入生产、经营、使用的；

（二）建设单位环境保护设施未经环保部门检查同意，擅自将主体工程投入试运行、试生产或者使用的；

（三）建设单位环境保护设施未经环保部门验收或者验收未通过，擅自将主体工程投入生产或者使用的。

第七十一条 违反本条例规定，有下列行为之一的，由环保部门责令限期改正，并按照下列规定予以处罚：

（一）违反本条例第四十四条规定，排污者将自有的环境保护设施委托给不具备相应资质的机构运营的，处三万元罚款；

（二）违反本条例第五十条第一款规定，生产、销售、储存和使用列入严重消耗臭氧层物质名录的物质及含此类物质产品的，处一万元以上三万元以下罚款；

（三）违反本条例第五十一条第三款规定，未向环保部门报告或者未按照规定填写危险废物转移联单，擅自转移危险废物的，处三万元罚款；

（四）违反本条例第五十六条第二款规定，生态破坏者未按要求采取措施恢复生态环境的，处三万元罚款。

第七十二条 违反本条例第二十七条规定，排污者在限期治理期间污染物排放超过规定排放总量控制指标或者排放浓度控制指标的，由环保部门处十万元罚款；逾期未完成限期治理或者停产治理任务的，由环保部门依法吊销其排污许可证。

第七十三条 违反本条例第三十二条第三款规定，被检查者拒绝、阻挠、延误环境保护现场检查或者被检查时弄虚作假的，由环保部门或者其他有关部门责令改正；拒不改正的，处三万元罚款。

第七十四条 违反本条例第四十条规定，排污者拒报或者未按时申报登记污染物排放事项、环境统计报表，或者在申报登记时弄虚作假的，由环保部门责令改正；拒不改正的，处一万元罚款。

第七十五条 违反本条例规定，有下列行为之一的，由环保部门责令限期改正；逾期不改正的，按照下列规定予以处罚：

（一）违反本条例第四十一条第一款规定，排污者未按规定建立环境管理台账的，或者环境管理台帐未载明有关事项的，或者未将环境保护设施的安全管理纳入企业安全生产应急管理体系的，处一万元罚款；

（二）违反本条例第四十二条规定，重点排污单位未按规定设置或者闲置在线监测监控装置的，处二万元罚款；擅自拆除、改变、损毁在线监测监控装置的，处四万元罚款；重点排污单位在线监测监控装置系统发生故障未在规定时间内报告的，处一万元罚款；

（三）违反本条例第四十三条规定，工业企业未按规定对污染物的排放情况定期进行环境监测，或者未向环保部门报告监测情况的，处五千元罚款；

（四）违反本条例第四十五条第一款第（一）项规定，排污者未将书面合同报环保部门备案的，处五千元罚款；

（五）违反本条例第四十五条第一款第（二）、（三）项规定，排污者未将委托合同报环保部门备案的，对委托方处一万元罚款；

（六）违反本条例第四十七条第一款规定，排污者未按规定制定环境污染事故应急预案，或者未按规定建设配套应急设施、储备必要的应急物资和器材的，处三万元罚款。

第七十六条 违反本条例第四十六条第一款规定，排污者未公开或者未按要求如实公开污染物排放情况的，由环保部门责令限期公开，可以处一万元罚款；逾期不公开的，由环保部门公开其主要环境信息，费用由排污者承担。

第七十七条 违反本条例第五十四条第一款规定，生产、销售一次性购物袋或者生产、销售、使用国家明令淘汰的塑料及其他材质的购物袋，由质监、工商等有关部门按照各自职责依法处理。

违反本条例第五十四条第二款、第三款规定，经营者无偿提供塑料购物袋或者未同时向消费者提供可反复使用的环保购物袋或者购物篮等供消费者购买的，由工商部门责令限期改正，可以处五千元罚款。

第七十八条 违反本条例第五十八条规定，单位或者个人未经生态安全评估擅自引进外来生物物种或者转基因生物的，由有关部门依法处理。

第七十九条 违反本条例第五十九条规定，单位或者个人使用超过标准的污水进行养殖或者灌溉，或者将有害污泥作为农用肥料使用的，由农林渔业主管部门责令改正，处一万元以上五万元以下罚款。

第八十条 对造成环境污染事故的单位和个人，由环保部门或者其他有关部门按照本条第二款的规定处以罚款，并责令限期消除污染；不按要求消除污染或者不具备治理能力的，由环保部门或者其他有关部门指定有治理能力的单位代为治理，所需费用由违法者承担；对造成重大或者特大环境污染事故的，可以报经有批准权的人民政府批准，责令关闭，对直接负责的主管人员和其他责任人员可以处上一年度从本单位取得的收入百分之五十的罚款。

对造成一般或者较大环境污染事故的，按照直接损失的百分之二十处以罚款；直接损失难以核算的，对一般环境污染事故处十万元罚款,对较大环境污染事故处三十万元罚款。对造成重大或者特大环境污染事故的,按照直接损失的百分之三十处以罚款;直接损失难以核算的,对重大环境污染事故处一百万元罚款,对特大环境污染事故可处三百万元罚款。

第八十一条 依据本条例第六十八条、第六十九条、第七十二条规定被吊销排污许可证的,排污者应当按照环保部门的要求进行整改,并在所在地主要媒体上公开道歉和承诺。整改达到要求的,可以依法向环保部门重新申领排污许可证,但依据本条例第六十八条第(二)项规定被吊销排污许可证的排污者,自吊销排污许可证之日起三个月内不得重新申领排污许可证。

第八十二条 违反本条例规定,构成违反治安管理行为的,依法给予治安管理处罚;构成犯罪的,依法追究刑事责任。

第八章 附 则

第八十三条 本条例规定应当另行制定具体实施办法的,市政府或者有关部门应当在本条例施行之日起六个月内制定。

第八十四条 对本条例规定罚款处罚的,市行政处罚实施机关应当制定具体处罚办法,与本条例同时施行。

重庆市环境保护条例(节选)

(1998年5月29日重庆市第一届人民代表大会常务委员会第九次会议通过,自1998年7月1日施行,2007年5月18日重庆市第二届人民代表大会常务委员会第三十一次会议通过,2010年7月23日重庆市第三届人民代表大会常务委员会第十八次会议修正)

第一章 总 则

第二条 本条例适用于本市行政区域内的环境保护及其相关管理活动。

第四条 环境保护工作坚持全面规划、合理布局、预防为主、防治结合、综合治理和污染者付费、利用者补偿、开发者保护、破坏者恢复的原则。

第八条 环境保护行政主管部门对本辖区的环境保护工作实施统一监督管理,有关部门依照各自职责和本条例规定对有关环境保护工作实施监督管理。

市环境保护行政主管部门行使的行政处罚权,可以由市环境监察机构依照本条例规定实施。

第二章 环境保护规划与环境功能区划

第十一条 市和区县(自治县)人民政府应当根据不同区域功能和经济社会发展需要,制定环境功能区划并执行相应的环境质量标准和污染物排放标准。

以下环境功能区划由市环境保护行政主管部门会同有关部门编制,报市人民政府批准:

(一)流域面积在一百平方公里以上或跨区县(自治县)的河流以及中型以上水库的水环境功能区划;

(二)主城区和市级以上自然保护区、风景名胜区、森林公园等需要特殊保护的区域的环境空气质量功能区划;

(三)主城区环境噪声功能区划。

其他环境功能区划由所在区县(自治县)环境保护行政主管部门会同有关部门编制,经本级人民政府批准后,报市环境保护行政主管部门备案。

第十二条 环境保护规划和环境功能区划的调整和修改,应当按照原制定程序进行,任何单位和个人不得擅自变更。

第三章 环境监督管理

第一节 环境影响评价管理

第十八条 新建、扩建、改建对环境有影响的项目(以下统称建设项目),应当按照国家和本市有关规定的要求进行环境影响评价,并按以下规定申领建设项目环境影响评价批准书:

(一)建设单位向环境保护行政主管部门

提交建设项目环境保护申报表，环境保护行政主管部门自受理之日起三个工作日内，书面告知环境影响评价形式及要求。

（二）建设单位委托有资质的环境影响评价机构进行环境影响评价，并编制环境影响报告书或环境影响报告表。对环境影响很小，不需要进行环境影响评价的，可由环境保护申报表代替环境影响登记表（环境影响报告书、环境影响报告表、环境影响登记表统称环境影响评价文件，下同）。

（三）建设单位将环境影响评价文件报环境保护行政主管部门审批。建设项目可行性研究报告须经审批和核准的，应当在可行性研究报告审批、核准前报送；须经备案的，应当在规划设计方案审查阶段报送。

（四）环境保护行政主管部门自受理之日起，二十个工作日内完成环境影响报告书的审批，十个工作日内完成环境影响报告表的审批，五个工作日内完成环境影响登记表的审批。符合条件的，核发建设项目环境影响评价文件批准书；不符合条件的，书面回复并说明理由。

区县（自治县）环境保护行政主管部门核发建设项目环境影响评价文件批准书后，应报市环境保护行政主管部门备案。

第十九条 有下列情形之一的，不得核发建设项目环境影响评价文件批准书：

（一）项目建成后可能产生严重环境污染或存在重大环境安全隐患，且经采取措施仍不能消除的；

（二）项目所涉及的有关区域无相应环境容量且无相应的主要污染物削减措施，或者拟建项目可能导致所涉及的有关区域的环境质量不能达到规定标准且无相应改善措施的；

（三）项目新增主要污染物未取得排放指标的；

（四）对项目产生的特征污染物无有效防治技术或区县（自治县）环境保护行政主管部门无相应监测能力的；

（五）项目采用的工艺、技术、设备和生产规模属于国家明令禁止、淘汰的。

（六）建设单位的已有污染源未完成限期治理任务的。

第二十条 未取得建设项目环境影响评价批准书的项目，建设单位不得开工建设。

建设项目环境影响评价文件批准后，建设项目的性质、规模、地点、采用的生产工艺，污染防治、生态保护与辐射安全防护措施发生重大变化的，建设单位应当重新进行环境影响评价并按照本条例规定报批。

建设项目环境影响评价文件批准书核发五年后，建设项目才开工建设的，建设单位应当将环境影响评价文件报原核发机关重新审核。

建设项目在建设或运行中出现与环境影响评价结论重大不符的负面环境影响的，建设单位应当按照环境保护行政主管部门要求组织进行环境影响后评价，并报原环境影响评价文件的审批部门备案。造成严重环境污染、生态破坏、存在重大环境安全隐患以及产生重大不良社会影响的，应当停止建设或运行，并采取必要的补救措施。

第二十一条 建设单位弄虚作假，提供的数据或资料不实，致使环境影响评价结论错误，或者以欺骗手段取得建设项目环境影响评价文件批准书，其批准文件无效，由此造成的后果由建设单位负责，并依法追究其法定代表人以及有关人员的责任。

环境影响评价机构不按有关规定进行环境影响评价，致使环境影响评价结论与实际情况不符，造成严重环境污染、生态破坏或重大不良社会影响的，其后果由环境影响评价机构负责，并依法追究其法定代表人以及有关人员的责任。

环境保护行政主管部门以及其他有关部门违法审批造成严重环境污染、生态破坏或重大不良社会影响的，依法追究该部门主要负责人及有关责任人的责任。

第二节 建设项目环境保护“三同时”管理

第二十四条 建设项目环境保护设施应当与主体工程同步建成，并纳入工程建设监理范围。其中有污染防治设施的，建设单位应当填报建设项目试生产申报表，附环境保护设施竣工和落实污染防治、生态保护与辐射安全防护措施的证明材料，报审批该项目环境影响评价文件的环境保护行政主管部门审批。环境保护行政主管部门自受理之日起十五个工作日内进行核查，符合条件的，批准投入试生产并核发排污临时许可证；不符合的，书面回复并说明理由。

试生产期不得超过三个月，确需延长的，应当于期满前二十日提出申请，环境保护行政主管部门可批准适当延长，但试生产的期限最长不超过一年。

试生产期间污染物排放超过排污临时许可证规定或造成环境污染事故的，应当停止试生产。未向审批该项目环境影响评价文件的环境保护行政主管部门申请并经批准，不得擅自恢复试生产。

第二十五条 批准建设项目投入试生产的条件：

（一）环境保护设施与主体工程同步建成，且符合环境影响评价文件及其批准书和环境保护设施设计要求；

（二）对试生产中可能存在的环境风险，有必要的防范措施和应急预案；

（三）配备了符合上岗条件的环境保护专业管理人员。

第二十六条 建设单位应当在建设项目试生产期满前三十日（不需进行试生产的在竣工后十五日内），按照以下规定申请建设项目环境保护验收：

（一）对环境的影响以污染物排放为主的项目，建设单位委托环境监测机构开展竣工验收监测并编制环境保护验收监测报告；对环境的影响以生态影响为主的项目，建设单位委托环境监测机构或环境影响评价机构开展竣工验收调查并编制环境保护验收调查报告；

（二）建设单位填写建设项目环境保护验收和污染物排放申报表，附环境保护验收监测报告或调查报告，向审批该项目的环境保护行政主管部门申请环境保护验收；

（三）环境保护行政主管部门自受理之日起十个工作日内完成验收，符合条件的，批准投入使用；不符合的，书面回复并说明理由。

第二十七条 建设项目环境保护验收合格的条件：

（一）环境保护审批、备案手续完备，档案资料齐全；

（二）污染防治、生态保护与辐射安全防护措施已按环境保护行政主管部门审批、备案文件的要求建成或者落实，污染防治设施经负荷试车检测合格，其防治能力适应主体工程的需要，污染物排放符合核定的总量控制指标和浓度要求；

（三）具备环境保护设施正常运转的条件；

（四）法律法规规定的其他条件。

第三节 污染物排放总量控制管理

第二十八条 本市实行主要污染物排放总量控制制度。

市环境保护行政主管部门应会同有关部门，根据区域经济社会发展水平、环境质量状况、实际排污情况和国家对本市污染物排放总量控制要求，拟订本市主要污染物排放指标分解方案，经市人民政府批准后下达到区县（自治县）。

区县（自治县）人民政府必须采取有效措施，确保主要污染物排放总量控制在核定指标内。

环境质量未达到环境功能区划要求或排污量超过总量控制指标的，不得新增排污量，且逐年削减比例应高于全市平均削减比例。

第二十九条 环境保护行政主管部门应当根据核定的主要污染物排放指标、区域的环境质量状况和削减要求，通过排污许可证将主要污染物排放指标分配到排污者。其中市环境保护行政主管部门分配到重点控制排污者的排放指标，占用所在区县（自治县）的指标。

第三十条 建设项目新增主要污染物排放量将导致所在区县（自治县）的主要污染物排放总量超过核定指标的，由所在区县（自治县）人民政府通过削减已有排污者的排污量予以调整；其中属于市人民政府确定的重大建设项目，可以在全市范围内调整。

第三十一条 区域环境质量未达到环境功能区划要求或超过排放指标的，该区域的排污者按以下规定削减污染物排放量：

(一)污染物排放超标的,限期治理或停产治理;

(二)污染物排放达到规定标准但超过污染物排放指标的,采用清洁生产工艺或其他方式削减。

第三十二条 市环境保护行政主管部门应当将主要污染物排放总量控制制度的执行情况每半年向社会公布。

第四节 排污申报和排污许可管理

第三十三条 向环境排放废水、废气、噪声、辐射等污染物的单位和个体经营者和工业固体废物、危险废物的产生者(以下简称排污者),应当按规定的内容和时限如实申报。产生危险废物的,还必须同时报送危险废物管理计划。

排污申报时,其申报数据应以监测结果为依据。污染物无组织排放以及由于其他原因不便监测的,按国家或市环境保护行政主管部门规定的物料衡算方法计算。

第三十四条 排污者必须按以下规定申请领取排污许可证:

(一)向环境保护行政主管部门提交排污申报表及排污许可证申请表。

(二)环境保护行政主管部门自受理之日起十五个工作日内进行审核,排放污染物未超过规定的排放标准并符合主要污染物排放总量控制管理规定的,发给排污许可证。

有以下情形之一的,环境保护行政主管部门可发给排污临时许可证:

(一)建设项目经批准投入试生产的;

(二)排放的污染物虽然超过规定的排放标准,但符合产业政策且所涉及的有关区域的污染物排放总量尚未突破核定指标的;

(三)排放不能回收利用的可燃性气体的;

(四)因生产工艺要求或特殊需要在夜间进行产生噪声污染的勘探、施工、装修、装卸等作业的。

第三十五条 核发排污许可(临时许可)证时,应当规定污染物排放的种类、因子、数量、浓度(强度、活度)、最高限值及排放方式、去向、时间。

第三十六条 排污者取得排污许可(临时许可)证后,应当将其副本悬挂于生产、施工、经营现场,附页悬挂于排污口或监控点,并防止污损。

第三十七条 污染物排放的种类、因子、数量、浓度(强度、活度)、最高限值及排放方式、去向、时间发生变化将超过三十日的,排污者应当在排污发生变化前进行排污变更申报,环境保护行政主管部门应当按照规定重新核发排污许可(临时许可)证。

以物料衡算方法计算的污染物产生量明显大于污染防治设施处理能力的,按照违反排污许可(临时许可)证规定处理。

第三十八条 排污许可证有效期不超过三年,排污临时许可证有效期不超过一年。有效期满需继续排污的,应当在期满前三十日按照本条例规定重新申领排污许可(临时许可)证。

第三十九条 排放污染物超过规定的浓度或总量,环境保护行政主管部门应责令限期治理。

限期治理期限一般不超过六个月。确需延长的,应于期满前二十日提出申请,环境保护行政主管部门批准延长不得超过两次,每次不得超过三个月。法律、法规另有规定的除外。

限期治理期间,排污者排放污染物必须符合限期治理决定规定的排放要求。

限期治理期满前二十日,排污者应当向环境保护行政主管部门申请验收,环境保护行政主管部门自受理之日起十五个工作日内组织验收,完成治理任务的,核发排污许可证;未完成的,报请本级人民政府责令停产治理或关闭。

第四十条 市环境保护行政主管部门负责市重点控制排污者的排污申报、排污许可(临时许可)和限期治理管理,区县(自治县)环境保护行政主管部门负责其他排污者的排污申报、排污许可(临时许可)和限期治理管理。

市和区县(自治县)重点控制排污者分别由市和区县(自治县)环境保护行政主管部门确定并公布。

第四章 污染防治

第一节 污染防治一般规定

第四十一条 在住宅楼、医疗机构住院部、学校教学楼等需要保持良好环境质量的敏感建筑物内,不得从事产生噪声、振动、废气等污染的经营活动；在环境敏感建筑物集中区、饮用水源保护区、自然保护区以及其他需要特殊保护的环境敏感区域，不得建设与其保护对象和功能定位不符的项目；在城市环境基础设施、输变电设施和无线电微波走廊的防护距离内，不得建设环境敏感建筑物。

第四十二条 排污者应当按照国家和本市规定整治、管理排污口，并对排污口排放的污染物负责。

第四十三条 排污者必须保持污染防治设施的正常使用，如实记录污染防治设施的运行、维修、更新和污染物排放等情况。

拆除、闲置、停运污染防治设施，应当提前十五日向环境保护行政主管部门书面报告，环境保护行政主管部门应当自接到报告之日起七日内予以批复；因故障等紧急情况停运污染防治设施，应当在停运后立即报告，环境保护行政主管部门应当立即赶赴现场核实处理。

停运污染防治设施应当同时停运相应的生产设施。确因工艺特殊或公共利益需要不能同时停运的，必须采取措施保证污染物达标排放。

第四十四条 市重点控制排污者必须安装在线监测设备，区县（自治县）重点控制排污者必须安装在线监控设备，并保证正常运行。在线监测、监控设备（以下统称自动监控设备）必须与环境保护行政主管部门的自动监控中心联网。

自动监控设备的安装点位、维修保养和数据上传等，必须符合国家和本市规范。

自动监控设备取得的数据经环境保护行政主管部门核实后，可以作为实施环境保护监督管理的依据。

第四十五条 排放污染物应当按照国家和本市规定缴纳排污费。

核定排污费时，对已经安装污染源自动监控设备的，以自动监控设备监测的数据为依据，未安装的，以随机监测结果为依据；无组织排放或其他不便监测的，以物料衡算结果为依据。

禁止以不正当的方式排放污染物以规避治理污染和缴纳排污费的责任。

第四十六条 应当履行处置或送贮放射性同位素、放射性废物和危险废物等义务而不履行的，由环境保护行政主管部门指定有资质的单位代履行，代履行费用由放射性同位素拥有单位、放射性废物和危险废物产生单位承担。

对责任单位不明的放射性同位素、放射性废物、危险废物，由当地区县（自治县）人民政府负责处置。

第四十七条 收集、贮存、运输、处置、利用危险废物的场所、设施、设备、容器、包装物等在退役或者转为他用前，危险废物经营单位必须采取措施消除污染隐患，并报环境保护行政主管部门批准。

生产经营单位在转产或搬迁前，应当清除遗留的有毒、有害原料或排放的有毒、有害物质，并对被污染的土壤进行治理。但在转让合同中约定该义务由土地使用权受让人承担的，从其约定。

第四十八条 有下列情况之一的，环境保护行政主管部门应当将其作为必须实施清洁生产审核的企业在当地主要媒体上公布，被公布的企业必须按规定公布主要污染物排放及治理情况，并按规定实施清洁生产审核：

（一）生产中使用有毒、有害原料或者排放有毒、有害物质的；

（二）污染物排放超过规定标准或核定总量控制指标的；

（三）污染物排放强度大并对环境质量影响严重的。

第二节 大气污染防治

第四十九条 市和区县（自治县）人民政府应当划定无煤区和基本无煤区。

禁止在无煤区销售、使用燃煤。禁止在基本无煤区新建、扩建产生烟（粉）尘的燃煤设施；现有的，应当限期转产或搬迁。

第五十条 禁止向大气超标准排放污染物。在生产经营中无组织排放粉尘、废气的，应当采取有效防治措施，不得污染环境。

禁止在人口集中地区和其他依法需要特殊保护的区域露天焚烧沥青、油毡、橡胶、塑料、皮革、垃圾等产生有毒有害烟尘和恶臭气体的物质。

第五十一条 工程施工、道路运输、园林绿化、清扫保洁、物料堆放等活动，必须按照规定采取措施防治尘污染。

第五十二条 禁止在主城区、其他区县(自治县)人民政府所在地的城市建成区无公共烟道的综合楼、住宅楼内新建、扩建餐饮、加工、维修等产生油烟、废气、异味的项目。

已经建成的，经营者必须对污染进行治理确保达标排放。

第五十三条 在本市使用的机动车(船)，不得超过国家和本市规定标准排放污染物。

市环境保护行政主管部门应当组织依法取得资质的机构对在用机动车的排污状况进行检测，并实行标识管理。具体办法由市人民政府规定。

第三节 固体废物污染防治

第五十四条 固体废物产生者应当按照国家规定对固体废物进行资源化利用或无害化处置，不能利用或处置的，应当提供给他人利用或处置。

第五十五条 生产企业应当采取循环使用包装物、简装产品等措施，减少使用包装材料和产生包装性废物。

企业生产、销售被列入强制回收目录的产品和包装物，应当承担回收义务。

第五十六条 产生危险废物的单位，必须按照国家规定处置危险废物，不得擅自倾倒、堆放。确需临时贮存的，必须采取符合国家环境保护标准的防护措施，且贮存期限不得超过一年。

第五十七条 转移固体废物到市外进行贮存、处置的，应当按照以下规定申请领取固体废物转移许可证：

(一)转移单位应当在实施转移前，向市环境保护行政主管部门提交固体废物转移申请表，并附处理处置协议书以及接受单位的处理处置能力证明；

(二)市环境保护行政主管部门受理后进行审核，符合条件的，征求接受地省级环境保护行政主管部门意见，并在收到接受地省级环境保护行政主管部门同意接受函之日起三个工作日内，发给固体废物转移许可证。

第五十八条 转移危险废物，应当执行危险废物转移联单制度，并报市环境保护行政主管部门批准。

第五十九条 从事危险废物收集、贮存、处置、利用等经营活动，必须依法取得危险废物经营许可证，并按照危险废物经营许可证规定从事经营活动。

禁止将危险废物提供给无危险废物经营许可证的单位收集、贮存、处置、利用。

第六十条 转移危险废物，必须采取防泄漏、散溢、破损、腐蚀等措施，并遵守国家有关危险货物运输管理的规定。

建设危险废物填埋场，应设置对地下水监测取样通道或测孔。

收集、贮存、利用和处置电子废弃物，必须符合国家和本市有关电子废弃物污染防治的技术规范及标准。

第四节 环境噪声污染防治

第六十一条 生产经营者必须保证其场界噪声值符合国家或本市规定的排放标准。造成环境噪声污染的，应当按照环境保护行政主管部门要求调整作业时间、移动污染源位置或采取其他措施防治污染。

第六十二条 禁止二十二点至次日六点期间(以下简称夜间)在噪声敏感建筑物集中区域进行产生环境噪声污染的作业，但抢修、抢险作业和因生产工艺要求或者特殊需要必须夜间作业的除外。

除抢修、抢险作业外，高、中考结束前十五日内，禁止夜间在噪声敏感建筑物集中区域进行产生环境噪声污染的作业；高、中考期间，禁止在考场周围一百米区域内进行产生环境噪声污染的作业。

第六十三条 在噪声敏感建筑物集中区域需夜间抢修、抢险作业的，施工单位必须在采取防治环境噪声污染措施的同时将夜间作业项目、预计时间向所在地环境保护行政主管部门报告，环境保护行政主管部门应当立即赶赴现场进行检查；经检查未发现险情的，不能认定为抢修、抢险作业。

第六十四条 施工单位因生产工艺要求或特殊需要必须夜间在噪声敏感建筑物集中区域进行产生环境噪声污染的勘探、施工、装修、装卸等作业的，应当在施工前四日按以下程序报批：

（一）向所在地环境保护行政主管部门申报夜间作业的原因、时段、作业点、使用机具的种类、数量以及施工场界噪声最大值（场界噪声最大值不能确定的，以施工机具说明书载明的噪声排放最大值代替），并出示建设等有关行政管理部门的证明；

（二）环境保护行政主管部门自受理申报之日起两日内完成审核，确需夜间作业的，发给排污临时许可证。

（三）施工单位在夜间作业前一日，将排污临时许可证张贴在施工现场并公告附近居民。

第六十五条 下列产生噪声的行为，由公安机关依照有关法律、法规、规章的规定实施管理：

（一）在城区进行产生偶发性强烈噪声的活动；

（二）在城区街道、广场、公园等公共场所和居民区举行产生较大音量的娱乐、健身、集会等活动；

（三）在城区非固定场所从事商业经营或在噪声敏感建筑物集中区域使用广播喇叭等高音响器材；

（四）在机动车禁鸣区域或禁鸣路段鸣喇叭；

（五）在已竣工交付使用的住宅楼内进行室内装修、家具加工；

（六）使用家用电器、乐器或者进行其他家庭娱乐、集会等活动；

（七）其他产生社会生活噪声的行为。

穿越市区的铁路机车、航空器以及在城区江（河）段夜航的产生噪声污染的船舶，由铁路、民航、海事部门按照各自职责实施管理。

第六十六条 建设经过已有的噪声敏感建筑物集中区域的高速公路和城市高架、轻轨道路，有可能造成环境噪声污染的，应当设置声屏障或者采取其他有效措施控制环境噪声污染。

第五节 辐射安全与辐射污染防治

第六十七条 生产、销售、使用放射性同位素与射线装置的单位（以下简称辐射工作单位），应当按照国家和本市有关规定申请领取辐射安全许可证或办理豁免证明文件。

第六十八条 辐射工作单位需要终止或部分终止辐射工作的，应当按规定处置或送贮放射性同位素和放射性废物。其中，使用、贮存Ⅰ类、Ⅱ类、Ⅲ类放射源与非密封放射性物质的工作场所、生产放射性同位素的工作场所以及终结运行后产生放射性污染的射线装置，应当在退役前开展环境影响评价，并报市环境保护行政主管部门批准。

第六十九条 转让放射性同位素，其转入单位应当按国家和本市规定报市环境保护行政主管部门批准，转出市外的，应当在转出前向市环境保护行政主管部门报告。

转让活动完成后，转入、转出单位应当在二十日内持放射性同位素检定证书、放射源编码卡、放射性同位素使用场所辐射环境监测报告、放射性货包运输剂量证明等资料到市环境保护行政主管部门备案。

第七十条 市外辐射工作单位需要将放射性同位素和射线装置转移到本市使用的，应当提前向市环境保护行政主管部门报告，并在放射性同位素与射线装置进入本市后辐射工作实施前持辐射安全许可证、放射性同位素检定证书、放射源编码卡以及在本市临时工作场所的辐射环境监测报告等资料到市环境保护行政主管部门办理备案手续，使用结束后二十日内，办理备案注销手续。

本市辐射工作单位需要将放射性同位素与射线装置转移到市外使用的，应当于转移前十日内将放射性同位素的核素、活度、放射源编码、转移时间和地点、辐射安全负责人和联系电话、放射性货包运输剂量证明等内容向市环境保护主管部门报告。

第七十一条 运输放射性同位素、包装过放射性同位素的容器以及放射性废物，应当按照国家有关规定进行整备包装，确保其表面辐射剂量符合国家规定要求。

第七十二条 辐射工作单位应当采取有效措施，确保辐射工作场所及其外环境的辐射剂量不超过辐射安全许可证规定的限值。

放射性同位素与射线装置及其辐射安全防护设施出现故障或受到损坏时，辐射工作单位应当立即停止相关辐射工作，并报告当地环境保护行政主管部门。辐射工作单位应当及时采取措施进行修复、排除故障，经有资质的辐射环境监测机构监测合格后,方可恢复使用。

放射性同位素与射线装置应在辐射安全许可证规定的位置使用或贮存,不得擅自改变。确需临时改变的,应经市环境保护行政主管部门批准。

第七十三条 辐射工作单位应当按照国家和本市有关规定建立放射性同位素与射线装置台帐、辐射工作人员培训及个人剂量等档案,并编写安全和防护状况年度评估报告,附辐射环境监测报告,于次年1月底前报送原发证机关。

第七十四条 Ⅰ类、Ⅱ类、Ⅲ类废旧放射源(含退役放射源,下同)应及时交回生产单位或返回原出口方。

Ⅳ类、Ⅴ类废旧放射源和无法交回生产单位或返回原出口方的Ⅰ类、Ⅱ类、Ⅲ类废旧放射源以及其他放射性废物,应及时送交本市有资质的放射性废物库集中贮存,并承担收贮费用。交回、返回或者送贮活动完成后二十日内,持废旧放射源回收证明或放射性废物收贮证明向市环境保护行政主管部门备案。闲置三个月以上的放射源按照废旧放射源处理。

第七十五条 冶炼企业在冶炼废旧金属前,应当对废旧金属进行辐射剂量监测,防止放射性物质熔入产品中。监测发现异常的,应当及时报告市环境保护行政主管部门,市环境保护行政主管部门应当及时处理。

第七十六条 县级以上人民政府在制定城乡建设规划时,应当将高压输变电设施、通讯及广播电视设施建设纳入规划,并设置电磁防护区。

新建架空高压线路一般不得跨越电磁敏感点。因特殊情况确需跨越的,建设单位应当采取措施确保符合国家电磁环境保护标准。

第五章 生态环境保护

第七十七条 市和区县(自治县)环境保护行政主管部门应当会同有关部门组织开展生态环境质量调查,进行生态环境质量分析和评估,并向同级人民政府报告和向有关部门通报。

实施生态环境建设,应当按规定进行环境影响评价,并对实施后产生的生态效益进行后评估。

第七十八条 市人民政府可以将重要水源涵养区、三峡库区消落区、重要渔业水域以及对城市环境质量具有重大调节作用的湿地和绿色屏障等,划定为生态功能保护区。

禁止在生态功能保护区内进行可能导致生态功能退化的开发建设活动。

禁止圈围、侵占、填堵城区范围内自然形成的水面、滩涂。

第七十九条 市和区县(自治县)人民政府应当根据国家和本市有关规定建立自然保护区。

申报国家级自然保护区和批准建立本市的自然保护区,应当符合本市自然保护区发展规划,并由市自然保护区评审委员会按规定进行评审。

撤销、调整自然保护区,应当经该自然保护区的原批准机关批准。

第八十条 市和区县(自治县)人民政府应当加强生物多样性保护,防止有害生物物种入侵;对已经侵入的,应当采取措施进行清除。

第八十一条 市和区县(自治县)人民政府应当鼓励发展生态农业,推广应用沼气、太阳能等清洁能源,防治农村面源污染。

第八十二条 市和区县(自治县)人民政府应当将饮用水源保护区、人口集中区以及其他需要特殊保护的区域,划定为畜禽禁养区。

主城的畜禽禁养区由市环境保护行政主管部门会同有关部门提出方案,报市人民政府批准;其他区域的畜禽禁养区由区县(自治县)环境保护行政主管部门会同有关部门提出方案,报本级人民政府批准。

畜禽禁养区内,禁止从事畜禽养殖。已有的畜禽养殖在城市建成区内的,由市政行政主管部门处理;在非城市建成区内,由农业行政主管部门处理。

其他区域新建、扩建、改建畜禽养殖场,必须配套建设污染防治设施。现有不符合环境保护要求的畜禽养殖场,由环境保护行政主管部门责令限期治理。

第六章 环境监测及现场检查

第八十三条 市和区县(自治县)人民政府应当建立健全环境监测预警体系和环境执法监督

体系。

环境保护行政主管部门应当根据国家环境监测技术要求,建立环境监测网络,组织开展本行政区域的环境质量监视性监测、污染源及放射源监督性监测和突发环境事件的应急监测,定期将环境质量现状及变化趋势向本级人民政府报告和向有关部门通报。

市环境保护行政主管部门应当向社会统一发布环境状况公报。

第八十四条 环境监测机构应当按照国家规定开展标准化建设,根据国家和本市环境监测技术规范开展环境监测,为环境保护监督管理提供监测报告或证明,并对其数据和结论的真实性、准确性负责。对监测结论有异议的,可申请复核一次。

第八十五条 环境保护行政主管部门应当根据环境管理的需要和监测技术规范要求设置环境质量监测点(断面)及污染源监测点。

禁止擅自撤销或变动环境保护行政主管部门确定的环境质量监测点(断面)和污染源监测点。

第八十六条 环境保护行政主管部门应当建立环境保护现场检查制度,对企事业单位及个体经营者的污染物排放情况、污染防治情况、环境风险防范情况以及各项环境保护法律制度的执行情况进行检查。被检查者必须予以配合,如实反映情况和提供有关资料,不得拒绝、阻挠和拖延检查。

现场检查可以采取采样、监测、摄影、摄像、文字记录和查阅、复制有关资料等方式。检查记录由当事人签字确认;当事人拒绝签字的,不影响其证据效力。

第八十七条 有以下情形之一的,环境保护行政主管部门可以对有关设施、物品予以查封、暂扣:

(一)非法转移或者处置放射性同位素、放射性废物以及危险废物,造成或者可能造成严重环境污染的;

(二)不当场查封、暂扣可能使违法行为证据灭失或者被转移的。

暂扣或者查封设施、物品,应当作出书面决定,并出具暂扣或者查封的设施、物品清单,交由当事人签名。当事人不在场或者拒绝签名的,可由见证人签字证明或者以现场录音、录像等证据证明。

暂扣或者查封不得超过七日。未经做出暂扣或查封的设施和物品的决定部门负责人批准,擅自动用查封、暂扣的设施和物品的,环境保护行政主管部门应当将相关责任人移交公安或司法机关查处。

第七章 环境风险防范与应急处置

第八十八条 市和区县(自治县)人民政府应当建立环境风险防范体系,制定突发环境事件应急预案,设立应急指挥机构,统一领导突发环境事件应对工作,确保辖区环境安全。

第八十九条 有关行政主管部门按以下规定对突发环境事件的预防及应急工作实施监督管理:

(一)环境保护行政主管部门负责对环境污染事故和辐射事故的预防和应急工作实施监督管理,对突发环境事件现场及周围区域环境组织应急监测,提出防止事态扩大和控制污染的要求或建议,并对事故现场污染物的清除、放射源的安全转移以及生态破坏的恢复等工作予以指导;

(二)公安部门负责对放射源丢失、被盗事件的防范工作实施监督管理,并侦破放射源丢失、被盗案件;

(三)安全生产监督管理部门负责对因生产安全事故引发的突发环境事件的预防和应急工作实施监督管理;

(四)海事、交通或公安交通管理部门分别负责对放射源、危险化学品、危险废物等运输引发的突发环境事件的预防和应急工作实施监督管理;

(五)渔业行政主管部门负责对渔业水体污染事故的预防和应急工作实施监督管理;

(六)卫生行政主管部门负责对饮用水污染事故的预防和应急工作实施监督管理。

第九十条 重点控制排污者、危险化学品单位、辐射工作单位等环境风险隐患单位是环境风险防范的责任主体,应当按照以下规定落实环境风险防范措施:

(一)进行环境风险评估,编制突发环境事

件应急预案,并将评估报告和应急预案报当地环境保护行政主管部门备案;

（二）针对可能出现的突发环境事件,建设相应的应急设施,配备必要的应急设备、物资和器材,组织人员培训和应急演练;

（三）建立环境安全管理制度,定期排查环境污染事故与辐射事故隐患,定期检测、维护有关报警装置、应急设施设备,确保正常使用。

第九十一条 安全生产监督管理、商业、农业、渔业、卫生、交通、海事、铁路、公安、消防等有关部门在制定突发公共事件和安全事故应急预案中,应当纳入预防诱发环境污染事故和辐射事故相关内容。在处置安全生产、火灾、交通等事故或者其它突发事件时,应当采取措施并监督事故责任单位防止、减轻和消除环境污染危害。

第九十二条 市、区县（自治县）人民政府、各有关部门及事故责任单位应建立突发环境事件报告制度。

报告突发环境事件时,应当立即报告事件类型、发生时间及地点,并对事件原因和危害程度作出初步判断。在应急处置中,应当适时报告事态发展及处置进程。在处置结束后,应当详细报告事件处置结果、危害与损失评估、潜在或间接危害、处理后的遗留问题等。

第九十三条 区县（自治县）有关部门在得知突发环境事件信息后,应当立即派人赶赴现场核实,对可能或已经造成突发环境事件的,应立即启动本部门突发环境事件应急预案,并向同级人民政府和市级有关主管部门报告和向环境保护行政主管部门通报。

区县（自治县）人民政府和市级有关主管部门在得知突发环境事件对人民群众生命财产、饮用水源安全构成威胁,或者对长江、嘉陵江、乌江干流可能造成污染,或者可能造成跨行政区域污染的,应立即启动相应的突发环境事件应急预案,并向市人民政府报告。

市人民政府接到报告后,应当根据突发环境事件的性质、类别和紧急程度启动有关突发环境事件应急预案,并按照规定向国务院报告,同时通报国家环境保护行政主管部门。

第九十四条 各有关行政主管部门应当监督事故责任单位开展突发环境事件后评估,跟踪监测、消除突发环境事件遗留的环境问题,并根据后评估完善突发环境事件应急预案。

第九十五条 事故责任单位在发生或可能发生突发环境事件时,未按规定报告、未立即启动突发环境事件应急预案,造成严重环境污染、生态破坏或重大不良社会影响的,依法追究其法定代表人以及有关人员的责任。

各级人民政府及有关行政主管部门在得知突发环境事件信息后,未按规定报告、未立即启动突发环境事件应急预案,造成严重环境污染、生态破坏或重大不良社会影响的,依法追究有关责任人员的责任。

第八章　法律责任

第九十六条 建设项目未按规定报批或重新报批环境影响评价文件擅自开工建设的,由环境保护行政主管部门责令停止建设,限期补办手续;逾期未补办手续的,按以下规定处以罚款:

（一）对应当编制环境影响报告书的项目,处十万元以上二十万元以下罚款;

（二）对应当编制环境影响报告表的项目,处五万元以上十万元以下罚款;

（三）对应当编制环境影响登记表的项目,处五万元以下罚款。

环境影响评价文件未经批准擅自开工建设的,以及未按本条例规定进行后评价及停止建设或运行的,由环境保护行政主管部门责令停止建设或运行,并按前款规定处以罚款。

第九十七条 未将环境保护设施的设计图说报环境保护行政主管部门备案的,由环境保护行政主管部门责令限期改正;逾期不改正的,处一万元以上五万元以下罚款。

第九十八条 建设项目未经批准擅自投入试生产或擅自延长试生产期的,由审批该项目环境影响评价文件的环境保护行政主管部门责令停止试生产,限期补办手续;不停止试生产或逾期未补办手续的,处一万元以上五万元以下罚款。试生产期间污染物排放超过排污临时许可证规定或造成环境污染事故,不停止试生产的,由审批该项目环境影响评价文件的环境保护行政主管部门责令停止试生产,处一万元以上十万元以下罚款。

试生产期间因污染物排放超过排污临时许可证规定或造成环境污染事故停止试生产后,未经批准擅自恢复试生产的,由审批该项目环境影响评价文件的环境保护行政主管部门责令停止试生产,处十万元以上二十万元以下罚款。

第九十九条 建设项目环境保护设施未经验收或验收不合格,主体工程投入生产或使用的,由审批该项目环境影响评价文件的环境保护行政主管部门责令停止生产或使用,对属于报批环境影响报告书的项目,处五万元以上十万元以下罚款;对属于报批环境影响报告表的项目,处二万元以上五万元以下罚款;对属于报批环境影响登记表的项目,处二千元以上二万元以下罚款。

第一百条 有下列行为之一的,由环境保护行政主管部门责令改正,并按以下规定处罚:

(一)未按规定对水污染物排放情况进行申报或变更申报的,处二千元以上一万以下罚款;

(二)未按规定对大气污染物和噪声排放情况及固体废物产生情况进行申报或变更申报的,处五千元以上五万以下罚款;

(三)未按规定对危险废物产生情况进行申报或变更申报的,处一万元以上十万元以下罚款。

第一百零一条 未取得排污许可(临时许可)证排污的,责令停止排污,处二万元以上二十万元以下罚款,并责令限期补办手续,逾期不补办的,责令停止生产;未按排污许可(临时许可)证规定排污的,责令停止排放污染物,处一万元以上十万元以下罚款。

第一百零二条 有下列行为之一的,由环境保护行政主管部门按以下规定处罚:

(一)拒绝、阻挠检查水污染防治情况的,处五千元以上一万元以下罚款;

(二)拒绝、阻挠检查固体废物污染防治情况的,处五千元以上二万元以下罚款;

(三)拒绝、阻挠检查大气、噪声、辐射等污染防治情况的,处五千元以上五万元以下罚款。

第一百零三条 未经批准拆除、闲置或不正常使用大气污染防治设施的,由环境保护行政主管部门责令改正,处一万元以上五万元以下罚款;未经批准拆除、闲置或不正常使用其他污染防治设施的,处一万元以上十万元以下罚款。

第一百零四条 有下列行为之一的,由环境保护行政主管部门责令改正,处一万元以上十万元以下罚款:

(一)停运污染防治设施时未同时停运相应的生产设施的;

(二)未安装或未保证自动监控设备正常运行的;

(三)以不正当方式排放污染物的;

(四)在无煤区销售、使用燃煤的;

(五)圈围、侵占、填堵城区范围内自然形成的水面、滩涂的;

(六)临时贮存危险废物不符合要求或贮存期限超过一年的;

(七)擅自将收集、贮存、运输、处置危险废物的场所、设施、设备、容器、包装物等退役或者转为他用以及未按规定治理被污染的土壤的;

(八)未将危险废物管理计划报送备案的;

(九)环境风险隐患单位未按规定落实环境风险防范措施的。

第一百零五条 有下列行为之一的,由环境保护行政主管部门责令改正,处二千元以上二万元以下罚款:

(一)无组织排放粉尘、废气未采取有效防治措施,污染大气环境的;

(二)在主城区、其他区县(自治县)人民政府所在地的城市建成区无公共烟道的综合楼、住宅楼内新建、扩建餐饮、加工、维修等产生油烟、废气、异味的项目的;

(三)未履行产品和包装物强制回收义务的。

对前款第(二)项行为,由环境保护行政主管部门责令停产停业、恢复原状。

在工程施工、道路运输、园林绿化、清扫保洁、物料堆放等活动中未按规定采取措施防治尘污染的,由有关行政主管部门责令改正,处二千元以上二万元以下罚款。

第一百零六条 擅自倾倒、堆放危险废物的，由环境保护行政主管部门责令改正，处二万元以上二十万元以下罚款。

第一百零七条 无危险废物经营许可证或者不按危险废物经营许可证规定从事危险废物经营的，由环境保护行政主管部门没收违法所得，处违法所得一倍以上三倍以下罚款；无法查实违法所得的，处二万元以上二十万元以下罚款；情节严重的，依法并处吊销经营许可证。

第一百零八条 有下列行为之一的，由环境保护行政主管部门予以处罚：

（一）生产、经营、施工中未保证其场界噪声值符合规定排放标准的，责令改正，处五千元以上五万元以下罚款；夜间及高、中考期间擅自施工造成环境噪声污染的从重处罚；

（二）夜间施工未按规定张贴排污临时许可证的，责令改正，处五千元以上二万元以下罚款。

第一百零九条 有下列行为之一的，由市环境保护行政主管部门责令改正，并实施处罚：

（一）未按规定办理辐射安全许可证或豁免证明文件的；

（二）终止或部分终止辐射工作，未按规定对放射性同位素和放射性废物进行处理的；

（三）未按规定在退役前开展环境影响评价的放射性同位素工作场所及射线装置，或其环境影响评价文件未经批准擅自退役的；

（四）擅自转让放射性同位素，或转让放射性同位素的单位未按规定报告或备案的；

（五）放射性同位素与射线装置转移到市外使用或从市外转移到本市使用，未按规定报告和备案的；

（六）运输放射性同位素、包装过放射性同位素的容器以及放射性废物未按规定进行整备包装的；

（七）辐射工作场所及其外环境的辐射剂量超过辐射安全许可证规定限值的；

（八）擅自改变放射性同位素与射线装置的使用或贮存位置的；

（九）辐射工作单位未按规定建立同位素与射线装置台帐和其他相关档案，或未按规定报送安全和防护状况年度评估报告的；

（十）未按规定将废旧放射源以及其他放射性废物及时交回原生产单位、返回原出口方或送交本市有相应资质的放射性废物库贮存的；

（十一）未按规定在冶炼前对废旧金属进行监测或在监测中发现问题未按规定报告的；

（十二）未采取有效防护措施，造成电磁辐射超过国家有关规定和限值要求的。

对前款第（一）项、第（二）项、第（三）项、第（六）项、第（七）项、第（八）项、第（十一）项、第（十二）项行为，处一万元以上十万元以下罚款；对前款第（四）项、第（五）项、第（九）项行为，处一万元以上五万元以下罚款；对前款第（十）项行为，处二万元以上二十万元以下罚款。

第一百一十条 违反本条例规定，造成污染事故的，按法律规定的直接经济损失的比例处以罚款。直接经济损失不能计算的，一般、较大事故处五万元以上二十万元以下罚款；重大、特大事故处二十万元以上一百万元以下罚款。法律另有规定的，从其规定。

第一百一十一条 对违法排污行为和破坏生态环境的行为造成严重环境污染或危害后果的，可加收二倍以上五倍以下的排污费。

违法排污拒不改正的，环境保护行政主管部门可按本条例规定的罚款额度按日累加处罚。

有前两款规定情形之一的，对主要负责人处以一万元以上十万元以下罚款。

第一百一十二条 涉及吊销排污许可（临时许可）证、责令排污者停止生产或关闭、责令建设项目停止建设或生产以及对个人处以二千元以上、对单位处以五万元以上罚款的案件，实施行政处罚的机关应当在作出行政处罚决定前告知当事人有要求举行听证的权利，当事人要求听证的，应当举行听证。

第一百一十三条 因环境污染造成的损失，应当予以赔偿，当事人可以申请环境保护行政主管部门调解，也可以申请仲裁或向人民法院起诉。

第一百一十四条 国家机关及其工作人员、企事业单位中由国家机关任命的人员有下列行为

之一的,由其上级机关、主管部门或者监察机关按照有关规定给予处分;构成犯罪的,依法追究刑事责任:

(一)人民政府不履行环境保护组织领导职责或履行职责不力,致使环境质量下降和重大环境问题长期得不到解决的,对主要负责人和直接责任人给予警告、记过或者记大过处分;情节较重的,给予降级处分;情节严重的,给予撤职处分。

(二)环境保护行政主管部门和有关监督管理部门不履行监督管理职责或履行职责不力,对主要负责人和直接责任人给予警告、记过或者记大过处分;情节较重的,给予降级处分;情节严重的,给予撤职处分。

(三)环境监测等机构对工作敷衍塞责、弄虚作假,致使环境保护监督管理秩序混乱的,对主要负责人和直接责任人给予警告、记过或者记大过处分;情节较重的,给予降级处分;情节严重的,给予撤职处分。

(四)国有企事业单位违反本条例规定受到责令停止生产、建设、吊销有关证照和较大数额罚款处罚的,对主要负责人和直接责任人给予警告、记过或者记大过处分;情节较重的,给予降级处分;情节严重的,给予撤职处分。

(五)环境保护监督管理人员或者其他有关部门工作人员以权谋私、滥用职权、玩忽职守、徇私舞弊的,对其给予警告、记过或者记大过处分;情节较重的,给予降级处分;情节严重的,给予撤职处分。

第九章　附　　则

第一百一十五条　本条例所称污染防治设施,是指为防治生产经营活动产生的废水、废气、粉尘、烟尘、固体废弃物、噪声、振动、辐射等污染而建设的处理(处置)设施,包括污染治理设施(设备)、污染物收集传输系统、排污口、污染物自动监测、监控设备等。

本条例所称公共烟道,是指供经营性餐饮、加工、维修等项目排放油烟、废气、异味的专用通道。

第一百一十六条　本条例自2007年9月1日施行。1998年7月1日起施行的《重庆市环境保护条例》同时废止。

重庆市长江三峡水库库区及流域水污染防治条例(节选)

(2011年7月29日重庆市第三届人民代表大会常务委员会第二十五次会议通过)

第一章　总　　则

第一条　为了防治长江三峡水利枢纽工程重庆库区及流域(以下简称库区流域)水污染,保护和改善水环境,保障饮用水质量,实现水资源持续利用,根据《中华人民共和国水污染防治法》等法律、行政法规,结合本市实际,制定本条例。

第二条　本市行政区域内长江三峡水库库区及流域的水污染防治适用本条例。

第二章　规划和监督管理

第十三条　新建、改建、扩建工业建设项目,其新增重点水污染物排放权应当按照国家和本市规定通过排污权交易取得。

第十五条　因严重干旱等不可抗力导致水体水质达不到功能区要求时,市、区县(自治县)人民政府可以根据排污单位水污染物排放情况,对排污单位采取限制生产、停产等措施。

第十九条　市、区县(自治县)人民政府及其有关部门和可能发生水污染事故的排污单位,应当按照国家和本市有关规定做好突发水污染事故的应急准备、应急处置和事后恢复等工作。

水污染事故处置及事后恢复所需费用,由发生水污染事故的排污单位承担。

第三章　饮用水水源保护

第二十七条　在饮用水水源一级保护区内,除遵守准保护区、二级保护区管理规定外,还应当禁止下列行为：

（一）新建、改建、扩建与供水设施和保护水源无关的建设项目；

（二）旅游、游泳、垂钓或者其他可能污染饮用水水源的活动。

第三十七条 在库区流域航行、停泊、作业的船舶，其结构、设备、器材应当符合国家有关防治船舶污染内河环境的相关规定及技术规范的要求，取得并携带相应的防治船舶污染内河环境的证书与文书。

船舶进行涉及污染物排放的作业，应当严格遵守操作规程，并在相应的记录簿上如实记载。

船舶配置的污染物处理、储存设备，确因损害无法使用的，应当立即向就近的海事部门报告，并限期修复或者重新安装投入使用，修复期内禁止向水体排放船舶污染物。

第四十一条 农业主管部门和其他有关主管部门，应当积极指导农业生产者科学、合理地施用化肥和农药，推广使用高效低毒的绿色生态农药和肥料，限制高残留农药的使用，防止农药、化肥及其包装物的污染。在毗邻江河、湖泊、水库的农田，所在地乡镇人民政府应当引导发展无公害农业，防止造成水污染或者其他生态破坏。

禁止在库区消落带从事畜禽养殖、餐饮等对水体有污染的生产经营活动。

禁止使用农药及其他有毒物毒杀、捕捞水生生物。

第四十二条 市、区县（自治县）人民政府应当制定畜牧业发展规划，合理布局畜禽养殖，划定畜禽禁养区、限养区并实施分类管理。

第四十三条 以下区域应当划定为畜禽禁养区：

（一）主城区各街道辖区和其他区县（自治县）的城市建成区以及绕城高速公路环线以内的其他区域；

（二）饮用水水源一级、二级保护区；

（三）执行Ⅰ类、Ⅱ类水质标准的水域及其200米内的陆域；

（四）自然保护区的核心区和缓冲区、风景名胜区、森林公园重要景点和核心景区；

（五）法律、法规规定需特殊保护的其他区域。

禁养区内禁止新建畜禽养殖场，已有畜禽养殖场应当关闭或者搬迁。

第四十五条 畜禽养殖场、屠宰场、养殖小区所产生的畜禽粪便和其他废弃物应当无害化利用。确需排放的，经处理后应当达到国家和本市规定的排放标准。

第四十六条 禁止采用向库区流域水体投放化肥、粪便、动物尸体（肢体、内脏）、动物源性饲料等污染水体的方式从事水生养殖。

禁止在三峡水库175米淹没区内从事网箱养殖。

第四十七条 在本市销售及使用的洗涤制品，其总磷酸盐含量应当符合国家环境标志产品技术要求。……

第五章 法律责任

第四十八条 违反本条例规定，排放水污染物的建设项目水污染防治设施未建成、未经验收或者验收不合格投入运行的，由环境保护主管部门责令停止运行，直至验收合格，并按以下规定处以罚款：

（一）对应当编制环境影响报告书的项目，处三十万元以上五十万元以下罚款；

（二）对应当编制环境影响报告表的项目，处十五万元以上三十万元以下罚款；

（三）对应当编制环境影响登记表的项目，处五万元以上十五万元以下罚款。

前款行为未报批环境影响评价文件的，还应当责令补报环境影响评价文件并取得建设项目环境保护批准书。环境影响评价文件未获得批准的，由环境保护主管部门报经有批准权的人民政府批准，责令关闭。

第四十九条 排污单位违反本条例规定，排放的水污染物超过国家或者本市规定的水污染物排放标准，或者超过重点水污染物排放总量控制指标的，由环境保护主管部门责令限期治理，处应缴纳排污费数额二倍以上五倍以下罚款。

治理期限最长不超过一年。在规定期限内完成治理任务的，由环境保护主管部门按规定程序解除限期治理；逾期未完成治理任务的，报经有批准权的人民政府责令关闭。

第五十条 违反本条例规定，有下列行为之一的，由环境保护主管部门责令限期改正；逾期不改正的，处一万元以上十万元以下的罚款：

（一）未按规定对水污染物排放情况进行申报或者变更申报的；

（二）未按要求管理排污口的；

（三）未如实记录水污染防治设施运行、维护和污染物排放等情况并备查的。

第五十一条 违反本条例规定，擅自停运、拆除、闲置或者不正常使用水污染防治设施的，由环境保护主管部门责令改正，并按下列规定予以处罚：

（一）没有排放水污染物的，处警告或者两千元以上一万元以下的罚款；

（二）水污染物排放未超过规定标准的，处应缴纳排污费二倍且不低于三万元的罚款；

（三）水污染物排放超过规定标准的，处应缴纳排污费三倍且不低于五万元的罚款。

第五十二条 违反本条例规定，损毁、涂改或者擅自移动饮用水水源保护区的地理界标或者警示标志的，由环境保护主管部门责令恢复原状，对个人处以二百元以上一千元以下罚款，对单位处以二千元以上一万元以下罚款。

第五十三条 有下列行为之一的，由环境保护主管部门责令停止违法行为，处十万元以上五十万元以下的罚款，并报经有批准权的人民政府批准，责令拆除或者关闭：

（一）在饮用水水源一级保护区内新建、改建、扩建与供水设施和保护水源无关的建设项目的；

（二）在饮用水水源二级保护区内新建、改建、扩建排放污染物的建设项目的；

（三）在饮用水水源准保护区内新建、扩建对水体污染严重的建设项目，或者改建建设项目增加排污量的；

（四）在饮用水水源保护区内设置排污口的。

违反前款第四项规定，逾期不拆除的，强制拆除，所需费用由违法者承担，处五十万元以上一百万元以下的罚款，并可责令停产整顿。

违反本条例规定，在饮用水水源一级、二级保护区、准保护区内从事其他污染饮用水水源活动的，由环境保护主管部门或者市、区县（自治县）有监督管理职能的部门责令停止违法行为，对单位处以二万元以上十万元以下的罚款，对个人处以一百元以上五百元以下的罚款。

第五十四条 违反本条例规定，有下列行为之一的，由环境保护主管部门责令停止违法行为，限期采取治理措施，消除污染，处以罚款：

（一）在水体清洗装贮过或者附有油类和有毒有害物质的车辆、容器及其他物品的；

（二）向水体或者在江河、湖泊、渠道、水库最高水位线以下以及经雨水冲刷可能进入水体的滩地和岸坡倾倒、堆放、存贮工业废物、城镇垃圾和其他固体废物的。

有前款第一项行为的，处一万元以上十万元以下的罚款；有前款第二项行为的，处二万元以上二十万元以下的罚款。

第五十五条 违反本条例规定，有下列行为之一的，由海事管理机构、渔业主管部门等具有相关监督管理职能的部门按照职责分工责令改正，处以罚款；造成水污染的，责令限期采取治理措施，消除污染；情节严重的，吊销相关证书、证件：

（一）船舶向水体排放废油、残油、垃圾和含有有毒有害物质污水或者超过标准排放含油废水和生活污水的；

（二）不按规定配置船舶污染防治设备、器材或者擅自闲置、拆除船舶污染防治设备、器材的；

（三）船舶运载危险品或者污染危害性货物，未制定防溢漏应急预案的，或者未采取防溢流、防渗漏、防坠落等措施的；在发生海损事故或者货物落水事故未立即采取措施控制和消除污染以及迟报、谎报、漏报、瞒报的；

（四）未经批准从事船舶清舱、洗舱、污染危害性货物过驳，进行船舶水上拆解、打捞或者其他水上、水下船舶施工作业的。

有前款第一项行为的，处五千元以上五万元以下的罚款；有前款第二项行为的，处二千元以上二万元以下的罚款；有前款第三项行为的，处二万元以上十万元以下的罚款；有前款第四项行为的，处一万元以上十万元以下的罚款。

第五十六条 违反本条例规定，有下列行为之一的，按以下规定处罚：

（一）在库区消落带从事畜禽养殖、餐饮等对水体有污染的生产经营活动的，由环境保护主管部门或者市、区县（自治县）有监督管理职能的部门责令改正，处一万元以上十万元以下的罚款；

（二）使用农药及其他有毒物毒杀、捕捞水生物的，由农业主管部门依据有关法律、法规予以处罚；

（三）向库区流域水体以投放化肥、粪便、动物尸体（肢体、内脏）、动物源性饲料等污染水体的方式从事水生养殖或者在三峡水库175米淹没区内从事网箱养殖的，由农业主管部门责令停止违法行为，处十万元以下的罚款，并责令拆除网箱养殖设施；

（四）在本市销售或者使用总磷酸盐含量不符合国家环境标志产品要求的洗涤制品的，分别由工商行政管理部门和环境保护主管部门按照职责分工处一万元以上十万元以下罚款。

第五十七条 违反本条例规定，逾期不履行有关主管部门行政处罚决定规定的整改义务的，可以由作出责令整改决定的主管部门指定有关单位代为治理。

所需费用由整改义务人在限期内支付。逾期不支付的，由作出代为治理决定的主管部门责令缴纳或者申请人民法院强制执行。

第五十八条 违法排污行为造成水环境污染或者危害后果的，在按有关法律、法规规定处以罚款时，可加收二倍以上五倍以下应缴纳排污费。

违法排污行为拒不改正的，可按法律、法规规定的罚款额度按日累加处罚。

有前两款规定情形之一的，对违法排污单位主要负责人处以一万元以上十万元以下罚款。

第五十九条 违反本条例规定，拒绝、阻扰、拖延环境保护主管部门或者其他依法行使监督管理权的部门的监督检查，或者在接受监督检查时弄虚作假的，由环境保护主管部门或者其他依照本法规定行使监督管理权的部门责令改正，处一万元以上十万元以下的罚款。

第六十条 排污单位拒不履行市、区县（自治县）人民政府或者环境保护主管部门作出的责令停产、停业、关闭或者停产整顿决定，继续违法生产的，市、区县（自治县）人民政府可以作出停止或者限制向违法排污单位供应生产所需水、电的决定。

第六十一条 因排放污染物给水环境造成危害的，污染者应当排除危害。

因污染水环境给他人造成损害的，污染者应当予以赔偿，当事人可以申请环境保护主管部门调解，也可以申请仲裁或者向人民法院起诉。

因污染水环境发生纠纷，污染者应当就法律规定的不承担责任或者减轻责任的情形及其行为与损害之间不存在因果关系承担举证责任。

第六十二条 国家机关及其工作人员、企事业单位中由国家机关任命的人员有下列行为之一的，由其上级机关、主管部门或者监察机关按照有关规定给予处分：……

（四）国有企事业单位违反本条例规定受到责令停止生产、建设、吊销有关证照和较大数额罚款处罚的，对主要负责人和直接责任人给予警告、记过或者记大过处分；情节较重的，给予降级处分；情节严重的，给予撤职处分。

新疆维吾尔自治区煤炭石油天然气开发环境保护条例(节选)

(2014年7月25日新疆维吾尔自治区第十二届人民代表大会常务委员会第九次会议通过)

第二条 在自治区行政区域内从事煤炭、石油、天然气开发环境保护及其监督管理活动,适用本条例。

本条例所称煤炭、石油、天然气开发,包括煤炭、石油、天然气的勘探、开采、储存、运输。

第四条 县级以上人民政府应当对本行政区域内环境质量负责,将煤炭、石油、天然气开发环境保护纳入环境保护工作目标责任考核内容。

第五条 自治区建立生态保护补偿制度。

有关地方人民政府应当落实生态保护补偿资金,确保其用于生态保护补偿。

已缴纳生态保护补偿金的开发单位,不免除污染防治和恢复生态的责任。

第八条 禁止在水源涵养区、地下水源、饮用水源、自然保护区、风景名胜区、森林公园、重要湿地及人群密集区等生态敏感区域内进行煤炭、石油、天然气开发。

第十一条 煤炭、石油、天然气开发单位应当制定生态保护和恢复治理方案,并予以实施。生态保护和恢复治理方案内容应当向社会公布,接受社会监督。

第十二条 煤炭、石油、天然气开发项目防治污染的设施应当符合经批准的环境影响评价文件的要求。

煤炭、石油、天然气开发单位应当保证污染防治设施正常运行,不得擅自拆除或者停止使用;确有必要拆除或者停止使用的,应当征得环境保护主管部门的同意。

鼓励开发单位将污染防治设施委托给具有环境污染治理设施运营资质的单位进行运行管理。

第十五条 煤炭、石油、天然气开发单位排放污染物的,应当向县级以上人民政府环境保护主管部门申报排放污染物的种类、浓度和数量,经依法审查后领取《排污许可证》,并依法缴纳排污费。

第十七条 煤炭开发单位应当设置符合环保要求的全封闭的输煤、洗选煤、上煤系统。堆煤场应当进行封闭或者半封闭,并采取措施防止煤炭自燃;不得在堆煤场以外堆放煤炭。

进矿道路、厂区内路面应当硬化,并采取洒水、绿化工程等有效措施,防止粉尘污染。

第十八条 露天煤矿应当结合地质条件、气候条件、开采规模等因素,合理制定开采方案,建立健全环境保护责任制;造成环境污染的,应当采取有效措施予以治理。

第十九条 露天煤矿开采过程中造成地表破坏的,应当因地制宜实行边开采边治理。开发单位开采结束后闭矿或者依法关闭煤矿的,应当对采空区进行回填,恢复地表形态。

露天煤矿采、剥、排土作业区内道路及辅助道路,应当定期洒水或者采取其他抑尘措施。

第二十条 煤炭集装站(台)的设立应当远离城镇和居民区,储煤场应当进行全封闭或者采取其他有效的挡风抑尘措施。

煤炭运输、装卸应当采取防扬散、防抛撒等措施。

第二十一条 煤炭开发单位应当对废水进行处理后循环利用;确需排放的,应当达到国家或者自治区规定的排放标准。

第二十二条 石油开发单位应当建设清洁井场,做到场地平整、清洁卫生,在井场内实施无污染作业,并根据需要在井场四周设置符合规定的挡水墙、雨水出口和防洪渠道。

散落油和油水混合液等含油污染物应当回收处理,不得掩埋。

第二十三条 石油、天然气开发单位应当定期对油气输送管线和油气储存设施进行巡查、检测、防护,防止油气管线或者油气储存设施断裂、穿孔,发生渗透、溢流、泄露,造成环境污染。

第二十四条 石油、天然气开发单位钻井和井下作业应当使用无毒、低毒钻井液。对已使用的有毒钻井液应当回收利用并做无害化处置，防止污染环境。

对钻井作业产生的污水应当进行回收，经处理达标后方可回注。未经处理达标的污水不得回注或者外排。

对钻井作业产生的污油、废矿物油应当回收处理。

第二十五条 石油、天然气开发单位应当采取保护性措施，防止油井套管破损、气井泄漏，污染地下水体。

第二十六条 运输石油、天然气以及酸液、碱液、钻井液和其他有毒有害物品，应当采取防范措施，防止渗漏、泄露、溢流和散落。

第二十七条 煤炭、石油、天然气开发单位应当加强危险废物的管理。危险废物的收集、贮存、运输、处置，必须符合国家和自治区有关规定；不具备处置、利用条件的，应当送交有资质的单位处置。

煤炭、石油、天然气开发单位堆放、储存煤渣、含油固体废弃物和其他有毒有害物，应当采取措施防止污染大气、土壤、水体。

第二十八条 煤炭、石油、天然气开发过程中产生的伴生气、有毒有害气体或者可燃性气体应当进行回收利用；不具备回收利用条件的，应当经过充分燃烧或者采取其他防治措施，达到国家或者自治区规定的排放标准后排放。

第二十九条 煤炭、石油、天然气开发单位应当在开发范围内因地制宜植树种草，在风沙侵蚀区域应当采取设置人工沙障或者网格林带等措施，保护和改善生态环境。

第三十条 煤炭、石油、天然气开发单位应当加强对作业区域地质环境的动态监测，采取下列措施防止发生地面沉降、塌陷、开裂等地质灾害：

（一）对勘探、开采遗留的探槽、探井、钻孔、巷道等进行安全封闭或者回填；

（二）对露天采场、排土场的边坡和其他危岩体进行削坡、整修并实施防灾处理。

井工煤矿应当在采空区上部设立观测和警示标志。

第三十一条 煤炭、石油、天然气开发单位实施下列活动的，应当恢复地表形态和植被：

（一）建设工程临时占地破坏腐殖质层、剥离土石的；

（二）震裂、压占等造成土地破坏的；

（三）占用土地作为临时道路的；

（四）油气井、站、中转站、联合站等地面装置设施关闭或者废弃的。

第三十二条 煤炭、石油、天然气开发单位应当在矿井、油井、气井关闭前，向县级以上环境保护主管部门提交生态恢复报告并提请验收。

第三十四条 违反本条例第十二条第二款规定，擅自拆除或者停止使用污染防治设施的，由县级以上人民政府环境保护主管部门责令停止违法行为；属于大气污染防治设施的，处一万元以上五万元以下罚款；属于水污染防治设施的，处应缴纳排污费数额一倍以上三倍以下罚款；属于固体废物污染防治设施的，处一万元以上十万元以下罚款。

第三十五条 有下列行为之一的，由县级以上人民政府环境保护主管部门责令改正，处五万元以上五十万元以下罚款：

（一）在堆煤场以外堆放煤炭的；

（二）未实施无污染作业或者掩埋散落油和油水混合液的；

（三）堆放、储存煤渣、含油固体废物和其他有毒有害物未采取防止大气、土壤及水体污染措施的。

第三十六条 违反本条例第十八条规定，造成环境污染的，由县级以上人民政府环境保护主管部门责令限期治理，并处以十万元以上五十万元以下罚款。

限期治理期间，由环境保护主管部门责令限制生产、限制排放或者停产整治。限期治理的期限最长不超过一年；逾期未完成治理任务的，报经有批准权的人民政府批准，责令关闭。

第三十七条 违反本条例第十九条第一款规定，露天煤矿开采过程中造成地表破坏，未恢复地表形态的，由国土资源主管部门依据有关法律、法规予以处罚。

第三十八条 违反本条例第二十条第二款规定，在作业区运输、装卸煤炭未采取防扬散、防抛撒等措施的，由县级以上人民政府环境保护主管部门处以一千元以上三千元以下罚款。

第三十九条 有下列行为之一的，由县级以上人民政府环境保护主管部门责令改正，处五万元以上五十万元以下罚款：

（一）储煤场未进行全封闭或者采取其他有效挡风抑尘措施，造成环境污染的；

（二）对已使用的有毒钻井液未进行无害化处理的；

（三）外排未经达标处理的废水、污水或者回注未经达标处理的污水的；

（四）未按规定回收处理钻井作业产生的污油、废矿物油的。

第四十条 违反本条例第三十三条规定，造成环境污染事故的，依照有关法律、行政法规予以行政处罚；对负有责任的主管人员和其他直接责任人员依法给予处分；造成污染环境重大事故，构成犯罪的，依法追究刑事责任。

第四十一条 县级以上人民政府及其环境保护主管部门和其他负有环境监督管理职责的部门有下列行为之一的，对直接负责的主管人员和其他直接责任人员依法给予记过、记大过或者降级处分；造成严重后果的，给予撤职或者开除处分，其主要负责人应当引咎辞职；构成犯罪的，依法追究刑事责任：

（一）对不符合行政许可条件准予行政许可的；

（二）对煤炭、石油、天然气开发环境违法行为，发现或者接到举报未及时查处的；

（三）对煤炭、石油、天然气开发区域未依法履行监测职责或者监测数据造假的；

（四）将征收的排污费截留、挤占或者挪作他用的；

（五）其他玩忽职守、失职渎职、滥用职权、徇私舞弊的行为。

第四十二条 违反本条例规定，应当承担法律责任的其他行为，依照有关法律、法规的规定执行。

第四十三条 从事其他矿产资源开发环境保护活动的，参照本条例执行。

第四十四条 本条例自2015年3月1日起施行。

广西壮族自治区海洋环境保护条例（节选）

（2013年11月28日广西壮族自治区第十二届人民代表大会常务委员会第七次会议通过，自2014年2月1日起施行）

第一章 总　　则

第二条 在本自治区管辖海域内从事航行、勘探、开发、工程建设、生产、旅游、科学研究以及其他活动，或者在沿海陆域内从事影响海洋环境活动的单位和个人，应当遵守本条例。

在本自治区管辖海域以外，造成本自治区管辖海域污染和海洋生态环境破坏的，按照国家有关法律和本条例执行。

第三条 沿海县级以上人民政府应当加强海洋环境和海洋生态保护体系、防灾减灾和污染防治能力建设，及时解决海洋环境保护工作中的重大问题，将海洋环境保护纳入本地区国民经济和社会发展规划、海洋环境保护工作列入环境保护目标考核体系，并将海洋环境保护经费纳入本级财政预算。

第四条 沿海县级以上人民政府环境保护行政主管部门作为环境保护工作统一监督管理的部门，应当对本级人民政府管辖海域的海洋环境保护工作实施指导、协调和监督，并负责防治本行政区域内陆源污染物和海岸工程建设项目对海洋环境污染损害的环境保护工作。

沿海县级以上人民政府海洋行政主管部门负责本级人民政府管辖海域的海洋环境监督管理，组织海洋环境的调查、监测、监视、评价和科学研究，负责防治海洋工程建设项目和海洋倾倒废弃物对海洋环境污染损害的环境保护工作。

沿海县级以上人民政府渔业、林业、水行政等行政主管部门和海事管理机构，应当在各自职责范围内依法履行海洋环境保护的监督管理职责。

第二章 海洋环境监督管理

第三章 海洋生态保护

第十八条 自治区人民政府根据海洋生态环境保护需要，依照法定程序选划、建立海洋自然保护区、海洋特别保护区。

第十九条 沿海县级以上人民政府海洋行政主管部门应当会同环境保护、渔业、林业等行政主管部门，对未建立海洋自然保护区和海洋特别保护区的红树林、珊瑚礁、海草床、滨海湿地、海岛、海湾、入海河口、重要渔业水域等具有典型性、代表性的海洋生态系统，珍稀、濒危海洋生物的天然集中分布区，具有重要经济价值的海洋生物生存区域以及有重大科学文化价值的海洋自然历史遗迹和自然景观，报请本级人民政府建立海洋生态监控区，及时掌握海洋生态环境变化情况。

第二十条 经依法批准在海岸、海域采挖砂石的单位和个人，应当在沿海县级以上人民政府划定的区域内进行，并采取必要的生态保护和安全措施，不得危及海岸、码头、航道、跨海桥梁、临海公路、海堤、海底管线等的安全。

除码头、防波堤、引堤和护岸、港池、进出港航道、锚地等港口设施、航道的建设和疏浚外，禁止在下列区域采挖砂石：

（一）重要的鱼类洄游通道、索饵场、越冬场、产卵场和栖息地；

（二）海洋水生动植物养殖区、水产种质资源保护区、传统赶海区；

（三）海洋自然保护区、海洋特别保护区、海洋防护林带、海洋生态监控区、滨海浴场；

（四）法律、法规规定的其他海域。

第四章 海洋环境污染防治

第二十三条 自治区人民政府应当根据本自治区重点海域海洋环境容量、海洋功能区划、海洋环境保护规划和国家确定的主要污染物排海总量控制指标，组织制定本自治区重点海域主要污染物排海总量控制指标和主要污染源排海控制计划。

沿海设区的市、县级人民政府应当根据自治区重点海域主要污染物排海总量控制指标和主要污染源排海控制计划，制定所辖重点海域主要污染物排海总量控制指标和主要污染源排海控制计划的实施方案，并报上一级人民政府备案。

第二十四条 县级以上人民政府及其环境保护、水行政、国土资源、农业等部门应当在各自的职责范围内，加强对本行政区域内入海河流源头和流域水污染防治的监督管理工作，实行入海河流交接断面水质保护管理负责制，确保入海河流水质不超过国家和自治区规定的水污染物排放标准和重点水污染物排放总量控制指标。

沿海县级以上人民政府环境保护行政主管部门和水行政主管部门应当加强对入海河流的水质监测，确保入海河流水质不低于海洋功能区划、海洋环境保护规划确定的水质要求；发现不符合水质要求的，应当依法调查处理。

第二十五条 海水养殖应当符合海洋功能区划、海洋环境保护规划和渔业养殖规划等有关规划，严格控制浅海滩涂养殖总量。

从事海水养殖的单位和个人，应当在批准的区域内养殖，推广生态健康的养殖方式，合理投饵、施肥，养殖用药应当符合国家和自治区有关农药、渔药安全使用的规定和标准，不得将养殖生产、生活废弃物弃置海域，对含病原体的养殖废水应当进行无害化处理，达到国家和自治区有关排放标准后方可排入海域，防止对海洋环境造成污染。

第二十六条 设置入海排污口应当符合海洋功能区划、海洋环境保护规划和近岸海域环境功能区划。

禁止在海洋自然保护区、海洋特别保护区、重要渔业水域、海滨风景名胜区和旅游度假区以及其他需要特别保护的海域新建排污口。原有排污口排放的污染物超过规定的排放标准的，由沿海县级以上人民政府环境保护行政主管部门依法责令有关单位限期治理；经治理仍不符合要求的，依法责令迁移或者关闭排污口。

第二十七条 沿海县级以上人民政府环境保护行政主管部门和海洋行政主管部门，应当按照主要污染物排海总量控制指标和主要污染源排海控制计划要求，加强对入海排污口和陆源污染物排海监控。

经依法批准向海域排放陆源污染物的单位，应当将申报排放污染物的种类、数量和浓度以及防治海洋环境污染等方面的有关技术和资料抄送海洋行政主管部门，并保证排放的污染物种类、数量和浓度符合国家和自治区规定的有关标准。

第二十八条 沿海县级以上人民政府应当建设和完善沿海城镇污水集中处理设施，实行污水集中处理，达标排放。

城镇污水集中处理设施配套管网覆盖区域外临海的宾馆、饭店、旅游场所以及畜禽规模养殖等相关场所，应当建设污水处理设施，对本单位产生的污水进行处理，达到排放标准后方可排放。

临海工业园区以及不在工业园区的工业企业应当建设污水集中处理设施，集中处理污水，并按照园区规划环评要求和项目环评要求实行达标离岸深水排放。

第二十九条 经依法批准向海域排放污染物或者向海洋倾倒废弃物的单位和个人，应当按照国家规定缴纳排污费或者倾倒费。

沿海县级以上人民政府依法征收的排污费、倾倒费，应当用于海洋环境污染的整治，不得挪作他用。

第三十条 沿海港口、码头、装卸站和船舶修造厂应当建设船舶污染物、废弃物的接收处理设施，实行船舶废弃物集中处理。

船舶及其相关作业不得违反规定向港口水域或者海洋排放含油污水、压载水、废弃物、船舶垃圾以及其他有毒有害物质。

对来自有疫情港口的船舶及其废弃物、垃圾、污水、压载水等污染物，应当向停靠的港口所在地的检验检疫部门申报，并按照有关规定进行无害化处理。

第三十二条 禁止在天然港湾有航运价值的区域、重要苗种基地和养殖场所以及水面、滩涂中的鱼、虾、蟹、贝、藻类的自然产卵场、繁殖场、索饵场以及重要的洄游通道围海造地。

经依法批准从事围填海活动的单位和个人，应当采取先围后填方式和防止海洋环境污染的有效措施；使用的填充材料应当符合海洋环境影响评价要求，不得使用生活垃圾、医疗垃圾等有毒有害材料填海。

围填海项目建设单位应当委托有资质的单位开展海洋环境跟踪监测工作，并严格按照环境影响评价文件的规定施工。

第三十三条 使用海域的单位和个人应当及时清除用海范围内的垃圾和废弃物。

第三十四条 因工程建设、石油开采、排放污染物、海上运输、倾倒废弃物等造成海洋污染事故，危害海洋生态环境、海洋水产资源、海洋保护区的责任者，应当排除危害；给国家、单位和个人造成损失的，应当依法赔偿损失。

海洋污染事故给国家造成重大损失的部分，由依照本条例行使海洋环境监督管理权的部门代表国家向责任者提出损害赔偿要求，所得赔偿款应当用于海洋生态保护修复和水产资源增殖。

第五章 海洋环境影响评价

第六章 法律责任

第三十九条 违反本条例第二十条规定，在沿海县级以上人民政府划定的区域外采挖砂石的，由沿海县级以上人民政府海洋行政主管部门责令停止采挖活动，没收违法所得，并处一万元以上五万元以下罚款；情节严重的，并处五万元以上十万元以下罚款；情节特别严重的，并处十万元以上二十万元以下罚款；构成犯罪的，依法追究刑事责任。

第四十条 违反本条例第二十二条第一款规定，不在批准机关指定的区域对引进的海洋动植物物种进行可控性实验的，由县级以上人民政府海洋行政主管部门责令限期改正和采取补救措施，处一万元以上十万元以下罚款；造成危害的，责令消除危害。

第四十一条 违反本条例第二十五条第二款规定，将养殖生产、生活废弃物弃置海域，或者将含病原体的养殖废水未经无害化处理排入海域的，由县级以上人民政府渔业行政主管部门责令限期改正，处二千元以上二万元以下罚款；情节严重的，处二万元以上十万元以下罚款。

第四十二条 违反本条例第三十二条第二款规定,未按照批准方式围填海,或者使用的填充材料不符合海洋环境影响评价要求,或者使用生活垃圾、医疗垃圾等有毒有害材料填海的,由县级以上人民政府环境保护或者海洋行政主管部门按照权限责令限期改正,采取补救措施;逾期不改正的,责令停止建设、运行,并处五万元以上二十万元以下罚款;构成犯罪的,依法追究刑事责任。

第四十三条 海洋环境监督管理有关部门及其工作人员有下列行为之一的,由上级主管部门或者监察部门对直接负责的主管人员和其他直接责任人员依法给予行政处分;构成犯罪的,依法追究刑事责任:

(一)发现违反本条例规定的行为或者海上污染事故发生时,未依法予以制止或者未采取必要措施,造成严重污染损害后果的;

(二)超越权限审批或者核准海岸工程、海洋工程环境影响评价文件的;

(三)海岸工程、海洋工程环境影响评价文件未获得审批或者核准,擅自批准工程开工建设的;

(四)挪用排污费、倾倒费的;

(五)其他徇私舞弊、滥用职权、玩忽职守的行为。

第二章　环保刑事案件适用法律法规

基本法律法规

中华人民共和国刑法(节选)

(1979年7月1日第五届全国人民代表大会第二次会议通过,1980年1月1日起施行,1999年12月25日第九届全国人民代表大会常务委员会第十三次会议修正通过,2001年8月31日第九届全国人民代表大会常务委员会第二十三次会议修正通过,2001年12月29日第九届全国人民代表大会常务委员会第二十五次会议修正通过,2002年12月28日第九届全国人民代表大会常务委员会第三十一次会议修正通过,2005年2月28日第十届全国人民代表大会常务委员会第十四次会议修正通过,2006年6月29日第十届全国人民代表大会常务委员会第二十二次会议修正通过,2009年2月28日第十一届全国人民代表大会常务委员会第七次会议修正通过,2011年2月25日第十一届全国人民代表大会常务委员会第十九次会议修正通过,根据2015年8月29日第十二届全国人民代表大会常务委员会第十六次会议通过的《刑法修正案(九)》修正)

第二章 危害公共安全罪

第一百一十四条 【放火罪、决水罪、爆炸罪、投放危险物质罪、以危险方法危害公共安全罪之一】放火、决水、爆炸以及投放毒害性、放射性、传染病病原体等物质或者以其他危险方法危害公共安全,尚未造成严重后果的,处三年以上十年以下有期徒刑。

第一百一十五条 【放火罪、决水罪、爆炸罪、投放危险物质罪、以危险方法危害公共安全罪之二】放火、决水、爆炸以及投放毒害性、放射性、传染病病原体等物质或者以其他危险方法致人重伤、死亡或者使公私财产遭受重大损失的,处十年以上有期徒刑、无期徒刑或者死刑。

过失犯前款罪的,处三年以上七年以下有期徒刑;情节较轻的,处三年以下有期徒刑或者拘役。

第一百三十六条 【危险物品肇事罪】违反爆炸性、易燃性、放射性、毒害性、腐蚀性物品的管理规定,在生产、储存、运输、使用中发生重大事故,造成严重后果的,处三年以下有期徒刑或者拘役;后果特别严重的,处三年以上七年以下有期徒刑。

第一百三十九条之一 【消防责任事故罪】违反消防管理法规,经消防监督机构通知采取改正措施而拒绝执行,造成严重后果的,对直接责任人员,处三年以下有期徒刑或者拘役;后果特别严重的,处三年以上七年以下有期徒刑。

第三章 破坏社会主义市场经济秩序罪

第一百五十一条 【走私珍贵动物罪、走私珍贵动物制品罪】走私国家禁止出口的文物、黄金、白银和其他贵重金属或者国家禁止进出口的珍贵动物及其制品的,处五年以上十年以下有期徒刑,并处罚金;情节特别严重的,处十年以上有期徒刑或者无期徒刑,并处没收财产;情节较轻的,处五年以下有期徒刑,并处罚金。

走私珍稀植物及其制品等国家禁止进出口的其他货物、物品的,处五年以下有期徒刑或者拘役,并处或者单处罚金;情节严重的,处五年以上有期徒刑,并处罚金。

单位犯本条规定之罪的,对单位判处罚金,并对其直接负责的主管人员和其他直接责任人员,依照本条各款的规定处罚。

第二百二十八条 【非法转让、倒卖土地使用权罪】以牟利为目的,违反土地管理法规,非法转让、倒卖土地使用权,情节严重的,处三年以下有期徒刑或者拘役,并处或者单处非法转让、倒卖土地使用权价额百分之五以上百分之二十以下罚金;情节特别严重的,处三年以上七年以下有期徒刑,并处非法转让、倒卖土地使用权价额百分之五以上百分之二十以下罚金。

第六章 妨害社会管理秩序罪

第六节 破坏环境资源保护罪

第三百三十八条 【污染环境罪】违反国家规定，排放、倾倒或者处置有放射性的废物、含传染病病原体的废物、有毒物质或者其他有害物质，严重污染环境的，处三年以下有期徒刑或者拘役，并处或者单处罚金；后果特别严重的，处三年以上七年以下有期徒刑，并处罚金。

第三百三十九条 【非法处置进口的固体废物罪；擅自进口固体废物罪；走私固体废物罪】违反国家规定，将境外的固体废物进境倾倒、堆放、处置的，处五年以下有期徒刑或者拘役，并处罚金；造成重大环境污染事故，致使公私财产遭受重大损失或者严重危害人体健康的，处五年以上十年以下有期徒刑，并处罚金；后果特别严重的，处十年以上有期徒刑，并处罚金。

未经国务院有关主管部门许可，擅自进口固体废物用作原料，造成重大环境污染事故，致使公私财产遭受重大损失或者严重危害人体健康的，处五年以下有期徒刑或者拘役，并处罚金；后果特别严重的，处五年以上十年以下有期徒刑，并处罚金。

以原料利用为名，进口不能用作原料的固体废物、液态废物和气态废物的，依照本法第一百五十二条第二款、第三款的规定定罪处罚。

第三百四十条 【非法捕捞水产品罪】违反保护水产资源法规，在禁渔区、禁渔期或者使用禁用的工具、方法捕捞水产品，情节严重的，处三年以下有期徒刑、拘役、管制或者罚金。

第三百四十一条 【非法猎捕、杀害珍贵、濒危野生动物罪；非法收购、运输、出售珍贵濒危野生动物、珍贵、濒危野生动物制品罪】非法猎捕、杀害国家重点保护的珍贵、濒危野生动物的，或者非法收购、运输、出售国家重点保护的珍贵、濒危野生动物及其制品的，处五年以下有期徒刑或者拘役，并处罚金；情节严重的，处五年以上十年以下有期徒刑，并处罚金；情节特别严重的，处十年以上有期徒刑，并处罚金或者没收财产。

违反狩猎法规，在禁猎区、禁猎期或者使用禁用的工具、方法进行狩猎，破坏野生动物资源，情节严重的，处三年以下有期徒刑、拘役、管制或者罚金。

第三百四十二条 【非法占用农用地罪】违反土地管理法规，非法占用耕地、林地等农用地，改变被占用土地用途，数量较大，造成耕地、林地等农用地大量毁坏的，处五年以下有期徒刑或者拘役，并处或者单处罚金。

第三百四十三条 【非法采矿罪；破坏性采矿罪】违反矿产资源法的规定，未取得采矿许可证擅自采矿，擅自进入国家规划矿区、对国民经济具有重要价值的矿区和他人矿区范围采矿，或者擅自开采国家规定实行保护性开采的特定矿种，情节严重的，处三年以下有期徒刑、拘役或者管制，并处或者单处罚金；情节特别严重的，处三年以上七年以下有期徒刑，并处罚金。

违反矿产资源法的规定，采取破坏性的开采方法开采矿产资源，造成矿产资源严重破坏的，处五年以下有期徒刑或者拘役，并处罚金。

第三百四十四条 【非法采伐、毁坏国家重点保护植物罪；非法收购、运输、加工、出售国家重点保护植物、国家重点保护植物制品罪罪】违反国家规定，非法采伐、毁坏珍贵树木或者国家重点保护的其他植物的，或者非法收购、运输、加工、出售珍贵树木或者国家重点保护的其他植物及其制品的，处三年以下有期徒刑、拘役或者管制，并处罚金；情节严重的，处三年以上七年以下有期徒刑，并处罚金。

第三百四十五条 【盗伐林木罪；滥伐林木罪；非法收购、运输盗伐、滥伐的林木罪】盗伐森林或者其他林木，数量较大的，处三年以下有期徒刑、拘役或者管制，并处或者单处罚金；数量巨大的，处三年以上七年以下有期徒刑，并处罚金；数量特别巨大的，处七年以上有期徒刑，并处罚金。

违反森林法的规定，滥伐森林或者其他林木，数量较大的，处三年以下有期徒刑、拘役或者管制，并处或者单处罚金；数量巨大的，处三年以上七年以下有期徒刑，并处罚金。

非法收购、运输明知是盗伐、滥伐的林木，情节严重的，处三年以下有期徒刑、拘役或者管制，并处或者单处罚金；情节特别严重的，处三年以上七年以下有期徒刑,并处罚金。

盗伐、滥伐国家级自然保护区内的森林或者其他林木的,从重处罚。

第三百四十六条 【单位犯破坏环境资源保护罪的处罚规定】单位犯本节第三百三十八条至第三百四十五条规定之罪的,对单位判处罚金,并对其直接负责的主管人员和其他直接责任人员,依照本节各该条的规定处罚。

第九章 渎 职 罪

第三百九十七条 【滥用职权罪;玩忽职守罪】国家机关工作人员滥用职权或者玩忽职守,致使公共财产、国家和人民利益遭受重大损失的,处三年以下有期徒刑或者拘役;情节特别严重的,处三年以上七年以下有期徒刑。本法另有规定的,依照规定。

国家机关工作人员徇私舞弊,犯前款罪的,处五年以下有期徒刑或者拘役;情节特别严重的,处五年以上十年以下有期徒刑。本法另有规定的,依照规定。

第四百零七条 【违法发放林木采代许可证罪】林业主管部门的工作人员违反森林法的规定,超过批准的年采伐限额发放林木采伐许可证或者违反规定滥发林木采伐许可证,情节严重,致使森林遭受严重破坏的,处三年以下有期徒刑或者拘役。

第四百零八条之一 【环境监管失职罪】负有环境保护监督管理职责的国家机关工作人员严重不负责任,导致发生重大环境污染事故,致使公私财产遭受重大损失或者造成人身伤亡的严重后果的,处三年以下有期徒刑或者拘役。

第四百一十条 【非法批准征用、占用土地罪;非法低价出让国有土地使用权罪】国家机关工作人员徇私舞弊,违反土地管理法规,滥用职权,非法批准征收、征用、占用土地,或者非法低价出让国有土地使用权,情节严重的,处三年以下有期徒刑或者拘役;致使国家或者集体利益遭受特别重大损失的,处三年以上七年以下有期徒刑。

第四百一十三条 【动植物检疫徇私舞弊罪;动植物检疫失职罪】动植物检疫机关的检疫人员徇私舞弊,伪造检疫结果的,处五年以下有期徒刑或者拘役;造成严重后果的,处五年以上十年以下有期徒刑。

前款所列人员严重不负责任,对应当检疫的检疫物不检疫,或者延误检疫出证、错误出证,致使国家利益遭受重大损失的,处三年以下有期徒刑或者拘役。

最高人民法院、最高人民检察院关于办理环境污染刑事案件适用法律若干问题的解释

(2013年6月8日最高人民法院审判委员会第1581次会议,2013年6月8日最高人民检察院第十二届检察委员会第7次会议通过,自2013年6月19日起施行,法释〔2013〕15号)

为依法惩治有关环境污染犯罪,根据《中华人民共和国刑法》《中华人民共和国刑事诉讼法》的有关规定,现就办理此类刑事案件适用法律的若干问题解释如下:

第一条 实施刑法第三百三十八条规定的行为,具有下列情形之一的,应当认定为"严重污染环境":

(一)在饮用水水源一级保护区、自然保护区核心区排放、倾倒、处置有放射性的废物、含传染病病原体的废物、有毒物质的;

(二)非法排放、倾倒、处置危险废物三吨以上的;

(三)非法排放含重金属、持久性有机污染物等严重危害环境、损害人体健康的污染物超过国家污染物排放标准或者省、自治区、直辖市人民政府根据法律授权制定的污染物排放标准三倍以上的;

(四)私设暗管或者利用渗井、渗坑、裂隙、

溶洞等排放、倾倒、处置有放射性的废物、含传染病病原体的废物、有毒物质的；

（五）两年内曾因违反国家规定，排放、倾倒、处置有放射性的废物、含传染病病原体的废物、有毒物质受过两次以上行政处罚，又实施前列行为的；

（六）致使乡镇以上集中式饮用水水源取水中断十二小时以上的；

（七）致使基本农田、防护林地、特种用途林地五亩以上，其他农用地十亩以上，其他土地二十亩以上基本功能丧失或者遭受永久性破坏的；

（八）致使森林或者其他林木死亡五十立方米以上，或者幼树死亡二千五百株以上的；

（九）致使公私财产损失三十万元以上的；

（十）致使疏散、转移群众五千人以上的；

（十一）致使三十人以上中毒的；

（十二）致使三人以上轻伤、轻度残疾或者器官组织损伤导致一般功能障碍的；

（十三）致使一人以上重伤、中度残疾或者器官组织损伤导致严重功能障碍的；

（十四）其他严重污染环境的情形。

第二条 实施刑法第三百三十九条、第四百零八条规定的行为，具有本解释第一条第六项至第十三项规定情形之一的，应当认定为“致使公私财产遭受重大损失或者严重危害人体健康”或者“致使公私财产遭受重大损失或者造成人身伤亡的严重后果”。

第三条 实施刑法第三百三十八条、第三百三十九条规定的行为，具有下列情形之一的，应当认定为“后果特别严重”：

（一）致使县级以上城区集中式饮用水水源取水中断十二个小时以上的；

（二）致使基本农田、防护林地、特种用途林地十五亩以上，其他农用地三十亩以上，其他土地六十亩以上基本功能丧失或者遭受永久性破坏的；

（三）致使森林或者其他林木死亡一百五十立方米以上，或者幼树死亡七千五百株以上的；

（四）致使公私财产损失一百万元以上的；

（五）致使疏散、转移群众一万五千人以上的；

（六）致使一百人以上中毒的；

（七）致使十人以上轻伤、轻度残疾或者器官组织损伤导致一般功能障碍的；

（八）致使三人以上重伤、中度残疾或者器官组织损伤导致严重功能障碍的；

（九）致使一人以上重伤、中度残疾或者器官组织损伤导致严重功能障碍，并致使五人以上轻伤、轻度残疾或者器官组织损伤导致一般功能障碍的；

（十）致使一人以上死亡或者重度残疾的；

（十一）其他后果特别严重的情形。

第四条 实施刑法第三百三十八条、第三百三十九条规定的犯罪行为，具有下列情形之一的，应当酌情从重处罚：

（一）阻挠环境监督检查或者突发环境事件调查的；

（二）闲置、拆除污染防治设施或者使污染防治设施不正常运行的；

（三）在医院、学校、居民区等人口集中地区及其附近，违反国家规定排放、倾倒、处置有放射性的废物、含传染病病原体的废物、有毒物质或者其他有害物质的；

（四）在限期整改期间，违反国家规定排放、倾倒、处置有放射性的废物、含传染病病原体的废物、有毒物质或者其他有害物质的。

实施前款第一项规定的行为，构成妨害公务罪的，以污染环境罪与妨害公务罪数罪并罚。

第五条 实施刑法第三百三十八条、第三百三十九条规定的犯罪行为，但及时采取措施，防止损失扩大、消除污染，积极赔偿损失的，可以酌情从宽处罚。

第六条 单位犯刑法第三百三十八条、第三百三十九条规定之罪的，依照本解释规定的相应个人犯罪的定罪量刑标准，对直接负责的主管人员和其他直接责任人员定罪处罚，并对单位判处罚金。

第七条 行为人明知他人无经营许可证或者超出经营许可范围，向其提供或者委托其收集、贮存、利用、处置危险废物，严重污染环境的，以污染环境罪的共同犯罪论处。

第八条 违反国家规定，排放、倾倒、处置含有毒害性、放射性、传染病病原体等物质的污染物，同时构成污染环境罪、非法处置进口的固体废物罪、投放危险物质罪等犯罪的，依照处罚较重的犯罪定罪处罚。

第九条 本解释所称“公私财产损失”，包括污染环境行为直接造成财产损毁、减少的实际价值，以及为防止污染扩大、消除污染而采取必要合理措施所产生的费用。

第十条 下列物质应当认定为“有毒物质”：

（一）危险废物，包括列入国家危险废物名录的废物，以及根据国家规定的危险废物鉴别标准和鉴别方法认定的具有危险特性的废物；

（二）剧毒化学品、列入重点环境管理危险化学品名录的化学品，以及含有上述化学品的物质；

（三）含有铅、汞、镉、铬等重金属的物质；

（四）《关于持久性有机污染物的斯德哥尔摩公约》附件所列物质；

（五）其他具有毒性，可能污染环境的物质。

第十一条 对案件所涉的环境污染专门性问题难以确定的，由司法鉴定机构出具鉴定意见，或者由国务院环境保护部门指定的机构出具检验报告。

县级以上环境保护部门及其所属监测机构出具的监测数据，经省级以上环境保护部门认可的，可以作为证据使用。

第十二条 本解释发布实施后，《最高人民法院关于审理环境污染刑事案件具体应用法律若干问题的解释》（法释〔2006〕4号）同时废止；之前发布的司法解释和规范性文件与本解释不一致的，以本解释为准。

关于环境保护行政主管部门移送涉嫌环境犯罪案件的若干规定

（国家环境保护总局　公安部　最高人民检察院联合发文　环发〔2007〕78号）

一、为规范环境保护行政主管部门及时向公安机关和人民检察院移送涉嫌环境犯罪案件，依法惩罚污染环境的犯罪行为，防止以罚代刑，依据《中华人民共和国刑法》、《中华人民共和国刑事诉讼法》、《行政执法机关移送涉嫌犯罪案件的规定》及有关规定，特制定本规定。

二、本规定所称环境犯罪案件，主要是指涉及以下罪名的案件：

（一）走私废物罪（刑法第152条）；

（二）重大环境污染事故罪（刑法第338条）；

（三）非法处置进口的固体废物罪（刑法第339条第一款）；

（四）擅自进口固体废物罪（刑法第339条第二款）；

（五）滥用职权罪（刑法第397条）；

（六）玩忽职守罪（刑法第397条）；

（七）环境监管失职罪（刑法第408条）；

（八）其他涉及环境的犯罪。

三、县级以上环境保护行政主管部门在依法查处环境违法行为过程中，发现违法事实涉及的公私财产损失数额、人身伤亡和危害人体健康的后果、走私废物的数量、造成环境破坏的后果及其他违法情节等，涉嫌构成犯罪，依法需要追究刑事责任的，应当依法向公安机关移送。

县级以上环境保护行政主管部门在依法查处环境违法行为过程中，认为本部门工作人员触犯《刑法》第九章有关条款规定，涉嫌渎职等职务犯罪，依法需要追究刑事责任的，应当依法向人民检察院移送；发现其他国家机关工作人员涉嫌有关环境保护渎职等职务犯罪线索的，也应当将有关材料移送相应的人民检察院。

四、环境保护行政主管部门在查处环境违法行为的过程中，应当收集并妥善保存下列有关证据资料：

（一）环境违法行为调查报告；

（二）调查记录或询问笔录；

（三）环境监测报告或者鉴定结论；

（四）现场检查时的音像资料；

（五）其他可以保存的实物证据和其他证据资料。

对环境违法行为已经作出行政处罚决定的，应当同时移送行政处罚决定书和作出行政处罚决定的证据资料。

五、环境保护行政主管部门在查处环境违法行为的过程中，发现有符合移送条件的案件，应当立即指定两名或者两名以上行政执法人员组成专案组专门负责，核实情况后提出移送案件的书面报告，报经本部门正职负责人或者主持工作的负责人审批。

收到报告的负责人应当自接到报告之日起三个工作日内作出是否批准移送的决定。决定批准的，法制工作机构应当在二个工作日内办理向同级公安机关或者人民检察院移送手续；决定不批准的，应当将不予批准的理由记录在案。

对涉嫌环境犯罪的案件，依法应当给予暂扣或吊销许可证、责令停产停业等行政处罚的，环境保护行政主管部门应当依法给予行政处罚或者提请人民政府给予行政处罚。但是，不得以行政处罚代替案件移送。

六、环境保护行政主管部门向公安机关或者人民检察院移送涉嫌环境犯罪案件，应当附有下列材料：

（一）涉嫌环境犯罪案件移送书；

（二）涉嫌环境犯罪案件情况的调查报告；

（三）涉案物品清单；

（四）有关监测报告或者鉴定结论；

（五）其他有关涉嫌犯罪的材料。

七、公安机关应当在环境保护行政主管部门移送的涉嫌环境犯罪案件移送书的回执上签字。其中，对不属于本机关管辖的，应当在24小时内转送有管辖权的机关，并书面通知移送案件的环境保护行政主管部门。

公安机关应当自接受移送案件之日起三日内，依法对所移送的案件进行审查，作出立案或者不予立案决定，书面通知移送案件的环境保护行政主管部门；决定不予立案的，应当说明理由并同时退回案卷材料。

公安机关违反国家有关规定，不接受环境保护行政主管部门移送的涉嫌环境犯罪案件，或者逾期不作出立案或者不予立案决定的，环境保护行政主管部门可以报告本级或者上级人民政府依法责令改正。

八、环境保护行政主管部门应当在向公安机关移送案件后的十日内向公安机关查询立案情况。对公安机关不予立案通知书有异议的，环境保护行政主管部门应当自收到不予立案通知书之日起的三日内，提请作出不予立案决定的公安机关复议，也可以建议人民检察院依法进行立案监督。

作出不予立案决定的公安机关应当自收到环境保护行政主管部门提请复议申请之日起三日内作出复议决定并书面通知提出行政复议申请的环境保护行政主管部门；环境保护行政主管部门对公安机关不予立案的复议决定仍有异议的，应当自收到复议决定通知书之日起三日内建议人民检察院依法进行立案监督。

九、环境保护行政主管部门对公安机关决定不予立案的案件，应当依法作出处理。其中，依照有关法律、法规或者规章的规定应当给予行政处罚的，应当依法实施行政处罚；被退回的移送案件的有关责任人员属于国家行政机关任命的人员的，应当将案件移送有管辖权的监察部门处理。

十、人民检察院对环境保护行政主管部门移送的涉嫌环境监管失职等有关环境保护渎职等职务犯罪的案件或者案件线索，应当及时进行审查，决定是否立案。对决定立案的，应当及时将立案情况通知移送单位；对决定不予立案的，应当制作不予立案通知书，写明不予立案的原因和法律依据，送达移送案件的环境保护行政主管部门，并退还有关材料。

环境保护部、公安部关于加强环境保护与公安部门执法衔接配合工作的意见

(环发〔2013〕126号)

各省、自治区、直辖市环境保护厅(局)、公安厅(局),新疆生产建设兵团环境保护局、公安局:

为依法严惩环境污染违法犯罪行为,保障人民群众身体健康,现就加强环境保护、公安两部门在环境执法工作中的衔接配合提出如下意见:

一、进一步认识环境执法衔接配合工作的重要性

(一)树立责任意识,明确监管职责。环境保护部门要严格依法行政,认真执行各项环境保护法律法规,加大对环境违法行为的查处力度。做好排污企业监督管理工作,建立重点企业管理档案;强化日常检查,重点检查企业污染防治设施运行以及污染物排放情况,并对环境违法行为依法实施行政处罚。

公安部门依据《中华人民共和国治安管理处罚法》的有关规定,对违法排放、倾倒危险物质的违法行为人,以及盗窃、损毁环境监测设施的违法行为人依法予以治安管理处罚。依据《中华人民共和国刑法》等相关规定,对涉嫌构成环境污染犯罪的,要立案侦查。对阻挠环境监督检查或者突发环境事件调查的行为,公安部门要及时排除阻扰,坚决依法处理。对因环境执法可能引发群体性事件的,环境保护、公安等部门要立即报告党委、政府,在党委、政府统一领导下妥善处置。

(二)树立合作意识,联合整治突出环境问题。各级环境保护、公安部门要紧密结合当地实际,强化部门执法联动,发挥综合监管优势,开展统一行动,集中解决在一定区域、一定时段严重污染环境、群众反应强烈的突出问题。要在执法联动中不断推进依法行政,切实做到严格、规范、公正、文明执法。

(三)树立证据意识,依法严厉打击环境污染犯罪。各级环境保护、公安部门要牢固树立证据意识,及时、全面、准确收集涉嫌环境污染犯罪的各类证据。环境保护部门在执法过程中要及时收集、提取、监测、固定污染物种类、浓度、数量等证据。各级公安机关依法侦办环境污染刑事案件,要借助环境保护部门的专业知识和技术支持,提高办案质量。公安机关应结合自身职能,主动摸排环境污染犯罪线索,发动群众举报,立案侦查环境污染犯罪案件,对重大案件实行挂牌督办,坚决依法严厉打击环境污染犯罪案件。

二、加强组织领导,建立完善衔接配合工作机制

(一)建立联动执法联席会议制度,解决重大联动事项。各级环境保护、公安部门应建立联席会议制度,必要时可邀请人民检察院、政府法制机构等相关部门共同参加联席会议。定期组织召开联席会议,充分发挥联席会议的协调指导作用,通报查处环境违法犯罪行为以及联动工作的有关情况,研究联动工作中存在的问题,提出加强联动工作的对策。协调解决涉及相关部门的环境执法问题,建立长效工作机制,促进联动协作配合。联席会议应形成会议纪要,明确议定事项。

(二)建立联动执法联络员制度,强化日常联动执法。各级环境保护、公安部门应明确内部机构在环境违法案件查处中的职能分工,分别确定具体牵头部门及联络人员,开展经常性的信息互通、协调办理环境违法犯罪案件。制定联动工作方案和行动计划,积极开展执法联动专项行动,依法加大对重大环境违法犯罪案件的综合惩处力度。

(三)建立完善案件移送机制,规范联动执法程序。各级环境保护、公安部门要严格按照法律规定,不断完善涉嫌违反治安管理、环境污染犯罪案件的移送、受理、立案机制。各级环境保护、公安部门要按照《关于环境保护行政主管部门移送涉嫌环境犯罪案件的若干规定》(环发〔2007〕78号)和本地区制定

的关于案件移送规定的要求，明确案件移送的职责、时限、程序和监督等要求，积极做好案件调查、证据收集、法律适用等工作，防止“以罚代刑”。

（四）建立重大案件会商和督办制度，加强案件风险研判。对于案情重大、复杂、社会影响大的案件，由环境保护部门会同公安部门联合挂牌督办，必要时邀请人民检察院、政府法制、安监等部门，针对案件性质、复杂程度、涉及范围、可能导致的后果等情况，进行事前风险评估研判，并对案件的调查、证据的使用等细节进行讨论，确保案件依法处理。

（五）建立紧急案件联合调查机制，做到执法工作无缝衔接。遇到重大环境污染等紧急情况，环境保护、公安部门要及时启动相应的调查程序，分工协作，防止证据灭失。环境保护部门负责对污染物进行取样、监测，出具监测报告，依法进行调查取证工作，提高案件查处效率。对环境污染涉案责任人身份不易确定、可能逃逸、证据难保全，可能涉嫌违反治安管理或者环境污染犯罪的，公安部门应当依法及时调查、立案侦查。

（六）建立案件信息共享机制，提高联动执法效率。各级环境保护、公安部门应根据各自的专业特长和执法特点相互学习，相互指导，共同研究，努力提高调查取证的能力和证据质量，实现证据的互信和共享。两个部门应当及时通报环境污染犯罪案件的办理动态、共同分析案件办理中的疑难问题，共同研究打击环境污染犯罪的对策和机制。有条件的地区可借助电子化办公系统设置电子化环境保护、公安联合执法系统，实现环境违法案件信息互联互通，提高联动执法效率。

（七）建立奖惩机制，提高执法效率。各级环境保护、公安部门要将本部门查处打击环境污染违法犯罪、开展联合执法情况等纳入本系统目标考核，组织开展年度表彰奖励工作，有效调动执法人员积极性和主动性。对环境污染违法犯罪案件该查不查、该移送不移送，或者干扰案件查处，甚至包庇纵容的，要依法追究失职、渎职、滥用职权人员的法律责任。

三、强化各项保障措施，为执法联动配合工作奠定基础

（一）提供组织保障，密切协作配合。各级环境保护、公安部门要加强组织领导，落实责任部门和责任人，精心周密部署，制定实施方案，建立长效机制，认真研究解决执法衔接配合中存在的困难和问题，推动规范严格执法。环境保护、公安部门指定专职人员负责案件移送审查工作，专职打击环境污染违法、犯罪行为，推进环境执法联动的常态化、制度化。

（二）强化业务培训，提高办案水平。各级环境保护、公安部门要把提高执法人员业务素质作为一项最为紧迫的基础工作，切实抓紧、抓好、抓出成效。要通过联合培训、典型案件剖析、跨部门学习锻炼等多种形式，全面系统地学习环境保护执法和刑事办案涉及的法律、法规和标准，重点加强案件调查取证、移送办理及有关法律适用知识的培训，提升环境执法办案能力和水平。

（三）加大宣传力度，营造执法氛围。各级环境保护、公安部门要坚持走群众路线，发动群众，依靠群众，争取群众对环境保护执法工作的理解和支持。深入开展“保护环境、人人有责”公益宣传教育，深入化工、造纸、医药、印染、采矿、冶炼、固废处理等高污染企业，以案说法，强化教育警示效果，威慑环境违法行为人。要公布举报电话、邮箱或者微博，方便群众举报、投诉环境违法犯罪行为。对经查证属实的群众举报线索，要向举报人兑现奖励。

（四）落实经费保障，确保运转有序。各级环境保护、公安部门要加强执法衔接配合机制建设的资金保障，将日常办公、信息交流、举报奖励、办案设备、人员培训、宣传教育等工作所需经费纳入部门年度工作预算，积极向财政部门申请专项经费，确保环境执法衔接配合机制正常运转。

请将本意见逐级传达到县级环境保护部门和基层公安办案单位。执行中遇到问题，分别请示环境保护部、公安部。

环境保护部　公安部

2013年11月4日

最高人民检察院、公安部关于公安机关管辖的刑事案件立案追诉标准的规定(一)(节选)

(公通字〔2008〕36号)

一、危害公共安全案

第一条 【失火案(刑法第一百一十五条第二款)】过失引起火灾,涉嫌下列情形之一的,应予立案追诉:

(一)导致死亡一人以上,或者重伤三人以上的;

(二)造成公共财产或者他人财产直接经济损失五十万元以上的;

(三)造成十户以上家庭的房屋以及其他基本生活资料烧毁的;

(四)造成森林火灾,过火有林地面积二公顷以上,或者过火疏林地、灌木林地、未成林地、苗圃地面积四公顷以上的;

(五)其他造成严重后果的情形。

本条和本规定第十五条规定的"有林地"、"疏林地"、"灌木林地"、"未成林地"、"苗圃地",按照国家林业主管部门的有关规定确定。

第二条 【非法制造、买卖、运输、储存危险物质案(刑法第一百二十五条第二款)】非法制造、买卖、运输、储存毒害性、放射性、传染病病原体等物质,危害公共安全,涉嫌下列情形之一的,应予立案追诉:

(一)造成人员重伤或者死亡的;

(二)造成直接经济损失十万元以上的;

(三)非法制造、买卖、运输、储存毒鼠强、氟乙酰胺、氟乙酰钠、毒鼠硅、甘氟原粉、原液、制剂五十克以上,或者饵料二千克以上的;

(四)造成急性中毒、放射性疾病或者造成传染病流行、暴发的;

(五)造成严重环境污染的;

(六)造成毒害性、放射性、传染病病原体等危险物质丢失、被盗、被抢或者被他人利用进行违法犯罪活动的;

(七)其他危害公共安全的情形。

第十二条 【危险物品肇事案(刑法第一百三十六条)】违反爆炸性、易燃性、放射性、毒害性、腐蚀性物品的管理规定,在生产、储存、运输、使用中发生重大事故,涉嫌下列情形之一的,应予立案追诉:

(一)造成死亡一人以上,或者重伤三人以上;

(二)造成直接经济损失五十万元以上的;

(三)其他造成严重后果的情形。

第十五条 【消防责任事故案(刑法第一百三十九条)】违反消防管理法规,经消防监督机构通知采取改正措施而拒绝执行,涉嫌下列情形之一的,应予立案追诉:

(一)造成死亡一人以上,或者重伤三人以上;

(二)造成直接经济损失五十万元以上的;

(三)造成森林火灾,过火有林地面积二公顷以上,或者过火疏林地、灌木林地、未成林地、苗圃地面积四公顷以上的;

(四)其他造成严重后果的情形。

第五十九条 【逃避动植物检疫案(刑法第三百三十七条)】违反进出境动植物检疫法的规定,逃避动植物检疫,涉嫌下列情形之一的,应予立案追诉:

(一)造成国家规定的《进境动物一、二类传染病、寄生虫病名录》中所列的动物疫病传入或者对农、牧、渔业生产以及人体健康、公共安全造成严重危害的其他动物疫病在国内暴发流行的;

(二)造成国家规定的《进境植物检疫性有害生物名录》中所列的有害生物传入或者对农、林业生产、生态环境以及人体健康有严重危害的其他有害生物在国内传播扩散的。

第六十条 【重大环境污染事故案(刑法第三百三十八条)】违反国家规定,向土地、水体、大气排放、倾倒或者处置有放射性的废物、含传染病病原体的废物、有毒物质或者其他危险废物,造成重大环境污染事故,涉嫌下列情形之一,应予立案追诉:

（一）致使公私财产损失三十万元以上的；

（二）致使基本农田、防护林地、特种用途林地五亩以上，其他农用地十亩以上，其它土地二十亩以上基本功能丧失或者遭受永久性破坏的；

（三）致使森林或者其他林木死亡五十立方米以上，或者幼树死亡二千五百株以上的；

（四）致使一人以上死亡、三人以上重伤、十人以上轻伤，或者一人以上重伤并且五人以上轻伤的；

（五）致使传染病发生、流行或者人员中毒达到《国家突发公共卫生事件应急预案》中突发公共卫生事件分级Ⅲ级以上情形，严重危害人体健康的；

（六）其他致使公私财产遭受重大损失或者人身伤亡的严重后果的情形。

本条和本规定第六十二条规定的“公私财产损失”，包括污染环境直接造成的财产损毁、减少的实际价值，为防止污染扩散以及消除污染而采取的必要的、合理的措施而发生的费用。

第六十一条　【非法处置进口的固体废物案（刑法第三百三十九条第一款）】违反国家规定，将境外的固体废物进境倾倒、堆放、处置的，应予立案追诉。

第六十二条　【擅自进口固体废物案（刑法第三百三十九条第二款）】未经国务院有关主管部门许可，擅自进口固体废物用作原料，造成重大环境污染事故，涉嫌下列情形之一的，应予立案追诉：

（一）致使公私财产损失三十万元以上的；

（二）致使基本农田、防护林地、特种用途林地五亩以上，其他农用地十亩以上，其它土地二十亩以上基本功能丧失或者遭受永久性破坏的；

（三）致使森林或者其他林木死亡五十立方米以上，或者幼树死亡二千五百株以上的；

（四）致使一人以上死亡、三人以上重伤、十人以上轻伤，或者一人以上重伤并且五人以上轻伤的；

（五）致使传染病发生、流行或者人员中毒达到《国家突发公共卫生事件应急预案》中突发公共卫生事件分级Ⅲ级以上情形，严重危害人体健康的；

（六）其他致使公私财产遭受重大损失或者严重危害人体健康的情形。

第六十三条　【非法捕捞水产品案（刑法第三百四十条）】违反保护水产资源法规，在禁渔区、禁渔期或者使用禁用的工具、方法捕捞水产品，涉嫌下列情形之一的，应予立案追诉：

（一）在内陆水域非法捕捞水产品五百公斤以上或者价值五千元以上的，或者在海洋水域非法捕捞水产品二千公斤以上或者价值二万元以上的；

（二）非法捕捞有重要经济价值的水生动物苗种、怀卵亲体或者在水产种质资源保护区内捕捞水产品，在内陆水域五十公斤以上或者价值五百元以上，或者在海洋水域二百公斤以上或者价值二千元以上的；

（三）在禁渔区内使用禁用的工具或者禁用的方法捕捞的；

（四）在禁渔期内使用禁用的工具或者禁用的方法捕捞的；

（五）在公海使用禁用渔具从事捕捞作业，造成严重影响的；

（六）其他情节严重的情形。

第六十四条　【非法猎捕、杀害珍贵、濒危野生动物案（刑法第三百四十一条第一款）】非法猎捕、杀害国家重点保护的珍贵、濒危野生动物的，应予立案追诉。

本条和本规定第六十五条规定的“珍贵、濒危野生动物”，包括列入《国家重点保护野生动物名录》的国家一、二级保护野生动物、列入《濒危野生动植物种国际贸易公约》附录一、附录二的野生动物以及驯养繁殖的上述物种。

第六十五条　【非法收购、运输、出售珍贵、濒危野生动物、珍贵、濒危野生动物制品案（刑法第三百四十一条第一款）】非法收购、运输、出售国家重点保护的珍贵、濒危野生动物及其制品的，应予立案追诉。

本条规定的“收购”，包括以营利、自用等为目的的购买行为；“运输”，包括采用携带、邮寄、利用他人、使用交通工具等方法进行运送的行为；“出售”，包括出卖和以营利为目的的加工利用行为。

第六十六条　【非法狩猎案（刑法第三百四十一条第二款）】违反狩猎法规，在禁猎区、禁猎期或

者使用禁用的工具、方法进行狩猎,破坏野生动物资源,涉嫌下列情形之一的,应予立案追诉:

(一)非法狩猎野生动物二十只以上的;

(二)在禁猎区内使用禁用的工具或者禁用的方法狩猎的;

(三)在禁猎期内使用禁用的工具或者禁用的方法狩猎的;

(四)其他情节严重的情形。

第六十七条 【非法占用农用地案(刑法第三百四十二条)】违反土地管理法规,非法占用耕地、林地等农用地,改变被占用土地用途,造成耕地、林地等农用地大量毁坏,涉嫌下列情形之一的,应予立案追诉:

(一)非法占用基本农田五亩以上或者基本农田以外的耕地十亩以上的;

(二)非法占用防护林地或者特种用途林地数量单种或者合计五亩以上的;

(三)非法占用其他林地十亩以上的;

(四)非法占用本款第(二)项、第(三)项规定的林地,其中一项数量达到相应规定的数量标准的百分之五十以上,且两项数量合计达到该项规定的数量标准的;

(五)非法占用其他农用地数量较大的情形。

违反土地管理法规,非法占用耕地建窑、建坟、建房、挖沙、采石、采矿、取土、堆放固体废弃物或者进行其他非农业建设,造成耕地种植条件严重毁坏或者严重污染,被毁坏耕地数量达到以上规定的,属于本条规定的"造成耕地大量毁坏"。

违反土地管理法规,非法占用林地,改变被占用林地用途,在非法占用的林地上实施建窑、建坟、建房、挖沙、采石、采矿、取土、种植农之五、堆放或者排泄废弃物等行为或者进行其他非林业生产、建设,造成林地的原有植被或者林业种植条件严重毁坏或者严重污染,被毁坏林地数量达到以上规定的,属于本条规定的"造成林地大量毁坏"。

第六十八条 【非法采矿案(刑法第三百四十三条第一款)】违反矿产资源法的规定,未取得采矿许可证擅自采矿的,或者擅自进入国家规划矿区、对国民经济具有重要价值的矿区和他人矿区范围采矿的,或者擅自开采国家规定实行保护性开采的特定矿种,经责令停止开采后拒不停止开采,造成矿产资源破坏的价值数额在五万至十万元以上的,应予立案追诉。

具有下列情形之一的,属于本条规定的"未取得采矿许可证擅自采矿":

(一)无采矿许可证开采矿产资源的;

(二)采矿许可证被注销、吊销后继续开采矿产资源的;

(三)超越采矿许可证规定的矿区范围开采矿产资源的;

(四)未按采矿许可证规定的矿种开采矿产资源的(共生、伴生矿种除外);

(五)其他未取得采矿许可证开采矿产资源的情形。

在采矿许可证被依法暂扣期间擅自开采的,视为本条规定的"未取得采矿许可证擅自采矿"。

造成矿产资源破坏的价值数额,由省级以上地质矿产主管部门出具鉴定结论,经查证属实后予以认定。

第六十九条 【破坏性采矿案(刑法第三百四十三条第二款)】违反矿产资源法的规定,采取破坏性的开采方法开采矿产资源,造成矿产资源严重破坏,价值在三十万至五十万元以上的,应予立案追诉。

本条规定的"采取破坏性的开采方法开采矿产资源",是指行为人违反地质矿产主管部门审查批准的矿产资源开发利用方案开采矿产资源,并造成矿产资源严重破坏的行为。

破坏性的开采方法以及造成矿产资源严重破坏的价值数额,由省级以上地质矿产主管部门出具鉴定结论,经查证属实后予以认定。

第七十条 【非法采伐、毁坏国家重点保护植物案(刑法第三百四十四条)】违反国家规定,非法采伐、毁坏珍贵树木或者国家重点保护的其他植物的,应予立案追诉。

本条和本规定第七十一条规定的"珍贵树木或者国家重点保护的其他植物",包括由省级以上林业主管部门或者其他部门确定的具有重大历史纪念意义、科学研究价值或者年代久远的古树名木,国家禁止、限制出口的珍贵树木以及列入《国家重点保护野生植物名录》的树木或者其他植物。

第七十一条 【非法收购、运输、加工、出售国家重点保护植物、国家重点保护植物制品案（刑法第三百四十四条）】违反国家规定，非法收购、运输、加工、出售珍贵树木或者国家重点保护的其他植物及其制品的，应予立案追诉。

第七十二条 【盗伐林木案（刑法第三百四十五条第一款）】盗伐森林或者其它林木，涉嫌下列情形之一的，应予立案追诉：

（一）盗伐二至五立方米以上的；

（二）盗伐幼树一百至二百株以上的。

以非法占有为目的，具有下列情形之一的，属于本条规定的"盗伐森林或者其它林木"：

（一）擅自砍伐国家、集体、他人所有或者他人承包经营管理的森林或者其他林木的；

（二）擅自砍伐本单位或者本人承包经营管理的森林或者其他林木的；

（三）在林木采伐许可证规定的地点以外采伐国家、集体、他人所有或者他人承包经营管理的森林或者其他林木的。

本条和本规定第七十三条、第七十四条规定的林木数量以立木蓄积计算，计算方法为：原木材积除以该树种的出材率；"幼树"，是指胸径五厘米以下的树木。

第七十三条 【滥伐林木案（刑法第三百四十五条第二款）】违反森林法的规定，滥伐森林或者其他林木，涉嫌下列情形之一的，应予立案追诉：

（一）滥伐十至二十立方米以上的；

（二）滥伐幼树五百至一千株以上的。

违反森林法的规定，具有下列情形之一的，属于本条规定的"滥伐森林或者其他林木"：

（一）未经林业行政主管部门及法律规定的其他主管部门批准并核发林木采伐许可证，或者虽持有林木采伐许可证，但违反林木采伐许可证规定的时间、数量、树种或者方式，任意采伐本单位所有或者本人所有的森林或者其他林木的；

（二）超过林木采伐许可证规定的数量采伐他人所有的森林或者其他林木的。

违反森林法的规定，在林木采伐许可证规定的地点以外，采伐本单位或者本人所有的森林或者其他林木的，除农村居民采伐自留地和房前屋后个人所有的零星林木以外，属于本条第二款第（一）项"未经林业行政主管部门及法律规定的其他主管部门批准并核发林木采伐许可证"规定的情形。

林木权属争议一方在林木权属确权之前，擅自砍伐森林或者其他林木的，属于本条规定的"滥伐森林或者其他林木"。

滥伐林木的数量，应在伐区调查设计允许的误差额以上计算。

第七十四条 【非法收购、运输盗伐、滥伐的林木案（刑法第三百四十五条第三款）】非法收购、运输明知是盗伐、滥伐的林木，涉嫌下列情形之一的，应予立案追诉：

（一）非法收购、运输盗伐、滥伐的林木二十立方米以上或者幼树一千株以上的；

（二）其他情节严重的情形。

本条规定的"非法收购"的"明知"，是指知道或者应当知道。具有下列情形之一的，可以视为应当知道，但是有证据证明确属被蒙骗的除外：

（一）在非法的木材交易场所或者销售单位收购木材的；

（二）收购以明显低于市场价格出售的木材的；

（三）收购违反规定出售的木材的。

最高人民检察院、公安部关于公安机关管辖的刑事案件立案追诉标准的规定（二）

（2010年5月7日）

第八十条 【非法转让、倒卖土地使用权案（刑法第二百二十八条）】以牟利为目的，违反土地管理法规，非法转让、倒卖土地使用权，涉嫌下列情形之一的，应予立案追诉：

（一）非法转让、倒卖基本农田五亩以上的；

（二）非法转让、倒卖基本农田以外的耕地十亩以上的；

（三）非法转让、倒卖其他土地二十亩以上的；

（四）违法所得数额在五十万元以上的；

（五）虽未达到上述数额标准，但因非法转让、倒卖土地使用权受过行政处罚，又非法转让、倒卖土地的；

（六）其他情节严重的情形。

最高人民法院关于审理非法采矿、破坏性采矿刑事案件具体应用法律若干问题的解释

（2003 年 5 月 16 日最高人民法院审判委员会第 1270 次会议通过，法释〔2003〕9 号）

为依法惩处非法采矿、破坏性采矿犯罪活动，根据刑法有关规定，现就审理这类刑事案件具体应用法律的若干问题解释如下：

第一条 违反矿产资源法的规定非法采矿，具有下列情形之一，经责令停止开采后拒不停止开采，造成矿产资源破坏的，依照刑法第三百四十三条第一款的规定，以非法采矿罪定罪处罚：

（一）未取得采矿许可证擅自采矿；

（二）擅自进入国家规划矿区、对国民经济具有重要价值的矿区和他人矿区范围采矿；

（三）擅自开采国家规定实行保护性开采的特定矿种。

第二条 具有下列情形之一的，属于本解释第一条第（一）项规定的“未取得采矿许可证擅自采矿”：

（一）无采矿许可证开采矿产资源的；

（二）采矿许可证被注销、吊销后继续开采矿产资源的；

（三）超越采矿许可证规定的矿区范围开采矿产资源的；

（四）未按采矿许可证规定的矿种开采矿产资源的（共生、伴生矿种除外）；

（五）其他未取得采矿许可证开采矿产资源的情形。

第三条 非法采矿造成矿产资源破坏的价值，数额在 5 万元以上的，属于刑法第三百四十三条第一款规定的“造成矿产资源破坏”；数额在 30 万元以上的，属于刑法第三百四十三条第一款规定的“造成矿产资源严重破坏”。

第四条 刑法第三百四十三条第二款规定的破坏性采矿罪中“采取破坏性的开采方法开采矿产资源”，是指行为人违反地质矿产主管部门审查批准的矿产资源开发利用方案开采矿产资源，并造成矿产资源严重破坏的行为。

第五条 破坏性采矿造成矿产资源破坏的价值，数额在 30 万元以上的，属于刑法第三百四十三条第二款规定的“造成矿产资源严重破坏”。

第六条 破坏性的开采方法以及造成矿产资源破坏或者严重破坏的数额，由省级以上地质矿产主管部门出具鉴定结论，经查证属实后予以认定。

第七条 多次非法采矿或者破坏性采矿构成犯罪，依法应当追诉的，或者一年内多次非法采矿或破坏性采矿未经处理的，造成矿产资源破坏的数额累计计算。

第八条 单位犯非法采矿罪和破坏性采矿罪的定罪量刑标准，按照本解释的有关规定执行。

第九条 各省、自治区、直辖市高级人民法院，可以根据本地区的实际情况，在 5 万元至 10 万元、30 万元至 50 万元的幅度内，确定执行本解释第三条、第五条的起点数额标准，并报最高人民法院备案。

最高人民法院关于审理破坏土地资源刑事案件具体应用法律若干问题的解释(节选)

(2000年6月16日最高人民法院审判委员会第1119次会议通过,法释〔2000〕14号)

为依法惩处破坏土地资源犯罪活动,根据刑法的有关规定,现就审理这类案件具体应用法律的若干问题解释如下:

第一条 以牟利为目的,违反土地管理法规,非法转让、倒卖土地使用权,具有下列情形之一的,属于非法转让、倒卖土地使用权"情节严重",依照刑法第二百二十八条的规定,以非法转让、倒卖土地使用权罪定罪处罚:

(一)非法转让、倒卖基本农田五亩以上的;

(二)非法转让、倒卖基本农田以外的耕地十亩以上的;

(三)非法转让、倒卖其他土地二十亩以上的;

(四)非法获利五十万元以上的;

(五)非法转让、倒卖土地接近上述数量标准并具有其他恶劣情节的,如曾因非法转让、倒卖土地使用权受过行政处罚或者造成严重后果等。

第二条 实施第一条规定的行为,具有下列情形之一的,属于非法转让、倒卖土地使用权"情节特别严重":

(一)非法转让、倒卖基本农田十亩以上的;

(二)非法转让、倒卖基本农田以外的耕地二十亩以上的;

(三)非法转让、倒卖其他土地四十亩以上的;

(四)非法获利一百万元以上的;

(五)非法转让、倒卖土地接近上述数量标准并具有其他恶劣情节,如造成严重后果等。

第三条 违反土地管理法规,非法占用耕地改作他用,数量较大,造成耕地大量毁坏的,依照刑法第三百四十二条的规定,以非法占用耕地罪定罪处罚:

(一)非法占用耕地"数量较大",是指非法占用基本农田五亩以上或者非法占用基本农田以外的耕地十亩以上。

(二)非法占用耕地"造成耕地大量毁坏",是指行为人非法占用耕地建窑、建坟、建房、挖沙、采石、采矿、取土、堆放固体废弃物或者进行其他非农业建设,造成基本农田五亩以上或者基本农田以外的耕地十亩以上种植条件严重毁坏或者严重污染。

第四条 国家机关工作人员徇私舞弊,违反土地管理法规,滥用职权,非法批准征用、占用土地,具有下列情形之一的,属于非法批准征用、占用土地"情节严重",依照刑法第四百一十条的规定,以非法批准征用、占用土地罪定罪处罚:

(一)非法批准征用、占用基本农田十亩以上的;

(二)非法批准征用、占用基本农田以外的耕地三十亩以上的;

(三)非法批准征用、占用其他土地五十亩以上的;

(四)虽未达到上述数量标准,但非法批准征用、占用土地造成直接经济损失三十万元以上;造成耕地大量毁坏等恶劣情节的。

第五条 实施第四条规定的行为,具有下列情形之一的,属于非法批准征用、占用土地"致使国家或者集体利益遭受特别重大损失":

(一)非法批准征用、占用基本农田二十亩以上的;

(二)非法批准征用、占用基本农田以外的耕地六十亩以上的;

(三)非法批准征用、占用其他土地一百亩以上的;

(四)非法批准征用、占用土地,造成基本农田五亩以上,其他耕地十亩以上严重毁坏的;

(五)非法批准征用、占用土地造成直接经

济损失五十万元以上等恶劣情节的。

第六条 国家机关工作人员徇私舞弊，违反土地管理法规，非法低价出让国有土地使用权，具有下列情形之一的，属于"情节严重"，依照刑法第四百一十条的规定，以非法低价出让国有土地使用权罪定罪处罚：

（一）出让国有土地使用权面积在三十亩以上，并且出让价额低于国家规定的最低价额标准的百分之六十的；

（二）造成国有土地资产流失价额在三十万元以上的。

第七条 实施第六条规定的行为，具有下列情形之一的，属于非法低价出让国有土地使用权，"致使国家和集体利益遭受特别重大损失"：

（一）非法低价出让国有土地使用权面积在六十亩以上，并且出让价额低于国家规定的最低价额标准的百分之四十的；

（二）造成国有土地资产流失价额在五十万元以上的。

第八条 单位犯非法转让、倒卖土地使用权罪、非法占有耕地罪的定罪量刑标准，依照本解释第一条、第二条、第三条的规定执行。

第九条 多次实施本解释规定的行为依法应当追诉的，或者一年内多次实施本解释规定的行为未经处理的，按照累计的数量、数额处罚。

全国人民代表大会常务委员会关于《中华人民共和国刑法》第二百二十八条、第三百四十二条、第四百一十条的解释（节选）

（2001年8月31日第九届全国人民代表大会常务委员会第二十三次会议通过）

全国人民代表大会常务委员会讨论了刑法第二百二十八条、第三百四十二条、第四百一十条规定的"违反土地管理法规"和第四百一十条规定的"非法批准征用、占用土地"的含义问题，解释如下：

刑法第二百二十八条、第三百四十二条、第四百一十条规定的"违反土地管理法规"，是指违反土地管理法、森林法、草原法等法律以及有关行政法规中关于土地管理的规定。

刑法第四百一十条规定的"非法批准征用、占用土地"，是指非法批准征用、占用耕地、林地等农用地以及其他土地。

现予公布。

最高人民法院关于审理破坏森林资源刑事案件具体应用法律若干问题的解释（节选）

（2000年11月17日由最高人民法院审判委员会第1141次会议通过，法释〔2000〕36号）

为依法惩处破坏森林资源的犯罪活动，根据刑法的有关规定，现就审理这类案件具体应用法律的若干问题解释如下：

第一条 刑法第三百四十四条规定的"珍贵树木"，包括由省级以上林业主管部门或者其他部门确定的具有重大历史纪念意义、科学研究价值或者年代久远的古树名木，国家禁止、限制出口的珍贵树木以及列入国家重点保护野生植物名录的树木。

第二条 具有下列情形之一的，属于非法采伐、毁坏珍贵树木行为"情节严重"：

（一）非法采伐珍贵树木二株以上或者毁坏珍贵树木致使珍贵树木死亡三株以上的；

（二）非法采伐珍贵树木二立方米以上的；

（三）为首组织、策划、指挥非法采伐或者毁坏珍贵树木的；

（四）其他情节严重的情形。

第三条 以非法占有为目的，具有下列情形之一，数量较大的，依照刑法第三百四十五条第一款的规定，以盗伐林木罪定罪处罚：

（一）擅自砍伐国家、集体、他人所有或者他人承包经营管理的森林或者其他林木的；

（二）擅自砍伐本单位或者本人承包经营管理的森林或者其他林木的；

（三）在林木采伐许可证规定的地点以外采伐国家、集体、他人所有或者他人承包经营管理的森林或者其他林木的。

第四条 盗伐林木"数量较大"，以二至五立方米或者幼树一百至二百株为起点；盗伐林木"数量巨大"，以二十至五十立方米或者幼树一千至二千株为起点；盗伐林木"数量特别巨大"，以一百至二百立方米或者幼树五千至一万株为起点。

第五条 违反森林法的规定，具有下列情形之一，数量较大的，依照刑法第三百四十五条第二款的规定，以滥伐林木罪定罪处罚：

（一）未经林业行政主管部门及法律规定的其他主管部门批准并核发林木采伐许可证，或者虽持有林木采伐许可证，但违反林木采伐许可证规定的时间、数量、树种或者方式，任意采伐本单位所有或者本人所有的森林或者其他林木的；

（二）超过林木采伐许可证规定的数量采伐他人所有的森林或者其他林木的。

林木权属争议一方在林木权属确权之前，擅自砍伐森林或者其他林木，数量较大的，以滥伐林木罪论处。

第六条 滥伐林木"数量较大"，以十至二十立方米或者幼树五百至一千株为起点；滥伐林木"数量巨大"，以五十至一百立方米或者幼树二千五百至五千株为起点。

第七条 对于一年内多次盗伐、滥伐少量林木未经处罚的，累计其盗伐、滥伐林木的数量，构成犯罪的，依法追究刑事责任。

第八条 盗伐、滥伐珍贵树木，同时触犯刑法第三百四十四条、第三百四十五条规定的，依照处罚较重的规定定罪处罚。

第九条 将国家、集体、他人所有并已经伐倒的树木窃为己有，以及偷砍他人房前屋后、自留地种植的零星树木，数额较大的，依照刑法第二百六十四条的规定，以盗窃罪定罪处罚。

第十条 刑法第三百四十五条规定的"非法收购明知是盗伐、滥伐的林木"中的"明知"，是指知道或者应当知道。具有下列情形之一的，可以视为应当知道，但是有证据证明确属被蒙骗的除外：

（一）在非法的木材交易场所或者销售单位收购木材的；

（二）收购以明显低于市场价格出售的木材的；

（三）收购违反规定出售的木材的。

第十一条 具有下列情形之一的，属于在林区非法收购盗伐、滥伐的林木"情节严重"：

（一）非法收购盗伐、滥伐的林木二十立方米以上或者幼树一千株以上的；

（二）非法收购盗伐、滥伐的珍贵树木二立方米以上或者五株以上的；

（三）其他情节严重的情形。

具有下列情形之一的，属于在林区非法收购盗伐、滥伐的林木"情节特别严重"：

（一）非法收购盗伐、滥伐的林木一百立方米以上或者幼树五千株以上的；

（二）非法收购盗伐、滥伐的珍贵树木五立方米以上或者十株以上的；

（三）其他情节特别严重的情形。

第十二条 林业主管部门的工作人员违反森林法的规定，超过批准的年采伐限额发放林木采伐许可证或者违反规定滥发林木采伐许可证，具有下列情形之一的，属于刑法第四百零七条规定的"情节严重，致使森林遭受严重破坏"，以违法发放林木采伐许可证罪定罪处罚：

（一）发放林木采伐许可证允许采伐数量累计超过批准的年采伐限额，导致林木被采伐数量在十立方米以上的；

（二）滥发林木采伐许可证，导致林木被滥伐二十立方米以上的；

（三）滥发林木采伐许可证，导致珍贵树木被滥伐的；

（四）批准采伐国家禁止采伐的林木，情节恶劣的；

（五）其他情节严重的情形。

第十三条 对于伪造、变造、买卖林木采伐许可证、木材运输证件，森林、林木、林地权属证书，占用或者征用林地审核同意书、育林基金等缴费收据以及其他国家机关批准的林业证件构成犯罪的，依照刑法第二百八十条第一款的规定，以伪造、变造、买卖国家机关公文、证件罪定罪处罚。

对于买卖允许进出口证明书等经营许可证明，同时触犯刑法第二百二十五条、第二百八十条规定之罪的，依照处罚较重的规定定罪处罚。

第十四条 聚众哄抢林木五立方米以上的，属于聚众哄抢"数额较大"；聚众哄抢林木二十立方米以上的，属于聚众哄抢"数额巨大"，对首要分子和积极参加的，依照刑法第二百六十八条的规定，以聚众哄抢罪定罪处罚。

第十五条 非法实施采种、采脂、挖笋、掘根、剥树皮等行为，牟取经济利益数额较大的，依照刑法第二百六十四条的规定，以盗窃罪定罪处罚。同时构成其他犯罪的，依照处罚较重的规定定罪处罚。

第十六条 单位犯刑法第三百四十四条、第三百四十五条规定之罪，定罪量刑标准按照本解释的规定执行。

第十七条 本解释规定的林木数量以立木蓄积计算，计算方法为：原木材积除以该树种的出材率。

本解释所称"幼树"，是指胸径五厘米以下的树木。

滥伐林木的数量，应在伐区调查设计允许的误差额以上计算。

第十八条 盗伐、滥伐以生产竹材为主要目的的竹林的定罪量刑问题，有关省、自治区、直辖市高级人民法院可以参照上述规定的精神，规定本地区的具体标准，并报最高人民法院备案。

第十九条 各省、自治区、直辖市高级人民法院可以根据本地区的实际情况，在本解释第四条、第六条规定的数量幅度内，确定本地区执行的具体数量标准，并报最高人民法院备案。

最高人民法院关于审理破坏林地资源刑事案件具体应用法律若干问题的解释（节选）

（2005年12月19日由最高人民法院审判委员会第1374次会议通过，自2005年12月30日起施行，法释〔2005〕15号）

为依法惩治破坏林地资源犯罪活动，根据《中华人民共和国刑法》及全国人民代表大会常务委员会《关于〈中华人民共和国刑法〉第二百二十八条、第三百四十二条、第四百一十条的解释》的有关规定，现就人民法院审理这类刑事案件具体应用法律的若干问题解释如下：

第一条 违反土地管理法规，非法占用林地，改变被占用林地用途，在非法占用的林地上实施建窑、建坟、建房、挖沙、采石、采矿、取土、种植农作物、堆放或排泄废弃物等行为或者进行其他非林业生产、建设，造成林地的原有植被或林业种植条件严重毁坏或者严重污染，并具有下列情形之一的，属于刑法第三百四十二条规定的犯罪行为，应当以非法占用农用地罪判处五年以下有期徒刑或者拘役，并处或者单处罚金：

（一）非法占用并毁坏防护林地、特种用途林地数量分别或者合计达到五亩以上；

（二）非法占用并毁坏其他林地数量达到十亩以上；

（三）非法占用并毁坏本条第（一）项、第（二）项规定的林地，数量分别达到相应规定的数量标准的百分之五十以上；

（四）非法占用并毁坏本条第（一）项、第（二）项规定的林地，其中一项数量达到相应规定的数量标准的百分之五十以上,且两项数量合计达到该项规定的数量标准。

第二条 国家机关工作人员徇私舞弊,违反土地管理法规,滥用职权,非法批准征用、占用林地,具有下列情形之一的,属于刑法第四百一十条规定的“情节严重”,应当以非法批准征用、占用土地罪判处三年以下有期徒刑或者拘役:

(一)非法批准征用、占用防护林地、特种用途林地数量分别或者合计达到十亩以上;

(二)非法批准征用、占用其他林地数量达到二十亩以上;

(三)非法批准征用、占用林地造成直接经济损失数额达到三十万元以上,或者造成本条第(一)项规定的林地数量分别或者合计达到五亩以上或者本条第(二)项规定的林地数量达到十亩以上毁坏。

第三条 实施本解释第二条规定的行为,具有下列情形之一的,属于刑法第四百一十条规定的“致使国家或者集体利益遭受特别重大损失”,应当以非法批准征用、占用土地罪判处三年以上七年以下有期徒刑:

(一)非法批准征用、占用防护林地、特种用途林地数量分别或者合计达到二十亩以上;

(二)非法批准征用、占用其他林地数量达到四十亩以上;

(三)非法批准征用、占用林地造成直接经济损失数额达到六十万元以上,或者造成本条第(一)项规定的林地数量分别或者合计达到十亩以上或者本条第(二)项规定的林地数量达到二十亩以上毁坏。

第四条 国家机关工作人员徇私舞弊,违反土地管理法规,非法低价出让国有林地使用权,具有下列情形之一的,属于刑法第四百一十条规定的“情节严重”,应当以非法低价出让国有土地使用权罪判处三年以下有期徒刑或者拘役:

(一)林地数量合计达到三十亩以上,并且出让价额低于国家规定的最低价额标准的百分之六十;

(二)造成国有资产流失价额达到三十万元以上。

第五条 实施本解释第四条规定的行为,造成国有资产流失价额达到六十万元以上的,属于刑法第四百一十条规定的“致使国家和集体利益遭受特别重大损失”,应当以非法低价出让国有土地使用权罪判处三年以上七年以下有期徒刑。

第六条 单位实施破坏林地资源犯罪的,依照本解释规定的相关定罪量刑标准执行。

第七条 多次实施本解释规定的行为依法应当追诉且未经处理的,应当按照累计的数量、数额处罚。

最高人民法院关于审理破坏野生动物资源刑事案件具体应用法律若干问题的解释(节选)

(2000 年 11 月 17 日最高人民法院审判委员会第 1141 次会议通过,法释〔2000〕37 号)

为依法惩处破坏野生动物资源的犯罪活动,根据刑法的有关规定,现就审理这类案件具体应用法律的若干问题解释如下:

第一条 刑法第三百四十一条第一款规定的“珍贵、濒危野生动物”,包括列入国家重点保护野生动物名录的国家一、二级保护野生动物、列入《濒危野生动植物种国际贸易公约》附录一、附录二的野生动物以及驯养繁殖的上述物种。

第二条 刑法第三百四十一条第一款规定的“收购”,包括以营利、自用等为目的的购买行为;“运输”,包括采用携带、邮寄、利用他人、使用交通工具等方法进行运送的行为;“出售”,包括出卖和以营利为目的的加工利用行为。

第三条 非法猎捕、杀害、收购、运输、出售珍贵、濒危野生动物具有下列情形之一的,属于“情节严重”:

(一)达到本解释附表所列相应数量标准的;

(二)非法猎捕、杀害、收购、运输、出售不同种类的珍贵、濒危野生动物,其中两种以上分别达到附表所列“情节严重”数量标准一半以上的。

非法猎捕、杀害、收购、运输、出售珍贵、濒危野生动物具有下列情形之一的,属于“情节特别严重”:

(一)达到本解释附表所列相应数量标准的;

(二)非法猎捕、杀害、收购、运输、出售不同种类的珍贵、濒危野生动物,其中两种以上分别达到附表所列“情节特别严重”数量标准一半以上的。

第四条 非法猎捕、杀害、收购、运输、出售珍贵、濒危野生动物构成犯罪,具有下列情形之一的,可以认定为“情节严重”;非法猎捕、杀害、收购、运输、出售珍贵、濒危野生动物符合本解释第三条第一款的规定,并具有下列情形之一的,可以认定为“情节特别严重”:

(一)犯罪集团的首要分子;

(二)严重影响对野生动物的科研、养殖等工作顺利进行的;

(三)以武装掩护方法实施犯罪的;

(四)使用特种车、军用车等交通工具实施犯罪的;

(五)造成其他重大损失的。

第五条 非法收购、运输、出售珍贵、濒危野生动物制品具有下列情形之一的,属于“情节严重”:

(一)价值在十万元以上的;

(二)非法获利五万元以上的;

(三)具有其他严重情节的。

非法收购、运输、出售珍贵、濒危野生动物制品具有下列情形之一的,属于“情节特别严重”:

(一)价值在二十万元以上的;

(二)非法获利十万元以上的;

(三)具有其他特别严重情节的。

第六条 违反狩猎法规,在禁猎区、禁猎期或者使用禁用的工具、方法狩猎,具有下列情形之一的,属于非法狩猎“情节严重”:

(一)非法狩猎野生动物二十只以上的;

(二)违反狩猎法规,在禁猎区或者禁猎期使用禁用的工具、方法狩猎的;

(三)具有其他严重情节的。

第七条 使用爆炸、投毒、设置电网等危险方法破坏野生动物资源,构成非法猎捕、杀害珍贵、濒危野生动物罪或者非法狩猎罪,同时构成刑法第一百一十四条或者第一百一十五条规定之罪的,依照处罚较重的规定定罪处罚。

第八条 实施刑法第三百四十一条规定的犯罪,又以暴力、威胁方法抗拒查处,构成其他犯罪的,依照数罪并罚的规定处罚。

第九条 伪造、变造、买卖国家机关颁发的野生动物允许进出口证明书、特许猎捕证、狩猎证、驯养繁殖许可证等公文、证件构成犯罪的,依照刑法第二百八十条第一款的规定以伪造、变造、买卖国家机关公文、证件罪定罪处罚。

实施上述行为构成犯罪,同时构成刑法第二百二十五条第二项规定的非法经营罪的,依照处罚较重的规定定罪处罚。

第十条 非法猎捕、杀害、收购、运输、出售《濒危野生动植物种国际贸易公约》附录一、附录二所列的非原产于我国的野生动物“情节严重”、“情节特别严重”的认定标准,参照本解释第三条、第四条以及附表所列与其同属的国家一、二级保护野生动物的认定标准执行;没有与其同属的国家一、二级保护野生动物的,参照与其同科的国家一、二级保护野生动物的认定标准执行。

第十一条 珍贵、濒危野生动物制品的价值,依照国家野生动物保护主管部门的规定核定;核定价值低于实际交易价格的,以实际交易价格认定。

第十二条 单位犯刑法第三百四十一条规定之罪,定罪量刑标准依照本解释的有关规定执行。

附表:

非法猎捕、杀害、收购、运输、出售珍贵、濒危野生动物刑事案件“情节严重”、“情节特别严重”数量认定标准

中文名	拉丁文名	级别	(一)	(二)
蜂猴	Nycticebus spp.	I	3	4
熊猴	Macaca assamensis	I	2	3
台湾猴	Macaca cyclopis	I	1	2
豚尾猴	Macaca nemestrina	I	2	3

续表

中文名	拉丁文名	级别	(一)	(二)
叶猴(所有种)	Presbytis spp.	I	1	2
金丝猴(所有种)	Rhinopithecus spp.	I	1	
长臂猿(所有种)	Hylobates spp.	I	1	2
马来熊	Helarctos malayanus	I	2	3
大熊猫	Ailuropoda melanoleuca	I	1	
紫貂	Martes zibellina	I	3	4
貂熊	Gulo gulo	I	2	3
熊狸	Arctictis binturong	I	1	2
云豹	Neofelis nebulosa	I	1	
豹	Panthera pardus	I	1	
雪豹	Panthera uncia	I	1	
虎	Panthera tigris	I	1	
亚洲象	Elephas maximus	I	1	
蒙古野驴	Equus hemionus	I	2	3
西藏野驴	Equus kiang	I	3	5
野马	Equus przewalskii	I	1	
野骆驼	Camelus ferus (= bactrianus)	I	1	2
鼷鹿	Tragulus javanicus	I	2	3
黑麂	Muntiacus crinifrons	I	1	2
白唇鹿	Cervus albirostris	I	1	2
坡鹿	Cervus eldi	I	1	2
梅花鹿	Cervus nippon	I	2	3
豚鹿	Cervus porcinus	I	2	3
麋鹿	Elaphurus davidianus	I	1	2
野牛	Bos gaurus	I	1	2
野牦牛	Bos mutus (= grunniens)	I	2	3
普氏原羚	Procapra przewalskii	I	1	2
藏羚	Pantholops hodgsoni	I	2	3
高鼻羚羊	Saiga tatarica	I	1	
扭角羚	Budorcas taxicolor	I	1	2

续表

中文名	拉丁文名	级别	(一)	(二)
台湾鬣羚	Capricornis crispus	I	2	3
赤斑羚	Naemorhedus cranbrooki	I	2	4
塔尔羊	Hemitragus jemlahicus	I	2	4
北山羊	Capra ibex	I	2	4
河狸	Castor fiber	I	1	2
短尾信天翁	Diomedea albatrus	I	2	4
白腹军舰鸟	Fregata andrewsi	I	2	4
白鹳	Ciconia ciconia	I	2	4
黑鹳	Ciconia nigra	I	2	4
朱环	Nipponia nippon	I	1	
中华沙秋鸭	Mergus squamatus	I	2	3
金雕	Aquila chrysaetos	I	2	4
白肩雕	Aquila heliaca	I	2	4
玉带海雕	Haliaeetus leucoryphus	I	2	4
白尾海雕	Haliaeetus albcilla	I	2	3
虎头海雕	Haliaeetus pelagicus	I	2	4
拟兀鹫	Pseudogyps bengalensis	I	2	4
胡兀鹫	Gypaetus barbatus	I	2	4
细嘴松鸡	Tetrao parvirostris	I	3	5
斑尾榛鸡	Tetrastes sewerzowi	I	3	5
雉鹑	Tetraophasis obscurus	I	3	5
四川山鹧鸪	Arborophila rufipectus	I	3	5
海南山鹧鸪	Arborophila ardens	I	3	5
黑头角雉	Tragopan melanocephalus	I	2	3
红胸角雉	Tragopan satyra	I	2	4
灰腹角雉	Tragopan blythii	I	2	3
黄腹角雉	Tragopan caboti	I	2	3
虹雉(所有种)	Lophophorus spp.	I	2	4
褐马鸡	Crossoptilon mantchuricum	I	2	3
蓝鹇	Lophura swinhoii	I	2	3

续表

中文名	拉丁文名	级别	(一)	(二)
黑颈长尾雉	Syrmaticus humiae	Ⅰ	2	4
白颈长尾雉	Syrmaticus ewllioti	Ⅰ	2	4
黑长尾雉	Syrmaticus mikado	Ⅰ	2	4
孔雀雉	Polyplectron bicalcaratum	Ⅰ	2	3
绿孔雀	Pavo muticus	Ⅰ	2	3
黑颈鹤	Grus nigricollis	Ⅰ	2	3
白头鹤	Grus monacha	Ⅰ	2	3
丹顶鹤	Grus japonensis	Ⅰ	2	3
白鹤	Grus leucogeranus	Ⅰ	2	3
赤颈鹤	Grus antigone	Ⅰ	1	2
鸨(所有种)	Otis spp.	Ⅰ	4	6
遗鸥	Larus relictus	Ⅰ	2	4
四爪陆龟	Testudo horsfieldi	Ⅰ	4	8
蜥鳄	Shinisaurus crocodilurus	Ⅰ	2	4
巨蜥	Varanus salvator	Ⅰ	2	4
蟒	Python molurus	Ⅰ	2	4
扬子鳄	Alligator sinensis	Ⅰ	1	2
中华蛩蠊	Galloisiana sinensis	Ⅰ	3	6
金斑喙凤蝶	Teinopalpus aureus	Ⅰ	3	6
短尾猴	Macaca arctoides	Ⅱ	6	10
猕猴	Macaca mulatta	Ⅱ	6	10
藏酋猴	Macaca thibetana	Ⅱ	6	10
穿山甲	Manis pentadactyla	Ⅱ	8	16
豺	Cuon alpinus	Ⅱ	4	6
黑熊	Selenarctos thibetanus	Ⅱ	3	5
棕熊(包括马熊)	Ursus arctos (U. a. pruinosus)	Ⅱ	3	5
小熊猫	Ailurus fulgens	Ⅱ	3	5
石貂	Martes foina	Ⅱ	4	10
黄喉貂	Martes flavigula	Ⅱ	4	10
斑林狸	Pronodon pardicolor	Ⅱ	4	8
大灵猫	Viverra zibetha	Ⅱ	3	5

续表

中文名	拉丁文名	级别	(一)	(二)
小灵猫	Viverricula indica	Ⅱ	4	8
草原斑猫	Felis lybica (= silvestris)	Ⅱ	4	8
荒漠猫	Felis bieti	Ⅱ	4	10
丛林猫	Felis chaus	Ⅱ	4	8
猞猁	Felis lynx	Ⅱ	2	3
兔狲	Felis manul	Ⅱ	3	5
金猫	Felis temmincki	Ⅱ	4	8
渔猫	Felis viverrinus	Ⅱ	4	8
麝(所有种)	Moschus spp.	Ⅱ	3	5
河鹿	Hydropotes inermis	Ⅱ	4	8
马鹿(含白臀鹿)	Cervus elaphus (C. e. macneilli) Ⅱ	4	6	
水鹿	Cervus unicolor	Ⅱ	3	5
驼鹿	Alces alces	Ⅱ	3	5
黄羊	Procapra gutturosa	Ⅱ	8	15
藏原羚	Procapra picticaudata	Ⅱ	4	8
鹅喉羚	Gazella subgutturosa	Ⅱ	4	8
鬣羚	Capricornis sumatraensis	Ⅱ	3	4
斑羚	Naemorhedus goral	Ⅱ	4	8
岩羊	Pseudois nayaur	Ⅱ	4	8
盘羊	Ovis ammon	Ⅱ	3	5
海南兔	Lepus peguensis hainanus	Ⅱ	6	10
雪兔	Lepus timidus	Ⅱ	6	10
塔里木兔	Lepus yarkandensis	Ⅱ	20	40
巨松鼠	Ratufa bicolor	Ⅱ	6	10
角䴙䴘	Podiceps auritus	Ⅱ	6	10
赤颈䴙䴘	Podiceps grisegena	Ⅱ	6	8
鹈鹕(所有种)	Pelecanus spp.	Ⅱ	4	8
鲣鸟(所有种)	Sula spp.	Ⅱ	6	10
海鸬鹚	Phalacrocorax pelagicus	Ⅱ	4	8
黑颈鸬鹚	Phalacrocorax niger	Ⅱ	4	8

续表

中文名	拉丁文名	级别	(一)	(二)
黄嘴白鹭	Egretta eulophotes	Ⅱ	6	10
岩鹭	Egretta sacra	Ⅱ	6	20
海南虎斑	Gorsachius magnificus	Ⅱ	6	10
小苇开	Ixbrychus minutus	Ⅱ	6	10
彩鹳	Ibis leucocephalus	Ⅱ	3	4
白环	Threskiornis aethiopicus	Ⅱ	4	8
黑环	Pseudibis papillosa	Ⅱ	4	8
彩环	Plegadis falcinellus	Ⅱ	4	8
白琵鹭	Platalea leucorodia	Ⅱ	4	8
黑脸琵鹭	Platalea ninor	Ⅱ	4	8
红胸黑雁	Branta ruficollis	Ⅱ	4	8
白额雁	Anser albifrons	Ⅱ	6	10
天鹅(所有种)	Cygnus spp.	Ⅱ	6	10
鸳鸯	Aix galericulata	Ⅱ	6	10
其它鹰类	(Accipitridae)	Ⅱ	4	8
隼科(所有种)	Falconidae	Ⅱ	6	10
黑琴鸡	Lyrurus tetrix	Ⅱ	4	8
柳雷鸟	Lagopus lagopus	Ⅱ	4	8
岩雷鸟	Lagopus mutus	Ⅱ	6	10
镰翅鸡	Falcipennis falcipennis	Ⅱ	3	4
花尾榛鸡	Tetrastes bonasia	Ⅱ	10	20
雪鸡(所有种)	Tetraogallus spp.	Ⅱ	10	20
血雉	Ithaginis cruentus	Ⅱ	4	6
红腹角雉	Tragopan temminckii	Ⅱ	4	6
藏马鸡	Crossoptilon crossoptilon	Ⅱ	4	6
蓝马鸡	Crossoptilon aurtum	Ⅱ	4	10
黑鹇	Lophura leucomelana	Ⅱ	6	8
白鹇	Lophura nycthemera	Ⅱ	6	10
原鸡	Gallus gallus	Ⅱ	6	8
勺鸡	Pucrasia macrolopha	Ⅱ	6	8
白冠长尾雉	Syrmaticus reevesii	Ⅱ	4	6
锦鸡(所有种)	Chrysolophus spp.	Ⅱ	4	8

续表

中文名	拉丁文名	级别	(一)	(二)
灰鹤	Grus grus	Ⅱ	4	8
沙丘鹤	Grus canadensis	Ⅱ	4	8
白枕鹤	Grus vipio	Ⅱ	4	8
蓑羽鹤	Anthropoides virgo	Ⅱ	6	10
长脚秧鸡	Crex crex	Ⅱ	6	10
姬田鸡	Porzana parva	Ⅱ	6	10
棕背田鸡	Porzana bicolor	Ⅱ	6	10
花田鸡	Coturnicops noveboracensis	Ⅱ	6	10
铜翅水雉	Metopidius indicus	Ⅱ	6	10
小杓鹬	Numenius borealis	Ⅱ	8	15
小青脚鹬	Tringa guttifer	Ⅱ	6	10
灰燕行	Glareola lactea	Ⅱ	6	10
小鸥	Larus minutus	Ⅱ	6	10
黑浮鸥	Chlidonias niger	Ⅱ	6	10
黄嘴河燕鸥	Sterna aurantia	Ⅱ	6	10
黑嘴端凤头燕鸥	Thalasseus zimmermanni	Ⅱ	4	8
黑腹沙鸡	Pterocles orientalis	Ⅱ	4	8
绿鸠(所有种)	Treron spp.	Ⅱ	6	8
黑颏果鸠	Ptilinopus leclancheri	Ⅱ	6	10
皇鸠(所有种)	Ducula spp.	Ⅱ	6	10
斑尾林鸽	Columba palumbus	Ⅱ	6	10
鹃鸠(所有种)	Macropygia spp.	Ⅱ	6	10
鹦鹉科(所有种)	Psittacidae.	Ⅱ	6	10
鸦鹃(所有种)	Centropus spp.	Ⅱ	6	10
号形目(所有种)	STRIGIFORMES	Ⅱ	6	10
灰喉针尾雨燕	Hirundapus cochinchinensis	Ⅱ	6	10
凤头雨燕	Hemiprocne longipennis	Ⅱ	6	10
橙胸咬鹃	Harpactes oreskios	Ⅱ	6	10
蓝耳翠鸟	Alcedo meninting	Ⅱ	6	10
鹳嘴翠鸟	Pelargopsis capensis	Ⅱ	6	10

续表

中文名	拉丁文名	级别	(一)	(二)
黑胸蜂虎	Merops leschenaulti	Ⅱ	6	10
绿喉蜂虎	Merops orientalis	Ⅱ	6	10
犀鸟科(所有种)	Bucertidae	Ⅱ	4	8
白腹黑啄木鸟	Dryocopus javensis	Ⅱ	6	10
阔嘴鸟科(所有种)	Eurylaimidae	Ⅱ	6	10
八色鸫科(所有种)	Pittidae	Ⅱ	6	10
凹甲陆龟	Manouria impressa	Ⅱ	6	10
大壁虎	Gekko gecko	Ⅱ	10	20
虎纹蛙	Rana tigrina	Ⅱ	100	200
伟铗八	Atlasjapyx atlas	Ⅱ	6	10
尖板曦箭蜓	Heliogomphus retroflexus	Ⅱ	6	10
宽纹北箭蜓	Ophiogomphus spinicorne	Ⅱ	6	10

续表

中文名	拉丁文名	级别	(一)	(二)
中华缺翅虫	Zorotypus sinensis	Ⅱ	6	10
墨脱缺翅虫	Zorotypus medoensis	Ⅱ	6	10
拉步甲	Carabus (Coptolabrus) lafossei	Ⅱ	6	10
硕步甲	Carabus (Apotopterus) davidi	Ⅱ	6	10
彩臂金龟(所有种)	Cheirotonus spp.	Ⅱ	6	10
叉犀金龟	Allomyrina davidis	Ⅱ	6	10
双尾褐凤蝶	Bhutanitis mansfieldi	Ⅱ	6	10
三尾褐凤蝶	Bhutanitis thaidina dongchuanensis	Ⅱ	6	10
中华虎凤蝶	Luehdorfia chinensis huashanensis	Ⅱ	6	10
阿波罗绢蝶	Parnassius apollo	Ⅱ	6	10

国家林业局、公安部关于森林和陆生野生动物刑事案件管辖及立案标准

(2001年5月9日发布　林安发〔2001〕156号)

根据《中华人民共和国刑法》《中华人民共和国刑事诉讼法》讼法《公安机关办理刑事案件程序规定》及其他有关规定，现将森林和陆生野生动物刑事案件管辖及立案标准规定如下：

一、森林公安机关管辖在其辖区内发生的刑法规定的下列森林和陆生野生动物刑事案件

(一)盗伐林木案件(第三百四十五条第一款)；

(二)滥伐林木案件(第三百四十五条第二款)；

(三)非法收购盗伐、滥伐的林木案件(第三百四十五条第三款)；

(四)非法采伐、毁坏珍贵树木案件(第三百四十四条)；

(五)走私珍稀植物、珍稀植物制品案件(第一百五十一条第三款)；

(六)放火案件中，故意放火烧毁森林或者其他林木的案件(第一百一十四条、第一百一十五条第一款)；

(七)失火案件中，过失烧毁森林或者其他林木的案件(第一百一十五条第二款)；

(八)聚众哄抢案件中，哄抢林木的案件(第二百六十八条)；

(九)破坏生产经营案件中，故意毁坏用于造林、育林、护林和木材生产的机械设备或者以其他方法破坏林业生产经营的案件(第二百七十六条)；

(十)非法猎捕、杀害珍贵、濒危陆生野生动物案件(第三百四十一条第一款)；

（十一）非法收购、运输、出售珍贵、濒危陆生野生动物、珍贵、濒危陆生野生动物制品案件（第三百四十一条第一款）；

（十二）非法狩猎案件（第三百四十一条第二款）；

（十三）走私珍贵陆生野生动物、珍贵陆生野生动物制品案件（第一百五十一条第二款）；

（十四）非法经营案件中，买卖《允许进口证明书》《允许出口证明书》《允许再出口证明书》、进出口原产地证明及国家机关批准的其他关于林业和陆生野生动物的经营许可证明文件的案件（第二百二十五条第二项）；

（十五）伪造、变造、买卖国家机关公文、证件案件中，伪造、变造、买卖林木和陆生野生动物允许进出口证明书、进出口原产地证明、狩猎证、特许猎捕证、驯养繁殖许可证、林木采伐许可证、木材运输证明、森林、林木、林地权属证书、征用或者占用林地审核同意书、育林基金等缴费收据以及由国家机关批准的其他关于林业和陆生野生动物公文、证件的案件（第二百八十条第一、二款）；

（十六）盗窃案件中，盗窃国家、集体、他人所有并已经伐倒的树木、偷砍他人房前屋后、自留地种植的零星树木、以谋取经济利益为目的非法实施采种、采脂、挖笋、掘根、剥树皮等以及盗窃国家重点保护陆生野生动物或其制品的案件（第二百六十四条）；

（十七）抢劫案件中，抢劫国家重点保护陆生野生动物或其制品的案件（第二百六十三条）；

（十八）抢夺案件中，抢夺国家重点保护陆生野生动物或其制品的案件（第二百六十七条）；

（十九）窝藏、转移、收购、销售赃物案件中，涉及被盗伐滥伐的木材、国家重点保护陆生野生动物或其制品的案件（第三百一十二条）；

未建立森林公安机关的地方，上述案件由地方公安机关负责查处。

二、森林和陆生野生动物刑事案件的立案标准

（一）盗伐林木案

盗伐森林或者其他林木，立案起点为2立方米至5立方米或者幼树100至200株；盗伐林木20立方米至50立方米或者幼树1000株至2000株，为重大案件立案起点；盗伐林木100立方米至200立方米或者幼树5000株至10000株，为特别重大案件立案起点。

（二）滥伐林木案

滥伐森林或者其他林木，立案起点为10立方米至20立方米或者幼树500至1000株；滥伐林木50立方米以上或者幼树2500株以上，为重大案件；滥伐林木100立方米以上或者幼树5000株以上，为特别重大案件。

（三）非法收购盗伐、滥伐的林木案

以牟利为目的，在林区非法收购明知是盗伐、滥伐的林木在20立方米或者幼树1000株以上的，以及非法收购盗伐、滥伐的珍贵树木2立方米以上或者5株以上的应当立案；非法收购林木100立方米或者幼树5000株以上的，以及非法收购盗伐、滥伐的珍贵树木5立方米以上或者10株以上的为重大案件；非法收购林木200立方米或者幼树1000株以上的，以及非法收购盗伐、滥伐的珍贵树木10立方米以上或者20株以上的为特别重大案件。

（四）非法采伐、毁坏珍贵树木案

非法采伐、毁坏珍贵树木的应当立案；采伐珍贵树木2株、2立方米以上或者毁坏珍贵树木致死3株以上的，为重大案件；采伐珍贵树木10株、10立方米以上或者毁坏珍贵树木致死15株以上的，为特别重大案件。

（五）走私珍稀植物、珍稀植物制品案

走私国家禁止进出口的珍稀植物、珍稀植物制品的应当立案；走私珍稀植物2株以上、珍稀植物制品价值在2万元以上的，为重大案件；走私珍稀植物10株以上、珍稀植物制品价值在10万元以上的，为特别重大案件。

（六）放火案

凡故意放火造成森林或者其他林木火灾的都应当立案；过火有林地面积2公顷以上为重大案件；过火有林地面积10公顷以上，或者致人重伤、死亡的，为特别重大案件。

（七）失火案

失火造成森林火灾，过火有林地面积2公顷以上，或者致人重伤、死亡的应当立案；过火

有林地面积为10公顷以上，或者致人死亡、重伤5人以上的为重大案件；过火有林地面积为50公顷以上，或者死亡2人以上的，为特别重大案件。

（八）非法猎捕、杀害国家重点保护珍贵、濒危陆生野生动物案

凡非法猎捕、杀害国家重点保护的珍贵、濒危陆生野生动物的应当立案，重大案件、特别重大案件的立案标准详见附表。

（九）非法收购、运输、出售珍贵、濒危陆生野生动物、珍贵、濒危陆生野生动物制品案

非法收购、运输、出售国家重点保护的珍贵、濒危陆生野生动物的应当立案，重大案件、特别重大案件的立案标准见附表。

非法收购、运输、出售国家重点保护的珍贵、濒危陆生野生动物制品的，应当立案；制品价值在10万元以上或者非法获利5万元以上的，为重大案件；制品价值在20万元以上或非法获利10万元以上的，为特别重大案件。

（十）非法狩猎案

违反狩猎法规，在禁猎区、禁猎期或者使用禁用的工具、方法狩猎，具有下列情形之一的，应予立案：

1. 非法狩猎陆生野生动物20只以上的；

2. 在禁猎区或者禁猎期使用禁用的工具、方法狩猎的；

3. 具有其他严重破坏野生动物资源情节的。

违反狩猎法规，在禁猎区、禁猎期或者使用禁用的工具、方法狩猎，非法狩猎陆生野生动物50只以上的，为重大案件；非法狩猎陆生野生动物100只以上或者具有其他恶劣情节的，为特别重大案件。

（十一）走私珍贵动物、珍贵动物制品案

走私国家重点保护和《濒危野生动植物种国际贸易公约》附录一、附录二的陆生野生动物及其制品的应当立案；走私国家重点保护的陆生野生动物重大案件和特别重大案件按附表的标准执行。

走私国家重点保护和《濒危野生动植物种国际贸易公约》附录一、附录二的陆生野生动物制品价值10万元以上的，应当立为重大案件；走私国家重点保护和《濒危野生动植物种国际贸易公约》附录一、附录二的陆生野生动物制品价值20万元以上的，应当立为特别重大案件。

（十二）盗窃、抢夺、抢劫案、窝藏、转移、收购、销售赃物案、破坏生产经营案、聚众哄抢案、非法经营案、伪造变造买卖国家机关公文、证件案，执行相应的立案标准。

三、其他规定

（一）林区与非林区的划分，执行各省、自治区、直辖市人民政府的规定。

（二）林木的数量，以立木蓄积计算。

（三）对于一年内多次盗伐、滥伐少量林木未经处罚的，累计其盗伐林木、滥伐林木的数量。

（四）被盗伐、滥伐林木的价值，有国家规定价格的，按国家规定价格计算；没有国家规定价格的，按主管部门规定的价格计算；没有国家或者主管部门规定价格的，按市场价格计算；进入流通领域的，按实际销售价格计算；实际销售价格低于国家或者主管部门规定价格的，按国家或者主管部门规定的价格计算；实际销售价格低于市场价格，又没有国家或者主管部门规定价格的，按市场价格计算，不能按低价销赃的价格计算。

（五）非法猎捕、杀害、收购、运输、出售、走私《濒危野生动植物种国际贸易公约》附录一、附录二所列陆生野生动物的，其立案标准参照附表中同属或者同科的国家一、二级保护野生动物的立案标准执行。

（六）珍贵、濒危陆生野生动物制品的价值，依照国家野生动物行政主管部门的规定核定；核定价值低于实际交易价格的，以实际交易价格认定。

（七）单位作案的，执行本规定的立案标准。

（八）本规定中所指的“以上”，均包括本数在内。

（九）各省、自治区、直辖市公安厅、局和林业主管部门可根据本地的实际情况，在本规定的幅度内确定本地区盗伐林木案、滥伐林木案和非法狩猎案的立案起点及重大、特别重大案

件的起点。

（十）盗伐、滥伐竹林或者其他竹子的立案标准，由各省、自治区、直辖市公安厅、局和林业主管部门根据竹子的经济价值参照盗伐、滥伐林木案的立案标准确定。

（十一）本规定自发布之日起执行。1986年8月20日发布的《林业部、公安部关于森林案件管辖范围及森林刑事案件立案标准的暂行规定》和1994年5月25日发布的《林业部、公安部关于陆生野生动物刑事案件的管辖及其立案标准的规定》同时废止。

附表：

走私、非法猎捕、杀害、收购、运输、出售珍贵、濒危陆生野生动物重大案件、特别重大案件立案标准

中文名	拉丁文名	级别	重大案件	特别重大案件
蜂猴	Nycticebus	Ⅰ	3	4
熊猴	Macaca assamensis	Ⅰ	2	3
台湾猴	Macaca cyclopis	Ⅰ	1	2
豚尾猴	Macaca nemestrina	Ⅰ	2	3
叶猴(所有种)	Prebytis spp.	Ⅰ	1	2
金丝猴(所有种)	Rhinopithecus spp.	Ⅰ	1	
长臂猿(所有种)	Hylobates spp.	Ⅰ	1	2
马来熊	Helarctos malayanus	Ⅰ	2	3
大熊猫	Ailuropoda melanoleuca	Ⅰ	1	
紫貂	Murtes zibellina	Ⅰ	3	4
貂熊	Gulo gulo	Ⅰ	2	3
熊狸	Arcticlis binturong	Ⅰ	1	2
云豹	Neofelis nebulosa	Ⅰ	1	
豹	Panthera pardus	Ⅰ	1	
雪豹	Panthera uncia	Ⅰ	1	
虎	Panthera tigris	Ⅰ	1	

续表

中文名	拉丁文名	级别	重大案件	特别重大案件
亚洲象	Elephas maximus	Ⅰ	1	
蒙古野驴	Equus hemionus	Ⅰ	2	3
西藏野驴	Equus kiang	Ⅰ	3	5
野马	Equus przewalskii	Ⅰ	1	
野骆驼	Camelus ferus (= bactrianus)	Ⅰ	1	2
鼷鹿	Tragulus javanicus	Ⅰ	2	3
黑麂	Muntiacus crinifrons	Ⅰ	1	2
白唇鹿	Cervus albirostris	Ⅰ	1	2
坡鹿	Cervus eldi	Ⅰ	1	2
梅花鹿	Cervus nippon	Ⅰ	2	3
豚鹿	Cervus porcinus	Ⅰ	2	3
麋鹿	Elaphurus davidianus	Ⅰ	1	2
野牛	Bos gaurus	Ⅰ	1	2
野牦牛	Bos mutus (= grunniens)	Ⅰ	2	3
普氏原羚	Procapra przewalskii	Ⅰ	1	2
藏羚	Pantholops hodgsoni	Ⅰ	2	3
高鼻羚羊	Saiga tatarica	Ⅰ	1	
扭角羚	Budorcas taxicolor	Ⅰ	1	2
台湾鬣羚	Capricornis crispus	Ⅰ	2	3
赤斑羚	Naemorhedus cranbrooki	Ⅰ	2	4
塔尔羊	Hemitragus jemlahicus	Ⅰ	2	4
北山羊	Capraibex	Ⅰ	2	4
河狸	Castorfiber	Ⅰ	1	2
短尾信天翁	Diomedea albatrus	Ⅰ	2	4
白腹军舰鸟	Fregata andrewsi	Ⅰ	2	4
白鹳	Ciconia ciconia	Ⅰ	2	4
黑鹳	Ciconia nigra	Ⅰ	2	4
朱环	Nipponia nippon	Ⅰ	1	
中华沙秋鸭	Mergus squamatus	Ⅰ	2	3
金雕	Aquila chrysaelos	Ⅰ	2	4

续表

中文名	拉丁文名	级别	重大案件	特别重大案件
白肩雕	Aquila heliaca	Ⅰ	2	4
玉带海雕	Haliaeetus leucoryphus	Ⅰ	2	4
白尾海雕	Haliaeetus albcilla	Ⅰ	2	3
虎头海雕	Haliaeetus pelagicus	Ⅰ	2	4
拟兀鹫	Pseudogyps bengalensis	Ⅰ	2	4
胡兀鹫	Gypaetus barbatus	Ⅰ	2	4
细嘴松鸡	Tetrao parvirostris	Ⅰ	3	5
斑尾榛鸡	Tetrastes sewerzowi	Ⅰ	3	5
雉鹑	Tetraophasis obscurus	Ⅰ	3	5
四川山鹧鸪	Arborophila rufipectus	Ⅰ	3	5
海南山鹧鸪	Arborophila ardens	Ⅰ	3	5
黑头角雉	Tragopan melanocephalus	Ⅰ	2	3
红胸角雉	Tragopan satyra	Ⅰ	2	4
灰腹角雉	Tragopan blythii	Ⅰ	2	3
黄腹角雉	Tragopan caboti	Ⅰ	2	3
虹雉(所有种)	Lophophorus spp.	Ⅰ	2	4
褐马鸡	Crossoptilon mantchuricum	Ⅰ	2	3
蓝鹇	Lophura swinhoii	Ⅰ	2	3
黑颈长尾雉	Syrmaticus humiae	Ⅰ	2	4
白颈长尾雉	Syrmaticus ewllioti	Ⅰ	2	4
黑长尾雉	Syrmaticus mikado	Ⅰ	2	4
孔雀雉	Polyplectrom bicalcarrtum	Ⅰ	2	3
绿孔雀	Pavo muticus	Ⅰ	2	3
黑颈鹤	Grus nigricollis	Ⅰ	2	3
白头鹤	Grus monacha	Ⅰ	2	3
丹顶鹤	Grus japonensis	Ⅰ	2	3
白鹤	Grus leucogeranus	Ⅰ	2	3
赤颈鹤	Grus antigone	Ⅰ	1	2
鸨(所有种)	Otis spp.	Ⅰ	4	6

续表

中文名	拉丁文名	级别	重大案件	特别重大案件
遗鸥	Larus relicius	Ⅰ	2	4
四爪陆龟	Testudo horsfieldi	Ⅰ	4	8
鳄蜥	Shinisaurus crocodilurus	Ⅰ	2	4
巨蜥	Varanus salvator	Ⅰ	2	4
蟒	Python molurus	Ⅰ	2	4
扬子鳄	Alligator sinensis	Ⅰ	1	2
中华蛩蠊	Galloisianx sinensis	Ⅰ	3	6
金斑喙凤蝶	Teinopalpus aureus	Ⅰ	3	6
短尾猴	Macaca arctoides	Ⅱ	6	10
猕猴	Macaca mulatta	Ⅱ	6	10
藏酋猴	Macaca thibetana	Ⅱ	6	10
穿山甲	Manis pentadactyla	Ⅱ	8	16
豺	Cuon alpinus	Ⅱ	4	6
黑熊	Selenarctos thibetanus	Ⅱ	3	5
棕熊	Ursus arctos (U. a. pruinosus)	Ⅱ	3	5
小熊猫	Ailurus fulgens	Ⅱ	3	5
石貂	martes foina	Ⅱ	4	10
黄喉貂	Martes flavigula	Ⅱ	4	10
斑林狸	Prionodon pardicolor	Ⅱ	4	8
大灵猫	Viverra zibetha	Ⅱ	3	5
小灵猫	Viverricula indica	Ⅱ	4	8
草原斑猫	Felis lybica (= silvestris)	Ⅱ	4	8
荒漠猫	Felis bieti	Ⅱ	4	10
丛林猫	Felis chaus	Ⅱ	4	8
猞猁	Felis lynx	Ⅱ	2	3
兔狲	Felis manul	Ⅱ	3	5
金猫	felis temmincki	Ⅱ	4	8
渔猫	felis viverrinus	Ⅱ	4	8
麝(所有种)	Moschus spp.	Ⅱ	3	5
河麂	Hydropotes inermis	Ⅱ	4	8

续表

中文名	拉丁文名	级别	重大案件	特别重大案件
马鹿(含白臀鹿)	Cervus elaphus (C. e. macneilli) Ⅱ	4	6	
水鹿	Cervus unicolor	Ⅱ	3	5
驼鹿	Alces alces	Ⅱ	3	5
黄羊	Procapra gutturosa	Ⅱ	8	15
藏原羚	Procapra picticaudata	Ⅱ	4	8
鹅喉羚	Gazella subgutturosa	Ⅱ	4	8
鬣羚	Capricornis sumatraensis	Ⅱ	3	4
斑羚	Naemorhedus goral	Ⅱ	4	8
岩羊	Pseudois nayaur	Ⅱ	4	8
盘羊	Ovis anmon	Ⅱ	3	5
海南兔	Lepus peguensis hainanus	Ⅱ	6	10
雪兔	Lepus timidus	Ⅱ	6	10
塔里木兔	Lepus yarkandensis	Ⅱ	20	40
巨松鼠	Ratufa bicolor	Ⅱ	6	10
角辟虎	Podiceps auritus	Ⅱ	6	10
赤颈辟虎	Podiceps grisegena	Ⅱ	6	8
鹈鹕(所有种)	Pelecanus spp.	Ⅱ	4	8
鲣鸟(所有种)	Sula spp.	Ⅱ	6	10
海鸬鹚	Phalacrocorax pelagicus	Ⅱ	4	8
黑颈鸬鹚	Phalacrocorax niger	Ⅱ	4	8
黄嘴白鹭	Egretta eulophotes	Ⅱ	6	10
岩鹭	Egretta sacra	Ⅱ	6	20
海南虎斑开	Gorsachius magnificus	Ⅱ	6	10
小苇开	Ixbrychusminutus	Ⅱ	6	10
彩鹳	Ibis leucocephalus	Ⅱ	3	4
白环	Threskiornis aethiopicus	Ⅱ	4	8
黑环	Pseudibis papillosa	Ⅱ	4	8
彩环	Pseudibis falcinellus	Ⅱ	4	8
白琵鹭	Platalea leucorodia	Ⅱ	4	8

续表

中文名	拉丁文名	级别	重大案件	特别重大案件
黑脸琵鹭	Platalea ninor	Ⅱ	4	8
红胸黑雁	Branta ruficollis	Ⅱ	4	8
白额雁	Anser albifrons	Ⅱ	6	10
天鹅(所有种)	Cygnus spp.	Ⅱ	6	10
鸳鸯	Aix galericulata	Ⅱ	6	10
其他鹰类	(Accipitridae)	Ⅱ	4	8
隼类(所有种)	Falconidae	Ⅱ	6	10
黑琴鸡	Lyrurus tetrix	Ⅱ	4	8
柳雷鸟	Lagopus lagopus	Ⅱ	4	8
岩雷鸟	Lagopus mutus	Ⅱ	6	10
镰翅鸡	Falcipennis falcipennis	Ⅱ	3	4
花尾榛鸡	Tetrastes bonasia	Ⅱ	10	20
雪鸡(所有种)	Tetraoallus spp.	Ⅱ	10	20
血雉	Ithaginis cruentus	Ⅱ	4	6
红腹角雉	Tragopan teminckii	Ⅱ	4	6
藏马鸡	Crossoptilon crossoptilon	Ⅱ	4	6
蓝马鸡	Crossoptilon auritum	Ⅱ	4	10
黑鹇	Lophura leucomelana	Ⅱ	6	8
白鹇	Lophura nycthemera	Ⅱ	6	10
原鸡	Gallus gallus	Ⅱ	6	8
勺鸡	Pucrasia macrolopha	Ⅱ	6	8
白冠长尾雉	Syrmaticus reevesii	Ⅱ	4	6
锦鸡(所有种)	Chrysolsphus spp.	Ⅱ	4	8
灰鹤	Grus grus	Ⅱ	4	8
沙丘鹤	Grus canadensis	Ⅱ	4	8
白枕鹤	Grus vipio	Ⅱ	4	8
蓑羽鹤	Anthropoides virgo	Ⅱ	6	10
长脚秧鸡	Crex crex	Ⅱ	6	10
姬田鸡	Porzana parva	Ⅱ	6	10
棕背田鸡	Porzana bicolor	Ⅱ	6	10

续表

中文名	拉丁文名	级别	重大案件	特别重大案件
花田鸡	Coturnicops noveboracensis	Ⅱ	6	10
铜翅水雉	Metopidius indicus	Ⅱ	6	10
水杓鹬	Numenius borealis	Ⅱ	8	15
小青脚鹬	Tringa guttifer	Ⅱ	6	10
灰燕	Glareola lactea	Ⅱ	6	10
小鸥	Larus minutus	Ⅱ	6	10
黑浮鸥	Chlidonias niger	Ⅱ	6	10
黄嘴河燕鸥	Sterna aurantia	Ⅱ	6	10
黑嘴端凤头燕鸥	Thalasseus zimmermanni	Ⅱ	4	8
黑腹沙鸡	Petrocles orientalis	Ⅱ	4	8
绿鸠(所有种)	Treron spp.	Ⅱ	6	8
黑颏果鸠	Ptilinopus leclancheri	Ⅱ	6	10
皇鸠(所有种)	Ducula spp.	Ⅱ	6	10
斑尾林鸽	Columba palumbus	Ⅱ	6	10
鹃鸠(所有种)	Macropygia spp.	Ⅱ	6	10
鹦鹉科(所有种)	Psittacidae.	Ⅱ	6	10
鸦鹃(所有种)	Centropus spp.	Ⅱ	6	10
号形目(所有种)	STRIGIFORMES	Ⅱ	6	10
灰喉针尾雨燕	Hirundapus cochinchinensis	Ⅱ	6	10
凤头雨燕	Hemiprocne longipennis	Ⅱ	6	10
橙胸咬鹃	Harpactes oreskios	Ⅱ	6	10
蓝耳翠鸟	Alcedomeninting	Ⅱ	6	10

续表

中文名	拉丁文名	级别	重大案件	特别重大案件
鹳嘴翠鸟	Pelargopsis capensis	Ⅱ	6	10
黑胸蜂虎	Merops leschenaulti	Ⅱ	6	10
绿喉蜂虎	Merops orientalis	Ⅱ	6	10
犀鸟科(所有种)	Bucerotidae	Ⅱ	4	8
白腹黑啄木鸟	Dryocopus javensis	Ⅱ	6	10
阔嘴鸟科(所有鸟)	Eurylaimidae	Ⅱ	6	10
八色鸫科(所有种)	Pittidae	Ⅱ	6	10
凹甲陆龟	Manouria impressa	Ⅱ	6	10
大壁虎	Gekko gecko	Ⅱ	10	20
虎纹蛙	Rana tigrina	Ⅱ	100	200
伟铗八	Atlasjapyx atlas	Ⅱ	6	10
尖板曦箭蜓	Heliogomphus retroflexus	Ⅱ	6	10
宽纹北箭蜓	Ophiogomphus spinicorne	Ⅱ	6	10
中华缺翅虫	Zorotypus sinensis	Ⅱ	6	10
墨脱缺翅虫	Zorotypus medoensis	Ⅱ	6	10
拉步甲	Carabus (Coptolabrus) lafossei	Ⅱ	6	10
硕步甲	Carabus (Apotopterus) davidi	Ⅱ	6	10
彩臂金龟(所有种)	Cheirotonus spp.	Ⅱ	6	10
叉犀金龟	Allomyrina davidis	Ⅱ	6	10
双尾褐凤蝶	Bhutanitis mansfieldi	Ⅱ	6	10
三尾褐凤蝶	Bhutanitis thaidina dongchuanensis	Ⅱ	6	10
中华虎凤蝶	Luehdorfia chinensis huashanensis	Ⅱ	6	10
阿波罗绢蝶	Parnassius apollo	Ⅱ	6	10

最高人民法院关于审理破坏草原资源刑事案件应用法律若干问题的解释

(2012 年 10 月 22 日由最高人民法院审判委员会第 1558 次会议通过，自 2012 年 11 月 22 日起施行，法释〔2012〕15 号)

为依法惩处破坏草原资源犯罪活动，依照《中华人民共和国刑法》的有关规定，现就审理此类刑事案件应用法律的若干问题解释如下：

第一条 违反草原法等土地管理法规，非法占用草原，改变被占用草原用途，数量较大，造成草原大量毁坏的，依照刑法第三百四十二条的规定，以非法占用农用地罪定罪处罚。

第二条 非法占用草原，改变被占用草原用途，数量在二十亩以上的，或者曾因非法占用草原受过行政处罚，在三年内又非法占用草原，改变被占用草原用途，数量在十亩以上的，应当认定为刑法第三百四十二条规定的“数量较大”。

非法占用草原，改变被占用草原用途，数量较大，具有下列情形之一的，应当认定为刑法第三百四十二条规定的“造成耕地、林地等农用地大量毁坏”：

（一）开垦草原种植粮食作物、经济作物、林木的；

（二）在草原上建窑、建房、修路、挖砂、采石、采矿、取土、剥取草皮的；

（三）在草原上堆放或者排放废弃物，造成草原的原有植被严重毁坏或者严重污染的；

（四）违反草原保护、建设、利用规划种植牧草和饲料作物，造成草原沙化或者水土严重流失的；

（五）其他造成草原严重毁坏的情形。

第三条 国家机关工作人员徇私舞弊，违反草原法等土地管理法规，具有下列情形之一的，应当认定为刑法第四百一十条规定的“情节严重”：

（一）非法批准征收、征用、占用草原四十亩以上的；

（二）非法批准征收、征用、占用草原，造成二十亩以上草原被毁坏的；

（三）非法批准征收、征用、占用草原，造成直接经济损失三十万元以上，或者具有其他恶劣情节的。

具有下列情形之一，应当认定为刑法第四百一十条规定的“致使国家或者集体利益遭受特别重大损失”：

（一）非法批准征收、征用、占用草原八十亩以上的；

（二）非法批准征收、征用、占用草原，造成四十亩以上草原被毁坏的；

（三）非法批准征收、征用、占用草原，造成直接经济损失六十万元以上，或者具有其他特别恶劣情节的。

第四条 以暴力、威胁方法阻碍草原监督检查人员依法执行职务，构成犯罪的，依照刑法第二百七十七条的规定，以妨害公务罪追究刑事责任。

煽动群众暴力抗拒草原法律、行政法规实施，构成犯罪的，依照刑法第二百七十八条的规定，以煽动暴力抗拒法律实施罪追究刑事责任。

第五条 单位实施刑法第三百四十二条规定的行为，对单位判处罚金，并对其直接负责的主管人员和其他直接责任人员，依照本解释规定的定罪量刑标准定罪处罚。

第六条 多次实施破坏草原资源的违法犯罪行为，未经处理，应当依法追究刑事责任的，按照累计的数量、数额定罪处罚。

第七条 本解释所称“草原”，是指天然草原和人工草地，天然草原包括草地、草山和草坡，人工草地包括改良草地和退耕还草地，不包括城镇草地。

最高人民检察院关于渎职侵权犯罪案件立案标准的规定(节选)

(2005年12月29日最高人民检察院第十届检察委员会第四十九次会议通过,高检发释字〔2006〕2号)

根据《中华人民共和国刑法》、《中华人民共和国刑事诉讼法》和其他法律的有关规定,对国家机关工作人员渎职和利用职权实施的侵犯公民人身权利、民主权利犯罪案件的立案标准规定如下:

一、渎职犯罪案件

(一)滥用职权案(第三百九十七条)

滥用职权罪是指国家机关工作人员超越职权,违法决定、处理其无权决定、处理的事项,或者违反规定处理公务,致使公共财产、国家和人民利益遭受重大损失的行为。

涉嫌下列情形之一的,应予立案:

1. 造成死亡1人以上,或者重伤2人以上,或者重伤1人、轻伤3人以上,或者轻伤5人以上的;

2. 导致10人以上严重中毒的;

3. 造成个人财产直接经济损失10万元以上,或者直接经济损失不满10万元,但间接经济损失50万元以上的;

4. 造成公共财产或者法人、其他组织财产直接经济损失20万元以上,或者直接经济损失不满20万元,但间接经济损失100万元以上的;

5. 虽未达到3、4两项数额标准,但3、4两项合计直接经济损失20万元以上,或者合计直接经济损失不满20万元,但合计间接经济损失100万元以上的;

6. 造成公司、企业等单位停业、停产6个月以上,或者破产的;

7. 弄虚作假,不报、缓报、谎报或者授意、指使、强令他人不报、缓报、谎报情况,导致重特大事故危害结果继续、扩大,或者致使抢救、调查、处理工作延误的;

8. 严重损害国家声誉,或者造成恶劣社会影响的;

9. 其他致使公共财产、国家和人民利益遭受重大损失的情形。

国家机关工作人员滥用职权,符合刑法第九章所规定的特殊渎职罪构成要件的,按照该特殊规定追究刑事责任;主体不符合刑法第九章所规定的特殊渎职罪的主体要件,但滥用职权涉嫌前款第1项至第9项规定情形之一的,按照刑法第397条的规定以滥用职权罪追究刑事责任。

(二)玩忽职守案(第三百九十七条)

玩忽职守罪是指国家机关工作人员严重不负责任,不履行或者不认真履行职责,致使公共财产、国家和人民利益遭受重大损失的行为。

涉嫌下列情形之一的,应予立案:

1. 造成死亡1人以上,或者重伤3人以上,或者重伤2人、轻伤4人以上,或者重伤1人、轻伤7人以上,或者轻伤10人以上的;

2. 导致20人以上严重中毒的;

3. 造成个人财产直接经济损失15万元以上,或者直接经济损失不满15万元,但间接经济损失75万元以上的;

4. 造成公共财产或者法人、其他组织财产直接经济损失30万元以上,或者直接经济损失不满30万元,但间接经济损失150万元以上的;

5. 虽未达到3、4两项数额标准,但3、4两项合计直接经济损失30万元以上,或者合计直接经济损失不满30万元,但合计间接经济损失150万元以上的;

6. 造成公司、企业等单位停业、停产1年以上,或者破产的;

7. 海关、外汇管理部门的工作人员严重不负责任,造成100万美元以上外汇被骗购或者逃汇1000万美元以上的;

8. 严重损害国家声誉,或者造成恶劣社会影响的;

9. 其他致使公共财产、国家和人民利益遭受重大损失的情形。

国家机关工作人员玩忽职守，符合刑法第九章所规定的特殊渎职罪构成要件的，按照该特殊规定追究刑事责任；主体不符合刑法第九章所规定的特殊渎职罪的主体要件，但玩忽职守涉嫌前款第1项至第9项规定情形之一的，按照刑法第397条的规定以玩忽职守罪追究刑事责任。

（十八）违法发放林木采伐许可证案（第四百零七条）

违法发放林木采伐许可证罪是指林业主管部门的工作人员违反森林法的规定，超过批准的年采伐限额发放林木采伐许可证或者违反规定滥发林木采伐许可证，情节严重，致使森林遭受严重破坏的行为。

涉嫌下列情形之一的，应予立案：

1. 发放林木采伐许可证允许采伐数量累计超过批准的年采伐限额，导致林木被超限额采伐10立方米以上的；

2. 滥发林木采伐许可证，导致林木被滥伐20立方米以上，或者导致幼树被滥伐1000株以上的；

3. 滥发林木采伐许可证，导致防护林、特种用途林被滥伐5立方米以上，或者幼树被滥伐200株以上的；

4. 滥发林木采伐许可证，导致珍贵树木或者国家重点保护的其他树木被滥伐的；

5. 滥发林木采伐许可证，导致国家禁止采伐的林木被采伐的；

6. 其他情节严重，致使森林遭受严重破坏的情形。

林业主管部门工作人员之外的国家机关工作人员，违反森林法的规定，滥用职权或者玩忽职守，致使林木被滥伐40立方米以上或者幼树被滥伐2000株以上，或者致使防护林、特种用途林被滥伐10立方米以上或者幼树被滥伐400株以上，或者致使珍贵树木被采伐、毁坏4立方米或者4株以上，或者致使国家重点保护的其他植物被采伐、毁坏后果严重的，或者致使国家严禁采伐的林木被采伐、毁坏情节恶劣的，按照刑法第397条的规定以滥用职权罪或者玩忽职守罪追究刑事责任。

（十九）环境监管失职案（第四百零八条）

环境监管失职罪是指负有环境保护监督管理职责的国家机关工作人员严重不负责任，不履行或者不认真履行环境保护监管职责导致发生重大环境污染事故，致使公私财产遭受重大损失或者造成人身伤亡的严重后果的行为。

涉嫌下列情形之一的，应予立案：

1. 造成死亡1人以上，或者重伤3人以上，或者重伤2人、轻伤4人以上，或者重伤1人、轻伤7人以上，或者轻伤10人以上的；

2. 导致30人以上严重中毒的；

3. 造成个人财产直接经济损失15万元以上，或者直接经济损失不满15万元，但间接经济损失75万元以上的；

4. 造成公共财产、法人或者其他组织财产直接经济损失30万元以上，或者直接经济损失不满30万元，但间接经济损失150万元以上的；

5. 虽未达到3、4两项数额标准，但3、4两项合计直接经济损失30万元以上，或者合计直接经济损失不满30万元，但合计间接经济损失150万元以上的；

6. 造成基本农田或者防护林地、特种用途林地10亩以上，或者基本农田以外的耕地50亩以上，或者其他土地70亩以上被严重毁坏的；

7. 造成生活饮用水地表水源和地下水源严重污染的；

8. 其他致使公私财产遭受重大损失或者造成人身伤亡严重后果的情形。

（二十一）非法批准征用、占用土地案（第四百一十条）

非法批准征用、占用土地罪是指国家机关工作人员徇私舞弊，违反土地管理法、森林法、草原法等法律以及有关行政法规中关于土地管理的规定，滥用职权，非法批准征用、占用耕地、林地等农用地以及其他土地，情节严重的行为。

涉嫌下列情形之一的，应予立案：

1. 非法批准征用、占用基本农田10亩以上的；

2. 非法批准征用、占用基本农田以外的耕地 30 亩以上的;

3. 非法批准征用、占用其他土地 50 亩以上的;

4. 虽未达到上述数量标准,但造成有关单位、个人直接经济损失 30 万元以上,或者造成耕地大量毁坏或者植被遭到严重破坏的;

5. 非法批准征用、占用土地,影响群众生产、生活,引起纠纷,造成恶劣影响或者其他严重后果的;

6. 非法批准征用、占用防护林地、特种用途林地分别或者合计 10 亩以上的;

7. 非法批准征用、占用其他林地 20 亩以上的;

8. 非法批准征用、占用林地造成直接经济损失 30 万元以上,或者造成防护林地、特种用途林地分别或者合计 5 亩以上或者其他林地 10 亩以上毁坏的;

9. 其他情节严重的情形。

(二十二)非法低价出让国有土地使用权案(第四百一十条)

非法低价出让国有土地使用权罪是指国家机关工作人员徇私舞弊,违反土地管理法、森林法、草原法等法律以及有关行政法规中关于土地管理的规定,滥用职权,非法低价出让国有土地使用权,情节严重的行为。

涉嫌下列情形之一的,应予立案:

1. 非法低价出让国有土地 30 亩以上,并且出让价额低于国家规定的最低价额标准的百分之六十的;

2. 造成国有土地资产流失价额 30 万元以上的;

3. 非法低价出让国有土地使用权,影响群众生产、生活,引起纠纷,造成恶劣影响或者其他严重后果的;

4. 非法低价出让林地合计 30 亩以上,并且出让价额低于国家规定的最低价额标准的百分之六十的;

5. 造成国有资产流失 30 万元以上的;

6. 其他情节严重的情形。

(二十六)动植物检疫徇私舞弊案(第四百一十三条第一款)

动植物检疫徇私舞弊罪是指出入境检验检疫机关、检验检疫机构工作人员徇私舞弊,伪造检疫结果的行为。

涉嫌下列情形之一的,应予立案:

1. 采取伪造、变造的手段对检疫的单证、印章、标志、封识等作虚假的证明或者出具不真实的结论的;

2. 将送检的合格动植物检疫为不合格,或者将不合格动植物检疫为合格的;

3. 对明知是不合格的动植物,不检疫而出具合格检疫结果的;

4. 其他伪造检疫结果应予追究刑事责任的情形。

(二十七)动植物检疫失职案(第四百一十三条第二款)

动植物检疫失职罪是指出入境检验检疫机关、检验检疫机构工作人员严重不负责任,对应当检疫的检疫物不检疫,或者延误检疫出证、错误出证,致使国家利益遭受重大损失的行为。

涉嫌下列情形之一的,应予立案:

1. 导致疫情发生,造成人员重伤或者死亡的;

2. 导致重大疫情发生、传播或者流行的;

3. 造成个人财产直接经济损失 15 万元以上,或者直接经济损失不满 15 万元,但间接经济损失 75 万元以上的;

4. 造成公共财产或者法人、其他组织财产直接经济损失 30 万元以上,或者直接经济损失不满 30 万元,但间接经济损失 150 万元以上的;

5. 不检疫或者延误检疫出证、错误出证,引起国际经济贸易纠纷,严重影响国家对外经贸关系,或者严重损害国家声誉的;

6. 其他致使国家利益遭受重大损失的情形。……

三、附则

(一)本规定中每个罪案名称后所注明的法律条款系《中华人民共和国刑法》的有关条款。

(二)本规定所称"以上"包括本数;有关犯罪数额"不满",是指已达到该数额百分之八十以上的。

（三）本规定中的“国家机关工作人员”，是指在国家机关中从事公务的人员，包括在各级国家权力机关、行政机关、司法机关和军事机关中从事公务的人员。在依照法律、法规规定行使国家行政管理职权的组织中从事公务的人员，或者在受国家机关委托代表国家行使职权的组织中从事公务的人员，或者虽未列入国家机关人员编制但在国家机关中从事公务的人员，在代表国家机关行使职权时，视为国家机关工作人员。在乡（镇）以上中国共产党机关、人民政协机关中从事公务的人员，视为国家机关工作人员。

（四）本规定中的“直接经济损失”，是指与行为有直接因果关系而造成的财产损毁、减少的实际价值；“间接经济损失”，是指由直接经济损失引起和牵连的其他损失，包括失去的在正常情况下可以获得的利益和为恢复正常的管理活动或者挽回所造成的损失所支付的各种开支、费用等。

有下列情形之一的，虽然有债权存在，但已无法实现债权的，可以认定为已经造成了经济损失：（1）债务人已经法定程序被宣告破产，且无法清偿债务；（2）债务人潜逃，去向不明；（3）因行为人责任，致使超过诉讼时效；（4）有证据证明债权无法实现的其他情况。

直接经济损失和间接经济损失，是指立案时确已造成的经济损失。移送审查起诉前，犯罪嫌疑人及其亲友自行挽回的经济损失，以及由司法机关或者犯罪嫌疑人所在单位及其上级主管部门挽回的经济损失，不予扣减，但可作为对犯罪嫌疑人从轻处理的情节考虑。

（五）本规定中的“徇私舞弊”，是指国家机关工作人员为徇私情、私利，故意违背事实和法律，伪造材料，隐瞒情况，弄虚作假的行为。

（六）本规定自公布之日起施行。本规定发布前有关人民检察院直接受理立案侦查的国家机关工作人员渎职和利用职权实施的侵犯公民人身权利、民主权利犯罪案件的立案标准，与本规定有重复或者不一致的，适用本规定。

对于本规定施行前发生的国家机关工作人员渎职和利用职权实施的侵犯公民人身权利、民主权利犯罪案件，按照《最高人民法院、最高人民检察院关于适用刑事司法解释时间效力问题的规定》办理。

最高人民法院、最高人民检察院关于办理渎职刑事案件适用法律若干问题的解释（一）（节选）

（2012 年 7 月 9 日由最高人民法院审判委员会第 1552 次会议、2012 年 9 月 12 日最高人民检察院第十一届检察委员会第 79 次会议通过，法释〔2012〕18 号）

为依法惩治渎职犯罪，根据刑法有关规定，现就办理渎职刑事案件适用法律的若干问题解释如下：

第一条 国家机关工作人员滥用职权或者玩忽职守，具有下列情形之一的，应当认定为刑法第三百九十七条规定的“致使公共财产、国家和人民利益遭受重大损失”：

（一）造成死亡 1 人以上，或者重伤 3 人以上，或者轻伤 9 人以上，或者重伤 2 人、轻伤 3 人以上，或者重伤 1 人、轻伤 6 人以上的；

（二）造成经济损失 30 万元以上的；

（三）造成恶劣社会影响的；

（四）其他致使公共财产、国家和人民利益遭受重大损失的情形。

具有下列情形之一的，应当认定为刑法第三百九十七条规定的“情节特别严重”：

（一）造成伤亡达到前款第（一）项规定人数 3 倍以上的；

（二）造成经济损失 150 万元以上的；

（三）造成前款规定的损失后果，不报、迟

报、谎报或者授意、指使、强令他人不报、迟报、谎报事故情况，致使损失后果持续、扩大或者抢救工作延误的；

（四）造成特别恶劣社会影响的；

（五）其他特别严重的情节。

第二条 国家机关工作人员实施滥用职权或者玩忽职守犯罪行为，触犯刑法分则第九章第三百九十八条至第四百一十九条规定的，依照该规定定罪处罚。

国家机关工作人员滥用职权或者玩忽职守，因不具备徇私舞弊等情形，不符合刑法分则第九章第三百九十八条至第四百一十九条的规定，但依法构成第三百九十七条规定的犯罪的，以滥用职权罪或者玩忽职守罪定罪处罚。

第三条 国家机关工作人员实施渎职犯罪并收受贿赂，同时构成受贿罪的，除刑法另有规定外，以渎职犯罪和受贿罪数罪并罚。

第四条 国家机关工作人员实施渎职行为，放纵他人犯罪或者帮助他人逃避刑事处罚，构成犯罪的，依照渎职罪的规定定罪处罚。

国家机关工作人员与他人共谋，利用其职务行为帮助他人实施其他犯罪行为，同时构成渎职犯罪和共谋实施的其他犯罪共犯的，依照处罚较重的规定定罪处罚。

国家机关工作人员与他人共谋，既利用其职务行为帮助他人实施其他犯罪，又以非职务行为与他人共同实施该其他犯罪行为，同时构成渎职犯罪和其他犯罪的共犯的，依照数罪并罚的规定定罪处罚。

第五条 国家机关负责人员违法决定，或者指使、授意、强令其他国家机关工作人员违法履行职务或者不履行职务，构成刑法分则第九章规定的渎职犯罪的，应当依法追究刑事责任。

以“集体研究”形式实施的渎职犯罪，应当依照刑法分则第九章的规定追究国家机关负有责任的人员的刑事责任。对于具体执行人员，应当在综合认定其行为性质、是否提出反对意见、危害结果大小等情节的基础上决定是否追究刑事责任和应当判处的刑罚。

第六条 以危害结果为条件的渎职犯罪的追诉期限，从危害结果发生之日起计算；有数个危害结果的，从最后一个危害结果发生之日起计算。

……

第八条 本解释规定的“经济损失”，是指渎职犯罪或者与渎职犯罪相关联的犯罪立案时已经实际造成的财产损失，包括为挽回渎职犯罪所造成损失而支付的各种开支、费用等。立案后至提起公诉前持续发生的经济损失，应一并计入渎职犯罪造成的经济损失。

债务人经法定程序被宣告破产，债务人潜逃、去向不明，或者因行为人的责任超过诉讼时效等，致使债权已经无法实现的，无法实现的债权部分应当认定为渎职犯罪的经济损失。

渎职犯罪或者与渎职犯罪相关联的犯罪立案后，犯罪分子及其亲友自行挽回的经济损失，司法机关或者犯罪分子所在单位及其上级主管部门挽回的经济损失，或者因客观原因减少的经济损失，不予扣减，但可以作为酌定从轻处罚的情节。

第九条 负有监督管理职责的国家机关工作人员滥用职权或者玩忽职守，致使不符合安全标准的食品、有毒有害食品、假药、劣药等流入社会，对人民群众生命、健康造成严重危害后果的，依照渎职罪的规定从严惩处。

第十条 最高人民法院、最高人民检察院此前发布的司法解释与本解释不一致的，以本解释为准。

最高人民法院、最高人民检察院关于办理非法制造、买卖、运输、储存毒鼠强等禁用剧毒化学品刑事案件具体应用法律若干问题的解释(节选)

(2003年8月29日最高人民法院审判委员会第1287次会议,2003年2月13日由最高人民检察院第九届检察委员会第119次会议通过,自2003年10月1日起施行,法释〔2003〕14号)

为依法惩治非法制造、买卖、运输、储存毒鼠强等禁用剧毒化学品的犯罪活动,维护公共安全,根据刑法有关规定,现就办理这类刑事案件具体应用法律的若干问题解释如下:

第一条 非法制造、买卖、运输、储存毒鼠强等禁用剧毒化学品,危害公共安全,具有下列情形之一的,依照刑法第一百二十五条的规定,以非法制造、买卖、运输、储存危险物质罪,处三年以上十年以下有期徒刑:

(一)非法制造、买卖、运输、储存原粉、原液、制剂50克以上,或者饵料2千克以上的;

(二)在非法制造、买卖、运输、储存过程中致人重伤、死亡或者造成公私财产损失10万元以上的。

第二条 非法制造、买卖、运输、储存毒鼠强等禁用剧毒化学品,具有下列情形之一的,属于刑法第一百二十五条规定的"情节严重",处十年以上有期徒刑、无期徒刑或者死刑:

(一)非法制造、买卖、运输、储存原粉、原液、制剂500克以上,或者饵料20千克以上的;

(二)在非法制造、买卖、运输、储存过程中致3人以上重伤、死亡,或者造成公私财产损失20万元以上的;

(三)非法制造、买卖、运输、储存原粉、原药、制剂50克以上不满500克,或者饵料2千克以上不满20千克,并具有其他严重情节的。

第三条 单位非法制造、买卖、运输、储存毒鼠强等禁用剧毒化学品的,依照本解释第一条、第二条规定的定罪量刑标准执行。

第四条 对非法制造、买卖、运输、储存毒鼠强等禁用剧毒化学品行为负有查处职责的国家机关工作人员,滥用职权或者玩忽职守,致使公共财产、国家和人民利益遭受重大损失的,依照刑法第三百九十七条的规定,以滥用职权罪或者玩忽职守罪追究刑事责任。

第五条 本解释施行以前,确因生产、生活需要而非法制造、买卖、运输、储存毒鼠强等禁用剧毒化学品饵料自用,没有造成严重社会危害的,可以依照刑法第十三条的规定,不作为犯罪处理。

本解释施行以后,确因生产、生活需要而非法制造、买卖、运输、储存毒鼠强等禁用剧毒化学品饵料自用,构成犯罪,但没有造成严重社会危害,经教育确有悔改表现的,可以依法从轻、减轻或者免除处罚。

第六条 本解释所称"毒鼠强等禁用剧毒化学品",是指国家明令禁止的毒鼠强、氟乙酰胺、氟乙酸钠、毒鼠硅、甘氟(见附表)。

最高人民法院关于审理走私刑事案件具体应用法律若干问题的解释(二)(节选)

(2006年7月31日由最高人民法院审判委员会第1396次会议通过,自2006年11月16日起施行,法释〔2006〕9号)

为依法惩治走私犯罪活动,根据刑法和刑法修正案(四)的规定,现就人民法院审理走私刑事案件具体应用法律的若干问题补充解释如下:

第六条 逃避海关监管,走私国家明令禁止进口的废物或者国家限制进口的可用作原料的废物,具有下列情形之一的,属于刑法第一百五十二条第二款规定的“情节严重”,以走私废物罪判处五年以下有期徒刑,并处或者单处罚金:

(一)走私国家禁止进口的非危险性固体废物、液态废物分别或者合计达到一吨以上不满五吨的;

(二)走私国家禁止进口的非危险性固体废物、液态废物分别或者合计达到五吨以上不满二十五吨的;

(三)未经许可,走私国家限制进口的可用作原料的固体废物、液态废物分别或者合计达到二十吨以上不满一百吨的;

(四)走私国家禁止进口的废物并造成重大环境污染事故。

第七条 走私国家禁止进口的废物或者国家限制进口的可用作原料的废物的数量,超过本解释第六条规定的数量标准,或者达到了规定的数量标准并造成重大环境污染事故,或者虽未达到规定的数量标准但造成重大环境污染事故且后果特别严重的,属于刑法第一百五十二条第二款规定的“情节特别严重”,以走私废物罪判处五年以上有期徒刑,并处罚金。

第八条 经许可进口国家限制进口的可用作原料的废物时,偷逃应缴税额,构成犯罪的,应当依照刑法第一百五十三条规定,以走私普通货物罪定罪处罚;既未经许可,又偷逃应缴税额,同时构成走私废物罪和走私普通货物罪的,应当按照刑法处罚较重的规定定罪处罚。

虽经许可,但超过许可数量进口国家限制进口的可用作原料的废物,超过部分以未经许可论。

第九条 走私置于容器中的气态废物的,参照本解释规定的有关固体废物、液态废物的定罪数量标准和处罚原则处理。

第十条 本解释施行后,最高人民法院法释〔2000〕30 号《关于审理走私刑事案件具体应用法律若干问题的解释》中有关走私固体废物犯罪的规定不再执行。

典型地方性环境刑事案件司法指导意见

广东省高级人民法院　广东省人民检察院
广东省环境保护厅　广东省公安厅关于
查处涉嫌环境污染犯罪案件的指导意见

（粤环〔2014〕129号）

各中级人民法院、广州海事法院、广州铁路运输中级法院，各地级以上市人民检察院、广州铁路运输检察分院，各地级以上市环境保护局、深圳市人居环境委员会、顺德区环境运输和城市管理局，各地级以上市公安局、顺德区公安局：

为深入贯彻落实党的十八大精神，加快推进生态文明建设，充分发挥行政和司法机关的职能作用，强化司法机关和环境保护行政部门的配合，严惩环境污染违法犯罪行为，切实维护人民群众合法环境权益，依照《中华人民共和国刑法》，《中华人民共和国环境保护法》，最高人民法院、最高人民检察院《关于办理环境污染刑事案件适用法律若干问题的解释》（下称《解释》），国务院《行政执法机关移送涉嫌犯罪案件的规定》，环境保护部、公安部《关于加强环境保护与公安部门执法衔接配合工作的意见》等有关法律和规定，结合我省实际，就依法查处涉嫌环境污染犯罪案件工作，提出如下意见。

一、协调配合，建立联动机制

（一）各级人民法院、人民检察院、公安机关、环境保护主管部门应当加强沟通交流，充分利用行政执法与刑事司法衔接工作联席会议平台，每半年定期召开有关成员单位参加的联席会议，也可根据工作需要由相关部门提起召开，发挥联席会议的协调指导作用，通报查处涉嫌环境污染犯罪行为以及联合执法工作的有关情况，研究联动工作中存在的问题，提出相关的对策和措施。

（二）各级人民法院、人民检察院、公安机关、环境保护主管部门应当建立联络员制度，分别指定一个部门和联络员负责查处涉嫌环境犯罪行为的查办、移送、起诉、判决等各环节的协调沟通，对案情复杂或重大案件进行讨论，对有关问题产生重大分歧的，可协商解决或分别提请上级部门确定。

（三）按照《广东省行政执法与刑事司法衔接信息共享平台工作办法》的要求，各级人民法院、人民检察院、公安机关、环境保护主管部门应将涉嫌环境污染犯罪案件的查办、移送、立案监督、起诉、判决等相关情况及时录入信息共享平台，并可通过平台查询案件办理情况，实现行政执法与司法信息互通共享。

二、依法行政，认真履行职责

（四）各级环境保护主管部门要加大对环境违法行为的查处力度，强化日常监督检查，重点检查企业污染防治设施运行以及污染物排放情况，依法对环境违法行为实施行政处罚；要严格依法行政，强化证据意识，采用现场检查（勘察）、调查询问、采样监测、拍照或录像等方式及时固定证据。

（五）各级环境保护主管部门查处环境违法案件，除依法予以环境保护行政处罚外，对尚不构成犯罪但属于《中华人民共和国环境保护法》规定应予行政拘留的违法行为或违反治安管理规定行为的，由县级以上环境保护主管部门将案件移送公安机关；发现涉嫌环境污染犯罪的，应当积极做好案件调查、证据收集等工作，按照有关法律法规和《广东省环境保护系统移送涉嫌环境犯罪案件标准》及时向公安机关移送，防止“以罚代刑”。

（六）各级环境保护主管部门向公安机关移送涉嫌环境犯罪案件前已作出行政处罚决定的，移送时应当附送行政处罚决定书；向公安机关移送涉嫌环境犯罪案件时尚未作出行政处罚决定，但依法应当做出责令改正违法行为的行政命令或者应当给予暂扣或吊销排污许可证、责令停产停业等行政处罚的，应当依法作出相关行政命令或者行政处罚，并将行政命令和行政处罚决定抄送接受移送的公安机关。

（七）对于环境保护主管部门下达的行政处罚决定、责令改正或者限期改正违法行为的行政命令，违法行为人既不自觉履行，又不申请复议或提起诉讼的，环境保护主管部门应依法申请人民法院强制执行。

三、分工协作，及时立案侦查

（八）各级环境保护主管部门、公安机关要紧密结合当地实际，建立联合执法机制。环境保护部门在执法检查、依法实施排污设施查封、扣押等行政强制措施时，遇到暴力阻挠或者对执法人员进行恐吓等情况，或者公安机关立案侦查环境污染犯罪案件时需要环境保护部门配合取证、监测、评估污染损失等情况时，相关环境保护部门和公安机关应相互配合开展联合执法。

（九）各级环境保护主管部门应按照《关于公安机关提前介入行政执法机关办理的案件以及联合办案制度的规定》要求，对符合条件的可以商请公安机关提前介入或联合办案，依法及时启动相应的调查程序，对于重大环境污染等紧急情况、涉嫌环境污染犯罪责任人员身份不易确定、有逃匿或者销毁证据可能的，应采取有效措施防止证据灭失。对于单位涉嫌实施环境污染犯罪的，公安机关应当依法控制其直接负责的主管人员和其他直接责任人员，固定相关证据。

（十）对环境保护主管部门移送的涉嫌环境污染犯罪案件，公安机关应当及时进行审查。认为涉嫌环境污染犯罪，需要追究刑事责任，依法决定立案的，应当书面通知移送案件的环境保护主管部门；认为犯罪事实不成立，或者情节显著轻微，不需要追究刑事责任，依法不予立案的，应当说明理由，并书面通知移送案件的环境保护主管部门，退回相应案卷材料。

（十一）公安机关接到涉嫌环境污染犯罪的报案、举报、控告等，经审查犯罪事实不成立，或者立案侦查后认为情节显著轻微，不需要追究刑事责任，但应当给予治安处罚的，应依法及时予以处理；依法应当追究环境违法行政责任的，及时将案件移送同级环境保护主管部门。

四、依法履职，强化法律监督

（十二）人民检察院应依法及时批捕起诉涉嫌环境污染犯罪案件，对于重特大和影响较大的案件，人民检察院依法提前介入侦查。人民检察院应加强对环境保护主管部门行政执法的监督力度，切实纠正以行政处罚代替刑事责任追究等问题，对办理涉嫌环境污染犯罪案件时发现的问题，及时向环境保护主管部门发出检察建议，督促其改进工作，提升环境保护执法能力和水平。

（十三）人民检察院应加强对涉嫌环境污染犯罪案件的立案监督。公安机关对应当立案侦查的涉嫌环境污染犯罪案件而不立案侦查的，人民检察院应当要求公安机关说明不立案的理由。检察院认为公安机关不立案理由不能成立的，应当通知公安机关立案，公安机关接到通知后应当立案。

（十四）人民检察院应加强对负有环境保护监督管理职责的国家机关工作人员在涉嫌环境污染犯罪案件中职务犯罪的查处力度，对重大环境污染责任事故背后有关部门的失职渎职等职务犯罪案件，依法严肃查处。

五、依法审判，严惩污染犯罪

（十五）人民法院对犯罪嫌疑人进行审理作出无罪判决或者免予刑事处罚后认为应当给予行政处罚的案件，可以向有关的环境保护主管部门提出司法建议，环境保护主管部门在收到司法建议后应及时调查处理，并将处理结果通报作出司法建议的人民法院。人民法院在审结环境污染刑事案件时，应及时将相关判决文书抄送同级环境保护主管部门。

（十六）人民法院可以按照法定程序选聘部分专家担任人民陪审员，与法官共同组成合议庭，参与涉嫌环境污染犯罪案件的审理。对于环境污染、生态破坏类案件中所涉及的专业技术问题，当事人可以向人民法院申请有专门知识的人出庭，就专业技术性问题进行说明，接受法庭和当事人询问。

（十七）人民法院应充分运用司法手段改善、减轻或者消除破坏资源、污染环境的危害状态，建立资源环境案件的恢复性司法机制。对资源环境案件中的民事诉讼部分，可以根据案件的具体情况，合理判令侵权人停止侵害、排除妨碍、消除危险、恢复或者修复环境、赔偿损失等责任，使已经造成的环境污染尽快消除。

六、领会《解释》，严格贯彻执行

（十八）《解释》内所称以上、以下、以内，包括本数。《解释》第一条第四项关于“私设暗管或者利用渗井、渗坑、裂隙、溶洞等”的认定应包含以规避监管为目的，采取隐蔽方式排放、倾倒、处置有放射性的废物、含传染病病原体的废物、有毒物质的行为。《解释》第一条第二项关于“非法排放、倾倒、处置危险废物三吨以上”的规定，包括一次性或多次累加非法排放、倾倒、处置危险废物数量达到三吨以上的行为。危险废物与其他固体废物混合后的废物、危险废物处理后的废物依照《危险废物鉴别标准通则 GB 50857—2007》及其相关鉴别标准予以鉴别认定。

（十九）《解释》第一条第三项关于排放超过规定的污染物排放标准三倍以上的判定方式：对排放含第一类污染物的污水，不分行业和污水排放方式，也不分受纳水体的功能类别，一律在车间或车间处理设施排放口采样，并按照该监控位置的排放限值判定是否超标三倍以上，同时还应在废水总排口或者其他排入环境的位置采样以判定是否向环境排放第一类污染物；监测人员无法在车间或者车间处理设施排放口对第一类水污染物采样监测的，应根据生产排污特点及排水管网配置情况来设置采样点位，作为监控位置。地方污染物排放标准另有规定的，从其规定。

（二十）对环境污染专门性问题出具检验报告的机构以环境保护部发布的《环境损害鉴定评估推荐机构名录》为准。监测数据认可按照《广东省环境保护厅关于县级以上环境监测机构监测数据认可工作程序》实施。对于国家和地方排放标准中没有规定排放限值的含重金属污染物，其中重金属排放限值不得超过环境影响评价批复文件要求或相应环境质量标准（包括标准数值和测试方法）。

（二十一）《解释》第一条第三项和第十条第三项规定的“重金属”不仅指铅、汞、镉、铬，还应包括《重金属污染综合防治“十二五”规划》中列明的镍、铜、锌、银、钒、锰、钴、铊、锑以及类金属砷。

（二十二）《解释》第一条第五项中规定的“行政处罚”包括但不限于同一环境保护主管部门的处罚；“前列行为”包括第一条第五项中列举的所有行为，并不要求与前次行为一致，所涉物质可以是有放射性的废物、含传染病病原体的废物、有毒物质任意一类，并不要求与前次物质一致；“两年内”以第一次行政处罚生效日作为起算时间。

（二十三）对于 2011 年 5 月 1 日以后，2013 年 6 月 18 日《解释》生效前的污染环境行为，除情节十分严重、性质非常恶劣的案件外，只有行为同时符合 2006 年 7 月最高人民法院《关于审理环境污染刑事案件具体应用法律若干问题的解释》的，才宜根据《解释》作刑事追究。如果该行为一直延续到《解释》生效后，则直接适用《解释》规定。

七、其他

（二十四）各级人民法院、人民检察院、公安机关、环境保护主管部门办理环境污染案件，应当充分利用新闻媒体，大力宣传环境保护法律法规，引导公众树立环境保护法律意识，推动社会共同参与环境保护。

（二十五）本意见由广东省高级人民法院、广东省人民检察院、广东省公安厅、广东省环境保护厅负责解释。

（二十六）本意见自 2015 年 1 月 1 日起执行，如法律、法规、司法解释及上级部门另有规定的，依照其规定执行。

广东省高级人民法院
广东省人民检察院
广东省环境保护厅
广东省公安厅
2014 年 12 月 29 日

广东省环境保护厅关于县级以上环境监测机构监测数据认可工作程序

（粤环函〔2013〕1378 号）

根据《最高人民法院 最高人民检察院关于办理环境污染刑事案件适用法律若干问题的解释》（法释〔2013〕15 号）第十一条的规定，为规范监测数据认可工作，提高认可工作效率，结合我省环境保护工作实际，特制定本工作程序。

一、认可范围

需要作为涉嫌环境污染刑事案件证据，且由广东省范围内各级环境保护主管部门所属环境监测机构出具的监测数据。

以上监测数据不包括涉及社会检测机构的分包内容。

二、申请材料及渠道

（一）申请材料。

1. 立案部门认可申请的请示（附件 1）；

2. 申请认可的监测报告；

3. 出具监测数据的监测机构签署的质量保证说明书（附件 2）；

4. 监测人员和仪器一览表（附件 3）；

5. 地级以上市环保局对县级环保局所提申请的初步意见（附件 4）；

6. 监测机构计量认证证书及附表、相关监测仪器设备检定/校准证书、相关监测人员上岗证复印件；

7. 环境保护行政主管部门对被测污染源执行标准或环境功能区划的确认材料；

8. 其他按国家和省有关规定应当提供的证明材料。

（二）申请材料相关要求。

1. 认可申请。

需将监测数据作为涉嫌环境污染刑事案件证据使用的由县级以上环保部门提出书面认可申请，并经地级以上市环保部门加具初步意见后，报送省环境保护厅并抄送省环境监测中心，涉及辐射监测数据的需抄送省环境辐射监测中心。

申请单位应在书面认可申请中明确该监测数据是作为涉嫌环境污染刑事案件证据使用，并明确是按国家和省有关监测规范要求执行操作，同时要对环境监测数据的客观性和真实性负责。

2. 申请认可的监测报告。

监测报告应至少包含任务来源，污染源的基本情况（名称、地址、排污口规范化设置情况、采样位置、采样时是否生产和环保设施是否运行等），采样和分析时间，监测布点及示意图，监测频次及因子，采样方法依据，样品的状态描述及标识，监测方法及检出限，监测结果，监测结果评价标准，监测结论，报告三级审核信息，采样人员、各因子分析人员和报告审定签发人员的签名。

3. 相关证书复印件。

监测机构计量认证证书及附表、相关监测仪器设备检定/校准证书、相关监测人员上岗证等相关复印件需由申请单位对照原件进行审核，盖章并确认与原件一致。

4. 申请认可省环境监测中心或省环境辐射监测中心出具的监测报告只需提供《申请材料》中的第 1 和 3 项。

（三）申报渠道。

申请单位可通过广东省环境保护厅协同办公系统（OA）向省环境保护厅提供以下材料的电子件和相关证书的扫描件一份，并抄送省环境监测中心，如涉及辐射监测数据的需抄送省环境辐射监测中心；若无 OA 系统，可提交纸质材料并将所有申请材料的电子版发送至数据认可专用工作邮箱（jcsjrk@ gdepb. gov. cn）。

三、数据审核及认可

同意受理的认可申请，需经省环境监测中心或省环境辐射监测中心技术审核后，由省环境保护厅出具认可意见。

（一）认可受理。

省环保厅在收到认可申请后 1 个工作日

内将申请材料转省环境监测中心或省环境辐射监测中心，并委托省环境监测中心或省环境辐射监测中心在2个工作日内，提出受理意见报省环保厅，申请材料齐全的予以受理；材料不齐全的，通知申请人补正，材料补正后予以受理。

申请人拒不作材料补正的，省环境监测中心或省环境辐射监测中心可以不予受理，并书面通知省环境保护厅和申请人。

（二）技术审核。

予以受理后，省环境监测中心或省环境辐射监测中心应在6个工作日内组织相关人员对出具检测数据的监测机构单位资质，监测方法是否认证及现行有效，监测人员持证上岗情况，监测报告是否规范、信息是否齐全、结论是否正确等内容进行审核，并提出是否认可的具体审核意见报省环境保护厅。

（三）出具意见。

省环境保护厅在收到省环境监测中心或省环境辐射监测中心的审核意见后3个工作日内，向申请单位出具书面认可意见。省环境保护厅出具书面认可意见后，发现申请人提交的申请材料存在虚假的，可以撤销认可意见；申请人已将相关数据作为证据材料提交的，应将撤销情况及时告知相关办案单位，产生的一切法律责任，由申请人承担。

四、附则

本工作程序由广东省环境保护厅负责解释。

附件（1.申请认可请示样本；2.质量保证说明书样本；3.监测人员和仪器一览表；4.地市环保局出具意见样本；5.省监测中心技术审核意见样本；6.省环保厅出具审核意见样本），此略

上海市环保局、市公安局关于进一步加强环境污染违法犯罪案件行政执法与刑事司法衔接工作的实施意见（节选）

（沪环保法〔2014〕44号）

各区（县）环保局、公安分（县）局，各有关单位：

为严厉打击环境污染违法犯罪行为，构建行政执法和刑事司法“无缝对接”体系，充分发挥环境保护部门、公安机关的职能和整体合力，根据《中华人民共和国刑法》、《最高人民法院、最高人民检察院关于办理环境污染刑事案件适用法律若干问题的解释》（法释〔2013〕15号）、《关于加强环境保护与公安部门执法衔接配合工作的意见》（环发〔2013〕126号）的有关规定，结合本市工作实际，现就进一步加强环境行政执法与刑事司法衔接工作提出如下实施意见。

一、提高对环境执法衔接配合工作重要性的认识

二、加强组织领导，建立联动执法机制

三、规范移送程序，完善案件移送机制

（一）案件移送标准及证据要求

市环保局、市公安局结合本市环保行政执法与刑事司法工作实践，研究制定了《本市环境污染案件移送标准及证据要求》（见附件1）。环保部门在依法查处环境违法行为过程中，发现涉嫌构成犯罪依法需要追究刑事责任的，要严格按照有关证据要求及时开展取证工作，并及时向公安机关移送。

1.案件移送要求

环保部门一般应当在基本查明违法事实，完成调查取证工作后移送案件。

发现下列情形之一的，环保部门应当立即向所在地公安机关报告，由公安机关依法予以处理：

（1）在饮用水水源一级保护区、自然保护核心区排放、倾倒、处置有放射性的废物、含传染病病原体的废物、有毒物质的；

（2）私设暗管或者利用渗井、渗坑、裂隙、溶洞等排放、倾倒、处置有放射性的废物、含传染病病原体的废物、有毒物质的；

(3)犯罪证据可能被转移、销毁以及其他证据可能灭失需要立即采取固定证据措施的;

(4)犯罪嫌疑人可能逃逸,需要立即采取刑事强制措施的。

2. 案件移送材料

环保部门向公安机关移送环境犯罪案件的,应当附有下列材料:

(1)涉嫌环境犯罪案件移送书(附件2);

(2)环境污染违法犯罪案件调查报告(说明行为人的违法事实、法律依据以及环保部门的调查经过及意见等);

(3)询问笔录、现场检查笔录、现场检查时的音像材料、环境监测报告或鉴定结论等证据材料;

(4)涉案物品清单;

(5)其他有关证据材料。

环保部门移送案件前已经作出行政处罚决定的,应当将行政处罚决定书一并移送。

3. 案件移送的证据要求

环保部门移送的证据材料应当符合有关证据要求,涉及下列情形的,还应当提交相关认可意见或其他补充材料:

(1)涉及区县环境监测机构出具的监测数据的,应当报经市环保局认可,并出具认可意见;

(2)涉及危险废物的案件,应当由市固体废物管理中心或调查案件的区县环保局、市环境监察总队,根据本市有关规定出具固体废物的危险特性认定意见;

(3)在饮用水水源一级保护区、自然保护区核心区排放、倾倒、处置有放射性的废物、含传染病病原体的废物、有毒物质的,应当同时提交保护区区划相关文件;

(4)两年内曾因违反国家规定,排放、倾倒、处置有放射性的废物、含传染病病原体的废物、有毒物质受过两次以上行政处罚,又实施前列行为的,应当同时移送涉案的环境行政处罚决定书等材料。

(二)案件移送程序

1. 环保部门的审查程序

环保部门应当指定两名以上执法人员负责案件移送工作,并在报本单位负责人批准后,向同级公安机关办理移送手续。不批准移送的,应当将不予批准的理由记录在案。

区县环保部门移送案件的,需报市环保局备案。

2. 公安机关的受理程序

对于环保部门移送的涉嫌犯罪案件,受理的公安机关应当在案件移送书回执上签字,并按照以下规定处理:

(1)对不属于本机关管辖的,应当在24小时内移送有管辖权的公安机关,并在移送后3个工作日内书面告知环保部门;

(2)对于属于本机关管辖的,应当自接受移送案件之日起3个工作日内作出是否立案的决定,并在作出决定后3个工作日内书面告知环保部门;不予立案的,应当向环保部门书面说明理由、退回案卷材料;

(3)立案后又撤销案件的,应当在作出决定后3个工作日内书面告知环保部门。

3. 异议处理程序

4. 环境污染行政违法案件的移送程序

公安机关对于下列案件,应当将案件材料移送环保部门,依法追究环境行政违法责任:

(1)日常工作中发现的涉嫌环境污染违法行为,尚不构成违反治安管理的案件;

(2)立案侦查后认为不构成犯罪,但涉嫌环境行政违法的案件;

(3)犯罪事实显著轻微,不需要追究刑事责任,但涉嫌环境行政违法的案件。

对于公安机关移送的涉嫌环境行政违法案件,环保部门应当依法作出处理,并在作出决定之日起7个工作日内书面告知公安机关。对于不属于本部门管辖的案件,环保部门应当及时转送有管辖权的环保部门,并书面告知公安机关。

四、强化保障措施,有效提升联动执法效能

(一)加强协作配合和沟通交流。对涉嫌环境污染犯罪的案件,环保部门需要公安机关提前介入调查的,公安机关应当积极参与;环保部门在执法检查中遇到恶意阻挠、暴力抗法情形的,公安机关应当及时出警、依法查处。公安机关立案侦查的环境污染犯罪案件,需要环保部门配合的,环保部门应当积极配合,为公安机关侦办环境污染犯罪案件提供专业支持。

环保部门就刑事案件的立案追诉标准、证据的固定保全、违法犯罪嫌疑人身份信息等咨询公安机关，以及公安机关就案件办理中的有关政策法规或专业性问题等咨询环保部门的，受咨询的部门应当认真研究、及时答复。

（二）建立行政执法与刑事司法信息共享平台。市环保局、市公安局共同推动环境污染违法犯罪案件信息平台建设，将相关信息纳入电子政务建设平台，实现环境污染违法犯罪案件行政执法与刑事司法信息的互联互通，提高联动执法效率。

（三）建立环境污染违法犯罪案件专家名录。市环保局、市公安局逐步建立环境污染违法犯罪案件专家名录，组织召集本市水污染、土壤污染、大气污染、化工、固体废物以及环境污染违法犯罪案件侦办等方面的专家和技术骨干，为各级环保部门、公安机关查处打击环境污染违法犯罪案件提供专业支持。

（四）建立督导检查和奖惩机制。市环保局、市公安局通过层级监督、案件评查、专项检查等措施，加强对下级执法办案机关依法移送、及时受理、严格处理环境污染违法犯罪案件的督导和检查。市、区（县）环保部门、公安机关应当将查处打击环境污染违法犯罪、开展联合执法情况等纳入本系统目标考核，有效调动执法人员的积极性和主动性。对环境污染违法犯罪案件该查不查、该移送不移送、以罚代刑，或者干扰案件查处，甚至包庇纵容的，要依法追究失职、渎职、滥用职权人员的法律责任。

（五）强化业务培训，提高办案水平。环保部门、公安机关要把提高执法人员业务素质作为一项最为紧迫的基础工作，切实抓紧、抓好。市环保局、市公安局要建立联合培训机制，通过典型案件剖析、跨部门学习锻炼等多种形式，全面系统地学习环境保护执法和刑事办案涉及的法律、法规和标准，重点要加强案件调查取证、移送办理及有关法律适用知识的培训，提升环境执法办案能力和水平。

附件：1. 本市环境污染案件移送标准及证据要求

2. 涉嫌环境犯罪案件移送书（略）

3. 本市环境污染违法犯罪案件调查取证的基本要求

附件 1

上海市环境污染案件移送标准及证据要求

序号	行为	罪名/处罚措施	移送追究标准	证据要求	
				主要证明内容	证据形式
1	在饮用水水源一级保护区、自然保护区核心区排放、倾倒、处置有放射性的废物、含传染病病原体的废物、有毒物质	污染环境罪非法倾倒、处置境外的固体废物的，依照非法处置进口的固体废物罪处罚	行为犯，具备该行为即达到追刑标准； 明知他人无经营许可证或者超出经营许可范围，向其提供或者委托其收集、贮存、利用、处置危险废物，严重污染环境的，以污染环境罪的共同犯罪论处。	1. 当事人存在排放、倾倒、处置有毒有害物质的行为； 2. 所排放、倾倒、处置物质的性质属于放射性的废物、含传染病病原体的废物、有毒物质（危险废物、剧毒化学品或列入重点环境管理危险化学品名录的化学品、重金属、持久性有机污染物、其他具有毒性的物质）之一的； 3. 排放、倾倒、处置地点（饮用水水源一级保护区或者自然保护区核心区）。	1. 询问笔录； 2. 现场检查笔录； 3. 物质性质鉴定意见或环境监测报告（区县监测的，需附上级环保部门认可意见）； 4. 现场照片等资料； 5. 水源地功能区划文件； 6. 其他证据，如陈述笔录、证人证言等。

续表

序号	行为	罪名/处罚措施	移送追究标准	证据要求	
				主要证明内容	证据形式
2	违反国家规定,向土地、水体、大气排放、倾倒或者处置有放射性的废物、含传染病病原体的废物、有毒物质或者其他危险废物	污染环境罪	两年内曾因该行为受过两次以上行政处罚,又实施该行为的。	1. 当事人两年内曾受过两次以上行政处罚; 2. 受处罚原因是违法排放、倾倒、处置有放射性的废物、含传染病病原体的废物、有毒物质的行为; 3. 当事人两年内又因上述原因发生第三次违法行为。	1. 询问笔录; 2. 现场检查笔录; 3. 行政处罚决定书; 4. 物质性质鉴定意见或环境监测报告(区县监测的,需附市环保局认可意见); 5. 其他证据材料。
3	非法排放、倾倒、处置危险废物	污染环境罪 非法倾倒、处置境外的固体废物的,依照非法处置进口的固体废物罪处罚	非法排放、倾倒、处置危险废物三吨以上; 明知他人无经营许可证或者超出经营许可范围,向其提供或者委托其收集、贮存、利用、处置危险废物,严重污染环境的,以污染环境罪的共同犯罪论处。	1. 当事人存在排放、倾倒、处置有毒有害物质的行为; 2. 所排放、倾倒、处置的物质为危险废物; 3. 危险废物量超过3吨以上。	1. 询问笔录; 2. 现场检查笔录; 3. 环境监测报告(区县监测的,需附市环保局认可意见); 4. 固体废物的危险特性鉴别意见; 5. 危险废物数量的说明或相关证据; 6. 现场照片等; 7. 其他证据材料。
4	违反国家规定,向土地、水体、大气排放、倾倒或者处置有放射性的废物、含传染病病原体的废物、有毒物质或者其他危险废物	污染环境罪 非法倾倒、处置境外的固体废物的,依照非法处置进口的固体废物罪处罚	1. 致使乡镇以上集中式饮用水水源取水中断十二小时以上的; 2. 致使基本农田、防护林地、特种用途林地五亩以上,其他农用地十亩以上,其他土地二十亩以上基本功能丧失或者遭受永久性破坏的; 3. 致使森林或者其他林木死亡五十立方米以上,或者幼树死亡二千五百株以上的; 4. 致使公私财产损失三十万元以上; 5. 致使疏散、转移群众五千人以上; 6. 致使三十人以上中毒的; 7. 致使三人以上轻伤、轻度残疾或者器官组织损伤导致一般功能障碍的; 8. 致使一人以上重伤、中度残疾或者器官组织损伤导致严重功能障碍的; 9. 其他严重污染环境的情形; 明知他人无经营许可证或者超出经营许可范围,向其提供或者委托其收集、贮存、利用、处置危险废物,严重污染环境的,以污染环境罪的共同犯罪论处。	1. 当事人存在违法排放、倾倒或者处置有毒有害物质的行为; 2. 所排放、倾倒、处置的物质为有放射性的废物、含传染病病原体的废物、有毒物质或其他有害物质; 3. 造成移送标准所列公私财产损失、人员伤亡等严重后果之一的; 4. 当事人的行为与上述后果存在因果关系。	1. 询问笔录; 2. 现场检查笔录; 3. 现场照片等; 4. 物质性质鉴定意见; 5. 环境监测报告(区县监测的,需附市环保局认可意见); 6.1 供水单位等部门的陈述材料;(对应标准第1项,以下分别对应2-8项); 6.2 农业部门等单位的陈述材料、鉴定意见等; 6.3 林业部门等单位的陈述材料、鉴定意见等; 6.4 环境损害评估报告等鉴定意见; 6.5 应急处置部门等单位的陈述材料; 6.6 卫生部门等单位的陈述材料; 6.7 医学鉴定意见(对应第7、8项); 7. 证人证言等证据材料。

续表

序号	行为	罪名/处罚措施	移送追究标准	证据要求	
				主要证明内容	证据形式
5	非法排放含重金属、持久性有机污染物等严重危害环境、损害人体健康的污染物	污染环境罪	非法排放的污染物超过国家污染物排放标准或者本市污染物排放标准三倍以上的。 明知他人无经营许可证或者超出经营许可范围,向其提供或者委托其收集、贮存、利用、处置危险废物,严重污染环境的,以污染环境罪的共同犯罪论处。	1. 当事人存在超标排放污染物的行为; 2. 所排放物质为重金属或持久性有机污染物; 3. 排放物质超标3倍以上。	1. 询问笔录; 2. 现场检查笔录; 3. 环境监测报告(区县监测的,需附市环保局认可意见); 4. 物质性质鉴定意见或测试结论; 5. 其他证据材料。
6	私设暗管或者利用渗井、渗坑、裂隙、溶洞等排放、倾倒、处置有放射性的废物、含传染病病原体的废物、有毒物质的	污染环境罪 非法倾倒、处置境外的固体废物的,依照非法处置进口的固体废物罪处罚	行为犯,具备该行为即达到追刑标准。 明知他人无经营许可证或者超出经营许可范围,向其提供或者委托其收集、贮存、利用、处置危险废物,严重污染环境的,以污染环境罪的共同犯罪论处。	1. 当事人存在排放、倾倒、处置有毒有害物质的行为; 2. 所排物质为有放射性的废物、含传染病病原体的废物或有毒物质的; 3. 行为方式为私设暗管或利用渗井、渗坑、裂隙、溶洞等排放、倾倒、处置。	1. 询问笔录; 2. 现场检查笔录; 3. 现场照片等; 4. 物质性质鉴定意见或测试报告(区县监测的,需附市环保局认可意见); 5. 其他证据材料。
7	未经国务院有关主管部门许可,擅自进口固体废物作为原料,造成重大环境污染事故	擅自进口固体废物罪	1. 排放含重金属、持久性有机污染物等严重危害环境、损害人体健康的污染物超过国家污染物排放标准或者本市污染物排放标准三倍以上的; 2. 致使乡镇以上集中式饮用水水源取水中断十二小时以上的; 3. 致使基本农田、防护林地、特种用途林地五亩以上,其他农用地十亩以上,其他土地二十亩以上基本功能丧失或者遭受永久性破坏的; 4. 致使森林或者其他林木死亡五十立方米以上,或者幼树死亡二千五百株以上的; 5. 致使公私财产损失三十万元以上的; 6. 致使疏散、转移群众五千人以上的; 7. 致使三十人以上中毒的; 8. 致使三人以上轻伤、轻度残疾或者器官组织损伤导致一般功能障碍的; 9. 致使一人以上重伤、中度残疾或者器官组织损伤导致严重功能障碍的; 10. 其他严重污染环境的情形。	1. 当事人存在擅自进口固体废物作为原料的行为; 2. 造成移送标准所列公私财产损失、人员伤亡等严重后果之一的; 3. 当事人的行为与上述后果存在因果关系。	1. 询问笔录; 2. 现场检查笔录; 3. 现场照片等; 4. 物质性质鉴定意见; 5. 环境监测报告(区县监测的,需附市环保局认可意见); 6.1 水务部门的陈述材料;(对应标准第2项,以下分别对应3-9项); 6.2 农业部门等单位的陈述材料、鉴定意见等;损失、人员伤亡等严重后果之一的; 6.3 林业部门等单位的陈述材料、鉴定意见等; 6.4 环境损害评估报告等鉴定意见; 6.5 应急处置部门等单位的陈述材料; 6.6 卫生部门等单位的陈述材料; 6.7 医学鉴定意见(对应第8、9项); 7. 证人证言等。

续表

序号	行为	罪名/处罚措施	移送追究标准	证据要求	
				主要证明内容	证据形式
8	违反国家规定,将境外的固体废物进境倾倒、堆放、处置	非法处置进口的固体废物罪	行为犯,具备该行为即达到追刑标准。	当事人存在违反国家规定,将境外的固体废物进境倾倒、堆放、处置的行为。	1. 询问笔录; 2. 现场检查笔录; 3. 现场照片等; 4. 物质性质鉴定意见或测试报告(区县监测的,需附市环保局认可意见); 5. 其他证据材料。
9	污染环境罪的共同犯罪	污染环境罪	行为人明知他人无经营许可证或者超出经营许可范围,向其提供或者委托其收集、贮存、利用、处置危险废物,严重污染环境的。	1. 存在事实上的提供或者委托收集、贮存、利用、处置危险废物的行为; 2. 提供人或者委托人明知或者应当明知他人无经营许可证或者超出经营许可范围; 3. 受委托从事危险废物经营的单位或者个人,符合《解释》的规定,涉嫌构成污染环境罪。	1. 询问笔录; 2. 现场检查笔录; 3. 现场照片等; 4. 固体废物危险特性鉴别意见; 5. 危险废物处置合同等书证; 6. 其他证据材料。
10	违反国家规定,储存、运输、使用、提供、处置爆炸性、毒害性、放射性、腐蚀性物质或者传染病病原体等危险物质,不够刑事处罚的	治安管理处罚	行为犯,具备该行为即达到处理标准 根据《中华人民共和国治安管理处罚法》第三十条,处十日以上十五日以下拘留;情节较轻的,处五日以上十日以下拘留。	当事人存在违反国家规定,储存、运输、使用、提供、处置爆炸性、毒害性、放射性、腐蚀性物质或者传染病病原体等危险物质的行为,未达到环境污染罪、非法运输、储存危险物质罪刑事处罚标准,予以治安管理处罚更有利于执法成效的。	1. 询问笔录; 2. 现场检查笔录; 3. 现场照片等; 4. 物质性质鉴定意见或测试报告(区县监测的,需附市环保局认可意见); 5. 其他证据材料。

附件3

上海市环境污染犯罪案件调查取证的基本要求

为了依法、准确地办好环境污染犯罪案件,本市(上海市)公安、环保部门应当依据各自职责,依法开展调查工作。在调查取证中应当按照《中华人民共和国刑事诉讼法》第四十八条关于证据形式的规定,根据案情,重点围绕环境犯罪事实、涉案犯罪主体资格以及环境污染影响等各项内容,全面开展调查取证工作,确保案件事实清楚,证据确凿。

(一)详细查明犯罪主体资格。属于自然人犯罪的,要详细核实犯罪嫌疑人的主体身份,收集其身份证件、护照等方面的证据;属于单位犯罪的,要调查公司、企业等单位的基本情况,收集工商注册资料、营业执照,是否取得相关资质证明等有关证据材料。

(二)讯问犯罪嫌疑人。属于多人共同作案的,应分清楚各人在环境污染犯罪行为中的地位、作用、分工,有针对性开展讯问,证实各个犯罪嫌疑人的主观犯意、作案过程等,要核对犯罪嫌疑人之间的供述是否吻合,确保能形成完整的证据链;犯罪嫌疑人之间要互相进行辨认,做好辨认笔录。

(三)收集证人证言。通过询问知情人或案发现场群众，获取案件的有关证据。结合证人对犯罪嫌疑人的指认、辨认以及对作案情节的具体描述等，证实有关污染环境犯罪事实系犯罪嫌疑人所为。

（四）询问被害人。案件涉及到被害人的，应当查找被害人进行取证，询问被害人相关时间、地点、经过等情况以及违法事实涉及的公私财产损失数额、人身伤亡和危害人体健康的后果等情形；如被害人入医院就诊或住院治疗，还应调取有关医学诊断证明或病历。

（五）开展勘验、检查或搜查。对环境污染犯罪的现场应进行勘验、检查，同时进行录像或拍摄现场照片，制作《现场勘查笔录》和绘制现场图。对与案件有关的场所（如公司、企业驻地、犯罪嫌疑人住处等），必要时可以依法进行搜查，制作搜查笔录；依法扣押涉案财物、生产设备及其他作案工具，提取有关涉案物品、书证等。

（六）进行鉴定和评估。全面、及时、客观收集并固定环境污染影响的相关证据。及时委托具有资质的鉴定机构出具鉴定意见或委托国务院环境保护部门指定的机构出具检验报告。环保部门及其所属监测机构出具的监测数据，要经省级以上环保部门认可，才能作为办案证据使用。

（七）制作视听资料。依法客观收集反映实施环境污染犯罪行为有关情况的录音带、录像带（监控视听资料）等。录音、录像等视听资料应当是原始载体。取得原始载体确有困难的，可以收集、调取复制件，复制件应当与原始记录核对无误，注明制作时间、制作地点、制作方法、制作过程、证明对象等，并由调取人、制作人和持有人签名或盖章。

（八）制作案件情况调查报告。环保部门向公安机关移送涉嫌环境犯罪案件的，应当提供案件情况调查报告。案件情况调查报告应当全面说明行为人的违法事实、法律依据以及环保部门的调查经过及意见等。环保部门移送案件前已经作出行政处罚决定的，应当将行政处罚决定书一并抄送被移送的公安机关。

河北省环境保护厅、河北省公安厅、河北省人民检察院关于办理环境污染犯罪案件的若干规定（试行）（节选）

（2013 年 9 月 16 日印发　冀环〔2013〕7 号）

为强化环境保护行政主管部门与司法机关的有效配合，实现行政执法与刑事司法的有序衔接，惩治环境污染犯罪，保护生态环境，依据《中华人民共和国刑法》、《刑法修正案（八）》、最高人民法院、最高人民检察院《关于办理环境污染刑事案件适用法律若干问题的解释》（法释〔2013〕15 号）、国务院《行政执法机关移送涉嫌犯罪案件的规定》（国务院第 310 号令）以及环保部《关于环境保护行政主管部门移送涉嫌环境犯罪案件的若干规定》（环发〔2007〕78 号）等有关法律和规定，结合我省实际，制定本规定。

一、严格履行法定职责

1. 各级环境保护行政主管部门法制机构负责环境污染犯罪案件移交；各级公安机关治安管理部门负责环境污染犯罪案件立案侦查；各级人民检察院侦查监督和公诉部门负责环境污染犯罪案件建议移送、监督立案、批准逮捕、提起公诉等相关工作。

2. 环境保护行政主管部门在查处环境违法案件过程中，发现涉嫌构成污染环境等犯罪行为的，应当将案件线索和有关证据材料向同级公安机关移送；发现涉嫌构成环境监管失职等犯罪行为的，应当将案件线索向同级人民检察院移送。

3. 公安机关对于环境保护行政主管部门移送的案件和自行受理的涉嫌环境犯罪案件，应当及时审查。经审查，认为确有犯罪事实需要追究刑事责任，且具有管辖权的，应当立案侦查。发现涉嫌贪污贿赂、渎职侵权等职务犯罪线索的,应当向人民检察院移送。

4. 人民检察院应当对环境保护行政主管部门移送和公安机关刑事立案工作进行监督,及时依法批准逮捕、提起公诉,并将处理结果书面告知环境保护行政主管部门、公安机关;对作出不起诉决定的案件、对人民法院作出无罪判决或者免于刑事处罚的案件,认为依法应当给予环境行政处罚的,应当提出检察建议,并移送环境保护行政主管部门处理。

二、环保部门办理程序

5. 环境保护行政主管部门查办案件过程中对符合环境犯罪刑事追诉标准涉嫌环境犯罪的案件,应当报经本部门正职负责人或者主持工作的负责人审批,并按规定及时向公安机关移送,不得以行政处罚代替刑事案件移送。对已作出行政处罚决定的,应当附有《行政处罚决定书》。

6. 对于案情重大、复杂、疑难,性质难以认定的案件,环境保护行政主管部门可以将案件情况向公安机关、人民检察院通报并咨询。对情况紧急、有证据表明可能涉嫌环境犯罪的人员有逃匿或者销毁证据嫌疑,需要公安机关参与、配合的,可以商请公安机关提前介入。

7. 环境保护行政主管部门移送涉嫌环境犯罪案件,应当附有的材料包括:①涉嫌犯罪案件移送书;②涉嫌犯罪案件情况的调查报告;③涉嫌物品清单;④有关监测报告、鉴定结论以及认可证明;⑤现场检查(勘察)笔录或者调查询问笔录;⑥其他有关涉嫌环境犯罪的材料。

8. 环境保护行政主管部门向公安机关或人民检察院移交作为证据使用的监测结论,应当申请省级环境保护行政主管部门认可。省级环境保护行政主管部门是否认可的意见应当在收到认可申请之日起5个工作日内作出。因特殊原因确需延长认可时间的,需经单位主要负责人批准。监测结论认可工作应当在正式移送前完成。

9. 环境保护行政主管部门对公安机关作出不予立案决定的案件,可以在收到通知3个工作日内,向作出不予立案决定的公安机关提请复议;也可将案件移送人民检察院,提请人民检察院立案监督。提请复议和提请立案监督时移送的案件证据材料应当与向公安机关提供的证据材料一致。

10. 环境保护行政主管部门对人民检察院建议移送的案件,应当自收到人民检察院建议移送的书面意见后24小时内将涉嫌环境犯罪案件移送公安机关,并将有关情况通报人民检察院。

11. 环境保护行政主管部门对依法移送办理终结的案件,应当将案卷材料归档,并按照逐级上报的方式报省级环境保护行政主管部门备案。

三、公安机关办理程序

12. 公安机关对环境保护行政主管部门移送的涉嫌犯罪案件,应当以书面形式予以受理。对于不属于本机关管辖,应当按有关规定移送相关部门,并书面告知移送案件的环境保护行政主管部门。认为移送涉嫌犯罪案件证据材料不全的,可以在受理后通知补充移送。

13. 公安机关对环境保护行政主管部门移送的涉嫌犯罪案件,应当在受理之日起3个工作日内作出立案或者不立案的决定。决定不立案的,应当同时退回案卷材料,并书面说明不立案的理由。

14. 公安机关对涉嫌环境污染犯罪刑事案件的报案、控告、举报和自首的材料,应当及时进行审查,认为有需要追究刑事责任的,应当立案侦查。认为不需要追究刑事责任但其行为已违反《中华人民共和国治安管理处罚法》的,公安机关应当依法作出行政拘留处罚。认为不需要追究刑事责任但应当由环境保护行政主管部门依法追究行政责任的,应当在作出决定之日起3个工作日内将案件及有关材料移送相关环境保护行政主管部门。

15. 对于人民检察院提出移送涉嫌环境犯罪案件意见而环境保护行政主管部门未移送,公安机关可以根据人民检察院的意见,主动向环境保护行政主管部门查询案件,必要时可以直接立案侦查。

16. 对于人民检察院要求说明不立案理由的案件,公安机关应当在收到人民检察院书面通知之日起7日内书面答复人民检察院。人民检察院审查后认为不立案理由不能成立，公安机关应当在收到通知立案书后15日以内立案。

17. 对于立案后又撤销的环境污染犯罪案件，公安机关应当向移送案件的环境保护行政主管部门和通知立案的人民检察院通报有关情况。

四、建立联合执法制度

18. 联席会议制度。县级以上环境保护行政主管部门应当定期组织召开联席会议。联席会议的负责人可由各单位的正职或者分管领导担任，并设联络人。联席会议每季度召开一次，紧急情况可召开临时会议。

19. 信息共享制度。建立健全环境犯罪案件信息网络平台，实现环境保护行政主管部门与公安机关、人民检察院之间行政执法、刑事司法信息互通。

20. 执法联动制度。在下列情况下，可以启动环保与公安执法联合执法机制：①在一定区域、时段内，某类环境污染违法犯罪案件高发的；②可能引起群体性事件或者暴力阻挠的；③环境保护执法人员在执法检查过程中，遇到恶意阻挠、恐吓或者暴力抗法的④公安部门立案侦查的环境污染违法犯罪案件，需要环境保护行政主管部门配合取证、监测、评估污染损失的；⑤经协商需要联合执法的其它情形。

21. 重大案件挂牌督办制度。省环境保护厅、省公安厅对以下案件实行挂牌督办：①在全省具有较大影响的疑难、复杂案件；②可能判处3年以上有期徒刑的案件；③严重影响当地群众生产、生活的案件；④省级以上领导批办的案件以及其他需要挂牌督办的重大案件。对挂牌督办的案件，公安、环境保护行政主管部门要成立专案小组，落实督办要求。各市、县公安、环保部门相应建立本地重大案件挂牌督办制度。

五、落实案件监督制度

22. 环境保护行政主管部门要建立健全完善行政执法监督机制，通过案件评查、重大案件备案审查、专案督查等方式，切实强化对涉嫌环境犯罪案件的监督检查，及时发现案件处理过程中存在的问题，通过执法监察建议、责令改正、限期移送等方式予以纠正。

23. 环境保护行政主管部门对已构成治安处罚、刑事处罚案件应当移送公安部门而不移送的，或者公安部门违反规定，不受理环境保护行政主管部门移送的涉嫌环境污染违法犯罪案件，公安、环境保护行政主管部门可提出立案监督建议，提请同级检察机关依法进行监督。

24. 人民检察院在调查处理案件过程中，可以向环境保护行政主管部门、公安机关查询案件情况，必要时可以派人查阅、复印案件材料，环境保护行政主管部门、公安机关应当予以配合。

六、加强办案组织领导

25. 加强组织领导。

26. 落实经费保障。

七、执行时间

27. 本规定自2013年9月20日起执行。法律、法规和规章已经有规定的，从其规定；有新规定或者有新的司法解释的，适用新规定或新解释。

附件：

1. 环境保护行政主管部门移送公安机关的涉嫌环境犯罪案件的范围及标准
2. 环境保护行政主管部门移送人民检察院的涉嫌环境犯罪案件的范围及标准
3. 监测结论认可申请书
4. 涉嫌环境犯罪案件移送书

江苏省高级人民法院、江苏省人民检察院关于依法办理环境保护案件若干问题的实施意见(办理刑事案件部分)

(2013年10月21日江苏省高级人民法院审判委员会2013年第25次会议,2013年11月1日江苏省人民检察院检察委员会2013年第11次会议通过)

为深入贯彻党的十八大精神,全面落实省委关于实施生态文明建设工程的决策部署,加快推进美丽江苏建设,现就全省法院、检察院充分发挥司法职能作用,统一正确适用法律,依法妥善处理环境保护案件,深入推进我省生态文明法治建设,提出如下意见。

一、发挥刑事司法职能,依法严厉打击环境污染犯罪行为

1. 严格依照刑法、《最高人民法院、最高人民检察院关于办理环境污染刑事案件适用法律若干问题的解释》(以下简称《解释》)的规定,始终坚持以事实为依据、以法律为准绳,准确认定犯罪行为、危害后果、因果关系以及行为人的主观恶性,依法正确定罪量刑。

2. 对于非法排放含重金属、持久性有机污染物等严重危害环境、损害人体健康的污染物,尚无国家污染物排放标准、仅有我省人民政府根据法律授权制定的污染物排放标准,或者既有国家排放标准又有我省人民政府根据法律授权制定的污染物排放标准的,均应当按照是否超过我省污染物排放标准三倍以上来认定行为是否属于"严重污染环境情形"。

3. 准确把握落实宽严相济刑事政策,综合考虑污染环境行为的犯罪情节、危害后果、社会影响以及犯罪行为发生后被告人处置、应对情况,正确适用刑罚;对于共同犯罪,应区分各被告人的地位作用,做到宽严得当,努力实现裁判法律效果与社会效果的统一。

4. 构成污染环境罪,量刑起点为一年,量刑情节对基准刑的调节结果在1-6个月之间的,可以判处拘役;处三年以上七年以下有期徒刑的,量刑起点为有期徒刑四年。具有《解释》第一条、第三条中三项以上情形的,可以增加10% -30%的幅度调节基准刑,具有六项以上情形的,可以增加30% -50%的幅度调节基准刑;具有《解释》第四条第一款规定情形之一的,可以增加10% -20%的幅度调节基准刑,具有两项以上情形的,可以增加30% -40%的幅度调节基准刑;具有《解释》第五条规定情形的,可以减少10% -20%的幅度调节基准刑。按照《解释》第四条第二款对于被告人数罪并罚的,无需再按照该条第一款第(一)项之规定对其所犯污染环境罪、非法处置进口的固体废物罪从重处罚。

5. 为了单位利益,实施污染环境犯罪行为,并具有下列情形之一的,可以认定为单位犯罪:(一)由单位决策机构决定的;(二)经单位主要负责人或者分管负责人事先同意的;(三)单位主要负责人或者分管负责人明知行为人实施上述行为而不加以制止,也未及时采取措施防止损失扩大、消除污染的。

6.《解释》第六条中规定的"直接负责的主管人员和其他直接责任人员",既包括直接从事排污工作的人员,也包括对排污工作负有决定、组织、指挥或者管理职责的负责人、管理人员等。

7. 坚持罪责刑相适应原则,充分发挥罚金刑对污染环境犯罪的惩罚、预防功能。禁止以罚代刑,以财产刑代替主刑的适用。加大对单位罚金刑的处罚力度,防止其再犯可能。对污染环境犯罪行为已发生实际危害后果的,应当充分考虑污染环境行为造成的实际损失、重大影响、恶劣后果等情形确定罚金刑的适用;对污染环境犯罪行为尚未发生实际危害后果的,应当充分考虑污染环境犯罪行为的情节恶劣程度、潜在危害后果大小等因素确定罚金刑的适用。

8. 对污染环境犯罪行为情节、后果一般,被告人主观恶性较小,符合缓刑适用条件的,可以适用缓刑,但应当审慎适用。对被告人判

处缓刑的，可以同时宣告禁止令，禁止其在缓刑考验期内从事与排污工作有关的活动。

9. 办理污染环境刑事案件，应当坚持事实清楚、证据确实充分的认定标准。认定案件中行为人的主观犯意、排污行为、危害后果以及因果关系等，必要时可以根据案件事实并结合相应的专业知识等综合审查判断。

10. 对污染环境刑事案件中的专门性问题需要鉴定，但没有法定司法鉴定机构的，可以指派、聘请由国务院环境保护部门指定的机构出具检验报告，检验报告可以作为定罪量刑的参考。县级以上环境保护部门及其所属监测机构出具的监测数据，应当经省级以上环境保护部门一案一认可后，才可以作为证据使用。

11. 人民检察院应当及时介入重大环境污染事故的调查处理，严肃查办严重环境污染案件和责任事故背后的渎职犯罪案件，以及在环境保护监管执法过程中的贪污贿赂等职务犯罪案件。

12. 人民法院和人民检察院应当建立环境污染刑事案件优先办理、快速办理工作机制。对社会影响大、群众反映强烈的污染环境的犯罪案件，人民检察院应当及时介入侦查引导取证，依法快捕快诉，人民法院应当依法快审、快结，增强打击犯罪的震慑力。

二、强化环境保护行政案件的法律监督，促进依法行政

三、依法办理环境污染公益诉讼民事案件，切实保障民生

四、健全完善工作机制，努力形成加强环境保护的合力

第三章　环保民商事案件适用法律法规

基本法律法规

中华人民共和国民法通则(节选)

(1986年4月12日第六届全国人民代表大会第四次会议通过,根据2009年8月27日第十一届全国人民代表大会常务委员会第十次会议《关于修改部分法律的决定》修正)

第八十一条 国家所有的森林、山岭、草原、荒地、滩涂、水面等自然资源,可以依法由全民所有制单位使用,也可以依法确定由集体所有制单位使用,国家保护它的使用、收益的权利;使用单位有管理、保护、合理利用的义务。

国家所有的矿藏,可以依法由全民所有制单位和集体所有制单位开采,也可以依法由公民采挖。国家保护合法的采矿权。

公民、集体依法对集体所有的或者国家所有由集体使用的森林、山岭、草原、荒地、滩涂、水面的承包经营权,受法律保护。承包双方的权利和义务,依照法律由承包合同规定。

国家所有的矿藏、水流,国家所有的和法律规定属于集体所有的林地、山岭、草原、荒地、滩涂不得买卖、出租、抵押或者以其他形式非法转让。

第八十三条 不动产的相邻各方,应当按照有利生产、方便生活、团结互助、公平合理的精神,正确处理截水、排水、通行、通风、采光等方面的相邻关系。给相邻方造成妨碍或者损失的,应当停止侵害,排除妨碍,赔偿损失。

第一百二十三条 从事高空、高压、易燃、易爆、剧毒、放射性、高速运输工具等对周围环境有高度危险的作业造成他人损害的,应当承担民事责任;如果能够证明损害是由受害人故意造成的,不承担民事责任。

第一百二十四条 违反国家保护环境防止污染的规定,污染环境造成他人损害的,应当依法承担民事责任。

中华人民共和国侵权责任法(节选)

(2009年12月26日第十一届全国人民代表大会常务委员会第十二次会议通过,自2010年7月1日起施行)

第二十一条 侵权行为危及他人人身、财产安全的,被侵权人可以请求侵权人承担停止侵害、排除妨碍、消除危险等侵权责任。

第二十二条 侵害他人人身权益,造成他人严重精神损害的,被侵权人可以请求精神损害赔偿。

第八章 环境污染责任

第六十五条 因污染环境造成损害的,污染者应当承担侵权责任。

第六十六条 因污染环境发生纠纷,污染者应当就法律规定的不承担责任或者减轻责任的情形及其行为与损害之间不存在因果关系承担举证责任。

第六十七条 两个以上污染者污染环境,污染者承担责任的大小,根据污染物的种类、排放量等因素确定。

第六十八条 因第三人的过错污染环境造成损害的,被侵权人可以向污染者请求赔偿,也可以向第三人请求赔偿。污染者赔偿后,有权向第三人追偿。

第九章 高度危险责任

第七十条 民用核设施发生核事故造成他人损害的,民用核设施的经营者应当承担侵权责任,但能够证明损害是因战争等情形或者受害人故意造成的,不承担责任。

第七十二条 占有或者使用易燃、易爆、剧毒、放射性等高度危险物造成他人损害的,占有人或者使用人应当承担侵权责任,但能够证明损害是因受害人故意或者不可抗力造成的,不承担责任。被侵权人对损害的发生有重大过失的,可以减轻占有人或者使用人的责任。

第七十四条 遗失、抛弃高度危险物造成他人损害的,由所有人承担侵权责任。所有人将高度危险物交由他人管理的,由管理人承担侵权责任;所有人有过错的,与管理人承担连带责任。

第七十五条 非法占有高度危险物造成他人损害的,由非法占有人承担侵权责任。所有人、管理人不能证明对防止他人非法占有尽到高度注意义务的,与非法占有人承担连带责任。

第七十六条 未经许可进入高度危险活动区域或者高度危险物存放区域受到损害,管理人已经采取安全措施并尽到警示义务的,可以减轻或者不承担责任。

第七十七条 承担高度危险责任,法律规定赔偿限额的,依照其规定。

中华人民共和国民事诉讼法(节选)

(1982年3月8日第五届全国人民代表大会常务委员会第二十二次会议通过,1991年4月9日第七届第一次全国人民代表大会第四次会议通过,2007年10月28日第十届全国人民代表大会常务委员会第三十次会议修正,根据2012年8月31日第十一届全国人民代表大会常务委员会第二十八次会议《关于修改〈中华人民共和国民事诉讼法〉的决定》第二次修正)

第五十五条 对污染环境、侵害众多消费者合法权益等损害社会公共利益的行为,法律规定的机关和有关组织可以向人民法院提起诉讼。

第一百条 人民法院对于可能因当事人一方的行为或者其他原因,使判决难以执行或者造成当事人其他损害的案件,根据对方当事人的申请,可以裁定对其财产进行保全、责令其作出一定行为或者禁止其作出一定行为;当事人没有提出申请的,人民法院在必要时也可以裁定采取保全措施。

人民法院采取保全措施,可以责令申请人提供担保,申请人不提供担保的,裁定驳回申请。

人民法院接受申请后,对情况紧急的,必须在四十八小时内作出裁定;裁定采取保全措施的,应当立即开始执行。

第一百零六条 人民法院对下列案件,根据当事人的申请,可以裁定先予执行:

……

(三)因情况紧急需要先予执行的。

第二百六十六条 因在中华人民共和国履行中外合资经营企业合同、中外合作经营企业合同、中外合作勘探开发自然资源合同发生纠纷提起的诉讼,由中华人民共和国人民法院管辖。

最高人民法院关于适用《中华人民共和国民事诉讼法》的解释(节选)

(2014年12月18日由最高人民法院审判委员会第1636次会议通过,自2015年2月4日起施行,法释〔2015〕5号)

第一百七十条 民事诉讼法第一百零六条第三项规定的情况紧急,包括:

(一)需要立即停止侵害、排除妨碍的;

(二)需要立即制止某项行为的;

……

十三、公益诉讼

第二百八十四条 环境保护法、消费者权益保护法等法律规定的机关和有关组织对污染环境、侵害众多消费者合法权益等损害社会公共利益的行为，根据民事诉讼法第五十五条规定提起公益诉讼，符合下列条件的，人民法院应当受理：

（一）有明确的被告；

（二）有具体的诉讼请求；

（三）有社会公共利益受到损害的初步证据；

（四）属于人民法院受理民事诉讼的范围和受诉人民法院管辖。

第二百八十五条 公益诉讼案件由侵权行为地或者被告住所地中级人民法院管辖，但法律、司法解释另有规定的除外。

因污染海洋环境提起的公益诉讼，由污染发生地、损害结果地或者采取预防污染措施地海事法院管辖。

对同一侵权行为分别向两个以上人民法院提起公益诉讼的，由最先立案的人民法院管辖，必要时由它们的共同上级人民法院指定管辖。

第二百八十六条 人民法院受理公益诉讼案件后，应当在十日内书面告知相关行政主管部门。

第二百八十七条 人民法院受理公益诉讼案件后，依法可以提起诉讼的其他机关和有关组织，可以在开庭前向人民法院申请参加诉讼。人民法院准许参加诉讼的，列为共同原告。

第二百八十八条 人民法院受理公益诉讼案件，不影响同一侵权行为的受害人根据民事诉讼法第一百一十九条规定提起诉讼。

第二百八十九条 对公益诉讼案件，当事人可以和解，人民法院可以调解。

当事人达成和解或者调解协议后，人民法院应当将和解或者调解协议进行公告。公告期间不得少于三十日。

公告期满后，人民法院经审查，和解或者调解协议不违反社会公共利益的，应当出具调解书；和解或者调解协议违反社会公共利益的，不予出具调解书，继续对案件进行审理并依法作出裁判。

第二百九十条 公益诉讼案件的原告在法庭辩论终结后申请撤诉的，人民法院不予准许。

第二百九十一条 公益诉讼案件的裁判发生法律效力后，其他依法具有原告资格的机关和有关组织就同一侵权行为另行提起公益诉讼的，人民法院裁定不予受理，但法律、司法解释另有规定的除外。

最高人民法院关于审理环境侵权责任纠纷案件适用法律若干问题的解释

（2015年2月9日最高人民法院审判委员会第1644次会议通过，法释〔2015〕12号）

为正确审理环境侵权责任纠纷案件，根据《中华人民共和国侵权责任法》《中华人民共和国环境保护法》《中华人民共和国民事诉讼法》等法律的规定，结合审判实践，制定本解释。

第一条 因污染环境造成损害，不论污染者有无过错，污染者应当承担侵权责任。污染者以排污符合国家或者地方污染物排放标准为由主张不承担责任的，人民法院不予支持。

污染者不承担责任或者减轻责任的情形，适用海洋环境保护法、水污染防治法、大气污染防治法等环境保护单行法的规定；相关环境保护单行法没有规定的，适用侵权责任法的规定。

第二条 两个以上污染者共同实施污染行为造成损害，被侵权人根据侵权责任法第八条规定请求污染者承担连带责任的，人民法院应予支持。

第三条 两个以上污染者分别实施污染行为造

成同一损害，每一个污染者的污染行为都足以造成全部损害，被侵权人根据侵权责任法第十一条规定请求污染者承担连带责任的，人民法院应予支持。

两个以上污染者分别实施污染行为造成同一损害，每一个污染者的污染行为都不足以造成全部损害，被侵权人根据侵权责任法第十二条规定请求污染者承担责任的，人民法院应予支持。

两个以上污染者分别实施污染行为造成同一损害，部分污染者的污染行为足以造成全部损害，部分污染者的污染行为只造成部分损害，被侵权人根据侵权责任法第十一条规定请求足以造成全部损害的污染者与其他污染者就共同造成的损害部分承担连带责任，并对全部损害承担责任的，人民法院应予支持。

第四条 两个以上污染者污染环境，对污染者承担责任的大小，人民法院应当根据污染物的种类、排放量、危害性以及有无排污许可证、是否超过污染物排放标准、是否超过重点污染物排放总量控制指标等因素确定。

第五条 被侵权人根据侵权责任法第六十八条规定分别或者同时起诉污染者、第三人的，人民法院应予受理。

被侵权人请求第三人承担赔偿责任的，人民法院应当根据第三人的过错程度确定其相应赔偿责任。

污染者以第三人的过错污染环境造成损害为由主张不承担责任或者减轻责任的，人民法院不予支持。

第六条 被侵权人根据侵权责任法第六十五条规定请求赔偿的，应当提供证明以下事实的证据材料：

（一）污染者排放了污染物；

（二）被侵权人的损害；

（三）污染者排放的污染物或者其次生污染物与损害之间具有关联性。

第七条 污染者举证证明下列情形之一的，人民法院应当认定其污染行为与损害之间不存在因果关系：

（一）排放的污染物没有造成该损害可能的；

（二）排放的可造成该损害的污染物未到达该损害发生地的；

（三）该损害于排放污染物之前已发生的；

（四）其他可以认定污染行为与损害之间不存在因果关系的情形。

第八条 对查明环境污染案件事实的专门性问题，可以委托具备相关资格的司法鉴定机构出具鉴定意见或者由国务院环境保护主管部门推荐的机构出具检验报告、检测报告、评估报告或者监测数据。

第九条 当事人申请通知一至两名具有专门知识的人出庭，就鉴定意见或者污染物认定、损害结果、因果关系等专业问题提出意见的，人民法院可以准许。当事人未申请，人民法院认为有必要的，可以进行释明。

具有专门知识的人在法庭上提出的意见，经当事人质证，可以作为认定案件事实的根据。

第十条 负有环境保护监督管理职责的部门或者其委托的机构出具的环境污染事件调查报告、检验报告、检测报告、评估报告或者监测数据等，经当事人质证，可以作为认定案件事实的根据。

第十一条 对于突发性或者持续时间较短的环境污染行为，在证据可能灭失或者以后难以取得的情况下，当事人或者利害关系人根据民事诉讼法第八十一条规定申请证据保全的，人民法院应当准许。

第十二条 被申请人具有环境保护法第六十三条规定情形之一，当事人或者利害关系人根据民事诉讼法第一百条或者第一百零一条规定申请保全的，人民法院可以裁定责令被申请人立即停止侵害行为或者采取污染防治措施。

第十三条 人民法院应当根据被侵权人的诉讼请求以及具体案情，合理判定污染者承担停止侵害、排除妨碍、消除危险、恢复原状、赔礼道歉、赔偿损失等民事责任。

第十四条 被侵权人请求恢复原状的，人民法院可以依法裁判污染者承担环境修复责任，并同时确定被告不履行环境修复义务时应当承担的环境修复费用。

污染者在生效裁判确定的期限内未履行

环境修复义务的，人民法院可以委托其他人进行环境修复，所需费用由污染者承担。

第十五条 被侵权人起诉请求污染者赔偿因污染造成的财产损失、人身损害以及为防止污染扩大、消除污染而采取必要措施所支出的合理费用的，人民法院应予支持。

第十六条 下列情形之一，应当认定为环境保护法第六十五条规定的弄虚作假：

（一）环境影响评价机构明知委托人提供的材料虚假而出具严重失实的评价文件的；

（二）环境监测机构或者从事环境监测设备维护、运营的机构故意隐瞒委托人超过污染物排放标准或者超过重点污染物排放总量控制指标的事实的；

（三）从事防治污染设施维护、运营的机构故意不运行或者不正常运行环境监测设备或者防治污染设施的；

（四）有关机构在环境服务活动中其他弄虚作假的情形。

第十七条 被侵权人提起诉讼，请求污染者停止侵害、排除妨碍、消除危险的，不受环境保护法第六十六条规定的时效期间的限制。

第十八条 本解释适用于审理因污染环境、破坏生态造成损害的民事案件，但法律和司法解释对环境民事公益诉讼案件另有规定的除外。

相邻污染侵害纠纷、劳动者在职业活动中因受污染损害发生的纠纷，不适用本解释。

第十九条 本解释施行后，人民法院尚未审结的一审、二审案件适用本解释规定。本解释施行前已经作出生效裁判的案件，本解释施行后依法再审的，不适用本解释。

本解释施行后，最高人民法院以前颁布的司法解释与本解释不一致的，不再适用。

最高人民法院关于民事诉讼证据的若干规定（节选）

（2001年12月6日由最高人民法院审判委员会第1201次会议通过，自2002年4月1日起施行，法释〔2001〕33号）

第四条 下列侵权诉讼，按照以下规定承担举证责任：

……

（二）高度危险作业致人损害的侵权诉讼，由加害人就受害人故意造成损害的事实承担举证责任；

（三）因环境污染引起的损害赔偿诉讼，由加害人就法律规定的免责事由及其行为与损害结果之间不存在因果关系承担举证责任；

……

（七）因共同危险行为致人损害的侵权诉讼，由实施危险行为的人就其行为与损害结果之间不存在因果关系承担举证责任；

第六十一条 当事人可以向人民法院申请由一至二名具有专门知识的人员出庭就案件的专门性问题进行说明。人民法院准许其申请的，有关费用由提出申请的当事人负担。

审判人员和当事人可以对出庭的具有专门知识的人员进行询问。

经人民法院准许，可以由当事人各自申请的具有专门知识的人员就有案件中的问题进行对质。

具有专门知识的人员可以对鉴定人进行询问。

最高人民法院关于审理环境民事公益诉讼案件适用法律若干问题的解释

(2014年12月8日最高人民法院审判委员会第1631次会议通过,自2015年1月7日起施行,法释〔2015〕1号)

为正确审理环境民事公益诉讼案件,根据《中华人民共和国民事诉讼法》《中华人民共和国侵权责任法》《中华人民共和国环境保护法》等法律的规定,结合审判实践,制定本解释。

第一条　法律规定的机关和有关组织依据民事诉讼法第五十五条、环境保护法第五十八条等法律的规定,对已经损害社会公共利益或者具有损害社会公共利益重大风险的污染环境、破坏生态的行为提起诉讼,符合民事诉讼法第一百一十九条第二项、第三项、第四项规定的,人民法院应予受理。

第二条　依照法律、法规的规定,在设区的市级以上人民政府民政部门登记的社会团体、民办非企业单位以及基金会等,可以认定为环境保护法第五十八条规定的社会组织。

第三条　设区的市,自治州、盟、地区,不设区的地级市,直辖市的区以上人民政府民政部门,可以认定为环境保护法第五十八条规定的"设区的市级以上人民政府民政部门"。

第四条　社会组织章程确定的宗旨和主要业务范围是维护社会公共利益,且从事环境保护公益活动的,可以认定为环境保护法第五十八条规定的"专门从事环境保护公益活动"。

社会组织提起的诉讼所涉及的社会公共利益,应与其宗旨和业务范围具有关联性。

第五条　社会组织在提起诉讼前五年内未因从事业务活动违反法律、法规的规定受过行政、刑事处罚的,可以认定为环境保护法第五十八条规定的"无违法记录"。

第六条　第一审环境民事公益诉讼案件由污染环境、破坏生态行为发生地、损害结果地或者被告住所地的中级以上人民法院管辖。

中级人民法院认为确有必要的,可以在报请高级人民法院批准后,裁定将本院管辖的第一审环境民事公益诉讼案件交由基层人民法院审理。

同一原告或者不同原告对同一污染环境、破坏生态行为分别向两个以上有管辖权的人民法院提起环境民事公益诉讼的,由最先立案的人民法院管辖,必要时由共同上级人民法院指定管辖。

第七条　经最高人民法院批准,高级人民法院可以根据本辖区环境和生态保护的实际情况,在辖区内确定部分中级人民法院受理第一审环境民事公益诉讼案件。

中级人民法院管辖环境民事公益诉讼案件的区域由高级人民法院确定。

第八条　提起环境民事公益诉讼应当提交下列材料:

(一)符合民事诉讼法第一百二十一条规定的起诉状,并按照被告人数提出副本;

(二)被告的行为已经损害社会公共利益或者具有损害社会公共利益重大风险的初步证明材料;

(三)社会组织提起诉讼的,应当提交社会组织登记证书、章程、起诉前连续五年的年度工作报告书或者年检报告书,以及由其法定代表人或者负责人签字并加盖公章的无违法记录的声明。

第九条　人民法院认为原告提出的诉讼请求不足以保护社会公共利益的,可以向其释明变更或者增加停止侵害、恢复原状等诉讼请求。

第十条　人民法院受理环境民事公益诉讼后,应当在立案之日起五日内将起诉状副本发送被告,并公告案件受理情况。

有权提起诉讼的其他机关和社会组织在公告之日起三十日内申请参加诉讼,经审查符合法定条件的,人民法院应当将其列为共同原告;逾期申请的,不予准许。

公民、法人和其他组织以人身、财产受到

损害为由申请参加诉讼的，告知其另行起诉。

第十一条 检察机关、负有环境保护监督管理职责的部门及其他机关、社会组织、企业事业单位依据民事诉讼法第十五条的规定，可以通过提供法律咨询、提交书面意见、协助调查取证等方式支持社会组织依法提起环境民事公益诉讼。

第十二条 人民法院受理环境民事公益诉讼后，应当在十日内告知对被告行为负有环境保护监督管理职责的部门。

第十三条 原告请求被告提供其排放的主要污染物名称、排放方式、排放浓度和总量、超标排放情况以及防治污染设施的建设和运行情况等环境信息，法律、法规、规章规定被告应当持有或者有证据证明被告持有而拒不提供，如果原告主张相关事实不利于被告的，人民法院可以推定该主张成立。

第十四条 对于审理环境民事公益诉讼案件需要的证据，人民法院认为必要的，应当调查收集。

对于应当由原告承担举证责任且为维护社会公共利益所必要的专门性问题，人民法院可以委托具备资格的鉴定人进行鉴定。

第十五条 当事人申请通知有专门知识的人出庭，就鉴定人作出的鉴定意见或者就因果关系、生态环境修复方式、生态环境修复费用以及生态环境受到损害至恢复原状期间服务功能的损失等专门性问题提出意见的，人民法院可以准许。

前款规定的专家意见经质证，可以作为认定事实的根据。

第十六条 原告在诉讼过程中承认的对己方不利的事实和认可的证据，人民法院认为损害社会公共利益的，应当不予确认。

第十七条 环境民事公益诉讼案件审理过程中，被告以反诉方式提出诉讼请求的，人民法院不予受理。

第十八条 对污染环境、破坏生态，已经损害社会公共利益或者具有损害社会公共利益重大风险的行为，原告可以请求被告承担停止侵害、排除妨碍、消除危险、恢复原状、赔偿损失、赔礼道歉等民事责任。

第十九条 原告为防止生态环境损害的发生和扩大，请求被告停止侵害、排除妨碍、消除危险的，人民法院可以依法予以支持。

原告为停止侵害、排除妨碍、消除危险采取合理预防、处置措施而发生的费用，请求被告承担的，人民法院可以依法予以支持。

第二十条 原告请求恢复原状的，人民法院可以依法判决被告将生态环境修复到损害发生之前的状态和功能。无法完全修复的，可以准许采用替代性修复方式。

人民法院可以在判决被告修复生态环境的同时，确定被告不履行修复义务时应承担的生态环境修复费用；也可以直接判决被告承担生态环境修复费用。

生态环境修复费用包括制定、实施修复方案的费用和监测、监管等费用。

第二十一条 原告请求被告赔偿生态环境受到损害至恢复原状期间服务功能损失的，人民法院可以依法予以支持。

第二十二条 原告请求被告承担检验、鉴定费用，合理的律师费以及为诉讼支出的其他合理费用的，人民法院可以依法予以支持。

第二十三条 生态环境修复费用难以确定或者确定具体数额所需鉴定费用明显过高的，人民法院可以结合污染环境、破坏生态的范围和程度、生态环境的稀缺性、生态环境恢复的难易程度、防治污染设备的运行成本、被告因侵害行为所获得的利益以及过错程度等因素，并可以参考负有环境保护监督管理职责的部门的意见、专家意见等，予以合理确定。

第二十四条 人民法院判决被告承担的生态环境修复费用、生态环境受到损害至恢复原状期间服务功能损失等款项，应当用于修复被损害的生态环境。

其他环境民事公益诉讼中败诉原告所需承担的调查取证、专家咨询、检验、鉴定等必要费用，可以酌情从上述款项中支付。

第二十五条 环境民事公益诉讼当事人达成调解协议或者自行达成和解协议后，人民法院应当将协议内容公告，公告期间不少于三十日。

公告期满后，人民法院审查认为调解协议或者和解协议的内容不损害社会公共利益的，应当出具调解书。当事人以达成和解协议为由申请撤诉的，不予准许。

调解书应当写明诉讼请求、案件的基本事实和协议内容，并应当公开。

第二十六条　负有环境保护监督管理职责的部门依法履行监管职责而使原告诉讼请求全部实现，原告申请撤诉的，人民法院应予准许。

第二十七条　法庭辩论终结后，原告申请撤诉的，人民法院不予准许，但本解释第二十六条规定的情形除外。

第二十八条　环境民事公益诉讼案件的裁判生效后，有权提起诉讼的其他机关和社会组织就同一污染环境、破坏生态行为另行起诉，有下列情形之一的，人民法院应予受理：

（一）前案原告的起诉被裁定驳回的；

（二）前案原告申请撤诉被裁定准许的，但本解释第二十六条规定的情形除外。

环境民事公益诉讼案件的裁判生效后，有证据证明存在前案审理时未发现的损害，有权提起诉讼的机关和社会组织另行起诉的，人民法院应予受理。

第二十九条　法律规定的机关和社会组织提起环境民事公益诉讼的，不影响因同一污染环境、破坏生态行为受到人身、财产损害的公民、法人和其他组织依据民事诉讼法第一百一十九条的规定提起诉讼。

第三十条　已为环境民事公益诉讼生效裁判认定的事实，因同一污染环境、破坏生态行为依据民事诉讼法第一百一十九条规定提起诉讼的原告、被告均无需举证证明，但原告对该事实有异议并有相反证据足以推翻的除外。

对于环境民事公益诉讼生效裁判就被告是否存在法律规定的不承担责任或者减轻责任的情形、行为与损害之间是否存在因果关系、被告承担责任的大小等所作的认定，因同一污染环境、破坏生态行为依据民事诉讼法第一百一十九条规定提起诉讼的原告主张适用的，人民法院应予支持，但被告有相反证据足以推翻的除外。被告主张直接适用对其有利的认定的，人民法院不予支持，被告仍应举证证明。

第三十一条　被告因污染环境、破坏生态在环境民事公益诉讼和其他民事诉讼中均承担责任，其财产不足以履行全部义务的，应当先履行其他民事诉讼生效裁判所确定的义务，但法律另有规定的除外。

第三十二条　发生法律效力的环境民事公益诉讼案件的裁判，需要采取强制执行措施的，应当移送执行。

第三十三条　原告交纳诉讼费用确有困难，依法申请缓交的，人民法院应予准许。

败诉或者部分败诉的原告申请减交或者免交诉讼费用的，人民法院应当依照《诉讼费用交纳办法》的规定，视原告的经济状况和案件的审理情况决定是否准许。

第三十四条　社会组织有通过诉讼违法收受财物等牟取经济利益行为的，人民法院可以根据情节轻重依法收缴其非法所得、予以罚款；涉嫌犯罪的，依法移送有关机关处理。

社会组织通过诉讼牟取经济利益的，人民法院应当向登记管理机关或者有关机关发送司法建议，由其依法处理。

第三十五条　本解释施行前最高人民法院发布的司法解释和规范性文件，与本解释不一致的，以本解释为准。

最高人民法院、民政部、环境保护部关于贯彻实施环境民事公益诉讼制度的通知

（法〔2014〕352号）

各省、自治区、直辖市高级人民法院、民政厅（局）、环境保护厅（局），新疆维吾尔自治区高级人民法院生产建设兵团分院、民政局、环境保护局：

为正确实施《中华人民共和国民事诉讼法》、《中华人民共和国环境保护法》、《最高人民法院关于审理环境民事公益诉讼案件适用法律若干问题的解释》，现就贯彻实施环境民事公益诉讼制度有关事项通知如下：

一、人民法院受理和审理社会组织提起的环境民事公益诉讼，可根据案件需要向社会组织的登记管理机关查询或者核实社会组织的基本信息，包括名称、住所、成立时间、宗旨、业务范围、法定代表人或者负责人、存续状态、年检信息、从事业务活动的情况以及登记管理机关掌握的违法记录等，有关登记管理机关应及时将相关信息向人民法院反馈。

二、社会组织存在通过诉讼牟取经济利益情形的，人民法院应向其登记管理机关发送司法建议，由登记管理机关依法对其进行查处，查处结果应向社会公布并通报人民法院。

三、人民法院受理环境民事公益诉讼后，应当在十日内通报对被告行为负有监督管理职责的环境保护主管部门。环境保护主管部门收到人民法院受理环境民事公益诉讼案件线索后，可以根据案件线索开展核查；发现被告行为构成环境行政违法的，应当依法予以处理，并将处理结果通报人民法院。

四、人民法院因审理案件需要，向负有监督管理职责的环境保护主管部门调取涉及被告的环境影响评价文件及其批复、环境许可和监管、污染物排放情况、行政处罚及处罚依据等证据材料的，相关部门应及时向人民法院提交，法律法规规定不得对外提供的材料除外。

五、环境民事公益诉讼当事人达成调解协议或者自行达成和解协议的，人民法院应当将协议内容告知负有监督管理职责的环境保护主管部门。相关部门对协议约定的修复费用、修复方式等内容有意见和建议的，应及时向人民法院提出。

六、人民法院可以判决被告自行组织修复生态环境，可以委托第三方修复生态环境，必要时也可以商请负有监督管理职责的环境保护主管部门共同组织修复生态环境。对生态环境损害修复结果，人民法院可以委托具有环境损害评估等相关资质的鉴定机构进行鉴定，必要时可以商请负有监督管理职责的环境保护主管部门协助审查。

七、人民法院判决被告承担的生态环境修复费用、生态环境受到损害至恢复原状期间服务功能损失等款项，应当用于修复被损害的生态环境。提起环境民事公益诉讼的原告在诉讼中所需的调查取证、专家咨询、检验、鉴定等必要费用，可以酌情从上述款项中支付。

八、人民法院应将判决执行情况及时告知提起环境民事公益诉讼的社会组织。

各级人民法院、民政部门、环境保护部门应认真遵照执行。对于实施工作中存在的问题和建议，请分别及时报告最高人民法院、民政部、环境保护部。

最高人民法院
民政部
环境保护部
2014 年 12 月 26 日

全国人民代表大会常务委员会关于授权最高人民检察院在部分地区开展公益诉讼试点工作的决定

（2015 年 7 月 1 日第十二届全国人民代表大会常务委员会第十五次会议通过）

为加强对国家利益和社会公共利益的保护，第十二届全国人民代表大会常务委员会第十五次会议决定：授权最高人民检察院在生态环境和资源保护、国有资产保护、国有土地使用权出让、食品药品安全等领域开展提起公益诉讼试点。试点地区确定为北京、内蒙古、吉林、江苏、安徽、福建、山东、湖北、广东、贵州、云南、陕西、甘肃十三个省、自治区、直辖市。人民法院应当依法审理人民检察院提起的公益诉讼案件。试点工作必须坚持党的领导、人民当家作主和依法治国的有机统一，充分发挥法律监督、司法审判职能作用，促进依法行政、严格执法，维护宪法法律权威，维护社会公平正义，维护国家利益和社会公共利益。试点工作应当稳妥有序，遵循相关诉讼制度的原则。提起公益诉讼前，人民检察院应当依法督促行政机关纠正违法行政行为、履行法定职责，或者督促、支持法律规定的机关和有关组织提起公益诉讼。本决定的实施办法由最高人民法院、最高人民检察院制定，报全国人民代表大会常务委员会备案。试点期限为二年，自本决定公布之日起算。

最高人民法院、最高人民检察院应当加强对试点工作的组织指导和监督检查。试点进行中，最高人民检察院应当就试点情况向全国人民代表大会常务委员会作出中期报告。试点期满后，对实践证明可行的，应当修改完善有关法律。

本决定自公布之日起施行。

最高人民检察院《检察机关提起公益诉讼试点方案》

(2015年7月2日发布)

为贯彻落实党的十八届四中全会关于探索建立检察机关提起公益诉讼制度的要求，现就检察机关提起公益诉讼试点提出如下方案。

一、目标和原则

按照《中共中央关于全面推进依法治国若干重大问题的决定》的改革部署，积极探索建立检察机关提起公益诉讼制度，充分发挥检察机关法律监督职能作用，促进依法行政、严格执法，维护宪法法律权威，维护社会公平正义，维护国家和社会公共利益。

（一）坚持正确方向。坚持党的领导、人民当家作主和依法治国的有机统一，发展完善中国特色社会主义检察制度，坚定不移走中国特色社会主义法治道路。

（二）立足法律监督职能。坚持检察机关职能定位，把握提起公益诉讼的条件、范围和程序，既强化对公共利益的保护，又严格规范行使检察权。

（三）有效保护公共利益。针对生态环境和资源保护等领域侵害国家和社会公共利益的情况，及时提起民事或行政公益诉讼，加强对国家和社会公共利益的保护。

（四）严格依法有序推进。根据民事诉讼法、行政诉讼法等法律的有关规定和全国人大常委会的授权决定，确保试点在法律框架和授权范围内开展，维护法制的统一和权威。

二、主要内容

（一）提起民事公益诉讼

1. 试点案件范围。检察机关在履行职责中发现污染环境、食品药品安全领域侵害众多消费者合法权益等损害社会公共利益的行为，在没有适格主体或者适格主体不提起诉讼的情况下，可以向人民法院提起民事公益诉讼。

2. 诉讼参加人。检察机关以公益诉讼人身份提起民事公益诉讼。民事公益诉讼的被告是实施损害社会公共利益行为的公民、法人或者其他组织。检察机关提起民事公益诉讼，被告没有反诉权。

3. 诉前程序。检察机关在提起民事公益诉讼之前，应当依法督促或者支持法律规定的机关或有关组织提起民事公益诉讼。法律规定的机关或者有关组织应当在收到督促或者支持起诉意见书后一个月内依法办理，并将办理情况及时书面回复检察机关。

4. 提起诉讼。经过诉前程序，法律规定的机关和有关组织没有提起民事公益诉讼，社会公共利益仍处于受侵害状态的，检察机关可以提起民事公益诉讼。检察机关提起民事公益诉讼，应当有明确的被告、具体的诉讼请求、社会公共利益受到损害的初步证据，并应当制作公益诉讼起诉书。

5. 诉讼请求。检察机关可以向人民法院

提出要求被告停止侵害、排除妨碍、消除危险、恢复原状、赔偿损失、赔礼道歉等诉讼请求。

（二）提起行政公益诉讼

1. 试点案件范围。检察机关在履行职责中发现生态环境和资源保护、国有资产保护、国有土地使用权出让等领域负有监督管理职责的行政机关违法行使职权或者不作为，造成国家和社会公共利益受到侵害，公民、法人和其他社会组织由于没有直接利害关系，没有也无法提起诉讼的，可以向人民法院提起行政公益诉讼。试点期间，重点是对生态环境和资源保护领域的案件提起行政公益诉讼。

2. 诉讼参加人。检察机关以公益诉讼人身份提起行政公益诉讼。行政公益诉讼的被告是生态环境和资源保护、国有资产保护、国有土地使用权出让等领域违法行使职权或者不作为的行政机关，以及法律、法规、规章授权的组织。

3. 诉前程序。在提起行政公益诉讼之前，检察机关应当先行向相关行政机关提出检察建议，督促其纠正违法行政行为或者依法履行职责。行政机关应当在收到检察建议书后一个月内依法办理，并将办理情况及时书面回复检察机关。

4. 提起诉讼。经过诉前程序，行政机关拒不纠正违法行为或者不履行法定职责，国家和社会公共利益仍处于受侵害状态的，检察机关可以提起行政公益诉讼。检察机关提起行政公益诉讼，应当有明确的被告、具体的诉讼请求、国家和社会公共利益受到侵害的初步证据，并应当制作公益诉讼起诉书。

5. 诉讼请求。检察机关可以向人民法院提出撤销或者部分撤销违法行政行为、在一定期限内履行法定职责、确认行政行为违法或者无效等诉讼请求。

（三）其他事项

1. 试点期间，地方人民检察院拟决定向人民法院提起公益诉讼的，应当先行层报最高人民检察院审查批准。

2. 提起公益诉讼，检察机关免缴诉讼费。

3. 提起公益诉讼，试点方案没有规定的，适用民事诉讼法、行政诉讼法及相关司法解释的规定。

三、方案实施

（一）立法机关授权。提请全国人大常委会2015年6月授权，自2015年7月起开展试点，试点期限为两年。

（二）积极开展试点。2015年7月，根据全国人大常委会的授权和试点方案，制定出台试点实施办法，并选择北京、内蒙古、吉林、江苏、安徽、福建、山东、湖北、广东、贵州、云南、陕西、甘肃13个省、自治区、直辖市开展试点。

（三）推动相关法律修改完善。及时总结试点经验和成效，积极推动相关法律的修改完善。

四、工作要求

一要坚持统筹谋划。加强顶层设计，确立检察机关提起公益诉讼的基本制度和规范，统筹规划具体时间表和路线图。按照可复制、可推广的要求，鼓励试点地区发挥首创精神，推动制度创新。

二要积极稳妥推进。探索建立检察机关提起公益诉讼制度，既要积极推动，加强对试点工作的指导和督促；又要稳妥慎重，严格程序，努力确保法律效果和社会效果的统一。要逐步形成成熟的经验，再推动立法完善。

三要加强协调配合。各试点单位要加强请示报告和沟通协调，积极争取地方党委、人大、政府和有关部门的支持，建立与人民法院的协调配合机制，共同推进试点工作稳步开展。

四要注重宣传引导。既要及时宣传试点的好经验、好做法和取得的成效；又要把握宣传策略，严格宣传纪律，正确引导社会预期，为试点营造良好的舆论环境。

环境保护部关于开展环境污染损害鉴定评估工作的若干意见

(环发〔2011〕60号)

各省、自治区、直辖市环境保护厅(局),新疆生产建设兵团环境保护局,辽河保护区管理局:

环境污染损害鉴定评估是综合运用经济、法律、技术等手段,对环境污染导致的损害范围、程度等进行合理鉴定、测算,出具鉴定意见和评估报告,为环境管理、环境司法等提供服务的活动。为切实推动环境污染损害鉴定评估工作顺利开展,现提出以下意见。

一、充分认识开展环境污染损害鉴定评估工作的重要意义

(一)开展环境污染损害鉴定评估工作是应对环境挑战的迫切需要

当前,我国面临的环境形势依然十分严峻。随着我国进入工业化、城镇化快速发展阶段,发达国家二三百年出现的环境问题在我国已集中显现,环境保护工作正面临前所未有的压力和挑战。而我国法律在环境责任、环境污染损害赔偿和土壤污染防治等方面规定的不完善以及环境污染损害鉴定评估机制的缺失,在一定程度上影响了污染者负担原则的有效落实,与我国面临的环境形势及其对环境保护工作的要求很不适应。开展环境污染损害鉴定评估工作,全面追究污染者的环境责任,是切实落实污染者负担原则、有效应对环境挑战的迫切需要。

(二)开展环境污染损害鉴定评估工作是促进经济发展方式转变的重要举措

目前,在我国环境管理实践中对私益环境损害的赔偿远不能足额到位,对公益环境损害的赔偿更是很少涉及。开展环境污染损害鉴定评估工作,对环境污染损害进行定量化评估,将污染修复与生态恢复费用纳入环境损害赔偿范围,科学、合理确定损害赔偿数额与行政罚款数额,有助于真实体现企业生产的环境成本,强化企业环境责任,增强企业的环境风险意识,从而在根本上有利于解决"违法成本低,守法成本高"的突出问题,改变以牺牲环境为代价的经济增长方式。

(三)开展环境污染损害鉴定评估工作是优化环境行政管理方式的有效手段

积极探索中国环境保护新道路,必须优化环境行政管理方式。开展环境污染损害鉴定评估工作,使环境行政处罚与污染者造成的实际环境损害和获取的收益挂钩,有助于推动环境行政管理从粗放型向精细化转变,深化环境责任保险、绿色信贷、生态补偿等环境经济政策体系的创新,有助于加快环境风险防范、环境应急处置等环境行政管理水平的提升。

(四)开展环境污染损害鉴定评估工作是推进环境司法深入开展的技术保障

目前我国现行法律法规对环境污染损害行为的行政责任、民事责任和刑事责任都做出了原则规定,但由于缺乏具体可操作的环境污染损害鉴定评估技术规范和管理机制,环境污染案件在审理时仍存在许多技术难题需要解决。开展环境污染损害鉴定评估工作,研究建立环境污染损害鉴定评估技术规范和工作机制,可以为司法机关审理环境污染案件提供专业技术支持,将有助于推动环境司法的深入开展,切实维护群众合法环境权益,依法严厉惩治环境违法犯罪行为。

二、指导思想、工作原则和工作目标

(五)指导思想。以全面落实科学发展观、积极探索中国环境保护新道路为指导,以保障环境安全、维护社会公平为目标,实现污染者全面承担责任、受害者获得足额赔偿、生态环境依法得到保护,促进环境管理从主要利用行政手段向综合运用法律、经济、技术和必要的行政手段的历史性转变。

(六)工作原则

统筹规划,有序推进。以"十二五"环境保护规划为指导,对环境污染损害鉴定评估与环境风险防范、环境责任保险、环境污染修复等相关工作统筹规划,有序推进。

立足国情,探索创新。立足国情,充分借鉴国外经验,积极探索环境污染损害鉴定评估技术方法,不断创新管理机制。

试点先行,逐步完善。充分发挥地方环境保护部门的积极性,试点先行,以“先易后难、成熟一项推出一项”为原则,针对各类环境要素与污染因子,逐步制定、完善相关技术规范与标准。

科学严谨,维护公正。及时对突发环境污染事件开展污染损害鉴定评估,强化职业道德建设,建立监督机制,确保鉴定意见和评估报告的独立性、科学性与公正性。

(七)总体目标。围绕环境保护中心工作,制定环境污染损害鉴定评估技术规范,组建鉴定评估专业队伍,健全工作机制,为环境行政管理、环境污染案件审理以及相关环境经济政策的制定提供支持,为环境污染损害赔偿与修复机制的建立奠定基础。

(八)阶段目标。2011－2012年为探索试点阶段,重点开展案例研究和试点工作,在国家和试点地区初步形成环境污染损害鉴定评估工作能力。2013－2015年为重点突破阶段,以制定重点领域管理与技术规范以及组建队伍为主,强化国家和试点地区环境污染损害鉴定评估队伍的能力建设。2016－2020年为全面推进阶段,完善相关评估技术与管理规范,推进相关立法进程,基本形成覆盖全国的环境污染损害鉴定评估工作能力。

三、工作任务

(九)推动立法进程。研究论证环境污染损害责任承担主体、赔偿责任范围、责任承担方式等基本制度,及时总结各地实践经验,积极推进环境责任、环境污染损害赔偿和土壤污染防治等方面的立法进程。

(十)制定技术规范。研究制定环境污染损害范围认定与损害鉴定评估、污染修复与生态恢复、后评估与监测等方面的技术规范与标准,逐步形成覆盖水污染、大气污染、噪声污染、土壤污染、放射性污染、生态破坏等多个领域的污染损害鉴定评估方法。争取利用十年左右的时间,建立一套完整的环境污染损害鉴定评估与环境风险评估技术体系,同时加快环境损害修复技术的研究,为科学化、定量化评估环境污染损害奠定技术基础。近期以严重危害公众环境安全的水污染事故和重金属污染事故为突破口,开展重点领域技术规范的研究制定工作。

(十一)组建专业队伍。依托环境保护系统内现有科研技术单位的业务优势,组建环境污染损害鉴定评估管理与技术支撑队伍,明确职能定位。环境污染损害鉴定评估要与环境执法分离,保证其独立性及中立性。根据国家有关规定,推动环境污染损害鉴定评估队伍逐步纳入国家司法鉴定体系。

(十二)健全工作机制。抓紧建立高效便民的环境污染损害鉴定评估机制,逐步规范运行模式,完善管理制度。联合相关研究机构、大专院校以及地方环境保护科研技术单位,形成环境污染损害鉴定评估技术研发体系。加强与司法部门等有关单位的协调配合,推动研究成果的应用转化。

四、试点工作部署

(十三)积极开展试点。环境保护部将选择具有一定条件的省、市环境保护部门开展试点工作。试点单位要根据本辖区实际,从高起点上统筹规划,力争在地方立法、制度建设与管理模式上有所突破和创新。要依托本辖区现有的环境保护科研技术单位业务优势,在2011年年底前组建专业队伍,确保有一定理论与实际工作经验的科研人员专职从事环境污染损害鉴定评估试点工作,建立地方环境污染损害鉴定评估专家库,尽快形成环境污染损害鉴定评估能力。

(十四)重视案例评估。试点单位在应对突发环境污染事件过程中,要及时启动环境污染损害鉴定评估工作。建立环境污染事件案例库,开展环境污染场地修复调查,运用环境污染损害数额计算推荐方法开展实例验算,重点对环境污染导致的资源环境损害进行评估测算。

(十五)做好指导交流。国家和试点单位之间要形成有效的工作机制,定期开展技术指导与信息交流。

五、保障措施

（十六）重视组织领导。各省级环境保护部门要高度重视、精心组织、周密安排，切实加强环境污染损害鉴定评估管理制度建设，主动与立法、司法等有关部门协调配合，积极有序地推进工作开展。

（十七）强化能力建设。各省级环境保护部门，尤其是试点单位，要在人员编制、工作经费和研究课题安排、人员培训与鉴定评估设备等方面给予必要的支持和倾斜，确保前期科研和鉴定评估工作的顺利开展，尽快形成鉴定评估能力并不断提高鉴定评估水平。加强技术储备，充分利用国内外的先进经验，不断拓展研究领域，逐步向污染修复及生态恢复等领域纵深推进。开发环境污染损害鉴定评估信息管理系统，建立环境污染损害鉴定评估工作网络体系。

（十八）加强培训宣传。要及时汇总研究成果，组织编写培训教材，结合案例试点评估，采取多种教学手段，对管理和技术人员开展专题培训。要注重宣传，普及专业知识，推广成功经验，调动各方面的积极性，共同做好环境污染损害鉴定评估工作。

附件：环境污染损害数额计算推荐方法（第Ⅰ版）

二〇一一年五月二十五日

环境损害鉴定评估推荐方法(第Ⅱ版)

（环办〔2014〕90号）

1 背景和目的

环境保护部《关于开展环境污染损害鉴定评估工作的若干意见》（环发〔2011〕60号）和《环境污染损害数额计算推荐方法（第Ⅰ版）》发布以来，我国环境损害鉴定评估工作取得了积极进展。

为保护和改善环境，保障公众健康，推动环境损害赔偿制度建设，适应环境损害鉴定评估工作的需要，针对《环境污染损害数额计算推荐方法（第Ⅰ版）》存在的问题与不足，在借鉴国内外环境损害鉴定评估方法并总结国内外环境损害鉴定评估实践经验的基础上，重点修订生态环境损害鉴定评估方法，并更名为《环境损害鉴定评估推荐方法（第Ⅱ版）》。

2 适用范围

本方法适用于因污染环境或破坏生态行为（包括突发环境事件）导致人身、财产、生态环境损害、应急处置费用和其他事务性费用的鉴定评估。不适用于因核与辐射所致环境损害的鉴定评估。突发环境事件应急处置阶段环境损害评估适用《突发环境事件应急处置阶段环境损害评估技术规范》。

3 规范性引用文件

本方法引用下列文件中的条款。凡是不注明日期的引用文件，其有效版本适用于本方法。

GB3095 环境空气质量标准

GB3838 地表水环境质量标准

GB/T14848 地下水质量标准

GB15618 土壤环境质量标准

GB3096 声环境质量标准

GB11607 渔业水质标准

HJ25.1 场地环境调查技术导则

HJ25.2 场地环境监测技术导则

HJ25.3 污染场地风险评估技术导则

HJ25.4 污染场地土壤修复技术导则

HJ/T192 生态环境状况评价技术规范（试行）

GB/T21678 渔业污染事故经济损失计算方法

NY/T1263 农业环境污染事故损失评价技术准则

SF/ZJD0601001 农业环境污染事故司法鉴定经济损失估算实施规范

NY/T1669 农业野生植物调查技术规范

HY/T095 海洋溢油生态损害评估技术指南

人体损伤残疾程度鉴定标准(试行)

最高人民法院关于审理人身损害赔偿案件适用法律若干问题的解释

最高人民法院关于确定民事侵权精神损害赔偿责任若干问题的解释

4 术语和定义

下列术语和定义适用于本方法。

4.1 环境损害

指因污染环境或破坏生态行为导致人体健康、财产价值或生态环境及其生态系统服务的可观察的或可测量的不利改变。

4.2 鉴定评估

指鉴定评估机构按照规定的程序和方法,综合运用科学技术和专业知识,评估污染环境或破坏生态行为所致环境损害的范围和程度,判定污染环境或破坏生态行为与环境损害间的因果关系,确定生态环境恢复至基线状态并补偿期间损害的恢复措施,量化环境损害数额的过程。

4.3 人身损害

指因污染环境行为导致人的生命、健康、身体遭受侵害,造成人体疾病、伤残、死亡或精神状态的可观察的或可测量的不利改变。

4.4 财产损害

指因污染环境或破坏生态行为直接造成的财产损毁或价值减少,以及为保护财产免受损失而支出的必要的、合理的费用。

4.5 生态环境损害

指由于污染环境或破坏生态行为直接或间接地导致生态环境的物理、化学或生物特性的可观察的或可测量的不利改变,以及提供生态系统服务能力的破坏或损伤。

4.6 应急处置费用

指突发环境事件应急处置期间,为减轻或消除对公众健康、公私财产和生态环境造成的危害,各级政府与相关单位针对可能或已经发生的突发环境事件而采取的行动和措施所发生的费用。

4.7 事务性费用

指污染环境或破坏生态环境行为发生后,各级政府与相关单位为保护公众健康、公私财产和生态环境,减轻或消除危害,开展环境监测、信息公开、现场调查、执行监督等相关工作所支出的费用。

4.8 生态系统服务

指人类或其他生态系统直接或间接地从生态系统获取的收益。生态系统的物理、化学或生物特性是生态系统服务的基础。

4.9 基线

指污染环境或破坏生态行为未发生时,受影响区域内人体健康、财产和生态环境及其生态系统服务的状态。

4.10 环境修复

指生态环境损害发生后,为防止污染物扩散迁移、降低环境中污染物浓度,将环境污染导致的人体健康风险或生态风险降至可接受风险水平而开展的必要的、合理的行动或措施。

4.11 生态恢复

指生态环境损害发生后,为将生态环境的物理、化学或生物特性及其提供的生态系统服务恢复至基线状态,同时补偿期间损害而采取的各项必要的、合理的措施。

4.12 期间损害

指生态环境损害发生至生态环境恢复到基线状态期间,生态环境因其物理、化学或生物特性改变而导致向公众或其他生态系统提供服务的丧失或减少,即受损生态环境从损害发生到其恢复至基线状态期间提供生态系统服务的损失量。

4.13 永久性损害

指受损生态环境及其服务难以恢复,其向公众或其它生态系统提供服务能力的完全丧失。

4.14 可接受风险水平

指综合考虑科学、社会、经济和政治因素,依据危害性和脆弱性分析、成本效益分析、技术手段的可行性分析等确定的人体健康或生态系统的可容忍的风险水平。

5 总则

5.1 工作原则

5.1.1 规范合法原则

环境损害鉴定评估应当按照有关法律法

规和技术规范规定的程序和方法开展，鉴定评估机构及其工作人员应当具备环境损害鉴定评估能力或资质，鉴定评估报告应符合法律法规和技术规范规定的程序、结构及内容要求。

5.1.2 科学合理原则

环境损害鉴定评估与调查监测方案的制定应当综合考虑科学、经济和社会发展水平，保证评估工作的科学性和可操作性。鉴定评估应当根据工作目的按照预先设计的工作方案开展，不得随意偏离或变更。在工作过程中有关数据和资料的搜集、样品的采集与运输、样品的分析检测应当按照有关技术规范开展，并作为鉴定评估的客观依据，不得主观臆测鉴定评估结论。

5.1.3 公平客观原则

鉴定评估机构及其工作人员应当运用专业知识和实践经验独立客观地开展鉴定评估，不得受委托方或其他的外界不正当影响。鉴定评估机构及其工作人员应当与环境损害利益相关方等无利害关系。

5.2 工作内容

环境损害鉴定评估的主要工作内容包括污染物属性鉴别、损害确认、因果关系判定和损害数额量化。

5.2.1 人身损害

人身损害鉴定评估内容包括因环境污染导致受害人发生疾病、伤残、死亡等健康损害的确认、污染环境行为与人身损害间的因果关系判定和人身损害数额评估三部分内容。

5.2.2 财产损害

财产损害鉴定评估内容包括因环境污染导致的财产损毁或价值减少以及清除财产污染支出的额外费用等财产损害的确认、污染环境或破坏生态行为与财产损害间的因果关系判定和财产损害数额评估三部分内容。

5.2.3 生态环境损害

生态环境损害鉴定评估内容包括生态环境基线的确定、生态环境损害的确认、污染环境或破坏生态行为与生态环境损害间的因果关系判定、生态环境损害修复或恢复目标的确定、生态环境损害评估方法的选择、环境修复或生态恢复方案的筛选、环境修复或生态恢复费用的评估等内容。

5.2.4 应急处置费用

应急处置费用鉴定评估内容包括污染清理、污染控制、应急监测、人员转移安置等费用合理性的判别与数额的计算。

5.2.5 事务性费用

事务性费用鉴定评估内容包括环境监测、信息公开、现场调查、执行监督等费用合理性的判别与数额的计算。

5.3 工作范围

5.3.1 空间范围

综合利用现场调查、环境监测、生物监测、模型预测或遥感分析（例如航拍照片、卫星影像等）等方法初步确定人身损害、财产损害或生态环境损害的可能范围，在此基础上开展环境损害确认和因果关系判定，最终确定人身损害、财产损害、生态环境损害与应急处置费用及其他事务性费用鉴定评估的空间范围。

5.3.2 时间范围

环境损害鉴定评估的时间范围因损害类型不同而存在差异。人身损害鉴定评估的时间范围以污染环境行为发生日期为起点，持续至污染环境行为导致人身损害的可能的最大潜伏期为止。财产损害鉴定评估的时间范围根据损害对象、损害性质和赔偿方式等具体情况确定。生态环境损害评估的时间范围以污染环境或破坏生态行为发生日期为起点，持续到受损生态环境及其生态系统服务恢复至生态环境基线为止。

应急处置费用评估的时间以突发环境事件发生日期为起点，持续到应急处置结束日期为止。

6 环境损害确认

环境损害确认包括基线的确认以及人身损害、财产损害、生态环境损害、应急处置费用及其他事务性费用的确认。

6.1 基线确认

基线的确定方法如下：

a）利用污染环境或破坏生态行为发生前评估区域的历史数据，数据来源包括常规监测、专项调查、统计报表、学术研究等收集的反映人群健康、财产状况和生态环境状况等的历史数据；

b）利用未受污染环境或破坏生态行为影响的相似现场数据，即"对照区域"数据。要求"对照区域"与评估区域的人群特征、生态系统功能和服务水平等特征具有可比性；

c）利用模型。若上述方法不可行，可考虑构建污染物浓度与人体健康指标、财产损害程度、生物量或生境丰度等损害评价指标之间的剂量—反应关系模型来确定基线。

6.2　人身损害

6.2.1　个体人身损害的确认

个体水平的人身损害应排除不可抗力以及受害人主观故意或重大过失，其确认应满足下列任一条件：

a）个体死亡的；

b）按照《人体损伤残疾程度鉴定标准》明确诊断为伤残的；

c）临床检查可见特异性或严重的非特异性临床症状或体征、生化指标或物理检查结果异常，按照《疾病和有关健康问题的国际统计分类》（ICD—10）明确诊断为某种或多种疾病的；

d）虽未确定为死亡、伤残或疾病，为预防人体出现不可逆转的器质性或功能性损伤而必须采取临床治疗或行为干预的。

6.2.2　群体人身损害的确认群体水平的人身损害应排除不可抗力以及受害人主观故意或重大过失，其确认应满足下列任一条件：

a）流行病学调查表明调查人群与对照人群在疾病频率（如发病率、死亡率等）、生理生化指标或临床物理检查结果等存在显著性差异；

b）空间分析表明调查人群疾病频率（如疾病、死亡、伤残等）存在显著的空间聚集性。

6.3　财产损害

财产损害的确认应排除不可抗力造成的财产损毁以及财产所有者主观故意或重大过失，且满足下列任一条件：

a）造成国家、集体或个人财产物理性损坏的；

b）造成国家、集体或个人财产功能性损坏的；

c）造成国家、集体或个人财产实际价值减少的；

d）防止财产因环境污染或生态破坏造成进一步损毁而额外支出的费用；

e）造成法律规定的其他损坏情形的。

6.4　生态环境损害

生态环境损害的确认应满足下列任一条件：

a）评估区域内环境介质（地表水、地下水、空气、土壤等）中污染物浓度超过基线水平或国家及地方环境质量标准，且造成的影响在一年内难以恢复；

b）死亡率增加：受影响区域污染环境或破坏生态行为发生后，与基线状态相比，关键物种死亡率的差异有统计学意义；

c）种群数量的减少：受影响区域污染环境或破坏生态行为发生后，与基线状态相比，关键物种种群密度或生物量的差异有统计学意义；

d）生物物种组成发生变化：受影响区域污染环境或破坏生态行为发生后，与基线状态相比，动植物物种组成、生物多样性等的差异有统计学意义；

e）身体变形：受影响区域污染环境或破坏生态行为发生后，与基线状态相比，生物体外部畸形，骨骼变形或内部器官和软组织畸形，组织病理学水平的损害等发生率的差异有统计学意义；

f）造成生态环境损害的其他情形。

7　因果关系判定

污染环境行为与环境损害间的因果关系判定包括环境暴露与环境损害间的因果关系判定和环境污染物从源到受体的暴露路径的建立与验证两部分。

7.1　环境暴露与环境损害的因果关系判定

环境暴露与环境损害间的因果关系判定应符合以下一般原则：

a）环境暴露与环境损害间存在时间先后

顺序。即环境暴露发生在前，环境损害发生在后；

b)环境暴露与环境损害间的关联具有合理性。环境暴露导致环境损害的机理可由医学、生物学、毒理学等理论做出合理解释；

c)环境暴露与环境损害间的关联具有一致性。环境暴露与环境损害间的关联在不同时间、地点和研究对象中得到重复性验证；

d)环境暴露与环境损害间的关联具有特异性。环境损害发生在特定的环境暴露条件下，不因其他原因导致。由于环境暴露与环境损害间可能存在单因多果、多因多果等复杂因果关系，因此，环境暴露与环境损害间关联的特异性不作强制性要求。

7.2 暴露路径的建立和验证

在掌握污染源排放状况、区域环境质量状况等基础资料的基础上，提出污染来源的假设，通过以下条件或标准建立和验证暴露路径。暴露路径建立和验证的方法如下：

a)存在明确的污染来源和污染排放行为。直接或间接证据表明污染源存在明确的污染排放行为，包括物证、书证、证人证言、笔录、视听资料等；

b)空气、地表水、地下水、土壤等环境介质中存在污染源排放的污染物，且与污染源产生或排放的污染物(或污染物的转化产物)具有一致性；

c)污染物传输路径的合理性。当地气候气象、地形地貌、水文条件等自然环境条件存在污染物从污染源迁移至污染区域的可能，且其传输路径与污染源排放途径相一致；

d)受体(人身、财产或生态环境)暴露的可能性。环境污染物可能经呼吸道、膳食或饮水、皮肤接触等暴露途径进入人体，且空气、生活饮用水、食物中污染物的浓度超过国家或地方相关质量标准限值；或财产所处的环境介质中检测出污染物，且含量明显超出国家、行业或地方标准限值；或环境介质(地表水、地下水、空气、土壤)中污染物浓度超过相应环境质量标准或环境基准限值；

e)识别暴露路径的暴露单元，对每一个暴露单元内的污染物浓度、污染物的迁移机制和路线以及该单元的暴露范围进行分析以此确认各个暴露单元是否可以组成完整的暴露路径；或采用定量或半定量方法，如基于同位素的示踪技术、污染扩散模型等，建立并验证污染物从污染源经环境至受体的暴露路径。

8 损害评估方法

8.1 人身损害

人身损害赔偿数额按《最高人民法院关于审理人身损害赔偿案件适用法律若干问题的解释》计算；精神损害抚慰金按《最高人民法院关于确定民事侵权精神损害赔偿责任若干问题的解释》计算。

8.2 财产损害

8.2.1 财产损毁或实际价值减少

8.2.1.1 固定资产损失

指因污染环境或破坏生态行为造成固定资产损毁或价值减少带来的损失，采用修复费用法或重置成本法计算。如果完全损毁，采用重置成本法计算；如果部分损毁，采用重置成本法或修复费用法计算。采用重置成本法的固定资产损失的计算见公式(1)。修复费用法按实际发生的固定资产的维修费用进行计算。

固定资产损失 = 重置完全价值(元) × (1 - 年平均折旧率% × 已使用年限) × 损坏率(%) (1)

其中：年平均折旧率 = (1 - 预计净残值率) × 100%/折旧年限 (2)

上式中，重置完全价值是指重新建造或购置全新的固定资产所需的费用；预计净残值率是指固定资产净残值占资产原价值的比例，由专业技术人员或专业资产评估机构进行定价评估；固定资产净残值是指固定资产报废时预计可回收的残余价值扣除预计清理费用后的余额。

8.2.1.2 流动资产损失

指生产经营过程中参加循环周转，不断改变其形态的资产，如原料、材料、燃料、在制品、半成品、成品等的经济损失。流动资产损失按不同流动资产种类分别计算并汇总，见公式(3)。

流动资产损失 = 流动资产数量 × 购置时价格 - 残值(3)

上式中,残值指财产损坏后的残存价值,应由专业技术人员或专业资产评估机构进行定价评估。

8.2.1.3 农产品财产损失

指环境污染或生态破坏导致的农产品产量减少和农产品质量受损的经济损失,按照《农业环境污染事故司法鉴定经济损失估算实施规范》(SF/ZJD0601001)、《渔业污染事故经济损失计算方法》(GB/T21678)和《农业环境污染事故损失评价技术导则》(NY/T1263)计算。

8.2.1.4 林业损失

指由于环境污染或生态破坏造成林产品和树木损毁或价值减少,对林业资源本身的损害列入生态环境损害评估。林产品和树木损毁的损失利用直接市场价值法计算,评估方法参见农产品财产损失计算方法。

8.2.2 清除财产污染的额外支出

财产损害还包括为防止财产因环境污染造成进一步损毁而支出的清除财产污染的费用,包括工厂清理受污染工业设备的费用支出、水厂清理管道和生产设备的费用支出、渔民清理渔具的费用支出以及其他清除财产污染的费用。对于清除财产污染的额外支出,通过审核额外支出费用的票据后进行计算。

8.3 生态环境损害

8.3.1 生态环境损害评估方法及其适用条件

生态环境损害评估方法包括替代等值分析方法和环境价值评估方法。

8.3.1.1 替代等值分析方法

替代等值分析方法包括资源等值分析方法、服务等值分析方法和价值等值分析方法。

资源等值分析方法是将环境的损益以资源量为单位来表征,通过建立环境污染或生态破坏所致资源损失的折现量和恢复行动所恢复资源的折现量之间的等量关系来确定生态恢复的规模。资源等值分析方法的常用单位包括鱼或鸟的种群数量、水资源量等。

服务等值分析方法是将环境的损益以生态系统服务为单位来表征,通过建立环境污染或生态破坏所致生态系统服务损失的折现量与恢复行动所恢复生态系统服务的折现量之间的等量关系来确定生态恢复的规模。服务等值分析方法的常用单位包括生境面积、服务恢复的百分比等。

价值等值分析方法分为价值—价值法和价值—成本法。价值—价值法是将恢复行动所产生的环境价值贴现与受损环境的价值贴现建立等量关系,此方法需要将恢复行动所产生的效益与受损环境的价值进行货币化。衡量恢复行动所产生的效益与受损环境的价值需要采用环境价值评估方法。价值—成本法首先估算受损环境的货币价值,进而确定恢复行动的最优规模,恢复行动的总预算为受损环境的货币价值量。

8.3.1.2 环境价值评估方法

环境价值评估方法包括直接市场价值法、揭示偏好法、效益转移法和陈述偏好法。常用的环境价值评估方法参见附录A。

8.3.1.3 生态环境损害评估方法的选择原则

8.3.1.3.1 优先选择替代等值分析方法中的资源等值分析方法和服务等值分析方法。如果受损的环境以提供资源为主,采用资源等值分析方法;如果受损的环境以提供生态系统服务为主,或兼具资源与生态系统服务,采用服务等值分析方法。采用资源等值分析方法或服务等值分析方法应满足以下两个基本条件:

a)恢复的环境及其生态系统服务与受损的环境及其生态系统服务具有同等或可比的类型和质量;

b)恢复行动符合成本有效性原则。

8.3.1.3.2 如果不能满足资源等值分析方法和服务等值分析方法的基本条件,可考虑采用价值等值分析方法。如果恢复行动产生的单位效益可以货币化,考虑采用价值—价值法;如果恢复行动产生的单位效益的货币化不可行(耗时过长或成本过高),则考虑采用价值—成本法。同等条件下,推荐优先采用价值—价值法。

8.3.1.3.3 如果替代等值分析方法不可行,则考虑采用环境价值评估方法。以方法的不确定性为序,从小到大依次建议采用直接市场价值法、揭示偏好法和陈述偏好法,条件允许时可以采用效益转移法。以下情况推荐采用环境价值评估方法:

a)当评估生物资源时,如果选择生物体内污染物浓度或对照区的发病率作为基线水平评价指标,由于在生态恢复过程中难以对其进行衡量,推荐采用环境价值评估方法;

b)由于某些限制原因,环境不能通过修复或恢复工程完全恢复,采用环境价值评估方法评估环境的永久性损害;

c)如果修复或恢复工程的成本大于预期收益,推荐采用环境价值评估方法。

8.3.2 基于恢复目标的生态环境损害评估步骤

基于恢复目标的生态环境损害评估,应首先确定修复或恢复的目标,即将受损的生态环境恢复至基线状态、或修复至可接受风险水平、或先修复至可接受风险水平再恢复至基线状态、或在修复至可接受风险水平的同时恢复至基线状态。对于部分工业污染场地,可根据再利用目的将受损生态环境修复至可接受风险水平。以下将该过程统一称为恢复。

按恢复目的的不同,可将恢复划分为基本恢复、补偿性恢复和补充性恢复。基本恢复的目的是使受损的环境及其生态系统服务复原至基线水平;补偿性恢复的目的是补偿环境从损害发生到恢复至基线水平期间,受损环境原本应该提供的资源或生态系统服务;如基本恢复和补偿性恢复未达到预期恢复目标,则需开展补充性恢复,以保证环境恢复到基线水平,并对期间损害给予等值补偿。

如果环境污染或生态破坏导致的生态环境损害持续时间不超过一年,则仅开展基本恢复;否则,需要同时开展基本恢复与补偿性恢复。

8.3.2.1 基本恢复方案的筛选与确定

基本恢复是在确认生态环境损害发生、确定其时空范围并判定污染环境或破坏生态行为与生态环境损害间因果关系的基础上,选择合适的替代等值分析方法,确定最优的恢复方案,估算实施最优恢复方案所需的费用。

8.3.2.1.1 基本恢复措施的选择

基本恢复方案可以选择人工恢复措施,也可以选择自然恢复措施。人工恢复适用于目前技术水平下能够有效恢复受损环境及其生态系统服务且符合成本效益原则的情形。自然恢复措施适用于以下情形:

a)所有的恢复方案都无法避免产生较大的二次污染或对环境造成严重的干扰;

b)目前技术水平下恢复行动耗资巨大,不符合成本效益原则;

c)目前技术水平下,无法恢复受损的环境及其生态系统服务。

8.3.2.1.2 基本恢复方案的初步筛选

综合采用现场勘查、专家咨询、德尔菲法以及费用—效果分析等方法对备选恢复方案进行初步筛选。优先选择能提供与损失的资源与服务同等类型、同等质量或具有可比价值的资源与服务的恢复方案,其次考虑能够提供可比类型和质量的恢复方案。

8.3.2.1.3 基本恢复方案的定性筛选

经过初步筛选的方案可以根据以下原则进行进一步筛选:

a)有效性:恢复方案应该能够实现对受损环境的恢复、修复或重置;

b)合法性:符合国家或地方相关法律法规、标准和规划等;

c)保护公众健康和安全:恢复工程不得危害公众健康和安全;

d)技术可行性:恢复方案应该有较高的成功的可能性,并在技术上可行;

e)公众可接受:恢复方案应该达到公众可接受的最低限度,恢复方案的实施不得产生二次损害;

f)减小环境暴露:恢复方案应该尽量降低环境的污染物暴露量与暴露水平,包括污染物的数量、流动性和毒性等。

8.3.2.1.4　基本恢复方案的偏好筛选

进一步对经过定性筛选的基本恢复方案进行偏好筛选,一般采用定性与定量相结合的方法,如层次分析法,进行选择判断。

8.3.2.1.5　基本恢复方案的成本效益分析

如果通过定性筛选和偏好筛选,有两种或更多可选方案时,利用成本效益或成本效果分析方法进行评估,选择成本效益或效果比最优的方案。如果所有恢复方案的成本均大于预期收益,建议采用环境价值评估方法进行评估。

8.3.2.1.6　基本恢复方案的确定

通过对基本恢复方案的筛选,确定最优恢复方案后,需进一步确定最优恢复行动或措施的实施范围、恢复规模和持续时间等。

8.3.2.2　补偿性恢复方案的筛选和确定

补偿性恢复是在基本恢复方案的基础上,选择合适的替代等值分析方法,评估期间损害并提出补偿期间损害的恢复方案,估算实施恢复方案所需的费用。

补偿性恢复方案的筛选和确定参阅附录B。

8.3.2.3　补充性恢复方案的筛选和确定

开展恢复方案的实施效果评估,如果基本恢复或补偿性恢复未达到预期效果,应进一步筛选并确定补充性恢复方案,实施补充性恢复。补充性恢复方案的筛选和制定参阅8.3.2.1和8.3.2.2。

8.3.3　永久性生态环境损害的评估

在进行生态环境损害评估时,如果既无法将受损的环境恢复至基线,也没有可行的补偿性恢复方案弥补期间损害,或只能恢复部分受损的环境,则应采用环境价值评估方法对受损环境或未得以恢复的环境进行价值评估。

8.3.4　现值系数

在进行生态环境损害评估时,考虑公共环境资源的时间价值,计算环境的期间损害时需要利用现值系数进行折算,现值系数体现的是人们消耗公共物品的时间偏好。现值系数包括复利率和贴现率,对过去的损失利用复利率进行复利计算,对未来损失利用贴现率进行贴现计算。对于环境资源类物品,现值系数推荐采用2% ~5%。

8.4　应急处置费用

应急处置费用按照《突发环境事件应急处置阶段环境损害评估技术规范》进行评估。

8.5　事务性费用

事务性费用按实际支出进行汇总统计。

9　鉴定评估报告的编制

环境损害鉴定评估意见书应当包括环境损害确认、因果关系判定和环境损害量化及环境损害鉴定评估中涉及的特别事项等,环境损害鉴定评估意见书的格式参见《司法鉴定文书规范》。对于情况复杂的,需要出具环境损害鉴定评估报告书,按照委托要求和项目逐项详细说明,环境损害鉴定评估报告书的格式见附件C。

10　附则

自本方法发布之日起,《环境污染事故损害数额计算推荐方法(第I版)》正式废止。

附录:

A.(资料性附录)常用的环境价值评估方法

B.(资料性附录)补偿性恢复方案的确定(此处略)

C.(资料性附录)环境损害鉴定评估报告书的编制要求

环境保护部环境规划院

二〇一四年十月

附录A:

(资料性附录)常用的环境价值评估方法

A.1　直接市场价值法

A.1.1　生产率变动法

生产率变动法也称作观察市场价值法,是利用生产率的变动来评价环境状况变动的方法。该方法适用于衡量在市场上交易的资源使用价值,用资源的市场价格和数量信息来估算消费者剩余和生产者剩余。总的效益或损失是消费者和生产者剩余之和。

A.1.2 剂量—反应法

剂量反应法也称为生产率法或生产要素收入法,将产出与生产要素(如土地、劳动力、资本、原材料)的不同投入水平联系起来。该方法的适用条件有:

a)环境变化直接导致销售的某种商品(或服务)的产量增加或减少,同时影响明确且能够观察或根据经验测试;

b)市场功能完好,价格是经济价值的有效指标。

A.1.3 人力资本和疾病成本法

人力资本法通过环境属性对劳动力数量和质量的影响来评估环境属性的价值。通常用因疾病引起的收入损失或治疗费用表示。

A.2 揭示偏好法

A.2.1 内涵资产定价法

内涵资产定价法又称作享乐价格法,内涵资产定价法,是根据人们为优质环境的享受所支付的价格来推算环境质量价值的一种估价方法,即将享受某种产品由于环境的不同所产生的差价,作为环境差别的价值。该方法越来越多的被应用于空气质量恶化对财产价值的影响。此方法的出发点是某一财产的价值包含了它所处的环境质量的价值。如果人们为某一地方与其它地方相同的房屋和土地支付更高的价格,且其它各种可能造成价格差别的非环境因素都加以考虑后,剩余的价格差别可以归结为环境因素。

A.2.2 避免损害成本法

避免损害成本法指个人为减轻损害或防止环境退化引起的效用损失而需要为市场商品或服务支付的金额。可用于评估净化的空气和水等非市场商品的价值。

A.2.3 虚拟治理成本法

虚拟治理成本是按照现行的治理技术和水平治理排放到环境中的污染物所需要的支出。虚拟治理成本法适用于环境污染所致生态环境损害无法通过恢复工程完全恢复、恢复成本远远大于其收益或缺乏生态环境损害恢复评价指标的情形。虚拟治理成本法的具体计算方法见《突发环境事件应急处置阶段环境损害评估技术规范》。

A.3 效益转移法

效益转移法基于消费者剩余理论,是一种非市场资源价值评价方法。若非市场资源价值受时间、空间和费用等条件限制,可适用此方法。效益转移法的适用条件如下:

a)对参照区的要求:要确定参照区的范围和规模,包括区域人口规模,评估中所需要的数据需求(如价值的类型:使用价值、非使用价值或总价值)。

b)对评估区和参照区的相关性的要求:评估区的环境资源的质量(数量)及其变化与参照区的资源质量(数量)及其预期变化应相似。

A.4 陈述偏好法

A.4.1 条件价值法

条件价值法也叫做权变评价法或或然估计法,条件价值评估法用调查技术直接询问人们的环境偏好。当缺乏真实的市场数据,甚至也无法通过间接的观察市场行为来赋予环境资源价值时,通常采用条件价值评估(CVM)技术。该技术特别适用于选择价值占有较大比重的独特景观、文物古迹等生态系统服务价值评估。

A.4.2 选择试验模型法

选择试验模型法基于效用最大化理论,采用问卷为被调查者提供由资源或环境物品的不同属性状态组合而成的选择集。让被调查者从每个选择集中选出自己最偏好的一种方案,研究者可以根据被调查者的偏好运用经济计量学模型分析出不同属性的价值以及由不同属性状态组合而成的各种方案的相对价值。

附录C:

(资料性附录)环境损害鉴定评估报告书的编制要求

C.1 基本情况

写明环境损害鉴定评估委托方、委托鉴定评估事项和环境损害鉴定评估机构；写明环境损害鉴定评估的背景,包括损害发生的时间、地点、起因和经过;简要说明环境损害发生地的社会经济背景、周边敏感受体、造成潜在环境损害的污染源、污染物等基本情况。

C.2 鉴定评估方案

C.2.1 鉴定评估目标

依据委托方委托鉴定评估事项,详细写明开展环境损害鉴定评估的目标。

C.2.2 鉴定评估依据

写明开展本次环境损害鉴定评估所依据的法律法规、标准和技术规范等。

C.2.3 鉴定评估原则

写明开展本次环境损害鉴定评估所遵循的基本原则。

C.2.4 鉴定评估范围

写明开展本次鉴定评估工作初步确定的环境损害的时间范围和空间范围及确定初步时空范围的依据。

C.2.5 鉴定评估内容

写明本次鉴定评估工作的主要内容,包括环境损害评估对象(人身损害、财产损害和环境损害)和环境损害鉴定评估内容(环境损害确认、因果关系判定和损害数额量化)。

C.2.6 鉴定评估方法

详细阐明开展本次环境损害鉴定评估工作的技术路线及每一项鉴定评估内容所使用的技术方法。

C.3 鉴定评估过程与分析

C.3.1 环境损害确认

详细阐明本次环境损害鉴定评估中确定环境损害时所依据的标准或条件,以及确认环境损害所采用的技术方法。详细介绍环境损害确认过程所依据的基础信息、现场勘察、监测分析、实验模拟、数值模拟等过程和结果。写明环境损害确认的结果,即是否存在环境损害、存在哪种类型的损害、损害的时空范围及程度。

C.3.2 因果关系判定

详细阐明本次环境损害鉴定评估中判定环境污染或生态破坏行为与环境损害间因果关系所依据的标准或条件,以及判定因果关系所采用的技术方法。详细介绍因果关系判定过程中所依据的证据(书证、物证、视听资料、证人证言、当事人陈述、鉴定结论、勘验笔录等)、现场勘查、监测分析、实验模拟、数值模拟等过程和结果。写明因果关系判定的结果,即环境污染或生态破坏行为与环境损害间是否存在因果关系及其存在的不确定性。

C.3.3 环境损害量化

详细阐明本次环境损害鉴定评估中环境损害量化所依据的标准、规范和评估方法。详细介绍环境损害量化所依据的证据,如人身损害量化依据的住院记录、药品单据、人员误工费证明等。明确界定环境损害量化的范围,即包括哪些类型的损害以及每种类型损害量化的构成。对于生态环境损害量化,如采用基于恢复目标的生态环境损害评估方法,应详细阐述生态环境损害量化所依据的恢复或修复方案的筛选、确定和恢复或修复措施,写明环境损害量化的结果,即环境损害责任方应赔偿的数额或应开展的恢复或修复工程量与预算。

C.4 鉴定评估结论

针对环境损害鉴定评估委托事项,写明每一项环境损害的鉴定评估结论,包括环境损害确认结论、因果关系判定结论和环境损害量化结论。

C.5 特别事项说明

阐明报告的真实性、合法性、科学性。明确报告的所有权、使用目的和使用范围。阐明报告编制过程及结果中可能存在的不确定性。对报告结果的使用提出必要的建议。

C.6 签字盖章

C.7 附件

附件包括环境损害鉴定评估工作过程中依据的各种证据、鉴定评估实施方案、现场勘查监测方案、现场勘查监测报告、实验方案与分析报告等。

环境保护部办公厅文件关于印发《环境损害鉴定评估推荐机构名录(第一批)》的通知

(环办〔2004〕3号)

各省、自治区、直辖市环境保护厅(局)、各派出机构、直属单位:

为贯彻落实党的十八大和十八届三中全会关于“实行最严格的损害赔偿制度、责任追究制度”的精神,发挥环境损害鉴定评估对环境司法、环境监督管理的技术支撑作用,满足社会对环境损害鉴定评估的需要,在各省级环境部门推荐和部直属单位自荐的基础上,现将环保系统内第一批环境损害鉴定评估推荐机构名录印发给你们,从各级环境保护部门在公民、法人或者其他组织需要环境保护部门推荐环境损害鉴定评估机构时参考。

特此通知。

附件:

1. 环境损害鉴定评估推荐机构目录(第一批)

2. 关于《环境损害鉴定评估推荐机构名录(第一批)》

环境保护部

2014年1月3日

附件1

环境损害鉴定评估推荐机构名录(第一批)

序号	机构名称	协作单位
1	中国环境监测总站	无
2	环境保护部华南环境科学研究所	无
3	环境保护部环境规划院环境风险与损害鉴定评估研究中心	国家环境分析测试中心
4	中国环境科学学会环境损害鉴定评估中心	清华大学环境质量检测中心
5	天津市环境污染损害鉴定评估中心	天津市环科检测技术有限公司
6	浙江省环境保护科学设计研究院	无
7	安徽省环境科学研究院	安徽省环境检测中心站
8	山东省环境科学研究院	无
9	湖南省环境保护科学研究院	无
10	广东省环境科学研究院	广东省环境监测中心
11	重庆市环境科学研究院(重庆市环境监测中心)	重庆市环境工程评估中心
12	昆明市环境污染损害司法鉴定中心	昆明市环境监测中心

附件2

关于《环境损害鉴定评估推荐机构名录(第一批)》相关问题的说明

为落实党的十八大报告和十八届三中全会决定关于“实行最严格的损害赔偿制度、责任追究制度”的精神,根据《最高人民法院、最高人民检察院关于办理环境污染刑事案件适用法律若干问题的解释》有关要求以及社会对环境损害鉴定评估的需要,结合环境保护部2011年以来环境损害鉴定评估试点工作情况,编制本《环境损

害鉴定评估推荐机构名录(第一批)》。现将相关问题说明如下:

第一,《环境损害鉴定评估推荐机构名录(第一批)》为推荐性质。各级环境保护主管部门在工作中遇到司法机关、行政机关或者其他单位和个人要求提供环境损害鉴定评估机构信息时,可以向其提供本名录,供需要鉴定评估机构有关信息的单位和个人参考。推荐机构名录不属于行政许可,不具备强制力。各级环境保护主管部门也可以向当事人推荐没有列入该名录的鉴定评估机构从事环境损害鉴定评估工作。

第二,环境损害鉴定评估机构根据当事人委托自主独立开展环境损害鉴定评估工作。一是鉴定评估机构自主开展业务,自主决定是否接受委托,接受谁的委托,并于委托人就工作任务、鉴定评估方案、鉴定评估费用、违约责任等内容进行协商,依法签订委托合同;二是鉴定评估机构接受委托人从事环境损害鉴定评估业务,不受地域范围的限制;三是独立开展业务并承担相应的责任,不受其他机构或个人影响,出具鉴定评估报告,对鉴定评估报告的真实性、合法性负责。

第三,环境损害鉴定评估机构接受委托出具鉴定评估报告,应当按照法律规定和司法审判机关要求承担相关法律义务。环境损害鉴定评估机构在接受委托开展环境损害鉴定评估时,应当依照法律和司法机关要求承担鉴定回避、保密、出庭作证等义务,并依法享有相关权利。

第四,环境损害鉴定评估机构开展环境损害鉴定评估服务收费按照有关规定执行。鉴定评估费用由委托人与接收委托的鉴定评估机构依据国家和地方有关收费标准确定;尚无收费标准的,由委托人与接收委托的鉴定评估机构参照国家和地方相关标准协商确定。

第五,环境损害鉴定评估机构从事环境损害鉴定评估业务,应当遵守法律法规,遵守职业道德和职业纪律,尊重科学,遵守技术操作规范,客观、公正开展环境损害鉴定评估工作。

环境保护部办公厅

2014年1月6日印发

最高人民法院关于审理船舶油污损害赔偿纠纷案件若干问题的规定

(2011年1月10日由最高人民法院审判委员会第1509次会议通过,自2011年7月1日起施行,法释〔2011〕14号)

为正确审理船舶油污损害赔偿纠纷案件,依照《中华人民共和国民法通则》、《中华人民共和国侵权责任法》、《中华人民共和国海洋环境保护法》、《中华人民共和国海商法》、《中华人民共和国民事诉讼法》、《中华人民共和国海事诉讼特别程序法》等法律法规以及中华人民共和国缔结或者参加的有关国际条约,结合审判实践,制定本规定。

第一条 船舶发生油污事故,对中华人民共和国领域和管辖的其他海域造成油污损害或者形成油污损害威胁,人民法院审理相关船舶油污损害赔偿纠纷案件,适用本规定。

第二条 当事人就油轮装载持久性油类造成的油污损害提起诉讼、申请设立油污损害赔偿责任限制基金,由船舶油污事故发生地海事法院管辖。

油轮装载持久性油类引起的船舶油污事故,发生在中华人民共和国领域和管辖的其他海域外,对中华人民共和国领域和管辖的其他海域造成油污损害或者形成油污损害威胁,当事人就船舶油污事故造成的损害提起诉讼、申请设立油污损害赔偿责任限制基金,由油污损害结果地或者采取预防油污措施地海事法院管辖。

第三条 两艘或者两艘以上船舶泄漏油类造成油污损害,受损害人请求各泄漏油船舶所有人承担赔偿责任,按照泄漏油数量及泄漏油类对环境的危害性等因素能够合理分开各自造成的损害,由各泄漏油船舶所有人分别承担责任;不能合理分开各自造成的损害,各泄漏油船舶所有人承担连带责任。但泄漏油船舶所有人依法免予承担责任的除外。

各泄漏油船舶所有人对受损害人承担连带责任的,相互之间根据各自责任大小确定相应的赔偿数额;难以确定责任大小的,平均承担赔偿责任。泄漏油船舶所有人支付超出自己应赔偿的数额,有权向其他泄漏油船舶所有人追偿。

第四条 船舶互有过失碰撞引起油类泄漏造成油污损害的,受损害人可以请求泄漏油船舶所有人承担全部赔偿责任。

第五条 油轮装载的持久性油类造成油污损害的,应依照《防治船舶污染海洋环境管理条例》、《1992年国际油污损害民事责任公约》的规定确定赔偿限额。

油轮装载的非持久性燃油或者非油轮装载的燃油造成油污损害的,应依照海商法关于海事赔偿责任限制的规定确定赔偿限额。

第六条 经证明油污损害是由于船舶所有人的故意或者明知可能造成此种损害而轻率地作为或者不作为造成的,船舶所有人主张限制赔偿责任,人民法院不予支持。

第七条 油污损害是由于船舶所有人故意造成的,受损害人请求船舶油污损害责任保险人或者财务保证人赔偿,人民法院不予支持。

第八条 受损害人直接向船舶油污损害责任保险人或者财务保证人提起诉讼,船舶油污损害责任保险人或者财务保证人可以对受损害人主张船舶所有人的抗辩。

除船舶所有人故意造成油污损害外,船舶油污损害责任保险人或者财务保证人向受损害人主张其对船舶所有人的抗辩,人民法院不予支持。

第九条 船舶油污损害赔偿范围包括:

(一)为防止或者减轻船舶油污损害采取预防措施所发生的费用,以及预防措施造成的进一步灭失或者损害;

(二)船舶油污事故造成该船舶之外的财产损害以及由此引起的收入损失;

(三)因油污造成环境损害所引起的收入损失;

(四)对受污染的环境已采取或将要采取合理恢复措施的费用。

第十条 对预防措施费用以及预防措施造成的进一步灭失或者损害,人民法院应当结合污染范围、污染程度、油类泄漏量、预防措施的合理性、参与清除油污人员及投入使用设备的费用等因素合理认定。

第十一条 对遇险船舶实施防污措施,作业开始时的主要目的仅是为防止、减轻油污损害的,所发生的费用应认定为预防措施费用。

作业具有救助遇险船舶、其他财产和防止、减轻油污损害的双重目的,应根据目的的主次比例合理划分预防措施费用与救助措施费用;无合理依据区分主次目的的,相关费用应平均分摊。但污染危险消除后发生的费用不应列为预防措施费用。

第十二条 船舶泄漏油类污染其他船舶、渔具、养殖设施等财产,受损害人请求油污责任人赔偿因清洗、修复受污染财产支付的合理费用,人民法院应予支持。

受污染财产无法清洗、修复,或者清洗、修复成本超过其价值的,受损害人请求油污责任人赔偿合理的更换费用,人民法院应予支持,但应参照受污染财产实际使用年限与预期使用年限的比例作合理扣除。

第十三条 受损害人因其财产遭受船舶油污,不能正常生产经营的,其收入损失应以财产清洗、修复或者更换所需合理期间为限进行计算。

第十四条 海洋渔业、滨海旅游业及其他用海、临海经营单位或者个人请求因环境污染所遭受的收入损失,具备下列全部条件,由此证明收入损失与环境污染之间具有直接因果关系的,人民法院应予支持:

(一)请求人的生产经营活动位于或者接近污染区域;

(二)请求人的生产经营活动主要依赖受污染资源或者海岸线;

(三)请求人难以找到其他替代资源或者商业机会;

(四)请求人的生产经营业务属于当地相对稳定的产业。

第十五条 未经相关行政主管部门许可,受损害人从事海上养殖、海洋捕捞,主张收入损失的,人民法院不予支持;但请求赔偿清洗、修复、更换养殖或者捕捞设施的合理费用,人民法院应予支持。

第十六条 受损害人主张因其财产受污染或者因环境污染造成的收入损失,应以其前三年同期平均净收入扣减受损期间的实际净收入计算,并适当考虑影响收入的其他相关因素予以合理确定。

按照前款规定无法认定收入损失的,可以参考政府部门的相关统计数据和信息,或者同区域同类生产经营者的同期平均收入合理认定。

受损害人采取合理措施避免收入损失,请求赔偿合理措施的费用,人民法院应予支持,但以其避免发生的收入损失数额为限。

第十七条 船舶油污事故造成环境损害的,对环境损害的赔偿应限于已实际采取或者将要采取的合理恢复措施的费用。恢复措施的费用包括合理的监测、评估、研究费用。

第十八条 船舶取得有效的油污损害民事责任保险或者具有相应财务保证的,油污受损害人主张船舶优先权的,人民法院不予支持。

第十九条 对油轮装载的非持久性燃油、非油轮装载的燃油造成油污损害的赔偿请求,适用海商法关于海事赔偿责任限制的规定。

同一海事事故造成前款规定的油污损害和海商法第二百零七条规定的可以限制赔偿责任的其他损害,船舶所有人依照海商法第十一章的规定主张在同一赔偿限额内限制赔偿责任的,人民法院应予支持。

第二十条 为避免油轮装载的非持久性燃油、非油轮装载的燃油造成油污损害,对沉没、搁浅、遇难船舶采取起浮、清除或者使之无害措施,船舶所有人对由此发生的费用主张依照海商法第十一章的规定限制赔偿责任的,人民法院不予支持。

第二十一条 对油轮装载持久性油类造成的油污损害,船舶所有人,或者船舶油污责任保险人、财务保证人主张责任限制的,应当设立油污损害赔偿责任限制基金。

油污损害赔偿责任限制基金以现金方式设立的,基金数额为《防治船舶污染海洋环境管理条例》、《1992年国际油污损害民事责任公约》规定的赔偿限额。以担保方式设立基金的,担保数额为基金数额及其在基金设立期间的利息。

第二十二条 船舶所有人、船舶油污损害责任保险人或者财务保证人申请设立油污损害赔偿责任限制基金,利害关系人对船舶所有人主张限制赔偿责任有异议的,应当在海事诉讼特别程序法第一百零六条第一款规定的异议期内以书面形式提出,但提出该异议不影响基金的设立。

第二十三条 对油轮装载持久性油类造成的油污损害,利害关系人没有在异议期内对船舶所有人主张限制赔偿责任提出异议,油污损害赔偿责任限制基金设立后,海事法院应当解除对船舶所有人的财产采取的保全措施或者发还为解除保全措施而提供的担保。

第二十四条 对油轮装载持久性油类造成的油污损害,利害关系人在异议期内对船舶所有人主张限制赔偿责任提出异议的,人民法院在认定船舶所有人有权限制赔偿责任的裁决生效后,应当解除对船舶所有人的财产采取的保全措施或者发还为解除保全措施而提供的担保。

第二十五条 对油轮装载持久性油类造成的油污损害,受损害人提起诉讼时主张船舶所有人无权限制赔偿责任的,海事法院对船舶所有人是否有权限制赔偿责任的争议,可以先行审理并作出判决。

第二十六条 对油轮装载持久性油类造成的油污损害,受损害人没有在规定的债权登记期间申请债权登记的,视为放弃在油污损害赔偿责任限制基金中受偿的权利。

第二十七条 油污损害赔偿责任限制基金不足以清偿有关油污损害的,应根据确认的赔偿数额依法按比例分配。

第二十八条 对油轮装载持久性油类造成的油污损害,船舶所有人、船舶油污损害责任保险人或者财务保证人申请设立油污损害赔偿责任限制基金、受损害人申请债权登记与受偿,本规定没有规定的,适用海事诉讼特别程序法及相关司法解释的规定。

第二十九条 在油污损害赔偿责任限制基金分配以前，船舶所有人、船舶油污损害责任保险人或者财务保证人，已先行赔付油污损害的，可以书面申请从基金中代位受偿。代位受偿应限于赔付的范围，并不超过接受赔付的人依法可获得的赔偿数额。

海事法院受理代位受偿申请后，应书面通知所有对油污损害赔偿责任限制基金提出主张的利害关系人。利害关系人对申请人主张代位受偿的权利有异议的，应在收到通知之日起十五日内书面提出。

海事法院经审查认定申请人代位受偿权利成立，应裁定予以确认；申请人主张代位受偿的权利缺乏事实或者法律依据的，裁定驳回其申请。当事人对裁定不服的，可以在收到裁定书之日起十日内提起上诉。

第三十条 船舶所有人为主动防止、减轻油污损害而支出的合理费用或者所作的合理牺牲，请求参与油污损害赔偿责任限制基金分配的，人民法院应予支持，比照本规定第二十九条第二款、第三款的规定处理。

第三十一条 本规定中下列用语的含义是：

（一）船舶，是指非用于军事或者政府公务的海船和其他海上移动式装置，包括航行于国际航线和国内航线的油轮和非油轮。其中，油轮是指为运输散装持久性货油而建造或者改建的船舶，以及实际装载散装持久性货油的其他船舶。

（二）油类，是指烃类矿物油及其残余物，限于装载于船上作为货物运输的持久性货油、装载用于本船运行的持久性和非持久性燃油，不包括装载于船上作为货物运输的非持久性货油。

（三）船舶油污事故，是指船舶泄漏油类造成油污损害，或者虽未泄漏油类但形成严重和紧迫油污损害威胁的一个或者一系列事件。一系列事件因同一原因而发生的，视为同一事故。

（四）船舶油污损害责任保险人或者财务保证人，是指海事事故中泄漏油类或者直接形成油污损害威胁的船舶一方的油污责任保险人或者财务保证人。

（五）油污损害赔偿责任限制基金，是指船舶所有人、船舶油污损害责任保险人或者财务保证人，对油轮装载持久性油类造成的油污损害申请设立的赔偿责任限制基金。

第三十二条 本规定实施前本院发布的司法解释与本规定不一致的，以本规定为准。

本规定施行前已经终审的案件，人民法院进行再审时，不适用本规定。

渔业水域污染事故调查处理程序规定

（农业部令第13号）

第一章 总 则

第一条 为及时、公正地调查处理渔业水域污染事故，维护国家、集体和公民的合法权益，根据《中华人民共和国环境保护法》、《中华人民共和国水污染防治法》、《中华人民共和国渔业法》等有关法律法规，制定本规定。

第二条 任何公民、法人或其他组织造成渔业水域污染事故的，应当接受渔政监督管理机构（以下简称主管机构）的调查处理。各级主管机构调查处理渔业水域污染事故适用本规定。

第三条 本规定所称的渔业水域是指鱼虾贝类的产卵场、索饵场、越冬场、洄游通道和鱼虾贝藻类及其他水生动植物的增养殖场。

第四条 本规定所称的渔业水域污染事故是指由于单位和个人将某种物质和能量引入渔业水域，损坏渔业水体使用功能，影响渔业水域内的生物繁殖、生长或造成该生物死亡、数量减少，以及造成该生物有毒有害物质积累、质量下降等，对渔业资源和渔业生产造成损害的事实。

第二章　污染事故处理管辖

第五条　地(市)、县主管机构依法管辖其监督管理范围内的较大及一般性渔业水域污染事故。省(自治区、直辖市)主管机构依法管辖其监督管理范围内直接经济损失额在百万元以上的重大渔业水域污染事故。中华人民共和国渔政渔港监督管理局管辖或指定省级主管机构处理直接经济损失额在千万元以上的特大渔业水域污染事故和涉外渔业水域污染事故。

第六条　中华人民共和国渔政渔港监督管理局成立渔业水域污染事故技术审定委员会,负责全国重大渔业水域污染事故的技术审定工作。

第七条　下级主管机构对其处理范围内的渔业水域污染事故,认为需要由上级主管机构处理的,可报请上级主管机构处理。

第八条　上级主管机构管辖的渔业水域污染事故必要时可以指定下级机构处理。

第九条　对管辖权有争议的渔业水域污染事故,由争议双方协商解决,协商不成的,由共同的上一级主管机构指定机关调查处理。

第十条　指定处理的渔业水域污染事故应办理书面手续。主管机构指定的单位,须在指定权限范围内行使权力。

第十一条　跨行政区域的渔业水域污染纠纷,按照《中华人民共和国水污染防治法》第二十六条的规定,由有关地方人民政府协商解决,或者由其共同的上级人民政府协调解决,主管机构应积极配合有关地方人民政府做好事故的处理工作。

第三章　调查与取证

第十二条　主管机构在发现或接到事故报告后,应做好下列工作:

(一)填写事故报告表,内容包括报告人、事故发生时间、地点、污染损害原因及状况等。

(二)尽快组织渔业环境监测站或有关人员赴现场进行调查取证。重大、特大及涉外渔业水域污染事故应立即向同级人民政府及环境保护主管部门和上一级主管机构报告。

(三)对污染情况复杂、损失较重的污染事故,应参照农业部颁布的《污染死鱼调查方法(淡水)》的规定进行调查取证。

第十三条　渔业执法人员调查处理渔业水域污染事故,应当收集与污染事故有关的各种证据,证据包括书证、物证、视听资料、证人证言、当事人陈述、鉴定结论、现场笔录。证据必须查证属实,才能作为认定事实的依据。

第十四条　调查渔业水域污染事故,必须制作现场笔录,内容包括:发生事故时间、地点、水体类型、气候、水文、污染物、污染源、污染范围、损失程度等。笔录应当表述清楚,定量准确,如实记录,并有在场调查的两名渔业执法人员的签名和笔录时间。

第十五条　渔业环境监测站出具的监测数据、鉴定结论或其他具备资格的有关单位出具的鉴定证明是主管机构处理污染事故的依据。监测数据、鉴定结果报告书由监测鉴定人员签名,并加盖单位公章。

第四章　处 理 程 序

第十六条　因渔业水域污染事故发生的赔偿责任和赔偿金额的纠纷,当事人可以向事故发生地的主管机构申请调解处理,当事人也可以直接向人民法院起诉。

第十七条　主管机构受理当事人事故纠纷调解处理申请应符合下列条件:

(一)必须是双方当事人同意调解处理;

(二)申请人必须是与渔业损失事故纠纷有直接利害关系的单位或个人;

(三)有明确的被申请人和具体的事实依据与请求;

(四)不超越主管机构受理范围。

第十八条　如属当事人一方申请调解的,主管机构有责任通知另一方接受调解,如另一方拒绝接受调解,当事人可直接向人民法院起诉。

第十九条　请求主管机构调解处理的纠纷,当事人必须提交申请书,申请书应写明如下事实:

(一)申请人与被申请人的姓名、性别、年龄、职业、住址、邮政编码等(单位的名称、地址、法定代表人的姓名);

(二)申请事项,事实和理由;

(三)与事故纠纷有关的证据和其他资料;

(四)请求解决的问题。

申请书一式三份,申请人自留一份,两份递交受理机构。

第二十条 主管机构受理污染事故赔偿纠纷后，可根据需要邀请有关部门的人员参加调解处理工作。负责和参加处理纠纷的人员与纠纷当事人有利害关系时，应当自行回避，当事人也可提出回避请求。

第二十一条 主管机构应在收到申请书十日内将申请书副本送达被申请人。被申请人在收到申请书副本之日起十五日内提交答辩书和有关证据。被申请人不按期或不提出答辩书的，视为拒绝调解处理，主管机构应告知申请人向人民法院起诉。

第二十二条 调解处理过程中，应召集双方座谈协商。经协商可达成调解协议。

第二十三条 调解协议书经当事人双方和主管机构三方签字盖章后生效。当事人拒不履行调解协议的，主管机构应督促履行，同时当事人可向人民法院起诉。

第二十四条 当事人对主管机构调解污染事故赔偿纠纷处理决定不服的，可以向人民法院起诉。

第二十五条 调解处理过程中，当事人一方向法院起诉，调解处理终止。

第二十六条 凡污染造成渔业损害事故的，都应赔偿渔业损失，并由主管机构根据情节依照《渔业行政处罚程序规定》对污染单位和个人给予罚款。

第二十七条 凡污染造成人工增殖和天然渔业资源损失的，按污染对渔业资源的损失及渔业生产的损害程度，由主管机构依照《渔业行政处罚程序规定》责令赔偿渔业资源损失。

第五章 附 则

第二十八条 本规定中渔业损失的计算，按农业部颁布的《水域污染事故渔业损失计算方法规定》执行。

第二十九条 本规定中事故报告登记表、现场记录、渔业水域污染事故调解协议书等文书格式，由农业部统一制定。

第三十条 本规定由农业部负责解释。

附件一：渔业水域污染事故报告表（略）

附件二：现场记录（略）

附件三：渔业水域污染事故调解协议书（略）

水域污染事故渔业损失计算方法规定

（1996年10月8日发布）

为加强渔业水域环境的监督管理，科学合理地计算因污染事故造成的渔业损失，为正确判定和处理污染事故提供依据，现制定以下计算方法。

一、污染事故渔业损失量的计算

污染事故中的渔业损失量，是指污染源直接或间接污染渔业水域造成鱼、虾、蟹、贝、藻等及珍稀、濒危水生野生动植物死亡或受损的数量。计算方法的选择应根据事故水域的类型、水文状况、受污染面积的大小以及受损害资源的种类而定。

（一）围捕统计法

应用范围：适用于能进行围捕操作的水域，其污染事故水域面积在万亩以下。

围捕设点和计算方法：在事故水域中，设置具有代表性的围捕点8－10个，每个围捕点的面积20－50亩，在围捕中，按种类和规格（苗种、成品）分别统计水产生物死亡量和具有严重中毒症的水产生物数量。

围捕点及各点面积的设定由渔政监督管理机构根据受污染水域的具体状况决定。

计算方法：

各围捕点单位面积平均损失量＝各围捕点单位面积损失（包括中毒量）之和÷围捕点数

事故水域总损失量＝（单位面积平均损失量×事故水域总面积＋群众捕捞的损失量）

水域面积在万亩以上，或其损失密度分布呈明显区域性的养殖水域，分别围捕统计，总损失量等于各区域的损失量之和。

（二）调查估算法

应用范围：适用于难以设点围捕的大面积增、养殖水域。

估算方法：

1. 调查养殖单位当年投放苗种的分类放养量，以养殖单位提供的发票、生产原始记录和旁证为准，并由渔政监督管理机构核定。

2. 以粗养为主的应考虑原有天然渔业资源量。

3. 由渔政监督管理机构组织有关单位或事故双方评估事故水域中的损失量（F1）；

4. 由渔政机构抽样调查群众自发性捕捞的损失量（F2）；

5. 总损失量 Y = F1 + F2

（三）统计推算法

1. 精养池塘或小面积渔业水域。

事故水域的损失量 = 当年计划全部产量 - 已捕产量

当年计划全部产量 = 当年投放的苗种数量 × $\frac{\text{前三年亩平均产量}}{\text{前三年亩平均放苗种数}}$

2. 养殖、增殖水面（包括港湾、湖泊、水库、外荡等）。

推算公式：

$$Y = F + F1 + F2$$

$$F = (M \times X \times N - F') \times S \times P$$

$$F1 = (\text{上年放养增殖量} - \text{上年起捕量}) \times P$$

注释：

Y：总损失量（公斤）

F：当年放养水产生物的损失量（公斤）

F1：上年剩余水产生物损失量（公斤）

F2：自然繁殖水产生物的损失量（公斤）

M：亩放苗种数（尾、只、颗/亩）

X：成活率（%）

N：起捕规格（公斤/尾、只、颗）

F'：已捕产量（公斤/亩）

S：受污面积（亩）

P：受污水产生物损失率（%）

3. 滩涂养殖和围塘养殖：

$$Y = (M \times X \times N - F') \times S \times P$$

※（公式中字母注释同上）

各因子的确定：M、N、X、F'由污染受害单位或个人出具证明，当地渔政监督管理机构审核；S，P 由污染受害单位或个人提供情况，当地渔政监督管理机构组织有关部门调查确定。

4. 虾、蟹、贝、藻损失量的推算方法：

计算公式 $Y = K \times \frac{S \times M \times X}{N} - F1$

注释：

Y：损失产量（公斤）

F1：污染面积内收获产量（公斤）

K：养殖技术、养殖环境等因素的综合参考系数

S：受污染面积（亩）

M：亩放苗种数量（只、棵、尾）

X：成活率（%）

N：成品规格（只、棵、尾/公斤）

各因子的确定可参照表 1（××省海水养殖品种情况）

注：由于养殖环境、养成水平等差异，造成各地养成产量参差不齐，故设 K 值系数，该系数的具体数值可参考当地历年产量和本年度产量等因素而定。

（四）专家评估法

在难以用上述公式计算的天然渔业水域，包括内陆的江河、河泊、河口及沿岸海域、近海，可采用专家评估法，主要以现场调查、现场取证、生产统计数据、资源动态监测资料等为评估依据，必要时以试验数据资料作为评估的补充依据。

基本程序为：

1. 进行生产和资源的现场调查，确定事故水域主要渔业资源的种类及主要渔获物组成；

2. 资源量的确定：

（1）江河、河口及海域的资源量

近 3－5 年的平均产量 ÷ 资源开发率

（开发率视当地捕捞强度和种群自生能力而定）

（2）增殖资源量

近 3－5 年的平均投放尾数 × 回捕规格 × 回捕率 ÷ 资源开发率

3. 资源损失量的确定。由渔政监督管理机构组织有关专家评估，确定其损失量，对资源损失大的（10 万元以上）要写出详细的评估

报告。

二、污染事故经济损失量的计算

因渔业环境污染、破坏直接对受害单位和个人造成的损失，在计算经济损失额时只计算直接经济损失。

因渔业环境污染、破坏不仅对受害单位和个人造成损失，而且造成天然渔业资源和渔政监督管理机构增殖放流资源的无法再利用，以及可能造成的渔业产量减产等损失，在计算经济损失额时，将直接经济损失额与天然渔业资源损失额相加。

（一）直接经济损失额的计算

直接经济损失包括水产品损失、污染防护设施损失、渔具损失以及清除污染费和监测部门取证、鉴定等工作的实际费用。

水产品损失额按照当时当地工商行政管理部门提供的主要菜市场零售价格来计算。水产品损失量包括中毒致死量和有明显中毒症状但尚能存活以及因污染造成不能食用的。由于水产品损失量既包括成品，也包括半成品、苗种，而计算损失量，最终以成品损失量表示，因此苗种、半成品与成品损失量的换算比由渔政监督管理机构根据不同种类和当地实际情况而定。网箱、稻田养鱼按实际损失额计算：

水产品损失额＝当地市场价格×损失量

养殖种类亲本和原种的死亡损失价格，计算时要根据其重要程度按高于一般商品价格的50%～500%计算，具体价格由渔政监督管理机构确定。

污染防护设施损失、渔具损失以及清除污染费用和监测部门取证、鉴定等所需的费用按实际投入计算。

（二）天然渔业资源经济损失额的计算

该损失计算由渔政监督管理机构根据当地的资源情况而定，但不应低于直接经济损失中水产品损失额的3倍。

天然渔业资源损失的赔偿费由渔政监督管理机构收取，用于增殖放流和渔业生态环境的改善、保护及管理。

因爆破、勘探、倾废、围垦等工程造成的渔业损失计算原则上也适用于本规定。

因污染使水生野生动物自然保护区的生息繁衍条件受到损失，应按《中华人民共和国水生野生动物保护实施条例》第二十七条规定处理。

三、本规定由农业部负责解释。

四、本规定自公布之日起实施。

1994年农业部发布的“关于印以《水域污染事故渔业资源损失计算方法》的通知”同时废止。

国家海洋局关于印发《海洋生态损害国家损失索赔办法》的通知

（2014年10月21日发布）

沿海各省、自治区、直辖市海洋厅（局），北海、东海、南海分局：

为落实海洋行政主管部门“承担海洋生态损害国家索赔工作”的职责，有序实施海洋生态损害国家损失索赔工作，根据《中华人民共和国海洋环境保护法》第九十条的规定，我局组织制定了《海洋生态损害国家损失索赔办法》。现印发给你们，请遵照执行。

国家海洋局

2014年10月21日

海洋生态损害国家损失索赔办法

第一条　为加强海洋生态环境保护，规范海洋生态损害国家损失索赔工作，依据《中华人民共和国海洋环境保护法》第九十条第二款之规定，制定本办法。

第二条　因下列行为导致海洋环境污染或生态破坏，造成国家重大损失的，海洋行政主管部门可以向责任者提出索赔要求：

（一）新建、改建、扩建海洋、海岸工程建设项目；

(二)围填海活动及其他用海活动；

(三)海岛开发利用活动；

(四)破坏滨海湿地等重要海洋生态系统；

(五)捕杀珍稀濒危海洋生物或者破坏其栖息地；

(六)引进外来物种；

(七)海洋石油勘探开发活动；

(八)海洋倾废活动；

(九)向海域排放污染物或者放射性、有毒有害物质；

(十)在水上和港区从事拆船、改装、打捞和其他水上、水下施工作业活动；

(十一)突发性环境事故；

(十二)其他损害海洋生态应当索赔的活动。

第三条 海洋生态损害国家损失的范围包括：

(一)为控制、减轻、清除生态损害而产生的处置措施费用，以及由处置措施产生的次生污染损害消除费用；

(二)海洋生物资源和海洋环境容量(海域纳污能力)等恢复到原有状态期间的损失费用；

(三)为确定海洋生态损害的性质、范围、程度而支出的监测、评估以及专业咨询的合理费用；

(四)修复受损海洋生态以及由此产生的调查研究、制订修复技术方案等合理费用；如受损海洋生态无法恢复至原有状态，则计算为重建有关替代生态系统的合理费用；

(五)其他必要的合理费用。

以上费用总计超过30万元的，属于重大损失。

第四条 国家海洋局负责全国海洋生态损害国家损失索赔工作的监督管理。

地方管理海域内海洋生态损害国家损失索赔工作的分工，由省级海洋行政主管部门规定。地方管理海域内跨省的海洋生态损害国家损失索赔工作，由所在海区国家海洋局派出机构承办。

地方管理海域以外国家管辖海域的海洋生态损害国家损失索赔工作，由所在海区国家海洋局派出机构承办。

同一事件造成前两款规定海域海洋生态损害的国家损失索赔工作，由所在海区国家海洋局派出机构承办。

第五条 各级海洋行政主管部门应与环保、海事、渔业等海洋环境监督管理部门加强沟通、配合，建立海洋生态损害信息共享机制，确保索赔工作的全面、科学、合理。

第六条 海洋行政主管部门发现海洋生态损害行为或接到相关报告、通报后，经初步评估认为需依照本办法进行海洋生态损害国家索赔的，应当委托具有相应技术能力和独立法人资格的机构进行评估，确定索赔金额。

第七条 海洋生态损害评估，应当按照相应的海洋生态损害评估标准和技术规范进行。

第八条 海洋行政主管部门需为提供相关资料的单位保守在调查中获取的商业秘密。

第九条 海洋行政主管部门应根据海洋生态损害评估结果，向海洋生态损害责任者发送海洋生态损害国家损失索赔函。索赔函应当包括下列内容：

(一)海洋生态损害责任者名称(姓名)、地址；

(二)索赔事实、理由及有关证据；

(三)索赔数额和计算依据；

(四)履行赔偿责任的方式和期限；

(五)表达异议的方式。

第十条 海洋生态损害责任者对索赔要求无异议的，承办部门应及时与其签订赔偿协议，责任者应当按照协议规定的方式、程序和期限履行赔偿责任。

第十一条 海洋生态损害责任者对索赔要求提出异议，承办部门应及时通过协商、仲裁、诉讼等方式解决。

第十二条 索赔过程中，承办部门可以根据需要依法向人民法院申请采取财产保全措施或者申请证据保全。

第十三条 海洋行政主管部门提出的海洋生态损害索赔要求，不影响公民、法人、其他组织或部门依法提出的其他索赔要求。

第十四条 海洋生态损害国家损失索赔工作相关信息应当依照《政府信息公开条例》的有关规定

及国务院有关要求予以公开,接受社会监督。

第十五条 海洋生态损害国家损失赔偿金应按照国家财政有关法规进行管理,具体管理办法由财政部会同国家海洋局另行制定。

第十六条 本办法自公布之日起施行。

附件

××海洋(与渔业)厅(局)/国家海洋局×海分局

海洋生态损害国家损失索赔函(样式)

××赔函〔20××〕××号

×××单位(个人):

地址:

经查,你单位(个人)的以下行为(时间、地点、污染行为的描述)

导致海域海洋生态严重破坏,造成国家重大损失,依据《中华人民共和国海洋环境保护法》第九十条第二款、《海洋生态损害国家损失索赔办法》的规定及《海洋生态损害评估技术指南》,根据×××单位　　年　月　日评估结果,拟对你单位(个人)索赔人民币　　　　元整(¥　　　　)。

请你单位(个人)在收到本索赔函后7个工作日内主动与我局联系赔偿事宜,双方协商一致后签订赔偿协议,并按照协议规定的方式、程序和期限履行赔偿责任。

如逾期未得到你单位(个人)回复,我局将考虑通过仲裁、诉讼等方式要求你单位(个人)履行赔偿责任。

本局地址:　　　　邮政编码:

联 系 人:　　　　电话:

(盖章)

年　月　日

接收情况:

已于　　年　月　日　时　分收到××赔函〔20××〕××号索赔函。

接收人签字:

(盖章)

国家发展和改革委员会关于印发《温室气体自愿减排交易管理暂行办法》的通知

(发改气候〔2012〕1668号)

国务院各部委、直属机构、各省、自治区、直辖市发展改革委:

为实现我国2020年单位国内生产总值二氧化碳排放下降目标,《国民经济和社会发展第十二个五年规划纲要》提出逐步建立碳排放交易市场,发挥市场机制在推动经济发展方式转变和经济结构调整方面的重要作用。目前,国内已经开展了一些基于项目的自愿减排交易活动,对于培育碳减排市场意识、探索和试验碳排放交易程序和规范具有积极意义。为保障资源减排交易活动有序开展,调动全社会自觉参与碳减排活动的积极性,为逐步建立总量控制下的碳排放权交易市场积累经验,奠定技术和规则基础,我委组织制定了《温室气体自愿减排交易管理暂行办法》(以下简称《暂行办法》)。现印发施行。

鉴于温室气体自愿减排交易是一项全新的探索性工作,涉及面广,操作环节多,程序复杂,需要精心组织,严格管理,应确保有关交易活动符合诚信原则和《暂行办法》的程序规则,所交易的减排量应真实可靠。《暂行办法》实施过程中有何问题和意见,请及时反馈我委。

特此通知。

附件:《温室气体自愿减排交易管理暂行办法》

二〇一二年六月十三日

温室气体自愿减排交易管理暂行办法

第一章　总　　则

第一条 为鼓励基于项目的温室气体自愿减排交易,保障有关交易活动有序开展,制定本暂行办法。

第二条 本暂行办法适用于二氧化碳(CO_2)、甲烷(CH_4)、氧化亚氮(N_2O)、氢氟碳化物(HFCs)、全氟化碳(PFCs)和六氟化硫(SF_6)等六种温室气体的自愿减排量的交易活动。

第三条 温室气体自愿减排交易应遵循公开、公平、公正和诚信的原则,所交易减排量应基于具体项目,并具备真实性、可测量性和额外性。

第四条 国家发展改革委作为温室气体自愿减排交易的国家主管部门,依据本暂行办法对中华人民共和国境内的温室气体自愿减排交易活动进行管理。

第五条 国内外机构、企业、团体和个人均可参与温室气体自愿减排量交易。

第六条 国家对温室气体自愿减排交易采取备案管理。参与自愿减排交易的项目,在国家主管部门备案和登记,项目产生的减排量在国家主管部门备案和登记,并在经国家主管部门备案的交易机构内交易。

中国境内注册的企业法人可依据本暂行办法申请温室气体自愿减排项目及减排量备案。

第七条 国家主管部门建立并管理国家自愿减排交易登记簿(以下简称"国家登记簿"),用于登记经备案的自愿减排项目和减排量,详细记录项目基本信息及减排量备案、交易、注销等有关情况。

第八条 在每个备案完成后的10个工作日内,国家主管部门通过公布相关信息和提供国家登记簿查询,引导参与自愿减排交易的相关各方,对具有公信力的自愿减排量进行交易。

第二章 自愿减排项目管理

第九条 参与温室气体自愿减排交易的项目应采用经国家主管部门备案的方法学并由经国家主管部门备案的审定机构审定。

第十条 方法学是指用于确定项目基准线、论证额外性、计算减排量、制定监测计划等的方法指南。

对已经联合国清洁发展机制执行理事会批准的清洁发展机制项目方法学,由国家主管部门委托专家进行评估,对其中适合于自愿减排交易项目的方法学予以备案。

第十一条 对新开发的方法学,其开发者可向国家主管部门申请备案,并提交该方法学及所依托项目的设计文件。国家主管部门接到新方法学备案申请后,委托专家进行技术评估,评估时间不超过60个工作日。

国家主管部门依据专家评估意见对新开发方法学备案申请进行审查,并于接到备案申请之日起30个工作日内(不含专家评估时间)对具有合理性和可操作性、所依托项目设计文件内容完备、技术描述科学合理的新开发方法学予以备案。

第十二条 申请备案的自愿减排项目在申请前应由经国家主管部门备案的审定机构审定,并出具项目审定报告。项目审定报告主要包括以下内容:

(一)项目审定程序和步骤;

(二)项目基准线确定和减排量计算的准确性;

(三)项目的额外性;

(四)监测计划的合理性;

(五)项目审定的主要结论。

第十三条 申请备案的自愿减排项目应于2005年2月16日之后开工建设,且属于以下任一类别:

(一)采用经国家主管部门备案的方法学开发的自愿减排项目;

(二)获得国家发展改革委批准作为清洁发展机制项目,但未在联合国清洁发展机制执行理事会注册的项目;

(三)获得国家发展改革委批准作为清洁发展机制项目且在联合国清洁发展机制执行理事会注册前就已经产生减排量的项目;

(四)在联合国清洁发展机制执行理事会注册但减排量未获得签发的项目。

第十四条 国资委管理的中央企业中直接涉及温室气体减排的企业(包括其下属企业、控股企业),直接向国家发展改革委申请自愿减排项目备案。具体名单由国家主管部门制定、调整和发布。

未列入前款名单的企业法人,通过项目所在省、自治区、直辖市发展改革部门提交自愿减排项目备案申请。省、自治区、直辖市发展改革部门就备案申请材料的完整性和真实性提出意见后转报国家主管部门。

第十五条 申请自愿减排项目备案须提交以下材料：

（一）项目备案申请函和申请表；

（二）项目概况说明；

（三）企业的营业执照；

（四）项目可研报告审批文件、项目核准文件或项目备案文件；

（五）项目环评审批文件；

（六）项目节能评估和审查意见；

（七）项目开工时间证明文件；

（八）采用经国家主管部门备案的方法学编制的项目设计文件；

（九）项目审定报告。

第十六条 国家主管部门接到自愿减排项目备案申请材料后，委托专家进行技术评估，评估时间不超过30个工作日。

第十七条 国家主管部门商有关部门依据专家评估意见对自愿减排项目备案申请进行审查，并于接到备案申请之日起30个工作日内（不含专家评估时间）对符合下列条件的项目予以备案，并在国家登记簿登记。

（一）符合国家相关法律法规；

（二）符合本办法规定的项目类别；

（三）备案申请材料符合要求；

（四）方法学应用、基准线确定、温室气体减排量的计算及其监测方法得当；

（五）具有额外性；

（六）审定报告符合要求；

（七）对可持续发展有贡献。

第三章 项目减排量管理

第十八条 经备案的自愿减排项目产生减排量后，作为项目业主的企业在向国家主管部门申请减排量备案前，应由经国家主管部门备案的核证机构核证，并出具减排量核证报告。减排量核证报告主要包括以下内容：

（一）减排量核证的程序和步骤；

（二）监测计划的执行情况；

（三）减排量核证的主要结论。

对年减排量6万吨以上的项目进行过审定的机构，不得再对同一项目的减排量进行核证。

第十九条 申请减排量备案须提交以下材料：

（一）减排量备案申请函；

（二）项目业主或项目业主委托的咨询机构编制的监测报告；

（三）减排量核证报告。

第二十条 国家主管部门接到减排量备案申请材料后，委托专家进行技术评估，评估时间不超过30个工作日。

第二十一条 国家主管部门依据专家评估意见对减排量备案申请进行审查，并于接到备案申请之日起30个工作日内（不含专家评估时间）对符合下列条件的减排量予以备案：

（一）产生减排量的项目已经国家主管部门备案；

（二）减排量监测报告符合要求；

（三）减排量核证报告符合要求。

经备案的减排量称为“核证自愿减排量（CCER）”，单位以“吨二氧化碳当量（tCO2e）”计。

第二十二条 自愿减排项目减排量经备案后，在国家登记簿登记并在经备案的交易机构内交易。用于抵消碳排放的减排量，应于交易完成后在国家登记簿中予以注销。

第四章 减排量交易

第二十三条 温室气体自愿减排量应在经国家主管部门备案的交易机构内，依据交易机构制定的交易细则进行交易。

经备案的交易机构的交易系统与国家登记簿连接，实时记录减排量变更情况。

第二十四条 交易机构通过其所在省、自治区和直辖市发展改革部门向国家主管部门申请备案，并提交以下材料：

（一）机构的注册资本及股权结构说明；

（二）章程、内部监管制度及有关设施情况报告；

（三）高层管理人员名单及简历；

（四）交易机构的场地、网络、设备、人员等情况说明及相关地方或行业主管部门出具的意见和证明材料；

（五）交易细则。

第二十五条 国家主管部门对交易机构备案申请进行审查，审查时间不超过6个月，并于审查完成后对符合以下条件的交易机构予以备案：

（一）在中国境内注册的中资法人机构，注册资本不低于1亿元人民币；

（二）具有符合要求的营业场所、交易系统、结算系统、业务资料报送系统和与业务有关的其他设施；

（三）拥有具备相关领域专业知识及相关经验的从业人员；

（四）具有严格的监察稽核、风险控制等内部监控制度；

（五）交易细则内容完整、明确，具备可操作性。

第二十六条 对自愿减排交易活动中有违法违规情况的交易机构，情节较轻的，国家主管部门将责令其改正；情节严重的，将公布其违法违规信息，并通告其原备案无效。

第五章 审定与核证管理

第二十七条 从事本暂行办法第二章规定的自愿减排交易项目审定和第三章规定的减排量核证业务的机构，应通过其注册地所在省、自治区和直辖市发展改革部门向国家主管部门申请备案，并提交以下材料：

（一）营业执照；

（二）法定代表人身份证明文件；

（三）在项目审定、减排量核证领域的业绩证明材料；

（四）审核员名单及其审核领域。

第二十八条 国家主管部门接到审定与核证机构备案申请材料后，对审定与核证机构备案申请进行审查，审查时间不超过6个月，并于审查完成后对符合下列条件的审定与核证机构予以备案：

（一）成立及经营符合国家相关法律规定；

（二）具有规范的管理制度；

（三）在审定与核证领域具有良好的业绩；

（四）具有一定数量的审核员，审核员在其审核领域具有丰富的从业经验，未出现任何不良记录；

（五）具备一定的经济偿付能力。

第二十九条 经备案的审定和核证机构，在开展相关业务过程中如出现违法违规情况，情节较轻的，国家主管部门将责令其改正；情节严重的，将公布其违法违规信息，并通告其原备案无效。

第六章 附 则

第三十条 本暂行办法由国家发展改革委负责解释。

第三十一条 本暂行办法自印发之日起施行。

中华人民共和国国家发展和改革委员会令

（第17号）

为落实党的十八届三中全会决定、“十二五”规划《纲要》和国务院《“十二五”控制温室气体排放工作方案》的要求，推动建立全国碳排放权交易市场，我委组织起草了《碳排放权交易管理暂行办法》。现予以发布，自发布之日起30日后施行。

附件：碳排放权交易管理暂行办法

2014年12月10日

附件

碳排放权交易管理暂行办法

第一章 总 则

第一条 为推进生态文明建设，加快经济发展方式转变，促进体制机制创新，充分发挥市场在温室气体排放资源配置中的决定性作用，加强对温室气体排放的控制和管理，规范碳排放权交易市场的建设和运行，制定本办法。

第二条 在中华人民共和国境内,对碳排放权交易活动的监督和管理,适用本办法。

第三条 本办法所称碳排放权交易,是指交易主体按照本办法开展的排放配额和国家核证自愿减排量的交易活动。

第四条 碳排放权交易坚持政府引导与市场运作相结合,遵循公开、公平、公正和诚信原则。

第五条 国家发展和改革委员会是碳排放权交易的国务院碳交易主管部门(以下称国务院碳交易主管部门),依据本办法负责碳排放权交易市场的建设,并对其运行进行管理、监督和指导。

各省、自治区、直辖市发展和改革委员会是碳排放权交易的省级碳交易主管部门(以下称省级碳交易主管部门),依据本办法对本行政区域内的碳排放权交易相关活动进行管理、监督和指导。

其它各有关部门应按照各自职责,协同做好与碳排放权交易相关的管理工作。

第六条 国务院碳交易主管部门应适时公布碳排放权交易纳入的温室气体种类、行业范围和重点排放单位确定标准。

第二章 配额管理

第七条 省级碳交易主管部门应根据国务院碳交易主管部门公布的重点排放单位确定标准,提出本行政区域内所有符合标准的重点排放单位名单并报国务院碳交易主管部门,国务院碳交易主管部门确认后向社会公布。

经国务院碳交易主管部门批准,省级碳交易主管部门可适当扩大碳排放权交易的行业覆盖范围,增加纳入碳排放权交易的重点排放单位。

第八条 国务院碳交易主管部门根据国家控制温室气体排放目标的要求,综合考虑国家和各省、自治区和直辖市温室气体排放、经济增长、产业结构、能源结构,以及重点排放单位纳入情况等因素,确定国家以及各省、自治区和直辖市的排放配额总量。

第九条 排放配额分配在初期以免费分配为主,适时引入有偿分配,并逐步提高有偿分配的比例。

第十条 国务院碳交易主管部门制定国家配额分配方案,明确各省、自治区、直辖市免费分配的排放配额数量、国家预留的排放配额数量等。

第十一条 国务院碳交易主管部门在排放配额总量中预留一定数量,用于有偿分配、市场调节、重大建设项目等。有偿分配所取得的收益,用于促进国家减碳以及相关的能力建设。

第十二条 国务院碳交易主管部门根据不同行业的具体情况,参考相关行业主管部门的意见,确定统一的配额免费分配方法和标准。

各省、自治区、直辖市结合本地实际,可制定并执行比全国统一的配额免费分配方法和标准更加严格的分配方法和标准。

第十三条 省级碳交易主管部门依据第十二条确定的配额免费分配方法和标准,提出本行政区域内重点排放单位的免费分配配额数量,报国务院碳交易主管部门确定后,向本行政区域内的重点排放单位免费分配排放配额。

第十四条 各省、自治区和直辖市的排放配额总量中,扣除向本行政区域内重点排放单位免费分配的配额量后剩余的配额,由省级碳交易主管部门用于有偿分配。有偿分配所取得的收益,用于促进地方减碳以及相关的能力建设。

第十五条 重点排放单位关闭、停产、合并、分立或者产能发生重大变化的,省级碳交易主管部门可根据实际情况,对其已获得的免费配额进行调整。

第十六条 国务院碳交易主管部门负责建立和管理碳排放权交易注册登记系统(以下称注册登记系统),用于记录排放配额的持有、转移、清缴、注销等相关信息。注册登记系统中的信息是判断排放配额归属的最终依据。

第十七条 注册登记系统为国务院碳交易主管部门和省级碳交易主管部门、重点排放单位、交易机构和其他市场参与方等设立具有不同功能的账户。参与方根据国务院碳交易主管部门的相应要求开立账户后,可在注册登记系统中进行配额管理的相关业务操作。

第三章 排放交易

第十八条 碳排放权交易市场初期的交易产品为排放配额和国家核证自愿减排量,适时增加其他交易产品。

第十九条 重点排放单位及符合交易规则规定的机构和个人(以下称交易主体),均可参与碳排放权交易。

第二十条 国务院碳交易主管部门负责确定碳排放权交易机构并对其业务实施监督。具体交易规则由交易机构负责制定,并报国务院碳交易主管部门备案。

第二十一条 第十八条规定的交易产品的交易原则上应在国务院碳交易主管部门确定的交易机构内进行。

第二十二条 出于公益等目的,交易主体可自愿注销其所持有的排放配额和国家核证自愿减排量。

第二十三条 国务院碳交易主管部门负责建立碳排放权交易市场调节机制,维护市场稳定。

第二十四条 国家确定的交易机构的交易系统应与注册登记系统连接,实现数据交换,确保交易信息能及时反映到注册登记系统中。

第四章 核查与配额清缴

第二十五条 重点排放单位应按照国家标准或国务院碳交易主管部门公布的企业温室气体排放核算与报告指南的要求,制定排放监测计划并报所在省、自治区、直辖市的省级碳交易主管部门备案。

重点排放单位应严格按照经备案的监测计划实施监测活动。监测计划发生重大变更的,应及时向所在省、自治区、直辖市的省级碳交易主管部门提交变更申请。

第二十六条 重点排放单位应根据国家标准或国务院碳交易主管部门公布的企业温室气体排放核算与报告指南,以及经备案的排放监测计划,每年编制其上一年度的温室气体排放报告,由核查机构进行核查并出具核查报告后,在规定时间内向所在省、自治区、直辖市的省级碳交易主管部门提交排放报告和核查报告。

第二十七条 国务院碳交易主管部门会同有关部门,对核查机构进行管理。

第二十八条 核查机构应按照国务院碳交易主管部门公布的核查指南开展碳排放核查工作。重点排放单位对核查结果有异议的,可向省级碳交易主管部门提出申诉。

第二十九条 省级碳交易主管部门应当对以下重点排放单位的排放报告与核查报告进行复查,复查的相关费用由同级财政予以安排:

(一)国务院碳交易主管部门要求复查的重点排放单位;

(二)核查报告显示排放情况存在问题的重点排放单位;

(三)除(一)、(二)规定以外一定比例的重点排放单位。

第三十条 省级碳交易主管部门应每年对其行政区域内所有重点排放单位上年度的排放量予以确认,并将确认结果通知重点排放单位。经确认的排放量是重点排放单位履行配额清缴义务的依据。

第三十一条 重点排放单位每年应向所在省、自治区、直辖市的省级碳交易主管部门提交不少于其上年度经确认排放量的排放配额,履行上年度的配额清缴义务。

第三十二条 重点排放单位可按照有关规定,使用国家核证自愿减排量抵消其部分经确认的碳排放量。

第三十三条 省级碳交易主管部门每年应对其行政区域内重点排放单位上年度的配额清缴情况进行分析,并将配额清缴情况上报国务院碳交易主管部门。国务院碳交易主管部门应向社会公布所有重点排放单位上年度的配额清缴情况。

第五章 监督管理

第三十四条 国务院碳交易主管部门应及时向社会公布如下信息:纳入温室气体种类,纳入行业,纳入重点排放单位名单,排放配额分配方法,排放配额使用、存储和注销规则,各年度重点排放单位的配额清缴情况,推荐的核查机构名单,经确定的交易机构名单等。

第三十五条 交易机构应建立交易信息披露制度,公布交易行情、成交量、成交金额等交易信息,并及时披露可能影响市场重大变动的相关信息。

第三十六条 国务院碳交易主管部门对省级碳交易主管部门业务工作进行指导,并对下列活动进行监督和管理:

(一)核查机构的相关业务情况;

(二)交易机构的相关业务情况;

第三十七条 省级碳交易主管部门对碳排放权交易进行监督和管理的范围包括：

（一）辖区内重点排放单位的排放报告、核查报告报送情况；

（二）辖区内重点排放单位的配额清缴情况；

（三）辖区内重点排放单位和其它市场参与者的交易情况。

第三十八条 国务院碳交易主管部门和省级碳交易主管部门应建立重点排放单位、核查机构、交易机构和其它从业单位和人员参加碳排放交易的相关行为信用记录，并纳入相关的信用管理体系。

第三十九条 对于严重违法失信的碳排放权交易的参与机构和人员，国务院碳交易主管部门建立“黑名单”并依法予以曝光。

第六章 法律责任

第四十条 重点排放单位有下列行为之一的，由所在省、自治区、直辖市的省级碳交易主管部门责令限期改正，逾期未改的，依法给予行政处罚。

（一）虚报、瞒报或者拒绝履行排放报告义务；

（二）不按规定提交核查报告。

逾期仍未改正的，由省级碳交易主管部门指派核查机构测算其排放量，并将该排放量作为其履行配额清缴义务的依据。

第四十一条 重点排放单位未按时履行配额清缴义务的，由所在省、自治区、直辖市的省级碳交易主管部门责令其履行配额清缴义务；逾期仍不履行配额清缴义务的，由所在省、自治区、直辖市的省级碳交易主管部门依法给予行政处罚。

第四十二条 核查机构有下列情形之一的，由其注册所在省、自治区、直辖市的省级碳交易主管部门依法给予行政处罚，并上报国务院碳交易主管部门；情节严重的，由国务院碳交易主管部门责令其暂停核查业务；给重点排放单位造成经济损失的，依法承担赔偿责任；构成犯罪的，依法追究刑事责任。

（一）出具虚假、不实核查报告；

（二）核查报告存在重大错误；

（三）未经许可擅自使用或者公布被核查单位的商业秘密；

（四）其他违法违规行为。

第四十三条 交易机构及其工作人员有下列情形之一的，由国务院碳交易主管部门责令限期改正；逾期未改正的，依法给予行政处罚；给交易主体造成经济损失的，依法承担赔偿责任；构成犯罪的，依法追究刑事责任。

（一）未按照规定公布交易信息；

（二）未建立并执行风险管理制度；

（三）未按照规定向国务院碳交易主管部门报送有关信息；

（四）开展违规的交易业务；

（五）泄露交易主体的商业秘密；

（六）其他违法违规行为。

第四十四条 对违反本办法第四十条至第四十一条规定而被处罚的重点排放单位，省级碳交易主管部门应向工商、税务、金融等部门通报有关情况，并予以公告。

第四十五条 国务院碳交易主管部门和省级碳交易主管部门及其工作人员，未履行本办法规定的职责，玩忽职守、滥用职权、利用职务便利牟取不正当利益或者泄露所知悉的有关单位和个人的商业秘密的，由其上级行政机关或者监察机关责令改正；情节严重的，依法给予行政处罚；构成犯罪的，依法追究刑事责任。

第四十六条 碳排放权交易各参与方在参与本办法规定的事务过程中，以不正当手段谋取利益并给他人造成经济损失的，依法承担赔偿责任；构成犯罪的，依法追究刑事责任。

第七章 附 则

第四十七条 本办法中下列用语的含义：

温室气体：是指大气中吸收和重新放出红外辐射的自然和人为的气态成分，包括二氧化碳（CO_2）、甲烷（CH_4）、氧化亚氮（N_2O）、氢氟碳化物（HFCs）、全氟化碳（PFCs）、六氟化硫（SF_6）和三氟化氮（NF_3）。

碳排放：是指煤炭、天然气、石油等化石能源燃烧活动和工业生产过程以及土地利用、土地利用变化与林业活动产生的温室气体排放，以及因使用外购的电力和热力等所导致的温室气体排放。

碳排放权：是指依法取得的向大气排放温室气体的权利。

排放配额：是政府分配给重点排放单位指定时期内的碳排放额度，是碳排放权的凭证和载体。1单位配额相当于1吨二氧化碳当量。

重点排放单位：是指满足国务院碳交易主管部门确定的纳入碳排放权交易标准且具有独立法人资格的温室气体排放单位。

国家核证自愿减排量：是指依据国家发展和改革委员会发布施行的《温室气体自愿减排交易管理暂行办法》的规定，经其备案并在国家注册登记系统中登记的温室气体自愿减排量，简称CCER。

第四十八条 本办法自公布之日起30日后施行。

矿业权交易规则（试行）

（2011年12月31日发布，自2012年3月1日施行，国土资发〔2011〕242号）

第一章 总 则

第一条 为规范矿业权交易机构和矿业权人交易行为，确保矿业权市场交易公开、公平、公正，维护国家权益和矿业权人合法权益，根据《中华人民共和国矿产资源法》等相关规定及国土资源部对矿业权有形市场建设的有关要求，制定本规则。

第二条 本规则所称矿业权是指探矿权和采矿权，矿业权交易是指县级以上人民政府国土资源主管部门（以下简称国土资源主管部门）出让矿业权和矿业权人转让矿业权的行为。

矿业权出让是指国土资源主管部门根据矿业权审批权限和矿产资源规划及矿业权设置方案，以招标、拍卖、挂牌、申请在先、协议等方式依法向探矿权申请人授予探矿权和以招标、拍卖、挂牌、探矿权转采矿权、协议等方式依法向采矿权申请人授予采矿权的行为。

矿业权转让是指矿业权人将矿业权依法转移给他人的行为。

第三条 矿业权交易适用本规则。

第四条 矿业权交易主体是指依法参加矿业权交易的出让人、转让人、受让人、投标人、竞买人、中标人和竞得人。矿业权交易主体资质应符合法律、法规的有关规定。

出让人是指国土资源主管部门。转让人是指已拥有合法矿业权的矿业权人。受让人是指符合探矿权、采矿权申请条件或受让条件的、具有独立承担民事责任的法人。

以招标方式出让、转让的，参与投标各方为投标人，中标方为中标人；以拍卖和挂牌方式出让、转让的，参与竞拍和竞买各方均为竞买人，竞得方为竞得人。

第五条 矿业权交易机构是指依法设立，并属国土资源主管部门管理或经国土资源主管部门委托的，为矿业权出让、转让提供交易服务的事业单位法人或企业法人。

矿业权交易机构应当具有固定交易场所、完善的交易管理制度、相应的设备和专业技术人员，并在上一级国土资源主管部门备案。

矿业权交易机构可委托具有相应资质的交易代理中介机构完成具体的招标、拍卖程序工作。

第六条 矿业权交易机构应按照本规则组织矿业权交易，公开交易服务指南、交易程序、交易流程、格式文书等，自觉接受国土资源主管部门的监督，加强自律管理，维护市场秩序，保证矿业权交易活动的正常进行。

第七条 矿业权出让转让应按照审批管理权限，在依法设立的同级矿业权交易机构或国土资源主管部门委托的矿业权交易机构中进行。

国土资源部招标拍卖挂牌出让矿业权的和须到国土资源部办理矿业权转让审批手续的，由部委托省级人民政府国土资源主管部门在省级矿业权交易机构中组织实施、鉴证、公示。

第八条 矿业权出让交易必须在矿业权交易机

构提供的固定交易场所或矿业权交易机构提供的互联网络交易平台上进行，矿业权转让必须在矿业权交易机构提供的固定交易场所或矿业权交易机构提供的互联网络交易平台上鉴证和公示。

第九条　以招标、拍卖、挂牌方式出让矿业权的，矿业权交易机构按照国土资源主管部门下达的委托书组织。

以招标、拍卖、挂牌方式转让矿业权的，转让人与矿业权交易机构签订委托合同，由矿业权交易机构组织交易。委托合同应包括下列内容：

（一）转让人和矿业权交易机构的名称、场所；

（二）委托服务事项及要求；

（三）服务费用；

（四）违约责任；

（五）纠纷解决方式；

（六）需要约定的其他事项。

第二章　公告与登记

第十条　矿业权交易机构依据出让人、转让人提供的相关材料发布出让、转让公告，编制招标拍卖挂牌相关文件。

第十一条　矿业权交易机构应在下列平台同时发布公告：

（一）国土资源部门户网站（矿业权出让转让公示公开系统）；

（二）同级国土资源主管部门门户网站；

（三）矿业权交易机构交易大厅或互联网络交易平台；

（四）有必要采取的其他方式。

第十二条　出让、转让公告应包括以下内容：

（一）出让人、转让人和矿业权交易机构的名称、场所；

（二）出让、转让矿业权的简要情况，包括项目名称、地理位置、拐点坐标、采矿权的开采标高、面积、矿种、资源储量（勘查工作）情况、出让年限或勘查许可证（采矿许可证）有效期等；

（三）投标人或竞买人的资质条件；

（四）出让、转让方式及交易的时间、地点；

（五）获取招标、拍卖、挂牌文件的途径和申请登记的起止时间及方式；

（六）确定受让人的标准和方法；

（七）交易保证金的缴纳和处置；

（八）风险提示；

（九）对交易矿业权存有异议的提示；

（十）需要公告的其他内容。

第十三条　以招标方式出让、转让矿业权的，应在投标截止日30日前发布公告。

以拍卖、挂牌方式出让、转让矿业权的，应在公开拍卖日或挂牌起始日20日前发布公告。

第十四条　矿业权交易机构应按公告载明的时间、地点、方式，接受竞买人或投标人的书面申请；竞买人或投标人应提供其符合矿业权受让人主体资质的有效证明材料，并对其真实性和合法性负责。

矿业权受让人资质证明材料应包括：企业法人营业执照或事业单位法人证书、法定代表人身份证明以及按规定应当提供的其他材料。

第十五条　经矿业权交易机构审核符合受让人资质条件的竞买人或投标人，按照交易公告缴纳交易保证金后，经矿业权交易机构书面确认后取得交易资格。

第三章　交易形式及流程

第十六条　矿业权交易机构应按公告确定的时间、地点组织交易，并书面通知出让人、转让人和取得交易资格的竞买人或投标人参加。

第十七条　招标、拍卖出让或转让矿业权的，每宗标的的投标人或竞买人不得少于三人。少于三人的，出让人或转让人应按照相关规定停止拍卖或重新组织或选择其他方式交易。

第十八条　招标、拍卖、挂牌等竞争方式出让或转让矿业权的，招标标底、拍卖和挂牌底价、起始价由出让人、转让人按国家有关规定确定。

招标标底、拍卖和挂牌底价在交易活动结束前须保密且不得变更。

无底价拍卖的，应在竞价开始前予以说明；无底价挂牌的，应在挂牌起始日予以说明。

第十九条　投标人应在投标截止时间之前，将投标文件密封送达矿业权交易机构，矿业权交易机构应当场签收保存，在开标前不得开启；投标截止时间之后送达的，矿业权交易机构应当拒收。

在投标截止时间之前,投标人可以补充、修改但不得撤回投标文件,补充、修改的内容作为投标文件的组成部分。

第二十条 开标时,由出让人、转让人、投标人检查投标文件的密封情况,当众拆封,由矿业权交易机构工作人员宣读投标人名称、投标价格和投标文件的主要内容。

矿业权交易机构依照有关规定组建评标委员会,按招标公告确定的评标标准和方法,择优确定中标人。

第二十一条 拍卖会依照下列程序组织竞价:

(一)拍卖主持人点算竞买人;

(二)拍卖主持人介绍拍卖标的简要情况;

(三)拍卖主持人宣布拍卖规则和注意事项,说明本次拍卖有无底价设置;

(四)拍卖主持人报出起始价;

(五)竞买人应价;

(六)拍卖主持人宣布拍卖交易结果。

第二十二条 挂牌期间,矿业权交易机构应在挂牌起始日公布挂牌起始价、增价规则、挂牌时间等;竞买人在挂牌时间内填写报价单报价,报价相同的,最先报价为有效报价;矿业权交易机构确认有效报价后,更新挂牌价。

在挂牌期限截止前30分钟仍有竞买人要求报价的,矿业权交易机构应以当时的挂牌价为起始价进行现场竞价或网上限时竞价。

挂牌时间不得少于10个工作日。

第二十三条 拍卖会竞价结束、挂牌期限届满,矿业权交易机构依照下列规定确定是否成交:

(一)有底价的,不低于底价的最高报价者为竞得人;无底价的,不低于起始价的最高报价者为竞得人。

(二)无人报价或竞买人报价低于起始价的,不成交。

第四章 确认及中止、终止

第二十四条 招标成交的,矿业权交易机构应通知中标人在接到通知之日起5个工作日内签订成交确认书;拍卖、挂牌成交的,应当场签订成交确认书。

第二十五条 成交确认书应包括下列基本内容:

(一)出让人或转让人和中标人或竞得人及矿业权交易机构的名称、场所;

(二)出让、转让的矿业权名称、交易方式;

(三)成交时间、地点和成交价格;

(四)出让人或转让人和中标人或竞得人对交易过程和交易结果的确认;

(五)矿业权出让(转让)合同的签订时间;

(六)交易保证金的处置办法;

(七)需要约定的其他内容。

第二十六条 矿业权交易机构应在招标、拍卖、挂牌工作结束后,5个工作日内通知未中标、竞得的投标人、竞买人办理交易保证金退还手续。退还的交易保证金不计利息。

第二十七条 出让人或转让人与受让人应根据成交确认书签订矿业权出让(转让)合同。矿业权出让(转让)合同应包括下列基本内容:

(一)出让人或转让人、受让人和矿业权交易机构的名称、场所、法定代表人;

(二)出让、转让矿业权的简要情况,包括地理位置、范围、面积,地质勘查工作程度、资源开发利用和矿山环境保护以及土地复垦要求等;

(三)出让矿业权的年限或转让矿业权的许可证号、发证机关、有效期限;

(四)成交价格、付款方式或权益实现方式等;

(五)申请办理矿业权登记手续的时限及要求;

(六)争议解决方式及违约责任;

(七)需要约定的其他内容。

第二十八条 矿业权交易过程中,存在下列情形之一的,矿业权交易行为中止;矿业权交易行为中止的原因消除后,应及时恢复矿业权交易。

(一)公示公开期间出让、转让的矿业权权属争议尚未解决;

(二)交易主体有矿产资源违法行为,尚未处理,或者矿产资源违法行为的行政处罚尚未执行完毕;

(三)因不可抗力应当中止矿业权交易的其他情形。

第二十九条 矿业权交易过程中,出现下列情形之一的,矿业权交易行为终止。

(一)交易主体提出终止交易;

(二)因不可抗力应当终止矿业权交易;

(三)法律法规规定的其他情形。

第三十条 交易主体需要中止、终止或恢复矿业权交易的,应向矿业权交易机构出具书面意见。

矿业权交易机构提出中止、终止或恢复矿业权交易,出让矿业权的,需经主管或委托的国土资源主管部门核实同意,并出具书面意见;转让矿业权的,需经转让委托人同意,并出具书面意见。

矿业权交易机构应及时发布中止、终止或恢复交易的公告。

第五章 公示公开

第三十一条 招标、拍卖、挂牌方式出让矿业权的,应公示的主要内容包括:

(一)中标人或竞得人的名称、场所;

(二)成交时间、地点;

(三)中标或竞得的勘查区块、面积、开采范围的简要情况;

(四)矿业权成交价及缴纳时间、方式;

(五)申请办理矿业权登记的时限;

(六)对公示内容提出异议的方式及途径;

(七)应当公示的其他内容。

第三十二条 申请在先、探矿权转采矿权(含划定矿区范围申请和采矿权登记申请)、以协议方式出让矿业权(协议出让采矿权的含划定矿区范围申请和采矿权登记申请)的,在国土资源主管部门正式受理后,将相关信息直接进场公开。应公开的主要内容包括:

(一)申请人名称;

(二)项目名称或矿山名称;

(三)申请矿业权的取得方式;

(四)申请矿业权的范围(含坐标、采矿权的开采标高、面积)及地理位置;

(五)勘查开采矿种、开采规模;

(六)应当公开的其他内容。

第三十三条 矿业权转让应公示的主要内容包括:

(一)转让人名称、法定代表人、场所;

(二)项目名称或矿山名称;

(三)受让人名称、法定代表人、场所;

(四)转让矿业权许可证号、发证机关、有效期限;

(五)转让矿业权的矿区(勘查区)地理位置、坐标、采矿权的开采标高、面积、勘查成果情况、资源储量情况;

(六)转让价格、转让方式;

(七)对公示内容提出异议的方式及途径;

(八)应当公示的其他内容。

第三十四条 转让人、受让人通过矿业权交易机构协商议价或自行达成协议的,须在矿业权交易机构鉴证下签订矿业权转让合同,转让人受让人主要事项公示无异议的,矿业权交易机构应在5个工作日内出具鉴证文书。

鉴证文书应包括以下内容:

(一)转让的矿业权项目名称或矿山名称,矿业权许可证号,转让人、受让人名称;

(二)签订交易合同的时间、地点;

(三)需要注明的其他内容。

第三十五条 矿业权交易机构应在矿业权交易合同签订之日起5个工作日内,同时在国土资源部门户网站(矿业权出让转让公示公开系统)、同级国土资源主管部门门户网站、矿业权交易机构交易大厅或互联网络交易平台公示交易结果和相关情况,公示期不少于10个工作日;有必要采取的其他公示方式,公示期也不少于10个工作日。

第三十六条 矿业权交易机构据其性质依照所在地价格主管部门批准的收费标准收取交易服务费,收费标准应予公开。矿业权转让鉴证、公示收费要与提供的服务相匹配,并确定合理的下限和上限。

第三十七条 矿业权交易成交相关信息公示无异议的,中标人或竞得人履行相关手续后,持成交确认书、矿业权出让(转让)合同及其他所需相关材料,向有审批权限的国土资源主管部门申请办理矿业权登记手续。协议转让矿业权的转让人、受让人履行相关手续后,转让人、受让人持交易鉴证文书、转让合同及其他所需相关材料,向有审批权限的国土资源主管部门申请办理转让审批变更登记手续。

国土资源部委托省级人民政府国土资源主管部门在省级矿业权交易机构实施交易的,

中标人或竞得人、转让人、受让人还需持省级人民政府国土资源主管部门对出让转让交易结果的认定材料,方可办理登记手续。

第六章 交易监管

第三十八条 国土资源主管部门应对不同性质的矿业权交易机构分类加强指导和监督,建立矿业权交易年度工作报告和通报制度。省级以下(含)人民政府国土资源主管部门是同级矿业权交易机构的主管部门,负责对矿业权交易的监督管理,并对重大矿业权交易活动加强事前指导和全程实时监控。上级国土资源主管部门负责监督下级国土资源主管部门的矿业权交易活动。上级矿业权交易机构对下级矿业权交易机构提供业务指导。

第三十九条 矿业权交易机构应对每一宗矿业权交易建立档案,收集、整理自接受委托至交易结束全过程产生的相关文书并分类登记造册。

第七章 法律责任及争议处理

第四十条 矿业权交易过程中,转让人、受让人有违法、违规行为的,由国土资源主管部门依法予以处理;造成经济损失的,由责任人承担经济赔偿责任。情节严重、构成犯罪的,移交司法机关处理。

第四十一条 中标人或竞得人存在合同双方约定的违约行为时,中标或竞得结果无效,所缴纳的交易保证金不予退还。

第四十二条 矿业权交易过程中,矿业权交易机构及其工作人员有违法、违规行为的,由国土资源主管部门依法予以处理;造成经济损失的,应承担经济赔偿责任;情节严重、构成犯罪的,移交司法机关处理。

第四十三条 交易过程中发生争议,合同有约定的,按合同执行;合同未约定的,由争议当事人协商解决,协商不成的,可向有关仲裁机关申请仲裁或依法向人民法院起诉。

第八章 附 则

第四十四条 矿业权交易活动中涉及到的所有费用,均以人民币计价和结算。

第四十五条 油气和国家规定不宜公开矿种的矿业权交易不适用本规则。

本规则发布前,国土资源部以往有关矿业权交易的规定与本规则不一致的,以本规则为准;省级人民政府国土资源主管部门制定的有关规范矿业权交易的文件与本规则不一致的,按照本规则执行。

省级人民政府国土资源主管部门应结合本地实际制定交易实施细则,并报国土资源部备案。

国土资源部将对矿业权交易有关规定及时进行清理。

第四十六条 本规则自 2012 年 3 月 1 日实行,有效期五年,由国土资源部负责解释。

中国银监会 国家林业局关于林权抵押贷款的实施意见

(2013 年 7 月 5 日发布,银监发〔2013〕32 号)

各银监局,各省、自治区、直辖市、计划单列市林业厅(局),各政策性银行、国有商业银行、股份制商业银行,邮储银行,各省级农村信用联社:

为改善农村金融服务,支持林业发展,规范林权抵押贷款业务,完善林权登记管理和服务,有效防范信贷风险,特制定如下实施意见。

一、银行业金融机构要积极开展林权抵押贷款业务,可以接受借款人以其本人或第三人合法拥有的林权作抵押担保发放贷款。可抵押林权具体包括用材林、经济林、薪炭林的林木所有权和使用权及相应林地使用权;用材林、经济林、薪炭林的采伐迹地、火烧迹地的林地使用权;国家规定可以抵押的其他森林、林木所有权、使用权和林地使用权。

二、银行业金融机构应遵循依法合规、公平诚信、风险可控、惠农利民的原则,积极探索创新业务品种,加大对林业发展的有效信贷投入。林权抵押贷款要重点满足农民等主体的林业生产经营、森林资源培育和开发、林下经济发展、林产品加工的资金需求，以及借款人其他生产、生活相关的资金需求。

三、银行业金融机构要根据自身实际，结合林权抵押贷款特点，优化审贷程序，对符合条件的客户提供优质服务。

四、银行业金融机构应完善内部控制机制，实行贷款全流程管理，全面了解客户和项目信息，建立有效的风险管理制度和岗位制衡、考核、问责机制。

五、银行业金融机构应根据林权抵押贷款的特点，规定贷款审批各个环节的操作规则和标准要求，做到贷前实地查看、准确测定，贷时审贷分离、独立审批，贷后现场检查、跟踪记录，切实有效防范林权抵押贷款风险。

六、各级林业主管部门应完善配套服务体系，规范和健全林权抵押登记、评估、流转和林权收储等机制，协调配合银行业金融机构做好林权抵押贷款业务和其他林业金融服务。

七、银行业金融机构受理借款人贷款申请后，要认真履行尽职调查职责，对贷款申请内容和相关情况的真实性、准确性、完整性进行调查核实，形成调查评价意见。尤其要注重调查借款人及其生产经营状况、用于抵押的林权是否合法、权属是否清晰、抵押人是否有权处分等方面。

八、申请办理林权抵押贷款时，银行业金融机构应要求借款人提交林权证原件。银行业金融机构不应接受未依法办理林权登记、权属不清或存在争议的森林、林木和林地作为抵押财产，也不应接受国家规定不得抵押的其他财产作为抵押财产。

九、银行业金融机构不应接受无法处置变现的林权作为抵押财产，包括水源涵养林、水土保持林、防风固沙林、农田和牧场防护林、护岸林、护路林等防护林所有权、使用权及相应的林地使用权，以及国防林、实验林、母树林、环境保护林、风景林，名胜古迹和革命纪念地的林木，自然保护区的森林等特种用途林所有权、使用权及相应的林地使用权。

十、以农村集体经济组织统一经营管理的林权进行抵押的，银行业金融机构应要求抵押人提供依法经本集体经济组织三分之二以上成员同意或者三分之二以上村民代表同意的决议，以及该林权所在地乡（镇）人民政府同意抵押的书面证明；林业专业合作社办理林权抵押的，银行业金融机构应要求抵押人提供理事会通过的决议书；有限责任公司、股份有限公司办理林权抵押的，银行业金融机构应要求抵押人提供经股东会、股东大会或董事会通过的决议或决议书。

十一、以共有林权抵押的，银行业金融机构应要求抵押人提供其他共有人的书面同意意见书；以承包经营方式取得的林权进行抵押的，银行业金融机构应要求抵押人提供承包合同；以其他方式承包经营或流转取得的林权进行抵押的，银行业金融机构应要求抵押人提供承包合同或流转合同和发包方同意抵押意见书。

十二、银行业金融机构要根据抵押目的与借款人、抵押人商定抵押财产的具体范围，并在书面抵押合同中予以明确。以森林或林木资产抵押的，可以要求其林地使用权同时抵押，但不得改变林地的性质和用途。

十三、银行业金融机构要根据借款人的生产经营周期、信用状况和贷款用途等因素合理协商确定林权抵押贷款的期限，贷款期限不应超过林地使用权的剩余期限。贷款资金用于林业生产的，贷款期限要与林业生产周期相适应。

十四、银行业金融机构开展林权抵押贷款业务，要建立抵押财产价值评估制度，对抵押林权进行价值评估。对于贷款金额在30万元以上（含30万元）的林权抵押贷款项目，抵押林权价值评估应坚持保本微利原则、按照有关规定执行；具备专业评估能力的银行业金融机构，也可以自行评估。对于贷款金额在30万元以下的林权抵押贷款项目，银行业金融机构要参照当地市场价格自行评估，不得向借款人收取评估费。

十五、对以已取得林木采伐许可证且尚未实施采伐的林权抵押的，银行业金融机构要明确要求抵押人将已发放的林木采伐许可证原件提交银行业金融机构保管，双方向核发林木采伐许可证的林业主管部门进行备案登记。林权抵押期间，未经抵押权人书面同意，抵押人不得进行林木采伐。

十六、银行业金融机构要在抵押借款合同中明确要求借款人在林权抵押贷款合同签订后，及时向属地县级以上林权登记机关申请办理抵押登记。

十七、银行业金融机构要在抵押借款合同中明确，抵押财产价值减少时，抵押权人有权要求恢复抵押财产的价值，或者要求借款人提供与减少的价值相应的担保。借款人不恢复财产也不提供其他担保的，抵押权人有权要求借款人提前清偿债务。

十八、县级以上地方人民政府林业主管部门负责办理林权抵押登记。具体程序按照国务院林业主管部门有关规定执行。

十九、林权登记机关在受理林权抵押登记申请时，应要求申请人提供林权抵押登记申请书、借款人（抵押人）和抵押权人的身份证明、抵押借款合同、林权证及林权权利人同意抵押意见书、抵押林权价值评估报告（拟抵押林权需要评估的）以及其他材料。林权登记机关应对林权证的真实性、合法性进行确认。

二十、林权登记机关受理抵押登记申请后，对经审核符合登记条件的，登记机关应在10个工作日内办理完毕。对不符合抵押登记条件的，书面通知申请人不予登记并退回申请材料。办理抵押登记不得收取任何费用。

二十一、林权登记机关在办理抵押登记时，应在抵押林权的林权证的“注记”栏内载明抵押登记的主要内容，发给抵押权人《林权抵押登记证明书》等证明文件，并在抵押合同上签注编号、日期，经办人签字、加盖公章。

二十二、变更抵押林权种类、数额或者抵押担保范围的，银行业金融机构要及时要求借款人和抵押人共同持变更合同、《林权抵押登记证明书》和其他证明文件，向原林权登记机关申请办理变更抵押登记。林权登记机关审查核实后应及时给予办理。

二十三、抵押合同期满、借款人还清全部贷款本息或者抵押人与抵押权人同意提前解除抵押合同的，双方向原登记机关办理注销抵押登记。

二十四、各级林业登记机关要做好已抵押林权的登记管理工作，将林权抵押登记事项如实记载于林权登记簿，以备查阅。对于已全部抵押的林权，不得重复办理抵押登记。除取得抵押权人书面同意外，不予办理林权变更登记。

二十五、银行业金融机构要依照信贷管理规定完善林权抵押贷款风险评价机制，采用定量和定性分析方法，全面、动态地进行贷款风险评估，有效地对贷款资金使用、借款人信用及担保变化情况等进行跟踪检查和监控分析，确保贷款安全。

二十六、银行业金融机构要严格履行对抵押财产的贷后管理责任，对抵押财产定期进行监测，做好林权抵押贷款及抵押财产信息的跟踪记录，同时督促抵押人在林权抵押期间继续管理和培育好森林、林木，维护抵押财产安全。

二十七、银行业金融机构要建立风险预警和补救机制，发现借款人可能发生违约风险时，要根据合同约定停止或收回贷款。抵押财产发生自然灾害、市场价值明显下降等情况时，要及时采取补救和控制风险措施。

二十八、各级林业主管部门要会同有关部门积极推进森林保险工作。鼓励抵押人对抵押财产办理森林保险。抵押期间，抵押财产发生毁损、灭失或者被征收等情形时，银行业金融机构可以根据合同约定就获得的保险金、赔偿金或者补偿金等优先受偿或提存。

二十九、贷款需要展期的，贷款人应在对贷款用途、额度、期限与借款人经营状况、还款能力的匹配程度，以及抵押财产状况进行评估的基础上，决定是否展期。

三十、贷款到期后，借款人未清偿债务或出现抵押合同规定的行使抵押权的其他情形时，可通过竞价交易、协议转让、林木采伐或诉讼等途径处置已抵押的林权。通过竞价交易方式处置的，银行业金融机构要与抵押人协商将已抵押林权转让给最高应价者，所得价款由银行业金融机构优先受偿；通过协议转让方式处置的，银行业金融机构要与抵押人协商将所得价款由银行业金融机构优先受偿；通过林木采伐方式处置的，银行业金融机构要与抵押人协商依法向县级以上地方人民政府林业主管部门提出林木采伐申请。

三十一、银行业金融机构因处置抵押财产需要采伐林木的,采伐审批机关要按国家相关规定优先予以办理林木采伐许可证,满足借款人还贷需要。林权抵押期间,未经抵押权人书面同意,采伐审批机关不得批准或发放林木采伐许可证。

三十二、有条件的县级以上地方人民政府林业主管部门要建立林权管理服务机构。林权管理服务机构要为开展林权抵押贷款、处置抵押林权提供快捷便利服务,并适当减免抵押权人相关交易费用。

三十三、各级林业主管部门要为银行业金融机构对抵押林权的核实查证工作提供便利。林权登记机关依法向银行业金融机构提供林权登记信息时,不得收取任何费用。

三十四、各级林业主管部门要积极协调各级地方人民政府出台必要的引导政策,对用于林业生产发展的林权抵押贷款业务,要协调财政部门按照国家有关规定给予贴息,适当进行风险补偿。

中国银监会　国家林业局

2013 年 7 月 5 日

国家林业局关于推进林业碳汇交易工作的指导意见

(林造发〔2014〕55 号)

各省、自治区、直辖市林业厅(局),内蒙古、吉林、龙江、大兴安岭森工(林业)集团公司,新疆生产建设兵团林业局:

为深入贯彻落实党的十八届三中全会和全国林业厅局长会议精神,指导各地规范有序推进林业碳汇交易工作,根据《国务院关于印发“十二五”控制温室气体排放工作方案的通知》(国发〔2011〕41 号)、《清洁发展机制项目运行管理办法》(国家发展改革委、科技部、外交部、财政部第 11 号令)、《国家发展改革委关于印发温室气体自愿减排交易管理暂行办法的通知》(发改气候〔2012〕1668 号)、《国家发展改革委办公厅关于开展碳排放权交易试点工作的通知》(发改办气候〔2011〕2601 号)等有关规定,经商国家发展改革委并结合我国林业实际,提出以下指导意见。

一、指导思想

(一)以党的十八大和十八届三中全会精神为指导,按照建设生态文明、应对气候变化的目标要求,根据国家构建碳市场的总体部署,加快生态林业和民生林业建设,努力增加林业碳汇,积极推进林业碳汇交易,为实现 2020 年我国控制温室气体排放行动目标作出贡献。

二、基本原则

(二)坚持清洁发展机制(以下简称 CDM)林业碳汇项目交易、林业碳汇自愿交易、碳排放权交易下的林业碳汇交易统筹推进,重点探索推进碳排放权交易下的林业碳汇交易的原则。

(三)坚持统筹兼顾、分类指导、试点先行、稳步推进的原则。

(四)坚持公开、公平、公正、诚信和林业碳汇的可测量、可报告、可核查的原则。

(五)坚持有助于保护和建设森林生态系统、管理和恢复湿地生态系统、改善和治理荒漠生态系统、维护和增加生物多样性的原则。

(六)坚持有助于实现 2020 年国家控制温室气体排放行动目标的原则。

三、完善 CDM 林业碳汇项目交易

(七)CDM 林业碳汇项目交易按照国家发展改革委、科技部、外交部、财政部联合制定的《清洁发展机制项目运行管理办法》执行。

(八)为确保 CDM 林业碳汇项目科学实施,在开展相关项目活动时,项目实施单位应就土地合格性、权属、项目组织实施等问题与林业主管部门沟通协商。项目申请按照《清洁发展机制项目运行管理办法》要求,报国家发展改革委批准。

(九)省级林业主管部门要为项目实施单位在本辖区内开展 CDM 林业碳汇项目相关活

动提供相应业务指导,积极做好协调和服务工作。

(十)省级林业主管部门要及时掌握本辖区内所开展的CDM林业碳汇项目活动有关情况,主要包括资金来源、国内审批、国际注册、项目组织实施、碳汇计量与监测、碳汇审定与核证,以及碳汇量签发与转让等情况,及时报告国家林业局。

四、推进林业碳汇自愿交易

(十一)林业碳汇自愿交易按照国家发展改革委制定的《温室气体自愿减排交易管理暂行办法》开展。

(十二)在遵守我国相关法律法规和政策规定的前提下,国内外相关机构、企业、团体、个人均可参与林业碳汇自愿交易。

(十三)国家发展改革委依据《温室气体自愿减排交易管理暂行办法》,对林业碳汇自愿交易采取备案管理。申请备案的林业碳汇自愿交易项目应是2005年2月16日后开工建设的项目。

(十四)鼓励各地根据实际需求,积极组织开发林业碳汇项目方法学,为开展林业碳汇自愿交易提供必要的技术规范。林业碳汇项目方法学的开发主体在向国家发展改革委申请方法学备案前,应先征求国家林业局的意见。林业碳汇自愿交易项目产生的碳汇量,须采用经备案的方法学进行科学测算。

(十五)林业碳汇自愿交易项目有关审定与核证,依据国家发展改革委制定的《温室气体自愿减排项目审定与核证指南》,应由具备相应资格的单位开展。各有关单位要创造条件,组织林业系统符合条件的单位申请温室气体自愿减排项目审定与核证机构资格。

(十六)林业碳汇自愿交易项目产生的碳汇量经备案后,在国家登记簿中登记,并在经国家发展改革委备案的交易机构内交易。已用于抵消碳排放的碳汇量,应于交易完成后在国家登记簿中注销。

五、探索碳排放权交易下的林业碳汇交易

(十七)碳排放权交易下的林业碳汇交易原则上按照国家"十二五"规划纲要提出的"逐步建立碳排放交易市场"的部署、十八届三中全会明确的"推行碳排放权交易制度"的决定和《国家发展改革委办公厅关于开展碳排放权交易试点工作的通知》的要求,积极探索推进。

(十八)国家发展改革委已确定北京、天津、上海、重庆、湖北、广东、深圳(以下简称七省市)为国家碳排放权交易试点地区,要求试点地区结合本地实际情况,研究考虑通过包括林业在内的相关措施,积极探索推进碳排放权交易试点,促进国家温室气体排放控制目标实现。

(十九)七省市林业主管部门要积极协调本级发展改革部门,主动参与本地区碳排放权交易制度设计及有关法律法规、实施方案、管理办法等研究制定,体现林业碳汇的作用和内容。要抓住试点机遇,结合本地实际,用改革的精神和创新的思路,积极探索碳排放权交易下的林业碳汇交易模式,努力作出样板。

(二十)七省市林业主管部门在探索碳排放权交易下的林业碳汇交易模式的过程中,要积极研究林业碳汇交易与碳排放权交易的关系。一方面,要支持和鼓励林业碳汇自愿交易项目作为抵消项目,参与碳排放权交易;另一方面,要结合本地实际,加强森林管理,控制森林温室气体排放。针对森林温室气体排放,研究探索推进排放配额管理,参与碳排放权交易。

(二十一)七省市林业主管部门要积极参与全国林业碳汇计量监测体系建设,依托体系建设,准确掌握本地区森林碳储量与森林碳汇量的现状、变化与潜力情况,查实摸清林业碳汇资源本底,为研究制定推进本地区碳排放权交易下的林业碳汇交易相关政策提供科学依据。

(二十二)碳排放权交易下的林业碳汇交易是一项全新的工作,是利用市场机制拓展林业融资渠道的重要途径和促进实现国家控制温室气体排放目标的重要手段,是加强生态文明制度建设的内在要求。七省市之外的其他省(区、市),可结合自身实际,参照上述有关要求探索推进相关工作。

六、保障措施

(二十三)加强组织领导。省级林业主管

部门要把林业碳汇交易工作列入重要议事日程，切实加强组织领导，明确目标任务，充分发挥管理、指导、协调和服务的作用。要在相关政策、资金、人员等方面统筹考虑，确保相关工作稳步推进、规范开展、取得实效。

（二十四）加强立法研究。有关单位要在加强林业应对气候变化立法研究的同时，积极参与国家应对气候变化立法进程，在有关制度设计、条款设置上，努力体现林业碳汇相关内容，积极推进确立林业碳汇交易的法律基础。

（二十五）认真研究碳价。林业碳汇交易价格对林业碳汇交易市场的健康发展影响重大。要加强林业碳汇交易的成本研究分析，为科学确定碳价提供依据。要体现市场对碳价的基础作用，同时切实注重有效发挥政府对碳价的宏观调控作用，确保碳价在合理的区间运行。

（二十六）搞好学习宣传。要认真学习领会国家建立碳市场、推进碳交易的有关政策，学以致用。要加强宣传和技术培训，正确引导舆论，引导社会公众深刻认识林业增汇减排对于建设生态文明、应对气候变化、拓展发展空间的重大意义。要严防利用林业碳汇交易炒作，确保国家和人民群众利益得到有效保护。

（二十七）开展国际合作。要适应气候变化国际谈判形势变化，积极参与相关国际交流与合作，借鉴国际碳市场做法和经验，与时俱进地完善推进林业碳汇交易工作的政策措施，逐步推动林业碳汇交易由点及面，由省域走向区域、全国乃至国际。

本意见自 2014 年 6 月 1 日起实施，有效期至 2017 年 5 月 31 日。

国家林业局

2014 年 4 月 29 日

典型地方性环境民商事案件司法指导意见、地方规范

江苏省高级人民法院关于开展资源环境案件“三审合一”集中审判的若干意见

(2013年10月24日江苏省高级人民法院审判委员会讨论,于2013年12月21日起施行)

为深入贯彻落实党的十八大精神,进一步强化生态文明建设司法保障,经省法院审判委员会研究,决定在全省范围内全面推行资源环境案件的“三审合一”集中审判工作。即将涉及资源环境的行政、刑事、民事以及非诉行政执行审查案件统一由行政审判庭设立的环境保护合议庭或环境保护审判庭(以下简称环保合议庭或审判庭)审理的“三审合一”专业化审判方式;将资源环境案件由部分法院集中管辖,确保审判质量与效果的集中审判模式。现就相关工作提出如下意见:

一、科学谋划,确立“三审合一”集中审判工作方式

1.“三审合一”

资源环境类的刑事、民事、行政及非诉行政执行审查案件由行政庭设立的环保合议庭或专门的环保审判庭统一审理。环保合议庭和环保审判庭应当由具有行政、刑事或民事审判经验的法官组成,并配备相应的审判辅助人员。

2.集中管辖

各市中级人民法院及其选定的辖区内司法环境好、资源环境案件数量多、行政审判力量强的1-3家基层人民法院在行政庭设立环保合议庭;有条件的地方也可设立环保审判庭,专门审理资源环境案件。应由基层人民法院管辖的一审资源环境案件统一由选定成立环保合议庭(环保审判庭)的基层人民法院集中管辖。

3.集中审判案件范围

环保合议庭(环保审判庭)集中审理下列资源环境案件(集中审判资源环境类案件案由详见附件):

(1)行政案件

因污染、破坏环境发生行政争议而起诉环境保护行政机关(包括政府、环保部门、水利部门、海洋渔业部门等)作为或不作为的案件,以及由此所引发的行政赔偿纠纷案件。

(2)刑事案件

《中华人民共和国刑法》分则第二章“危害公共安全罪”中规定的与污染、破坏环境有关的部分犯罪案件,第三章“破坏社会主义市场经济秩序罪”中的部分案件,第六章“妨碍社会管理秩序罪”第六节破坏环境资源保护犯罪案件,第八章“贪污贿赂罪”和第九章“渎职罪”中规定的与污染、破坏环境有关的部分案件。

(3)民事案件

各类环境污染侵权民事纠纷案件、环境民事公益诉讼案件、涉及资源环境的部分物权纠纷案件。

(4)非诉行政执行案件

环境保护行政机关(包括政府、环保部门、水利部门、海洋渔业部门等)为制止污染、破坏环境作出行政行为,行政相对人在法定期限内既不申请行政复议或者提起行政诉讼、又不履行行政决定的,环境保护行政机关向人民法院申请强制执行的案件。

(5)其他涉及资源环境保护的行政、刑事、民事以及非诉行政执行案件。

二、健全机制，完善“三审合一”集中审判工作制度

4. 资源环境民事公益诉讼制度

根据《中华人民共和国民事诉讼法》第五十五条规定，对污染环境损害社会公共利益的行为，经依法登记以环保为目的具有社会公益性质的社会团体等法律规定的机关和有关组织向人民法院提起诉讼的，人民法院应当依法予以受理。各地法院应积极探索公益诉讼的主体、范围、证据规则以及裁判方式等相关问题。

全省各集中审判法院应当与当地政府和环保等机关加强沟通，探索设立环境保护公益基金。

5. 专家证人和人民陪审员制度

对于资源环境案件中所涉及的专业技术问题，当事人可以向人民法院申请专家证人出庭，就专业技术性问题进行说明，接受法庭和当事人询问。必要时，人民法院也可以依职权要求专家证人出庭对专业技术问题作出说明。

人民法院可以按照法定程序选聘部分专家担任人民陪审员，与法官共同组成合议庭，参与资源环境案件的审理，以提高资源环境案件的审判专业水平。

6. 环境保护临时禁令制度

在紧急情况下，污染、破坏环境行为具有可能严重危及环境安全、造成环境难以恢复、加重对环境破坏情形的，可以根据《中华人民共和国民事诉讼法》第一百条的规定，经原告申请，人民法院审查后认为确有必要且符合法律规定条件的，可以作出裁定，禁止实施环境污染、破坏行为。

人民法院接受申请后，对情况紧急的，必须在四十八小时内作出裁定；裁定采取相关措施的，应当立即开始执行。原告没有提出申请的，人民法院在必要时也可以依职权裁定做出临时禁令。

诉讼前提出环境保护临时禁令申请的，申请人应在禁止实施环境污染、破坏行为裁定送达后及时起诉，人民法院应当及时受理审理。

7. 资源环境恢复性司法机制

充分运用司法手段改善、减轻或者消除破坏资源、污染环境的危害状态，建立资源环境案件的恢复性司法机制。对资源环境案件中的民事诉讼部分，可以根据案件的具体情况，以判令侵权人消除污染、恢复原状的方式，代替单纯的物质损害赔偿，使已经造成的环境污染尽快消除。

三、高度重视，落实“三审合一”集中审判工作要求

8. 加强组织领导

资源环境案件的集中审判是我省环境保护审判体制和工作机制的一项重大改革，直接关系着生态文明司法保障的成效。全省法院要切实加强对资源环境案件“三审合一”集中审判工作的组织领导。省法院成立资源环境案件“三审合一”集中审判工作领导小组及其办公室；全省各集中审判法院应当成立相应的组织机构，加强对资源环境案件集中审判工作的组织领导和有序推进。

9. 加强联动互动

全省各级人民法院要切实贯彻落实省法院、省检察院、省公安厅和省环保厅联合下发的《关于建立实施环境执法联动工作机制的意见（试行）》的工作要求，及时与相关环保机关、公安机关和检察机关建立起环境保护联动执法机制，充分发挥审判职能作用，形成打击违法犯罪与保护环境的工作合力。

10. 加强业务指导

上级人民法院应加强对资源环境案件审判工作的司法调研，通过业务培训、专题研讨、审判质效评查等方式，加强对下级法院资源环境案件“三审合一”集中审判工作的监督与指导。

11. 加强法律监督

针对在审理资源环境案件中所发现的问题，人民法院应及时向政府、环保等机关发送司法建议，督促其改进工作，提升环境保护执法能力和水平。

12. 本《意见》自2013年12月21日起开始施行。本《意见》施行后，法律、行政法规和司法解释作出新规定的，从其规定。

附件：《集中审判资源环境类案件案由一览表》

集中审判资源环境类案件案由一览表

	资源类案件	环境类案件
刑事	(1)非法转让、倒卖土地使用权(《刑法》第228条); (2)非法捕捞水产品(《刑法》第340条); (3)非法猎捕、杀害珍贵、濒危野生动物(《刑法第341条第1款); (4)非法收购、运输、出售珍贵濒危野生动物、珍贵、濒危野生动物制品(《刑法》第341条第1款); (5)非法狩猎(《刑法》第341条第2款); (6)非法占用农用地(《刑法》第342条); (7)非法采矿(《刑法》第343条第1款); (8)破坏性采矿(《刑法》第343条第2款); (9)非法采伐、毁坏国家重点保护植物(《刑法》第344条); (10)非法收购、运输、加工、出售国家重点保护植物、国家重点保护植物制品(《刑法》第344条); (11)盗伐林木(《刑法》第345条第1款); (12)滥伐林木(《刑法》第345条第2款); (13)非法收购、运输盗伐、滥伐的林木(《刑法》第345条第3款); (14)违法发放林木采伐许可证(《刑法》第407条); (15)非法批准征用、占用土地(《刑法》第410条); (16)非法低价出让国有土地使用权(《刑法》第410条)。	(1)投放危险物质(《刑法》第114条、第115条第1款); (2)过失投放危险物质(《刑法》第115条第2款); (3)非法买卖、运输、储存危险物质(《刑法》第125条第2款); (4)盗窃、抢夺危险物质(《刑法》第127条第1款); (5)抢劫危险物质(《刑法》第127条第2款); (6)非法携带危险物品危及公共安全(《刑法》第130条); (7)危险物品肇事(《刑法》第136条); (8)走私废物(《刑法》第152条第2款); (9)污染环境(《刑法》第338条); (10)非法处置进口的固体废物(《刑法》第339条第1款); (11)擅自进口固体废物(《刑法》第339条第2款); (12)涉环境保护行政机关的贪污(《刑法》第382条); (13)涉环境保护行政机关的受贿(《刑法》第385条); (14)涉环境保护行政机关的滥用职权、玩忽职守(《刑法》第397条); (15)环境监管失职(《刑法》第408条第1款)。
民事	(1)探矿权纠纷; (2)采矿权纠纷; (3)取水权纠纷; (4)养殖权纠纷; (5)捕捞权纠纷。	(1)环境民事公益诉讼案件;(2)相邻污染侵权纠纷;(3)大气污染责任纠纷;(4)水污染责任纠纷;(5)噪声污染责任纠纷;(6)放射性污染责任纠纷;(7)土壤污染责任纠纷;(8)电子废物污染责任纠纷;(9)固体废物污染责任纠纷;(10)其他环境污染责任纠纷。
行政	(1)土地行政管理;(2)地矿行政管理;(3)林业行政管理;(4)草原行政管理;(5)能源行政管理;(6)农业行政管理;(7)水利行政管理;(8)渔业行政管理;(9)畜牧行政管理。	(1)环境保护行政处罚;(2)环境保护行政许可;(3)环境保护行政强制;(4)环境保护政府信息公开;(5)环境保护行政不作为;(6)涉及环境保护的行政非诉执行。

江苏省高级人民法院　江苏省人民检察院关于依法办理环境保护案件若干问题的实施意见(办理民事案件部分)

(2013 年 10 月 21 日江苏省高级人民法院审判委员会 2013 年第 25 次会议,2013 年 11 月 1 日江苏省人民检察院检察委员会 2013 年第 11 次会议通过)

为深入贯彻党的十八大精神,全面落实省委关于实施生态文明建设工程的决策部署,加快推进美丽江苏建设,现就全省法院、检察院充分发挥司法职能作用,统一正确适用法律,依法妥善处理环境保护案件,深入推进我省生态文明法治建设,提出如下意见。

一、发挥刑事司法职能,依法严厉打击环境污染犯罪行为

二、强化环境保护行政案件的法律监督,促进依法行政

三、依法办理环境污染公益诉讼民事案件,切实保障民生

26. 人民检察院发现污染环境线索的,应当督促环保行政主管机关依法履行职责;对适合通过诉讼途径解决的,可以通过督促起诉、支持起诉等方式,督促或者支持法律规定的机关和有关组织向人民法院提起公益诉讼。

27. 人民检察院决定督促起诉的,应当制作督促提起民事诉讼的检察建议书,载明案件来源、基本案情、督促起诉理由、向检察机关回复处理情况的时限等。

督促提起民事诉讼的检察建议书应当送达被督促单位,并附上人民检察院调查取得的证据材料。

28. 人民检察院决定支持起诉的,应当向同级人民法院发出支持起诉书,并附原告起诉状。

人民检察院为支持起诉调查取得的证据,应当随支持起诉书一并提交人民法院。

人民法院向对方当事人送达民事起诉状副本的同时,一并送达支持起诉书副本。

29. 人民法院对人民检察院支持起诉的案件,应当在开庭三日前通知人民检察院。

人民检察院派员出席法庭的任务是宣读支持起诉书,对检察机关调取的证据予以说明,并发表支持起诉意见等。

30. 人民法院应当在裁判文书中完整表述人民检察院支持起诉的意见,并在裁判作出后三日内将裁判文书送达支持起诉的人民检察院。

31. 人民法院审理案件过程中,当事人申请人民法院责令对方当事人作出或者不作出一定行为的,人民法院可以根据民事诉讼法第一百条规定,分别情形予以处理:

(1)申请人有证据证明被申请人违反法律规定,未经环境影响评价审批,或者未经建设施工许可,造成环境污染或者存在严重环境污染危险的,人民法院应当责令被申请人立即停止施工;

(2)申请人有证据证明被申请人超出环保行政主管机关许可的排污标准或者总量指标排污的,人民法院应当责令被申请人立即停止超标排污;

(3)申请人有证据证明被申请人的污染行为可能危及自然资源或者造成自然资源、环境难以恢复的,人民法院应当责令被申请人立即停止排污。

四、健全完善工作机制,努力形成加强环境保护的合力

重庆市高级人民法院、重庆市人民检察院、重庆市公安局、重庆市环境保护局关于试点集中办理环境保护案件的意见

(2011 年 11 月 4 日发布,2012 年 1 月 1 日施行,渝高法〔2011〕383 号)

第一条 为探索环境保护司法新机制,积极开展环境保护案件集中审理试点工作,依法严厉打击污染、破坏环境的犯罪行为,妥善处理污染、破坏环境行为引发的侵权、损害赔偿案件,监督、支持环境保护行政机关依法行政,依照我国《刑事诉讼法》、《民事诉讼法》、《行政诉讼法》和《环境保护法》等法律、法规和司法解释的规定,结合我市环境保护工作实际,制定本意见。法律咨询

第二条 除依法应由上级人民法院管辖的以外,下列市第一、二中级人民法院辖区内的一审环境保护案件和非诉行政执行案件,分别由渝北区、万州区人民法院集中审理、审查并执行。

(一)刑事案件《刑法》分则第二章“危害公共安全罪”中规定的与污染、破坏环境有关的部分犯罪案件,《刑法》分则第六章“妨碍社会管理秩序罪”第六节中规定的破坏环境资源保护罪案件。具体包括:

1. 投放危险物质案(《刑法》第 114 条、第 115 条第 1 款);

2. 过失投放危险物质案(第 115 条第 2 款);

3. 危险物质肇事案(《刑法》第 136 条);

4. 污染环境案(《刑法》第 338 条);

5. 非法处置进口的固体废物案(《刑法》第 339 条第 1 款);

6. 擅自进口固体废物案(《刑法》第 339 条第 2 款);

7. 非法捕捞水产品案(《刑法》第 340 条);

8. 非法猎捕、杀害珍贵、濒危野生动物案(《刑法》第 341 条第 1 款);

9. 非法收购、运输、出售珍贵濒危野生动物、珍贵、濒危野生动物制品案(《刑法》第 341 条第 1 款);上海律师

10. 非法狩猎案(《刑法》第 341 条第 2 款);

11. 非法占用农用地案(《刑法》第 342 条);

12. 非法采矿案(《刑法》第 343 条第 1 款);

13. 破坏性采矿案(《刑法》第 343 条第 2 款);

14. 非法采伐、毁坏国家重点保护植物案(《刑法》第 344 条);

15. 非法收购、运输、加工、出售国家重点保护植物、国家重点保护植物制品案(《刑法》第 344 条);

16. 盗伐林木案(《刑法》第 345 条第 1 款);

17. 滥伐林木案(《刑法》第 345 条第 2 款);

18. 非法收购、运输盗伐、滥伐的林木案(《刑法》第 345 条第 3 款)。

(二)民事案件

1. 大气、水、噪声、放射性、土壤、电子废物、固体废物污染责任纠纷案;

2. 因紧急避险引起的环境损害责任纠纷案。

(三)行政案件

因大气、水、噪声、放射性、土壤、电子废物、固体废物等污染、破坏环境发生行政争议而引起的行政诉讼和非诉行政审查案件。法律咨询

(四)环境公益诉讼案件。

第三条 公安机关侦查办理环境保护刑事案件,执行《刑事诉讼法》关于犯罪地管辖的规定。

第四条 公安机关提请批准逮捕的环境保护刑事案件,移送所在地同级人民检察院审查决定。

第五条 公安机关侦查终结后移送检察院审查起诉的,按下列方式办理:

(一)市人民检察院第一分院辖区内的环

境保护刑事案件，移送渝北区人民检察院审查起诉；

（二）市人民检察院第二分院辖区内的环境保护刑事案件，移送万州区人民检察院审查起诉。

第六条　环境保护刑事案件被告人给国家财产、集体财产造成损失的，人民检察院可以一并向人民法院提起刑事附带民事诉讼。

第七条　渝北区、万州区人民法院开庭审理环境保护刑事案件，应到被告人羁押地，.庭审地法院应提供法庭、羁押室等设施和便利条件。当地看守所应按照国务院《看守所条例》和公安部《看守所条例实施办法》的规定给予配合和支持。

第八条　环境保护行政机关对污染、破坏环境，依法应予追究刑事责任的案件，应及时移送公安机关侦查，并附随下列材料：

（一）涉嫌犯罪案件移送书；

（二）涉嫌犯罪案件情况的调查报告；

（三）涉案物品清单；

（四）调查笔录、询问笔录、环境监测数据记录等材料；

（五）检验报告、鉴定结论、环境污染损害评估等材料；

（六）其他有关涉嫌犯罪的材料。

第九条　有关机关、社会团体可以向人民法院提起环境公益诉讼。

第十条　环境保护行政机关、国务院批准设立的全国性环境保护社会组织和市内经依法登记设立、以保护环境为目的的公益性社会团体，可以作为原告向人民法院提起环境公益诉讼。

第十一条　人民检察院可以支持污染、破坏环境行为的受害单位或个人向人民法院提起环境保护民事、行政诉讼，也可以支持市内经依法登记设立、以保护环境为目的的公益性社会团体提起环境公益诉讼。

人民检察院支持起诉的，应当派员出庭，并可以向人民法院提供证据，证据利益归属于原告。

第十二条　环境保护行政机关没有提起环境公益诉讼的，人民检察院可以依法发出检察建议书，督促环境保护行政机关提起环境公益诉讼。

第十三条　环境保护行政机关对人民法院的司法建议、人民检察院的检察建议应认真办理并及时回复。

第十四条　市高级人民法院、市人民检察院、市公安局、市环境保护局共同建立环境保护司法工作联席会议制度，适时商议解决环境保护司法工作中的难点问题，定期研究深入推进环境保护的司法工作新机制。

第十五条　办理环境公益诉讼案件的具体意见另行制定。

第十六条　本意见所称环境保护行政机关，是指环境保护行政主管部门和其他依法履行环境保护行政监管职责的行政部门。

第十七条　本意见施行前，市第一、二中级人民法院辖区基层人民法院已经受理的环境保护案件由受理法院继续审理。市人民检察院第一、二分院辖区基层人民检察院已经完成起诉审查或正在进行起诉审查的环境保护刑事案件，由起诉审查人民检察院继续办理，向所在地同级人民法院提起诉讼。

第十八条　本意见施行期间，市第三、四、五中级人民法院及其辖区基层人民法院和市人民检察院第三、四、五分院及其辖区基层人民检察院办理本意见所列环境保护案件，保持现有做法不变。

第十九条　本意见施行期间，法律、法规、司法解释有新规定的，执行法律、法规、司法解释规定。

第二十条　本意见由市高级人民法院、市人民检察院、市公安局、市环境保护局共同解释。

第二十一条　本意见自2012年1月1日起施行。

贵州省高级人民法院关于印发《贵州省高级人民法院关于推进环境民事公益诉讼审判工作的若干意见》的通知

(2015年6月30日发布,2015年6月30日实施)

各市、自治州中级人民法院,贵阳铁路运输法院,县(市、区、特区)人民法院:

《贵州省高级人民法院关于推进环境民事公益诉讼审判工作的若干意见》(以下简称《意见》)经贵州省高级人民法院第5次审判委员会审议通过,现予印发,请遵照执行。现就有关事项通知如下:

一、要认真学习、深刻领会推进环境民事公益诉讼审判工作对全面保护环境公共利益、全力促进生态文明建设的重要意义

公益诉讼入法,是我国诉讼法发展史上具有里程碑意义的重大发展,社会公共利益的司法保护由此掀开了新的一页。“建设生态文明,是关系人民福祉、关乎民族未来的长远大计”,环境保护是生态文明建设的主战场。而环境公益诉讼则是保护环境公共利益不可或缺的司法利器。《最高人民法院关于全面加强环境资源审判工作为推进生态文明建设提供有力司法保障的意见》已将推进环境民事公益诉讼作为人民法院全面加强环境资源审判工作的突破口和着力点,并确定贵州作为探索推进环境民事公益诉讼审判工作的省份之一,这对我省既是挑战也是机遇。

二、高度重视、大力推进环境民事公益诉讼审判工作

各环境民事公益诉讼集中管辖法院主要领导务必高度重视、亲自安排部署,配齐配强环保审判力量,大力推进环境民事公益诉讼审判工作,为我省生态文明建设提供强有力的司法保障,同时为今后的民事公益诉讼制度立法积累司法实践经验。非集中管辖法院要从生态文明建设大局及全省法院工作全局出发,积极支持配合集中管辖法院推进环境民事公益诉讼审判工作。

各非集中管辖法院必须指定一名中层副职以上的联络人,负责协调涉及需要其支持配合的环境民事公益诉讼案件的受理、审判、执行工作。

三、本《意见》自印发之日施行

各集中管辖法院应充分发挥主观能动性,结合地方实际切实贯彻执行。执行工作中遇到问题,应及时反馈。

贵州省高级人民法院

2015年6月3日

附:贵州省高级人民法院关于推进环境民事公益诉讼审判工作的若干意见

贵州省高级人民法院关于推进环境民事公益诉讼审判工作的若干意见

(黔高法〔2015〕71号)

2014年7月最高人民法院下发的《最高人民法院关于在部分地方人民法院推进环境民事公益诉讼审判工作的指导意见》(法〔2014〕166号),将我省选定为大力探索推进环境民事公益诉讼的五个省份之一。为正确贯彻环境民事公益诉讼法律规定,充分发挥人民法院审判职能作用,加大对环境公共利益的司法保护力度,探索在现有法律框架下进一步推进公益诉讼的途径,全面贯彻保护环境的基本国策,全力促进生态文明建设,根据《中华人民共和国民事诉讼法》、《中华人民共和国环境保护法》、《中华人民共和国海洋环境保护法》、《中华人民共和国侵权责任法》、《贵州省生态文明建设促进条例》、《最高人民法院关于审理环境民事公益诉讼案件适用法律若干问题的解释》等法律、法规、司法解释的规定,以及中央和地方生态文明建设的政策精神,在总结我省司法实践经验的基础上,结合我省生态环境保护审判工作的实际需要,现就我省大力推进环境民事公益诉讼审判工作提出如下实施意见。

一、推进环境民事公益诉讼审判工作的基本要求

1. 大胆探索。在推进环境民事公益诉讼审判工作过程中，必须解放思想，探索对现有框架在符合审判规律的前提下适当突破与创新，如对公益诉讼原告主体、受案类型及范围等，可以结合贵州省情进行探索。

2. 制度配套。要注重建立完善与环境私益、公益诉讼制度相衔接的配套制度和工作机制，确保环境审判的整体功能得到有效发挥，形成环境司法保护的价值导向。同时要注重探索通过制度设置和机制创新，有效破解制约生态环境司法保护的取证难、鉴定难、认定难等问题。

3. 程序细化。要注重各项制度和工作机制的规范化、程序化建设，确保具有较强的可操作性，确保机制运行规范、严谨、有效。

二、环境民事公益诉讼案件受理法院范围、案件管辖及协调配合机制建设

4. 省法院规定集中管辖生态环境保护民事、行政案件的贵阳、遵义、黔南、黔西南四个中级人民法院集中管辖相应区域环境民事公益诉讼第一审案件。

鉴于清镇市人民法院多年来审理了一定数量环境民事公益诉讼案件，积累了比较丰富的经验，贵阳市中级人民法院可以视情况将环境民事公益诉讼案件指定清镇市人民法院管辖，但应逐案报省法院批准。

5. 跨行政区划集中管辖环境民事公益诉讼案件的人民法院，因案件的受理、审判及执行工作需要案件发生地法院支持配合的，案件发生地的法院应积极支持配合。双方应建立健全联动协调机制，确保环境民事公益诉讼案件的受理、审判及执行工作顺利开展。

6. 集中管辖生态环境保护案件的人民法院，应建立健全巡回审判制度，设立环保案件巡回法庭，在辖区内巡回受理、审判包括环境民事公益诉讼案件在内的各类生态环境保护案件。跨行政区划巡回审理案件时，当地法院应提供必要的办公场地及其他便利条件。

三、把握公益诉讼法律、政策精神实质，遵循环境民事公益诉讼案件固有规律，在司法实践中先行先试，积极探索创新、建立健全环境民事公益诉讼机制

7. 为维护环境公共利益，对有关单位和个人在生产、生活中污染环境、破坏生态，危害环境公共利益的行为提起的民事诉讼，属于环境民事公益诉讼。

为了自身利益而提起的普通环境诉讼，不管原告人数多少，均不属于环境民事公益诉讼。

8. 人民法院受理下列环境民事公益诉讼案件：

(1)危害水资源、水生生态系统安全案件；(2)危害大气环境安全案件；(3)危害土地环境安全案件；(4)危害矿产资源安全案件；(5)危害地质构造安全案件；(6)危害森林、草原等陆生生态系统安全案件；(7)危害珍稀动物、植物安全案件；(8)固体废物污染案件；(9)放射性污染、噪声污染、光污染案件；(10)其他危害环境公共利益的民事案件。

9. 人民法院审理环境民事公益诉讼案件，应组成合议庭适用普通程序审理，不得适用简易程序。合议庭的组成必要时应有相应的专家作为人民陪审员参加。

环保审判人民陪审员选任办法另行制定。

10. 负有环境保护行政监督管理职责的行政机关及有关组织对其辖区内发生的危害环境公共利益的行为，除依职权追究有关单位和个人的行政责任外，可以作为原告提起环境民事公益诉讼。

积极探索和支持检察机关作为原告对发生在其辖区内的危害环境公共利益的行为提起环境民事公益诉讼。

11. 符合上列规定的有关国家机关、社会组织，对危害环境公共利益的行为提起环境民事公益诉讼，有明确的被告、具体的诉讼请求及事实理由、属于受诉人民法院管辖的，人民法院应予受理。提起环境民事公益诉讼的原告，基于同一危害行为同时提起私益诉讼的，告知其另行解决。

12. 人民法院认为原告提出的诉讼请求不足以保护社会公共利益的，应依照公益诉讼司法解释的规定释明。经释明，原告拒绝按法院的释明变更或者增加诉讼请求的，基于保护社会公共利益的客观需要，人民法院可裁定不予受理。

13. 人民法院应大力探索建立预约立案、网上立案等便利快速的立案机制，努力克服跨区域集中管辖给异地当事人带来的不便。

异地当事人以行为发生地或者被告住所地等为标准向其他地方无环保案件管辖权的人民法院提起环境民事公益诉讼的，该人民法院应告知其向有管辖权的人民法院提起诉讼；当事人坚持向受诉人民法院起诉的，受诉人民法院应先行接收当事人的起诉材料，并按照有关规定移送有管辖权的人民法院受理，同时将移送情况告知该当事人。

14. 人民法院受理环境民事公益诉讼后，应当在立案之日起五日内将起诉状副本送达被告，并在贵州省高级人民法院外网公告案件受理情况，同时在案发地主要媒体进行公告。

其他符合规定的国家机关、社会组织在公告后申请作为共同原告参加环境民事公益诉讼的，人民法院应依照有关司法解释的规定进行审查处理。

15. 鼓励有关法律中介组织积极参与公益行动，为提起环境民事公益诉讼的原告提供法律援助。

16. 为避免环境公共利益遭受进一步的损害，对正在实施或者即将实施的危害环境公共利益的行为，有关国家机关、社会组织在提起环境民事公益诉讼前及诉讼中，均可以申请人民法院发出司法强制令，禁止行为人作出一定行为或者责令行为人作出一定行为。提起诉讼后原告没有提出申请的，人民法院在必要时也可以直接向行为人发出司法强制令。情况紧急的，人民法院应当在48小时内发出司法强制令。

当事人诉前申请司法强制令的，人民法院应当要求其提供相应的担保；诉讼中申请司法强制令的，人民法院视情况决定是否要求其提供相应的担保。

司法强制令规则另行制定。

17. 环境民事公益诉讼的原告应当就存在污染环境、破坏生态行为和损害承担举证责任，并应就行为与损害之间存在关联性作出说明；被告应就法律规定的不承担责任或者减轻责任的情形及其行为与损害之间不存在因果关系承担举证责任。

18. 人民法院对《最高人民法院关于审理环境民事公益诉讼适用法律若干问题的解释》第十五条规定的具有专门知识的人，应从宽把握。除持有国家颁布的相应资质证书的专家及省法院公布的环保专家库的专家之外，从事相关领域工作，具有一定专业知识的人员，经双方当事人共同确认的，亦可以作为专家就相关专门性问题提出意见。

19. 在环境民事公益诉讼案件中，对污染环境、破坏生态，危害社会公共利益的行为，可以依照《最高人民法院关于审理环境民事公益诉讼适用法律若干问题的解释》第十八条的规定，判决侵权行为人承担停止侵害、排除妨碍、消除危险、恢复原状、赔偿损失、赔礼道歉等民事责任。同时应多考虑适用恢复原状的法律责任，判决侵权行为人修复被其所损害的生态环境，无法完全修复的，可以准许采用替代性修复方式。判决恢复原状的，应当同时确定生态环境的修复费用。

20. 各集中管辖法院应与财政等部门协商设立环境民事公益诉讼资金账户，并建立完善的资金管理办法。法院判决被告支付的赔偿金或者生态修复等费用的，应指定其向环境民事公益诉讼资金账户支付。未设立环境民事公益诉讼资金账户的，判令被告向指定账户支付，并作专款管理，监督使用。

21. 环境民事公益诉讼原告可以请求被告直接向其赔偿因保护环境公共利益而遭受的损失，人民法院不得将此请求认定为私益诉讼范围而不予审理。

原告因保护环境公共利益而遭受的损失包括：(1)必要的应急处置费用；(2)调查、勘验、检验、鉴定等取证费用；(3)误工损失、交通费、材料费；(4)合理的律师费；(5)其他合理费用。

22. 对发生法律效力的环境民事公益诉讼案件的判决书、裁定书、调解书确定的义务的履行情况，人民法院可根据需要，委托第三方监督履行。需要采取强制执行措施的，人民法院应当依职权移送执行。

23. 环境民事公益诉讼案件的调解协议等

需要公示公告的事项，均应在在贵州省高级人民法院外网向社会公告。同时在案发地主要媒体进行公告。

24. 提起环境民事公益诉讼的原告一律缓交案件受理费，需支付鉴定费的可申请从环境公益诉讼资金账户先行垫付。原告败诉的，人民法院一般应决定免收案件受理费。

25. 人民法院可以与有关部门共同探索建立对胜诉原告给予适当奖励的激励机制，鼓励更多的组织积极参与环境民事公益诉讼。

26. 人民法院在办理环境民事公益诉讼案件过程中，发现环保责任主体单位、行政机关在环境保护方面存在问题的，应积极向其发出司法建议，促使其及时整改并回复。

四、加强司法公开，加大宣传力度，增加社会公众对环保审判的关注度和参与度

27. 环境民事公益诉讼案件一般应公开开庭进行审理。同时选择一些具有特殊导向意义的典型案件邀请人大代表、政协委员、新闻媒体、相关社会组织、社会公众等旁听庭审。

对一些人民群众普遍关注的案件进行巡回审理，公开宣判，扩大影响。

28. 环境民事公益诉讼案件的生效裁判文书、调解书应在生效后一个月内在贵州省高级人民法院外网向社会公布，置于社会公众监督之下。

29. 充分运用传统媒体和微信、微博、新闻客户端等新媒体，通过以案说法、发布环境民事公益诉讼重要新闻和典型案例等形式，宣传环境民事公益诉讼法律法规，大力营造浓厚的环境公共利益保护氛围，发动更多的社会组织及个人积极参与环境民事公益诉讼。

五、构建联动平台，建立衔接配合机制，多元化解决环境纠纷

30. 积极推动建立审判机关、检察机关和环境资源保护行政执法机关之间建立环境事件预警、沟通和联动处置应对机制，整合资源，综合施策，有效预防和妥善应对各类环境事件。

31. 对于环境民事公益诉讼涉及重大、敏感、群体性事件的纠纷，应充分运用中立评估、诉前调解、委托调解等各种非诉讼解决矛盾纠纷机制，并有机与诉讼方式结合，促成纠纷解决和矛盾化解，切实维护好人民群众的合法环境权益。

六、着力加强环境保护审判队伍建设

32. 环境民事公益诉讼案件类型新，审理难度大，涉及面较广，社会关注度高，各集中管辖法院必须高度重视，配强配齐环保审判力量，努力打造高素质、复合型的环境民事公益诉讼法官队伍。

七、各集中管辖法院可参照最高法院公益诉讼司法解释的规定以及本意见的相关要求，积极探索开展行政公益诉讼。

贵州省高级人民法院办公室
2015 年 6 月 30 日印发

山东省海洋生态损害赔偿费和损失补偿费管理暂行办法

(2010 年 6 月 12 日发布，2010 年 1 月 1 日实施，山东省海洋与渔业厅)

第一章　总　　则

第一条　为加强海洋环境保护、整治，恢复海洋生态，促进海洋经济可持续发展，根据《中华人民共和国民法通则》、《中华人民共和国海洋环境保护法》、《中华人民共和国渔业法》等法律法规，结合山东省实际，制定本办法。

第二条　在山东省管辖海域内，发生海洋污染事故、违法开发利用海洋资源等行为导致海洋生态损害的，以及实施海洋工程、海岸工程建设和海洋倾废等导致海洋生态环境改变的，应当缴纳海洋生态损害赔偿费和海洋生态损失补偿费。

对单位和个人在水域滩涂进行养殖造成损害、损失的赔偿和补偿，不在本《办法》规范范围之内。

第三条　县级以上人民政府海洋与渔业行政主

管部门代表国家向造成海洋生态损害和引起海洋生态损失的单位、个人提出海洋生态损害赔偿和损失补偿要求。

第四条 海洋生态损害赔偿费和损失补偿费金额，按照《山东省海洋生态损害赔偿和损失补偿评估方法》（省标准号：DB37/T1448—2009）评估确定。

第五条 本办法所称海洋污染事故和违法开发利用海洋资源等行为是指：

（一）海上溢油污染；

（二）未经批准的围海填海，或虽经批准但未按照要求进行先围后填的填海；

（三）未经批准的海洋倾废，或虽经批准但未按照要求进行的海洋倾废；

（四）海上热污染；

（五）高浓度盐卤污染；

（六）未按照要求进行海上施工造成的污染；

（七）未按照要求进行水下作业造成的污染；

（八）其他海洋污染和违法开发利用海洋资源行为的。

第二章 海洋生态损害赔偿

第六条 海洋污染损害事故发生地县级以上人民政府海洋与渔业行政主管部门，应当在海洋生态损害行为发生后及时采取应急处置措施，并报告省海洋与渔业厅。省海洋与渔业厅应当委托具有相应资质的单位进行海洋生态损害评估，并根据评估结果委托有关部门提出赔偿要求。

第七条 下列海洋污染损害案件由省海洋与渔业厅处置并提出赔偿要求：

（一）海洋污染事故范围涉及两个以上设区的市；

（二）海洋污染事故造成直接经济损失额在1000万元以上的；

（三）涉外海洋污染事故；

（四）其他应当由省海洋与渔业厅提出赔偿要求的重大污染事故。

第八条 对本辖区海洋污染事故造成直接经济损失额不足1000万元的，一般由设区的市、省财政直接管理县（市）海洋与渔业行政主管部门提出赔偿要求。

其他县（市、区）海洋与渔业行政主管部门对海洋污染提出赔偿的权限，由设区的市海洋与渔业行政主管部门规定。

第三章 海洋生态损失补偿

第九条 海域使用、海水利用及其他海洋开发利用活动的环境影响评价报告书（表），应当包括海洋生态损失补偿的内容。

第十条 县级以上人民政府海洋与渔业行政主管部门在海域使用、海水利用及其他海洋开发利用活动的审批中，应当委托专家对海洋环境评价报告书（表）中的海洋生态损失补偿费金额进行核定，并告知申请人。

第十一条 申请人应当在环境影响评价报告书（表）批复前或者取得海域使用证前缴纳海洋生态损失补偿费。

申请人不缴纳海洋生态损失补偿费的，海洋与渔业行政主管部门应当中止相关审批程序。

第十二条 凡属免缴海域使用金的用海项目，免缴海洋生态损失补偿费；凡属减缴海域使用金的用海项目，按相同比例减缴海洋生态损失补偿费。

第四章 赔偿费和补偿费的征收管理

第十三条 海洋生态损害赔偿费和损失补偿费由财政部门负责征收管理，由提出赔偿要求和具有相应审批权限的海洋与渔业行政主管部门具体征收。

国家审批的用海项目，海洋生态损失补偿费由省海洋与渔业厅负责具体征收。

第十四条 海洋生态损害赔偿费和损失补偿费属于政府非税收入，应纳入财政预算，实行“收支两条线”管理。

第十五条 海洋生态损害赔偿费按照征收管理权限，通过“山东省非税收入征收管理系统”缴入相应级次国库。海洋生态损失补偿费实行省级管理方式，通过“山东省非税收入征收管理系统”全额缴入省级国库，按照规定比例实行省、市、县（市、区）三级分成，其中，省级50%、市15%、县（市、区）35%；省财政直接管理县（市）与省级实行5:5分成，其所在市不参与分成。

第十六条 海洋生态损害赔偿费和海洋生态损失补偿费实行一次性征缴。

县级以上海洋与渔业行政主管部门收取海洋生态损害赔偿费和海洋生态损失补偿费时,应到同级财政部门申请非税收入项目编码.使用省财政厅统一印制的"山东省非税收入缴款书",根据代收银行加盖收讫章的"山东省非税收入缴款书",向缴款人出具"山东省非税收入收款收据",登记非税收入辅助账簿。

第五章 赔偿费和补偿费的使用管理

第十七条 海洋生态损害赔偿费和海洋生态损失补偿费专项用于海洋与渔业生态环境修复、保护、整治和管理。具体包括以下范围:

(一)海洋与渔业生态环境的调查、评价和管理;

(二)海洋与渔业生态环境的修复、保护和整治;

(三)海洋污染事故应急处置;

(四)海洋生态损害赔偿和损失补偿的调查取证、评估鉴定和民事诉讼等项支出;

(五)海洋与渔业生态环境保护的科学研究;

(六)其他支出。

第十八条 海洋生态损害赔偿费和海洋生态损失补偿费的使用实行年度预、决算制度。按照预算管理要求,各级海洋行政主管部门根据海洋生态损害赔偿费和海洋生态损失补偿费的支出范围,编制年度专项支出预算,报同级财政部门。财政部门按照部门预算审核程序,结合收入情况,根据海洋与渔业行政主管部门开展海洋与渔业生态环境修复、保护、整治和管理工作需要,核定本级海洋生态损害赔偿费和海洋生态损失补偿费专项支出预算,并监督使用。年度终了,海洋行政主管部门应编制年度财务决算,报送同级财政部门。

第十九条 省级留成的海洋生态损害赔偿费和损失补偿费分别用于省本级和补助各市、县海洋与渔业生态环境修复、保护、整治和管理,由省财政厅会同省海洋与渔业厅安排到具体项目。省海洋与渔业厅按规定程序编报年度项目专项支出预算。对省级安排各市、县(市、区)的项目,资金由省级财政部门逐级拨付。

第二十条 海洋生态损害赔偿费和损失补偿费应严格按照预算安排使用,专款专用,年终结余结转下年度使用。

海洋生态损害赔偿费和损失补偿费的支付按照财政国库管理制度有关规定执行。

第二十一条 海洋生态损害赔偿费和损失补偿费收入列"政府收支分类科目"第103类"非税收入"07款"国有资源(资产)有偿使用收入"99项"其他国有资源(资产)有偿使用收入"。海洋生态损害赔偿费和损失补偿费支出列"政府收支分类科目"第201类"基本公共管理与服务"19款"海洋管理事务"99项"其他海洋管理事务支出"。

第六章 监督检查

第二十二条 县级以上海洋与渔业行政主管部门应当按照管理权限对造成海洋生态损害、损失的行为进行处置和提出赔偿、补偿要求,不得越权处置和提出赔偿、补偿要求。

第二十三条 海洋生态损害赔偿费和损害补偿费征收、使用和管理应当接受财政、审计、海洋与渔业行政主管部门的监督检查。

第二十四条 对违反本规定,多征、减征、缓征、停征、免征,或者侵占、截留、挪用海洋生态损害赔偿费和损失补偿费的单位及责任人,依照《财政违法行为处罚处分条例》(国务院令第427号)和《违反行政事业性收费和罚没收入收支两条线管理规定行政处分暂行规定》(国务院令第281号)等法律法规依法进行处理。构成犯罪的,依法追究刑事责任。

第七章 附 则

第二十五条 本办法由省财政厅、省海洋与渔业厅负责解释。

第二十六条 本办法自2010年1月1日起施行。

河北省排污权抵押贷款管理办法

（银石发〔2014〕133 号）

第一章 总 则

第一条 为进一步推进绿色信贷发展，拓宽企业融资渠道，优化配置环境资源，提高商业银行信贷资金使用效益，制定本办法。

第二条 本办法制定的主要依据是《中华人民共和国商业银行法》、《中华人民共和国担保法》、《贷款通则》、《河北省主要污染物排放权交易管理办法（试行）》等法律、法规及相关规定。

第三条 河北省排污权抵押管理实行“政府引导、市场调控、企业为主、公众参与”相结合的管理机制。

第四条 河北省排污权抵押贷款运行体系由省和设区市排污权交易管理机构、省内银行业金融机构、借款人和相关中介机构组成。

第五条 本办法所称排污权是指在年度许可排放量内，排污单位按照国家或者地方规定的排放标准，向环境直接或者间接排放主要污染物的权利。主要污染物是指国家和本省确定的需要实施总量控制的污染物，包括且不限于二氧化硫、氮氧化物、化学需氧量和氨氮。

第六条 排污权抵押贷款是指借款人以有偿取得的排污权作为抵押物，在遵守国家有关金融法律、法规和信贷政策前提下，向贷款银行申请获得贷款与服务的融资活动。

第二章 准入条件与职责

第七条 贷款人主要负责按本办法向辖内企业提供贷款及其他金融服务。贷款的发放和使用应当符合法律、法规、规章和相关制度的要求，应当遵循环境性、效益性、安全性和流动性的原则。

第八条 借款人应具备以下要件：

（一）具备《贷款通则》规定的各项条件；

（二）已通过排污权交易有偿获得污染物排放权。

第九条 借款人有下列情形之一的，不得办理排污权抵押贷款：

（一）上一年借款人污染物排放量超过排污许可证规定排放指标的；

（二）借款人近三年内曾造成重大、特大环境污染事故或事件的；

（三）借款人近一年内曾发生偷排、超标排放等环境违法事件的；

（四）其他不符合法律、法规规定的。

第十条 根据排污权抵押贷款的需要，中介机构可参与贷前调查、排污权价值认定、抵押排污权的处置等相关工作。

第三章 排污权抵押贷款程序

第十一条 排污权抵押贷款应按照以下程序办理：

（一）借款人提出排污权抵押贷款申请；

（二）贷款人就借款申请按规定进行贷前调查；

（三）贷款人或中介机构开展排污权价值评估；

（四）贷款人和借款人双方签订排污权抵押贷款借贷合同（或授信合同）；

（五）贷款人和借款人在环保部门排污权交易管理机构办理抵押登记手续；

（六）贷款人向借款人发放贷款。

第十二条 贷款人应严格按规定程序做好排污权抵押贷款的贷前调查、审批和决策工作。对贷款调查、登记、评估、审核和操作过程中，因操作不当所产生的问题，承担相应的法律责任。

第十三条 贷款人在进行贷款审查时，要通过查看征信系统、排污权贷款信息系统、咨询环保部门、实地调查企业等方式，重点调查借款人的污染物排放、污染处理设施运行、排污费缴纳、环境违法信息等情况。贷款用于新建、改建、扩建项目购买排污权指标的，须严格核查项目的环境影响评价审批等情况。

第四章 贷款用途与额度

第十四条 贷款用途

（一）排污权抵押贷款主要用于企业购买排污权、支付排污权有偿使用费和用于企业能源节约、污染物排放减少的技术改造等生产经营活动。包括流动资金贷款，固定资产贷款，技术改造贷款，循环贷款（授信），抵押保函，贴现抵押金等，不得用于购买股票、期货等有价证券和从事股本权益性投资，不得用于违反国家有关法律、法规和政策规定的用途；

（二）排污权抵押贷款仅限于有偿获得排污权的企业自身向银行借款，不得作为第三方融资的抵押。

第十五条 排污权抵押贷款额度

（一）贷款额度由贷款人与借款人本着互惠互利、协商自愿的原则确定；

（二）排污权价值主要根据排污权指标数量、排污权使用年限、排污权初始分配价、排污权基准价、排污权交易价并参考贷款期限、经济周期和国家环境政策等因素确定；

（三）排污权价值可由双方共同指定的中介评估机构确定。中介评估机构应出具排污权抵押贷款价值评估报告，并承担相应的法律责任。

第十六条 贷款抵押率的确定

（一）抵押率与排污权价值挂钩。抵押率应在所评估排污权价值基础上按照一定比例设定；

（二）抵押率与信用分级挂钩。依据借款人综合信用状况不同，设定差异化抵押率，使抵押率反应借款人环境信用现状，以优化资源配置，防范环境风险；

（三）抵押率与风险挂钩。依据借款人环境风险状况不同设定差异化抵押率，使抵押率反应借款人环境风险现状，以有效防范环境风险；

（四）抵押率与贷款结构挂钩。依据借款人信贷结构不同设定差异化抵押率。

第五章 贷款利率与期限

第十七条 排污权抵押贷款利率应由借贷双方本着互惠互利、平等自愿的原则确定。贷款利率的浮动范围应重点参考以下因素：

（一）根据企业贷款用途与水平，核定企业贷款利率浮动范围。重点考核企业和项目贷款用途、环境技术水平、环境目标预期达成水平和生态环境影响程度；

（二）根据企业绿色信用状况，对企业绿色信用状况优秀的企业予以贷款优惠利率的支持。对企业绿色信用较差的企业不予贷款或实行较高的利率；

（三）根据企业环境风险状况。商业银行应对贷款企业环境风险的状况进行有效的识别、判断和预测，并根据风险等级确定其利率水平。

第十八条 排污权抵押贷款期限

排污权抵押贷款期限应根据借款人的生产经营周期、还款能力和贷款人的资金供给能力由借贷双方共同商议后确定，并在借款合同中载明。但排污权抵押贷款的期限不得超过排污权购买的期限。

第六章 排污权抵押贷款合同

第十九条 排污权抵押贷款合同应包括但不限于以下内容：

（一）抵押人（借款人）、抵押权人（贷款人）的名称、通讯地址；

（二）被抵押的主债权金额、利率、资金用途、种类；

（三）债务人履行债务的期限；

（四）排污权交易合同的名称、编号、签订日；

（五）抵押的金额与支付方式；

（六）对抵押期间进行排污权转让或实施许可的约定；

（七）抵押期间维持排污权有效的约定；

（八）抵押期间排污权被宣告无效时的处理；

（九）违约及索赔，争议的解决办法；

（十）抵押期间债务的清偿方式；

（十一）合同签订日期、签名签章；

（十二）当事人认为需要约定的其他事项。

第七章 排污权抵押的登记与占管

第二十条 排污权抵押登记部门为环保部门排

污权交易管理机构。贷款人和借款人应在签订排污权抵押书面合同之日起15个工作日内,在登记部门办理排污权抵押登记手续,抵押合同自登记之日起生效。

第二十一条 排污权抵押期间,借款人未经贷款人同意,不得以任何形式处置被抵押的排污权。

第二十二条 贷款期间,如抵押登记事项发生变化依法需办理变更登记的,借款人和贷款人在登记事项发生变更之日起三个工作日内联合到排污权抵押登记部门办理变更登记手续。

第二十三条 主债权消灭、抵押权实现、贷款人放弃抵押权或法律规定的其他原因,导致抵押权消灭的,借贷双方应及时到排污权抵押登记部门办理注销登记手续。

第八章 贷后管理与风险预警

第二十四条 贷款人应加强风险预警和贷后管理,设立相应预警机制与预警信号,建立借款人重大环境和社会风险的内部报告制度和责任追究制度。在借款人发生重大环境和社会风险事件时,应当及时采取相关的风险处置措施,并就该事件可能对银行业金融机构造成的影响向监管机构报告。

第二十五条 贷款人应对借款人环境和社会风险进行动态分析,建立环境风险资产防范标准,并在资产风险分类、准备计提、损失核销等方面及时做出调整。

第二十六条 贷款人在发放排污权抵押贷款后,应监控借款人贷后资金用途,关注借款人的经营状况、污染物排放情况,及时了解影响抵押排污权价值的市场因素和政策因素,持续评估抵押排污权价值,采取有效措施防范和控制信贷风险。

第二十七条 环保部门应加强对借款人排污指标的监管,及时将借款人污染物超标排放等环境违法情况通知贷款人。

第二十八条 贷款期间如遇环境保护政策发生变化或其他因素影响排污权价值或抵押有效性时,贷款人有权要求借款人追加担保或其它相关保全措施。

第九章 抵押排污权的处置

第二十九条 抵押排污权的处置条件:

(一)借款合同约定的还款期限届满,借款人到期未履行还款义务或者发生当事人约定的实现抵押权的情形,贷款人可以依法处置抵押的排污权;

(二)抵押期间抵押人宣告解散或破产的,贷款人可以依法处置抵押的排污权。

第三十条 抵押排污权的处置方式包括:

(一)交易方式。通过排污权交易管理机构和中介机构向符合要求的排污权需求方以公开竞价、协议转让等方式进行转让;

(二)政府回购。符合政府回购条件的,可向排污权交易管理机构申请政府回购储备。回购价格由排污权交易管理机构根据国家相关政策和储备需要,按市场机制进行。

第三十一条 实施优先受偿原则,抵押排污权处置所得由贷款人优先受偿,有剩余金额的,退交借款人;不足以偿还借款本息的,贷款人对不足部分金额有权向借款人追偿。

第三十二条 贷款人在依法处置抵押的排污权前,应及时通知排污权交易管理机构,排污权交易管理机构应积极协助贷款人做好排污权处置相关工作。

第十章 信息管理及报告制度

第三十三条 人民银行、环保部门、银行业金融机构、借款人和中介机构根据各自职责建立信息共享机制与平台。

第三十四条 信息内容应主要包括,借款人可研报告、环评报告、企业环境管理与监测信息、银行业金融机构调查信息、银行业金融机构审批信息、排污许可监管信息等。

第三十五条 银行业金融机构应建立排污权抵押贷款的综合绩效评估报告制度。针对贷款的环境绩效,做好评估工作,为绿色授信提供操作依据。

第十一章 金融与环保监管

第三十六条 人民银行石家庄中心支行、河北省环境保护厅是河北省排污权抵押贷款的监督与管理机构,主要负责排污权抵押贷款政策、制度制定,排污权抵押贷款运行的管理与监督工作。

第三十七条 环保部门应按照有关规定做好排

污权抵押贷款相关的信息提供、信息查询和抵押登记,协助贷款人做好抵押排污权处置等工作。

第三十八条　人民银行应利用货币信贷政策工具,积极引导银行业金融机构支持排污权抵押贷款工作,做好企业环境信息录入征信系统工作,为金融机构开展排污权抵押贷款提供信息服务。

第三十九条　人民银行和环保部门联合建立排污权贷款工作绩效评价机制,并对各银行业金融机构落实排污权贷款管理办法情况予以公布。

第十二章　附　　则

第四十条　本办法由人民银行石家庄中心支行、河北省环境保护厅负责解释。

第四十一条　本办法自发布之日起实施。

湖南省主要污染物排污权有偿使用和交易管理办法

(2014年1月20日发布,2014年1月20日实施,湘政发〔2014〕4号)

第一章　总　　则

第一条　为规范主要污染物排污权有偿使用和交易活动,根据相关法律法规及《国务院关于加强环境保护重点工作的意见》(国发〔2011〕35号)和《长株潭城市群资源节约型和环境友好型社会建设综合配套改革实验总体方案》等规定,制定本办法。

第二条　主要污染物排污权有偿使用和交易,以有利于环境资源优化配置、有利于污染物排放总量控制、有利于环境质量改善为目标,遵循公平、公正、公开的原则,并与现行排污费征收、污染物排放总量控制和排污许可等环境管理制度协调一致。

第三条　本办法所称主要污染物,是指化学需氧量、氨氮、二氧化硫、氮氧化物、铅、镉、砷等七类污染物。市州人民政府可根据当地污染治理和环境保护的需要,报省人民政府批准后,在本市州行政区域内增加排污权有偿使用和交易的主要污染物种类。

主要污染物排污权,是指排污单位在正常的生产经营活动中,按照国家和地方污染物排放标准及规定向环境排放一定数量主要污染物的权利。

主要污染物排污权有偿使用,是指排污单位在满足环境质量要求和主要污染物排放总量控制的前提下,通过缴纳排污权有偿使用费获得主要污染物排污权。

主要污染物排污权交易,是指排污单位在满足环境质量要求和主要污染物排放总量控制的前提下,通过排污权储备交易平台出让依法取得的主要污染物排污权或购买主要污染物排污权的行为。

现有排污单位是指本办法生效之日前已经存在的合法排污单位,以及已获得环境影响评价批准文件但未投入正式运行的排污单位。

第二章　排污权的取得

第四条　现有排污单位以环境保护行政主管部门核定的达标排放量为基准,在满足环境质量要求和主要污染物排放总量控制的前提下,缴纳排污权有偿使用费,获得相应的主要污染物排污权。

已获得环境影响评价批准文件但未投入正式运行的排污单位,以环境影响评价批准文件确认的排污量为基准,在投入试运行以后、竣工环境保护验收以前,缴纳排污权有偿使用费,获得相应的主要污染物排污权。

环境保护行政主管部门按照排污权初始分配技术规范核定排污单位的初始排污权,并向社会公示。排污单位对核定结果有异议的,可向环境保护行政主管部门申请复核,也可申请行政复议或提起行政诉讼。

第五条　排污单位新、改、扩建项目需新增主要污染物排放指标的,必须通过排污权交易购买所需的主要污染物排污权。

现有排污单位需增减主要污染物排污权的,必须为已经获得主要污染物排污权的单位。

第六条 对应缴纳主要污染物排污权有偿使用费而没有按时缴纳的现有排污单位,环境保护行政主管部门不予核发或换发排污许可证。

第七条 主要污染物排污权有效期为五年。五年期满需要延续主要污染物排污权的,应继续缴纳主要污染物排污权有偿使用费。

第三章 排污权交易

第八条 省环境保护行政主管部门负责明确湖南省主要污染物排污权储备交易机构,搭建省级储备交易平台;市州环境保护行政主管部门负责明确市州主要污染物排污权储备交易机构,搭建市州储备交易平台。

储备交易平台主要负责排污权储备交易的业务指导、信息提供、咨询服务、技术核算和评估,具体办理排污权有偿使用和交易业务等工作。

第九条 排污权出让方、需求方分别通过储备交易平台出让、购买主要污染物排污权。主要污染物排污权交易一般采取电子竞价、协议转让以及国家法律、行政法规规定的其他方式。

省级及省级以上环境保护行政主管部门审批的建设项目的排污权交易、跨市州的排污权交易以及全省火电、钢铁企业的排污权交易,在省级储备交易平台实施;其余的排污权交易在市州储备交易平台实施。

第十条 排污权转让方主要包括有富余排污权指标的单位和各级主要污染物排污权储备交易机构。

排污单位采取技术改造、设备更新、清洁生产以及强化污染治理和环境管理等措施,主要污染物实际排放量少于排污权允许数量的,可以向所在地环境保护行政主管部门申请出让富余的排污权,也可储备。

第十一条 排污权需求方主要包括:因实施新、改、扩建项目,将增加主要污染物排放量,并需要获得相应主要污染物排污权的排污单位;因治理污染成本较高、当地排污总量限制等原因,在满足达标排放和区域污染物排放总量控制的前提下,通过购买主要污染物排污权的方式以满足总量控制目标的排污单位;根据环境保护和经济发展需要出资购买主要污染物排污权的地方人民政府,以及支持污染减排出资购买主要污染物排污权的民间团体等。

第四章 资金管理

第十二条 主要污染物排污权有偿使用费和排污权储备交易机构的储备指标出让收入属于国有资源有偿使用收入,纳入财政预算,实行“收支两条线”管理。主要用于环境污染治理、主要污染物排污权收购、主要污染物排污权交易平台建设、交易机构日常运行、环保监管能力建设等。

省财政厅会同有关部门制订主要污染物排污权有偿使用费和储备指标出让收入资金管理办法。

第十三条 省价格行政主管部门会同省财政厅等有关部门核定主要污染物排污权有偿使用费征缴标准和主要污染物排污权交易政府指导价。

主要污染物排污权有偿使用费征缴标准主要根据环境资源稀缺程度以及经济社会发展状况等综合因素进行确定。

主要污染物排污权交易政府指导价主要根据污染治理平均成本确定。

第十四条 主要污染物排污权交易可以引进社会资金,促进主要污染物排污权交易多元化发展。

第五章 监督管理

第十五条 省级环境保护行政主管部门负责全省主要污染物排污权交易的监督与管理,市州环境保护行政主管部门负责本行政区域内主要污染物排污权交易的监督与管理。

第十六条 环境保护行政主管部门负责对排污单位的排污量进行核定,负责主要污染物排污权凭证的登记、发放和变更工作。排污单位也可委托具有相应资质的第三方进行排污量核算。

第十七条 环境保护行政主管部门加强对各排污单位的监管,对超过主要污染物排污权允许数量排放主要污染物的,环境保护行政主管部门应责令排污单位及时采取限产、停产等措施进行整顿。

第十八条 财政、物价部门要加强对主要污染物排污权有偿使用和交易资金管理、使用的监督。监察、审计部门要加强对主要污染物排污权有偿使用和交易管理工作的监督和审计。

各级环境保护行政主管部门要及时向社会公开排污权初始分配核定结果、排污权指标供求信息和交易结果，接受社会监督；要定期将辖区内主要污染物排污权有偿使用和交易情况报送财政、物价、监察、审计等部门。

第十九条 承担主要污染物排污权交易和管理的工作人员，必须严格遵守本办法规定，对滥用职权、玩忽职守、徇私舞弊的，由所在单位或主管部门给予行政处分；构成犯罪的，依法追究刑事责任。

第六章 其他规定

第二十条 已获取主要污染物排污权的单位，不免除其承担的法定义务，污染物排放必须符合国家和地方有关法律法规和标准的要求，并按规定完成减排任务。

主要污染物排污权有偿使用和主要污染物排污权交易资金不与排污费发生关联，不得将其冲抵排污费等费用。

第二十一条 主要污染物排污权优先保障国家产业政策鼓励类和本省优先培育发展的产业。

第二十二条 下列单位不准购买新的主要污染物排污权：

（一）被列入环保区域限批范围内的；

（二）未完成污染限期治理的；

（三）属于国家明令禁止、淘汰和限制类的；

（四）法律法规规定的其他情形。

第七章 附 则

第二十三条 省环境保护行政主管部门根据本办法制定具体实施细则。

第二十四条 本办法从发布日起，在长沙、株洲、湘潭、衡阳、郴州、永州、岳阳、娄底等市的所有工业企业以及全省范围内的火电、钢铁企业先行实施。2015 年 1 月 1 日起，在全省范围内的所有工业企业全面实施。《湖南省主要污染物排污权有偿使用和交易管理暂行办法》（湘政发〔2010〕15 号）同时废止。排污单位已按《湖南省主要污染物排污权有偿使用和交易管理暂行办法》（湘政发〔2010〕15 号）有偿获得的主要污染物排污权指标在有效期内继续有效。

江苏省政府办公厅关于印发《江苏省项目节能量交易管理办法（试行）》的通知

（2015 年 3 月 28 日发布，2015 年 7 月 1 日实施，苏政办发〔2015〕27 号）

各市、县（市、区）人民政府，省各委办厅局，省各直属单位：

按照省委、省政府关于全面深化改革的工作部署，省经济和信息化委拟订了《江苏省项目节能量交易管理办法（试行）》（以下简称《管理办法》），已经省人民政府同意，现印发实施。

为稳妥推进节能量交易新机制，结合贯彻落实国家有关“对钢铁、有色、建材、石化、化工等高耗能行业新增产能实行能耗等量或减量置换”的政策要求，从 2015 年 7 月 1 日起，先行在苏南地区开展交易试点，并根据试点情况逐步扩大到苏中、苏北地区。

省经济和信息化委要抓紧制订完善《管理办法》的实施细则，会同有关部门稳妥有序推进项目节能量交易新机制。

江苏省人民政府办公厅

2015 年 3 月 28 日

江苏省项目节能量交易管理办法（试行）

第一章 总 则

第一条 为充分发挥市场机制对节能减排的有效促进作用，探索建立我省节能量交易机制，促进控制能源消费增量有关政策的落实，制定本办法。

第二条 本办法所称项目节能量（以下简称节能量）是指节能改造项目节能量和淘汰生产装置的能耗削减量。

（一）节能改造项目节能量，是指用能单位通过实施节能技术改造，提高能源利用效率而形成的节能量，不包括单纯以扩大生产能力、调整产品结构等为目的的项目实施后产生的节能效果；

（二）淘汰生产装置的能耗削减量，是指企业通过淘汰拆除生产装置，削减产品生产能力规模，所削减的能源消耗量。不包括按照国家产业政策规定，逾期淘汰形成的能耗削减量。

第三条 用能单位实施节能改造项目、淘汰生产装置的节能量归用能单位所有；用能单位实施的合同能源管理项目的节能量所有权应由用能单位与节能服务公司协商确定。

第四条 本办法所称节能量交易，是指用能单位根据所在区域能源消费增量控制和部分高耗能行业新增产能实行能耗等量或减量置换的规定，向节能量所有权人购买节能量而产生的市场交易行为。

第五条 省经济和信息化委负责指导和协调全省节能量交易工作，制定相关管理制度，实施节能量交易监督管理。省有关部门依据职责负责相关事项的监督管理。

设区的市经济和信息化委负责对本辖区内用能单位节能量项目及其节能量交易、使用的监督管理。

第六条 本省范围内的用能单位、机构以及节能量所有权人，包括各类企业、节能服务公司、银行、投资公司等机构组织和符合条件的个人，可以参与节能量交易活动。

第七条 江苏省节能量交易中心（筹）负责节能量交易平台建设，按规定组织交易活动，跟踪评价交易情况。

第八条 节能量交易坚持自愿及公开、公正和诚信原则，交易主体自愿参与，自主选择交易对象，交易双方以外的单位、个人不得干预交易行为和交易价格。

第二章 节能量审核

第九条 用能单位实施节能改造项目、淘汰生产装置的节能量达到500吨标准煤（非工业项目100吨标准煤）以上的，应在项目实施完成后6个月内（列入全国碳排放权交易范围的企业，应在完成碳排放配额履约后3个月内），提请第三方节能量审核机构对其节能量进行现场审核。通过现场审核的项目，由第三方节能量审核机构向节能量所有权人签发节能量证书。第三方节能量审核机构由省经济和信息化委和省发展改革委联合确认，包括国家公布的省内节能量审核机构或节能量审核机构在省内的分支机构。

第十条 第三方节能量审核机构应定期向省节能量交易中心报送节能量证书签发及其项目相关信息，并由其通过网上平台公告节能量证书相关信息。

第十一条 节能量证书的内容主要包括项目名称、节能量（项目削减煤炭消费的，同时注明煤炭削减量）、对应的碳减排量、所属行业、项目内容及地址、项目竣工时间、节能量权利人、发证机构等信息。节能量证书按统一规范编号，节能量证书自签发之日起2年内有效。

第十二条 已核发证书的节能量，在有效期内可用于本单位固定资产投资项目新增能耗替代（或置换），或转让给省内其他用能单位用于固定资产投资项目新增能耗替代（或置换）。未获得节能量证书的项目，其节能量不得用于固定资产投资项目新增能耗替代（或置换）。

第三章 节能量交易

第十三条 用能单位新建、改建或扩建固定资产投资项目新增能耗，按国家和省有关规定需要实行区域能源消费增量控制和能耗等量或减量置换的，可通过节能量交易购买节能量进行能耗平衡替代，以确保符合能耗增量控制和能耗等量或减量置换的有关规定要求。

列入全国碳排放权交易范围的企业通过碳排放权交易有偿获取的碳排放配额中所对应的节能量，可用于抵扣新增产能项目能耗等量或减量置换要求。

第十四条 节能量所有权人需要通过节能量交

易市场转让节能量的，应填写转让交易申请表，经所在设区的市经济和信息化委审核同意后，报省节能量交易中心，省节能量交易中心应在10个工作日内通过网上平台发布转让信息。申请节能量交易应提交以下文件资料：

（一）节能量转让申请表；

（二）营业执照；

（三）法人登记证书；

（四）税务登记证书；

（五）法定代表人身份证明；

（六）法定代表人授权或者委托他人办理的，应当同时提供授权委托书以及办理人的身份证明和联系方式。

（七）淘汰生产装置的企业注销后，可由合法的节能量权利人（含个人）办理转让登记。由个人登记的，应提供身份证明及相应的权利证明。

第十五条 转让节能量的用能单位应完成政府下达的节能、能源消费总量及碳排放控制目标。节能量交易的买卖双方应符合当地政府有关能源消费总量控制的管理要求。

列入全国碳排放权交易范围的企业，未完成碳排放配额履约任务的不得出售节能量；已完成碳排放配额履约任务的，在自愿注销的清缴结余配额中所对应的节能量可通过节能量交易出售。

第十六条 节能量交易暂定采取双边协商模式，待条件成熟后推行线上交易平台竞价模式。双边协商模式，由符合条件的节能量买卖双方自主寻找交易对象，通过自主协商达成交易意向，签订交易合同；交易平台竞价模式，由符合条件的节能量买卖双方通过省节能量交易线上平台申报节能量和价格，寻找交易对象，达成交易合同。

第十七条 省节能量交易平台公告的节能量，可根据出让和受让方需求分拆交易，分拆的最小节能量为100吨标准煤。进行节能量分拆，应同时分拆对应的碳减排量。

第十八条 需要购买节能量的用能单位应填写节能量购买申请表，说明具体用途，经所在设区的市经济和信息化委审核同意后，在审批规定的购买额度范围内，通过省节能量交易网上平台公布的节能量转让信息，与出让方协商达成交易，按统一格式签署节能量交易协议，购买方向出售方支付交易金额，交易双方向省节能量交易中心报送节能量交易交割申请表，由省节能量交易中心向购买方核发新的节能量证书，新证书的有效期与初始证书相同。交易中心同时注销原节能量证书，并通过网上平台公布交易信息。

第十九条 经交易并完成交割的节能量，可在节能量证书明确的有效期内用于购买方投资的固定资产投资项目新增能耗替代。如因情况变化，不再需要使用该节能量指标的，在该节能量有效期内，可赠与其他用能单位或通过交易市场进行转让。

第二十条 经审核并获得证书的节能量，其所有权人可将节能量赠与其他用能单位。赠与双方应签署协议，并经赠与双方所在的设区的市经济和信息化委审核同意后，向省节能量交易中心申请交割，由省节能量交易中心注销原有证书，核发新的节能量证书，并通过网上平台公布信息。

第四章 监督管理

第二十一条 省经济和信息化委会同有关部门加强项目及其节能量审核管理，定期随机抽取一定比例的项目，组织专家或委托第三方机构进行现场复核，保证节能量真实、准确。

第二十二条 省经济和信息化委应加强对第三方节能量审核机构的监督管理，对在节能量审核和节能量证书签发存在的不规范行为，督促整改，并视情况取消其江苏省节能量交易的节能量证书签发资格；对存在问题的项目，注销其节能量证书，并在网上公示。

第二十三条 省经济和信息化委应加强对省节能量交易中心及其节能量交易平台运行的监督管理，规范节能量交易、节能量使用的管理，确保及时公布节能量证书、节能量交易和使用的有关信息。

第二十四条 省物价局应加强对节能量交易价格的指导监督，防止过度投机，确保交易价格在合理区间。

第二十五条 设区的市、县（市、区）经济和信息化委应加强对所辖区域内节能改造和淘汰生产装置项目的跟踪管理,加强对项目及其节能量交易、使用的监管,鼓励用能单位参与节能量交易。

设区的市经济和信息化委应加强与有关部门的协调沟通,确保节能量交易与地区能源消费总量控制、项目审批环节的有机衔接。

第二十六条 省、设区的市和县(市、区)有关部门在实施固定资产投资项目能评审查时,根据国家和省有关规定需要能耗增量控制或实行等量或减量置换的,应审查其新增能耗指标的落实情况,没有落实能耗增量指标或置换要求的,应通过购买等途径(如赠送)获取有节能量证书的节能量以满足项目建设要求。项目能评审查部门应在出具能评批复意见后7个工作日内,将用于替代(或置换)的节能量及其证书情况通报省节能量交易中心,省节能量交易中心应将节能量证书予以注销,并在网上公布证书注销和节能量使用信息。

第二十七条 省节能量交易中心应实行信息公开,并设立举报电话,接受对项目及其节能量审核、节能量交易、节能量使用等各环节的监督。

对在节能量审核、交易、使用等环节的违法失信行为,将记入省社会法人和自然人信用基础数据库;相关行为涉嫌违反其他法律法规的,移送相关部门依法处理。

第二十八条 省节能量交易中心应定期汇总、总结节能量审核、登记、交易和使用等情况,并及时报送省经济和信息化委等有关部门。

第二十九条 节能量交易、使用过程中,供需双方发生矛盾纠纷时,可请省节能量交易中心或省经济和信息化委协调处理;协调处理不成的,应通过司法途径解决。

第五章 附 则

第三十条 在节能、能源消费总量控制、碳交易领域,国家另有规定的,从其规定。

第三十一条 第三方节能量审核机构、节能量审核及节能量证书等管理细则由省经济和信息化委另行制定。

第三十二条 本办法由省经济和信息化委负责解释。

第三十三条 本办法自2015年7月1日起实施。

福建省经济和信息化委员会海峡股权交易中心关于印发《福建省节能量交易规则(试行)》的通知

(闽经信环资〔2015〕547号)

各设区市经信委(经信局)、平潭综合实验区经发局,海峡股权交易中心各分支机构、子公司、各有关单位:

为贯彻落实《福建省人民政府关于推进节能量交易工作的意见(试行)》(闽政〔2015〕34文),规范节能量交易活动,现将《福建省节能量交易规则(试行)》印发给你们,请予执行。

福建省经济和信息化委员会

海峡股权交易中心

2015年8月21日

福建省节能量交易规则(试行)

第一章 总 则

第一条 为规范我省节能量交易市场的健康发展,充分发挥市场机制作用,增强用能单位节能内生动力,建立和规范节能量交易市场,根据《福建省人民政府关于推进节能量交易工作的意见(试行)》,制定本规则。

第二条 本规则所称节能量交易是指用能单位在其具体年度节能指标下,为实现节能义务而采取的买入/卖出节能量的市场交易行为。

第三条 节能量交易应当遵守国家法律、行政法规，遵循自愿平等、诚实守信、公开、公平、公正的原则。

第四条 本规则适用于福建省辖区内节能量的交易活动。

第二章 交易机构

第五条 交易机构（海峡股权交易中心）受福建省人民政府的委托，作为年度节能量指标的提供方和储备方承担全省节能量交易储备和出让的交易工作，负责为我省节能量交易提供场所、设施、信息集散和投融资等服务，履行节能量登记、交易、见证、资金结算等职能。

第六条 交易机构应当建立节能量交易平台，形成可供网上查询的信息网站、交易系统和数据库系统，及时提供节能量交易的信息、管理制度、交易规则和相关的法律、法规、规章及政策规定。

第七条 经政府价格主管部门同意，交易机构可向节能量的出让方以及受让方收取交易服务费，具体收费标准由政府价格主管部门制定。

第三章 交易主体

第八条 省节能主管部门根据工作要求，在年耗能量5000吨标准煤及以上的重点用能单位中选择节能量交易主体，每年发布纳入年度节能量交易的行业和交易主体名单。

省节能主管部门可以根据交易主体的能源消耗量变动等情况，适时调整节能量交易的实施范围。

纳入年度节能量交易主体应当按照相关规定履行完成年度节能量指标的责任。

第九条 节能量交易的交易主体包括出让方（意向出让方）、受让方（意向受让方）（以下简称交易双方）以及履行储备职能作为出让方或受让方的交易机构。

出让方，是指通过规范程序出让年度节能量指标获取对价的用能单位。

意向出让方，是指超额完成年度节能量指标拟出让的用能单位。这类用能单位可将其超过年度节能量指标的节能量进行转让交易。

受让方，是指通过规范程序支付对价以达到相应年度节能量指标的用能单位。

意向受让方，是指未完成年度节能量指标的用能单位。这类用能单位需购买节能量达到年度节能量指标。

第十条 年度节能量指标的交易主体应通过交易平台与交易机构进行交易，出、受让双方不直接进行交易。

第四章 交易程序

第十一条 节能量交易程序主要包含节能量指标的生成和下达、节能量的核查、登记、交易等环节。

第十二条 省节能主管部门每年根据产业发展政策、行业单位产品能耗水平和交易主体的节能潜力等因素综合确定实施节能量交易的行业主要耗能产品（或工序）节能量交易标杆，作为节能量交易的指标依据。

第十三条 省节能主管部门委托第三方核查机构对交易主体进行能源审计形成的节能量核查报告，作为节能量交易依据。

第十四条 交易机构根据《福建省人民政府关于推进节能量交易工作的意见（试行）》的规定，每年度根据省节能主管部门提供的交易主体节能量指标和实际节能量等信息进行登记。

第十五条 节能量交易分为申请、交易和结算三个环节。

第十六条 交易机构根据节能量登记情况，汇总可出让及需购买节能量指标的用能单位清单，并发布公告，通知用能单位在规定时间内提交交易申请。

第十七条 用能单位申请出让年度节能量指标，应向交易机构提出申请，并提交以下材料：

（一）组织机构代码证复印件；

（二）工商营业执照副本复印件；

（三）企业法人代表身份证复印件，及授权代表身份证复印件；

（四）纳入年度节能量交易主体的有效证明；

（五）省节能主管部门出具的可交易节能量的审批文件；

（六）第三方审计机构出具的节能量审计报告；

（七）《福建省节能量出让交易申请书》；

（八）其他法律、法规、规章和交易规则等规定需提交的资料以及交易机构认为需要补充提供的相关材料。

出让方要对所提交文件内容的真实性、准确性、完整性、有效性负责。

第十八条 未完成年度节能量指标的用能单位申请购买节能量指标的，应向交易机构提出申请，提交以下材料：

（一）组织机构代码证复印件；

（二）工商营业执照副本复印件；

（三）企业法人代表身份证复印件，及授权代表身份证复印件；

（四）纳入年度节能量交易主体的有效证明；

（五）省节能主管部门出具的未完成年度节能量指标，需购买节能量数量的审批文件；

（六）第三方审计机构出具的节能量审计报告；

（七）《福建省节能量受让交易申请书》；

（八）其他法律、法规、规章和交易规则等规定需提交的资料以及交易机构认为需要补充提供的相关材料。

意向受让方要对所提交文件内容的真实性、准确性、完整性、有效性负责。

第十九条 交易机构在收到用能单位提交的出让（或受让）申请文件后，在5个工作日内进行形式审核。经审核不符合要求的，交易机构应当向用能单位反馈审核意见；交易机构在5个工作日内未反馈审核意见的，视为申请已受理。

第二十条 对符合条件的单位，由交易机构通过交易平台组织交易。

交易机构对交易主体资格有疑义的，可向省节能主管部门征求意见，并在征得省节能主管部门同意后组织交易。

第二十一条 节能量交易坚持自愿原则，交易主体承担因交易所产生的一切法律责任。

第二十二条 若市场出现节能量指标供给量小于需求量的情况，经省节能主管部门同意，交易机构可通过公开电子竞价方式进行节能量交易。

具体公开电子竞价等交易规则由海峡股权交易中心另行制定。

第二十三条 交易机构根据用能单位提交的申请文件，审核确定交易主体和年度节能量指标，并根据政府部门的指导价格等确定相应的对价后组织交易。

第二十四条 交易机构出具成交确认书后，根据《中华人民共和国合同法》等有关规定，通知交易双方签订节能量交易合同。交易合同应包括以下内容：

（一）交易主体的名称、处所；

（二）标的名称、数量；

（三）成交方式；

（四）价格及价款支付时间和方式；

（五）违约责任；

（六）合同争议解决方式；

（七）双方约定的其他事项。

第二十五条 用能单位向交易机构受让年度节能量指标的，交易合同签订之日起3个交易日内，受让方（意向受让方）应将全额交易价款和交易服务费转入交易机构指定账户。用能单位向交易机构出让年度节能量指标的，交易机构在签订交易合同后，将全额交易价款扣除交易服务费后转入出让方（意向出让方）指定账户。交易价款统一以人民币结算。

第二十六条 交易结算完成后，交易机构应当向交易双方出具交易凭证，作为其完成本年度节能量指标的凭证。

第二十七条 交易机构应在价款结算完成后，及时将交易情况反馈省节能主管部门。

第二十八条 交易机构应与省节能主管部门建立信息互通机制，定期通报节能量交易等情况。在节能量交易过程中，发现有异常事项的，应当及时报告省节能主管部门。

第五章 监督与管理

第二十九条 节能量交易出现争议的，相关单位可以向省节能主管部门申请调解，也可以按约定向仲裁机构申请仲裁或向人民法院提起诉讼。

第三十条 禁止任何单位和个人以任何方式骗取节能量指标出售获利；禁止非法操纵节能量指标交易市场价格或者采用不公平竞争手段交易的行为；禁止违反诚信约定和本规则规定

未依约缴交交易价款、交易服务费等履约职责的行为；其他应禁止的违法违规行为。对有以上情况的，交易机构应将其列入禁止交易名单，并报告省节能主管部门；涉嫌构成犯罪的，依法追究刑事责任。

第三十一条　各级交易机构工作人员玩忽职守、滥用职权、徇私舞弊的，情节严重或者给当事人造成经济损失的，除根据有关法律、法规承担民事责任外，由其所在单位或者上级主管部门给予处分；构成犯罪的，由司法机关依法追究刑事责任。

第六章　附　　则

第三十二条　本规则所称交易日，是指交易机构的工作日。

第三十三条　本规则所需提交的材料复印件均需校验原件。每份文件多页的，应加盖申请单位骑缝章。

第三十四条　本规则由省节能主管部门和海峡股权交易中心负责解释，自发布之日起试行。国家对节能量交易有新规定的，从其规定。

广东省排污权有偿使用和交易试点管理办法

（经省人民政府同意，广东省环境保护厅、广东省财政厅2014年3月13日粤环〔2014〕21号发布，自2014年4月13日起施行）

第一章　总　　则

第一条　为推进排污权有偿使用和交易工作，培育和规范排污权交易市场，根据广东省环境保护厅、广东省财政厅《关于在我省开展排污权有偿使用和交易试点工作的实施意见》（粤环〔2013〕3号），制定本办法。

第二条　本办法所称的主要污染物，是指国家实施排放总量控制的二氧化硫、化学需氧量、氨氮和氮氧化物，试点期间选择二氧化硫和化学需氧量作为排污权有偿使用和交易试点因子，并适时将其他污染因子纳入试点范围。

本办法所称的排污权，是指排污单位按照排污许可证许可的污染物排放指标，向环境直接或者间接排放主要污染物的权利。排污单位的排污权以排污许可证的形式确认，有效期与排污许可证有效期一致。

本办法所称的排污指标，是指排污单位通过政府分配或市场交易等途径获得的用于生产、经营的主要污染物排放约束性指标。

本办法所称的排污权有偿使用，是指排污单位依法取得排污指标，并按规定缴纳有偿使用费的行为。

本办法所称的排污权交易，是指交易主体对依法取得的排污指标进行交易的行为。

第三条　二氧化硫排污权有偿使用和交易试点在全省范围内开展，由省环境保护主管部门负责组织实施。化学需氧量有偿使用和交易试点在限定的流域或区域范围内开展，由试点市、县（区）环境保护主管部门负责组织实施。

第四条　二氧化硫年排放量100吨以上的新建、改建、扩建项目和现有排污单位纳入全省排污权有偿使用和交易试点，允许排放二氧化硫的其他单位自愿纳入试点范围。化学需氧量排污权有偿使用和交易试点适用对象及范围由试点地区自行确定，并报省环境保护主管部门备案。

第二章　排污权初始分配、有偿使用和政府储备

第五条　排污权初始分配坚持尊重历史、科学合理、公平公正的原则，综合考虑环保要求、区域总量控制目标等因素，建立总量平衡与环境质量改善相结合的初始分配制度。

排污权初始分配实行分级负责制。各级环境保护主管部门根据排污许可证管理权限，按照全省统一的分配方法，对排污单位初始排污权进行核定分配。排污权初始分配具体操作方法由省级环境保护主管部门另行制定。

第六条 排污权原则上实施有偿使用,试点期间现有排污单位暂不征收排污权初始有偿使用费。无偿取得排污指标的排污单位通过二级市场出让排污指标,应当按照排污权初始有偿使用费征收标准补缴排污指标出让部分的有偿使用费。

第七条 排污权有偿使用费征收标准应遵循市场经济规律,综合考虑经济发展水平、污染治理成本、环境资源稀缺程度等因素。具体定价方案由省价格主管部门会同省财政、省环境保护主管部门制订。

第八条 建立排污权储备制度,保障重大项目建设,调控排污权交易市场。储备排污指标主要来源包括:

(一)排污权初始分配时,预留的排污指标;

(二)通过回收、回购等手段获得的排污指标。

二氧化硫排污权储备由省环境保护主管部门负责,化学需氧量排污权储备由试点地区环境保护主管部门负责。

储备的排污权有效期与国民经济和社会发展规划期一致。

第三章 排污权交易

第九条 排污权交易主体分为出让方和受让方。

出让方是指:

(一)拥有排污权储备的各级环境保护主管部门;

(二)合法拥有可出让排污指标的排污单位。

受让方是指:

(一)对排污指标进行回购的各级环境保护主管部门;

(二)需增加主要污染物排放量的新建、改建、扩建项目;

(三)为达到总量控制要求的现有排污单位。

第十条 排污权交易应在经省人民政府批准的交易机构组建的合法交易平台上进行。二氧化硫排污权交易应在省环境保护主管部门授权的交易平台上进行;在指定区域或流域范围内开展试点的排污权交易,当地有合法交易平台的,可以在当地平台上进行交易;当地没有合法交易平台的,在省委托的平台上进行交易。

第十一条 排污权交易机构负责建立排污权交易平台,为排污权交易提供场所、设施、信息等服务,在省环境保护主管部门的指导下建立登记结算系统并组织开展市场交易。

第十二条 排污权交易可以采取电子竞价、协商转让、定向出让以及法律法规规章规定的其他方式:

(一)电子竞价,是指有两个以上符合条件的意向受让方,在价格成为竞争唯一标准的情况下,通过交易机构电子竞价交易系统进行分轮连续报价,确定报价最高者为受让方的交易方式;

(二)协商转让,是指由买卖出让、受让双方协商确定价格予以转让的交易方式;

(三)定向出让,是指各级环境保护主管部门按规定程序定向出让储备排污权的行为。

(四)符合法律、法规、规章规定的其他方式。

第十三条 排污权交易价格由市场决定。试点期间,省价格主管部门可会同省财政、省环境保护主管部门制订政府交易指导价格。

第十四条 环境保护主管部门或其授权委托的管理机构应对排污权交易双方的主体资格和交易标的进行审核。

在全省范围内开展的二氧化硫等排污权交易,由省环境保护主管部门或其授权委托的管理机构审核。

第十五条 排污单位在完成减排任务的前提下,通过污染治理、结构调整及加强管理获得的富余排污指标,或因破产、关停、被取缔以及迁出本行政区域,其有偿取得的排污指标,可以通过排污权交易市场出让。

第十六条 新建、改建、扩建项目需新增污染物排放量的,必须满足环保规划、环境功能区划和区域总量控制等相关要求,按照环境影响评价文件批复的总量指标通过排污权交易取得排污指标,验收时排放量大于购买量的,其不足部分应在项目验收前追加购买。

第十七条 新建、改建、扩建项目需要增加大气主要污染物排污权的,应按照国家和省在该地区实施的总量减排要求中所确定的置换比例削减相应主要污染物,多出的部分纳入储备管理。

第十八条 现有排污单位在初始排污权分配后,应及时采取必要的措施确保满足总量控制要求。在采取最大减排措施后初始分配量仍可能不足的,应及时向核发排污许可证的环境保护主管部门申报并申请购买。

第十九条 排污权交易双方完成交易后,排污权交易机构应当及时向双方出具主要污染物排污权交易凭证。交易双方凭交易凭证及环保部门要求的相关材料到相应的环境保护主管部门申请排污许可证的核发或变更。

第二十条 排污单位的排污指标在符合污染物排放标准和环境质量要求的前提下可以跨区域流转,但是不得突破区域国民经济社会发展规划期的总量控制目标。未完成年度减排任务的地区,下一年度不得从其他区域购入排污指标。

珠江三角洲地区作为国家大气污染联防联控重点区域,该地区排污单位不得从区域外购买大气主要污染物排污指标。供水通道和水质超标河段的排污单位不得从其他流域购买水主要污染物排污指标。

第四章 排污权有偿使用收入的征收与管理

第二十一条 排污权有偿使用收入包括排污权有偿使用费收入和储备排污权出让收入。

排污权有偿使用费实行分级管理,由县级以上财政部门负责征收和管理,同级环境保护主管部门负责具体征收工作。

储备排污权出让收入按照"谁储备谁得益"的原则,缴入储备排污权的同级财政。

第二十二条 排污权有偿使用收入作为政府非税收入,严格按照地方非税收入收缴管理制度纳入财政预算,实行"收支两条线"管理。

第二十三条 排污权有偿使用收入统一管理,主要用于政府排污指标收购、环境污染治理、环保监管能力建设、排污权交易管理信息平台建设等。

第二十四条 排污权有偿使用及交易资金管理办法由省财政部门会同省环境保护主管部门制定。

第二十五条 排污权交易机构按省价格主管部门核定的收费标准收取排污权交易服务费,用于交易工作成本的支出。

第二十六条 现有排污单位通过二级市场交易获得的排污权收益,在扣除有关税费、交易费用后,为排污单位所有。

第五章 监督管理

第二十七条 建立广东省排污权交易管理信息系统。各级环境保护主管部门初始排污权核定、分配的信息和排污权交易机构的排污权供求、交易信息应实时汇集到排污权交易管理信息系统。

第二十八条 各级环境保护和财政主管部门对排污权有偿使用和交易工作实施统一监督管理。发改、物价、经信等部门按照《关于在我省开展排污权有偿使用和交易试点工作的实施意见》(粤环〔2013〕3号)的部门分工各负其责。

第二十九条 纳入排污权有偿使用和交易的排污单位应按照有关规定定期向核发排污许可证的环境保护主管部门报告污染物排放信息。

第三十条 通过初始分配或排污权交易取得主要污染物排污权的单位,不免除其承担的法定义务,包括污染物排放必须满足国家和地方有关法律法规规章和标准的要求,必须依法缴纳排污费等。

第三十一条 排污单位在排污权初始分配、排污权交易、实际排放量申报过程不得有虚报、瞒报、谎报相关数据和材料等弄虚作假行为。

第三十二条 各级环境保护、财政、审计、价格主管部门按照职能加强对排污权交易和排污权交易机构运作的监管,及时查处各种违法违规行为。各级环境保护管理部门加强对排污单位排污行为的执法监管,完善在线监控系统,依法查处超过排污指标排放污染物的行为,建立排污总量监管执法体系。

第三十三条 实行排污权有偿使用和交易信息公开制度,按照公平、公正、公开原则及时向社会公布排污权有偿使用和交易等有关信息,接受公众监督。

排污权交易机构应当在每年3月1日前向省环境保护、财政主管部门提交上一年度开展排污权交易情况的工作报告等相关资料。

环境保护主管部门于每年4月1日前对上一年度排污权有偿使用和交易情况进行公布,接受社会监督。

第三十四条 鼓励金融机构提供排污权相关融资、清算等绿色金融服务。

第三十五条 各级环境保护主管部门和交易机构工作人员在组织、实施排放权有偿使用和交易过程中滥用职权、玩忽职守、徇私舞弊的,依法追究行政责任;涉嫌犯罪的,移送司法机关依法追究刑事责任。

第三十六条 交易双方在交易过程中发生纠纷的,可以向环境保护主管部门申请调解;也可以根据约定申请仲裁或者向人民法院提起诉讼;也可以依法直接向人民法院提起诉讼。

第六章 附 则

第三十七条 本办法中的现有排污企业指本办法实施前已建成投产并通过环保验收的排污企业。

第三十八条 本办法由广东省环境保护、财政主管部门负责解释。

第三十九条 本办法自2014年4月13日起施行。法律法规规章对排污权有偿使用和交易有新规定的,从其规定。

深圳市碳排放权交易管理暂行办法

(2014年3月19日发布,2014年3月19日实施,深圳市人民政府令2014年第262号)

第一章 总 则

第一条 为建设环境资源友好型社会,加快经济发展方式转变,促进节能减排和绿色低碳发展,建立和规范碳排放权交易市场,实现温室气体排放控制目标,根据《深圳经济特区碳排放管理若干规定》,制定本办法。

第二条 本办法适用于本市行政区域内碳排放权交易及其监督管理活动。

本办法所称碳排放权交易,是指由市人民政府(以下简称市政府)设定碳排放单位的二氧化碳排放总量及其减排义务,碳排放单位通过市场机制履行义务的碳排放控制机制,包括碳排放量化、报告、核查,碳排放配额的分配和交易以及履约。

第三条 碳排放权交易坚持公开、公正和诚信原则,接受社会监督。

第四条 市发展和改革部门是本市碳排放权交易工作的主管部门(以下简称主管部门),主要履行下列职责:

(一)制定碳排放权交易相关规划、政策、管理制度并组织实施;

(二)负责提出碳排放权交易的总量设定以及配额分配方案;

(三)确定碳排放权交易的管控单位并监督其履约;

(四)监督碳排放权交易相关主体的碳排放权交易活动;

(五)建立并管理碳排放权注册登记簿和温室气体排放信息管理系统;

(六)统筹、指导、协调本市碳排放权交易工作。

第五条 市住房建设、交通运输等部门接受主管部门委托,负责本行业碳排放权交易的管理、监督检查与行政处罚。

市市场监督管理部门负责制定工业行业温室气体排放量化、报告、核查标准,组织对纳入配额管理的工业行业碳排放单位的碳排放量进行核查,并对工业行业碳核查机构和核查人员进行监督管理;市统计部门负责组织对纳入配额管理的工业行业碳排放单位的有关统计指标数据进行核算,并对统计指标数据核查机构进行监督管理。

各区政府和财政、金融、经贸信息、科技创新、税务、环境保护、规划国土、交通运输、水务等职能部门在各自职责范围内负责碳排放权交易相关管理工作。

供电、供气等单位应当积极配合有关部门做好碳排放权交易相关工作。

第六条 主管部门应当会同相关部门建立全市统一的温室气体排放信息管理系统，提高温室气体排放管理的信息化水平，及时掌握全市温室气体排放情况的动态。

主管部门应当会同相关部门建立碳排放权交易公共服务平台网站，及时披露和公开碳排放权交易相关管理信息。

第七条 主管部门应当探索建立统一、开放、公开、透明的区域碳排放权交易市场。

第八条 市政府应当对为本市碳排放权交易工作作出突出贡献的机构和个人进行表彰奖励。

第九条 主管部门及相关部门应当定期开展碳排放权交易的宣传和培训，鼓励、支持单位和个人参与碳排放权交易。

鼓励成立碳排放权交易行业协会。碳排放权交易行业协会应当加强行业自律，宣传和普及碳排放权交易相关知识，推动节能减排。

第二章 配额管理

第十条 本市碳排放权交易实行目标总量控制。全市碳排放权交易体系目标排放总量（以下简称目标排放总量）应当根据国家和广东省确定的约束性指标，结合本市经济社会发展趋势和碳减排潜力等因素科学、合理设定。

第十一条 符合下列条件之一的碳排放单位（以下简称管控单位），实行碳排放配额管理：

（一）任意一年的碳排放量达到三千吨二氧化碳当量以上的企业；

（二）大型公共建筑和建筑面积达到一万平方米以上的国家机关办公建筑的业主；

（三）自愿加入并经主管部门批准纳入碳排放控制管理的碳排放单位；

（四）市政府指定的其他碳排放单位。

市政府可以根据本市节能减排工作的需要和碳排放权交易市场的发展状况，调整管控单位范围。管控单位名单报市政府批准后应当在市政府和主管部门门户网站以及碳排放权交易公共服务平台网站公布。

第十二条 管控单位应当履行碳排放控制义务。管控单位为建筑物业主的，其碳排放控制义务可以委托建筑使用人、物业管理单位等代为履行。

第十三条 任意一年碳排放量达到一千吨以上但不足三千吨二氧化碳当量的企业，应当每年向主管部门报告二氧化碳排放情况，具体要求参照管控单位执行。

市政府可以根据工作需要逐步将前款规定的单位纳入配额管理。

第十四条 主管部门应当根据目标排放总量、产业发展政策、行业发展阶段和减排潜力、历史排放情况和减排效果等因素综合确定全市碳排放权交易体系的年度配额总量（以下简称年度配额总量）。

第十五条 配额的构成包括下列部分：

（一）预分配配额；

（二）调整分配的配额；

（三）新进入者储备配额；

（四）拍卖的配额；

（五）价格平抑储备配额。

第十六条 配额分配采取无偿分配和有偿分配两种方式进行。

无偿分配的配额包括预分配配额、新进入者储备配额和调整分配的配额。

有偿分配的配额可以采用拍卖或者固定价格的方式出售。

第十七条 管控单位为电力、燃气、供水企业的，其年度目标碳强度和预分配配额应当结合企业所处行业基准碳排放强度和期望产量等因素确定。

管控单位为前款规定以外其他企业的，其年度目标碳强度和预分配配额应当结合企业历史排放量、在其所处行业中的排放水平、未来减排承诺和行业内其他企业减排承诺等因素，采取同一行业内企业竞争性博弈方式确定。

建筑碳配额的无偿分配按照建筑功能、建筑面积以及建筑能耗限额标准或者碳排放限额标准予以确定。

预分配配额原则上每三年分配一次，每年第一季度签发当年度的预分配配额。配额预分配的方法和规则由主管部门制定，报市政府批准后实施,并且应当在主管部门门户网站以及碳排放权交易公共服务平台网站公布。配额预分配的结果由主管部门报市政府批准后下发。

第十八条 主管部门应当预留年度配额总量的百分之二作为新进入者储备配额。

新建固定资产投资项目,预计年碳排放量达到三千吨二氧化碳当量以上的,项目单位应当在投产前向主管部门报告项目碳排放评估情况。主管部门按照该单位所在行业的平均排放水平、产业政策导向和技术水平等因素在投产当年对其预分配配额,待投产年度的实际统计指标数据核准后由主管部门在下一年度重新对其预分配的配额进行调整。

第十九条 主管部门应当在每年5月20日前,根据管控单位上一年度的实际碳排放数据和统计指标数据,确定其上一年度的实际配额数量。

管控单位的实际配额数量按照下列公式计算:

(一)属于单一产品行业的,其实际配额等于本单位上一年度生产总量乘以上一年度目标碳强度;

(二)属于其他工业行业的,其实际配额等于本单位上一年度实际工业增加值乘以上一年度目标碳强度。

主管部门应当根据确定后的实际配额数量,对照管控单位上一年度预分配的配额数量,相应进行追加或者扣减,但追加配额的总数量不得超过当年度扣减的配额总数量。符合本办法第十八条规定情形的管控单位,其配额追加不受此限制,但追加的配额应当来源于新进入者储备配额。

配额调整的具体管理办法由主管部门另行制定,报市政府批准后实施。

第二十条 采取拍卖方式出售的配额数量不得低于年度配额总量的百分之三。市政府可以根据碳排放权交易市场的发展状况逐步提高配额拍卖的比例。

管控单位和碳排放权交易市场的投资者可以参加配额拍卖。

配额拍卖的具体管理办法由主管部门另行制定,报市政府批准后实施。

第二十一条 价格平抑储备配额包括主管部门预留的配额、新进入者储备配额和主管部门回购的配额,其中主管部门预留的配额为年度配额总量的百分之二。

价格平抑储备配额应当以固定价格出售,且只能由管控单位购买用于履约,不能用于市场交易。

价格平抑储备配额的具体管理办法由主管部门另行制定,报市政府批准后实施。

第二十二条 主管部门每年度可以按照预先设定的规模和条件从市场回购配额,以减少市场供给、稳定市场价格。

主管部门每年度回购的配额数量不得高于当年度有效配额数量的百分之十。

配额回购的具体管理办法由主管部门另行制定,报市政府批准后实施。

第二十三条 市政府设立碳交易市场稳定调节资金,专项用于开展市场价格调控、支持企业减排活动、市场服务机构培育、能力和平台建设、碳排放权交易管理等。

稳定调节资金主要来源于配额有偿分配的收入和社会捐赠以及市政府决定的其他资金。

稳定调节资金的具体管理办法由主管部门会同市财政部门另行制定,报市政府批准后实施。

第二十四条 管控单位与其他单位合并的,其配额及相应的权利义务由合并后存续的单位或者新设立的单位承担。

管控单位分立的,应当在分立时制定合理的配额和履约义务分割方案,并在作出分立决议之日起十五个工作日内报主管部门备案。未制定分割方案或者未按时报主管部门备案的,原管控单位的履约义务由分立后的单位共同承担。

第二十五条 管控单位迁出本市行政区域或者出现解散、破产等情形时,应当在办理迁移、解散或者破产手续之前完成碳排放量化、报告与核查,并提交与未完成的履约义务相等的配额。管控单位提交的配额数量少于未完成的履约义务的应当补足;预分配配额超出完成的履约义务部分的百分之五十由主管部门予以收回,剩余配额由管控单位自行处理。

第二十六条 管控单位获得的配额,可以依照本办法进行转让、质押,或者以其他合法方式取得收益。

第二十七条 碳排放权交易的履约期为每个自然年。上一年度的配额可以结转至后续年度使用。后续年度签发的配额不能用于履行前一年度的配额履约义务。

本市碳排放权交易的期限根据国家和广东省有关碳排放权交易试点的工作要求确定。

第三章 量化、报告、核查与履约

第二十八条 管控单位应当根据本办法的规定提交年度碳排放报告;管控单位属于工业企业的,还应当提交统计指标数据报告。

年度碳排放报告应当由管控单位依据温室气体排放量化、报告标准进行编制,并于每年3月31日前通过本市温室气体排放信息管理系统提交给主管部门。统计指标数据报告应当依据市统计部门的规范要求进行统计、编制,并于每年3月31日前提交给市统计部门。

管控单位统计指标数据的统计口径应当与碳排放量化、报告、核查的口径保持一致。

管控单位应当在每季度结束后十个工作日内,通过本市温室气体排放信息管理系统提交上一季度的碳排放报告。

第二十九条 管控单位在提交年度碳排放报告后,应当委托碳核查机构对碳排放报告进行核查,并于每年4月30日前向主管部门提交经核查的碳排放报告。

管控单位应当于每年5月10日前将经市统计部门核定后的统计指标数据提交给主管部门。

市统计部门可以委托统计指标数据核查机构对管控单位提交的统计指标数据报告进行核查。

第三十条 管控单位应当对其碳排放和统计指标数据报告的真实性、准确性和规范性负责,不得提供虚假数据或者与核查机构互相串通提供虚假数据。管控单位不得连续三年委托同一家碳核查机构或者相同的碳核查人员进行核查。

第三十一条 工业行业碳核查机构在本市开展碳核查业务,应当具备下列条件:

(一)在本市注册两年以上,具有独立法人资格的企事业单位、社会团体或者依法设立的分支机构;

(二)在本市拥有固定的办公场所和必要设施;

(三)具有十名以上经市市场监督管理部门备案的专职核查人员,其中至少有两名从事碳核查业务三年以上;

(四)具有符合核查工作要求的组织机构及内部管理制度;

(五)具有组织温室气体量化、核查等相关工作经验,且没有碳核查从业违法违规行为记录;

(六)具备一定的经济偿付能力,并设立了应对风险的基金或者购买相应的风险责任保险。

工业行业碳核查人员在本市开展碳核查业务,应当具备下列条件:

(一)属于核查机构的专职工作人员;

(二)具有本科以上学历、四年以上工作经历或者理工类大专学历、八年以上工作经历;

(三)个人信用良好,没有违法违规的从业记录;

(四)通过市市场监督管理部门组织的专业考核。

工业行业碳核查机构及碳核查人员应当向市市场监督管理部门备案。市市场监督管理部门应当在市政府和本单位门户网站以及碳排放权交易公共服务平台网站公布经备案的碳核查机构名录。

工业行业碳核查机构和碳核查人员的管理办法由市市场监督管理部门会同主管部门另行制定。

第三十二条 碳核查机构和统计指标数据核查机构应当履行下列义务:

(一)按照相关部门制定的核查规范要求,通过书面核查和实地核查等方式,独立、客观、公正地开展核查工作,并对其出具的碳排放或者统计指标数据核查报告的规范性、真实性和准确性负责;

（二）根据核查情况按时出具碳排放或者统计指标数据核查报告；

（三）核查机构及其核查人员与管控单位有利害关系的，应当回避；

（四）履行保密义务，不得非法披露碳排放数据、统计指标数据以及核查过程中获得的管控单位的相关信息。

第三十三条 管控单位对碳核查结果有异议的，可以向主管部门申请复核。主管部门应当在受理复核申请之日起十个工作日内作出复核决定。管控单位对主管部门的复核决定有异议的，可以依法申请行政复议或者提起行政诉讼。

主管部门可以将复核工作委托专门机构实施。

第三十四条 主管部门应当随机抽取一定比例的管控单位，对管控单位的碳排放报告及其委托的碳核查机构的核查报告进行抽样检查。抽查比例原则上不得少于管控单位总数量的百分之十。

主管部门应当根据管控单位碳排放报告风险等级评估结果，对风险等级高的管控单位的碳排放报告及其委托的碳核查机构的核查报告进行重点检查。

主管部门可以将检查工作委托专门机构实施。

第三十五条 管控单位对主管部门的抽样检查或者重点检查结果有异议的，可以依法申请行政复议或者提起行政诉讼。

第三十六条 管控单位应当于每年6月30日前向主管部门提交配额或者核证自愿减排量。管控单位提交的配额数量及其可使用的核证自愿减排量之和与其上一年度实际碳排放量相等的，视为完成履约义务。

管控单位出现本办法第二十五条规定情形的，应当在完成碳排放量化、报告和核查后三十个工作日内完成履约义务。

第三十七条 管控单位可以使用核证自愿减排量抵消年度碳排放量。一份核证自愿减排量等同于一份配额。最高抵消比例不高于管控单位年度碳排放量的百分之十。

管控单位在本市碳排放量核查边界范围内产生的核证自愿减排量不得用于本市配额履约义务。

碳排放抵消的具体管理办法由主管部门另行制定，报市政府批准后实施。

第三十八条 主管部门应当于每年7月31日前，在其门户网站和碳排放权交易公共服务平台网站，公布管控单位履约名单及履约状态。

第四章　碳排放权登记

第三十九条 主管部门应当建立碳排放权注册登记簿（以下简称登记簿）。登记簿是确定配额权利归属和内容的依据。登记簿应当载明下列内容：

（一）配额持有人的姓名或者名称；

（二）配额的权属性质、签发时间和有效期限、权利以及内容变化情况；

（三）与配额以及持有人有关的其他信息。

主管部门可以委托专门机构负责登记簿的日常管理。

注册登记簿管理规则由主管部门另行制定，报市政府批准后实施。

第四十条 持有碳排放配额的管控单位、其他组织和个人应当在登记簿进行注册登记。

管控单位和其他组织办理注册登记时，应当向主管部门提供下列资料：

（一）法人登记证书；

（二）税务登记证书；

（三）法定代表人身份证明；

（四）首席账户代表和一般账户代表的身份证明和联系方式。

法定代表人授权或者委托他人办理的，应当同时提供授权委托书以及办理人的身份证明和联系方式。

第四十一条 个人办理注册登记时，应当向主管部门提供下列资料：

（一）申请人的身份证明；

（二）账户代表身份证明和联系方式。

委托他人办理的，应当同时提供授权委托书以及办理人的身份证明和联系方式。

第四十二条 主管部门应当通过登记簿签发配额。配额一经有效签发即视为完成配额初始登记。

主管部门应当通过登记簿为核证自愿减

排量进行初始登记。核证自愿减排量自进入减排项目业主在登记簿开立的注册账户时即视为完成初始登记。

第四十三条 经初始登记的配额或者核证自愿减排量,有下列情形之一的,应当办理转移登记:

(一)买卖;

(二)赠与;

(三)继承;

(四)公司合并、分立导致的转移;

(五)人民法院、仲裁机构判决或者裁定的强制性转移;

(六)依照法律、法规规定作出的其他强制性转移。

第四十四条 因买卖的原因需要办理转移登记的,交易双方应当通过交易机构的交易系统向登记簿提交申请,由登记簿自动完成转移登记。

因买卖以外其他的原因需要办理转移登记的,相关权利人应当向主管部门申请办理非交易转移登记,并提交下列资料:

(一)转移登记申请书;

(二)申请人身份证明;

(三)配额或者核证自愿减排量发生转移的证明材料。

第四十五条 以配额或者核证自愿减排量设定质押的,出质人与质权人应当办理质押登记,并向主管部门提交下列资料:

(一)质押登记申请书;

(二)申请人的身份证明;

(三)质押合同;

(四)主债权合同;

(五)质押监管见证书。

第四十六条 办理非交易转移登记或者质押登记,申请人提交的申请材料齐全、符合本办法规定形式的,主管部门应当当场作出书面的审查决定,并在三个工作日内完成登记工作。

第四十七条 管控单位分立的,应当在完成商事登记之日起十个工作日内申请配额的转移登记;未按规定申请配额转移登记的,原管控单位的履约义务由分立后的单位共同承担。

管控单位合并的,应当在完成商事登记之日起十个工作日内申请配额的转移登记。

第四十八条 有下列情形之一的配额,主管部门应当在登记簿及时进行注销:

(一)当年度配额拍卖中流拍的配额;

(二)每个配额预分配期结束时价格平抑储备配额中未出售的配额;

(三)根据本办法第二十五条规定由主管部门收回的配额;

(四)管控单位用于履约的配额;

(五)有效期届满的配额;

(六)市场参与主体自愿注销的配额;

(七)其他依法应当注销的情形。

核证自愿减排量有下列情形之一的,主管部门应当在登记簿进行扣减,并报国家注册登记簿进行注销:

(一)管控单位将其用于履约;

(二)市场参与主体自愿将其注销;

(三)其他依法应当予以注销的情形。

第四十九条 主管部门应当在办理配额或者核证自愿减排量质押登记之日起三个工作日内进行质押公告。质押公告包括下列内容:

(一)质押当事人;

(二)质押的配额或者核证自愿减排量数量;

(三)质押的配额或者核证自愿减排量的序列号;

(四)质押的时间期限。

第五十条 主管部门应当在登记簿注销配额或者扣减核证自愿减排量之日起三个工作日内,在指定交易机构的网站发布公告。公告包括下列内容:

(一)注销配额或者扣减排核证自愿减排量的原因;

(二)被注销配额或被扣减排核证自愿减排量的总量;

(三)被注销配额或被扣减排核证自愿减排量的序列号。

第五章 碳排放权交易

第五十一条 管控单位以及符合本市碳排放权交易规则规定的其他组织和个人,可以参与碳排放权交易活动。

第五十二条 深圳排放权交易所(以下简称交易

所)是本市碳排放权交易活动的指定交易机构。交易所主要履行下列职责：

（一）为碳排放权交易提供交易场所、设施和服务；

（二）制定交易规则；

（三）实时披露、更新交易活动信息；

（四）设置市场监管与风险控制内部机构，监控交易系统的交易行为，预防交易风险和违规行为；

（五）配合主管部门和相关机构查处、纠正违规交易行为；

（六）主管部门规定的其他职责。

管控单位和投资机构从事碳排放权交易业务的工作人员应当取得交易所核发的交易员资格证书。

第五十三条 交易所应当结合本市市场特点，制定交易规则、结算细则等规章制度。交易规则应当报主管部门和相关机构备案。

第五十四条 交易所开展的碳排放权交易品种包括碳排放配额、核证自愿减排量和相关主管部门批准的其他碳排放权交易品种。

鼓励创新碳排放权交易品种。

第五十五条 市场交易主体应当遵循公平、自愿、诚实、守信的原则从事交易活动，不得有下列行为：

（一）交易已经注销的配额或者核证自愿减排量；

（二）交易非法取得的配额或者核证自愿减排量；

（三）超过自身配额、核证自愿减排量持有数量或者资金支付能力从事交易；

（四）主管部门或者交易所禁止的其他交易行为。

第五十六条 交易应当依法采用现货交易、电子拍卖、定价点选、大宗交易、协议转让等方式进行。

第五十七条 交易所应当建立信息公开制度。每个交易日公布当日成交量、成交金额等交易信息。

第五十八条 交易所统一组织交易清算和交收。交易资金实行第三方存管，存管银行应当按照交易所制定的交易规则和其他有关规定进行交易资金的管理与拨付。交易系统与登记薄应当实现信息互联，及时完成交易品种的清算和交收。

第五十九条 交易所应当建立大额交易监管、风险警示、涨跌幅限制等必要的风险控制制度，维护市场稳定，防范市场风险。

当发生重大交易异常情况时，交易所可以采取冻结交易账户、暂停交易等紧急措施，并及时向相关主管部门报告。

第六十条 交易所应当制定会员管理规则，对会员的交易行为进行严格监督，并可依管理规则对会员的违规行为进行处理。

第六十一条 交易活动应当按照规定缴纳交易手续费等相关费用。交易手续费标准由交易所制定，报本市价格主管部门核定后执行。

第六章 监督管理

第六十二条 主管部门和其他相关部门履行监管职责时可以采取下列措施：

（一）对管控单位、市场交易主体、碳核查机构、交易所进行现场检查并调查取证；

（二）询问当事人和与被调查事件有关的单位和个人；

（三）查阅、复制当事人和与被调查事件有关的单位和个人的注册登记记录、交易记录、财务会计资料以及其他相关文件和资料；

（四）查询当事人和与被调查事件有关的单位和个人的注册账户、交易账户和资金账户；

（五）冻结当事人和与被调查事件有关的单位和个人的注册账户和交易账户；

（六）法律、法规规定的其他监管措施。

第六十三条 主管部门、市市场监督管理和统计等部门应当加强对碳核查机构和统计指标数据核查机构的监督管理，将核查机构纳入本市企业信用体系进行管理，及时向企业信用信息管理机构提供核查机构的相关信用信息，并在碳排放权交易公共服务平台网站予以披露。

碳核查机构和统计指标数据核查机构与管控单位相互串通、虚构或者捏造数据，出具虚假报告或者报告严重失实，泄露企业信息，与管控单位有其他利害关系，违反公平竞争原则的，除依照本办法进行处罚外，由市市场监督管理和统计部门按照职责分工,将其从本市核查机构名录中除名。

第六十四条 主管部门支持管控单位优先申报国家、广东省和本市节能减排资助项目,支持管控单位在同等条件下优先申请金融机构的绿色信贷和其他融资服务,支持金融机构开展以增强管控单位减排能力及碳交易市场功能为目的的金融创新。

第六十五条 管控单位拒绝提交碳排放报告或者不足额履行配额履约义务的,除依照本办法进行处罚外,主管部门和相关职能部门还应当采取下列措施:

(一)主管部门将管控单位的信用信息提供给企业信用信息管理机构,并通过碳排放权交易公共服务平台网站、政府网站或者新闻媒体向社会公布;

(二)相关职能部门取消管控单位正在享受的所有财政资金资助,五年内不得批准管控单位取得本市任何财政资助;

(三)管控单位为市、区国有企业的,主管部门将管控单位的违规行为通报市、区国资监管机构。相关国资监管机构应当将碳排放控制责任纳入国有企业绩效考核评价体系。

第六十六条 管控单位持有的配额少于主管部门应当扣减的配额数量的,应当在每年5月30日前补足;逾期未补足的,未扣减部分视同超额排放量,由主管部门按照本办法第七十五条的规定处理。

第六十七条 管控单位未在本办法规定期限内提交年度碳排放报告且经催告仍未提交,或者虚构、捏造碳排放数据的,根据管控单位的能源消耗数据、统计指标数据的变化、同行业同类型企业的碳排放量等因素,从严确定其年度碳排放量。

管控单位未在本办法规定期限内提交统计指标数据报告且经催告仍未提交的,其统计指标数据认定为零。

第六十八条 任何单位和个人对管控单位的碳排放量化、报告,核查机构的核查活动以及市场参与主体交易过程中的违法违规行为,有权向主管部门或者其他部门举报。受理举报的部门应当及时调查处理并将处理结果反馈举报人,同时为举报人保密。

第六十九条 行政机关及其工作人员在碳排放权交易管理中不得泄漏国家秘密、工作秘密或者因履行职责掌握的商业秘密、个人隐私。

第七章 法律责任

第七十条 管控单位违反本办法第三十条的规定,虚构、捏造碳排放或者统计指标数据的,由主管部门责令限期改正,并处与实际碳排放量的差额乘以违法行为发生当月之前连续六个月碳排放权交易市场配额平均价格三倍的罚款。

第七十一条 管控单位和核查机构违反本办法第三十条的规定,相互串通虚构或者捏造数据的,由主管部门责令限期改正,并分别对管控单位和核查机构处与实际碳排放量的差额乘以违法行为发生当月之前连续六个月碳排放权交易市场配额平均价格三倍的罚款。

第七十二条 核查机构违反本办法第三十二条第一项的规定,出具虚假报告或者报告严重失实的,由主管部门责令限期改正,并处与实际碳排放量的差额乘以违法行为发生当月之前连续六个月碳排放权交易市场配额平均价格三倍的罚款。给管控单位造成损失的,依法承担赔偿责任。

第七十三条 核查机构违反本办法第三十二条第三项的规定,与控排单位有其他利害关系,违反公平竞争原则的,由主管部门责令限期改正,并处五万元罚款;情节严重的,处十万元罚款。

第七十四条 碳核查机构或者统计指标数据核查机构违反本办法第三十二条第四项的规定,泄露管控单位信息或者数据的,由主管部门或者市统计部门责令限期改正,并处五万元罚款;情节严重的,处十万元罚款。给管控单位造成损失的,应当依法承担赔偿责任。

第七十五条 管控单位违反本办法第三十六条第一款的规定,未在规定时间内提交足额配额或者核证自愿减排量履约的,由主管部门责令限期补交与超额排放量相等的配额;逾期未补交的,由主管部门从其登记账户中强制扣除,不足部分由主管部门从其下一年度配额中直接扣除,并处超额排放量乘以履约当月之前连续六个月碳排放权交易市场配额平均价格三倍的罚款。

管控单位违反本办法第三十六条第二款的规定，未在迁出、解散或者破产清算之前完成履约义务的，由主管部门责令限期补交与超额排放量相等的配额；逾期未补交的，由主管部门从其登记账户中强制扣除，不足部分由管控单位继续补足，并处超额排放量乘以履约当月之前连续六个月碳排放权交易市场配额平均价格三倍的罚款。

第七十六条 市场交易主体违反本办法第五十五条的规定，违法从事交易活动的，由主管部门责令停止违法行为，返还不当得利，并处五万元以下罚款；情节严重的，处十万元以下罚款。给其他交易方造成损失的，应当依法承担赔偿责任。

第七十七条 交易所违反本办法第五十九条的规定，在监管工作中不履行职责，或者不履行本办法规定的报告义务，由主管部门责令限期改正，并处五万元罚款；情节严重的，处十万元罚款。

交易所违反本办法第六十一条的规定，未按照规定的收费标准进行收费的，由主管部门责令限期改正，退回不符合标准的费用，处五万元罚款。

第七十八条 市场交易主体、核查机构违反本办法的规定，阻挠、妨碍主管部门监督检查的，由主管部门处五万元以下罚款；情节严重的，处十万元以下罚款；涉嫌犯罪的，依法移送司法机关处理。

第七十九条 主管部门、相关职能部门及其工作人员不依照本办法规定履行职责，在碳排放权交易管理中玩忽职守、滥用职权、徇私舞弊的，对负有责任的领导人员和直接责任人员依法给予处分；给他人造成经济损失的，依法承担赔偿责任；涉嫌犯罪的，依法移送司法机关处理。

第八章 附 则

第八十条 交易所开展的碳排放权以外的交易品种不适用本办法的规定。

第八十一条 本办法所称的各区政府含新区管理机构。

第八十二条 本办法下列用语的含义：

（一）碳排放，是指二氧化碳气体的排放，包括燃烧化石燃料或者生产过程中所产生的直接二氧化碳排放，以及因使用外购电力、热、冷或者蒸汽所产生的间接二氧化碳排放；

（二）碳排放单位，是指因为生产、经营、生活等活动，直接或者间接向大气中排放二氧化碳的企业、建筑或者其他排放源；

（三）大型公共建筑，是指根据住房与城乡建设部制定、国家统计局审批的《民用建筑能耗和节能信息统计报表制度》的规定，单体建筑面积大于两万平方米、供公众开展各种公共活动的建筑，包括办公建筑、商业建筑、旅游建筑、科教文卫建筑、通信建筑，以及交通客运用房、展览中心等；

（四）国家机关办公建筑物，是指根据住房与城乡建设部制定、国家统计局审批的《民用建筑能耗和节能信息统计报表制度》的规定，由政府财政资金建设、国家机关事务管理机构管理的办公建筑；

（五）预分配配额，是指由主管部门在每个配额分配期，根据配额预分配原则和方法确定，并且无偿分配给管控单位的配额；

（六）碳排放强度，是指管控单位年度碳排放量与其生产活动产出的比值；

（七）目标碳强度，是指由市政府根据国家和广东省分配给深圳市的碳强度目标，结合本市不同行业的发展状况、历史碳强度水平等因素确定的，要求管控单位应当实现的碳强度目标；

（八）生产活动产出，是指管控单位生产经营活动的量化结果，根据管控单位所属行业的不同，包括发电量、供水量或者工业增加值等统计指标数据；

（九）履约期，是指管控单位必须提交等额配额以抵消其实际产生的碳排放量的时间期间；我市碳排放权交易的履约期为一个自然年；

（十）结转，是指管控单位将本年度未使用的配额或者核证自愿减排量留存至后续年份使用的行为；

（十一）签发，是指主管部门将配额在本市

注册登记簿系统中生成并分配至管控单位账户的行为；

（十二）履约，是指管控单位在规定的截止日期前向主管部门提交等同于其上一年度实际碳排放量的配额或者可使用的核证自愿减排量以抵消其上一年度碳排放的行为；

（十三）排放总量，是指所有管控单位在某个固定时期内允许排放二氧化碳的最大数量，等于主管部门在该固定时期内分配的配额总量和允许使用的核证自愿减排量之和；

（十四）配额总量，是指可以由主管部门分配给所有管控单位，允许管控单位排放二氧化碳的最大配额数量；

（十五）新进入者，是指新成立的、符合管控单位条件的新设单位，以及新增符合本办法第十八条规定条件的固定资产投资项目的既有单位；

（十六）年度有效配额数量，是指当年度预分配配额数量和以前年度结转的配额数量之和；

（十七）市场交易主体，是指在本市碳排放权交易市场从事碳排放权交易的管控单位、其他组织和个人；

（十八）核证自愿减排量，是指由符合国家发展和改革委员会规定条件的自愿减排项目产生的、并由国家发展和改革委员会根据《温室气体自愿减排交易管理暂行办法》备案签发的温室气体减排量；

（十九）首席账户代表，是指根据账户持有者的授权，对其账户中的重大操作予以确认的账户代表；非经首席账户代表确认，重大操作无法在注册登记簿中完成，但首席账户代表无法发起重大操作；

（二十）一般账户代表，是指根据账户持有者的授权，对其账户进行日常操作和管理，并发起重大操作的账户代表；

（二十一）现货交易，是指交易参与主体在交易所采用限价委托申报的方式进行交易申报，并由交易系统匹配成交的交易方式；

（二十二）涨跌幅限制，是指交易所为控制配额市场价格波动程度而设置的价格波动幅度限制，可以由交易所根据市场实际情况进行调整；

（二十三）超额排放量，是指管控单位年度实际碳排放量超过其履约提交的配额和可以接受的核证自愿减排量之和的部分；

（二十四）履约当月之前连续六个月，是指管控单位履约截止日期之前的连续六个月；

（二十五）连续六个月碳排放权交易市场配额平均价格，是指由交易所公布的、履约当月之前连续六个月的配额平均价格，为连续六个月配额市场价格的加权平均数。

第八十三条 建筑、交通领域的碳交易管理参照本办法执行，具体实施办法由主管部门会同相关部门另行制定。

第八十四条 本办法所称的“以上”、“以下”、“高于”、“以后”，“之前”，包括本数；所称的“不足”、“小于”，不包括本数。

第八十五条 本办法规定由主管部门以及相关部门出台配套实施办法或者规则的，应当自本办法施行之日起三个月内制定并发布实施。

第八十六条 本办法自2014年3月19日起施行。

第四章 环保行政案件适用法律

一、基本法律法规

党政领导干部生态环境损害责任追究办法(试行)

(中共中央办公厅、国务院办公厅2015年8月印发,2015年8月9日实施)

第一条 为贯彻落实党的十八大和十八届三中、四中全会精神,加快推进生态文明建设,健全生态文明制度体系,强化党政领导干部生态环境和资源保护职责,根据有关党内法规和国家法律法规,制定本办法。

第二条 本办法适用于县级以上地方各级党委和政府及其有关工作部门的领导成员,中央和国家机关有关工作部门领导成员;上列工作部门的有关机构领导人员。

第三条 地方各级党委和政府对本地区生态环境和资源保护负总责,党委和政府主要领导成员承担主要责任,其他有关领导成员在职责范围内承担相应责任。

中央和国家机关有关工作部门、地方各级党委和政府的有关工作部门及其有关机构领导人员按照职责分别承担相应责任。

第四条 党政领导干部生态环境损害责任追究,坚持依法依规、客观公正、科学认定、权责一致、终身追究的原则。

第五条 有下列情形之一的,应当追究相关地方党委和政府主要领导成员的责任:

(一)贯彻落实中央关于生态文明建设的决策部署不力,致使本地区生态环境和资源问题突出或者任期内生态环境状况明显恶化的;

(二)作出的决策与生态环境和资源方面政策、法律法规相违背的;

(三)违反主体功能区定位或者突破资源环境生态红线、城镇开发边界,不顾资源环境承载能力盲目决策造成严重后果的;

(四)作出的决策严重违反城乡、土地利用、生态环境保护等规划的;

(五)地区和部门之间在生态环境和资源保护协作方面推诿扯皮,主要领导成员不担当、不作为,造成严重后果的;

(六)本地区发生主要领导成员职责范围内的严重环境污染和生态破坏事件,或者对严重环境污染和生态破坏(灾害)事件处置不力的;

(七)对公益诉讼裁决和资源环境保护督察整改要求执行不力的;

(八)其他应当追究责任的情形。

有上述情形的,在追究相关地方党委和政府主要领导成员责任的同时,对其他有关领导成员及相关部门领导成员依据职责分工和履职情况追究相应责任。

第六条 有下列情形之一的,应当追究相关地方党委和政府有关领导成员的责任:

(一)指使、授意或者放任分管部门对不符合主体功能区定位或者生态环境和资源方面政策、法律法规的建设项目审批(核准)、建设或者投产(使用)的;

(二)对分管部门违反生态环境和资源方面政策、法律法规行为监管失察、制止不力甚至包庇纵容的;

(三)未正确履行职责,导致应当依法由政府责令停业、关闭的严重污染环境的企业事业单位或者其他生产经营者未停业、关闭的;

(四)对严重环境污染和生态破坏事件组织查处不力的;

(五)其他应当追究责任的情形。

第七条 有下列情形之一的,应当追究政府有关工作部门领导成员的责任:

(一)制定的规定或者采取的措施与生态环境和资源方面政策、法律法规相违背的;

（二）批准开发利用规划或者进行项目审批（核准）违反生态环境和资源方面政策、法律法规的；

（三）执行生态环境和资源方面政策、法律法规不力，不按规定对执行情况进行监督检查，或者在监督检查中敷衍塞责的；

（四）对发现或者群众举报的严重破坏生态环境和资源的问题，不按规定查处的；

（五）不按规定报告、通报或者公开环境污染和生态破坏（灾害）事件信息的；

（六）对应当移送有关机关处理的生态环境和资源方面的违纪违法案件线索不按规定移送的；

（七）其他应当追究责任的情形。

有上述情形的，在追究政府有关工作部门领导成员责任的同时，对负有责任的有关机构领导人员追究相应责任。

第八条 党政领导干部利用职务影响，有下列情形之一的，应当追究其责任：

（一）限制、干扰、阻碍生态环境和资源监管执法工作的；

（二）干预司法活动，插手生态环境和资源方面具体司法案件处理的；

（三）干预、插手建设项目，致使不符合生态环境和资源方面政策、法律法规的建设项目得以审批（核准）、建设或者投产（使用）的；

（四）指使篡改、伪造生态环境和资源方面调查和监测数据的；

（五）其他应当追究责任的情形。

第九条 党委及其组织部门在地方党政领导班子成员选拔任用工作中，应当按规定将资源消耗、环境保护、生态效益等情况作为考核评价的重要内容，对在生态环境和资源方面造成严重破坏负有责任的干部不得提拔使用或者转任重要职务。

第十条 党政领导干部生态环境损害责任追究形式有：诫勉、责令公开道歉；组织处理，包括调离岗位、引咎辞职、责令辞职、免职、降职等；党纪政纪处分。

组织处理和党纪政纪处分可以单独使用，也可以同时使用。

追责对象涉嫌犯罪的，应当及时移送司法机关依法处理。

第十一条 各级政府负有生态环境和资源保护监管职责的工作部门发现有本办法规定的追责情形的，必须按照职责依法对生态环境和资源损害问题进行调查，在根据调查结果依法作出行政处罚决定或者其他处理决定的同时，对相关党政领导干部应负责任和处理提出建议，按照干部管理权限将有关材料及时移送纪检监察机关或者组织（人事）部门。需要追究党纪政纪责任的，由纪检监察机关按照有关规定办理；需要给予诫勉、责令公开道歉和组织处理的，由组织（人事）部门按照有关规定办理。

负有生态环境和资源保护监管职责的工作部门、纪检监察机关、组织（人事）部门应当建立健全生态环境和资源损害责任追究的沟通协作机制。

司法机关在生态环境和资源损害等案件处理过程中发现有本办法规定的追责情形的，应当向有关纪检监察机关或者组织（人事）部门提出处理建议。

负责作出责任追究决定的机关和部门，一般应当将责任追究决定向社会公开。

第十二条 实行生态环境损害责任终身追究制。对违背科学发展要求、造成生态环境和资源严重破坏的，责任人不论是否已调离、提拔或者退休，都必须严格追责。

第十三条 政府负有生态环境和资源保护监管职责的工作部门、纪检监察机关、组织（人事）部门对发现本办法规定的追责情形应当调查而未调查，应当移送而未移送，应当追责而未追责的，追究有关责任人员的责任。

第十四条 受到责任追究的人员对责任追究决定不服的，可以向作出责任追究决定的机关和部门提出书面申诉。作出责任追究决定的机关和部门应当依据有关规定受理并作出处理。

申诉期间，不停止责任追究决定的执行。

第十五条 受到责任追究的党政领导干部，取消当年年度考核评优和评选各类先进的资格。

受到调离岗位处理的，至少一年内不得提拔；单独受到引咎辞职、责令辞职和免职处理的，至少一年内不得安排职务，至少两年内不得担任高于原任职务层次的职务；受到降职处理的，至少两年内不得提升职务。同时受到党纪政纪处分和组织处理的，按照影响期长的规定执行。

第十六条 乡（镇、街道）党政领导成员的生态环境损害责任追究，参照本办法有关规定执行。

第十七条 各省、自治区、直辖市党委和政府可以依据本办法制定实施细则。国务院负有生态环境和资源保护监管，职责的部门应当制定落实本办法的具体制度和措施。

第十八条 本办法由中央组织部、监察部负责解释。

第十九条 本办法自2015年8月9日起施行。

中华人民共和国行政诉讼法（节选）

（1989年4月4日第七届全国人民代表大会第二次会议通过，自1990年10月1日起施行，根据2014年11月1日第十二届全国人民代表大会常务委员会第十一次会议《全国人民代表大会常务委员会关于修改〈中华人民共和国行政诉讼法〉的决定》修订，自2015年5月1日起施行）

第二条 公民、法人或者其他组织认为行政机关和行政机关工作人员的行政行为侵犯其合法权益，有权依照本法向人民法院提起诉讼。

前款所称行政行为，包括法律、法规、规章授权的组织作出的行政行为。

第三条 人民法院应当保障公民、法人和其他组织的起诉权利，对应当受理的行政案件依法受理。

行政机关及其工作人员不得干预、阻碍人民法院受理行政案件。

被诉行政机关负责人应当出庭应诉。不能出庭的，应当委托行政机关相应的工作人员出庭。

第八条 当事人在行政诉讼中的法律地位平等。

第十二条 人民法院受理公民、法人或者其他组织提起的下列诉讼：

（一）对行政拘留、暂扣或者吊销许可证和执照、责令停产停业、没收违法所得、没收非法财物、罚款、警告等行政处罚不服的；

（二）对限制人身自由或者对财产的查封、扣押、冻结等行政强制措施和行政强制执行不服的；

（三）申请行政许可，行政机关拒绝或者在法定期限内不予答复，或者对行政机关作出的有关行政许可的其他决定不服的；

（四）对行政机关作出的关于确认土地、矿藏、水流、森林、山岭、草原、荒地、滩涂、海域等自然资源的所有权或者使用权的决定不服的；

（五）对征收、征用决定及其补偿决定不服的；

（六）申请行政机关履行保护人身权、财产权等合法权益的法定职责，行政机关拒绝履行或者不予答复的；

（七）认为行政机关侵犯其经营自主权或者农村土地承包经营权、农村土地经营权的；

（八）认为行政机关滥用行政权力排除或者限制竞争的；

（九）认为行政机关违法集资、摊派费用或者违法要求履行其他义务的；

（十）认为行政机关没有依法支付抚恤金、最低生活保障待遇或者社会保险待遇的；

（十一）认为行政机关不依法履行、未按照约定履行或者违法变更、解除政府特许经营协议、土地房屋征收补偿协议等协议的；

（十二）认为行政机关侵犯其他人身权、财产权等合法权益的。

除前款规定外，人民法院受理法律、法规规定可以提起诉讼的其他行政案件。

第二十六条 公民、法人或者其他组织直接向人民法院提起诉讼的，作出具体行政行为的行政机关是被告。

经复议的案件，复议机关决定维持原行政行为的，作出原行政行为的行政机关和复议机关是共同被告；复议机关改变原行政行为的，复议机关是被告。

复议机关在法定期限内未作出复议决定，公民、法人或者其他组织起诉原行政行为的，作出原行政行为的行政机关是被告;起诉复议机关不作为的,复议机关是被告。

两个以上行政机关作出同一具体行政行为的,共同作出具体行政行为的行政机关是共同被告。

行政机关委托的组织所作的行政行为,委托的行政机关是被告。

行政机关被撤销或者职权变更的,继续行使其职权的行政机关是被告。

第三十七条 原告可以提供证明行政行为违法的证据。原告提供的证据不成立的,不免除被告的举证责任。

第五十三条 公民、法人或者其他组织认为行政行为所依据的国务院部门和地方人民政府及其部门制定的规范性文件不合法,在对行政行为提起诉讼时,可以一并请求对该规范性文件进行审查。

前款规定的规范性文件不含规章。

第六十一条 在涉及行政许可、登记、征收、征用和行政机关对民事争议所作的裁决的行政诉讼中,当事人申请一并解决相关民事争议的,人民法院可以一并审理。

在行政诉讼中,人民法院认为行政案件的审理需以民事诉讼的裁判为依据的,可以裁定中止行政诉讼。

第六十六条 人民法院在审理行政案件中,认为行政机关的主管人员、直接责任人员违法违纪的,应当将有关材料移送监察机关、该行政机关或者其上一级行政机关;认为有犯罪行为的,应当将有关材料移送公安、检察机关。

人民法院对被告经传票传唤无正当理由拒不到庭,或者未经法庭许可中途退庭的,可以将被告拒不到庭或者中途退庭的情况予以公告,并可以向监察机关或者被告的上一级行政机关提出依法给予其主要负责人或者直接责任人员处分的司法建议。

第七十九条 复议机关与作出原行政行为的行政机关为共同被告的案件,人民法院应当对复议决定和原行政行为一并作出裁判。

第九十六条 行政机关拒绝履行判决、裁定、调解书的,第一审人民法院可以采取下列措施:

(一)对应当归还的罚款或者应当给付的款额,通知银行从该行政机关的账户内划拨;

(二)在规定期限内不履行的,从期满之日起,对该行政机关负责人按日处五十元至一百元的罚款;

(三)将行政机关拒绝履行的情况予以公告;

(四)向监察机关或者该行政机关的上一级行政机关提出司法建议。接受司法建议的机关,根据有关规定进行处理,并将处理情况告知人民法院;

(五)拒不履行判决、裁定、调解书,社会影响恶劣的,可以对该行政机关直接负责的主管人员和其他直接责任人员予以拘留;情节严重,构成犯罪的,依法追究刑事责任。

最高人民法院关于适用《中华人民共和国行政诉讼法》若干问题的解释(节选)

(2015 年 4 月 20 日最高人民法院审判委员会第 1648 次会议通过,自 2015 年 5 月 1 日起施行,法释〔2015〕9 号)

第五条 行政诉讼法第三条第三款规定的"行政机关负责人",包括行政机关的正职和副职负责人。行政机关负责人出庭应诉的,可以另行委托一至二名诉讼代理人。

第六条 行政诉讼法第二十六条第二款规定的"复议机关决定维持原行政行为",包括复议机关驳回复议申请或者复议请求的情形,但以复议申请不符合受理条件为由驳回的除外。

行政诉讼法第二十六条第二款规定的"复议机关改变原行政行为",是指复议机关改变原行政行为的处理结果。

第七条 复议机关决定维持原行政行为的,作出原行政行为的行政机关和复议机关是共同被告。原告只起诉作出原行政行为的行政机关或者复议机关的,人民法院应当告知原告追加被告。原告不同意追加的,人民法院应当将另一机关列为共同被告。

第八条 作出原行政行为的行政机关和复议机关为共同被告的,以作出原行政行为的行政机关确定案件的级别管辖。

第九条 复议机关决定维持原行政行为的,人民法院应当在审查原行政行为合法性的同时,一并审查复议程序的合法性。

作出原行政行为的行政机关和复议机关对原行政行为合法性共同承担举证责任,可以由其中一个机关实施举证行为。复议机关对复议程序的合法性承担举证责任。

第十一条 行政机关为实现公共利益或者行政管理目标,在法定职责范围内,与公民、法人或者其他组织协商订立的具有行政法上权利义务内容的协议,属于行政诉讼法第十二条第一款第十一项规定的行政协议。

公民、法人或者其他组织就下列行政协议提起行政诉讼的,人民法院应当依法受理:

(一)政府特许经营协议;

(二)土地、房屋等征收征用补偿协议;

(三)其他行政协议。

中华人民共和国国家赔偿法(节选)

(1994 年 5 月 12 日第八届全国人民代表大会常务委员会第七次会议通过,2010 年 4 月 29 日第十一届全国人民代表大会常务委员会第十四次会议第一次修正,2012 年 10 月 26 日第十一届全国人民代表大会常务委员会第 29 次会议第二次修正,自 2013 年 1 月 1 日起施行)

第一章 总 则

第一条 为保障公民、法人和其他组织享有依法取得国家赔偿的权利,促进国家机关依法行使职权,根据宪法,制定本法。

第二条 国家机关和国家机关工作人员行使职权,有本法规定的侵犯公民、法人和其他组织合法权益的情形,造成损害的,受害人有依照本法取得国家赔偿的权利。

本法规定的赔偿义务机关,应当依照本法及时履行赔偿义务。

第二章 行政赔偿

第一节 赔偿范围

第三条 行政机关及其工作人员在行使行政职权时有下列侵犯人身权情形之一的,受害人有取得赔偿的权利:

(一)违法拘留或者违法采取限制公民人身自由的行政强制措施的;

(二)非法拘禁或者以其他方法非法剥夺公民人身自由的;

(三)以殴打、虐待等行为或者唆使、放纵他人以殴打、虐待等行为造成公民身体伤害或者死亡的;

(四)违法使用武器、警械造成公民身体伤害或者死亡的;

(五)造成公民身体伤害或者死亡的其他违法行为。

第四条 行政机关及其工作人员在行使行政职权时有下列侵犯财产权情形之一的,受害人有取得赔偿的权利:

(一)违法实施罚款、吊销许可证和执照、责令停产停业、没收财物等行政处罚的;

(二)违法对财产采取查封、扣押、冻结等行政强制措施的;

(三)违法征收、征用财产的;

(四)造成财产损害的其他违法行为。

第五条 属于下列情形之一的,国家不承担赔偿责任:

(一)行政机关工作人员与行使职权无关的个人行为;

(二)因公民、法人和其他组织自己的行为致使损害发生的;

（三）法律规定的其他情形。

第二节 赔偿请求人和赔偿义务机关

第六条 受害的公民、法人和其他组织有权要求赔偿。

受害的公民死亡，其继承人和其他有扶养关系的亲属有权要求赔偿。

受害的法人或者其他组织终止的，其权利承受人有权要求赔偿。

第七条 行政机关及其工作人员行使行政职权侵犯公民、法人和其他组织的合法权益造成损害的，该行政机关为赔偿义务机关。

两个以上行政机关共同行使行政职权时侵犯公民、法人和其他组织的合法权益造成损害的，共同行使行政职权的行政机关为共同赔偿义务机关。

法律、法规授权的组织在行使授予的行政权力时侵犯公民、法人和其他组织的合法权益造成损害的，被授权的组织为赔偿义务机关。

受行政机关委托的组织或者个人在行使受委托的行政权力时侵犯公民、法人和其他组织的合法权益造成损害的，委托的行政机关为赔偿义务机关。

赔偿义务机关被撤销的，继续行使其职权的行政机关为赔偿义务机关；没有继续行使其职权的行政机关的，撤销该赔偿义务机关的行政机关为赔偿义务机关。

第八条 经复议机关复议的，最初造成侵权行为的行政机关为赔偿义务机关，但复议机关的复议决定加重损害的，复议机关对加重的部分履行赔偿义务。

第三节 赔偿程序

第九条 赔偿义务机关有本法第三条、第四条规定情形之一的，应当给予赔偿。

赔偿请求人要求赔偿，应当先向赔偿义务机关提出，也可以在申请行政复议或者提起行政诉讼时一并提出。

第十条 赔偿请求人可以向共同赔偿义务机关中的任何一个赔偿义务机关要求赔偿，该赔偿义务机关应当先予赔偿。

第十一条 赔偿请求人根据受到的不同损害，可以同时提出数项赔偿要求。

第十二条 要求赔偿应当递交申请书，申请书应当载明下列事项：

（一）受害人的姓名、性别、年龄、工作单位和住所，法人或者其他组织的名称、住所和法定代表人或者主要负责人的姓名、职务；

（二）具体的要求、事实根据和理由；

（三）申请的年、月、日。

赔偿请求人书写申请书确有困难的，可以委托他人代书；也可以口头申请，由赔偿义务机关记入笔录。

赔偿请求人不是受害人本人的，应当说明与受害人的关系，并提供相应证明。

赔偿请求人当面递交申请书的，赔偿义务机关应当当场出具加盖本行政机关专用印章并注明收讫日期的书面凭证。申请材料不齐全的，赔偿义务机关应当当场或者在五日内一次性告知赔偿请求人需要补正的全部内容。

第十三条 赔偿义务机关应当自收到申请之日起两个月内，作出是否赔偿的决定。赔偿义务机关作出赔偿决定，应当充分听取赔偿请求人的意见，并可以与赔偿请求人就赔偿方式、赔偿项目和赔偿数额依照本法第四章的规定进行协商。

赔偿义务机关决定赔偿的，应当制作赔偿决定书，并自作出决定之日起十日内送达赔偿请求人。

赔偿义务机关决定不予赔偿的，应当自作出决定之日起十日内书面通知赔偿请求人，并说明不予赔偿的理由。

第十四条 赔偿义务机关在规定期限内未作出是否赔偿的决定，赔偿请求人可以自期限届满之日起三个月内，向人民法院提起诉讼。

赔偿请求人对赔偿的方式、项目、数额有异议的，或者赔偿义务机关作出不予赔偿决定的，赔偿请求人可以自赔偿义务机关作出赔偿或者不予赔偿决定之日起三个月内，向人民法院提起诉讼。

第十五条 人民法院审理行政赔偿案件，赔偿请求人和赔偿义务机关对自己提出的主张，应当提供证据。

赔偿义务机关采取行政拘留或者限制人身自由的强制措施期间，被限制人身自由的人死亡或者丧失行为能力的，赔偿义务机关的行为与被限制人身自由的人的死亡或者丧失行为能力是否存在因果关系，赔偿义务机关应当提供证据。

第十六条 赔偿义务机关赔偿损失后，应当责令有故意或者重大过失的工作人员或者受委托的组织或者个人承担部分或者全部赔偿费用。

对有故意或者重大过失的责任人员，有关机关应当依法给予处分；构成犯罪的，应当依法追究刑事责任。

第四章 赔偿方式和计算标准

第三十二条 国家赔偿以支付赔偿金为主要方式。

能够返还财产或者恢复原状的，予以返还财产或者恢复原状。

第三十三条 侵犯公民人身自由的，每日赔偿金按照国家上年度职工日平均工资计算。

第三十四条 侵犯公民生命健康权的，赔偿金按照下列规定计算：

（一）造成身体伤害的，应当支付医疗费、护理费，以及赔偿因误工减少的收入。减少的收入每日的赔偿金按照国家上年度职工日平均工资计算，最高额为国家上年度职工年平均工资的五倍；

（二）造成部分或者全部丧失劳动能力的，应当支付医疗费、护理费、残疾生活辅助具费、康复费等因残疾而增加的必要支出和继续治疗所必需的费用，以及残疾赔偿金。残疾赔偿金根据丧失劳动能力的程度，按照国家规定的伤残等级确定，最高不超过国家上年度职工年平均工资的二十倍。造成全部丧失劳动能力的，对其扶养的无劳动能力的人，还应当支付生活费；

（三）造成死亡的，应当支付死亡赔偿金、丧葬费，总额为国家上年度职工年平均工资的二十倍。对死者生前扶养的无劳动能力的人，还应当支付生活费。

前款第二项、第三项规定的生活费的发放标准，参照当地最低生活保障标准执行。被扶养的人是未成年人的，生活费给付至十八周岁止；其他无劳动能力的人，生活费给付至死亡时止。

第三十五条 有本法第三条或者第十七条规定情形之一，致人精神损害的，应当在侵权行为影响的范围内，为受害人消除影响，恢复名誉，赔礼道歉；造成严重后果的，应当支付相应的精神损害抚慰金。

第三十六条 侵犯公民、法人和其他组织的财产权造成损害的，按照下列规定处理：

（一）处罚款、罚金、追缴、没收财产或者违法征收、征用财产的，返还财产；

（二）查封、扣押、冻结财产的，解除对财产的查封、扣押、冻结，造成财产损坏或者灭失的，依照本条第三项、第四项的规定赔偿；

（三）应当返还的财产损坏的，能够恢复原状的恢复原状，不能恢复原状的，按照损害程度给付相应的赔偿金；

（四）应当返还的财产灭失的，给付相应的赔偿金；

（五）财产已经拍卖或者变卖的，给付拍卖或者变卖所得的价款；变卖的价款明显低于财产价值的，应当支付相应的赔偿金；

（六）吊销许可证和执照、责令停产停业的，赔偿停产停业期间必要的经常性费用开支；

（七）返还执行的罚款或者罚金、追缴或者没收的金钱，解除冻结的存款或者汇款的，应当支付银行同期存款利息；

（八）对财产权造成其他损害的，按照直接损失给予赔偿。

第三十七条 赔偿费用列入各级财政预算。

赔偿请求人凭生效的判决书、复议决定书、赔偿决定书或者调解书，向赔偿义务机关申请支付赔偿金。

赔偿义务机关应当自收到支付赔偿金申请之日起七日内，依照预算管理权限向有关的财政部门提出支付申请。财政部门应当自收到支付申请之日起十五日内支付赔偿金。

赔偿费用预算与支付管理的具体办法由国务院规定。

第五章 其他规定

第三十九条 赔偿请求人请求国家赔偿的时效为两年，自其知道或者应当知道国家机关及其工作人员行使职权时的行为侵犯其人身权、财产权之日起计算，但被羁押等限制人身自由期间不计算在内。在申请行政复议或者提起行政诉讼时一并提出赔偿请求的，适用行政复议法、行政诉讼法有关时效的规定。

赔偿请求人在赔偿请求时效的最后六个月内，因不可抗力或者其他障碍不能行使请求权的，时效中止。从中止时效的原因消除之日起，赔偿请求时效期间继续计算。

第四十条 外国人、外国企业和组织在中华人民共和国领域内要求中华人民共和国国家赔偿的，适用本法。

外国人、外国企业和组织的所属国对中华人民共和国公民、法人和其他组织要求该国国家赔偿的权利不予保护或者限制的，中华人民共和国与该外国人、外国企业和组织的所属国实行对等原则。

国务院办公厅关于加强环境监管执法的通知

（2014年11月12日发布，2014年11月12日实施，国办发〔2014〕56号）

各省、自治区、直辖市人民政府，国务院各部委、各直属机构：

近年来，各地区、各部门不断加大工作力度，环境监管执法工作取得一定成效。但一些地方监管执法不到位等问题仍然十分突出，环境违法违规案件高发频发，人民群众反映强烈。为贯彻落实党的十八届四中全会精神和党中央、国务院有关决策部署，加快解决影响科学发展和损害群众健康的突出环境问题，着力推进环境质量改善，经国务院同意，现就加强环境监管执法有关要求通知如下：

一、严格依法保护环境，推动监管执法全覆盖

有效解决环境法律法规不健全、监管执法缺位问题。完善环境监管法律法规，落实属地责任，全面排查整改各类污染环境、破坏生态和环境隐患问题，不留监管死角、不存执法盲区，向污染宣战。

（一）加快完善环境法律法规标准。用严格的法律制度保护生态环境，抓紧制（修）订土壤环境保护、大气污染防治、环境影响评价、排污许可、环境监测等方面的法律法规，强化生产者环境保护的法律责任，大幅度提高违法成本。加快完善重金属、挥发性有机物、危险废物、持久性有机污染物、放射性污染物质等领域环境标准，提高重点行业环境准入门槛。鼓励各地根据环境质量目标，制定和实施地方性法规和更严格的污染物排放标准。通过落实环保法律法规，约束产业转移行为，倒逼经济转型升级。

（二）全面实施行政执法与刑事司法联动。各级环境保护部门和公安机关要建立联动执法联席会议、常设联络员和重大案件会商督办等制度，完善案件移送、联合调查、信息共享和奖惩机制，坚决克服有案不移、有案难移、以罚代刑现象，实现行政处罚和刑事处罚无缝衔接。移送和立案工作要接受人民检察院法律监督。发生重大环境污染事件等紧急情况时，要迅速启动联合调查程序，防止证据灭失。公安机关要明确机构和人员负责查处环境犯罪，对涉嫌构成环境犯罪的，要及时依法立案侦查。人民法院在审理环境资源案件中，需要环境保护技术协助的，各级环境保护部门应给予必要支持。

（三）抓紧开展环境保护大检查。2015年底前，地方各级人民政府要组织开展一次环境保护全面排查，重点检查所有排污单位污染排放状况，各类资源开发利用活动对生态环境影响情况，以及建设项目环境影响评价制度、“三同时”（防治污染设施与主体工程同时设计、同时施工、同时投产使用）制度执行情况等，依法严肃查处、整改存在的问题，结果向上一级人民政府报告，并向社会公开。环境保护部等有关部门要加强督促、检查和指导，建立定期调度工作机制，组织对各地检查情况进行抽查，重要情况及时报告国务院。

（四）着力强化环境监管。各市、县级人民

政府要将本行政区域划分为若干环境监管网格，逐一明确监管责任人，落实监管方案；监管网格划分方案要于2015年底前报上一级人民政府备案，并向社会公开。各省、市、县级人民政府要确定重点监管对象，划分监管等级，健全监管档案，采取差别化监管措施；乡镇人民政府、街道办事处要协助做好相关工作。各省级环境保护部门要加强巡查，每年按一定比例对国家重点监控企业进行抽查，指导市、县级人民政府落实网格化管理措施。市、县两级环境保护部门承担日常环境监管执法责任，要加大现场检查、随机抽查力度。环境保护重点区域、流域地方政府要强化协同监管，开展联合执法、区域执法和交叉执法。

二、对各类环境违法行为"零容忍"，加大惩治力度

坚决纠正执法不到位、整改不到位问题。坚持重典治乱，铁拳铁规治污，采取综合手段，始终保持严厉打击环境违法的高压态势。

（五）重拳打击违法排污。对偷排偷放、非法排放有毒有害污染物、非法处置危险废物、不正常使用防治污染设施、伪造或篡改环境监测数据等恶意违法行为，依法严厉处罚；对拒不改正的，依法予以行政拘留；对涉嫌犯罪的，一律迅速移送司法机关。对负有连带责任的环境服务第三方机构，应予以追责。建立环境信用评价制度，将环境违法企业列入"黑名单"并向社会公开，将其环境违法行为纳入社会信用体系，让失信企业一次违法、处处受限。对污染环境、破坏生态等损害公众环境权益的行为，鼓励社会组织、公民依法提起公益诉讼和民事诉讼。

（六）全面清理违法违规建设项目。对违反建设项目环境影响评价制度和"三同时"制度，越权审批但尚未开工建设的项目，一律不得开工；未批先建、边批边建，资源开发以采代探的项目，一律停止建设或依法依规予以取缔；环保设施和措施落实不到位擅自投产或运行的项目，一律责令限期整改。各地要于2016年底前完成清理整改任务。

（七）坚决落实整改措施。对依法作出的行政处罚、行政命令等具体行政行为的执行情况，实施执法后督察。对未完成停产整治任务擅自生产的，依法责令停业关闭，拆除主体设备，使其不能恢复生产。对拒不改正的，要依法采取强制执行措施。对非诉执行案件，环境保护、工商、供水、供电等部门和单位要配合人民法院落实强制措施。

三、积极推行"阳光执法"，严格规范和约束执法行为

坚决纠正不作为、乱作为问题。健全执法责任制，规范行政裁量权，强化对监管执法行为的约束。

（八）推进执法信息公开。地方环境保护部门和其他负有环境监管职责的部门，每年要发布重点监管对象名录，定期公开区域环境质量状况，公开执法检查依据、内容、标准、程序和结果。每月公布群众举报投诉重点环境问题处理情况、违法违规单位及其法定代表人名单和处理、整改情况。

（九）开展环境执法稽查。完善国家环境监察制度，加强对地方政府及其有关部门落实环境保护法律法规、标准、政策、规划情况的监督检查，协调解决跨省域重大环境问题。研究在环境保护部设立环境监察专员制度。自2015年起，市级以上环境保护部门要对下级环境监管执法工作进行稽查。省级环境保护部门每年要对本行政区域内30%以上的市（地、州、盟）和5%以上的县（市、区、旗），市级环境保护部门每年要对本行政区域内30%以上的县（市、区、旗）开展环境稽查。稽查情况通报当地人民政府。

（十）强化监管责任追究。对网格监管不履职的，发现环境违法行为或者接到环境违法行为举报后查处不及时的，不依法对环境违法行为实施处罚的，对涉嫌犯罪案件不移送、不受理或推诿执法等监管不作为行为，监察机关要依法依纪追究有关单位和人员的责任。国家工作人员充当保护伞包庇、纵容环境违法行为或对其查处不力，涉嫌职务犯罪的，要及时移送人民检察院。实施生态环境损害责任终身追究，建立倒查机制，对发生重特大突发环境事件，任期内环境质量明显恶化，不顾生态环境盲目决策、造成严重后果，利用职权干预、阻碍环境监管执法的，要依法依纪追究有关领

导和责任人的责任。

四、明确各方职责任务，营造良好执法环境

有效解决职责不清、责任不明和地方保护问题。切实落实政府、部门、企业和个人等各方面的责任，充分发挥社会监督作用。

（十一）强化地方政府领导责任。县级以上地方各级人民政府对本行政区域环境监管执法工作负领导责任，要建立环境保护部门对环境保护工作统一监督管理的工作机制，明确各有关部门和单位在环境监管执法中的责任，形成工作合力。切实提升基层环境执法能力，支持环境保护等部门依法独立进行环境监管和行政执法。2015年6月底前，地方各级人民政府要全面清理、废除阻碍环境监管执法的“土政策”，并将清理情况向上一级人民政府报告。审计机关在开展党政主要领导干部经济责任审计时，要对地方政府主要领导干部执行环境保护法律法规和政策、落实环境保护目标责任制等情况进行审计。

（十二）落实社会主体责任。支持各类社会主体自我约束、自我管理。各类企业、事业单位和社会组织应当按照环境保护法律法规标准的规定，严格规范自身环境行为，落实物资保障和资金投入，确保污染防治、生态保护、环境风险防范等措施落实到位。重点排污单位要如实向社会公开其污染物排放状况和防治污染设施的建设运行情况。制定财政、税收和环境监管等激励政策，鼓励企业建立良好的环境信用。

（十三）发挥社会监督作用。环境保护人人有责，要充分发挥“12369”环保举报热线和网络平台作用，畅通公众表达渠道，限期办理群众举报投诉的环境问题。健全重大工程项目社会稳定风险评估机制，探索实施第三方评估。邀请公民、法人和其他组织参与监督环境执法，实现执法全过程公开。

五、增强基层监管力量，提升环境监管执法能力

加快解决环境监管执法队伍基础差、能力弱等问题。加强环境监察队伍和能力建设，为推进环境监管执法工作提供有力支撑。

（十四）加强执法队伍建设。建立重心下移、力量下沉的法治工作机制，加强市、县级环境监管执法队伍建设，具备条件的乡镇（街道）及工业集聚区要配备必要的环境监管人员。大力提高环境监管队伍思想政治素质、业务工作能力、职业道德水准，2017年底前，现有环境监察执法人员要全部进行业务培训和职业操守教育，经考试合格后持证上岗；新进人员，坚持“凡进必考”，择优录取。研究建立符合职业特点的环境监管执法队伍管理制度和有利于监管执法的激励制度。

（十五）强化执法能力保障。推进环境监察机构标准化建设，配备调查取证等监管执法装备，保障基层环境监察执法用车。2017年底前，80%以上的环境监察机构要配备使用便携式手持移动执法终端，规范执法行为。强化自动监控、卫星遥感、无人机等技术监控手段运用。健全环境监管执法经费保障机制，将环境监管执法经费纳入同级财政全额保障范围。

各地区、各有关部门要充分认识进一步加强环境监管执法的重要意义，切实强化组织领导，认真抓好工作落实。环境保护部要会同有关部门加强对本通知落实情况的监督检查，重大情况及时向国务院报告。

国务院办公厅

2014年11月12日

中华人民共和国治安管理处罚法（节选）

（2005年8月28日第十届全国人民代表大会常务委员会第十七次会议通过，2012年10月26日第十一届全国人民代表大会常务委员会第二十九次会议修正）

第三十条　违反国家规定，制造、买卖、储存、运输、邮寄、携带、使用、提供、处置爆炸性、毒害性、放射性、腐蚀性物质或者传染病病原体等危险物质的，处十日以上十五日以下拘留；情节较轻的,处五日以上十日以下拘留。

第三十一条 爆炸性、毒害性、放射性、腐蚀性物质或者传染病病原体等危险物质被盗、被抢或者丢失,未按规定报告的,处五日以下拘留;故意隐瞒不报的,处五日以上十日以下拘留。

第三十三条 有下列行为之一的,处十日以上十五日以下拘留:

(一)盗窃、损毁油气管道设施、电力电信设施、广播电视设施、水利防汛工程设施或者水文监测、测量、气象测报、环境监测、地质监测、地震监测等公共设施的;

第五十条 有下列行为之一的,处警告或者二百元以下罚款;情节严重的,处五日以上十日以下拘留,可以并处五百元以下罚款:

(一)拒不执行人民政府在紧急状态情况下依法发布的决定、命令的;

(二)阻碍国家机关工作人员依法执行职务的;

(三)阻碍执行紧急任务的消防车、救护车、工程抢险车、警车等车辆通行的;

(四)强行冲闯公安机关设置的警戒带、警戒区的。

阻碍人民警察依法执行职务的,从重处罚。

第五十二条 有下列行为之一的,处十日以上十五日以下拘留,可以并处一千元以下罚款;情节较轻的,处五日以上十日以下拘留,可以并处五百元以下罚款:

(一)伪造、变造或者买卖国家机关、人民团体、企业、事业单位或者其他组织的公文、证件、证明文件、印章的;

(二)买卖或者使用伪造、变造的国家机关、人民团体、企业、事业单位或者其他组织的公文、证件、证明文件的;

第五十八条 违反关于社会生活噪声污染防治的法律规定,制造噪声干扰他人正常生活的,处警告;警告后不改正的,处二百元以上五百元以下罚款。

第六十条 有下列行为之一的,处五日以上十日以下拘留,并处二百元以上五百元以下罚款:

(一)隐藏、转移、变卖或者损毁行政执法机关依法扣押、查封、冻结的财物的;

(二)伪造、隐匿、毁灭证据或者提供虚假证言、谎报案情,影响行政执法机关依法办案的;

(三)明知是赃物而窝藏、转移或者代为销售的

……

环境监察

环境监察办法(节选)

(2012年7月25日发布,2012年9月1日实施,环境保护部令2012年第21号)

第一章 总 则

第一条 为加强和规范环境监察工作,加强环境监察队伍建设,提升环境监察效能,根据《中华人民共和国环境保护法》等有关法律、法规,结合环境监察工作实际,制定本办法。

第二条 本办法所称环境监察,是指环境保护主管部门依据环境保护法律、法规、规章和其他规范性文件实施的行政执法活动。

第六条 环境监察机构的主要任务包括:

(一)监督环境保护法律、法规、规章和其他规范性文件的执行;

(二)现场监督检查污染源的污染物排放情况、污染防治设施运行情况、环境保护行政许可执行情况、建设项目环境保护法律法规的执行情况等;

(三)现场监督检查自然保护区、畜禽养殖污染防治等生态和农村环境保护法律法规执行情况;

（四）具体负责排放污染物申报登记、排污费核定和征收；

（五）查处环境违法行为；

（六）查办、转办、督办对环境污染和生态破坏的投诉、举报，并按照环境保护主管部门确定的职责分工，具体负责环境污染和生态破坏纠纷的调解处理；

（七）参与突发环境事件的应急处置；

（八）对严重污染环境和破坏生态问题进行督查；

（九）依照职责，具体负责环境稽查工作；

（十）法律、法规、规章和规范性文件规定的其他职责。

第二章　环境监察机构和人员

第七条　各级环境监察机构可以命名为环境监察局。省级、设区的市级、县级环境监察机构，也可以分别以环境监察总队、环境监察支队、环境监察大队命名。

县级环境监察机构的分支（派出）机构和乡镇级环境监察机构的名称，可以命名为环境监察中队或者环境监察所。

第八条　环境监察机构的设置和人员构成，应当根据本行政区域范围大小、经济社会发展水平、人口规模、污染源数量和分布、生态保护和环境执法任务量等因素科学确定。

第十条　环境监察机构的办公用房、执法业务用房及执法车辆、调查取证器材等执法装备，应当符合国家环境监察标准化建设及验收要求。

环境监察机构的执法车辆应当喷涂统一的环境监察执法标识。

第十二条　环境保护主管部门应当根据工作需要，制定环境监察培训五年规划和年度计划，组织开展分级分类培训。

设区的市级、县级环境监察机构的主要负责人和省级以上环境监察人员的岗位培训，由环境保护部统一组织。其他环境监察人员的岗位培训，由省级环境保护主管部门组织。

环境监察人员参加培训的情况，应当作为环境监察人员考核、任职的主要依据。

第十四条　从事现场执法工作的环境监察人员，应当持有《中国环境监察执法证》。

对参加岗位培训，并经考试取得培训合格证书的环境监察人员，经核准后颁发《中国环境监察执法证》。《中国环境监察执法证》颁发、使用、管理的具体办法，由环境保护部另行制定。

第十七条　各级环境保护主管部门应当建立健全对环境监察人员的考核制度。

对工作表现突出、有显著成绩的环境监察人员，给予表彰和奖励。对在环境监察工作中违法违纪的环境监察人员，依法给予处分，可以暂扣、收回《中国环境监察执法证》；涉嫌构成犯罪的，依法移送司法机关追究刑事责任。

第三章　环境监察工作

第十八条　环境监察机构应当根据本行政区域环境保护工作任务、污染源数量、类型、管理权限等，制定环境监察工作年度计划。

环境监察工作年度计划报同级环境保护主管部门批准后实施，并抄送上一级环境监察机构。

第十九条　环境监察机构应当根据环境监察工作年度计划，组织现场检查。现场检查可以采取例行检查或者重点检查的方式进行。

第二十条　对排污者申报的排放污染物的种类、数量，环境监察机构负责依法进行核定。

第二十一条　环境监察机构应当按照排污费征收标准和核定的污染物种类、数量，负责向排污者征收排污费。

对减缴、免缴、缓缴排污费的申请，环境监察机构应当依法审核。

第二十四条　环境监察机构负责组织实施环境行政执法后督察，监督环境行政处罚、行政命令等具体行政行为的执行。

第二十五条　企业事业单位严重污染环境或者造成严重生态破坏的，环境保护主管部门或者环境监察机构可以约谈单位负责人，督促其限期整改。

对未完成环境保护目标任务或者发生重大、特大突发环境事件的，环境保护主管部门或者环境监察机构可以约谈下级地方人民政府负责人，要求地方人民政府依法履行职责，落实整改措施，并可以提出改进工作的建议。

第二十八条 上级环境保护主管部门应当对下级环境保护主管部门在环境监察工作中依法履行职责、行使职权和遵守纪律的情况进行稽查。

第三十条 上级环境监察机构应当对下一级环境保护主管部门的环境监察工作进行年度考核。

环境监察稽查办法

(环境保护部 2014年9月23日发布)

第一章 总 则

第一条 为规范环境执法行为,强化环境现场执法,提高依法行政水平,根据《中华人民共和国环境保护法》、《国务院关于加强环境保护重点工作的意见》、《环境监察办法》等有关规定,制定本办法。

第二条 本办法所称环境监察稽查是指上级环境保护行政主管部门对下级环境保护行政主管部门依照《环境监察办法》开展环境监察工作情况进行的监督、检查。

第三条 环境监察稽查(以下简称稽查)分为:日常稽查、专项稽查、专案稽查。

(一)日常稽查,指上级环境保护行政主管部门按照日常稽查计划,对下级环境保护行政主管部门实施的环境监察工作开展的稽查。

(二)专项稽查,指上级环境保护行政主管部门按照专项稽查计划,对下级环境保护行政主管部门实施的一项或多项环境监察工作开展的稽查。

(三)专案稽查,指上级环境保护行政主管部门对通过日常督查或检查发现、群众投诉举报、上级督办、有关部门移送或下级环境保护行政主管部门主动申请稽查等渠道获悉的具体问题,以立案调查形式开展的稽查。

第二章 稽查机构及人员

第四条 环境保护部环境监察局负责全国稽查工作的指导和监督,环境保护部各环境保护督查中心、设区的市级以上环境保护行政主管部门的环境监察机构具体承担本行政区的稽查工作。

具体承担稽查工作的环境监察机构应设置稽查岗位并配备专职或兼职人员。

第五条 稽查人员应具备以下条件:

(一)持有环境监察执法证件或有效的地方行政执法证件;

(二)具有较好的政治和业务素质;

(三)经国家或省级稽查专项业务培训合格。

第六条 稽查人员执行任务时有权采取以下措施:

(一)调阅、复制相关环境监察工作档案;

(二)约见和询问被稽查单位负责人及相关工作人员;

(三)对涉案排污单位进行现场验证,包括现场检查、勘察、取样、录音、拍照、录像、查阅有关资料;

(四)依法依规制止和纠正环境监察工作中的违法违规行为。

第七条 稽查人员在稽查工作中,应当严格遵守环境监察工作纪律和要求,存在滥用职权、玩忽职守、徇私舞弊行为的,由其所在单位或者上级主管机关给予行政处分;构成犯罪的,依法追究刑事责任。

第三章 内容和程序

第八条 稽查的主要内容包括:

(一)监督检查下级环境保护行政主管部门及其工作人员在污染源现场监督检查、环境保护行政许可执行情况检查、建设项目环境保护法律法规遵守情况检查、生态和农村环境保护法律法规遵守情况检查、环境违法行为查处、环境污染和生态破坏纠纷调解处理、环境行政执法后督察等环境监察工作中的规范行政情况,包括是否遵守《环境监察办法》规定的工作制度和工作程序；

（二）监督检查下级环境保护行政主管部门及其工作人员在实施现场检查、调查取证、行政强制、行政处罚过程中的依法行政情况，包括是否符合法定情形、是否遵守法定程序；

（三）其他稽查事项。

第九条 开展日常稽查、专项稽查前，具体承担稽查工作的环境监察机构应制定稽查工作计划，确定被稽查单位，拟定具体稽查工作方案，报本级环境保护行政主管部门批准后组织实施。

第十条 开展专案稽查前，具体承担稽查工作的环境监察机构应对拟稽查事项进行初步核实，确定属于稽查范围、被稽查单位明确、有证据证明存在违法违规行为且案件来源可靠的，报本级环境保护行政主管部门批准后实施。

发现不属于稽查范围的事项，应当及时移送有管辖权的机关处理。

第十一条 需要被稽查单位事先准备材料的，在实施稽查前，具体承担稽查工作的环境监察机构应向被稽查单位发出《环境监察稽查通知书》，告知稽查的时间、内容、需要准备的资料及稽查人员姓名、单位、职务等。

第十二条 开展稽查工作时，稽查人员必须两人以上，向被稽查单位出示环境监察执法证件或有效的地方行政执法证件，说明稽查事项。

第十三条 稽查人员在稽查过程中，应依照本办法第六条第（一）、（二）、（三）项的规定收集必要的证据，制作《环境监察稽查询问笔录》或《环境监察稽查记录》，由当事人确认后签字。当事人拒不签字的，由稽查人员注明现场情况；当场需要修改的，由当事人在修改处签字。

需要将有关资料原件调出的，应填写《调取资料清单》，一式两份，一份交被稽查单位，一份留存，资料原件应在调出之日起60个工作日内归还。

需要对排污单位进行现场检查、询问调查、实施具体行政行为的，应按照环境监察有关程序进行。

被稽查单位应积极配合稽查人员的约见和询问，如实提供相关资料。不得以任何理由拒绝、阻挠或者妨碍稽查工作。

第十四条 实施稽查的环境监察机构，应在稽查结束后20个工作日内撰写《环境监察稽查报告书》，并报本级环境保护行政主管部门。

发现被稽查单位及其工作人员存在本办法第二十条和第二十一条所列行为的，具体承担稽查工作的环境监察机构应在《环境监察稽查报告书》中提出稽查建议，经本级环境保护行政主管部门批准后制作《环境监察稽查意见书》，并及时送达被稽查单位。

第十五条 被稽查单位应当自接到《环境监察稽查意见书》之日起30个工作日内，将整改方案及落实情况报作出《环境监察稽查意见书》的环境保护行政主管部门。

具体承担稽查工作的环境监察机构应对整改方案落实情况进行跟踪检查。

第十六条 被稽查单位对稽查结果有异议的，可自接到《环境监察稽查意见书》之日起7个工作日内，向作出《环境监察稽查意见书》的环境保护行政主管部门申请复核。

作出《环境监察稽查意见书》的环境保护行政主管部门应当自接到申请之日起15个工作日内做出复核决定。

第十七条 稽查工作结束后，由具体承担稽查工作的环境监察机构对稽查工作中形成的各种材料立卷归档，实现一案一档。

第十八条 省级环境保护行政主管部门，应于每年1月底前向环境保护部报送上一年度本级及辖区相关市级环境保护行政主管部门稽查工作开展情况。

实施稽查的环境保护行政主管部门应及时将稽查结果向系统内通报或向社会公开。

第四章 奖惩措施

第十九条 被稽查单位及其工作人员在实施下列行为时，能够克服困难、依法履职、程序规范、表现突出的，由实施稽查的环境保护行政主管部门予以通报表扬：

（一）对应由上级环境保护行政主管部门审批的建设项目，违反环评制度和“三同时”制度的环境违法行为，能够主动发现并作出正确行政执法行为；

（二）对排污单位变造、伪造、篡改污染防治设施运行记录、主要污染物监测记录、物耗

和能耗相关报表以及生产销售台账等相关记录,故意隐瞒其环境违法行为的,能够主动发现并作出正确行政执法行为;

(三)对排污单位利用暗管、渗井、渗坑、灌注或者采用其他规避监管的方式排放污染物的环境违法行为,能够主动发现并作出正确行政执法行为;

(四)在自然灾害等不可抗力情形下,能够及时作出减少或降低环境危害后果的行政执法行为;

(五)其他需要通报表扬的情形。

第二十条 被稽查单位及其工作人员存在下列行为之一的,由实施稽查的环境保护行政主管部门责令限期改正;逾期未改正的,予以通报批评:

(一)未按照环境监察工作制度、工作程序开展环境监察工作的;

(二)污染源现场监察工作中存在监察内容不全面、现场执法文书中记载内容与污染源现场情况明显不符或记录不规范的;

(三)调查取证工作中存在取证程序不规范、证据不充分、证据与待证事实不匹配、文书制作不规范的;

(四)查封、扣押等行政强制权行使过程中,查封(扣押)物品清单填报不规范或程序不规范,尚未造成严重后果的;

(五)环境行政处罚工作中,法律法规适用错误或自由裁量权运用不当,尚未造成严重后果的。

第二十一条 被稽查单位及其工作人员存在下列行为之一的,对直接责任人员,由发证机关作出暂扣或收回环境监察执法证件的决定,并由其所在县级以上环境保护行政主管部门暂扣或收缴其环境监察执法证件;同时,依照有关法律法规进行处理:

(一)未依法履行职责,造成严重后果的;

(二)弄虚作假或故意隐瞒案情,导致错误定案的;

(三)超范围、超幅度、超权限执法等滥用职权,造成严重后果的;

(四)将罚款、排污费等其他财物截留、私分、变相私分或据为己有的;

(五)为被检查单位通风报信或者包庇、纵容环境保护违法行为的;

(六)其他违反环保法律、法规、规章和规范性文件,应当追究执法过错责任,情节较重的。

第二十二条 稽查过程中,发现国家行政机关及其工作人员拒不执行国家有关环保法律法规、制定与国家环境保护法律法规相抵触的规定,以及发现被稽查单位及其工作人员存在《环境保护违法违纪行为处分暂行规定》所列违法违纪行为,实施稽查的环境保护行政主管部门应当及时将案件材料移送监察机关。

发现被稽查单位及其工作人员涉嫌犯罪的,实施稽查的环境保护行政主管部门应当及时将案件材料移送司法机关。

第二十三条 承办人直接作出违法或者不当行政执法行为的,由承办人承担责任;批准人改变或不采纳承办人的正确意见,致使行政执法行为违法或不当的,由批准人承担责任;因被稽查单位指派不具备环境监察执法资格的人员执法,致使行政执法行为违法或者不当的,由被稽查单位及其负责人承担责任;被稽查单位负责人集体研究作出的行政执法行为违法或者不当的,参与作出决定的负责人应当分别承担相应的责任;因执行上级环境保护行政主管部门不当或错误的指示、批复,致使行政执法行为违法或者不当的,由作出指示、批复的上级环境保护行政主管部门承担责任。

第五章 附 则

第二十四条 排污费征收工作稽查按照《排污费征收工作稽查办法》执行。

第二十五条 核与辐射安全监督检查工作稽查,参照本办法执行。

第二十六条 对排污单位的查处,遵照环境监察有关规定具体实施。

第二十七条 各单位可根据工作需要,参照附自行制定稽查文书。

第二十八条 本办法自发布之日起施行。

附:主要文书格式(详文均略)

1. ×××环境保护厅(局)环境监察稽查立案审批表

2. 环境监察稽查通知书
3. 环境监察稽查询问笔录
4. 环境监察稽查记录
5. 环境监察稽查调取资料清单
6. ×××环境保护厅(局)环境监察稽查报告书
7. 环境监察稽查意见书

附表:环境监察稽查发现问题及整改要求明细表(略)

环境行政执法

环境保护主管部门实施按日连续处罚办法

(2014年12月19日发布,2015年1月1日实施,环境保护部令2015年第28号)

第一章 总 则

第一条 为规范实施按日连续处罚,依据《中华人民共和国环境保护法》、《中华人民共和国行政处罚法》等法律,制定本办法。

第二条 县级以上环境保护主管部门对企业事业单位和其他生产经营者(以下称排污者)实施按日连续处罚的,适用本办法。

第三条 实施按日连续处罚,应当坚持教育与处罚相结合的原则,引导和督促排污者及时改正环境违法行为。

第四条 环境保护主管部门实施按日连续处罚,应当依法向社会公开行政处罚决定和责令改正违法行为决定等相关信息。

第二章 适用范围

第五条 排污者有下列行为之一,受到罚款处罚,被责令改正,拒不改正的,依法作出罚款处罚决定的环境保护主管部门可以实施按日连续处罚:

(一)超过国家或者地方规定的污染物排放标准,或者超过重点污染物排放总量控制指标排放污染物的;

(二)通过暗管、渗井、渗坑、灌注或者篡改、伪造监测数据,或者不正常运行防治污染设施等逃避监管的方式排放污染物的;

(三)排放法律、法规规定禁止排放的污染物的;

(四)违法倾倒危险废物的;

(五)其他违法排放污染物行为。

第六条 地方性法规可以根据环境保护的实际需要,增加按日连续处罚的违法行为的种类。

第三章 实施程序

第七条 环境保护主管部门检查发现排污者违法排放污染物的,应当进行调查取证,并依法作出行政处罚决定。

按日连续处罚决定应当在前款规定的行政处罚决定之后作出。

第八条 环境保护主管部门可以当场认定违法排放污染物的,应当在现场调查时向排污者送达责令改正违法行为决定书,责令立即停止违法排放污染物行为。

需要通过环境监测认定违法排放污染物的,环境监测机构应当按照监测技术规范要求进行监测。环境保护主管部门应当在取得环境监测报告后三个工作日内向排污者送达责令改正违法行为决定书,责令立即停止违法排放污染物行为。

第九条 责令改正违法行为决定书应当载明下列事项:

(一)排污者的基本情况,包括名称或者姓名、营业执照号码或者居民身份证号码、组织机构代码、地址以及法定代表人或者主要负责人姓名等;

(二)环境违法事实和证据;

(三)违反法律、法规或者规章的具体条款和处理依据;

（四）责令立即改正的具体内容；

（五）拒不改正可能承担按日连续处罚的法律后果；

（六）申请行政复议或者提起行政诉讼的途径和期限；

（七）环境保护主管部门的名称、印章和决定日期。

第十条 环境保护主管部门应当在送达责令改正违法行为决定书之日起三十日内，以暗查方式组织对排污者违法排放污染物行为的改正情况实施复查。

第十一条 排污者在环境保护主管部门实施复查前，可以向作出责令改正违法行为决定书的环境保护主管部门报告改正情况，并附具相关证明材料。

第十二条 环境保护主管部门复查时发现排污者拒不改正违法排放污染物行为的，可以对其实施按日连续处罚。

环境保护主管部门复查时发现排污者已经改正违法排放污染物行为或者已经停产、停业、关闭的，不启动按日连续处罚。

第十三条 排污者具有下列情形之一的，认定为拒不改正：

（一）责令改正违法行为决定书送达后，环境保护主管部门复查发现仍在继续违法排放污染物的；

（二）拒绝、阻挠环境保护主管部门实施复查的。

第十四条 复查时排污者被认定为拒不改正违法排放污染物行为的，环境保护主管部门应当按照本办法第八条的规定再次作出责令改正违法行为决定书并送达排污者，责令立即停止违法排放污染物行为，并应当依照本办法第十条、第十二条的规定对排污者再次进行复查。

第十五条 环境保护主管部门实施按日连续处罚应当符合法律规定的行政处罚程序。

第十六条 环境保护主管部门决定实施按日连续处罚的，应当依法作出处罚决定书。

处罚决定书应当载明下列事项：

（一）排污者的基本情况，包括名称或者姓名、营业执照号码或者居民身份证号码、组织机构代码、地址以及法定代表人或者主要负责人姓名等；

（二）初次检查发现的环境违法行为及该行为的原处罚决定、拒不改正的违法事实和证据；

（三）按日连续处罚的起止时间和依据；

（四）按照按日连续处罚规则决定的罚款数额；

（五）按日连续处罚的履行方式和期限；

（六）申请行政复议或者提起行政诉讼的途径和期限；

（七）环境保护主管部门名称、印章和决定日期。

第四章 计罚方式

第十七条 按日连续处罚的计罚日数为责令改正违法行为决定书送达排污者之日的次日起，至环境保护主管部门复查发现违法排放污染物行为之日止。再次复查仍拒不改正的，计罚日数累计执行。

第十八条 再次复查时违法排放污染物行为已经改正，环境保护主管部门在之后的检查中又发现排污者有本办法第五条规定的情形的，应当重新作出处罚决定，按日连续处罚的计罚周期重新起算。按日连续处罚次数不受限制。

第十九条 按日连续处罚每日的罚款数额，为原处罚决定书确定的罚款数额。

按照按日连续处罚规则决定的罚款数额，为原处罚决定书确定的罚款数额乘以计罚日数。

第五章 附 则

第二十条 环境保护主管部门针对违法排放污染物行为实施按日连续处罚的，可以同时适用责令排污者限制生产、停产整治或者查封、扣押等措施；因采取上述措施使排污者停止违法排污行为的，不再实施按日连续处罚。

第二十一条 本办法由国务院环境保护主管部门负责解释。

第二十二条 本办法自2015年1月1日起施行。

环境保护主管部门实施查封、扣押办法

(2014年12月19日发布,2015年1月1日实施,环境保护部令2015年第29号)

第一章 总 则

第一条 为规范实施查封、扣押,依据《中华人民共和国环境保护法》、《中华人民共和国行政强制法》等法律,制定本办法。

第二条 对企业事业单位和其他生产经营者(以下称排污者)违反法律法规规定排放污染物,造成或者可能造成严重污染,县级以上环境保护主管部门对造成污染物排放的设施、设备实施查封、扣押的,适用本办法。

第三条 环境保护主管部门实施查封、扣押所需经费,应当列入本机关的行政经费预算,由同级财政予以保障。

第二章 适用范围

第四条 排污者有下列情形之一的,环境保护主管部门依法实施查封、扣押:

(一)违法排放、倾倒或者处置含传染病病原体的废物、危险废物、含重金属污染物或者持久性有机污染物等有毒物质或者其他有害物质的;

(二)在饮用水水源一级保护区、自然保护区核心区违反法律法规规定排放、倾倒、处置污染物的;

(三)违反法律法规规定排放、倾倒化工、制药、石化、印染、电镀、造纸、制革等工业污泥的;

(四)通过暗管、渗井、渗坑、灌注或者篡改、伪造监测数据,或者不正常运行防治污染设施等逃避监管的方式违反法律法规规定排放污染物的;

(五)较大、重大和特别重大突发环境事件发生后,未按照要求执行停产、停排措施,继续违反法律法规规定排放污染物的;

(六)法律、法规规定的其他造成或者可能造成严重污染的违法排污行为。

有前款第一项、第二项、第三项、第六项情形之一的,环境保护主管部门可以实施查封、扣押;已造成严重污染或者有前款第四项、第五项情形之一的,环境保护主管部门应当实施查封、扣押。

第五条 环境保护主管部门查封、扣押排污者造成污染物排放的设施、设备,应当符合有关法律的规定。不得重复查封、扣押排污者已被依法查封的设施、设备。

对不易移动的或者有特殊存放要求的设施、设备,应当就地查封。查封时,可以在该设施、设备的控制装置等关键部件或者造成污染物排放所需供水、供电、供气等开关阀门张贴封条。

第六条 具备下列情形之一的排污者,造成或者可能造成严重污染的,环境保护主管部门应当按照有关环境保护法律法规予以处罚,可以不予实施查封、扣押:

(一)城镇污水处理、垃圾处理、危险废物处置等公共设施的运营单位;

(二)生产经营业务涉及基本民生、公共利益的;

(三)实施查封、扣押可能影响生产安全的。

第七条 环境保护主管部门实施查封、扣押的,应当依法向社会公开查封、扣押决定,查封、扣押延期情况和解除查封、扣押决定等相关信息。

第三章 实施程序

第八条 实施查封、扣押的程序包括调查取证、审批、决定、执行、送达、解除。

第九条 环境保护主管部门实施查封、扣押前,应当做好调查取证工作。

查封、扣押的证据包括现场检查笔录、调查询问笔录、环境监测报告、视听资料、证人证言和其他证明材料。

第十条 需要实施查封、扣押的,应当书面报经环境保护主管部门负责人批准;案情重大或者社会影响较大的,应当经环境保护主管部门案件审查委员会集体审议决定。

第十一条 环境保护主管部门决定实施查封、扣押的，应当制作查封、扣押决定书和清单。

查封、扣押决定书应当载明下列事项：

（一）排污者的基本情况，包括名称或者姓名、营业执照号码或者居民身份证号码、组织机构代码、地址以及法定代表人或者主要负责人姓名等；

（二）查封、扣押的依据和期限；

（三）查封、扣押设施、设备的名称、数量和存放地点等；

（四）排污者应当履行的相关义务及申请行政复议或者提起行政诉讼的途径和期限；

（五）环境保护主管部门的名称、印章和决定日期。

第十二条 实施查封、扣押应当符合下列要求：

（一）由两名以上具有行政执法资格的环境行政执法人员实施，并出示执法身份证件；

（二）通知排污者的负责人或者受委托人到场，当场告知实施查封、扣押的依据以及依法享有的权利、救济途径，并听取其陈述和申辩；

（三）制作现场笔录，必要时可以进行现场拍摄。现场笔录的内容应当包括查封、扣押实施的起止时间和地点等；

（四）当场清点并制作查封、扣押设施、设备清单，由排污者和环境保护主管部门分别收执。委托第三人保管的，应同时交第三人收执。执法人员可以对上述过程进行现场拍摄；

（五）现场笔录和查封、扣押设施、设备清单由排污者和执法人员签名或者盖章；

（六）张贴封条或者采取其他方式，明示环境保护主管部门已实施查封、扣押。

第十三条 情况紧急，需要当场实施查封、扣押的，应当在实施后二十四小时内补办批准手续。环境保护主管部门负责人认为不需要实施查封、扣押的，应当立即解除。

第十四条 查封、扣押决定书应当当场交付排污者负责人或者受委托人签收。排污者负责人或者受委托人应当签名或者盖章，注明日期。

实施查封、扣押过程中，排污者负责人或者受委托人拒不到场或者拒绝签名、盖章的，环境行政执法人员应当予以注明，并可以邀请见证人到场，由见证人和环境行政执法人员签名或者盖章。

第十五条 查封、扣押的期限不得超过三十日；情况复杂的，经本级环境保护主管部门负责人批准可以延长，但延长期限不得超过三十日。法律、法规另有规定的除外。

延长查封、扣押的决定应当及时书面告知排污者，并说明理由。

第十六条 对就地查封的设施、设备，排污者应当妥善保管，不得擅自损毁封条、变更查封状态或者启用已查封的设施、设备。

对扣押的设施、设备，环境保护主管部门应当妥善保管，也可以委托第三人保管。扣押期间设施、设备的保管费用由环境保护主管部门承担。

第十七条 查封的设施、设备造成损失的，由排污者承担。扣押的设施、设备造成损失的，由环境保护主管部门承担；因受委托第三人原因造成损失的，委托的环境保护主管部门先行赔付后，可以向受委托第三人追偿。

第十八条 排污者在查封、扣押期限届满前，可以向决定实施查封、扣押的环境保护主管部门提出解除申请，并附具相关证明材料。

第十九条 环境保护主管部门应当自收到解除查封、扣押申请之日起五个工作日内，组织核查，并根据核查结果分别作出如下决定：

（一）确已改正违反法律法规规定排放污染物行为的，解除查封、扣押；

（二）未改正违反法律法规规定排放污染物行为的，维持查封、扣押。

第二十条 环境保护主管部门实施查封、扣押后，应当及时查清事实，有下列情形之一的，应当立即作出解除查封、扣押决定：

（一）对违反法律法规规定排放污染物行为已经作出行政处罚或者处理决定，不再需要实施查封、扣押的；

（二）查封、扣押期限已经届满的；

（三）其他不再需要实施查封、扣押的情形。

第二十一条 查封、扣押措施被解除的，环境保护主管部门应当立即通知排污者，并自解除查封、扣押决定作出之日起三个工作日内送达解除决定。

扣押措施被解除的，还应当通知排污者领回扣押物；无法通知的，应当进行公告，排污者应当自招领公告发布之日起六十日内领回；逾期未领回的，所造成的损失由排污者自行承担。

扣押物无法返还的，环境保护主管部门可以委托拍卖机构依法拍卖或者变卖，所得款项上缴国库。

第二十二条 排污者涉嫌环境污染犯罪已由公安机关立案侦查的，环境保护主管部门应当依法移送查封、扣押的设施、设备及有关法律文书、清单。

第二十三条 环境保护主管部门对查封后的设施、设备应当定期检视其封存情况。

排污者阻碍执法、擅自损毁封条、变更查封状态或者隐藏、转移、变卖、启用已查封的设施、设备的，环境保护主管部门应当依据《中华人民共和国治安管理处罚法》等法律法规及时提请公安机关依法处理。

第四章 附 则

第二十四条 本办法由国务院环境保护主管部门负责解释。

第二十五条 本办法自2015年1月1日起施行。

环境保护主管部门实施限制生产、停产整治办法

(2014年12月19日发布，2015年1月1日实施，环境保护部令2015年第30号)

第一章 总 则

第一条 为规范实施限制生产、停产整治措施，依据《中华人民共和国环境保护法》，制定本办法。

第二条 县级以上环境保护主管部门对超过污染物排放标准或者超过重点污染物排放总量控制指标排放污染物的企业事业单位和其他生产经营者（以下称排污者），责令采取限制生产、停产整治措施的，适用本办法。

第三条 环境保护主管部门作出限制生产、停产整治决定时，应当责令排污者改正或者限期改正违法行为，并依法实施行政处罚。

第四条 环境保护主管部门实施限制生产、停产整治的，应当依法向社会公开限制生产、停产整治决定，限制生产延期情况和解除限制生产、停产整治的日期等相关信息。

第二章 适用范围

第五条 排污者超过污染物排放标准或者超过重点污染物日最高允许排放总量控制指标的，环境保护主管部门可以责令其采取限制生产措施。

第六条 排污者有下列情形之一的，环境保护主管部门可以责令其采取停产整治措施：

（一）通过暗管、渗井、渗坑、灌注或者篡改、伪造监测数据，或者不正常运行防治污染设施等逃避监管的方式排放污染物，超过污染物排放标准的；

（二）非法排放含重金属、持久性有机污染物等严重危害环境、损害人体健康的污染物超过污染物排放标准三倍以上的；

（三）超过重点污染物排放总量年度控制指标排放污染物的；

（四）被责令限制生产后仍然超过污染物排放标准排放污染物的；

（五）因突发事件造成污染物排放超过排放标准或者重点污染物排放总量控制指标的；

（六）法律、法规规定的其他情形。

第七条 具备下列情形之一的排污者，超过污染物排放标准或者超过重点污染物排放总量控制指标排放污染物的，环境保护主管部门应当按照有关环境保护法律法规予以处罚，可以不予实施停产整治：

（一）城镇污水处理、垃圾处理、危险废物

处置等公共设施的运营单位；

（二）生产经营业务涉及基本民生、公共利益的；

（三）实施停产整治可能影响生产安全的。

第八条 排污者有下列情形之一的，由环境保护主管部门报经有批准权的人民政府责令停业、关闭：

（一）两年内因排放含重金属、持久性有机污染物等有毒物质超过污染物排放标准受过两次以上行政处罚，又实施前列行为的；

（二）被责令停产整治后拒不停产或者擅自恢复生产的；

（三）停产整治决定解除后，跟踪检查发现又实施同一违法行为的；

（四）法律法规规定的其他严重环境违法情节的。

第三章 实施程序

第九条 环境保护主管部门在作出限制生产、停产整治决定前，应当做好调查取证工作。

责令限制生产、停产整治的证据包括现场检查笔录、调查询问笔录、环境监测报告、视听资料、证人证言和其他证明材料。

第十条 作出限制生产、停产整治决定前，应当书面报经环境保护主管部门负责人批准；案情重大或者社会影响较大的，应当经环境保护主管部门案件审查委员会集体审议决定。

第十一条 环境保护主管部门作出限制生产、停产整治决定前，应当告知排污者有关事实、依据及其依法享有的陈述、申辩或者要求举行听证的权利；就同一违法行为进行行政处罚的，可以在行政处罚事先告知书或者行政处罚听证告知书中一并告知。

第十二条 环境保护主管部门作出限制生产、停产整治决定的，应当制作责令限制生产决定书或者责令停产整治决定书，也可以在行政处罚决定书中载明。

第十三条 责令限制生产决定书和责令停产整治决定书应当载明下列事项：

（一）排污者的基本情况，包括名称或者姓名、营业执照号码或者居民身份证号码、组织机构代码、地址以及法定代表人或者主要负责人姓名等；

（二）违法事实、证据，以及作出限制生产、停产整治决定的依据；

（三）责令限制生产、停产整治的改正方式、期限；

（四）排污者应当履行的相关义务及申请行政复议或者提起行政诉讼的途径和期限；

（五）环境保护主管部门的名称、印章和决定日期。

第十四条 环境保护主管部门应当自作出限制生产、停产整治决定之日起七个工作日内将决定书送达排污者。

第十五条 限制生产一般不超过三个月；情况复杂的，经本级环境保护主管部门负责人批准，可以延长，但延长期限不得超过三个月。

停产整治的期限，自责令停产整治决定书送达排污者之日起，至停产整治决定解除之日止。

第十六条 排污者应当在收到责令限制生产决定书或者责令停产整治决定书后立即整改，并在十五个工作日内将整改方案报作出决定的环境保护主管部门备案并向社会公开。整改方案应当确定改正措施、工程进度、资金保障和责任人员等事项。

被限制生产的排污者在整改期间，不得超过污染物排放标准或者重点污染物日最高允许排放总量控制指标排放污染物，并按照环境监测技术规范进行监测或者委托有条件的环境监测机构开展监测，保存监测记录。

第十七条 排污者完成整改任务的，应当在十五个工作日内将整改任务完成情况和整改信息社会公开情况，报作出限制生产、停产整治决定的环境保护主管部门备案，并提交监测报告以及整改期间生产用电量、用水量、主要产品产量与整改前的对比情况等材料。限制生产、停产整治决定自排污者报环境保护主管部门备案之日起解除。

第十八条 排污者有下列情形之一的，限制生产、停产整治决定自行终止：

（一）依法被撤销、解散、宣告破产或者因其他原因终止营业的；

（二）被有批准权的人民政府依法责令停业、关闭的。

第十九条　排污者被责令限制生产、停产整治后，环境保护主管部门应当按照相关规定对排污者履行限制生产、停产整治措施的情况实施后督察，并依法进行处理或者处罚。

第二十条　排污者解除限制生产、停产整治后，环境保护主管部门应当在解除之日起三十日内对排污者进行跟踪检查。

第四章　附　　则

第二十一条　本办法由国务院环境保护主管部门负责解释。

第二十二条　本办法自2015年1月1日起施行。

关于印发《行政主管部门移送适用行政拘留环境违法案件暂行办法》的通知

（2014年12月24日发布，2015年1月1日实施，公治〔2014〕853号）

各省、自治区、直辖市公安厅、局，工业和信息化厅、局，环境保护厅、局，农业（农牧、农村经济）厅、局、委，质量技术监督局，新疆生产建设兵团公安局、工业和信息化局、环境保护局、农业局、质量技术监督局：

新修订的《中华人民共和国环境保护法》（以下简称《环境保护法》）将于2015年1月1日起施行，其中第六十三条对严重环境违法行为适用行政拘留作出了明确规定。为做好《环境保护法》贯彻执行工作，公安部、工业和信息化部、环境保护部、农业部、国家质量监督检验检疫总局制定了《行政主管部门移送适用行政拘留环境违法案件暂行办法》，现印发给你们，请认真贯彻执行。

各地执行中遇到的问题，请及时上报。

公安部

工业和信息化部

环境保护部

农业部

国家质量监督检验检疫总局

2014年12月24日

行政主管部门移送适用行政拘留环境违法案件暂行办法

第一条　为规范环境违法案件行政拘留的实施，监督和保障职能部门依法行使职权，依据《中华人民共和国环境保护法》（以下简称《环境保护法》）的规定，制定本办法。

第二条　本办法适用于县级以上环境保护主管部门或者其他负有环境保护监督管理职责的部门办理尚不构成犯罪，依法作出行政处罚决定后，仍需要移送公安机关处以行政拘留的案件。

第三条　《环境保护法》第六十三条第一项规定的建设项目未依法进行环境影响评价，被责令停止建设，拒不执行的行为，包括以下情形：

（一）送达责令停止建设决定书后，再次检查发现仍在建设的；

（二）现场检查时虽未建设，但有证据证明在责令停止建设期间仍在建设的；

（三）被责令停止建设后，拒绝、阻扰环境保护主管部门或者其他负有环境保护监督管理职责的部门核查的。

第四条　《环境保护法》第六十三条第二项规定的违反法律规定，未取得排污许可证排放污染物，被责令停止排污，拒不执行的行为，包括以下情形：

（一）送达责令停止排污决定书后，再次检查发现仍在排污的；

（二）现场检查虽未发现当场排污，但有证据证明在被责令停止排污期间有过排污事实的；

（三）被责令停止排污后，拒绝、阻挠环境保护主管部门或者其他具有环境保护管理职责的部门核查的。

第五条 《环境保护法》第六十三条第三项规定的通过暗管、渗井、渗坑、灌注等逃避监管的方式违法排放污染物，是指通过暗管、渗井、渗坑、灌注等不经法定排放口排放污染物等逃避监管的方式违法排放污染物：

暗管是指通过隐蔽的方式达到规避监管目的而设置的排污管道，包括埋入地下的水泥管、瓷管、塑料管等，以及地上的临时排污管道；

渗井、渗坑是指无防渗漏措施或起不到防渗作用的、封闭或半封闭的坑、池、塘、井和沟、渠等；

灌注是指通过高压深井向地下排放污染物。

第六条 《环境保护法》第六十三条第三项规定的通过篡改、伪造监测数据等逃避监管的方式违法排放污染物，是指篡改、伪造用于监控、监测污染物排放的手工及自动监测仪器设备的监测数据，包括以下情形：

（一）违反国家规定，对污染源监控系统进行删除、修改、增加、干扰，或者对污染源监控系统中存储、处理、传输的数据和应用程序进行删除、修改、增加，造成污染源监控系统不能正常运行的；

（二）破坏、损毁监控仪器站房、通讯线路、信息采集传输设备、视频设备、电力设备、空调、风机、采样泵及其它监控设施的，以及破坏、损毁监控设施采样管线，破坏、损毁监控仪器、仪表的；

（三）稀释排放的污染物故意干扰监测数据的；

（四）其他致使监测、监控设施不能正常运行的情形。

第七条 《环境保护法》第六十三条第三项规定的通过不正常运行防治污染设施等逃避监管的方式违法排放污染物，包括以下情形：

（一）将部分或全部污染物不经过处理设施，直接排放的；

（二）非紧急情况下开启污染物处理设施的应急排放阀门，将部分或者全部污染物直接排放的；

（三）将未经处理的污染物从污染物处理设施的中间工序引出直接排放的；

（四）在生产经营或者作业过程中，停止运行污染物处理设施的；

（五）违反操作规程使用污染物处理设施，致使处理设施不能正常发挥处理作用的；

（六）污染物处理设施发生故障后，排污单位不及时或者不按规程进行检查和维修，致使处理设施不能正常发挥处理作用的；

（七）其他不正常运行污染防治设施的情形。

第八条 《环境保护法》第六十三条第四项规定的生产、使用国家明令禁止生产、使用的农药，被责令改正，拒不改正的行为，包括以下情形：

（一）送达责令改正文书后再次检查发现仍在生产、使用的；

（二）无正当理由不及时完成责令改正文书规定的改正要求的；

（三）送达责令改正文书后，拒绝、阻挠环境保护、农业、工业和信息化、质量监督检验检疫等主管部门核查的。

国家明令禁止生产、使用的农药是指法律、行政法规和国家有关部门规章、规范性文件明令禁止生产、使用的农药。

第九条 《环境保护法》第六十三条规定的直接负责的主管人员是指违法行为主要获利者和在生产、经营中有决定权的管理、指挥、组织人员；其他直接责任人员是指直接排放、倾倒、处置污染物或者篡改、伪造监测数据的工作人员等。

第十条 县级以上人民政府环境保护主管部门或者其他负有环境保护监督管理职责的部门向公安机关移送环境违法案件，应当制作案件移送审批单，报经本部门负责人批准。

第十一条 案件移送部门应当向公安机关移送下列案卷材料：

（一）移送材料清单；

（二）案件移送书；

（三）案件调查报告；

（四）涉案证据材料；

（五）涉案物品清单；

（六）行政执法部门的处罚决定等相关材料；

（七）其他有关涉案材料等。

案件移送部门向公安机关移送的案卷材料应当为原件，移送前应当将案卷材料复印备查。案件移送部门对移送材料的真实性、合法性负责。

第十二条 案件移送部门应当在作出移送决定后3日内将案件移送书和案件相关材料移送至同级公安机关；公安机关应当按照《公安机关办理行政案件程序规定》的要求受理。

第十三条 公安机关经审查，认为案件违法事实不清、证据不足的，可以在受案后3日内书面告知案件移送部门补充移送相关证据材料，也可以按照《公安机关办理行政案件程序规定》调查取证。

第十四条 公安机关对移送的案件，认为事实清楚、证据确实充分，依法决定行政拘留的，应当在作出决定之日起3日内将决定书抄送案件移送部门。

第十五条 公安机关对移送的案件，认为事实不清、证据不足，不符合行政拘留条件的，应当在受案后5日内书面告知案件移送部门并说明理由，同时退回案卷材料。案件移送部门收到书面告知及退回的案卷材料后应当依法予以结案。

第十六条 实施行政拘留的环境违法案件案卷原件由公安机关结案归档。案件移送部门应当将行政处罚决定书、送交回执等公安机关制作的文书以及其他证据补充材料复印存档，公安机关应当予以配合。

第十七条 上级环境保护主管部门或者其他负有环境保护监督管理职责的部门负责对下级部门经办案件的稽查，发现下级部门应当移送而未移送的，应当责令移送。

第十八条 当事人不服行政拘留处罚申请行政复议或者提起行政诉讼的，案件移送部门应当协助配合公安机关做好行政复议、行政应诉相关工作。

第十九条 本办法有关期间的规定，均为工作日。

第二十条 本办法自2015年1月1日起施行。

限期治理管理办法（试行）

（环境保护部令2009年第6号）

第一章 总 则

第一条 **【立法目的】**为督促排污单位在限期内治理现有污染源，纠正水污染物处理设施与处理需求不匹配的状况，推动水污染物工程减排，根据《中华人民共和国水污染防治法》（以下简称《水污染防治法》），制定本办法。

第二条 **【适用范围】**排污单位的污染源有下列情形之一的，适用限期治理：

（一）排放水污染物超过国家或者地方规定的水污染物排放标准的（本办法以下简称“超标”）；

（二）排放国务院或者省、自治区、直辖市人民政府确定实施总量削减和控制的重点水污染物，超过总量控制指标的（本办法以下简称“超总量”）。

第三条 **【不适用情形】**排放水污染物超标或者超总量，但有下列情形之一，法律法规相关条款另有特别规定的，适用特别规定，不适用限期治理：

（一）建设项目的水污染防治设施未建成、未经验收或者验收不合格，主体工程即投入生产或者使用的，根据《水污染防治法》第七十一条处罚。

（二）建设项目投入试生产，其配套建设的水污染防治设施未与主体工程同时投入试运行的，根据《建设项目环境保护管理条例》第二十六条处罚。

（三）不正常使用水污染物处理设施，或者未经环境保护行政主管部门批准拆除、闲置水污染物处理设施的，根据《水污染防治法》第七十三条处罚。

（四）违法采用国家强制淘汰的造成严重

水污染的设备或者工艺，情节严重的，根据《水污染防治法》第七十七条处罚。

第四条 【级别管辖】国家重点监控企业的限期治理，由省、自治区、直辖市环境保护行政主管部门决定，报环境保护部备案。

省级重点监控企业的限期治理，由所在地设区的市级环境保护行政主管部门决定，报省、自治区、直辖市环境保护行政主管部门备案。

其他排污单位的限期治理，由污染源所在地设区的市级或者县级环境保护行政主管部门决定。

第五条 【特殊管辖】下级环境保护行政主管部门实施限期治理有困难的，可以报请上一级环境保护行政主管部门决定限期治理。

下级环境保护行政主管部门对依法应予限期治理的排污单位不作出限期治理决定的，上级环境保护行政主管部门应当责成下级环境保护行政主管部门依法决定限期治理，或者直接决定限期治理。

排污单位排放水污染物超标或者超总量造成的社会影响特别重大，或者有其他特别严重情形的，环境保护部可以直接决定限期治理。

上下级环境保护行政主管部门，对同一污染源的同一违法行为，不得重复下达限期治理决定。

第六条 【期限】环境保护行政主管部门应当根据完成限期治理任务的实际需要，合理确定限期治理期限。

限期治理期限最长不得超过1年。但完全由于不可抗力的原因，导致被限期治理的排污单位不能按期完成治理任务的除外。

环境保护行政主管部门不得通过重复下达限期治理决定等方式，变相延长限期治理期限。

第七条 【信息公开】环境保护行政主管部门应当通过报刊、门户网站等便于公众知晓的方式，将下列信息向社会公开：

（一）被责令限期治理的排污单位名称、《限期治理决定书》、排污单位的限期治理方案等相关文件；

（二）完成限期治理任务后，被依法解除限期治理的排污单位名称；

（三）因逾期未完成限期治理任务，被依法责令关闭的排污单位名称。

环境保护行政主管部门不得公开涉及国家秘密、商业秘密、个人隐私的政府信息。

第二章 决定程序

第八条 【立案调查】环境保护行政主管部门现场检查时，可以凭环境保护行政主管部门工作人员现场即时采样或者监测的结果，判定污染源排放水污染物是否超标或者超总量。

对经现场检查判定排放水污染物超标或者超总量的污染源，环境保护行政主管部门应当及时分析原因。经分析判断超标或者超总量可能是由水污染物处理设施与处理需求不匹配原因造成的，环境保护行政主管部门应当按照本办法有关限期治理管辖权限的规定立案调查，并确定负责立案调查的机构。

第九条 【判断步骤】对已被立案调查的排污单位，负责立案调查的机构应当通过以下步骤，对排放水污染物超标或者超总量是否因水污染物处理设施与处理需求不匹配所致作出判断，并报环境保护行政主管部门：

（一）现场监测：组织环境监测机构按照污染源监测规范规定的采样频次，对污染源在生产周期内所排水污染物进行监测；

（二）技术评估：组织行业生产专家、污染物处理技术专家和企业代表，采用工艺流程分析、物料衡算等方法，对排污单位水污染物处理设施与处理需求是否匹配进行分析评估。

第十条 【事先告知】环境保护行政主管部门根据监测数据和技术评估结果，判断水污染物处理设施与处理需求不匹配导致排放水污染物超标或者超总量的，应当向排污单位发出《限期治理事先告知书》。

第十一条 【告知内容】《限期治理事先告知书》应当载明以下内容：

（一）排污单位名称；

（二）水污染物处理设施与处理需求不匹配导致排放水污染物超标或者超总量的事实和证据；

（三）拟作出的限期治理决定和法律依据；

（四）未完成限期治理任务的法律后果；

（五）排污单位陈述、申辩和申请听证的权利。

环境保护行政主管部门认为必要时，可以就污染源限期治理事项，约谈排污单位的法定代表人或者其他主要负责人。

第十二条 【申请听证】排污单位对排放水污染物超标或者超总量的事实以及是否应当适用限期治理有异议的，可以自收到《限期治理事先告知书》之日起7个工作日内，向环境保护行政主管部门进行陈述、申辩，或者以书面形式提出听证申请。

第十三条 【组织听证】排污单位提出听证申请的，环境保护行政主管部门应当自收到听证申请之日起7个工作日内，决定听证的时间和地点，并通知排污单位。

依据本办法组织听证的具体程序，参照环境行政处罚听证程序的有关规定执行。

第十四条 【认定事实】环境保护行政主管部门应当在综合考虑监测数据和技术评估结果、排污单位的陈述申辩意见或者听证结果的基础上，对水污染物处理设施与处理需求是否匹配作出认定。

第十五条 【决定限期治理】环境保护行政主管部门对因水污染物处理设施与处理需求不匹配导致排放水污染物超标或者超总量的，应当作出限期治理决定，并制作《限期治理决定书》。

第十六条 【决定书内容】《限期治理决定书》应当载明以下内容：

（一）排污单位的名称、营业执照号码、组织机构代码、地址以及法定代表人或者主要负责人姓名；

（二）事实、证据和作出限期治理决定的法律依据；

（三）限期治理任务，即排污单位在限期治理后应当稳定达到的排放标准或者总量控制指标；

（四）限期治理的期限。

第十七条 【告知相关事项】对被决定限期治理的排污单位，环境保护行政主管部门还应当在《限期治理决定书》中告知以下事项：

（一）排污单位负责自行选择限期治理具体措施；

（二）限期治理期间排放水污染物超标或者超总量的，环境保护行政主管部门可以直接责令限产限排或者停产整治；

（三）逾期未完成限期治理任务的，环境保护行政主管部门将报请人民政府责令关闭。

第十八条 【送达】环境保护行政主管部门应当自作出限期治理决定之日起7个工作日内，将《限期治理决定书》送达排污单位。

《限期治理决定书》自送达之日起生效。

第十九条 【重点湖泊流域】对国家确定的重点湖泊流域内，因排放水污染物超标被要求在2008年6月底前完成治理而逾期未完成，且排放水污染物超标是因水污染物处理设施与处理需求不匹配造成的，环境保护行政主管部门应当依据国务院办公厅转发的《关于加强重点湖泊水环境保护工作的意见》，按照本章规定的程序直接责令停产整治。

第三章 执行与督察

第二十条 【企业采取治理措施】排污单位接到《限期治理决定书》后，应当根据限期治理任务和期限，制定限期治理方案，并报知作出决定的环境保护行政主管部门。

限期治理方案，应当确定具体污染治理措施、进度安排、资金保障和责任人员。

第二十一条 【监测记录】限期治理期间，排污单位应当按照污染源监测规范，对所排水污染物进行监测，保存原始监测记录，以备查核。

不具备环境监测能力的排污单位，应当委托环境保护行政主管部门所属监测机构或者经省、自治区、直辖市环境保护行政主管部门认定的其他监测机构进行监测。

第二十二条 【不得超标超总量】限期治理期间，排放水污染物不得超标或者超总量。

第二十三条 【试运行监管要求】限期治理期间，水污染物处理设施需要试运行并排放污染物的，排污单位应当事先书面报知环境保护行政主管部门。

试运行期间，排污单位应当在污染源监测规范规定的采样频次基础上，相应增加采样频次，进行加密监测。

在试运行期间,因水污染物处理工艺调试等原因所产生的水污染物不可避免超标或者超总量的,排污单位必须将所产生的水污染物存放于应急储存池或者其他临时储存设施,不得直接向环境排放;确需排放的,必须事先报经环境保护行政主管部门批准,并制定突发环境事件应急预案。

第二十四条 【跟踪检查】环境保护行政主管部门作出限期治理决定后,应当制定跟踪检查方案,明确负责跟踪检查的工作机构。

负责跟踪检查的工作机构,应当根据跟踪检查方案,通过现场检查、采样监测等方式,对排污单位执行限期治理决定的治理进度和排放水污染物状况加强后督察。

试运行期间,负责跟踪检查的工作机构应当加强现场监督检查,相应增加监测频次。

第二十五条 【限产限排、停产整治】负责跟踪检查的工作机构发现被责令限期治理的污染源在限期治理期间排放水污染物超标或者超总量的,应当报由环境保护行政主管部门责令限产限排或者责令停产整治。

第四章 解除程序

第二十六条 【解除依据】被责令限期治理的污染源,经过限期治理后,符合下列条件的,可以认定为已完成限期治理任务:

(一)在工况稳定、生产负荷达75%以上、配套的水污染物处理设施正常运行的条件下,按照污染源监测规范规定的采样频次监测认定,在生产周期内所排水污染物浓度的日均值能够稳定达到排放标准限值的。

(二)生产负荷无法调整到75%以上,但经行业生产专家、污染物处理技术专家和企业代表,采用工艺流程分析、物料衡算等方法,认定水污染物处理设施与处理需求相匹配的。

(三)所排重点水污染物未超过有关地方人民政府依法分解的总量控制指标的。

第二十七条 【届满核查】限期治理期限届满之日起7个工作日内,作出限期治理决定的环境保护行政主管部门应当及时组织现场核查。

现场核查,应当采取现场监测、实地察看水污染物处理设施、查阅监测记录、工程建设资料以及投资报告等方式;对因排放水污染物超标或者超总量造成较大社会影响,或者造成跨行政区环境污染的,环境保护行政主管部门还可以通过走访或者举行座谈会等方式,听取公众意见。

负责跟踪检查的工作机构应当对现场核查情况进行记录,形成限期治理现场核查笔录,并由环境保护行政主管部门所属监测机构或者经省、自治区、直辖市环境保护行政主管部门认定的其他监测机构出具限期治理监测报告。限期治理现场核查笔录应当由现场核查人员签字。

第二十八条 【核查意见】负责现场核查的工作机构,应当制作限期治理核查意见,连同限期治理现场核查笔录、限期治理监测报告,一并报本部门负责人。

限期治理核查意见应当提出对排污单位解除限期治理决定或者依法关闭的建议和理由。

限期治理核查意见、现场核查笔录、监测报告,应当与限期治理决定文书,一并存档备查。

第二十九条 【核查后处理】环境保护行政主管部门应当根据不同情况,分别作出如下决定:

(一)对已完成限期治理任务的排污单位,解除限期治理。

(二)对逾期未完成限期治理任务的排污单位,报请有批准权的人民政府责令关闭。

第三十条 【申请提前解除】排污单位在限期治理期限届满前,认为其已完成限期治理任务,可以向决定限期治理的环境保护行政主管部门提出解除申请。

申请提前解除的,应当提交解除限期治理申请书,并附具能够证明其已完成限期治理任务的监测报告等相关资料。

第三十一条 【核查和决定】环境保护行政主管部门应当自收到解除限期治理申请书之日起7个工作日内,按照本办法有关限期治理核查的规定组织核查,分别作出如下处理决定:

(一)对确已提前完成限期治理任务的排污单位,环境保护行政主管部门应当作出提前解除限期治理的决定。

(二)对未提前完成限期治理任务的排污

单位，环境保护行政主管部门应当书面告知其必须采取有效措施，并在期限届满前完成限期治理任务。

第三十二条 【企业后续管理】被解除限期治理的排污单位，应当建立健全环境保护责任制度，保持水污染物处理设施的正常使用，并加强设施的检查和维护，确保所排水污染物稳定达到排放标准或者总量控制指标。

第三十三条 【部门后续监管】环境保护行政主管部门应当将被解除限期治理的排污单位确定为重点监管对象，并加强监督检查。

对被解除限期治理后12个月内再次排放水污染物超标或者超总量的排污单位，应当从重处罚。

第三十四条 【终结情形】被责令限期治理的排污单位，有下列情形之一的，环境保护行政主管部门应当终结限期治理决定：

（一）依法被撤销的；

（二）依法解散的；

（三）依法被宣告破产的；

（四）因其他原因终止营业的。

第五章 附 则

第三十五条 【个体工商户】排放水污染物超标或者超总量的个体工商户的限期治理，依据本办法执行。

第三十六条 【生效】本办法自2009年9月1日起施行。

环境行政处罚办法

（原国家环境保护总局1999年8月6日发布，2009年12月30日第三次部务会议修订通过，自2010年3月1日起实施，环境保护部令2010年第8号）

第一章 总 则

第一条 【立法目的】为规范环境行政处罚的实施，监督和保障环境保护主管部门依法行使职权，维护公共利益和社会秩序，保护公民、法人或者其他组织的合法权益，根据《中华人民共和国行政处罚法》及有关法律、法规，制定本办法。

第二条 【适用范围】公民、法人或者其他组织违反环境保护法律、法规或者规章规定，应当给予环境行政处罚的，应当依照《中华人民共和国行政处罚法》和本办法规定的程序实施。

第三条 【罚教结合】实施环境行政处罚，坚持教育与处罚相结合，服务与管理相结合，引导和教育公民、法人或者其他组织自觉守法。

第四条 【维护合法权益】实施环境行政处罚，应当依法维护公民、法人及其他组织的合法权益，保守相对人的有关技术秘密和商业秘密。

第五条 【查处分离】实施环境行政处罚，实行调查取证与决定处罚分开、决定罚款与收缴罚款分离的规定。

第六条 【规范自由裁量权】行使行政处罚自由裁量权必须符合立法目的，并综合考虑以下情节：

（一）违法行为所造成的环境污染、生态破坏程度及社会影响；

（二）当事人的过错程度；

（三）违法行为的具体方式或者手段；

（四）违法行为危害的具体对象；

（五）当事人是初犯还是再犯；

（六）当事人改正违法行为的态度和所采取的改正措施及效果。

同类违法行为的情节相同或者相似、社会危害程度相当的，行政处罚种类和幅度应当相当。

第七条 【不予处罚情形】违法行为轻微并及时纠正，没有造成危害后果的，不予行政处罚。

第八条 【回避情形】有下列情形之一的，案件承办人员应当回避：

（一）是本案当事人或者当事人近亲属的；

（二）本人或者近亲属与本案有直接利害关系的；

（三）法律、法规或者规章规定的其他回避情形。

符合回避条件的,案件承办人员应当自行回避,当事人也有权申请其回避。

第九条 【法条适用规则】当事人的一个违法行为同时违反两个以上环境法律、法规或者规章条款,应当适用效力等级较高的法律、法规或者规章;效力等级相同的,可以适用处罚较重的条款。

第十条 【处罚种类】根据法律、行政法规和部门规章,环境行政处罚的种类有:

(一)警告;

(二)罚款;

(三)责令停产整顿;

(四)责令停产、停业、关闭;

(五)暂扣、吊销许可证或者其他具有许可性质的证件;

(六)没收违法所得、没收非法财物;

(七)行政拘留;

(八)法律、行政法规设定的其他行政处罚种类。

第十一条 【责令改正与连续违法认定】环境保护主管部门实施行政处罚时,应当及时作出责令当事人改正或者限期改正违法行为的行政命令。

责令改正期限届满,当事人未按要求改正,违法行为仍处于继续或者连续状态的,可以认定为新的环境违法行为。

第十二条 【责令改正形式】根据环境保护法律、行政法规和部门规章,责令改正或者限期改正违法行为的行政命令的具体形式有:

(一)责令停止建设;

(二)责令停止试生产;

(三)责令停止生产或者使用;

(四)责令限期建设配套设施;

(五)责令重新安装使用;

(六)责令限期拆除;

(七)责令停止违法行为;

(八)责令限期治理;

(九)法律、法规或者规章设定的责令改正或者限期改正违法行为的行政命令的其他具体形式。

根据最高人民法院关于行政行为种类和规范行政案件案由的规定,行政命令不属行政处罚。行政命令不适用行政处罚程序的规定。

第十三条 【处罚不免除缴纳排污费义务】实施环境行政处罚,不免除当事人依法缴纳排污费的义务。

第二章 实施主体与管辖

第十四条 【处罚主体】县级以上环境保护主管部门在法定职权范围内实施环境行政处罚。

经法律、行政法规、地方性法规授权的环境监察机构在授权范围内实施环境行政处罚,适用本办法关于环境保护主管部门的规定。

第十五条 【委托处罚】环境保护主管部门可以在其法定职权范围内委托环境监察机构实施行政处罚。受委托的环境监察机构在委托范围内,以委托其处罚的环境保护主管部门名义实施行政处罚。

委托处罚的环境保护主管部门,负责监督受委托的环境监察机构实施行政处罚的行为,并对该行为的后果承担法律责任。

第十六条 【外部移送】发现不属于环境保护主管部门管辖的案件,应当按照有关要求和时限移送有管辖权的机关处理。

涉嫌违法依法应当由人民政府实施责令停产整顿、责令停业、关闭的案件,环境保护主管部门应当立案调查,并提出处理建议报本级人民政府。

涉嫌违法依法应当实施行政拘留的案件,移送公安机关。

涉嫌违反党纪、政纪的案件,移送纪检、监察部门。

涉嫌犯罪的案件,按照《行政执法机关移送涉嫌犯罪案件的规定》等有关规定移送司法机关,不得以行政处罚代替刑事处罚。

第十七条 【案件管辖】县级以上环境保护主管部门管辖本行政区域的环境行政处罚案件。

造成跨行政区域污染的行政处罚案件,由污染行为发生地环境保护主管部门管辖。

第十八条 【优先管辖】两个以上环境保护主管部门都有管辖权的环境行政处罚案件,由最先发现或者最先接到举报的环境保护主管部门管辖。

第十九条 【管辖争议解决】对行政处罚案件的管辖权发生争议时,争议双方应报请共同的上一级环境保护主管部门指定管辖。

第二十条 【指定管辖】下级环境保护主管部门认为其管辖的案件重大、疑难或者实施处罚有困难的，可以报请上一级环境保护主管部门指定管辖。

上一级环境保护主管部门认为下级环境保护主管部门实施处罚确有困难或者不能独立行使处罚权的，经通知下级环境保护主管部门和当事人，可以对下级环境保护主管部门管辖的案件指定管辖。

上级环境保护主管部门可以将其管辖的案件交由有管辖权的下级环境保护主管部门实施行政处罚。

第二十一条 【内部移送】不属于本机关管辖的案件，应当移送有管辖权的环境保护主管部门处理。

受移送的环境保护主管部门对管辖权有异议的，应当报请共同的上一级环境保护主管部门指定管辖，不得再自行移送。

第三章 一般程序

第一节 立 案

第二十二条 【立案条件】环境保护主管部门对涉嫌违反环境保护法律、法规和规章的违法行为，应当进行初步审查，并在7个工作日内决定是否立案。

经审查，符合下列四项条件的，予以立案：

（一）有涉嫌违反环境保护法律、法规和规章的行为；

（二）依法应当或者可以给予行政处罚；

（三）属于本机关管辖；

（四）违法行为发生之日起到被发现之日止未超过2年，法律另有规定的除外。违法行为处于连续或继续状态的，从行为终了之日起计算。

第二十三条 【撤销立案】对已经立案的案件，根据新情况发现不符合第二十二条立案条件的，应当撤销立案。

第二十四条 【紧急案件先行调查取证】对需要立即查处的环境违法行为，可以先行调查取证，并在7个工作日内决定是否立案和补办立案手续。

第二十五条 【立案审查后的案件移送】经立案审查，属于环境保护主管部门管辖，但不属于本机关管辖范围的，应当移送有管辖权的环境保护主管部门；属于其他有关部门管辖范围的，应当移送其他有关部门。

第二节 调查取证

第二十六条 【专人负责调查取证】环境保护主管部门对登记立案的环境违法行为，应当指定专人负责，及时组织调查取证。

第二十七条 【协助调查取证】需要委托其他环境保护主管部门协助调查取证的，应当出具书面委托调查函。

受委托的环境保护主管部门应当予以协助。无法协助的，应当及时将无法协助的情况和原因函告委托机关。

第二十八条 【调查取证出示证件】调查取证时，调查人员不得少于两人，并应当出示中国环境监察证或者其他行政执法证件。

第二十九条 【调查人员职权】调查人员有权采取下列措施：

（一）进入有关场所进行检查、勘察、取样、录音、拍照、录像；

（二）询问当事人及有关人员，要求其说明相关事项和提供有关材料；

（三）查阅、复制生产记录、排污记录和其他有关材料。

环境保护主管部门组织的环境监测等技术人员随同调查人员进行调查时，有权采取上述措施和进行监测、试验。

第三十条 【调查人员责任】调查人员负有下列责任：

（一）对当事人的基本情况、违法事实、危害后果、违法情节等情况进行全面、客观、及时、公正的调查；

（二）依法收集与案件有关的证据，不得以暴力、威胁、引诱、欺骗以及其他违法手段获取证据；

（三）询问当事人、证人或者其他有关人员，应当告知其依法享有的权利；

（四）对当事人、证人或者其他有关人员的陈述如实记录。

第三十一条 【当事人配合调查】当事人及有关人员应当配合调查、检查或者现场勘验，如实回答询问，不得拒绝、阻碍、隐瞒或者提供虚假情况。

第三十二条 【证据类别】环境行政处罚证据,主要有书证、物证、证人证言、视听资料和计算机数据、当事人陈述、监测报告和其他鉴定结论、现场检查(勘察)笔录等形式。

证据应当符合法律、法规、规章和最高人民法院有关行政执法和行政诉讼证据的规定,并经查证属实才能作为认定事实的依据。

第三十三条 【现场检查笔录】对有关物品或者场所进行检查时,应当制作现场检查(勘察)笔录,可以采取拍照、录像或者其他方式记录现场情况。

第三十四条 【现场检查取样】需要取样的,应当制作取样记录或者将取样过程记入现场检查(勘察)笔录,可以采取拍照、录像或者其他方式记录取样情况。

第三十五条 【监测报告要求】环境保护主管部门组织监测的,应当提出明确具体的监测任务,并要求提交监测报告。

监测报告必须载明下列事项:

(一)监测机构的全称;

(二)监测机构的国家计量认证标志(CMA)和监测字号;

(三)监测项目的名称、委托单位、监测时间、监测点位、监测方法、检测仪器、检测分析结果等内容;

(四)监测报告的编制、审核、签发等人员的签名和监测机构的盖章。

第三十六条 【在线监测数据可为证据】环境保护主管部门可以利用在线监控或者其他技术监控手段收集违法行为证据。经环境保护主管部门认定的有效性数据,可以作为认定违法事实的证据。

第三十七条 【现场监测数据可为证据】环境保护主管部门在对排污单位进行监督检查时,可以现场即时采样,监测结果可以作为判定污染物排放是否超标的证据。

第三十八条 【证据的登记保存】在证据可能灭失或者以后难以取得的情况下,经本机关负责人批准,调查人员可以采取先行登记保存措施。

情况紧急的,调查人员可以先采取登记保存措施,再报请机关负责人批准。

先行登记保存有关证据,应当当场清点,开具清单,由当事人和调查人员签名或者盖章。

先行登记保存期间,不得损毁、销毁或者转移证据。

第三十九条 【登记保存措施与解除】对于先行登记保存的证据,应当在7个工作日内采取以下措施:

(一)根据情况及时采取记录、复制、拍照、录像等证据保全措施;

(二)需要鉴定的,送交鉴定;

(三)根据有关法律、法规规定可以查封、暂扣的,决定查封、暂扣;

(四)违法事实不成立,或者违法事实成立但依法不应当查封、暂扣或者没收的,决定解除先行登记保存措施。

超过7个工作日未作出处理决定的,先行登记保存措施自动解除。

第四十条 【依法实施查封暂扣】实施查封、暂扣等行政强制措施,应当有法律、法规的明确规定,并应当告知当事人有申请行政复议和提起行政诉讼的权利。

第四十一条 【查封暂扣实施要求】查封、暂扣当事人的财物,应当当场清点,开具清单,由调查人员和当事人签名或者盖章。

查封、暂扣的财物应当妥善保管,严禁动用、调换、损毁或者变卖。

第四十二条 【查封暂扣解除】经查明与违法行为无关或者不再需要采取查封、暂扣措施的,应当解除查封、暂扣措施,将查封、暂扣的财物如数返还当事人,并由调查人员和当事人在财物清单上签名或者盖章。

第四十三条 【当事人与现场调查取证】环境保护主管部门调查取证时,当事人应当到场。

下列情形不影响调查取证的进行:

(一)当事人拒不到场的;

(二)无法找到当事人的;

(三)当事人拒绝签名、盖章或者以其他方式确认的;

(四)暗查或者其他方式调查的;

(五)当事人未到场的其他情形。

第四十四条 【调查终结】有下列情形之一的，可以终结调查：

（一）违法事实清楚、法律手续完备、证据充分的；

（二）违法事实不成立的；

（三）作为当事人的自然人死亡的；

（四）作为当事人的法人或者其他组织终止，无法人或者其他组织承受其权利义务，又无其他关系人可以追查的；

（五）发现不属于本机关管辖的；

（六）其他依法应当终结调查的情形。

第四十五条 【案件移送审查】终结调查的，案件调查机构应当提出已查明违法行为的事实和证据、初步处理意见，按照查处分离的原则送本机关处罚案件审查部门审查。

第三节 案件审查

第四十六条 【案件审查的内容】案件审查的主要内容包括：

（一）本机关是否有管辖权；

（二）违法事实是否清楚；

（三）证据是否确凿；

（四）调查取证是否符合法定程序；

（五）是否超过行政处罚追诉时效；

（六）适用依据和初步处理意见是否合法、适当。

第四十七条 【补充或重新调查取证】违法事实不清、证据不充分或者调查程序违法的，应当退回补充调查取证或者重新调查取证。

第四节 告知和听证

第四十八条 【处罚告知和听证】在作出行政处罚决定前，应当告知当事人有关事实、理由、依据和当事人依法享有的陈述、申辩权利。

在作出暂扣或吊销许可证、较大数额的罚款和没收等重大行政处罚决定之前，应当告知当事人有要求举行听证的权利。

第四十九条 【当事人申辩的处理】环境保护主管部门应当对当事人提出的事实、理由和证据进行复核。当事人提出的事实、理由或者证据成立的，应当予以采纳。

不得因当事人的申辩而加重处罚。

第五十条 【处罚听证的执行】行政处罚听证按有关规定执行。

第五节 处理决定

第五十一条 【处罚决定】本机关负责人经过审查，分别作出如下处理：

（一）违法事实成立，依法应当给予行政处罚的，根据其情节轻重及具体情况，作出行政处罚决定；

（二）违法行为轻微，依法可以不予行政处罚的，不予行政处罚；

（三）符合本办法第十六条情形之一的，移送有权机关处理。

第五十二条 【重大案件集体审议】案情复杂或者对重大违法行为给予较重的行政处罚，环境保护主管部门负责人应当集体审议决定。

集体审议过程应当予以记录。

第五十三条 【处罚决定书的制作】决定给予行政处罚的，应当制作行政处罚决定书。

对同一当事人的两个或者两个以上环境违法行为，可以分别制作行政处罚决定书，也可以列入同一行政处罚决定书。

第五十四条 【处罚决定书的内容】行政处罚决定书应当载明以下内容：

（一）当事人的基本情况，包括当事人姓名或者名称、组织机构代码、营业执照号码、地址等；

（二）违反法律、法规或者规章的事实和证据；

（三）行政处罚的种类、依据和理由；

（四）行政处罚的履行方式和期限；

（五）不服行政处罚决定，申请行政复议或者提起行政诉讼的途径和期限；

（六）作出行政处罚决定的环境保护主管部门名称和作出决定的日期，并且加盖作出行政处罚决定环境保护主管部门的印章。

第五十五条 【作出处罚决定的时限】环境保护行政处罚案件应当自立案之日起的3个月内作出处理决定。案件办理过程中听证、公告、监测、鉴定、送达等时间不计入期限。

第五十六条 【处罚决定的送达】行政处罚决定书应当送达当事人，并根据需要抄送与案件有关的单位和个人。

第五十七条 【送达方式】送达行政处罚文书可

以采取直接送达、留置送达、委托送达、邮寄送达、转交送达、公告送达、公证送达或者其他方式。

送达行政处罚文书应当使用送达回证并存档。

第四章 简易程序

第五十八条 【简易程序的适用】违法事实确凿、情节轻微并有法定依据，对公民处以50元以下、对法人或者其他组织处以1000元以下罚款或者警告的行政处罚，可以适用本章简易程序，当场作出行政处罚决定。

第五十九条 【简易程序规定】当场作出行政处罚决定时，环境执法人员不得少于两人，并应遵守下列简易程序：

（一）执法人员应向当事人出示中国环境监察证或者其他行政执法证件；

（二）现场查清当事人的违法事实，并依法取证；

（三）向当事人说明违法的事实、行政处罚的理由和依据、拟给予的行政处罚，告知陈述、申辩权利；

（四）听取当事人的陈述和申辩；

（五）填写预定格式、编有号码、盖有环境保护主管部门印章的行政处罚决定书，由执法人员签名或者盖章，并将行政处罚决定书当场交付当事人；

（六）告知当事人如对当场作出的行政处罚决定不服，可以依法申请行政复议或者提起行政诉讼。

以上过程应当制作笔录。

执法人员当场作出的行政处罚决定，应当在决定之日起3个工作日内报所属环境保护主管部门备案。

第五章 执行

第六十条 【处罚决定的履行】当事人应当在行政处罚决定书确定的期限内，履行处罚决定。

申请行政复议或者提起行政诉讼的，不停止行政处罚决定的执行。

第六十一条 【强制执行的适用】当事人逾期不申请行政复议、不提起行政诉讼、又不履行处罚决定的，由作出处罚决定的环境保护主管部门申请人民法院强制执行。

第六十二条 【强制执行的期限】申请人民法院强制执行应当符合《最高人民法院关于执行〈中华人民共和国行政诉讼法〉若干问题的解释》的规定，并在下列期限内提起：

（一）行政处罚决定书送达后当事人未申请行政复议且未提起行政诉讼的，在处罚决定书送达之日起60日后起算的180日内；

（二）复议决定书送达后当事人未提起行政诉讼的，在复议决定书送达之日起15日后起算的180日内；

（三）第一审行政判决后当事人未提出上诉的，在判决书送达之日起15日后起算的180日内；

（四）第一审行政裁定后当事人未提出上诉的，在裁定书送达之日起10日后起算的180日内；

（五）第二审行政判决书送达之日起180日内。

第六十三条 【被处罚企业资产重组后的执行】当事人实施违法行为，受到处以罚款、没收违法所得或者没收非法财物等处罚后，发生企业分立、合并或者其他资产重组等情形，由承受当事人权利义务的法人、其他组织作为被执行人。

第六十四条 【延期或者分期缴纳罚款】确有经济困难，需要延期或者分期缴纳罚款的，当事人应当在行政处罚决定书确定的缴纳期限届满前，向作出行政处罚决定的环境保护主管部门提出延期或者分期缴纳的书面申请。

批准当事人延期或者分期缴纳罚款的，应当制作同意延期（分期）缴纳罚款通知书，并送达当事人和收缴罚款的机构。延期或者分期缴纳的最后一期缴纳时间不得晚于申请人民法院强制执行的最后期限。

第六十五条 【没收物品的处理】依法没收的非法财物，应当按照国家规定处理。

销毁物品，应当按照国家有关规定处理；没有规定的，经环境保护主管部门负责人批准，由两名以上环境执法人员监督销毁，并制作销毁记录。

处理物品应当制作清单。

第六十六条 【罚没款上缴国库】罚没款及没收物品的变价款,应当全部上缴国库,任何单位和个人不得截留、私分或者变相私分。

第六章 结案和归档

第六十七条 【结案】有下列情形之一的,应当结案:

(一)行政处罚决定由当事人履行完毕的;

(二)行政处罚决定依法强制执行完毕的;

(三)不予行政处罚等无须执行的;

(四)行政处罚决定被依法撤销的;

(五)环境保护主管部门认为可以结案的其他情形。

第六十八条 【立卷归档】结案的行政处罚案件,应当按照下列要求将案件材料立卷归档:

(一)一案一卷,案卷可以分正卷、副卷;

(二)各类文书齐全,手续完备;

(三)书写文书用签字笔、钢笔或者打印;

(四)案卷装订应当规范有序,符合文档要求。

第六十九条 【归档顺序】正卷按下列顺序装订:

(一)行政处罚决定书及送达回证;

(二)立案审批材料;

(三)调查取证及证据材料;

(四)行政处罚事先告知书、听证告知书、听证通知书等法律文书及送达回证;

(五)听证笔录;

(六)财物处理材料;

(七)执行材料;

(八)结案材料;

(九)其他有关材料。

副卷按下列顺序装订:

(一)投诉、申诉、举报等案源材料;

(二)涉及当事人有关技术秘密和商业秘密的材料;

(三)听证报告;

(四)审查意见;

(五)集体审议记录;

(六)其他有关材料。

第七十条 【案卷管理】案卷归档后,任何单位、个人不得修改、增加、抽取案卷材料。案卷保管及查阅,按档案管理有关规定执行。

第七十一条 【案件统计】环境保护主管部门应当建立行政处罚案件统计制度,并按照环境保护部有关环境统计的规定向上级环境保护主管部门报送本行政区的行政处罚情况。

第七章 监　督

第七十二条 【信息公开】除涉及国家机密、技术秘密、商业秘密和个人隐私外,行政处罚决定应当向社会公开。

第七十三条 【监督检查】上级环境保护主管部门负责对下级环境保护主管部门的行政处罚工作情况进行监督检查。

第七十四条 【处罚备案】环境保护主管部门应当建立行政处罚备案制度。

下级环境保护主管部门对上级环境保护主管部门督办的处罚案件,应当在结案后20日内向上一级环境保护主管部门备案。

第七十五条 【纠正、撤销或变更】环境保护主管部门通过接受当事人的申诉和检举,或者通过备案审查等途径,发现下级环境保护主管部门的行政处罚决定违法或者显失公正的,应当督促其纠正。

环境保护主管部门经过行政复议,发现下级环境保护主管部门作出的行政处罚违法或者显失公正的,依法撤销或者变更。

第七十六条 【评议和表彰】环境保护主管部门可以通过案件评查或者其他方式评议行政处罚工作。对在行政处罚工作中做出显著成绩的单位和个人,可依照国家或者地方的有关规定给予表彰和奖励。

第八章 附　则

第七十七条 【违法所得的认定】当事人违法所获得的全部收入扣除当事人直接用于经营活动的合理支出,为违法所得。

法律、法规或者规章对“违法所得”的认定另有规定的,从其规定。

第七十八条 【较大数额罚款的界定】本办法第四十八条所称“较大数额”罚款和没收,对公民是指人民币(或者等值物品价值)5000元以上、对法人或者其他组织是指人民币(或者等值物品价值)50000元以上。

地方性法规、地方政府规章对“较大数额”罚款和没收的限额另有规定的,从其规定。

第七十九条 【期间规定】本办法有关期间的规定,除注明工作日(不包含节假日)外,其他期间按自然日计算。

期间开始之日,不计算在内。期间届满的最后一日是节假日的,以节假日后的第一日为期间届满的日期。期间不包括在途时间,行政处罚文书在期满前交邮的,视为在有效期内。

第八十条 【相关法规适用】本办法未作规定的其他事项,适用《行政处罚法》、《罚款决定与罚款收缴分离实施办法》、《环境保护违法违纪行为处分暂行规定》等有关法律、法规和规章的规定。

第八十一条 【核安全处罚适用例外】核安全监督管理的行政处罚,按照国家有关核安全监督管理的规定执行。

第八十二条 【生效日期】本办法自2010年3月1日起施行。

1999年8月6日原国家环境保护总局发布的《环境保护行政处罚办法》同时废止。

环境行政处罚听证程序规定

(环境保护部办公厅2010年12月27日发布,2011年2月1日实施,环办〔2010〕174号)

第一章 总 则

第一条 为规范环境行政处罚听证程序,监督和保障环境保护主管部门依法实施行政处罚,保护公民、法人和其他组织的合法权益,根据《中华人民共和国行政处罚法》、《环境行政处罚办法》等法律、行政法规和规章的有关规定,制定本程序规定。

第二条 环境保护主管部门作出行政处罚决定前,当事人申请举行听证的,适用本程序规定。

第三条 环境保护主管部门组织听证,应当遵循公开、公正和便民的原则,充分听取意见,保证当事人陈述、申辩和质证的权利。

第四条 除涉及国家秘密、商业秘密或者个人隐私外,听证应当公开举行。

公开举行的听证,公民、法人或者其他组织可以申请参加旁听。

第二章 听证的适用范围

第五条 环境保护主管部门在作出以下行政处罚决定之前,应当告知当事人有申请听证的权利;当事人申请听证的,环境保护主管部门应当组织听证:

(一)拟对法人、其他组织处以人民币50000元以上或者对公民处以人民币5000元以上罚款的;

(二)拟对法人、其他组织处以人民币(或者等值物品价值)50000元以上或者对公民处以人民币(或者等值物品价值)5000元以上的没收违法所得或者没收非法财物的;

(三)拟处以暂扣、吊销许可证或者其他具有许可性质的证件的;

(四)拟责令停产、停业、关闭的。

第六条 环境保护主管部门认为案件重大疑难的,经商当事人同意,可以组织听证。

第三章 听证主持人和听证参加人

第七条 听证由拟作出行政处罚决定的环境保护主管部门组织。

第八条 环境保护主管部门指定1名听证主持人和1名记录员具体承担听证工作,必要时可以指定听证员协助听证主持人。

听证主持人、听证员和记录员应当是非本案调查人员。

涉及专业知识的听证案件,可以邀请有关专家担任听证员。

第九条 听证主持人履行下列职责:

(一)决定举行听证会的时间、地点;

(二)依照规定程序主持听证会;

(三)就听证事项进行询问;

(四)接收并审核证据,必要时可要求听证参加人提供或者补充证据;

(五)维持听证秩序;

(六)决定中止、终止或者延期听证;

（七）审阅听证笔录；

（八）法律、法规、规章规定的其他职责。

听证员协助听证主持人履行上述职责。

记录员承担听证准备和听证记录的具体工作。

第十条 听证主持人负有下列义务：

（一）决定将听证通知送达案件听证参加人；

（二）公正地主持听证，保障当事人行使陈述权、申辩权和质证权；

（三）具有回避情形的，自行回避；

（四）保守听证案件涉及的国家秘密、商业秘密和个人隐私；

（五）向本部门负责人书面报告听证会情况。

记录员应当如实制作听证笔录，并承担本条第（三）、（四）项所规定的义务。

第十一条 有下列情形之一的，听证主持人、听证员、记录员应当自行回避，当事人也有权申请其回避：

（一）是本案调查人员或者调查人员的近亲属；

（二）是本案当事人或者当事人的近亲属；

（三）是当事人的代理人或者当事人代理人的近亲属；

（四）是本案的证人、鉴定人、监测人员；

（五）与本案有直接利害关系；

（六）与听证事项有其他关系，可能影响公正听证的。

前款规定，也适用于鉴定、监测人员。

第十二条 当事人应当在听证会开始前书面提出回避申请，并说明理由。

在听证会开始后才知道回避事由的，可以在听证会结束前提出。

在回避决定作出前，被申请回避的人员不停止参与听证工作。

第十三条 听证员、记录员、证人、鉴定人、监测人员的回避，由听证主持人决定；听证主持人的回避，由听证组织机构负责人决定；听证主持人为听证组织机构负责人的，其回避由环境保护主管部门负责人决定。

第十四条 当事人享有下列权利：

（一）申请或者放弃听证；

（二）依法申请不公开听证；

（三）依法申请听证主持人、听证员、记录员回避；

（四）可以亲自参加听证，也可以委托1至2人代理参加听证；

（五）就听证事项进行陈述、申辩和举证、质证；

（六）进行最后陈述；

（七）审阅并核对听证笔录；

（八）依法查阅案卷材料。

第十五条 当事人负有下列义务：

（一）依法举证、质证；

（二）如实陈述和回答询问；

（三）遵守听证纪律。

案件调查人员、第三人、有关证人亦负有上述义务。

第十六条 与案件有直接利害关系的公民、法人或其他组织要求参加听证会的，环境保护主管部门可以通知其作为第三人参加听证。

第三人超过5人的，可以推选1至5名代表参加听证，并于听证会前提交授权委托书。

第四章 听证的告知、申请和通知

第十七条 对适用听证程序的行政处罚案件，环境保护主管部门应当在作出行政处罚决定前，制作并送达《行政处罚听证告知书》，告知当事人有要求听证的权利。

《行政处罚听证告知书》应当载明下列事项：

（一）当事人的姓名或者名称；

（二）已查明的环境违法事实和证据、处罚理由和依据；

（三）拟作出的行政处罚的种类和幅度；

（四）当事人申请听证的权利；

（五）提出听证申请的期限、申请方式及未如期提出申请的法律后果；

（六）环境保护主管部门名称和作出日期，并且加盖环境保护主管部门的印章。

第十八条 当事人要求听证的，应当在收到《行政处罚听证告知书》之日起3日内，向拟作出行政处罚决定的环境保护主管部门提出书面申请。当事人未如期提出书面申请的，环境保护主管部门不再组织听证。

以邮寄方式提出申请的,以寄出的邮戳日期为申请日期。

因不可抗力或者其他特殊情况不能在规定期限内提出听证申请的,当事人可以在障碍消除的3日内提出听证申请。

第十九条 环境保护主管部门应当在收到当事人听证申请之日起7日内进行审查。对不符合听证条件的,决定不组织听证,并告知理由。对符合听证条件的,决定组织听证,制作并送达《行政处罚听证通知书》。

第二十条 有下列情形之一的,由拟作出行政处罚决定的环境保护主管部门决定不组织听证:

(一)申请人不是本案当事人的;

(二)未在规定期限内提出听证申请的;

(三)不属于本程序规定第五条、第六条规定的听证适用范围的;

(四)其他不符合听证条件的。

第二十一条 同一行政处罚案件的两个以上当事人分别提出听证申请的,可以合并举行听证会。

案件有两个以上当事人,其中部分当事人提出听证申请的,环境保护主管部门可以通知其他当事人参加听证。

只有部分当事人参加听证的,可以只对涉及该部分当事人的案件事实、证据、法律适用进行听证。

第二十二条 听证会应当在决定听证之日起30日内举行。

《行政处罚听证通知书》应当载明下列事项,并在举行听证会的7日前送达当事人和第三人:

(一)当事人的姓名或者名称;

(二)听证案由;

(三)举行听证会的时间、地点;

(四)公开举行听证与否及不公开听证的理由;

(五)听证主持人、听证员、记录员的姓名、单位、职务等信息;

(六)委托代理权、对听证主持人和听证员的回避申请权等权利;

(七)提前办理授权委托手续、携带证据材料、通知证人出席等注意事项;

(八)环境保护主管部门名称和作出日期,并盖有环境保护主管部门印章。

第二十三条 当事人申请变更听证时间的,应当在听证会举行的3日前向组织听证的环境保护主管部门提出书面申请,并说明理由。

理由正当的,环境保护主管部门应当同意。

第二十四条 环境保护主管部门可以根据场地等条件,确定旁听听证会的人数。

第二十五条 委托代理人参加听证的,应当在听证会前提交授权委托书。授权委托书应当载明下列事项:

(一)委托人及其代理人的基本信息;

(二)委托事项及权限;

(三)代理权的起止日期;

(四)委托日期;

(五)委托人签名或者盖章。

第二十六条 案件调查人员、当事人、第三人可以通知鉴定人、监测人员和证人出席听证会,并在听证会举行的1日前将前述人员的基本情况和拟证明的事项书面告知组织听证的环境保护主管部门。

第五章 听证会的举行

第二十七条 听证会按下列程序进行:

(一)记录员查明听证参加人的身份和到场情况,宣布听证会场纪律和注意事项,介绍听证主持人、听证员和记录员的姓名、工作单位、职务;

(二)听证主持人宣布听证会开始,介绍听证案由,询问并核实听证参加人的身份,告知听证参加人的权利和义务;询问当事人、第三人是否申请听证主持人、听证员和记录员回避;

(三)案件调查人员陈述当事人违法事实,出示证据,提出初步处罚意见和依据;

(四)当事人进行陈述、申辩,提出事实理由依据和证据;

(五)第三人进行陈述,提出事实理由依据和证据;

(六)案件调查人员、当事人、第三人进行质证、辩论;

(七)案件调查人员、当事人、第三人作最

后陈述；

（八）听证主持人宣布听证会结束。

第二十八条 听证参加人和旁听人员应当遵守如下会场纪律：

（一）未经听证主持人允许，听证参加人不得发言、提问；

（二）未经听证主持人允许，听证参加人不得退场；

（三）未经听证主持人允许，听证参加人和旁听人员不得录音、录像或者拍照；

（四）旁听人员不得发言、提问；

（五）听证参加人和旁听人员不得喧哗、鼓掌、哄闹、随意走动、接打电话或者进行其他妨碍听证的活动。

听证参加人和旁听人员违反上述纪律，致使听证会无法顺利进行的，听证主持人有权予以警告直至责令其退出会场。

第二十九条 听证申请人无正当理由不出席听证会的，视为放弃听证权利。

听证申请人违反听证纪律被听证主持人责令退出会场的，视为放弃听证权利。

第三十条 在听证过程中，听证主持人可以向案件调查人员、当事人、第三人和证人发问，有关人员应当如实回答。

第三十一条 与案件相关的证据应当在听证中出示，并经质证后确认。

涉及国家秘密、商业秘密和个人隐私的证据，由听证主持人和听证员验证，不公开出示。

第三十二条 质证围绕证据的合法性、真实性、关联性进行，针对证据证明效力有无以及证明效力大小进行质疑、说明与辩驳。

第三十三条 对书证、物证和视听资料进行质证时，应当出示证据的原件或者原物。

有下列情形之一，经听证主持人同意可以出示复制件或者复制品：

（一）出示原件或者原物确有困难的；

（二）原件或者原物已经不存在的。

第三十四条 视听资料应当在听证会上播放或者显示，并进行质证后认定。

第三十五条 环境保护主管部门应当对听证会全过程制作笔录。听证笔录应当载明下列事项：

（一）听证案由；

（二）听证主持人、听证员和记录员的姓名、工作单位、职务；

（三）听证参加人的基本情况；

（四）听证的时间、地点；

（五）听证公开情况；

（六）案件调查人员陈述的当事人违法事实、证据，提出的初步处理意见和依据；

（七）当事人和其他听证参加人的主要观点、理由和依据；

（八）相互质证、辩论情况；

（九）延期、中止或者终止的说明；

（十）听证主持人对听证活动中有关事项的处理情况；

（十一）听证主持人认为应当记入听证笔录的其他事项。

听证结束后，听证笔录交陈述意见的案件调查人员、当事人、第三人审核无误后当场签字或者盖章。拒绝签字或者盖章的，将情况记入听证笔录。

听证主持人、听证员、记录员审核无误后在听证笔录上签字或者盖章。

第三十六条 听证终结后，听证主持人将听证会情况书面报告本部门负责人。

听证报告包括以下内容：

（一）听证会举行的时间、地点；

（二）听证案由、听证内容；

（三）听证主持人、听证员、书记员、听证参加人的基本信息；

（四）听证参加人提出的主要事实、理由和意见；

（五）对当事人意见的采纳建议及理由；

（六）综合分析，提出处罚建议。

第三十七条 有下列情形之一的，可以延期举行听证会：

（一）因不可抗力致使听证会无法按期举行的；

（二）当事人在听证会上申请听证主持人回避，并有正当理由的；

（三）当事人申请延期，并有正当理由的；

（四）需要延期听证的其他情形。

听证会举行前出现上述情形的，环境保护

主管部门决定延期听证并通知听证参加人；听证会举行过程中出现上述情形的，听证主持人决定延期听证并记入听证笔录。

第三十八条 有下列情形之一的，中止听证并书面通知听证参加人：

（一）听证主持人认为听证过程中提出的新的事实、理由、依据有待进一步调查核实或者鉴定的；

（二）其他需要中止听证的情形。

第三十九条 延期、中止听证的情形消失后，环境保护主管部门决定恢复听证的，应书面通知听证参加人。

第四十条 有下列情形之一的，终止听证：

（一）当事人明确放弃听证权利的；

（二）听证申请人撤回听证申请的；

（三）听证申请人无正当理由不出席听证会的；

（四）听证申请人在听证过程中声明退出的；

（五）听证申请人未经听证主持人允许中途退场的；

（六）听证申请人为法人或者其他组织的，该法人或者其他组织终止后，承受其权利、义务的法人或者组织放弃听证权利的；

（七）听证申请人违反听证纪律，妨碍听证会正常进行，被听证主持人责令退场的；

（八）因客观情况发生重大变化，致使听证会没有必要举行的；

（九）应当终止听证的其他情形。

听证会举行前出现上述情形的，环境保护主管部门决定终止听证，并通知听证参加人；听证会举行过程中出现上述情形的，听证主持人决定终止听证并记入听证笔录。

第四十一条 举行听证会的期间，不计入作出行政处罚的时限内。

第六章 附 则

第四十二条 本程序规定所称当事人是指被事先告知将受到适用听证程序的行政处罚的公民、法人或者其他组织。

本程序规定所称案件调查人员是指环境保护主管部门内部具体承担行政处罚案件调查取证工作的人员。

第四十三条 经法律、法规授权的环境监察机构，适用本程序规定关于环境保护主管部门的规定。

第四十四条 环境保护主管部门在作出责令停止建设、责令停止生产或使用的行政命令之前，认为需要组织听证的，可以参照本程序规定执行。

第四十五条 环境保护主管部门组织听证所需经费，列入本行政机关的行政经费，由本级财政予以保障。

当事人不承担环境保护主管部门组织听证的费用。

第四十六条 听证主持人、听证员、记录员违反有关规定的，由所在单位依法给予行政处分。

第四十七条 地方性法规、地方政府规章另有规定的，从其规定。

第四十八条 本规定自2011年2月1日起施行。

规范环境行政处罚自由裁量权若干意见

（环境保护部2009年3月11日发布，2009年3月11日实施，环发〔2009〕24号）

环境行政处罚自由裁量权，是指环保部门在查处环境违法行为时，依据法律、法规和规章的规定，酌情决定对违法行为人是否处罚、处罚种类和处罚幅度的权限。

正确行使环境行政处罚自由裁量权，是严格执法、科学执法、推进依法行政的基本要求。近年来，各级环保部门在查处环境违法行为过程中，依法行使自由裁量权，对于准确适用环保法规，提高环境监管水平，打击恶意环境违法行为，防治环境污染和保障人体健康发挥了重要作用。但是,在行政处罚工作中,一些地方还不同程度地存在着不当行使自由裁量权的问题,个别地区出现了滥用自由裁量权的现象,甚至由此滋生执法腐败,在社会上造成不良影响,应当坚决予以纠正。

为进一步规范环境行政处罚自由裁量权,提高环保系统依法行政的能力和水平,有效预防执法腐败,现提出如下意见。

一、准确适用法规条款

1. 高位法优先适用规则

环保法律的效力高于行政法规、地方性法规、规章;环保行政法规的效力高于地方性法规、规章;环保地方性法规的效力高于本级和下级政府规章;省级政府制定的环保规章的效力高于本行政区域内的较大的市政府制定的规章。

2. 特别法优先适用规则

同一机关制定的环保法律、行政法规、地方性法规和规章,特别规定与一般规定不一致的,适用特别规定。

3. 新法优先适用规则

同一机关制定的环保法律、行政法规、地方性法规和规章,新的规定与旧的规定不一致的,适用新的规定。

4. 地方法规优先适用情形

环保地方性法规或者地方政府规章依据环保法律或者行政法规的授权,并根据本行政区域的实际情况作出的具体规定,与环保部门规章对同一事项规定不一致的,应当优先适用环保地方性法规或者地方政府规章。

5. 部门规章优先适用情形

环保部门规章依据法律、行政法规的授权作出的实施性规定,或者环保部门规章对于尚未制定法律、行政法规而国务院授权的环保事项作出的具体规定,与环保地方性法规或者地方政府规章对同一事项规定不一致的,应当优先适用环保部门规章。

6. 部门规章冲突情形下的适用规则

环保部门规章与国务院其他部门制定的规章之间,对同一事项的规定不一致的,应当优先适用根据专属职权制定的规章;两个以上部门联合制定的规章,优先于一个部门单独制定的规章;不能确定如何适用的,应当按程序报请国务院裁决。

二、严格遵守处罚原则

环保部门在环境执法过程中,对具体环境违法行为决定是否给予行政处罚、确定处罚种类、裁定处罚幅度时,应当严格遵守以下原则:

7. 过罚相当

环保部门行使环境行政处罚自由裁量权,应当遵循公正原则,必须以事实为依据,与环境违法行为的性质、情节以及社会危害程度相当。

8. 严格程序

环保部门实施环境行政处罚,应当遵循调查、取证、告知等法定程序,充分保障当事人的陈述权、申辩权和救济权。对符合法定听证条件的环境违法案件,应当依法组织听证,充分听取当事人意见,并集体讨论决定。

9. 重在纠正

处罚不是目的,要特别注重及时制止和纠正环境违法行为。环保部门实施环境行政处罚,必须首先责令违法行为人立即改正或者限期改正。责令限期改正的,应当明确提出要求改正违法行为的具体内容和合理期限。对责令限期改正、限期治理、限产限排、停产整治、停产整顿、停业关闭的,要切实加强后督察,确保各项整改措施执行到位。

10. 综合考虑

环保部门在行使行政处罚自由裁量权时,既不得考虑不相关因素,也不得排除相关因素,要综合、全面地考虑以下情节:

(1)环境违法行为的具体方法或者手段;

(2)环境违法行为危害的具体对象;

(3)环境违法行为造成的环境污染、生态破坏程度以及社会影响;

(4)改正环境违法行为的态度和所采取的改正措施及其效果;

(5)环境违法行为人是初犯还是再犯;

(6)环境违法行为人的主观过错程度。

11. 量罚一致

环保部门应当针对常见环境违法行为,确定一批自由裁量权尺度把握适当的典型案例,作为行政处罚案件的参照标准,使同一地区、情节相当的同类案件,行政处罚的种类和幅度基本一致。

12. 罚教结合

环保部门实施环境行政处罚,纠正环境违法行为,应当坚持处罚与教育相结合,教育公民、法人或者其他组织自觉遵守环保法律法规。

三、合理把握裁量尺度

13. 从重处罚

(1)主观恶意的,从重处罚

恶意环境违法行为,常见的有:"私设暗管"偷排的,用稀释手段"达标"排放的,非法排放有毒物质的,建设项目"未批先建"、"批小建大"、"未批即建成投产"以及"以大化小"骗取审批的,拒绝、阻挠现场检查的,为规避监管私自改变自动监测设备的采样方式、采样点的,涂改、伪造监测数据的,拒报、谎报排污申报登记事项的。

(2)后果严重的,从重处罚

环境违法行为造成饮用水中断的,严重危害人体健康的,群众反映强烈以及造成其他严重后果的,从重处罚。

(3)区域敏感的,从重处罚

环境违法行为对生活饮用水水源保护区、自然保护区、风景名胜区、居住功能区、基本农田保护区等环境敏感区造成重大不利影响的,从重处罚。

(4)屡罚屡犯的,从重处罚

环境违法行为人被处罚后12个月内再次实施环境违法行为的,从重处罚。

14. 从轻处罚

主动改正或者及时中止环境违法行为的,主动消除或者减轻环境违法行为危害后果的,积极配合环保部门查处环境违法行为的,环境违法行为所致环境污染轻微、生态破坏程度较小或者尚未产生危害后果的,一般性超标或者超总量排污的,从轻处罚。

15. 单位个人"双罚"制

企业事业单位实施环境违法行为的,除对该单位依法处罚外,环保部门还应当对直接责任人员,依法给予罚款等行政处罚;对其中由国家机关任命的人员,环保部门应当移送任免机关或者监察机关依法给予处分。

如《水污染防治法》第83条规定,企业事业单位造成水污染事故的,由环保部门对该单位处以罚款;对直接负责的主管人员和其他直接责任人员可以处上一年度从本单位取得的收入50%以下的罚款。

16. 按日计罚

环境违法行为处于继续状态的,环保部门可以根据法律法规的规定,严格按照违法行为持续的时间或者拒不改正违法行为的时间,按日累加计算罚款额度。

如《重庆市环境保护条例》第111条规定,违法排污拒不改正的,环保部门可以按照规定的罚款额度,按日累加处罚。

17. 从一重处罚

同一环境违法行为,同时违反具有包容关系的多个法条的,应当从一重处罚。

如在人口集中地区焚烧医疗废物的行为,既违反《大气污染防治法》第41条"禁止在人口集中区焚烧产生有毒有害烟尘和恶臭气体的物质"的规定,同时又违反《固体废物污染环境防治法》第17条"处置固体废物的单位,必须采取防治污染环境的措施"的规定。由于"焚烧"医疗垃圾属于"处置"危险废物的具体方式之一,因此,违反《大气污染防治法》第41条禁止在人口集中区焚烧医疗废物的行为,必然同时违反《固体废物污染环境防治法》第17条必须依法处置危险废物的规定。这两个相关法条之间存在包容关系。对于此类违法行为触犯的多个相关法条,环保部门应当选择其中处罚较重的一个法条,定性并量罚。

18. 多个行为分别处罚

一个单位的多个环境违法行为,虽然彼此存在一定联系,但各自构成独立违法行为的,应当对每个违法行为同时、分别依法给予相应处罚。

如一个建设项目同时违反环评和"三同时"规定,属于两个虽有联系但完全独立的违法行为,应当对建设单位同时、分别、相应予以处罚。即应对其违反"三同时"的行为,依据相关单项环保法律"责令停止生产或者使用"并依法处以罚款,还应同时依据《环境影响评价法》第31条"责令限期补办手续"。需要说明的是,"限期补办手续"是指建设单位应当在限期内提交环评文件;环保部门则应严格依据产业政策、环境功能区划和总量控制指标等因素,作出是否批准的决定,不应受建设项目是否建成等因素的影响。

四、综合运用惩戒手段

19. 环境行政处罚与经济政策约束相结合

对严重污染环境的违法企业,环保部门应当按照有关规定,及时通报中国人民银行和银行业、证券业监管机构及商业银行,为信贷机构实施限贷、停贷措施和证监机构不予核准上市和再融资提供信息支持。

20. 环境行政处罚与社会监督相结合

环保部门应当通过政府网站等方式,公布环境行政处罚的权限、种类、依据,并公开社会责任意识淡薄、环境公德缺失、环保守法记录不良、环境守法表现恶劣并受到处罚的企业名称和相关《处罚决定书》,充分发挥公众和社会舆论的监督作用。

对严重违反环保法律法规的企业,环保部门还可报告有关党委(组织、宣传部门)、人大、政府、政协等机关,通报工会、共青团、妇联等群众团体以及有关行业协会等,撤销违法企业及其责任人的有关荣誉称号。

21. 环境行政处罚与部门联动相结合

对未依法办理环评审批、未通过"三同时"验收,擅自从事生产经营活动等违法行为,环保部门依法查处后,应当按照国务院《无照经营查处取缔办法》的规定,移送工商部门依法查处;对违反城乡规划、土地管理法律法规的建设项目,应当移送规划、土地管理部门依法限期拆除、恢复土地原状。

22. 环境行政处罚与治安管理处罚相结合

环保部门在查处环境违法行为过程中,发现有阻碍环保部门监督检查、违法排放或者倾倒危险物质等行为,涉嫌构成违反治安管理行为的,应当移送公安机关依照《治安管理处罚法》予以治安管理处罚。

如对向环境"排放、倾倒"毒害性、放射性物质或者传染病病原体等危险物质,涉嫌违反《治安管理处罚法》第30条,构成非法"处置"危险物质行为的,环保部门应当根据全国人大常委会法工委《对违法排污行为适用行政拘留处罚问题的意见》(法工委复〔2008〕5号)以及环境保护部《关于转发全国人大法工委〈对违法排污行为适用行政拘留处罚问题的意见〉的通知》(环发〔2008〕62号)的规定,及时移送公安机关予以拘留。

23. 环境行政处罚与刑事案件移送相结合

环保部门在查处环境违法行为过程中,发现违法行为人涉嫌重大环境污染事故等犯罪,依法应予追究刑事责任的,应当依照《刑事诉讼法》、《行政执法机关移送涉嫌犯罪案件的规定》和《关于环境保护行政主管部门移送涉嫌环境犯罪案件的若干规定》(原环保总局、公安部、最高人民检察院,环发〔2007〕78号),移送公安机关。

24. 环境行政处罚与支持民事诉讼相结合

对环境污染引起的损害赔偿纠纷,当事人委托环境监测机构提供监测数据的,环境监测机构应当接受委托。当事人要求提供环境行政处罚、行政复议、行政诉讼和实施行政强制措施等执法情况的,环保部门应当依法提供相关环境信息。环境污染损害赔偿纠纷受害人向人民法院提起诉讼的,环保部门可以依法支持。环保部门可以根据环境污染损害赔偿纠纷当事人的请求,开展调解处理。

环境行政执法后督察办法

(环境保护部令2010年第14号)

第一条　为了规范环境行政执法后督察工作,提高环境行政执法效能,制定本办法。

第二条　本办法所称环境行政执法后督察,是指环境保护主管部门对环境行政处罚、行政命令等具体行政行为执行情况进行监督检查的行政管理措施。

第三条 县级以上人民政府环境保护主管部门负责组织实施环境行政执法后督察。

对县级以上人民政府或者其环境保护主管部门依法作出的环境行政处罚、行政命令等具体行政行为，由县级以上人民政府环境保护主管部门的环境监察机构负责具体实施环境行政执法后督察。

对环境保护部依法作出的环境行政处罚、行政命令等具体行政行为，可以由环境保护部委托其派出的环境保护督查机构负责具体实施环境行政执法后督察。

第四条 县级以上人民政府环境保护主管部门应当将环境行政执法后督察纳入环境行政执法工作计划。

对有重大影响或者造成严重污染的环境违法案件，县级以上人民政府环境保护主管部门应当制定后督察工作方案，并组织实施。

第五条 县级以上人民政府环境保护主管部门应当在环境行政处罚、行政命令等具体行政行为执行期限届满之日起60日内，进行环境行政执法后督察。

第六条 县级以上人民政府环境保护主管部门应当对下列事项进行环境行政执法后督察：

（一）罚款，责令停产整顿，责令停产、停业、关闭，没收违法所得、没收非法财物等环境行政处罚决定的执行情况；

（二）责令改正或者限期改正违法行为、责令限期缴纳排污费等环境行政命令的执行情况；

（三）其他具体行政行为的执行情况。

第七条 县级以上人民政府环境保护主管部门进行环境行政执法后督察时，执法人员（以下统称“后督察人员”）不得少于两人，并可以根据工作需要，依法采取下列措施：

（一）进入有关场所进行检查、勘察、录音、拍照、录像、取样或者监测；

（二）询问当事人和有关人员，要求其对相关事项作出说明；

（三）查阅、复制生产记录、排污记录、监测报告和其他有关资料；

（四）依法可以采取的其他措施。

后督察人员应当对现场检查情况制作《环境行政执法后督察现场检查记录》。

后督察人员有义务为被督察的单位保守在检查中获取的技术秘密和商业秘密。

第八条 环境行政执法后督察工作结束后，负责具体实施后督察工作的机构应当向本级人民政府环境保护主管部门提交《环境行政执法后督察报告》，报告具体行政行为执行情况、后督察开展情况、发现的问题等，并提出处理建议。

第九条 县级以上人民政府环境保护主管部门应当根据《环境行政执法后督察报告》提出的处理建议，依法进行处理或者处罚：

（一）逾期未依法履行行政处罚决定的，申请人民法院强制执行；

（二）逾期未按要求完成限期治理任务的，报请有批准权的人民政府责令停产、停业、关闭；

（三）逾期未按要求改正环境违法行为的，依据相关法律法规的规定采取罚款、责令停产停业、暂扣或者吊销许可证等行政处罚措施，或者采取责令停止建设、责令停止试生产、强制拆除、指定有治理能力的单位代为治理或者代为处置等行政强制措施；

（四）逾期拒不缴纳排污费的，依法予以处罚，并报经有批准权的人民政府批准，责令停产停业整顿；

（五）逾期未履行或者未落实本办法第六条所列的行政处罚、行政命令等具体行政行为，严重污染环境或者造成重大社会影响的，依照有关规定进行挂牌督办或者暂停审批建设项目环境影响评价文件；已经实施挂牌督办或者暂停审批建设项目环境影响评价文件的，不予解除；

（六）国有企业或者国有控股企业逾期未履行或者未落实本办法第六条所列的行政处罚、行政命令等具体行政行为的，依法移送监察机关追究相关人员相应责任；

（七）当事人或者相关责任人涉嫌犯罪的，依法移送司法机关追究刑事责任。

第十条 县级以上人民政府环境保护主管部门可以将环境行政执法后督察情况以及相关处

罚或者处理情况向商务部门、工商部门、监察机关、人民银行等有监管职责的部门或者机构通报。

第十一条 县级以上人民政府环境保护主管部门应当在职责范围内向社会公开拒不执行已生效的环境行政处罚决定的企业名单。

第十二条 后督察人员在环境行政执法后督察过程中玩忽职守、滥用职权、徇私舞弊的，依法给予处分；涉嫌犯罪的，依法移送司法机关追究刑事责任。

第十三条 对下级人民政府环境保护主管部门作出的环境行政处罚、行政命令等具体行政行为，上级人民政府环境保护主管部门可以按照本办法的规定对其执行情况进行后督察，并将督察情况、存在问题、处理意见等及时向下级人民政府环境保护主管部门反馈，同时责成下级人民政府环境保护主管部门依法进行处罚或者处理。必要时，上级人民政府环境保护主管部门可以向相关地方人民政府进行反馈，或者联合纪检监察机关进行调查，追究有关责任人的行政责任。

上级人民政府环境保护主管部门开展环境行政执法后督察的，应当在具体行政行为执行期限届满后进行，并不受本办法第五条规定的60日期限限制。

第十四条 本办法自2011年3月1日起施行。

环境行政复议

环境行政复议办法

（环境保护部2008年12月30日发布，2008年12月30日实施，环境保护部令2008年第4号）

第一条 为规范环境保护行政主管部门的行政复议工作，进一步发挥行政复议制度在解决行政争议、构建社会主义和谐社会中的作用，保护公民、法人和其他组织的合法权益，依据《中华人民共和国行政复议法》、《中华人民共和国行政复议法实施条例》等法律法规制定本办法。

第二条 公民、法人或者其他组织认为地方环境保护行政主管部门的具体行政行为侵犯其合法权益的，可以向该部门的本级人民政府申请行政复议，也可以向上一级环境保护行政主管部门申请行政复议。认为国务院环境保护行政主管部门的具体行政行为侵犯其合法权益的，向国务院环境保护行政主管部门提起行政复议。

环境保护行政主管部门办理行政复议案件，适用本办法。

第三条 环境保护行政主管部门对信访事项作出的处理意见，当事人不服的，依照信访条例和环境信访办法规定的复查、复核程序办理，不适用本办法。

第四条 依法履行行政复议职责的环境保护行政主管部门为环境行政复议机关。环境行政复议机关负责法制工作的机构（以下简称环境行政复议机构），具体办理行政复议事项，履行下列职责：

（一）受理行政复议申请；

（二）向有关组织和人员调查取证，查阅文件和资料；

（三）审查被申请行政复议的具体行政行为是否合法与适当，拟定行政复议决定；

（四）按照职责权限，督促行政复议申请的受理和行政复议决定的履行；

（五）处理或者转送本办法第二十九条规定的审查申请；

（六）办理行政复议法第二十九条规定的行政赔偿等事项；

（七）办理或者组织办理本部门的行政应诉事项；

（八）办理行政复议、行政应诉案件统计和

重大行政复议决定备案事项；

（九）研究行政复议工作中发现的问题，及时向有关机关提出改进建议，重大问题及时向环境行政复议机关报告；

（十）法律、法规和规章规定的其他职责。

第五条 依照行政复议法和行政复议法实施条例规定申请行政复议的公民、法人或者其他组织为申请人。

同一环境行政复议案件，申请人超过5人的，推选1至5名代表参加行政复议。

第六条 公民、法人或者其他组织对环境保护行政主管部门的具体行政行为不服，依法申请行政复议的，作出该具体行政行为的环境保护行政主管部门为被申请人。

环境保护行政主管部门与法律、法规授权的组织以共同名义作出具体行政行为的，环境保护行政主管部门和法律、法规授权的组织为共同被申请人。环境保护行政主管部门与其他组织以共同名义作出具体行政行为的，环境保护行政主管部门为被申请人。

环境保护行政主管部门设立的派出机构、内设机构或者其他组织，未经法律、法规授权，对外以自己名义作出具体行政行为的，该环境保护行政主管部门为被申请人。

第七条 有下列情形之一的，公民、法人或者其他组织可以依照本办法申请行政复议：

（一）对环境保护行政主管部门作出的查封、扣押财产等行政强制措施不服的；

（二）对环境保护行政主管部门作出的警告、罚款、责令停止生产或者使用、暂扣、吊销许可证、没收违法所得等行政处罚决定不服的；

（三）认为符合法定条件，申请环境保护行政主管部门颁发许可证、资质证、资格证等证书，或者申请审批、登记等有关事项，环境保护行政主管部门没有依法办理的；

（四）对环境保护行政主管部门有关许可证、资质证、资格证等证书的变更、中止、撤销、注销决定不服的；

（五）认为环境保护行政主管部门违法征收排污费或者违法要求履行其他义务的；

（六）认为环境保护行政主管部门的其他具体行政行为侵犯其合法权益的。

第八条 有下列情形之一的，环境行政复议机关不予受理并说明理由：

（一）申请行政复议的时间超过了法定申请期限又无法定正当理由的；

（二）不服环境保护行政主管部门对环境污染损害赔偿责任和赔偿金额等民事纠纷作出的调解或者其他处理的；

（三）申请人在申请行政复议前已经向其他行政复议机关申请行政复议或者已向人民法院提起行政诉讼，其他行政复议机关或者人民法院已经依法受理的；

（四）法律、法规规定的其他不予受理的情形。

第九条 行政复议期间，环境行政复议机构认为申请人以外的公民、法人或者其他组织与被审查的具体行政行为有利害关系的，可以通知其作为第三人参加行政复议。

行政复议期间，申请人以外的公民、法人或者其他组织与被审查的具体行政行为有利害关系的，可以向环境行政复议机构申请作为第三人参加行政复议。

第十条 申请人、第三人可以委托1至2名代理人参加环境行政复议。

申请人、第三人委托代理人的，应当向环境行政复议机构提交由委托人签名或者盖章的书面授权委托书。授权委托书应当载明委托事项、权限和期限。公民在特殊情况下无法书面委托的，可以口头委托，说明委托事项、权限和期限，由环境行政复议机构核实并记录在卷。

委托人变更或者解除委托的，应当书面告知环境行政复议机构。

第十一条 公民、法人或者其他组织认为环境保护行政主管部门的具体行政行为侵犯其合法权益的，可以自知道该具体行政行为之日起60日内提出行政复议申请；但是法律规定的申请期限超过60日的除外。

因不可抗力或者其他正当理由耽误法定申请期限的，申请期限自障碍消除之日起继续计算。

第十二条 申请人书面申请行政复议的，可以采取当面递交、邮寄或者传真等方式提交行政复议申请书及有关材料。以传真方式提交的，应当及时补交行政复议申请书原件及有关材料，审查期限自收到行政复议申请书原件及有关材料之日起计算。

申请人口头申请的，应当由本人向环境行政复议机构当面提起，环境行政复议机构应当当场制作口头申请行政复议笔录，并由申请人核对后签字确认。

第十三条 行政复议申请书和口头申请行政复议笔录应当载明下列事项：

（一）申请人基本情况，包括：公民的姓名、性别、年龄、工作单位、住所、身份证号码、邮政编码、联系电话，法人或者其他组织的名称、住所、邮政编码、联系电话和法定代表人或者主要负责人的姓名、职务；

（二）被申请人的名称；

（三）行政复议请求，申请行政复议的主要事实和理由；

（四）申请人签名或者盖章；

（五）申请行政复议的日期。

第十四条 有下列情形之一的，申请人应当提供相应证明材料：

（一）认为被申请人不履行法定职责的，提供曾经要求被申请人履行法定职责而被申请人未履行的证明材料；

（二）申请行政复议日期超过法律、法规规定的行政复议申请期限的，提供因不可抗力或者其他正当理由耽误法定申请期限的证明材料；

（三）申请行政复议时一并提出行政赔偿请求的，提供受具体行政行为侵害而造成损害的证明材料；

（四）法律、法规规定需要申请人提供证据材料的其他情形。

第十五条 环境行政复议机关收到行政复议申请后，应当在5个工作日内进行审查，并分别作出如下处理：

（一）对符合行政复议法、行政复议法实施条例及本办法第七条规定、属于行政复议受理范围且提交材料齐全的行政复议申请，应当予以受理；

（二）对不符合行政复议法、行政复议法实施条例及本办法规定的行政复议申请，决定不予受理，制作不予受理行政复议申请决定书，送达申请人；

（三）对符合行政复议法、行政复议法实施条例及本办法规定，但是不属于本机关受理的行政复议申请，应当制作行政复议告知书送达申请人；申请人当面向环境行政复议机构口头提出行政复议的，可以口头告知，并制作笔录当场交由申请人确认。

错列被申请人的，环境行政复议机构应当制作行政复议告知书告知申请人变更被申请人。

第十六条 行政复议申请材料不齐全或者表述不清楚的，环境行政复议机构可以在收到该行政复议申请之日起5个工作日内，发出补正行政复议申请通知书，一次性告知申请人应当补正的事项及合理的补正期限。

补正申请材料所用时间不计入行政复议审理期限。申请人无正当理由逾期不补正的，视为申请人放弃行政复议申请。

第十七条 申请人依法提出行政复议申请，环境行政复议机关无正当理由不予受理的，上级环境保护行政主管部门应当责令其受理，并制作责令受理通知书，送达被责令受理行政复议的环境保护行政主管部门及申请人；必要时，上级环境保护行政主管部门可以直接受理。

第十八条 环境行政复议机构应当自受理行政复议申请之日起7个工作日内，制作行政复议答复通知书。行政复议答复通知书、行政复议申请书副本或者口头申请行政复议笔录复印件以及申请人提交的证据、有关材料的副本应一并送达被申请人。

第十九条 被申请人应当自收到行政复议答复通知书之日起10日内提出行政复议答复书，对申请人的复议请求、事实及理由进行答辩，并提交当初作出被申请复议的具体行政行为的证据、依据和其他有关材料。

被申请人无正当理由逾期未提交上述材料的，视为该具体行政行为没有证据、依据，环境行政复议机关应当制作行政复议决定书，依法撤销该具体行政行为。

第二十条 申请人、第三人可以查阅被申请人提出的书面答复和有关材料。除涉及国家秘密、商业秘密或者个人隐私外，环境行政复议机关不得拒绝，并且应当为申请人、第三人查阅有关材料提供必要条件。

申请人、第三人不得涂改、毁损、拆换、取走、增添所查阅的材料。

第二十一条 环境行政复议机构审理行政复议案件，应当由2名以上行政复议人员参加。

第二十二条 环境行政复议机构认为必要时，可以实地调查核实证据；对重大、复杂的案件，申请人提出要求或者环境行政复议机构认为必要时，可以采取听证的方式审理。

第二十三条 环境行政复议机构进行调查取证时，可以查阅、复制、调取有关文件和资料，向有关人员询问，必要时可以进行现场勘验。

调查取证时，环境行政复议人员不得少于2名，并应出示有关证件。调查结果应当制作笔录，由被调查人员和环境行政复议人员共同签字确认。

行政复议期间涉及专门事项需要鉴定、评估的，当事人可以自行委托鉴定机构进行鉴定、评估，也可以申请环境行政复议机构委托鉴定机构进行鉴定、评估。鉴定、评估费用由当事人承担。

现场勘验、鉴定及评估所用时间不计入行政复议审理期限。

第二十四条 申请人因对被申请人行使法律、法规规定的自由裁量权作出的具体行政行为不服申请行政复议，申请人与被申请人在行政复议决定作出前自愿达成和解的，应当向环境行政复议机构提交书面和解协议，和解内容不损害社会公共利益和他人合法权益的，环境行政复议机构应当准许。

第二十五条 有下列情形之一的，环境行政复议机关可以按照自愿、合法的原则进行调解：

（一）公民、法人或者其他组织对环境保护行政主管部门行使法律、法规规定的自由裁量权作出的具体行政行为不服申请行政复议的；

（二）当事人之间的行政赔偿或者行政补偿纠纷。

当事人经调解达成协议的，环境行政复议机关应当制作行政复议调解书。调解书应当载明行政复议请求、事实、理由和调解结果，并加盖环境行政复议机关印章。行政复议调解书经双方当事人签字，即具有法律效力。

调解未达成协议或者调解书生效前一方反悔的，环境行政复议机关应当及时作出行政复议决定。

第二十六条 申请人在行政复议决定作出前自愿撤回行政复议申请的，经环境行政复议机构同意后可以撤回。

申请人撤回行政复议申请的，不得再以同一事实和理由提出行政复议申请。但是，申请人能够证明撤回行政复议申请违背其真实意思表示的除外。

第二十七条 行政复议期间有下列情形之一，影响行政复议案件审理的，行政复议中止：

（一）作为申请人的自然人死亡，其近亲属尚未确定是否参加行政复议的；

（二）作为申请人的自然人丧失参加行政复议的能力，尚未确定法定代理人参加行政复议的；

（三）作为申请人的法人或者其他组织终止，尚未确定权利义务承受人的；

（四）作为申请人的自然人下落不明或者被宣告失踪的；

（五）申请人、被申请人因不可抗力，不能参加行政复议的；

（六）案件涉及法律适用问题，需要有权机关作出解释或者确认的；

（七）案件审理需要以其他案件的审理结果为依据，而其他案件尚未审结的；

（八）其他需要中止行政复议的情形。

行政复议中止的原因消除后，应当及时恢复行政复议案件的审理。

环境行政复议机构中止、恢复行政复议案件的审理，应当制作中止行政复议通知书、恢复审理通知书，告知有关当事人。

第二十八条 行政复议期间有下列情形之一的，行政复议终止：

（一）申请人要求撤回行政复议申请，环境行政复议机构准予撤回的；

（二）作为申请人的自然人死亡，没有近亲

属或者其近亲属放弃行政复议权利的；

（三）作为申请人的法人或者其他组织终止，其权利义务的承受人放弃行政复议权利的；

（四）申请人与被申请人依照本办法第二十四条的规定，经行政复议机构准许达成和解的；

依照本办法第二十七条第一款第（一）项、第（二）项、第（三）项规定中止行政复议，满60日行政复议中止的原因仍未消除的，行政复议终止。

第二十九条 申请人在申请行政复议时，要求环境行政复议机关一并对被申请复议的具体行政行为所依据的有关规定进行审查的，或者环境行政复议机关在对被申请复议的具体行政行为进行审查时，认为其依据不合法，环境行政复议机关有权处理的，应当在30日内依法处理；无权处理的，应当在7个工作日内制作规范性文件转送函，按照法定程序转送有权处理的行政机关依法处理。

申请人在对具体行政行为提出行政复议申请时尚不知道该具体行政行为所依据的规定的，可以在环境行政复议机关作出行政复议决定前向环境行政复议机关提出对该规定的审查申请。

第三十条 行政复议期间具体行政行为不停止执行；但是有行政复议法第二十一条规定情形之一的，可以停止执行。

决定停止执行的，环境行政复议机关应当制作停止执行具体行政行为通知书，送达当事人。

第三十一条 有下列情形之一的，环境行政复议机关应当决定驳回行政复议申请，并制作驳回行政复议申请决定书，送达当事人：

（一）申请人认为环境保护行政主管部门不履行法定职责申请行政复议，环境行政复议机关受理后发现该部门没有相应法定职责或者在受理前已经履行法定职责的；

（二）受理行政复议申请后，发现该行政复议申请不符合行政复议法和行政复议法实施条例规定的受理条件的。

上级环境保护行政主管部门认为环境行政复议机关驳回行政复议申请的理由不成立的，应当责令其恢复审理。

第三十二条 环境行政复议机构应当对被申请人作出的具体行政行为进行审查，拟定行政复议决定书，报请环境行政复议机关负责人审批。行政复议决定书应当加盖印章，送达当事人。

第三十三条 环境行政复议机关应当自受理行政复议申请之日起60日内作出行政复议决定。情况复杂，不能在规定期限内作出行政复议决定的，经环境行政复议机关负责人批准，可以适当延长，但是延长期限最多不超过30日。环境行政复议机关应当制作延期审理通知书，载明延期的主要理由及期限，送达当事人。

第三十四条 被申请人应当履行行政复议决定。被申请人不履行或者无正当理由拖延履行的，环境行政复议机关应当责令其限期履行，制作责令履行行政复议决定通知书送达被申请人，并抄送申请人和第三人。

被申请人对行政复议决定有异议的，可以向环境行政复议机关提出意见，但是不停止行政复议决定的履行。

第三十五条 环境保护行政主管部门通过接受当事人的申诉、检举或者备案审查等途径，发现下级环境保护行政主管部门作出的行政复议决定违法或者明显不当的，可以责令其改正。

第三十六条 环境行政复议机关在行政复议过程中，发现被申请人或者其他下级环境保护行政主管部门的相关行政行为违法或者需要做好善后工作的，可以制作行政复议意见书。被申请人或者其他下级环境保护行政主管部门应当自收到行政复议意见书之日起60日内将纠正相关行政违法行为或者做好善后工作的情况通报环境行政复议机构。

第三十七条 行政复议期间环境行政复议机构发现法律、法规、规章实施中带有普遍性的问题，或者发现环境保护行政执法中存在的普遍性问题，可以制作行政复议建议书，向有关机关提出完善制度和改进行政执法的建议。

第三十八条 办结的行政复议案件应当一案一档，由承办人员按时间顺序将案件材料进行整理,立卷归档。

第三十九条 环境行政复议机关应当建立行政复议案件和行政应诉案件统计制度,并依照国务院环境保护行政主管部门有关环境统计的规定向上级环境保护行政主管部门报送本行政区的行政复议和行政应诉情况。

下级环境行政复议机关应当及时将重大行政复议决定报上级行政复议机关备案。

第四十条 环境行政复议机关应当定期总结行政复议及行政应诉工作,对在行政复议及行政应诉工作中做出显著成绩的单位和个人,依照有关规定给予表彰和奖励。

第四十一条 环境行政复议机关受理行政复议申请,不得向申请人收取任何费用。行政复议活动所需经费,应当列入本机关的行政经费,由本级财政予以保障。

第四十二条 本办法有关行政复议期间的规定,除注明5个工作日、7个工作日(不包含节假日)的,其他期间按自然日计算。

期间开始之日,不计算在内。期间届满的最后一日是节假日的,以节假日后的第一日为期间届满的日期。期间不包括在途时间,行政复议文书在期满前交邮的,不算过期。

第四十三条 依照民事诉讼法的规定,送达行政复议文书可以采取直接送达、留置送达、委托送达、邮寄送达、转交送达、公告送达等方式。

环境行政复议机构送达行政复议文书必须有送达回证并保存有关送达证明。

第四十四条 本办法未作规定的其他事项,适用《中华人民共和国行政复议法》、《中华人民共和国行政复议法实施条例》等有关法律法规的规定。

第四十五条 本办法自发布之日起施行。2006年12月27日原国家环境保护总局发布的《环境行政复议与行政应诉办法》同时废止。

附件:

环境行政复议法律文书示范文本

目录(内容略)

(1)行政复议申请书;
(2)口头申请行政复议笔录;
(3)行政复议授权委托书;
(4)法定代表人身份证明书;
(5)补正行政复议申请通知书;
(6)不予受理行政复议申请决定书;
(7)行政复议告知书;
(8)第三人参加行政复议通知书;
(9)行政复议答复通知书;
(10)被申请人答复书;
(11)规范性文件转送函(一);
(12)规范性文件转送函(二);
(13)法律适用问题转送函;
(14)停止执行具体行政行为通知书;
(15)责令受理通知书;
(16)责令恢复审理通知书;
(17)中止行政复议通知书;
(18)恢复审理通知书;
(19)延期审理通知书;
(20)行政复议终止决定书;
(21)行政复议调解书;
(22)行政复议和解书;
(23)行政复议决定书;
(24)驳回行政复议申请决定书;
(25)责令履行行政复议决定通知书;
(26)行政处分建议书;
(27)行政复议意见书;
(28)行政复议建议书;
(29)行政复议文书送达回证;
(30)强制执行申请书;
(31)行政复议相关材料查阅登记表;
(32)行政复议案件集体讨论笔录。

环境事件应急管理

国务院办公厅关于印发国家突发环境事件应急预案的通知

（国务院2006年1月24日发布，国务院2014年12月29日修订发布，国办函〔2014〕119号）

各省、自治区、直辖市人民政府，国务院各部委、各直属机构：

经国务院同意，现将修订后的《国家突发环境事件应急预案》印发给你们，请认真组织实施。2005年5月24日经国务院批准、由国务院办公厅印发的《国家突发环境事件应急预案》同时废止。

国务院办公厅

2014年12月29日

国家突发环境事件应急预案

1　总则

1.1　编制目的

健全突发环境事件应对工作机制，科学有序高效应对突发环境事件，保障人民群众生命财产安全和环境安全，促进社会全面、协调、可持续发展。

1.2　编制依据

依据《中华人民共和国环境保护法》、《中华人民共和国突发事件应对法》、《中华人民共和国放射性污染防治法》、《国家突发公共事件总体应急预案》及相关法律法规等，制定本预案。

1.3　适用范围

本预案适用于我国境内突发环境事件应对工作。

突发环境事件是指由于污染物排放或自然灾害、生产安全事故等因素，导致污染物或放射性物质等有毒有害物质进入大气、水体、土壤等环境介质，突然造成或可能造成环境质量下降，危及公众身体健康和财产安全，或造成生态环境破坏，或造成重大社会影响，需要采取紧急措施予以应对的事件，主要包括大气污染、水体污染、土壤污染等突发性环境污染事件和辐射污染事件。

核设施及有关核活动发生的核事故所造成的辐射污染事件、海上溢油事件、船舶污染事件的应对工作按照其他相关应急预案规定执行。重污染天气应对工作按照国务院《大气污染防治行动计划》等有关规定执行。

1.4　工作原则

突发环境事件应对工作坚持统一领导、分级负责，属地为主、协调联动，快速反应、科学处置，资源共享、保障有力的原则。突发环境事件发生后，地方人民政府和有关部门立即自动按照职责分工和相关预案开展应急处置工作。

1.5　事件分级

按照事件严重程度，突发环境事件分为特别重大、重大、较大和一般四级。突发环境事件分级标准见附件1。

2　组织指挥体系

2.1　国家层面组织指挥机构

环境保护部负责重特大突发环境事件应对的指导协调和环境应急的日常监督管理工作。根据突发环境事件的发展态势及影响，环境保护部或省级人民政府可报请国务院批准，或根据国务院领导同志指示，成立国务院工作组，负责指导、协调、督促有关地区和部门开展突发环境事件应对工作。必要时，成立国家环境应急指挥部，由国务院领导同志担任总指挥，统一领导、组织和指挥应急处置工作；国务院办公厅履行信息汇总和综合协调职责，发挥运转枢纽作用。国家环境应急指挥部组成及工作组职责见附件2。

2.2　地方层面组织指挥机构

县级以上地方人民政府负责本行政区域

内的突发环境事件应对工作,明确相应组织指挥机构。跨行政区域的突发环境事件应对工作,由各有关行政区域人民政府共同负责,或由有关行政区域共同的上一级地方人民政府负责。对需要国家层面协调处置的跨省级行政区域突发环境事件,由有关省级人民政府向国务院提出请求,或由有关省级环境保护主管部门向环境保护部提出请求。

地方有关部门按照职责分工,密切配合,共同做好突发环境事件应对工作。

2.3 现场指挥机构

负责突发环境事件应急处置的人民政府根据需要成立现场指挥部,负责现场组织指挥工作。参与现场处置的有关单位和人员要服从现场指挥部的统一指挥。

3 监测预警和信息报告

3.1 监测和风险分析

各级环境保护主管部门及其他有关部门要加强日常环境监测,并对可能导致突发环境事件的风险信息加强收集、分析和研判。安全监管、交通运输、公安、住房城乡建设、水利、农业、卫生计生、气象等有关部门按照职责分工,应当及时将可能导致突发环境事件的信息通报同级环境保护主管部门。

企业事业单位和其他生产经营者应当落实环境安全主体责任,定期排查环境安全隐患,开展环境风险评估,健全风险防控措施。当出现可能导致突发环境事件的情况时,要立即报告当地环境保护主管部门。

3.2 预警

3.2.1 预警分级

对可以预警的突发环境事件,按照事件发生的可能性大小、紧急程度和可能造成的危害程度,将预警分为四级,由低到高依次用蓝色、黄色、橙色和红色表示。

预警级别的具体划分标准,由环境保护部制定。

3.2.2 预警信息发布

地方环境保护主管部门研判可能发生突发环境事件时,应当及时向本级人民政府提出预警信息发布建议,同时通报同级相关部门和单位。地方人民政府或其授权的相关部门,及时通过电视、广播、报纸、互联网、手机短信、当面告知等渠道或方式向本行政区域公众发布预警信息,并通报可能影响到的相关地区。

上级环境保护主管部门要将监测到的可能导致突发环境事件的有关信息,及时通报可能受影响地区的下一级环境保护主管部门。

3.2.3 预警行动

预警信息发布后,当地人民政府及其有关部门视情采取以下措施:

(1)分析研判。组织有关部门和机构、专业技术人员及专家,及时对预警信息进行分析研判,预估可能的影响范围和危害程度。

(2)防范处置。迅速采取有效处置措施,控制事件苗头。在涉险区域设置注意事项提示或事件危害警告标志,利用各种渠道增加宣传频次,告知公众避险和减轻危害的常识、需采取的必要的健康防护措施。

(3)应急准备。提前疏散、转移可能受到危害的人员,并进行妥善安置。责令应急救援队伍、负有特定职责的人员进入待命状态,动员后备人员做好参加应急救援和处置工作的准备,并调集应急所需物资和设备,做好应急保障工作。对可能导致突发环境事件发生的相关企业事业单位和其他生产经营者加强环境监管。

(4)舆论引导。及时准确发布事态最新情况,公布咨询电话,组织专家解读。加强相关舆情监测,做好舆论引导工作。

3.2.4 预警级别调整和解除

发布突发环境事件预警信息的地方人民政府或有关部门,应当根据事态发展情况和采取措施的效果适时调整预警级别;当判断不可能发生突发环境事件或者危险已经消除时,宣布解除预警,适时终止相关措施。

3.3 信息报告与通报

突发环境事件发生后,涉事企业事业单位或其他生产经营者必须采取应对措施,并立即向当地环境保护主管部门和相关部门报告,同时通报可能受到污染危害的单位和居民。因生产安全事故导致突发环境事件的,安全监管等有关部门应当及时通报同级环境保护主管部门。环境保护主管部门通过互联网信息监测、环境污染举报热线等多种渠道，加强对突发环境事件的信息收集，及时掌握突发环境事件发生情况。

事发地环境保护主管部门接到突发环境事件信息报告或监测到相关信息后，应当立即进行核实，对突发环境事件的性质和类别作出初步认定，按照国家规定的时限、程序和要求向上级环境保护主管部门和同级人民政府报告，并通报同级其他相关部门。突发环境事件已经或者可能涉及相邻行政区域的，事发地人民政府或环境保护主管部门应当及时通报相邻行政区域同级人民政府或环境保护主管部门。地方各级人民政府及其环境保护主管部门应当按照有关规定逐级上报，必要时可越级上报。

接到已经发生或者可能发生跨省级行政区域突发环境事件信息时，环境保护部要及时通报相关省级环境保护主管部门。

对以下突发环境事件信息，省级人民政府和环境保护部应当立即向国务院报告：

(1)初判为特别重大或重大突发环境事件；

(2)可能或已引发大规模群体性事件的突发环境事件；

(3)可能造成国际影响的境内突发环境事件；

(4)境外因素导致或可能导致我境内突发环境事件；

(5)省级人民政府和环境保护部认为有必要报告的其他突发环境事件。

4 应急响应

4.1 响应分级

根据突发环境事件的严重程度和发展态势，将应急响应设定为Ⅰ级、Ⅱ级、Ⅲ级和Ⅳ级四个等级。初判发生特别重大、重大突发环境事件，分别启动Ⅰ级、Ⅱ级应急响应，由事发地省级人民政府负责应对工作；初判发生较大突发环境事件，启动Ⅲ级应急响应，由事发地设区的市级人民政府负责应对工作；初判发生一般突发环境事件，启动Ⅳ级应急响应，由事发地县级人民政府负责应对工作。

突发环境事件发生在易造成重大影响的地区或重要时段时，可适当提高响应级别。应急响应启动后，可视事件损失情况及其发展趋势调整响应级别，避免响应不足或响应过度。

4.2 响应措施

突发环境事件发生后，各有关地方、部门和单位根据工作需要，组织采取以下措施。

4.2.1 现场污染处置

涉事企业事业单位或其他生产经营者要立即采取关闭、停产、封堵、围挡、喷淋、转移等措施，切断和控制污染源，防止污染蔓延扩散。做好有毒有害物质和消防废水、废液等的收集、清理和安全处置工作。当涉事企业事业单位或其他生产经营者不明时，由当地环境保护主管部门组织对污染来源开展调查，查明涉事单位，确定污染物种类和污染范围，切断污染源。

事发地人民政府应组织制订综合治污方案，采用监测和模拟等手段追踪污染气体扩散途径和范围；采取拦截、导流、疏浚等形式防止水体污染扩大；采取隔离、吸附、打捞、氧化还原、中和、沉淀、消毒、去污洗消、临时收贮、微生物消解、调水稀释、转移异地处置、临时改造污染处置工艺或临时建设污染处置工程等方法处置污染物。必要时，要求其他排污单位停产、限产、限排，减轻环境污染负荷。

4.2.2 转移安置人员

根据突发环境事件影响及事发当地的气象、地理环境、人员密集度等，建立现场警戒区、交通管制区域和重点防护区域，确定受威胁人员疏散的方式和途径，有组织、有秩序地及时疏散转移受威胁人员和可能受影响地区居民，确保生命安全。妥善做好转移人员安置工作，确保有饭吃、有水喝、有衣穿、有住处和必要医疗条件。

4.2.3 医学救援

迅速组织当地医疗资源和力量，对伤病员进行诊断治疗，根据需要及时、安全地将重症伤病员转运到有条件的医疗机构加强救治。指导和协助开展受污染人员的去污洗消工作，提出保护公众健康的措施建议。视情增派医疗卫生专家和卫生应急队伍、调配急需医药物资，支持事发地医学救援工作。做好受影响人员的心理援助。

4.2.4 应急监测

加强大气、水体、土壤等应急监测工作，根据突发环境事件的污染物种类、性质以及当地自然、社会环境状况等，明确相应的应急监测方案及监测方法，确定监测的布点和频次，调配应急监测设备、车辆，及时准确监测，为突发环境事件应急决策提供依据。

4.2.5 市场监管和调控

密切关注受事件影响地区市场供应情况及公众反应，加强对重要生活必需品等商品的市场监管和调控。禁止或限制受污染食品和饮用水的生产、加工、流通和食用，防范因突发环境事件造成的集体中毒等。

4.2.6 信息发布和舆论引导

通过政府授权发布、发新闻稿、接受记者采访、举行新闻发布会、组织专家解读等方式，借助电视、广播、报纸、互联网等多种途径，主动、及时、准确、客观向社会发布突发环境事件和应对工作信息，回应社会关切，澄清不实信息，正确引导社会舆论。信息发布内容包括事件原因、污染程度、影响范围、应对措施、需要公众配合采取的措施、公众防范常识和事件调查处理进展情况等。

4.2.7 维护社会稳定

加强受影响地区社会治安管理，严厉打击借机传播谣言制造社会恐慌、哄抢救灾物资等违法犯罪行为；加强转移人员安置点、救灾物资存放点等重点地区治安管控；做好受影响人员与涉事单位、地方人民政府及有关部门矛盾纠纷化解和法律服务工作，防止出现群体性事件，维护社会稳定。

4.2.8 国际通报和援助

如需向国际社会通报或请求国际援助时，环境保护部商外交部、商务部提出需要通报或请求援助的国家（地区）和国际组织、事项内容、时机等，按照有关规定由指定机构向国际社会发出通报或呼吁信息。

4.3 国家层面应对工作

4.3.1 部门工作组应对

初判发生重大以上突发环境事件或事件情况特殊时，环境保护部立即派出工作组赴现场指导督促当地开展应急处置、应急监测、原因调查等工作，并根据需要协调有关方面提供队伍、物资、技术等支持。

4.3.2 国务院工作组应对

当需要国务院协调处置时，成立国务院工作组。主要开展以下工作：

（1）了解事件情况、影响、应急处置进展及当地需求等；

（2）指导地方制订应急处置方案；

（3）根据地方请求，组织协调相关应急队伍、物资、装备等，为应急处置提供支援和技术支持；

（4）对跨省级行政区域突发环境事件应对工作进行协调；

（5）指导开展事件原因调查及损害评估工作。

4.3.3 国家环境应急指挥部应对

根据事件应对工作需要和国务院决策部署，成立国家环境应急指挥部。主要开展以下工作：

（1）组织指挥部成员单位、专家组进行会商，研究分析事态，部署应急处置工作；

（2）根据需要赴事发现场或派出前方工作组赴事发现场协调开展应对工作；

（3）研究决定地方人民政府和有关部门提出的请求事项；

（4）统一组织信息发布和舆论引导；

（5）视情向国际通报，必要时与相关国家和地区、国际组织领导人通电话；

（6）组织开展事件调查。

4.4 响应终止

当事件条件已经排除、污染物质已降至规定限值以内、所造成的危害基本消除时，由启动响应的人民政府终止应急响应。

5 后期工作

5.1 损害评估

突发环境事件应急响应终止后，要及时组织开展污染损害评估，并将评估结果向社会公布。评估结论作为事件调查处理、损害赔偿、环境修复和生态恢复重建的依据。

突发环境事件损害评估办法由环境保护

部制定。

5.2　事件调查

突发环境事件发生后，根据有关规定，由环境保护主管部门牵头，可会同监察机关及相关部门，组织开展事件调查，查明事件原因和性质，提出整改防范措施和处理建议。

5.3　善后处置

事发地人民政府要及时组织制订补助、补偿、抚慰、抚恤、安置和环境恢复等善后工作方案并组织实施。保险机构要及时开展相关理赔工作。

6　应急保障

6.1　队伍保障

国家环境应急监测队伍、公安消防部队、大型国有骨干企业应急救援队伍及其他相关方面应急救援队伍等力量，要积极参加突发环境事件应急监测、应急处置与救援、调查处理等工作任务。发挥国家环境应急专家组作用，为重特大突发环境事件应急处置方案制订、污染损害评估和调查处理工作提供决策建议。县级以上地方人民政府要强化环境应急救援队伍能力建设，加强环境应急专家队伍管理，提高突发环境事件快速响应及应急处置能力。

6.2　物资与资金保障

国务院有关部门按照职责分工，组织做好环境应急救援物资紧急生产、储备调拨和紧急配送工作，保障支援突发环境事件应急处置和环境恢复治理工作的需要。县级以上地方人民政府及其有关部门要加强应急物资储备，鼓励支持社会化应急物资储备，保障应急物资、生活必需品的生产和供给。环境保护主管部门要加强对当地环境应急物资储备信息的动态管理。

突发环境事件应急处置所需经费首先由事件责任单位承担。县级以上地方人民政府对突发环境事件应急处置工作提供资金保障。

6.3　通信、交通与运输保障

地方各级人民政府及其通信主管部门要建立健全突发环境事件应急通信保障体系，确保应急期间通信联络和信息传递需要。交通运输部门要健全公路、铁路、航空、水运紧急运输保障体系，保障应急响应所需人员、物资、装备、器材等的运输。公安部门要加强应急交通管理，保障运送伤病员、应急救援人员、物资、装备、器材车辆的优先通行。

6.4　技术保障

支持突发环境事件应急处置和监测先进技术、装备的研发。依托环境应急指挥技术平台，实现信息综合集成、分析处理、污染损害评估的智能化和数字化。

7　附则

7.1　预案管理

预案实施后，环境保护部要会同有关部门组织预案宣传、培训和演练，并根据实际情况，适时组织评估和修订。地方各级人民政府要结合当地实际制定或修订突发环境事件应急预案。

7.2　预案解释

本预案由环境保护部负责解释。

7.3　预案实施时间

本预案自印发之日起实施。

附件：1. 突发环境事件分级标准

2. 国家环境应急指挥部组成及工作组职责

附件1

突发环境事件分级标准

一、特别重大突发环境事件

凡符合下列情形之一的，为特别重大突发环境事件：

1. 因环境污染直接导致30人以上死亡或100人以上中毒或重伤的；

2. 因环境污染疏散、转移人员5万人以上的；

3. 因环境污染造成直接经济损失1亿元以上的；

4. 因环境污染造成区域生态功能丧失或该区域国家重点保护物种灭绝的；

5. 因环境污染造成设区的市级以上城市集中式饮用水水源地取水中断的；

6. Ⅰ、Ⅱ类放射源丢失、被盗、失控并造成大范围严重辐射污染后果的；放射性同位素和射线装置失控导致3人以上急性死亡的；放射性物质泄漏，造成大范围辐射污染后果的；

7. 造成重大跨国境影响的境内突发环境事件。

二、重大突发环境事件

凡符合下列情形之一的，为重大突发环境事件：

1. 因环境污染直接导致 10 人以上 30 人以下死亡或 50 人以上 100 人以下中毒或重伤的；

2. 因环境污染疏散、转移人员 1 万人以上 5 万人以下的；

3. 因环境污染造成直接经济损失 2000 万元以上 1 亿元以下的；

4. 因环境污染造成区域生态功能部分丧失或该区域国家重点保护野生动植物种群大批死亡的；

5. 因环境污染造成县级城市集中式饮用水水源地取水中断的；

6. Ⅰ、Ⅱ类放射源丢失、被盗的；放射性同位素和射线装置失控导致 3 人以下急性死亡或者 10 人以上急性重度放射病、局部器官残疾的；放射性物质泄漏，造成较大范围辐射污染后果的；

7. 造成跨省级行政区域影响的突发环境事件。

三、较大突发环境事件

凡符合下列情形之一的，为较大突发环境事件：

1. 因环境污染直接导致 3 人以上 10 人以下死亡或 10 人以上 50 人以下中毒或重伤的；

2. 因环境污染疏散、转移人员 5000 人以上 1 万人以下的；

3. 因环境污染造成直接经济损失 500 万元以上 2000 万元以下的；

4. 因环境污染造成国家重点保护的动植物物种受到破坏的；

5. 因环境污染造成乡镇集中式饮用水水源地取水中断的；

6. Ⅲ类放射源丢失、被盗的；放射性同位素和射线装置失控导致 10 人以下急性重度放射病、局部器官残疾的；放射性物质泄漏，造成小范围辐射污染后果的；

7. 造成跨设区的市级行政区域影响的突发环境事件。

四、一般突发环境事件

凡符合下列情形之一的，为一般突发环境事件：

1. 因环境污染直接导致 3 人以下死亡或 10 人以下中毒或重伤的；

2. 因环境污染疏散、转移人员 5000 人以下的；

3. 因环境污染造成直接经济损失 500 万元以下的；

4. 因环境污染造成跨县级行政区域纠纷，引起一般性群体影响的；

5. Ⅳ、Ⅴ类放射源丢失、被盗的；放射性同位素和射线装置失控导致人员受到超过年剂量限值的照射的；放射性物质泄漏，造成厂区内或设施内局部辐射污染后果的；铀矿冶、伴生矿超标排放，造成环境辐射污染后果的；

6. 对环境造成一定影响，尚未达到较大突发环境事件级别的。

上述分级标准有关数量的表述中，“以上”含本数，“以下”不含本数。

附件 2

国家环境应急指挥部组成及工作组职责

国家环境应急指挥部主要由环境保护部、中央宣传部（国务院新闻办）、中央网信办、外交部、发展改革委、工业和信息化部、公安部、民政部、财政部、住房城乡建设部、交通运输部、水利部、农业部、商务部、卫生计生委、新闻出版广电总局、安全监管总局、食品药品监管总局、林业局、气象局、海洋局、测绘地信局、铁路局、民航局、总参作战部、总后基建营房部、武警总部、中国铁路总公司等部门和单位组成，根据应对工作需要，增加有关地方人民政府和其他有关部门。

国家环境应急指挥部设立相应工作组，各工作组组成及职责分工如下：

一、污染处置组。由环境保护部牵头，公安部、交通运输部、水利部、农业部、安全监管总局、林业局、海洋局、总参作战部、武警总部等参加。

主要职责：收集汇总相关数据，组织进行技术研判，开展事态分析；迅速组织切断污染源，分析污染途径，明确防止污染物扩散的程序；组织采取有效措施，消除或减轻已经造成的污染；明确不同情况下的现场处置人员须采取的个人防护措施；组织建立现场警戒区和交通管制区域，确定重点防护区域，确定受威胁人员疏散的方式和途径，疏散转移受威胁人员至安全紧急避险场所；协调军队、武警有关力量参与应急处置。

二、应急监测组。由环境保护部牵头，住房城乡建设部、水利部、农业部、气象局、海洋局、总参作战部、总后基建营房部等参加。

主要职责：根据突发环境事件的污染物种类、性质以及当地气象、自然、社会环境状况等，明确相应的应急监测方案及监测方法；确定污染物扩散范围，明确监测的布点和频次，做好大气、水体、土壤等应急监测，为突发环境事件应急决策提供依据；协调军队力量参与应急监测。

三、医学救援组。由卫生计生委牵头，环境保护部、食品药品监管总局等参加。

主要职责：组织开展伤病员医疗救治、应急心理援助；指导和协助开展受污染人员的去污洗消工作；提出保护公众健康的措施建议；禁止或限制受污染食品和饮用水的生产、加工、流通和食用，防范因突发环境事件造成集体中毒等。

四、应急保障组。由发展改革委牵头，工业和信息化部、公安部、民政部、财政部、环境保护部、住房城乡建设部、交通运输部、水利部、商务部、测绘地信局、铁路局、民航局、中国铁路总公司等参加。

主要职责：指导做好事件影响区域有关人员的紧急转移和临时安置工作；组织做好环境应急救援物资及临时安置重要物资的紧急生产、储备调拨和紧急配送工作；及时组织调运重要生活必需品，保障群众基本生活和市场供应；开展应急测绘。

五、新闻宣传组。由中央宣传部（国务院新闻办）牵头，中央网信办、工业和信息化部、环境保护部、新闻出版广电总局等参加。

主要职责：组织开展事件进展、应急工作情况等权威信息发布，加强新闻宣传报道；收集分析国内外舆情和社会公众动态，加强媒体、电信和互联网管理，正确引导舆论；通过多种方式，通俗、权威、全面、前瞻地做好相关知识普及；及时澄清不实信息，回应社会关切。

六、社会稳定组。由公安部牵头，中央网信办、工业和信息化部、环境保护部、商务部等参加。

主要职责：加强受影响地区社会治安管理，严厉打击借机传播谣言制造社会恐慌、哄抢物资等违法犯罪行为；加强转移人员安置点、救灾物资存放点等重点地区治安管控；做好受影响人员与涉事单位、地方人民政府及有关部门矛盾纠纷化解和法律服务工作，防止出现群体性事件，维护社会稳定；加强对重要生活必需品等商品的市场监管和调控，打击囤积居奇行为。

七、涉外事务组。由外交部牵头，环境保护部、商务部、海洋局等参加。

主要职责：根据需要向有关国家和地区、国际组织通报突发环境事件信息，协调处理对外交涉、污染检测、危害防控、索赔等事宜，必要时申请、接受国际援助。

工作组设置、组成和职责可根据工作需要作适当调整。

突发环境事件应急管理办法

（环境保护部令2015年第34号）

第一章 总 则

第一条 为预防和减少突发环境事件的发生，控制、减轻和消除突发环境事件引起的危害，规范突发环境事件应急管理工作，保障公众生命安全、环境安全和财产安全，根据《中华人民共和国环境保护法》《中华人民共和国突发事件应对法》《国家突发环境事件应急预案》及相关法律法规，制定本办法。

第二条 各级环境保护主管部门和企业事业单位组织开展的突发环境事件风险控制、应急准备、应急处置、事后恢复等工作，适用本办法。

本办法所称突发环境事件，是指由于污染物排放或者自然灾害、生产安全事故等因素，导致污染物或者放射性物质等有毒有害物质进入大气、水体、土壤等环境介质，突然造成或者可能造成环境质量下降，危及公众身体健康和财产安全，或者造成生态环境破坏，或者造成重大社会影响，需要采取紧急措施予以应对的事件。

突发环境事件按照事件严重程度，分为特别重大、重大、较大和一般四级。

核设施及有关核活动发生的核与辐射事故造成的辐射污染事件按照核与辐射相关规定执行。重污染天气应对工作按照《大气污染防治行动计划》等有关规定执行。

造成国际环境影响的突发环境事件的涉外应急通报和处置工作，按照国家有关国际合作的相关规定执行。

第三条 突发环境事件应急管理工作坚持预防为主、预防与应急相结合的原则。

第四条 突发环境事件应对，应当在县级以上地方人民政府的统一领导下，建立分类管理、分级负责、属地管理为主的应急管理体制。

县级以上环境保护主管部门应当在本级人民政府的统一领导下，对突发环境事件应急管理日常工作实施监督管理，指导、协助、督促下级人民政府及其有关部门做好突发环境事件应对工作。

第五条 县级以上地方环境保护主管部门应当按照本级人民政府的要求，会同有关部门建立健全突发环境事件应急联动机制，加强突发环境事件应急管理。

相邻区域地方环境保护主管部门应当开展跨行政区域的突发环境事件应急合作，共同防范、互通信息，协力应对突发环境事件。

第六条 企业事业单位应当按照相关法律法规和标准规范的要求，履行下列义务：

（一）开展突发环境事件风险评估；

（二）完善突发环境事件风险防控措施；

（三）排查治理环境安全隐患；

（四）制定突发环境事件应急预案并备案、演练；

（五）加强环境应急能力保障建设。

发生或者可能发生突发环境事件时，企业事业单位应当依法进行处理，并对所造成的损害承担责任。

第七条 环境保护主管部门和企业事业单位应当加强突发环境事件应急管理的宣传和教育，鼓励公众参与，增强防范和应对突发环境事件的知识和意识。

第二章 风险控制

第八条 企业事业单位应当按照国务院环境保护主管部门的有关规定开展突发环境事件风险评估，确定环境风险防范和环境安全隐患排查治理措施。

第九条 企业事业单位应当按照环境保护主管部门的有关要求和技术规范，完善突发环境事件风险防控措施。

前款所指的突发环境事件风险防控措施，应当包括有效防止泄漏物质、消防水、污染雨水等扩散至外环境的收集、导流、拦截、降污等措施。

第十条 企业事业单位应当按照有关规定建立健全环境安全隐患排查治理制度，建立隐患排查治理档案，及时发现并消除环境安全隐患。

对于发现后能够立即治理的环境安全隐患，企业事业单位应当立即采取措施，消除环境安全隐患。对于情况复杂、短期内难以完成治理，可能产生较大环境危害的环境安全隐患，应当制定隐患治理方案，落实整改措施、责任、资金、时限和现场应急预案，及时消除隐患。

第十一条 县级以上地方环境保护主管部门应当按照本级人民政府的统一要求，开展本行政区域突发环境事件风险评估工作，分析可能发生的突发环境事件，提高区域环境风险防范能力。

第十二条 县级以上地方环境保护主管部门应当对企业事业单位环境风险防范和环境安全隐患排查治理工作进行抽查或者突击检查，将存在重大环境安全隐患且整治不力的企业信息纳入社会诚信档案，并可以通报行业主管部门、投资主管部门、证券监督管理机构以及有关金融机构。

第三章 应急准备

第十三条 企业事业单位应当按照国务院环境保护主管部门的规定，在开展突发环境事件风险评估和应急资源调查的基础上制定突发环境事件应急预案，并按照分类分级管理的原则，报县级以上环境保护主管部门备案。

第十四条 县级以上地方环境保护主管部门应当根据本级人民政府突发环境事件专项应急预案，制定本部门的应急预案，报本级人民政府和上级环境保护主管部门备案。

第十五条 突发环境事件应急预案制定单位应当定期开展应急演练，撰写演练评估报告，分析存在问题，并根据演练情况及时修改完善应急预案。

第十六条 环境污染可能影响公众健康和环境安全时，县级以上地方环境保护主管部门可以建议本级人民政府依法及时公布环境污染公共监测预警信息，启动应急措施。

第十七条 县级以上地方环境保护主管部门应当建立本行政区域突发环境事件信息收集系统，通过“12369”环保举报热线、新闻媒体等多种途径收集突发环境事件信息，并加强跨区域、跨部门突发环境事件信息交流与合作。

第十八条 县级以上地方环境保护主管部门应当建立健全环境应急值守制度，确定应急值守负责人和应急联络员并报上级环境保护主管部门。

第十九条 企业事业单位应当将突发环境事件应急培训纳入单位工作计划，对从业人员定期进行突发环境事件应急知识和技能培训，并建立培训档案，如实记录培训的时间、内容、参加人员等信息。

第二十条 县级以上环境保护主管部门应当定期对从事突发环境事件应急管理工作的人员进行培训。

省级环境保护主管部门以及具备条件的市、县级环境保护主管部门应当设立环境应急专家库。

县级以上地方环境保护主管部门和企业事业单位应当加强环境应急处置救援能力建设。

第二十一条 县级以上地方环境保护主管部门应当加强环境应急能力标准化建设，配备应急监测仪器设备和装备，提高重点流域区域水、大气突发环境事件预警能力。

第二十二条 县级以上地方环境保护主管部门可以根据本行政区域的实际情况，建立环境应急物资储备信息库，有条件的地区可以设立环境应急物资储备库。

企业事业单位应当储备必要的环境应急装备和物资，并建立完善相关管理制度。

第四章 应急处置

第二十三条 企业事业单位造成或者可能造成突发环境事件时，应当立即启动突发环境事件应急预案，采取切断或者控制污染源以及其他防止危害扩大的必要措施，及时通报可能受到危害的单位和居民，并向事发地县级以上环境保护主管部门报告，接受调查处理。

应急处置期间，企业事业单位应当服从统一指挥，全面、准确地提供本单位与应急处置相关的技术资料，协助维护应急现场秩序，保护与突发环境事件相关的各项证据。

第二十四条 获知突发环境事件信息后，事件发生地县级以上地方环境保护主管部门应当按照《突发环境事件信息报告办法》规定的时限、程序和要求，向同级人民政府和上级环境保护主管部门报告。

第二十五条 突发环境事件已经或者可能涉及相邻行政区域的，事件发生地环境保护主管部门应当及时通报相邻区域同级环境保护主管部门，并向本级人民政府提出向相邻区域人民政府通报的建议。

第二十六条 获知突发环境事件信息后，县级以上地方环境保护主管部门应当立即组织排查污染源，初步查明事件发生的时间、地点、原因、污染物质及数量、周边环境敏感区等情况。

第二十七条 获知突发环境事件信息后，县级以上地方环境保护主管部门应当按照《突发环境事件应急监测技术规范》开展应急监测，及时向本级人民政府和上级环境保护主管部门报告监测结果。

第二十八条 应急处置期间，事发地县级以上地方环境保护主管部门应当组织开展事件信息的分析、评估，提出应急处置方案和建议报本级人民政府。

第二十九条 突发环境事件的威胁和危害得到控制或者消除后，事发地县级以上地方环境保护主管部门应当根据本级人民政府的统一部署，停止应急处置措施。

第五章 事后恢复

第三十条 应急处置工作结束后，县级以上地方环境保护主管部门应当及时总结、评估应急处置工作情况，提出改进措施，并向上级环境保护主管部门报告。

第三十一条 县级以上地方环境保护主管部门应当在本级人民政府的统一部署下，组织开展突发环境事件环境影响和损失等评估工作，并依法向有关人民政府报告。

第三十二条 县级以上环境保护主管部门应当按照有关规定开展事件调查，查清突发环境事件原因，确认事件性质，认定事件责任，提出整改措施和处理意见。

第三十三条 县级以上地方环境保护主管部门应当在本级人民政府的统一领导下，参与制定环境恢复工作方案，推动环境恢复工作。

第六章 信息公开

第三十四条 企业事业单位应当按照有关规定，采取便于公众知晓和查询的方式公开本单位环境风险防范工作开展情况、突发环境事件应急预案及演练情况、突发环境事件发生及处置情况，以及落实整改要求情况等环境信息。

第三十五条 突发环境事件发生后，县级以上地方环境保护主管部门应当认真研判事件影响和等级，及时向本级人民政府提出信息发布建议。履行统一领导职责或者组织处置突发事件的人民政府，应当按照有关规定统一、准确、及时发布有关突发事件事态发展和应急处置工作的信息。

第三十六条 县级以上环境保护主管部门应当在职责范围内向社会公开有关突发环境事件应急管理的规定和要求，以及突发环境事件应急预案及演练情况等环境信息。

县级以上地方环境保护主管部门应当对本行政区域内突发环境事件进行汇总分析，定期向社会公开突发环境事件的数量、级别，以及事件发生的时间、地点、应急处置概况等信息。

第七章 罚 则

第三十七条 企业事业单位违反本办法规定，导致发生突发环境事件，《中华人民共和国突发事件应对法》《中华人民共和国水污染防治法》《中华人民共和国大气污染防治法》《中华人民共和国固体废物污染环境防治法》等法律法规已有相关处罚规定的，依照有关法律法规执行。

较大、重大和特别重大突发环境事件发生后，企业事业单位未按要求执行停产、停排措施，继续违反法律法规规定排放污染物的，环境保护主管部门应当依法对造成污染物排放的设施、设备实施查封、扣押。

第三十八条 企业事业单位有下列情形之一的，由县级以上环境保护主管部门责令改正，可以处一万元以上三万元以下罚款：

（一）未按规定开展突发环境事件风险评估工作，确定风险等级的；

（二）未按规定开展环境安全隐患排查治

理工作，建立隐患排查治理档案的；

（三）未按规定将突发环境事件应急预案备案的；

（四）未按规定开展突发环境事件应急培训，如实记录培训情况的；

（五）未按规定储备必要的环境应急装备和物资；

（六）未按规定公开突发环境事件相关信息的。

第八章 附　　则

第三十九条 本办法由国务院环境保护主管部门负责解释。

第四十条 本办法自2015年6月5日起施行。

国家环境保护部关于印发《突发环境事件应急处置阶段污染损害评估工作程序规定》的通知

（环境保护部2013年8月2日发布，2013年8月2日实施，环发〔2013〕85号）

各省、自治区、直辖市环境保护厅（局），新疆生产建设兵团环境保护局，辽河保护区管理局：

为规范突发环境事件应急处置阶段污染损害评估工作，及时确定事件级别，我部制定了《突发环境事件应急处置阶段污染损害评估工作程序规定》。现印发给你们，请结合实际，抓好落实。

附件：突发环境事件应急处置阶段污染损害评估工作程序规定

环境保护部

2013年8月2日

附件：

突发环境事件应急处置阶段污染损害评估工作程序规定

第一条 为规范突发环境事件应急处置阶段污染损害评估工作，及时确定事件级别，保障人民生命财产和生态环境安全，依据《中华人民共和国突发事件应对法》、《中华人民共和国环境保护法》、《国家突发环境事件应急预案》等法律法规和有关规范性文件，制定本规定。

第二条 本规定所称突发环境事件应急处置阶段污染损害评估（以下简称污染损害评估），是指对突发环境事件应急处置期间造成的直接经济损失进行量化，评估其损害数额的活动。

直接经济损失包括人身损害、财产损害、应急处置费用以及应急处置阶段可以确定的其他直接经济损失。

第三条 县级以上环境保护主管部门按照同级人民政府应对突发环境事件的安排部署，组织开展的污染损害评估工作适用本规定。

第四条 县级以上环境保护主管部门应当遵循分级负责、及时反应、科学严谨、公正公开的原则，组织开展污染损害评估工作。有关单位和个人应当积极配合开展污染损害评估工作。

第五条 污染损害评估所依据的环境监测报告及其他书证、物证、视听资料、当事人陈述、鉴定意见、调查笔录、调查表等有关材料应当符合相关规定。

第六条 县级以上环境保护主管部门应当在突发环境事件发生后及时开展污染损害评估前期工作，并在应急处置工作结束后及时制定评估工作方案，组织开展污染损害评估工作。

第七条 对于初步认定为特别重大和重大、较大、一般突发环境事件的，分别由所在地省级、地市级、县级环境保护主管部门组织开展污染损害评估工作。对于初步认定为一般突发环境事件的，可以不开展污染损害评估工作。

跨行政区域突发环境事件的污染损害评估，由相关地方环境保护主管部门协调解决。

第八条 县级以上环境保护主管部门可以委托有关司法鉴定机构或者环境污染损害鉴定评估机构开展污染损害评估工作，编制评估报告，并组织专家对评估报告进行技术审核。

第九条 污染损害评估应当于应急处置工作结束后30个工作日内完成。情况特别复杂的，经省级环境保护主管部门批准，可以延长30个工作日。

第十条 组织开展污染损害评估的环境保护主管部门应当于评估报告技术审核通过后20个工作日内，将评估报告报送同级人民政府和上一级环境保护主管部门，并将评估结论向社会公开。

第十一条 省级环境保护主管部门应当每年对污染损害评估工作开展情况以及评估报告的应用情况进行监督检查，并将检查情况报同级人民政府和环境保护部。

第十二条 本规定由环境保护部解释。

第十三条 本规定自印发之日起施行。

企业事业单位突发环境事件应急预案备案管理办法（试行）（节选）

（环境保护部2015年1月8日发布，2015年1月8日实施，环发〔2015〕4号）

第一章 总 则

第一条 为加强对企业事业单位（以下简称企业）突发环境事件应急预案（以下简称环境应急预案）的备案管理，夯实政府和部门环境应急预案编制基础，根据《环境保护法》《突发事件应对法》等法律法规以及国务院办公厅印发的《突发事件应急预案管理办法》等文件，制定本办法。

第二条 本办法所称环境应急预案，是指企业为了在应对各类事故、自然灾害时，采取紧急措施，避免或最大程度减少污染物或其他有毒有害物质进入厂界外大气、水体、土壤等环境介质，而预先制定的工作方案。

第三条 环境保护主管部门对以下企业环境应急预案备案的指导和管理，适用本办法：

（一）可能发生突发环境事件的污染物排放企业，包括污水、生活垃圾集中处理设施的运营企业；

（二）生产、储存、运输、使用危险化学品的企业；

（三）产生、收集、贮存、运输、利用、处置危险废物的企业；

（四）尾矿库企业，包括湿式堆存工业废渣库、电厂灰渣库企业；

（五）其他应当纳入适用范围的企业。核与辐射环境应急预案的备案不适用本办法。省级环境保护主管部门可以根据实际情况，发布应当依法进行环境应急预案备案的企业名录。

第七条 受理备案的环境保护主管部门（以下简称受理部门）应当及时将备案的企业名单向社会公布。企业应当主动公开与周边可能受影响的居民、单位、区域环境等密切相关的环境应急预案信息。国家规定需要保密的情形除外。

第二章 备案的准备

第八条 企业是制定环境应急预案的责任主体，根据应对突发环境事件的需要，开展环境应急预案制定工作，对环境应急预案内容的真实性和可操作性负责。企业可以自行编制环境应急预案，也可以委托相关专业技术服务机构编制环境应急预案。委托相关专业技术服务机构编制的，企业指定有关人员全程参与。

第九条 环境应急预案体现自救互救、信息报告和先期处置特点，侧重明确现场组织指挥机制、应急队伍分工、信息报告、监测预警、不同情景下的应对流程和措施、应急资源保障等内容。经过评估确定为较大以上环境风险的企业，可以结合经营性质、规模、组织体系和环境风险状况、应急资源状况，按照环境应急综合预案、专项预案和现场处置预案的模式建立环境应急预案体系。环境应急综合预案体现战略性，环境应急专项预案体现战术性，环境应急现场处置预案体现操作性。跨县级以上行政区域的企业，编制分县域或者分管理单元的环境应急预案。

第十条 企业按照以下步骤制定环境应急预案：

（一）成立环境应急预案编制组，明确编制组组长和成员组成、工作任务、编制计划和经费预算。

（二）开展环境风险评估和应急资源调查。环境风险评估包括但不限于：分析各类事故衍化规律、自然灾害影响程度，识别环境危害因素，分析与周边可能受影响的居民、单位、区域环境的关系，构建突发环境事件及其后果情景，确定环境风险等级。应急资源调查包括但不限于：调查企业第一时间可调用的环境应急队伍、装备、物资、场所等应急资源状况和可请求援助或协议援助的应急资源状况。

（三）编制环境应急预案。按照本办法第九条要求，合理选择类别，确定内容，重点说明可能的突发环境事件情景下需要采取的处置措施、向可能受影响的居民和单位通报的内容与方式、向环境保护主管部门和有关部门报告的内容与方式，以及与政府预案的衔接方式，形成环境应急预案。编制过程中，应征求员工和可能受影响的居民和单位代表的意见。

（四）评审和演练环境应急预案。企业组织专家和可能受影响的居民、单位代表对环境应急预案进行评审，开展演练进行检验。评审专家一般应包括环境应急预案涉及的相关政府管理部门人员、相关行业协会代表、具有相关领域经验的人员等。

（五）签署发布环境应急预案。环境应急预案经企业有关会议审议，由企业主要负责人签署发布。

第十一条 企业根据有关要求，结合实际情况，开展环境应急预案的培训、宣传和必要的应急演练，发生或者可能发生突发环境事件时及时启动环境应急预案。

第十二条 企业结合环境应急预案实施情况，至少每三年对环境应急预案进行一次回顾性评估。有下列情形之一的，及时修订：

（一）面临的环境风险发生重大变化，需要重新进行环境风险评估的；

（二）应急管理组织指挥体系与职责发生重大变化的；

（三）环境应急监测预警及报告机制、应对流程和措施、应急保障措施发生重大变化的；

（四）重要应急资源发生重大变化的；

（五）在突发事件实际应对和应急演练中发现问题，需要对环境应急预案作出重大调整的；

（六）其他需要修订的情况。对环境应急预案进行重大修订的，修订工作参照环境应急预案制定步骤进行。对环境应急预案个别内容进行调整的，修订工作可适当简化。

第三章 备案的实施

第十三条 受理部门应当将环境应急预案备案的依据、程序、期限以及需要提供的文件目录、备案文件范例等在其办公场所或网站公示。

第十四条 企业环境应急预案应当在环境应急预案签署发布之日起20个工作日内，向企业所在地县级环境保护主管部门备案。县级环境保护主管部门应当在备案之日起5个工作日内将较大和重大环境风险企业的环境应急预案备案文件，报送市级环境保护主管部门，重大的同时报送省级环境保护主管部门。跨县级以上行政区域的企业环境应急预案，应当向沿线或跨域涉及的县级环境保护主管部门备案。县级环境保护主管部门应当将备案的跨县级以上行政区域企业的环境应急预案备案文件，报送市级环境保护主管部门，跨市级以上行政区域的同时报送省级环境保护主管部门。

省级环境保护主管部门可以根据实际情况，将受理部门统一调整到市级环境保护主管部门。受理部门应及时将企业环境应急预案备案文件报送有关环境保护主管部门。

第十五条 企业环境应急预案首次备案，现场办理时应当提交下列文件：

（一）突发环境事件应急预案备案表；

（二）环境应急预案及编制说明的纸质文件和电子文件，环境应急预案包括：环境应急预案的签署发布文件、环境应急预案文本；编制说明包括：编制过程概述、重点内容说明、征求意见及采纳情况说明、评审情况说明；

（三）环境风险评估报告的纸质文件和电子文件；

（四）环境应急资源调查报告的纸质文件和电子文件；

（五）环境应急预案评审意见的纸质文件和电子文件。提交备案文件也可以通过信函、电子数据交换等方式进行。通过电子数据交换方式提交的，可以只提交电子文件。

第十六条 受理部门收到企业提交的环境应急预案备案文件后，应当在5个工作日内进行核对。文件齐全的，出具加盖行政机关印章的突发环境事件应急预案备案表。提交的环境应急预案备案文件不齐全的，受理部门应当责令企业补齐相关文件，并按期再次备案。再次备案的期限，由受理部门根据实际情况确定。受理部门应当一次性告知需要补齐的文件。

第十七条 建设单位制定的环境应急预案或者修订的企业环境应急预案，应当在建设项目投入生产或者使用前，按照本办法第十五条的要求，向建设项目所在地受理部门备案。受理部门应当在建设项目投入生产或者使用前，将建设项目环境应急预案或者修订的企业环境应急预案备案文件，报送有关环境保护主管部门。建设单位试生产期间的环境应急预案，应当参照本办法第二章的规定制定和备案。

第十八条 企业环境应急预案有重大修订的，应当在发布之日起20个工作日内向原受理部门变更备案。变更备案按照本办法第十五条要求办理。环境应急预案个别内容进行调整、需要告知环境保护主管部门的，应当在发布之日起20个工作日内以文件形式告知原受理部门。

第十九条 环境保护主管部门受理环境应急预案备案，不得收取任何费用，不得加重或者变相加重企业负担。

第四章　备案的监督

第二十条 县级以上地方环境保护主管部门应当及时将备案的环境应急预案汇总、整理、归档，建立环境应急预案数据库，并将其作为制定政府和部门环境应急预案的重要基础。

第二十一条 县级以上环境保护主管部门应当对备案的环境应急预案进行抽查，指导企业持续改进环境应急预案。

县级以上环境保护主管部门抽查企业环境应急预案，可以采取档案检查、实地核查等方式。抽查可以委托专业技术服务机构开展相关工作。县级以上环境保护主管部门应当及时汇总分析抽查结果，提出环境应急预案问题清单，推荐环境应急预案范例，制定环境应急预案指导性要求，加强备案指导。

第二十二条 企业未按照有关规定制定、备案环境应急预案，或者提供虚假文件备案的，由县级以上环境保护主管部门责令限期改正，并依据国家有关法律法规给予处罚。

第二十三条 县级以上环境保护主管部门在对突发环境事件进行调查处理时，应当把企业环境应急预案的制定、备案、日常管理及实施情况纳入调查处理范围。

第二十四条 受理部门及其工作人员违反本办法，有下列情形之一的，由环境保护主管部门或其上级环境保护主管部门责令改正；情节严重的，依法给予行政处分：

（一）对备案文件齐全的不予备案或者拖延处理的；

（二）对备案文件不齐全的予以接受的；

（三）不按规定一次性告知企业须补齐的全部备案文件的。

附：企业事业单位突发环境事件应急预案备案表（略）

环境信息公开

环境信息公开办法(试行)

(2007年4月11日发布,2008年5月1日实施,国家环境保护总局令2007年第35号)

第一章 总 则

第一条 为了推进和规范环境保护行政主管部门(以下简称环保部门)以及企业公开环境信息,维护公民、法人和其他组织获取环境信息的权益,推动公众参与环境保护,依据《中华人民共和国政府信息公开条例》、《中华人民共和国清洁生产促进法》和《国务院关于落实科学发展观加强环境保护的决定》以及其他有关规定,制定本办法。

第二条 本办法所称环境信息,包括政府环境信息和企业环境信息。

政府环境信息,是指环保部门在履行环境保护职责中制作或者获取的,以一定形式记录、保存的信息。

企业环境信息,是指企业以一定形式记录、保存的,与企业经营活动产生的环境影响和企业环境行为有关的信息。

第三条 国家环境保护总局负责推进、指导、协调、监督全国的环境信息公开工作。

县级以上地方人民政府环保部门负责组织、协调、监督本行政区域内的环境信息公开工作。

第四条 环保部门应当遵循公正、公平、便民、客观的原则,及时、准确地公开政府环境信息。

企业应当按照自愿公开与强制性公开相结合的原则,及时、准确地公开企业环境信息。

第五条 公民、法人和其他组织可以向环保部门申请获取政府环境信息。

第六条 环保部门应当建立、健全环境信息公开制度。

国家环境保护总局由办公厅作为本部门政府环境信息公开工作的组织机构,各业务机构按职责分工做好本领域政府环境信息公开工作。

县级以上地方人民政府环保部门根据实际情况自行确定本部门政府环境信息公开工作的组织机构,负责组织实施本部门的政府环境信息公开工作。

环保部门负责政府环境信息公开工作的组织机构的具体职责是:

(一)组织制定本部门政府环境信息公开的规章制度、工作规则;

(二)组织协调本部门各业务机构的政府环境信息公开工作;

(三)组织维护和更新本部门公开的政府环境信息;

(四)监督考核本部门各业务机构政府环境信息公开工作;

(五)组织编制本部门政府环境信息公开指南、政府环境信息公开目录和政府环境信息公开工作年度报告;

(六)监督指导下级环保部门政府环境信息公开工作;

(七)监督本辖区企业环境信息公开工作;

(八)负责政府环境信息公开前的保密审查;

(九)本部门有关环境信息公开的其他职责。

第七条 公民、法人和其他组织使用公开的环境信息,不得损害国家利益、公共利益和他人的合法权益。

第八条 环保部门应当从人员、经费方面为本部门环境信息公开工作提供保障。

第九条 环保部门发布政府环境信息依照国家有关规定需要批准的,未经批准不得发布。

第十条 环保部门公开政府环境信息,不得危及国家安全、公共安全、经济安全和社会稳定。

第二章 政府环境信息公开

第一节 公开的范围

第十一条 环保部门应当在职责权限范围内向社会主动公开以下政府环境信息：

（一）环境保护法律、法规、规章、标准和其他规范性文件；

（二）环境保护规划；

（三）环境质量状况；

（四）环境统计和环境调查信息；

（五）突发环境事件的应急预案、预报、发生和处置等情况；

（六）主要污染物排放总量指标分配及落实情况，排污许可证发放情况，城市环境综合整治定量考核结果；

（七）大、中城市固体废物的种类、产生量、处置状况等信息；

（八）建设项目环境影响评价文件受理情况，受理的环境影响评价文件的审批结果和建设项目竣工环境保护验收结果，其他环境保护行政许可的项目、依据、条件、程序和结果；

（九）排污费征收的项目、依据、标准和程序，排污者应当缴纳的排污费数额、实际征收数额以及减免缓情况；

（十）环保行政事业性收费的项目、依据、标准和程序；

（十一）经调查核实的公众对环境问题或者对企业污染环境的信访、投诉案件及其处理结果；

（十二）环境行政处罚、行政复议、行政诉讼和实施行政强制措施的情况；

（十三）污染物排放超过国家或者地方排放标准，或者污染物排放总量超过地方人民政府核定的排放总量控制指标的污染严重的企业名单；

（十四）发生重大、特大环境污染事故或者事件的企业名单，拒不执行已生效的环境行政处罚决定的企业名单；

（十五）环境保护创建审批结果；

（十六）环保部门的机构设置、工作职责及其联系方式等情况；

（十七）法律、法规、规章规定应当公开的其他环境信息。

环保部门应当根据前款规定的范围编制本部门的政府环境信息公开目录。

第十二条 环保部门应当建立健全政府环境信息发布保密审查机制，明确审查的程序和责任。

环保部门在公开政府环境信息前，应当依照《中华人民共和国保守国家秘密法》以及其他法律、法规和国家有关规定进行审查。

环保部门不得公开涉及国家秘密、商业秘密、个人隐私的政府环境信息。但是，经权利人同意或者环保部门认为不公开可能对公共利益造成重大影响的涉及商业秘密、个人隐私的政府环境信息，可以予以公开。

环保部门对政府环境信息不能确定是否可以公开时，应当依照法律、法规和国家有关规定报有关主管部门或者同级保密工作部门确定。

第二节 公开的方式和程序

第十三条 环保部门应当将主动公开的政府环境信息，通过政府网站、公报、新闻发布会以及报刊、广播、电视等便于公众知晓的方式公开。

第十四条 属于主动公开范围的政府环境信息，环保部门应当自该环境信息形成或者变更之日起20个工作日内予以公开。法律、法规对政府环境信息公开的期限另有规定的，从其规定。

第十五条 环保部门应当编制、公布政府环境信息公开指南和政府环境信息公开目录，并及时更新。

政府环境信息公开指南，应当包括信息的分类、编排体系、获取方式，政府环境信息公开工作机构的名称、办公地址、办公时间、联系电话、传真号码、电子邮箱等内容。

政府环境信息公开目录，应当包括索引、信息名称、信息内容的概述、生成日期、公开时间等内容。

第十六条 公民、法人和其他组织依据本办法第五条规定申请环保部门提供政府环境信息的，应当采用信函、传真、电子邮件等书面形式；采取书面形式确有困难的，申请人可以口头提出，由环保部门政府环境信息公开工作机构代为填写政府环境信息公开申请。

政府环境信息公开申请应当包括下列内容：

（一）申请人的姓名或者名称、联系方式；

（二）申请公开的政府环境信息内容的具体描述；

（三）申请公开的政府环境信息的形式要求。

第十七条　对政府环境信息公开申请，环保部门应当根据下列情况分别作出答复：

（一）申请公开的信息属于公开范围的，应当告知申请人获取该政府环境信息的方式和途径；

（二）申请公开的信息属于不予公开范围的，应当告知申请人该政府环境信息不予公开并说明理由；

（三）依法不属于本部门公开或者该政府环境信息不存在的，应当告知申请人；对于能够确定该政府环境信息的公开机关的，应当告知申请人该行政机关的名称和联系方式；

（四）申请内容不明确的，应当告知申请人更改、补充申请。

第十八条　环保部门应当在收到申请之日起15个工作日内予以答复；不能在15个工作日内作出答复的，经政府环境信息公开工作机构负责人同意，可以适当延长答复期限，并书面告知申请人，延长答复的期限最长不得超过15个工作日。

第三章　企业环境信息公开

第十九条　国家鼓励企业自愿公开下列企业环境信息：

（一）企业环境保护方针、年度环境保护目标及成效；

（二）企业年度资源消耗总量；

（三）企业环保投资和环境技术开发情况；

（四）企业排放污染物种类、数量、浓度和去向；

（五）企业环保设施的建设和运行情况；

（六）企业在生产过程中产生的废物的处理、处置情况，废弃产品的回收、综合利用情况；

（七）与环保部门签订的改善环境行为的自愿协议；

（八）企业履行社会责任的情况；

（九）企业自愿公开的其他环境信息。

第二十条　列入本办法第十一条第一款第（十三）项名单的企业，应当向社会公开下列信息：

（一）企业名称、地址、法定代表人；

（二）主要污染物的名称、排放方式、排放浓度和总量、超标、超总量情况；

（三）企业环保设施的建设和运行情况；

（四）环境污染事故应急预案。

企业不得以保守商业秘密为借口，拒绝公开前款所列的环境信息。

第二十一条　依照本办法第二十条规定向社会公开环境信息的企业，应当在环保部门公布名单后30日内，在所在地主要媒体上公布其环境信息，并将向社会公开的环境信息报所在地环保部门备案。

环保部门有权对企业公布的环境信息进行核查。

第二十二条　依照本办法第十九条规定自愿公开环境信息的企业，可以将其环境信息通过媒体、互联网等方式，或者通过公布企业年度环境报告的形式向社会公开。

第二十三条　对自愿公开企业环境行为信息、且模范遵守环保法律法规的企业，环保部门可以给予下列奖励：

（一）在当地主要媒体公开表彰；

（二）依照国家有关规定优先安排环保专项资金项目；

（三）依照国家有关规定优先推荐清洁生产示范项目或者其他国家提供资金补助的示范项目；

（四）国家规定的其他奖励措施。

第四章　监督与责任

第二十四条　环保部门应当建立健全政府环境信息公开工作考核制度、社会评议制度和责任追究制度，定期对政府环境信息公开工作进行考核、评议。

第二十五条　环保部门应当在每年3月31日前公布本部门的政府环境信息公开工作年度报告。

政府环境信息公开工作年度报告应当包括下列内容：

（一）环保部门主动公开政府环境信息的情况；

（二）环保部门依申请公开政府环境信息和不予公开政府环境信息的情况；

（三）因政府环境信息公开申请行政复议、提起行政诉讼的情况；

（四）政府环境信息公开工作存在的主要问题及改进情况；

（五）其他需要报告的事项。

第二十六条 公民、法人和其他组织认为环保部门不依法履行政府环境信息公开义务的，可以向上级环保部门举报。收到举报的环保部门应当督促下级环保部门依法履行政府环境信息公开义务。

公民、法人和其他组织认为环保部门在政府环境信息公开工作中的具体行政行为侵犯其合法权益的，可以依法申请行政复议或者提起行政诉讼。

第二十七条 环保部门违反本办法规定，有下列情形之一的，上一级环保部门应当责令其改正；情节严重的，对负有直接责任的主管人员和其他直接责任人员依法给予行政处分：

（一）不依法履行政府环境信息公开义务的；

（二）不及时更新政府环境信息内容、政府环境信息公开指南和政府环境信息公开目录的；

（三）在公开政府环境信息过程中违反规定收取费用的；

（四）通过其他组织、个人以有偿服务方式提供政府环境信息的；

（五）公开不应当公开的政府环境信息的；

（六）违反本办法规定的其他行为。

第二十八条 违反本办法第二十条规定，污染物排放超过国家或者地方排放标准，或者污染物排放总量超过地方人民政府核定的排放总量控制指标的污染严重的企业，不公布或者未按规定要求公布污染物排放情况的，由县级以上地方人民政府环保部门依据《中华人民共和国清洁生产促进法》的规定，处十万元以下罚款，并代为公布。

第五章 附 则

第二十九条 本办法自2008年5月1日起施行。

企业事业单位环境信息公开办法

（2014年12月19日发布，2015年1月1日实施，环境保护部令2015年第31号）

第一条 为维护公民、法人和其他组织依法享有获取环境信息的权利，促进企业事业单位如实向社会公开环境信息，推动公众参与和监督环境保护，根据《中华人民共和国环境保护法》、《企业信息公示暂行条例》等有关法律法规，制定本办法。

第二条 环境保护部负责指导、监督全国企业事业单位环境信息公开工作。

县级以上环境保护主管部门负责指导、监督本行政区域内的企业事业单位环境信息公开工作。

第三条 企业事业单位应当按照强制公开和自愿公开相结合的原则，及时、如实地公开其环境信息。

第四条 环境保护主管部门应当建立健全指导、监督企业事业单位环境信息公开工作制度。环境保护主管部门开展指导、监督企业事业单位环境信息公开工作所需经费，应当列入本部门的行政经费预算。

有条件的环境保护主管部门可以建设企业事业单位环境信息公开平台。

企业事业单位应当建立健全本单位环境信息公开制度，指定机构负责本单位环境信息公开日常工作。

第五条 环境保护主管部门应当根据企业事业单位公开的环境信息及政府部门环境监管信息，建立企业事业单位环境行为信用评价制度。

第六条 企业事业单位环境信息涉及国家秘密、商业秘密或者个人隐私的，依法可以不公开；

法律、法规另有规定的,从其规定。

第七条 设区的市级人民政府环境保护主管部门应当于每年3月底前确定本行政区域内重点排污单位名录,并通过政府网站、报刊、广播、电视等便于公众知晓的方式公布。

环境保护主管部门确定重点排污单位名录时,应当综合考虑本行政区域的环境容量、重点污染物排放总量控制指标的要求,以及企业事业单位排放污染物的种类、数量和浓度等因素。

第八条 具备下列条件之一的企业事业单位,应当列入重点排污单位名录:

(一)被设区的市级以上人民政府环境保护主管部门确定为重点监控企业的;

(二)具有试验、分析、检测等功能的化学、医药、生物类省级重点以上实验室、二级以上医院、污染物集中处置单位等污染物排放行为引起社会广泛关注的或者可能对环境敏感区造成较大影响的;

(三)三年内发生较大以上突发环境事件或者因环境污染问题造成重大社会影响的;

(四)其他有必要列入的情形。

第九条 重点排污单位应当公开下列信息:

(一)基础信息,包括单位名称、组织机构代码、法定代表人、生产地址、联系方式,以及生产经营和管理服务的主要内容、产品及规模;

(二)排污信息,包括主要污染物及特征污染物的名称、排放方式、排放口数量和分布情况、排放浓度和总量、超标情况,以及执行的污染物排放标准、核定的排放总量;

(三)防治污染设施的建设和运行情况;

(四)建设项目环境影响评价及其他环境保护行政许可情况;

(五)突发环境事件应急预案;

(六)其他应当公开的环境信息。

列入国家重点监控企业名单的重点排污单位还应当公开其环境自行监测方案。

第十条 重点排污单位应当通过其网站、企业事业单位环境信息公开平台或者当地报刊等便于公众知晓的方式公开环境信息,同时可以采取以下一种或者几种方式予以公开:

(一)公告或者公开发行的信息专刊;

(二)广播、电视等新闻媒体;

(三)信息公开服务、监督热线电话;

(四)本单位的资料索取点、信息公开栏、信息亭、电子屏幕、电子触摸屏等场所或者设施;

(五)其他便于公众及时、准确获得信息的方式。

第十一条 重点排污单位应当在环境保护主管部门公布重点排污单位名录后九十日内公开本办法第九条规定的环境信息;环境信息有新生成或者发生变更情形的,重点排污单位应当自环境信息生成或者变更之日起三十日内予以公开。法律、法规另有规定的,从其规定。

第十二条 重点排污单位之外的企业事业单位可以参照本办法第九条、第十条和第十一条的规定公开其环境信息。

第十三条 国家鼓励企业事业单位自愿公开有利于保护生态、防治污染、履行社会环境责任的相关信息。

第十四条 环境保护主管部门有权对重点排污单位环境信息公开活动进行监督检查。被检查者应当如实反映情况,提供必要的资料。

第十五条 环境保护主管部门应当宣传和引导公众监督企业事业单位环境信息公开工作。

公民、法人和其他组织发现重点排污单位未依法公开环境信息的,有权向环境保护主管部门举报。接受举报的环境保护主管部门应当对举报人的相关信息予以保密,保护举报人的合法权益。

第十六条 重点排污单位违反本办法规定,有下列行为之一的,由县级以上环境保护主管部门根据《中华人民共和国环境保护法》的规定责令公开,处三万元以下罚款,并予以公告:

(一)不公开或者不按照本办法第九条规定的内容公开环境信息的;

(二)不按照本办法第十条规定的方式公开环境信息的;

(三)不按照本办法第十一条规定的时限公开环境信息的;

(四)公开内容不真实、弄虚作假的。

法律、法规另有规定的,从其规定。

第十七条 本办法由国务院环境保护主管部门负责解释。

第十八条 本办法自2015年1月1日起施行。

环境保护公众参与办法

(2015年7月13日发布,2015年9月1日实施,环境保护部令2015年第35号)

第一条 为保障公民、法人和其他组织获取环境信息、参与和监督环境保护的权利,畅通参与渠道,促进环境保护公众参与依法有序发展,根据《环境保护法》及有关法律法规,制定本办法。

第二条 本办法适用于公民、法人和其他组织参与制定政策法规、实施行政许可或者行政处罚、监督违法行为、开展宣传教育等环境保护公共事务的活动。

第三条 环境保护公众参与应当遵循依法、有序、自愿、便利的原则。

第四条 环境保护主管部门可以通过征求意见、问卷调查,组织召开座谈会、专家论证会、听证会等方式征求公民、法人和其他组织对环境保护相关事项或者活动的意见和建议。

公民、法人和其他组织可以通过电话、信函、传真、网络等方式向环境保护主管部门提出意见和建议。

第五条 环境保护主管部门向公民、法人和其他组织征求意见时,应当公布以下信息:

(一)相关事项或者活动的背景资料;

(二)征求意见的起止时间;

(三)公众提交意见和建议的方式;

(四)联系部门和联系方式。

公民、法人和其他组织应当在征求意见的时限内提交书面意见和建议。

第六条 环境保护主管部门拟组织问卷调查征求意见的,应当对相关事项的基本情况进行说明。调查问卷所设问题应当简单明确、通俗易懂。调查的人数及其范围应当综合考虑相关事项或者活动的环境影响范围和程度、社会关注程度、组织公众参与所需要的人力和物力资源等因素。

第七条 环境保护主管部门拟组织召开座谈会、专家论证会征求意见的,应当提前将会议的时间、地点、议题、议程等事项通知参会人员,必要时可以通过政府网站、主要媒体等途径予以公告。

参加专家论证会的参会人员应当以相关专业领域专家、环保社会组织中的专业人士为主,同时应当邀请可能受相关事项或者活动直接影响的公民、法人和其他组织的代表参加。

第八条 法律、法规规定应当听证的事项,环境保护主管部门应当向社会公告,并举行听证。

环境保护主管部门组织听证应当遵循公开、公平、公正和便民的原则,充分听取公民、法人和其他组织的意见,并保证其陈述意见、质证和申辩的权利。

除涉及国家秘密、商业秘密或者个人隐私外,听证应当公开举行。

第九条 环境保护主管部门应当对公民、法人和其他组织提出的意见和建议进行归类整理、分析研究,在作出环境决策时予以充分考虑,并以适当的方式反馈公民、法人和其他组织。

第十条 环境保护主管部门支持和鼓励公民、法人和其他组织对环境保护公共事务进行舆论监督和社会监督。

第十一条 公民、法人和其他组织发现任何单位和个人有污染环境和破坏生态行为的,可以通过信函、传真、电子邮件、“12369”环保举报热线、政府网站等途径,向环境保护主管部门举报。

第十二条 公民、法人和其他组织发现地方各级人民政府、县级以上环境保护主管部门不依法履行职责的,有权向其上级机关或者监察机关举报。

第十三条 接受举报的环境保护主管部门应当依照有关法律、法规规定调查核实举报的事项,并将调查情况和处理结果告知举报人。

第十四条 接受举报的环境保护主管部门应当对举报人的相关信息予以保密,保护举报人的合法权益。

第十五条 对保护和改善环境有显著成绩的单位和个人,依法给予奖励。

国家鼓励县级以上环境保护主管部门推动有关部门设立环境保护有奖举报专项资金。

第十六条　环境保护主管部门可以通过提供法律咨询、提交书面意见、协助调查取证等方式，支持符合法定条件的环保社会组织依法提起环境公益诉讼。

第十七条　环境保护主管部门应当在其职责范围内加强宣传教育工作，普及环境科学知识，增强公众的环保意识、节约意识；鼓励公众自觉践行绿色生活、绿色消费，形成低碳节约、保护环境的社会风尚。

第十八条　环境保护主管部门可以通过项目资助、购买服务等方式，支持、引导社会组织参与环境保护活动。

第十九条　法律、法规和环境保护部制定的其他部门规章对环境保护公众参与另有规定的，从其规定。

第二十条　本办法自2015年9月1日起施行。

环境监测管理

环境监测管理办法(节选)

(2007年7月25日发布，2007年9月1日实施，国家环境保护总局令2007年第39号)

第一条　为加强环境监测管理，根据《环境保护法》等有关法律法规，制定本办法。

第二条　本办法适用于县级以上环境保护部门下列环境监测活动的管理：

(一)环境质量监测；

(二)污染源监督性监测；

(三)突发环境污染事件应急监测；

(四)为环境状况调查和评价等环境管理活动提供监测数据的其他环境监测活动。

第三条　环境监测工作是县级以上环境保护部门的法定职责。

第四条　县级以上环境保护部门对本行政区域环境监测工作实施统一监督管理，履行下列主要职责：

(一)制定并组织实施环境监测发展规划和年度工作计划；

(二)组建直属环境监测机构，并按照国家环境监测机构建设标准组织实施环境监测能力建设；

(三)建立环境监测工作质量审核和检查制度；

(四)组织编制环境监测报告，发布环境监测信息；

(五)依法组建环境监测网络，建立网络管理制度，组织网络运行管理；

(六)组织开展环境监测科学技术研究、国际合作与技术交流。

国家环境保护总局适时组建直属跨界环境监测机构。

第五条　县级以上环境保护部门所属环境监测机构具体承担下列主要环境监测技术支持工作：

(一)开展环境质量监测、污染源监督性监测和突发环境污染事件应急监测；

(二)承担环境监测网建设和运行，收集、管理环境监测数据，开展环境状况调查和评价，编制环境监测报告；

(三)负责环境监测人员的技术培训；

(四)开展环境监测领域科学研究，承担环境监测技术规范、方法研究以及国际合作和交流；

(五)承担环境保护部门委托的其他环境监测技术支持工作。

第六条　国家环境保护总局负责依法制定统一的国家环境监测技术规范。

省级环境保护部门对国家环境监测技术规范未作规定的项目，可以制定地方环境监测技术规范，并报国家环境保护总局备案。

第八条　县级以上环境保护部门所属环境监测

机构依据本办法取得的环境监测数据，应当作为环境统计、排污申报核定、排污费征收、环境执法、目标责任考核等环境管理的依据。

第九条 县级以上环境保护部门按照环境监测的代表性分别负责组织建设国家级、省级、市级、县级环境监测网，并分别委托所属环境监测机构负责运行。

第十条 环境监测网由各环境监测要素的点位(断面)组成。

环境监测点位(断面)的设置、变更、运行，应当按照国家环境保护总局有关规定执行。

各大水系或者区域的点位(断面)，属于国家级环境监测网。

第十八条 县级以上环境保护部门及其工作人员、环境监测机构及环境监测人员有下列行为之一的，由任免机关或者监察机关按照管理权限依法给予行政处分；涉嫌犯罪的，移送司法机关依法处理：

(一)未按照国家环境监测技术规范从事环境监测活动的；

(二)拒报或者两次以上不按照规定的时限报送环境监测数据的；

(三)伪造、篡改环境监测数据的；

(四)擅自对外公布环境监测信息的。

第十九条 排污者拒绝、阻挠环境监测工作人员进行环境监测活动或者弄虚作假的，由县级以上环境保护部门依法给予行政处罚；构成违反治安管理行为的，由公安机关依法给予治安处罚；构成犯罪的，依法追究刑事责任。

第二十条 损毁、盗窃环境监测设施的，县级以上环境保护部门移送公安机关，由公安机关依照《治安管理处罚法》的规定处10日以上15日以下拘留；构成犯罪的，依法追究刑事责任。

第二十一条 排污者必须按照县级以上环境保护部门的要求和国家环境监测技术规范，开展排污状况自我监测。

排污者按照国家环境监测技术规范，并经县级以上环境保护部门所属环境监测机构检查符合国家规定的能力要求和技术条件的，其监测数据作为核定污染物排放种类、数量的依据。

不具备环境监测能力的排污者，应当委托环境保护部门所属环境监测机构或者经省级环境保护部门认定的环境监测机构进行监测；接受委托的环境监测机构所从事的监测活动，所需经费由委托方承担，收费标准按照国家有关规定执行。

经省级环境保护部门认定的环境监测机构，是指非环境保护部门所属的、从事环境监测业务的机构，可以自愿向所在地省级环境保护部门申请证明其具备相适应的环境监测业务能力认定，经认定合格者，即为经省级环境保护部门认定的环境监测机构。

经省级环境保护部门认定的环境监测机构应当接受所在地环境保护部门所属环境监测机构的监督检查。

污染源自动监控管理办法(节选)

(2005年9月19日发布，2005年11月1日实施，国家环境保护总局令2005年第28号)

第一章 总 则

第一条 为加强污染源监管，实施污染物排放总量控制与排污许可证制度和排污收费制度，预防污染事故，提高环境管理科学化、信息化水平，根据《水污染防治法》、《大气污染防治法》、《环境噪声污染防治法》、《水污染防治法实施细则》、《建设项目环境保护管理条例》和《排污费征收使用管理条例》等有关环境保护法律法规，制定本办法。

第二条 本办法适用于重点污染源自动监控系统的监督管理。

重点污染源水污染物、大气污染物和噪声排放自动监控系统的建设、管理和运行维护，必须遵守本办法。

第三条 本办法所称自动监控系统，由自动监控设备和监控中心组成。

自动监控设备是指在污染源现场安装的用于监控、监测污染物排放的仪器、流量（速）计、污染治理设施运行记录仪和数据采集传输仪等仪器、仪表，是污染防治设施的组成部分。

监控中心是指环境保护部门通过通信传输线路与自动监控设备连接用于对重点污染源实施自动监控的计算机软件和设备等。

第四条 自动监控系统经环境保护部门检查合格并正常运行的，其数据作为环境保护部门进行排污申报核定、排污许可证发放、总量控制、环境统计、排污费征收和现场环境执法等环境监督管理的依据，并按照有关规定向社会公开。

第六条 环境监察机构负责以下工作：

（一）参与制定工作计划，并组织实施；

（二）核实自动监控设备的选用、安装、使用是否符合要求；

（三）对自动监控系统的建设、运行和维护等进行监督检查；

（四）本行政区域内重点污染源自动监控系统联网监控管理；

（五）核定自动监控数据，并向同级环境保护部门和上级环境监察机构等联网报送；

（六）对不按照规定建立或者擅自拆除、闲置、关闭及不正常使用自动监控系统的的排污单位提出依法处罚的意见。

第九条 任何单位和个人都有保护自动监控系统的义务，并有权对闲置、拆除、破坏以及擅自改动自动监控系统参数和数据等不正常使用自动监控系统的行为进行举报。

第二章 自动监控系统的建设

第十条 列入污染源自动监控计划的排污单位，应当按照规定的时限建设、安装自动监控设备及其配套设施，配合自动监控系统的联网。

第十一条 新建、改建、扩建和技术改造项目应当根据经批准的环境影响评价文件的要求建设、安装自动监控设备及其配套设施，作为环境保护设施的组成部分，与主体工程同时设计、同时施工、同时投入使用。

第十二条 建设自动监控系统必须符合下列要求：

（一）自动监控设备中的相关仪器应当选用经国家环境保护总局指定的环境监测仪器检测机构适用性检测合格的产品；

（二）数据采集和传输符合国家有关污染源在线自动监控（监测）系统数据传输和接口标准的技术规范；

（三）自动监控设备应安装在符合环境保护规范要求的排污口；

（四）按照国家有关环境监测技术规范，环境监测仪器的比对监测应当合格；

（五）自动监控设备与监控中心能够稳定联网；

（六）建立自动监控系统运行、使用、管理制度。

第十三条 自动监控设备的建设、运行和维护经费由排污单位自筹，环境保护部门可以给予补助；监控中心的建设和运行、维护经费由环境保护部门编报预算申请经费。

第三章 自动监控系统的运行、维护和管理

第十五条 自动监控设备需要维修、停用、拆除或者更换的，应当事先报经环境监察机构批准同意。

环境监察机构应当自收到排污单位的报告之日起7日内予以批复；逾期不批复的，视为同意。

第四章 罚 则

第十六条 违反本办法规定，现有排污单位未按规定的期限完成安装自动监控设备及其配套设施的，由县级以上环境保护部门责令限期改正，并可处1万元以下的罚款。

第十七条 违反本办法规定，新建、改建、扩建和技术改造的项目未安装自动监控设备及其配套设施，或者未经验收或者验收不合格的，主体工程即正式投入生产或者使用的，由审批该建设项目环境影响评价文件的环境保护部门依据《建设项目环境保护管理条例》责令停止主体工程生产或者使用，可以处10万元以下的罚款。

第十八条 违反本办法规定，有下列行为之一的，由县级以上地方环境保护部门按以下规定

处理：

（一）故意不正常使用水污染物排放自动监控系统，或者未经环境保护部门批准，擅自拆除、闲置、破坏水污染物排放自动监控系统，排放污染物超过规定标准的；

（二）不正常使用大气污染物排放自动监控系统，或者未经环境保护部门批准，擅自拆除、闲置、破坏大气污染物排放自动监控系统的；

（三）未经环境保护部门批准，擅自拆除、闲置、破坏环境噪声排放自动监控系统，致使环境噪声排放超过规定标准的。

有前款第（一）项行为的，依据《水污染防治法》第四十八条和《水污染防治法实施细则》第四十一条的规定，责令恢复正常使用或者限期重新安装使用，并处10万元以下的罚款；有前款第（二）项行为的，依据《大气污染防治法》第四十六条的规定，责令停止违法行为，限期改正，给予警告或者处5万元以下罚款；有前款第（三）项行为的，依据《环境噪声污染防治法》第五十条的规定，责令改正，处3万元以下罚款。

国家重点监控企业污染源监督性监测及信息公开办法（试行）（节选）

（2013年7月30日发布，2014年1月1日实施，环发〔2013〕81号）

第一章　总　　则

第一条　为加强污染源监督性监测，推进污染源监测信息公开，依据《中华人民共和国政府信息公开条例》、《环境监测管理办法》、《“十二五”主要污染物总量减排考核办法》、《“十二五”主要污染物总量减排监测办法》等有关规定，制定本办法。

第二条　本办法适用于环境保护主管部门对国家重点监控企业和纳入各地年度减排计划且向水体集中直接排放污水的规模化畜禽养殖场（小区）的污染源监督性监测及信息公开工作。其他企业的污染源监督性监测及信息公开工作可参照本办法执行。本办法不适用于突发环境事件的污染源监测及信息公开工作。

本办法所称的污染源监督性监测，是指环境保护主管部门为监督排污单位的污染物排放状况和自行监测工作开展情况组织开展的环境监测活动。

污染源监督性监测数据是开展环境执法和环境管理的重要依据。

第二章　监测计划与实施

第六条　环境监测机构应当根据国家或地方污染物排放（控制）标准、环境影响评价报告书（表）及其批复、环境监测技术规范以及环境管理的需要，开展监督性监测。

第八条　现场采样时，环境监测机构工作人员应认真填写采样记录表、污染源和监测点位示意图等原始监测记录，并由被监测单位签字确认。

被监测单位对样品采集过程有异议的，环境监测机构工作人员应当在原始监测记录上记录异议内容，并由被监测单位签字确认。如被监测单位拒绝签字，环境监测机构工作人员应在原始监测记录上注明。

第九条　环境监测机构在现场采样过程中，有下列情形之一的视为不具备监测条件，环境监测机构可不开展污染源监督性监测，记录原因并及时向同级环境保护主管部门报告：

（一）被监测单位拒绝环境监测机构工作人员进入的；

（二）被监测单位的排污口、采样平台不符合环境监测技术规范相关规定，无法保证监测人员人身安全及正常开展监测的；

（三）被监测单位的污染物不外排，并经地市级（包含省管县）及以上环境保护主管部门确认的；

（四）全年停产等不具备监测条件的企业

需经地市级（包含省管县）环境保护行政主管部门提供相关证明材料，永久性关停企业需提供当地政府等相关部门出具的证明材料，并经省级环境保护行政主管部门确认；

（五）其他不具备监测条件的情况。

第十条 环境监测机构工作人员应当按照国家环境监测技术规范、方法和环境监测质量管理规定，采集、保存、运输、分析监测样品。

第三章 监测结果的报送

第十二条 环境监测机构应严格按照环境监测质量管理有关规范对污染源监督性监测数据执行三级审核制度。

环境监测机构对污染源监督性监测数据的真实性、准确性负责，环境保护主管部门不得行政干预。

第四章 信息公开

第十七条 污染源监测信息应当依法公开。

各级环境保护主管部门负责向社会公开本级及下级完成的国家重点监控企业污染源监督性监测信息。公开信息内容主要包括：

（一）污染源监督性监测结果，包括：污染源名称、所在地、监测点位名称、监测日期、监测指标名称、监测指标浓度、排放标准限值、按监测指标评价结论；

（二）未开展污染源监督性监测的原因；

（三）国家重点监控企业监督性监测年度报告。

国务院环境保护主管部门适时公布污染物排放超过国家或者地方排放标准、污染严重的国家重点监控企业的污染源监督性监测信息。

第十八条 地市级和省级环境保护主管部门分别通过部门官方网站向社会公布本辖区内国家重点监控企业的污染源监督性监测结果和未开展监督性监测的原因，信息至少在网站保存一年。

鼓励地市级和省级环境保护主管部门通过报纸、广播、电视等便于公众知晓的方式公开污染源监督性监测信息。

第十九条 地市级和省级环境保护主管部门应当于获取污染源监督性监测信息后20个工作日内公开污染源监督性监测信息。

第五章 监督管理

第二十条 环境保护主管部门应当对下级环境保护主管部门执行污染源监测管理制度、制定并组织实施辖区内污染源监测工作计划的情况、污染源监督性监测信息公开的情况、污染源监督性监测条件保障的情况，开展监督、检查和考核。

第二十一条 环境保护主管部门应当对所属的环境监测机构执行污染源监测管理制度和技术规范执行情况、完成辖区内污染源监测工作任务的情况，开展监督、检查和考核。

第二十四条 被监测单位有第九条（一）、（二）款情形之一的，由环境保护主管部门依法进行处理。

第二十五条 公民、法人和其他组织认为环境保护主管部门不依法履行污染源监督性监测和信息公开义务的，可以向上级环境保护主管部门举报，收到举报的上级环境保护主管部门应当督促下级环境保护主管部门依法履行监测和信息公开义务。

国家重点监控企业自行监测及信息公开办法（试行）（节选）

（2013年7月30日发布，2014年1月1日实施，环发〔2013〕81号）

第一章 总 则

第一条 为规范企业自行监测及信息公开，督促企业自觉履行法定义务和社会责任，推动公众参与，根据《中华人民共和国环境保护法》、《中华人民共和国水污染防治法》、《“十二五”主要污染物总量减排考核办法》、《“十二五”主要污染物总量减排监测办法》、《环境监测管理办法》等有关规定，制定本办法。

第二条 本办法适用于国家重点监控企业、以及纳入各地年度减排计划且向水体集中直接排放污水的规模化畜禽养殖场(小区)。其他企业可参照执行。

本办法所称的企业自行监测,是指企业按照环境保护法律法规要求,为掌握本单位的污染物排放状况及其对周边环境质量的影响等情况,组织开展的环境监测活动。

第二章 监测与报告

第四条 企业应当按照国家或地方污染物排放(控制)标准、环境影响评价报告书(表)及其批复、环境监测技术规范的要求,制定自行监测方案。

自行监测方案内容应包括企业基本情况、监测点位、监测频次、监测指标、执行排放标准及其限值、监测方法和仪器、监测质量控制、监测点位示意图、监测结果公开时限等。

自行监测方案及其调整、变化情况应及时向社会公开,并报地市级环境保护主管部门备案,其中装机总容量30万千瓦以上火电厂向省级环境保护主管部门备案。

第七条 企业应当按照环境监测管理规定和技术规范的要求,设计、建设、维护污染物排放口和监测点位,并安装统一的标识牌。

第九条 采用自动监测的,全天连续监测;采用手工监测的,应当按以下要求频次开展监测,其中,国家或地方发布的规范性文件、规划、标准中对监测指标的监测频次有明确规定的,按规定执行:

(一)化学需氧量、氨氮每日开展监测,废水中其他污染物每月至少开展一次监测;

(二)二氧化硫、氮氧化物每周至少开展一次监测,颗粒物每月至少开展一次监测,废气中其他污染物每季度至少开展一次监测;

(三)纳入年度减排计划且向水体集中直接排放污水的规模化畜禽养殖场(小区),每月至少开展一次监测;

(四)厂界噪声每季度至少开展一次监测;

(五)企业周边环境质量监测,按照环境影响评价报告书(表)及其批复要求执行。

第十条 以手工监测方式开展自行监测的,应当具备以下条件:

(一)具有固定的工作场所和必要的工作条件;

(二)具有与监测本单位排放污染物相适应的采样、分析等专业设备、设施;

(三)具有两名以上持有省级环境保护主管部门组织培训的、与监测事项相符的培训证书的人员;

(四)具有健全的环境监测工作和质量管理制度;

(五)符合环境保护主管部门规定的其他条件。

以自动监测方式开展自行监测的,应当具备以下条件:

(一)按照环境监测技术规范和自动监控技术规范的要求安装自动监测设备,与环境保护主管部门联网,并通过环境保护主管部门验收;

(二)具有两名以上持有省级环境保护主管部门颁发的污染源自动监测数据有效性审核培训证书的人员,对自动监测设备进行日常运行维护;

(三)具有健全的自动监测设备运行管理工作和质量管理制度;

(四)符合环境保护主管部门规定的其他条件。

第十一条 企业自行监测采用委托监测的,应当委托经省级环境保护主管部门认定的社会检测机构或环境保护主管部门所属环境监测机构进行监测。

承担监督性监测任务的环境保护主管部门所属环境监测机构不得承担所监督企业的自行监测委托业务。

第十二条 自行监测记录包含监测各环节的原始记录、委托监测相关记录、自动监测设备运维记录,各类原始记录内容应完整并有相关人员签字,保存三年。

第十五条 企业应当使用自行监测数据,按照国务院环境保护主管部门有关规定计算污染物排放量,在每月初的7个工作日内向环境保护主管部门报告上月主要污染物排放量,并提供有关资料。

第十七条 企业应于每年1月底前编制完成上

年度自行监测开展情况年度报告，并向负责备案的环境保护主管部门报送。年度报告应包含以下内容：

（一）监测方案的调整变化情况；

（二）全年生产天数、监测天数，各监测点、各监测指标全年监测次数、达标次数、超标情况；

（三）全年废水、废气污染物排放量；

（四）固体废弃物的类型、产生数量，处置方式、数量以及去向；

（五）按要求开展的周边环境质量影响状况监测结果。

第三章 信息公开

第十八条 企业应将自行监测工作开展情况及监测结果向社会公众公开，公开内容应包括：

（一）基础信息：企业名称、法人代表、所属行业、地理位置、生产周期、联系方式、委托监测机构名称等；

（二）自行监测方案；

（三）自行监测结果：全部监测点位、监测时间、污染物种类及浓度、标准限值、达标情况、超标倍数、污染物排放方式及排放去向；

（四）未开展自行监测的原因；

（五）污染源监测年度报告。

第十九条 企业可通过对外网站、报纸、广播、电视等便于公众知晓的方式公开自行监测信息。同时，应当在省级或地市级环境保护主管部门统一组织建立的公布平台上公开自行监测信息，并至少保存一年。

第二十条 企业自行监测信息按以下要求的时限公开：

（一）企业基础信息应随监测数据一并公布，基础信息、自行监测方案如有调整变化时，应于变更后的五日内公布最新内容；

（二）手工监测数据应于每次监测完成后的次日公布；

（三）自动监测数据应实时公布监测结果，其中废水自动监测设备为每2小时均值，废气自动监测设备为每1小时均值；

（四）每年一月底前公布上年度自行监测年度报告。

第四章 监督与管理

第二十一条 负责备案的环境保护主管部门应当对企业自行监测方案内容和自行监测工作开展情况进行监督检查。对不符合环境监测管理规定和技术规范的自行监测行为，应要求企业及时整改，并将整改结果报环境保护主管部门。

第二十二条 公民、法人和其他组织可以对企业不依法履行自行监测和信息公开的行为进行举报，收到举报的环保部门应当进行调查，督促企业依法履行自行监测和信息公开义务。

第二十三条 企业拒不开展自行监测、不发布自行监测信息、自行监测报告和信息公开过程中有弄虚作假行为，或者开展相关工作存在问题且整改不到位的，环境保护主管部门可视情况采取以下环境管理措施，并按照相关法律规定进行处罚：

（一）向社会公布；

（二）不予环保上市核查；

（三）暂停各类环保专项资金补助；

（四）建议金融、保险不予信贷支持或者提高环境污染责任保险费率；

（五）建议取消其政府采购资格；

（六）暂停其建设项目环境影响评价文件审批；

（七）暂停发放排污许可证。

环境行政许可

建设项目环境保护管理条例(节选)

(1998 年 11 月 29 日发布,1998 年 11 月 29 日实施,国务院令 1998 年第 253 号)

第一章　总　　则

第四条　工业建设项目应当采用能耗物耗小、污染物产生量少的清洁生产工艺,合理利用自然资源,防止环境污染和生态破坏。

第五条　改建、扩建项目和技术改造项目必须采取措施,治理与该项目有关的原有环境污染和生态破坏。

第二章　环境影响评价

第六条　国家实行建设项目环境影响评价制度。

第七条　国家根据建设项目对环境的影响程度,按照下列规定对建设项目的环境保护实行分类管理:

(一)建设项目对环境可能造成重大影响的,应当编制环境影响报告书,对建设项目产生的污染和对环境的影响进行全面、详细的评价;

(二)建设项目对环境可能造成轻度影响的,应当编制环境影响报告表,对建设项目产生的污染和对环境的影响进行分析或者专项评价;

(三)建设项目对环境影响很小,不需要进行环境影响评价的,应当填报环境影响登记表。

建设项目环境保护分类管理名录,由国务院环境保护行政主管部门制订并公布。

第八条　建设项目环境影响报告书,应当包括下列内容:

(一)建设项目概况;

(二)建设项目周围环境现状;

(三)建设项目对环境可能造成影响的分析和预测;

(四)环境保护措施及其经济、技术论证;

(五)环境影响经济损益分析;

(六)对建设项目实施环境监测的建议;

(七)环境影响评价结论。

涉及水土保持的建设项目,还必须有经水行政主管部门审查同意的水土保持方案。

建设项目环境影响报告表、环境影响登记表的内容和格式,由国务院环境保护行政主管部门规定。

第九条　建设单位应当在建设项目可行性研究阶段报批建设项目环境影响报告书、环境影响报告表或者环境影响登记表;但是,铁路、交通等建设项目,经有审批权的环境保护行政主管部门同意,可以在初步设计完成前报批环境影响报告书或者环境影响报告表。

按照国家有关规定,不需要进行可行性研究的建设项目,建设单位应当在建设项目开工前报批建设项目环境影响报告书、环境影响报告表或者环境影响登记表;其中,需要办理营业执照的,建设单位应当在办理营业执照前报批建设项目环境影响报告书、环境影响报告表或者环境影响登记表。

第十条　建设项目环境影响报告书、环境影响报告表或者环境影响登记表,由建设单位报有审批权的环境保护行政主管部门审批;建设项目有行业主管部门的,其环境影响报告书或者环境影响报告表应当经行业主管部门预审后,报有审批权的环境保护行政主管部门审批。

海岸工程建设项目环境影响报告书或者环境影响报告表,经海洋行政主管部门审核并签署意见后,报环境保护行政主管部门审批。

环境保护行政主管部门应当自收到建设项目环境影响报告书之日起 60 日内、收到环境影响报告表之日起 30 日内、收到环境影响登记表之日起 15 日内,分别作出审批决定并书面通知建设单位。

预审、审核、审批建设项目环境影响报告书、环境影响报告表或者环境影响登记表，不得收取任何费用。

第十一条　国务院环境保护行政主管部门负责审批下列建设项目环境影响报告书、环境影响报告表或者环境影响登记表：

（一）核设施、绝密工程等特殊性质的建设项目；

（二）跨省、自治区、直辖市行政区域的建设项目；

（三）国务院审批的或者国务院授权有关部门审批的建设项目。

前款规定以外的建设项目环境影响报告书、环境影响报告表或者环境影响登记表的审批权限，由省、自治区、直辖市人民政府规定。

建设项目造成跨行政区域环境影响，有关环境保护行政主管部门对环境影响评价结论有争议的，其环境影响报告书或者环境影响报告表由共同上一级环境保护行政主管部门审批。

第十二条　建设项目环境影响报告书、环境影响报告表或者环境影响登记表经批准后，建设项目的性质、规模、地点或者采用的生产工艺发生重大变化的，建设单位应当重新报批建设项目环境影响报告书、环境影响报告表或者环境影响登记表。

建设项目环境影响报告书、环境影响报告表或者环境影响登记表自批准之日起满5年，建设项目方开工建设的，其环境影响报告书、环境影响报告表或者环境影响登记表应当报原审批机关重新审核。原审批机关应当自收到建设项目环境影响报告书、环境影响报告表或者环境影响登记表之日起10日内，将审核意见书面通知建设单位；逾期未通知的，视为审核同意。

第十四条　建设单位可以采取公开招标的方式，选择从事环境影响评价工作的单位，对建设项目进行环境影响评价。

任何行政机关不得为建设单位指定从事环境影响评价工作的单位，进行环境影响评价。

第十五条　建设单位编制环境影响报告书，应当依照有关法律规定，征求建设项目所在地有关单位和居民的意见。

第三章　环境保护设施建设

第十六条　建设项目需要配套建设的环境保护设施，必须与主体工程同时设计、同时工、同时投产使用。

第十七条　建设项目的初步设计，应当按照环境保护设计规范的要求，编制环境保护篇章，并依据经批准的建设项目环境影响报告书或者环境影响报告表，在环境保护篇章中落实防治环境污染和生态破坏的措施以及环境保护设施投资概算。

第十八条　建设项目的主体工程完工后，需要进行试生产的，其配套建设的环境保护设施必须与主体工程同时投入试运行。

第十九条　建设项目试生产期间，建设单位应当对环境保护设施运行情况和建设项目对环境的影响进行监测。

第二十条　建设项目竣工后，建设单位应当向审批该建设项目环境影响报告书、环境影响报告表或者环境影响登记表的环境保护行政主管部门，申请该建设项目需要配套建设的环境保护设施竣工验收。

环境保护设施竣工验收，应当与主体工程竣工验收同时进行。需要进行试生产的建设项目，建设单位应当自建设项目投入试生产之日起3个月内，向审批该建设项目环境影响报告书、环境影响报告表或者环境影响登记表的环境保护行政主管部门，申请该建设项目需要配套建设的环境保护设施竣工验收。

第二十一条　分期建设、分期投入生产或者使用的建设项目，其相应的环境保护设施应当分期验收。

第二十二条　环境保护行政主管部门应当自收到环境保护设施竣工验收申请之日起30日内，完成验收。

第二十三条　建设项目需要配套建设的环境保护设施经验收合格，该建设项目方可正式投入生产或者使用。

第四章　法律责任

第二十四条　违反本条例规定，有下列行为之一的，由负责审批建设项目环境影响报告书、环境影响报告表或者环境影响登记表的环境保护行政主管部门责令限期补办手续；逾期不补办手续，擅自开工建设的，责令停止建设，可以处10万元以下的罚款：

（一）未报批建设项目环境影响报告书、环境影响报告表或者环境影响登记表的；

（二）建设项目的性质、规模、地点或者采用的生产工艺发生重大变化，未重新报批建设项目环境影响报告书、环境影响报告表或者环境影响登记表的；

（三）建设项目环境影响报告书、环境影响报告表或者环境影响登记表自批准之日起满5年，建设项目方开工建设，其环境影响报告书、环境影响报告表或者环境影响登记表未报原审批机关重新审核的。

第二十五条 建设项目环境影响报告书、环境影响报告表或者环境影响登记表未经批准或者未经原审批机关重新审核同意，擅自开工建设的，由负责审批该建设项目环境影响报告书、环境影响报告表或者环境影响登记表的环境保护行政主管部门责令停止建设，限期恢复原状，可以处10万元以下的罚款。

第二十六条 违反本条例规定，试生产建设项目配套建设的环境保护设施未与主体工程同时投入试运行的，由审批该建设项目环境影响报告书、环境影响报告表或者环境影响登记表的环境保护行政主管部门责令限期改正；逾期不改正的，责令停止试生产，可以处5万元以下的罚款。

第二十七条 违反本条例规定，建设项目投入试生产超过3个月，建设单位未申请环境保护设施竣工验收的，由审批该建设项目环境影响报告书、环境影响报告表或者环境影响登记表的环境保护行政主管部门责令限期办理环境保护设施竣工验收手续；逾期未办理的，责令停止试生产，可以处5万元以下的罚款。

第二十八条 违反本条例规定，建设项目需要配套建设的环境保护设施未建成、未经验收或者经验收不合格，主体工程正式投入生产或者使用的，由审批该建设项目环境影响报告书、环境影响报告表或者环境影响登记表的环境保护行政主管部门责令停止生产或者使用，可以处10万元以下的罚款。

第二十九条 从事建设项目环境影响评价工作的单位，在环境影响评价工作中弄虚作假的，由国务院环境保护行政主管部门吊销资格证书，并处所收费用1倍以上3倍以下的罚款。

第三十条 环境保护行政主管部门的工作人员徇私舞弊、滥用职权、玩忽职守，构成犯罪的，依法追究刑事责任；尚不构成犯罪的，依法给予行政处分。

环境保护行政许可听证暂行办法

（2004年6月23日发布，2004年7月1日实施，国家环境保护总局令2004年第22号）

第一章 总 则

第一条 为了规范环境保护行政许可活动，保障和监督环境保护行政主管部门依法行政，提高环境保护行政许可的科学性、公正性、合理性和民主性，保护公民、法人和其他组织的合法权益，根据《中华人民共和国行政许可法》、《中华人民共和国环境影响评价法》等有关法律法规的规定，制定本办法。

第二条 县级以上人民政府环境保护行政主管部门实施环境保护行政许可时，适用本办法进行听证。

第三条 听证由拟作出环境保护行政许可决定的环境保护行政主管部门组织。

第四条 环境保护行政主管部门组织听证，应当遵循公开、公平、公正和便民的原则，充分听取公民、法人和其他组织的意见，保证其陈述意见、质证和申辩的权利。

除涉及国家秘密、商业秘密或者个人隐私外，听证应当公开举行。

公开举行的听证，公民、法人或者其他组织可以申请参加旁听。

第二章 听证的适用范围

第五条 实施环境保护行政许可，有下列情形之一的，适用本办法：

（一）按照法律、法规、规章的规定，实施环境保护行政许可应当组织听证的；

（二）实施涉及公共利益的重大环境保护行政许可，环境保护行政主管部门认为需要听证的；

（三）环境保护行政许可直接涉及申请人与他人之间重大利益关系，申请人、利害关系人依法要求听证的。

第六条 除国家规定需要保密的建设项目外，建设本条所列项目的单位，在报批环境影响报告书前，未依法征求有关单位、专家和公众的意见，或者虽然依法征求了有关单位、专家和公众的意见，但存在重大意见分歧的，环境保护行政主管部门在审查或者重新审核建设项目环境影响评价文件之前，可以举行听证会，征求项目所在地有关单位和居民的意见：

（一）对环境可能造成重大影响、应当编制环境影响报告书的建设项目；

（二）可能产生油烟、恶臭、噪声或者其他污染，严重影响项目所在地居民生活环境质量的建设项目。

第七条 对可能造成不良环境影响并直接涉及公众环境权益的工业、农业、畜牧业、林业、能源、水利、交通、城市建设、旅游、自然资源开发的有关专项规划，设区的市级以上人民政府在审批该专项规划草案和作出决策之前，指定环境保护行政主管部门对环境影响报告书进行审查的，环境保护行政主管部门可以举行听证会，征求有关单位、专家和公众对环境影响报告书草案的意见。国家规定需要保密的规划除外。

第三章 听证主持人和听证参加人

第八条 环境保护行政许可的听证活动，由承担许可职能的环境保护行政主管部门组织，并由其指定听证主持人具体实施。

听证主持人应当由环境保护行政主管部门许可审查机构内审查该行政许可申请的工作人员以外的人员担任。

环境行政许可事项重大复杂，环境保护行政主管部门决定举行听证，由许可审查机构的人员担任听证主持人可能影响公正处理的，由法制机构工作人员担任听证主持人。

记录员由听证主持人指定。

第九条 听证主持人在听证活动中行使下列职权：

（一）决定举行听证的时间、地点和方式；

（二）决定听证的延期、中止或者终结；

（三）决定证人是否出席作证；

（四）就听证事项进行询问；

（五）接收并审核有关证据，必要时可要求听证参加人提供或者补充证据；

（六）指挥听证活动，维护听证秩序，对违反听证纪律的行为予以警告直至责令其退场；

（七）对听证笔录进行审阅；

（八）法律、法规和规章赋予的其他职权。

记录员具体承担听证准备和听证记录工作。

第十条 听证主持人在听证活动中承担下列义务：

（一）决定将有关听证的通知及时送达行政许可申请人、利害关系人、行政许可审查人员、鉴定人、翻译人员等听证参加人；

（二）公正地主持听证，保证当事人行使陈述权、申辩权和质证权；

（三）符合回避情形的，应当自行回避；

（四）保守听证案件涉及的国家秘密、商业秘密和个人隐私。

记录员应当如实制作听证笔录，并承担本条第（四）项所规定的义务。

第十一条 听证主持人有下列情形之一的，应当自行回避。环境保护行政许可申请人或者利害关系人有权以口头或者书面方式申请其回避：

（一）是被听证的行政许可的审查人员，或者是行政许可审查人员的近亲属；

（二）是被听证的行政许可的当事人，或者是被听证的行政许可当事人、代理人的近亲属；

（三）与行政许可结果有直接利害关系的；

（四）与被听证的行政许可当事人有其他关系，可能影响公正听证的。

前款规定，适用于环境鉴定、监测人员。

行政许可申请人或者利害关系人申请听证主持人回避的，应说明理由，由组织听证的环境保护行政主管部门负责人决定是否回避。在是否回避的决定作出之前，被申请回避的听证主持人应当暂停参与听证工作。

第十二条 环境保护行政许可申请人、利害关系人享有下列权利：

（一）要求或者放弃听证；

（二）依法申请听证主持人回避；

（三）可以亲自参加听证，也可以委托1至2人代理参加听证；

（四）就听证事项进行陈述、申辩和举证；

（五）对证据进行质证；

（六）听证结束前进行最后陈述；

（七）审阅并核对听证笔录；

（八）查阅案卷。

第十三条 环境保护行政许可申请人、利害关系人承担下列义务：

（一）按照组织听证的环境保护行政主管部门指定的时间、地点出席听证会；

（二）依法举证；

（三）如实回答听证主持人的询问；

（四）遵守听证纪律。

听证申请人无正当理由不出席听证会的，视同放弃听证权利。

听证申请人违反听证纪律，情节严重被听证主持人责令退场的，视同放弃听证权利。

环境鉴定人、监测人、证人、翻译人员等听证参加人，应当承担第（三）项和第（四）项义务。

第十四条 行政许可申请人、利害关系人或者其法定代理人，委托他人代理参加听证的，应当向组织听证的环境保护行政主管部门提交由委托人签名或者盖章的授权委托书。

授权委托书应当载明委托事项及权限。

第十五条 组织听证的环境保护行政主管部门可以通知了解被听证的行政许可事项的单位和个人出席听证会。

有关单位应当支持了解被听证的行政许可事项的单位和个人出席听证会。

证人确有困难不能出席听证会的，可以提交有本人签名或者盖章的书面证言。

第十六条 环境保护行政许可事项需要进行鉴定或者监测的，应当委托符合条件的鉴定或者监测机构。接受委托的机构有权了解有关材料，必要时可以询问行政许可申请人、利害关系人或者证人。

鉴定或者监测机构应当提交签名或者盖章的书面鉴定或者监测结论。

第四章 听证程序

第十七条 环境保护行政主管部门对本办法第五条第（一）项和第（二）项规定的环境保护行政许可事项，决定举行听证的，应在听证举行的10日前，通过报纸、网络或者布告等适当方式，向社会公告。

公告内容应当包括被听证的许可事项和听证会的时间、地点，以及参加听证会的方法。

第十八条 组织听证的环境保护行政主管部门可以根据场地等条件，确定参加听证会的人数。

第十九条 参加环境保护行政许可听证的公民、法人或者其他组织人数众多的，可以推举代表人参加听证。

第二十条 环境保护行政主管部门对本办法第五条第（三）项规定的环境保护行政许可事项，在作出行政许可决定之前，应当告知行政许可申请人、利害关系人享有要求听证的权利，并送达《环境保护行政许可听证告知书》。

《环境保护行政许可听证告知书》应当载明下列事项：

（一）行政许可申请人、利害关系人的姓名或者名称；

（二）被听证的行政许可事项；

（三）对被听证的行政许可的初步审查意见、证据和理由；

（四）告知行政许可申请人、利害关系人有申请听证的权利；

（五）告知申请听证的期限和听证的组织机关。

送达《环境保护行政许可听证告知书》可

以采取直接送达、委托送达、邮寄送达等形式，并由行政许可申请人、利害关系人在送达回执上签字。

行政许可申请人、利害关系人人数众多或者其他必要情形时，可以通过报纸、网络或者布告等适当方式，将《环境保护行政许可听证告知书》向社会公告。

第二十一条 行政许可申请人、利害关系人要求听证的，应当在收到听证告知书之日起5日内以书面形式提出听证申请。

第二十二条 《环境保护行政许可听证申请书》包括以下内容：

（一）听证申请人的姓名、地址；

（二）申请听证的具体要求；

（三）申请听证的依据、理由；

（四）其他相关材料。

第二十三条 组织行政许可听证的环境保护行政主管部门收到听证申请书后，应当对申请材料进行审查。申请材料不齐备的，应当1次性告知听证申请人补正。

第二十四条 听证申请有下列情形之一的，组织听证的环境保护行政主管部门不予受理，并书面说明理由：

（一）听证申请人不是该环境保护行政许可的申请人、利害关系人的；

（二）听证申请未在收到《环境保护行政许可听证告知书》后5个工作日内提出的；

（三）其他不符合申请听证条件的。

第二十五条 组织听证的环境保护行政主管部门经过审核，对符合听证条件的听证申请，应当受理，并在20日内组织听证。

第二十六条 组织听证的环境保护行政主管部门应当在听证举行的7日前，将《环境保护行政许可听证通知书》分别送达行政许可申请人、利害关系人，并由其在送达回执上签字。

《环境保护行政许可听证通知书》应当载明下列事项：

（一）行政许可申请人、利害关系人的姓名或者名称；

（二）听证的事由与依据；

（三）听证举行的时间、地点和方式；

（四）听证主持人、行政许可审查人员的姓名、职务；

（五）告知行政许可申请人、利害关系人预先准备证据、通知证人等事项；

（六）告知行政许可申请人、利害关系人参加听证的权利和义务；

（七）其他注意事项。

申请人、利害关系人人数众多或者其他必要情形时，可以通过报纸、网络或者布告等适当方式，向社会公告。

第二十七条 环境保护行政许可申请人、利害关系人接到听证通知后，应当按时到场；无正当理由不到场的，或者未经听证主持人允许中途退场的，视为放弃听证权利，并记入听证笔录。

第二十八条 环境保护行政许可听证会按以下程序进行：

（一）听证主持人宣布听证会场纪律，告知听证申请人、利害关系人的权利和义务，询问并核实听证参加人的身份，宣布听证开始；

（二）记录员宣布听证所涉许可事项、听证主持人和听证员的姓名、工作单位和职务；

（三）行政许可审查人员提出初步审查意见、理由和证据；

（四）行政许可申请人、利害关系人就该行政许可事项进行陈述和申辩，提出有关证据，对行政许可审查人员提出的证据进行质证；

（五）行政许可审查人员和行政许可申请人、利害关系人进行辩论；

（六）行政许可申请人、利害关系人做最后陈述；

（七）主持人宣布听证结束。

在听证过程中，主持人可以向行政许可审查人员、行政许可申请人、利害关系人和证人发问，有关人员应当如实回答。

第二十九条 组织听证的环境保护行政主管部门，对听证会必须制作笔录。

听证笔录应当载明下列事项，并由听证员和记录员签名：

（一）听证所涉许可事项；

（二）听证主持人和记录员的姓名、职务；

（三）听证参加人的基本情况；

（四）听证的时间、地点；

（五）听证公开情况；

(六)行政许可审查人员提出的初步审查意见、理由和证据;

(七)行政许可申请人、利害关系人和其他听证参加人的主要观点、理由和依据;

(八)延期、中止或者终止的说明;

(九)听证主持人对听证活动中有关事项的处理情况;

(十)听证主持人认为应当笔录的其他事项。

听证结束后,听证笔录应交陈述意见的行政许可申请人、利害关系人审核无误后签字或者盖章。无正当理由拒绝签字或者盖章的,应当记入听证笔录。

第三十条 听证终结后,听证主持人应当及时将听证笔录报告本部门负责人。

环境保护行政主管部门应当根据听证笔录,作出环境保护行政许可决定,并应当在许可决定中附具对听证会反映的主要观点采纳或者不采纳的说明。

第三十一条 有下列情形之一的,可以延期举行听证:

(一)因不可抗力事由致使听证无法按期举行的;

(二)行政许可申请人、利害关系人临时申请听证主持人回避的;

(三)行政许可申请人、利害关系人申请延期,并有正当理由的;

(四)可以延期的其他情形。

延期听证的,组织听证的环境保护行政主管部门应当书面通知听证参加人。

第三十二条 有下列情形之一的,中止听证:

(一)听证主持人认为听证过程中提出的新的事实、理由、依据有待进一步调查核实或者鉴定的;

(二)申请听证的公民死亡、法人或者其他组织终止,尚未确定权利、义务承受人的;

(三)其他需要中止听证的情形。

中止听证的,组织听证的环境保护行政主管部门应当书面通知听证参加人。

第三十三条 延期、中止听证的情形消失后,由组织听证的环境保护行政主管部门决定是否恢复听证,并书面通知听证参加人。

第三十四条 有下列情形之一的,应当终止听证:

(一)行政许可申请人、利害关系人在告知后明确放弃听证权利的;

(二)听证申请人撤回听证要求的;

(三)听证申请人无正当理由不参加听证的;

(四)听证申请人在听证过程中声明退出的;

(五)听证申请人未经听证主持人允许中途退场的;

(六)听证申请人为法人或者其他组织的,该法人或者其他组织终止后,承受其权利的法人或者组织放弃听证权利的;

(七)听证申请人违反听证纪律,情节严重,被听证主持人责令退场的;

(八)需要终止听证的其他情形。

第五章 罚 则

第三十五条 环境保护行政主管部门及其工作人员违反《中华人民共和国行政许可法》的规定,有下列情形之一的,由有关机关依法责令改正;情节严重的,对直接负责的主管人员和其他直接责任人员依法给予行政处分:

(一)对法律、法规、规章规定应当组织听证的环境保护行政许可事项,不组织听证的;

(二)对符合法定条件的环境保护行政许可听证申请,不予受理的;

(三)在受理、审查、决定环境保护行政许可过程中,未向申请人、利害关系人履行法定告知义务的;

(四)未依法说明不受理环境保护行政许可听证申请或者不予听证的理由的。

第三十六条 环境保护行政主管部门的听证主持人、记录员,在听证时玩忽职守、滥用职权、徇私舞弊的,依法给予行政处分;构成犯罪的,依法追究刑事责任。

第六章 附 则

第三十七条 《环境保护行政许可听证公告》、《环境保护行政许可听证告知书》、《环境保护行政许可听证申请书》、《环境保护行政许可听证通知书》和《送达回执》的格式,由国家环境保护总局统一规范。

第三十八条 环境保护行政主管部门组织听证所需经费，应当根据《中华人民共和国行政许可法》第五十八条的规定，列入本行政机关的预算，由本级财政予以保障。

第三十九条 环境保护行政主管部门受权起草的环境保护法律、法规，或者依职权起草的环境保护规章，直接涉及公民、法人或者其他组织切身利益，有关机关、组织或者公民对草案有重大意见分歧的，环境保护行政主管部门可以采取听证会形式，听取社会意见。

环境立法听证会，除适用《规章制定程序条例》等法律法规规定的程序外，可以参照本办法关于听证组织和听证程序的规定执行。

第四十条 本办法自2004年7月1日起施行。

环境影响评价公众参与暂行办法

（2006年2月14日发布，2006年3月18日实施，环发〔2006〕28号）

第一章　总　　则

第一条 为推进和规范环境影响评价活动中的公众参与，根据《环境影响评价法》、《行政许可法》、《全面推进依法行政实施纲要》和《国务院关于落实科学发展观加强环境保护的决定》等法律和法规性文件有关公开环境信息和强化社会监督的规定，制定本办法。

第二条 本办法适用于下列建设项目环境影响评价的公众参与：

（一）对环境可能造成重大影响、应当编制环境影响报告书的建设项目；

（二）环境影响报告书经批准后，项目的性质、规模、地点、采用的生产工艺或者防治污染、防止生态破坏的措施发生重大变动，建设单位应当重新报批环境影响报告书的建设项目；

（三）环境影响报告书自批准之日起超过五年方决定开工建设，其环境影响报告书应当报原审批机关重新审核的建设项目。

第三条 环境保护行政主管部门在审批或者重新审核建设项目环境影响报告书过程中征求公众意见的活动，适用本办法。

第四条 国家鼓励公众参与环境影响评价活动。

公众参与实行公开、平等、广泛和便利的原则。

第五条 建设单位或者其委托的环境影响评价机构在编制环境影响报告书的过程中，环境保护行政主管部门在审批或者重新审核环境影响报告书的过程中，应当依照本办法的规定，公开有关环境影响评价的信息，征求公众意见。但国家规定需要保密的情形除外。

建设单位可以委托承担环境影响评价工作的环境影响评价机构进行征求公众意见的活动。

第六条 按照国家规定应当征求公众意见的建设项目，建设单位或者其委托的环境影响评价机构应当按照环境影响评价技术导则的有关规定，在建设项目环境影响报告书中，编制公众参与篇章。

按照国家规定应当征求公众意见的建设项目，其环境影响报告书中没有公众参与篇章的，环境保护行政主管部门不得受理。

第二章　公众参与的一般要求

第一节　公开环境信息

第七条 建设单位或者其委托的环境影响评价机构、环境保护行政主管部门应当按照本办法的规定，采用便于公众知悉的方式，向公众公开有关环境影响评价的信息。

第八条 在《建设项目环境分类管理名录》规定的环境敏感区建设的需要编制环境影响报告书的项目，建设单位应当在确定了承担环境影响评价工作的环境影响评价机构后7日内，向公众公告下列信息：

（一）建设项目的名称及概要；

（二）建设项目的建设单位的名称和联系方式；

（三）承担评价工作的环境影响评价机构的名称和联系方式；

（四）环境影响评价的工作程序和主要工作内容；

（五）征求公众意见的主要事项；

（六）公众提出意见的主要方式。

第九条 建设单位或者其委托的环境影响评价机构在编制环境影响报告书的过程中，应当在报送环境保护行政主管部门审批或者重新审核前，向公众公告如下内容：

（一）建设项目情况简述；

（二）建设项目对环境可能造成影响的概述；

（三）预防或者减轻不良环境影响的对策和措施的要点；

（四）环境影响报告书提出的环境影响评价结论的要点；

（五）公众查阅环境影响报告书简本的方式和期限，以及公众认为必要时向建设单位或者其委托的环境影响评价机构索取补充信息的方式和期限；

（六）征求公众意见的范围和主要事项；

（七）征求公众意见的具体形式；

（八）公众提出意见的起止时间。

第十条 建设单位或者其委托的环境影响评价机构，可以采取以下一种或者多种方式发布信息公告：

（一）在建设项目所在地的公共媒体上发布公告；

（二）公开免费发放包含有关公告信息的印刷品；

（三）其他便利公众知情的信息公告方式。

第十一条 建设单位或其委托的环境影响评价机构，可以采取以下一种或者多种方式，公开便于公众理解的环境影响评价报告书的简本：

（一）在特定场所提供环境影响报告书的简本；

（二）制作包含环境影响报告书的简本的专题网页；

（三）在公共网站或者专题网站上设置环境影响报告书的简本的链接；

（四）其他便于公众获取环境影响报告书的简本的方式。

第二节 征求公众意见

第十二条 建设单位或者其委托的环境影响评价机构应当在发布信息公告、公开环境影响报告书的简本后，采取调查公众意见、咨询专家意见、座谈会、论证会、听证会等形式，公开征求公众意见。

建设单位或者其委托的环境影响评价机构征求公众意见的期限不得少于10日，并确保其公开的有关信息在整个征求公众意见的期限之内均处于公开状态。

环境影响报告书报送环境保护行政主管部门审批或者重新审核前，建设单位或者其委托的环境影响评价机构可以通过适当方式，向提出意见的公众反馈意见处理情况。

第十三条 环境保护行政主管部门应当在受理建设项目环境影响报告书后，在其政府网站或者采用其他便利公众知悉的方式，公告环境影响报告书受理的有关信息。

环境保护行政主管部门公告的期限不得少于10日，并确保其公开的有关信息在整个审批期限之内均处于公开状态。

环境保护行政主管部门根据本条第一款规定的方式公开征求意见后，对公众意见较大的建设项目，可以采取调查公众意见、咨询专家意见、座谈会、论证会、听证会等形式再次公开征求公众意见。

环境保护行政主管部门在作出审批或者重新审核决定后，应当在政府网站公告审批或者审核结果。

第十四条 公众可以在有关信息公开后，以信函、传真、电子邮件或者按照有关公告要求的其他方式，向建设单位或者其委托的环境影响评价机构、负责审批或者重新审核环境影响报告书的环境保护行政主管部门，提交书面意见。

第十五条 建设单位或者其委托的环境影响评价机构、环境保护行政主管部门，应当综合考虑地域、职业、专业知识背景、表达能力、受影响程度等因素，合理选择被征求意见的公民、法人或者其他组织。

被征求意见的公众必须包括受建设项目

影响的公民、法人或者其他组织的代表。

第十六条 建设单位或者其委托的环境影响评价机构、环境保护行政主管部门应当将所回收的反馈意见的原始资料存档备查。

第十七条 建设单位或者其委托的环境影响评价机构，应当认真考虑公众意见，并在环境影响报告书中附具对公众意见采纳或者不采纳的说明。

环境保护行政主管部门可以组织专家咨询委员会，由其对环境影响报告书中有关公众意见采纳情况的说明进行审议，判断其合理性并提出处理建议。

环境保护行政主管部门在作出审批决定时，应当认真考虑专家咨询委员会的处理建议。

第十八条 公众认为建设单位或者其委托的环境影响评价机构对公众意见未采纳且未附具说明的，或者对公众意见未采纳的理由说明不成立的，可以向负责审批或者重新审核的环境保护行政主管部门反映，并附具明确具体的书面意见。

负责审批或者重新审核的环境保护行政主管部门认为必要时，可以对公众意见进行核实。

第三章 公众参与的组织形式

第一节 调查公众意见和咨询专家意见

第十九条 建设单位或者其委托的环境影响评价机构调查公众意见可以采取问卷调查等方式，并应当在环境影响报告书的编制过程中完成。

采取问卷调查方式征求公众意见的，调查内容的设计应当简单、通俗、明确、易懂，避免设计可能对公众产生明显诱导的问题。

问卷的发放范围应当与建设项目的影响范围相一致。

问卷的发放数量应当根据建设项目的具体情况，综合考虑环境影响的范围和程度、社会关注程度、组织公众参与所需要的人力和物力资源以及其他相关因素确定。

第二十条 建设单位或者其委托的环境影响评价机构咨询专家意见可以采用书面或者其他形式。

咨询专家意见包括向有关专家进行个人咨询或者向有关单位的专家进行集体咨询。

接受咨询的专家个人和单位应当对咨询事项提出明确意见，并以书面形式回复。对书面回复意见，个人应当签署姓名，单位应当加盖公章。

集体咨询专家时，有不同意见的，接受咨询的单位应当在咨询回复中载明。

第二节 座谈会和论证会

第二十一条 建设单位或者其委托的环境影响评价机构决定以座谈会或者论证会的方式征求公众意见的，应当根据环境影响的范围和程度、环境因素和评价因子等相关情况，合理确定座谈会或者论证会的主要议题。

第二十二条 建设单位或者其委托的环境影响评价机构应当在座谈会或者论证会召开7日前，将座谈会或者论证会的时间、地点、主要议题等事项，书面通知有关单位和个人。

第二十三条 建设单位或者其委托的环境影响评价机构应当在座谈会或者论证会结束后5日内，根据现场会议记录整理制作座谈会议纪要或者论证结论，并存档备查。

会议纪要或者论证结论应当如实记载不同意见。

第三节 听 证 会

第二十四条 建设单位或者其委托的环境影响评价机构（以下简称"听证会组织者"）决定举行听证会征求公众意见的，应当在举行听证会的10日前，在该建设项目可能影响范围内的公共媒体或者采用其他公众可知悉的方式，公告听证会的时间、地点、听证事项和报名办法。

第二十五条 希望参加听证会的公民、法人或者其他组织，应当按照听证会公告的要求和方式提出申请，并同时提出自己所持意见的要点。

听证会组织者应当按本办法第十五条的规定，在申请人中遴选参会代表，并在举行听证会的5日前通知已选定的参会代表。

听证会组织者选定的参加听证会的代表人数一般不得少于15人。

第二十六条 听证会组织者举行听证会，设听证主持人1名、记录员1名。

被选定参加听证会的组织的代表参加听证会时，应当出具该组织的证明，个人代表应当出具身份证明。

被选定参加听证会的代表因故不能如期参加听证会的，可以向听证会组织者提交经本人签名的书面意见。

第二十七条 参加听证会的人员应当如实反映对建设项目环境影响的意见，遵守听证会纪律，并保守有关技术秘密和业务秘密。

第二十八条 听证会必须公开举行。

个人或者组织可以凭有效证件按第二十四条所指公告的规定，向听证会组织者申请旁听公开举行的听证会。

准予旁听听证会的人数及人选由听证会组织者根据报名人数和报名顺序确定。准予旁听听证会的人数一般不得少于15人。

旁听人应当遵守听证会纪律。旁听者不享有听证会发言权，但可以在听证会结束后，向听证会主持人或者有关单位提交书面意见。

第二十九条 新闻单位采访听证会，应当事先向听证会组织者申请。

第三十条 听证会按下列程序进行：

（一）听证会主持人宣布听证事项和听证会纪律，介绍听证会参加人；

（二）建设单位的代表对建设项目概况作介绍和说明；

（三）环境影响评价机构的代表对建设项目环境影响报告书做说明；

（四）听证会公众代表对建设项目环境影响报告书提出问题和意见；

（五）建设单位或者其委托的环境影响评价机构的代表对公众代表提出的问题和意见进行解释和说明；

（六）听证会公众代表和建设单位或者其委托的环境影响评价机构的代表进行辩论；

（七）听证会公众代表做最后陈述；

（八）主持人宣布听证结束。

第三十一条 听证会组织者对听证会应当制作笔录。

听证笔录应当载明下列事项：

（一）听证会主要议题；

（二）听证主持人和记录人员的姓名、职务；

（三）听证参加人的基本情况；

（四）听证时间、地点；

（五）建设单位或者其委托的环境影响评价机构的代表对环境影响报告书所作的概要说明；

（六）听证会公众代表对建设项目环境影响报告书提出的问题和意见；

（七）建设单位或者其委托的环境影响评价机构代表对听证会公众代表就环境影响报告书提出问题和意见所作的解释和说明；

（八）听证主持人对听证活动中有关事项的处理情况；

（九）听证主持人认为应笔录的其他事项。

听证结束后，听证笔录应当交参加听证会的代表审核并签字。无正当理由拒绝签字的，应当记入听证笔录。

第三十二条 审批或者重新审核环境影响报告书的环境保护行政主管部门决定举行听证会的，适用《环境保护行政许可听证暂行办法》的规定。《环境保护行政许可听证暂行办法》未作规定的，适用本办法有关听证会的规定。

第四章 公众参与规划环境影响评价的规定

第三十三条 根据《环境影响评价法》第八条和第十一条的规定，工业、农业、畜牧业、林业、能源、水利、交通、城市建设、旅游、自然资源开发的有关专项规划（以下简称“专项规划”）的编制机关，对可能造成不良环境影响并直接涉及公众环境权益的规划，应当在该规划草案报送审批前，举行论证会、听证会，或者采取其他形式，征求有关单位、专家和公众对环境影响报告书草案的意见。

第三十四条 专项规划的编制机关应当认真考虑有关单位、专家和公众对环境影响报告书草案的意见，并应当在报送审查的环境影响报告书中附具对意见采纳或者不采纳的说明。

第三十五条 环境保护行政主管部门根据《环境影响评价法》第十一条和《国务院关于落实科

学发展观加强环境保护的决定》的规定，在召集有关部门专家和代表对开发建设规划的环境影响报告书中有关公众参与的内容进行审查时，应当重点审查以下内容：

（一）专项规划的编制机关在该规划草案报送审批前，是否依法举行了论证会、听证会，或者采取其他形式，征求了有关单位、专家和公众对环境影响报告书草案的意见；

（二）专项规划的编制机关是否认真考虑了有关单位、专家和公众对环境影响报告书草案的意见，并在报送审查的环境影响报告书中附具了对意见采纳或者不采纳的说明。

第三十六条 环境保护行政主管部门组织对开发建设规划的环境影响报告书提出审查意见时，应当就公众参与内容的审查结果提出处理建议，报送审批机关。

审批机关在审批中应当充分考虑公众意见以及前款所指审查意见中关于公众参与内容审查结果的处理建议；未采纳审查意见中关于公众参与内容的处理建议的，应当作出说明，并存档备查。

第三十七条 土地利用的有关规划、区域、流域、海域的建设、开发利用规划的编制机关，应当根据《环境影响评价法》第七条和《国务院关于落实科学发展观加强环境保护的决定》的有关规定，在规划编制过程中组织进行环境影响评价，编写该规划有关环境影响的篇章或者说明。

土地利用的有关规划、区域、流域、海域的建设、开发利用规划的编制机关，在组织进行规划环境影响评价的过程中，可以参照本办法征求公众意见。

第五章 附 则

第三十八条 公众参与环境影响评价的技术性规范，由《环境影响评价技术导则——公众参与》规定。

第三十九条 本办法关于期限的规定是指工作日，不含节假日。

第四十条 本办法自2006年3月18日起施行。

防治海洋工程建设项目污染损害海洋环境管理条例（节选）

（2006年9月19日发布，2006年11月1日实施，国务院令2006年第475号）

第一章 总 则

第一条 为了防治和减轻海洋工程建设项目（以下简称海洋工程）污染损害海洋环境，维护海洋生态平衡，保护海洋资源，根据《中华人民共和国海洋环境保护法》，制定本条例。

第三条 本条例所称海洋工程，是指以开发、利用、保护、恢复海洋资源为目的，并且工程主体位于海岸线向海一侧的新建、改建、扩建工程。具体包括：

（一）围填海、海上堤坝工程；

（二）人工岛、海上和海底物资储藏设施、跨海桥梁、海底隧道工程；

（三）海底管道、海底电（光）缆工程；

（四）海洋矿产资源勘探开发及其附属工程；

（五）海上潮汐电站、波浪电站、温差电站等海洋能源开发利用工程；

（六）大型海水养殖场、人工鱼礁工程；

（七）盐田、海水淡化等海水综合利用工程；

（八）海上娱乐及运动、景观开发工程；

（九）国家海洋主管部门会同国务院环境保护主管部门规定的其他海洋工程。

第四条 国家海洋主管部门负责全国海洋工程环境保护工作的监督管理，并接受国务院环境保护主管部门的指导、协调和监督。沿海县级以上地方人民政府海洋主管部门负责本行政区域毗邻海域海洋工程环境保护工作的监督管理。

第五条 海洋工程的选址和建设应当符合海洋功能区划、海洋环境保护规划和国家有关环境保护标准，不得影响海洋功能区的环境质量或者损害相邻海域的功能。

第二章 环境影响评价

第十条 新建、改建、扩建海洋工程的建设单位，应当委托具有相应环境影响评价资质的单位编制环境影响报告书，报有核准权的海洋主管部门核准。

海洋主管部门在核准海洋工程环境影响报告书前，应当征求海事、渔业主管部门和军队环境保护部门的意见；必要时，可以举行听证会。其中，围填海工程必须举行听证会。

海洋主管部门在核准海洋工程环境影响报告书后，应当将核准后的环境影响报告书报同级环境保护主管部门备案，接受环境保护主管部门的监督。

海洋工程建设单位在办理项目审批、核准、备案手续时，应当提交经海洋主管部门核准的海洋工程环境影响报告书。

第十一条 下列海洋工程的环境影响报告书，由国家海洋主管部门核准：

（一）涉及国家海洋权益、国防安全等特殊性质的工程；

（二）海洋矿产资源勘探开发及其附属工程；

（三）50公顷以上的填海工程，100公顷以上的围海工程；

（四）潮汐电站、波浪电站、温差电站等海洋能源开发利用工程；

（五）由国务院或者国务院有关部门审批的海洋工程。

第十三条 海洋工程环境影响报告书核准后，工程的性质、规模、地点、生产工艺或者拟采取的环境保护措施等发生重大改变的，建设单位应当委托具有相应环境影响评价资质的单位重新编制环境影响报告书，报原核准该工程环境影响报告书的海洋主管部门核准；海洋工程自环境影响报告书核准之日起超过5年方开工建设的，应当在工程开工建设前，将该工程的环境影响报告书报原核准该工程环境影响报告书的海洋主管部门重新核准。

海洋主管部门在重新核准海洋工程环境影响报告书后，应当将重新核准后的环境影响报告书报同级环境保护主管部门备案。

第十四条 建设单位可以采取招标方式确定海洋工程的环境影响评价单位。其他任何单位和个人不得为海洋工程指定环境影响评价单位。

第三章 海洋工程的污染防治

第二十条 海洋工程在建设、运行过程中产生不符合经核准的环境影响报告书的情形的，建设单位应当自该情形出现之日起20个工作日内组织环境影响的后评价，根据后评价结论采取改进措施，并将后评价结论和采取的改进措施报原核准该工程环境影响报告书的海洋主管部门备案；原核准该工程环境影响报告书的海洋主管部门也可以责成建设单位进行环境影响的后评价，采取改进措施。

第二十一条 严格控制围填海工程。禁止在经济生物的自然产卵场、繁殖场、索饵场和鸟类栖息地进行围填海活动。

围填海工程使用的填充材料应当符合有关环境保护标准。

第二十三条 污水离岸排放工程排污口的设置应当符合海洋功能区划和海洋环境保护规划，不得损害相邻海域的功能。

污水离岸排放不得超过国家或者地方规定的排放标准。在实行污染物排海总量控制的海域，不得超过污染物排海总量控制指标。

第二十四条 从事海水养殖的养殖者，应当采取科学的养殖方式，减少养殖饵料对海洋环境的污染。因养殖污染海域或者严重破坏海洋景观的，养殖者应当予以恢复和整治。

第二十五条 建设单位在海洋固体矿产资源勘探开发工程的建设、运行过程中，应当采取有效措施，防止污染物大范围悬浮扩散，破坏海洋环境。

第二十六条 海洋油气矿产资源勘探开发作业中应当配备油水分离设施、含油污水处理设备、排油监控装置、残油和废油回收设施、垃圾粉碎设备。

海洋油气矿产资源勘探开发作业中所使用的固定式平台、移动式平台、浮式储油装置、输油管线及其他辅助设施，应当符合防渗、防漏、防腐蚀的要求；作业单位应当经常检查，防止发生漏油事故。

前款所称固定式平台和移动式平台，是指海洋油气矿产资源勘探开发作业中所使用的钻井船、钻井平台、采油平台和其他平台。

第二十七条 海洋油气矿产资源勘探开发单位应当办理有关污染损害民事责任保险。

第二十八条 海洋工程建设过程中需要进行海上爆破作业的，建设单位应当在爆破作业前报告海洋主管部门，海洋主管部门应当及时通报海事、渔业等有关部门。

进行海上爆破作业，应当设置明显的标志、信号，并采取有效措施保护海洋资源。在重要渔业水域进行炸药爆破作业或者进行其他可能对渔业资源造成损害的作业活动的，应当避开主要经济类鱼虾的产卵期。

第二十九条 海洋工程需要拆除或者改作他用的，应当报原核准该工程环境影响报告书的海洋主管部门批准。拆除或者改变用途后可能产生重大环境影响的，应当进行环境影响评价。

海洋工程需要在海上弃置的，应当拆除可能造成海洋环境污染损害或者影响海洋资源开发利用的部分，并按照有关海洋倾倒废弃物管理的规定进行。

海洋工程拆除时，施工单位应当编制拆除的环境保护方案，采取必要的措施，防止对海洋环境造成污染和损害。

第四章 污染物排放管理

第三十条 海洋油气矿产资源勘探开发作业中产生的污染物的处置，应当遵守下列规定：

（一）含油污水不得直接或者经稀释排放入海，应当经处理符合国家有关排放标准后再排放；

（二）塑料制品、残油、废油、油基泥浆、含油垃圾和其他有毒有害残液残渣，不得直接排放或者弃置入海，应当集中储存在专门容器中，运回陆地处理。

第三十五条 禁止向海域排放油类、酸液、碱液、剧毒废液和高、中水平放射性废水；严格限制向海域排放低水平放射性废水，确需排放的，应当符合国家放射性污染防治标准。

严格限制向大气排放含有毒物质的气体，确需排放的，应当经过净化处理，并不得超过国家或者地方规定的排放标准；向大气排放含放射性物质的气体，应当符合国家放射性污染防治标准。

严格控制向海域排放含有不易降解的有机物和重金属的废水；其他污染物的排放应当符合国家或者地方标准。

第五章 污染事故的预防和处理

第三十七条 建设单位应当在海洋工程正式投入运行前制定防治海洋工程污染损害海洋环境的应急预案，报原核准该工程环境影响报告书的海洋主管部门和有关主管部门备案。

第三十八条 防治海洋工程污染损害海洋环境的应急预案应当包括以下内容：

（一）工程及其相邻海域的环境、资源状况；

（二）污染事故风险分析；

（三）应急设施的配备；

（四）污染事故的处理方案。

第四十条 在海洋自然保护区内进行海洋工程建设活动，应当按照国家有关海洋自然保护区的规定执行。

第六章 监督检查

第四十二条 县级以上人民政府海洋主管部门依法对海洋工程进行现场检查时，有权采取下列措施：

（一）要求被检查单位或者个人提供与环境保护有关的文件、证件、数据以及技术资料等，进行查阅或者复制；

（二）要求被检查单位负责人或者相关人员就有关问题作出说明；

（三）进入被检查单位的工作现场进行监测、勘查、取样检验、拍照、摄像；

（四）检查各项环境保护设施、设备和器材的安装、运行情况；

（五）责令违法者停止违法活动，接受调查处理；

（六）要求违法者采取有效措施，防止污染事态扩大。

第七章 法律责任

第四十六条 建设单位违反本条例规定，有下列行为之一的，由负责核准该工程环境影响报告

书的海洋主管部门责令停止建设、运行,限期补办手续,并处5万元以上20万元以下的罚款:

(一)环境影响报告书未经核准,擅自开工建设的;

(二)海洋工程环境保护设施未申请验收或者经验收不合格即投入运行的。

第四十七条 建设单位违反本条例规定,有下列行为之一的,由原核准该工程环境影响报告书的海洋主管部门责令停止建设、运行,限期补办手续,并处5万元以上20万元以下的罚款:

(一)海洋工程的性质、规模、地点、生产工艺或者拟采取的环境保护措施发生重大改变,未重新编制环境影响报告书报原核准该工程环境影响报告书的海洋主管部门核准的;

(二)自环境影响报告书核准之日起超过5年,海洋工程方开工建设,其环境影响报告书未重新报原核准该工程环境影响报告书的海洋主管部门核准的;

(三)海洋工程需要拆除或者改作他用时,未报原核准该工程环境影响报告书的海洋主管部门批准或者未按要求进行环境影响评价的。

第四十八条 建设单位违反本条例规定,有下列行为之一的,由原核准该工程环境影响报告书的海洋主管部门责令限期改正;逾期不改正的,责令停止运行,并处1万元以上10万元以下的罚款:

(一)擅自拆除或者闲置环境保护设施的;

(二)未在规定时间内进行环境影响后评价或者未按要求采取整改措施的。

第四十九条 建设单位违反本条例规定,有下列行为之一的,由县级以上人民政府海洋主管部门责令停止建设、运行,限期恢复原状;逾期未恢复原状的,海洋主管部门可以指定具有相应资质的单位代为恢复原状,所需费用由建设单位承担,并处恢复原状所需费用1倍以上2倍以下的罚款:

(一)造成领海基点及其周围环境被侵蚀、淤积或者损害的;

(二)违反规定在海洋自然保护区内进行海洋工程建设活动的。

第五十条 建设单位违反本条例规定,在围填海工程中使用的填充材料不符合有关环境保护标准的,由县级以上人民政府海洋主管部门责令限期改正;逾期不改正的,责令停止建设、运行,并处5万元以上20万元以下的罚款;造成海洋环境污染事故,直接负责的主管人员和其他直接责任人员构成犯罪的,依法追究刑事责任。

第五十一条 建设单位违反本条例规定,有下列行为之一的,由原核准该工程环境影响报告书的海洋主管部门责令限期改正;逾期不改正的,处1万元以上5万元以下的罚款:

(一)未按规定报告污染物排放设施、处理设备的运转情况或者污染物的排放、处置情况的;

(二)未按规定报告其向水基泥浆中添加油的种类和数量的;

(三)未按规定将防治海洋工程污染损害海洋环境的应急预案备案的;

(四)在海上爆破作业前未按规定报告海洋主管部门的;

(五)进行海上爆破作业时,未按规定设置明显标志、信号的。

第五十二条 建设单位违反本条例规定,进行海上爆破作业时未采取有效措施保护海洋资源的,由县级以上人民政府海洋主管部门责令限期改正;逾期未改正的,处1万元以上10万元以下的罚款。

建设单位违反本条例规定,在重要渔业水域进行炸药爆破或者进行其他可能对渔业资源造成损害的作业,未避开主要经济类鱼虾产卵期的,由县级以上人民政府海洋主管部门予以警告、责令停止作业,并处5万元以上20万元以下的罚款。

第五十三条 海洋油气矿产资源勘探开发单位违反本条例规定向海洋排放含油污水,或者将塑料制品、残油、废油、油基泥浆、含油垃圾和其他有毒有害残液残渣直接排放或者弃置入海的,由国家海洋主管部门或者其派出机构责令限期清理,并处2万元以上20万元以下的罚款;逾期未清理的,国家海洋主管部门或者其派出机构可以指定有相应资质的单位代为清理，所需费用由海洋油气矿产资源勘探开发单位承担；造成海洋环境污染事故，直接负责的主管人员和其他直接责任人员构成犯罪的，依法追究刑事责任。

第五十四条 海水养殖者未按规定采取科学的养殖方式，对海洋环境造成污染或者严重影响海洋景观的，由县级以上人民政府海洋主管部门责令限期改正；逾期不改正的，责令停止养殖活动，并处清理污染或者恢复海洋景观所需费用1倍以上2倍以下的罚款。

第五十五条 建设单位未按本条例规定缴纳排污费的，由县级以上人民政府海洋主管部门责令限期缴纳；逾期拒不缴纳的，处应缴纳排污费数额2倍以上3倍以下的罚款。

第五十六条 违反本条例规定，造成海洋环境污染损害的，责任者应当排除危害，赔偿损失。完全由于第三者的故意或者过失造成海洋环境污染损害的，由第三者排除危害，承担赔偿责任。

违反本条例规定，造成海洋环境污染事故，直接负责的主管人员和其他直接责任人员构成犯罪的，依法追究刑事责任。

第五十七条 海洋主管部门的工作人员违反本条例规定，有下列情形之一的，依法给予行政处分；构成犯罪的，依法追究刑事责任：

（一）未按规定核准海洋工程环境影响报告书的；

（二）未按规定验收环境保护设施的；

（三）未按规定对海洋环境污染事故进行报告和调查处理的；

（四）未按规定征收排污费的；

（五）未按规定进行监督检查的。

建设项目竣工环境保护验收管理办法（节选）

（2001年12月11日国家环境保护总局第12次局务会议通过，自2002年2月1日起施行，国家环境保护总局令2001年第13号）

第十一条 根据国家建设项目环境保护分类管理的规定，对建设项目竣工环境保护验收实施分类管理。

建设单位申请建设项目竣工环境保护验收，应当向有审批权的环境保护行政主管部门提交以下验收材料：

（一）对编制环境影响报告书的建设项目，为建设项目竣工环境保护验收申请报告，并附环境保护验收监测报告或调查报告；

（二）对编制环境影响报告表的建设项目，为建设项目竣工环境保护验收申请表，并附环境保护验收监测表或调查表；

（三）对填报环境影响登记表的建设项目，为建设项目竣工环境保护验收登记卡。

第十二条 对主要因排放污染物对环境产生污染和危害的建设项目，建设单位应提交环境保护验收监测报告（表）。

对主要对生态环境产生影响的建设项目，建设单位应提交环境保护验收调查报告（表）。

第十三条 环境保护验收监测报告（表），由建设单位委托经环境保护行政主管部门批准有相应资质的环境监测站或环境放射性监测站编制。

环境保护验收调查报告（表），由建设单位委托经环境保护行政主管部门批准有相应资质的环境监测站或环境放射性监测站，或者具有相应资质的环境影响评价单位编制。承担该建设项目环境影响评价工作的单位不得同时承担该建设项目环境保护验收调查报告（表）的编制工作。

承担环境保护验收监测或者验收调查工作的单位，对验收监测或验收调查结论负责。

第十四条 环境保护行政主管部门应自收到建设项目竣工环境保护验收申请之日起30日内，完成验收。

第十五条 环境保护行政主管部门在进行建设项目竣工环境保护验收时，应组织建设项目所在地的环境保护行政主管部门和行业主管部门等成立验收组(或验收委员会)。

验收组(或验收委员会)应对建设项目的环境保护设施及其他环境保护措施进行现场检查和审议,提出验收意见。

建设项目的建设单位、设计单位、施工单位、环境影响报告书(表)编制单位、环境保护验收监测(调查)报告(表)的编制单位应当参与验收。

第十六条 建设项目竣工环境保护验收条件是:

(一)建设前期环境保护审查、审批手续完备,技术资料与环境保护档案资料齐全;

(二)环境保护设施及其他措施等已按批准的环境影响报告书(表)或者环境影响登记表和设计文件的要求建成或者落实,环境保护设施经负荷试车检测合格,其防治污染能力适应主体工程的需要;

(三)环境保护设施安装质量符合国家和有关部门颁发的专业工程验收规范、规程和检验评定标准;

(四)具备环境保护设施正常运转的条件,包括:经培训合格的操作人员、健全的岗位操作规程及相应的规章制度,原料、动力供应落实,符合交付使用的其他要求;

(五)污染物排放符合环境影响报告书(表)或者环境影响登记表和设计文件中提出的标准及核定的污染物排放总量控制指标的要求。

(六)各项生态保护措施按环境影响报告书(表)规定的要求落实,建设项目建设过程中受到破坏并可恢复的环境已按规定采取了恢复措施;

(七)环境监测项目、点位、机构设置及人员配备,符合环境影响报告书(表)和有关规定的要求;

(八)环境影响报告书(表)提出需对环境保护敏感点进行环境影响验证,对清洁生产进行指标考核,对施工期环境保护措施落实情况进行工程环境监理的,已按规定要求完成;

(九)环境影响报告书(表)要求建设单位采取措施削减其他设施污染物排放,或要求建设项目所在地地方政府或者有关部门采取"区域削减"措施满足污染物排放总量控制要求的,其相应措施得到落实。

第十九条 国家对建设项目竣工环境保护验收实行公告制度。环境保护行政主管部门应当定期向社会公告建设项目竣工环境保护验收结果。

第二十一条 违反本办法第六条规定,试生产建设项目配套建设的环境保护设施未与主体工程同时投入试运行的,由有审批权的环境保护行政主管部门依照《建设项目环境保护管理条例》第二十六条的规定,责令限期改正;逾期不改正的,责令停止试生产,可以处5万元以下罚款。

第二十二条 违反本办法第十条规定,建设项目投入试生产超过3个月,建设单位未申请建设项目竣工环境保护验收或者延期验收的,由有审批权的环境保护行政主管部门依照《建设项目环境保护管理条例》第二十七条的规定责令限期办理环境保护验收手续;逾期未办理的,责令停止试生产,可以处5万元以下罚款。

第二十三条 违反本办法规定,建设项目需要配套建设的环境保护设施未建成,未经建设项目竣工环境保护验收或者验收不合格,主体工程正式投入生产或者使用的,由有审批权的环境保护行政主管部门依照《建设项目环境保护管理条例》第二十八条的规定责令停止生产或者使用,可以处10万元以下的罚款。

第二十四条 从事建设项目竣工环境保护验收监测或验收调查工作的单位,在验收监测或验收调查工作中弄虚作假的,按照国务院环境保护行政主管部门的有关规定给予处罚。

第二十五条 环境保护行政主管部门的工作人员在建设项目竣工环境保护验收工作中徇私舞弊,滥用职权,玩忽职守,构成犯罪的,依法追究刑事责任;尚不构成犯罪的,依法给予行政处分。

建设项目主要污染物排放总量指标审核及管理暂行办法

（环发〔2014〕197号）

为规范建设项目主要污染物排放总量指标审核及管理工作，严格控制新增污染物排放量，根据《“十二五”节能减排综合性工作方案》（国发〔2011〕26号）、《大气污染防治行动计划》（国发〔2013〕37号）、《2014—2015年节能减排低碳发展行动方案》（国办发〔2014〕23号）等有关规定，制定本办法。

一、总体要求

（一）本办法适用于各级环境保护主管部门对建设项目（不含城镇生活污水处理厂、垃圾处理场、危险废物和医疗废物处置厂）主要污染物排放总量指标的审核与管理。主要污染物是指国家实施排放总量控制的污染物（“十二五”期间为化学需氧量、氨氮、二氧化硫、氮氧化物）。烟粉尘、挥发性有机物、重点重金属污染物、沿海地级及以上城市总氮和地方实施总量控制的特征污染物参照本办法执行。

（二）严格落实污染物排放总量控制制度，把主要污染物排放总量指标作为建设项目环境影响评价审批的前置条件。排放主要污染物的建设项目，在环境影响评价文件（以下简称环评文件）审批前，须取得主要污染物排放总量指标。

（三）建设项目主要污染物排放总量指标审核及管理应与总量减排目标完成情况相挂钩，对未完成上一年度主要污染物总量减排目标的地区或企业，暂停新增相关污染物排放建设项目的环评审批。

（四）建设项目环评文件应包含主要污染物总量控制内容，明确主要生产工艺、生产设施规模、资源能源消耗情况、污染治理设施建设和运行监管要求等，提出总量指标及替代削减方案，列出详细测算依据等，并附项目所在地环境保护主管部门出具的有关总量指标、替代削减方案的初审意见。

二、审核程序

（一）建设项目主要污染物排放总量指标按照环评审批权限实行分级管理。环境保护部负责审批的建设项目，由项目所在地省级环境保护主管部门出具初审意见。省级及地市级环境保护主管部门负责审批的建设项目，由下一级环境保护主管部门出具初审意见。与国家签订总量减排目标责任书的中央企业建设项目，中央企业须同时出具总量指标、替代削减方案的初审意见。

（二）环评文件受理后，环境保护主管部门内设总量控制、污染防治管理机构自收到环评文件之日起10个工作日内，对环评文件中总量控制内容及初审意见进行审核，出具审核意见。

（三）环评文件作出审批决定前，建设项目主要污染物排放总量指标发生变化的，须重新提出总量指标、替代削减方案及相关文件，按有关程序重新进行审核。

三、指标来源

（一）建设项目主要污染物排放总量指标，应来源于本五年规划期前建成投运的企事业单位（城镇污水集中处理设施不受五年规划期限制）采取减排措施并稳定达到排放标准后形成的“可替代总量指标”。实行排污权交易的地区，建设项目可通过排污权交易获取总量指标。集中供热或企业内以新带老等建设项目的总量指标，可从拟替代关停的现有企业或设施可形成的削减量中预支，替代削减方案须在建设项目试生产前落实到位。

“可替代总量指标”为企事业单位本五年规划期基准年排放量（须按总量减排核算规定校核）与采取减排措施后正常工况下年排放量的差值。

（二）火电建设项目（含其他行业自备电厂）主要大气污染物排放总量指标应来源于本

行业,热电联产机组供热部分、垃圾焚烧发电厂及生物质发电厂的总量指标可来源于其他行业。火电机组"可替代总量指标"原则上不得用于其他行业建设项目。造纸、印染等建设项目主要水污染物排放总量指标应来源于工业企业。农业源"可替代总量指标"不得用于工业类建设项目。

（三）本五年规划期前已通过环评审批的建设项目,不再建设的,已核定的总量指标(通过排污权交易获取的除外)和替代削减方案不得再用于其他建设项目;重新报批或重新审核的,原核定的总量指标及替代削减方案可继续使用。

（四）建设项目主要污染物排放总量指标跨行政区替代,须调入企业所在地环境保护主管部门和调出企业确认,并经调出方与调入方所在地共同的上一级环境保护主管部门审核同意。环评文件审批后,由负责审批的环境保护主管部门将总量指标跨区域替代方案函告调入地和调出地环境保护主管部门。

（五）鼓励京津冀、长三角、珠三角等重点区域主要大气污染物"可替代总量指标"交易到其他区域,重点区域不得接受其他区域主要大气污染物"可替代总量指标"。环境质量未达到要求的地区,不得接受其他地区相关污染物"可替代总量指标",具体实施范围由省级环境保护主管部门确定。

四、指标审核

（一）火电、钢铁、水泥、造纸、印染行业建设项目所需替代的主要污染物排放总量指标采用绩效方法核定。其他行业依照国家或地方污染物排放标准及单位产品基准排水量(行业最高允许排水量)、烟气量等予以核定。

（二）用于建设项目的"可替代总量指标"不得低于建设项目所需替代的主要污染物排放总量指标。上一年度环境空气质量年平均浓度不达标的城市、水环境质量未达到要求的市县,相关污染物应按照建设项目所需替代的主要污染物排放总量指标的2倍进行削减替代(燃煤发电机组大气污染物排放浓度基本达到燃气轮机组排放限值的除外);细颗粒物(PM2.5)年平均浓度不达标的城市,二氧化硫、氮氧化物、烟粉尘、挥发性有机物四项污染物均需进行2倍削减替代(燃煤发电机组大气污染物排放浓度基本达到燃气轮机组排放限值的除外)。地方有更严格倍量替代要求的,按照相关规定执行。

五、监督管理

（一）各级环境保护主管部门要按照本办法规定建立健全建设项目主要污染物排放总量指标管理制度,从严控制新增污染物排放。各地区可根据本办法制定实施细则。

（二）建设项目主要污染物实际排放量超过许可排放量的,或替代削减方案未落实的,不予竣工环境保护验收,并依法处罚。

（三）省级环境保护主管部门负责建立行政区内建设项目主要污染物排放总量指标管理平台,记录建设项目名称、编号、总量指标、替代削减方案及"三同时"验收后实际排放量等信息,实行动态管理;市、县级环境保护主管部门在此平台下开展相关审核工作。实行排污权交易的地区,还应记录排污权交易等相关信息。

（四）省级环境保护主管部门应于每季度初10个工作日内将上一季度的火电、钢铁、水泥、造纸、印染行业逐个建设项目主要污染物排放总量指标管理信息,及行政区内其他建设项目主要污染物排放总量指标汇总情况上报环境保护部。

（五）加强建设项目主要污染物排放总量指标替代削减方案落实情况的跟踪检查,作为主要污染物总量减排日常督查和定期核查的重要内容,结果纳入主要污染物总量减排核算。替代方案未落实的,由负责审批的环境保护主管部门责令有关地方和单位限期整改。

（六）严禁重复使用"可替代总量指标"。以欺骗、谎报等不正当手段取得的主要污染物总量指标、替代削减方案审核意见,视为无效,并按照有关规定追究相关人员责任。

六、附则

（一）本办法由环境保护部负责解释。

（二）本办法自发布之日起施行。

附:建设项目主要污染物排放总量指标核定技术方法(内容略)

建设项目环境影响评价资质管理办法

（环境保护部令2015年第36号）

第一章 总 则

第一条 为加强建设项目环境影响评价管理，提高环境影响评价工作质量，维护环境影响评价行业秩序，根据《中华人民共和国环境保护法》《中华人民共和国环境影响评价法》和《中华人民共和国行政许可法》等有关法律法规，制定本办法。

第二条 为建设项目环境影响评价提供技术服务的机构，应当按照本办法的规定，向环境保护部申请建设项目环境影响评价资质（以下简称资质），经审查合格，取得《建设项目环境影响评价资质证书》（以下简称资质证书）后，方可在资质证书规定的资质等级和评价范围内接受建设单位委托，编制建设项目环境影响报告书或者环境影响报告表（以下简称环境影响报告书（表））。

环境影响报告书（表）应当由具有相应资质的机构（以下简称环评机构）编制。

第三条 资质等级分为甲级和乙级。评价范围包括环境影响报告书的十一个类别和环境影响报告表的二个类别（具体类别见附件），其中环境影响报告书类别分设甲、乙两个等级。

资质等级为甲级的环评机构（以下简称甲级机构），其评价范围应当至少包含一个环境影响报告书甲级类别；资质等级为乙级的环评机构（以下简称乙级机构），其评价范围只包含环境影响报告书乙级类别和环境影响报告表类别。

应当由具有相应环境影响报告书甲级类别评价范围的环评机构主持编制环境影响报告书的建设项目目录，由环境保护部另行制定。

第四条 资质证书在全国范围内通用，有效期为四年，由环境保护部统一印制、颁发。

资质证书包括正本和副本，记载环评机构的名称、资质等级、评价范围、证书编号、有效期，以及环评机构的住所、法定代表人等信息。

第五条 国家鼓励环评机构专业化、规模化发展，积极开展环境影响评价技术研究，提升技术优势，增强技术实力，形成一批区域性和专业性技术中心。

第六条 国家支持成立环境影响评价行业组织，加强行业自律，维护行业秩序，组织开展环评机构及其环境影响评价工程师和相关专业技术人员的水平评价，建立健全行业内奖惩机制。

第二章 环评机构的资质条件

第七条 环评机构应当为依法经登记的企业法人或者核工业、航空和航天行业的事业单位法人。

下列机构不得申请资质：

（一）由负责审批或者核准环境影响报告书（表）的主管部门设立的事业单位出资的企业法人；

（二）由负责审批或者核准环境影响报告书（表）的主管部门作为业务主管单位或者挂靠单位的社会组织出资的企业法人；

（三）受负责审批或者核准环境影响报告书（表）的主管部门委托，开展环境影响报告书（表）技术评估的企业法人；

（四）前三项中的企业法人出资的企业法人。

第八条 环评机构应当有固定的工作场所，具备环境影响评价工作质量保证体系，建立并实施环境影响评价业务承接、质量控制、档案管理、资质证书管理等制度。

第九条 甲级机构除具备本办法第七条、第八条规定的条件外，还应当具备下列条件：

（一）近四年连续具备资质且主持编制过至少八项主管部门审批或者核准的环境影响报告书。

（二）至少配备十五名环境影响评价工程师。

（三）评价范围中的每个环境影响报告书

甲级类别至少配备六名相应专业类别的环境影响评价工程师，其中至少三人主持编制过主管部门近四年内审批或者核准的相应类别环境影响报告书各二项。核工业环境影响报告书甲级类别配备的相应类别环境影响评价工程师中还应当至少三人为注册核安全工程师。

（四）评价范围中的环境影响报告书乙级类别以及核与辐射项目环境影响报告表类别配备的环境影响评价工程师条件应当符合本办法第十条第（二）项的规定。

（五）近四年内至少完成过一项环境保护相关科研课题，或者至少编制过一项国家或者地方环境保护标准。

第十条 乙级机构除具备本办法第七条、第八条规定的条件外，还应当具备下列条件：

（一）至少配备九名环境影响评价工程师。

（二）评价范围中的每个环境影响报告书乙级类别至少配备四名相应专业类别的环境影响评价工程师，其中至少二人主持编制过主管部门近四年内审批或者核准的环境影响报告书（表）各四项。核工业环境影响报告书乙级类别配备的相应类别环境影响评价工程师中还应当至少一人为注册核安全工程师。核与辐射项目环境影响报告表类别应当至少配备一名相应专业类别的环境影响评价工程师。

第十一条 乙级机构在资质证书有效期内应当主持编制至少八项主管部门审批或者核准的环境影响报告书（表）。

第三章 资质的申请与审查

第十二条 环境保护部负责受理资质申请。资质申请包括首次申请、变更、延续以及评价范围调整、资质等级晋级。

环评机构近一年内违反本办法相关规定被责令限期整改或者受到行政处罚的，不得申请评价范围调整和资质等级晋级。

第十三条 申请资质的机构应当如实提交相关申请材料，并对申请材料的真实性和准确性负责。申请材料的具体要求由环境保护部另行制定。

第十四条 环评机构有下列情形之一的，应当在变更登记或者变更发生之日起六十个工作日内申请变更资质证书中的相关内容：

（一）工商行政管理部门或者事业单位登记管理部门登记的机构名称、住所或者法定代表人变更的；

（二）因改制、分立或者合并等原因，编制环境影响报告书（表）的机构名称变更的。

第十五条 资质证书有效期届满，环评机构需要继续从事环境影响报告书（表）编制工作的，应当在有效期届满九十个工作日前申请资质延续。

第十六条 申请资质的机构应当通过环境保护部政府网站提交资质申请，并将书面申请材料一式三份报送环境保护部。

环境保护部对申请材料齐全、符合规定形式的资质申请，予以受理，并出具书面受理回执；对申请材料不齐全或者不符合规定形式的，在五个工作日内一次性告知申请资质的机构需要补正的内容；对不予受理的，书面说明理由。

环境保护部对已受理的资质申请信息在其政府网站予以公示。

第十七条 环境保护部组织对申请资质的机构提交的申请材料进行审查，并根据情况开展核查。

环境保护部自受理申请之日起二十个工作日内，依照本办法规定和申请资质的机构实际达到的资质条件作出是否准予资质的决定。必要时，环境保护部可以组织专家进行评审或者征求国务院有关部门和省级环境保护主管部门的意见，专家评审时间不计算在二十个工作日内。

环境保护部应当对是否准予资质的决定和申请机构资质条件等情况在其政府网站进行公示。公示期间无异议的，向准予资质的申请机构颁发资质证书；向不予批准资质的申请机构书面说明理由。

第十八条 因改制、分立或者合并等原因申请变更环评机构名称的，环境保护部应当根据改制、分立或者合并后机构实际达到的资质条件，重新核定其资质等级和评价范围。

甲级机构申请资质延续，符合本办法第七条、第八条规定和下列条件，但资质证书有效期内主持编制主管部门审批或者核准的环境

影响报告书(表)少于八项的,按乙级资质延续,并按该机构实际达到的资质条件重新核定其评价范围:

(一)近四年连续具备资质。

(二)至少配备十五名环境影响评价工程师。评价范围中至少一个原有环境影响报告书甲级类别配备六名以上相应专业类别的环境影响评价工程师。

(三)近四年内至少完成过一项环境保护相关科研课题,或者至少编制过一项国家或者地方环境保护标准。

第十九条　申请资质的机构隐瞒有关情况或者提供虚假材料的,环境保护部不予受理资质申请或者不予批准资质。该机构在一年内不得再次申请资质。

申请资质的机构以欺骗、贿赂等不正当手段取得资质的,由环境保护部撤销其资质。该机构在三年内不得再次申请资质。

前两款中涉及隐瞒环境影响评价工程师真实情况的,相关环境影响评价工程师三年内不得作为资质申请时配备的环境影响评价工程师、环境影响报告书(表)的编制主持人或者主要编制人员。

第二十条　环评机构有下列情形之一的,环境保护部应当办理资质注销手续:

(一)资质有效期届满未申请延续或者未准予延续的;

(二)法人资格终止的;

(三)因不再从事环境影响报告书(表)编制工作,申请资质注销的;

(四)资质被撤回、撤销或者资质证书被吊销的。

第二十一条　环境保护部在其政府网站设置资质管理专栏,公开资质审查程序、审查内容、受理情况、审查结果等信息,并及时公布环评机构及其环境影响评价工程师基本信息。

第四章　环评机构的管理

第二十二条　环评机构应当坚持公正、科学、诚信的原则,遵守职业道德,执行国家法律、法规及有关管理要求,确保环境影响报告书(表)内容真实、客观、全面和规范。

环评机构应当积极履行社会责任和普遍服务的义务,不得无正当理由拒绝承担公益性建设项目环境影响评价工作。

第二十三条　环境影响报告书(表)应当由一个环评机构主持编制,并由该机构中相应专业类别的环境影响评价工程师作为编制主持人。环境影响报告书各章节和环境影响报告表的主要内容应当由主持编制机构中的环境影响评价工程师作为主要编制人员。

核工业类别环境影响报告书的编制主持人还应当为注册核安全工程师,各章节的主要编制人员还应当为核工业类别环境影响评价工程师。

主持编制机构对环境影响报告书(表)编制质量和环境影响评价结论负责,环境影响报告书(表)编制主持人和主要编制人员承担相应责任。

第二十四条　环评机构接受委托编制环境影响报告书(表),应当与建设单位签订书面委托合同。委托合同不得由环评机构的内设机构、分支机构代签。

禁止涂改、出租、出借资质证书。

第二十五条　环境影响报告书(表)应当附主持编制的环评机构资质证书正本缩印件。缩印件页上应当注明建设项目名称等内容,并加盖主持编制机构印章和法定代表人名章。

环境影响报告书(表)中应当附编制人员名单表,列出编制主持人和主要编制人员的姓名及其环境影响评价工程师职业资格证书编号、专业类别和登记编号以及注册核安全工程师执业资格证书编号和注册证编号。编制主持人和主要编制人员应当在名单表中签字。

资质证书缩印件页和环境影响报告书(表)编制人员名单表格式由环境保护部另行制定。

第二十六条　环评机构应当建立其主持编制的环境影响报告书(表)完整档案。档案中应当包括环境影响报告书(表)及其编制委托合同、审批或者核准批复文件和相关的环境质量现状监测报告原件、公众参与材料等。

第二十七条　环评机构出资人、环境影响评价工程师等基本情况发生变化的,应当在发生变化后六十个工作日内向环境保护部备案。

第二十八条 环评机构在领取新的资质证书时，应当将原资质证书交回环境保护部。

环评机构遗失资质证书的，应当书面申请补发，并在公共媒体上刊登遗失声明。

第二十九条 环评机构中的环境影响评价工程师和参与环境影响报告书（表）编制的其他相关专业技术人员应当定期参加环境影响评价相关业务培训，更新和补充业务知识。

第五章 环评机构的监督检查

第三十条 环境保护主管部门应当加强对环评机构的监督检查。监督检查时可以查阅或者要求环评机构报送有关情况和材料，环评机构应当如实提供。

监督检查包括抽查、年度检查以及在环境影响报告书（表）受理和审批过程中对环评机构的审查。

第三十一条 环境保护部组织对环评机构的抽查。省级环境保护主管部门组织对住所在本行政区域内的环评机构的年度检查。

环境保护主管部门组织的抽查和年度检查，应当对环评机构的资质条件和环境影响评价工作情况进行全面检查。

第三十二条 环境保护主管部门在环境影响报告书（表）受理和审批过程中，应当对环境影响报告书（表）编制质量、主持编制机构的资质以及编制人员等情况进行审查。

对主持编制机构不具备相应资质等级和评价范围以及不符合本办法第二十三条和第二十五条有关规定的环境影响报告书（表），环境保护主管部门不予受理环境影响报告书（表）审批申请；对环境影响报告书（表）有本办法第三十六条或者第四十五条规定情形的，环境保护主管部门不予批准。

第三十三条 环评机构有下列情形之一的，由实施监督检查的环境保护主管部门对该机构给予通报批评：

（一）未与建设单位签订书面委托合同接受建设项目环境影响报告书（表）编制委托的，或者由环评机构的内设机构、分支机构代签书面委托合同的；

（二）主持编制的环境影响报告书（表）不符合本办法第二十五条规定格式的；

（三）未建立主持编制的环境影响报告书（表）完整档案的。

第三十四条 环评机构有下列情形之一的，由环境保护部责令改正；拒不改正的，责令其限期整改一至三个月：

（一）逾期未按本办法第十四条规定申请资质变更的；

（二）逾期未按本办法第二十七条规定报请备案环评机构出资人和环境影响评价工程师变化情况的。

第三十五条 环评机构主持编制的环境影响报告书（表）有下列情形之一的，由实施监督检查的环境保护主管部门责令该机构以及编制主持人和主要编制人员限期整改三至六个月：

（一）环境影响报告书（表）未由相应的环境影响评价工程师作为编制主持人的；

（二）环境影响报告书的各章节和环境影响报告表的主要内容未由相应的环境影响评价工程师作为主要编制人员的。

第三十六条 环评机构主持编制的环境影响报告书（表）有下列情形之一的，由实施监督检查的环境保护主管部门责令该机构以及编制主持人和主要编制人员限期整改六至十二个月：

（一）建设项目工程分析或者引用的现状监测数据错误的；

（二）主要环境保护目标或者主要评价因子遗漏的；

（三）环境影响评价工作等级或者环境标准适用错误的；

（四）环境影响预测与评价方法错误的；

（五）主要环境保护措施缺失的。

有前款规定情形，致使建设项目选址、选线不当或者环境影响评价结论错误的，依照本办法第四十五条的规定予以处罚。

第三十七条 环评机构因违反本办法规定被责令限期整改的，限期整改期间，作出限期整改决定的环境保护主管部门及其以下各级环境保护主管部门不再受理该机构编制的环境影响报告书（表）审批申请。

环境影响评价工程师被责令限期整改的，限期整改期间，作出限期整改决定的环境保护主管部门及其以下各级环境保护主管部门不再受理其作为编制主持人和主要编制人员编制的环境影响报告书(表)审批申请。

第三十八条 环评机构不符合相应资质条件的,由环境保护部根据其实际达到的资质条件,重新核定资质等级和评价范围或者撤销资质。

环评机构经重新核定的资质等级降低或者评价范围缩减的,在重新核定前,按原资质等级和缩减的评价范围接受委托编制的环境影响报告书(表)需要继续完成的,应当报经环境保护部审核同意。

第三十九条 环境保护主管部门应当建立环评机构及其环境影响评价工程师诚信档案。

县级以上地方环境保护主管部门应当建立住所在本行政区域、编制本级环境保护主管部门审批的环境影响报告书(表)的环评机构及其环境影响评价工程师的诚信档案,记录本部门对环评机构及其环境影响评价工程师采取的通报批评、限期整改和行政处罚等情况,并向社会公开。通报批评、限期整改和行政处罚等情况应当及时抄报环境保护部。

环境保护部应当将环境保护主管部门对环评机构及其环境影响评价工程师采取的行政处理和行政处罚等情况,记入全国环评机构和环境影响评价工程师诚信档案,并向社会公开。

第四十条 环境保护部在国家环境影响评价基础数据库中建立环评机构工作质量监督管理数据信息系统,采集环境影响报告书(表)内容、编制机构、编制人员、编制时间、审批情况等信息,实现对环评机构及其环境影响评价工程师工作质量的动态监控。

第四十一条 县级以上地方环境保护主管部门不得设置条件限制环评机构承接本行政区域内建设项目的环境影响报告书(表)编制工作。

第四十二条 县级以上地方环境保护主管部门在监督检查中发现环评机构有本办法第三十四条、第三十八条、第四十四条第二款、第四十五条规定情形的,应当及时向环境保护部报告并提出处理建议。

第四十三条 任何单位和个人有权向环境保护主管部门举报环评机构及其环境影响评价工程师违反本办法规定的行为。接受举报的环境保护主管部门应当及时调查,并依法作出处理决定。

第六章 法律责任

第四十四条 环评机构拒绝接受监督检查或者在接受监督检查时弄虚作假的,由实施监督检查的环境保护主管部门处三万元以下的罚款,并责令限期整改六至十二个月。

环评机构涂改、出租、出借资质证书或者超越资质等级、评价范围接受委托和主持编制环境影响报告书(表)的,由环境保护部处三万元以下的罚款,并责令限期整改一至三年。

第四十五条 环评机构不负责任或者弄虚作假,致使主持编制的环境影响报告书(表)失实的,依照《中华人民共和国环境影响评价法》的规定,由环境保护部降低其资质等级或者吊销其资质证书,并处所收费用一倍以上三倍以下的罚款,同时责令编制主持人和主要编制人员限期整改一至三年。

第四十六条 环境保护主管部门工作人员在环评机构资质管理工作中徇私舞弊、滥用职权、玩忽职守的,依法给予处分;构成犯罪的,依法追究刑事责任。

第七章 附 则

第四十七条 环评机构资质被吊销、撤销或者注销的,环境保护主管部门可继续完成已受理的该机构主持编制的环境影响报告书(表)审批工作。

第四十八条 本办法所称负责审批或者核准环境影响报告书(表)的主管部门包括环境保护主管部门和海洋主管部门;所称主管部门审批或者核准的环境影响报告书(表),是指经环境保护主管部门审批或者经海洋主管部门核准完成的环境影响报告书(表),不包括因有本办法第三十六条和第四十五条所列情形不予批准或者核准的环境影响报告书(表)。

第四十九条 本办法所称环境影响评价工程师,是指已申报所从业的环评机构和专业类别,在申报的环评机构中全日制专职工作且具有相应职业资格的专业技术人员。环境影响评价工程师从业情况申报的相关管理规定由环境保护部另行制定。

本办法所称注册核安全工程师，是指在注册的环评机构中全日制专职工作且具有相应执业资格的专业技术人员。

第五十条 本办法由环境保护部负责解释。

第五十一条 本办法自2015年11月1日起施行。原国家环境保护总局发布的《建设项目环境影响评价资质管理办法》（国家环境保护总局令第26号）同时废止。

附

建设项目环境影响评价资质中的评价范围类别划分

评价范围类别		资质条件中和作为编制主持人的环境影响评价工程师相应的专业类别
环境影响报告书类别	轻工纺织化纤	轻工纺织化纤
	化工石化医药	化工石化医药
	冶金机电	冶金机电
	建材火电	建材火电
	农林水利	农林水利
	采掘	采掘
	交通运输	交通运输
	社会服务	社会服务
	海洋工程	海洋工程
	输变电及广电通讯	输变电及广电通讯
	核工业	核工业
环境影响报告表类别	一般项目	任一类别
	核与辐射项目	输变电及广电通讯或者核工业

环境信用管理

企业环境信用评价办法（试行）

（环境保护部、国家发展和改革委员会、中国人民银行、中国银行监督管理委员会，2013年12月18日发布，2014年3月1日实施，环发〔2013〕150号）

第一章 总　　则

第一条 为加快建立环境保护"守信激励、失信惩戒"的机制，督促企业持续改进环境行为，自觉履行环境保护法定义务和社会责任，并引导公众参与环境监督，促进有关部门协同配合，推进环境信用体系建设，根据《环境保护法》的有关规定，以及《国务院办公厅关于社会信用体系建设的若干意见》（国办发〔2007〕17号）

和《国务院关于加强环境保护重点工作的意见》(国发〔2011〕35号)关于建立企业环境信用评价制度的有关要求,制定本办法。

第二条　企业环境信用评价的信息收集、信用等级评定、评价结果公开与应用,适用本办法。

本办法所称企业环境信用评价,是指环保部门根据企业环境行为信息,按照规定的指标、方法和程序,对企业环境行为进行信用评价,确定信用等级,并向社会公开,供公众监督和有关部门、机构及组织应用的环境管理手段。

本办法所称企业环境行为,是指企业在生产经营活动中遵守环保法律、法规、规章、规范性文件、环境标准和履行环保社会责任等方面的表现。企业通过合同等方式委托其他机构或者组织实施的具有环境影响的行为,视为该企业的环境行为。

第三条　污染物排放总量大、环境风险高、生态环境影响大的企业,应当纳入环境信用评价范围。

下列企业应当纳入环境信用评价范围:

(一)环境保护部公布的国家重点监控企业;

(二)设区的市级以上地方人民政府环保部门公布的重点监控企业;

(三)重污染行业内的企业,重污染行业包括:火电、钢铁、水泥、电解铝、煤炭、冶金、化工、石化、建材、造纸、酿造、制药、发酵、纺织、制革和采矿业16类行业,以及国家确定的其他污染严重的行业;

(四)产能严重过剩行业内的企业;

(五)从事能源、自然资源开发、交通基础设施建设,以及其他开发建设活动,可能对生态环境造成重大影响的企业;

(六)污染物排放超过国家和地方规定的排放标准的企业,或者超过经有关地方人民政府核定的污染物排放总量控制指标的企业;

(七)使用有毒、有害原料进行生产的企业,或者在生产中排放有毒、有害物质的企业;

(八)上一年度发生较大及以上突发环境事件的企业;

(九)上一年度被处以5万元以上罚款、暂扣或者吊销许可证、责令停产整顿、挂牌督办的企业;

(十)省级以上环保部门确定的应当纳入环境信用评价范围的其他企业。

第四条　企业环境信用评价工作实行分级管理。

省级环保部门负责组织实施本行政区域内国家重点监控企业的环境信用评价工作。

其他参评企业环境信用评价的管理职责,由省、自治区、直辖市环保部门规定。

第五条　环保部门应当明确机构,负责具体组织实施企业环境信用评价工作。

第六条　企业环境信用评价,应当公开、透明,实行强制与自愿相结合的原则。

列入本办法第三条规定范围内的企业,应当参加环境信用评价。

鼓励未纳入本办法第三条规定范围内的企业,自愿申请参加环境信用评价。

参加环境信用评价的企业,以下简称"参评企业"。

第七条　环保部门和发展改革、人民银行、银行业监管机构及其他有关部门,密切合作,共同构建环境保护"守信激励、失信惩戒"机制。

第八条　环保部门应当记录企业的环境行为信息,建设企业环境行为信息管理系统,对企业环境信用评价工作实施信息化管理。

第九条　环保部门开展企业环境信用评价,不得向参评企业收取任何费用。

第十条　环保部门工作人员在企业环境信用评价工作中,滥用职权、玩忽职守、徇私舞弊的,依法给予行政处分。

第二章　评价指标和等级

第十一条　企业环境信用评价内容,包括污染防治、生态保护、环境管理、社会监督四个方面。

《企业环境信用评价指标及评分方法(试行)》附后。

第十二条　企业的环境信用,分为环保诚信企业、环保良好企业、环保警示企业、环保不良企业四个等级,依次以绿牌、蓝牌、黄牌、红牌表示。

第十三条　企业环境信用评价,采取评分方式。

环保部门根据参评企业的环境行为信息,按照企业环境信用评价指标及评分方法,得出参评企业的评分结果，确定参评企业的环境信用等级。

评定环保诚信企业，按照前款和本办法第十四条的规定执行。

第十四条 环保部门根据企业环境信用评价指标及评分方法，对遵守环保法规标准并且各项评价指标均获得满分，同时还自愿开展下列两种以上活动，积极履行环保社会责任的参评企业，可以评定为“环保诚信企业”：

（一）在污染物排放符合国家和地方规定的排放标准与总量控制指标的基础上，自愿与环保部门签订进一步削减污染物排放量的协议，并取得协议约定的减排效果的；

（二）自愿申请清洁生产审核并通过验收的；

（三）自愿申请环境管理体系认证并通过认证的；

（四）根据环境保护部为规范企业环境信息公开行为而制定的国家标准，即《企业环境报告书编制导则》（HJ 617—2011），全面、完整地主动公开企业环境信息的；

（五）主动加强与所在社区和相关环保组织的联系与沟通，就企业的建设项目和经营活动所造成的环境影响听取意见和建议，积极改善企业环境行为，并取得良好环境效益和社会效果的；

（六）自愿选择遵守环保法规标准的原材料供货商，优先选购环境友好产品和服务，积极构建绿色供应链，倡导绿色采购的；

（七）主动举办或者积极参与环保知识宣传等环保公益活动的；

（八）主动采用国际组织或者其他国家先进的环境标准与环保实践惯例的；

（九）自愿实施履行环保社会责任的其他活动的。

第十五条 在上一年度，企业有下列情形之一的，实行“一票否决”，直接评定为“环保不良企业”：

（一）因为环境违法构成环境犯罪的；

（二）建设项目环境影响评价文件未按规定通过审批，擅自开工建设的；

（三）建设项目环保设施未建成、环保措施未落实、未通过竣工环保验收或者验收不合格，主体工程正式投入生产或者使用的；

（四）建设项目性质、规模、地点、采用的生产工艺或者防治污染、防止生态破坏的措施发生重大变动，未重新报批环境影响评价文件，擅自投入生产或者使用的；

（五）主要污染物排放总量超过控制指标的；

（六）私设暗管或者利用渗井、渗坑、裂隙、溶洞等排放、倾倒、处置水污染物，或者通过私设旁路排放大气污染物的；

（七）非法排放、倾倒、处置危险废物，或者向无经营许可证或者超出经营许可范围的单位或个人提供或者委托其收集、贮存、利用、处置危险废物的；

（八）环境违法行为造成集中式生活饮用水水源取水中断的；

（九）环境违法行为对生活饮用水水源保护区、自然保护区、国家重点生态功能区、风景名胜区、居住功能区、基本农田保护区等环境敏感区造成重大不利影响的；

（十）违法从事自然资源开发、交通基础设施建设，以及其他开发建设活动，造成严重生态破坏的；

（十一）发生较大及以上突发环境事件的；

（十二）被环保部门挂牌督办，整改逾期未完成的；

（十三）以暴力、威胁等方式拒绝、阻挠环保部门工作人员现场检查的；

（十四）违反重污染天气应急预案有关规定，对重污染天气响应不力的。

第十六条 被评定为环保不良企业，或者连续两年被评定为环保警示企业的，两年之内不得被评定为环保诚信企业。

第三章 评价信息来源

第十七条 企业环境信用评价，应当以环保部门通过现场检查、监督性监测、重点污染物总量控制核查，以及履行监管职责的其他活动制作或者获取的企业环境行为信息为基础。

省级环保部门可以对用于企业环境信用评价的数据来源和采集频次等事项，做出具体规定。

第十八条 环保部门在评价企业环境信用过程中,可以综合考虑企业自行监测数据、排污申报登记数据。

公众、社会组织以及媒体提供的企业环境行为信息,经核实后可以作为企业环境信用评价的依据。

环保部门可以要求参评企业协助提供有关企业环境管理规章制度、企业环保机构和人员配置等企业内部环境管理方面的信息,该信息经核实后可以作为企业环境信用评价的依据。

第十九条 组织实施企业环境信用评价的环保部门,可以向有关发展改革部门查询和调取参评企业项目投资管理方面的信息,也可以向有关银行业监管机构查询和调取参评企业申请和获取信贷资金方面的信息。

第四章 评 价 程 序

第二十条 企业环境信用评价周期原则上为一年,评价期间原则上为上一年度。评价结果反映企业上一年度1月1日至12月31日期间的环境信用状况。

企业环境信用评价工作原则上应当在每年4月底前完成。

省级环保部门可以根据实际情况,对评价周期、评价期间和完成时限作出调整。

第二十一条 组织实施企业环境信用评价的环保部门,应当在每年1月底前,确定纳入本年度环境信用评价范围的企业名单,并通过本部门政府网站公布,同时报送上级环保部门备案。

第二十二条 环保部门应当于每年2月底前,根据规定的评价指标及评分方法,对企业环境行为进行信用评价,就企业的环境信用等级,提出初评意见。

初评意见应当及时反馈参评企业,并通过政府网站进行公示,公示期不得少于15天。

第二十三条 有关企业对初评意见有异议的,应当在初评意见公示期满前,向发布公示的环保部门提出异议,并提供相关资料或证据;逾期未反馈意见的,视为无异议。

第二十四条 公众、环保团体或者其他社会组织,对初评意见有异议的,可以在公示期满前,向发布公示的环保部门提出异议,并提供相关资料或证据。

第二十五条 环保部门应当在收到对初评意见的异议之日起20个工作日内进行复核,并将复核意见告知异议人。

复核需要现场核查、监测或者鉴定的,所需时间不计入复核期间。

第二十六条 企业、公众、环保团体或者其他社会组织对初评意见提出异议,环保部门对异议人的告知,可以采用信函、传真、电子邮件等书面方式。

第五章 评价结果公开与共享

第二十七条 环保部门应当在企业环境信用评价结果确定后5个工作日内,通过政府网站、报纸等媒体或者新闻发布会等方式,公开发布评价结果。

第二十八条 环保诚信企业、环保良好企业或者环保警示企业发生一般突发环境事件的,环保部门应当将其信用等级下调一级,并向社会公布。

环保诚信企业、环保良好企业或者环保警示企业出现第十五条所列“一票否决”情形的,环保部门应当将其信用等级直接降为环保不良企业,并向社会公布。

第二十九条 在企业环境信用评价结果公布后,环保警示企业或者环保不良企业主动改善环境行为、实施有效整改的,可向环保部门提交申请及相关证明材料,要求在其环境行为信息记录中,补充其整改信息。

环保部门应当在收到企业申请及相关证明材料之日起一个月内进行核实。

对经核实的整改信息,环保部门应当将其记录在企业环境行为信息管理系统中,并在核实后的三个月内向社会公布。

第三十条 企业环境信用评价结果在环保部门和发展改革、人民银行、银行业监管机构及其他有关部门之间,实现信息共享。

具备条件的地区,应当将企业环境信用评价结果,纳入本地区社会信用信息公共平台。

第三十一条 组织实施企业环境信用评价的环保部门,应当将企业环境信用评价结果通报给以下部门或者机构:

（一）同级发展改革、国有资产监督管理、商务、人民银行等有关主管部门；

（二）银行、证券、保险监管机构；

（三）监察机关及其他有关机构；

（四）有关工会组织、有关行业协会。

前款所列部门或者机构，可以结合工作职责，在行政许可、公共采购、评先创优、金融支持、资质等级评定、安排和拨付有关财政补贴专项资金中，充分应用企业环境信用评价结果，并向环保部门及时反馈评价结果的应用情况。

第六章 守信激励和失信惩戒

第三十二条 建立健全环境保护守信激励机制。

对环保诚信企业，可以采取以下激励性措施：

（一）对其危险废物经营许可证、可用作原料的固体废物进口许可证以及其他行政许可申请事项，予以积极支持；

（二）优先安排环保专项资金或者其他资金补助；

（三）优先安排环保科技项目立项；

（四）新建项目需要新增重点污染物排放总量控制指标时，纳入调剂顺序并予以优先安排；

（五）建议财政等有关部门在确定和调整政府采购名录时，将其产品或者服务优先纳入名录；

（六）环保部门在组织有关评优评奖活动中，优先授予其有关荣誉称号；

（七）建议银行业金融机构予以积极的信贷支持；

（八）建议保险机构予以优惠的环境污染责任保险费率；

（九）将环保诚信企业名单推荐给有关国有资产监督管理部门、有关工会组织、有关行业协会以及其他有关机构，并建议授予环保诚信企业及其负责人有关荣誉称号；

（十）国家或者地方规定的其他激励性措施。

第三十三条 引导环保良好企业持续改进环境行为。

环保良好企业应当保持其良好环境行为，并逐步改进其内部环境管理。

各级环保部门应当鼓励环保良好企业改进其环境行为，引导其积极开展本办法第十四条所列履行环保社会责任的活动，推动其向环保诚信企业目标努力。

第三十四条 对环保警示企业实行严格管理。

对环保警示企业，可以采取以下约束性措施：

（一）责令企业按季度向组织实施环境信用评价工作和直接对该企业实施日常环境监管的环保部门，书面报告信用评价中发现问题的整改情况；

（二）从严审查其危险废物经营许可证、可用作原料的固体废物进口许可证以及其他行政许可申请事项；

（三）加大执法监察频次；

（四）从严审批各类环保专项资金补助申请；

（五）环保部门在组织有关评优评奖活动中，暂停授予其有关荣誉称号；

（六）建议银行业金融机构严格贷款条件；

（七）建议保险机构适度提高环境污染责任保险费率；

（八）将环保警示企业名单通报有关国有资产监督管理部门、有关工会组织、有关行业协会以及其他有关机构，建议对环保警示企业及其负责人暂停授予先进企业或者先进个人等荣誉称号；

（九）国家或者地方规定的其他约束性措施。

第三十五条 建立健全环境保护失信惩戒机制。

对环保不良企业，应当采取以下惩戒性措施：

（一）责令其向社会公布改善环境行为的计划或者承诺，按季度向实施环境信用评价管理和直接对该企业实施日常环境监管的环保部门，书面报告企业环境信用评价中发现问题的整改情况；

改善环境行为的计划或者承诺的内容，应当包括加强内部环境管理，整改失信行为，增加自行监测频次，加大环保投资，落实环保责任人等具体措施及完成时限。

（二）结合其环境失信行为的类别和具体情节，从严审查其危险废物经营许可证、可用作原料的固体废物进口许可证以及其他行政许可申请事项；

（三）加大执法监察频次；

（四）暂停各类环保专项资金补助；

（五）建议财政等有关部门在确定和调整政府采购名录时，取消其产品或者服务；

（六）环保部门在组织有关评优评奖活动中，不得授予其有关荣誉称号；

（七）建议银行业金融机构对其审慎授信，在其环境信用等级提升之前，不予新增贷款，并视情况逐步压缩贷款，直至退出贷款；

（八）建议保险机构提高环境污染责任保险费率；

（九）将环保不良企业名单通报有关国有资产监督管理部门、有关工会组织、有关行业协会以及其他有关机构，建议对环保不良企业及其负责人不得授予先进企业或者先进个人等荣誉称号；

（十）国家或者地方规定的其他惩戒性措施。

第七章 附　　则

第三十六条　有关地方环保部门已经制定企业环境信用评价管理规范性文件的，可以继续适用。

第三十七条　本办法自2014年3月1日起实施。

附：企业环境信用评价指标及评分方法（试行）（略）

生态多样性管理

野生植物保护条例（节选）

（国务院1996年9月30日发布，1997年1月1日实施，国务院令1996年第204号）

第一章　总　　则

第二条　在中华人民共和国境内从事野生植物的保护、发展和利用活动，必须遵守本条例。

本条例所保护的野生植物，是指原生地天然生长的珍贵植物和原生地天然生长并具有重要经济、科学研究、文化价值的濒危、稀有植物。

药用野生植物和城市园林、自然保护区、风景名胜区内的野生植物的保护，同时适用有关法律、行政法规。

第十条　野生植物分为国家重点保护野生植物和地方重点保护野生植物。

国家重点保护野生植物分为国家一级保护野生植物和国家二级保护野生植物。国家重点保护野生植物名录，由国务院林业行政主管部门、农业行政主管部门（以下简称国务院野生植物行政主管部门）商国务院环境保护、建设等有关部门制定，报国务院批准公布。

地方重点保护野生植物，是指国家重点保护野生植物以外，由省、自治区、直辖市保护的野生植物。地方重点保护野生植物名录，由省、自治区、直辖市人民政府制定并公布，报国务院备案。

第四章　法律责任

第二十三条　未取得采集证或者未按照采集证的规定采集国家重点保护野生植物的，由野生植物行政主管部门没收所采集的野生植物和违法所得，可以并处违法所得10倍以下的罚款；有采集证的，并可以吊销采集证。

第二十四条　违反本条例规定，出售、收购国家重点保护野生植物的，由工商行政管理部门或者野生植物行政主管部门按照职责分工没收野生植物和违法所得，可以并处违法所得10倍以下的罚款。

第二十五条 非法进出口野生植物的，由海关依照海关法的规定处罚。

第二十六条 伪造、倒卖、转让采集证、允许进出口证明书或者有关批准文件、标签的，由野生植物行政主管部门或者工商行政管理部门按照职责分工收缴，没收违法所得，可以并处5万元以下的罚款。

第二十七条 外国人在中国境内采集、收购国家重点保护野生植物，或者未经批准对国家重点保护野生植物进行野外考察的，由野生植物行政主管部门没收所采集、收购的野生植物和考察资料，可以并处5万元以下的罚款。

第二十八条 反本条例规定，构成犯罪的，依法追究刑事责任。

水生野生动物保护实施条例(节选)

(农业部令1993年第1号，1993年10月5日发布，1993年10月5日实施，2011年1月8日《国务院关于废止和修改部分行政法规的决定》第一次修订，2013年12月7日《国务院关于修改部分行政法规的决定》第二次修订)

第一章 总 则

第一条 根据《中华人民共和国野生动物保护法》(以下简称《野生动物保护法》)的规定，制定本条例。

第二条 本条例所称水生野生动物，是指珍贵、濒危的水生野生动物；所称水生野生动物产品，是指珍贵、濒危的水生野生动物的任何部分及其衍生物。

第三条 国务院渔业行政主管部门主管全国水生野生动物管理工作。

县级以上地方人民政府渔业行政主管部门主管本行政区域内水生野生动物管理工作。

《野生动物保护法》和本条例规定的渔业行政主管部门的行政处罚权，可以由其所属的渔政监督管理机构行使。

第四章 奖励和惩罚

第二十六条 非法捕杀国家重点保护的水生野生动物的，依照刑法有关规定追究刑事责任；情节显著轻微危害不大的，或者犯罪情节轻微不需要判处刑罚的，由渔业行政主管部门没收捕获物、捕捉工具和违法所得，吊销特许捕捉证，并处以相当于捕获物价值10倍以下的罚款，没有捕获物的处以1万元以下的罚款。

第二十七条 违反野生动物保护法律、法规，在水生野生动物自然保护区破坏国家重点保护的或者地方重点保护的水生野生动物主要生息繁衍场所，依照《野生动物保护法》第三十四条的规定处以罚款的，罚款幅度为恢复原状所需费用的3倍以下。

第二十八条 违反野生动物保护法律、法规，出售、收购、运输、携带国家重点保护的或者地方重点保护的水生野生动物或者其产品的，由工商行政管理部门或者其授权的渔业行政主管部门没收实物和违法所得，可以并处相当于实物价值10倍以下的罚款。

第二十九条 伪造、倒卖、转让驯养繁殖许可证，依照《野生动物保护法》第三十七条的规定处以罚款的，罚款幅度为5000元以下。伪造、倒卖、转让特许捕捉证或者允许进出口证明书，依照《野生动物保护法》第三十七条的规定处以罚款的，罚款幅度为5万元以下。

第三十条 违反野生动物保护法规，未取得驯养繁殖许可证或者超越驯养繁殖许可证规定范围，驯养繁殖国家重点保护的水生野生动物的，由渔业行政主管部门没收违法所得，处3000元以下的罚款，可以并处没收水生野生动物、吊销驯养繁殖许可证。

第三十一条 外国人未经批准在中国境内对国家重点保护的水生野生动物进行科学考察、标本采集、拍摄电影、录像的，由渔业行政主管部门没收考察、拍摄的资料以及所获标本，可以并处5万元以下的罚款。

第三十二条 有下列行为之一，尚不构成犯罪，应当给予治安管理处罚的，由公安机关依照《中华人民共和国治安管理处罚法》的规定予以处罚：

（一）拒绝、阻碍渔政检查人员依法执行职务的；

（二）偷窃、哄抢或者故意损坏野生动物保护仪器设备或者设施的。

第三十三条 依照野生动物保护法规的规定没收的实物，按照国务院渔业行政主管部门的有关规定处理。

中华人民共和国陆生野生动物保护实施条例（节选）

（1992年3月1日发布，1992年3月1日实施，2011年1月8日《国务院关于废止和修改部分行政法规的决定》修订）

第一章 总 则

第一条 根据《中华人民共和国野生动物保护法》（以下简称《野生动物保护法》）的规定，制定本条例。

第二条 本条例所称陆生野生动物，是指依法受保护的珍贵、濒危、有益的和有重要经济、科学研究价值的陆生野生动物（以下简称野生动物）；所称野生动物产品，是指陆生野生动物的任何部分及其衍生物。

第三条 国务院林业行政主管部门主管全国陆生野生动物管理工作。

省、自治区、直辖市人民政府林业行政主管部门主管本行政区域内陆生野生动物管理工作。自治州、县和市人民政府陆生野生动物管理工作的行政主管部门，由省、自治区、直辖市人民政府确定。

第六章 奖励和惩罚

第三十三条 非法捕杀国家重点保护野生动物的，依照刑法有关规定追究刑事责任；情节显著轻微危害不大的，或者犯罪情节轻微不需要判处刑罚的，由野生动物行政主管部门没收猎获物、猎捕工具和违法所得，吊销特许猎捕证，并处以相当于猎获物价值10倍以下的罚款，没有猎获物的处1万元以下罚款。

第三十四条 违反野生动物保护法规，在禁猎区、禁猎期或者使用禁用的工具、方法猎捕非国家重点保护野生动物，依照《野生动物保护法》第三十二条的规定处以罚款的，按照下列规定执行：

（一）有猎获物的，处以相当于猎获物价值8倍以下的罚款；

（二）没有猎获物的，处2000元以下罚款。

第三十五条 违反野生动物保护法规，未取得狩猎证或者未按照狩猎证规定猎捕非国家重点保护野生动物，依照《野生动物保护法》第三十三条的规定处以罚款的，按照下列规定执行：

（一）有猎获物的，处以相当于猎获物价值5倍以下的罚款；

（二）没有猎获物的，处1000元以下罚款。

第三十六条 违反野生动物保护法规，在自然保护区、禁猎区破坏国家或者地方重点保护野生动物主要生息繁衍场所，依照《野生动物保护法》第三十四条的规定处以罚款的，按照相当于恢复原状所需费用3倍以下的标准执行。

在自然保护区、禁猎区破坏非国家或者地方重点保护野生动物主要生息繁衍场所的，由野生动物行政主管部门责令停止破坏行为，限期恢复原状，并处以恢复原状所需费用2倍以下的罚款。

第三十七条 违反野生动物保护法规，出售、收购、运输、携带国家或者地方重点保护野生动物或者其产品的，由工商行政管理部门或者其授权的野生动物行政主管部门没收实物和违法所得，可以并处相当于实物价值10倍以下的罚款。

第三十八条 伪造、倒卖、转让狩猎证或者驯养繁殖许可证，依照《野生动物保护法》第三十七条的规定处以罚款的，按照5000元以下的标准执行。伪造、倒卖、转让特许猎捕证或者允许进出口证明书，依照《野生动物保护法》第三十七条的规定处以罚款的，按照5万元以下的标准执行。

第三十九条 违反野生动物保护法规，未取得驯养繁殖许可证或者超越驯养繁殖许可证规定范围驯养繁殖国家重点保护野生动物的，由野生动物行政主管部门没收违法所得，处3000元以下罚款，可以并处没收野生动物、吊销驯养繁殖许可证。

第四十条 外国人未经批准在中国境内对国家重点保护野生动物进行野外考察、标本采集或者在野外拍摄电影、录像的，由野生动物行政主管部门没收考察、拍摄的资料以及所获标本，可以并处5万元以下罚款。

第四十一条 有下列行为之一，尚不构成犯罪，应当给予治安管理处罚的，由公安机关依照《中华人民共和国治安管理处罚法》的规定予以处罚：

（一）拒绝、阻碍野生动物行政管理人员依法执行职务的；

（二）偷窃、哄抢或者故意损坏野生动物保护仪器设备或者设施的；

（三）偷窃、哄抢、抢夺非国家重点保护野生动物或者其产品的；

（四）未经批准猎捕少量非国家重点保护野生动物的。

第四十二条 违反野生动物保护法规，被责令限期捕回而不捕的，被责令限期恢复原状而不恢复的，野生动物行政主管部门或者其授权的单位可以代为捕回或者恢复原状，由被责令限期捕回者或者被责令限期恢复原状者承担全部捕回或者恢复原状所需的费用。

第四十三条 违反野生动物保护法规，构成犯罪的，依法追究刑事责任。

第四十四条 依照野生动物保护法规没收的实物，按照国务院林业行政主管部门的规定处理。

中华人民共和国森林法实施条例（节选）

（1986年4月28日国务院批准，1986年5月10日林业部发布，国务院2000年1月29日发布，国务院令2000年第278号，根据2011年1月8日《国务院关于废止和修改部分行政法规的决定》修订）

第一章 总 则

第一条 根据《中华人民共和国森林法》（以下简称森林法），制定本条例。

第二条 森林资源，包括森林、林木、林地以及依托森林、林木、林地生存的野生动物、植物和微生物。

森林，包括乔木林和竹林。

林木，包括树木和竹子。

林地，包括郁闭度0.2以上的乔木林地以及竹林地、灌木林地、疏林地、采伐迹地、火烧迹地、未成林造林地、苗圃地和县级以上人民政府规划的宜林地。

第三条 国家依法实行森林、林木和林地登记发证制度。依法登记的森林、林木和林地的所有权、使用权受法律保护，任何单位和个人不得侵犯。

森林、林木和林地的权属证书式样由国务院林业主管部门规定。

第四条 依法使用的国家所有的森林、林木和林地，按照下列规定登记：

（一）使用国务院确定的国家所有的重点林区（以下简称重点林区）的森林、林木和林地的单位，应当向国务院林业主管部门提出登记申请，由国务院林业主管部门登记造册，核发证书，确认森林、林木和林地使用权以及由使用者所有的林木所有权；

（二）使用国家所有的跨行政区域的森林、林木和林地的单位和个人，应当向共同的上一级人民政府林业主管部门提出登记申请，由该人民政府登记造册，核发证书，确认森林、林木和林地使用权以及由使用者所有的林木所有权；

（三）使用国家所有的其他森林、林木和林地的单位和个人，应当向县级以上地方人民政府林业主管部门提出登记申请，由县级以上地方人民政府登记造册，核发证书，确认森林、林木和林地使用权以及由使用者所有的林木所有权。

未确定使用权的国家所有的森林、林木和林地，由县级以上人民政府登记造册，负责保护管理。

第五条 集体所有的森林、林木和林地，由所有者向所在地的县级人民政府林业主管部门提出登记申请，由该县级人民政府登记造册，核发证书，确认所有权。

单位和个人所有的林木，由所有者向所在地的县级人民政府林业主管部门提出登记申请，由该县级人民政府登记造册，核发证书，确认林木所有权。

使用集体所有的森林、林木和林地的单位和个人，应当向所在地的县级人民政府林业主管部门提出登记申请，由该县级人民政府登记造册，核发证书，确认森林、林木和林地使用权。

第六条 改变森林、林木和林地所有权、使用权的，应当依法办理变更登记手续。

第七条 县级以上人民政府林业主管部门应当建立森林、林木和林地权属管理档案。

第八条 省、自治区、直辖市行政区域内的重点防护林和特种用途林的面积，不得少于本行政区域森林总面积的百分之三十。

经批准公布的林种改变为其他林种的，应当报原批准公布机关批准。

第九条 依照森林法第八条第一款第（五）项规定提取的资金，必须专门用于营造坑木、造纸等用材林，不得挪作他用。审计机关和林业主管部门应当加强监督。

第十条 国务院林业主管部门向重点林区派驻的森林资源监督机构，应当加强对重点林区内森林资源保护管理的监督检查。

第二章 森林经营管理

第十六条 勘查、开采矿藏和修建道路、水利、电力、通讯等工程，需要占用或者征收、征用林地的，必须遵守下列规定：

（一）用地单位应当向县级以上人民政府林业主管部门提出用地申请，经审核同意后，按照国家规定的标准预交森林植被恢复费，领取使用林地审核同意书。用地单位凭使用林地审核同意书依法办理建设用地审批手续。占用或者征收、征用林地未经林业主管部门审核同意的，土地行政主管部门不得受理建设用地申请。

（二）占用或者征收、征用防护林林地或者特种用途林林地面积10公顷以上的，用材林、经济林、薪炭林林地及其采伐迹地面积35公顷以上的，其他林地面积70公顷以上的，由国务院林业主管部门审核；占用或者征收、征用林地面积低于上述规定数量的，由省、自治区、直辖市人民政府林业主管部门审核。占用或者征收、征用重点林区的林地的，由国务院林业主管部门审核。

（三）用地单位需要采伐已经批准占用或者征收、征用的林地上的林木时，应当向林地所在地的县级以上地方人民政府林业主管部门或者国务院林业主管部门申请林木采伐许可证。

（四）占用或者征收、征用林地未被批准的，有关林业主管部门应当自接到不予批准通知之日起7日内将收取的森林植被恢复费如数退还。

第十七条 需要临时占用林地的，应当经县级以上人民政府林业主管部门批准。

临时占用林地的期限不得超过两年，并不得在临时占用的林地上修筑永久性建筑物；占用期满后，用地单位必须恢复林业生产条件。

第三章 森林保护

第二十一条 禁止毁林开垦、毁林采种和违反操作技术规程采脂、挖笋、掘根、剥树皮及过度修枝的毁林行为。

第二十二条 25度以上的坡地应当用于植树、种草。25度以上的坡耕地应当按照当地人民政府制定的规划，逐步退耕，植树和种草。

第四章 植树造林

第二十五条 植树造林应当遵守造林技术规程，实行科学造林，提高林木的成活率。

县级人民政府对本行政区域内当年造林的情况应当组织检查验收，除国家特别规定的干旱、半干旱地区外，成活率不足百分之八十五的，不得计入年度造林完成面积。

第二十六条 国家对造林绿化实行部门和单位负责制。

铁路公路两旁、江河两岸、湖泊水库周围，各有关主管单位是造林绿化的责任单位。工矿区，机关、学校用地，部队营区以及农场、牧场、渔场经营地区，各该单位是造林绿化的责任单位。

责任单位的造林绿化任务，由所在地的县级人民政府下达责任通知书，予以确认。

第二十七条 国家保护承包造林者依法享有的林木所有权和其他合法权益。未经发包方和承包方协商一致，不得随意变更或者解除承包造林合同。

第五章 森林采伐

第三十七条 经省、自治区、直辖市人民政府批准在林区设立的木材检查站，负责检查木材运输；无证运输木材的，木材检查站应当予以制止，可以暂扣无证运输的木材，并立即报请县级以上人民政府林业主管部门依法处理。

第六章 法律责任

第三十八条 盗伐森林或者其他林木，以立木材积计算不足0.5立方米或者幼树不足20株的，由县级以上人民政府林业主管部门责令补种盗伐株数10倍的树木，没收盗伐的林木或者变卖所得，并处盗伐林木价值3倍至5倍的罚款。

盗伐森林或者其他林木，以立木材积计算0.5立方米以上或者幼树20株以上的，由县级以上人民政府林业主管部门责令补种盗伐株数10倍的树木，没收盗伐的林木或者变卖所得，并处盗伐林木价值5倍至10倍的罚款。

第三十九条 滥伐森林或者其他林木，以立木材积计算不足2立方米或者幼树不足50株的，由县级以上人民政府林业主管部门责令补种滥伐株数5倍的树木，并处滥伐林木价值2倍至3倍的罚款。

滥伐森林或者其他林木，以立木材积计算2立方米以上或者幼树50株以上的，由县级以上人民政府林业主管部门责令补种滥伐株数5倍的树木，并处滥伐林木价值3倍至5倍的罚款。

超过木材生产计划采伐森林或者其他林木的，依照前两款规定处罚。

第四十条 违反本条例规定，未经批准，擅自在林区经营(含加工)木材的，由县级以上人民政府林业主管部门没收非法经营的木材和违法所得，并处违法所得2倍以下的罚款。

第四十一条 违反本条例规定，毁林采种或者违反操作技术规程采脂、挖笋、掘根、剥树皮及过度修枝，致使森林、林木受到毁坏的，依法赔偿损失，由县级以上人民政府林业主管部门责令停止违法行为，补种毁坏株数1倍至3倍的树木，可以处毁坏林木价值1倍至5倍的罚款；拒不补种树木或者补种不符合国家有关规定的，由县级以上人民政府林业主管部门组织代为补种，所需费用由违法者支付。

违反森林法和本条例规定，擅自开垦林地，致使森林、林木受到毁坏的，依照森林法第四十四条的规定予以处罚；对森林、林木未造成毁坏或者被开垦的林地上没有森林、林木的，由县级以上人民政府林业主管部门责令停止违法行为，限期恢复原状，可以处非法开垦林地每平方米10元以下的罚款。

第四十二条 有下列情形之一的，由县级以上人民政府林业主管部门责令限期完成造林任务；逾期未完成的，可以处应完成而未完成造林任务所需费用2倍以下的罚款；对直接负责的主管人员和其他直接责任人员，依法给予行政处分：

(一)连续两年未完成更新造林任务的；

(二)当年更新造林面积未达到应更新造林面积50%的；

(三)除国家特别规定的干旱、半干旱地区外，更新造林当年成活率未达到85%的；

(四)植树造林责任单位未按照所在地县级人民政府的要求按时完成造林任务的。

第四十三条 未经县级以上人民政府林业主管部门审核同意，擅自改变林地用途的，由县级以上人民政府林业主管部门责令限期恢复原状，并处非法改变用途林地每平方米10元至30元的罚款。

临时占用林地，逾期不归还的，依照前款

规定处罚。

第四十四条 无木材运输证运输木材的，由县级以上人民政府林业主管部门没收非法运输的木材，对货主可以并处非法运输木材价款30%以下的罚款。

运输的木材数量超出木材运输证所准运的运输数量的，由县级以上人民政府林业主管部门没收超出部分的木材；运输的木材树种、材种、规格与木材运输证规定不符又无正当理由的，没收其不相符部分的木材。

使用伪造、涂改的木材运输证运输木材的，由县级以上人民政府林业主管部门没收非法运输的木材，并处没收木材价款10%至50%的罚款。

承运无木材运输证的木材的，由县级以上人民政府林业主管部门没收运费，并处运费1倍至3倍的罚款。

第四十五条 擅自移动或者毁坏林业服务标志的，由县级以上人民政府林业主管部门责令限期恢复原状；逾期不恢复原状的，由县级以上人民政府林业主管部门代为恢复，所需费用由违法者支付。

第四十六条 违反本条例规定，未经批准，擅自将防护林和特种用途林改变为其他林种的，由县级以上人民政府林业主管部门收回经营者所获取的森林生态效益补偿，并处所获取森林生态效益补偿3倍以下的罚款。

国家林业局关于森林公安机关办理林业行政案件有关问题的通知

（国家林业局2013年12月5日发布，2014年1月1日实施，林安发〔2013〕206号）

各省、自治区、直辖市林业厅（局），内蒙古、吉林、龙江、大兴安岭森工（林业）集团公司，新疆生产建设兵团林业局：

为进一步发挥森林公安机关保护森林资源的职能作用，根据《中华人民共和国森林法》、《中华人民共和国行政复议法》、《林业行政处罚程序规定》、《国家林业局关于授权森林公安机关代行行政处罚权的决定》等法律、法规、规章，现就森林公安机关办理林业行政案件的有关问题通知如下：

一、森林公安机关可以依法以其归属的林业主管部门的名义受理、查处林业行政案件，在对外法律文书上加盖林业主管部门的印章。

森林公安局（分局）、森林警察（公安）大队办理《中华人民共和国森林法》第39条、第42条、第43条、第44条规定的林业行政案件，应以自己的名义受理、立案、调查、作出处罚决定。森林公安派出所应当以其归属的森林公安局（分局）、森林警察（公安）大队的名义办理林业行政案件。

二、对于依法立为林业行政案件的，森林公安机关不得使用治安、刑事强制措施。森林公安民警在调查处理林业行政案件时，应当出示国家林业局统一核发的林业行政执法证件。

达到刑事案件立案标准的，森林公安机关必须立为刑事案件，不得以行政处罚代替刑事处罚。森林公安机关立案侦查的刑事案件经批准撤销案件、人民检察院作出不起诉决定、人民法院作出无罪判决的，需要给予林业行政处罚的，应当依法作出处罚决定。

三、上级森林公安机关在必要的情况下，可以决定查处或者指定其他森林公安机关查处下级森林公安机关有权查处的林业行政案件。下级森林公安机关认为案情重大、复杂的林业行政案件，需要由上级森林公安机关处理的，可以报请上级森林公安机关决定。

四、森林公安机关以其归属林业主管部门的名义实施林业行政处罚的，复议机关是本级人民政府或者上一级林业主管部门。

森林公安局（分局）、森林警察（公安）大队以自己名义实施林业行政处罚的，复议机关是其归属的林业主管部门。省（区、市）森林公安局、市（地、州、盟）森林公安局直属的森林公安局（分局）以自己名义实施林业行政处罚的，复议机关是设立该直属森林公安局（分局）的省（区、市）森林公安局、市（地、州、盟）森林公安局。

五、本通知自 2014 年 1 月 1 日起施行，有效期至 2018 年 12 月 31 日。《国家林业局关于森林公安机关查处林业行政案件有关问题的通知》（林安发〔2001〕146 号）同时废止。

国家林业局

2013 年 12 月 5 日

自然保护区条例

（国务院令 1994 年第 167 号，1994 年 10 月 9 日发布，1994 年 12 月 1 日实施，根据 2010 年 12 月 29 日国务院第 138 次常务会议修正，2011 年 1 月 8 日国务院令第 588 号发布，2011 年 1 月 8 日起施行）

第一章 总 则

第二条 本条例所称自然保护区，是指对有代表性的自然生态系统、珍稀濒危野生动植物物种的天然集中分布区、有特殊意义的自然遗迹等保护对象所在的陆地、陆地水体或者海域，依法划出一定面积予以特殊保护和管理的区域。

第八条 国家对自然保护区实行综合管理与分部门管理相结合的管理体制。

国务院环境保护行政主管部门负责全国自然保护区的综合管理。

国务院林业、农业、地质矿产、水利、海洋等有关行政主管部门在各自的职责范围内，主管有关的自然保护区。

县级以上地方人民政府负责自然保护区管理的部门的设置和职责，由省、自治区、直辖市人民政府根据当地具体情况确定。

第二章 自然保护区的建设

第十条 凡具有下列条件之一的，应当建立自然保护区：

（一）典型的自然地理区域、有代表性的自然生态系统区域以及已经遭受破坏但经保护能够恢复的同类自然生态系统区域；

（二）珍稀、濒危野生动植物物种的天然集中分布区域；

（三）具有特殊保护价值的海域、海岸、岛屿、湿地、内陆水域、森林、草原和荒漠；

（四）具有重大科学文化价值的地质构造、著名溶洞、化石分布区、冰川、火山、温泉等自然遗迹；

（五）经国务院或者省、自治区、直辖市人民政府批准，需要予以特殊保护的其他自然区域。

第十一条 自然保护区分为国家级自然保护区和地方级自然保护区。

在国内外有典型意义、在科学上有重大国际影响或者有特殊科学研究价值的自然保护区，列为国家级自然保护区。

除列为国家级自然保护区的外，其他具有典型意义或者重要科学研究价值的自然保护区列为地方级自然保护区。地方级自然保护区可以分级管理，具体办法由国务院有关自然保护区行政主管部门或者省、自治区、直辖市人民政府根据实际情况规定，报国务院环境保护行政主管部门备案。

第十四条 自然保护区的范围和界线由批准建立自然保护区的人民政府确定，并标明区界，予以公告。

确定自然保护区的范围和界线，应当兼顾保护对象的完整性和适度性，以及当地经济建设和居民生产、生活的需要。

第十八条 自然保护区可以分为核心区、缓冲区和实验区。

自然保护区内保存完好的天然状态的生态系统以及珍稀、濒危动植物的集中分布地，应当划为核心区，禁止任何单位和个人进入；除依照本条例第二十七条的规定经批准外，也不允许进入从事科学研究活动。

核心区外围可以划定一定面积的缓冲区，只准进入从事科学研究观测活动。

缓冲区外围划为实验区，可以进入从事科学试验、教学实习、参观考察、旅游以及驯化、繁殖珍稀、濒危野生动植物等活动。

原批准建立自然保护区的人民政府认为必要时,可以在自然保护区的外围划定一定面积的外围保护地带。

第三章 自然保护区的管理

第十九条 全国自然保护区管理的技术规范和标准,由国务院环境保护行政主管部门组织国务院有关自然保护区行政主管部门制定。

国务院有关自然保护区行政主管部门可以按照职责分工,制定有关类型自然保护区管理的技术规范,报国务院环境保护行政主管部门备案。

第二十条 县级以上人民政府环境保护行政主管部门有权对本行政区域内各类自然保护区的管理进行监督检查;县级以上人民政府有关自然保护区行政主管部门有权对其主管的自然保护区的管理进行监督检查。被检查的单位应当如实反映情况,提供必要的资料。检查者应当为被检查的单位保守技术秘密和业务秘密。

第二十二条 自然保护区管理机构的主要职责是:

(一)贯彻执行国家有关自然保护的法律、法规和方针、政策;

(二)制定自然保护区的各项管理制度,统一管理自然保护区;

(三)调查自然资源并建立档案,组织环境监测,保护自然保护区内的自然环境和自然资源;

(四)组织或者协助有关部门开展自然保护区的科学研究工作;

(五)进行自然保护的宣传教育;

(六)在不影响保护自然保护区的自然环境和自然资源的前提下,组织开展参观、旅游等活动。

第二十四条 自然保护区所在地的公安机关,可以根据需要在自然保护区设置公安派出机构,维护自然保护区内的治安秩序。

第二十六条 禁止在自然保护区内进行砍伐、放牧、狩猎、捕捞、采药、开垦、烧荒、开矿、采石、挖沙等活动;但是,法律、行政法规另有规定的除外。

第二十七条 禁止任何人进入自然保护区的核心区。因科学研究的需要,必须进入核心区从事科学研究观测、调查活动的,应当事先向自然保护区管理机构提交申请和活动计划,并经省级以上人民政府有关自然保护区行政主管部门批准;其中,进入国家级自然保护区核心区的,必须经国务院有关自然保护区行政主管部门批准。

自然保护区核心区内原有居民确有必要迁出的,由自然保护区所在地的地方人民政府予以妥善安置。

第二十八条 禁止在自然保护区的缓冲区开展旅游和生产经营活动。因教学科研的目的,需要进入自然保护区的缓冲区从事非破坏性的科学研究、教学实习和标本采集活动的,应当事先向自然保护区管理机构提交申请和活动计划,经自然保护区管理机构批准。

从事前款活动的单位和个人,应当将其活动成果的副本提交自然保护区管理机构。

第二十九条 在国家级自然保护区的实验区开展参观、旅游活动的,由自然保护区管理机构提出方案,经省、自治区、直辖市人民政府有关自然保护区行政主管部门审核后,报国务院有关自然保护区行政主管部门批准;在地方级自然保护区的实验区开展参观、旅游活动的,由自然保护区管理机构提出方案,经省、自治区、直辖市人民政府有关自然保护区行政主管部门批准。

在自然保护区组织参观、旅游活动的,必须按照批准的方案进行,并加强管理;进入自然保护区参观、旅游的单位和个人,应当服从自然保护区管理机构的管理。

严禁开设与自然保护区保护方向不一致的参观、旅游项目。

第三十条 自然保护区的内部未分区的,依照本条例有关核心区和缓冲区的规定管理。

第三十一条 外国人进入地方级自然保护区的,接待单位应当事先报经省、自治区、直辖市人民政府有关自然保护区行政主管部门批准;进入国家级自然保护区的,接待单位应当报经国务院有关自然保护区行政主管部门批准。

进入自然保护区的外国人,应当遵守有关

自然保护区的法律、法规和规定。

第三十二条 在自然保护区的核心区和缓冲区内,不得建设任何生产设施。在自然保护区的实验区内,不得建设污染环境、破坏资源或者景观的生产设施;建设其他项目,其污染物排放不得超过国家和地方规定的污染物排放标准。在自然保护区的实验区内已经建成的设施,其污染物排放超过国家和地方规定的排放标准的,应当限期治理;造成损害的,必须采取补救措施。

在自然保护区的外围保护地带建设的项目,不得损害自然保护区内的环境质量;已造成损害的,应当限期治理。

限期治理决定由法律、法规规定的机关作出,被限期治理的企业事业单位必须按期完成治理任务。

第三十三条 因发生事故或者其他突然性事件,造成或者可能造成自然保护区污染或者破坏的单位和个人,必须立即采取措施处理,及时通报可能受到危害的单位和居民,并向自然保护区管理机构、当地环境保护行政主管部门和自然保护区行政主管部门报告,接受调查处理。

第四章 法律责任

第三十四条 违反本条例规定,有下列行为之一的单位和个人,由自然保护区管理机构责令其改正,并可以根据不同情节处以100元以上5000以下的罚款:

(一)擅自移动或者破坏自然保护区界标的;

(二)未经批准进入自然保护区或者在自然保护区内不服从管理机构管理的;

(三)经批准在自然保护区的缓冲区内从事科学研究、教学实习和标本采集的单位和个人,不向自然保护区管理机构提交活动成果副本的。

第三十五条 违反本条例规定,在自然保护区进行砍伐、放牧、狩猎、捕捞、采药、开垦、烧荒、开矿、采石、挖沙等活动的单位和个人,除可以依照有关法律、行政法规规定给予处罚的以外,由县级以上人民政府有关自然保护区行政主管部门或者其授权的自然保护区管理机构没收违法所得,责令停止违法行为,限期恢复原状或者采取其他补救措施;对自然保护区造成破坏的,可以处以300元以上10000元以下的罚款。

第三十六条 自然保护区管理机构违反本条例规定,拒绝环境保护行政主管部门或者有关自然保护区行政主管部门监督检查,或者在被检查时弄虚作假的,由县级以上人民政府环境保护行政主管部门或者有关自然保护区行政主管部门给予300元以上3000元以下的罚款。

第三十七条 自然保护区管理机构违反本条例规定,有下列行为之一的,由县级以上人民政府有关自然保护区行政主管部门责令限期改正;对直接责任人员,由其所在单位或者上级机关给予行政处分:

(一)未经批准在自然保护区开展参观、旅游活动的;

(二)开设与自然保护区保护方向不一致的参观、旅游项目的;

(三)不按照批准的方案开展参观、旅游活动的。

第三十八条 违反本条例规定,给自然保护区造成损失的,由县级以上人民政府有关自然保护区行政主管部门责令赔偿损失。

第三十九条 妨碍自然保护区管理人员执行公务的,由公安机关依照《中华人民共和国治安管理处罚法》的规定给予处罚;情节严重,构成犯罪的,依法追究刑事责任。

第四十条 违反本条例规定,造成自然保护区重大污染或者破坏事故,导致公私财产重大损失或者人身伤亡的严重后果,构成犯罪的,对直接负责的主管人员和其他直接责任人员依法追究刑事责任。

第四十一条 自然保护区管理人员滥用职权、玩忽职守、徇私舞弊,构成犯罪的,依法追究刑事责任;情节轻微,尚不构成犯罪的,由其所在单位或者上级机关给予行政处分。

湿地保护管理规定(节选)

(2013年3月28日发布,2013年5月1日实施,国家林业局令2013年第32号)

第一条　为了加强湿地保护管理,履行国际湿地公约,根据法律法规和国务院有关规定,制定本规定。

第二条　本规定所称湿地,是指常年或者季节性积水地带、水域和低潮时水深不超过6米的海域,包括沼泽湿地、湖泊湿地、河流湿地、滨海湿地等自然湿地,以及重点保护野生动物栖息地或者重点保护野生植物的原生地等人工湿地。

第三条　国家对湿地实行保护优先、科学恢复、合理利用、持续发展的方针。

第四条　国家林业局负责全国湿地保护工作的组织、协调、指导和监督,并组织、协调有关国际湿地公约的履约工作。

县级以上地方人民政府林业主管部门按照有关规定负责本行政区域内的湿地保护管理工作。

第五条　县级以上人民政府林业主管部门及有关湿地保护管理机构应当加强湿地保护宣传教育和培训,结合世界湿地日、爱鸟周和保护野生动物宣传月等开展宣传教育活动,提高公众湿地保护意识。

县级以上人民政府林业主管部门应当组织开展湿地保护管理的科学研究,应用推广研究成果,提高湿地保护管理水平。

第十条　国家林业局定期组织开展全国湿地资源调查、监测和评估,按照有关规定向社会公布相关情况。

湿地资源调查、监测、评估等技术规程,由国家林业局在征求有关部门和单位意见的基础上制定。

县级以上地方人民政府林业主管部门及有关湿地保护管理机构应当组织开展本行政区域内的湿地资源调查、监测和评估工作,按照有关规定向社会公布相关情况。

第十一条　县级以上人民政府或者林业主管部门可以采取建立湿地自然保护区、湿地公园、湿地保护小区、湿地多用途管理区等方式,健全湿地保护体系,完善湿地保护管理机构,加强湿地保护。

第十二条　湿地按照其重要程度、生态功能等,分为重要湿地和一般湿地。

重要湿地包括国家重要湿地和地方重要湿地。

重要湿地以外的湿地为一般湿地。

第十三条　国家林业局会同国务院有关部门划定国家重要湿地,向社会公布。

国家重要湿地的划分标准,由国家林业局会同国务院有关部门制定。

第十四条　县级以上地方人民政府林业主管部门会同同级人民政府有关部门划定地方重要湿地,并向社会公布。

地方重要湿地和一般湿地的管理办法由省、自治区、直辖市制定。

第十五条　符合国际湿地公约国际重要湿地标准的,可以申请指定为国际重要湿地。

申请指定国际重要湿地的,由国务院有关部门或者湿地所在地省、自治区、直辖市人民政府林业主管部门向国家林业局提出。国家林业局应当组织论证、审核,对符合国际重要湿地条件的,在征得湿地所在地省、自治区、直辖市人民政府和国务院有关部门同意后,报国际湿地公约秘书处核准列入《国际重要湿地名录》。

第十六条　国家林业局对国际重要湿地的保护管理工作进行指导和监督,定期对国际重要湿地的生态状况开展检查和评估,并向社会公布结果。

国际重要湿地所在地的县级以上地方人民政府林业主管部门应当会同同级人民政府有关部门对国际重要湿地保护管理状况进行检查,指导国际重要湿地保护管理机构维持国际重要湿地的生态特征。

第十七条　国际重要湿地保护管理机构应当建立湿地生态预警机制,制定实施管理计划,开展动态监测，建立数据档案。

第十九条 具备自然保护区设立条件的湿地，应当依法建立自然保护区。

自然保护区的设立和管理按照自然保护区管理的有关规定执行。

第二十条 以保护湿地生态系统、合理利用湿地资源、开展湿地宣传教育和科学研究为目的，并可供开展生态旅游等活动的湿地，可以建立湿地公园。

湿地公园分为国家湿地公园和地方湿地公园。

第二十一条 建立国家湿地公园，应当具备下列条件：

（一）湿地生态系统在全国或者区域范围内具有典型性；或者区域地位重要；或者湿地主体生态功能具有典型示范性；或者湿地生物多样性丰富；或者生物物种独特。

（二）具有重要或者特殊科学研究、宣传教育和文化价值。

第二十二条 申请建立国家湿地公园的，应当编制国家湿地公园总体规划。

国家湿地公园总体规划是国家湿地公园建设管理、试点验收、批复命名、检查评估的重要依据。

第二十三条 建立国家湿地公园，由省、自治区、直辖市人民政府林业主管部门向国家林业局提出申请，并提交总体规划等相关材料。

国家林业局在收到申请后，对提交的有关材料组织论证审核，对符合条件的，同意其开展试点。

试点期限不超过5年。对试点期限内具备验收条件的，省、自治区、直辖市人民政府林业主管部门可以向国家林业局提出验收申请，经国家林业局组织验收合格的，予以批复并命名为国家湿地公园。

在试点期限内不申请验收或者验收不合格且整改后仍不合格的，国家林业局应当取消其国家湿地公园试点资格。

第二十四条 国家林业局组织开展国家湿地公园的检查和评估工作。

因管理不善导致国家湿地公园条件丧失的，或者对存在问题拒不整改或者整改不符合要求的，国家林业局应当撤销国家湿地公园的命名，并向社会公布。

第二十五条 地方湿地公园的建立和管理，按照地方有关规定办理。

第二十六条 县级以上人民政府林业主管部门应当指导国家重要湿地、国际重要湿地、国家湿地公园、国家级湿地自然保护区保护管理机构建立健全管理制度，并按照相关规定制定专门的法规或者规章，加强保护管理。

第二十七条 因保护湿地给湿地所有者或者经营者合法权益造成损失的，应当按照有关规定予以补偿。

第二十八条 县级以上地方人民政府林业主管部门及有关湿地保护管理机构应当组织开展退化湿地恢复工作，恢复湿地功能或者扩大湿地面积。

第二十九条 县级以上地方人民政府林业主管部门及有关湿地保护管理机构应当开展湿地动态监测，并在湿地资源调查和监测的基础上，建立和更新湿地资源档案。

第三十条 县级以上人民政府林业主管部门应当对开展生态旅游等利用湿地资源的活动进行指导和监督。

第三十一条 除法律法规有特别规定的以外，在湿地内禁止从事下列活动：

（一）开（围）垦湿地，放牧、捕捞；

（二）填埋、排干湿地或者擅自改变湿地用途；

（三）取用或者截断湿地水源；

（四）挖砂、取土、开矿；

（五）排放生活污水、工业废水；

（六）破坏野生动物栖息地、鱼类洄游通道，采挖野生植物或者猎捕野生动物；

（七）引进外来物种；

（八）其他破坏湿地及其生态功能的活动。

第三十二条 工程建设应当不占或者少占湿地。确需征收或者占用的，用地单位应当依法办理相关手续，并给予补偿。

临时占用湿地的，期限不得超过2年；临时占用期限届满，占用单位应当对所占湿地进行生态修复。

第三十三条 县级以上地方人民政府林业主管

部门应当会同同级人民政府有关部门，在同级人民政府的组织下建立湿地生态补水协调机制，保障湿地生态用水需求。

第三十四条 县级以上人民政府林业主管部门应当会同同级人民政府有关部门协调、组织、开展湿地有害生物防治工作；湿地保护管理机构应当按照有关规定承担湿地有害生物防治的具体工作。

第三十五条 县级以上人民政府林业主管部门应当会同同级人民政府有关部门开展湿地保护执法活动，对破坏湿地的违法行为依法予以处理。

第三十六条 本规定所称国际湿地公约，是指《关于特别是作为水禽栖息地的国际重要湿地公约》。

排污费、水资源费征收管理

排污费征收使用管理条例（节选）

（2003 年 1 月 2 日发布，2003 年 7 月 1 日实施，国务院令 2003 年第 369 号）

第一章 总 则

第二条 直接向环境排放污染物的单位和个体工商户（以下简称排污者），应当依照本条例的规定缴纳排污费。

排污者向城市污水集中处理设施排放污水、缴纳污水处理费用的，不再缴纳排污费。排污者建成工业固体废物贮存或者处置设施、场所并符合环境保护标准，或者其原有工业固体废物贮存或者处置设施、场所经改造符合环境保护标准的，自建成或者改造完成之日起，不再缴纳排污费。

国家积极推进城市污水和垃圾处理产业化。城市污水和垃圾集中处理的收费办法另行制定。

第五条 排污费应当全部专项用于环境污染防治，任何单位和个人不得截留、挤占或者挪作他用。

任何单位和个人对截留、挤占或者挪用排污费的行为，都有权检举、控告和投诉。

第二章 污染物排放种类、数量的核定

第八条 排污者对核定的污染物排放种类、数量有异议的，自接到通知之日起 7 日内，可以向发出通知的环境保护行政主管部门申请复核；环境保护行政主管部门应当自接到复核申请之日起 10 日内，作出复核决定。

第九条 负责污染物排放核定工作的环境保护行政主管部门在核定污染物排放种类、数量时，具备监测条件的，按照国务院环境保护行政主管部门规定的监测方法进行核定；不具备监测条件的，按照国务院环境保护行政主管部门规定的物料衡算方法进行核定。

第十条 排污者使用国家规定强制检定的污染物排放自动监控仪器对污染物排放进行监测的，其监测数据作为核定污染物排放种类、数量的依据。

排污者安装的污染物排放自动监控仪器，应当依法定期进行校验。

第三章 排污费的征收

第十一条 国务院价格主管部门、财政部门、环境保护行政主管部门和经济贸易主管部门，根据污染治理产业化发展的需要、污染防治的要求和经济、技术条件以及排污者的承受能力，制定国家排污费征收标准。

国家排污费征收标准中未作规定的，省、自治区、直辖市人民政府可以制定地方排污费征收标准，并报国务院价格主管部门、财政部门、环境保护行政主管部门和经济贸易主管部门备案。

排污费征收标准的修订，实行预告制。

第十二条 排污者应当按照下列规定缴纳排污费:

(一)依照大气污染防治法、海洋环境保护法的规定,向大气、海洋排放污染物的,按照排放污染物的种类、数量缴纳排污费。

(二)依照水污染防治法的规定,向水体排放污染物的,按照排放污染物的种类、数量缴纳排污费;向水体排放污染物超过国家或者地方规定的排放标准的,按照排放污染物的种类、数量加倍缴纳排污费。

(三)依照固体废物污染环境防治法的规定,没有建设工业固体废物贮存或者处置的设施、场所,或者工业固体废物贮存或者处置的设施、场所不符合环境保护标准的,按照排放污染物的种类、数量缴纳排污费;以填埋方式处置危险废物不符合国家有关规定的,按照排放污染物的种类、数量缴纳危险废物排污费。

(四)依照环境噪声污染防治法的规定,产生环境噪声污染超过国家环境噪声标准的,按照排放噪声的超标声级缴纳排污费。

排污者缴纳排污费,不免除其防治污染、赔偿污染损害的责任和法律、行政法规规定的其他责任。

第十三条 负责污染物排放核定工作的环境保护行政主管部门,应当根据排污费征收标准和排污者排放的污染物种类、数量,确定排污者应当缴纳的排污费数额,并予以公告。

第十四条 排污费数额确定后,由负责污染物排放核定工作的环境保护行政主管部门向排污者送达排污费缴纳通知单。

排污者应当自接到排污费缴纳通知单之日起7日内,到指定的商业银行缴纳排污费。商业银行应当按照规定的比例将收到的排污费分别解缴中央国库和地方国库。具体办法由国务院财政部门会同国务院环境保护行政主管部门制定。

第十五条 排污者因不可抗力遭受重大经济损失的,可以申请减半缴纳排污费或者免缴排污费。

排污者因未及时采取有效措施,造成环境污染的,不得申请减半缴纳排污费或者免缴排污费。

排污费减缴、免缴的具体办法由国务院财政部门、国务院价格主管部门会同国务院环境保护行政主管部门制定。

第十六条 排污者因有特殊困难不能按期缴纳排污费的,自接到排污费缴纳通知单之日起7日内,可以向发出缴费通知单的环境保护行政主管部门申请缓缴排污费;环境保护行政主管部门应当自接到申请之日起7日内,作出书面决定;期满未作出决定的,视为同意。

排污费的缓缴期限最长不超过3个月。

第十七条 批准减缴、免缴、缓缴排污费的排污者名单由受理申请的环境保护行政主管部门会同同级财政部门、价格主管部门予以公告,公告应当注明批准减缴、免缴、缓缴排污费的主要理由。

第四章 排污费的使用

第十九条 县级以上人民政府财政部门、环境保护行政主管部门应当加强对环境保护专项资金使用的管理和监督。

按照本条例第十八条的规定使用环境保护专项资金的单位和个人,必须按照批准的用途使用。

县级以上地方人民政府财政部门和环境保护行政主管部门每季度向本级人民政府、上级财政部门和环境保护行政主管部门报告本行政区域内环境保护专项资金的使用和管理情况。

第二十条 审计机关应当加强对环境保护专项资金使用和管理的审计监督。

第五章 罚 则

第二十一条 排污者未按照规定缴纳排污费的,由县级以上地方人民政府环境保护行政主管部门依据职权责令限期缴纳;逾期拒不缴纳的,处应缴纳排污费数额1倍以上3倍以下的罚款,并报经有批准权的人民政府批准,责令停产停业整顿。

第二十二条 排污者以欺骗手段骗取批准减缴、免缴或者缓缴排污费的,由县级以上地方人民政府环境保护行政主管部门依据职权责令限期补缴应当缴纳的排污费,并处所骗取批准减缴、免缴或者缓缴排污费数额1倍以上3倍以下的罚款。

第二十三条 环境保护专项资金使用者不按照批准的用途使用环境保护专项资金的，由县级以上人民政府环境保护行政主管部门或者财政部门依据职权责令限期改正；逾期不改正的，10年内不得申请使用环境保护专项资金，并处挪用资金数额1倍以上3倍以下的罚款。

第二十四条 县级以上地方人民政府环境保护行政主管部门应当征收而未征收或者少征收排污费的，上级环境保护行政主管部门有权责令其限期改正，或者直接责令排污者补缴排污费。

第二十五条 县级以上人民政府环境保护行政主管部门、财政部门、价格主管部门的工作人员有下列行为之一的，依照刑法关于滥用职权罪、玩忽职守罪或者挪用公款罪的规定，依法追究刑事责任；尚不够刑事处罚的，依法给予行政处分：

（一）违反本条例规定批准减缴、免缴、缓缴排污费的；

（二）截留、挤占环境保护专项资金或者将环境保护专项资金挪作他用的；

（三）不按照本条例的规定履行监督管理职责，对违法行为不予查处，造成严重后果的。

挥发性有机物排污收费试点办法

（财政部、国家发展改革委、环境保护部2015年6月18日发布，2015年10月1日实施，财税〔2015〕71号）

第一条 为了促使企业减少挥发性有机物（以下简称VOCs）排放，提高VOCs污染控制技术，改善生活和生态环境质量，根据《中华人民共和国大气污染防治法》、《排污费征收使用管理条例》、《国务院关于印发大气污染防治行动计划的通知》（国发〔2013〕37号）等规定，制定本办法。

第二条 石油化工行业和包装印刷行业（以下简称试点行业）VOCs排污费的征收、使用和管理，适用本办法。试点行业范围见附1。

各省、自治区、直辖市可以根据本地区实际情况增加VOCs排污收费试点行业，并制定增加试点行业VOCs排污收费办法。

第三条 本办法所称VOCs，是指特定条件下具有挥发性的有机化合物的统称。具有挥发性的有机化合物主要包括非甲烷总烃（烷烃、烯烃、炔烃、芳香烃）、含氧有机化合物（醛、酮、醇、醚等）、卤代烃、含氮化合物、含硫化合物等。

第四条 直接向大气排放VOCs的试点行业企业（以下简称排污者）应当缴纳VOCs排污费。

第五条 每一排放口排放的VOCs均征收VOCs排污费，不受对前3项污染物征收排污费限制。

第六条 VOCs排污费按VOCs排放量折合的污染当量数计征。计算公式如下：

VOCs污染当量数 = VOCs排放量（千克）/VOCs污染当量值（千克）

石油化工行业排污者的VOCs排放量，应区分生产过程的VOCs污染源项，分别采取实测、物料衡算和模型等方法进行计算，具体计算办法见附2。包装印刷行业排污者的VOCs排放量，应根据生产工艺过程中投用原辅料及回收有机溶剂量，按物料衡算法进行计算，具体计算办法见附3。

对VOCs中的苯、甲苯、二甲苯等污染物已征收排污费的，应当将其排放量从VOCs排放量中扣除。

VOCs污染当量值暂定为0.95千克。

第七条 有关VOCs排污费征收标准的规定，由国家发展改革委、财政部、环境保护部确定。

第八条 VOCs排污费由地方环境保护主管部门按照污染源管理权限负责征收。

第九条 排污者应在规定期限内向地方环境保护主管部门报送《试点行业VOCs排放申报登记表》（见附4），申报VOCs排放量。

石油化工行业排污者在报送《试点行业VOCs排放申报登记表》时，应一并填报各污染源项情况表,详细列明各污染源项生产装置、工作流程、处理设施等信息。

包装印刷行业排污者在报送《试点行业VOCs排放申报登记表》时,应一并提供购买、使用原辅料和有机溶剂的发票、结算或领料凭证;原料供货商提供的VOCs含量说明;危险废物处理发票等材料。

第十条 排污者应当保证其报送材料的真实性、有效性和完整性。

第十一条 地方环境保护主管部门应当对排污者报送的申报材料进行审核。发现申报材料不完整的,应当要求排污者限期补报。

地方环境保护主管部门认为有必要的,可以委托有能力的第三方机构对排污者报送的申报材料进行审核。

第十二条 地方环境保护主管部门根据石油化工行业排污者各污染源项VOCs排放情况,以及包装印刷行业排污者投用原辅料中VOCs含量、VOCs去除量和回收量等信息,计算排污者VOCs排放量。根据VOCs排放量和VOCs排污费征收标准,确定排污者应缴纳的排污费数额,并予以公告。

第十三条 地方环境保护主管部门应当定期对排污者进行专项稽查。发现排污者申报不实、少缴纳排污费的,应当追缴排污费并按《中华人民共和国大气污染防治法》的有关规定予以处罚。

第十四条 地方环境保护主管部门应当定期向社会公布本地区排污者应缴纳VOCs排污费数额、实际缴纳VOCs排污费数额和欠缴VOC排污费数额。

第十五条 地方环境保护主管部门征收的VOCs排污费,应全额上缴国库,纳入一般公共预算管理。

第十六条 VOCs排污费的具体征收缴库、使用管理、违规处理等按现行排污费有关规定执行。

第十七条 各省、自治区、直辖市根据本办法制定具体实施办法,并报财政部、国家发展改革委、环境保护部备案。

第十八条 本办法由财政部会同国家发展改革委、环境保护部负责解释。

第十九条 本办法自2015年10月1日起施行。

附件:

附1 VOCs排污费试点行业情况表

附2 石化行业VOCs排放量计算办法(略)

附3 包装印刷行业VOCs排放量计算办法(略)

附4 试点行业VOCs排放申报登记表(略)

附1

VOCs排污费试点行业情况表

试点行业	行业类别[a]		说明
	代码	类别名称	
石油化工	C2511	原油加工及石油制品制造	指从天然原油、人造原油中提炼液态或气态燃料以及石油制品的生产活动
	C2614	有机化学原料制造	指以石油馏分、天然气等为原料,生产有机化学品的工业
	C2651	初级形态塑料及合成树脂制造	包括通用塑料、工程塑料、功能高分子塑料的制造
	C2652	合成橡胶制造	指人造橡胶或合成橡胶及高分子弹性体的生产活动
	C2653	合成纤维单(聚合)体制造	指以石油、天然气、煤等为主要原料,用有机合成的方法制成合成纤维单体或聚合体的生产活动
	G5990	仓储业	指含汽油、柴油等挥发性有机液体化学品的储存活动
包装印刷	C2319	包装装潢印刷	指根据一定的商品属性、形态,采用一定的包装材料,经过对商品包装的造型结构艺术和图案文字的设计与安排来装饰美化商品的印刷

注:行业分类依据为《国民经济行业分类》(GB/T 4754-2011)。

国家发展和改革委员会、财政部、环境保护部关于调整排污费征收标准等有关问题的通知

(2014 年 9 月 1 日发布,2014 年 9 月 1 日实施,发改价格〔2014〕2008 号)

各省、自治区、直辖市发展改革委、物价局,财政厅(局),环保厅(局):

为全面贯彻党的十八届三中全会精神,落实国务院印发的《大气污染防治行动计划》和《节能减排"十二五"规划》等要求,确保实现节能减排约束性目标,促使企业减少污染物排放,保护生态环境,现就调整排污费征收标准等有关问题通知如下:

一、调整排污费征收标准,促进企业治污减排。2015 年 6 月底前,各省(区、市)价格、财政和环保部门要将废气中的二氧化硫和氮氧化物排污费征收标准调整至不低于每污染当量 1.2 元,将污水中的化学需氧量、氨氮和五项主要重金属(铅、汞、铬、镉、类金属砷)污染物排污费征收标准调整至不低于每污染当量 1.4 元。在每一污水排放口,对五项主要重金属污染物均须征收排污费;其他污染物按照污染当量数从多到少排序,对最多不超过 3 项污染物征收排污费。各省(区、市)价格、财政和环保部门可以结合当地实际情况,在调整主要污染物排污费征收标准的同时,适当调整其他污染物排污费征收标准。鼓励污染重点防治区域及经济发达地区,按高于上述标准调整排污费征收标准,充分发挥价格杠杆作用,促进治污减排和环境保护。

二、加强污染物在线监测,提高排污费收缴率。各地要结合行业特点,采取有效措施,加强对企业排放污染物种类、数量的监测,切实提高排污费收缴率。一是对已经安装污染源自动监控设施且通过有效性审核的企业,应严格按照自动监控数据核定排污费。二是扩大以自动监控数据核定排污费的应用范围。2014 年底前,所有具备安装条件的国家重点监控企业,要完成主要污染物自动监控设施的安装并正常运行;2015 年底前,国家重点监控企业中的钢铁、造纸、水泥等主要污染行业,实现严格按自动监控数据核定排污费;2016 年底前,所有国家重点监控企业均要实现按自动监控数据核定排污费。三是对排放污染物种类多、无组织排放且难以在线监控的企业,应按照环保部规定的物料衡算方法和监督性监测数据,严格核定排污费。四是大力推广政府从第三方购买专业服务,由第三方负责安装、运营和维护污染源自动监控设施,确保监控数据真实、准确。五是切实加大排污费执收力度,做到应收尽收。

三、实行差别收费政策,建立约束激励机制。企业污染物排放浓度值高于国家或地方规定的污染物排放限值,或者企业污染物排放量高于规定的排放总量指标的,按照各省(区、市)规定的征收标准加一倍征收排污费;同时存在上述两种情况的,加二倍征收排污费。企业生产工艺装备或产品属于《产业结构调整指导目录(2011 年本)(修正)》规定的淘汰类的,也要按照各省(区、市)规定的征收标准加一倍征收排污费。企业污染物排放浓度值低于国家或地方规定的污染物排放限值50%以上的,减半征收排污费。各地要加强对超限值排放污染物的监测和动态甄别工作,确保差别排污收费政策落实到位。

四、加强环境执法检查,主动接受社会监督。各级价格、财政和环保部门要按照各自职责,加强环境执法检查和对排污费征收情况的检查,严厉打击偷排偷放、非法排放有毒有害污染物、不正常使用污染防治设施等违法行为;坚决查处未按规定缴纳排污费或者逾期不缴纳的行为,并依据有关规定进行处罚。要向社会公开企业污染物排放、排污费征收及使用情况等信息,提高透明度。要设立热线电话、网络举报等平台,畅通公众表达渠道;对举报的违

法排污，擅自减征、免征、缓征排污费等问题，发现一起，查处一起，曝光一起。

各省（区、市）价格、财政和环保部门要在2015年6月底前，将调整排污费征收标准等政策落实情况报国家发展改革委、财政部和环境保护部；国家发展改革委、财政部和环境保护部将联合建立排污费收缴情况季度通报制度，对不按规定落实政策的地区，将予以通报。

国家发展改革委

财政部

环境保护部

2014年9月1日

排污费征收标准管理办法

（国家发展计划委员会、财政部、国家环境保护总局、国家经济贸易委员会2003年令第31号，2003年2月28日，2003年7月1日实施）

第一条 为规范排污费征收标准的管理，根据国务院《排污费征收使用管理条例》（国务院令第369号，以下简称《条例》）等有关规定，制定本办法。

第二条 直接向环境排放污染物的单位和个体工商户（以下简称“排污者”），必须按照本办法规定，缴纳排污费。

第三条 县级以上地方人民政府环境保护行政主管部门应按下列排污收费项目向排污者征收排污费：

（一）污水排污费。对向水体排放污染物的，按照排放污染物的种类、数量计征污水排污费；超过国家或者地方规定的水污染物排放标准的，按照排放污染物的种类、数量和本办法规定的收费标准计征的收费额加一倍征收超标准排污费。

对向城市污水集中处理设施排放污水、按规定缴纳污水处理费的，不再征收污水排污费。

对城市污水集中处理设施接纳符合国家规定标准的污水，其处理后排放污水的有机污染物（化学需氧量、生化需氧量、总有机碳）、悬浮物和大肠菌群超过国家或地方排放标准的，按上述污染物的种类、数量和本办法规定的收费标准计征的收费额加一倍向城市污水集中处理设施运营单位征收污水排污费，对氨氮、总磷暂不收费。对城市污水集中处理设施达到国家或地方排放标准排放的水，不征收污水排污费。

（二）废气排污费。对向大气排放污染物的，按照排放污染物的种类、数量计征废气排污费。对机动车、飞机、船舶等流动污染源暂不征收废气排污费。

（三）固体废物及危险废物排污费。对没有建成工业固体废物贮存、处置设施或场所，或者工业固体废物贮存、处置设施或场所不符合环境保护标准的，按照排放污染物的种类、数量计征固体废物排污费。对以填埋方式处置危险废物不符合国务院环境保护行政主管部门规定的，按照危险废物的种类、数量计征危险废物排污费。

（四）噪声超标排污费。对环境噪声污染超过国家环境噪声排放标准，且干扰他人正常生活、工作和学习的，按照噪声的超标分贝数计征噪声超标排污费。对机动车、飞机、船舶等流动污染源暂不征收噪声超标排污费。

排污费征收标准及计算办法见附件。

第四条 除《条例》规定的污染物排放种类、数量核定方法外，市（地）级以上环境保护行政主管部门可结合当地实际情况，对餐饮、娱乐等服务行业的小型排污者，采用抽样测算的办法核算排污量，核算办法应当向社会公开，并按本办法规定征收排污费。

第五条 县级以上地方人民政府环境保护行政主管部门应到指定的价格主管部门申领、变更《收费许可证》，使用省、自治区、直辖市财政部门统一印制的行政事业性收费票据。

第六条 县级以上地方人民政府环境保护行政主管部门要严格执行本办法的规定，各级价格主管部门、财政部门要加强对排污费征收行为的监督检查，对违反规定乱收费的，应按照有关法律法规规定进行查处。

第七条 本办法由国家计委会同财政部、国家环保总局、国家经贸委负责解释。

第八条 本办法自2003年7月1日起施行。原国家物价局、财政部《关于发布环保系统行政事业性收费项目及标准的通知》(〔1992〕价费字178号)中有关排污收费的规定；国家计委、财政部《关于征收污水排污费的通知》[计物价〔1993〕1366号]；国家计委、财政部《关于实施按排放水污染物总量征收排污费试点工作的批复》(计价格〔1995〕2090号)；国家环境保护总局、国家计委、财政部、国家经贸委《关于在酸雨控制区和二氧化硫污染控制区开展征收二氧化硫排污费扩大试点的通知》(环发〔1998〕6号)；国家环境保护总局、国家计委、财政部《关于在杭州等三城市实行总量排污收费试点的通知》(环发〔1998〕73号)等，以及地方政府制定的排污收费标准的规定同时废止。

附件：

排污费征收标准及计算方法

一、污水排污费征收标准及计算方法

(一)污水排污费按排污者排放污染物的种类、数量以污染当量计征，每一污染当量征收标准为0.7元。

(二)对每一排放口征收污水排污费的污染物种类数，以污染当量数从多到少的顺序，最多不超过3项。其中，超过国家或地方规定的污染物排放标准的，按照排放污染物的种类、数量和本办法规定的收费标准计征污水排污费的收费额加一倍征收超标准排污费。

对于冷却水、矿井水等排放污染物的污染当量数计算，应扣除进水的本底值。

(三)水污染物污染当量数计算

1. 一般污染物的污染当量数计算

$$某污染物的污染当量数=\frac{该污染物的排放量(千克)}{该污染物的污染当量值(千克)}$$

一般污染物的污染当量值见表1和表2。

2. pH值、大肠菌群数、余氯量的污染当量数计算

$$某污染物的污染当量数=\frac{污水排放量(吨)}{该污染物的污染当量值(吨)}$$

3. 色度的污染当量数计算

$$色度的污染当量数=\frac{污水排放量(吨)\times 色度超标倍数}{色度的污染当量值(吨·倍)}$$

pH值、色度、大肠菌群数、余氯量的污染当量值见表

pH值、色度、大肠菌群数、余氯量不加倍收

4. 禽畜养殖业、小型企业和第三产业的污染当量数计算

$$污染当量数=\frac{污染排放特征值}{污染当量值}$$

禽畜养殖业、小型企业和第三产业的污染当量值见表4。

(四)排污费计算

1. 污水排污费收费额=0.7元×前3项污染物的污染当量数之和。

2. 对超过国家或者地方规定排放标准的污染物，应在该种污染物排污费收费额基础上加1倍征收超标准排污费。

表1 第一类水污染物污染当量值

污染物	污染当量值(千克)
1. 总汞	0.0005
2. 总镉	0.005
3. 总铬	0.04
4. 六价铬	0.02
5. 总砷	0.02
6. 总铅	0.025
7. 总镍	0.025
8. 苯并(a)芘	0.0000003
9. 总铍	0.01
10. 总银	0.02

表2 第二类水污染物污染当量值

污染物	污染当量值(千克)
11. 悬浮物(SS)	4
12. 生化需氧量(BOD_5)	0.5
13. 化学需氧量(COD)	1
14. 总有机碳(TOC)	0.49
15. 石油类	0.1
16. 动植物油	0.16
17. 挥发酚	0.08
18. 总氰化物	0.05
19. 硫化物	0.125
20. 氨氮	0.8
21. 氟化物	0.5
22. 甲醛	0.125
23. 苯胺类	0.2
24. 硝基苯类	0.2
25. 阴离子表面活性剂(LAS)	0.2
26. 总铜	0.1
27. 总锌	0.2
28. 总锰	0.2
29. 彩色显影剂(CD-2)	0.2
30. 总磷	0.25
31. 元素磷(以P计)	0.05
32. 有机磷农药(以P计)	0.05
33. 乐果	0.05
34. 甲基对硫磷	0.05
35. 马拉硫磷	0.05
36. 对硫磷	0.05
37. 五氯酚及五氯酚钠(以五氯酚计)	0.25
38. 三氯甲烷	0.04
39. 可吸附有机卤化物(AOX)(以Cl计)	0.25
40. 四氯化碳	0.04
41. 三氯乙烯	0.04
42. 四氯乙烯	0.04
43. 苯	0.02
44. 甲苯	0.02
45. 乙苯	0.02
46. 邻-二甲苯	0.02
47. 对-二甲苯	0.02
48. 间-二甲苯	0.02
49. 氯苯	0.02
50. 邻二氯苯	0.02
51. 对二氯苯	0.02
52. 对硝基氯苯	0.02
53. 2.4-二硝基氯苯	0.02
54. 苯酚	0.02
55. 间-甲酚	0.02
56. 2.4-二氯酚	0.02
57. 2.4.6-三氯酚	0.02
58. 邻苯二甲酸二丁脂	0.02
59. 邻苯二甲酸二辛脂	0.02
60. 丙烯腈	0.125
61. 总硒	0.02

说明:1. 第一、二类污染物的分类依据为《污水综合排放标准》(GB8978-1996)。

2. 同一排放口中的化学需氧量(COD)、生化需氧量(BOD_5)和总有机碳(TOC),只征收一项。

表3 pH值、色度、大肠菌群数、余氯量污染当量值

污染物		污染当量值
1. pH值	1. 0-1,13-14 2. 1-2,12-13 3. 2-3,11-12 4. 3-4,10-11 5. 4-5,9-10 6. 5-6,	0.06吨污水 0.125吨污水 0.25吨污水 0.5吨污水 1吨污水 5吨污水
2. 色度		5吨水·倍
3. 大肠菌群数(超标)		3.3吨污水
4. 余氯量(用氯消毒的医院废水)		3.3吨污水

说明:1. 大肠菌群数和总余氯只征收一项。

2. pH5 -6 指大于等于 5,小于 6;pH9 -10 指大于 9,小于等于 10,其余类推。

表 4 禽畜养殖业、小型企业和第三产业污染当量值

类型		污染当量值
禽畜养殖场	1. 牛	0.1 头
	2. 猪	1 头
	3. 鸡、鸭等家禽	30 羽
4. 小型企业		1.8 吨污水
5. 饮食娱乐服务业		0.5 吨污水
6. 医院	消毒	0.14 床
		2.8 吨污水
	不消毒	0.07 床
		1.4 吨污水

说明:1. 本表仅适用于计算无法进行实际监测或物料衡算的禽畜养殖业、小型企业和第三产业等小型排污者的污染当量数。

2. 仅对存栏规模大于 50 头牛、500 头猪、5000 羽鸡、鸭等的禽畜养殖场收费。

3. 医院病床数大于 20 张的按本表计算污染当量。

二、废气排污费征收标准及计算方法

(一)废气排污费按排污者排放污染物的种类、数量以污染当量计算征收,每一污染当量征收标准为 0.6 元。

其中,二氧化硫排污费,第一年每一污染当量征收标准为 0.2 元,第二年(2004 年 7 月 1 日起)每一污染当量征收标准为 0.4 元,第三年(2005 年 7 月 1 日起)达到与其它大气污染物相同的征收标准,即每一污染当量征收标准为 0.6 元。氮氧化物在 2004 年 7 月 1 日前不收费,2004 年 7 月 1 日起按每一污染当量 0.6 元收费。

(二)北京市二氧化硫排污费仍按经国务院同意,1999 年国家计委批准的收费标准执行,即高硫煤每公斤二氧化硫排污费 1.20 元,低硫煤每公斤二氧化硫排污费 0.50 元。2005 年 7 月 1 日起,低硫煤二氧化硫排污费标准为每一污染当量 0.6 元。

本办法实施前两年,杭州、郑州和吉林三个城市的二氧化硫排污费标准,按当地人民政府批准的总量排污收费标准执行,即杭州、吉林二个城市的二氧化硫排污费标准为每一污染当量 0.6 元,郑州市二氧化硫排污费标准为每一污染当量 0.5 元。2005 年 7 月 1 日起,三个城市的二氧化硫排污费标准均按本办法规定执行。

(三)对每一排放口征收废气排污费的污染物种类数,以污染当量数从多到少的顺序,最多不超过 3 项。

(四)大气污染物污染当量数计算

某污染物的污染当量数 = 该污染物的排放量(千克)

该污染物的污染当量值(千克)

大气污染物污染当量值见表 5

(五)排污费计算

废气排污费征收额 =0.6 元 × 前 3 项污染物的污染当量数之和。

表 5 大气污染物污染当量值

污染物	污染当量值(千克)
1. 二氧化硫	0.95
2. 氮氧化物	0.95
3. 一氧化碳	16.7
4. 氯气	0.34
5. 氯化氢	10.75
6. 氟化物	0.87
7. 氰化氢	0.005
8. 硫酸雾	0.6
9. 铬酸雾	0.0007
10. 汞及其化合物	0.0001
11. 一般性粉尘	4
12. 石棉尘	0.53
13. 玻璃棉尘	2.13
14. 碳黑尘	0.59
15. 铅及其化合物	0.02
16. 镉及其化合物	0.03
17. 铍及其化合物	0.0004
18. 镍及其化合物	0.13

续表

污染物	污染当量值(千克)
19. 锡及其化合物	0.27
20. 烟尘	2.18
21. 苯	0.05
22. 甲苯	0.18
23. 二甲苯	0.27
24. 苯并(a)芘	0.000002
25. 甲醛	0.09
26. 乙醛	0.45
27. 丙烯醛	0.06
28. 甲醇	0.67
29. 酚类	0.35
30. 沥青烟	0.19
31. 苯胺类	0.21
32. 氯苯类	0.72
33. 硝基苯	0.17
34. 丙烯腈	0.22
35. 氯乙烯	0.55
36. 光气	0.04
37. 硫化氢	0.29
38. 氨	9.09
39. 三甲胺	0.32
40. 甲硫醇	0.04
41. 甲硫醚	0.28
42. 二甲二硫	0.28
43. 苯乙烯	25
44. 二硫化碳	20

(六)对难以监测的烟尘,可按林格曼黑度征收排污费。每吨燃料的征收标准为:1级1元、2级3元、3级5元、4级10元、5级20元。

三、固体废物及危险废物排污费征收标准

(一)对无专用贮存或处置设施和专用贮存或处置设施达不到环境保护标准(即无防渗漏、防扬散、防流失设施)排放的工业固体废物,一次性征收固体废物排污费。每吨固体废物的征收标准为:冶炼渣25元、粉煤灰30元、炉渣25元、煤矸石5元、尾矿15元、其它渣(含半固态、液态废物)25元。

(二)对以填埋方式处置危险废物不符合国家有关规定的,危险废物排污费征收标准为每次每吨1000元。

危险废物是指列入国家危险废物目录或者根据国家规定的危险废物鉴别标准和鉴别方法认定的具有危险特征的废物。

四、噪声超标排污费征收标准

对排污者产生环境噪声,超过国家规定的环境噪声排放标准,且干扰他人正常生活、工作和学习的,按照超标的分贝数征收噪声超标排污费,征收标准见表6。

表6 噪声超标排污费征收标准

超标分贝数	1	2	3	4	5	6	7	8
收费标准(元/月)	350	440	550	700	880	1100	1400	1760
超标分贝数	9	10	11	12	13	14	15	16及16以上
收费标准(元/月)	2200	2800	3520	4400	5600	7040	8800	11200

说明:1. 一个单位边界上有多处噪声超标,征收额应根据最高一处超标声级计算,当沿边界长度超过100米有二处及二处以上噪声超标,则加1倍征收。

2. 一个单位若有不同地点的作业场所,收费应分别计算、合并征收。

3. 昼、夜均超标的环境噪声,征收金额按本标准昼、夜分别计算,累计征收。

4. 声源一个月内超标不足十五天的,噪声超标排污费减半征收。

5. 夜间频繁突发和夜间偶然突发厂界超标噪声排污费,按等效声级和峰值噪声两种指标中超标分贝值高的一项计算排污费。

6. 一个工地同一施工单位多个建筑施工阶段同时进行时,按噪声限值最高的施工阶段计收超标噪声排污费。

7. 本标准以每分贝为计征单位,不足一分贝的按四舍五入原则计算。

8. 对农民自建住宅不得征收噪声超标排污费。

取水许可和水资源费征收管理条例(节选)

(2006年2月21日发布,2006年4月15日实施,国务院令2006年第460号)

第一章　总　　则

第二条　本条例所称取水,是指利用取水工程或者设施直接从江河、湖泊或者地下取用水资源。

取用水资源的单位和个人,除本条例第四条规定的情形外,都应当申请领取取水许可证,并缴纳水资源费。

本条例所称取水工程或者设施,是指闸、坝、渠道、人工河道、虹吸管、水泵、水井以及水电站等。

第三条　县级以上人民政府水行政主管部门按照分级管理权限,负责取水许可制度的组织实施和监督管理。

国务院水行政主管部门在国家确定的重要江河、湖泊设立的流域管理机构(以下简称流域管理机构),依照本条例规定和国务院水行政主管部门授权,负责所管辖范围内取水许可制度的组织实施和监督管理。

县级以上人民政府水行政主管部门、财政部门和价格主管部门依照本条例规定和管理权限,负责水资源费的征收、管理和监督。

第二章　取水的申请和受理

第十三条　县级以上地方人民政府水行政主管部门或者流域管理机构,应当自收到取水申请之日起5个工作日内对申请材料进行审查,并根据下列不同情形分别作出处理:

(一)申请材料齐全、符合法定形式、属于本机关受理范围的,予以受理;

(二)提交的材料不完备或者申请书内容填注不明的,通知申请人补正;

(三)不属于本机关受理范围的,告知申请人向有受理权限的机关提出申请。

第三章　取水许可的审查和决定

第十四条　取水许可实行分级审批。

下列取水由流域管理机构审批:

(一)长江、黄河、淮河、海河、滦河、珠江、松花江、辽河、金沙江、汉江的干流和太湖以及其他跨省、自治区、直辖市河流、湖泊的指定河段限额以上的取水;

(二)国际跨界河流的指定河段和国际边界河流限额以上的取水;

(三)省际边界河流、湖泊限额以上的取水;

(四)跨省、自治区、直辖市行政区域的取水;

(五)由国务院或者国务院投资主管部门审批、核准的大型建设项目的取水;

(六)流域管理机构直接管理的河道(河段)、湖泊内的取水。

前款所称的指定河段和限额以及流域管理机构直接管理的河道(河段)、湖泊,由国务院水行政主管部门规定。

其他取水由县级以上地方人民政府水行政主管部门按照省、自治区、直辖市人民政府规定的审批权限审批。

第十八条　审批机关认为取水涉及社会公共利益需要听证的,应当向社会公告,并举行听证。

取水涉及申请人与他人之间重大利害关系的,审批机关在作出是否批准取水申请的决定前,应当告知申请人、利害关系人。申请人、利害关系人要求听证的,审批机关应当组织听证。

因取水申请引起争议或者诉讼的,审批机关应当书面通知申请人中止审批程序;争议解决或者诉讼终止后,恢复审批程序。

第十九条　审批机关应当自受理取水申请之日起45个工作日内决定批准或者不批准。决定批准的,应当同时签发取水申请批准文件。

对取用城市规划区地下水的取水申请,审批机关应当征求城市建设主管部门的意见,城市建设主管部门应当自收到征求意见材料之日起5个工作日内提出意见并转送取水审批机关。

本条第一款规定的审批期限,不包括举行听证和征求有关部门意见所需的时间。

第二十条 有下列情形之一的,审批机关不予批准,并在作出不批准的决定时,书面告知申请人不批准的理由和依据:

(一)在地下水禁采区取用地下水的;

(二)在取水许可总量已经达到取水许可控制总量的地区增加取水量的;

(三)可能对水功能区水域使用功能造成重大损害的;

(四)取水、退水布局不合理的;

(五)城市公共供水管网能够满足用水需要时,建设项目自备取水设施取用地下水的;

(六)可能对第三者或者社会公共利益产生重大损害的;

(七)属于备案项目,未报送备案的;

(八)法律、行政法规规定的其他情形。

审批的取水量不得超过取水工程或者设施设计的取水量。

第四章 水资源费的征收和使用管理

第二十八条 取水单位或者个人应当缴纳水资源费。

取水单位或者个人应当按照经批准的年度取水计划取水。超计划或者超定额取水的,对超计划或者超定额部分累进收取水资源费。

水资源费征收标准由省、自治区、直辖市人民政府价格主管部门会同同级财政部门、水行政主管部门制定,报本级人民政府批准,并报国务院价格主管部门、财政部门和水行政主管部门备案。其中,由流域管理机构审批取水的中央直属和跨省、自治区、直辖市水利工程的水资源费征收标准,由国务院价格主管部门会同国务院财政部门、水行政主管部门制定。

第三十一条 水资源费由取水审批机关负责征收;其中,流域管理机构审批的,水资源费由取水口所在地省、自治区、直辖市人民政府水行政主管部门代为征收。

第三十二条 水资源费缴纳数额根据取水口所在地水资源费征收标准和实际取水量确定。

水力发电用水和火力发电贯流式冷却用水可以根据取水口所在地水资源费征收标准和实际发电量确定缴纳数额。

第三十七条 任何单位和个人不得截留、侵占或者挪用水资源费。

审计机关应当加强对水资源费使用和管理的审计监督。

第五章 监督管理

第四十一条 有下列情形之一的,审批机关可以对取水单位或者个人的年度取水量予以限制:

(一)因自然原因,水资源不能满足本地区正常供水的;

(二)取水、退水对水功能区水域使用功能、生态与环境造成严重影响的;

(三)地下水严重超采或者因地下水开采引起地面沉降等地质灾害的;

(四)出现需要限制取水量的其他特殊情况的。

发生重大旱情时,审批机关可以对取水单位或者个人的取水量予以紧急限制。

第四十三条 取水单位或者个人应当依照国家技术标准安装计量设施,保证计量设施正常运行,并按照规定填报取水统计报表。

第四十四条 连续停止取水满2年的,由原审批机关注销取水许可证。由于不可抗力或者进行重大技术改造等原因造成停止取水满2年的,经原审批机关同意,可以保留取水许可证。

第六章 法律责任

第四十七条 县级以上地方人民政府水行政主管部门、流域管理机构或者其他有关部门及其工作人员,有下列行为之一的,由其上级行政机关或者监察机关责令改正;情节严重的,对直接负责的主管人员和其他直接责任人员依法给予行政处分;构成犯罪的,依法追究刑事责任:

(一)对符合法定条件的取水申请不予受理或者不在法定期限内批准的;

(二)对不符合法定条件的申请人签发取水申请批准文件或者发放取水许可证的;

(三)违反审批权限签发取水申请批准文件或者发放取水许可证的;

(四)对未取得取水申请批准文件的建设项目,擅自审批、核准的;

(五)不按照规定征收水资源费,或者对不

符合缓缴条件而批准缓缴水资源费的；

（六）侵占、截留、挪用水资源费的；

（七）不履行监督职责，发现违法行为不予查处的；

（八）其他滥用职权、玩忽职守、徇私舞弊的行为。

前款第（六）项规定的被侵占、截留、挪用的水资源费，应当依法予以追缴。

第四十八条 未经批准擅自取水，或者未依照批准的取水许可规定条件取水的，依照《中华人民共和国水法》第六十九条规定处罚；给他人造成妨碍或者损失的，应当排除妨碍、赔偿损失。

第四十九条 未取得取水申请批准文件擅自建设取水工程或者设施的，责令停止违法行为，限期补办有关手续；逾期不补办或者补办未被批准的，责令限期拆除或者封闭其取水工程或者设施；逾期不拆除或者不封闭其取水工程或者设施的，由县级以上地方人民政府水行政主管部门或者流域管理机构组织拆除或者封闭，所需费用由违法行为人承担，可以处5万元以下罚款。

第五十条 申请人隐瞒有关情况或者提供虚假材料骗取取水申请批准文件或者取水许可证的，取水申请批准文件或者取水许可证无效，对申请人给予警告，责令其限期补缴应当缴纳的水资源费，处2万元以上10万元以下罚款；构成犯罪的，依法追究刑事责任。

第五十一条 拒不执行审批机关作出的取水量限制决定，或者未经批准擅自转让取水权的，责令停止违法行为，限期改正，处2万元以上10万元以下罚款；逾期拒不改正或者情节严重的，吊销取水许可证。

第五十二条 有下列行为之一的，责令停止违法行为，限期改正，处5000元以上2万元以下罚款；情节严重的，吊销取水许可证：

（一）不按照规定报送年度取水情况的；

（二）拒绝接受监督检查或者弄虚作假的；

（三）退水水质达不到规定要求的。

第五十三条 未安装计量设施的，责令限期安装，并按照日最大取水能力计算的取水量和水资源费征收标准计征水资源费，处5000元以上2万元以下罚款；情节严重的，吊销取水许可证。

计量设施不合格或者运行不正常的，责令限期更换或者修复；逾期不更换或者不修复的，按照日最大取水能力计算的取水量和水资源费征收标准计征水资源费，可以处1万元以下罚款；情节严重的，吊销取水许可证。

第五十四条 取水单位或者个人拒不缴纳、拖延缴纳或者拖欠水资源费的，依照《中华人民共和国水法》第七十条规定处罚。

第五十五条 对违反规定征收水资源费、取水许可证照费的，由价格主管部门依法予以行政处罚。

第五十六条 伪造、涂改、冒用取水申请批准文件、取水许可证的，责令改正，没收违法所得和非法财物，并处2万元以上10万元以下罚款；构成犯罪的，依法追究刑事责任。

危化品/危废品管理

危险化学品安全管理条例(节选)

(2002年1月9日国务院第52次常务会议通过，自2002年3月15日施行　国务院令2002年第344号，2011年2月16日国务院第144次常务会议修订通过，自2011年12月1日施行　国务院令2011年第591号，2013年12月4日国务院第32次常务会议修订通过，国务院令2013年第645号)

第一章　总　　则

第三条 本条例所称危险化学品，是指具有毒害、腐蚀、爆炸、燃烧、助燃等性质，对人体、设施、环境具有危害的剧毒化学品和其他化学品。

危险化学品目录，由国务院安监部门会同国务院工信、公安、环保、卫生、质检、交通、铁路、民航、农业部门，根据化学品危险特性的鉴别和分类标准确定、公布，并适时调整。

第四条　危险化学品安全管理，应当坚持安全第一、预防为主、综合治理的方针，强化和落实企业的主体责任。

生产、储存、使用、经营、运输危险化学品的单位(以下统称危险化学品单位)的主要负责人对本单位的危险化学品安全管理工作全面负责。

危险化学品单位应当具备法律、行政法规规定和国家标准、行业标准要求的安全条件，建立、健全安全管理规章制度和岗位安全责任制度，对从业人员进行安全教育、法制教育和岗位技术培训。从业人员应当接受教育和培训，考核合格后上岗作业；对有资格要求的岗位，应当配备依法取得相应资格的人员。

第六条　对危险化学品的生产、储存、使用、经营、运输实施安全监督管理的有关部门(以下统称负有危险化学品安全监督管理职责的部门)，依照下列规定履行职责：

(一)安监部门负责危险化学品安全监督管理综合工作，组织确定、公布、调整危险化学品目录，对新建、改建、扩建生产、储存危险化学品(包括使用长输管道输送危险化学品，下同)的建设项目进行安全条件审查，核发危险化学品安全生产许可证、危险化学品安全使用许可证和危险化学品经营许可证，并负责危险化学品登记工作。

(二)公安机关负责危险化学品的公共安全管理，核发剧毒化学品购买许可证、剧毒化学品道路运输通行证，并负责危险化学品运输车辆的道路交通安全管理。

(三)质检部门负责核发危险化学品及其包装物、容器(不包括储存危险化学品的固定式大型储罐，下同)生产企业的工业产品生产许可证，并依法对其产品质量实施监督，负责对进出口危险化学品及其包装实施检验。

(四)环保部门负责废弃危险化学品处置的监督管理，组织危险化学品的环境危害性鉴定和环境风险程度评估，确定实施重点环境管理的危险化学品，负责危险化学品环境管理登记和新化学物质环境管理登记；依照职责分工调查相关危险化学品环境污染事故和生态破坏事件，负责危险化学品事故现场的应急环境监测。

(五)交通部门负责危险化学品道路运输、水路运输的许可以及运输工具的安全管理，对危险化学品水路运输安全实施监督，负责危险化学品道路运输企业、水路运输企业驾驶人员、船员、装卸管理人员、押运人员、申报人员、集装箱装箱现场检查员的资格认定。铁路监管部门负责危险化学品铁路运输及其运输工具的安全管理。民航部门负责危险化学品航空运输以及航空运输企业及其运输工具的安全管理。

(六)卫生部门负责危险化学品毒性鉴定的管理，负责组织、协调危险化学品事故受伤人员的医疗卫生救援工作。

(七)工商行政部门依据有关部门的许可证件，核发危险化学品生产、储存、经营、运输企业营业执照，查处危险化学品经营企业违法采购危险化学品的行为。

(八)邮政部门负责依法查处寄递危险化学品的行为。

第七条　负有危险化学品安全监督管理职责的部门依法进行监督检查，可以采取下列措施：

(一)进入危险化学品作业场所实施现场检查，向有关单位和人员了解情况，查阅、复制有关文件、资料；

(二)发现危险化学品事故隐患，责令立即消除或者限期消除；

(三)对不符合法律、行政法规、规章规定或者国家标准、行业标准要求的设施、设备、装置、器材、运输工具，责令立即停止使用；

(四)经本部门主要负责人批准，查封违法生产、储存、使用、经营危险化学品的场所，扣押违法生产、储存、使用、经营、运输的危险化学品以及用于违法生产、使用、运输危险化学品的原材料、设备、运输工具；

(五)发现影响危险化学品安全的违法行为，当场予以纠正或者责令限期改正。

负有危险化学品安全监督管理职责的部

门依法进行监督检查,监督检查人员不得少于2人,并应当出示执法证件;有关单位和个人对依法进行的监督检查应当予以配合,不得拒绝、阻碍。

第二章 生产、储存安全

第十一条 国家对危险化学品的生产、储存实行统筹规划、合理布局。

国务院工信部门以及国务院其他有关部门依据各自职责,负责危险化学品生产、储存的行业规划和布局。

地方人民政府组织编制城乡规划,应当根据本地区的实际情况,按照确保安全的原则,规划适当区域专门用于危险化学品的生产、储存。

第十二条 新建、改建、扩建生产、储存危险化学品的建设项目(以下简称建设项目),应当由安监部门进行安全条件审查。

建设单位应当对建设项目进行安全条件论证,委托具备国家规定的资质条件的机构对建设项目进行安全评价,并将安全条件论证和安全评价的情况报告报建设项目所在地设区的市级以上人民政府安监部门;安监部门应当自收到报告之日起45日内作出审查决定,并书面通知建设单位。具体办法由国务院安监部门制定。

新建、改建、扩建储存、装卸危险化学品的港口建设项目,由港口部门按照国务院交通部门的规定进行安全条件审查。

第十三条 生产、储存危险化学品的单位,应当对其铺设的危险化学品管道设置明显标志,并对危险化学品管道定期检查、检测。

进行可能危及危险化学品管道安全的施工作业,施工单位应当在开工的7日前书面通知管道所属单位,并与管道所属单位共同制定应急预案,采取相应的安全防护措施。管道所属单位应当指派专门人员到现场进行管道安全保护指导。

第十四条 危险化学品生产企业进行生产前,应当依照《安全生产许可证条例》的规定,取得危险化学品安全生产许可证。

生产列入国家实行生产许可证制度的工业产品目录的危险化学品的企业,应当依照《工业产品生产许可证管理条例》的规定,取得工业产品生产许可证。

负责颁发危险化学品安全生产许可证、工业产品生产许可证的部门,应当将其颁发许可证的情况及时向同级工信部门、环保部门和公安机关通报。

第十五条 危险化学品生产企业应当提供与其生产的危险化学品相符的化学品安全技术说明书,并在危险化学品包装(包括外包装件)上粘贴或者拴挂与包装内危险化学品相符的化学品安全标签。化学品安全技术说明书和化学品安全标签所载明的内容应当符合国家标准的要求。

危险化学品生产企业发现其生产的危险化学品有新的危险特性的,应当立即公告,并及时修订其化学品安全技术说明书和化学品安全标签。

第十六条 生产实施重点环境管理的危险化学品的企业,应当按照国务院环保部门的规定,将该危险化学品向环境中释放等相关信息向环保部门报告。环保部门可以根据情况采取相应的环境风险控制措施。

第十七条 危险化学品的包装应当符合法律、行政法规、规章的规定以及国家标准、行业标准的要求。

危险化学品包装物、容器的材质以及危险化学品包装的型式、规格、方法和单件质量(重量),应当与所包装的危险化学品的性质和用途相适应。

第十八条 生产列入国家实行生产许可证制度的工业产品目录的危险化学品包装物、容器的企业,应当依照《工业产品生产许可证管理条例》的规定,取得工业产品生产许可证;其生产的危险化学品包装物、容器经国务院质检部门认定的检验机构检验合格,方可出厂销售。

运输危险化学品的船舶及其配载的容器,应当按照国家船舶检验规范进行生产,并经海事机构认定的船舶检验机构检验合格,方可投入使用。

对重复使用的危险化学品包装物、容器,使用单位在重复使用前应当进行检查;发现存在安全隐患的,应当维修或者更换。使用单位应当对检查情况作出记录,记录的保存期限不得少于2年。

第十九条 危险化学品生产装置或者储存数量构成重大危险源的危险化学品储存设施(运输工具加油站、加气站除外),与下列场所、设施、区域的距离应当符合国家有关规定:

(一)居住区以及商业中心、公园等人员密集场所;

(二)学校、医院、影剧院、体育场(馆)等公共设施;

(三)饮用水源、水厂以及水源保护区;

(四)车站、码头(依法经许可从事危险化学品装卸作业的除外)、机场以及通信干线、通信枢纽、铁路线路、道路交通干线、水路交通干线、地铁风亭以及地铁站出入口;

(五)基本农田保护区、基本草原、畜禽遗传资源保护区、畜禽规模化养殖场(养殖小区)、渔业水域以及种子、种畜禽、水产苗种生产基地;

(六)河流、湖泊、风景名胜区、自然保护区;

(七)军事禁区、军事管理区;

(八)法律、行政法规规定的其他场所、设施、区域。

已建的危险化学品生产装置或者储存数量构成重大危险源的危险化学品储存设施不符合前款规定的,由所在地设区的市级人民政府安监部门会同有关部门监督其所属单位在规定期限内进行整改;需要转产、停产、搬迁、关闭的,由本级人民政府决定并组织实施。

储存数量构成重大危险源的危险化学品储存设施的选址,应当避开地震活动断层和容易发生洪灾、地质灾害的区域。

本条例所称重大危险源,是指生产、储存、使用或者搬运危险化学品,且危险化学品的数量等于或者超过临界量的单元(包括场所和设施)。

第二十条 生产、储存危险化学品的单位,应当根据其生产、储存的危险化学品的种类和危险特性,在作业场所设置相应的监测、监控、通风、防晒、调温、防火、灭火、防爆、泄压、防毒、中和、防潮、防雷、防静电、防腐、防泄漏以及防护围堤或者隔离操作等安全设施、设备,并按照国家标准、行业标准或者国家有关规定对安全设施、设备进行经常性维护、保养,保证安全设施、设备的正常使用。

生产、储存危险化学品的单位,应当在其作业场所和安全设施、设备上设置明显的安全警示标志。

第二十一条 生产、储存危险化学品的单位,应当在其作业场所设置通信、报警装置,并保证处于适用状态。

第二十二条 生产、储存危险化学品的企业,应当委托具备国家规定的资质条件的机构,对本企业的安全生产条件每3年进行一次安全评价,提出安全评价报告。安全评价报告的内容应当包括对安全生产条件存在的问题进行整改的方案。

生产、储存危险化学品的企业,应当将安全评价报告以及整改方案的落实情况报所在地县级安监部门备案。在港区内储存危险化学品的企业,应当将安全评价报告以及整改方案的落实情况报港口部门备案。

第二十三条 生产、储存剧毒化学品或者国务院公安部门规定的可用于制造爆炸物品的危险化学品(以下简称易制爆危险化学品)的单位,应当如实记录其生产、储存的剧毒化学品、易制爆危险化学品的数量、流向,并采取必要的安全防范措施,防止剧毒化学品、易制爆危险化学品丢失或者被盗;发现剧毒化学品、易制爆危险化学品丢失或者被盗的,应当立即向当地公安机关报告。

生产、储存剧毒化学品、易制爆危险化学品的单位,应当设置治安保卫机构,配备专职治安保卫人员。

第二十四条 危险化学品应当储存在专用仓库、专用场地或者专用储存室(以下统称专用仓库)内,并由专人负责管理;剧毒化学品以及储存数量构成重大危险源的其他危险化学品,应当在专用仓库内单独存放,并实行双人收发、双人保管制度。

危险化学品的储存方式、方法以及储存数量应当符合国家标准或者国家有关规定。

第二十五条 储存危险化学品的单位应当建立

危险化学品出入库核查、登记制度。

对剧毒化学品以及储存数量构成重大危险源的其他危险化学品,储存单位应当将其储存数量、储存地点以及管理人员的情况,报所在地县级安监部门(在港区内储存的,报港口部门)和公安机关备案。

第二十六条 危险化学品专用仓库应当符合国家标准、行业标准的要求,并设置明显的标志。储存剧毒化学品、易制爆危险化学品的专用仓库,应当按照国家有关规定设置相应的技术防范设施。

储存危险化学品的单位应当对其危险化学品专用仓库的安全设施、设备定期进行检测、检验。

第二十七条 生产、储存危险化学品的单位转产、停产、停业或者解散的,应当采取有效措施,及时、妥善处置其危险化学品生产装置、储存设施以及库存的危险化学品,不得丢弃危险化学品;处置方案应当报所在地县级安监部门、工信部门、环保部门和公安机关备案。安监部门应当会同环保部门和公安机关对处置情况进行监督检查,发现未依照规定处置的,应当责令其立即处置。

第三章 使用安全

第二十八条 使用危险化学品的单位,其使用条件(包括工艺)应当符合法律、行政法规的规定和国家标准、行业标准的要求,并根据所使用的危险化学品的种类、危险特性以及使用量和使用方式,建立、健全使用危险化学品的安全管理规章制度和安全操作规程,保证危险化学品的安全使用。

第二十九条 使用危险化学品从事生产并且使用量达到规定数量的化工企业(属于危险化学品生产企业的除外,下同),应当依照本条例的规定取得危险化学品安全使用许可证。

前款规定的危险化学品使用量的数量标准,由国务院安监部门会同国务院公安部门、农业部门确定并公布。

第三十条 申请危险化学品安全使用许可证的化工企业,除应当符合本条例第二十八条的规定外,还应当具备下列条件:

(一)有与所使用的危险化学品相适应的专业技术人员;

(二)有安全管理机构和专职安全管理人员;

(三)有符合国家规定的危险化学品事故应急预案和必要的应急救援器材、设备;

(四)依法进行了安全评价。

第三十一条 申请危险化学品安全使用许可证的化工企业,应当向所在地设区的市级人民政府安监部门提出申请,并提交其符合本条例第三十条规定条件的证明材料。设区的市级人民政府安监部门应当依法进行审查,自收到证明材料之日起45日内作出批准或者不予批准的决定。予以批准的,颁发危险化学品安全使用许可证;不予批准的,书面通知申请人并说明理由。

安监部门应当将其颁发危险化学品安全使用许可证的情况及时向同级环保部门和公安机关通报。

第三十二条 本条例第十六条关于生产实施重点环境管理的危险化学品的企业的规定,适用于使用实施重点环境管理的危险化学品从事生产的企业;第二十条、第二十一条、第二十三条第一款、第二十七条关于生产、储存危险化学品的单位的规定,适用于使用危险化学品的单位;第二十二条关于生产、储存危险化学品的企业的规定,适用于使用危险化学品从事生产的企业。

第四章 经营安全

第三十三条 国家对危险化学品经营(包括仓储经营,下同)实行许可制度。未经许可,任何单位和个人不得经营危险化学品。

依法设立的危险化学品生产企业在其厂区范围内销售本企业生产的危险化学品,不需要取得危险化学品经营许可。

依照《港口法》的规定取得港口经营许可证的港口经营人,在港区内从事危险化学品仓储经营,不需要取得危险化学品经营许可。

第三十四条 从事危险化学品经营的企业应当具备下列条件:

(一)有符合国家标准、行业标准的经营场所,储存危险化学品的,还应当有符合国家标准、行业标准的储存设施;

（二）从业人员经过专业技术培训并经考核合格；

（三）有健全的安全管理规章制度；

（四）有专职安全管理人员；

（五）有符合国家规定的危险化学品事故应急预案和必要的应急救援器材、设备；

（六）法律、法规规定的其他条件。

第三十五条 从事剧毒化学品、易制爆危险化学品经营的企业，应当向所在地设区的市级人民政府安监部门提出申请，从事其他危险化学品经营的企业，应当向所在地县级安监部门提出申请（有储存设施的，应当向所在地设区的市级人民政府安监部门提出申请）。申请人应当提交其符合本条例第三十四条规定条件的证明材料。设区的市级人民政府安监部门或者县级安监部门应当依法进行审查，并对申请人的经营场所、储存设施进行现场核查，自收到证明材料之日起30日内作出批准或者不予批准的决定。予以批准的，颁发危险化学品经营许可证；不予批准的，书面通知申请人并说明理由。

设区的市级人民政府安监部门和县级安监部门应当将其颁发危险化学品经营许可证的情况及时向同级环保部门和公安机关通报。

申请人持危险化学品经营许可证向工商行政部门办理登记手续后，方可从事危险化学品经营活动。法律、行政法规或者国务院规定经营危险化学品还需要经其他有关部门许可的，申请人向工商行政部门办理登记手续时还应当持相应的许可证件。

第三十六条 危险化学品经营企业储存危险化学品的，应当遵守本条例第二章关于储存危险化学品的规定。危险化学品商店内只能存放民用小包装的危险化学品。

第三十七条 危险化学品经营企业不得向未经许可从事危险化学品生产、经营活动的企业采购危险化学品，不得经营没有化学品安全技术说明书或者化学品安全标签的危险化学品。

第三十八条 依法取得危险化学品安全生产许可证、危险化学品安全使用许可证、危险化学品经营许可证的企业，凭相应的许可证件购买剧毒化学品、易制爆危险化学品。民用爆炸物品生产企业凭民用爆炸物品生产许可证购买易制爆危险化学品。

前款规定以外的单位购买剧毒化学品的，应当向所在地县级公安机关申请取得剧毒化学品购买许可证；购买易制爆危险化学品的，应当持本单位出具的合法用途说明。

个人不得购买剧毒化学品（属于剧毒化学品的农药除外）和易制爆危险化学品。

第三十九条 申请取得剧毒化学品购买许可证，申请人应当向所在地县级公安机关提交下列材料：

（一）营业执照或者法人证书（登记证书）的复印件；

（二）拟购买的剧毒化学品品种、数量的说明；

（三）购买剧毒化学品用途的说明；

（四）经办人的身份证明。

县级公安机关应当自收到前款规定的材料之日起3日内，作出批准或者不予批准的决定。予以批准的，颁发剧毒化学品购买许可证；不予批准的，书面通知申请人并说明理由。

剧毒化学品购买许可证管理办法由国务院公安部门制定。

第四十条 危险化学品生产企业、经营企业销售剧毒化学品、易制爆危险化学品，应当查验本条例第三十八条第一款、第二款规定的相关许可证件或者证明文件，不得向不具有相关许可证件或者证明文件的单位销售剧毒化学品、易制爆危险化学品。对持剧毒化学品购买许可证购买剧毒化学品的，应当按照许可证载明的品种、数量销售。

禁止向个人销售剧毒化学品（属于剧毒化学品的农药除外）和易制爆危险化学品。

第四十一条 危险化学品生产企业、经营企业销售剧毒化学品、易制爆危险化学品，应当如实记录购买单位的名称、地址、经办人的姓名、身份证号码以及所购买的剧毒化学品、易制爆危险化学品的品种、数量、用途。销售记录以及经办人的身份证明复印件、相关许可证件复印件或者证明文件的保存期限不得少于1年。

剧毒化学品、易制爆危险化学品的销售企业、购买单位应当在销售、购买后5日内，将所销售、购买的剧毒化学品、易制爆危险化学品的品种、数量以及流向信息报所在地县级公安机关备案，并输入计算机系统。

第四十二条　使用剧毒化学品、易制爆危险化学品的单位不得出借、转让其购买的剧毒化学品、易制爆危险化学品；因转产、停产、搬迁、关闭等确需转让的，应当向具有本条例第三十八条第一款、第二款规定的相关许可证件或者证明文件的单位转让，并在转让后将有关情况及时向所在地县级公安机关报告。

第五章　运输安全

第四十三条　从事危险化学品道路运输、水路运输的，应当分别依照有关道路运输、水路运输的法律、行政法规的规定，取得危险货物道路运输许可、危险货物水路运输许可，并向工商行政部门办理登记手续。

危险化学品道路运输企业、水路运输企业应当配备专职安全管理人员。

第四十四条　危险化学品道路运输企业、水路运输企业的驾驶人员、船员、装卸管理人员、押运人员、申报人员、集装箱装箱现场检查员应当经交通部门考核合格，取得从业资格。具体办法由国务院交通部门制定。

危险化学品的装卸作业应当遵守安全作业标准、规程和制度，并在装卸管理人员的现场指挥或者监控下进行。水路运输危险化学品的集装箱装箱作业应当在集装箱装箱现场检查员的指挥或者监控下进行，并符合积载、隔离的规范和要求；装箱作业完毕后，集装箱装箱现场检查员应当签署装箱证明书。

第四十五条　运输危险化学品，应当根据危险化学品的危险特性采取相应的安全防护措施，并配备必要的防护用品和应急救援器材。

用于运输危险化学品的槽罐以及其他容器应当封口严密，能够防止危险化学品在运输过程中因温度、湿度或者压力的变化发生渗漏、洒漏；槽罐以及其他容器的溢流和泄压装置应当设置准确、起闭灵活。

运输危险化学品的驾驶人员、船员、装卸管理人员、押运人员、申报人员、集装箱装箱现场检查员，应当了解所运输的危险化学品的危险特性及其包装物、容器的使用要求和出现危险情况时的应急处置方法。

第四十六条　通过道路运输危险化学品的，托运人应当委托依法取得危险货物道路运输许可的企业承运。

第四十七条　通过道路运输危险化学品的，应当按照运输车辆的核定载质量装载危险化学品，不得超载。

危险化学品运输车辆应当符合国家标准要求的安全技术条件，并按照国家有关规定定期进行安全技术检验。

危险化学品运输车辆应当悬挂或者喷涂符合国家标准要求的警示标志。

第四十八条　通过道路运输危险化学品的，应当配备押运人员，并保证所运输的危险化学品处于押运人员的监控之下。

运输危险化学品途中因住宿或者发生影响正常运输的情况，需要较长时间停车的，驾驶人员、押运人员应当采取相应的安全防范措施；运输剧毒化学品或者易制爆危险化学品的，还应当向当地公安机关报告。

第四十九条　未经公安机关批准，运输危险化学品的车辆不得进入危险化学品运输车辆限制通行的区域。危险化学品运输车辆限制通行的区域由县级公安机关划定，并设置明显的标志。

第五十条　通过道路运输剧毒化学品的，托运人应当向运输始发地或者目的地县级公安机关申请剧毒化学品道路运输通行证。

申请剧毒化学品道路运输通行证，托运人应当向县级公安机关提交下列材料：

（一）拟运输的剧毒化学品品种、数量的说明；

（二）运输始发地、目的地、运输时间和运输路线的说明；

（三）承运人取得危险货物道路运输许可、运输车辆取得营运证以及驾驶人员、押运人员取得上岗资格的证明文件；

（四）本条例第三十八条第一款、第二款规定的购买剧毒化学品的相关许可证件，或者海关出具的进出口证明文件。

县级公安机关应当自收到前款规定的材料之日起7日内，作出批准或者不予批准的决定。予以批准的,颁发剧毒化学品道路运输通行证;不予批准的,书面通知申请人并说明理由。

剧毒化学品道路运输通行证管理办法由国务院公安部门制定。

第七十四条 危险化学品事故造成环境污染的,由设区的市级以上人民政府环保部门统一发布有关信息。

第七章 法律责任

第七十五条 生产、经营、使用国家禁止生产、经营、使用的危险化学品的,由安监部门责令停止生产、经营、使用活动,处20万元以上50万元以下的罚款,有违法所得的,没收违法所得;构成犯罪的,依法追究刑事责任。

有前款规定行为的,安监部门还应当责令其对所生产、经营、使用的危险化学品进行无害化处理。

违反国家关于危险化学品使用的限制性规定使用危险化学品的,依照本条第一款的规定处理。

第七十六条 未经安全条件审查,新建、改建、扩建生产、储存危险化学品的建设项目的,由安监部门责令停止建设,限期改正;逾期不改正的,处50万元以上100万元以下的罚款;构成犯罪的,依法追究刑事责任。

未经安全条件审查,新建、改建、扩建储存、装卸危险化学品的港口建设项目的,由港口部门依照前款规定予以处罚。

第七十七条 未依法取得危险化学品安全生产许可证从事危险化学品生产,或者未依法取得工业产品生产许可证从事危险化学品及其包装物、容器生产的,分别依照《安全生产许可证条例》、《工业产品生产许可证管理条例》的规定处罚。

违反本条例规定,化工企业未取得危险化学品安全使用许可证,使用危险化学品从事生产的,由安监部门责令限期改正,处10万元以上20万元以下的罚款;逾期不改正的,责令停产整顿。

违反本条例规定,未取得危险化学品经营许可证从事危险化学品经营的,由安监部门责令停止经营活动,没收违法经营的危险化学品以及违法所得,并处10万元以上20万元以下的罚款;构成犯罪的,依法追究刑事责任。

第七十八条 有下列情形之一的,由安监部门责令改正,可以处5万元以下的罚款;拒不改正的,处5万元以上10万元以下的罚款;情节严重的,责令停产停业整顿:

(一)生产、储存危险化学品的单位未对其铺设的危险化学品管道设置明显的标志,或者未对危险化学品管道定期检查、检测的;

(二)进行可能危及危险化学品管道安全的施工作业,施工单位未按照规定书面通知管道所属单位,或者未与管道所属单位共同制定应急预案、采取相应的安全防护措施,或者管道所属单位未指派专门人员到现场进行管道安全保护指导的;

(三)危险化学品生产企业未提供化学品安全技术说明书,或者未在包装(包括外包装件)上粘贴、拴挂化学品安全标签的;

(四)危险化学品生产企业提供的化学品安全技术说明书与其生产的危险化学品不相符,或者在包装(包括外包装件)粘贴、拴挂的化学品安全标签与包装内危险化学品不相符,或者化学品安全技术说明书、化学品安全标签所载明的内容不符合国家标准要求的;

(五)危险化学品生产企业发现其生产的危险化学品有新的危险特性不立即公告,或者不及时修订其化学品安全技术说明书和化学品安全标签的;

(六)危险化学品经营企业经营没有化学品安全技术说明书和化学品安全标签的危险化学品的;

(七)危险化学品包装物、容器的材质以及包装的型式、规格、方法和单件质量(重量)与所包装的危险化学品的性质和用途不相适应的;

(八)生产、储存危险化学品的单位未在作业场所和安全设施、设备上设置明显的安全警示标志,或者未在作业场所设置通信、报警装置的;

(九)危险化学品专用仓库未设专人负责管理,或者对储存的剧毒化学品以及储存数量构成重大危险源的其他危险化学品未实行双人收发、双人保管制度的；

（十）储存危险化学品的单位未建立危险化学品出入库核查、登记制度的；

（十一）危险化学品专用仓库未设置明显标志的；

（十二）危险化学品生产企业、进口企业不办理危险化学品登记，或者发现其生产、进口的危险化学品有新的危险特性不办理危险化学品登记内容变更手续的。

从事危险化学品仓储经营的港口经营人有前款规定情形的，由港口部门依照前款规定予以处罚。储存剧毒化学品、易制爆危险化学品的专用仓库未按照国家有关规定设置相应的技术防范设施的，由公安机关依照前款规定予以处罚。

生产、储存剧毒化学品、易制爆危险化学品的单位未设置治安保卫机构、配备专职治安保卫人员的，依照《企业事业单位内部治安保卫条例》的规定处罚。

第七十九条 危险化学品包装物、容器生产企业销售未经检验或者经检验不合格的危险化学品包装物、容器的，由质检部门责令改正，处10万元以上20万元以下的罚款，有违法所得的，没收违法所得；拒不改正的，责令停产停业整顿；构成犯罪的，依法追究刑事责任。

将未经检验合格的运输危险化学品的船舶及其配载的容器投入使用的，由海事机构依照前款规定予以处罚。

第八十条 生产、储存、使用危险化学品的单位有下列情形之一的，由安监部门责令改正，处5万元以上10万元以下的罚款；拒不改正的，责令停产停业整顿直至由原发证机关吊销其相关许可证件，并由工商行政部门责令其办理经营范围变更登记或者吊销其营业执照；有关责任人员构成犯罪的，依法追究刑事责任：

（一）对重复使用的危险化学品包装物、容器，在重复使用前不进行检查的；

（二）未根据其生产、储存的危险化学品的种类和危险特性，在作业场所设置相关安全设施、设备，或者未按照国家标准、行业标准或者国家有关规定对安全设施、设备进行经常性维护、保养的；

（三）未依照本条例规定对其安全生产条件定期进行安全评价的；

（四）未将危险化学品储存在专用仓库内，或者未将剧毒化学品以及储存数量构成重大危险源的其他危险化学品在专用仓库内单独存放的；

（五）危险化学品的储存方式、方法或者储存数量不符合国家标准或者国家有关规定的；

（六）危险化学品专用仓库不符合国家标准、行业标准的要求的；

（七）未对危险化学品专用仓库的安全设施、设备定期进行检测、检验的。

从事危险化学品仓储经营的港口经营人有前款规定情形的，由港口部门依照前款规定予以处罚。

第八十一条 有下列情形之一的，由公安机关责令改正，可以处1万元以下的罚款；拒不改正的，处1万元以上5万元以下的罚款：

（一）生产、储存、使用剧毒化学品、易制爆危险化学品的单位不如实记录生产、储存、使用的剧毒化学品、易制爆危险化学品的数量、流向的；

（二）生产、储存、使用剧毒化学品、易制爆危险化学品的单位发现剧毒化学品、易制爆危险化学品丢失或者被盗，不立即向公安机关报告的；

（三）储存剧毒化学品的单位未将剧毒化学品的储存数量、储存地点以及管理人员的情况报所在地县级公安机关备案的；

（四）危险化学品生产企业、经营企业不如实记录剧毒化学品、易制爆危险化学品购买单位的名称、地址、经办人的姓名、身份证号码以及所购买的剧毒化学品、易制爆危险化学品的品种、数量、用途，或者保存销售记录和相关材料的时间少于1年的；

（五）剧毒化学品、易制爆危险化学品的销售企业、购买单位未在规定的时限内将所销售、购买的剧毒化学品、易制爆危险化学品的品种、数量以及流向信息报所在地县级公安机关备案的；

（六）使用剧毒化学品、易制爆危险化学品的单位依照本条例规定转让其购买的剧毒化学品、易制爆危险化学品，未将有关情况向所在地县级公安机关报告的。

生产、储存危险化学品的企业或者使用危险化学品从事生产的企业未按照本条例规定将安全评价报告以及整改方案的落实情况报安监部门或者港口部门备案，或者储存危险化学品的单位未将其剧毒化学品以及储存数量构成重大危险源的其他危险化学品的储存数量、储存地点以及管理人员的情况报安监部门或者港口部门备案的，分别由安监部门或者港口部门依照前款规定予以处罚。

生产实施重点环境管理的危险化学品的企业或者使用实施重点环境管理的危险化学品从事生产的企业未按照规定将相关信息向环保部门报告的，由环保部门依照本条第一款的规定予以处罚。

第八十二条 生产、储存、使用危险化学品的单位转产、停产、停业或者解散，未采取有效措施及时、妥善处置其危险化学品生产装置、储存设施以及库存的危险化学品，或者丢弃危险化学品的，由安监部门责令改正，处5万元以上10万元以下的罚款；构成犯罪的，依法追究刑事责任。

生产、储存、使用危险化学品的单位转产、停产、停业或者解散，未依照本条例规定将其危险化学品生产装置、储存设施以及库存危险化学品的处置方案报有关部门备案的，分别由有关部门责令改正，可以处1万元以下的罚款；拒不改正的，处1万元以上5万元以下的罚款。

第八十三条 危险化学品经营企业向未经许可违法从事危险化学品生产、经营活动的企业采购危险化学品的，由工商行政部门责令改正，处10万元以上20万元以下的罚款；拒不改正的，责令停业整顿直至由原发证机关吊销其危险化学品经营许可证，并由工商行政部门责令其办理经营范围变更登记或者吊销其营业执照。

第八十四条 危险化学品生产企业、经营企业有下列情形之一的，由安监部门责令改正，没收违法所得，并处10万元以上20万元以下的罚款；拒不改正的，责令停产停业整顿直至吊销其危险化学品安全生产许可证、危险化学品经营许可证，并由工商行政部门责令其办理经营范围变更登记或者吊销其营业执照：

（一）向不具有本条例第三十八条第一款、第二款规定的相关许可证件或者证明文件的单位销售剧毒化学品、易制爆危险化学品的；

（二）不按照剧毒化学品购买许可证载明的品种、数量销售剧毒化学品的；

（三）向个人销售剧毒化学品（属于剧毒化学品的农药除外）、易制爆危险化学品的。

不具有本条例第三十八条第一款、第二款规定的相关许可证件或者证明文件的单位购买剧毒化学品、易制爆危险化学品，或者个人购买剧毒化学品（属于剧毒化学品的农药除外）、易制爆危险化学品的，由公安机关没收所购买的剧毒化学品、易制爆危险化学品，可以并处5000元以下的罚款。

使用剧毒化学品、易制爆危险化学品的单位出借或者向不具有本条例第三十八条第一款、第二款规定的相关许可证件的单位转让其购买的剧毒化学品、易制爆危险化学品，或者向个人转让其购买的剧毒化学品（属于剧毒化学品的农药除外）、易制爆危险化学品的，由公安机关责令改正，处10万元以上20万元以下的罚款；拒不改正的，责令停产停业整顿。

第八十五条 未依法取得危险货物道路运输许可、危险货物水路运输许可，从事危险化学品道路运输、水路运输的，分别依照有关道路运输、水路运输的法律、行政法规的规定处罚。

第八十六条 有下列情形之一的，由交通部门责令改正，处5万元以上10万元以下的罚款；拒不改正的，责令停产停业整顿；构成犯罪的，依法追究刑事责任：

（一）危险化学品道路运输企业、水路运输企业的驾驶人员、船员、装卸管理人员、押运人员、申报人员、集装箱装箱现场检查员未取得从业资格上岗作业的；

（二）运输危险化学品，未根据危险化学品的危险特性采取相应的安全防护措施，或者未配备必要的防护用品和应急救援器材的；

（三）使用未依法取得危险货物适装证书的船舶，通过内河运输危险化学品的；

（四）通过内河运输危险化学品的承运人违反国务院交通部门对单船运输的危险化学品数量的限制性规定运输危险化学品的；

（五）用于危险化学品运输作业的内河码头、泊位不符合国家有关安全规范，或者未与饮用水取水口保持国家规定的安全距离，或者未经交通部门验收合格投入使用的；

（六）托运人不向承运人说明所托运的危险化学品的种类、数量、危险特性以及发生危险情况的应急处置措施，或者未按照国家有关规定对所托运的危险化学品妥善包装并在外包装上设置相应标志的；

（七）运输危险化学品需要添加抑制剂或者稳定剂，托运人未添加或者未将有关情况告知承运人的。

第八十七条 有下列情形之一的，由交通部门责令改正，处10万元以上20万元以下的罚款，有违法所得的，没收违法所得；拒不改正的，责令停产停业整顿；构成犯罪的，依法追究刑事责任：

（一）委托未依法取得危险货物道路运输许可、危险货物水路运输许可的企业承运危险化学品的；

（二）通过内河封闭水域运输剧毒化学品以及国家规定禁止通过内河运输的其他危险化学品的；

（三）通过内河运输国家规定禁止通过内河运输的剧毒化学品以及其他危险化学品的；

（四）在托运的普通货物中夹带危险化学品，或者将危险化学品谎报或者匿报为普通货物托运的。

在邮件、快件内夹带危险化学品，或者将危险化学品谎报为普通物品交寄的，依法给予治安管理处罚；构成犯罪的，依法追究刑事责任。

邮政企业、快递企业收寄危险化学品的，依照《邮政法》的规定处罚。

第八十八条 有下列情形之一的，由公安机关责令改正，处5万元以上10万元以下的罚款；构成违反治安管理行为的，依法给予治安管理处罚；构成犯罪的，依法追究刑事责任：

（一）超过运输车辆的核定载质量装载危险化学品的；

（二）使用安全技术条件不符合国家标准要求的车辆运输危险化学品的；

（三）运输危险化学品的车辆未经公安机关批准进入危险化学品运输车辆限制通行的区域的；

（四）未取得剧毒化学品道路运输通行证，通过道路运输剧毒化学品的。

第八十九条 有下列情形之一的，由公安机关责令改正，处1万元以上5万元以下的罚款；构成违反治安管理行为的，依法给予治安管理处罚：

（一）危险化学品运输车辆未悬挂或者喷涂警示标志，或者悬挂或者喷涂的警示标志不符合国家标准要求的；

（二）通过道路运输危险化学品，不配备押运人员的；

（三）运输剧毒化学品或者易制爆危险化学品途中需要较长时间停车，驾驶人员、押运人员不向当地公安机关报告的；

（四）剧毒化学品、易制爆危险化学品在道路运输途中丢失、被盗、被抢或者发生流散、泄露等情况，驾驶人员、押运人员不采取必要的警示措施和安全措施，或者不向当地公安机关报告的。

第九十条 对发生交通事故负有全部责任或者主要责任的危险化学品道路运输企业，由公安机关责令消除安全隐患，未消除安全隐患的危险化学品运输车辆，禁止上道路行驶。

第九十一条 有下列情形之一的，由交通部门责令改正，可以处1万元以下的罚款；拒不改正的，处1万元以上5万元以下的罚款：

（一）危险化学品道路运输企业、水路运输企业未配备专职安全管理人员的；

（二）用于危险化学品运输作业的内河码头、泊位的管理单位未制定码头、泊位危险化学品事故应急救援预案，或者未为码头、泊位配备充足、有效的应急救援器材和设备的。

第九十二条 有下列情形之一的，依照《内河交通安全管理条例》的规定处罚：

（一）通过内河运输危险化学品的水路运输企业未制定运输船舶危险化学品事故应急

救援预案,或者未为运输船舶配备充足、有效的应急救援器材和设备的;

(二)通过内河运输危险化学品的船舶的所有人或者经营人未取得船舶污染损害责任保险证书或者财务担保证明的;

(三)船舶载运危险化学品进出内河港口,未将有关事项事先报告海事机构并经其同意的;

(四)载运危险化学品的船舶在内河航行、装卸或者停泊,未悬挂专用的警示标志,或者未按照规定显示专用信号,或者未按照规定申请引航的。

未向港口部门报告并经其同意,在港口内进行危险化学品的装卸、过驳作业的,依照《港口法》的规定处罚。

第九十三条 伪造、变造或者出租、出借、转让危险化学品安全生产许可证、工业产品生产许可证,或者使用伪造、变造的危险化学品安全生产许可证、工业产品生产许可证的,分别依照《安全生产许可证条例》、《工业产品生产许可证管理条例》的规定处罚。

伪造、变造或者出租、出借、转让本条例规定的其他许可证,或者使用伪造、变造的本条例规定的其他许可证的,分别由相关许可证的颁发管理机关处10万元以上20万元以下的罚款,有违法所得的,没收违法所得;构成违反治安管理行为的,依法给予治安管理处罚;构成犯罪的,依法追究刑事责任。

第九十四条 危险化学品单位发生危险化学品事故,其主要负责人不立即组织救援或者不立即向有关部门报告的,依照《生产安全事故报告和调查处理条例》的规定处罚。

危险化学品单位发生危险化学品事故,造成他人人身伤害或者财产损失的,依法承担赔偿责任。

第九十五条 发生危险化学品事故,有关地方人民政府及其有关部门不立即组织实施救援,或者不采取必要的应急处置措施减少事故损失,防止事故蔓延、扩大的,对直接负责的主管人员和其他直接责任人员依法给予处分;构成犯罪的,依法追究刑事责任。

第九十六条 负有危险化学品安全监督管理职责的部门的工作人员,在危险化学品安全监督管理工作中滥用职权、玩忽职守、徇私舞弊,构成犯罪的,依法追究刑事责任;尚不构成犯罪的,依法给予处分。

第八章 附 则

第九十七条 监控化学品、属于危险化学品的药品和农药的安全管理,依照本条例的规定执行;法律、行政法规另有规定的,依照其规定。

民用爆炸物品、烟花爆竹、放射性物品、核能物质以及用于国防科研生产的危险化学品的安全管理,不适用本条例。

法律、行政法规对燃气的安全管理另有规定的,依照其规定。

危险化学品容器属于特种设备的,其安全管理依照有关特种设备安全的法律、行政法规的规定执行。

第九十八条 危险化学品的进出口管理,依照有关对外贸易的法律、行政法规、规章的规定执行;进口的危险化学品的储存、使用、经营、运输的安全管理,依照本条例的规定执行。

危险化学品环境管理登记和新化学物质环境管理登记,依照有关环保的法律、行政法规、规章的规定执行。危险化学品环境管理登记,按照国家有关规定收取费用。

第九十九条 公众发现、捡拾的无主危险化学品,由公安机关接收。公安机关接收或者有关部门依法没收的危险化学品,需要进行无害化处理的,交由环保部门组织其认定的专业单位进行处理,或者交由有关危险化学品生产企业进行处理。处理所需费用由国家财政负担。

第一百条 化学品的危险特性尚未确定的,由国务院安监部门、国务院环保部门、国务院卫生部门分别负责组织对该化学品的物理危险性、环境危害性、毒理特性进行鉴定。根据鉴定结果,需要调整危险化学品目录的,依照本条例第三条第二款的规定办理。

第一百零一条 本条例施行前已经使用危险化学品从事生产的化工企业,依照本条例规定需要取得危险化学品安全使用许可证的,应当在国务院安监部门规定的期限内,申请取得危险化学品安全使用许可证。

第一百零二条 本条例自2011年12月1日起施行。

危险化学品环境管理登记办法(试行)(节选)

(2012 年 10 月 10 日发布,2013 年 3 月 1 日实施,环境保护部令 2012 年第 22 号)

第一章 总 则

第一条 为加强危险化学品环境管理,预防和减少危险化学品对环境和人体健康的危害,防范环境风险,履行国际公约,根据《中华人民共和国环境保护法》、《危险化学品安全管理条例》等法律法规,制定本办法。

第二条 本办法适用于在中华人民共和国境内生产危险化学品和使用危险化学品从事生产(以下简称"危险化学品生产使用")以及进出口危险化学品的活动。

本办法所称危险化学品,是指《危险化学品安全管理条例》规定的列入《危险化学品目录》的剧毒化学品和其他化学品。

第三条 国务院环境保护主管部门根据危险化学品的危害特性和环境风险程度等,确定实施重点环境管理的危险化学品,制定、公布《重点环境管理危险化学品目录》,并适时调整。

第四条 国务院环境保护主管部门负责组织开展全国危险化学品环境管理登记并实施监督管理。

县级以上地方环境保护主管部门负责本行政区域内危险化学品环境管理登记工作。

县级以上环境保护主管部门可以委托其所属的从事化学品环境管理的机构,具体承担危险化学品环境管理登记工作。

第二章 生产使用环境管理登记

第六条 危险化学品生产使用企业,应当依照本办法的规定,申请办理危险化学品环境管理登记,领取危险化学品生产使用环境管理登记证(以下简称"生产使用登记证")。

新建、改建、扩建危险化学品生产使用项目,应当在项目竣工验收前办理危险化学品生产使用环境管理登记。

第七条 重点环境管理危险化学品生产使用登记证,由省级环境保护主管部门核发;其他危险化学品生产使用登记证,由设区的市级环境保护主管部门核发。

第八条 危险化学品生产使用环境管理登记按照以下程序办理:

(一)危险化学品生产使用企业向所在地县级环境保护主管部门提交危险化学品生产使用环境管理登记申请材料;

(二)县级环境保护主管部门收到生产使用企业提交的申请材料后,在五个工作日内进行审核;符合要求的,将申请材料报设区的市级环境保护主管部门;

(三)设区的市级环境保护主管部门收到县级环境保护主管部门的材料后,在十五个工作日内进行审核,符合条件的,核发生产使用登记证。对申请重点环境管理危险化学品生产使用登记证的,设区的市级环境保护主管部门应当自收到申请材料后组织现场核查,并在五个工作日内签署预审意见,报省级环境保护主管部门。现场核查的时间不计算在预审期限内;

(四)省级环境保护主管部门收到设区的市级环境保护主管部门的材料和预审意见后,组织专家进行技术审查;符合条件的,在十个工作日内核发生产使用登记证。技术审查的时间不计算在审批期限内。

设区的市级环境保护主管部门或者省级环境保护主管部门核发的生产使用登记证,应当及时交由县级环境保护主管部门向企业发放。

企业同时生产使用重点环境管理危险化学品和其他危险化学品的,应当按照申请重点环境管理危险化学品生产使用登记的程序办理。

第九条 危险化学品生产使用企业申请办理危险化学品生产使用环境管理登记时,应当提交以下材料,并对材料的真实性、准确性、完整性负责:

(一)危险化学品生产使用环境管理登记

申请表,主要包括企业基本情况,周边环境敏感区域,生产使用的危险化学品品种、数量、标签、危险特性分类、用途、使用方式,化学品安全技术说明书,环境风险防范和控制措施,特殊化学污染物排放情况,废弃危险化学品处置情况等;

(二)环境影响评价文件批复;

(三)突发环境事件应急预案;

(四)企业自行监测的,或者委托环境保护主管部门所属的环境监测机构或者经省级环境保护主管部门认定的环境监测机构提供的环境监测报告。

本办法施行前已建的危险化学品生产使用企业申请办理危险化学品生产使用环境管理登记的,还应当提交环境保护设施竣工验收决定、排污许可证、企业开展清洁生产情况等相关材料。

第十条 重点环境管理危险化学品生产使用企业,应当开展重点环境管理危险化学品环境风险评估,委托有能力的机构编制环境风险评估报告,并在申请办理危险化学品生产使用环境管理登记时提交。

第十一条 编制重点环境管理危险化学品环境风险评估报告的,应当按照国务院环境保护主管部门的规定,对重点环境管理危险化学品的环境风险及其防范和控制措施进行评估,作出评估结论,明确企业环境风险监管等级。编制机构对评估结论负责。

国务院环境保护主管部门可以择优推荐从事重点环境管理危险化学品环境风险评估报告编制的机构名单,并向社会公布。

从事重点环境管理危险化学品环境风险评估报告编制的人员,应当接受省级以上环境保护主管部门组织的专门培训,并通过考核。

第十二条 生产使用登记证应当载明企业的基本信息、危险化学品品种、生产使用情况及环境管理要求等内容。

生产使用登记证分为正本和副本,正本和副本具有同等法律效力。

危险化学品生产使用企业应当按照生产使用登记证的要求,从事危险化学品的生产使用。禁止伪造、变造、转让生产使用登记证。

第十三条 生产使用登记证有效期为三年。

生产使用登记证有效期内,生产使用登记证上载明的事项发生变更的,持有生产使用登记证的危险化学品生产使用企业应当自变更之日起三十日内按照本办法第八条的规定提交变更证明材料,申请办理变更登记。

第十四条 生产使用登记证有效期届满,继续从事危险化学品生产使用活动的,应当于有效期届满三个月前按照本办法第二章关于申请办理危险化学品生产使用环境管理登记的规定申请换证。

第十五条 危险化学品生产使用企业发现危险化学品有新的危害特性时,应当及时向环境保护主管部门报告。

第三章 进出口环境管理登记

第十六条 进出口列入中国严格限制进出口的危险化学品目录的危险化学品的,企业应当事先向国务院环境保护主管部门办理危险化学品进出口环境管理登记,凭相关证件到海关办理验放手续。

第十七条 企业申请办理危险化学品进出口环境管理登记时,应当提交以下材料,并对材料的真实性、准确性、完整性负责:

(一)危险化学品进出口环境管理登记申请表;

(二)企业营业执照复印件;

(三)企业进出口资质证明文件;

(四)进出口合同;

(五)拟进出口危险化学品国内生产使用企业的生产使用登记证;

(六)拟进出口危险化学品国内购销合同;

(七)国务院环境保护主管部门规定的其他材料。

第十八条 国务院环境保护主管部门委托其所属的从事化学品环境管理的机构承办危险化学品进出口环境管理登记的具体工作。

申请办理危险化学品进出口环境管理登记的企业,应当向国务院环境保护主管部门所属的从事化学品环境管理的机构提交登记申请。

国务院环境保护主管部门所属的从事化学品环境管理的机构自受理登记申请之日起

五个工作日内提出初审意见，连同企业提交的申请材料一并报国务院环境保护主管部门。

国务院环境保护主管部门在十五个工作日内作出是否准予登记的决定。不予批准的，应当说明理由。

第十九条 国务院环境保护主管部门在办理危险化学品进出口环境管理登记时，应当依照《关于在国际贸易中对某些危险化学品和农药采用事先知情同意程序的鹿特丹公约》、《关于持久性有机污染物的斯德哥尔摩公约》等国际公约的要求，履行事先知情同意等公约义务。

第四章 监督管理

第二十条 已经取得生产使用登记证的重点环境管理危险化学品生产使用企业，应当于每年的1月31日前，向县级环境保护主管部门填报重点环境管理危险化学品释放与转移报告表、环境风险防控管理计划。

重点环境管理危险化学品释放与转移报告表应当包括重点环境管理危险化学品及其特征污染物向环境排放、处置和回收利用的情况，以及相关的核算数据等内容。

环境风险防控管理计划应当包括减少重点环境管理危险化学品及其特征污染物排放的重大工艺调整措施、污染防治计划、环境风险防控措施、能力建设方案等内容。

第二十一条 重点环境管理危险化学品生产使用企业，应当按照环境保护主管部门的要求和国家环境监测技术规范及相关标准，对生产使用过程中产生的重点环境管理危险化学品及其特征污染物的排放情况进行监测；不具备自行监测能力的，可以委托环境保护主管部门所属的环境监测机构或者经省级环境保护主管部门认定的环境监测机构实施监测。

第二十二条 危险化学品生产使用企业应当于每年1月发布危险化学品环境管理年度报告，向公众公布上一年度生产使用的危险化学品品种、危害特性、相关污染物排放及事故信息、污染防控措施等情况；重点环境管理危险化学品生产使用企业还应当公布重点环境管理危险化学品及其特征污染物的释放与转移信息和监测结果。

第二十三条 危险化学品生产使用企业应当建立危险化学品台账，记录危险化学品的品种、生产使用量、销售去向、供货来源等信息，以及污染物排放、环境监测等环境管理信息档案，并长期保存。

重点环境管理危险化学品生产使用企业，应当按照环境风险评估报告的要求，定期对企业的环境风险进行自查；发现问题的，及时纠正，并保存自查记录。

第二十四条 县级以上环境保护主管部门应当对危险化学品生产使用企业的环境管理情况进行监督检查和监督性监测。

对危险化学品生产使用企业进行的监督检查，应当包括生产使用登记证载明的环境管理要求落实情况、环境风险评估报告提出的防范措施落实情况、重点环境管理危险化学品释放与转移情况、环境风险防控管理计划执行情况、环境监测情况等。

第二十五条 环境保护主管部门进行监督检查时，可以依照《危险化学品安全管理条例》第七条的规定，采取以下措施：

（一）进入危险化学品作业场所实施现场检查，向有关单位和人员了解情况，查阅、复制有关文件、资料；

（二）发现危险化学品环境事故隐患，责令立即消除或者限期消除；

（三）对不符合环境保护法律、行政法规、规章规定或者标准要求的设施、设备、装置、器材、运输工具，责令立即停止使用；

（四）经本部门主要负责人批准，查封违反环境保护法律、法规生产、使用危险化学品的场所，扣押违反环境保护法律、法规生产、使用的危险化学品以及用于违反环境保护法律、法规生产、使用危险化学品的原材料、设备；

（五）发现影响危险化学品环境安全的违法行为，当场予以纠正或者责令限期改正。

环境保护主管部门依法进行监督检查，监督检查人员不得少于两人，并应当出示执法证件；有关单位和个人对依法进行的监督检查应当予以配合，不得拒绝、阻碍。

第二十六条 县级环境保护主管部门应当于每年2月底前汇总本行政区域生产使用登记证颁发情况和重点环境管理危险化学品释放与

转移数据，并逐级上报至省级环境保护主管部门。

省级环境保护主管部门应当于每年3月31日前将汇总情况上报至国务院环境保护主管部门，并公布上一年度本行政区域内已经取得生产使用登记证的危险化学品生产使用企业名单。

国务院环境保护主管部门应当向社会公布危险化学品进出口环境管理登记情况，并定期通报省级环境保护主管部门。

第二十七条 国务院环境保护主管部门建立全国危险化学品环境管理信息系统，并可以委托其所属的从事化学品环境管理的机构，汇总和分析全国危险化学品环境管理登记和重点环境管理危险化学品释放与转移的相关信息。

第二十八条 上级环境保护主管部门应当对下级环境保护主管部门危险化学品环境管理登记情况进行监督检查；发现问题的，及时依法进行调查、核实与处理。

第二十九条 县级以上环境保护主管部门应当及时向社会公布对危险化学品生产使用、进出口企业予以处罚的情况。

对违法情节严重的危险化学品生产使用、进出口企业，环境保护主管部门可以不予核发排污许可证，不予通过上市公司环境保护核查，并向有关金融、证券监督管理机构通报。

第五章 法律责任

第三十条 危险化学品生产使用企业，未按照本办法的规定办理危险化学品生产使用环境管理登记而从事危险化学品生产使用活动的，由县级以上环境保护主管部门责令改正，处一万元以下罚款；拒不改正的，处一万元以上三万元以下罚款。

重点环境管理危险化学品生产使用企业，未按照本办法的规定办理危险化学品生产使用环境管理登记而从事危险化学品生产使用活动，或者未按照本办法的规定报告释放与转移信息或者环境风险防控管理计划的，由县级以上环境保护主管部门依照《危险化学品安全管理条例》第八十一条的规定处罚。

危险化学品进出口企业，未按照本办法规定办理危险化学品进出口环境管理登记而从事危险化学品进出口活动的，由县级以上环境保护主管部门责令改正，处一万元以下罚款；拒不改正的，处一万元以上三万元以下罚款；情节严重的，国务院环境保护主管部门三年内不再受理其危险化学品进出口环境管理登记申请。

对本条第三款规定的违法行为，可以由海关按照有关规定予以处罚。

第三十一条 危险化学品生产使用、进出口企业，在办理危险化学品环境管理登记过程中未如实申报有关情况，提供虚假材料，或者以欺骗、贿赂等不正当手段办理危险化学品环境管理登记的，由县级以上环境保护主管部门责令改正，处两万元以上三万元以下罚款；已经取得生产使用登记证或者获得进出口环境管理登记的，撤销其生产使用登记证或者进出口环境管理登记；构成犯罪的，依法移送司法机关追究刑事责任。

危险化学品生产使用企业未按照生产使用登记证的规定从事危险化学品生产使用活动，或者伪造、变造、转让生产使用登记证的，由县级以上环境保护主管部门责令改正，处一万元以上三万元以下罚款；构成犯罪的，依法移送司法机关追究刑事责任。

第三十二条 重点环境管理危险化学品生产使用企业，未按照本办法的规定开展监测的，由县级以上环境保护主管部门责令改正，处三万元以下罚款；未对其所排放的工业废水进行监测并保存原始记录的，依照《中华人民共和国水污染防治法》第七十二条第（三）项的规定处罚。

第三十三条 危险化学品生产使用企业，未按照本办法的规定公开有关信息的，由县级以上环境保护主管部门责令改正，处三万元以下罚款。

第三十四条 危险化学品生产使用企业，未按照本办法的规定建立危险化学品台账或者环境管理信息档案的，由县级以上环境保护主管部门责令改正，处一万元以下罚款。

重点环境管理危险化学品生产使用企业，未按照环境风险评估报告的要求，定期对企业的环境风险进行自查并保存自查记录的，由县级以上环境保护主管部门责令改正，处一万元以下罚款。

第三十五条 危险化学品环境风险评估报告编制机构不负责任或者弄虚作假，致使报告失实的，由省级以上环境保护主管部门责令改正，处三万元以下罚款，并向社会公告；情节严重的，将其从推荐名单中除名。

第三十六条 从事危险化学品环境管理的工作人员违反本办法规定，玩忽职守、滥用职权或者徇私舞弊的，依法给予处分；涉嫌犯罪的，依法移送司法机关追究刑事责任。

第六章 附 则

第三十七条 危险化学品环境管理登记申请表、危险化学品环境管理登记证、重点环境管理危险化学品释放与转移报告表、环境风险防控管理计划等文件的样式、填写要求和相关技术指南等，由国务院环境保护主管部门统一制定。

第三十八条 国务院环境保护主管部门可以根据危险化学品危害特性和环境风险程度等因素，确定不需要办理环境管理登记的危险化学品名单，并向社会公布。

第三十九条 本办法施行前已建的危险化学品生产使用企业，应当在本办法施行后三年内完成危险化学品生产使用环境管理登记。

第四十条 危险化学品环境管理登记，按照国家有关规定收取费用。

第四十一条 本办法由国务院环境保护主管部门负责解释。

第四十二条 本办法自 2013 年 3 月 1 日起施行。

废弃危险化学品污染环境防治办法

（2005 年 8 月 30 日发布，2005 年 10 月 1 日实施，国家环境保护总局令 2005 年第 27 号）

第一条 为了防治废弃危险化学品污染环境，根据《固体废物污染环境防治法》、《危险化学品安全管理条例》和有关法律、法规，制定本办法。

第二条 本办法所称废弃危险化学品，是指未经使用而被所有人抛弃或者放弃的危险化学品，淘汰、伪劣、过期、失效的危险化学品，由公安、海关、质检、工商、农业、安全监管、环保等主管部门在行政管理活动中依法收缴的危险化学品以及接收的公众上交的危险化学品。

废弃危险化学品属于危险废物，列入国家危险废物名录。

第三条 本办法适用于中华人民共和国境内废弃危险化学品的产生、收集、运输、贮存、利用、处置活动污染环境的防治。

实验室产生的废弃试剂、药品污染环境的防治，也适用本办法。

盛装废弃危险化学品的容器和受废弃危险化学品污染的包装物，按照危险废物进行管理。

本办法未作规定的，适用有关法律、行政法规的规定。

第四条 废弃危险化学品污染环境的防治，实行减少废弃危险化学品的产生量、安全合理利用废弃危险化学品和无害化处置废弃危险化学品的原则。

第五条 国家鼓励、支持采取有利于废弃危险化学品回收利用活动的经济、技术政策和措施，对废弃危险化学品实行充分回收和安全合理利用。

国家鼓励、支持集中处置废弃危险化学品，促进废弃危险化学品污染防治产业化发展。

第六条 国务院环境保护部门对全国废弃危险化学品污染环境的防治工作实施统一监督管理。

县级以上地方环境保护部门对本行政区域内废弃危险化学品污染环境的防治工作实施监督管理。

第七条 禁止任何单位或者个人随意弃置废弃危险化学品。

第八条 危险化学品生产者、进口者、销售者、使用者对废弃危险化学品承担污染防治责任。

危险化学品生产者应当合理安排生产项目和规模,遵守国家有关产业政策和环境政策,尽量减少废弃危险化学品的产生量。

危险化学品生产者负责自行或者委托有相应经营类别和经营规模的持有危险废物经营许可证的单位,对废弃危险化学品进行回收、利用、处置。

危险化学品进口者、销售者、使用者负责委托有相应经营类别和经营规模的持有危险废物经营许可证的单位,对废弃危险化学品进行回收、利用、处置。

危险化学品生产者、进口者、销售者负责向使用者和公众提供废弃危险化学品回收、利用、处置单位和回收、利用、处置方法的信息。

第九条 产生废弃危险化学品的单位,应当建立危险化学品报废管理制度,制定废弃危险化学品管理计划并依法报环境保护部门备案,建立废弃危险化学品的信息登记档案。

产生废弃危险化学品的单位应当依法向所在地县级以上地方环境保护部门申报废弃危险化学品的种类、品名、成份或组成、特性、产生量、流向、贮存、利用、处置情况、化学品安全技术说明书等信息。

前款事项发生重大改变的,应当及时进行变更申报。

第十条 省级环境保护部门应当建立废弃危险化学品信息交换平台,促进废弃危险化学品的回收和安全合理利用。

第十一条 从事收集、贮存、利用、处置废弃危险化学品经营活动的单位,应当按照国家有关规定向所在地省级以上环境保护部门申领危险废物经营许可证。

危险化学品生产单位回收利用、处置与其产品同种的废弃危险化学品的,应当向所在地省级以上环境保护部门申领危险废物经营许可证,并提供符合下列条件的证明材料:

(一)具备相应的生产能力和完善的管理制度;

(二)具备回收利用、处置该种危险化学品的设施、技术和工艺;

(三)具备国家或者地方环境保护标准和安全要求的配套污染防治设施和事故应急救援措施。

禁止无危险废物经营许可证或者不按照经营许可证规定从事废弃危险化学品收集、贮存、利用、处置的经营活动。

第十二条 回收、利用废弃危险化学品的单位,必须保证回收、利用废弃危险化学品的设施、设备和场所符合国家环境保护有关法律法规及标准的要求,防止产生二次污染;对不能利用的废弃危险化学品,应当按照国家有关规定进行无害化处置或者承担处置费用。

第十三条 产生废弃危险化学品的单位委托持有危险废物经营许可证的单位收集、贮存、利用、处置废弃危险化学品的,应当向其提供废弃危险化学品的品名、数量、成分或组成、特性、化学品安全技术说明书等技术资料。

接收单位应当对接收的废弃危险化学品进行核实;未经核实的,不得处置;经核实不符的,应当在确定其品种、成分、特性后再进行处置。

禁止将废弃危险化学品提供或者委托给无危险废物经营许可证的单位从事收集、贮存、利用、处置等经营活动。

第十四条 危险化学品的生产、储存、使用单位转产、停产、停业或者解散的,应当按照《危险化学品安全管理条例》有关规定对危险化学品的生产或者储存设备、库存产品及生产原料进行妥善处置,并按照国家有关环境保护标准和规范,对厂区的土壤和地下水进行检测,编制环境风险评估报告,报县级以上环境保护部门备案。

对场地造成污染的,应当将环境恢复方案报经县级以上环境保护部门同意后,在环境保护部门规定的期限内对污染场地进行环境恢复。对污染场地完成环境恢复后,应当委托环境保护检测机构对恢复后的场地进行检测,并将检测报告报县级以上环境保护部门备案。

第十五条 对废弃危险化学品的容器和包装物以及收集、贮存、运输、处置废弃危险化学品的设施、场所,必须设置危险废物识别标志。

第十六条 转移废弃危险化学品的,应当按照国家有关规定填报危险废物转移联单;跨设区的市级以上行政区域转移的,并应当依法报经移出地设区的市级以上环境保护部门批准后方可转移。

第十七条 公安、海关、质检、工商、农业、安全监管、环保等主管部门在行政管理活动中依法收缴或者接收的废弃危险化学品,应当委托有相应经营类别和经营规模的持有危险废物经营许可证的单位进行回收、利用、处置。

对收缴的废弃危险化学品有明确责任人的,处置费用由责任人承担,由收缴的行政管理部门负责追缴;对收缴的废弃危险化学品无明确责任人或者责任人无能力承担处置费用的,以及接收的公众上交的废弃危险化学品,由收缴的行政管理部门负责向本级财政申请处置费用。

第十八条 产生、收集、贮存、运输、利用、处置废弃危险化学品的单位,其主要负责人必须保证本单位废弃危险化学品的管理符合有关法律、法规、规章的规定和国家标准的要求,并对本单位废弃危险化学品的环境安全负责。

从事废弃危险化学品收集、贮存、运输、利用、处置活动的人员,必须接受有关环境保护法律法规、专业技术和应急救援等方面的培训,方可从事该项工作。

第十九条 产生、收集、贮存、运输、利用、处置废弃危险化学品的单位,应当制定废弃危险化学品突发环境事件应急预案报县级以上环境保护部门备案,建设或配备必要的环境应急设施和设备,并定期进行演练。

发生废弃危险化学品事故时,事故责任单位应当立即采取措施消除或者减轻对环境的污染危害,及时通报可能受到污染危害的单位和居民,并按照国家有关事故报告程序的规定,向所在地县级以上环境保护部门和有关部门报告,接受调查处理。

第二十条 县级以上环境保护部门有权对本行政区域内产生、收集、贮存、运输、利用、处置废弃危险化学品的单位进行监督检查,发现有违反本办法行为的,应当责令其限期整改。检查情况和处理结果应当予以记录,并由检查人员签字后归档。

被检查单位应当接受检查机关依法实施的监督检查,如实反映情况,提供必要的资料,不得拒绝、阻挠。

第二十一条 县级以上环境保护部门违反本办法规定,不依法履行监督管理职责的,由本级人民政府或者上一级环境保护部门依据《固体废物污染环境防治法》第六十七条规定,责令改正,对负有责任的主管人员和其他直接责任人员依法给予行政处分;构成犯罪的,依法追究刑事责任。

第二十二条 违反本办法规定,有下列行为之一的,由县级以上环境保护部门依据《固体废物污染环境防治法》第七十五条规定予以处罚:

(一)随意弃置废弃危险化学品的;

(二)不按规定申报登记废弃危险化学品,或者在申报登记时弄虚作假的;

(三)将废弃危险化学品提供或者委托给无危险废物经营许可证的单位从事收集、贮存、利用、处置经营活动的;

(四)不按照国家有关规定填写危险废物转移联单或未经批准擅自转移废弃危险化学品的;

(五)未设置危险废物识别标志的;

(六)未制定废弃危险化学品突发环境事件应急预案的。

第二十三条 违反本办法规定的,不处置其产生的废弃危险化学品或者不承担处置费用的,由县级以上环境保护部门依据《固体废物污染环境防治法》第七十六条规定予以处罚。

第二十四条 违反本办法规定,无危险废物经营许可证或者不按危险废物经营许可证从事废弃危险化学品收集、贮存、利用和处置经营活动的,由县级以上环境保护部门依据《固体废物污染环境防治法》第七十七条规定予以处罚。

第二十五条 危险化学品的生产、储存、使用单位在转产、停产、停业或者解散时,违反本办法规定,有下列行为之一的,由县级以上环境保护部门责令限期改正,处以一万元以上三万元以下罚款:

(一)未按照国家有关环境保护标准和规范对厂区的土壤和地下水进行检测的;

(二)未编制环境风险评估报告并报县级

以上环境保护部门备案的；

（三）未将环境恢复方案报经县级以上环境保护部门同意进行环境恢复的；

（四）未将环境恢复后的检测报告报县级以上环境保护部门备案的。

第二十六条 违反本办法规定，造成废弃危险化学品严重污染环境的，由县级以上环境保护部门依据《固体废物污染环境防治法》第八十一条规定决定限期治理，逾期未完成治理任务的，由本级人民政府决定停业或者关闭。

造成环境污染事故的，依据《固体废物污染环境防治法》第八十二条规定予以处罚；构成犯罪的，依法追究刑事责任。

第二十七条 违反本办法规定，拒绝、阻挠环境保护部门现场检查的，由执行现场检查的部门责令限期改正；拒不改正或者在检查时弄虚作假的，由县级以上环境保护部门依据《固体废物污染环境防治法》第七十条规定予以处罚。

第二十八条 当事人逾期不履行行政处罚决定的，作出行政处罚决定的环境保护部门可以采取下列措施：

（一）到期不缴纳罚款的，每日按罚款数额的百分之三加处罚款；

（二）申请人民法院强制执行。

第二十九条 本办法自2005年10月1日起施行。

化学品首次进口及有毒化学品进出口环境管理规定（节选）

（1994年3月16日发布，1994年5月1日实施，环管〔1994〕140号，2007年7月6日经国家环境保护总局第二次局务会议修订）

第一章 总 则

第一条 为了保护人体健康和生态环境，加强化学品首次进口和有毒化学品进出口的环境管理，执行《关于化学品国际贸易资料交流的伦敦准则》（1989年修正本）（以下简称《伦敦准则》），制定本规定。

第三条 本规定适用于化学品的首次进口和列入《中国禁止或严格限制的有毒化学品名录》（以下简称《名录》）的化学品进出口的环境管理。

食品添加剂、医药、兽药、化妆品和放射性物质不适用本规定。

第四条 本规定中下列用语的含义是：

（一）“化学品”是指人工制造的或者是从自然界取得的化学物质，包括化学物质本身、化学混合物或者化学配制物中的一部分，以及作为工业化学品和农药使用的物质。

（二）“禁止的化学品”是指因损害健康和环境而被完全禁止使用的化学品。

（三）“严格限制的化学品”是指因损害健康和环境而被禁止使用，但经授权在一些特殊情况下仍可使用的化学品。

（四）“有毒化学品”是指进入环境后通过环境蓄积、生物累积、生物转化或化学反应等方式损害健康和环境，或者通过接触对人体具有严重危害和具有潜在危险的化学品。

（五）“化学品首次进口”是指外商或其代理人向中国出口其未曾在中国登记过的化学品，即使同种化学品已有其他外商或其代理人在中国进行了登记，仍被视为化学品首次进口。

（六）“事先知情同意”是指为保护人类健康和环境目的而被禁止或严格限制的化学品的国际运输，必须在进口国指定的国家主管部门同意的情况下进行。

（七）“出口”和“进口”是指通过中华人民共和国海关办理化学品进出境手续的活动，但不包括过境运输。

第二章 监督管理

第五条 国家环境保护局对化学品首次进口和有毒化学品进出口实施统一的环境监督管理，负责全面执行《伦敦准则》的事先知情同意程序，发布中国禁止或严格限制的有毒化学品名录，实施化学品首次进口和列入《名录》内的有毒化学品进出口的环境管理登记和审批，签发《化学品进（出）口环境管理登记证》和《有毒化学品进(出)口环境管理放行通知单》,发布首次进口化学品登记公告。

第六条　中华人民共和国海关对列入《名录》的有毒化学品的进出口凭国家环境保护局签发的《有毒化学品进(出)口环境管理放行通知单》验放。

对外贸易经济合作部根据其职责协同国家环境保护局对化学品首次进口和有毒化学品进出口环境管理登记申请资料的有关内容进行审查和对外公布《中国禁止或严格限制的有毒化学品名录》。

第七条　国家环境保护局设立国家有毒化学品评审委员会,负责对申请进出口环境管理登记的化学品的综合评审工作,对实施本规定所涉及的技术事务向国家环境保护局提供咨询意见。国家有毒化学品评审委员会由环境、卫生、农业、化工、外贸、商检、海关及其它有关方面的管理人员和技术专家组成,每届任期三年。

第八条　地方各级环境保护行政主管部门依据本规定对本辖区的化学品首次进口及有毒化学品进出口进行环境监督管理。

第三章　登记管理

第九条　每次外商及其代理人向中国出口和国内从国外进口列入《名录》中的工业化学品或农药之前,均需向国家环境保护局提出有毒化学品进口环境管理登记申请。对准予进口的发给《化学品进(出)口环境管理登记证》和《有毒化学品进(出)口环境管理放行通知单》(以下简称《通知单》)。《通知单》实行一批一证制,每份(通知单)在有效时间内只能报关使用一次(见附件一)。

第十条　申请出口列入《名录》的化学品,必须向国家环境保护局提出有毒化学品出口环境管理登记申请。

国家环境保护局受理申请后,应通知进口国主管部门,在收到进口国主管部门同意进口的通知后,发给申请人准许有毒化学品出口的《化学品进(出)口环境管理登记证》。对进口国主管部门不同意进口的化学品,不予登记,不准出口,并通知申请人。

第十一条　国家环境保护局签发的《化学品进(出)口环境管理登记证》须加盖中华人民共和国国家环境保护局化学品进出口环境管理登记审批章。国内外为进口或出口列入《名录》的有毒化学品而申请的《化学品进(出)口环境管理登记证》为绿色证,外商或其代理人为首次向中国出口化学品而申请的《化学品进(出)口环境管理登记证》为粉色证,临时登记证为白色证。

第十二条　《有毒化学品进(出)口环境管理放行通知单》第一联由国家环境保护局留存,第二联(正本)交申请人用以报关,第三联发送中华人民共和国国家进出口商品检验局。

第十三条　申请化学品进出口环境管理登记的审查期限从收到符合登记资料要求的申请之日起计算,对化学品首次进口登记申请的审查期不超过一百八十天,对列入《名录》的有毒化学品进出口登记申请的审查期不超过三十天。

第四章　防止污染口岸环境

第十八条　因包装损坏或者不符合要求而造成或者可能造成口岸污染的,口岸主管部门应立即采取措施,防止和消除污染,并及时通知当地环境保护行政主管部门,进行调查处理。防止和消除其污染的费用由有关责任人承担。

第五章　罚　　则

第十九条　违反本规定,未进行化学品进出口环境管理登记而进出口化学品的,由海关根据海关行政处罚实施细则有关规定处以罚款,并责令当事人补办登记手续;对经补办登记申请但未获准登记的,责令退回货物。

第二十条　进出口化学品造成中国口岸污染的,由当地环境保护行政主管部门予以处罚。

第二十一条　违反国家外贸管制规定而进出口化学品的,由外贸行政主管部门依照有关规定予以处罚。

第六章　附　　则

第二十二条　因实验需要,首次进口且年进口量不足50公斤的化学品免于登记(《中国禁止或严格限制的有毒化学品名录》中的化学品除外)。

新化学物质环境管理办法(节选)

(国家环境保护总局令第2号,2003年9月12日发布,2003年10月15日实施;环境保护部令2010年第7号,2010年1月19日发布,2010年10月15日实施)

第一章 总 则

第一条 【立法目的】为了控制新化学物质的环境风险,保障人体健康,保护生态环境,根据《国务院对确需保留的行政审批项目设定行政许可的决定》以及其他有关法律、行政法规,制定本办法。

第二条 【适用范围】本办法适用于在中华人民共和国关境内从事研究、生产、进口和加工使用新化学物质活动的环境管理。保税区和出口加工区内的新化学物质相关活动的环境管理,也适用本办法。

医药、农药、兽药、化妆品、食品、食品添加剂、饲料添加剂等的管理,适用有关法律、法规;但作为上述产品的原料和中间体的新化学物质相关活动的环境管理,适用本办法。

设计为常规使用时有意释放出所含新化学物质的物品,按照本办法管理。

第三条 【分类】根据化学品危害特性鉴别、分类标准,新化学物质分为一般类新化学物质、危险类新化学物质。

危险类新化学物质中具有持久性、生物蓄积性、生态环境和人体健康危害特性的化学物质,列为重点环境管理危险类新化学物质。

本办法所称新化学物质,是指未列入《中国现有化学物质名录》的化学物质。

《中国现有化学物质名录》由环境保护部制定、调整并公布。

第四条 【基本制度】国家对新化学物质实行风险分类管理,实施申报登记和跟踪控制制度。

第五条 【登记证】新化学物质的生产者或者进口者,必须在生产前或者进口前进行申报,领取新化学物质环境管理登记证(以下简称“登记证”)。

未取得登记证的新化学物质,禁止生产、进口和加工使用。

未取得登记证或者未备案申报的新化学物质,不得用于科学研究。

第六条 【鼓励先进技术】国家支持新化学物质环境风险、健康风险评估和控制技术的科学研究,推广先进适用的新化学物质环境风险控制技术,鼓励环境友好型替代化学物质的研究、生产、进口和加工使用,鼓励申报人共享新化学物质申报登记数据。

第二章 申报程序

第九条 【申报类型】新化学物质申报,分为常规申报、简易申报和科学研究备案申报。

第十条 【常规申报要求】新化学物质年生产量或者进口量1吨以上的,应当在生产或者进口前向环境保护部化学品登记中心(以下简称“登记中心”)提交新化学物质申报报告,办理常规申报;但是,符合简易申报条件的,可以办理简易申报。

新化学物质申报报告,应当包括下列内容:

(一)新化学物质常规申报表,并附具按照化学品分类、警示标签和警示性说明安全规范等国家有关标准进行的分类、标签和化学品安全技术说明书;

(二)风险评估报告,包括申报物质危害评估、暴露预测评估和风险控制措施,以及环境风险和健康风险评估结论等内容;

(三)物理化学性质、毒理学和生态毒理学特性的测试报告或者资料,以及有关测试机构的资质证明。生态毒理学特性测试报告,必须包括在中国境内用中国的供试生物按照相关标准的规定完成的测试数据。

第十一条 【常规申报数量级别】常规申报遵循“申报数量级别越高、测试数据要求越高”的原则。申报人应当按照环境保护部制定的新化学物质申报登记指南,提供相应的测试数据或者资料。

依据新化学物质申报数量,常规申报从低

到高分为下列四个级别：

（一）一级为年生产量或者进口量1吨以上不满10吨的；

（二）二级为年生产量或者进口量10吨以上不满100吨的；

（三）三级为年生产量或者进口量100吨以上不满1000吨的；

（四）四级为年生产量或者进口量1000吨以上的。

第十二条　【简易申报基本情形】新化学物质年生产量或者进口量不满1吨的，应当在生产或者进口前，向登记中心办理简易申报。

办理简易申报，应当提交下列材料：

（一）新化学物质简易申报表；

（二）在中国境内用中国的供试生物完成的生态毒理学特性测试报告。

第十三条　【简易申报特殊情形】生产或者进口的新化学物质有下列特殊情形之一的，应当办理简易申报：

（一）用作中间体或者仅供出口，年生产量或者进口量不满1吨的；

（二）以科学研究为目的，年生产量或者进口量0.1吨以上不满1吨的；

（三）新化学物质单体含量低于2%的聚合物或者属于低关注聚合物的；

（四）以工艺和产品研究开发为目的，年生产量或者进口量不满10吨，且不超过二年的。

办理特殊情形简易申报，应当提交新化学物质简易申报表以及符合相应情形的证明材料。

第十四条　【备案申报要求】有下列情形之一的，应当在生产或者进口前，向登记中心提交新化学物质科学研究备案表，办理科学研究备案申报：

（一）以科学研究为目的，新化学物质年生产量或者进口量不满0.1吨的；

（二）为了在中国境内用中国的供试生物进行新化学物质生态毒理学特性测试而进口新化学物质测试样品的。

第十五条　【系列申报、联合申报、重复申报】办理常规申报，有下列情形之一的，可以按下列规定办理申报手续：

（一）同一申报人对分子结构相似、用途相同或者相近、测试数据相近的多个新化学物质，可以提出新化学物质系列申报；

（二）两个以上申报人同时申报相同新化学物质，共同提交申报材料的，可以提出新化学物质联合申报；

（三）两个以上申报人先后申报相同新化学物质，后申报人征得前申报人同意后使用前申报人的测试数据的，可以提出新化学物质重复申报。数据的测试费用分担方法，由申报人自行商定。

第十六条　【申报人资格】新化学物质申报人或者其代理人，应当是中国境内注册机构。

非首次进行新化学物质申报的，近三年内不得有因违反新化学物质环境管理规定而被行政处罚的不良记录。

第十七条　【如实报告】申报人在办理新化学物质申报手续时，应当如实提交新化学物质危害特性和环境风险的全部已知信息。

第十八条　【环境信息公开】申报人对所提交的申报材料中涉及商业秘密或者技术秘密要求保密的，应当在申报材料中注明。

对涉及危害人体健康和环境安全的信息，不得要求保密。

申报人对要求保密的内容予以公开时，应当书面告知登记中心。

第十九条　【测试机构】为新化学物质申报目的提供测试数据的境内测试机构，应当为环境保护部公告的化学物质测试机构，并接受环境保护部的监督和检查。

境内测试机构应当遵守环境保护部颁布的化学品测试合格实验室导则，并按照化学品测试导则或者化学品测试相关国家标准，开展新化学物质生态毒理学特性测试。

在境外完成新化学物质生态毒理学特性测试并提供测试数据的境外测试机构，必须通过其所在国家主管部门的检查或者符合合格实验室规范。

第三章　登记管理

第二十条　【常规申报登记程序】新化学物质常规申报登记，按下列程序执行：

（一）登记中心受理常规申报后，应当将新

化学物质申报报告提交环境保护部化学物质环境管理专家评审委员会(以下简称“评审委员会”)。评审委员会由化学、化工、健康、安全、环保等方面专家组成。

(二)评审委员会应当依照环境保护部颁布的新化学物质危害和风险评估导则和规范,以及化学品危害特性鉴别、分类等国家相关标准,对新化学物质的以下内容进行识别和技术评审:

1. 名称和标识;

2. 物理化学、人体健康、环境等方面的危害特性;

3. 暴露程度以及对人体健康和环境的风险;

4. 人体健康和环境风险控制措施的适当性。

评审委员会认为现有申报材料不足以对新化学物质的风险做出全面评价结论的,由登记中心书面通知申报人补充申报材料。

(三)评审委员会应当提出新化学物质登记技术评审意见,报送环境保护部。新化学物质登记技术评审意见包括:

1. 将新化学物质认定为一般类、危险类以及是否属于重点环境管理危险类新化学物质的管理类别划分意见;

2. 人体健康和环境风险的评审意见;

3. 风险控制措施适当性的评审结论;

4. 是否准予登记的建议。

(四)环境保护部应当对新化学物质登记技术评审意见进行审查,确定新化学物质管理类别,并视不同情况,做出决定:

1. 对有适当风险控制措施的,予以登记,颁发登记证;

2. 对无适当风险控制措施的,不予登记,书面通知申报人并说明理由。

环境保护部在做出登记决定前,应当对新化学物质登记内容进行公示。

第二十一条 【简易申报登记程序】新化学物质简易申报登记,按下列程序执行:

(一)登记中心受理简易申报后,应当提出书面处理意见,报送环境保护部。

对按要求提交生态毒理学特性测试报告的,评审委员会应当对申报材料进行技术评审,并提出技术评审意见,报送环境保护部。

(二)环境保护部对符合要求的,予以登记,颁发登记证;对不符合要求的,不予登记,书面通知申报人并说明理由。

第二十二条 【备案申报登记程序】新化学物质科学研究备案,按下列程序执行:

(一)登记中心收到科学研究备案申报后,应当按月汇总报送环境保护部;

(二)环境保护部定期在政府网站上公告。

第二十三条 【登记公告】环境保护部应当在政府网站上公告予以登记的新化学物质名称、申报人、申报种类和登记新化学物质管理类别等信息。

第二十四条 【办理时限】登记中心应当自受理常规申报之日起5个工作日内,将新化学物质申报报告提交评审委员会;自受理简易申报之日起5个工作日内,将书面处理意见报送环境保护部。

常规申报登记的专家评审时间不得超过60日,简易申报登记的专家审查时间不得超过30日。登记中心通知补充申报材料的,申报人补充申报材料所需时间不计入专家评审时间。

环境保护部应当自收到登记中心或者评审委员会上报的新化学物质登记文件之日起15个工作日内,做出是否予以登记的决定。15个工作日内不能做出决定的,经环境保护部负责人批准,可以延长10个工作日。

第二十七条 【重新申报】尚未列入《中国现有化学物质名录》,且已获准登记的新化学物质,有下列情形之一的,登记证持有人应当按本办法规定程序重新进行申报:

(一)增加登记量级的;

(二)变更重点环境管理危险类新化学物质登记用途的。

已被列入《中国现有化学物质名录》,且获准登记的重点环境管理危险类新化学物质,变更登记用途的,也可以由登记新化学物质的加工使用者,重新进行申报。

第四章 跟踪控制

第二十九条 【环评审批前置条件】环境保护部门应当将新化学物质登记,作为审批生产或者加工使用该新化学物质建设项目环境影响评价文件的条件。

第三十条　【信息传递】常规申报的登记证持有人应当在化学品安全技术说明书中明确新化学物质危害特性，并向加工使用者传递下列信息：

（一）登记证中规定的风险控制措施；

（二）化学品安全技术说明书；

（三）按照化学品分类、警示标签和警示性说明安全规范的分类结果；

（四）其他相关信息。

第三十一条　【一般风险控制措施】常规申报的登记证持有人和相应的加工使用者，应当按照登记证的规定，采取下列一项或者多项风险控制措施：

（一）进行新化学物质风险和防护知识教育；

（二）加强对接触新化学物质人员的个人防护；

（三）设置密闭、隔离等安全防护，布置警示标志；

（四）改进新化学物质生产、使用方式，以降低释放和环境暴露；

（五）改进污染防治工艺，以减少环境排放；

（六）制定应急预案和应急处置措施；

（七）采取其他风险控制措施。

危险类新化学物质（含重点环境管理危险类新化学物质）的登记证持有人以及加工使用者，应当遵守《危险化学品安全管理条例》等现行法律、行政法规的相关规定。

第三十二条　【重点风险控制措施】重点环境管理危险类新化学物质的登记证持有人和加工使用者，还应当采取下列风险控制措施：

（一）在生产或者加工使用期间，应当监测或者估测重点环境管理危险类新化学物质向环境介质排放的情况。不具备监测能力的，可以委托地市级以上环境保护部门认可的环境保护部门所属监测机构或者社会检测机构进行监测。

（二）在转移时，应当按照相关规定，配备相应设备，采取适当措施，防范发生突发事件时重点环境管理危险类新化学物质进入环境，并提示发生突发事件时的紧急处置方式。

（三）在重点环境管理危险类新化学物质废弃后，按照有关危险废物处置规定进行处置。

第三十三条　【禁止转让】常规申报的登记证持有人，不得将获准登记的新化学物质转让给没有能力采取风险控制措施的加工使用者。

第三十五条　【活动报告】常规申报的登记证持有人，应当在首次生产活动30日内，或者在首次进口并已向加工使用者转移30日内，向登记中心报送新化学物质首次活动情况报告表。

重点环境管理危险类新化学物质的登记证持有人，还应当在每次向不同加工使用者转移重点环境管理危险类新化学物质之日起30日内，向登记中心报告新化学物质流向信息。

第三十六条　【年度报告】简易申报的登记证持有人，应当于每年2月1日前向登记中心报告上一年度获准登记新化学物质的实际生产或者进口情况。

危险类新化学物质（含重点环境管理危险类新化学物质）的登记证持有人，应当于每年2月1日前向登记中心报告上一年度获准登记新化学物质的下列情况：

（一）实际生产或者进口情况；

（二）风险控制措施落实情况；

（三）环境中暴露和释放情况；

（四）对环境和人体健康造成影响的实际情况；

（五）其他与环境风险相关的信息。

重点环境管理危险类新化学物质的登记证持有人，还应当同时向登记中心报告本年度登记新化学物质的生产或者进口计划，以及风险控制措施实施的准备情况。

第三十七条　【资料保存】登记证持有人应当将新化学物质的申报材料以及生产、进口活动实际情况等相关资料保存十年以上。

第三十八条　【监管通知】环境保护部收到登记中心报送的新化学物质首次活动情况报告表或者新化学物质流向信息30日内，应当向危险类新化学物质（含重点环境管理危险类新化学物质）的生产者、加工使用者所在地省级环境保护部门发送新化学物质监管通知。

省级环境保护部门负责将监管通知发送至该化学物质生产者、加工使用者所在地地市级或者县级环境保护部门。

监管通知内容包括：新化学物质名称、管理类别、登记证上载明的风险控制措施和行政管理要求以及监督检查要点等。

第三十九条 【监督检查】负有监督管理职责的地方环境保护部门，应当根据新化学物质监管通知的要求，按照环境保护部制定的新化学物质监督管理检查规范，对新化学物质生产、加工使用活动进行监督检查。

发现生产或者加工使用新化学物质活动，造成或者可能造成即时性或者累积性环境污染危害的，应当责令生产者、加工使用者立即采取措施，消除危害或者危险，并将有关情况逐级报告至环境保护部。

环境保护部可以根据报告情况，要求登记证持有人提供获准登记新化学物质可能存在的新危害特性信息，并按照本办法有关新化学物质新的危害特性报告和处理规定予以处理。

第四十条 【注销登记】登记证持有人未进行生产、进口活动或者停止生产、进口活动的，可以向登记中心递交注销申请，说明情况，并交回登记证。

环境保护部对前款情况确认没有生产、进口活动发生或者没有环境危害影响的，给予注销，并公告注销新化学物质登记的信息。

第四十一条 【列入现有化学物质名录程序】一般类新化学物质自登记证持有人首次生产或者进口活动之日起满五年，由环境保护部公告列入《中国现有化学物质名录》。

危险类新化学物质（含重点环境管理危险类新化学物质）登记证持有人应当自首次生产或者进口活动之日起满五年的六个月前，向登记中心提交实际活动情况报告。

环境保护部组织评审委员会专家对实际活动情况报告进行回顾性评估，依据评估结果将危险类新化学物质（含重点环境管理危险类新化学物质）公告列入《中国现有化学物质名录》。

简易申报登记和科学研究备案的新化学物质不列入《中国现有化学物质名录》。

第四十二条 【定期排查】环境保护部每五年组织一次新化学物质排查。

对2003年10月15日前已在中华人民共和国境内合法生产或者进口的化学物质，环境保护部列入《中国现有化学物质名录》。

对未取得登记证生产、进口或者加工使用新化学物质的，环境保护部门依法予以处罚。

第五章 法律责任

第四十三条 【虚假申报】违反本办法规定，在申报过程中隐瞒有关情况或者提供虚假材料的，由环境保护部责令改正，公告其违规行为，记载其不良记录，处一万元以上三万元以下罚款；已经登记的，并撤销其登记证。

第四十四条 【环境保护部处罚事项】违反本办法规定，有下列行为之一的，由环境保护部责令改正，处一万元以下罚款：

（一）未及时提交获准登记新化学物质环境风险更新信息的；

（二）未按规定报送新化学物质首次活动情况报告表或者新化学物质流向信息的；

（三）未按规定报送上一年度新化学物质的生产或者进口情况的；

（四）未按规定提交实际活动情况报告的。

第四十五条 【地方处罚事项一】违反本办法规定，有下列行为之一的，由负有监督管理职责的地方环境保护部门责令改正，处一万元以上三万元以下罚款，并报环境保护部公告其违规行为，记载其不良记录：

（一）拒绝或者阻碍环境保护部门监督检查，或者在接受监督检查时弄虚作假的；

（二）未取得登记证或者不按照登记证的规定生产或者进口新化学物质的；

（三）加工使用未取得登记证的新化学物质的；

（四）未按登记证规定采取风险控制措施的；

（五）将登记新化学物质转让给没有能力采取风险控制措施的加工使用者的。

第四十六条 【地方处罚事项二】违反本办法规定，有下列行为之一的，由负有监督管理职责的地方环境保护部门责令改正，处一万元以上三万元以下罚款：

（一）未按规定向加工使用者传递风险控制信息的；

（二）未按规定保存新化学物质的申报材料以及生产、进口活动实际情况等相关资料的；

（三）将以科学研究以及工艺和产品的研究开发为目的生产或者进口的新化学物质用于其他目的或者未按规定管理的。

第四十七条　**【评审专家违规处罚】**评审委员会专家在新化学物质评审中弄虚作假或者有失职行为，造成评审结果严重失实的，由环境保护部取消其入选评审专家库的资格，并予以公告。

第四十八条　**【测试机构违规处罚】**为新化学物质申报提供测试数据的境内测试机构在新化学物质测试过程中伪造、篡改数据或者有其他弄虚作假行为的，由环境保护部从测试机构名单中除名，并予以公告。

第六章　附　　则

第五十条　**【术语】**本办法中下列术语的含义：

（一）一般类新化学物质，是指尚未发现危害特性或者其危害性低于化学物质危害特性鉴别、分类相关标准规定值的新化学物质；

（二）危险类新化学物质，是指具有物理化学、人体健康或者环境危害特性，且达到或者超过化学物质危害特性鉴别、分类相关标准规定值的新化学物质。

危险废物经营许可证管理办法

（国务院令 2004 年第 408 号，2004 年 5 月 30 日发布，2004 年 7 月 1 日实施，根据 2013 年 12 月 7 日《国务院关于修改部分行政法规的决定》修订）

第一章　总　　则

第一条　为了加强对危险废物收集、贮存和处置经营活动的监督管理，防治危险废物污染环境，根据《中华人民共和国固体废物污染环境防治法》，制定本办法。

第二条　在中华人民共和国境内从事危险废物收集、贮存、处置经营活动的单位，应当依照本办法的规定，领取危险废物经营许可证。

第三条　危险废物经营许可证按照经营方式，分为危险废物收集、贮存、处置综合经营许可证和危险废物收集经营许可证。

领取危险废物综合经营许可证的单位，可以从事各类别危险废物的收集、贮存、处置经营活动；领取危险废物收集经营许可证的单位，只能从事机动车维修活动中产生的废矿物油和居民日常生活中产生的废镉镍电池的危险废物收集经营活动。

第四条　县级以上人民政府环境保护主管部门依照本办法的规定，负责危险废物经营许可证的审批颁发与监督管理工作。

第二章　申请领取危险废物经营许可证的条件

第五条　申请领取危险废物收集、贮存、处置综合经营许可证，应当具备下列条件：

（一）有3 名以上环境工程专业或者相关专业中级以上职称，并有 3 年以上固体废物污染治理经历的技术人员；

（二）有符合国务院交通主管部门有关危险货物运输安全要求的运输工具；

（三）有符合国家或者地方环境保护标准和安全要求的包装工具，中转和临时存放设施、设备以及经验收合格的贮存设施、设备；

（四）有符合国家或者省、自治区、直辖市危险废物处置设施建设规划，符合国家或者地方环境保护标准和安全要求的处置设施、设备和配套的污染防治设施；其中，医疗废物集中处置设施，还应当符合国家有关医疗废物处置的卫生标准和要求；

（五）有与所经营的危险废物类别相适应的处置技术和工艺；

（六）有保证危险废物经营安全的规章制

度、污染防治措施和事故应急救援措施；

（七）以填埋方式处置危险废物的，应当依法取得填埋场所的土地使用权。

第六条 申请领取危险废物收集经营许可证，应当具备下列条件：

（一）有防雨、防渗的运输工具；

（二）有符合国家或者地方环境保护标准和安全要求的包装工具，中转和临时存放设施、设备；

（三）有保证危险废物经营安全的规章制度、污染防治措施和事故应急救援措施。

第三章 申请领取危险废物经营许可证的程序

第七条 国家对危险废物经营许可证实行分级审批颁发。

医疗废物集中处置单位的危险废物经营许可证，由医疗废物集中处置设施所在地设区的市级人民政府环境保护主管部门审批颁发。

危险废物收集经营许可证，由县级人民政府环境保护主管部门审批颁发。

本条第二款、第三款规定之外的危险废物经营许可证，由省、自治区、直辖市人民政府环境保护主管部门审批颁发。

第八条 申请领取危险废物经营许可证的单位，应当在从事危险废物经营活动前向发证机关提出申请，并附具本办法第五条或者第六条规定条件的证明材料。

第九条 发证机关应当自受理申请之日起20个工作日内，对申请单位提交的证明材料进行审查，并对申请单位的经营设施进行现场核查。符合条件的，颁发危险废物经营许可证，并予以公告；不符合条件的，书面通知申请单位并说明理由。

发证机关在颁发危险废物经营许可证前，可以根据实际需要征求卫生、城乡规划等有关主管部门和专家的意见。

申请单位凭危险废物经营许可证向工商管理部门办理登记注册手续。

第十条 危险废物经营许可证包括下列主要内容：

（一）法人名称、法定代表人、住所；

（二）危险废物经营方式；

（三）危险废物类别；

（四）年经营规模；

（五）有效期限；

（六）发证日期和证书编号。

危险废物综合经营许可证的内容，还应当包括贮存、处置设施的地址。

第十一条 危险废物经营单位变更法人名称、法定代表人和住所的，应当自工商变更登记之日起15个工作日内，向原发证机关申请办理危险废物经营许可证变更手续。

第十二条 有下列情形之一的，危险废物经营单位应当按照原申请程序，重新申请领取危险废物经营许可证：

（一）改变危险废物经营方式的；

（二）增加危险废物类别的；

（三）新建或者改建、扩建原有危险废物经营设施的；

（四）经营危险废物超过原批准年经营规模20%以上的。

第十三条 危险废物综合经营许可证有效期为5年；危险废物收集经营许可证有效期为3年。

危险废物经营许可证有效期届满，危险废物经营单位继续从事危险废物经营活动的，应当于危险废物经营许可证有效期届满30个工作日前向原发证机关提出换证申请。原发证机关应当自受理换证申请之日起20个工作日内进行审查，符合条件的，予以换证；不符合条件的，书面通知申请单位并说明理由。

第十四条 危险废物经营单位终止从事收集、贮存、处置危险废物经营活动的，应当对经营设施、场所采取污染防治措施，并对未处置的危险废物作出妥善处理。

危险废物经营单位应当在采取前款规定措施之日起20个工作日内向原发证机关提出注销申请，由原发证机关进行现场核查合格后注销危险废物经营许可证。

第十五条 禁止无经营许可证或者不按照经营许可证规定从事危险废物收集、贮存、处置经营活动。

禁止从中华人民共和国境外进口或者经中华人民共和国过境转移电子类危险废物。

禁止将危险废物提供或者委托给无经营许可证的单位从事收集、贮存、处置经营活动。

禁止伪造、变造、转让危险废物经营许可证。

第四章　监督管理

第十六条　县级以上地方人民政府环境保护主管部门应当于每年3月31日前将上一年度危险废物经营许可证颁发情况报上一级人民政府环境保护主管部门备案。

上级环境保护主管部门应当加强对下级环境保护主管部门审批颁发危险废物经营许可证情况的监督检查，及时纠正下级环境保护主管部门审批颁发危险废物经营许可证过程中的违法行为。

第十七条　县级以上人民政府环境保护主管部门应当通过书面核查和实地检查等方式，加强对危险废物经营单位的监督检查，并将监督检查情况和处理结果予以记录，由监督检查人员签字后归档。

公众有权查阅县级以上人民政府环境保护主管部门的监督检查记录。

县级以上人民政府环境保护主管部门发现危险废物经营单位在经营活动中有不符合原发证条件的情形的，应当责令其限期整改。

第十八条　县级以上人民政府环境保护主管部门有权要求危险废物经营单位定期报告危险废物经营活动情况。危险废物经营单位应当建立危险废物经营情况记录簿，如实记载收集、贮存、处置危险废物的类别、来源、去向和有无事故等事项。

危险废物经营单位应当将危险废物经营情况记录簿保存10年以上，以填埋方式处置危险废物的经营情况记录簿应当永久保存。终止经营活动的，应当将危险废物经营情况记录簿移交所在地县级以上地方人民政府环境保护主管部门存档管理。

第十九条　县级以上人民政府环境保护主管部门应当建立、健全危险废物经营许可证的档案管理制度，并定期向社会公布审批颁发危险废物经营许可证的情况。

第二十条　领取危险废物收集经营许可证的单位，应当与处置单位签订接收合同，并将收集的废矿物油和废镉镍电池在90个工作日内提供或者委托给处置单位进行处置。

第二十一条　危险废物的经营设施在废弃或者改作其他用途前，应当进行无害化处理。

填埋危险废物的经营设施服役期届满后，危险废物经营单位应当按照有关规定对填埋过危险废物的土地采取封闭措施，并在划定的封闭区域设置永久性标记。

第五章　法律责任

第二十二条　违反本办法第十一条规定的，由县级以上地方人民政府环境保护主管部门责令限期改正，给予警告；逾期不改正的，由原发证机关暂扣危险废物经营许可证。

第二十三条　违反本办法第十二条、第十三条第二款规定的，由县级以上地方人民政府环境保护主管部门责令停止违法行为；有违法所得的，没收违法所得；违法所得超过10万元的，并处违法所得1倍以上2倍以下的罚款；没有违法所得或者违法所得不足10万元的，处5万元以上10万元以下的罚款。

第二十四条　违反本办法第十四条第一款、第二十一条规定的，由县级以上地方人民政府环境保护主管部门责令限期改正；逾期不改正的，处5万元以上10万元以下的罚款；造成污染事故，构成犯罪的，依法追究刑事责任。

第二十五条　违反本办法第十五条第一款、第二款、第三款规定的，依照《中华人民共和国固体废物污染环境防治法》的规定予以处罚。

违反本办法第十五条第四款规定的，由县级以上地方人民政府环境保护主管部门收缴危险废物经营许可证或者由原发证机关吊销危险废物经营许可证，并处5万元以上10万元以下的罚款；构成犯罪的，依法追究刑事责任。

第二十六条　违反本办法第十八条规定的，由县级以上地方人民政府环境保护主管部门责令限期改正，给予警告；逾期不改正的，由原发证机关暂扣或者吊销危险废物经营许可证。

第二十七条　违反本办法第二十条规定的，由县级以上地方人民政府环境保护主管部门责令限期改正，给予警告；逾期不改正的，处1万元以上5万元以下的罚款，并可以由原发证机关暂扣或者吊销危险废物经营许可证。

第二十八条 危险废物经营单位被责令限期整改，逾期不整改或者经整改仍不符合原发证条件的，由原发证机关暂扣或者吊销危险废物经营许可证。

第二十九条 环境保护主管部门依照本办法规定作出吊销或者收缴危险废物经营许可证的同时，应当通知工商管理部门，由工商管理部门依法吊销营业执照。

被依法吊销或者收缴危险废物经营许可证的单位，5 年内不得再申请领取危险废物经营许可证。

第三十条 县级以上人民政府环境保护主管部门的工作人员，有下列行为之一的，依法给予行政处分；构成犯罪的，依法追究刑事责任：

（一）向不符合本办法规定条件的单位颁发危险废物经营许可证的；

（二）发现未依法取得危险废物经营许可证的单位和个人擅自从事危险废物经营活动不予查处或者接到举报后不依法处理的；

（三）对依法取得危险废物经营许可证的单位不履行监督管理职责或者发现违反本办法规定的行为不予查处的；

（四）在危险废物经营许可证管理工作中有其他渎职行为的。

第六章 附 则

第三十一条 本办法下列用语的含义：

（一）危险废物，是指列入国家危险废物名录或者根据国家规定的危险废物鉴别标准和鉴别方法认定的具有危险性的废物。

（二）收集，是指危险废物经营单位将分散的危险废物进行集中的活动。

（三）贮存，是指危险废物经营单位在危险废物处置前，将其放置在符合环境保护标准的场所或者设施中，以及为了将分散的危险废物进行集中，在自备的临时设施或者场所每批置放重量超过 5000 千克或者置放时间超过 90 个工作日的活动。

（四）处置，是指危险废物经营单位将危险废物焚烧、煅烧、熔融、烧结、裂解、中和、消毒、蒸馏、萃取、沉淀、过滤、拆解以及用其他改变危险废物物理、化学、生物特性的方法，达到减少危险废物数量、缩小危险废物体积、减少或者消除其危险成分的活动，或者将危险废物最终置于符合环境保护规定要求的场所或者设施并不再回取的活动。

第三十二条 本办法施行前，依照地方性法规、规章或者其他文件的规定已经取得危险废物经营许可证的单位，应当在原危险废物经营许可证有效期届满 30 个工作日前，依照本办法的规定重新申请领取危险废物经营许可证。逾期不办理的，不得继续从事危险废物经营活动。

第三十三条 本办法自 2004 年 7 月 1 日起施行。

危险废物转移联单管理办法（节选）

（1999 年 5 月 31 日发布，1999 年 10 月 1 日实施，国家环境保护总局令 1999 年第 5 号）

第一条 为加强对危险废物转移的有效监督，实施危险废物转移联单制度，根据《中华人民共和国固体废物污染环境防治法》有关规定，制定本办法。

第二条 本办法适用于在中华人民共和国境内从事危险废物转移活动的单位。

第四条 危险废物产生单位在转移危险废物前，须按照国家有关规定报批危险废物转移计划；经批准后，产生单位应当向移出地环境保护行政主管部门申请领取联单。

产生单位应当在危险废物转移前三日内报告移出地环境保护行政主管部门，并同时将预期到达时间报告接受地环境保护行政主管部门。

第五条 危险废物产生单位每转移一车、船(次)同类危险废物,应当填写一份联单。每车、船(次)有多类危险废物的,应当按每一类危险废物填写一份联单。

第十条 联单保存期限为五年;贮存危险废物的,其联单保存期限与危险废物贮存期限相同。

环境保护行政主管部门认为有必要延长联单保存期限的,产生单位、运输单位和接受单位应当按照要求延期保存联单。

第十一条 省辖市级以上人民政府环境保护行政主管部门有权检查联单运行的情况,也可以委托县级人民政府环境保护行政主管部门检查联单运行的情况。

被检查单位应当接受检查,如实汇报情况。

第十三条 违反本办法有下列行为之一的,由省辖市级以上地方人民政府环境保护行政主管部门责令限期改正,并处以罚款:

(一)未按规定申领、填写联单的;

(二)未按规定运行联单的;

(三)未按规定期限向环境保护行政主管部门报送联单的;

(四)未在规定的存档期限保管联单的;

(五)拒绝接受有管辖权的环境保护行政主管部门对联单运行情况进行检查的。

有前款第(一)项、第(三)项行为之一的,依据《中华人民共和国固体废物污染环境防治法》有关规定,处五万元以下罚款;有前款第(二)项、第(四)项行为之一的,处三万元以下罚款;有前款第(五)项行为的,依据《中华人民共和国固体废物污染环境防治法》有关规定,处一万元以下罚款。

医疗废物管理条例

(国务院令2003年第380号,2003年6月16日发布,2003年6月16日实施,根据2011年1月8日《国务院关于废止和修改部分行政法规的决定》修订)

第一章 总　　则

第一条 为了加强医疗废物的安全管理,防止疾病传播,保护环境,保障人体健康,根据《中华人民共和国传染病防治法》和《中华人民共和国固体废物污染环境防治法》,制定本条例。

第二条 本条例所称医疗废物,是指医疗卫生机构在医疗、预防、保健以及其他相关活动中产生的具有直接或者间接感染性、毒性以及其他危害性的废物。

医疗废物分类目录,由国务院卫生行政主管部门和环境保护行政主管部门共同制定、公布。

第三条 本条例适用于医疗废物的收集、运送、贮存、处置以及监督管理等活动。

医疗卫生机构收治的传染病病人或者疑似传染病病人产生的生活垃圾,按照医疗废物进行管理和处置。

医疗卫生机构废弃的麻醉、精神、放射性、毒性等药品及其相关的废物的管理,依照有关法律、行政法规和国家有关规定、标准执行。

第四条 国家推行医疗废物集中无害化处置,鼓励有关医疗废物安全处置技术的研究与开发。

县级以上地方人民政府负责组织建设医疗废物集中处置设施。

国家对边远贫困地区建设医疗废物集中处置设施给予适当的支持。

第五条 县级以上各级人民政府卫生行政主管部门,对医疗废物收集、运送、贮存、处置活动中的疾病防治工作实施统一监督管理;环境保护行政主管部门,对医疗废物收集、运送、贮存、处置活动中的环境污染防治工作实施统一监督管理。

县级以上各级人民政府其他有关部门在各自的职责范围内负责与医疗废物处置有关的监督管理工作。

第六条 任何单位和个人有权对医疗卫生机构、

医疗废物集中处置单位和监督管理部门及其工作人员的违法行为进行举报、投诉、检举和控告。

第二章 医疗废物管理的一般规定

第七条 医疗卫生机构和医疗废物集中处置单位，应当建立、健全医疗废物管理责任制，其法定代表人为第一责任人，切实履行职责，防止因医疗废物导致传染病传播和环境污染事故。

第八条 医疗卫生机构和医疗废物集中处置单位，应当制定与医疗废物安全处置有关的规章制度和在发生意外事故时的应急方案；设置监控部门或者专(兼)职人员，负责检查、督促、落实本单位医疗废物的管理工作，防止违反本条例的行为发生。

第九条 医疗卫生机构和医疗废物集中处置单位，应当对本单位从事医疗废物收集、运送、贮存、处置等工作的人员和管理人员，进行相关法律和专业技术、安全防护以及紧急处理等知识的培训。

第十条 医疗卫生机构和医疗废物集中处置单位，应当采取有效的职业卫生防护措施，为从事医疗废物收集、运送、贮存、处置等工作的人员和管理人员，配备必要的防护用品，定期进行健康检查；必要时，对有关人员进行免疫接种，防止其受到健康损害。

第十一条 医疗卫生机构和医疗废物集中处置单位，应当依照《中华人民共和国固体废物污染环境防治法》的规定，执行危险废物转移联单管理制度。

第十二条 医疗卫生机构和医疗废物集中处置单位，应当对医疗废物进行登记，登记内容应当包括医疗废物的来源、种类、重量或者数量、交接时间、处置方法、最终去向以及经办人签名等项目。登记资料至少保存3年。

第十三条 医疗卫生机构和医疗废物集中处置单位，应当采取有效措施，防止医疗废物流失、泄漏、扩散。

发生医疗废物流失、泄漏、扩散时，医疗卫生机构和医疗废物集中处置单位应当采取减少危害的紧急处理措施，对致病人员提供医疗救护和现场救援；同时向所在地的县级人民政府卫生行政主管部门、环境保护行政主管部门报告，并向可能受到危害的单位和居民通报。

第十四条 禁止任何单位和个人转让、买卖医疗废物。

禁止在运送过程中丢弃医疗废物；禁止在非贮存地点倾倒、堆放医疗废物或者将医疗废物混入其他废物和生活垃圾。

第十五条 禁止邮寄医疗废物。

禁止通过铁路、航空运输医疗废物。

有陆路通道的，禁止通过水路运输医疗废物；没有陆路通道必需经水路运输医疗废物的，应当经设区的市级以上人民政府环境保护行政主管部门批准，并采取严格的环境保护措施后，方可通过水路运输。

禁止将医疗废物与旅客在同一运输工具上载运。

禁止在饮用水源保护区的水体上运输医疗废物。

第三章 医疗卫生机构对医疗废物的管理

第十六条 医疗卫生机构应当及时收集本单位产生的医疗废物，并按照类别分置于防渗漏、防锐器穿透的专用包装物或者密闭的容器内。

医疗废物专用包装物、容器，应当有明显的警示标识和警示说明。

医疗废物专用包装物、容器的标准和警示标识的规定，由国务院卫生行政主管部门和环境保护行政主管部门共同制定。

第十七条 医疗卫生机构应当建立医疗废物的暂时贮存设施、设备，不得露天存放医疗废物；医疗废物暂时贮存的时间不得超过2天。

医疗废物的暂时贮存设施、设备，应当远离医疗区、食品加工区和人员活动区以及生活垃圾存放场所，并设置明显的警示标识和防渗漏、防鼠、防蚊蝇、防蟑螂、防盗以及预防儿童接触等安全措施。

医疗废物的暂时贮存设施、设备应当定期消毒和清洁。

第十八条 医疗卫生机构应当使用防渗漏、防遗撒的专用运送工具，按照本单位确定的内部医疗废物运送时间、路线，将医疗废物收集、运送至暂时贮存地点。

运送工具使用后应当在医疗卫生机构内指定的地点及时消毒和清洁。

第十九条 医疗卫生机构应当根据就近集中处置的原则，及时将医疗废物交由医疗废物集中处置单位处置。

医疗废物中病原体的培养基、标本和菌种、毒种保存液等高危险废物，在交医疗废物集中处置单位处置前应当就地消毒。

第二十条 医疗卫生机构产生的污水、传染病病人或者疑似传染病病人的排泄物，应当按照国家规定严格消毒；达到国家规定的排放标准后，方可排入污水处理系统。

第二十一条 不具备集中处置医疗废物条件的农村，医疗卫生机构应当按照县级人民政府卫生行政主管部门、环境保护行政主管部门的要求，自行就地处置其产生的医疗废物。自行处置医疗废物的，应当符合下列基本要求：

（一）使用后的一次性医疗器具和容易致人损伤的医疗废物，应当消毒并作毁形处理；

（二）能够焚烧的，应当及时焚烧；

（三）不能焚烧的，消毒后集中填埋。

第四章 医疗废物的集中处置

第二十二条 从事医疗废物集中处置活动的单位，应当向县级以上人民政府环境保护行政主管部门申请领取经营许可证；未取得经营许可证的单位，不得从事有关医疗废物集中处置的活动。

第二十三条 医疗废物集中处置单位，应当符合下列条件：

（一）具有符合环境保护和卫生要求的医疗废物贮存、处置设施或者设备；

（二）具有经过培训的技术人员以及相应的技术工人；

（三）具有负责医疗废物处置效果检测、评价工作的机构和人员；

（四）具有保证医疗废物安全处置的规章制度。

第二十四条 医疗废物集中处置单位的贮存、处置设施，应当远离居（村）民居住区、水源保护区和交通干道，与工厂、企业等工作场所有适当的安全防护距离，并符合国务院环境保护行政主管部门的规定。

第二十五条 医疗废物集中处置单位应当至少每2天到医疗卫生机构收集、运送一次医疗废物，并负责医疗废物的贮存、处置。

第二十六条 医疗废物集中处置单位运送医疗废物，应当遵守国家有关危险货物运输管理的规定，使用有明显医疗废物标识的专用车辆。医疗废物专用车辆应当达到防渗漏、防遗撒以及其他环境保护和卫生要求。

运送医疗废物的专用车辆使用后，应当在医疗废物集中处置场所内及时进行消毒和清洁。

运送医疗废物的专用车辆不得运送其他物品。

第二十七条 医疗废物集中处置单位在运送医疗废物过程中应当确保安全，不得丢弃、遗撒医疗废物。

第二十八条 医疗废物集中处置单位应当安装污染物排放在线监控装置，并确保监控装置经常处于正常运行状态。

第二十九条 医疗废物集中处置单位处置医疗废物，应当符合国家规定的环境保护、卫生标准、规范。

第三十条 医疗废物集中处置单位应当按照环境保护行政主管部门和卫生行政主管部门的规定，定期对医疗废物处置设施的环境污染防治和卫生学效果进行检测、评价。检测、评价结果存入医疗废物集中处置单位档案，每半年向所在地环境保护行政主管部门和卫生行政主管部门报告一次。

第三十一条 医疗废物集中处置单位处置医疗废物，按照国家有关规定向医疗卫生机构收取医疗废物处置费用。

医疗卫生机构按照规定支付的医疗废物处置费用，可以纳入医疗成本。

第三十二条 各地区应当利用和改造现有固体废物处置设施和其他设施，对医疗废物集中处置，并达到基本的环境保护和卫生要求。

第三十三条 尚无集中处置设施或者处置能力不足的城市，自本条例施行之日起，设区的市级以上城市应当在1年内建成医疗废物集中处置设施；县级市应当在2年内建成医疗废物集中处置设施。县（旗）医疗废物集中处置设施的建设,由省、自治区、直辖市人民政府规定。

在尚未建成医疗废物集中处置设施期间,有关地方人民政府应当组织制定符合环境保护和卫生要求的医疗废物过渡性处置方案,确定医疗废物收集、运送、处置方式和处置单位。

第五章 监督管理

第三十四条 县级以上地方人民政府卫生行政主管部门、环境保护行政主管部门,应当依照本条例的规定,按照职责分工,对医疗卫生机构和医疗废物集中处置单位进行监督检查。

第三十五条 县级以上地方人民政府卫生行政主管部门,应当对医疗卫生机构和医疗废物集中处置单位从事医疗废物的收集、运送、贮存、处置中的疾病防治工作,以及工作人员的卫生防护等情况进行定期监督检查或者不定期的抽查。

第三十六条 县级以上地方人民政府环境保护行政主管部门,应当对医疗卫生机构和医疗废物集中处置单位从事医疗废物收集、运送、贮存、处置中的环境污染防治工作进行定期监督检查或者不定期的抽查。

第三十七条 卫生行政主管部门、环境保护行政主管部门应当定期交换监督检查和抽查结果。在监督检查或者抽查中发现医疗卫生机构和医疗废物集中处置单位存在隐患时,应当责令立即消除隐患。

第三十八条 卫生行政主管部门、环境保护行政主管部门接到对医疗卫生机构、医疗废物集中处置单位和监督管理部门及其工作人员违反本条例行为的举报、投诉、检举和控告后,应当及时核实,依法作出处理,并将处理结果予以公布。

第三十九条 卫生行政主管部门、环境保护行政主管部门履行监督检查职责时,有权采取下列措施:

(一)对有关单位进行实地检查,了解情况,现场监测,调查取证;

(二)查阅或者复制医疗废物管理的有关资料,采集样品;

(三)责令违反本条例规定的单位和个人停止违法行为;

(四)查封或者暂扣涉嫌违反本条例规定的场所、设备、运输工具和物品;

(五)对违反本条例规定的行为进行查处。

第四十条 发生因医疗废物管理不当导致传染病传播或者环境污染事故,或者有证据证明传染病传播或者环境污染的事故有可能发生时,卫生行政主管部门、环境保护行政主管部门应当采取临时控制措施,疏散人员,控制现场,并根据需要责令暂停导致或者可能导致传染病传播或者环境污染事故的作业。

第四十一条 医疗卫生机构和医疗废物集中处置单位,对有关部门的检查、监测、调查取证,应当予以配合,不得拒绝和阻碍,不得提供虚假材料。

第六章 法律责任

第四十二条 县级以上地方人民政府未依照本条例的规定,组织建设医疗废物集中处置设施或者组织制定医疗废物过渡性处置方案的,由上级人民政府通报批评,责令限期建成医疗废物集中处置设施或者组织制定医疗废物过渡性处置方案;并可以对政府主要领导人、负有责任的主管人员,依法给予行政处分。

第四十三条 县级以上各级人民政府卫生行政主管部门、环境保护行政主管部门或者其他有关部门,未按照本条例的规定履行监督检查职责,发现医疗卫生机构和医疗废物集中处置单位的违法行为不及时处理,发生或者可能发生传染病传播或者环境污染事故时未及时采取减少危害措施,以及有其他玩忽职守、失职、渎职行为的,由本级人民政府或者上级人民政府有关部门责令改正,通报批评;造成传染病传播或者环境污染事故的,对主要负责人、负有责任的主管人员和其他直接责任人员依法给予降级、撤职、开除的行政处分;构成犯罪的,依法追究刑事责任。

第四十四条 县级以上人民政府环境保护行政主管部门,违反本条例的规定发给医疗废物集中处置单位经营许可证的,由本级人民政府或者上级人民政府环境保护行政主管部门通报批评,责令收回违法发给的证书;并可以对主要负责人、负有责任的主管人员和其他直接责任人员依法给予行政处分。

第四十五条 医疗卫生机构、医疗废物集中处置单位违反本条例规定，有下列情形之一的，由县级以上地方人民政府卫生行政主管部门或者环境保护行政主管部门按照各自的职责责令限期改正，给予警告；逾期不改正的，处2000元以上5000元以下的罚款：

（一）未建立、健全医疗废物管理制度，或者未设置监控部门或者专（兼）职人员的；

（二）未对有关人员进行相关法律和专业技术、安全防护以及紧急处理等知识的培训的；

（三）未对从事医疗废物收集、运送、贮存、处置等工作的人员和管理人员采取职业卫生防护措施的；

（四）未对医疗废物进行登记或者未保存登记资料的；

（五）对使用后的医疗废物运送工具或者运送车辆未在指定地点及时进行消毒和清洁的；

（六）未及时收集、运送医疗废物的；

（七）未定期对医疗废物处置设施的环境污染防治和卫生学效果进行检测、评价，或者未将检测、评价效果存档、报告的。

第四十六条 医疗卫生机构、医疗废物集中处置单位违反本条例规定，有下列情形之一的，由县级以上地方人民政府卫生行政主管部门或者环境保护行政主管部门按照各自的职责责令限期改正，给予警告，可以并处5000元以下的罚款；逾期不改正的，处5000元以上3万元以下的罚款：

（一）贮存设施或者设备不符合环境保护、卫生要求的；

（二）未将医疗废物按照类别分置于专用包装物或者容器的；

（三）未使用符合标准的专用车辆运送医疗废物或者使用运送医疗废物的车辆运送其他物品的；

（四）未安装污染物排放在线监控装置或者监控装置未经常处于正常运行状态的。

第四十七条 医疗卫生机构、医疗废物集中处置单位有下列情形之一的，由县级以上地方人民政府卫生行政主管部门或者环境保护行政主管部门按照各自的职责责令限期改正，给予警告，并处5000元以上1万元以下的罚款；逾期不改正的，处1万元以上3万元以下的罚款；造成传染病传播或者环境污染事故的，由原发证部门暂扣或者吊销执业许可证件或者经营许可证件；构成犯罪的，依法追究刑事责任：

（一）在运送过程中丢弃医疗废物，在非贮存地点倾倒、堆放医疗废物或者将医疗废物混入其他废物和生活垃圾的；

（二）未执行危险废物转移联单管理制度的；

（三）将医疗废物交给未取得经营许可证的单位或者个人收集、运送、贮存、处置的；

（四）对医疗废物的处置不符合国家规定的环境保护、卫生标准、规范的；

（五）未按照本条例的规定对污水、传染病病人或者疑似传染病病人的排泄物，进行严格消毒，或者未达到国家规定的排放标准，排入污水处理系统的；

（六）对收治的传染病病人或者疑似传染病病人产生的生活垃圾，未按照医疗废物进行管理和处置的。

第四十八条 医疗卫生机构违反本条例规定，将未达到国家规定标准的污水、传染病病人或者疑似传染病病人的排泄物排入城市排水管网的，由县级以上地方人民政府建设行政主管部门责令限期改正，给予警告，并处5000元以上1万元以下的罚款；逾期不改正的，处1万元以上3万元以下的罚款；造成传染病传播或者环境污染事故的，由原发证部门暂扣或者吊销执业许可证件；构成犯罪的，依法追究刑事责任。

第四十九条 医疗卫生机构、医疗废物集中处置单位发生医疗废物流失、泄漏、扩散时，未采取紧急处理措施，或者未及时向卫生行政主管部门和环境保护行政主管部门报告的，由县级以上地方人民政府卫生行政主管部门或者环境保护行政主管部门按照各自的职责责令改正，给予警告，并处1万元以上3万元以下的罚款；造成传染病传播或者环境污染事故的，由原发证部门暂扣或者吊销执业许可证件或者经营许可证件；构成犯罪的，依法追究刑事责任。

第五十条 医疗卫生机构、医疗废物集中处置单位,无正当理由,阻碍卫生行政主管部门或者环境保护行政主管部门执法人员执行职务,拒绝执法人员进入现场,或者不配合执法部门的检查、监测、调查取证的,由县级以上地方人民政府卫生行政主管部门或者环境保护行政主管部门按照各自的职责责令改正,给予警告;拒不改正的,由原发证部门暂扣或者吊销执业许可证件或者经营许可证件;触犯《中华人民共和国治安管理处罚法》,构成违反治安管理行为的,由公安机关依法予以处罚;构成犯罪的,依法追究刑事责任。

第五十一条 不具备集中处置医疗废物条件的农村,医疗卫生机构未按照本条例的要求处置医疗废物的,由县级人民政府卫生行政主管部门或者环境保护行政主管部门按照各自的职责责令限期改正,给予警告;逾期不改正的,处1000元以上5000元以下的罚款;造成传染病传播或者环境污染事故的,由原发证部门暂扣或者吊销执业许可证件;构成犯罪的,依法追究刑事责任。

第五十二条 未取得经营许可证从事医疗废物的收集、运送、贮存、处置等活动的,由县级以上地方人民政府环境保护行政主管部门责令立即停止违法行为,没收违法所得,可以并处违法所得1倍以下的罚款。

第五十三条 转让、买卖医疗废物,邮寄或者通过铁路、航空运输医疗废物,或者违反本条例规定通过水路运输医疗废物的,由县级以上地方人民政府环境保护行政主管部门责令转让、买卖双方、邮寄人、托运人立即停止违法行为,给予警告,没收违法所得;违法所得5000元以上的,并处违法所得2倍以上5倍以下的罚款;没有违法所得或者违法所得不足5000元的,并处5000元以上2万元以下的罚款。

承运人明知托运人违反本条例的规定运输医疗废物,仍予以运输的,或者承运人将医疗废物与旅客在同一工具上载运的,按照前款的规定予以处罚。

第五十四条 医疗卫生机构、医疗废物集中处置单位违反本条例规定,导致传染病传播或者发生环境污染事故,给他人造成损害的,依法承担民事赔偿责任。

第七章 附 则

第五十五条 计划生育技术服务、医学科研、教学、尸体检查和其他相关活动中产生的具有直接或者间接感染性、毒性以及其他危害性废物的管理,依照本条例执行。

第五十六条 军队医疗卫生机构医疗废物的管理由中国人民解放军卫生主管部门参照本条例制定管理办法。

第五十七条 本条例自公布之日起施行。

医疗废物管理行政处罚办法

(卫生部、国家环境保护总局联合令2004年第21号,2004年5月27日发布,2004年6月1日实施,根据环境保护部令2010年第16号《关于废止、修改部分环保部门规章和规范性文件的决定》修订)

第一条 根据《中华人民共和国传染病防治法》、《中华人民共和国固体废物污染环境防治法》和《医疗废物管理条例》(以下简称《条例》),县级以上人民政府卫生行政主管部门和环境保护行政主管部门按照各自职责,对违反医疗废物管理规定的行为实施的行政处罚,适用本办法。

第二条 医疗卫生机构有《条例》第四十五条规定的下列情形之一的,由县级以上地方人民政府卫生行政主管部门责令限期改正,给予警告;逾期不改正的,处2000元以上5000元以下的罚款:

(一)未建立、健全医疗废物管理制度,或者未设置监控部门或者专(兼)职人员的;

(二)未对有关人员进行相关法律和专业技术、安全防护以及紧急处理等知识培训的;

（三）未对医疗废物进行登记或者未保存登记资料的；

（四）对使用后的医疗废物运送工具或者运送车辆未在指定地点及时进行消毒和清洁的；

（五）依照《条例》自行建有医疗废物处置设施的医疗卫生机构未定期对医疗废物处置设施的污染防治和卫生学效果进行检测、评价，或者未将检测、评价效果存档、报告的。

第三条　医疗废物集中处置单位有《条例》第四十五条规定的下列情形之一的，由县级以上地方人民政府环境保护行政主管部门责令限期改正，给予警告；逾期不改正的，处2000元以上5000元以下的罚款：

（一）未建立、健全医疗废物管理制度，或者未设置监控部门或者专（兼）职人员的；

（二）未对有关人员进行相关法律和专业技术、安全防护以及紧急处理等知识培训的；

（三）未对医疗废物进行登记或者未保存登记资料的；

（四）对使用后的医疗废物运送车辆未在指定地点及时进行消毒和清洁的；

（五）未及时收集、运送医疗废物的；

（六）未定期对医疗废物处置设施的污染防治和卫生学效果进行检测、评价，或者未将检测、评价效果存档、报告的。

第四条　医疗卫生机构、医疗废物集中处置单位有《条例》第四十五条规定的情形，未对从事医疗废物收集、运送、贮存、处置等工作的人员和管理人员采取职业卫生防护措施的，由县级以上地方人民政府卫生行政主管部门责令限期改正，给予警告；逾期不改正的，处2000元以上5000元以下的罚款。

第五条　医疗卫生机构有《条例》第四十六条规定的下列情形之一的，由县级以上地方人民政府卫生行政主管部门责令限期改正，给予警告，可以并处5000元以下的罚款，逾期不改正的，处5000元以上3万元以下的罚款：

（一）贮存设施或者设备不符合环境保护、卫生要求的；

（二）未将医疗废物按照类别分置于专用包装物或者容器的；

（三）未使用符合标准的运送工具运送医疗废物的。

第六条　医疗废物集中处置单位有《条例》第四十六条规定的下列情形之一的，由县级以上地方人民政府环境保护行政主管部门责令限期改正，给予警告，可以并处5000元以下的罚款，逾期不改正的，处5000元以上3万元以下的罚款：

（一）贮存设施或者设备不符合环境保护、卫生要求的；

（二）未将医疗废物按照类别分置于专用包装物或者容器的；

（三）未使用符合标准的专用车辆运送医疗废物的；

（四）未安装污染物排放在线监控装置或者监控装置未经常处于正常运行状态的。

第七条　医疗卫生机构有《条例》第四十七条规定的下列情形之一的，由县级以上地方人民政府卫生行政主管部门责令限期改正，给予警告，并处5000元以上1万元以下的罚款；逾期不改正的，处1万元以上3万元以下的罚款：

（一）在医疗卫生机构内运送过程中丢弃医疗废物，在非贮存地点倾倒、堆放医疗废物或者将医疗废物混入其他废物和生活垃圾的；

（二）医疗卫生机构在医疗卫生机构外运送过程中丢弃医疗废物，在非贮存地点倾倒、堆放医疗废物或者将医疗废物混入其他废物和生活垃圾的，由县级以上地方人民政府环境保护行政主管部门依照《中华人民共和国固体废物污染环境防治法》第七十五条规定责令停止违法行为，限期改正，处一万元以上十万元以下的罚款；

（三）对收治的传染病病人或者疑似传染病病人产生的生活垃圾，未按照医疗废物进行管理和处置的。

医疗卫生机构在医疗卫生机构外运送过程中丢弃医疗废物，在非贮存地点倾倒、堆放医疗废物或者将医疗废物混入其他废物和生活垃圾的，由县级以上地方人民政府环境保护行政主管部门责令限期改正，给予警告，并处5000元以上1万元以下的罚款；逾期不改正的，处1万元以上3万元以下的罚款。

第八条 医疗废物集中处置单位有《条例》第四十七条规定的情形，在运送过程中丢弃医疗废物，在非贮存地点倾倒、堆放医疗废物或者将医疗废物混入其他废物和生活垃圾的，由县级以上地方人民政府环境保护行政主管部门依照《中华人民共和国固体废物污染环境防治法》第七十五条规定责令停止违法行为，限期改正，处一万元以上十万元以下的罚款。

第九条 医疗废物集中处置单位和依照《条例》自行建有医疗废物处置设施的医疗卫生机构，有《条例》第四十七条规定的情形，对医疗废物的处置不符合国家规定的环境保护、卫生标准、规范的，由县级以上地方人民政府环境保护行政主管部门责令限期改正，给予警告，并处5000元以上1万元以下的罚款；逾期不改正的，处1万元以上3万元以下的罚款。

第十条 医疗卫生机构、医疗废物集中处置单位有《条例》第四十七条规定的下列情形之一的，由县级以上人民政府环境保护行政主管部门依照《中华人民共和国固体废物污染环境防治法》第七十五条规定责令停止违法行为，限期改正，处二万元以上二十万元以下的罚款：

（一）未执行危险废物转移联单管理制度的；

（二）将医疗废物交给或委托给未取得经营许可证的单位或者个人收集、运送、贮存、处置的。

第十一条 有《条例》第四十九条规定的情形，医疗卫生机构发生医疗废物流失、泄露、扩散时，未采取紧急处理措施，或者未及时向卫生行政主管部门报告的，由县级以上地方人民政府卫生行政主管部门责令改正，给予警告，并处1万元以上3万元以下的罚款。

医疗废物集中处置单位发生医疗废物流失、泄露、扩散时，未采取紧急处理措施，或者未及时向环境保护行政主管部门报告的，由县级以上地方人民政府环境保护行政主管部门责令改正，给予警告，并处1万元以上3万元以下的罚款。

第十二条 有《条例》第五十条规定的情形，医疗卫生机构、医疗废物集中处置单位阻碍卫生行政主管部门执法人员执行职务，拒绝执法人员进入现场，或者不配合执法部门的检查、监测、调查取证的，由县级以上地方人民政府卫生行政主管部门责令改正，给予警告；拒不改正的，由原发证的卫生行政主管部门暂扣或者吊销医疗卫生机构的执业许可证件。

医疗卫生机构、医疗废物集中处置单位阻碍环境保护行政主管部门执法人员执行职务，拒绝执法人员进入现场，或者不配合执法部门的检查、监测、调查取证的，由县级以上地方人民政府环境保护行政主管部门依照《中华人民共和国固体废物污染环境防治法》第七十条规定责令限期改正；拒不改正或者在检查时弄虚作假的，处二千元以上二万元以下的罚款。

第十三条 有《条例》第五十一条规定的情形，不具备集中处置医疗废物条件的农村，医疗卫生机构未按照卫生行政主管部门有关疾病防治的要求处置医疗废物的，由县级人民政府卫生行政主管部门责令限期改正，给予警告；逾期不改正的，处1000元以上5000元以下的罚款；未按照环境保护行政主管部门有关环境污染防治的要求处置医疗废物的，由县级人民政府环境保护行政主管部门责令限期改正，给予警告；逾期不改正的，处1000元以上5000元以下的罚款。

第十四条 有《条例》第五十二条规定的情形，未取得经营许可证从事医疗废物的收集、运送、贮存、处置等活动的，由县级以上人民政府环境保护行政主管部门依照《中华人民共和国固体废物污染环境防治法》第七十七条规定责令停止违法行为，没收违法所得，可以并处违法所得三倍以下的罚款。

第十五条 有《条例》第四十七条、第四十八条、第四十九条、第五十一条规定的情形，医疗卫生机构造成传染病传播的，由县级以上地方人民政府卫生行政主管部门依法处罚，并由原发证的卫生行政主管部门暂扣或者吊销执业许可证件；造成环境污染事故的，由县级以上地方人民政府环境保护行政主管部门依照《中华人民共和国固体废物污染环境防治法》有关规定予以处罚，并由原发证的卫生行政主管部门暂扣或者吊销执业许可证件。

医疗废物集中处置单位造成传染病传播

的,由县级以上地方人民政府卫生行政主管部门依法处罚,并由原发证的环境保护行政主管部门暂扣或者吊销经营许可证件;造成环境污染事故的,由县级以上地方人民政府环境保护行政主管部门依照《中华人民共和国固体废物污染环境防治法》有关规定予以处罚,并由原发证的环境保护行政主管部门暂扣或者吊销经营许可证件。

第十六条　有《条例》第五十三条规定的情形,转让、买卖医疗废物,邮寄或者通过铁路、航空运输医疗废物,或者违反《条例》规定通过水路运输医疗废物的,由县级以上地方人民政府环境保护行政主管部门责令转让、买卖双方、邮寄人、托运人立即停止违法行为,给予警告,没收违法所得;违法所得5000元以上的,并处违法所得2倍以上5倍以下的罚款;没有违法所得或者违法所得不足5000元的,并处5000元以上2万元以下的罚款。

承运人明知托运人违反《条例》的规定运输医疗废物,仍予以运输的,按照前款的规定予以处罚;承运人将医疗废物与旅客在同一工具上载运的,由县级以上人民政府环境保护行政主管部门依照《中华人民共和国固体废物污染环境防治法》第七十五条规定责令停止违法行为,限期改正,处一万元以上十万元以下的罚款。

第十七条　本办法自2004年6月1日起施行。

固体废物进口管理办法(节选)

(环境保护部、商务部、国家发展和改革委员会、海关总署、国家质量监督检验检疫总局联合令2011年第12号,2011年4月8日发布,2011年8月1日实施)

第一章　总　　则

第一条　为了规范固体废物进口环境管理,防止进口固体废物污染环境,根据《中华人民共和国固体废物污染环境防治法》和有关法律、行政法规,制定本办法。

第二条　本办法所称固体废物,是指在生产、生活和其他活动中产生的丧失原有利用价值或者虽未丧失利用价值但被抛弃或者放弃的固态、半固态、液态和置于容器中的气态的物品、物质以及法律、行政法规规定纳入固体废物管理的物品、物质。

本办法所称固体废物进口,是指将中华人民共和国境外的固体废物运入中华人民共和国境内的活动。

第三条　本办法适用于以任何方式进口固体废物的活动。

通过赠送、出口退运进境、提供样品等方式将固体废物运入中华人民共和国境内的,进境修理产生的未复运出境固体废物以及出境修理或者出料加工中产生的复运进境固体废物的,除另有规定外,也适用本办法。

第四条　禁止转让固体废物进口相关许可证。

本办法所称转让固体废物进口相关许可证,是指:

(一)出售或者出租、出借固体废物进口相关许可证;

(二)使用购买或者租用、借用的固体废物进口相关许可证进口固体废物;

(三)将进口的固体废物全部或者部分转让给固体废物进口相关许可证载明的利用企业以外的单位或者个人。

第五条　禁止中华人民共和国境外的固体废物进境倾倒、堆放、处置。

禁止固体废物转口贸易。

未取得固体废物进口相关许可证的进口固体废物不得存入海关监管场所,包括保税区、出口加工区、保税物流园区、保税港区等海关特殊监管区域和保税物流中心(A/B型)、保税仓库等海关保税监管场所(以下简称“海关特殊监管区域和场所”)。

除另有规定外,进口固体废物不得办理转关手续(废纸除外)。

第二章　一般规定

第十一条　禁止进口列入禁止进口目录的固体废物。

进口列入限制进口或者自动许可进口目录的固体废物，必须取得固体废物进口相关许可证。

第十四条　进口固体废物必须符合进口可用作原料的固体废物环境保护控制标准或者相关技术规范等强制性要求。经检验检疫，不符合进口可用作原料的固体废物环境保护控制标准或者相关技术规范等强制性要求的固体废物，不得进口。

第十五条　申请和审批进口固体废物，按照风险最小化原则，实行"就近口岸"报关。

第十六条　国家对进口可用作原料的固体废物的国外供货商实行注册登记制度。向中国出口可用作原料的固体废物的国外供货商，应当取得国务院质量监督检验检疫部门颁发的注册登记证书。

国家对进口可用作原料的固体废物的国内收货人实行注册登记制度。进口可用作原料的固体废物的国内收货人在签订对外贸易合同前，应当取得国务院质量监督检验检疫部门颁发的注册登记证书。

第十七条　国务院环境保护行政主管部门对加工利用进口废五金电器、废电线电缆、废电机等环境风险较大的固体废物的企业，实行定点企业资质认定管理。管理办法由国务院环境保护行政主管部门制定。

第十八条　国家鼓励限制进口的固体废物在设定的进口废物"圈区管理"园区内加工利用。

进口废物"圈区管理"应当符合法律、法规和国家标准要求。进口废物"圈区管理"园区的建设规范和要求由国务院环境保护行政主管部门会同国务院商务主管部门、国务院经济综合宏观调控部门、海关总署、国务院质量监督检验检疫部门制定。

第十九条　出口加工区内的进口固体废物利用企业以加工贸易方式进口固体废物的，必须持有固体废物进口相关许可证。

出口加工区以外的进口固体废物利用企业以加工贸易方式进口固体废物的，必须持有商务主管部门签发的有效的《加工贸易业务批准证》、海关核发的有效的加工贸易手册（账册）和固体废物进口相关许可证。

以加工贸易方式进口的固体废物或者加工成品因故无法出口需内销的，加工贸易企业无须再次申领固体废物进口相关许可证；未经加工的原进口固体废物仅限留作本企业自用。

第三章　固体废物进口许可管理

第二十条　进口列入限制进口目录的固体废物，应当经国务院环境保护行政主管部门会同国务院对外贸易主管部门审查许可。进口列入自动许可进口目录的固体废物，应当依法办理自动许可手续。

第二十一条　固体废物进口相关许可证当年有效。

固体废物进口相关许可证应当在有效期内使用，无论是否使用完毕逾期均自行失效。

固体废物进口相关许可证因故在有效期内未使用完的，利用企业应当在有效期届满30日前向发证机关提出延期申请。发证机关扣除已使用的数量后，重新签发固体废物进口相关许可证，并在备注栏中注明"延期使用"和原证证号。

固体废物进口相关许可证只能延期一次，延期最长不超过60日。

第二十二条　固体废物进口相关许可证实行"一证一关"管理。一般情况下固体废物进口相关许可证为"非一批一证"制，如要实行"一批一证"，应当同时在固体废物进口相关许可证备注栏内打印"一批一证"字样。

"一证一关"指固体废物进口相关许可证只能在一个海关报关；"一批一证"指固体废物进口相关许可证在有效期内一次报关使用；"非一批一证"指固体废物进口相关许可证在有效期内可以多次报关使用，由海关逐批签注核减进口数量，最后一批进口时，允许溢装上限为固体废物进口相关许可证实际余额的3%，且不论是否仍有余额，海关将在签注后留存正本存档。

第二十三条　固体废物进口相关许可证上载明的事项发生变化的，利用企业应当按照申请程序重新申请领取固体废物进口相关许可证。

发证机关受理申请后，注销原证，并公告注销的证书编号。

第二十四条　进口固体废物审批管理所需费用，按照国家有关规定执行。

第四章　检验检疫与海关手续

第二十五条　进口固体废物的承运人在受理承运业务时，应当要求货运委托人提供下列证明材料：

（一）固体废物进口相关许可证；

（二）进口可用作原料的固体废物国内收货人注册登记证书；

（三）进口可用作原料的固体废物国外供货商注册登记证书；

（四）进口可用作原料的固体废物装运前检验证书。

第二十六条　对进口固体废物，由国务院质量监督检验检疫部门指定的装运前检验机构实施装运前检验；检验合格的，出具装运前检验证书。

进口的固体废物运抵固体废物进口相关许可证列明的口岸后，国内收货人应当持固体废物进口相关许可证报检验检疫联、装运前检验证书以及其他必要单证，向口岸出入境检验检疫机构报检。

出入境检验检疫机构经检验检疫，对符合国家环境保护控制标准或者相关技术规范等强制性要求的，出具《入境货物通关单》，并备注“经初步检验检疫，未发现不符合国家环境保护控制标准要求的物质”；对不符合国家环境保护控制标准或者相关技术规范等强制性要求的，出具检验检疫处理通知书，并及时通知口岸海关和口岸所在地省、自治区、直辖市环境保护行政主管部门。

口岸所在地省、自治区、直辖市环境保护行政主管部门收到进口固体废物检验检疫不合格的通知后，应当及时通知利用企业所在地省、自治区、直辖市环境保护行政主管部门和国务院环境保护行政主管部门。

对于检验结果不服的，申请人应当根据进出口商品复验工作的有关规定申请复验。国务院质量监督检验检疫部门或者出入境检验检疫机构可以根据检验工作的实际情况，会同同级环境保护行政主管部门共同实施复验工作。

第二十七条　除另有规定外，对限制进口类或者自动许可进口类可用作原料的固体废物，应当持固体废物进口相关许可证和出入境检验检疫机构出具的《入境货物通关单》等有关单证向海关办理进口验放手续。

第二十八条　进口者对海关将其所进口的货物纳入固体废物管理范围不服的，可以依法申请行政复议，也可以向人民法院提起行政诉讼。

海关怀疑进口货物的收货人申报的进口货物为固体废物的，可以要求收货人送口岸检验检疫部门进行固体废物属性检验，必要时，海关可以直接送口岸检验检疫部门进行固体废物属性检验，并按照检验结果处理。

口岸检验检疫部门应当出具检验结果，并注明是否属于固体废物。

海关或者收货人对口岸所在地检验检疫部门的检验结论有异议的，国务院环境保护行政主管部门会同海关总署、国务院质量监督检验检疫部门指定专门鉴别机构对进口的货物、物品是否属于固体废物和固体废物类别进行鉴别。

《固体废物鉴别导则》及有关鉴别程序和办法由国务院环境保护行政主管部门会同海关总署、国务院质量监督检验检疫部门制定。

检验或者鉴别期间，海关不接受企业担保放行的申请。对货物在检验或者鉴别期间产生的相关费用以及损失，由进口货物的收货人自行承担。

本条所涉进口固体废物的鉴别，应当以《固体废物鉴别导则》为依据。

第二十九条　将境外的固体废物进境倾倒、堆放、处置的，进口属于禁止进口的固体废物或者未经许可擅自进口固体废物的，以及检验不合格的进口固体废物，由口岸海关依法责令进口者或者承运人在规定的期限内将有关固体废物原状退运至原出口国，进口者或者承运人承担相应责任和费用，并不免除其办理海关手续的义务，进口者或者承运人不得放弃有关固体废物。

收货人无法确认的进境固体废物，由承运

人向海关提出退运申请或者可以由海关依法责令承运人退运。承运人承担相应责任和费用,并不免除其办理海关手续的义务。

第三十条 对当事人拒不退运或者超过3个月不退运出境的固体废物,口岸海关会同口岸出入境检验检疫机构和口岸所在地环境保护行政主管部门对进口者或者承运人采取强制措施予以退运。

第三十一条 对确属无法退运出境或者海关决定不予退运的固体废物,经进口者向口岸海关申请(进口者不明时由承运人或者负有连带责任的第三人申请),参考就近原则,由海关以拍卖或者委托方式移交省、自治区、直辖市环境保护行政主管部门认定的具有无害化利用或者处置能力的单位进行综合利用或者无害化处置,相关滞港费用和处置费用由进口者承担,进口者不明的由承运人承担。

对委托综合利用或者无害化处置扣除处理费用后产生的收益,应当由具有无害化利用或者处置能力的单位交由海关上缴国库。各级海关未经批准,不得拍卖国家禁止进口的固体废物。具体管理办法由海关总署会同国务院环境保护行政主管部门另行制定。

第三十二条 海关应当将退运等后续处理情况通报出入境检验检疫机构和口岸所在地省、自治区、直辖市环境保护行政主管部门。

口岸所在地省、自治区、直辖市环境保护行政主管部门应当通知进口固体废物利用企业所在地省、自治区、直辖市环境保护行政主管部门和国务院环境保护行政主管部门。

出入境检验检疫机构和环境保护行政主管部门应当根据具体情况对有关单位做出处理。

第五章 监督管理

第三十五条 进口固体废物利用企业应当建立经营情况记录簿,如实记载每批进口固体废物的来源、种类、重量或者数量、去向,接收、拆解、利用、贮存的时间,运输者的名称和联系方式,进口固体废物加工利用后的残余物种类、重量或者数量、去向等情况。经营记录簿及相关单据、影像资料等原始凭证应当至少保存5年。

进口固体废物利用企业应当对污染物排放进行日常定期监测。监测报告应当至少保存5年。

进口固体废物利用企业应当按照国务院环境保护行政主管部门的规定,定期向所在地省、自治区、直辖市环境保护行政主管部门报告进口固体废物经营情况和环境监测情况。省、自治区、直辖市环境保护行政主管部门汇总后报国务院环境保护行政主管部门。

第三十六条 省、自治区、直辖市环境保护行政主管部门应当组织对进口固体废物利用企业进行实地检查和监督性监测,发现有下列情形之一的,应当在5个工作日内报知国务院环境保护行政主管部门:

(一)隐瞒有关情况或者提供虚假材料申请固体废物进口相关许可证或者转让固体废物进口相关许可证;

(二)超过国家或者地方规定的污染物排放标准,或者超过总量控制指标排放污染物;

(三)对进口固体废物加工利用后的残余物未进行无害化利用或者处置;

(四)未按规定报告进口固体废物经营情况和环境监测情况,或者在报告时弄虚作假。

国务院环境保护行政主管部门和省、自治区、直辖市环境保护行政主管部门应当将有关情况记录存档,作为审批固体废物进口相关许可证的依据。

第六章 海关特殊监管区域和场所的特别规定

第三十七条 固体废物从境外进入海关特殊监管区域和场所时,有关单位应当申领固体废物进口相关许可证,并申请检验检疫。固体废物从海关特殊监管区域和场所进口到境内区外或者在海关特殊监管区域和场所之间进出的,无需办理固体废物进口相关许可证。

第三十八条 海关特殊监管区域和场所内单位不得以转口货物为名存放进口固体废物。

第四十条 海关特殊监管区域和场所内单位产生的未复运出境的残次品、废品、边角料、受灾货物等,如属于禁止进口的固体废物,需出区进行利用或者处置的,应当由产生单位或者收

集单位向海关特殊监管区域和场所行政管理部门和所在地设区的市级环境保护行政主管部门提出申请,并提交如下申请材料:

(一)转移固体废物出区申请书;

(二)申请单位和接收单位签订的合同;

(三)接收单位的经年检合格的营业执照;

(四)拟转移的区内固体废物的产生过程及工艺、成分分析报告、物理化学性质登记表;

(五)接收单位利用或者处置废物方式的说明,包括废物利用或者处置设施的地点、类型、处理能力及利用或者处置过程中产生的废气、废水、废渣的处理方法等的介绍资料;

(六)证明接收单位能对区内固体废物以环境无害化方式进行利用或者处置的材料;出区废物是危险废物的,须提供接收单位所持的《危险废物经营许可证》复印件,并加盖接收单位章。

第四十一条 海关特殊监管区域和场所行政管理部门和所在地设区的市级环境保护行政主管部门受理出区申请后,作出准予或者不准予出区的决定,批准文件有效期1年。

出入境检验检疫机构凭海关特殊监管区域和场所行政管理部门和所在地设区的市级环境保护行政主管部门批准文件办理通关单,并对固体废物免于实施检验。海关凭海关特殊监管区域和场所行政管理部门和所在地设区的市级环境保护行政主管部门批准文件按规定办理有关手续。

第四十二条 海关特殊监管区域和场所内单位产生的固体废物,出区跨省转移、贮存、处置的,须按照《中华人民共和国固体废物污染环境防治法》第二十三条的规定向有关省、自治区、直辖市环境保护行政主管部门提出申请。

海关特殊监管区域和场所内单位产生的固体废物属于危险废物或者废弃电器电子产品的,出区时须依法执行危险废物管理或者废弃电器电子产品管理的有关制度。

第七章 罚 则

第四十三条 违反本办法规定,将中华人民共和国境外的固体废物进境倾倒、堆放、处置,进口属于禁止进口的固体废物或者未经许可擅自进口限制进口的固体废物,或者以原料利用为名进口不能用作原料的固体废物的,由海关依据《中华人民共和国固体废物污染环境防治法》第七十八条的规定追究法律责任,并可以由发证机关撤销其固体废物进口相关许可证。

违反本办法规定,以进口固体废物名义经中华人民共和国过境转移危险废物的,由海关依据《中华人民共和国固体废物污染环境防治法》第七十九条的规定追究法律责任,并可以由发证机关撤销其固体废物进口相关许可证。

违反本办法规定,走私进口固体废物的,由海关按照有关法律、行政法规的规定进行处罚;构成犯罪的,依法追究刑事责任。

第四十四条 对已经非法入境的固体废物,按照《中华人民共和国固体废物污染环境防治法》第八十条的规定进行处理。

第四十五条 违反本办法规定,转让固体废物进口相关许可证的,由发证机关撤销其固体废物进口相关许可证;构成犯罪的,依法追究刑事责任。

第四十六条 以欺骗、贿赂等不正当手段取得固体废物进口相关许可证的,依据《中华人民共和国行政许可法》的规定,由发证机关撤销其固体废物进口相关许可证;构成犯罪的,依法追究刑事责任。

第四十七条 违反本办法规定,对进口固体废物加工利用后的残余物未进行无害化利用或者处置的,由所在地县级以上环境保护行政主管部门根据《中华人民共和国固体废物污染环境防治法》第六十八条第(二)项的规定责令停止违法行为,限期改正,并处1万元以上10万元以下的罚款;逾期拒不改正的,可以由发证机关撤销其固体废物进口相关许可证。造成污染环境事故的,按照《固体废物污染环境防治法》第八十二条的规定办理。

第四十八条 违反本办法规定,未执行经营情况记录簿制度、未履行日常环境监测或者未按规定报告进口固体废物经营情况和环境环境监测情况的,由所在地县级以上环境保护行政主管部门责令限期改正,可以并处3万元以下罚款;逾期拒不改正的,可以由发证机关撤销其固体废物进口相关许可证。

第四十九条 违反检验检疫有关规定进口固体

废物的，按照《中华人民共和国进出口商品检验法》、《中华人民共和国进出口商品检验法实施条例》等规定进行处罚。

违反海关有关规定进口固体废物的，按照《中华人民共和国海关法》和《中华人民共和国海关行政处罚实施条例》等规定进行处罚。

擅自进口禁止进口、不符合国家环境保护控制标准或者相关技术规范强制性要求的固体废物，经海关责令退运，超过3个月怠于履行退运义务的，由海关依照《中华人民共和国海关行政处罚实施条例》的规定进行处罚。

第八章 附 则

第五十二条 固体废物运抵关境即视为进口行为发生。

第五十三条 进口固体废物利用企业是指实际从事进口固体废物拆解、加工利用活动的企业。

危险废物出口核准管理办法(节选)

(2008年1月25日发布，2008年3月1日实施，国家环境保护总局令2008年第47号)

第一章 总 则

第一条 为了规范危险废物出口管理，防止环境污染，根据《控制危险废物越境转移及其处置巴塞尔公约》(以下简称《巴塞尔公约》)和有关法律、行政法规，制定本办法。

第二条 在中华人民共和国境内产生的危险废物应当尽量在境内进行无害化处置，减少出口量，降低危险废物出口转移的环境风险。

禁止向《巴塞尔公约》非缔约方出口危险废物。

第三条 产生、收集、贮存、处置、利用危险废物的单位，向中华人民共和国境外《巴塞尔公约》缔约方出口危险废物，必须取得危险废物出口核准。

本办法所称危险废物，是指列入国家危险废物名录或者根据国家规定的危险废物鉴别标准和鉴别方法认定的具有危险特性的固体废物。

《巴塞尔公约》规定的“危险废物”和“其他废物”，以及进口缔约方或者过境缔约方立法确定的“危险废物”，其出口核准管理也适用本办法。

第二章 出口申请与核准

第五条 申请出口危险废物，应当向国务院环境保护行政主管部门提交下列材料：

(一)申请书。

(二)越境转移通知书(中、英文)。

(三)出口者与进口国(地区)的处置者或者利用者签订的书面协议。

(四)危险废物的基本情况数据表、物质安全技术说明书(MSDS)或者化学品安全技术说明书(CSDS)。

(五)危险废物产生情况的说明文件，主要包括危险废物的产生过程、地点、工艺和设备的说明。

(六)危险废物在进口国(地区)处置或者利用情况的说明文件，主要包括危险废物处置或者利用设施的地点、类型、处理能力以及处置或者利用中产生的废水、废气、废渣的处理方法等。

(七)处置者或者利用者在进口国(地区)获得的有关危险废物处置或者利用的授权或者许可的有效凭证。

(八)危险废物运输突发环境污染事件应急预案。

(九)危险废物运输的路线说明文件，主要包括境内运输路线(包括途经的省、市、县)、离境地点、过境国(地区)过境地点、进口国(地区)入境地点以及进口国(地区)和过境国(地区)主管部门的联系方式及通讯地址等。

(十)出口者的书面承诺文件或者有效的保险文件。出具书面承诺文件的，应当承诺在因故未完成出口活动或者由于意外事故引发环境污染时，承担危险废物退运、处置、污染消除和损失赔偿等有关费用。

（十一）出口者的营业执照。出口者为危险废物收集者、贮存者、处置者或者利用者的，还需提交危险废物经营许可证。

（十二）危险废物国内运输单位危险货物运输资质证书及承运合同。

前款所列申请材料的复印件应当加盖申请单位印章。

第七条　国务院环境保护行政主管部门对符合下列条件之一的，应当自受理之日起15个工作日内，作出初步核准出口决定：

（一）进口国（地区）的利用者需要将该危险废物作为再循环或者回收工业的原材料，且有相应的技术能力、必要设施、设备和场所，能以环境无害化方式利用该危险废物；

（二）中华人民共和国没有以环境无害化方式处置该危险废物所需的足够的技术能力和必要的设施、设备或者适当的处置场所，且进口国（地区）的处置者有相应的技术能力、必要设施、设备和场所，并能以环境无害化方式处置该危险废物。

国务院环境保护行政主管部门对不符合前款所列条件的，应当自受理之日起15个工作日内，作出不予核准出口决定，并书面通知申请单位。

国务院环境保护行政主管部门对受理的申请进行书面审查。需要现场核查的，应当指派两名以上工作人员进行核查。

第八条　对已作出初步核准决定的危险废物出口申请，国务院环境保护行政主管部门应当向进口国（地区）和过境国（地区）主管部门发出书面征求意见的函，并自收到同意进口和同意过境的书面意见之日起5个工作日内，作出核准出口决定。

对进口国（地区）主管部门或者过境国（地区）主管部门不同意危险废物出口或者过境的，不予核准出口申请，并书面通知申请单位。

第九条　国务院环境保护行政主管部门应当自作出核准决定之日起10个工作日内，向申请单位签发危险废物出口核准通知单。

国务院环境保护行政主管部门根据危险废物出口者提供的境内运输路线说明文件，将核准结果通知危险废物所在地和境内运输途经地区的省级人民政府环境保护行政主管部门。

省级人民政府环境保护行政主管部门应当将核准结果通知本行政区域内有关设区的市级和县级人民政府环境保护行政主管部门。

第十条　有下列情形之一的，应当重新提出申请：

（一）改变或者增加出口危险废物类别或者数量的；

（二）改变出口者、进口国（地区）的处置者或者利用者的；

（三）改变进口国（地区）、过境国（地区）的；

（四）改变出口目的的；

（五）改变出口时限的。

第十一条　危险废物出口核准通知单的有效期限不超过1年。

第三章　监督管理

第十二条　危险废物出口者应当对每一批出口的危险废物，填写《危险废物越境转移—转移单据》，一式二份。

转移单据应当随出口的危险废物从转移起点直至处置或者利用地点，并由危险废物出口者、承运人和进口国（地区）的进口者、处置者或者利用者及有关国家（地区）海关部门填写相关信息。

危险废物出口者应当将信息填写完整的转移单据，一份报国务院环境保护行政主管部门，一份自留存档。

危险废物出口者应当妥善保存自留存档的转移单据，不得擅自损毁。转移单据的保存期应不少于5年。国务院环境保护行政主管部门要求延长转移单据保存期限的，有关单位应当按照要求延长转移单据的保存期限。

第十三条　国务院环境保护行政主管部门有权检查转移单据的运行情况，也可以委托县级以上地方人民政府环境保护行政主管部门检查转移单据的运行情况。被检查单位应当接受检查，如实汇报情况。

第十四条 在危险废物运输开始10个工作日之前,危险废物出口者应当填写《运输前信息报告单》,并将其连同填写的转移单据复印件,一并报送国务院环境保护行政主管部门,并抄送危险废物移出地和境内运输途经地区的省级、设区的市级和县级人民政府环境保护行政主管部门。

第二十条 禁止伪造、变造或者买卖危险废物出口核准通知单。

第四章 罚 则

第二十一条 违反本办法规定,无危险废物出口核准通知单或者不按照危险废物出口核准通知单出口危险废物的,由县级以上人民政府环境保护行政主管部门责令改正,并处3万元以下的罚款。

不按照危险废物出口核准通知单出口危险废物,情节严重的,还可以由国务院环境保护行政主管部门撤销危险废物出口核准通知单。

第二十二条 违反本办法规定,申请危险废物出口核准的单位隐瞒有关情况或者提供虚假材料的,国务院环境保护行政主管部门不予受理其申请或者不予核准其申请,给予警告,并记载其不良记录。

第二十三条 违反本办法规定,有下列行为之一的,由县级以上人民政府环境保护行政主管部门责令改正,并处以罚款:

(一)未按规定填写转移单据的;

(二)未按规定运行转移单据的;

(三)未按规定的存档期限保管转移单据的;

(四)拒绝接受环境保护行政主管部门对转移单据执行情况进行检查的。

有前款第(一)项、第(二)项、第(三)项行为的,处3万元以下罚款;有前款第(四)项行为的,依据《固体废物污染环境防治法》第七十条的规定,予以处罚。

有前款第(一)项、第(二)项、第(四)项行为,情节严重的,由国务院环境保护行政主管部门撤销危险废物出口核准通知单。

第二十四条 违反本办法规定,未将有关信息报送国务院环境保护行政主管部门,或者未抄报有关地方人民政府环境保护行政主管部门的,由县级以上人民政府环境保护行政主管部门责令限期改正;逾期不改正的,由县级以上人民政府环境保护行政主管部门处3万元以下罚款,并记载危险废物出口者的不良记录。

第二十五条 违反本办法规定,伪造、变造或者买卖危险废物出口核准通知单的,由公安机关依据《中华人民共和国治安管理处罚法》进行处罚。

第二十六条 以欺骗、贿赂等不正当手段取得危险废物出口核准通知单的,依据《中华人民共和国行政许可法》的规定,由国务院环境保护行政主管部门撤销危险废物出口核准通知单,并处3万元以下罚款。

第二十七条 危险废物出口未能按照书面协议的规定完成时,如果在进口国通知国务院环境保护行政主管部门和《巴塞尔公约》秘书处之后90日内或者在有关国家同意的另一期限内不能作出环境上无害的处置替代安排,出口者应当负责将废物退运回国,并承担该废物的运输与处置或者利用等相关费用。

第二十八条 负责危险废物出口核准管理工作的人员玩忽职守、徇私舞弊或者滥用职权的,依法给予行政处分;构成犯罪的,依法追究刑事责任。

附:

《中华人民共和国治安管理处罚法》第五十二条有下列行为之一的,处十日以上十五日以下拘留,可以并处一千元以下罚款;情节较轻的,处五日以上十日以下拘留,可以并处五百元以下罚款:

(一)伪造、变造或者买卖国家机关、人民团体、企业、事业单位或者其他组织的公文、证件、证明文件、印章的……

废弃电器电子产品回收处理管理条例(节选)

(国务院令2009年第551号,2009年2月25日发布,2011年1月1日实施)

第一章 总 则

第一条 为了规范废弃电器电子产品的回收处理活动,促进资源综合利用和循环经济发展,保护环境,保障人体健康,根据《中华人民共和国清洁生产促进法》和《中华人民共和国固体废物污染环境防治法》的有关规定,制定本条例。

第二条 本条例所称废弃电器电子产品的处理活动,是指将废弃电器电子产品进行拆解,从中提取物质作为原材料或者燃料,用改变废弃电器电子产品物理、化学特性的方法减少已产生的废弃电器电子产品数量,减少或者消除其危害成分,以及将其最终置于符合环境保护要求的填埋场的活动,不包括产品维修、翻新以及经维修、翻新后作为旧货再使用的活动。

第三条 列入《废弃电器电子产品处理目录》(以下简称《目录》)的废弃电器电子产品的回收处理及相关活动,适用本条例。

国务院资源综合利用主管部门会同国务院环境保护、工业信息产业等主管部门制订和调整《目录》,报国务院批准后实施。

第五条 国家对废弃电器电子产品实行多渠道回收和集中处理制度。

第六条 国家对废弃电器电子产品处理实行资格许可制度。设区的市级人民政府环境保护主管部门审批废弃电器电子产品处理企业(以下简称处理企业)资格。

第七条 国家建立废弃电器电子产品处理基金,用于废弃电器电子产品回收处理费用的补贴。电器电子产品生产者、进口电器电子产品的收货人或者其代理人应当按照规定履行废弃电器电子产品处理基金的缴纳义务。

废弃电器电子产品处理基金应当纳入预算管理,其征收、使用、管理的具体办法由国务院财政部门会同国务院环境保护、资源综合利用、工业信息产业主管部门制订,报国务院批准后施行。

制订废弃电器电子产品处理基金的征收标准和补贴标准,应当充分听取电器电子产品生产企业、处理企业、有关行业协会及专家的意见。

第二章 相关方责任

第十条 电器电子产品生产者、进口电器电子产品的收货人或者其代理人生产、进口的电器电子产品应当符合国家有关电器电子产品污染控制的规定,采用有利于资源综合利用和无害化处理的设计方案,使用无毒无害或者低毒低害以及便于回收利用的材料。

电器电子产品上或者产品说明书中应当按照规定提供有关有毒有害物质含量、回收处理提示性说明等信息。

第十一条 国家鼓励电器电子产品生产者自行或者委托销售者、维修机构、售后服务机构、废弃电器电子产品回收经营者回收废弃电器电子产品。电器电子产品销售者、维修机构、售后服务机构应当在其营业场所显著位置标注废弃电器电子产品回收处理提示性信息。

回收的废弃电器电子产品应当由有废弃电器电子产品处理资格的处理企业处理。

第十五条 处理废弃电器电子产品,应当符合国家有关资源综合利用、环境保护、劳动安全和保障人体健康的要求。

禁止采用国家明令淘汰的技术和工艺处理废弃电器电子产品。

第三章 监督管理

除本条例第三十四条规定外,禁止未取得废弃电器电子产品处理资格的单位和个人处理废弃电器电子产品。

第二十三条 申请废弃电器电子产品处理资格,应当具备下列条件:

(一)具备完善的废弃电器电子产品处理设施;

(二)具有对不能完全处理的废弃电器电

子产品的妥善利用或者处置方案;

（三）具有与所处理的废弃电器电子产品相适应的分拣、包装以及其他设备;

（四）具有相关安全、质量和环境保护的专业技术人员。

第二十四条 申请废弃电器电子产品处理资格,应当向所在地的设区的市级人民政府环境保护主管部门提交书面申请,并提供相关证明材料。受理申请的环境保护主管部门应当自收到完整的申请材料之日起60日内完成审查,作出准予许可或者不予许可的决定。

第四章 法律责任

第二十七条 违反本条例规定,电器电子产品生产者、进口电器电子产品的收货人或者其代理人生产、进口的电器电子产品上或者产品说明书中未按照规定提供有关有毒有害物质含量、回收处理提示性说明等信息的,由县级以上地方人民政府产品质量监督部门责令限期改正,处5万元以下的罚款。

第二十八条 违反本条例规定,未取得废弃电器电子产品处理资格擅自从事废弃电器电子产品处理活动的,由工商行政管理机关依照《无照经营查处取缔办法》的规定予以处罚。

环境保护主管部门查出的,由县级以上人民政府环境保护主管部门责令停业、关闭,没收违法所得,并处5万元以上50万元以下的罚款。

第二十九条 违反本条例规定,采用国家明令淘汰的技术和工艺处理废弃电器电子产品的,由县级以上人民政府环境保护主管部门责令限期改正;情节严重的,由设区的市级人民政府环境保护主管部门依法暂停直至撤销其废弃电器电子产品处理资格。

第三十条 处理废弃电器电子产品造成环境污染的,由县级以上人民政府环境保护主管部门按照固体废物污染环境防治的有关规定予以处罚。

第三十一条 违反本条例规定,处理企业未建立废弃电器电子产品的数据信息管理系统,未按规定报送基本数据和有关情况或者报送基本数据、有关情况不真实,或者未按规定期限保存基本数据的,由所在地的设区的市级人民政府环境保护主管部门责令限期改正,可以处5万元以下的罚款。

第三十二条 违反本条例规定,处理企业未建立日常环境监测制度或者未开展日常环境监测的,由县级以上人民政府环境保护主管部门责令限期改正,可以处5万元以下的罚款。

第三十三条 违反本条例规定,有关行政主管部门的工作人员滥用职权、玩忽职守、徇私舞弊,构成犯罪的,依法追究刑事责任;尚不构成犯罪的,依法给予处分。

第五章 附　则

第三十四条 经省级人民政府批准,可以设立废弃电器电子产品集中处理场。废弃电器电子产品集中处理场应当具有完善的污染物集中处理设施,确保符合国家或者地方制定的污染物排放标准和固体废物污染环境防治技术标准,并应当遵守本条例的有关规定。

废弃电器电子产品集中处理场应当符合国家和当地工业区设置规划,与当地土地利用规划和城乡规划相协调,并应当加快实现产业升级。

电子废物污染环境防治管理办法（节选）

（国家环境保护总局令2007年第40号,2007年9月27日发布,2008年2月1日实施）

第一章 总　则

第一条 为了防治电子废物污染环境,加强对电子废物的环境管理,根据《固体废物污染环境防治法》,制定本办法。

第二条 本办法适用于中华人民共和国境内拆解、利用、处置电子废物污染环境的防治。

产生、贮存电子废物污染环境的防治,也适用本办法;有关法律、行政法规另有规定的,从其规定。

电子类危险废物相关活动污染环境的防治,适用《固体废物污染环境防治法》有关危险废物管理的规定。

第二章 拆解利用处置的监督管理

第五条 新建、改建、扩建拆解、利用、处置电子废物的项目,建设单位(包括个体工商户)应当依据国家有关规定,向所在地设区的市级以上地方人民政府环境保护行政主管部门报批环境影响报告书或者环境影响报告表(以下统称环境影响评价文件)。

前款规定的环境影响评价文件,应当包括下列内容:

(一)建设项目概况;

(二)建设项目是否纳入地方电子废物拆解利用处置设施建设规划;

(三)选择的技术和工艺路线是否符合国家产业政策和电子废物拆解利用处置环境保护技术规范和管理要求,是否与所拆解利用处置的电子废物类别相适应;

(四)建设项目对环境可能造成影响的分析和预测;

(五)环境保护措施及其经济、技术论证;

(六)对建设项目实施环境监测的方案;

(七)对本项目不能完全拆解、利用或者处置的电子废物以及其他固体废物或者液态废物的妥善利用或者处置方案;

(八)环境影响评价结论。

第七条 负责审批环境影响评价文件的县级以上人民政府环境保护行政主管部门应当及时将具备下列条件的单位(包括个体工商户),列入电子废物拆解利用处置单位(包括个体工商户)临时名录,并予以公布:

(一)已依法办理工商登记手续,取得营业执照;

(二)建设项目的环境保护措施经环境保护行政主管部门验收合格。

负责审批环境影响评价文件的县级以上人民政府环境保护行政主管部门,对近三年内没有两次以上(含两次)违反环境保护法律、法规和没有本办法规定的下列违法行为的列入临时名录的单位(包括个体工商户),列入电子废物拆解利用处置单位(包括个体工商户)名录,予以公布并定期调整:

(一)超过国家或者地方规定的污染物排放标准排放污染物的;

(二)随意倾倒、堆放所产生的固体废物或液态废物的;

(三)将未完全拆解、利用或者处置的电子废物提供或者委托给列入名录且具有相应经营范围的拆解利用处置单位(包括个体工商户)以外的单位或者个人从事拆解、利用、处置活动的;

(四)环境监测数据、经营情况记录弄虚作假的。

近三年内有两次以上(含两次)违反环境保护法律、法规和本办法规定的本条第二款所列违法行为记录的,其单位法定代表人或者个体工商户经营者新设拆解、利用、处置电子废物的经营企业或者个体工商户的,不得列入名录。

名录(包括临时名录)应当载明单位(包括个体工商户)名称、单位法定代表人或者个体工商户经营者、住所、经营范围。

禁止任何个人和未列入名录(包括临时名录)的单位(包括个体工商户)从事拆解、利用、处置电子废物的活动。

第八条 建设电子废物集中拆解利用处置区的,应当严格规划,符合国家环境保护总局制定的有关技术规范的要求。

第九条 从事拆解、利用、处置电子废物活动的单位(包括个体工商户)应当按照环境保护措施验收的要求对污染物排放进行日常定期监测。

从事拆解、利用、处置电子废物活动的单位(包括个体工商户)应当按照电子废物经营情况记录簿制度的规定,如实记载每批电子废物的来源、类型、重量或者数量、收集(接收)、拆解、利用、贮存、处置的时间;运输者的名称和地址;未完全拆解、利用或者处置的电子废物以及固体废物或液态废物的种类、重量或者数量及去向等。

监测报告及经营情况记录簿应当保存三年。

第十条 从事拆解、利用、处置电子废物活动的单位(包括个体工商户),应当按照经验收合格的培训制度和计划进行培训。

第十一条 拆解、利用和处置电子废物,应当符合国家环境保护总局制定的有关电子废物污染防治的相关标准、技术规范和技术政策的要求。

禁止使用落后的技术、工艺和设备拆解、利用和处置电子废物。

禁止露天焚烧电子废物。

禁止使用冲天炉、简易反射炉等设备和简易酸浸工艺利用、处置电子废物。

禁止以直接填埋的方式处置电子废物。

拆解、利用、处置电子废物应当在专门作业场所进行。作业场所应当采取防雨、防地面渗漏的措施,并有收集泄漏液体的设施。拆解电子废物,应当首先将铅酸电池、镉镍电池、汞开关、阴极射线管、多氯联苯电容器、制冷剂等去除并分类收集、贮存、利用、处置。

贮存电子废物,应当采取防止因破碎或者其他原因导致电子废物中有毒有害物质泄漏的措施。破碎的阴极射线管应当贮存在有盖的容器内。电子废物贮存期限不得超过一年。

第十二条 县级以上人民政府环境保护行政主管部门有权要求拆解、利用、处置电子废物的单位定期报告电子废物经营活动情况。

县级以上人民政府环境保护行政主管部门应当通过书面核查和实地检查等方式进行监督检查,并将监督检查情况和处理结果予以记录,由监督检查人员签字后归档。监督抽查和监测一年不得少于一次。

县级以上人民政府环境保护行政主管部门发现有不符合环境保护措施验收合格时条件、情节轻微的,可以责令限期整改;经及时整改并未造成危害后果的,可以不予处罚。

第三章 相关方责任

第十四条 电子电器产品、电子电气设备的生产者应当依据国家有关法律、行政法规或者规章的规定,限制或者淘汰有毒有害物质在产品或者设备中的使用。

电子电器产品、电子电气设备的生产者、进口者和销售者,应当依据国家有关规定公开产品或者设备所含铅、汞、镉、六价铬、多溴联苯(PBB)、多溴二苯醚(PBDE)等有毒有害物质,以及不当利用或者处置可能对环境和人类健康影响的信息,产品或者设备废弃后以环境无害化方式利用或者处置的方法提示。

电子电器产品、电子电气设备的生产者、进口者和销售者,应当依据国家有关规定建立回收系统,回收废弃产品或者设备,并负责以环境无害化方式贮存、利用或者处置。

第十五条 有下列情形之一的,应当将电子废物提供或者委托给列入名录(包括临时名录)的具有相应经营范围的拆解利用处置单位(包括个体工商户)进行拆解、利用或者处置:

(一)产生工业电子废物的单位,未自行以环境无害化方式拆解、利用或者处置的;

(二)电子电器产品、电子电气设备生产者、销售者、进口者、使用者、翻新或者维修者、再制造者,废弃电子电器产品、电子电气设备的;

(三)拆解利用处置单位(包括个体工商户),不能完全拆解、利用或者处置电子废物的;

(四)有关行政主管部门在行政管理活动中,依法收缴的非法生产或者进口的电子电器产品、电子电气设备需要拆解、利用或者处置的。

第十六条 产生工业电子废物的单位,应当记录所产生工业电子废物的种类、重量或者数量、自行或者委托第三方贮存、拆解、利用、处置情况等;并依法向所在地县级以上地方人民政府环境保护行政主管部门提供电子废物的种类、产生量、流向、拆解、利用、贮存、处置等有关资料。

记录资料应当保存三年。

第十七条 以整机形式转移含铅酸电池、镉镍电池、汞开关、阴极射线管和多氯联苯电容器的废弃电子电器产品或者电子电气设备等电子类危险废物的,适用《固体废物污染环境防治法》第二十三条的规定。

转移过程中应当采取防止废弃电子电器产品或者电子电气设备破碎的措施。

第四章 罚 则

第十八条 县级以上人民政府环境保护行政主管部门违反本办法规定,不依法履行监督管理职责的,由本级人民政府或者上级环境保护行政主管部门依法责令改正;对负有责任的主管人员和其他直接责任人员,依据国家有关规定给予行政处分;构成犯罪的,依法追究刑事责任。

第十九条 违反本办法规定,拒绝现场检查的,由县级以上人民政府环境保护行政主管部门依据《固体废物污染环境防治法》责令限期改正;拒不改正或者在检查时弄虚作假的,处2000元以上2万元以下的罚款;情节严重,但尚构不成刑事处罚的,并由公安机关依据《治安管理处罚法》处5日以上10日以下拘留;构成犯罪的,依法追究刑事责任。

第二十条 违反本办法规定,任何个人或者未列入名录(包括临时名录)的单位(包括个体工商户)从事拆解、利用、处置电子废物活动的,按照下列规定予以处罚:

(一)未获得环境保护措施验收合格的,由审批该建设项目环境影响评价文件的人民政府环境保护行政主管部门依据《建设项目环境保护管理条例》责令停止拆解、利用、处置电子废物活动,可以处10万元以下罚款;

(二)未取得营业执照的,由工商行政管理部门依据《无照经营查处取缔办法》依法予以取缔,没收专门用于从事无照经营的工具、设备、原材料、产品等财物,并处5万元以上50万元以下的罚款。

第二十一条 违反本办法规定,有下列行为之一的,由所在地县级以上人民政府环境保护行政主管部门责令限期整改,并处3万元以下罚款:

(一)将未完全拆解、利用或者处置的电子废物提供或者委托给列入名录(包括临时名录)且具有相应经营范围的拆解利用处置单位(包括个体工商户)以外的单位或者个人从事拆解、利用、处置活动的;

(二)拆解、利用和处置电子废物不符合有关电子废物污染防治的相关标准、技术规范和技术政策的要求,或者违反本办法规定的禁止性技术、工艺、设备要求的;

(三)贮存、拆解、利用、处置电子废物的作业场所不符合要求的;

(四)未按规定记录经营情况、日常环境监测数据、所产生工业电子废物的有关情况等,或者环境监测数据、经营情况记录弄虚作假的;

(五)未按培训制度和计划进行培训的;

(六)贮存电子废物超过一年的。

第二十二条 列入名录(包括临时名录)的单位(包括个体工商户)违反《固体废物污染环境防治法》等有关法律、行政法规规定,有下列行为之一的,依据有关法律、行政法规予以处罚:

(一)擅自关闭、闲置或者拆除污染防治设施、场所的;

(二)未采取无害化处置措施,随意倾倒、堆放所产生的固体废物或液态废物的;

(三)造成固体废物或液态废物扬散、流失、渗漏或者其他环境污染等环境违法行为的;

(四)不正常使用污染防治设施的。

有前款第一项、第二项、第三项行为的,分别依据《固体废物污染环境防治法》第六十八条规定,处以1万元以上10万元以下罚款;有前款第四项行为的,依据《水污染防治法》、《大气污染防治法》有关规定予以处罚。

第二十三条 列入名录(包括临时名录)的单位(包括个体工商户)违反《固体废物污染环境防治法》等有关法律、行政法规规定,有造成固体废物或液态废物严重污染环境的下列情形之一的,由所在地县级以上人民政府环境保护行政主管部门依据《固体废物污染环境防治法》和《国务院关于落实科学发展观加强环境保护的决定》的规定,责令限其在三个月内进行治理,限产限排,并不得建设增加污染物排放总量的项目;逾期未完成治理任务的,责令其在三个月内停产整治;逾期仍未完成治理任务的,报经本级人民政府批准关闭:

(一)危害生活饮用水水源的;

(二)造成地下水或者土壤重金属环境污染的;

(三)因危险废物扬散、流失、渗漏造成环

境污染的；

（四）造成环境功能丧失无法恢复环境原状的；

（五）其他造成固体废物或者液态废物严重污染环境的情形。

第二十四条 县级以上人民政府环境保护行政主管部门发现有违反本办法的行为，依据有关法律、法规和本办法的规定应当由工商行政管理部门或者公安机关行使行政处罚权的，应当及时移送有关主管部门依法予以处罚。

第五章 附 则

第二十五条 本办法中下列用语的含义：

（一）电子废物，是指废弃的电子电器产品、电子电气设备（以下简称产品或者设备）及其废弃零部件、元器件和国家环境保护总局会同有关部门规定纳入电子废物管理的物品、物质。包括工业生产活动中产生的报废产品或者设备、报废的半成品和下脚料，产品或者设备维修、翻新、再制造过程产生的报废品，日常生活或者为日常生活提供服务的活动中废弃的产品或者设备，以及法律法规禁止生产或者进口的产品或者设备。

（二）工业电子废物，是指在工业生产活动中产生的电子废物，包括维修、翻新和再制造工业单位以及拆解利用处置电子废物的单位（包括个体工商户），在生产活动及相关活动中产生的电子废物。

（三）电子类危险废物，是指列入国家危险废物名录或者根据国家规定的危险废物鉴别标准和鉴别方法认定的具有危险特性的电子废物。包括含铅酸电池、镉镍电池、汞开关、阴极射线管和多氯联苯电容器等的产品或者设备等。

（四）拆解，是指以利用、贮存或者处置为目的，通过人工或者机械的方式将电子废物进行拆卸、解体活动；不包括产品或者设备维修、翻新、再制造过程中的拆卸活动。

（五）利用，是指从电子废物中提取物质作为原材料或者燃料的活动，不包括对产品或者设备的维修、翻新和再制造。

道路危险货物运输管理规定（节选）

（交通部令2005年第9号，2005年7月12日发布，2005年8月1日实施；交通运输部令2010年第5号，2010年10月27日发布；交通运输部令2013年第2号，2013年1月23日发布，2013年7月1日实施）

第一章 总 则

第一条 为规范道路危险货物运输市场秩序，保障人民生命财产安全，保护环境，维护道路危险货物运输各方当事人的合法权益，根据《中华人民共和国道路运输条例》和《危险化学品安全管理条例》等有关法律、行政法规，制定本规定。

第三条 本规定所称危险货物，是指具有爆炸、易燃、毒害、感染、腐蚀等危险特性，在生产、经营、运输、储存、使用和处置中，容易造成人身伤亡、财产损毁或者环境污染而需要特别防护的物质和物品。危险货物以列入国家标准《危险货物品名表》（GB12268）的为准，未列入《危险货物品名表》的，以有关法律、行政法规的规定或者国务院有关部门公布的结果为准。

本规定所称道路危险货物运输，是指使用载货汽车通过道路运输危险货物的作业全过程。

本规定所称道路危险货物运输车辆，是指满足特定技术条件和要求，从事道路危险货物运输的载货汽车（以下简称专用车辆）。

第四条 危险货物的分类、分项、品名和品名编号应当按照国家标准《危险货物分类和品名编号》（GB6944）、《危险货物品名表》（GB12268）执行。危险货物的危险程度依据国家标准《危险货物运输包装通用技术条件》（GB12463），分为Ⅰ、Ⅱ、Ⅲ等级。

第七条 交通运输部主管全国道路危险货物运输管理工作。

县级以上地方人民政府交通运输主管部门负责组织领导本行政区域的道路危险货物运输管理工作。

县级以上道路运输管理机构负责具体实施道路危险货物运输管理工作。

第二章 道路危险货物运输许可

第八条 申请从事道路危险货物运输经营,应当具备下列条件:

(一)有符合下列要求的专用车辆及设备:

1. 自有专用车辆(挂车除外)5 辆以上;运输剧毒化学品、爆炸品的,自有专用车辆(挂车除外)10 辆以上。

2. 专用车辆技术性能符合国家标准《营运车辆综合性能要求和检验方法》(GB18565)的要求;技术等级达到行业标准《营运车辆技术等级划分和评定要求》(JT/T198)规定的一级技术等级。

3. 专用车辆外廓尺寸、轴荷和质量符合国家标准《道路车辆外廓尺寸、轴荷和质量限值》(GB1589)的要求。

4. 专用车辆燃料消耗量符合行业标准《营运货车燃料消耗量限值及测量方法》(JT719)的要求。

5. 配备有效的通讯工具。

6. 专用车辆应当安装具有行驶记录功能的卫星定位装置。

7. 运输剧毒化学品、爆炸品、易制爆危险化学品的,应当配备罐式、厢式专用车辆或者压力容器等专用容器。

8. 罐式专用车辆的罐体应当经质量检验部门检验合格,且罐体载货后总质量与专用车辆核定载质量相匹配。运输爆炸品、强腐蚀性危险货物的罐式专用车辆的罐体容积不得超过 20 立方米,运输剧毒化学品的罐式专用车辆的罐体容积不得超过 10 立方米,但符合国家有关标准的罐式集装箱除外。

9. 运输剧毒化学品、爆炸品、强腐蚀性危险货物的非罐式专用车辆,核定载质量不得超过 10 吨,但符合国家有关标准的集装箱运输专用车辆除外。

10. 配备与运输的危险货物性质相适应的安全防护、环境保护和消防设施设备。

(二)有符合下列要求的停车场地:

1. 自有或者租借期限为 3 年以上,且与经营范围、规模相适应的停车场地,停车场地应当位于企业注册地市级行政区域内。

2. 运输剧毒化学品、爆炸品专用车辆以及罐式专用车辆,数量为 20 辆(含)以下的,停车场地面积不低于车辆正投影面积的 1.5 倍,数量为 20 辆以上的,超过部分,每辆车的停车场地面积不低于车辆正投影面积;运输其他危险货物的,专用车辆数量为 10 辆(含)以下的,停车场地面积不低于车辆正投影面积的 1.5 倍;数量为 10 辆以上的,超过部分,每辆车的停车场地面积不低于车辆正投影面积。

3. 停车场地应当封闭并设立明显标志,不得妨碍居民生活和威胁公共安全。

(三)有符合下列要求的从业人员和安全管理人员:

1. 专用车辆的驾驶人员取得相应机动车驾驶证,年龄不超过 60 周岁。

2. 从事道路危险货物运输的驾驶人员、装卸管理人员、押运人员应当经所在地设区的市级人民政府交通运输主管部门考试合格,并取得相应的从业资格证;从事剧毒化学品、爆炸品道路运输的驾驶人员、装卸管理人员、押运人员,应当经考试合格,取得注明为“剧毒化学品运输”或者“爆炸品运输”类别的从业资格证。

3. 企业应当配备专职安全管理人员。

(四)有健全的安全生产管理制度:

1. 企业主要负责人、安全管理部门负责人、专职安全管理人员安全生产责任制度。

2. 从业人员安全生产责任制度。

3. 安全生产监督检查制度。

4. 安全生产教育培训制度。

5. 从业人员、专用车辆、设备及停车场地安全管理制度。

6. 应急救援预案制度。

7. 安全生产作业规程。

8. 安全生产考核与奖惩制度。

9. 安全事故报告、统计与处理制度。

第九条 符合下列条件的企事业单位,可以使用自备专用车辆从事为本单位服务的非经营性道路危险货物运输：

（一）属于下列企事业单位之一：

1. 省级以上安全生产监督管理部门批准设立的生产、使用、储存危险化学品的企业。

2. 有特殊需求的科研、军工等企事业单位。

（二）具备第八条规定的条件，但自有专用车辆（挂车除外）的数量可以少于5辆。

第十条 申请从事道路危险货物运输经营的企业，应当向所在地设区的市级道路运输管理机构提出申请，并提交以下材料：

（一）《道路危险货物运输经营申请表》，包括申请人基本信息、申请运输的危险货物范围（类别、项别或品名，如果为剧毒化学品应当标注“剧毒”）等内容。

（二）拟担任企业法定代表人的投资人或者负责人的身份证明及其复印件，经办人身份证明及其复印件和书面委托书。

（三）企业章程文本。

（四）证明专用车辆、设备情况的材料，包括：

1. 未购置专用车辆、设备的，应当提交拟投入专用车辆、设备承诺书。承诺书内容应当包括车辆数量、类型、技术等级、总质量、核定载质量、车轴数以及车辆外廓尺寸；通讯工具和卫星定位装置配备情况；罐式专用车辆的罐体容积；罐式专用车辆罐体载货后的总质量与车辆核定载质量相匹配情况；运输剧毒化学品、爆炸品、易制爆危险化学品的专用车辆核定载质量等有关情况。承诺期限不得超过1年。

2. 已购置专用车辆、设备的，应当提供车辆行驶证、车辆技术等级证明或者车辆综合性能检测技术合格证明；通讯工具和卫星定位装置配备；罐式专用车辆的罐体检测合格证或者检测报告及复印件等有关材料。

（五）拟聘用专职安全管理人员、驾驶人员、装卸管理人员、押运人员的，应当提交拟聘用承诺书，承诺期限不得超过1年；已聘用的应当提交从业资格证及其复印件以及驾驶证及其复印件。

（六）停车场地的土地使用证、租借合同、场地平面图等材料。

（七）相关安全防护、环境保护、消防设施设备的配备情况清单。

（八）有关安全生产管理制度文本。

第十一条 申请从事非经营性道路危险货物运输的单位，向所在地设区的市级道路运输管理机构提出申请时，除提交第十条第（四）项至第（八）项规定的材料外，还应当提交以下材料：

（一）《道路危险货物运输申请表》，包括申请人基本信息、申请运输的物品范围（类别、项别或品名，如果为剧毒化学品应当标注“剧毒”）等内容。

（二）下列形式之一的单位基本情况证明：

1. 省级以上安全生产监督管理部门颁发的危险化学品生产、使用等证明。

2. 能证明科研、军工等企事业单位性质或者业务范围的有关材料。

（三）特殊运输需求的说明材料。

（四）经办人的身份证明及其复印件以及书面委托书。

第十二条 设区的市级道路运输管理机构应当按照《中华人民共和国道路运输条例》和《交通行政许可实施程序规定》，以及本规定所明确的程序和时限实施道路危险货物运输行政许可，并进行实地核查。

决定准予许可的，应当向被许可人出具《道路危险货物运输行政许可决定书》，注明许可事项，具体内容应当包括运输危险货物的范围（类别、项别或品名，如果为剧毒化学品应当标注“剧毒”），专用车辆数量、要求以及运输性质，并在10日内向道路危险货物运输经营申请人发放《道路运输经营许可证》，向非经营性道路危险货物运输申请人发放《道路危险货物运输许可证》。

市级道路运输管理机构应当将准予许可的企业或单位的许可事项等，及时以书面形式告知县级道路运输管理机构。

决定不予许可的，应当向申请人出具《不予交通行政许可决定书》。

第十三条 被许可人已获得其他道路运输经营许可的，设区的市级道路运输管理机构应当为其换发《道路运输经营许可证》，并在经营范围中加注新许可的事项。如果原《道路运输经营许可证》是由省级道路运输管理机构发放的，由原许可机关按照上述要求予以换发。

第十四条 被许可人应当按照承诺期限落实拟投入的专用车辆、设备。

原许可机关应当对被许可人落实的专用车辆、设备予以核实，对符合许可条件的专用车辆配发《道路运输证》，并在《道路运输证》经营范围栏内注明允许运输的危险货物类别、项别或者品名，如果为剧毒化学品应标注“剧毒”；对从事非经营性道路危险货物运输的车辆，还应当加盖“非经营性危险货物运输专用章”。

被许可人未在承诺期限内落实专用车辆、设备的，原许可机关应当撤销许可决定，并收回已核发的许可证明文件。

第十五条 被许可人应当按照承诺期限落实拟聘用的专职安全管理人员、驾驶人员、装卸管理人员和押运人员。

被许可人未在承诺期限内按照承诺聘用专职安全管理人员、驾驶人员、装卸管理人员和押运人员的，原许可机关应当撤销许可决定，并收回已核发的许可证明文件。

第十六条 道路运输管理机构不得许可一次性、临时性的道路危险货物运输。

第十七条 被许可人应当持《道路运输经营许可证》或者《道路危险货物运输许可证》依法向工商行政管理机关办理登记手续。

第十八条 中外合资、中外合作、外商独资形式投资道路危险货物运输的，应当同时遵守《外商投资道路运输业管理规定》。

第十九条 道路危险货物运输企业设立子公司从事道路危险货物运输的，应当向子公司注册地设区的市级道路运输管理机构申请运输许可。设立分公司的，应当向分公司注册地设区的市级道路运输管理机构备案。

第二十条 道路危险货物运输企业或者单位需要变更许可事项的，应当向原许可机关提出申请，按照本章有关许可的规定办理。

道路危险货物运输企业或者单位变更法定代表人、名称、地址等工商登记事项的，应当在30日内向原许可机关备案。

第二十一条 道路危险货物运输企业或者单位终止危险货物运输业务的，应当在终止之日的30日前告知原许可机关，并在停业后10日内将《道路运输经营许可证》或者《道路危险货物运输许可证》以及《道路运输证》交回原许可机关。

第三章 专用车辆、设备管理

第二十二条 道路危险货物运输企业或者单位应当按照《道路货物运输及站场管理规定》中有关车辆管理的规定，维护、检测、使用和管理专用车辆，确保专用车辆技术状况良好。

第二十三条 设区的市级道路运输管理机构应当定期对专用车辆进行审验，每年审验一次。审验按照《道路货物运输及站场管理规定》进行，并增加以下审验项目：

（一）专用车辆投保危险货物承运人责任险情况；

（二）必需的应急处理器材、安全防护设施设备和专用车辆标志的配备情况；

（三）具有行驶记录功能的卫星定位装置的配备情况。

第二十四条 禁止使用报废的、擅自改装的、检测不合格的、车辆技术等级达不到一级的和其他不符合国家规定的车辆从事道路危险货物运输。

除铰接列车、具有特殊装置的大型物件运输专用车辆外，严禁使用货车列车从事危险货物运输；倾卸式车辆只能运输散装硫磺、萘饼、粗蒽、煤焦沥青等危险货物。

禁止使用移动罐体（罐式集装箱除外）从事危险货物运输。

第二十五条 运输剧毒化学品、爆炸品专用车辆及罐式专用车辆（含罐式挂车）应当到具备道路危险货物运输车辆维修资质的企业进行维修。

牵引车以及其他专用车辆由企业自行消除危险货物的危害后，可到具备一般车辆维修资质的企业进行维修。

第二十六条 用于装卸危险货物的机械及工具的技术状况应当符合行业标准《汽车运输危险货物规则》（JT617）规定的技术要求。

第三十九条 驾驶人员应当随车携带《道路运输

证》。驾驶人员或者押运人员应当按照《汽车运输危险货物规则》(JT617)的要求,随车携带《道路运输危险货物安全卡》。

第四十条 在道路危险货物运输过程中,除驾驶人员外,还应当在专用车辆上配备押运人员,确保危险货物处于押运人员监管之下。

第四十五条 道路危险货物运输企业或者单位应当要求驾驶人员和押运人员在运输危险货物时,严格遵守有关部门关于危险货物运输线路、时间、速度方面的有关规定,并遵守有关部门关于剧毒、爆炸危险品道路运输车辆在重大节假日通行高速公路的相关规定。

第四十六条 道路危险货物运输企业或者单位应当通过卫星定位监控平台或者监控终端及时纠正和处理超速行驶、疲劳驾驶、不按规定线路行驶等违法违规驾驶行为。

监控数据应当至少保存3个月,违法驾驶信息及处理情况应当至少保存3年。

第四十七条 道路危险货物运输从业人员必须熟悉有关安全生产的法规、技术标准和安全生产规章制度、安全操作规程,了解所装运危险货物的性质、危害特性、包装物或者容器的使用要求和发生意外事故时的处置措施,并严格执行《汽车运输危险货物规则》(JT617)、《汽车运输、装卸危险货物作业规程》(JT618)等标准,不得违章作业。

第四十九条 道路危险货物运输企业或者单位应当加强安全生产管理,制定突发事件应急预案,配备应急救援人员和必要的应急救援器材、设备,并定期组织应急救援演练,严格落实各项安全制度。

第五十条 道路危险货物运输企业或者单位应当委托具备资质条件的机构,对本企业或单位的安全管理情况每3年至少进行一次安全评估,出具安全评估报告。

第五十一条 在危险货物运输过程中发生燃烧、爆炸、污染、中毒或者被盗、丢失、流散、泄漏等事故,驾驶人员、押运人员应当立即根据应急预案和《道路运输危险货物安全卡》的要求采取应急处置措施,并向事故发生地公安部门、交通运输主管部门和本运输企业或者单位报告。运输企业或者单位接到事故报告后,应当按照本单位危险货物应急预案组织救援,并向事故发生地安全生产监督管理部门和环境保护、卫生主管部门报告。

道路危险货物运输管理机构应当公布事故报告电话。

第五十三条 道路危险货物运输企业或者单位应当为其承运的危险货物投保承运人责任险。

第五章 监督检查

第五十五条 道路危险货物运输监督检查按照《道路货物运输及站场管理规定》执行。

道路运输管理机构工作人员应当定期或者不定期对道路危险货物运输企业或者单位进行现场检查。

第五十七条 道路运输管理机构在实施监督检查过程中,经本部门主要负责人批准,可以对没有随车携带《道路运输证》又无法当场提供其他有效证明文件的危险货物运输专用车辆予以扣押。

第五十八条 任何单位和个人对违反本规定的行为,有权向道路危险货物运输管理机构举报。

道路危险货物运输管理机构应当公布举报电话,并在接到举报后及时依法处理;对不属于本部门职责的,应当及时移送有关部门处理。

第六章 法律责任

第五十九条 违反本规定,有下列情形之一的,由县级以上道路运输管理机构责令停止运输经营,有违法所得的,没收违法所得,处违法所得2倍以上10倍以下的罚款;没有违法所得或者违法所得不足2万元的,处3万元以上10万元以下的罚款;构成犯罪的,依法追究刑事责任:

(一)未取得道路危险货物运输许可,擅自从事道路危险货物运输的;

(二)使用失效、伪造、变造、被注销等无效道路危险货物运输许可证件从事道路危险货物运输的;

(三)超越许可事项,从事道路危险货物运输的;

(四)非经营性道路危险货物运输单位从

事道路危险货物运输经营的。

第六十条 违反本规定,道路危险货物运输企业或者单位非法转让、出租道路危险货物运输许可证件的,由县级以上道路运输管理机构责令停止违法行为,收缴有关证件,处2000元以上1万元以下的罚款;有违法所得的,没收违法所得。

第六十一条 违反本规定,道路危险货物运输企业或者单位有下列行为之一,由县级以上道路运输管理机构责令限期投保;拒不投保的,由原许可机关吊销《道路运输经营许可证》或者《道路危险货物运输许可证》,或者吊销相应的经营范围:

(一)未投保危险货物承运人责任险的;

(二)投保的危险货物承运人责任险已过期,未继续投保的。

第六十二条 违反本规定,道路危险货物运输企业或者单位未按规定维护或者检测专用车辆的,由县级以上道路运输管理机构责令改正,并处1000元以上5000元以下的罚款。

第六十三条 违反本规定,道路危险货物运输企业或者单位不按照规定随车携带《道路运输证》的,由县级以上道路运输管理机构责令改正,处警告或者20元以上200元以下的罚款。

第六十四条 违反本规定,道路危险货物运输企业或者单位以及托运人有下列情形之一的,由县级以上道路运输管理机构责令改正,并处5万元以上10万元以下的罚款,拒不改正的,责令停产停业整顿;构成犯罪的,依法追究刑事责任:

(一)驾驶人员、装卸管理人员、押运人员未取得从业资格上岗作业的;

(二)托运人不向承运人说明所托运的危险化学品的种类、数量、危险特性以及发生危险情况的应急处置措施,或者未按照国家有关规定对所托运的危险化学品妥善包装并在外包装上设置相应标志的;

(三)未根据危险化学品的危险特性采取相应的安全防护措施,或者未配备必要的防护用品和应急救援器材的;

(四)运输危险化学品需要添加抑制剂或者稳定剂,托运人未添加或者未将有关情况告知承运人的。

第六十五条 违反本规定,道路危险货物运输企业或者单位未配备专职安全管理人员的,由县级以上道路运输管理机构责令改正,可以处1万元以下的罚款;拒不改正的,对危险化学品运输企业或单位处1万元以上5万元以下的罚款,对运输危险化学品以外其他危险货物的企业或单位处1万元以上2万元以下的罚款。

第六十六条 违反本规定,道路危险化学品运输托运人有下列行为之一的,由县级以上道路运输管理机构责令改正,处10万元以上20万元以下的罚款,有违法所得的,没收违法所得;拒不改正的,责令停产停业整顿;构成犯罪的,依法追究刑事责任:

(一)委托未依法取得危险货物道路运输许可的企业承运危险化学品的;

(二)在托运的普通货物中夹带危险化学品,或者将危险化学品谎报或者匿报为普通货物托运的。

第六十七条 违反本规定,道路危险货物运输企业擅自改装已取得《道路运输证》的专用车辆及罐式专用车辆罐体的,由县级以上道路运输管理机构责令改正,并处5000元以上2万元以下的罚款。

第七章 附　　则

第七十条 交通运输部可以根据相关行业协会的申请,经组织专家论证后,统一公布可以按照普通货物实施道路运输管理的危险货物。

海域水域环境保护

防治船舶污染海洋环境管理条例(节选)

(国务院令2009年第561号,2009年9月9日发布,2010年3月1日实施)

第一章 总 则

第一条 为了防治船舶及其有关作业活动污染海洋环境,根据《中华人民共和国海洋环境保护法》,制定本条例。

第二条 防治船舶及其有关作业活动污染中华人民共和国管辖海域适用本条例。

第三条 防治船舶及其有关作业活动污染海洋环境,实行预防为主、防治结合的原则。

第四条 国务院交通运输主管部门主管所辖港区水域内非军事船舶和港区水域外非渔业、非军事船舶污染海洋环境的防治工作。

海事管理机构依照本条例规定具体负责防治船舶及其有关作业活动污染海洋环境的监督管理。

第六条 国务院交通运输主管部门、沿海设区的市级以上地方人民政府应当建立健全防治船舶及其有关作业活动污染海洋环境应急反应机制,并制定防治船舶及其有关作业活动污染海洋环境应急预案。

第七条 海事管理机构应当根据防治船舶及其有关作业活动污染海洋环境的需要,会同海洋主管部门建立健全船舶及其有关作业活动污染海洋环境的监测、监视机制,加强对船舶及其有关作业活动污染海洋环境的监测、监视。

第八条 国务院交通运输主管部门、沿海设区的市级以上地方人民政府应当按照防治船舶及其有关作业活动污染海洋环境应急能力建设规划,建立专业应急队伍和应急设备库,配备专用的设施、设备和器材。

第二章 防治船舶及其有关作业活动污染海洋环境的一般规定

第十条 船舶的结构、设备、器材应当符合国家有关防治船舶污染海洋环境的技术规范以及中华人民共和国缔结或者参加的国际条约的要求。

船舶应当依照法律、行政法规、国务院交通运输主管部门的规定以及中华人民共和国缔结或者参加的国际条约的要求,取得并随船携带相应的防治船舶污染海洋环境的证书、文书。

第十一条 中国籍船舶的所有人、经营人或者管理人应当按照国务院交通运输主管部门的规定,建立健全安全营运和防治船舶污染管理体系。

海事管理机构应当对安全营运和防治船舶污染管理体系进行审核,审核合格的,发给符合证明和相应的船舶安全管理证书。

第十四条 船舶所有人、经营人或者管理人以及有关作业单位应当制定防治船舶及其有关作业活动污染海洋环境的应急预案,并报海事管理机构批准。

港口、码头、装卸站的经营人应当制定防治船舶及其有关作业活动污染海洋环境的应急预案,并报海事管理机构备案。

船舶、港口、码头、装卸站以及其他有关作业单位应当按照应急预案,定期组织演练,并做好相应记录。

第三章 船舶污染物的排放和接收

第四章 船舶有关作业活动的污染防治

第二十一条 船舶不符合污染危害性货物适载要求的,不得载运污染危害性货物,码头、装卸站不得为其进行装载作业。

污染危害性货物的名录由国家海事管理机构公布。

第二十二条 载运污染危害性货物进出港口的船舶,其承运人、货物所有人或者代理人,应当向海事管理机构提出申请,经批准方可进出港口、过境停留或者进行装卸作业。

第二十三条 载运污染危害性货物的船舶,应当在海事管理机构公布的具有相应安全装卸和污染物处理能力的码头、装卸站进行装卸作业。

第二十四条 货物所有人或者代理人交付船舶载运污染危害性货物,应当确保货物的包装与标志等符合有关安全和防治污染的规定,并在运输单证上准确注明货物的技术名称、编号、类别(性质)、数量、注意事项和应急措施等内容。

货物所有人或者代理人交付船舶载运污染危害性不明的货物,应当由国家海事管理机构认定的评估机构进行危害性评估,明确货物的危害性质以及有关安全和防治污染要求,方可交付船舶载运。

第二十五条 海事管理机构认为交付船舶载运的污染危害性货物应当申报而未申报,或者申报的内容不符合实际情况的,可以按照国务院交通运输主管部门的规定采取开箱等方式查验。

海事管理机构查验污染危害性货物,货物所有人或者代理人应当到场,并负责搬移货物,开拆和重封货物的包装。海事管理机构认为必要的,可以径行查验、复验或者提取货样,有关单位和个人应当配合。

第二十六条 进行散装液体污染危害性货物过驳作业的船舶,其承运人、货物所有人或者代理人应当向海事管理机构提出申请,告知作业地点,并附送过驳作业方案、作业程序、防治污染措施等材料。

海事管理机构应当自受理申请之日起2个工作日内作出许可或者不予许可的决定。2个工作日内无法作出决定的,经海事管理机构负责人批准,可以延长5个工作日。

第二十七条 依法获得船舶油料供受作业资质的单位,应当向海事管理机构备案。海事管理机构应当对船舶油料供受作业进行监督检查,发现不符合安全和防治污染要求的,应当予以制止。

第二十八条 船舶燃油供给单位应当如实填写燃油供受单证,并向船舶提供船舶燃油供受单证和燃油样品。

船舶和船舶燃油供给单位应当将燃油供受单证保存3年,并将燃油样品妥善保存1年。

第五章 船舶污染事故应急处置

第三十五条 本条例所称船舶污染事故,是指船舶及其有关作业活动发生油类、油性混合物和其他有毒有害物质泄漏造成的海洋环境污染事故。

第三十六条 船舶污染事故分为以下等级:

(一)特别重大船舶污染事故,是指船舶溢油1000吨以上,或者造成直接经济损失2亿元以上的船舶污染事故;

(二)重大船舶污染事故,是指船舶溢油500吨以上不足1000吨,或者造成直接经济损失1亿元以上不足2亿元的船舶污染事故;

(三)较大船舶污染事故,是指船舶溢油100吨以上不足500吨,或者造成直接经济损失5000万元以上不足1亿元的船舶污染事故;

(四)一般船舶污染事故,是指船舶溢油不足100吨,或者造成直接经济损失不足5000万元的船舶污染事故。

第三十七条 船舶在中华人民共和国管辖海域发生污染事故,或者在中华人民共和国管辖海域外发生污染事故造成或者可能造成中华人民共和国管辖海域污染的,应当立即启动相应的应急预案,采取措施控制和消除污染,并就近向有关海事管理机构报告。

发现船舶及其有关作业活动可能对海洋环境造成污染的,船舶、码头、装卸站应当立即采取相应的应急处置措施,并就近向有关海事管理机构报告。

接到报告的海事管理机构应当立即核实有关情况,并向上级海事管理机构或者国务院交通运输主管部门报告,同时报告有关沿海设区的市级以上地方人民政府。

第三十八条 船舶污染事故报告应当包括下列内容:

(一)船舶的名称、国籍、呼号或者编号;

(二)船舶所有人、经营人或者管理人的名

称、地址；

（三）发生事故的时间、地点以及相关气象和水文情况；

（四）事故原因或者事故原因的初步判断；

（五）船舶上污染物的种类、数量、装载位置等概况；

（六）污染程度；

（七）已经采取或者准备采取的污染控制、清除措施和污染控制情况以及救助要求；

（八）国务院交通运输主管部门规定应当报告的其他事项。

作出船舶污染事故报告后出现新情况的，船舶、有关单位应当及时补报。

第三十九条 发生特别重大船舶污染事故，国务院或者国务院授权国务院交通运输主管部门成立事故应急指挥机构。

发生重大船舶污染事故，有关省、自治区、直辖市人民政府应当会同海事管理机构成立事故应急指挥机构。

发生较大船舶污染事故和一般船舶污染事故，有关设区的市级人民政府应当会同海事管理机构成立事故应急指挥机构。

有关部门、单位应当在事故应急指挥机构统一组织和指挥下，按照应急预案的分工，开展相应的应急处置工作。

第四十二条 发生船舶污染事故，海事管理机构可以采取清除、打捞、拖航、引航、过驳等必要措施，减轻污染损害。相关费用由造成海洋环境污染的船舶、有关作业单位承担。

需要承担前款规定费用的船舶，应当在开航前缴清相关费用或者提供相应的财务担保。

第四十三条 处置船舶污染事故使用的消油剂，应当符合国家有关标准。

海事管理机构应当及时将符合国家有关标准的消油剂名录向社会公布。

船舶、有关单位使用消油剂处置船舶污染事故的，应当依照《中华人民共和国海洋环境保护法》有关规定执行。

第六章 船舶污染事故调查处理

第四十四条 船舶污染事故的调查处理依照下列规定进行：

（一）特别重大船舶污染事故由国务院或者国务院授权国务院交通运输主管部门等部门组织事故调查处理；

（二）重大船舶污染事故由国家海事管理机构组织事故调查处理；

（三）较大船舶污染事故和一般船舶污染事故由事故发生地的海事管理机构组织事故调查处理。

船舶污染事故给渔业造成损害的，应当吸收渔业主管部门参与调查处理；给军事港口水域造成损害的，应当吸收军队有关主管部门参与调查处理。

第四十六条 组织事故调查处理的机关或者海事管理机构根据事故调查处理的需要，可以暂扣相应的证书、文书、资料；必要时，可以禁止船舶驶离港口或者责令停航、改航、停止作业直至暂扣船舶。

第四十七条 事故调查处理需要委托有关机构进行技术鉴定或者检验、检测的，应当委托国务院交通运输主管部门认定的机构进行。

第四十九条 组织事故调查处理的机关或者海事管理机构应当自事故调查结束之日起20个工作日内制作事故认定书，并送达当事人。

事故认定书应当载明事故基本情况、事故原因和事故责任。

第七章 船舶污染事故损害赔偿

第五十二条 船舶污染事故的赔偿限额依照《中华人民共和国海商法》关于海事赔偿责任限制的规定执行。但是，船舶载运的散装持久性油类物质造成中华人民共和国管辖海域污染的，赔偿限额依照中华人民共和国缔结或者参加的有关国际条约的规定执行。

前款所称持久性油类物质，是指任何持久性烃类矿物油。

第五十三条 在中华人民共和国管辖海域内航行的船舶，其所有人应当按照国务院交通运输主管部门的规定，投保船舶油污损害民事责任保险或者取得相应的财务担保。但是，1000总吨以下载运非油类物质的船舶除外。

船舶所有人投保船舶油污损害民事责任保险或者取得的财务担保的额度应当不低于《中华人民共和国海商法》、中华人民共和国缔结或者参加的有关国际条约规定的油污赔偿限额。

承担船舶油污损害民事责任保险的商业性保险机构和互助性保险机构，由国家海事管理机构征求国务院保险监督管理机构意见后确定并公布。

第五十四条 已依照本条例第五十三条的规定投保船舶油污损害民事责任保险或者取得财务担保的中国籍船舶，其所有人应当持船舶国籍证书、船舶油污损害民事责任保险合同或者财务担保证明，向船籍港的海事管理机构申请办理船舶油污损害民事责任保险证书或者财务保证证书。

第五十五条 发生船舶油污事故，国家组织有关单位进行应急处置、清除污染所发生的必要费用，应当在船舶油污损害赔偿中优先受偿。

第五十六条 在中华人民共和国管辖水域接收海上运输的持久性油类物质货物的货物所有人或者代理人应当缴纳船舶油污损害赔偿基金。

船舶油污损害赔偿基金征收、使用和管理的具体办法由国务院财政部门会同国务院交通运输主管部门制定。

国家设立船舶油污损害赔偿基金管理委员会，负责处理船舶油污损害赔偿基金的赔偿等事务。船舶油污损害赔偿基金管理委员会由有关行政机关和缴纳船舶油污损害赔偿基金的主要货主组成。

第五十七条 对船舶污染事故损害赔偿的争议，当事人可以请求海事管理机构调解，也可以向仲裁机构申请仲裁或者向人民法院提起民事诉讼。

第八章 法律责任

第五十八条 船舶、有关作业单位违反本条例规定的，海事管理机构应当责令改正；拒不改正的，海事管理机构可以责令停止作业、强制卸载，禁止船舶进出港口、靠泊、过境停留，或者责令停航、改航、离境、驶向指定地点。

第五十九条 违反本条例的规定，船舶的结构不符合国家有关防治船舶污染海洋环境的技术规范或者有关国际条约要求的，由海事管理机构处10万元以上30万元以下的罚款。

第六十条 违反本条例的规定，有下列情形之一的，由海事管理机构依照《中华人民共和国海洋环境保护法》有关规定予以处罚：

（一）船舶未取得并随船携带防治船舶污染海洋环境的证书、文书的；

（二）船舶、港口、码头、装卸站未配备防治污染设备、器材的；

（三）船舶向海域排放本条例禁止排放的污染物的；

（四）船舶未如实记录污染物处置情况的；

（五）船舶超过标准向海域排放污染物的；

（六）从事船舶水上拆解作业，造成海洋环境污染损害的。

第六十一条 违反本条例的规定，船舶未按照规定在船舶上留存船舶污染物处置记录，或者船舶污染物处置记录与船舶运行过程中产生的污染物数量不符合的，由海事管理机构处2万元以上10万元以下的罚款。

第六十二条 违反本条例的规定，船舶污染物接收单位未经海事管理机构批准，擅自从事船舶垃圾、残油、含油污水、含有毒有害物质污水接收作业的，由海事管理机构处1万元以上5万元以下的罚款；造成海洋环境污染的，处5万元以上25万元以下的罚款。

第六十三条 违反本条例的规定，船舶未按照规定办理污染物接收证明，或者船舶污染物接收单位未按照规定将船舶污染物的接收和处理情况报海事管理机构备案的，由海事管理机构处2万元以下的罚款。

第六十四条 违反本条例的规定，有下列情形之一的，由海事管理机构处2000元以上1万元以下的罚款：

（一）船舶未按照规定保存污染物接收证明的；

（二）船舶燃油供给单位未如实填写燃油供受单证的；

（三）船舶燃油供给单位未按照规定向船舶提供燃油供受单证和燃油样品的；

（四）船舶和船舶燃油供给单位未按照规定保存燃油供受单证和燃油样品的。

第六十五条 违反本条例的规定，有下列情形之一的，由海事管理机构处2万元以上10万元以下的罚款：

（一）载运污染危害性货物的船舶不符合污染危害性货物适载要求的；

（二）载运污染危害性货物的船舶未在具有相应安全装卸和污染物处理能力的码头、装卸站进行装卸作业的；

（三）货物所有人或者代理人未按照规定对污染危害性不明的货物进行危害性评估的。

第六十六条 违反本条例的规定，未经海事管理机构批准，船舶载运污染危害性货物进出港口、过境停留、进行装卸或者过驳作业的，由海事管理机构处1万元以上5万元以下的罚款。

第六十七条 违反本条例的规定，有下列情形之一的，由海事管理机构处2万元以上10万元以下的罚款：

（一）船舶发生事故沉没，船舶所有人或者经营人未及时向海事管理机构报告船舶燃油、污染危害性货物以及其他污染物的性质、数量、种类、装载位置等情况的；

（二）船舶发生事故沉没，船舶所有人或者经营人未及时采取措施清除船舶燃油、污染危害性货物以及其他污染物的。

第六十八条 违反本条例的规定，有下列情形之一的，由海事管理机构处1万元以上5万元以下的罚款：

（一）载运散装液体污染危害性货物的船舶和1万总吨以上的其他船舶，其经营人未按照规定签订污染清除作业协议的；

（二）未取得污染清除作业资质的单位擅自签订污染清除作业协议并从事污染清除作业的。

第六十九条 违反本条例的规定，发生船舶污染事故，船舶、有关作业单位未立即启动应急预案的，对船舶、有关作业单位，由海事管理机构处2万元以上10万元以下的罚款；对直接负责的主管人员和其他直接责任人员，由海事管理机构处1万元以上2万元以下的罚款。直接负责的主管人员和其他直接责任人员属于船员的，并处给予暂扣适任证书或者其他有关证件1个月至3个月的处罚。

第七十条 违反本条例的规定，发生船舶污染事故，船舶、有关作业单位迟报、漏报事故的，对船舶、有关作业单位，由海事管理机构处5万元以上25万元以下的罚款；对直接负责的主管人员和其他直接责任人员，由海事管理机构处1万元以上5万元以下的罚款。直接负责的主管人员和其他直接责任人员属于船员的，并处给予暂扣适任证书或者其他有关证件3个月至6个月的处罚。瞒报、谎报事故的，对船舶、有关作业单位，由海事管理机构处25万元以上50万元以下的罚款；对直接负责的主管人员和其他直接责任人员，由海事管理机构处5万元以上10万元以下的罚款。直接负责的主管人员和其他直接责任人员属于船员的，并处给予吊销适任证书或者其他有关证件的处罚。

第七十一条 违反本条例的规定，未经海事管理机构批准使用消油剂的，由海事管理机构对船舶或者使用单位处1万元以上5万元以下的罚款。

第七十二条 违反本条例的规定，船舶污染事故的当事人和其他有关人员，未如实向组织事故调查处理的机关或者海事管理机构反映情况和提供资料，伪造、隐匿、毁灭证据或者以其他方式妨碍调查取证的，由海事管理机构处1万元以上5万元以下的罚款。

第七十三条 违反本条例的规定，船舶所有人有下列情形之一的，由海事管理机构责令改正，可以处5万元以下的罚款；拒不改正的，处5万元以上25万元以下的罚款：

（一）在中华人民共和国管辖海域内航行的船舶，其所有人未按照规定投保船舶油污损害民事责任保险或者取得相应的财务担保的；

（二）船舶所有人投保船舶油污损害民事责任保险或者取得的财务担保的额度低于《中华人民共和国海商法》、中华人民共和国缔结或者参加的有关国际条约规定的油污赔偿限额的。

第七十四条 违反本条例的规定，在中华人民共和国管辖水域接收海上运输的持久性油类物质货物的货物所有人或者代理人，未按照规定缴纳船舶油污损害赔偿基金的，由海事管理机构责令改正；拒不改正的，可以停止其接收的持久性油类物质货物在中华人民共和国管辖水域进行装卸、过驳作业。

货物所有人或者代理人逾期未缴纳船舶油污损害赔偿基金的，应当自应缴之日起按日加缴未缴额的万分之五的滞纳金。

第九章 附 则

第七十六条 县级以上人民政府渔业主管部门负责渔港水域内非军事船舶和渔港水域外渔业船舶污染海洋环境的监督管理，负责保护渔业水域生态环境工作，负责调查处理《中华人民共和国海洋环境保护法》第五条第四款规定的渔业污染事故。

防治船舶污染内河水域环境管理规定(节选)

(交通部令2005年第11号,2005年8月20日发布,2006年1月1日实施)

第一章 总 则

第一条 为加强对防治船舶污染内河水域环境的监督管理，保护内河水域的环境及资源，促进经济和社会的可持续发展，根据《中华人民共和国水污染防治法》、《中华人民共和国水污染防治法实施细则》等法律、行政法规，制定本规定。

第四条 国务院交通主管部门主管全国防治船舶污染内河水域环境的管理工作。

国务院交通主管部门海事管理机构具体负责全国防治船舶污染内河水域环境的监督管理工作。

各级海事管理机构依照各自的职责权限，负责本辖区防治船舶污染内河水域环境的监督管理工作。

第二章 一般规定

第五条 中国籍船舶防治污染的结构、设备、器材，应当符合国务院交通主管部门的规定和国家有关规范、标准，经船舶检验机构检验、认可，并保持良好的技术状态。

外国籍船舶防治污染的结构、设备、器材，应当符合中华人民共和国缔结或者加入的有关国际公约，经船旗国政府或者其授权的船舶检验机构的检验、认可，并保持良好的技术状态。

第六条 船舶必须按照有关规定，持有有效的防污染证书、文书。

船舶进行涉及污染物的作业，应当按照规定在相应的记录簿上如实记录并规范填写。

第八条 任何在内河水域航行、停泊和进行相关作业的船舶，都不得违反法律、行政法规和国务院交通主管部门的规定，向内河水域排放污染物。

禁止船舶在内河水域载运法律、行政法规和国务院交通主管部门规定的不得在内河水域运输的危险化学品。

禁止船舶在内河水域使用焚烧炉。

第九条 依法设立特殊保护水域，应当事先征求海事管理机构的意见，并由海事管理机构发布航行通(警)告。设立特殊保护水域，应当同时设置船舶污染物和其他有毒有害物质接收及处置设施。

在特殊保护水域内航行、停泊、作业的船舶，应当遵守特殊保护水域有关防污染的规定、标准。

第十条 船舶在城市市区的内河航道航行时，应当按照规定使用声响装置。

航行于城市市区内河航道的挂浆机船舶，应当将挂浆机置于封闭装置之内或者采取其他等效措施，以降低机器运转产生的噪声对环境的危害。

第三章 船舶载运污染危害性货物及相关作业

第十五条 交付船舶载运危害性不明的货物，货物所有人或者代理人应当按照国务院交通主管部门的有关规定申请进行货物危害性评估。评估机构应当根据评估结果确定船舶载运技术条件，并明确相应防污染措施。

第十八条 长江、珠江、黑龙江水系干线超过300总吨和其他内河水域超过150总吨的船舶从事下列活动，应当采取包括布设围油栏在内的防污染措施：

（一）散装持久性油类的装卸和过驳作业；

（二）散装比重小于1（相对于水）、溶解度小于0.1%具有污染危害性货物的装卸和过驳作业；

（三）可能造成水域严重污染的其他作业。

布设围油栏方案应当在作业前报海事管理机构备案。因自然条件或其他原因限制，不适合布设围油拦的，可采用其他防污染措施，但应当将采取的替代措施及理由在作业前报海事管理机构备案。

第十九条 船舶排放含有有毒物质的洗舱水，应由有资质的单位按照有关规定接收和处理，不得直接排放进入内河水域。

船舶进行洗（清）舱、驱气或者置换，应当遵守《船舶载运危险货物安全监督管理规定》等相关规定。

第二十条 船舶在港口进行下列活动，应当事先按照有关规定报经海事管理机构批准：

（一）船舶排放压载、洗舱和机舱污水以及残油、含油污水等其他残余物质；

（二）船舶冲洗载运有毒有害物质、有粉尘的散装货物的甲板和舱室。

第二十一条 载运污染危害性货物的船舶进出港口和通过桥区、交通管制区、通航密集区以及航行条件受限制的区域，必须采取海事管理机构规定的航行保障安全措施。

第二十二条 150总吨及以上的油轮和400总吨及以上的非油轮，应当将油类作业情况记载在由海事管理机构签发的《油类记录簿》中。

150总吨以下的油船和400总吨以下的非油船应当将油类作业情况记载在《轮机日志》或者《航行日志》中。

载运散装有毒液体物质的船舶应当将有关作业情况记载在由海事管理机构签发的《货物记录簿》中。

《油类记录簿》、《货物记录簿》应当随时可供检查，用完后在船上保存3年。

第二十三条 船舶运输散发有毒有害气体或者粉尘物质等货物时，必须采取密闭或者其他防护措施。对有封闭作业要求的污染危害性货物，在运输和作业过程中应当采取措施回收有毒有害气体。

第四章 船舶垃圾和生活污水

第二十四条 总长度为12米及以上的船舶应当设置统一格式的垃圾告示牌，告知船员和旅客关于垃圾管理的要求及处罚规定。

400总吨及以上的船舶和经核定可载客15人及以上且单次航程超过2公里或者航行时间超过15分钟的船舶，须备有符合编制要求的《船舶垃圾管理计划》和海事管理机构签发的《船舶垃圾记录簿》。

除本条第二款规定以外的船舶，有关垃圾处理情况应当如实记录于《航行日志》中，以备海事管理机构检查。

《船舶垃圾记录簿》应当随时可供检查，用完后在船上保存2年。

第二十五条 禁止向内河水域排放船舶垃圾。船舶垃圾必须由有资质的单位接收处理。

船舶应当配备有盖、不渗漏、不外溢的垃圾储存容器，或者实行袋装，以满足航行过程存储船舶垃圾的需要。

禁止使用不可降解的一次性发泡塑料餐具。

第二十六条 船舶应当对所产生的垃圾进行分类、收集、存放。垃圾处理作业应当符合《船舶垃圾管理计划》中所规定的操作程序。

船舶垃圾中的危险性物品和有毒有害性物品应当单独存放，并应当向接收单位提供所含物质的名称、性质和数量等资料。

第五章 船舶污染物的排放与接收

第二十九条 船舶排放船舶污染物应当符合国家和地方有关污染物排放的标准及要求。不符合排放标准和要求的船舶污染物，应当委托有资质的污染物接收单位接收处理，不得任意排放。

第三十条 港口、装卸站应当具备与其装卸货物和吞吐能力相适应的污染物接收或者处理能力，满足到港船舶的需要。

港口、装卸站应当将接收或者处理能力的情况向海事管理机构备案。

第三十一条 从事船舶污染物接收、船舶清舱作业活动的单位，必须具备相应的接收处理能力，配备足够的防污染设备，建立安全与防污染制度。

从事船舶污染物接收、船舶清舱作业活动的单位，应当将其接收和处理能力向海事管理机构备案。

第三十二条　在船舶污染物接收和排放作业以及船舶清舱、洗舱作业过程中，船方和作业单位必须遵守有关操作规程，落实防污染措施，防止污染物溢漏。

污染物接收单位应当在污染物接收作业完毕后，向船舶出具污染物接收处理单证，并由船长签字确认。

船舶凭污染物接收处理单证向海事管理机构办理污染物接收处理证明，污染物接收处理证明由船方保存在相应的记录簿中备查。

第三十三条　来自疫区船舶的船舶污染物、船舶垃圾、压载水、生活污水，应当经检疫部门检查处理后方可处理。

对含有有毒有害物质或其他危险成份的船舶污染物的接收和处理，必须符合国家环境保护主管部门有关危险废物的管理规定。

第三十四条　船舶动力装置运转产生的废气以及船上产生的挥发性有机化合物，不得超过国家和地方规定的标准向大气排放。

第六章　船舶拆解、打捞、修造和其他水上水下施工作业

第三十五条　在船舶修造及其相关作业过程中产生的污染物，应当由具备资质的单位回收处理，不得投弃入水。

船舶在船台(排)修理完毕或者建造竣工下水后，应当及时清除相关污染物。

在船坞内进行的修造作业结束后，应当进行坞内清理和清洁，并在开启坞门或者沉坞前，向海事管理机构提交船坞清洁报告。

第三十六条　从事船舶打捞作业和水上水下施工作业的单位，在申请施工作业时，应当说明留存在船上的污染物种类、数量，有关作业方案，防污染措施和应急预案等内容。

第三十七条　在内河水域内从事废船拆解作业应当严格按照《防止拆船污染环境管理条例》的要求执行，防止拆船污染内河水域环境。

第七章　船舶污染事故应急反应

第三十八条　海事管理机构应配合地方人民政府制定船舶污染事故应急计划。

第三十九条　船舶修造厂、拆船厂和从事散装污染危害性货物装卸作业的经营人应当制定相应的污染事故应急计划，并报海事管理机构备案。

第四十条　150总吨及以上的油轮、油驳和400总吨及以上的非油轮、非油驳的拖驳船队应当持有经海事管理机构批准的《船上油污应急计划》。

150总吨以下油船需制定油污应急预案。

第四十一条　载运散装有毒液体物质的船舶应当配备经海事管理机构批准的《船上有毒液体物质污染应急计划》。

400总吨及以上载运有毒液体物质船舶，用《船上污染应急计划》替代《船上油污应急计划》和《船上有毒液体物质污染应急计划》。

第四十二条　制定污染事故应急计划的单位和船舶应当定期组织应急演练，作好相应记录，并不断完善应急计划。

第四十四条　在内河水域内清除污染需使用化学消油剂的，应当事先向海事管理机构提出申请，说明消油剂的牌号、计划用量和使用地点，经审核同意后，方可投入使用。

第四十七条　船舶发生事故，造成或者可能造成内河水域环境污染的，海事管理机构可以采取必要的防污染措施，包括强制清除、强制打捞或者强制拖航等应急处置措施，由此发生的一切费用，由责任方承担。

第八章　污染事故调查处理

第四十八条　发生船舶污染事故的当事方应当在24小时内向事故发生地的海事管理机构提交污染事故报告书。报告书的内容包括：

(一)船舶或者设施的名称、呼号或者编号、国籍、所有人或者经营人名称及地址；

(二)发生事故的时间、地点、气象和水文情况；

(三)事故原因或者初步原因判断；

(四)污染物的种类和数量，或者预估数量

及污染范围；

（五）已采取或者准备采取的防污措施及污染控制情况；

（六）援助或者救助要求；

（七）需要报告的其他事项。

第四十九条 海事管理机构接到船舶污染事故的报告后，应当及时开展调查。

海事管理机构应当按照规定的程序和方法开展船舶污染事故调查。事故调查应当全面、客观、公正。

事故当事人及有关人员，应当接受调查，积极配合，如实陈述事故的有关情况和证据，不得谎报、隐匿或者毁灭证据。

第五十条 船舶、设施或者有关作业活动造成水域环境污染损害的，应当按照有关法律、行政法规的规定承担损害赔偿费用。

第五十一条 船舶被处以罚款或者需承担清除、赔偿等经济责任的，其所有人、经营人或者有关当事方，必须在离港前办妥有关财务担保手续。

第九章 法律责任

第五十二条 海事管理机构发现船舶存在污染隐患的，应当责令立即消除或者限期消除隐患；有关单位和个人不立即消除或者逾期不消除的，海事管理机构可以采取责令其临时停航、停止作业，禁止进港、离港，责令驶往指定水域等强制性措施。

第五十三条 违反本规定，污染应急计划或者垃圾管理计划未得到落实的，由海事管理机构责令限期纠正，并给予警告或者处以2000元以下罚款。

第五十四条 违反本规定，有下列行为之一的，由海事管理机构处以警告或者10000元以下罚款：

（一）船舶未持有有效的防污证书、防污文书，或者不按照规定记录操作情况的；

（二）船舶未配备防污染设备或者防污设备存在重大缺陷，在海事管理机构限期内不予纠正的；

（三）船舶靠泊未按照规定配备防污染设备或者防污设备存在重大缺陷的港口、装卸站的。

第五十五条 船舶和相关单位、人员有其他违反本规定行为的，由海事管理机构根据《中华人民共和国内河海事行政处罚规定》等规定给予相应的处罚。涉嫌构成犯罪的，依法移送国家司法机关。

第五十六条 海事管理机构行政执法人员滥用职权、玩忽职守、徇私舞弊、违法失职的，依法给予行政处分；构成犯罪的，依法追究刑事责任。

第十章 附 则

第五十七条 本规定中下列用语的含义是：

（一）内河水域，是指在中华人民共和国境内可供船舶航行的江、河、湖泊、水库等水域。

（二）船舶，是指各类排水或者非排水船、艇、筏、水上飞行器、潜水器、移动式平台以及其他水上移动装置。但不包括渔船和军队、武警的现役在编船舶。

（三）作业，是指与船舶有关的作业活动，包括船舶运输、装卸、油料补给、污染物接收以及船舶修造、打捞、拆解等作业活动。

（四）污染危害性货物，是指直接或者间接地进入水域，会产生损害生物资源、危害人体健康、妨害渔业和其他合法活动、损害水体使用素质和减损环境质量等有害影响的货物。包括《经一九七八年议定书修订的一九七三年国际防止船舶造成污染公约》（MARPOL73/78）附则Ⅰ"油类物质名单"、附则Ⅱ"散载运输的有毒液体物质清单"所列明的物质以及按照附则Ⅲ"包装形式有害物质的鉴别导则"的鉴别标准确定的有害物质。

（五）船舶垃圾，是指船舶在日常活动中产生的生活废弃物、垫舱和扫舱物料，以及船上其它固体废物等。包括《经一九七八年议定书修订的一九七三年国际防止船舶造成污染公约》（MARPOL73/78）附则Ⅴ所定义的垃圾。

（六）生活污水，是指任何型式的厕所以及厕所排水口的排出物和其他废物；医务室的面盆、洗澡盆和这些处所排水孔的排出物；装有活的动物处所的排出物；或者混有上述排出物的其他废水。

（七）船舶污染物，是指由船舶或者有关作业活动对水域环境造成污染损害的物质，其中包括油类、油性混合物、液态化学品、货物残余物、包装形式的有害物质、压舱水、废气、噪声等。

（八）危险化学品，包括爆炸品、压缩气体和液化气体、易燃液体、易燃固体、自燃物品和遇湿易燃物品、氧化剂和有机过氧化物、有毒品和腐蚀品等。

（九）有毒液体物质，是指排入水体将对水资源或者人类健康产生危害或者对合法利用水资源造成损害的物质。包括《经一九七八年议定书修订的一九七三年国际防止船舶造成污染公约》（MARPOL73/78）附则Ⅱ“散载运输的有毒液体物质清单”中列明的物质。

（十）特殊保护区域，是指各地人民政府按照有关规定划定并公布的需要特别保护的区域。

第五十九条　界河水域内防治船舶污染活动优先执行国际公约和双边协定。

中华人民共和国海洋倾废管理条例

（1985年3月6日国务院发布，1985年4月1日实施，根据2011年1月8日《国务院关于废止和修改部分行政法规的决定》修订）

第一条　为实施《中华人民共和国海洋环境保护法》，严格控制向海洋倾倒废弃物，防止对海洋环境的污染损害，保持生态平衡，保护海洋资源，促进海洋事业的发展，特制定本条例。

第二条　本条例中的“倾倒”，是指利用船舶、航空器、平台及其他载运工具，向海洋处置废弃物和其他物质；向海洋弃置船舶、航空器、平台和其他海上人工构造物，以及向海洋处置由于海底矿物资源的勘探开发及与勘探开发相关的海上加工所产生的废弃物和其他物质。

“倾倒”不包括船舶、航空器及其他载运工具和设施正常操作产生的废弃物的排放。

第三条　本条例适用于：

一、向中华人民共和国的内海、领海、大陆架和其他管辖海域倾倒废弃物和其他物质；

二、为倾倒的目的，在中华人民共和国陆地或港口装载废弃物和其他物质；

三、为倾倒的目的，经中华人民共和国的内海、领海及其他管辖海域运送废弃物和其他物质；

四、在中华人民共和国管辖海域焚烧处置废弃物和其他物质。

海洋石油勘探开发过程中产生的废弃物，按照《中华人民共和国海洋石油勘探开发环境保护管理条例》的规定处理。

第四条　海洋倾倒废弃物的主管部门是中华人民共和国国家海洋局及其派出机构（简称“主管部门”，下同）。

第五条　海洋倾倒区由主管部门商同有关部门，按科学、合理、安全和经济的原则划出，报国务院批准确定。

第六条　需要向海洋倾倒废弃物的单位，应事先向主管部门提出申请，按规定的格式填报倾倒废弃物申请书，并附报废弃物特性和成分检验单。

主管部门在接到申请书之日起两个月内予以审批。对同意倾倒者应发给废弃物倾倒许可证。

任何单位和船舶、航空器、平台及其他载运工具，未依法经主管部门批准，不得向海洋倾倒废弃物。

第七条　外国的废弃物不得运至中华人民共和国管辖海域进行倾倒，包括弃置船舶、航空器、平台和其他海上人工构造物。违者，主管部门可责令其限期治理，支付清除污染费，赔偿损失，并处以罚款。

在中华人民共和国管辖海域以外倾倒废弃物，造成中华人民共和国管辖海域污染损害的，按本条例第十七条规定处理。

第八条　为倾倒的目的，经过中华人民共和国管辖海域运送废弃物的任何船舶及其他载运工具，应当在进入中华人民共和国管辖海域15

天之前,通报主管部门,同时报告进入中华人民共和国管辖海域的时间、航线、以及废弃物的名称、数量及成分。

第九条 外国籍船舶、平台在中华人民共和国管辖海域,由于海底矿物资源的勘探开发及与勘探开发相关的海上加工所产生的废弃物和其他物质需要向海洋倾倒的,应按规定程序报经主管部门批准。

第十条 倾倒许可证应注明倾倒单位、有效期限和废弃物的数量、种类、倾倒方法等事项。

签发许可证应根据本条例的有关规定严格控制。主管部门根据海洋生态环境的变化和科学技术的发展,可以更换或撤销许可证。

第十一条 废弃物根据其毒性、有害物质含量和对海洋环境的影响等因素,分为三类。其分类标准,由主管部门制定。主管部门可根据海洋生态环境的变化,科学技术的发展,以及海洋环境保护的需要,对附件进行修订。

一、禁止倾倒附件一所列的废弃物及其他物质(见附件一)。当出现紧急情况,在陆地上处置会严重危及人民健康时,经国家海洋局批准,获得紧急许可证,可到指定的区域按规定的方法倾倒。

二、倾倒附件二所列的废弃物(见附件二),应当事先获得特别许可证。

三、倾倒未列入附件一和附件二的低毒或无毒的废弃物,应当事先获得普通许可证。

第十二条 获准向海洋倾倒废弃物的单位在废弃物装载时,应通知主管部门予以核实。

核实工作按许可证所载的事项进行。主管部门如发现实际装载与许可证所注明内容不符,应责令停止装运;情节严重的,应中止或吊销许可证。

利用船舶倾倒废弃物的,还应通知驶出港或就近的港务监督核实。港务监督如发现实际装载与许可证所注明内容不符,则不予办理签证放行,并及时通知主管部门。

第十三条 主管部门应对海洋倾倒活动进行监视和监督,必要时可派员随航。倾倒单位应为随航公务人员提供方便。

第十四条 获准向海洋倾倒废弃物的单位,应当按许可证注明的期限和条件,到指定的区域进行倾倒,如实地详细填写倾倒情况记录表,并按许可证注明的要求,将记录表报送主管部门。倾倒废弃物的船舶、航空器、平台和其他载运工具应有明显标志和信号,并在航行日志上详细记录倾倒情况。

第十五条 倾倒废弃物的船舶、航空器、平台和其他载运工具,凡属《中华人民共和国海洋环境保护法》第九十条、第九十二条规定的情形,可免于承担赔偿责任。

为紧急避险或救助人命,未按许可证规定的条件和区域进行倾倒时,应尽力避免或减轻因倾倒而造成的污染损害,并在事后尽快向主管部门报告。倾倒单位和紧急避险或救助人命的受益者,应对由此所造成的污染损害进行补偿。

由于第三者的过失造成污染损害的,倾倒单位应向主管部门提出确凿证据,经主管部门确认后责令第三者承担赔偿责任。

在海上航行和作业的船舶、航空器、平台和其他载运工具,因不可抗拒的原因而弃置时,其所有人应向主管部门和就近的港务监督报告,并尽快打捞清理。

第十六条 主管部门对海洋倾倒区应定期进行监测,加强管理,避免对渔业资源和其他海上活动造成有害影响。当发现倾倒区不宜继续倾倒时,主管部门可决定予以封闭。

第十七条 对违反本条例,造成海洋环境污染损害的,主管部门可责令其限期治理,支付清除污染费,向受害方赔偿由此所造成的损失,并视情节轻重和污染损害的程度,处以警告或人民币10万元以下的罚款。

第十八条 要求赔偿损失的单位和个人,应尽快向主管部门提出污染损害索赔报告书。报告书应包括:受污染损害的时间、地点、范围、对象、损失清单,技术鉴定和公证证明,并尽可能提供有关原始单据和照片等。

第十九条 受托清除污染的单位在作业结束后,应尽快向主管部门提交索取清除污染费用报告书。报告书应包括:清除污染的时间、地点,投入的人力、机具、船只,清除材料的数量、单价、计算方法,组织清除的管理费、交通费及其他有关费用,清除效果及其情况,其他有关证据和证明材料。

第二十条 对违法行为的处罚标准如下：

一、凡有下列行为之一者，处以警告或人民币2000元以下的罚款：

（一）伪造废弃物检验单的；

（二）不按本条例第十四条规定填报倾倒情况记录表的；

（三）在本条例第十五条规定的情况下，未及时向主管部门和港务监督报告的。

二、凡实际装载与许可证所注明内容不符，情节严重的，除中止或吊销许可证外，还可处以人民币2000元以上5000元以下的罚款。

三、凡未按本条例第十二条规定通知主管部门核实而擅自进行倾倒的，可处以人民币5000元以上2万元以下的罚款。

四、凡有下列行为之一者，可处以人民币2万元以上10万元以下的罚款：

（一）未经批准向海洋倾倒废弃物的；

（二）不按批准的条件和区域进行倾倒的，但本条例第十五条规定的情况不在此限。

第二十一条 对违反本条例，造成或可能造成海洋环境污染损害的直接责任人，主管部门可处以警告或者罚款，也可以并处。

对于违反本条例，污染损害海洋环境造成重大财产损失或致人伤亡的直接责任人，由司法机关依法追究刑事责任。

第二十二条 当事人对主管部门的处罚决定不服的，可以在收到处罚通知书之日起15日内，向人民法院起诉；期满不起诉又不履行处罚决定的，由主管部门申请人民法院强制执行。

第二十三条 对违反本条例，造成海洋环境污染损害的行为，主动检举、揭发，积极提供证据，或采取有效措施减少污染损害有成绩的个人，应给予表扬或奖励。

第二十四条 本条例自1985年4月1日起施行。

附件一：

禁止倾倒的物质

一、含有机卤素化合物、汞及汞化合物、镉及镉化合物的废弃物，但微含量的或能在海水中迅速转化为无害物质的除外。

二、强放射性废弃物及其他强放射性物质。

三、原油及其废弃物、石油炼制品、残油，以及含这类物质的混合物。

四、渔网、绳索、塑料制品及其他能在海面漂浮或在水中悬浮，严重妨碍航行、捕鱼及其他活动或危害海洋生物的人工合成物质。

五、含有本附件第一、二项所列物质的阴沟污泥和疏浚物。

附件二：

需要获得特别许可证才能倾倒的物质

一、含有下列大量物质的废弃物：

（一）砷及其化合物；

（二）铅及其化合物；

（三）铜及其化合物；

（四）锌及其化合物；

（五）有机硅化合物；

（六）氰化物；

（七）氟化物；

（八）铍、铬、镍、钒及其化合物；

（九）未列入附件一的杀虫剂及其副产品。

但无害的或能在海水中迅速转化为无害物质的除外。

二、含弱放射性物质的废弃物。

三、容易沉入海底，可能严重障碍捕鱼和航行的容器、废金属及其他笨重的废弃物。

四、含有本附件第一、二项所列物质的阴沟污泥和疏浚物。

近岸海域环境功能区管理办法(节选)

(国家环境保护总局令1999年第8号,1999年12月10日发布,1999年12月10日实施,2010年12月22日根据《关于废止、修改部分环保部门规章和规范性文件的决定》修正)

第一章 总 则

第一条 为保护和改善近岸海域生态环境,执行《中华人民共和国海水水质标准》,规范近岸海域环境功能区的划定工作,加强对近岸海域环境功能区的管理,制定本办法。

第二条 近岸海域环境功能区,是指为适应近岸海域环境保护工作的需要,依据近岸海域的自然属性和社会属性以及海洋自然资源开发利用现状,结合本行政区国民经济、社会发展计划与规划,按照本办法规定的程序,对近岸海域按照不同的使用功能和保护目标而划定的海洋区域。

近岸海域环境功能区分为四类:

一类近岸海域环境功能区包括海洋渔业水域、海上自然保护区、珍稀濒危海洋生物保护区等;

二类近岸海域环境功能区包括水产养殖区、海水浴场、人体直接接触海水的海上运动或娱乐区、与人类食用直接有关的工业用水区等;

三类近岸海域环境功能区包括一般工业用水区、海滨风景旅游区等;

四类近岸海域环境功能区包括海洋港口水域、海洋开发作业区等。

各类近岸海域环境功能区执行相应类别的海水水质标准。

本办法所称近岸海域是指与沿海省、自治区、直辖市行政区域内的大陆海岸、岛屿、群岛相毗连,《中华人民共和国领海及毗连区法》规定的领海外部界限向陆一侧的海域。渤海的近岸海域,为自沿岸低潮线向海一侧12海里以内的海域。

第三条 沿海县级以上地方人民政府环境保护行政主管部门对本行政区近岸海域环境功能区的环境保护工作实施统一监督管理。

第二章 近岸海域环境功能区的划定

第三章 近岸海域环境功能区的管理

第七条 各类近岸海域环境功能区应当执行国家《海水水质标准》(GB 3097—1997)规定的相应类别的海水水质标准。

(一)一类近岸海域环境功能区应当执行一类海水水质标准。

(二)二类近岸海域环境功能区应当执行不低于二类的海水水质标准。

(三)三类近岸海域环境功能区应当执行不低于三类的海水水质标准。

(四)四类近岸海域环境功能区应当执行不低于四类的海水水质标准。

第八条 沿海省、自治区、直辖市人民政府环境保护行政主管部门根据本行政区近岸海域环境功能区环境保护的需要,对国家海水水质标准中未作规定的项目,可以组织拟订地方海水水质补充标准,报同级人民政府批准发布。

沿海省、自治区、直辖市人民政府环境保护行政主管部门对国家污染物排放标准中未作规定的项目,可以组织拟订地方污染物排放标准;对国家污染物排放标准中已作规定的项目,可以组织拟订严于国家污染物排放标准的地方污染物排放标准,报同级人民政府批准发布。

地方海水水质补充标准和地方污染物排放标准应报国务院环境保护行政主管部门备案。

凡是向已有地方污染物排放标准的近岸海域环境功能区排放污染物的,应当执行地方污染物排放标准。

第十一条 禁止破坏红树林和珊瑚礁。

在红树林自然保护区和珊瑚礁自然保护区开展活动,应严格执行《中华人民共和国自然保护区条例》,禁止危害保护区环境的项目建设和其他经济开发活动。

禁止在红树林自然保护区和珊瑚礁自然保护区内设置新的排污口。

本办法发布前已经设置的排污口，由县级以上地方人民政府环境保护行政主管部门依照《海洋环境保护法》第七十七条规定责令其关闭，并处二万元以上十万元以下的罚款。

第十二条 向近岸海域环境功能区排放陆源污染物，必须遵守海洋环境保护有关法律、法规的规定和有关污染物排放标准。

对现有排放陆源污染物超过国家或者地方污染物排放标准的，限期治理。

第十七条 在近岸海域环境功能区内，防治船舶、海洋石油勘探开发、向海洋倾倒废弃物污染的环境保护工作，由《中华人民共和国海洋环境保护法》规定的有关主管部门实施监督管理。

第十八条 违反本办法规定的，由环境保护行政主管部门依照有关法律、法规的规定进行处罚。

第四章 附 则

第十九条 本办法用语含义

（一）海洋渔业水域是指鱼虾类的产卵场、索饵场、越冬场、洄游通道。

（二）珍稀濒危海洋生物保护区是指对珍贵、稀少、濒临灭绝的和有益的、有重要经济、科学研究价值的的海洋动植物，依法划出一定范围予以特殊保护和管理的区域。

（三）水产养殖区是指鱼虾贝藻类及其他海洋水生动植物的养殖区域。

（四）海水浴场是指在一定的海域内，有专门机构管理，供人进行露天游泳的场所。

（五）人体直接接触海水的海上运动或娱乐区是指在海上开展游泳、冲浪、划水等活动的区域。

（六）与人类食用直接有关的工业用水区是指从事取卤、晒盐、食品加工、海水淡化和从海水中提取供人食用的其他化学元素等的区域。

（七）一般工业用水区是指利用海水做冷却水、冲刷库场等的区域。

（八）滨海风景旅游区是指风景秀丽、气候宜人，供人观赏、旅游的沿岸或海洋区域。

（九）海洋港口水域是指沿海港口以及河流入海处附近，以靠泊海船为主的港口，包括港区水域、通海航道、库场和装卸作业区。

（十）海洋开发作业区是指勘探、开发、管线输送海洋资源的海洋作业区以及海洋倾废区。

海域使用权管理规定

（国海发〔2006〕27号，2006年10月13日发布，2007年1月1日实施）

第一章 总 则

第一条 为了规范海域使用权管理，维护海域使用秩序，保障海域使用权人的合法权益，根据《中华人民共和国海域使用管理法》（以下简称《海域法》）等有关法律法规，制定本规定。

第二条 海域使用权的申请审批、招标、拍卖、转让、出租和抵押，适用本规定。

第三条 使用海域应当依法进行海域使用论证。

第四条 国务院或国务院投资主管部门审批、核准的建设项目涉及海域使用的，应当由国家海洋行政主管部门就其使用海域的事项在项目审批、核准前预先进行审核（以下简称用海预审）。

地方人民政府或其投资主管部门审批、核准的建设项目涉及海域使用的，应当由地方海洋行政主管部门就其使用海域的事项在项目审批、核准前预先进行审核。

第五条 县级以上人民政府海洋行政主管部门负责海域使用申请的受理、审查、审核和报批。

有审批权人民政府的海洋行政主管部门组织实施海域使用权的招标拍卖。

批准用海人民政府的海洋行政主管部门

负责海域使用权转让、出租和抵押的监督管理。

第二章 海域使用论证

第六条 使用海域应当依法进行海域使用论证。

市、县两级人民政府海洋行政主管部门应当对选划的养殖区进行整体海域使用论证。单位和个人申请养殖用海时不再进行海域使用论证。但围海养殖、建设人工渔礁或者省、自治区、直辖市以上人民政府审批的养殖用海项目等除外。

第七条 通过申请审批方式取得海域使用权的，申请人委托有资质的单位开展海域使用论证。

通过招标、拍卖方式取得海域使用权的，组织招标、拍卖的单位委托有资质的单位开展海域使用论证。

第八条 海域使用论证资质单位应当在资质等级许可范围内承担论证项目，并对论证结果负责。海域使用论证资质单位的技术负责人和技术人员须持证上岗。

海域使用论证资质管理规定和资质分级标准由国家海洋行政主管部门制定。

第九条 海域使用论证应当客观、科学、公正，并符合国家有关规范和标准。

海域使用论证报告应当符合海域使用论证报告编写大纲要求。

第十条 有审批权人民政府的海洋行政主管部门或者其委托的单位组织专家对海域使用论证报告书进行评审。评审通过的海域使用论证报告有效期三年。

海域使用论证评审专家库管理办法由国家海洋行政主管部门制定。

第三章 用 海 预 审

第十一条 国务院或国务院投资主管部门审批、核准的建设项目需要使用海域的，申请人应当在项目审批、核准前向国家海洋行政主管部门提出海域使用申请，取得用海预审意见。

地方人民政府或其投资主管部门审批、核准的建设项目需要使用海域的，用海预审程序由地方人民政府海洋行政主管部门自行制定。

第十二条 国家海洋行政主管部门应当按照本规定的用海项目审理程序，进行受理、审查、审核，出具用海预审意见。

第十三条 建设项目经批准后，申请人应当及时将项目批准文件提交海洋行政主管部门。

海洋行政主管部门收到项目批准文件后，依法办理海域使用权报批手续。

第十四条 用海预审意见有效期二年。有效期内，项目拟用海面积、位置和用途等发生改变的，应当重新提出海域使用申请。

第四章 海域使用申请审批

第十五条 受理海域使用申请的海洋行政主管部门为受理机关；有审批权人民政府的海洋行政主管部门为审核机关；受理机关和审核机关之间的各级海洋行政主管部门为审查机关。

第十六条 下列项目的海域使用申请，由国家海洋行政主管部门受理：

（一）国务院或国务院投资主管部门审批、核准的建设项目；

（二）省、自治区、直辖市管理海域以外或跨省、自治区、直辖市管理海域的项目；

（三）国防建设项目；

（四）油气及其他海洋矿产资源勘查开采项目；

（五）国家直接管理的海底电缆管道项目；

（六）国家级保护区内的开发项目及核心区用海。

上述规定以外的，由县级海洋行政主管部门受理。跨管理海域的，由共同的上一级海洋行政主管部门受理。

同一项目用海含不同用海类型的，应当按项目整体受理、审查、审核和报批。

第十七条 申请使用海域的，提交下列材料：

（一）海域使用申请书；

（二）申请海域的坐标图；

（三）资信等相关证明材料；

（四）油气开采项目提交油田开发总体方案；

（五）国家级保护区内开发项目提交保护区管理部门的许可文件；

（六）存在利益相关者的，应当提交解决方案或协议。

第十八条 受理机关收到申请材料后，应当组织现场调查和权属核查，并对下列事项进行审查：

（一）项目用海是否符合海洋功能区划；

（二）申请海域是否设置海域使用权；

（三）申请海域的界址、面积是否清楚。

必要时受理机关应当对项目用海内容进行公示。

符合条件需要报送的，应当在收到申请材料之日起十日内提出初审意见，并将初审意见和申请材料报送审查机关；符合条件不需要报送的，受理机关依法进行审核。

不符合条件的，依法告知申请人。

第十九条 审查机关在收到受理机关报送的申请材料后十日内，对下列事项进行审查后，提出审查意见报送上级审查机关或审核机关：

（一）项目用海是否符合海洋功能区划；

（二）申请海域是否计划设置其他海域使用权；

（三）申请海域是否存在管辖异议。

第二十条 审核机关对报送材料初步审查后，通知申请人开展海域使用论证、提交相关材料；收到论证报告后，组织专家评审；必要时征求同级有关部门的意见。

第二十一条 国家海洋行政主管部门受理的项目用海，由其征求项目所在地省级人民政府的意见；县级以上海洋行政主管部门受理并报国务院审批的项目用海，经审核报省级人民政府同意后，报至国家海洋行政主管部门。

第二十二条 审核机关对下列事项进行审查：

（一）申请、受理和审查是否符合规定程序和要求；

（二）是否符合海洋功能区划和相关规划；

（三）是否符合国家有关产业政策；

（四）是否影响国防安全和海上交通安全；

（五）申请海域是否计划设置其他海域使用权；

（六）申请海域是否存在管辖异议；

（七）海域使用论证结论是否切实可行；

（八）申请海域界址、面积是否清楚，有无权属争议；

对符合条件的，提请同级人民政府批准；不符合条件的，依法告知申请人。

第二十三条 海域使用申请经批准后，由审核机关作出项目用海批复，内容包括：

（一）批准使用海域的面积、位置、用途和期限；

（二）海域使用金征收金额、缴纳方式、地点和期限；

（三）办理海域使用权登记和领取海域使用权证书的地点和期限；

（四）逾期的法律后果；

（五）海域使用要求；

（六）其他有关的内容。

审核机关应当将项目用海批复及时送达海域使用申请人，并抄送有关人民政府及海洋行政主管部门。

第二十四条 海域使用申请人应当按项目用海批复要求办理海域使用权登记，领取海域使用权证书。

海域使用权证书是海域使用权的法律凭证。

第二十五条 海域使用权期限届满需要续期的，海域使用权人应当至迟于期限届满前两个月向审核机关提交下列材料：

（一）海域使用权续期申请；

（二）海域使用权证书；

（三）资信等相关证明材料；

第二十六条 因企业合并、分立或者与他人合资、合作经营，变更海域使用权人的，应当向审核机关提交下列材料：

（一）海域使用权变更申请；

（二）海域使用权证书；

（三）海域使用金缴纳凭证；

（四）企业合并、分立或者与他人合资、合作经营的有关证明文件；

（五）存在出租、抵押情况的，应当提交租赁、抵押协议；

（六）相关资信证明材料。

第二十七条 海域使用权人不得擅自改变经批准的海域用途；确需改变的，应当以拟改变的海域用途按审批权限重新申请报批。

第二十八条 审核机关收到海域使用权续期、变更申请后，应当在二十日内提出审核意见，报原批准用海的人民政府审批。

续期、变更申请批准后的，由审核机关办

理海域使用权登记、发证;不予批准的,审核机关依法告知申请人。

第五章 海域使用权招标、拍卖

第二十九条 海域使用权招标、拍卖应当遵循公开、公平、公正和诚实信用的原则,有计划地进行。

第三十条 同一海域有两个或者两个以上用海意向人的,应当采用招标、拍卖方式出让海域使用权。

除下列情形外,海洋行政主管部门可以采取招标、拍卖方式出让海域使用权:

(一)国务院或国务院投资主管部门审批、核准的建设项目;

(二)国防建设项目;

(三)传统赶海区、海洋保护区、有争议的海域或涉及公共利益的海域;

(四)法律法规规定的其他情形。

第三十一条 海洋行政主管部门根据海洋功能区划、海域使用论证结论、海域评估结果等,制定海域使用权招标、拍卖方案,报有审批权的人民政府批准。涉及有关部门和单位的,应当征求意见。

第三十二条 有审批权的人民政府海洋行政主管部门或者其委托的单位,应当根据批准的招标、拍卖方案编制招标、拍卖文件,发布招标拍卖公告。

第三十三条 标底、底价应当根据海域评估结果等确定,不得低于按海域使用金征收标准确定的海域使用金、海域使用论证费、海域测量费和海域评估费等费用总和。

标底、底价在招标、拍卖活动过程中应当保密,且不能变更。

第三十四条 以招标、拍卖方式确定中标人、买受人后,海洋行政主管部门和中标人、买受人签署成交确认书,并按规定签订海域使用权出让合同。

中标人、买受人应当持价款缴纳凭证和海域使用权出让合同,办理海域使用权登记,领取海域使用权证书。

第三十五条 中标人、买受人支付的履约保证金,抵作成交价款;未按成交确认书的要求缴纳成交价款的,履约保证金不予退还,成交确认书无效。

其他投标人、竞买人支付的履约保证金,海洋行政主管部门应当在招标、拍卖活动结束后五日内退还。

第三十六条 海洋行政主管部门应当在海域使用权招标、拍卖活动结束后十日内公布招标、拍卖结果。

第六章 海域使用权转让、出租和抵押

第三十七条 海域使用权有出售、赠与、作价入股、交换等情形的,可以依法转让。

第三十八条 转让海域使用权应当具备下列条件:

(一)开发利用海域满一年;

(二)不改变海域用途;

(三)已缴清海域使用金;

(四)除海域使用金以外,实际投资已达计划投资总额百分之二十以上;

(五)原海域使用权人无违法用海行为,或违法用海行为已依法处理。

第三十九条 转让海域使用权的,转让双方应当向原批准用海的人民政府海洋行政主管部门提交以下材料:

(一)海域使用权转让申请;

(二)转让协议;

(三)海域使用权证书;

(四)用海设施所有权的合法证明材料;

(五)受让方资信证明材料;

(六)海洋行政主管部门要求的其他书面材料。

第四十条 海洋行政主管部门收到转让申请材料后,十五日内予以批复。

批准的,转让双方应当在十五日内办理海域使用权变更登记,领取海域使用权证书。不予批准的,海洋行政主管部门依法告知转让双方。

海域使用权转让时,其固定附属用海设施随之转让。固定附属用海设施转让时,其使用范围内的海域使用权随之转让。法律法规另有规定的,从其规定。

第四十一条 海域使用权出租的,承租人应当按照海域使用权证书确定的面积、年限和用途使用海域。

海域使用权出租、抵押时，其固定附属用海设施随之出租、抵押，固定附属用海设施出租、抵押时，其使用范围内的海域使用权随之出租、抵押。法律法规另有规定的，从其规定。

海域使用权取得时免缴或者减缴海域使用金的，补缴海域使用金后方可出租、抵押。

第四十二条 有下列情形之一的，海域使用权不得出租、抵押：

（一）权属不清或者权属有争议的；

（二）未按规定缴纳海域使用金、改变海域用途等违法用海的；

（三）油气及其他海洋矿产资源勘查开采的；

（四）海洋行政主管部门认为不能出租、抵押的。

第四十三条 海域使用权出租、抵押的，双方当事人应当到原登记机关办理登记手续。

第七章 罚 则

第四十四条 海域使用论证资质单位有下列情形之一的，由国家海洋行政主管部门给予警告、暂停执业、降低资质等级或者吊销资质证书的处理，给国家或者委托人造成损失的，海域使用论证单位应当依照有关法律法规给予赔偿：

（一）越级或超越证书规定范围承担论证项目；

（二）在海域使用论证报告中使用虚构或者明显失实的数据资料；

（三）海域使用论证报告严重失实；

（四）其他虚构事实、隐瞒真相的行为。

第四十五条 未经批准改变海域使用用途的，依照《海域法》第四十六条的规定处理。

第四十六条 未经批准擅自转让海域使用权的，没收非法所得；有非法新建用海设施的，限期拆除，逾期拒不拆除的，依照《海域法》第四十二条、第四十七条的规定处理。

第四十七条 超面积填海的，收回非法所填海域，并处非法占用海域应缴纳海域使用金十倍以上二十倍以下的罚款。

第四十八条 未经登记擅自出租、抵押海域使用权，出租、抵押无效。

第四十九条 投标人、竞买人有下列行为之一的，中标、买受结果无效；造成损失的，依法承担赔偿责任：

（一）提供虚假文件隐瞒事实的；

（二）采取行贿、恶意串通等非法手段中标或者买受的。

第五十条 有下列情形之一的，对直接负责的主管人员和其他直接责任人员追究相应责任：

（一）超越批准权限非法批准使用海域的；

（二）不按海洋功能区划批准使用海域的；

（三）违反本规定颁发海域使用权证书的；

（四）颁发海域使用权证书后不进行监督管理的；

（五）发现违法行为不予查处的；

（六）对含不同用海类型的同一项目用海，分解受理、审查、审核和报批的；

（七）泄露、变更标底、底价的；

（八）未按规定时间退还履约保证金的。

第五十一条 海洋行政主管部门的工作人员徇私舞弊、滥用职权或玩忽职守构成犯罪的，依法追究刑事责任。

第八章 附 则

第五十二条 填海造地项目在施工过程中应当进行海域使用动态监测。

审核机关应当对填海造地项目组织竣工验收；竣工验收合格后，办理相关登记手续。

填海造地项目的竣工验收程序另行规定。

第五十三条 县级以上人民政府海洋行政主管部门应当对所辖海域内的海域使用情况进行统计，并建立公开查询机制。

国家海洋行政主管部门负责全国海域使用统计工作，并定期发布海域使用统计信息。

第五十四条 海域使用论证报告编写大纲的内容、海域使用权证书以及本规定需要的文书格式由国家海洋行政主管部门统一制定。

本规定要求提交的海域使用申请书、海域使用权续期申请或者变更申请一式五份。

第五十五条 本规定自2007年1月1日起施行。2002年国家海洋局发布的《海域使用申请审批暂行办法》（国海发〔2002〕5号），自本规定实施之日起废止。

中国海监海洋环境保护执法工作实施办法

(国海办字〔2010〕824 号,2010 年 12 月 22 日发布,2010 年 12 月 22 日实施)

为规范海洋环境保护执法工作,进一步明确各级海监机构的区域管辖、层级管理和案件查处等问题,全面提升海洋环境保护执法工作效率和水平。依据《中华人民共和国海洋环境保护法》、《防治海洋工程建设项目污染损害海洋环境管理条例》、《海洋石油勘探开发环境保护管理条例》、《海洋倾废管理条例》、《自然保护区条例》及相关政策规定,现就中国海监海洋环境保护执法工作提出以下办法:

一、区域管辖

中国海监各级机构开展海洋环境保护执法工作实行区域管辖制度,各级执法机构的区域管辖范围如下:

中国海监总队负责我国内水、领海、毗连区、专属经济区、大陆架及管辖的其他海域的海洋环境保护执法工作。

中国海监北海区总队负责辽宁省、河北省、天津市、山东省管辖海域的海洋环保执法工作,同时负责上述省(市)相邻专属经济区、大陆架等的海洋环保执法工作。

中国海监东海区总队负责江苏省、浙江省、上海市、福建省管辖海域的海洋环保执法工作,同时负责上述省(市)相邻专属经济区、大陆架等的海洋环保执法工作。

中国海监南海区总队负责广东省、广西区、海南省管辖海域的海洋环保执法工作,同时负责上述省(市)相邻专属经济区、大陆架等的海洋环保执法工作。

中国海监各海区总队所属的海区支队,按海区总队的分工,负责相关海域内的海洋环保执法工作。

各省、市、县级海监机构负责本辖区内的海洋环保执法工作。

中国海监各保护区海监机构负责本保护区内的海洋环保执法工作。

根据工作需要,上级海监机构可以指定下级海监机构开展特定海域的海洋环保执法工作。

二、层级管理

中国海监各级机构开展海洋环保执法工作实行层级管理制度。各级海监机构层级管理如下:

中国海监总队负责全国海洋环保执法工作的领导和监督检查,制定全国海洋环保执法工作的方针政策,组织重大的海洋环保执法行动,办理有必要由中国海监总队直接查处的案件。

中国海监各海区总队负责组织协调和监督指导本辖区内各级海监机构的海洋环保执法工作,组织开展本辖区内的重大海洋环保执法行动。负责本辖区内海洋油气勘探开发执法检查;负责由国家海洋行政主管部门核准环评的海洋工程的执法检查;负责由国家海洋行政主管部门批准的 100 万方以上的海洋倾废活动的执法检查;负责港、澳和涉外的海洋倾废活动的执法检查;对国家级海洋自然保护区和特别保护区的开发活动实施执法检查。有权查处各类海洋环境违法案件。

中国海监各海区总队所属支队根据海区总队的分工,负责本辖区内的海洋环保执法检查和案件查处工作,对省、市、县级海监机构的海洋环保执法工作进行监督。

省、市、县级海监机构负责本辖区的海洋环保执法工作,制定本辖区内海洋环保执法工作的规划和计划,组织本辖区内海洋环保执法检查和违法案件的查处工作。省级海监机构负责由本省海洋行政主管部门核准环评的海洋工程的执法检查;负责由本省海洋行政主管部门批准的 100 万方以下的海洋倾废活动的执法检查;与保护区海监机构共同负责国家级海洋自然保护区和特别保护区的执法检查;负责本辖区入海排污口的监督检查。查处除明确规定由海区总队管辖外的各类海洋环境违法案件。

地方级海洋自然保护区和特别保护区的海洋环保执法检查和案件查处工作由保护区海监机构和设立保护区的海洋行政主管部门所属的海监机构共同负责。

必要时，中国海监各级机构可以根据需要，按照效率和就近管理的原则，指定下级海监机构实施监督检查和案件查处工作。

三、检查内容

中国海监依法对海洋保护区、海洋工程、海洋倾废、海洋油气勘探开发、入海排污口等领域进行海洋环境保护监督检查。检查内容如下：

（一）海洋保护区（包括海洋自然保护区和海洋特别保护区）

1. 保护区内的各类开发活动是否经有权部门批准、审核。

2. 是否遵守《自然保护区条例》规定的相关内容。

3. 是否遵守《海洋环境保护法》及相关法律、法规规定的内容。

（二）海洋工程

1. 是否遵守环境影响评价制度及“三同时”制度。

2. 环保设施及污染物排放等是否符合相关管理规定和要求。

3. 污染防治措施及污染事故的预防和处理措施是否落实等。

（三）海洋倾废

1. 倾废船舶是否取得海洋废弃物倾倒许可证。

2. 废弃物装载后是否报主管部门核实以及是否按规定进行记录。

3. 船舶倾废是否到指定区域以及倾倒方式、条件等是否符合规定。

（四）海洋油气勘探开发

1. 是否遵守环境影响评价制度、“三同时”制度及项目竣工验收制度等。

2. 环保设施及防污染措施等是否符合相关规定和要求。

3. 法律、法规规定的有关报告制度是否执行。

4. 溢油应急管理相关规定及应急设备是否落实。

5. 平台、管道等弃置管理是否符合相关规定。

（五）入海排污口

1. 入海排污口的设置是否符合规定和要求。

2. 污染物的排放是否超标等。

3. 排污口排污对临近海洋环境是否造成破坏。

（六）海洋生态系统

是否对红树林、珊瑚礁、海湾、入海河口、滨海湿地等具有典型性、代表性的海洋生态系统造成破坏。

四、检查方式

各级海监机构开展海洋环保执法工作，可采取卫星遥感、航空巡视、船舶巡航和实地检查相结合的手段进行。必要时，应与所辖区域内的海洋监测机构相互配合，建立联合执法检查工作机制。根据不同领域海洋环保执法工作的特点和需要，海洋环保执法检查主要采取以下方式：

（一）定期执法检查

各级海监机构要建立定期执法检查制度，对于本辖区内各领域的环保执法工作，每年应开展不少于两次全面的执法检查，对特殊领域可联合海洋监测机构定期开展。并将执法检查工作的情况报上级海监机构，同时向下级海监机构通报。

（二）不定期执法检查

各级海监机构根据海洋工程、海洋倾废等施工运营的海洋环境保护要求及项目海域海洋环境质量状况变化，开展不定期的执法检查工作。不定期执法检查主要是配合海洋环保管理部门的工作要求，立足于纠正和改进本地区比较突出的海洋环境保护方面的问题。不定期执法检查应作为各级海监机构履行海洋环保执法职能的一种常规工作形式。

（三）专项执法检查

各级海监机构对于本辖区内比较严重的海洋环保事件和违法行为，可采取专项执法行动。开展专项执法行动必须有明确的执法检查任务，有效的组织机构，制定详细的专项执法检查方案并报上级海监机构备案。

(四)联合执法检查

各级海监机构在开展执法检查或其他执法行动时,可采取本辖区内各级海监机构联合执法的方式,也可以采取海监机构与其他部门联合执法的方式。联合执法检查行动可以采取统一组织、统一检查的形式进行,也可以采取统一组织、分区或分类检查的形式进行。对在联合执法检查行动中发现的违法行为,可以以组织该行动的海监机构的名义查处,也可以由有管辖权的海监机构查处。

(五)应急执法检查

对海上突发的环境污染事件,各级海监机构应在主管该事件的海监机构统一领导下启动应急执法工作。必要时,主管的海监机构可以越级直接指挥。

五、案件查处

各级海监机构的海洋环境违法案件查处工作,实行层级管理和"谁发现谁查处"相结合的原则。除已有明确规定外,实行"谁发现谁查处"的原则,即先发现违法行为的海监机构可以直接进行查处,也可以将案件移交给有管辖权的海监机构查处。直接进行查处的,要将查处结果通报有管辖权的海监机构。对法律明确规定专属管辖的违法案件,应移交有管辖权的海监机构进行查处。

各级海监机构查处的违法案件,可以采取以下管理方法:

(一)移交查处:下级海监机构如认为确有必要,可以把海洋环境违法案件报请上一级海监机构查处;上级海监机构认为确有必要,可以把海洋环境违法案件移交下级海监机构查处;各级海监机构发现的不属于中国海监管辖的违法行为,应移送给有管辖权的部门处理。

(二)指定查处:各级海监机构已立案的案件,立案的海监机构认为不宜由本级海监机构查处的,可以请求上级海监机构指定其他海监机构查处。上级海监机构认为不宜由立案海监机构查处的,可以指定其他海监机构查处。对跨辖区的海洋环境违法行为,出现管辖权争议时,应提请共同的上一级海监机构指定管辖。

(三)挂牌督办:对于造成恶劣或者重大社会影响的海洋环境违法行为,由中国海监总队实行挂牌督办。挂牌督办案件的办案机关由中国海监总队指定,办案机关必须按照中国海监总队规定的时限等要求执行。中国海监总队对挂牌督办案件实行全过程的跟踪、指导和监督,对工作不力的办案机关要按照相关规定追究责任。

(四)案件通报:各级海监机构应加强海洋环境违法案件的通报工作,每季度将案件查处情况向上级海监机构和同级海洋环保管理部门及相关部门书面通报,重大海洋环境违法案件的处理应及时通报。对执法中发现的重大问题和有关情况提请海洋环保管理部门会商。

(五)办案时限:海洋环境违法案件应当在立案之日起三个月内办结。如有特殊情况需要延期的,需向上级海监机构书面说明理由。自立案起期满六个月尚未作出行政处罚决定的海洋环境违法案件,上级海监机构可以要求案件承办机构限期办结或移交查处。

各级海洋行政主管部门要高度重视海洋环保执法工作,加强组织和指导,落实分管领导责任制。中国海监各级机构要依据《海洋环境保护法》及相关法律法规和规定,明确职责与任务,加强沟通和配合,形成执法合力,切实履行好法律赋予的职责,保证各项海洋环境保护执法工作落到实处。

饮用水水源保护

饮用水水源保护区污染防治管理规定

（国家环保局、卫生部、建设部、水利部、地质矿产部1989年7月1日发布，1989年7月10日实施，(89)环管字第201号，2010年12月22日根据《关于废止、修改部分环保部门规章和规范性文件的决定》修正）

第一章 总 则

第一条 为保障人民身体健康和经济建设发展，必须保护好饮用水水源。根据《中华人民共和国水污染防治法》特制定本规定。

第二条 本规定适用于全国所有集中式供水的饮用水地表水源和地下水源的污染防治管理。

第三条 按照不同的水质标准和防护要求分级划分饮用水水源保护区。饮用水水源保护区一般划分为一级保护区和二级保护区，必要时可增设准保护区。各级保护区应有明确的地理界线。

第四条 饮用水水源各级保护区及准保护区均应规定明确的水质标准并限期达标。

第五条 饮用水水源保护区的设置和污染防治应纳入当地的经济和社会发展规划和水污染防治规划。跨地区的饮用水水源保护区的设置和污染治理应纳入有关流域、区域、城市的经济和社会发展规划和水污染防治规划。

第六条 跨地区的河流、湖泊、水库、输水渠道，其上游地区不得影响下游饮用水水源保护区对水质标准的要求。

第二章 饮用水地表水源保护区的划分和防护

第七条 饮用水地表水源保护区包括一定的水域和陆域，其范围应按照不同水域特点进行水质定量预测并考虑当地具体条件加以确定，保证在规划设计的水文条件和污染负荷下，供应规划水量时，保护区的水质能满足相应的标准。

第八条 在饮用水地表水源取水口附近划定一定的水域和陆域作为饮用水地表水源一级保护区。一级保护区的水质标准不得低于国家规定的《地表水环境质量标准》Ⅱ类标准，并须符合国家规定的《生活饮用水卫生标准》的要求。

第九条 在饮用水地表水源一级保护区外划定一定水域和陆域作为饮用水地表水源二级保护区。二级保护区的水质标准不得低于国家规定的《地表水环境质量标准》Ⅲ类标准，应保证一级保护区的水质能满足规定的标准。

第十条 根据需要可在饮用水地表水源二级保护区外划定一定的水域及陆域作为饮用水地表水源准保护区。准保护区的水质标准应保证二级保护区的水质能满足规定的标准。

第十一条 饮用水地表水源各级保护区及准保护区内均必须遵守下列规定：

一、禁止一切破坏水环境生态平衡的活动以及破坏水源林、护岸林、与水源保护相关植被的活动。

二、禁止向水域倾倒工业废渣、城市垃圾、粪便及其它废弃物。

三、运输有毒有害物质、油类、粪便的船舶和车辆一般不准进入保护区，必须进入者应事先申请并经有关部门批准、登记并设置防渗、防溢、防漏设施。

四、禁止使用剧毒和高残留农药，不得滥用化肥，不得使用炸药、毒品捕杀鱼类。

第十二条 饮用水地表水源各级保护区及准保护区内必须分别遵守下列规定：

一、一级保护区内

禁止新建、扩建与供水设施和保护水源无关的建设项目；

禁止向水域排放污水，已设置的排污口必须拆除；

不得设置与供水需要无关的码头，禁止停靠船舶；

禁止堆置和存放工业废渣、城市垃圾、粪便和其他废弃物；

禁止设置油库；

禁止从事种植、放养畜禽和网箱养殖活动；

禁止可能污染水源的旅游活动和其他活动。

二、二级保护区内

禁止新建、改建、扩建排放污染物的建设项目。

原有排污口依法拆除或者关闭；

禁止设立装卸垃圾、粪便、油类和有毒物品的码头。

三、准保护区内

禁止新建、扩建对水体污染严重的建设项目；改建建设项目，不得增加排污量。

第三章　饮用水地下水源保护区的划分和防护

第十三条　饮用水地下水源保护区应根据饮用水水源地所处的地理位置、水文地质条件、供水的数量、开采方式和污染源的分布划定。

第十四条　饮用水地下水源保护区的水质均应达到国家规定的《生活饮用水卫生标准》的要求。

各级地下水源保护区的范围应根据当地的水文地质条件确定，并保证开采规划水量时能达到所要求的水质标准。

第十五条　饮用水地下水源一级保护区位于开采井的周围，其作用是保证集水有一定滞后时间，以防止一般病原菌的污染。直接影响开采井水质的补给区地段，必要时也可划为一级保护区。

第十六条　饮用水地下水源二级保护区位于饮用水地下水源一级保护区外，其作用是保证集水有足够的滞后时间，以防止病原菌以外的其它污染。

第十七条　饮用水地下水源准保护区位于饮用水地下水源二级保护区外的主要补给区，其作用是保护水源地的补给水源水量和水质。

第十八条　饮用水地下水源各级保护区及准保护区内均必须遵守下列规定：

一、禁止利用渗坑、渗井、裂隙、溶洞等排放污水和其它有害废弃物。

二、禁止利用透水层孔隙、裂隙、溶洞及废弃矿坑储存石油、天然气、放射性物质、有毒有害化工原料、农药等。

三、实行人工回灌地下水时不得污染当地地下水源。

第十九条　饮用水地下水源各级保护区及准保护区内必须遵守下列规定：

一、一级保护区内

禁止建设与取水设施无关的建筑物；

禁止从事农牧业活动；

禁止倾倒、堆放工业废渣及城市垃圾、粪便和其它有害废弃物；

禁止输送污水的渠道、管道及输油管道通过本区；

禁止建设油库；

禁止建立墓地。

二、二级保护区内

（一）对于潜水含水层地下水水源地

禁止建设化工、电镀、皮革、造纸、制浆、冶炼、放射性、印染、染料、炼焦、炼油及其它有严重污染的企业，已建成的要限期治理，转产或搬迁；

禁止设置城市垃圾、粪便和易溶、有毒有害废弃物堆放场和转运站，已有的上述场站要限期搬迁；

禁止利用未经净化的污水灌溉农田，已有的污灌农田要限期改用清水灌溉；

化工原料、矿物油类及有毒有害矿产品的堆放场所必须有防雨、防渗措施。

（二）对于承压含水层地下水水源地

禁止承压水和潜水的混合开采，作好潜水的止水措施。

三、准保护区内

禁止建设城市垃圾、粪便和易溶、有毒有害废弃物的堆放场站，因特殊需要设立转运站的，必须经有关部门批准，并采取防渗漏措施；

当补给源为地表水体时，该地表水体水质不应低于《地表水环境质量标准》Ⅲ类标准；

不得使用不符合《农田灌溉水质标准》的污水进行灌溉，合理使用化肥；

保护水源林，禁止毁林开荒，禁止非更新砍伐水源林。

第四章　饮用水水源保护区污染防治的监督管理

第二十条　各级人民政府的环境保护部门会同有关部门作好饮用水水源保护区的污染防治工作并根据当地人民政府的要求制定和颁布地方饮用水水源保护区污染防治管理规定。

第二十一条　饮用水水源保护区的划定，由有关市、县人民政府提出划定方案，报省、自治区、直辖市人民政府批准；跨市、县饮用水水源保护区的划定，由有关市、县人民政府协商提出划定方案，报省、自治区、直辖市人民政府批准；协商不成的，由省、自治区、直辖市人民政府环境保护主管部门会同同级水行政、国土资源、卫生、建设等部门提出划定方案，征求同级有关部门的意见后，报省、自治区、直辖市人民政府批准。

跨省、自治区、直辖市的饮用水水源保护区，由有关省、自治区、直辖市人民政府商有关流域管理机构划定；协商不成的，由国务院环境保护主管部门会同同级水行政、国土资源、卫生、建设等部门提出划定方案，征求国务院有关部门的意见后，报国务院批准。

国务院和省、自治区、直辖市人民政府可以根据保护饮用水水源的实际需要，调整饮用水水源保护区的范围，确保饮用水安全。

第二十二条　环境保护、水利、地质矿产、卫生、建设等部门应结合各自的职责，对饮用水水源保护区污染防治实施监督管理。

第二十三条　因突发性事故造成或可能造成饮用水水源污染时，事故责任者应立即采取措施消除污染并报告当地城市供水、卫生防疫、环境保护、水利、地质矿产等部门和本单位主管部门。由环境保护部门根据当地人民政府的要求组织有关部门调查处理，必要时经当地人民政府批准后采取强制性措施以减轻损失。

第五章　奖励与惩罚

第二十四条　对执行本规定保护饮用水水源有显著成绩和贡献的单位或个人给予表扬和奖励。奖励办法由市级以上（含市级）环境保护部门制定，报经当地人民政府批准实施。

第二十五条　对违反本规定的单位或个人，应根据《中华人民共和国水污染防治法》及其实施细则的有关规定进行处罚。

第六章　附　　则

第二十六条　本规定由国家环境保护部门负责解释。

第二十七条　本规定自公布之日起实施。

基本农田与土地保护

基本农田保护条例（节选）

（国务院令第162号，1994年8月18日发布，1994年10月1日实施；国务院令1998年第257号，1998年12月27日发布，1999年1月1日实施，2011年1月8日《国务院关于废止和修改部分行政法规的决定》修订）

第一章　总　　则

第一条　为了对基本农田实行特殊保护，促进农业生产和社会经济的可持续发展，根据《中华人民共和国农业法》和《中华人民共和国土地管理法》，制定本条例。

第二条　国家实行基本农田保护制度。

本条例所称基本农田，是指按照一定时期人口和社会经济发展对农产品的需求，依据土地利用总体规划确定的不得占用的耕地。

本条例所称基本农田保护区，是指为对基本农田实行特殊保护而依据土地利用总体规划和依照法定程序确定的特定保护区域。

第六条　国务院土地行政主管部门和农业行政主管部门按照国务院规定的职责分工，依照本条例负责全国的基本农田保护管理工作。

县级以上地方各级人民政府土地行政主

管部门和农业行政主管部门按照本级人民政府规定的职责分工,依照本条例负责本行政区域内的基本农田保护管理工作。

乡(镇)人民政府负责本行政区域内的基本农田保护管理工作。

第二章 划 定

第九条 省、自治区、直辖市划定的基本农田应当占本行政区域内耕地总面积的80%以上,具体数量指标根据全国土地利用总体规划逐级分解下达。

第十条 下列耕地应当划入基本农田保护区,严格管理:

(一)经国务院有关主管部门或者县级以上地方人民政府批准确定的粮、棉、油生产基地内的耕地;

(二)有良好的水利与水土保持设施的耕地,正在实施改造计划以及可以改造的中、低产田;

(三)蔬菜生产基地;

(四)农业科研、教学试验田。

根据土地利用总体规划,铁路、公路等交通沿线,城市和村庄、集镇建设用地区周边的耕地,应当优先划入基本农田保护区;需要退耕还林、还牧、还湖的耕地,不应当划入基本农田保护区。

第十一条 基本农田保护区以乡(镇)为单位划区定界,由县级人民政府土地行政主管部门会同同级农业行政主管部门组织实施。

划定的基本农田保护区,由县级人民政府设立保护标志,予以公告,由县级人民政府土地行政主管部门建立档案,并抄送同级农业行政主管部门。任何单位和个人不得破坏或者擅自改变基本农田保护区的保护标志。

基本农田划区定界后,由省、自治区、直辖市人民政府组织土地行政主管部门和农业行政主管部门验收确认,或者由省、自治区人民政府授权设区的市、自治州人民政府组织土地行政主管部门和农业行政主管部门验收确认。

第三章 保 护

第十四条 地方各级人民政府应当采取措施,确保土地利用总体规划确定的本行政区域内基本农田的数量不减少。

第十五条 基本农田保护区经依法划定后,任何单位和个人不得改变或者占用。国家能源、交通、水利、军事设施等重点建设项目选址确实无法避开基本农田保护区,需要占用基本农田,涉及农用地转用或者征收土地的,必须经国务院批准。

第十六条 经国务院批准占用基本农田的,当地人民政府应当按照国务院的批准文件修改土地利用总体规划,并补充划入数量和质量相当的基本农田。占用单位应当按照占多少、垦多少的原则,负责开垦与所占基本农田的数量与质量相当的耕地;没有条件开垦或者开垦的耕地不符合要求的,应当按照省、自治区、直辖市的规定缴纳耕地开垦费,专款用于开垦新的耕地。

占用基本农田的单位应当按照县级以上地方人民政府的要求,将所占用基本农田耕作层的土壤用于新开垦耕地、劣质地或者其他耕地的土壤改良。

第十七条 禁止任何单位和个人在基本农田保护区内建窑、建房、建坟、挖砂、采石、采矿、取土、堆放固体废弃物或者进行其他破坏基本农田的活动。

禁止任何单位和个人占用基本农田发展林果业和挖塘养鱼。

第十八条 禁止任何单位和个人闲置、荒芜基本农田。经国务院批准的重点建设项目占用基本农田的,满1年不使用而又可以耕种并收获的,应当由原耕种该幅基本农田的集体或者个人恢复耕种,也可以由用地单位组织耕种;1年以上未动工建设的,应当按照省、自治区、直辖市的规定缴纳闲置费;连续2年未使用的,经国务院批准,由县级以上人民政府无偿收回用地单位的土地使用权;该幅土地原为农民集体所有的,应当交由原农村集体经济组织恢复耕种,重新划入基本农田保护区。

承包经营基本农田的单位或者个人连续2年弃耕抛荒的,原发包单位应当终止承包合同,收回发包的基本农田。

第十九条 国家提倡和鼓励农业生产者对其经营的基本农田施用有机肥料,合理施用化肥和农药。利用基本农田从事农业生产的单位和个人应当保持和培肥地力。

第二十三条　县级以上人民政府农业行政主管部门应当会同同级环境保护行政主管部门对基本农田环境污染进行监测和评价,并定期向本级人民政府提出环境质量与发展趋势的报告。

第二十四条　经国务院批准占用基本农田兴建国家重点建设项目的,必须遵守国家有关建设项目环境保护管理的规定。在建设项目环境影响报告书中,应当有基本农田环境保护方案。

第二十五条　向基本农田保护区提供肥料和作为肥料的城市垃圾、污泥的,应当符合国家有关标准。

第二十六条　因发生事故或者其他突然性事件,造成或者可能造成基本农田环境污染事故的,当事人必须立即采取措施处理,并向当地环境保护行政主管部门和农业行政主管部门报告,接受调查处理。

第四章　监督管理

第二十九条　县级以上地方人民政府土地行政主管部门、农业行政主管部门对本行政区域内发生的破坏基本农田的行为,有权责令纠正。

第五章　法律责任

第三十条　违反本条例规定,有下列行为之一的,依照《中华人民共和国土地管理法》和《中华人民共和国土地管理法实施条例》的有关规定,从重给予处罚:

(一)未经批准或者采取欺骗手段骗取批准,非法占用基本农田的;

(二)超过批准数量,非法占用基本农田的;

(三)非法批准占用基本农田的;

(四)买卖或者以其他形式非法转让基本农田的。

第三十一条　违反本条例规定,应当将耕地划入基本农田保护区而不划入的,由上一级人民政府责令限期改正;拒不改正的,对直接负责的主管人员和其他直接责任人员依法给予行政处分或者纪律处分。

第三十二条　违反本条例规定,破坏或者擅自改变基本农田保护区标志的,由县级以上地方人民政府土地行政主管部门或者农业行政主管部门责令恢复原状,可以处1000元以下罚款。

第三十三条　违反本条例规定,占用基本农田建窑、建房、建坟、挖砂、采石、采矿、取土、堆放固体废弃物或者从事其他活动破坏基本农田,毁坏种植条件的,由县级以上人民政府土地行政主管部门责令改正或者治理,恢复原种植条件,处占用基本农田的耕地开垦费1倍以上2倍以下的罚款;构成犯罪的,依法追究刑事责任。

第三十四条　侵占、挪用基本农田的耕地开垦费,构成犯罪的,依法追究刑事责任;尚不构成犯罪的,依法给予行政处分或者纪律处分。

第六章　附　　则

第三十五条　省、自治区、直辖市人民政府可以根据当地实际情况,将其他农业生产用地划为保护区。保护区内的其他农业生产用地的保护和管理,可以参照本条例执行。

中华人民共和国土地管理法实施条例(节选)

(国务院令第73号,1991年1月4日发布,1991年2月1日实施;国务院令1998年第256号,1998年12月27日发布,1999年1月1日实施,2011年1月8日第一次修订,2014年7月29日第二次修订)

第一章　总　　则

第一条　根据《中华人民共和国土地管理法》(以下简称《土地管理法》),制定本条例。

第二章　土地的所有权和使用权

第二条　下列土地属于全民所有即国家所有:

(一)城市市区的土地;

（二）农村和城市郊区中已经依法没收、征收、征购为国有的土地；

（三）国家依法征收的土地；

（四）依法不属于集体所有的林地、草地、荒地、滩涂及其他土地；

（五）农村集体经济组织全部成员转为城镇居民的，原属于其成员集体所有的土地；

（六）因国家组织移民、自然灾害等原因，农民成建制地集体迁移后不再使用的原属于迁移农民集体所有的土地。

第三条 国家依法实行土地登记发证制度。依法登记的土地所有权和土地使用权受法律保护，任何单位和个人不得侵犯。

土地登记内容和土地权属证书式样由国务院土地行政主管部门统一规定。

土地登记资料可以公开查询。

确认林地、草原的所有权或者使用权，确认水面、滩涂的养殖使用权，分别依照《森林法》、《草原法》和《渔业法》的有关规定办理。

第四条 农民集体所有的土地，由土地所有者向土地所在地的县级人民政府土地行政主管部门提出土地登记申请，由县级人民政府登记造册，核发集体土地所有权证书，确认所有权。

农民集体所有的土地依法用于非农业建设的，由土地使用者向土地所在地的县级人民政府土地行政主管部门提出土地登记申请，由县级人民政府登记造册，核发集体土地使用权证书，确认建设用地使用权。

设区的市人民政府可以对市辖区内农民集体所有的土地实行统一登记。

第五条 单位和个人依法使用的国有土地，由土地使用者向土地所在地的县级以上人民政府土地行政主管部门提出土地登记申请，由县级以上人民政府登记造册，核发国有土地使用权证书，确认使用权。其中，中央国家机关使用的国有土地的登记发证，由国务院土地行政主管部门负责，具体登记发证办法由国务院土地行政主管部门会同国务院机关事务管理局等有关部门制定。

未确定使用权的国有土地，由县级以上人民政府登记造册，负责保护管理。

第六条 依法改变土地所有权、使用权的，因依法转让地上建筑物、构筑物等附着物导致土地使用权转移的，必须向土地所在地的县级以上人民政府土地行政主管部门提出土地变更登记申请，由原土地登记机关依法进行土地所有权、使用权变更登记。土地所有权、使用权的变更，自变更登记之日起生效。

依法改变土地用途的，必须持批准文件，向土地所在地的县级以上人民政府土地行政主管部门提出土地变更登记申请，由原土地登记机关依法进行变更登记。

第七条 依照《土地管理法》的有关规定，收回用地单位的土地使用权的，由原土地登记机关注销土地登记。

土地使用权有偿使用合同约定的使用期限届满，土地使用者未申请续期或者虽申请续期未获批准的，由原土地登记机关注销土地登记。

第三章　土地利用总体规划

第九条 土地利用总体规划的规划期限一般为15年。

第十条 依照《土地管理法》规定，土地利用总体规划应当将土地划分为农用地、建设用地和未利用地。

县级和乡（镇）土地利用总体规划应当根据需要，划定基本农田保护区、土地开垦区、建设用地区和禁止开垦区等；其中，乡（镇）土地利用总体规划还应当根据土地使用条件，确定每一块土地的用途。

土地分类和划定土地利用区的具体办法，由国务院土地行政主管部门会同国务院有关部门制定。

第十二条 依照《土地管理法》第二十六条第二款、第三款规定修改土地利用总体规划的，由原编制机关根据国务院或者省、自治区、直辖市人民政府的批准文件修改。修改后的土地利用总体规划应当报原批准机关批准。

上一级土地利用总体规划修改后，涉及修改下一级土地利用总体规划的，由上一级人民政府通知下一级人民政府作出相应修改，并报原批准机关备案。

第十三条 各级人民政府应当加强土地利用年度计划管理，实行建设用地总量控制。土地利用年度计划一经批准下达,必须严格执行。

土地利用年度计划应当包括下列内容:

(一)农用地转用计划指标;

(二)耕地保有量计划指标;

(三)土地开发整理计划指标。

第四章 耕地保护

第十六条 在土地利用总体规划确定的城市和村庄、集镇建设用地范围内,为实施城市规划和村庄、集镇规划占用耕地,以及在土地利用总体规划确定的城市建设用地范围外的能源、交通、水利、矿山、军事设施等建设项目占用耕地的,分别由市、县人民政府、农村集体经济组织和建设单位依照《土地管理法》第三十一条的规定负责开垦耕地;没有条件开垦或者开垦的耕地不符合要求的,应当按照省、自治区、直辖市的规定缴纳耕地开垦费。

第十七条 禁止单位和个人在土地利用总体规划确定的禁止开垦区内从事土地开发活动。

在土地利用总体规划确定的土地开垦区内,开发未确定土地使用权的国有荒山、荒地、荒滩从事种植业、林业、畜牧业、渔业生产的,应当向土地所在地的县级以上地方人民政府土地行政主管部门提出申请,按照省、自治区、直辖市规定的权限,由县级以上地方人民政府批准。

开发未确定土地使用权的国有荒山、荒地、荒滩从事种植业、林业、畜牧业或者渔业生产的,经县级以上地方人民政府依法批准,可以确定给开发单位或者个人长期使用,使用期限最长不得超过50年。

第五章 建设用地

第十九条 建设占用土地,涉及农用地转为建设用地的,应当符合土地利用总体规划和土地利用年度计划中确定的农用地转用指标;城市和村庄、集镇建设占用土地,涉及农用地转用的,还应当符合城市规划和村庄、集镇规划。不符合规定的,不得批准农用地转为建设用地。

第二十条 在土地利用总体规划确定的城市建设用地范围内,为实施城市规划占用土地的,按照下列规定办理:

(一)市、县人民政府按照土地利用年度计划拟订农用地转用方案、补充耕地方案、征收土地方案,分批次逐级上报有批准权的人民政府。

(二)有批准权的人民政府土地行政主管部门对农用地转用方案、补充耕地方案、征收土地方案进行审查,提出审查意见,报有批准权的人民政府批准;其中,补充耕地方案由批准农用地转用方案的人民政府在批准农用地转用方案时一并批准。

(三)农用地转用方案、补充耕地方案、征收土地方案经批准后,由市、县人民政府组织实施,按具体建设项目分别供地。

在土地利用总体规划确定的村庄、集镇建设用地范围内,为实施村庄、集镇规划占用土地的,由市、县人民政府拟订农用地转用方案、补充耕地方案,依照前款规定的程序办理。

第二十一条 具体建设项目需要使用土地的,建设单位应当根据建设项目的总体设计一次申请,办理建设用地审批手续;分期建设的项目,可以根据可行性研究报告确定的方案分期申请建设用地,分期办理建设用地有关审批手续。

第二十二条 具体建设项目需要占用土地利用总体规划确定的城市建设用地范围内的国有建设用地的,按照下列规定办理:

(一)建设项目可行性研究论证时,由土地行政主管部门对建设项目用地有关事项进行审查,提出建设项目用地预审报告;可行性研究报告报批时,必须附具土地行政主管部门出具的建设项目用地预审报告。

(二)建设单位持建设项目的有关批准文件,向市、县人民政府土地行政主管部门提出建设用地申请,由市、县人民政府土地行政主管部门审查,拟订供地方案,报市、县人民政府批准;需要上级人民政府批准的,应当报上级人民政府批准。

(三)供地方案经批准后,由市、县人民政府向建设单位颁发建设用地批准书。有偿使用国有土地的,由市、县人民政府土地行政主管部门与土地使用者签订国有土地有偿使用合同;划拨使用国有土地的,由市、县人民政府土地行政主管部门向土地使用者核发国有土地划拨决定书。

（四）土地使用者应当依法申请土地登记。

通过招标、拍卖方式提供国有建设用地使用权的，由市、县人民政府土地行政主管部门会同有关部门拟订方案，报市、县人民政府批准后，由市、县人民政府土地行政主管部门组织实施，并与土地使用者签订土地有偿使用合同。土地使用者应当依法申请土地登记。

第二十三条 具体建设项目需要使用土地的，必须依法申请使用土地利用总体规划确定的城市建设用地范围内的国有建设用地。能源、交通、水利、矿山、军事设施等建设项目确需使用土地利用总体规划确定的城市建设用地范围外的土地，涉及农用地的，按照下列规定办理：

（一）建设项目可行性研究论证时，由土地行政主管部门对建设项目用地有关事项进行审查，提出建设项目用地预审报告；可行性研究报告报批时，必须附具土地行政主管部门出具的建设项目用地预审报告。

（二）建设单位持建设项目的有关批准文件，向市、县人民政府土地行政主管部门提出建设用地申请，由市、县人民政府土地行政主管部门审查，拟订农用地转用方案、补充耕地方案、征收土地方案和供地方案（涉及国有农用地的，不拟订征收土地方案），经市、县人民政府审核同意后，逐级上报有批准权的人民政府批准；其中，补充耕地方案由批准农用地转用方案的人民政府在批准农用地转用方案时一并批准；供地方案由批准征收土地的人民政府在批准征收土地方案时一并批准（涉及国有农用地的，供地方案由批准农用地转用的人民政府在批准农用地转用方案时一并批准）。

（三）农用地转用方案、补充耕地方案、征收土地方案和供地方案经批准后，由市、县人民政府组织实施，向建设单位颁发建设用地批准书。有偿使用国有土地的，由市、县人民政府土地行政主管部门与土地使用者签订国有土地有偿使用合同；划拨使用国有土地的，由市、县人民政府土地行政主管部门向土地使用者核发国有土地划拨决定书。

（四）土地使用者应当依法申请土地登记。

建设项目确需使用土地利用总体规划确定的城市建设用地范围外的土地，涉及农民集体所有的未利用地的，只报批征收土地方案和供地方案。

第二十四条 具体建设项目需要占用土地利用总体规划确定的国有未利用地的，按照省、自治区、直辖市的规定办理；但是，国家重点建设项目、军事设施和跨省、自治区、直辖市行政区域的建设项目以及国务院规定的其他建设项目用地，应当报国务院批准。

第二十五条 征收土地方案经依法批准后，由被征收土地所在地的市、县人民政府组织实施，并将批准征地机关、批准文号、征收土地的用途、范围、面积以及征地补偿标准、农业人员安置办法和办理征地补偿的期限等，在被征收土地所在地的乡（镇）、村予以公告。

被征收土地的所有权人、使用权人应当在公告规定的期限内，持土地权属证书到公告指定的人民政府土地行政主管部门办理征地补偿登记。

市、县人民政府土地行政主管部门根据经批准的征收土地方案，会同有关部门拟订征地补偿、安置方案，在被征收土地所在地的乡（镇）、村予以公告，听取被征收土地的农村集体经济组织和农民的意见。征地补偿、安置方案报市、县人民政府批准后，由市、县人民政府土地行政主管部门组织实施。对补偿标准有争议的，由县级以上地方人民政府协调；协调不成的，由批准征收土地的人民政府裁决。征地补偿、安置争议不影响征收土地方案的实施。

征收土地的各项费用应当自征地补偿、安置方案批准之日起3个月内全额支付。

第二十六条 土地补偿费归农村集体经济组织所有；地上附着物及青苗补偿费归地上附着物及青苗的所有者所有。

征收土地的安置补助费必须专款专用，不得挪作他用。需要安置的人员由农村集体经济组织安置的，安置补助费支付给农村集体经济组织，由农村集体经济组织管理和使用；由其他单位安置的，安置补助费支付给安置单位；不需要统一安置的，安置补助费发放给被安置人员个人或者征得被安置人员同意后用于支付被安置人员的保险费用。

市、县和乡(镇)人民政府应当加强对安置补助费使用情况的监督。

第二十八条　建设项目施工和地质勘查需要临时占用耕地的,土地使用者应当自临时用地期满之日起1年内恢复种植条件。

第二十九条　国有土地有偿使用的方式包括:

(一)国有土地使用权出让;

(二)国有土地租赁;

(三)国有土地使用权作价出资或者入股。

第六章　监督检查

第三十二条　土地行政主管部门履行监督检查职责,除采取《土地管理法》第六十七条规定的措施外,还可以采取下列措施:

(一)询问违法案件的当事人、嫌疑人和证人;

(二)进入被检查单位或者个人非法占用的土地现场进行拍照、摄像;

(三)责令当事人停止正在进行的土地违法行为;

(四)对涉嫌土地违法的单位或者个人,停止办理有关土地审批、登记手续;

(五)责令违法嫌疑人在调查期间不得变卖、转移与案件有关的财物。

第三十三条　依照《土地管理法》第七十二条规定给予行政处分的,由责令作出行政处罚决定或者直接给予行政处罚决定的上级人民政府土地行政主管部门作出。对于警告、记过、记大过的行政处分决定,上级土地行政主管部门可以直接作出;对于降级、撤职、开除的行政处分决定,上级土地行政主管部门应当按照国家有关人事管理权限和处理程序的规定,向有关机关提出行政处分建议,由有关机关依法处理。

第七章　法律责任

第三十四条　违反本条例第十七条的规定,在土地利用总体规划确定的禁止开垦区内进行开垦的,由县级以上人民政府土地行政主管部门责令限期改正;逾期不改正的,依照《土地管理法》第七十六条的规定处罚。

第三十五条　在临时使用的土地上修建永久性建筑物、构筑物的,由县级以上人民政府土地行政主管部门责令限期拆除;逾期不拆除的,由作出处罚决定的机关依法申请人民法院强制执行。

第三十六条　对在土地利用总体规划制定前已建的不符合土地利用总体规划确定的用途的建筑物、构筑物重建、扩建的,由县级以上人民政府土地行政主管部门责令限期拆除;逾期不拆除的,由作出处罚决定的机关依法申请人民法院强制执行。

第三十七条　阻碍土地行政主管部门的工作人员依法执行职务的,依法给予治安管理处罚或者追究刑事责任。

第三十八条　依照《土地管理法》第七十三条的规定处以罚款的,罚款额为非法所得的百分之五十以下。

第三十九条　依照《土地管理法》第八十一条的规定处以罚款的,罚款额为非法所得的百分之五以上百分之二十以下。

第四十条　依照《土地管理法》第七十四条的规定处以罚款的,罚款额为耕地开垦费的2倍以下。

第四十一条　依照《土地管理法》第七十五条的规定处以罚款的,罚款额为土地复垦费的2倍以下。

第四十二条　依照《土地管理法》第七十六条的规定处以罚款的,罚款额为非法占用土地每平方米30元以下。

第四十三条　依照《土地管理法》第八十条的规定处以罚款的,罚款额为非法占用土地每平方米10元以上30元以下。

第四十四条　违反本条例第二十八条的规定,逾期不恢复种植条件的,由县级以上人民政府土地行政主管部门责令限期改正,可以处耕地复垦费2倍以下的罚款。

第四十五条　违反土地管理法律、法规规定,阻挠国家建设征收土地的,由县级以上人民政府土地行政主管部门责令交出土地;拒不交出土地的,申请人民法院强制执行。

特殊环境监管

消耗臭氧层物质管理条例(节选)

(国务院令2010年第573号,2010年4月8日发布,2010年6月1日实施)

第一章　总　　则

第一条　为了加强对消耗臭氧层物质的管理,履行《保护臭氧层维也纳公约》和《关于消耗臭氧层物质的蒙特利尔议定书》规定的义务,保护臭氧层和生态环境,保障人体健康,根据《中华人民共和国大气污染防治法》,制定本条例。

第二条　本条例所称消耗臭氧层物质,是指对臭氧层有破坏作用并列入《中国受控消耗臭氧层物质清单》的化学品。

《中国受控消耗臭氧层物质清单》由国务院环境保护主管部门会同国务院有关部门制定、调整和公布。

第三条　在中华人民共和国境内从事消耗臭氧层物质的生产、销售、使用和进出口等活动,适用本条例。

前款所称生产,是指制造消耗臭氧层物质的活动。前款所称使用,是指利用消耗臭氧层物质进行的生产经营等活动,不包括使用含消耗臭氧层物质的产品的活动。

第四条　国务院环境保护主管部门统一负责全国消耗臭氧层物质的监督管理工作。

国务院商务主管部门、海关总署等有关部门依照本条例的规定和各自的职责负责消耗臭氧层物质的有关监督管理工作。

县级以上地方人民政府环境保护主管部门和商务等有关部门依照本条例的规定和各自的职责负责本行政区域消耗臭氧层物质的有关监督管理工作。

第五条　国家逐步削减并最终淘汰作为制冷剂、发泡剂、灭火剂、溶剂、清洗剂、加工助剂、杀虫剂、气雾剂、膨胀剂等用途的消耗臭氧层物质。

国务院环境保护主管部门会同国务院有关部门拟订《中国逐步淘汰消耗臭氧层物质国家方案》(以下简称国家方案),报国务院批准后实施。

第六条　国务院环境保护主管部门根据国家方案和消耗臭氧层物质淘汰进展情况,会同国务院有关部门确定并公布限制或者禁止新建、改建、扩建生产、使用消耗臭氧层物质建设项目的类别,制定并公布限制或者禁止生产、使用、进出口消耗臭氧层物质的名录。

因特殊用途确需生产、使用前款规定禁止生产、使用的消耗臭氧层物质的,按照《关于消耗臭氧层物质的蒙特利尔议定书》有关允许用于特殊用途的规定,由国务院环境保护主管部门会同国务院有关部门批准。

第七条　国家对消耗臭氧层物质的生产、使用、进出口实行总量控制和配额管理。国务院环境保护主管部门根据国家方案和消耗臭氧层物质淘汰进展情况,商国务院有关部门确定国家消耗臭氧层物质的年度生产、使用和进出口配额总量,并予以公告。

第八条　国家鼓励、支持消耗臭氧层物质替代品和替代技术的科学研究、技术开发和推广应用。

国务院环境保护主管部门会同国务院有关部门制定、调整和公布《中国消耗臭氧层物质替代品推荐名录》。

开发、生产、使用消耗臭氧层物质替代品,应当符合国家产业政策,并按照国家有关规定享受优惠政策。国家对在消耗臭氧层物质淘汰工作中做出突出成绩的单位和个人给予奖励。

第九条　任何单位和个人对违反本条例规定的行为,有权向县级以上人民政府环境保护主管部门或者其他有关部门举报。接到举报的部门应当及时调查处理,并为举报人保密;经调查情况属实的,对举报人给予奖励。

第二章 生产、销售和使用

第十条 消耗臭氧层物质的生产、使用单位,应当依照本条例的规定申请领取生产或者使用配额许可证。但是,使用单位有下列情形之一的,不需要申请领取使用配额许可证:

(一)维修单位为了维修制冷设备、制冷系统或者灭火系统使用消耗臭氧层物质的;

(二)实验室为了实验分析少量使用消耗臭氧层物质的;

(三)出入境检验检疫机构为了防止有害生物传入传出使用消耗臭氧层物质实施检疫的;

(四)国务院环境保护主管部门规定的不需要申请领取使用配额许可证的其他情形。

第十一条 消耗臭氧层物质的生产、使用单位除具备法律、行政法规规定的条件外,还应当具备下列条件:

(一)有合法生产或者使用相应消耗臭氧层物质的业绩;

(二)有生产或者使用相应消耗臭氧层物质的场所、设施、设备和专业技术人员;

(三)有经环境保护主管部门验收合格的环境保护设施;

(四)有健全完善的生产经营管理制度。

将消耗臭氧层物质用于本条例第六条规定的特殊用途的单位,不适用前款第(一)项的规定。

第十二条 消耗臭氧层物质的生产、使用单位应当于每年10月31日前向国务院环境保护主管部门书面申请下一年度的生产配额或者使用配额,并提交其符合本条例第十一条规定条件的证明材料。

国务院环境保护主管部门根据国家消耗臭氧层物质的年度生产、使用配额总量和申请单位生产、使用相应消耗臭氧层物质的业绩情况,核定申请单位下一年度的生产配额或者使用配额,并于每年12月20日前完成审查,符合条件的,核发下一年度的生产或者使用配额许可证,予以公告,并抄送国务院有关部门和申请单位所在地省、自治区、直辖市人民政府环境保护主管部门;不符合条件的,书面通知申请单位并说明理由。

第十七条 消耗臭氧层物质的销售单位,应当按照国务院环境保护主管部门的规定办理备案手续。

国务院环境保护主管部门应当将备案的消耗臭氧层物质销售单位的名单进行公告。

第十八条 除依照本条例规定进出口外,消耗臭氧层物质的购买和销售行为只能在符合本条例规定的消耗臭氧层物质的生产、销售和使用单位之间进行。

第十九条 从事含消耗臭氧层物质的制冷设备、制冷系统或者灭火系统的维修、报废处理等经营活动的单位,应当向所在地县级人民政府环境保护主管部门备案。

专门从事消耗臭氧层物质回收、再生利用或者销毁等经营活动的单位,应当向所在地省、自治区、直辖市人民政府环境保护主管部门备案。

第二十条 消耗臭氧层物质的生产、使用单位,应当按照国务院环境保护主管部门的规定采取必要的措施,防止或者减少消耗臭氧层物质的泄漏和排放。

从事含消耗臭氧层物质的制冷设备、制冷系统或者灭火系统的维修、报废处理等经营活动的单位,应当按照国务院环境保护主管部门的规定对消耗臭氧层物质进行回收、循环利用或者交由从事消耗臭氧层物质回收、再生利用、销毁等经营活动的单位进行无害化处置。

从事消耗臭氧层物质回收、再生利用、销毁等经营活动的单位,应当按照国务院环境保护主管部门的规定对消耗臭氧层物质进行无害化处置,不得直接排放。

第二十一条 从事消耗臭氧层物质的生产、销售、使用、回收、再生利用、销毁等经营活动的单位,以及从事含消耗臭氧层物质的制冷设备、制冷系统或者灭火系统的维修、报废处理等经营活动的单位,应当完整保存有关生产经营活动的原始资料至少3年,并按照国务院环境保护主管部门的规定报送相关数据。

第三章 进 出 口

第二十二条 国家对进出口消耗臭氧层物质予以控制,并实行名录管理。国务院环境保护主管部门会同国务院商务主管部门、海关总署制定、调整和公布《中国进出口受控消耗臭氧层物质名录》。

进出口列入《中国进出口受控消耗臭氧层物质名录》的消耗臭氧层物质的单位，应当依照本条例的规定向国家消耗臭氧层物质进出口管理机构申请进出口配额，领取进出口审批单，并提交拟进出口的消耗臭氧层物质的品种、数量、来源、用途等情况的材料。

第二十三条 国家消耗臭氧层物质进出口管理机构应当自受理申请之日起20个工作日内完成审查，作出是否批准的决定。予以批准的，向申请单位核发进出口审批单；未予批准的，书面通知申请单位并说明理由。

进出口审批单的有效期最长为90日，不得超期或者跨年度使用。

第二十四条 取得消耗臭氧层物质进出口审批单的单位，应当按照国务院商务主管部门的规定申请领取进出口许可证，持进出口许可证向海关办理通关手续。列入《出入境检验检疫机构实施检验检疫的进出境商品目录》的消耗臭氧层物质，由出入境检验检疫机构依法实施检验。

消耗臭氧层物质在中华人民共和国境内的海关特殊监管区域、保税监管场所与境外之间进出的，进出口单位应当依照本条例的规定申请领取进出口审批单、进出口许可证；消耗臭氧层物质在中华人民共和国境内的海关特殊监管区域、保税监管场所与境内其他区域之间进出的，或者在上述海关特殊监管区域、保税监管场所之间进出的，不需要申请领取进出口审批单、进出口许可证。

第四章 监督检查

第二十五条 县级以上人民政府环境保护主管部门和其他有关部门，依照本条例的规定和各自的职责对消耗臭氧层物质的生产、销售、使用和进出口等活动进行监督检查。

第二十六条 县级以上人民政府环境保护主管部门和其他有关部门进行监督检查，有权采取下列措施：

(一)要求被检查单位提供有关资料；

(二)要求被检查单位就执行本条例规定的有关情况作出说明；

(三)进入被检查单位的生产、经营、储存场所进行调查和取证；

(四)责令被检查单位停止违反本条例规定的行为，履行法定义务；

(五)扣押、查封违法生产、销售、使用、进出口的消耗臭氧层物质及其生产设备、设施、原料及产品。

被检查单位应当予以配合，如实反映情况，提供必要资料，不得拒绝和阻碍。

第二十九条 县级以上地方人民政府环境保护主管部门或者其他有关部门对违反本条例规定的行为不查处的，其上级主管部门有权责令其依法查处或者直接进行查处。

第五章 法律责任

第三十条 负有消耗臭氧层物质监督管理职责的部门及其工作人员有下列行为之一的，对直接负责的主管人员和其他直接责任人员，依法给予处分；直接负责的主管人员和其他直接责任人员构成犯罪的，依法追究刑事责任：

(一)违反本条例规定核发消耗臭氧层物质生产、使用配额许可证的；

(二)违反本条例规定核发消耗臭氧层物质进出口审批单或者进出口许可证的；

(三)对发现的违反本条例的行为不依法查处的；

(四)在办理消耗臭氧层物质生产、使用、进出口等行政许可以及实施监督检查的过程中，索取、收受他人财物或者谋取其他利益的；

(五)有其他徇私舞弊、滥用职权、玩忽职守行为的。

第三十一条 无生产配额许可证生产消耗臭氧层物质的，由所在地县级以上地方人民政府环境保护主管部门责令停止违法行为，没收用于违法生产消耗臭氧层物质的原料、违法生产的消耗臭氧层物质和违法所得，拆除、销毁用于违法生产消耗臭氧层物质的设备、设施，并处100万元的罚款。

第三十二条 依照本条例规定应当申请领取使用配额许可证的单位无使用配额许可证使用消耗臭氧层物质的，由所在地县级以上地方人民政府环境保护主管部门责令停止违法行为，没收违法使用的消耗臭氧层物质、违法使用消耗臭氧层物质生产的产品和违法所得，并处20万元的罚款；情节严重的，并处50万元的罚款，拆除、销毁用于违法使用消耗臭氧层物质的设备、设施。

第三十三条 消耗臭氧层物质的生产、使用单位有下列行为之一的，由所在地省、自治区、直辖市人民政府环境保护主管部门责令停止违法行为，没收违法生产、使用的消耗臭氧层物质、违法使用消耗臭氧层物质生产的产品和违法所得，并处2万元以上10万元以下的罚款，报国务院环境保护主管部门核减其生产、使用配额数量；情节严重的，并处10万元以上20万元以下的罚款，报国务院环境保护主管部门吊销其生产、使用配额许可证：

（一）超出生产配额许可证规定的品种、数量、期限生产消耗臭氧层物质的；

（二）超出生产配额许可证规定的用途生产或者销售消耗臭氧层物质的；

（三）超出使用配额许可证规定的品种、数量、用途、期限使用消耗臭氧层物质的。

第三十四条 消耗臭氧层物质的生产、销售、使用单位向不符合本条例规定的单位销售或者购买消耗臭氧层物质的，由所在地县级以上地方人民政府环境保护主管部门责令改正，没收违法销售或者购买的消耗臭氧层物质和违法所得，处以所销售或者购买的消耗臭氧层物质市场总价3倍的罚款；对取得生产、使用配额许可证的单位，报国务院环境保护主管部门核减其生产、使用配额数量。

第三十五条 消耗臭氧层物质的生产、使用单位，未按照规定采取必要的措施防止或者减少消耗臭氧层物质的泄漏和排放的，由所在地县级以上地方人民政府环境保护主管部门责令限期改正，处5万元的罚款；逾期不改正的，处10万元的罚款，报国务院环境保护主管部门核减其生产、使用配额数量。

第三十六条 从事含消耗臭氧层物质的制冷设备、制冷系统或者灭火系统的维修、报废处理等经营活动的单位，未按照规定对消耗臭氧层物质进行回收、循环利用或者交由从事消耗臭氧层物质回收、再生利用、销毁等经营活动的单位进行无害化处置的，由所在地县级以上地方人民政府环境保护主管部门责令改正，处进行无害化处置所需费用3倍的罚款。

第三十七条 从事消耗臭氧层物质回收、再生利用、销毁等经营活动的单位，未按照规定对消耗臭氧层物质进行无害化处置而直接向大气排放的，由所在地县级以上地方人民政府环境保护主管部门责令改正，处进行无害化处置所需费用3倍的罚款。

第三十八条 从事消耗臭氧层物质生产、销售、使用、进出口、回收、再生利用、销毁等经营活动的单位，以及从事含消耗臭氧层物质的制冷设备、制冷系统或者灭火系统的维修、报废处理等经营活动的单位有下列行为之一的，由所在地县级以上地方人民政府环境保护主管部门责令改正，处5000元以上2万元以下的罚款：

（一）依照本条例规定应当向环境保护主管部门备案而未备案的；

（二）未按照规定完整保存有关生产经营活动的原始资料的；

（三）未按时申报或者谎报、瞒报有关经营活动的数据资料的；

（四）未按照监督检查人员的要求提供必要的资料的。

第三十九条 拒绝、阻碍环境保护主管部门或者其他有关部门的监督检查，或者在接受监督检查时弄虚作假的，由监督检查部门责令改正，处1万元以上2万元以下的罚款；构成违反治安管理行为的，由公安机关依法给予治安管理处罚；构成犯罪的，依法追究刑事责任。

第四十条 进出口单位无进出口许可证或者超出进出口许可证的规定进出口消耗臭氧层物质的，由海关依照有关法律、行政法规的规定予以处罚；构成犯罪的，依法追究刑事责任。

放射性同位素与射线装置安全和防护条例(节选)

(国务院令第44号,1989年10月24日发布,1989年10月24日实施;国务院令2005年第449号,2005年9月14日发布,2005年12月1日实施)

第一章 总 则

第二条 在中华人民共和国境内生产、销售、使用放射性同位素和射线装置,以及转让、进出口放射性同位素的,应当遵守本条例。

本条例所称放射性同位素包括放射源和非密封放射性物质。

第三条 国务院环境保护主管部门对全国放射性同位素、射线装置的安全和防护工作实施统一监督管理。

国务院公安、卫生等部门按照职责分工和本条例的规定,对有关放射性同位素、射线装置的安全和防护工作实施监督管理。

县级以上地方人民政府环境保护主管部门和其他有关部门,按照职责分工和本条例的规定,对本行政区域内放射性同位素、射线装置的安全和防护工作实施监督管理。

第四条 国家对放射源和射线装置实行分类管理。根据放射源、射线装置对人体健康和环境的潜在危害程度,从高到低将放射源分为Ⅰ类、Ⅱ类、Ⅲ类、Ⅳ类、Ⅴ类,具体分类办法由国务院环境保护主管部门制定;将射线装置分为Ⅰ类、Ⅱ类、Ⅲ类,具体分类办法由国务院环境保护主管部门商国务院卫生主管部门制定。

第二章 许可和备案

第三章 安全和防护

第四章 辐射事故应急处理

第五章 监督检查

第四十六条 县级以上人民政府环境保护主管部门和其他有关部门应当按照各自职责对生产、销售、使用放射性同位素和射线装置的单位进行监督检查。

被检查单位应当予以配合,如实反映情况,提供必要的资料,不得拒绝和阻碍。

第四十七条 县级以上人民政府环境保护主管部门应当配备辐射防护安全监督员。辐射防护安全监督员由从事辐射防护工作,具有辐射防护安全知识并经省级以上人民政府环境保护主管部门认可的专业人员担任。辐射防护安全监督员应当定期接受专业知识培训和考核。

第四十八条 县级以上人民政府环境保护主管部门在监督检查中发现生产、销售、使用放射性同位素和射线装置的单位有不符合原发证条件的情形的,应当责令其限期整改。

监督检查人员依法进行监督检查时,应当出示证件,并为被检查单位保守技术秘密和业务秘密。

第四十九条 任何单位和个人对违反本条例的行为,有权向环境保护主管部门和其他有关部门检举;对环境保护主管部门和其他有关部门未依法履行监督管理职责的行为,有权向本级人民政府、上级人民政府有关部门检举。接到举报的有关人民政府、环境保护主管部门和其他有关部门对有关举报应当及时核实、处理。

第六章 法律责任

第五十条 违反本条例规定,县级以上人民政府环境保护主管部门有下列行为之一的,对直接负责的主管人员和其他直接责任人员,依法给予行政处分;构成犯罪的,依法追究刑事责任:

(一)向不符合本条例规定条件的单位颁发许可证或者批准不符合本条例规定条件的单位进口、转让放射性同位素的;

(二)发现未依法取得许可证的单位擅自生产、销售、使用放射性同位素和射线装置,不予查处或者接到举报后不依法处理的;

(三)发现未经依法批准擅自进口、转让放射性同位素,不予查处或者接到举报后不依法处理的;

(四)对依法取得许可证的单位不履行监督管理职责或者发现违反本条例规定的行为

不予查处的；

（五）在放射性同位素、射线装置安全和防护监督管理工作中有其他渎职行为的。

第五十一条 违反本条例规定，县级以上人民政府环境保护主管部门和其他有关部门有下列行为之一的，对直接负责的主管人员和其他直接责任人员，依法给予行政处分；构成犯罪的，依法追究刑事责任：

（一）缓报、瞒报、谎报或者漏报辐射事故的；

（二）未按照规定编制辐射事故应急预案或者不依法履行辐射事故应急职责的。

第五十二条 违反本条例规定，生产、销售、使用放射性同位素和射线装置的单位有下列行为之一的，由县级以上人民政府环境保护主管部门责令停止违法行为，限期改正；逾期不改正的，责令停产停业或者由原发证机关吊销许可证；有违法所得的，没收违法所得；违法所得10万元以上的，并处违法所得1倍以上5倍以下的罚款；没有违法所得或者违法所得不足10万元的，并处1万元以上10万元以下的罚款：

（一）无许可证从事放射性同位素和射线装置生产、销售、使用活动的；

（二）未按照许可证的规定从事放射性同位素和射线装置生产、销售、使用活动的；

（三）改变所从事活动的种类或者范围以及新建、改建或者扩建生产、销售、使用设施或者场所，未按照规定重新申请领取许可证的；

（四）许可证有效期届满，需要延续而未按照规定办理延续手续的；

（五）未经批准，擅自进口或者转让放射性同位素的。

第五十三条 违反本条例规定，生产、销售、使用放射性同位素和射线装置的单位变更单位名称、地址、法定代表人，未依法办理许可证变更手续的，由县级以上人民政府环境保护主管部门责令限期改正，给予警告；逾期不改正的，由原发证机关暂扣或者吊销许可证。

第五十四条 违反本条例规定，生产、销售、使用放射性同位素和射线装置的单位部分终止或者全部终止生产、销售、使用活动，未按照规定办理许可证变更或者注销手续的，由县级以上人民政府环境保护主管部门责令停止违法行为，限期改正；逾期不改正的，处1万元以上10万元以下的罚款；造成辐射事故，构成犯罪的，依法追究刑事责任。

第五十五条 违反本条例规定，伪造、变造、转让许可证的，由县级以上人民政府环境保护主管部门收缴伪造、变造的许可证或者由原发证机关吊销许可证，并处5万元以上10万元以下的罚款；构成犯罪的，依法追究刑事责任。

违反本条例规定，伪造、变造、转让放射性同位素进口和转让批准文件的，由县级以上人民政府环境保护主管部门收缴伪造、变造的批准文件或者由原批准机关撤销批准文件，并处5万元以上10万元以下的罚款；情节严重的，可以由原发证机关吊销许可证；构成犯罪的，依法追究刑事责任。

第五十六条 违反本条例规定，生产、销售、使用放射性同位素的单位有下列行为之一的，由县级以上人民政府环境保护主管部门责令限期改正，给予警告；逾期不改正的，由原发证机关暂扣或者吊销许可证：

（一）转入、转出放射性同位素未按照规定备案的；

（二）将放射性同位素转移到外省、自治区、直辖市使用，未按照规定备案的；

（三）将废旧放射源交回生产单位、返回原出口方或者送交放射性废物集中贮存单位贮存，未按照规定备案的。

第五十七条 违反本条例规定，生产、销售、使用放射性同位素和射线装置的单位有下列行为之一的，由县级以上人民政府环境保护主管部门责令停止违法行为，限期改正；逾期不改正的，处1万元以上10万元以下的罚款：

（一）在室外、野外使用放射性同位素和射线装置，未按照国家有关安全和防护标准的要求划出安全防护区域和设置明显的放射性标志的；

（二）未经批准擅自在野外进行放射性同位素示踪试验的。

第五十八条 违反本条例规定，生产放射性同位素的单位有下列行为之一的，由县级以上人民政府环境保护主管部门责令限期改正，给予警告;逾期不改正的,依法收缴其未备案的放射性同位素和未编码的放射源,处5万元以上10万元以下的罚款,并可以由原发证机关暂扣或者吊销许可证:

(一)未建立放射性同位素产品台账的;

(二)未按照国务院环境保护主管部门制定的编码规则,对生产的放射源进行统一编码的;

(三)未将放射性同位素产品台账和放射源编码清单报国务院环境保护主管部门备案的;

(四)出厂或者销售未列入产品台账的放射性同位素和未编码的放射源的。

第五十九条 违反本条例规定,生产、销售、使用放射性同位素和射线装置的单位有下列行为之一的,由县级以上人民政府环境保护主管部门责令停止违法行为,限期改正;逾期不改正的,由原发证机关指定有处理能力的单位代为处理或者实施退役,费用由生产、销售、使用放射性同位素和射线装置的单位承担,并处1万元以上10万元以下的罚款:

(一)未按照规定对废旧放射源进行处理的;

(二)未按照规定对使用Ⅰ类、Ⅱ类、Ⅲ类放射源的场所和生产放射性同位素的场所,以及终结运行后产生放射性污染的射线装置实施退役的。

第六十条 违反本条例规定,生产、销售、使用放射性同位素和射线装置的单位有下列行为之一的,由县级以上人民政府环境保护主管部门责令停止违法行为,限期改正;逾期不改正的,责令停产停业,并处2万元以上20万元以下的罚款;构成犯罪的,依法追究刑事责任:

(一)未按照规定对本单位的放射性同位素、射线装置安全和防护状况进行评估或者发现安全隐患不及时整改的;

(二)生产、销售、使用、贮存放射性同位素和射线装置的场所未按照规定设置安全和防护设施以及放射性标志的。

第六十一条 违反本条例规定,造成辐射事故的,由原发证机关责令限期改正,并处5万元以上20万元以下的罚款;情节严重的,由原发证机关吊销许可证;构成违反治安管理行为的,由公安机关依法予以治安处罚;构成犯罪的,依法追究刑事责任。

因辐射事故造成他人损害的,依法承担民事责任。

第六十二条 生产、销售、使用放射性同位素和射线装置的单位被责令限期整改,逾期不整改或者经整改仍不符合原发证条件的,由原发证机关暂扣或者吊销许可证。

第六十三条 违反本条例规定,被依法吊销许可证的单位或者伪造、变造许可证的单位,5年内不得申请领取许可证。

第六十四条 县级以上地方人民政府环境保护主管部门的行政处罚权限的划分,由省、自治区、直辖市人民政府确定。

第七章 附 则

第六十五条 军用放射性同位素、射线装置安全和防护的监督管理,依照《中华人民共和国放射性污染防治法》第六十条的规定执行。

第六十六条 劳动者在职业活动中接触放射性同位素和射线装置造成的职业病的防治,依照《中华人民共和国职业病防治法》和国务院有关规定执行。

第六十七条 放射性同位素的运输,放射性同位素和射线装置生产、销售、使用过程中产生的放射性废物的处置,依照国务院有关规定执行。

第六十八条 本条例中下列用语的含义:

放射性同位素,是指某种发生放射性衰变的元素中具有相同原子序数但质量不同的核素。

放射源,是指除研究堆和动力堆核燃料循环范畴的材料以外,永久密封在容器中或者有严密包层并呈固态的放射性材料。

射线装置,是指X线机、加速器、中子发生器以及含放射源的装置。

非密封放射性物质,是指非永久密封在包壳里或者紧密地固结在覆盖层里的放射性物质。

转让,是指除进出口、回收活动之外,放射性同位素所有权或者使用权在不同持有者之间的转移。

伴有产生X射线的电器产品，是指不以产生X射线为目的，但在生产或者使用过程中产生X射线的电器产品。

辐射事故，是指放射源丢失、被盗、失控，或者放射性同位素和射线装置失控导致人员受到意外的异常照射。

电磁辐射环境保护管理办法（节选）

（1997年3月25日由国家环保局第十八号局令发布，国家环境保护局令1997年第18号）

第一章 总 则

第二条 本办法所称电磁辐射是指以电磁波形式通过空间传播的能量流，且限于非电离辐射，包括信息传递中的电磁波发射，工业、科学、医疗应用中的电磁辐射，高压送变电中产生的电磁辐射。

任何从事前款所列电磁辐射的活动，或进行伴有该电磁辐射的活动的单位和个人，都必须遵守本办法的规定。

第三条 县级以上人民政府环境保护行政主管部门对本辖区电磁辐射环境保护工作实施统一监督管理。

第二章 监督管理

第六条 国务院环境保护行政主管部门负责下列建设项目环境保护申报登记和环境影响报告书的审批，负责对该类项目执行环境保护设施与主体工程同时设计、同时施工、同时投产使用（以下简称"三同时"制度）的情况进行检查并负责该类项目的竣工验收：

（一）总功率在200千瓦以上的电视发射塔；

（二）总功率在1000千瓦以上的广播台、站；

（三）跨省级行政区电磁辐射建设项目；

（四）国家规定的限额以上电磁辐射建设项目。

第七条 省、自治区、直辖市（以下简称"省级"）环境保护行政主管部门负责除第六条规定所列项目以外、豁免水平以上的电磁辐射建设项目和设备的环境保护申报登记和环境影响报告书的审批；负责对该类项目和设备执行环境保护设施"三同时"制度的情况进行检查并负责竣工验收；参与辖区内由国务院环境保护行政主管部门负责的环境影响报告书的审批、环境保护设施"三同时"制度执行情况的检查和项目竣工验收以及项目建成后对环境影响的监督检查；负责辖区内电磁辐射环境保护管理队伍的建设；负责对辖区内因电磁辐射活动造成的环境影响实施监督管理和监督性监测。

第八条 市级环境保护行政主管部门根据省级环境保护行政主管部门的委托，可承担第七条所列全部或部分任务及本辖区内电磁辐射项目和设备的监督性监测和日常监督管理。

第十一条 从事电磁辐射活动的单位和个人建设或者使用《电磁辐射建设项目和设备名录》（见附件）中所列的电磁辐射建设项目或者设备，必须在建设项目申请立项前或者在购置设备前，按本办法的规定，向有环境影响报告书（表）审批权的环境保护行政主管部门办理环境保护申报登记手续。

有审批权的环境保护行政主管部门受理环境保护申报登记后，应当将受理的书面意见在30日内通知从事电磁辐射活动的单位或个人，并将受理意见抄送有关主管部门和项目所在地环境保护行政主管部门。

第十二条 有审批权的环境保护行政主管部门应根据申报的电磁辐射建设项目所在地城市发展规划、电磁辐射建设项目和设备的规模及所在区域环境保护要求，对环境保护申报登记作出以下处理意见：

（一）对污染严重、工艺设备落后、资源浪费和生态破坏严重的电磁辐射建设项目与设备，禁止建设或者购置；

（二）对符合城市发展规划要求、豁免水平以上的电磁辐射建设项目，要求从事电磁辐射活动的单位或个人履行环境影响报告书审批手续；

（三）对有关工业、科学、医疗应用中的电磁辐射设备，要求从事电磁辐射活动的单位或个人履行环境影响报告表审批手续。

第十三条 省级环境保护行政主管部门根据国家有关电磁辐射防护标准的规定，负责确认电磁辐射建设项目和设备豁免水平。

第十四条 本办法施行前，已建成或在建的尚未履行环境保护申报登记手续的电磁辐射建设项目，或者已购置但尚未履行环境保护申报登记手续的电磁辐射设备，凡列入《电磁辐射建设项目和设备名录》中的，都必须补办环境保护申报登记手续。对不符合环境保护标准，污染严重的，要采取补救措施，难以补救的要依法关闭或搬迁。

第十五条 按规定必须编制环境影响报告书（表）的，从事电磁辐射活动的单位或个人，必须对电磁辐射活动可能造成的环境影响进行评价，编制环境影响报告书（表），并按规定的程序报相应环境保护行政主管部门审批。

电磁辐射环境影响报告书分两个阶段编制。第一阶段编制《可行性阶段环境影响报告书》，必须在建设项目立项前完成。第二阶段编制《实际运行阶段环境影响报告书》，必须在环境保护设施竣工验收前完成。

工业、科学、医疗应用中的电磁辐射设备，必须在使用前完成环境影响报告表的编写。

第十六条 从事电磁辐射活动的单位主管部门应当对环境影响报告书（表）提出预审意见；有审批权的环境保护行政主管部门在收到环境影响报告书（表）和主管部门的预审意见之日起180日内，对环境影响报告书（表）提出审批意见或要求，逾期不提出审批意见或要求的，视该环境影响报告书（表）已被批准。

凡是已通过环境影响报告书（表）审批的电磁辐射设备，不得擅自改变经批准的功率。确需改变经批准的功率的，应重新编制电磁辐射环境影响报告书（表），并按规定程序报原审批部门重新审批。

第二十条 从事电磁辐射活动的单位和个人必须定期检查电磁辐射设备及其环境保护设施的性能，及时发现隐患并及时采取补救措施。

在集中使用大型电磁辐射发射设施或高频设备的周围，按环境保护和城市规划要求划定的规划限制区内，不得修建居民住房和幼儿园等敏感建筑。

第二十一条 电磁辐射环境监测的主要任务是：

（一）对环境中电磁辐射水平进行监测；

（二）对污染源进行监督性监测；

（三）对环境保护设施竣工验收的各环境保护设施进行监测；

（四）为编制电磁辐射环境影响报告书（表）和编写环境质量报告书提供有关监测资料；

（五）为征收排污费或处理电磁辐射污染环境案件提供监测数据，进行其他有关电磁辐射环境保护的监测。

第二十二条 电磁辐射建设项目的发射设备必须严格按照国家无线电管理委员会批准的频率范围和额定功率运行。

工业、科学和医疗中应用的电磁辐射设备，必须满足国家及有关部门颁布的"无线电干扰限值"的要求。

第三章 污染事件处理

第二十三条 因发生事故或其他突然性事件，造成或者可能造成电磁辐射污染事故的单位，必须立即采取措施，及时通报可能受到电磁辐射污染危害的单位和居民，并向当地环境保护行政主管部门和有关部门报告，接受调查处理。

环保部门收到电磁辐射污染环境的报告后，应当进行调查，依法责令产生电磁辐射的单位采取措施，消除影响。

第二十四条 发生电磁辐射污染事件，影响公众的生产或生活质量或对公众健康造成不利影响时，环境保护部门应会同有关部门调查处理。

第四章 奖励与惩罚

第二十六条 对违反本办法，有下列行为之一的，由环境保护行政主管部门依照国家有关建设项目环境保护管理的规定，责令其限期改正，并处罚款：

（一）不按规定办理环境保护申报登记手

续,或在申报登记时弄虚作假的;

(二)不按规定进行环境影响评价、编制环境影响报告书(表)的;

(三)拒绝环保部门现场检查或在被检查时弄虚作假的。

第二十七条 违反本办法规定擅自改变环境影响报告书(表)中所批准的电磁辐射设备的功率的,由审批环境影响报告书(表)的环境保护行政主管部门依法处以1万元以下的罚款,有违法所得的,处违法所得3倍以下的罚款,但最高不超过3万元。

第二十八条 违反本办法的规定,电磁辐射建设项目和设备的环境保护设施未建成,或者未经验收合格即投入生产使用的,由批准该建设项目环境影响报告书(表)的环境保护行政主管部门依法责令停止生产或者使用,并处罚款。

第二十九条 承担环境影响评价工作的单位,违反国家有关环境影响评价的规定或在评价工作中弄虚作假的,由核发环境影响评价证书的环境保护行政主管部门依照国家有关建设项目环境保护管理的规定,对评价单位没收评价费用或取消其评价资格,并处罚款。

第三十条 违反本办法规定,造成电磁辐射污染环境事故的,由省级环境保护行政主管部门处以罚款。有违法所得的,处违法所得3倍以下的罚款,但最高不超过3万元;没有违法所得的,处1万元以下的罚款。

造成环境污染危害的,必须依法对直接受到损害的单位或个人赔偿损失。

第三十一条 环境保护监督管理人员滥用职权、玩忽职守、徇私舞弊或泄漏从事电磁辐射活动的单位和个人的技术和业务秘密的,由其所在单位或上级机关给予行政处分;构成犯罪的,依法追究刑事责任。

第五章 附 则

第三十二条 电磁辐射环境影响报告书(表)的编制、审评,污染源监测和项目的环保设施竣工验收的费用,按国家有关规定执行。

第三十三条 本管理办法中豁免水平是指,国务院环境保护行政主管部门对伴有电磁辐射活动规定的免于管理的限值。

附件:

电磁辐射建设项目和设备名录

一、发射系统

1. 电视(调频)发射台及豁免水平以上的差转台
2. 广播(调频)发射台及豁免水平以上的干扰台
3. 豁免水平以上的无线电台
4. 雷达系统
5. 豁免水平以上的移动通信系统

二、工频强辐射系统

1. 电压在100千伏以上送、变电系统
2. 电流在100安培以上的工频设备
3. 轻轨和干线电气化铁道

三、工业、科学、医疗设备的电磁能应用

1. 介质加热设备
2. 感应加热设备
3. 豁免水平以上的电疗设备
4. 工业微波加热设备
5. 射频溅射设备

建设上列电磁辐射建设项目应在建设项目立项前办理环境保护申报登记手续,使用上列电磁辐射设备应在购置设备前办理环境保护申报登记手续。

豁免水平的确认由省级环境保护行政主管部门依据《电磁辐射防护规定》GB8702有关标准执行。

(注:新的《电磁辐射防护规定》(GB 8702—2014)已于2015年1月1日施行。)

病原微生物实验室生物安全环境管理办法(节选)

(2006年3月2日经国家环境保护总局2006年第二次局务会议通过,自2006年5月1日起施行,国家环境保护总局令2006年第32号)

第一条 为规范病原微生物实验室(以下简称“实验室”)生物安全环境管理工作,根据《病原微生物实验室生物安全管理条例》和有关环境保护法律和行政法规,制定本办法。

第二条 本办法适用于中华人民共和国境内的实验室及其从事实验活动的生物安全环境管理。

本办法所称的病原微生物,是指能够使人或者动物致病的微生物。

本办法所称的实验活动,是指实验室从事与病原微生物菌(毒)种、样品有关的研究、教学、检测、诊断等活动。

第三条 国家根据实验室对病原微生物的生物安全防护水平,并依照实验室生物安全国家标准的规定,将实验室分为一级、二级、三级和四级。

一级、二级实验室不得从事高致病性病原微生物实验活动。

第四条 国家环境保护总局制定并颁布实验室污染控制标准、环境管理技术规范和环境监督检查制度。

第五条 国家环境保护总局设立病原微生物实验室生物安全环境管理专家委员会。专家委员会主要由环境保护、病原微生物以及实验室管理方面的专家组成。

病原微生物实验室生物安全环境管理专家委员会的主要职责是:审议有关实验室污染控制标准和环境管理技术规范,提出审议建议;审查有关实验室环境影响评价文件,提出审查建议。

第六条 新建、改建、扩建实验室,应当按照国家环境保护规定,执行环境影响评价制度。

实验室环境影响评价文件应当对病原微生物实验活动对环境可能造成的影响进行分析和预测,并提出预防和控制措施。

第七条 新建、改建、扩建三级、四级实验室或者生产、进口移动式三级、四级实验室,应当编制环境影响报告书,并按照规定程序报国家环境保护总局审批。

承担三级、四级实验室环境影响评价工作的环境影响评价机构,应当具备甲级评价资质和相应的评价范围。

第八条 实验室应当按照国家环境保护规定、经审批的环境影响评价文件以及环境保护行政主管部门批复文件的要求,安装或者配备污染防治设施、设备。

污染防治设施、设备必须经环境保护行政主管部门验收合格后,实验室方可投入运行或者使用。

第九条 建成并通过国家认可的三级、四级实验室,应当在取得生物安全实验室证书后15日内填报三级、四级病原微生物实验室备案表,报所在地的县级人民政府环境保护行政主管部门。

第十条 县级人民政府环境保护行政主管部门应当自收到三级、四级病原微生物实验室备案表之日起10日内,报设区的市级人民政府环境保护行政主管部门;设区的市级人民政府环境保护行政主管部门应当自收到三级、四级病原微生物实验室备案表之日起10日内,报省级人民政府环境保护行政主管部门;省级人民政府环境保护行政主管部门应当自收到三级、四级病原微生物实验室备案表之日起10日内,报国家环境保护总局。

第十一条 实验室的设立单位对实验活动产生的废水、废气和危险废物承担污染防治责任。

实验室应当依照国家环境保护规定和实验室污染控制标准、环境管理技术规范的要求,建立、健全实验室废水、废气和危险废物污染防治管理的规章制度,并设置专(兼)职人员,对实验室产生的废水、废气及危险废物处置是否符合国家法律、行政法规及本办法规定的情况进行检查、督促和落实。

第十二条 实验室排放废水、废气的，应当按照国家环境保护总局的有关规定，执行排污申报登记制度。

实验室产生危险废物的，必须按照危险废物污染环境防治的有关规定，向所在地县级以上地方人民政府环境保护行政主管部门申报危险废物的种类、产生量、流向、贮存、处置等有关资料。

第十三条 实验室对其产生的废水，必须按照国家有关规定进行无害化处理；符合国家有关排放标准后，方可排放。

第十四条 实验室进行实验活动时，必须按照国家有关规定保证大气污染防治设施的正常运转；排放废气不得违反国家有关标准或者规定。

第十五条 实验室必须按照下列规定，妥善收集、贮存和处置其实验活动产生的危险废物，防止环境污染：

（一）建立危险废物登记制度，对其产生的危险废物进行登记。登记内容应当包括危险废物的来源、种类、重量或者数量、处置方法、最终去向以及经办人签名等项目。登记资料至少保存3年。

（二）及时收集其实验活动中产生的危险废物，并按照类别分别置于防渗漏、防锐器穿透等符合国家有关环境保护要求的专用包装物、容器内，并按国家规定要求设置明显的危险废物警示标识和说明。

（三）配备符合国家法律、行政法规和有关技术规范要求的危险废物暂时贮存柜（箱）或者其他设施、设备。

（四）按照国家有关规定对危险废物就地进行无害化处理，并根据就近集中处置的原则，及时将经无害化处理后的危险废物交由依法取得危险废物经营许可证的单位集中处置。

（五）转移危险废物的，应当按照《固体废物污染环境防治法》和国家环境保护总局的有关规定，执行危险废物转移联单制度。

（六）不得随意丢弃、倾倒、堆放危险废物，不得将危险废物混入其他废物和生活垃圾中。

（七）国家环境保护法律、行政法规和规章有关危险废物管理的其他要求。

第十六条 实验室建立并保留的实验档案应当如实记录与生物安全相关的实验活动和设施、设备工作状态情况，以及实验活动产生的废水、废气和危险废物无害化处理、集中处置以及检验的情况。

第十七条 实验室应当制定环境污染应急预案，报所在地县级人民政府环境保护行政主管部门备案，并定期进行演练。

实验室产生危险废物的，应当按照国家危险废物污染环境防治的规定，制定意外事故的防范措施和应急预案，并向所在地县级以上地方人民政府环境保护行政主管部门备案。

《病原微生物实验室生物安全管理条例》施行前已经投入使用的三级实验室，应当按照所在地县级人民政府环境保护行政主管部门的要求，限期制定环境污染应急预案和监测计划，并报环境保护行政主管部门备案。

第二十条 县级以上人民政府环境保护行政主管部门在履行监督检查职责时，有权进入被检查单位和病原微生物泄漏或者扩散现场调查取证，采集样品，查阅、复制有关资料，被检查单位应当予以配合，不得拒绝、阻挠。

需要进入三级或者四级实验室调查取证、采集样品的，应当指定或者委托专业机构实施。

环境保护行政主管部门应当为实验室保守技术秘密和业务秘密。

第二十一条 违反本办法有关规定，有下列情形之一的，由县级以上人民政府环境保护行政主管部门责令限期改正，给予警告；逾期不改正的，处1000元以下罚款：

（一）未建立实验室污染防治管理的规章制度，或者未设置专（兼）职人员的；

（二）未对产生的危险废物进行登记或者未保存登记资料的；

（三）未制定环境污染应急预案的。

违反本办法规定的其他行为，环境保护法律、行政法规已有处罚规定的，适用其规定。

第二十二条 环境保护行政主管部门应当及时向社会公告依据本办法被予以处罚的实验室名单，并将受到处罚的实验室名单通报中国实验室国家认可委员会。

畜禽规模养殖污染防治条例(节选)

(2013 年 10 月 8 日国务院第 26 次常务会议通过,2014 年 1 月 1 日起施行,国务院令 2013 年第 643 号)

第一章 总 则

第一条 为了防治畜禽养殖污染,推进畜禽养殖废弃物的综合利用和无害化处理,保护和改善环境,保障公众身体健康,促进畜牧业持续健康发展,制定本条例。

第二条 本条例适用于畜禽养殖场、养殖小区的养殖污染防治。

畜禽养殖场、养殖小区的规模标准根据畜牧业发展状况和畜禽养殖污染防治要求确定。

牧区放牧养殖污染防治,不适用本条例。

第五条 县级以上人民政府环境保护主管部门负责畜禽养殖污染防治的统一监督管理。

县级以上人民政府农牧主管部门负责畜禽养殖废弃物综合利用的指导和服务。

县级以上人民政府循环经济发展综合管理部门负责畜禽养殖循环经济工作的组织协调。

县级以上人民政府其他有关部门依照本条例规定和各自职责,负责畜禽养殖污染防治相关工作。

乡镇人民政府应当协助有关部门做好本行政区域的畜禽养殖污染防治工作。

第二章 预 防

第九条 县级以上人民政府农牧主管部门编制畜牧业发展规划,报本级人民政府或者其授权的部门批准实施。畜牧业发展规划应当统筹考虑环境承载能力以及畜禽养殖污染防治要求,合理布局,科学确定畜禽养殖的品种、规模、总量。

第十条 县级以上人民政府环境保护主管部门会同农牧主管部门编制畜禽养殖污染防治规划,报本级人民政府或者其授权的部门批准实施。畜禽养殖污染防治规划应当与畜牧业发展规划相衔接,统筹考虑畜禽养殖生产布局,明确畜禽养殖污染防治目标、任务、重点区域,明确污染治理重点设施建设,以及废弃物综合利用等污染防治措施。

第十一条 禁止在下列区域内建设畜禽养殖场、养殖小区:

(一)饮用水水源保护区,风景名胜区;

(二)自然保护区的核心区和缓冲区;

(三)城镇居民区、文化教育科学研究区等人口集中区域;

(四)法律、法规规定的其他禁止养殖区域。

第十二条 新建、改建、扩建畜禽养殖场、养殖小区,应当符合畜牧业发展规划、畜禽养殖污染防治规划,满足动物防疫条件,并进行环境影响评价。对环境可能造成重大影响的大型畜禽养殖场、养殖小区,应当编制环境影响报告书;其他畜禽养殖场、养殖小区应当填报环境影响登记表。大型畜禽养殖场、养殖小区的管理目录,由国务院环境保护主管部门商国务院农牧主管部门确定。

环境影响评价的重点应当包括:畜禽养殖产生的废弃物种类和数量,废弃物综合利用和无害化处理方案和措施,废弃物的消纳和处理情况以及向环境直接排放的情况,最终可能对水体、土壤等环境和人体健康产生的影响以及控制和减少影响的方案和措施等。

第十三条 畜禽养殖场、养殖小区应当根据养殖规模和污染防治需要,建设相应的畜禽粪便、污水与雨水分流设施,畜禽粪便、污水的贮存设施,粪污厌氧消化和堆沤、有机肥加工、制取沼气、沼渣沼液分离和输送、污水处理、畜禽尸体处理等综合利用和无害化处理设施。已经委托他人对畜禽养殖废弃物代为综合利用和无害化处理的,可以不自行建设综合利用和无害化处理设施。

未建设污染防治配套设施、自行建设的配套设施不合格,或者未委托他人对畜禽养殖废弃物进行综合利用和无害化处理的,畜禽养殖场、养殖小区不得投入生产或者使用。

畜禽养殖场、养殖小区自行建设污染防治配套设施的，应当确保其正常运行。

第三章 综合利用与治理

第十五条 国家鼓励和支持采取粪肥还田、制取沼气、制造有机肥等方法，对畜禽养殖废弃物进行综合利用。

第十六条 国家鼓励和支持采取种植和养殖相结合的方式消纳利用畜禽养殖废弃物，促进畜禽粪便、污水等废弃物就地就近利用。

第十八条 将畜禽粪便、污水、沼渣、沼液等用作肥料的，应当与土地的消纳能力相适应，并采取有效措施，消除可能引起传染病的微生物，防止污染环境和传播疫病。

第十九条 从事畜禽养殖活动和畜禽养殖废弃物处理活动，应当及时对畜禽粪便、畜禽尸体、污水等进行收集、贮存、清运，防止恶臭和畜禽养殖废弃物渗出、泄漏。

第二十条 向环境排放经过处理的畜禽养殖废弃物，应当符合国家和地方规定的污染物排放标准和总量控制指标。畜禽养殖废弃物未经处理，不得直接向环境排放。

第二十一条 染疫畜禽以及染疫畜禽排泄物、染疫畜禽产品、病死或者死因不明的畜禽尸体等病害畜禽养殖废弃物，应当按照有关法律、法规和国务院农牧主管部门的规定，进行深埋、化制、焚烧等无害化处理，不得随意处置。

第二十五条 因畜牧业发展规划、土地利用总体规划、城乡规划调整以及划定禁止养殖区域，或者因对污染严重的畜禽养殖密集区域进行综合整治，确需关闭或者搬迁现有畜禽养殖场所，致使畜禽养殖者遭受经济损失的，由县级以上地方人民政府依法予以补偿。

第四章 激励措施

第二十六条 县级以上人民政府应当采取示范奖励等措施，扶持规模化、标准化畜禽养殖，支持畜禽养殖场、养殖小区进行标准化改造和污染防治设施建设与改造，鼓励分散饲养向集约饲养方式转变。

第二十七条 县级以上地方人民政府在组织编制土地利用总体规划过程中，应当统筹安排，将规模化畜禽养殖用地纳入规划，落实养殖用地。

国家鼓励利用废弃地和荒山、荒沟、荒丘、荒滩等未利用地开展规模化、标准化畜禽养殖。

畜禽养殖用地按农用地管理，并按照国家有关规定确定生产设施用地和必要的污染防治等附属设施用地。

第二十八条 建设和改造畜禽养殖污染防治设施，可以按照国家规定申请包括污染治理贷款贴息补助在内的环境保护等相关资金支持。

第二十九条 进行畜禽养殖污染防治，从事利用畜禽养殖废弃物进行有机肥产品生产经营等畜禽养殖废弃物综合利用活动的，享受国家规定的相关税收优惠政策。

第三十条 利用畜禽养殖废弃物生产有机肥产品的，享受国家关于化肥运力安排等支持政策；购买使用有机肥产品的，享受不低于国家关于化肥的使用补贴等优惠政策。

畜禽养殖场、养殖小区的畜禽养殖污染防治设施运行用电执行农业用电价格。

第三十一条 国家鼓励和支持利用畜禽养殖废弃物进行沼气发电，自发自用、多余电量接入电网。电网企业应当依照法律和国家有关规定为沼气发电提供无歧视的电网接入服务，并全额收购其电网覆盖范围内符合并网技术标准的多余电量。

利用畜禽养殖废弃物进行沼气发电的，依法享受国家规定的上网电价优惠政策。利用畜禽养殖废弃物制取沼气或进而制取天然气的，依法享受新能源优惠政策。

第三十二条 地方各级人民政府可以根据本地区实际，对畜禽养殖场、养殖小区支出的建设项目环境影响咨询费用给予补助。

第三十三条 国家鼓励和支持对染疫畜禽、病死或者死因不明畜禽尸体进行集中无害化处理，并按照国家有关规定对处理费用、养殖损失给予适当补助。

第三十四条 畜禽养殖场、养殖小区排放污染物符合国家和地方规定的污染物排放标准和总量控制指标，自愿与环境保护主管部门签订进一步削减污染物排放量协议的，由县级人民政府按照国家有关规定给予奖励，并优先列入县级以上人民政府安排的环境保护和畜禽养殖发展相关财政资金扶持范围。

第三十五条 畜禽养殖户自愿建设综合利用和无害化处理设施、采取措施减少污染物排放的，可以依照本条例规定享受相关激励和扶持政策。

第五章 法律责任

第三十六条 各级人民政府环境保护主管部门、农牧主管部门以及其他有关部门未依照本条例规定履行职责的，对直接负责的主管人员和其他直接责任人员依法给予处分；直接负责的主管人员和其他直接责任人员构成犯罪的，依法追究刑事责任。

第三十七条 违反本条例规定，在禁止养殖区域内建设畜禽养殖场、养殖小区的，由县级以上地方人民政府环境保护主管部门责令停止违法行为；拒不停止违法行为的，处3万元以上10万元以下的罚款，并报县级以上人民政府责令拆除或者关闭。在饮用水水源保护区建设畜禽养殖场、养殖小区的，由县级以上地方人民政府环境保护主管部门责令停止违法行为，处10万元以上50万元以下的罚款，并报经有批准权的人民政府批准，责令拆除或者关闭。

第三十八条 违反本条例规定，畜禽养殖场、养殖小区依法应当进行环境影响评价而未进行的，由有权审批该项目环境影响评价文件的环境保护主管部门责令停止建设，限期补办手续；逾期不补办手续的，处5万元以上20万元以下的罚款。

第三十九条 违反本条例规定，未建设污染防治配套设施或者自行建设的配套设施不合格，也未委托他人对畜禽养殖废弃物进行综合利用和无害化处理，畜禽养殖场、养殖小区即投入生产、使用，或者建设的污染防治配套设施未正常运行的，由县级以上人民政府环境保护主管部门责令停止生产或者使用，可以处10万元以下的罚款。

第四十条 违反本条例规定，有下列行为之一的，由县级以上地方人民政府环境保护主管部门责令停止违法行为，限期采取治理措施消除污染，依照《中华人民共和国水污染防治法》、《中华人民共和国固体废物污染环境防治法》的有关规定予以处罚：

（一）将畜禽养殖废弃物用作肥料，超出土地消纳能力，造成环境污染的；

（二）从事畜禽养殖活动或者畜禽养殖废弃物处理活动，未采取有效措施，导致畜禽养殖废弃物渗出、泄漏的。

第四十一条 排放畜禽养殖废弃物不符合国家或者地方规定的污染物排放标准或者总量控制指标，或者未经无害化处理直接向环境排放畜禽养殖废弃物的，由县级以上地方人民政府环境保护主管部门责令限期治理，可以处5万元以下的罚款。县级以上地方人民政府环境保护主管部门作出限期治理决定后，应当会同同级人民政府农牧等有关部门对整改措施的落实情况及时进行核查，并向社会公布核查结果。

第四十二条 未按照规定对染疫畜禽和病害畜禽养殖废弃物进行无害化处理的，由动物卫生监督机构责令无害化处理，所需处理费用由违法行为人承担，可以处3000元以下的罚款。

第六章 附 则

第四十三条 畜禽养殖场、养殖小区的具体规模标准由省级人民政府确定，并报国务院环境保护主管部门和国务院农牧主管部门备案。

矿山地质环境保护规定(节选)

(2009年2月2日国土资源部第4次部务会议通过，自2009年5月1日起施行，国土资源部令2009年第44号)

第一章 总 则

第一条 为保护矿山地质环境，减少矿产资源勘查开采活动造成的矿山地质环境破坏，保护人民生命和财产安全，促进矿产资源的合理开发利用和经济社会、资源环境的协调发展,根据《中华人民共和国矿产资源法》和《地质灾害防治条例》,制定本规定。

第二条 因矿产资源勘查开采等活动造成矿区地面塌陷、地裂缝、崩塌、滑坡,含水层破坏,地形地貌景观破坏等的预防和治理恢复,适用本规定。

开采矿产资源涉及土地复垦的,依照国家有关土地复垦的法律法规执行。

第三条 矿山地质环境保护,坚持预防为主、防治结合,谁开发谁保护、谁破坏谁治理、谁投资谁受益的原则。

第四条 国土资源部负责全国矿山地质环境的保护工作。

县级以上地方国土资源行政主管部门负责本行政区的矿山地质环境保护工作。

第二章 规 划

第三章 治理恢复

第十二条 采矿权申请人申请办理采矿许可证时,应当编制矿山地质环境保护与治理恢复方案,报有批准权的国土资源行政主管部门批准。

矿山地质环境保护与治理恢复方案应当包括下列内容:

(一)矿山基本情况;

(二)矿山地质环境现状;

(三)矿山开采可能造成地质环境影响的分析评估(含地质灾害危险性评估);

(四)矿山地质环境保护与治理恢复措施;

(五)矿山地质环境监测方案;

(六)矿山地质环境保护与治理恢复工程经费概算;

(七)缴存矿山地质环境保护与治理恢复保证金承诺书。

依照前款规定已编制矿山地质环境保护与治理恢复方案的,不再单独进行地质灾害危险性评估。

第十五条 采矿权人扩大开采规模、变更矿区范围或者开采方式的,应当重新编制矿山地质环境保护与治理恢复方案,并报原批准机关批准。

第十六条 采矿权人应当严格执行经批准的矿山地质环境保护与治理恢复方案。

矿山地质环境保护与治理恢复工程的设计和施工,应当与矿产资源开采活动同步进行。

第十七条 开采矿产资源造成矿山地质环境破坏的,由采矿权人负责治理恢复,治理恢复费用列入生产成本。

矿山地质环境治理恢复责任人灭失的,由矿山所在地的市、县国土资源行政主管部门,使用经市、县人民政府批准设立的政府专项资金进行治理恢复。

国土资源部,省、自治区、直辖市国土资源行政主管部门依据矿山地质环境保护规划,按照矿山地质环境治理工程项目管理制度的要求,对市、县国土资源行政主管部门给予资金补助。

第十八条 采矿权人应当依照国家有关规定,缴存矿山地质环境治理恢复保证金。

矿山地质环境治理恢复保证金的缴存标准和缴存办法,按照省、自治区、直辖市的规定执行。矿山地质环境治理恢复保证金的缴存数额,不得低于矿山地质环境治理恢复所需费用。

矿山地质环境治理恢复保证金遵循企业所有、政府监管、专户储存、专款专用的原则。

第二十条 因矿区范围、矿种或者开采方式发生变更的,采矿权人应当按照变更后的标准缴存矿山地质环境治理恢复保证金。

第二十一条 矿山地质环境治理恢复后,对具有观赏价值、科学研究价值的矿业遗迹,国家鼓励开发为矿山公园。

国家矿山公园由省、自治区、直辖市国土资源行政主管部门组织申报,由国土资源部审定并公布。

第二十二条 国家矿山公园应当具备下列条件:

(一)国内独具特色的矿床成因类型且具有典型、稀有及科学价值的矿业遗迹;

(二)经过矿山地质环境治理恢复的废弃矿山或者部分矿段;

(三)自然环境优美、矿业文化历史悠久;

(四)区位优越,科普基础设施完善,具备

旅游潜在能力；

（五）土地权属清楚，矿山公园总体规划科学合理。

第二十三条 矿山关闭前，采矿权人应当完成矿山地质环境治理恢复义务。采矿权人在申请办理闭坑手续时，应当经国土资源行政主管部门验收合格，并提交验收合格文件，经审定后，返还矿山地质环境治理恢复保证金。

逾期不履行治理恢复义务或者治理恢复仍达不到要求的，国土资源行政主管部门使用该采矿权人缴存的矿山地质环境治理恢复保证金组织治理，治理资金不足部分由采矿权人承担。

第二十四条 采矿权转让的，矿山地质环境保护与治理恢复的义务同时转让。采矿权受让人应当依照本规定，履行矿山地质环境保护与治理恢复的义务。

第二十五条 以槽探、坑探方式勘查矿产资源，探矿权人在矿产资源勘查活动结束后未申请采矿权的，应当采取相应的治理恢复措施，对其勘查矿产资源遗留的钻孔、探井、探槽、巷道进行回填、封闭，对形成的危岩、危坡等进行治理恢复，消除安全隐患。

第四章 监督管理

第二十六条 县级以上国土资源行政主管部门对采矿权人履行矿山地质环境保护与治理恢复义务的情况进行监督检查。

相关责任人应当配合县级以上国土资源行政主管部门的监督检查，并提供必要的资料，如实反映情况。

第五章 法律责任

第三十条 违反本规定，应当编制矿山地质环境保护与治理恢复方案而未编制的，或者扩大开采规模、变更矿区范围或者开采方式，未重新编制矿山地质环境保护与治理恢复方案并经原审批机关批准的，由县级以上国土资源行政主管部门责令限期改正；逾期不改正的，处3万元以下的罚款，颁发采矿许可证的国土资源行政主管部门不得通过其采矿许可证年检。

第三十一条 违反本规定第十六条、第二十三条规定，未按照批准的矿山地质环境保护与治理恢复方案治理的，或者在矿山被批准关闭、闭坑前未完成治理恢复的，由县级以上国土资源行政主管部门责令限期改正；逾期拒不改正的，处3万元以下的罚款，5年内不受理其新的采矿权申请。

第三十二条 违反本规定第十八条规定，未按期缴存矿山地质环境治理恢复保证金的，由县级以上国土资源行政主管部门责令限期缴存；逾期不缴存的，处3万元以下的罚款。颁发采矿许可证的国土资源行政主管部门不得通过其采矿活动年度报告，不受理其采矿权延续变更申请。

第三十三条 违反本规定第二十五条规定，探矿权人未采取治理恢复措施的，由县级以上国土资源行政主管部门责令限期改正；逾期拒不改正的，处3万元以下的罚款，5年内不受理其新的探矿权、采矿权申请。

第三十四条 违反本规定，扰乱、阻碍矿山地质环境保护与治理恢复工作，侵占、损坏、损毁矿山地质环境监测设施或者矿山地质环境保护与治理恢复设施的，由县级以上国土资源行政主管部门责令停止违法行为，限期恢复原状或者采取补救措施，并处3万元以下的罚款；构成犯罪的，依法追究刑事责任。

防治尾矿污染环境管理规定（节选）

（国家环境保护总局令1992年第11号，1992年8月17日发布，1992年10月1日实施，2010年12月22日根据《关于废止、修改部分环保部门规章和规范性文件的决定》修正）

第一条 为保护环境，防治尾矿污染，根据《中华人民共和国环境保护法》及有关法律、法规制定本规定。

第二条 本规定中所称尾矿是指选矿和湿法治

炼过程中产生的废物。

第三条 本规定适用于中华人民共和国领域内企业所产生尾矿的污染防治及监督管理。氧化铝厂的赤泥和燃煤电厂水力清除的粉煤灰渣的污染防治也适用本规定。放射性尾矿、伴有放射性尾矿的非放射性尾矿的污染防治，依照国家有关放射性废物的防护规定执行。

第四条 县级以上人民政府环境保护行政主管部门对本辖区内的尾矿污染防治实施统一监督管理。

第十二条 在国务院、国务院有关主管部门和省、自治区、直辖市人民政府划定的风景名胜区、自然保护区和其他需要特殊保护的区域内不得建设产生尾矿的企业；已建的企业所排放的尾矿水必须符合国家或地方规定的污染排放标准。向上述区域内排放尾矿水超过国家或地方规定的污染物排放标准的，限期治理。

第十八条 对违反本规定，有下列行为之一的，由环境保护行政主管部门依法给予行政处罚：

（一）产生尾矿的企业未向当地人民政府环境保护行政主管部门申报登记的，依照《中华人民共和国固体废物污染环境防治法》第六十八条规定处以五千元以上五万元以下罚款，并限期补办排污申报登记手续；

（二）违反本规定第十条规定，逾期未建成或者完善尾矿设施，或者违反本规定第十二条规定，在风景名胜区、自然保护区和其他需要特殊保护的区域内建设产生尾矿的企业的，依照《中华人民共和国固体废物污染环境防治法》第六十八条规定责令停止违法行为，限期改正，处一万元以上十万元以下的罚款；造成严重污染的，依照《中华人民共和国固体废物污染环境防治法》第八十一条规定决定限期治理；逾期未完成治理任务的，由本级人民政府决定停业或者关闭。

（三）拒绝环境保护行政主管部门现场检查的，依照《中华人民共和国固体废物污染环境防治法》第七十条规定，责令限期改正；拒不改正或者在检查时弄虚作假的，处二千元以上二万元以下的罚款。

第十九条 本规定所称尾矿设施是指尾矿的贮存设施（尾矿库、赤泥库、灰渣库等）、浆体输送系统、澄清水回收系统、渗透水截流及回收系统、排洪工程、尾矿综合利用及其他污染防治设施。

清洁生产管理

清洁生产审核暂行办法（节选）

（国家发展和改革委员会、环境保护总局令 2004 年第 16 号，2004 年 8 月 16 日发布，2004 年 10 月 1 日实施）

第一章 总 则

第一条 为促进清洁生产，规范清洁生产审核行为，根据《中华人民共和国清洁生产促进法》，制定本办法。

第二条 本办法所称清洁生产审核，是指按照一定程序，对生产和服务过程进行调查和诊断，找出能耗高、物耗高、污染重的原因，提出减少有毒有害物料的使用、产生，降低能耗、物耗以及废物产生的方案，进而选定技术经济及环境可行的清洁生产方案的过程。

第四条 国家发展和改革委员会会同国家环境保护总局负责管理全国的清洁生产审核工作。各省、自治区、直辖市、计划单列市及新疆生产建设兵团发展改革（经济贸易）行政主管部门会同环境保护行政主管部门，根据本地区实际情况，组织开展清洁生产审核。

第二章 清洁生产审核范围

第八条 有下列情况之一的，应当实施强制性清洁生产审核：

（一）污染物排放超过国家和地方排放标

准,或者污染物排放总量超过地方人民政府核定的排放总量控制指标的污染严重企业;

(二)使用有毒有害原料进行生产或者在生产中排放有毒有害物质的企业。

有毒有害原料或者物质主要指《危险货物品名表》(GB12268)、《危险化学品名录》、《国家危险废物名录》和《剧毒化学品目录》中的剧毒、强腐蚀性、强刺激性、放射性(不包括核电设施和军工核设施)、致癌、致畸等物质。

第九条 第八条第一项规定实施强制性清洁生产审核的企业名单,由所在地环境保护行政主管部门按照管理权限提出初选名单,逐级报省、自治区、直辖市、计划单列市及新疆生产建设兵团环境保护行政主管部门核定后确定,每年发布一批,书面通知企业,并抄送同级发展改革(经济贸易)行政主管部门;同时,将名单在当地主要媒体上公布。

第八条第二项规定实施强制性清洁生产审核的企业名单,由各省、自治区、直辖市、计划单列市及新疆生产建设兵团环境保护行政主管部门会同发展改革(经济贸易)行政主管部门,结合本地开展清洁生产审核工作的实际情况,在分析企业有毒有害原料使用量或者有毒有害物质排放量,以及可能造成环境影响严重程度的基础上,分期分批确定,书面通知企业,并在当地主要媒体上公布。

第三章 清洁生产审核的实施

第十条 第八条第一项规定实施强制性清洁生产审核的企业,应当在名单公布后一个月内,在所在地主要媒体上公布主要污染物排放情况。公布的主要内容应当包括:企业名称、法人代表、企业所在地址、排放污染物名称、排放方式、排放浓度和总量、超标、超总量情况。省级以下环境保护行政主管部门按照管理权限对企业公布的主要污染物排放情况进行核查。

第十一条 列入实施强制性清洁生产审核名单的企业应当在名单公布后二个月内开展清洁生产审核。

第八条第二项规定实施强制性清洁生产审核的企业,两次审核的间隔时间不得超过五年。

第十三条 清洁生产审核程序原则上包括审核准备,预审核,审核,实施方案的产生、筛选和确定,编写清洁生产审核报告等。

第四章 清洁生产审核的组织和管理

第十四条 清洁生产审核以企业自行组织开展为主。不具备独立开展清洁生产审核能力的企业,可以委托行业协会、清洁生产中心、工程咨询单位等咨询服务机构协助开展清洁生产审核。

第十五条 协助企业组织开展清洁生产审核工作的咨询服务机构,应当具备下列条件:

(一)具有独立的法人资格;

(二)拥有熟悉相关行业生产工艺、技术和污染防治管理,了解清洁生产知识,掌握清洁生产审核程序的技术人员;

(三)具备为企业清洁生产审核提供公平、公正、高效率服务的制度措施。

第十六条 列入实施强制性清洁生产审核名单的企业,应当在名单公布之日起一年内,将清洁生产审核报告报当地环境保护行政主管部门和发展改革(经济贸易)行政主管部门。中央直属企业应当将清洁生产审核报告报送当地环境保护和发展改革(经济贸易)行政主管部门,同时抄报国家环境保护总局和国家发展和改革委员会。

第二十条 国家发展和改革委员会会同国家环境保护总局建立国家级清洁生产专家库,发布重点行业清洁生产导向目录和行业清洁生产审核指南,组织开展清洁生产培训,为企业开展清洁生产审核提供信息和技术支持。

地方各级发展改革(经济贸易)行政主管部门会同环境保护行政主管部门可以根据本地实际情况,组织开展清洁生产审核培训,建立地方清洁生产专家库。

第五章 奖励和处罚

第二十一条 对自愿实施清洁生产审核,以及清洁生产方案实施后成效显著的企业,由省级以上发展改革(经济贸易)和环境保护行政主管部门对其进行表彰,并在当地主要媒体上公布。

第二十二条　各级发展改革（经济贸易）行政主管部门在制定和实施国家重点投资计划和地方投资计划时，应当将企业清洁生产实施方案中的节能、节水、综合利用，提高资源利用率，预防污染等清洁生产项目列为重点领域，加大投资支持力度。

第二十三条　排污收费可以用于支持企业实施清洁生产。对符合《排污费征收使用管理条例》规定的清洁生产项目，各级财政部门、环保部门在排污费使用上优先给予安排。

第二十四条　中小企业发展基金应当根据需要安排适当数额用于支持中小企业实施清洁生产。

第二十五条　企业开展清洁生产审核的费用，允许列入企业经营成本或者相关费用科目。

第二十七条　对违反第十条规定的企业，按《中华人民共和国清洁生产促进法》第四十一条规定处罚；对第八条第二项规定的企业，违反第十六条规定的，按照《中华人民共和国清洁生产促进法》第四十条规定处罚。

第二十八条　企业委托的咨询服务机构不按照规定内容、程序进行清洁生产审核，弄虚作假、提供虚假审核报告的，由省、自治区、直辖市、计划单列市及新疆生产建设兵团发展改革（经济贸易）部门会同环境保护行政主管部门责令其改正，并公布其名单。造成严重后果的，将追究其法律责任。

清洁发展机制项目运行管理办法

（国家发展和改革委员会、科学技术部、外交部、财政部令2011年第11号）

为进一步推进清洁发展机制项目在中国的有序开展，促进清洁发展机制市场的健康发展，我们对《清洁发展机制项目运行管理办法》进行了修订。现予发布，自发布之日起施行。2005年10月12日施行的《清洁发展机制项目运行管理办法》同时废止。

国家发展改革委主任：张平
科技部部长：万钢
外交部部长：杨洁篪
财政部部长：谢旭人
二〇一一年八月三日

清洁发展机制项目运行管理办法

第一章　总　　则

第一条　为促进和规范清洁发展机制项目的有效有序运行，履行《联合国气候变化框架公约》（以下简称《公约》）、《京都议定书》（以下简称《议定书》）以及缔约方会议的有关决定，根据《中华人民共和国行政许可法》等有关规定，制定本办法。

第二条　清洁发展机制是发达国家缔约方为实现其温室气体减排义务与发展中国家缔约方进行项目合作的机制，通过项目合作，促进《公约》最终目标的实现，并协助发展中国家缔约方实现可持续发展，协助发达国家缔约方实现其量化限制和减少温室气体排放的承诺。

第三条　在中国开展清洁发展机制项目应符合中国的法律法规，符合《公约》、《议定书》及缔约方会议的有关决定，符合中国可持续发展战略、政策，以及国民经济和社会发展的总体要求。

第四条　清洁发展机制项目合作应促进环境友好技术转让，在中国开展合作的重点领域为节约能源和提高能源效率、开发利用新能源和可再生能源、回收利用甲烷。

第五条　清洁发展机制项目的实施应保证透明、高效，明确各项目参与方的责任与义务。

第六条　在开展清洁发展机制项目合作过程中，中国政府和企业不承担《公约》和《议定书》规定之外的任何义务。

第七条　清洁发展机制项目国外合作方用于购买清洁发展机制项目减排量的资金，应额外于现有的官方发展援助资金和其在《公约》下承担的资金义务。

第二章 管理体制

第八条 国家设立清洁发展机制项目审核理事会(以下简称项目审核理事会)。项目审核理事会组长单位为国家发展改革委和科学技术部,副组长单位为外交部,成员单位为财政部、环境保护部、农业部和中国气象局。

第九条 国家发展改革委是中国清洁发展机制项目合作的主管机构,在中国开展清洁发展机制合作项目须经国家发展改革委批准。

第十条 中国境内的中资、中资控股企业作为项目实施机构,可以依法对外开展清洁发展机制项目合作。

第十一条 项目审核理事会主要履行以下职责:

(一)对申报的清洁发展机制项目进行审核,提出审核意见;

(二)向国家应对气候变化领导小组报告清洁发展机制项目执行情况和实施过程中的问题及建议,提出涉及国家清洁发展机制项目运行规则的建议。

第十二条 国家发展改革委主要履行以下职责:

(一)组织受理清洁发展机制项目的申请;

(二)依据项目审核理事会的审核意见,会同科学技术部和外交部批准清洁发展机制项目;

(三)出具清洁发展机制项目批准函;

(四)组织对清洁发展机制项目实施监督管理;

(五)处理其他相关事务。

第十三条 项目实施机构主要履行以下义务:

(一)承担清洁发展机制项目减排量交易的对外谈判,并签订购买协议;

(二)负责清洁发展机制项目的工程建设;

(三)按照《公约》、《议定书》和有关缔约方会议的决定,以及与国外合作方签订购买协议的要求,实施清洁发展机制项目,履行相关义务,并接受国家发展改革委及项目所在地发展改革委的监督;

(四)按照国际规则接受对项目合格性和项目减排量的核实,提供必要的资料和监测记录。在接受核实和提供信息过程中依法保护国家秘密和商业秘密;

(五)向国家发展改革委报告清洁发展机制项目温室气体减排量的转让情况;

(六)协助国家发展改革委及项目所在地发展改革委就有关问题开展调查,并接受质询;

(七)企业资质发生变更后主动申报;

(八)根据本办法第三十六条规定的比例,按时足额缴纳减排量转让交易额;

(九)承担依法应由其履行的其他义务。

第三章 申请和实施程序

第十四条 附件所列中央企业直接向国家发展改革委提出清洁发展机制合作项目的申请,其余项目实施机构向项目所在地省级发展改革委提出清洁发展机制项目申请。有关部门和地方政府可以组织企业提出清洁发展机制项目申请。国家发展改革委可根据实际需要适时对附件所列中央企业名单进行调整。

第十五条 项目实施机构向国家发展改革委或项目所在地省级发展改革委提出清洁发展机制项目申请时必须提交以下材料:

(一)清洁发展机制项目申请表;

(二)企业资质状况证明文件复印件;

(三)工程项目可行性研究报告批复(或核准文件,或备案证明)复印件;

(四)环境影响评价报告(或登记表)批复复印件;

(五)项目设计文件;

(六)工程项目概况和筹资情况说明;

(七)国家发展改革委认为有必要提供的其他材料。

第十六条 如果项目在申报时尚未确定国外买方,项目实施机构在填报项目申请表时必须注明该清洁发展机制合作项目为单边项目。获国家批准后,项目产生的减排量将转入中国国家账户,经国家发展改革委批准后方可将这些减排量从中国国家账户中转出。

第十七条 国家发展改革委在接到附件所列中央企业申请后,对申请材料不齐全或不符合法定形式的申请,应当场或在五日内一次告知申请人需要补正的全部内容。

第十八条 项目所在地省级发展改革委在受理除附件所列中央企业外的项目实施机构申请

后二十个工作日内,将全部项目申请材料及初审意见报送国家发展改革委,且不得以任何理由对项目实施机构的申请作出否定决定。对申请材料不齐全或不符合法定形式的申请,项目所在地省级发展改革委应当场或在五日内一次告知申请人需要补正的全部内容。

第十九条 国家发展改革委在受理本办法附件所列中央企业提交的项目申请,或项目所在地省级发展改革委转报的项目申请后,组织专家对申请项目进行评审,评审时间不超过三十日。项目经专家评审后,由国家发展改革委提交项目审核理事会审核。

第二十条 项目审核理事会召开会议对国家发展改革委提交的项目进行审核,提出审核意见。项目审核理事会审核的内容主要包括:

(一)项目参与方的参与资格;

(二)本办法第十五条规定提交的相关批复;

(三)方法学应用;

(四)温室气体减排量计算;

(五)可转让温室气体减排量的价格;

(六)减排量购买资金的额外性;

(七)技术转让情况;

(八)预计减排量的转让期限;

(九)监测计划;

(十)预计促进可持续发展的效果。

第二十一条 国家发展改革委根据项目审核理事会的意见,会同科学技术部和外交部作出是否出具批准函的决定。对项目审核理事会审核同意批准的项目,从项目受理之日起二十个工作日内(不含专家评审的时间)办理批准手续;对项目审核理事会审核同意批准,但需要修改完善的项目,在接到项目实施机构提交的修改完善材料后会同科学技术部和外交部办理批准手续;对项目审核理事会审核不同意批准的项目,不予办理批准手续。

第二十二条 项目经国家发展改革委批准后,由经营实体提交清洁发展机制执行理事会申请注册。

第二十三条 国家发展改革委负责对清洁发展机制项目的实施进行监督。项目实施机构在清洁发展机制项目成功注册后十个工作日内向国家发展改革委报告注册状况,在项目每次减排量签发和转让后十个工作日内向国家发展改革委报告签发和转让有关情况。

第二十四条 工程建设项目的审批程序和审批权限,按国家有关规定办理。

第四章 法律责任

第二十五条 本办法涉及的行政机关及其工作人员,在清洁发展机制项目申请过程中,对符合法定条件的项目申请不予受理,或当项目实施机构提交的申请材料不齐全、不符合法定形式时,不一次告知项目实施机构必须补正的全部内容的,由其上级行政机关或者监察机关责令改正;情节严重的,对直接负责的主管人员和其他直接责任人员依法给予行政处分。

第二十六条 本办法涉及的行政机关及其工作人员,在接收、受理、审批项目申请,以及对项目实施监督检查过程中,索取或者收受他人财物或者谋取其他利益,构成犯罪的,依法追究刑事责任;尚不构成犯罪的,依法给予行政处分。

第二十七条 本办法涉及的行政机关及其工作人员,对不符合法定条件的项目申请予以批准,或者超越法定职权作出批准决定的,由其上级行政机关或者监察机关责令改正,对直接负责的主管人员和其他直接责任人员依法给予行政处分;构成犯罪的,依法追究刑事责任。

第二十八条 项目实施机构在清洁发展机制项目申请及实施过程中,如隐瞒有关情况或者提供虚假材料的,国家发展改革委可不予受理或者不予行政许可,并给予警告。

第二十九条 项目实施机构以欺骗、贿赂等不正当手段取得批准函的,国家发展改革委依法处以与项目减排量转让收入相当的罚款,罚款收入按照《行政处罚法》等有关规定,就地上缴中央国库。构成犯罪的,依法追究刑事责任。

第三十条 项目实施机构在取得国家发展改革委出具的批准函后,企业股权变更为外资或外资控股的,自动丧失清洁发展机制项目实施资格,股权变更后取得的项目减排量转让收入归国家所有。

第三十一条 项目实施机构在减排量交易完成后,未按照相关规定向国家按时足额缴纳减排量交易额分成的,国家发展改革委依法对项目实施机构给予行政处罚。

第三十二条 项目实施机构伪造、涂改批准函,或在接受监督检查时隐瞒有关情况、提供虚假材料或拒绝提供相关材料的,国家发展改革委依法给予行政处罚;构成犯罪的,依法追究刑事责任。

第五章 附 则

第三十三条 本办法中的发达国家缔约方是指《公约》附件一中所列的国家。

第三十四条 本办法中的清洁发展机制执行理事会是指《议定书》下为实施清洁发展机制项目而专门设置的管理机构。

第三十五条 本办法中的经营实体是指由清洁发展机制执行理事会指定的审定和核证机构。

第三十六条 清洁发展机制项目因转让温室气体减排量所获得的收益归国家和项目实施机构所有,其他机构和个人不得参与减排量转让交易额的分成。国家与项目实施机构减排量转让交易额分配比例如下:

(一)氢氟碳化物(HFC)类项目,国家收取温室气体减排量转让交易额的65%;

(二)己二酸生产中的氧化亚氮(N_2O)项目,国家收取温室气体减排量转让交易额的30%;

(三)硝酸等生产中的氧化亚氮(N_2O)项目,国家收取温室气体减排量转让交易额的10%;

(四)全氟碳化物(PFC)类项目,国家收取温室气体减排量转让交易额的5%;

(五)其它类型项目,国家收取温室气体减排量转让交易额的2%。

国家从清洁发展机制项目减排量转让交易额收取的资金,用于支持与应对气候变化相关的活动,由中国清洁发展机制基金管理中心根据《中国清洁发展机制基金管理办法》收取。

第三十七条 国家发展改革委已批准项目2012年后产生的减排量,须经国家发展改革委同意后才可转让,项目实施按照本办法管理。

第三十八条 本办法由国家发展改革委商科学技术部、外交部、财政部解释。

第三十九条 本办法自发布之日起施行。2005年10月12日起实施的《清洁发展机制项目运行管理办法》即行废止。

附:

可直接向国家发展改革委提交清洁发展机制项目申请的中央企业名单

1. 中国核工业集团公司
2. 中国核工业建设集团公司
3. 中国化工集团公司
4. 中国化学工程集团公司
5. 中国轻工集团公司
6. 中国盐业总公司
7. 中国中材集团公司
8. 中国建筑材料集团公司
9. 中国电子科技集团公司
10. 中国有色矿业集团有限公司
11. 中国石油天然气集团公司
12. 中国石油化工集团公司
13. 中国海洋石油总公司
14. 国家电网公司
15. 中国华能集团公司
16. 中国大唐集团公司
17. 中国华电集团公司
18. 中国国电集团公司
19. 中国电力投资集团公司
20. 中国铁路工程总公司
21. 中国铁道建筑总公司
22. 神华集团有限责任公司
23. 中国交通建设集团有限公司
24. 中国农业发展集团总公司
25. 中国林业集团公司
26. 中国铝业公司
27. 中国航空集团公司
28. 中国中化集团公司
29. 中粮集团有限公司
30. 中国五矿集团公司
31. 中国建筑工程总公司
32. 中国水利水电建设集团公司

33. 国家核电技术有限公司
34. 中国节能投资公司
35. 中国中煤能源集团公司
36. 中国煤炭科工集团有限公司
37. 中国机械工业集团有限公司
38. 中国中钢集团公司
39. 中国冶金科工集团有限公司
40. 中国钢研科技集团公司
41. 中国广东核电集团

二、典型地方自由裁量权规定/地方特色环境行政法规、规章

上海市环境保护行政处罚裁量基准规定

（沪环保法〔2014〕166号）

第一条 （目的和意义）

为推进依法行政，规范行政处罚裁量权的行使，根据《中华人民共和国行政处罚法》、《环境保护行政处罚办法》以及有关法律、法规和规章的规定，结合本市实际情况，制定本规定。

第二条 （适用范围）

本规定适用于本市环境保护行政处罚裁量。

第三条 （裁量方式）

本规定所称的行政处罚裁量基准采用百分比模式，即根据违法行为设定若干裁量因素，按照不同的情节和危害程度确定各项裁量因素的百分值。裁量因素的设置主要考虑以下内容：

（一）违法行为所造成的环境污染、生态破坏程度及社会影响；

（二）当事人的过错程度；

（三）违法行为的具体方式或者手段；

（四）违法行为危害的具体对象；

（五）当事人是初犯还是再犯；

（六）当事人改正违法行为的态度、所采取的改正措施及效果。环保行政罚款幅度裁量表分为两种：

（一）专项罚款幅度裁量表：对十七种特定环境违法行为设定了专门的罚款幅度裁量表（见附件中裁量表1－17）；

（二）通用罚款幅度裁量表：对除十七种特定环境违法行为以外的其他违法行为，设定的通用的罚款幅度裁量表（见附件中裁量表18）。

第四条 （罚款金额的计算）

环保部门裁定处罚金额时，首先确定裁量表中各项要素的百分值，再进行累加，然后乘以违法行为最高法定罚款上限，最后得出具体的罚款金额（罚款金额＝百分值之和×最高法定罚款上限）。罚款金额按“千”取整。

第五条 （从重处罚的情形）

当事人有下列情形之一的，应当从重处罚：

（一）违法情节恶劣，造成严重环境影响的；

（二）经责令改正继续实施违法行为的；

（三）隐匿、销毁违法证据的；

（四）多次实施违法行为的；

（五）对举报人、证人打击报复的；

（六）妨碍执法人员查处违法行为的。

对符合从重处罚条件的案件，经行政执法单位负责人批准后，可以在裁量表裁定的基础上增加一定的百分值，但增加的百分值一般不超过法定罚款上限的20%。且从重处罚后处罚的金额应以最高的法定罚款金额为限。违法行为情节特别恶劣或后果严重的，经集体审议，可以直接按照该违法行为法定最高处罚额度予以处罚。

第六条 （从轻处罚的情形）

下列行为可以从轻处罚：

（一）环境违法行为轻微的；

（二）主动改正或者及时终止环境违法行为，没有产生环境后果的；

（三）主动消除或者减轻环境危害后果且积极配合环保部门查处环境违法行为的。

对符合从轻处罚条件的案件，经行政执法单位负责人批准后，可以在裁量表裁定的基础上减少一定百分值，但一般不超过法定罚款上

限的20%,且从轻处罚后的罚款金额以最低的法定罚款金额为限。

第七条 (裁量表使用要求)

执法人员在完成案件的调查取证后,应当根据裁量表提出行政处罚的建议,并经行政执法单位负责人批准后确定罚款金额。重大案件应当经集体审议后确定罚款金额。

对不予行政处罚、从轻行政处罚、加重行政处罚的,应当在案卷中附具理由。

同类违法行为的情节相同或者相似、社会危害程度相当的,行政处罚种类和幅度应当相当。

第八条 (其它)

一个违法行为同时违反两个以上环境法律、法规或者规章条款,可以适用处罚较重的条款。

一个单位的多个环境违法行为,各自构成独立违法行为的,应当对每个违法行为分别依法给予相应处罚。

第九条 (施行日期)

本规定自2014年4月16日起施行,有效期5年。

附件:

行政处罚罚款裁量幅度表

一、对常见环境保护违法行为罚款幅度的裁定

表1 擅自投入建设,逾期未补办环境影响评价文件的罚款幅度裁定

序号	裁量要素			判定标准	
	要素	具体条件	构成比例	程度	百分值
1	对环境的影响程度	根据建设项目的性质、工艺,所在地点,原料使用、排放污染物的数量、种类,确定环境影响评价的形式	40%	应当编制"环评报告书"的	40%
				应当编制"环评报告表"的	20%
				应当填写"环评登记表"的	10%
2	对社会影响程度	是否对周边居民、单位等造成的不良影响	20%	大	20%
				中	15%
				小	10%
				无	0
3	整改情况	是否及时进行整改	30%	未停止建设	30%
				已停止建设	15%
4	配合调查取证的情况	是否配合执法,如实反映情况	10%	不配合调查	10%
				配合调查	5%

注:1.本表适用于建设单位未报批环评文件、擅自投入建设,经责令补办后,未在环保部门规定的期限内补办环境影响评价文件的行为。

2.社会影响程度:主要包括:①对附近居民、单位造成的危害以及由此引发的信访、集访等情况;②在社会产生的影响,如媒体曝光、公众反响等。

表2 未经批准，主体工程擅自带负荷运行的罚款幅度裁定

序号	裁量要素			判定标准	
	要素	具体条件	构成比例	程度	百分值
1	对环境的影响程度	根据建设项目的性质、工艺，所在地点，原料使用、排放污染物的数量、种类，确定环境影响评价的形式	40%	应当编制“环评报告书”的	40%
				应当编制“环评报告表”的	20%
				应当填写“环评登记表”的	10%
2	累计违法生产或者使用时间	建设单位超期试生产或者试使用的时间	30%	6个月以上	30%
				3－6个月	20%
				3个月以内	10%
3	对社会影响程度	是否对周边居民、单位等造成的不良影响	20%	大	20%
				中	15%
				小	10%
				无	0
4	配合调查取证的情况	是否配合执法，如实反映情况	10%	不配合调查	10%
				配合调查	5%

注：1.本表适用于建设单位未经批准，擅自投入试生产的行为。

2.社会影响程度：主要包括：①对附近居民、单位造成的危害以及由此引发的信访、集访等情况；②在社会产生的影响，如媒体曝光、公众反响等。

表3 对未配备环保设施，擅自投入生产或者使用行为的罚款幅度裁定

序号	裁量要素			判定标准	
	要素	具体条件	构成比例	程度	百分值
1	对环境的影响程度	根据建设项目的性质、工艺，所在地点，原料使用、排放污染物的数量、种类，确定环境影响评价的形式	30%	应当编制“环评报告书”的	30%
				应当编制“环评报告表”的	20%
				应当填写“环评登记表”的	10%
		是否配备环保设施	20%	无环保设备	20%
				仅有简陋的环保设备	15%
2	对社会影响程度	是否对周边居民、单位等造成的不良影响	20%	大	20%
				中	15%
				小	10%
				无	0
3	累计违法生产或者使用时间	建设单位擅自投入生产或者使用的时间	20%	2年以上	20%
				1－2年	15%
				1年以内	10%
4	配合调查取证的情况	是否配合执法，如实反映情况	10%	不配合调查	10%
				配合调查	5%

注：1.本表适用于建设项目未配备环保设施，擅自投入生产使用的行为。

2. 社会影响程度：主要包括：①对附近居民、单位造成的危害以及由此引发的信访、集访等情况；②在社会产生的影响，如媒体曝光、公众反响等。

表4 对未申请验收或经验收未通过，擅自投入生产或者使用行为的罚款幅度裁定

序号	裁量要素			判定标准	
	要素	具体条件	构成比例	程度	百分值
1	对环境的影响程度	根据建设项目的性质、工艺，所在地点	40%	应当编制“环评报告书”的	40%
				应当编制“环评报告表”的	20%
		原料使用、排放污染物的数量、种类，确定环境影响评价的形式		应当填写“环评登记表”的	10%
2	对社会影响程度	是否对周边居民、单位等造成的不良影响	20%	大	20%
				中	15%
				小	10%
				无	0
3	累计违法生产或者使用时间	建设单位擅自投入生产或者使用的时间	30%	2年以上	30%
				1－2年	20%
				1年以内	10%
4	配合调查取证的情况	是否配合执法，如实反映情况	10%	不配合调查	10%
				配合调查	5%

注：1. 本表适用于列入“建设项目分类目录”的建设项目，虽已配备了一定的环保设施，但是，在投入生产或者使用前，未向环保部门申请竣工验收或经验收未通过的行为。

2. 社会影响程度：主要包括：①对附近居民、单位造成的危害以及由此引发的信访、集访等情况；②在社会产生的影响，如媒体曝光、公众反响等。

表5 对废水超标排放行为的罚款幅度裁定

序号	裁量要素			判定标准	
	要素	具体条件	构成比例	程度	百分值
1	对环境的影响程度	污染物浓度超标排放情况（最严重的污染因子）	25%	污染物超标≥300%	25%
				100%≤污染物超标＜300%	20%
				30%≤污染物超标＜100%	15%
				污染物超标＜30%	5%
		污水排放量	20%	排水量≥300吨/天	20%
				100吨/天≤排水量＜300吨/天	10%
				排水量＜100吨/天	5%
		污染因子超标项目数	15%	超标3项或者3项以上	15%
				超标2项	10%
				超标1项	5%

续表

序号	裁量要素			判定标准	
	要素	具体条件	构成比例	程度	百分值
2	对社会影响程度	是否对周边居民、单位等造成的不良影响	20%	大	20%
				中	15%
				小	10%
				无	0
3	违法次数	3年内被处罚的次数	10%	1次及以上	10%
				无	5%
4	配合调查取证的情况	是否配合执法检查	10%	不配合调查	10%
				配合调查	5%

注:1. 本表适用于《中华人民共和国水污染防治法》相关规定的处罚。本表裁量的计算方法为:罚款金额 = 排污费×5×百分值,但罚款金额不能低于排污费数额的二倍。

2. 本表适用于直接向环境排放水污染物或者城市污水集中处理设施排放一类污染物超标的行为。

3. 按本行为处罚同时依法责令限期治理。

4. 社会影响程度:主要包括:①对附近居民、单位造成的危害以及由此引发的信访、集访等情况;②在社会产生的影响,如媒体曝光、公众反响等。

5. 违法次数,是指违法行为人在3年内受到处罚的总数。

6. ①当10≤pH<10.5,或4.5<pH≤5,适用二类污染因子超标30% -1倍的裁定范围;②当10.5≤pH<11,或4<pH≤4.5,适用二类污染因子超标1-2倍的裁定范围;③当11≤pH,或pH≤4,适用二类污染因子超标2-3倍的裁定范围;④当11.5≤pH,或pH≤3.5,可视作污染因子超标3倍以上。

表6 对废水超标排放严重污染环境行为的罚款幅度裁定

序号	裁量要素			判定标准	
	要素	具体条件	构成比例	程度	百分值
1	对环境的影响程度	污染物浓度超标排放情况(最严重的污染因子)	25%	一类污染物超标≥200%或者二类污染物超标≥300%	25%
				100%≤一类污染物超标<200%或者200%≤二类污染物超标<300%	15%
				30%≤一类污染物超标<100%或者30%≤二类污染物超标<200%	10%
		污水排放量	20%	排水量≥300吨/天	20%
				100吨/天≤排水量<300吨/天	10%
				排水量<100吨/天	5%
		污染因子超标项目数	15%	超标3项或者3项以上	15%
				超标2项	10%
				超标1项	5%

续表

序号	裁量要素			判定标准	
	要素	具体条件	构成比例	程度	百分值
2	对社会影响程度	是否对周边居民、单位等造成的不良影响	20%	大	20%
				中	15%
				小	10%
				无	0
3	违法次数	3年内受到处罚的次数	10%	1次及以上	10%
				无	5%
4	配合调查取证的情况	是否配合执法检查	10%	不配合调查	10%
				配合调查	5%

注:1. 本表适用于《上海市环境保护条例》相关规定的处罚。

2. 本表适用于直接向环境排放水污染物或者城市污水集中处理设施排放一类污染物超标且严重污染水环境的行为。

3. “严重污染水环境”,指污染物超标30%以上的。

4. 社会影响程度:主要包括:①对附近居民、单位造成的危害以及由此引发的信访、集访等情况;②在社会产生的影响,如媒体曝光、公众反响等。

5. 违法次数,是指违法行为人在3年内受到处罚的总数。

6. ①当10≤pH<10.5,或4.5<pH≤5,适用二类污染因子超标30% -1倍的裁定范围;②当10.5≤pH<11,或4<pH≤4.5,适用二类污染因子超标1-2倍的裁定范围;③当11≤pH,或pH≤4,适用二类污染因子超标2-3倍的裁定范围;④当11.5≤pH,或pH≤3.5,可视作污染因子超标3倍以上。

表7 对废气超标排放行为的罚款幅度裁定

序号	裁量要素			判定标准	
	要素	具体条件	构成比例	程度	百分值
1	对环境的影响程度	污染物浓度超标排放情况(超标最严重的污染因子)	40%	大气污染物超标3倍以上	40%
				大气污染物超标1-3倍	30%
				大气污染物超标1倍以下	20%
		超标因子数	20%	超标3项或者3项以上	20%
				超标2项	15%
				超标1项	5%
2	对社会影响程度	是否对周边居民、单位等造成的不良影响	20%	大	20%
				中	15%
				小	10%
				无	0
3	违法次数	3年内受到处罚的次数	10%	1次及以上	10%
				无	5%
4	配合调查取证的情况	是否配合执法检查,是否有逃避环保部门监管情形	10%	不配合调查	10%
				配合调查	5%

注:1. 按本行为处罚应当同时依法责令限期治理。

2. 不同排放口的同一个因子算一个因子。

3. 社会影响程度:主要包括:①对附近居民、单位造成的危害以及由此引发的信访、集访等情况;②在社会产生的影响,如媒体曝光、公众反响等。

4. 违法次数,是指违法行为人在3年内受到处罚的总数。

表8 闲置、拆除或者不正常使用污染物处理设施行为的罚款幅度裁定

序号	要素	构成比例	程度	百分值
1	对环境的影响程度	40%	大	40%
			中	20%
			小	10%
2	过错责任	20%	故意	20%
			过失	10%
3	违法次数	20%	2次及以上	20%
			1次	10%
			无	5%
4	配合调查取证的情况	20%	不配合调查	20%
			配合调查	5%

注:1. 本表主要适用于废气、水等污染防治设施不正常使用的情形。

2. 在线监测设备也视同污染物处理设施。

3. 环境影响程度:包括对环境污染和生态破坏的情况。可考虑:污染物排放的浓度、数量、种类、毒性以及是否位于环境敏感区等因素。

4. 违法次数,是指违法行为人在3年内受到处罚的总数。

表9 商业经营活动噪声超标的罚款幅度裁定

序号	要素	构成比例	程度	百分值
1	对环境的影响程度	50%	超标幅度在9分贝以上	50%
			超标幅度在6-9分贝	40%
			超标幅度在3-6分贝	30%
			超标幅度在3分贝以下	20%
2	对社会影响程度	20%	大	20%
			中	15%
			小	10%
			无	0
3	违法次数	20%	2次以上	20%
			1次	10%
			无	5%
4	配合调查取证的情况	10%	不配合调查	10%
			配合调查	5%

注:1. 社会影响程度:主要包括:①对附近居民、单位造成的危害以及由此引发的信访、集访等情况;②在社会

产生的影响，如媒体曝光、公众反响等。

2. 违法次数，是指违法行为人在3年内受到处罚的总数。

表10　发生环境污染事故的罚款幅度裁定

序号	要素	构成比例	程度	百分值
1	事故后果	40%	大	40%
			中	30%
			小	20%
2	对社会影响程度	20%	大	20%
			中	15%
			小	10%
			无	0
3	过错责任	20%	故意	20%
			过失	10%
4	采取的补救措施	20%	未采取措施	20%
			措施已制定，未有效实施	10%
			已采取有效措施	5%

注：1. 本表适用于环境污染事故损失难以确定的情形。

2. 社会影响程度：主要包括：①对附近居民、单位造成的危害以及由此引发的信访、集访等情况；②在社会产生的影响，如媒体曝光、公众反响等。

表11　将危险废物提供（委托）给无证单位处置行为的罚款幅度裁定

序号	裁量要素			判定标准	
	要素	具体条件	构成比例	程度	百分值
1	涉案危险废物的总量	提供（委托）给无证单位的危险废物总量	40%	10吨以上	40%
				3－10吨	30%
				3吨以下	20%
2	是否造成环境污染	将危险废物提供（委托）给无证单位过程中是否造成污染	40%	造成较重的环境污染	40%
				已造成较轻的环境污染	20%
				未造成环境污染	0
3	违法次数	3年内受到处罚的次数	10%	1次及以上	10%
				无	5%
4	配合调查取证的情况	是否配合执法检查，是否有逃避环保部门监管情形	10%	不配合调查	10%
				配合调查	5%

注：违法次数，是指违法行为人在3年内受到处罚的总数。

表12 无证或未按许可证规定收集、贮存、处置危险废物行为的罚款幅度裁定

序号	裁量要素			判定标准	
	要素	具体条件	构成比例	程度	百分值
1	涉案危险废物的总量	收集、贮存、处置危险废物的总量	40%	10吨以上	40%
				3-10吨	30%
				3吨以下	20%
2	是否造成环境污染	无证单位处置过程中是否造成污染	40%	造成较重的环境污染	40%
				已造成较轻的环境污染	20%
				未造成环境污染	0
3	违法次数	3年内受到处罚的次数	10%	1次及以上	10%
				无	5%
4	配合调查取证的情况	是否配合执法检查是否有逃避环保部门监管情形	10%	不配合调查	10%
				配合调查	5%

注:1.本表裁量的计算方法为:罚款金额=违法所得×3×百分值。
2.违法次数,是指违法行为人在3年内受到处罚的总数。

表13 不按照规定填报危险废物转移联单的罚款幅度裁定

序号	要素	构成比例	程度	百分值
1	联单填报规范程度	40%	未及时报送	40%
			缺漏项、涂改	20%
2	未按照规定填报联单次数	30%	2次和2次以上	30%
			1次	15%
			无	0
3	涉案危险废物的总量	20%	10吨以上	20%
			3-10吨	15%
			3吨以下	10%
4	配合调查取证的情况	10%	不配合调查	10%
			配合调查	5%

注:“未按照规定填报联单次数”是指2年内该企业未按照规定填报联单次数。

表14 无辐射安全许可证或不按照许可证规定从事生产、销售、使用放射性同位素和射线装置行为的罚款幅度裁定

序号	要素	构成比例	程度	百分值
1	种类和范围	40%	Ⅰ类、Ⅱ类放射源或Ⅰ类射线装置	40%
			Ⅲ类放射源或Ⅱ类射线装置	25%
			Ⅳ类、Ⅴ类放射源或Ⅲ类射线装置	15%

续表

序号	要素	构成比例	程度	百分值
2	违法持续时间	20%	2年以上	20%
			3个月至2年	15%
			3个月以内	0
3	工作场所的安全防护措施情况	20%	无措施	20%
			有措施,但不完备	10%
			措施完备	0
4	整改情况	20%	未实施整改	20%
			整改正在开展	10%
			已落实	5%

表15　对违反排污申报规定行为的罚款幅度裁定

序号	要素	构成比例	程度	百分值
1	严重程度	50%	拒报污染物排放申报事项	50%
			谎报污染物排放申报事项	30%
2	整改情况	20%	无整改措施	20%
			整改措施正在落实中	10%
			整改措施已经落实	5%
3	违法次数	30%	2次以上	30%
			1次	15%
			无	5%

注:1. 本表适用于拒报或者谎报污染物排放申办登记事项的行为。

2. 违法次数,是指违法行为人在3年内受到处罚的总数。

表16　拒绝现场检查或对被检查时弄虚作假行为的罚款幅度裁定

序号	要素	构成比例	程度	百分值
1	拒绝现场检查或弄虚作假情况	60%	严重	60%
			一般	40%
2	违法次数	20%	1次及以上	20%
			无	5%
3	对执法影响程度	20%	严重	20%
			一般	15%

注:1. 违法次数,是指违法行为人在3年内受到处罚的总数。

2. 被检查单位对废水、噪声、废气、固体废物污染防治现场检查弄虚作假的,在裁定罚款幅度时取百分值的上限。

表 17 对逾期拒不缴纳排污费行为的罚款幅度裁定

序号	要素	构成比例	程度	百分值
1	欠缴时间	150%	6 个月以上	150%
			3－6 个月以下	90%
			3 个月以下	60%
2	欠缴排污费的金额或者笔数	90%	3 笔以上或 3 万元以上	90%
			2 笔或 1 万－3 万元	60%
			1 笔或 1 万元以下	40%
3	违法次数	60%	2 次及以上	60%
			1 次	30%
			无	5%

注：1. 根据《排污费征收使用管理条例》的规定，对逾期拒不缴纳的，处应缴纳排污费 1 倍以上 3 倍以下的罚款。
2. 本违法行为的罚款额＝立案上月应缴排污费×各要素的累计分值。
3. 违法次数，是指违法行为人在 3 年内受到处罚的总数。

二、对其他环境保护违法行为的罚款幅度裁定

表 18 对其他环境保护违法行为的罚款幅度的一般裁定

序号	要素	构成比例	程度	百分值
1	环境影响程度	40%	大	40%
			中	20%
			小	10%
			无	0
2	对社会影响程度	20%	大	20%
			中	15%
			小	10%
			无	0
3	整改情况	20%	无整改措施	20%
			整改措施正在落实中	10%
			整改措施已经落实	0
4	违法次数	10%	1 次及以上	10%
			无	5%
5	配合调查取证的情况	10%	不配合调查	10%
			配合调查	5%

注：1. 环境影响程度：包括对环境污染和生态破坏的情况。可考虑：污染物排放的浓度、数量、种类、毒性以及是否位于环境敏感区等因素。
2. 社会影响程度：主要包括：①对附近居民、单位造成的危害以及由此引发的信访、集访等情况；②在社会产生的影响，如媒体曝光、公众反响等。
3. 违法次数：是指违法行为人在 3 年内受到处罚的总数。
4. 除前表所列出的情形外，其他违法情形均适用此表。

抄送：局机关有关处室。

上海市环境保护局办公室 2014 年 4 月 17 日印发

广东省环境保护厅环境行政处罚自由裁量权裁量标准(试行)

(粤环〔2011〕7号)

前言

一、《广东省环境保护厅环境行政处罚自由裁量权裁量标准(试行)》(以下简称《裁量标准(试行)》)适用于广东省环境保护厅实施行政处罚的案件。

各地级以上市、县(市、区)环境保护主管部门应根据本地的实际情况,参照制定适用于本辖区的环境行政处罚自由裁量标准。

二、行使行政处罚自由裁量权,应当遵循处罚法定、过罚相当、程序严格、教罚结合的原则。

三、实施行政处罚时,应当责令当事人改正违法行为或者限期改正违法行为。

四、违法行为人同时具有两个以上不同的环境违法行为的,应当分别予以量罚。

五、实施环境行政处罚,实行调查取证与决定处罚分开。行政处罚案件调查部门向案件审查部门交审案件时,应当对执行行政处罚自由裁量权裁量标准的情况予以说明,建议予以从轻、减轻或者从重行政处罚的,应当说明理由。

六、对未列入本《裁量标准(试行)》的违法行为实施行政处罚时,应当按照国家和省有关规范行政处罚自由裁量权的规定实施自由裁量权。

七、本《裁量标准(试行)》所称"以上"包含本数,"超过"、"不足"、"以下"不包含本数但包含裁量幅度的最高上限。

八、本《裁量标准(试行)》自2011年2月1日起执行。

自由裁量权裁量标准

第一章 建设项目环境保护管理类环境行政处罚

一、违反建设项目环境影响评价制度类

§1.1《中华人民共和国环境影响评价法》第三十一条第一款 建设单位未依法报批建设项目环境影响评价文件,或者未依照本法第二十四条的规定重新报批或者报请重新审核环境影响评价文件,擅自开工建设的,由有权审批该项目环境影响评价文件的环境保护行政主管部门责令停止建设,限期补办手续;逾期不补办手续的,可以处五万元以上二十万元以下的罚款,对建设单位直接负责的主管人员和其他直接责任人员,依法给予行政处分。

裁量标准:

1. 填报环境影响登记表的建设项目

已停止建设的,处5万元罚款;

未停止建设的,处5万元以上6万元以下罚款;

造成较大社会影响或有其他严重情节的,处6万元以上7万元以下罚款。

2. 编制环境影响报告表的建设项目

已停止建设的,处6万元以上7万元以下罚款;

未停止建设的,处7万元以上8万元以下罚款;

主体工程已建设完成的,处8万元以上10万元以下罚款;

主体工程已投入生产或者使用的,处10万元以上12万元以下罚款;

造成较大社会影响或有其他严重情节的,处12万元以上15万元以下罚款。

3. 编制环境影响报告书的建设项目

已停止建设的,处8万元以上10万元以下罚款;

未停止建设的,处10万元以上12万元以下罚款;

主体工程已建设完成的,处12万元以上15万元以下罚款;

主体工程已投入生产或者使用的,处15万元以上20万元以下罚款;

造成较大社会影响或有其他严重情节的,处15万元以上20万元以下罚款。

§1.2《中华人民共和国环境影响评价法》第三十一条第二款 建设项目环境影响评价

文件未经批准或者未经原审批部门重新审核同意，建设单位擅自开工建设的，由有权审批该项目环境影响评价文件的环境保护行政主管部门责令停止建设，可以处五万元以上二十万元以下的罚款，对建设单位直接负责的主管人员和其他直接责任人员，依法给予行政处分。

裁量标准：

1. 填报环境影响登记表的建设项目

已开工建设但主体工程未建成或者主体工程已建成但尚未投入生产或者使用的，处5万元罚款；

主体工程已投入生产或者使用的，处5万元以上6万元以下罚款；

造成较大社会影响或有其他严重情节的，处6万元以上8万元以下罚款。

2. 编制环境影响报告表的建设项目

已开工建设但主体工程未建成的，处5万元以上6万元以下罚款；

主体工程已建成但尚未投入生产或者使用的，处6万元以上8万元以下罚款；

主体工程已投入生产或者使用的，处8万元以上10万元以下罚款；

造成较大社会影响或有其他严重情节的，处10万元以上15万元以下罚款。

3. 编制环境影响报告书的建设项目

已开工建设但主体工程未建成的，处8万元以上10万元以下罚款；

主体工程已建成但尚未投入生产或者使用的，处10万元以上12万元以下罚款；

主体工程已投入生产或者使用的，处12万元以上15万元以下罚款；

造成较大社会影响或有其他严重情节的，处15万元以上20万元以下罚款。

§1.3《中华人民共和国放射性污染防治法》第五十条　违反本法规定，未编制环境影响评价文件，或者环境影响评价文件未经环境保护行政主管部门批准，擅自进行建造、运行、生产和使用等活动的，由审批环境影响评价文件的环境保护行政主管部门责令停止违法行为，限期补办手续或者恢复原状，并处一万元以上二十万元以下罚款。

裁量标准：

1. 填报环境影响登记表的建设项目

已开工建设但主体工程未建成的，处1万元以上2万元以下罚款；

主体工程已建成但尚未投入运行、生产或者使用的，处2万元以上3万元以下罚款；

主体工程已投入运行、生产或者使用的，处3万元以上5万元以下罚款；

造成较大社会影响或有其他严重情节的，处5万元以上10万元以下罚款。

2. 编制环境影响报告表的建设项目

已开工建设但主体工程未建成的，处5万元以上6万元以下罚款；

主体工程已建成但尚未投入运行、生产或者使用的，处6万元以上8万元以下罚款；

主体工程已投入运行、生产或者使用的，处8万元以上10万元以下罚款；

造成较大社会影响或有其他严重情节的，处10万元以上15万元以下罚款。

3. 编制环境影响报告书的建设项目

已开工建设但主体工程未建成的，处8万元以上10万元以下罚款；

主体工程已建成但尚未投入运行、生产或者使用的，处10万元以上12万元以下罚款；

主体工程已投入运行、生产或者使用的，处12万元以上15万元以下罚款；

造成较大社会影响或有其他严重情节的，处15万元以上20万元以下罚款。

§1.4《中华人民共和国海洋环境保护法》第八十条　违反本法第四十三条第一款的规定，未持有经审核和批准的环境影响报告书，兴建海岸工程建设项目的，由县级以上地方人民政府环境保护行政主管部门责令其停止违法行为和采取补救措施，并处5万元以上20万元以下的罚款；或者按照管理权限，由县级以上地方人民政府责令其限期拆除。

裁量标准：参照执行第一章§1.2《中华人民共和国环境影响评价法》第三十一条第二款的裁量标准。

二、违反建设项目环境保护"三同时"制度类

§2.1《中华人民共和国环境保护法》第三十六条　建设项目的防治污染设施没有建成

或者没有达到国家规定的要求，投入生产或者使用的，由批准该建设项目的环境影响报告书的环境保护行政主管部门责令停止生产或者使用，可以并处罚款。

裁量标准：参照执行各单行法律、法规的裁量标准。

§2.2《中华人民共和国水污染防治法》第七十一条　违反本法规定，建设项目的水污染防治设施未建成、未经验收或者验收不合格，主体工程即投入生产或者使用的，由县级以上人民政府环境保护主管部门责令停止生产或者使用，直至验收合格，处五万元以上五十万元以下的罚款。

裁量标准：

1. 填报环境影响登记表的建设项目

水污染防治设施已建成但未经验收或者经验收不合格，主体工程即投入生产或者使用的，处5万元罚款；

水污染防治设施未建成，主体工程即投入生产或者使用的，处5万元以上6万元以下罚款；

造成较大社会影响或有其他严重情节的，处6万元以上10万元以下罚款。

2. 编制环境影响报告表的建设项目

水污染防治设施已建成但未经验收或者经验收不合格，主体工程即投入生产或者使用的，处8万元以上12万元以下罚款；

水污染防治设施未建成，主体工程即投入生产或者使用的，处12万元以上15万元以下罚款；

造成较大社会影响或有其他严重情节的，处15万元以上30万元以下罚款。

3. 编制环境影响报告书的建设项目

水污染防治设施已建成但未经验收或者经验收不合格，主体工程即投入生产或者使用的，处15万元以上30万元以下罚款；

水污染防治设施未建成，主体工程即投入生产或者使用的，处30万元以上40万元以下罚款；

造成较大社会影响或有其他严重情节的，处40万元以上50万元以下罚款。

§2.3《中华人民共和国大气污染防治法》第四十七条　违反本法第十一条规定，建设项目的大气污染防治设施没有建成或者没有达到国家有关建设项目环境保护管理的规定的要求，投入生产或者使用的，由审批该建设项目的环境影响报告书的环境保护行政主管部门责令停止生产或者使用，可以并处一万元以上十万元以下罚款。

裁量标准：

1. 填报环境影响登记表的建设项目

大气污染防治设施已建成但未经验收或者经验收不合格，主体工程即投入生产或者使用的，处1万元罚款；

大气污染防治设施未建成，主体工程即投入生产或者使用的，处1万元以上2万元以下罚款；

造成较大社会影响或有其他严重情节的，处2万元以上3万元以下罚款。

2. 编制环境影响报告表的建设项目

大气污染防治设施已建成但未经验收或者经验收不合格，主体工程即投入生产或者使用的，处2万元以上3万元以下罚款；

大气污染防治设施未建成，主体工程即投入生产或者使用的，处3万元以上5万元以下罚款；

造成较大社会影响或有其他严重情节的，处5万元以上8万元以下罚款。

3. 编制环境影响报告书的建设项目

大气污染防治设施已建成但未经验收或者经验收不合格，主体工程即投入生产或者使用的，处5万元以上6万元以下罚款；

大气污染防治设施未建成，主体工程即投入生产或者使用的，处6万元以上8万元以下罚款；

造成较大社会影响或有其他严重情节的，处8万元以上10万元以下罚款。

§2.4《中华人民共和国环境噪声污染防治法》第四十八条　违反本法第十四条的规定，建设项目中需要配套建设的环境噪声污染防治设施没有建成或者没有达到国家规定的要求，擅自投入生产或者使用的，由批准该建设项目的环境影响报告书的环境保护行政主管部门责令停止生产或者使用，可以并处罚款。

裁量标准：参照执行第一章§2.8《建设项目环境保护管理条例》第二十八条的裁量标准。

§2.5《中华人民共和国固体废物污染环境防治法》第六十九条　违反本法规定，建设项目需要配套建设的固体废物污染环境防治设施未建成、未经验收或者验收不合格，主体工程即投入生产或者使用的，由审批该建设项目环境影响评价文件的环境保护行政主管部门责令停止生产或者使用，可以并处十万元以下的罚款。

裁量标准：

1.填报环境影响登记表的建设项目

固体废物污染环境防治设施已建成但未经验收或者经验收不合格，主体工程即投入生产或者使用的，处1万元罚款；

固体废物污染环境防治设施未建成，主体工程即投入生产或者使用的，处1万元以上2万元以下罚款；

造成较大社会影响或有其他严重情节的，处2万元以上3万元以下罚款。

2.编制环境影响报告表的建设项目

固体废物污染环境防治设施已建成但未经验收或者经验收不合格，主体工程即投入生产或者使用的，处2万元以上3万元以下罚款；

固体废物污染环境防治设施未建成，主体工程即投入生产或者使用的，处3万元以上5万元以下罚款；

造成较大社会影响或有其他严重情节的，处5万元以上8万元以下罚款。

3.编制环境影响报告书的建设项目

固体废物污染环境防治设施已建成但未经验收或者经验收不合格，主体工程即投入生产或者使用的，处5万元以上6万元以下罚款；

固体废物污染环境防治设施未建成，主体工程即投入生产或者使用的，处6万元以上8万元以下罚款；

造成较大社会影响或有其他严重情节的，处8万元以上10万元以下罚款。

4.需配套建设危险废物污染环境防治设施的，按有其他严重情节处理。

§2.6《中华人民共和国放射性污染防治法》第五十一条违反本法规定，未建造放射性污染防治设施、放射防护设施，或者防治防护设施未经验收合格，主体工程即投入生产或者使用的，由审批环境影响评价文件的环境保护行政主管部门责令停止违法行为，限期改正，并处五万元以上二十万元以下罚款。

裁量标准：

1.填报环境影响登记表的建设项目

放射性污染防治设施、放射防护设施已建成但未经验收合格，主体工程即投入生产或者使用的，处5万元罚款；

放射性污染防治设施、放射防护设施未建成，主体工程即投入生产或者使用的，处5万元以上6万元以下罚款；

造成较大社会影响或有其他严重情节的，处6万元以上8万元以下罚款。

2.编制环境影响报告表的建设项目

放射性污染防治设施、放射防护设施已建成但未经验收合格，主体工程即投入生产或者使用的，处5万元以上6万元以下罚款；

放射性污染防治设施、放射防护设施未建成，主体工程即投入生产或者使用的，处6万元以上8万元以下罚款；

造成较大社会影响或有其他严重情节的，处8万元以上12万元以下罚款。

3.编制环境影响报告书的建设项目

放射性污染防治设施、放射防护设施已建成但未经验收合格，主体工程即投入生产或者使用的，处10万元以上12万元以下罚款；

放射性污染防治设施、放射防护设施未建成，主体工程即投入生产或者使用的，处12万元以上15万元以下罚款；

造成较大社会影响或有其他严重情节的，处15万元以上20万元以下罚款。

§2.7《中华人民共和国海洋环境保护法》第八十一条　违反本法第四十四条的规定，海岸工程建设项目未建成环境保护设施，或者环境保护设施未达到规定要求即投入生产、使用的，由环境保护行政主管部门责令其停止生产或者使用，并处二万元以上十万元以下的罚款。

裁量标准：

1. 填报环境影响登记表的建设项目

环境保护设施已建成但未经验收或者经验收不合格，主体工程即投入生产或者使用的，处2万元罚款；

环境保护设施未建成，主体工程即投入生产或者使用的，处2万元以上3万元以下罚款；

造成较大社会影响或有其他严重情节的，处3万元以上5万元以下罚款。

2. 编制环境影响报告表的建设项目

环境保护设施已建成但未经验收或者经验收不合格，主体工程即投入生产或者使用的，处2万元以上3万元以下罚款；

环境保护设施未建成，主体工程即投入生产或者使用的，处3万元以上5万元以下罚款；

造成较大社会影响或有其他严重情节的，处5万元以上8万元以下罚款。

3. 编制环境影响报告书的建设项目

环境保护设施已建成但未经验收或者经验收不合格，主体工程即投入生产或者使用的，处5万元以上6万元以下罚款；

环境保护设施未建成，主体工程即投入生产或者使用的，处6万元以上8万元以下罚款；

造成较大社会影响或有其他严重情节的，处8万元以上10万元以下罚款。

§2. 8《建设项目环境保护管理条例》第二十八条　违反本条例规定，建设项目需要配套建设的环境保护设施未建成、未经验收或者经验收不合格，主体工程正式投入生产或者使用的，由审批该建设项目环境影响报告书、环境影响报告表或者环境影响登记表的环境保护行政主管部门责令停止生产或者使用，可以处10万元以下的罚款。

裁量标准：

1. 填报环境影响登记表的建设项目

环境保护设施已建成但未经验收或者经验收不合格，主体工程正式投入生产或者使用的，处1万元以下罚款；

环境保护设施未建成，主体工程正式投入生产或者使用的，处1万元以上2万元以下罚款；

造成较大社会影响或有其他严重情节的，处2万元以上3万元以下罚款。

2. 编制环境影响报告表的建设项目

环境保护设施已建成但未经验收或者经验收不合格，主体工程正式投入生产或者使用的，处2万元以上3万元以下罚款；

环境保护设施未建成，主体工程正式投入生产或者使用的，处3万元以上5万元以下罚款；

造成较大社会影响或有其他严重情节的，处5万元以上8万元以下罚款。

3. 编制环境影响报告书的建设项目

环境保护设施已建成但未经验收或者经验收不合格，主体工程正式投入生产或者使用的，处5万元以上6万元以下罚款；

环境保护设施未建成，主体工程正式投入生产或者使用的，处5万元以上8万元以下罚款；

造成较大社会影响或有其他严重情节的，处8万元以上10万元以下罚款。

§2. 9《污染源自动监控管理办法》第十七条　违反本办法规定，新建、改建、扩建和技术改造的项目未安装自动监控设备及其配套设施，或者未经验收或者验收不合格的，主体工程即正式投入生产或者使用的，由审批该建设项目环境影响评价文件的环境保护部门依据《建设项目环境保护管理条例》责令停止主体工程生产或者使用，可以处10万元以下的罚款。

裁量标准：执行第一章§2. 8《建设项目环境保护管理条例》第二十八条的裁量标准。

§2. 10《建设项目环境保护管理条例》第二十六条　违反本条例规定，试生产建设项目配套建设的环境保护设施未与主体工程同时投入试运行的，由审批该建设项目环境影响报告书、环境影响报告表或者环境影响登记表的环境保护行政主管部门责令限期改正；逾期不改正的，责令停止试生产，可以处5万元以下的罚款。

裁量标准：

1. 填报环境影响登记表的建设项目：处1万元以下罚款；造成较大社会影响或有其他严

重情节的,处1万元以上2万元以下罚款。

2. 编制环境影响报告表的建设项目:处2万元以上3万元以下罚款;造成较大社会影响或有其他严重情节的,处3万元以上4万元以下罚款。

3. 编制环境影响报告书的建设项目:处3万元以上4万元以下罚款;造成较大社会影响或有其他严重情节的,处4万元以上5万元以下罚款。

§2.11《建设项目环境保护管理条例》第二十七条　违反本条例规定,建设项目投入试生产超过3个月,建设单位未申请环境保护设施竣工验收的,由审批该建设项目环境影响报告书、环境影响报告表或者环境影响登记表的环境保护行政主管部门责令限期办理环境保护设施竣工验收手续;逾期未办理的,责令停止试生产,可以处5万元以下的罚款。

裁量标准:

1. 填报环境影响登记表的建设项目:处1万元以下罚款;造成较大社会影响或有其他严重情节的,处1万元以上2万元以下罚款。

2. 编制环境影响报告表的建设项目:处2万元以上3万元以下罚款;造成较大社会影响或有其他严重情节的,处3万元以上4万元以下罚款。

3. 编制环境影响报告书的建设项目:处3万元以上4万元以下罚款;造成较大社会影响或有其他严重情节的,处4万元以上5万元以下罚款。

第二章　环境污染防治类环境行政处罚自由裁量权裁量标准

一、违反环境保护现场检查制度类

§1.1《中华人民共和国环境保护法》第三十五条第(一)项　违反本法规定,有下列行为之一的,环境保护行政主管部门或者其他依照法律规定行使环境监督管理权的部门可以根据不同情节,给予警告或者处以罚款:

(一)拒绝环境保护行政主管部门或者其他依照法律规定行使环境监督管理权的部门现场检查或者在被检查时弄虚作假的;

裁量标准:参照执行各单行法律、法规的裁量标准。

§1.2《中华人民共和国水污染防治法》第七十条　拒绝环境保护主管部门或者其他依照本法规定行使监督管理权的部门的监督检查,或者在接受监督检查时弄虚作假的,由县级以上人民政府环境保护主管部门或者其他依照本法规定行使监督管理权的部门责令改正,处一万元以上十万元以下的罚款。

裁量标准:

1. 在接受监督检查时弄虚作假,初次违法或有其它情节轻微情形的,处1万元以上5万元以下罚款;经责令改正但拒不改正的,处6万元以上8万元以下罚款;

2. 拒绝监督检查,初次违法或有其它情节轻微情形的,处5万元以上6万元以下罚款;经责令改正但拒不改正的,处6万元以上10万元以下罚款;

3. 造成较大社会影响或有其他严重情节的,处8万元以上10万元以下罚款。

§1.3《中华人民共和国大气污染防治法》第四十六条第(二)项　违反本法规定,有下列行为之一的,环境保护行政主管部门或者本法第四条第二款规定的监督管理部门可以根据不同情节,责令停止违法行为,限期改正,给予警告或者处以五万元以下罚款:

(二)拒绝环境保护行政主管部门或者其他监督管理部门现场检查或者在被检查时弄虚作假的;

裁量标准:

1. 情节轻微并及时予以改正的,给予警告;

2. 在被检查时弄虚作假的,处1万元以上2万元以下罚款;经责令改正但拒不改正的,处3万元以上4万元以下罚款;

3. 拒绝现场检查的,处2万元以上3万元以下罚款;经责令改正但拒不改正的,处4万元以上5万元以下罚款。

4. 造成较大社会影响或有其他严重情节的,处5万元罚款。

§1.4《中华人民共和国环境噪声污染防治法》第五十五条　排放环境噪声的单位违反本法第二十一条的规定,拒绝环境保护行政主管部门或者其他依照本法规定行使环境噪声监督管理权的部门、机构现场检查或者在被检查时弄虚作假的,环境保护行政主管部门或者其他依照本法规定行使环境噪声监督管理权的监督管理部门、机构可以根据不同情节,给予警告或者处以罚款。

裁量标准:执行第二章§1.5《广东省实施〈中华人民共和国环境噪声污染防治法〉办法》第三十二条第(四)项规定的裁量标准。

§1.5《广东省实施〈中华人民共和国环境噪声污染防治法〉办法》第三十二条第(四)项

违反本办法的规定,有下列情形之一者,由县级以上环境保护行政主管部门或者其他依照法律、法规行使环境噪声监督管理权的部门责令其改正,并根据情节轻重给予处罚:

(四)违反本办法第十条规定,拒绝执法人员现场检查,或接受检查时弄虚作假的,执法部门可根据不同情节,给予警告或者处以300元以上3000元以下罚款。

裁量标准:

1. 情节较轻微,经责令改正能及时予以改正的,给予警告;

2. 在接受检查时弄虚作假的,处2000元罚款;

3. 拒绝现场检查的,处3000元罚款;

4. 造成较大社会影响或有其他严重情节的,处3000元罚款。

§1.6《中华人民共和国固体废物污染环境防治法》第七十条　违反本法规定,拒绝县级以上人民政府环境保护行政主管部门或者其他固体废物污染环境防治工作的监督管理部门现场检查的,由执行现场检查的部门责令限期改正;拒不改正或者在检查时弄虚作假的,处二千元以上二万元以下的罚款。

裁量标准:

1. 在检查时弄虚作假的,处2000元以上1万元以下罚款;

2. 拒绝现场检查经责令限期改正但拒不改正的,处1万元以上2万元以下罚款;

3. 造成较大社会影响或有其他严重情节的,处2万元罚款。

§1.7《中华人民共和国海洋环境保护法》第七十五条　违反本法第十九条第二款的规定,拒绝现场检查,或者在被检查时弄虚作假的,由依照本法规定行使海洋环境监督管理权的部门予以警告,并处二万元以下的罚款。

裁量标准:

1. 在被检查时弄虚作假的,处1万元以下罚款;

2. 拒绝现场检查的,处1万元以上2万元以下罚款;

3. 造成较大社会影响或有其他严重情节的,处2万元罚款。

§1.8《中华人民共和国放射性污染防治法》第四十九条第(二)项　违反本法规定,有下列行为之一的,由县级以上人民政府环境保护行政主管部门或者其他有关部门依据职权责令限期改正,可以处二万元以下罚款:

(二)拒绝环境保护行政主管部门和其他有关部门进行现场检查,或者被检查时不如实反映情况和提供必要资料的。

裁量标准:

1. 被检查时不如实反映情况和提供必要资料的,处1万元以下罚款;经责令限期改正但逾期不改正的,处2万元罚款;

2. 拒绝进行现场检查的,处1万元以上2万元以下罚款;经责令限期改正但逾期不改正的,处2万元罚款;

3. 造成较大社会影响或有其他严重情节的,处2万元罚款。

§1.9《中华人民共和国自然保护区条例》第三十六条　自然保护区管理机构违反本条例规定,拒绝环境保护行政主管部门或者有关自然保护区行政主管部门监督检查,或者在被检查时弄虚作假的,由县级以上人民政府环境保护行政主管部门或者有关自然保护区行政主管部门给予300元以上3000元以下的罚款。

裁量标准:

1. 在被检查时弄虚作假的,处2000元罚款;

2. 拒绝监督检查的,处3000元罚款;

3. 造成较大社会影响或有其他严重情节的,处3000元罚款。

二、违反环境保护污染防治设施管理制度类

§2.1《中华人民共和国环境保护法》第三

十七条　未经环境保护行政主管部门同意，擅自拆除或者闲置防治污染的设施，污染物排放超过规定的排放标准的，由环境保护行政主管部门责令重新安装使用，并处罚款。

裁量标准：参照执行各单行法律、法规的裁量标准。

§2.2《中华人民共和国水污染防治法》第七十三条　违反本法规定，不正常使用水污染物处理设施，或者未经环境保护主管部门批准拆除、闲置水污染物处理设施的，由县级以上人民政府环境保护主管部门责令限期改正，处应缴纳排污费数额一倍以上三倍以下的罚款。

裁量标准：

1. 日排废水 50 吨以下的，处应缴纳排污费数额 1 倍罚款；一年内 2 次以上违法的，处应缴纳排污费数额 2 倍罚款；

2. 日排废水 50 吨以上 100 吨以下的，处应缴纳排污费数额 2 倍罚款；

3. 日排废水 100 吨以上的，处应缴纳排污费数额 3 倍罚款；

4. 违法行为存在主观故意或者拒不改正违法行为的，处应缴纳排污费数额 3 倍罚款；

5. 造成较大社会影响或有其他严重情节的，处应缴纳排污费数额 3 倍罚款。

§2.3《中华人民共和国大气污染防治法》第四十六条第（三）项　违反本法规定，有下列行为之一的，环境保护行政主管部门或者本法第四条第二款规定的监督管理部门可以根据不同情节，责令停止违法行为，限期改正，给予警告或者处以五万元以下罚款：

（三）排污单位不正常使用大气污染物处理设施，或者未经环境保护行政主管部门批准，擅自拆除、闲置大气污染物处理设施的。

裁量标准：

1. 情节轻微，经责令限期改正并及时予以改正的，给予警告；

2. 不正常使用大气污染物处理设施的，处 1 万元以上 3 万元以下罚款；

3. 未经环境保护行政主管部门批准，擅自拆除、闲置大气污染物处理设施的，处 3 万元以上 4 万元以下罚款；

4. 造成较大社会影响或有其他严重情节的，处 5 万元罚款。

§2.4《中华人民共和国环境噪声污染防治法》第五十条　违反本法第十五条的规定，未经环境保护行政主管部门批准，擅自拆除或者闲置环境噪声污染防治设施，致使环境噪声排放超过规定标准的，由县级以上地方人民政府环境保护行政主管部门责令改正，并处罚款。

裁量标准：执行第二章§2.5《广东省实施〈中华人民共和国环境噪声污染防治法〉办法》第三十二条第（三）项的裁量标准。

§2.5《广东省实施〈中华人民共和国环境噪声污染防治法〉办法》第三十二条第（三）项　违反本办法的规定，有下列情形之一者，由县级以上环境保护行政主管部门或者其他依照法律、法规行使环境噪声监督管理权的部门责令其改正，并根据情节轻重给予处罚：

（三）违反本办法第八条规定，擅自拆除或者闲置污染防治设施，致使环境噪声排放超过规定的标准的，由县级以上环境保护行政主管部门处以 1000 元以上 1 万元以下罚款。

裁量标准：

1. 擅自拆除或者闲置污染防治设施，致使环境噪声排放超过规定的标准 3 分贝以下，经责令改正能及时予以改正的，处 1000 元以上 5000 元以下罚款；

2. 擅自拆除或者闲置污染防治设施，致使环境噪声排放超过规定的标准 3 分贝以下的，处 5000 元以上 1 万元以下罚款；

3. 擅自拆除或者闲置污染防治设施，致使环境噪声排放超过规定的标准 3 分贝以上的，处 1 万元罚款；

4. 造成较大社会影响或有其他严重情节的，处 1 万元罚款。

§2.6《中华人民共和国固体废物污染环境防治法》第六十八条第一款第（四）项、第二款　违反本法规定，有下列行为之一的，由县级以上人民政府环境保护行政主管部门责令停止违法行为，限期改正，处以罚款：

（四）擅自关闭、闲置或者拆除工业固体废物污染环境防治设施、场所的；有前款第四项行为之一的，处一万元以上十万元以下的罚款。

裁量标准：

1. 月处理工业固体废物量50吨以下的，处1万元以上3万元以下罚款；

2. 月处理工业固体废物量50吨以上100吨以下的，处3万元以上5万元以下罚款；

3. 月处理工业固体废物量100吨以上200吨以下的，处5万元以上8万元以下罚款；

4. 月处理工业固体废物量200吨以上的，处8万元以上10万元以下罚款；

5. 擅自关闭、闲置或者拆除危险废物污染环境防治设施、场所的，处8万元以上10万元以下罚款；

6. 造成较大社会影响或有其他严重情节的，处10万元罚款。

§2.7《中华人民共和国固体废物污染环境防治法》七十五条第一款第（三）项、第二款　违反本法有关危险废物污染环境防治的规定，有下列行为之一的，由县级以上人民政府环境保护行政主管部门责令停止违法行为，限期改正，处以罚款：

（三）擅自关闭、闲置或者拆除危险废物集中处置设施、场所的；有前款第三项行为之一的，处二万元以上二十万元以下的罚款。

裁量标准：

1. 月处理危险废物量50吨以下的，处2万元以上5万元以下罚款；

2. 月处理危险废物量50吨以上100吨以下的，处5万元以上10万元以下罚款；

3. 月处理危险废物量100吨以上200吨以下的，处10万元以上15万元以下罚款；

4. 月处理危险废物量200吨以上的，处15万元以上20万元以下罚款；

5. 造成较大社会影响或污染严重，或有其他严重情节的，处20万元罚款。

§2.8《中华人民共和国海洋环境保护法》第七十八条　违反本法第三十二条第三款的规定，擅自拆除、闲置环境保护设施的，由县级以上地方人民政府环境保护行政主管部门责令重新安装使用，并处一万元以上十万元以下的罚款。

裁量标准：

1. 日排废水50吨以下的，处1万元以上5万元以下罚款；

2. 日排废水50吨以上100吨以下的，处5万元以上8万元以下罚款；

3. 日排废水100吨以上的，处10万元罚款；

4. 造成较大社会影响或有其他严重情节的，处10万元罚款。

三、违反污染物排放标准、排放总量控制指标类

§3.1《中华人民共和国水污染防治法》第七十四条　违反本法规定，排放水污染物超过国家或者地方规定的水污染物排放标准，或者超过重点水污染物排放总量控制指标的，由县级以上人民政府环境保护主管部门按照权限责令限期治理，处应缴纳排污费数额二倍以上五倍以下的罚款。

裁量标准：

1. 排放水污染物（不含一类水污染物）超标1倍以下的，处应缴纳排污费数额2倍以上3倍以下罚款；

2. 排放一类水污染物超标1倍以下或其他水污染物超标1倍以上2倍以下，或排放水污染物超过重点水污染物排放总量控制指标20%以下的，处应缴纳排污费数额3倍以上4倍以下罚款；

3. 排放一类水污染物超标1倍以上或其他水污染物超标2倍以上3倍以下，或排放水污染物超过重点水污染物排放总量控制指标20%以上50%以下的，处应缴纳排污费数额4倍以上5倍以下罚款；

4. 排放一类水污染物超标2倍以上或其他水污染物超标3倍以上，或排放水污染物超过重点水污染物排放总量控制指标50%以上，或年度内超标排放二次以上的，处应缴纳排污费数额5倍罚款；

5. 造成较大社会影响或有其他严重情节的，处应缴纳排污费数额5倍罚款。

§3.2《中华人民共和国大气污染防治法》第四十八条　违反本法规定，向大气排放污染物超过国家和地方规定排放标准的，应当限期治理，并由所在地县级以上地方人民政府环境保护行政主管部门处一万元以上十万元以下罚款。限期治理的决定权限和违反限期治理

要求的行政处罚由国务院规定。

裁量标准：

1. 排放大气污染物超标1倍以下的，处1万元以上3万元以下罚款；

2. 排放大气污染物超标1倍以上2倍以下的，处3万元以上5万元以下罚款；

3. 排放大气污染物超标2倍以上的，处5万元以上8万元以下罚款；

4. 造成较大社会影响或有其他严重情节的，处8万元以上10万元以下罚款。

§3.3《中华人民共和国环境噪声污染防治法》第五十九条　违反本法第四十三条第二款、第四十四条第二款的规定，造成环境噪声污染的，由县级以上地方人民政府环境保护行政主管部门责令改正，可以并处罚款。

（第四十三条第二款　经营中的文化娱乐场所，其经营管理者必须采取有效措施，使其边界噪声不超过国家规定的环境噪声排放标准。

第四十四条第二款　在商业经营活动中使用空调器、冷却塔等可能产生环境噪声污染的设备、设施的，其经营管理者应当采取措施，使其边界噪声不超过国家规定的环境噪声排放标准。）

裁量标准：执行第二章§3.4《广东省实施〈中华人民共和国环境噪声污染防治法〉办法》第三十二条第（十一）项的裁量标准。

§3.4《广东省实施〈中华人民共和国环境噪声污染防治法〉办法》第三十二条第（十一）项　违反本办法的规定，有下列情形之一者，由县级以上环境保护行政主管部门或者其他依照法律、法规行使环境噪声监督管理权的部门责令其改正，并根据情节轻重给予处罚：

（十一）违反本办法第二十七条第二款、第二十八条规定，造成环境噪声污染的，县级以上环境保护行政主管部门可以处以200元以上1000元以下罚款。

（第二十七条第二款　经营中的营业性文化娱乐场所、体育场（馆）、城市集贸市场的经营者应当采取有效措施，使场界噪声值不超过规定的环境噪声排放标准。

第二十八条　在经营活动中使用空调器、冷却塔、抽风机、发电机、水泵、音响设施或其他产生噪声污染的设备的，必须采取有效的措施，使其边界的噪声不超过国家规定的噪声排放标准。）

裁量标准：

噪声超标3分贝以下的，处200元以上500元以下罚款；

噪声超标3分贝以上5分贝以下的，处500元以上1000元以下罚款；

噪声超标5分贝以上的，处1000元罚款；

造成较大社会影响或有其他严重情节的，处1000元罚款。

四、违反排污申报登记制度类

§4.1《中华人民共和国环境保护法》第三十五条第（二）项　违反本法规定，有下列行为之一的，环境保护行政主管部门或者其他依照法律规定行使环境监督管理权的部门可以根据不同情节，给予警告或者处以罚款：

（二）拒报或者谎报国务院环境保护行政主管部门规定的有关污染物排放申报事项的；

裁量标准：参照执行各单行法律、法规的裁量标准。

§4.2《中华人民共和国水污染防治法》第七十二条第（一）项　违反本法规定，有下列行为之一的，由县级以上人民政府环境保护主管部门责令限期改正；逾期不改正的，处一万元以上十万元以下的罚款：

（一）拒报或者谎报国务院环境保护主管部门规定的有关水污染物排放申报登记事项的；

裁量标准：

1. 谎报水污染物（不含一类水污染物）排放申报登记事项，经责令限期改正但逾期不改正的，处1万元以上5万元以下罚款；谎报一类水污染物排放申报登记事项的，处5万元以上8万元以下罚款；

2. 拒报水污染物（不含一类水污染物）排放申报登记事项，经责令限期改正但逾期不改正的，处3万元以上5万元以下罚款；拒报一类水污染物排放申报登记事项的，处5万元以上8万元以下罚款；

3. 造成较大社会影响或有其他严重情节

的,处8万元以上10万元以下罚款。

§4.3《中华人民共和国大气污染防治法》第四十六条第(一)项　违反本法规定,有下列行为之一的,环境保护行政主管部门或者本法第四条第二款规定的监督管理部门可以根据不同情节,责令停止违法行为,限期改正,给予警告或者处以五万元以下罚款:

(一)拒报或者谎报国务院环境保护行政主管部门规定的有关污染物排放申报事项的;

裁量标准:

1.谎报大气污染物排放申报登记事项的,处1万元以上4万元以下罚款;

2.拒报大气污染物排放申报登记事项的,处2万元以上4万元以下罚款;

3.造成较大社会影响或有其他严重情节的,处4万元以上5万元以下罚款。

§4.4《中华人民共和国环境噪声污染防治法》第四十九条　违反本法规定,拒报或者谎报规定的环境噪声排放申报事项的,县级以上地方人民政府环境保护行政主管部门可以根据不同情节,给予警告或者处以罚款。

裁量标准:执行第二章§4.5《广东省实施〈中华人民共和国环境噪声污染防治法〉办法》第三十二条第(二)项的裁量标准。

§4.5《广东省实施〈中华人民共和国环境噪声污染防治法〉办法》第三十二条第(二)项　违反本办法的规定,有下列情形之一者,由县级以上环境保护行政主管部门或者其他依照法律、法规行使环境噪声监督管理权的部门责令其改正,并根据情节轻重给予处罚:

(二)违反本办法第六条、第七条规定,拒报或谎报有关环境噪声排放申报事项的,由县级以上环境保护行政主管部门给予警告或者处以300元以上3000元以下罚款。

裁量标准:

1.情节轻微的,给予警告;

2.谎报有关环境噪声排放申报登记事项的,处2000元以下罚款;

3.拒报有关环境噪声排放申报登记事项的,处2000元以上3000元以下罚款;

4.造成较大社会影响或有其他严重情节的,处3000元罚款。

§4.6《中华人民共和国固体废物污染环境防治法》第六十八条第一款第(一)项、第二款　违反本法规定,有下列行为之一的,由县级以上人民政府环境保护行政主管部门责令停止违法行为,限期改正,处以罚款:

(一)不按照国家规定申报登记工业固体废物,或者在申报登记时弄虚作假的;有前款第一项行为的,处五千元以上五万元以下的罚款;

裁量标准:

1.在申报登记工业固体废物时弄虚作假的,处5000元以上2万元以下罚款;经责令限期改正,但逾期不改的,处2万元以上5万元以下罚款;

2.不按照国家规定申报登记工业固体废物的,处1万元以上3万元以下罚款;经责令限期改正,但逾期不改的,处3万元以上5万元以下罚款;

3.造成较大社会影响或有其他严重情节的,处4万元以上5万元以下罚款。

§4.7《中华人民共和国固体废物污染环境防治法》第七十五条第一款第(二)项、第二款　违反本法有关危险废物污染环境防治的规定,有下列行为之一的,由县级以上人民政府环境保护行政主管部门责令停止违法行为,限期改正,处以罚款:

(二)不按照国家规定申报登记危险废物,或者在申报登记时弄虚作假的;有前款第二项行为的,处一万元以上十万元以下的罚款;

裁量标准:

1.在申报登记危险废物时弄虚作假的,处2万元以上5万元以下罚款;经责令限期改正,但逾期不改的,处5万元以上8万元以下罚款;

2.不按照国家规定申报登记危险废物的,处3万元以上6万元以下罚款;经责令限期改正,但逾期不改的,处6万元以上10万元以下罚款;

3.造成较大社会影响或有其他严重情节的,处8万元以上10万元以下罚款。

§4.8《中华人民共和国海洋环境保护法》第七十四条第一款第(一)项、第二款　违反本法有关规定，有下列行为之一的，由依照本法规定行使海洋环境监督管理权的部门予以警告，或者处以罚款：

（一）不按照规定申报，甚至拒报污染物排放有关事项，或者在申报时弄虚作假的；有前款第（一）项行为的，处二万元以下的罚款。

裁量标准：

1. 排放陆源污染物的单位不按照规定申报的，处1万元以上1.5万元以下罚款；

2. 排放陆源污染物的单位拒报污染物排放有关事项或者在申报时弄虚作假的，处1万元以上2万元以下罚款；

3. 造成较大社会影响或有其他严重情节的，处2万元罚款。

五、违反污染源排污口规范化和自动监控管理制度类

§5.1《中华人民共和国水污染防治法》第七十二条第（二）项　违反本法规定，有下列行为之一的，由县级以上人民政府环境保护主管部门责令限期改正；逾期不改正的，处一万元以上十万元以下的罚款：

……

（二）未按照规定安装水污染物排放自动监测设备或者未按照规定与环境保护主管部门的监控设备联网，并保证监测设备正常运行的；

裁量标准：

1. 已按规定安装水污染物排放自动监测设备并正常运行，但未与环境保护主管部门的监控设备联网，经责令限期改正但逾期不改正的，处以1万元以上2万元以下罚款；

2. 已按规定安装水污染物排放自动监测设备，且与环境保护主管部门的监控设备联网，但监测设备未正常运行，经责令限期改正但逾期不改正的，处以2万元以上5万元以下罚款；

3. 未按规定安装水污染物排放自动监测设备，经责令限期改正但逾期不改正的，处以5万元以上10万元以下罚款；

4. 造成较大社会影响或有其他严重情节的，处8万元以上10万元以下罚款；

……

§5.2《中华人民共和国水污染防治法》第七十五条第二款　除前款规定外，违反法律、行政法规和国务院环境保护主管部门的规定设置排污口或者私设暗管的，由县级以上地方人民政府环境保护主管部门责令限期拆除，处二万元以上十万元以下的罚款；逾期不拆除的，强制拆除，所需费用由违法者承担，处十万元以上五十万元以下的罚款；私设暗管或者有其他严重情节的，县级以上地方人民政府环境保护主管部门可以提请县级以上地方人民政府责令停产整顿。

裁量标准：

1. 违反规定设置排污口的，责令限期拆除，处2万元以上5万元以下罚款；违反规定私设暗管的，责令限期拆除，处5万元以上10万元以下罚款；造成较大社会影响或有其他严重情节的，处8万元以上10万元以下罚款；

2. 违反规定设置排污口，逾期不拆除的，强制拆除，所需费用由违法者承担，处10万元以上30万元以下罚款；违反规定私设暗管，逾期不拆除的，强制拆除，所需费用由违法者承担，处30万元以上50万元以下罚款；造成较大社会影响或有其他严重情节的，处40万元以上50万元以下罚款。

§5.3《中华人民共和国海洋环境保护法》第七十七条　违反本法第三十条第一款、第三款规定设置入海排污口的，由县级以上地方人民政府环境保护行政主管部门责令其关闭，并处二万元以上十万元以下的罚款。

（第三十条第一款、第三款　入海排污口位置的选择，应当根据海洋功能区划、海水动力条件和有关规定，经科学论证后，报设区的市级以上人民政府环境保护行政主管部门审查批准。

在海洋自然保护区、重要渔业水域、海滨风景名胜区和其他需要特别保护的区域，不得新建排污口。）

裁量标准：

1. 入海排污口位置的选择，根据海洋功能区划、海水动力条件和有关规定，已经科学论证可行，但未经设区的市级以上人民政府环境保护行政主管部门审查批准的，处2万元以上5万元以下罚款；

2. 入海排污口位置的选择，未根据海洋功能区划、海水动力条件和有关规定进行科学论证，也未经设区的市级以上人民政府环境保护行政主管部门审查批准的，处5万元以上8万元以下罚款；

3. 造成较大社会影响或有其他严重情节的，处8万元以上10万元以下罚款。

§5.4《医疗废物管理条例》第四十六条第(四)项　医疗卫生机构、医疗废物集中处置单位违反本条例规定，有下列情形之一的，由县级以上地方人民政府卫生行政主管部门或者环境保护行政主管部门按照各自的职责责令限期改正，给予警告，可以并处5000元以下的罚款；逾期不改正的，处5000元以上3万元以下的罚款：

(四)未安装污染物排放在线监控装置或者监控装置未经常处于正常运行状态的。

《医疗废物管理行政处罚办法》第六条第(四)项　医疗废物集中处置单位有《条例》第四十六条规定的下列情形之一的，由县级以上地方人民政府环境保护行政主管部门责令限期改正，给予警告，可以并处5000元以下的罚款，逾期不改正的，处5000元以上3万元以下的罚款：

(四)未安装污染物排放在线监控装置或者监控装置未经常处于正常运行状态的。

裁量标准：

1. 已安装污染物排放在线监控装置但监控装置未经常处于正常运行状态的，给予警告，处5000元以上2万元以下罚款；

2. 未安装污染物排放在线监控装置的，给予警告，处1万元以上3万元以下罚款；

3. 造成较大社会影响或有其他严重情节的，给予警告，处2万元以上3万元以下罚款。

§5.5《污染源自动监控管理办法》第十六条　违反本办法规定，现有排污单位未按规定的期限完成安装自动监控设备及其配套设施的，由县级以上环境保护部门责令限期改正，并可处1万元以下的罚款。

裁量标准：

1. 现有排污单位未按规定的期限完成安装自动监控设备及其配套设施，经责令限期改正能及时予以改正的，处1000元以上5000元以下罚款；

2. 现有排污单位未按规定的期限完成安装自动监控设备及其配套设施，经责令限期改正但逾期未改正的，处5000元以上1万元以下罚款；

3. 造成较大社会影响或有其他严重情节的，处1万元罚款。

§5.6《污染源自动监控管理办法》第十八条　违反本办法规定，有下列行为之一的，由县级以上地方环境保护部门按以下规定处理：

(一)故意不正常使用水污染物排放自动监控系统，或者未经环境保护部门批准，擅自拆除、闲置、破坏水污染物排放自动监控系统，排放污染物超过规定标准的；

(二)不正常使用大气污染物排放自动监控系统，或者未经环境保护部门批准，擅自拆除、闲置、破坏大气污染物排放自动监控系统的；

(三)未经环境保护部门批准，擅自拆除、闲置、破坏环境噪声排放自动监控系统，致使环境噪声排放超过规定标准的。

有前款第(一)项行为的，依据《水污染防治法》第四十八条和《水污染防治法实施细则》第四十一条的规定，责令恢复正常使用或者限期重新安装使用，并处10万元以下的罚款；有前款第(二)项行为的，依据《大气污染防治法》第四十六条的规定，责令停止违法行为，限期改正，给予警告或者处5万元以下罚款；有前款第(三)项行为的，依据《环境噪声污染防治法》第五十条的规定，责令改正，处3万元以下罚款。

裁量标准：

1. 故意不正常使用水污染物排放自动监控系统，或者未经环境保护部门批准，擅自拆除、闲置、破坏水污染物排放自动监控系统的，执行第二章§2.2《中华人民共和国水污染防治法》第七十三条的裁量标准；

2. 排放水污染物超过规定标准的，执行第二章§3.1《中华人民共和国水污染防治法》第七十四条的裁量标准；

3. 不正常使用大气污染物排放自动监控系统，或者未经环境保护部门批准，擅自拆除、闲置、破坏大气污染物排放自动监控系统的，执行第二章§2.3《中华人民共和国大气污染防治法》第四十六条第（三）项的裁量标准；

4. 未经环境保护部门批准，擅自拆除、闲置、破坏环境噪声排放自动监控系统，致使环境噪声排放超过规定标准的：

（1）超过规定标准3分贝以下的，处1万元以下罚款；

（2）超过规定标准3分贝以上5分贝以下的，处1万元以上2万元以下罚款；

（3）超过规定标准5分贝以上的，处2万元以上3万元以下罚款；

（4）造成较大社会影响或有其他严重情节的，处2万元以上3万元以下罚款。

六、违反环境保护许可证管理制度类

§6.1《中华人民共和国固体废物污染环境防治法》第七十五条第一款第（五）项、第二款　违反本法有关危险废物污染环境防治的规定，有下列行为之一的，由县级以上人民政府环境保护行政主管部门责令停止违法行为，限期改正，处以罚款：

（五）将危险废物提供或者委托给无经营许可证的单位从事经营活动的；

有前款第五项行为的，处二万元以上二十万元以下的罚款。

裁量标准：

1. 将危险废物提供或者委托给无经营许可证的单位从事经营活动，涉及数量1吨以下，或有其它轻微情节的，处2万元以上5万元以下罚款；

2. 将危险废物提供或者委托给无经营许可证的单位从事经营活动，涉及数量1吨以上5吨以下的，处5万元以上10万元以下罚款；

3. 将危险废物提供或者委托给无经营许可证的单位从事经营活动，涉及数量5吨以上10吨以下的，处10万元以上15万元以下罚款；

4. 将危险废物提供或者委托给无经营许可证的单位从事经营活动，涉及数量10吨以上20吨以下的，处15万元以上20万元以下罚款；

5. 将危险废物提供或者委托给无经营许可证的单位从事经营活动，涉及数量20吨以上的，处15万元以上20万元以下罚款；

6. 造成较大社会影响或有其他严重情节的，处15万元以上20万元以下罚款。

§6.2《中华人民共和国固体废物污染环境防治法》第七十七条　无经营许可证或者不按照经营许可证规定从事收集、贮存、利用、处置危险废物经营活动的，由县级以上人民政府环境保护行政主管部门责令停止违法行为，没收违法所得，可以并处违法所得三倍以下的罚款。不按照经营许可证规定从事前款活动的，还可以由发证机关吊销经营许可证。

裁量标准：

1. 不按照经营许可证规定从事收集、贮存、利用、处置危险废物经营活动的，涉及数量5吨以下的，处违法所得1倍罚款；涉及数量5吨以上10吨以下的，处违法所得2倍罚款；涉及数量10吨以上的，处违法所得3倍罚款；

2. 无经营许可证从事收集、贮存、利用、处置危险废物经营活动的，处违法所得3倍罚款；

3. 造成较大社会影响或有其他严重情节的，处违法所得3倍罚款；

4. 不按照经营许可证规定从事收集、贮存、利用、处置危险废物经营活动情节严重的，同时由发证机关吊销经营许可证。

§6.3《危险废物经营许可证管理办法》第二十三条　违反本办法第十二条、第十三条第二款规定的，由县级以上地方人民政府环境保护主管部门责令停止违法行为；有违法所得的，没收违法所得；违法所得超过10万元的，并处违法所得1倍以上2倍以下的罚款；没有违洪所得或者违法所得不足10万元的，处5万元以上10万元以下的罚款。

（第十二条　有下列情形之一的，危险废物经营单位应当按照原申请程序，重新申请领取危险废物经营许可证：

（一）改变危险废物经营方式的；

（二）增加危险废物类别的；

（三）新建或者改建、扩建原有危险废物经营设施的；

（四）经营危险废物超过原批准年经营规

模20%以上的。

第十三条第二款　危险废物经营许可证有效期届满，危险废物经营单位继续从事危险废物经营活动的，应当于危险废物经营许可证有效期届满30个工作日前向原发证机关提出换证申请。原发证机关应当自受理换证申请之日起20个工作日内进行审查，符合条件的，予以换证；不符合条件的，书面通知申请单位并说明理由。）

裁量标准：

1. 没有违法所得的：处5万元罚款；造成较大社会影响或有其他严重情节的，处8万元以上10万元以下罚款；

2. 违法所得不足10万元的：

（1）违法所得5万元以下的，没收违法所得，处5万元以上8万元以下罚款；

（2）违法所得5万元以上不足10万元的，没收违法所得，处8万元以上10万元以下罚款；

（3）造成较大社会影响或有其他严重情节的，没收违法所得，处10万元罚款；

3. 违法所得超过10万元的：

（1）违法所得10万元以上20万元以下的，没收违法所得，并处违法所得1倍罚款；

（2）违法所得20万元以上的，没收违法所得，并处违法所得2倍罚款；

（3）造成较大社会影响或有其他严重情节的，没收违法所得，并处违法所得2倍罚款。

§6.4《危险废物经营许可证管理办法》第二十四条　违反本办法第十四条第一款、第二十一条规定的，由县级以上地方人民政府环境保护主管部门责令限期改正；逾期不改正的，处5万元以上10万元以下的罚款；造成污染事故，构成犯罪的，依法追究刑事责任。

（第十四条第一款　危险废物经营单位终止从事收集、贮存、处置危险废物经营活动的，应当对经营设施、场所采取污染防治措施，并对未处置的危险废物作出妥善处理。

第二十一条　危险废物的经营设施在废弃或者改作其他用途前，应当进行无害化处理。

填埋危险废物的经营设施服役期届满后，危险废物经营单位应当按照有关规定对填埋过危险废物的土地采取封闭措施，并在划定的封闭区域设置永久性标记。）

裁量标准：

1. 对填埋过危险废物的土地已采取封闭措施，但未在划定的封闭区域设置永久性标志，经责令限期改正但逾期不改正的，处5万元以上6万元以下罚款；

2. 对填埋过危险废物的土地未采取封闭措施，经责令限期改正但逾期不改正的，处5万元以上8万元以下罚款；

3. 未进行无害化处理，经责令限期改正但逾期不改正的，处5万元以上8万元以下罚款；

4. 对未处置的危险废物未作出妥善处理，经责令限期改正但逾期不改正的，处5万元以上8万元以下罚款；

5. 对经营设施、场所未采取污染防治措施，经责令限期改正但逾期不改正的，处8万元以上10万元以下罚款；

6. 造成较大社会影响或有其他严重情节的，处8万元以上10万元以下罚款。

§6.5《危险废物经营许可证管理办法》第二十五条第二款　违反本办法第十五条第四款规定的，由县级以上地方人民政府环境保护主管部门收缴危险废物经营许可证或者由原发证机关吊销危险废物经营许可证，并处5万元以上10万元以下罚款；构成犯罪的，依法追究刑事责任。

（第十五条第四款　禁止伪造、变造、转让危险废物经营许可证。）

裁量标准：

1. 转让危险废物经营许可证的，由原发证机关吊销危险废物经营许可证，并处5万元以上6万元以下罚款；

2. 变造危险废物经营许可证的，收缴危险废物经营许可证，并处6万元以上8万元以下罚款；

3. 伪造危险废物经营许可证的，收缴危险废物经营许可证，并处8万元以上10万元以下罚款；

4. 造成较大社会影响或有其他严重情节

的,收缴伪造编造的危险废物经营许可证或者由原发证机关吊销危险废物经营许可证,并处10万元罚款。

§6.6《危险废物经营许可证管理办法》第二十七条　违反本办法第二十条规定的,由县级以上地方人民政府环境保护主管部门责令限期改正,给予警告;逾期不改正的,处1万元以上5万元以下的罚款,并可以由原发证机关暂扣或者吊销危险废物经营许可证。

(第二十条　领取危险废物收集经营许可证的单位,应当与处置单位签订接收合同,并将收集的废矿物油和废镉镍电池在90个工作日内提供或者委托给处置单位进行处置。)

裁量标准:

1.未与处置单位签订接收合同,责令限期改正,给予警告;逾期不改正的,处1万元以上3万元以下罚款,并由原发证机关暂扣危险废物经营许可证;

2.未将收集的废矿物油和废镉镍电池在90个工作日内提供或委托处置单位进行处置,责令限期改正,给予警告;逾期不改正的,处3万元以上5万元以下罚款,并由原发证机关暂扣危险废物经营许可证;

3.造成较大社会影响或有其他严重情节,经责令限期改正,给予警告,但逾期不改正的,处4万元以上5万元以下罚款,并由原发证机关吊销危险废物经营许可证。

§6.7《广东省严控废物处理行政许可实施办法》第十五条　违反本办法第八条规定的,由县级以上人民政府环境保护主管部门责令限期改正;逾期不改正的,由原发证机关处5000元以上1万元以下罚款。

(第八条　严控废物处理许可证持证单位变更工商登记的,应当自工商变更登记之日起15日内,向原发证机关申请办理严控废物处理许可证变更手续。)

裁量标准:

1.持证单位变更工商登记,自工商变更登记之日起15日内,未向原发证机关申请办理严控废物处理许可证变更手续,经责令限期改正但逾期不改正的,处5000元罚款;

2.造成较大社会影响或有其他严重情节的,处1万元罚款。

§6.8《广东省严控废物处理行政许可实施办法》第十六条　违反本办法第九条、第十条第三款、第十条第四款规定的,由县级以上人民政府环境保护主管部门责令停止违法行为,并处1万元以上3万元以下罚款。

(第九条　有下列情形之一的,严控废物处理许可证持证单位应当按照原申请程序,重新申领严控废物处理许可证:

(一)调整严控废物处理工艺的;

(二)增加严控废物类别的;

(三)新建或者改建、扩建、迁建原有严控废物处理设施的;

(四)处理严控废物超过许可年处理规模20%以上的。

第十条第三款　本条第一款规定的持证单位应当在竣工验收合格之日起10日内按照第六条规定的程序,申领本条第二款规定的严控废物处理许可证。试生产或者试运行期满未能通过建设项目环境保护验收的,或者在竣工验收合格后未按时申领本条第二款规定的严控废物处理许可证的,该严控废物处理许可证自动失效。

第十条第四款　本条第二款规定的严控废物处理许可证有效期届满,持证单位继续从事严控废物处理活动的,应当于届满40日前按照第五条、第六条的规定重新申领严控废物处理许可证。)

裁量标准:

1.经责令停止违法行为,能及时予以改正的,处1万元以上2万元以下罚款;

2.经责令停止违法行为,但拒不改正的,处2万元以上3万元以下罚款;

3.造成较大社会影响或有其他严重情节的,处3万元罚款。

§6.9《广东省严控废物处理行政许可实施办法》第十七条　违反本办法第十一条规定的,由县级以上人民政府环境保护主管部门应当责令其限期改正,逾期不改正的,由原发证机关暂扣或者吊销严控废物处理许可证。

(第十一条　严控废物处理单位应当建立严控废物处理情况档案,如实记载其利用、处置的严控废物类别、来源、去向等事项,并于每年1月30日前书面向发证机关及所在地县级以上环境保护主管部门报告上一年度严控废物处理活动情况。)

裁量标准:

1. 未建立严控废物处理情况档案,如实记载其利用、处置的严控废物类别、来源、去向等事项的,或者已建立严控废物处理情况档案,如实记载其利用、处置的严控废物类别、来源、去向等事项,但未于每年1月30日前书面向发证机关及所在地县级以上环境保护主管部门报告上一年度严控废物处理活动情况,经责令限期改正但逾期不改正的,暂扣严控废物处理许可证;

2. 造成较大社会影响或有其他严重情节的,吊销严控废物处理许可证。

§6.10《广东省严控废物处理行政许可实施办法》第十八条　违反本办法第十三条第一款规定的,由县级以上人民政府环境保护行政主管部门责令限期改正;逾期不改正的,处1万元以上3万元以下的罚款;造成污染事故,构成犯罪的,依法追究刑事责任。

(第十三条第一款　严控废物处理许可证持证单位终止处理严控废物活动的,应当对处理设施、场所采取污染防治措施,并对未处理的严控废物及其产品做出妥善处理。)

裁量标准:

1. 终止处理严控废物活动,未对处理设施、场所采取污染防治措施,或者对未处理的严控废物及其产品未做出妥善处理,经责令限期改正但逾期不改正的,处2万元罚款;

2. 造成较大社会影响或有其他严重情节的,处3万元罚款。

§6.11.1《广东省严控废物处理行政许可实施办法》第十九条第一款　违反本办法第十四条第一款、第二款规定的,由县级以上人民政府环境保护主管部门责令停止违法行为,没收违法所得;情节严重的,并处违法所得一倍以下的罚款。

(第十四条第一款　禁止无严控废物处理许可证从事严控废物处理活动。

第十四条第二款　禁止不按严控废物处理许可证的规定从事处理活动。)

裁量标准:

1. 无严控废物处理许可证或者不按严控废物处理许可证的规定从事严控废物处理活动的,没收违法所得;

2. 造成较大社会影响或有其他严重情节的,没收违法所得,并处违法所得1倍以下的罚款。

§6.11.2《广东省严控废物处理行政许可实施办法》第十九条第三款　违反本办法第十四条第三款、第四款规定的,由县级以上人民政府环境保护主管部门责令停止违法行为,并处以1万元以上3万元以下的罚款。

(第十四条第三款、第四款　禁止将严控废物提供给无严控废物处理许可证的单位处理。

禁止伪造、变造、转让、转借、租赁严控废物处理许可证。)

裁量标准:

1. 将严控废物提供给无严控废物处理许可证的单位处理的,处1万元以上3万元以下罚款;

2. 伪造、变造、转让、转借、租赁严控废物处理许可证的,处2万元以上3万元以下罚款;

3. 造成较大社会影响或有其他严重情节的,处3万元罚款。

§6.12《环境污染治理设施运营资质许可管理办法》第二十五条　违反本办法规定,未获得资质证书的单位从事环境污染治理设施运营活动的,由县级以上环境保护部门责令停止违法行为,并处2万元以上3万元以下罚款。

裁量标准:

1. 未获得资质证书的单位从事环境污染治理设施运营活动的,处2万元以上3万元以下罚款;

2. 造成较大社会影响或有其他严重情节的,处3万元罚款。

§6.13《环境污染治理设施运营资质许可管理办法》第二十七条　违反本办法规定,不按照资质证书的规定从事环境污染治理设施运营活动的,由县级以上环境保护部门责令改正,可以处1万元以上3万元以下罚款;情节严重的,并由国家环境保护总局吊销资质证书。

裁量标准:

1. 不按照资质证书的规定从事环境污染治理设施运营活动的,处1万元以上2万元以下罚款;

2. 造成较大社会影响或有其他严重情节的,处2万元以上3万元以下罚款。

§6.14《环境污染治理设施运营资质许可管理办法》第三十条　违反本办法规定,伪造、变造、转让资质证书的,由县级以上环境保护部门责令改正,可以并处1万元以上3万元以下罚款,可以由国家环境保护总局吊销资质证书。

裁量标准:

1. 转让资质证书的,处1万元以上2万元以下罚款;

2. 伪造、变造资质证书的,处2万元以上3万元以下罚款;

3. 造成较大社会影响或有其他严重情节的,处3万元罚款。

§6.15《中华人民共和国放射性污染防治法》第五十四条第一款第(五)项、第二款　违反本法规定,有下列行为之一的,由县级以上人民政府环境保护行政主管部门责令停止违法行为,限期改正,处以罚款;构成犯罪的,依法追究刑事责任:

(五)将放射性固体废物提供或者委托给无许可证的单位贮存和处置的。

有前款第(五)项行为的,处十万元以上二十万元以下罚款。

裁量标准:

1. 将放射性固体废物提供或者委托给无许可证的单位贮存和处置,量小活度低的,处10万元以上12万元以下罚款;

2. 将放射性固体废物提供或者委托给无许可证的单位贮存和处置,量大活度低的,处12万元以上15万元以下罚款;

3. 将放射性固体废物提供或者委托给无许可证的单位贮存和处置,量小活度较高的,处15万元以上18万元以下罚款;

4. 将放射性固体废物提供或者委托给无许可证的单位贮存和处置,量大活度较高的,处18万元以上20万元以下罚款;

5. 造成较大社会影响或严重危害后果,或有其他严重情节的,处20万元罚款。

§6.16《中华人民共和国放射性污染防治法》第五十七条　违反本法规定,有下列行为之一的,由省级以上人民政府环境保护行政主管部门责令停产停业或者吊销许可证;有违法所得的,没收违法所得;违法所得十万元以上的,并处违法所得一倍以上五倍以下罚款;没有违法所得或者违法所得不足十万元的,并处五万元以上十万元以下罚款;构成犯罪的,依法追究刑事责任:

(一)未经许可,擅自从事贮存和处置放射性固体废物活动的;

(二)不按照许可的有关规定从事贮存和处置放射性固体废物活动的。

裁量标准:

1. 没有违法所得的:处5万元以上6万元以下罚款;造成较大社会影响或有其他严重情节的,处8万元罚款;

2. 违法所得不足10万元的:

(1)违法所得不足5万元的,没收违法所得,并处6万元以上8万元以下罚款;

(2)违法所得5万元以上不足10万元的,没收违法所得,并处8万元以上10万元以下罚款;

(3)造成较大社会影响或有其他严重情节的,没收违法所得,并处10万元罚款;

3. 违法所得10万元以上的:

(1)违法所得10万元以上20万元以下的,没收违法所得,并处违法所得1倍罚款;

(2)违法所得20万元以上30万元以下的,没收违法所得,并处违法所得2倍罚款;

(3)违法所得30万元以上40万元以下的,没收违法所得,并处违法所得3倍罚款;

(4)违法所得40万元以上50万元以下的,没收违法所得,并处违法所得4倍罚款;

(5)违法所得50万元以上的,没收违法所得,并处违法所得5倍罚款;

(6)造成较大社会影响或有其他严重情节的,没收违法所得,并处违法所得5倍罚款。

§6.17《放射性同位素与射线装置安全和防护条例》第五十二条　违反本条例规定,生产、销售、使用放射性同位素和射线装置的单位有下列行为之一的,由县级以上人民政府环境保护主管部门责令停止违法行为,限期改正;逾期不改正的,责令停产停业或者由原发证机关吊销许可证;有违法所得的,没收违法所得;违法所得10万元以上的,并处违法所得1倍以上5倍以下的罚款;没有违法所得或者违法所得不足10万元的,并处1万元以上10万元以下的罚款:

(一)无许可证从事放射性同位素和射线装置生产、销售、使用活动的;

(二)未按照许可证的规定从事放射性同位素和射线装置生产、销售、使用活动的;

(三)改变所从事活动的种类或者范围以及新建、改建或者扩建生产、销售、使用设施或者场所,未按照规定重新申请领取许可证的;

(四)许可证有效期届满,需要延续而未按照规定办理延续手续的;

(五)未经批准,擅自进口或者转让放射性同位素的。

裁量标准:

1.没有违法所得的:处1万元以上5万元以下罚款;造成较大社会影响或有其他严重情节的,处6万元罚款;

2.有违法所得的:

(1)违法所得不足5万元的,没收违法所得,并处3万元以上5万元以下罚款;

(2)违法所得5万元以上10万元以下的,没收违法所得,并处5万元以上8万元以下的罚款;

(3)造成较大社会影响或有其他严重情节的,没收违法所得,并处10万元罚款。

3.违法所得10万元以上的:

(1)违法所得10万元以上20万元以下的,没收违法所得,并处违法所得1倍罚款;

(2)违法所得20万元以上30万元以下的,没收违法所得,并处违法所得2倍罚款;

(3)违法所得30万元以上40万元以下的,没收违法所得,并处违法所得3倍罚款;

(4)违法所得40万元以上50万元以下的,没收违法所得,并处违法所得4倍罚款;

(5)违法所得50万元以上的,没收违法所得,并处违法所得5倍罚款;

(6)造成较大社会影响或有其他严重情节的,没收违法所得,并处违法所得5倍罚款。

§6.18《放射性同位素与射线装置安全和防护条例》第五十四条　违反本条例规定,生产、销售、使用放射性同位素和射线装置的单位部分终止或者全部终止生产、销售、使用活动,未按照规定办理许可证变更或者注销手续的,由县级以上人民政府环境保护主管部门责令停止违法行为,限期改正;逾期不改正的,处1万元以上10万元以下的罚款;造成辐射事故,构成犯罪的,依法追究刑事责任。

裁量标准:

1.属Ⅴ类放射源或Ⅲ类射线装置的,处1万元以上2万元以下罚款;

2.属Ⅳ类放射源或Ⅱ类射线装置的,处2万元以上4万元以下罚款;

3.属Ⅲ类放射源的,处4万元以上6万元以下罚款;

4.属Ⅱ类放射源的,处6万元以上8万元以下罚款;

5.属Ⅰ类放射源或Ⅰ类射线装置的,处8万元以上10万元以下罚款;

6.造成较大社会影响或有其他严重情节的,处10万元罚款。

§6.19《放射性同位素与射线装置安全和防护条例》第五十五条　违反本条例规定,伪造、变造、转让许可证的,由县级以上人民政府环境保护主管部门收缴伪造、变造的许可证或者由原发证机关吊销许可证,并处5万元以上10万元以下的罚款;构成犯罪的,依法追究刑事责任。

违反本条例规定,伪造、变造、转让放射性同位素进口和转让批准文件的,由县级以上人民政府环境保护主管部门收缴伪造、变造的批准文件或者由原批准机关撤销批准文件,并处5万元以上10万元以下的罚款;情节严重的,可以由原发证机关吊销许可证;构成犯罪的,依法追究刑事责任。

裁量标准：

1. 转让放射性同位素进口和转让批准文件的，由原批准机关撤销批准文件，并处5万元以上8万元以下罚款；

2. 伪造、变造放射性同位素进口和转让批准文件的，由县级以上人民政府环境保护主管部门收缴伪造、变造的批准文件，并处8万元以上10万元以下罚款；

3. 伪造、变造、转让放射性同位素进口和转让批准文件，情节严重的，同时由原发证机关吊销许可证；

4. 转让许可证的，由原发证机关吊销许可证，并处5万元以上6万元以下罚款；

5. 伪造、变造许可证的，由县级以上人民政府环境保护主管部门收缴伪造、变造的许可证，并处6万元以上8万元以下罚款；

6. 伪造、变造、转让许可证造成较大社会影响或有其他严重情节的，由县级以上人民政府环境保护主管部门收缴伪造、变造的许可证或者由原发证机关吊销许可证，并处8万元以上10万元以下罚款；

§6.20《广东省环境保护条例》第四十三条　违反本条例第十八条第一款规定，不按排污许可证的规定排放污染物的，由县级以上人民政府环境保护行政主管部门责令其限期改正，并可处一万元以上五万元以下罚款；情节严重或者逾期不改正的，可由颁发排污许可证的行政机关吊销其排污许可证。

未取得排污许可证或者被吊销排污许可证后排放污染物的，由县级以上人民政府环境保护行政主管部门责令其停止排放污染物，并处五万元以上十万元以下罚款；造成环境严重污染或者逾期拒不停止排放污染物的，由县级以上人民政府责令其停产停业。

裁量标准：

1. 不按排污许可证的规定排放污染物的：

（1）排污单位不按排污许可证的规定排放污染物（不含一类水污染物），超标1倍以下或超总量20%以下的，处1万元以上3万元以下罚款；

（2）国控或者省控、市控重点污染源不按排污许可证规定排放污染物的、其他排污单位不按照排污许可证的规定排放污染物超标1倍以上或超总量20%以上的、其他排污单位不按照排污许可证的规定排放一类水污染物的，处4万元以上5万元以下罚款；

（3）经责令限期改正但逾期不改正的、造成较大社会影响或有其他严重情节的，处5万元罚款，由颁发排污许可证的行政机关吊销其排污许可证。

2. 未取得排污许可证或者被吊销排污许可证后排放污染物的：

（1）未取得排污许可证排放污染物的，处5万元以上6万元以下罚款；排污单位为国控或者省控、市控重点污染源或者排放的污染物中含一类水污染物的，处6万元以上8万元以下罚款；

（2）被吊销排污许可证后排放污染物的，处8万元以上10万元以下罚款；排污单位为国控或者省控、市控重点污染源或者排放的污染物中含一类水污染物的，处10万元罚款；

（3）造成较大社会影响或有其他严重情节的，处10万元罚款。

七、违反排污费征收使用管理制度类

§7.1《中华人民共和国固体废物污染环境防治法》第七十五条第一款第（四）项、第二款　违反本法有关危险废物污染环境防治的规定，有下列行为之一的，由县级以上人民政府环境保护行政主管部门责令停止违法行为，限期改正，处以罚款：

（四）不按照国家规定缴纳危险废物排污费的；有前款第四项行为的，限期缴纳，逾期不缴纳的，处应缴纳危险废物排污费金额一倍以上三倍以下的罚款。

裁量标准：

1. 初次逾期不缴纳的，处应缴纳危险废物排污费金额1倍的罚款；

2. 同一年度内第二次逾期不缴纳的，处应缴纳危险废物排污费金额2倍的罚款；

3. 同一年度内三次以上逾期不缴纳的，处应缴纳危险废物排污费金额3倍的罚款；

4. 造成较大社会影响或有其他严重情节的，处应缴纳危险废物排污费金额3倍的罚款。

§7.2《中华人民共和国环境噪声污染防治法》第五十一条　违反本法第十六条的规定,不按照国家规定缴纳超标准排污费的,县级以上地方人民政府环境保护行政主管部门可以根据不同情节,给予警告或者处以罚款。

裁量标准:执行第三章§7.3《排污费征收使用管理条例》第二十一条的裁量标准。

§7.3《排污费征收使用管理条例》第二十一条　排污者未按照规定缴纳排污费的,由县级以上地方人民政府环境保护行政主管部门依据职权责令限期缴纳;逾期拒不缴纳的,处应缴纳排污费数额1倍以上3倍以下的罚款,并报经有批准权的人民政府批准,责令停产停业整顿。

裁量标准:

1.初次逾期拒不缴纳的,处应缴纳排污费金额1倍的罚款;

2.同一年度内第二次逾期拒不缴纳的,处应缴纳排污费金额2倍的罚款;

3.同一年度内三次以上逾期拒纳的,处应缴纳排污费金额3倍的罚款;

4.造成较大社会影响或有其他严重情节的,处应缴纳排污费金额3倍的罚款。

§7.4《排污费征收使用管理条例》第二十二条　排污者以欺骗手段骗取批准减缴、免缴或者缓缴排污费的,由县级以上地方人民政府环境保护行政主管部门依据职权责令限期补缴应当缴纳的排污费,并处所骗取批准减缴、免缴或者缓缴排污费数额1倍以上3倍以下的罚款。

裁量标准:

1.以欺骗手段骗取批准减缴、免缴或者缓缴排污费1万元以下的,处所骗取批准减缴、免缴或者缓缴排污费数额1倍的罚款;

2.以欺骗手段骗取批准减缴、免缴或者缓缴排污费1万元以上5万元以下的,处所骗取批准减缴、免缴或者缓缴排污费数额2倍的罚款;

3.以欺骗手段骗取批准减缴、免缴或者缓缴排污5万元以上的,处所骗取批准减缴、免缴或者缓缴排污费数额3倍的罚款;

4.造成较大社会影响或有其他严重情节的,处所骗取批准减缴、免缴或者缓缴排污费数额3倍的罚款。

§7.5《排污费征收使用管理条例》第二十三条　环境保护专项资金使用者不按照批准的用途使用环境保护专项资金的,由县级以上人民政府环境保护行政主管部门或者财政部门依据职权责令限期改正;逾期不改正的,10年内不得申请使用环境保护专项资金,并处挪用资金数额1倍以上3倍以下的罚款。

裁量标准:

1.挪用资金数额在10万元以下的,处挪用资金数额1倍的罚款;

2.挪用资金数额在10万元以上20万元以下的,处挪用资金数额2倍的罚款;

3.挪用资金数额在20万元以上的,处挪用资金数额3倍的罚款;

4.造成较大社会影响或有其他严重情节的,所挪用资金数额3倍的罚款。

八、违反突发环境事件应急制度类

§8.1《中华人民共和国水污染防治法》第八十二条　企业事业单位有下列行为之一的,由县级以上人民政府环境保护主管部门责令改正;情节严重的,处二万元以上十万元以下的罚款:

(一)不按照规定制定水污染事故的应急方案的;

(二)水污染事故发生后,未及时启动水污染事故的应急方案,采取有关应急措施的。

裁量标准:

1.不按照规定制定水污染事故的应急方案的,处2万元以上5万元以下罚款;

2.水污染事故发生后,未及时启动水污染事故的应急方案,采取有关应急措施的,处5万元以上10万元以下罚款;

3.造成较大社会影响或有其他严重情节的,处10万元罚款。

§8.2《中华人民共和国水污染防治法》第八十三条　企业事业单位违反本法规定,造成水污染事故的,由县级以上人民政府环境保护主管部门依照本条第二款的规定处以罚款,责令限期采取治理措施,消除污染;不按要求采取治理措施或者不具备治理能力的,由环境保护主管部门指定有治理能力的单位代为治理，所需费用由违法者承担；对造成重大或者特大水污染事故的，可以报经有批准权的人民政府批准，责令关闭；对直接负责的主管人员和其他直接责任人员可以处上一年度从本单位取得的收入百分之五十以下的罚款。

对造成一般或者较大水污染事故的，按照水污染事故造成的直接损失的百分之二十计算罚款；对造成重大或者特大水污染事故的，按照水污染事故造成的直接损失的百分之三十计算罚款。

裁量标准：本条款不细化，从其规定。

§8.3《中华人民共和国大气污染防治法》第六十一条　对违反本法规定，造成大气污染事故的企业事业单位，由所在地县级以上地方人民政府环境保护行政主管部门根据所造成的危害后果处直接经济损失百分之五十以下罚款，但最高不超过五十万元；情节较重的，对直接负责的主管人员和其他直接责任人员，由所在单位或者上级主管机关依法给予行政处分或纪律处分；造成重大大气污染事故，导致公私财产重大损失或者人身伤亡的严重后果，构成犯罪的，依法追究刑事责任。

裁量标准：

1. 造成一般环境事件(Ⅳ)及其他大气污染事故的，处直接经济损失20%以上30%以下罚款，但最高不超过50万元；

2. 造成较大环境事件(Ⅲ)的，处直接经济损失30%以上40%以下罚款，但最高不超过50万元；

3. 造成重大环境事件(Ⅱ)的，处直接经济损失40%以上50%以下罚款，但最高不超过50万元；

4. 造成特别重大环境事件(Ⅰ)的，处直接经济损失50%罚款，但最高不超过50万元。

§8.4《中华人民共和国固体废物污染环境防治法》第七十五条第一款第(十三)项、第二款　违反本法有关危险废物污染环境防治的规定，有下列行为之一的，由县级以上人民政府环境保护行政主管部门责令停止违法行为，限期改正，处以罚款：

(十三)未制定危险废物意外事故防范措施和应急预案的。

有前款第十三项行为的，处一万元以上十万元以下的罚款；

裁量标准：

1. 未制定危险废物意外事故防范措施和应急预案的，处1万元以上5万元以下罚款；

2. 造成较大社会影响或有其他严重情节的，处5万元以上10万元以下罚款。

§8.5《中华人民共和国固体废物污染环境防治法》第八十二条　违反本法规定，造成固体废物污染环境事故的，由县级以上人民政府环境保护行政主管部门处二万元以上二十万元以下的罚款；造成重大损失的，按照直接损失的百分之三十计算罚款，但是最高不超过一百万元，对负有责任的主管人员和其他直接责任人员，依法给予行政处分；造成固体废物污染环境重大事故的，并由县级以上人民政府按照国务院规定的权限决定停业或者关闭。

裁量标准：

1. 发生一般环境事件(Ⅳ)及其他固体废物污染环境事故的，处2万元以上10万元以下罚款；造成重大损失的，按照直接损失的百分之三十计算罚款，但是最高不超过一百万元；

2. 发生较大环境事件(Ⅲ)的，处10万元以上20万元以下罚款；造成较大社会影响或有其他严重情节的，处20万元罚款；造成重大损失的，按照直接损失的百分之三十计算罚款，但是最高不超过一百万元；

3. 发生重大环境事件(Ⅱ)、特别重大环境事件(Ⅰ)的，按照直接损失的百分之三十计算罚款，但最高不超过100万元。

§8.6《中华人民共和国放射性污染防治法》第五十五条第(二)项、第(三)项　违反本法规定，有下列行为之一的，由县级以上人民政府环境保护行政主管部门或者其他有关部门依据职权责令限期改正；逾期不改正的，责令停产停业，并处二万元以上十万元以下罚款；构成犯罪的，依法追究刑事责任：

(二)不按照规定建立健全安全保卫制度和制定事故应急计划或者应急措施的；

(三)不按照规定报告放射源丢失、被盗情

况或者放射性污染事故的。

裁量标准：

1. 不按照规定建立健全安全保卫制度，经责令限期改正但逾期不改正的，责令停产停业，并处2万元以上5万元以下罚款；

2. 不按照规定制定事故应急计划或者应急措施，经责令限期改正但逾期不改正的，责令停产停业，并处5万元以上10万元以下罚款；

3. 不按照规定报告Ⅳ类、Ⅴ类放射源丢失、被盗情况或者一般放射性环境事件，经责令限期改正但逾期不改正的，责令停产停业，并处2万元以上5万元以下罚款；

4. 不按照规定报告Ⅲ类源放射源丢失、被盗情况或者较大放射性环境事件，经责令限期改正但逾期不改正的，责令停产停业，并处5万元以上8万元以下罚款；

5. 不按照规定报告Ⅱ类放射源丢失、被盗情况或者重大放射性环境事件，经责令限期改正但逾期不改正的，责令停产停业，并处8万元以上10万元以下罚款；

6. 不按照规定报告Ⅰ类放射源丢失、被盗情况或者特别重大放射性环境事件，经责令限期改正但逾期不改正的，责令停产停业，并处10万元罚款；

7. 经责令限期改正但逾期不改正，造成较大社会影响或有其他严重情节的，责令停产停业，并处10万元罚款。

§8.7《医疗废物管理条例》第四十九条　医疗卫生机构、医疗废物集中处置单位发生医疗废物流失、泄漏、扩散时，未采取紧急处理措施，或者未及时向卫生行政主管部门和环境保护行政主管部门报告的，由县级以上地方人民政府卫生行政主管部门或者环境保护行政主管部门按照各自的职责责令改正，给予警告，并处1万元以上3万元以下的罚款；造成传染病传播或者环境污染事故的，由原发证部门暂扣或者吊销执业许可证件或者经营许可证件；构成犯罪的，依法追究刑事责任。

《医疗废物管理行政处罚办法》第十一条第二款　医疗废物集中处置单位发生医疗废物流失、泄漏、扩散时，未采取紧急处理措施，或者未及时向环境保护行政主管部门报告的，由县级以上地方人民政府环境保护行政主管部门责令改正，给予警告，并处1万元以上3万元以下的罚款。

裁量标准：

1. 医疗废物集中处置单位发生医疗废物流失、泄漏、扩散时，未及时向环境保护行政主管部门报告的，处1万元以上2万元以下罚款；

2. 医疗废物集中处置单位发生医疗废物流失、泄漏、扩散时，未采取紧急处理措施的，处2万元以上3万元以下罚款；

3. 造成较大社会影响或有其他严重情节的，处3万元罚款。

§8.8《放射性同位素与射线装置安全和防护条例》第六十一条　违反本条例规定，造成辐射事故的，由原发证机关责令限期改正，并处5万元以上20万元以下的罚款；情节严重的，由原发证机关吊销许可证。

裁量标准：

1. 发生一般辐射事故的，处5万元以上10万元以下罚款；

2. 发生较大辐射事故的，处10万元以上15万元以下罚款；

3. 发生重大辐射事故的，处15万元以上20万元以下罚款；

4. 发生特别重大辐射事故的，处20万元罚款；

5. 造成较大社会影响或有其他严重情节的，处20万元罚款。

§8.9《电磁辐射环境保护管理办法》第三十条　违反本办法规定，造成电磁辐射污染环境事故的，由省级环境保护行政主管部门处以罚款。有违法所得的，处违法所得3倍以下的罚款，但最高不超过3万元；没有违法所得的，处1万元以下的罚款。

裁量标准：

1. 发生电磁辐射污染环境突发事件但无违法所得的，处1万元罚款；

2. 发生电磁辐射污染环境突发事件且有违法所得的，处违法所得3倍的罚款，但最高不超过3万元。

九、违反其他水污染防治管理制度类

§9.1《中华人民共和国水污染防治法》第七十二条第(三)项违反本法规定，有下列行为之一的，由县级以上人民政府环境保护主管部门责令限期改正；逾期不改正的，处一万元以上十万元以下的罚款：

(三)未按照规定对所排放的工业废水进行监测并保存原始监测记录的。

裁量标准：

1.已按照规定对所排放的工业废水进行监测但未保存原始监测记，经责令限期改正但逾期不改正的，处1万元以上5万元以下罚款；

2.未按照规定对所排放的工业废水进行监测，经责令限期改正但逾期不改正的，处5万元以上10万元以下罚款；

3.造成较大社会影响或有其他严重情节的，处8万元以上10万元以下罚款。

§9.2.1《中华人民共和国水污染防治法》第七十六条第一款第(一)项、第二款　有下列行为之一的，由县级以上地方人民政府环境保护主管部门责令停止违法行为，限期采取治理措施，消除污染，处以罚款；

逾期不采取治理措施的，环境保护主管部门可以指定有治理能力的单位代为治理，所需费用由违法者承担：

(一)向水体排放油类、酸液、碱液的；有前款第一项行为的，处二万元以上二十万元以下的罚款。

裁量标准：

1.向江河排放油类、酸液、碱液的，处2万元以上5万元以下罚款；

2.向水库、湖泊、地下水排放油类、酸液、碱液的，处5万元以上10万元以下罚款；

3.向风景名胜区水体、重要渔业水体和其他具有特殊经济文化价值水体排放油类、酸液、碱液的，处10万元以上15万元以下罚款；

4.向生活饮用水水源二级保护区或准保护区内水体排放油类、酸液、碱液的，处15万元以上18万元以下罚款；

5.向生活饮用水水源一级保护区内水体排放油类、酸液、碱液的，处以18万元以上20万元以下罚款；

6.造成较大社会影响或有其他严重情节的，处15万元以上20万元以下罚款。

§9.2.2(二)向水体排放剧毒废液，或者将含有汞、镉、砷、铬、铅、氰化物、黄磷等的可溶性剧毒废渣向水体排放、倾倒或者直接埋入地下的；

有前款第二项行为的，处五万元以上五十万元以下的罚款。

裁量标准：

1.向江河排放剧毒废液，或者将含有汞、镉、砷、铬、铅、氰化物、黄磷等的可溶性剧毒废渣向江河排放的，处5万元以上15万元以下罚款；

2.向水库、湖泊、地下水排放剧毒废液，或者将含有汞、镉、砷、铬、铅、氰化物、黄磷等的可溶性剧毒废渣向水库、湖泊、地下水排放的，处15万元以上25万元以下罚款；

3.向风景名胜区水体、重要渔业水体和其他具有特殊经济文化价值水体排放剧毒废液，或者将含有汞、镉、砷、铬、铅、氰化物、黄磷等的可溶性剧毒废渣向上述水体排放的，处25万元以上40万元以下罚款；

4.向生活饮用水水源二级保护区或准保护区内水体排放剧毒废液，或者将含有汞、镉、砷、铬、铅、氰化物、黄磷等的可溶性剧毒废渣向上述水体排放的，处35万元以上40万元以下罚款；

5.向生活饮用水水源一级保护区内水体排放剧毒废液，或者将含有汞、镉、砷、铬、铅、氰化物、黄磷等的可溶性剧毒废渣向一级保护区排放的，处40万元以上50万元以下罚款；

6.将含有汞、镉、砷、铬、铅、氰化物、黄磷等的可溶性剧毒废渣直接埋入地下的，处20万元以上40万元以下罚款；

7.造成较大社会影响或有其他严重情节的，处40万元以上50万元以下罚款。

§9.2.3(三)在水体清洗装贮过油类、有毒污染物的车辆或者容器的；

有前款第三项行为的，处一万元以上十万元以下的罚款。

裁量标准：

1. 在江河清洗装贮过油类、有毒污染物的车辆或者容器的，处1万元以上3万元以下罚款；

2. 在水库、湖泊、地下水清洗装贮过油类、有毒污染物的车辆或者容器的，处3万元以上5万元以下罚款；

3. 在风景名胜区水体、重要渔业水体和其他具有特殊经济文化价值水体清洗装贮过油类、有毒污染物的车辆或者容器的，处5万元以上8万元以下罚款；

4. 在生活饮用水水源二级保护区或准保护区内水体清洗装贮过油类、有毒污染物的车辆或者容器的，处7万元以上8万元以下罚款；

5. 在生活饮用水水源一级保护区内水体清洗装贮过油类、有毒污染物的车辆或者容器的，处8万元以上10万元以下罚款；

6. 造成较大社会影响或有其他严重情节的，处8万元以上10万元以下罚款。

§9.2.4（四）向水体排放、倾倒工业废渣、城镇垃圾或者其他废弃物，或者在江河、湖泊、运河、渠道、水库最高水位线以下的滩地、岸坡堆放、存贮固体废弃物或者其他污染物的；

有前款第四项行为的，处二万元以上二十万元以下的罚款。

裁量标准：

1. 向江河排放、倾倒工业废渣、城镇垃圾或者其他废弃物的，处2万元以上5万元以下罚款；

2. 向水库、湖泊、地下水排放、倾倒工业废渣、城镇垃圾或者其他废弃物的，处5万元以上10万元以下罚款；

3. 向风景名胜区水体、重要渔业水体和其他具有特殊经济文化价值水体排放、倾倒工业废渣、城镇垃圾或者其他废弃物的，处10万元以上15万元以下罚款；

4. 向生活饮用水水源二级保护区或准保护区内水体排放、倾倒工业废渣、城镇垃圾或者其他废弃物的，处15万元以上18万元以下罚款；

5. 向生活饮用水水源一级保护区内水体排放、倾倒工业废渣、城镇垃圾或者其他废弃物的，处18万元以上20万元以下罚款；

6. 在江河、湖泊、运河、渠道、水库最高水位线以下的滩地、岸坡堆放、存贮固体废弃物或者其他污染物的，处5万元以上15万元以下罚款；属危险废物的，处15万元以上20万元以下罚款；

7. 造成较大社会影响或有其他严重情节的，处15万元以上20万元以下罚款。

§9.2.5（五）向水体排放、倾倒放射性固体废物或者含有高放射性、中放射性物质的废水的；

有前款第五项行为的，处五万元以上五十万元以下的罚款。

裁量标准：

1. 向江河排放、倾倒放射性固体废物或者含有高放射性、中放射性物质的废水的，处5万元以上15万元以下罚款；

2. 向水库、湖泊、地下水排放、倾倒放射性固体废物或者含有高放射性、中放射性物质的废水的，处15万元以上25万元以下罚款；

3. 向风景名胜区水体、重要渔业水体和其他具有特殊经济文化价值水体排放、倾倒放射性固体废物或者含有高放射性、中放射性物质的废水的，处25万元以上40万元以下罚款；

4. 向生活饮用水水源二级保护区或准保护区内水体排放、倾倒放射性固体废物或者含有高放射性、中放射性物质的废水的，处35以上40万元以下罚款；

5. 向生活饮用水水源一级保护区内水体排放、倾倒放射性固体废物或者含有高放射性、中放射性物质的废水的，处40万元以上50万元以下罚款；

6. 造成较大社会影响或有其他严重情节的，处40万元以上50万元以下罚款。

§9.2.6（六）违反国家有关规定或者标准，向水体排放含低放射性物质的废水、热废水或者含病原体的污水的；

有前款第六项行为的，处一万元以上十万元以下的罚款。

裁量标准：

1. 向江河排放含低放射性物质的废水、热废水或者含病原体的污水的，处1万元以上3

万元以下罚款；

2. 向水库、湖泊、地下水排放含低放射性物质的废水、热废水或者含病原体的污水的，处3万元以上5万元以下罚款；

3. 向风景名胜区水体、重要渔业水体和其他具有特殊经济文化价值水体排放含低放射性物质的废水、热废水或者含病原体的污水的，处5万元以上8万元以下罚款；

4. 向生活饮用水水源二级保护区或准保护区内水体排放含低放射性物质的废水、热废水或者含病原体的污水的，处8万元以上10万元罚款；

5. 向生活饮用水水源一级保护区内水体排放含低放射性物质的废水、热废水或者含病原体的污水的，处10万元罚款；

6. 造成较大社会影响或有其他严重情节的，处5万元以上10万元以下罚款。

§9.2.7(七)利用渗井、渗坑、裂隙或者溶洞排放、倾倒含有毒污染物的废水、含病原体的污水或者其他废弃物的；

有前款第七项行为的，处五万元以上五十万元以下的罚款。

裁量标准：

1. 利用渗井、渗坑、裂隙或者溶洞排放、倾倒含有毒污染物的废水的，处30万元以上50万元以下罚款；

2. 利用渗井、渗坑、裂隙或者溶洞排放、倾倒含病原体的污水的，处20万元以上40万元以下罚款；

3. 利用渗井、渗坑、裂隙或者溶洞排放、倾倒其他废弃物的，处10万元以上20万元以下罚款；

4. 造成较大社会影响或有其他严重情节的，处40万元以上50万元以下罚款。

§9.2.8(八)利用无防渗漏措施的沟渠、坑塘等输送或者存贮含有毒污染物的废水、含病原体的污水或者其他废弃物的。

有前款第八项行为的，处二万元以上二十万元以下的罚款。

裁量标准：

1. 利用无防渗漏措施的沟渠、坑塘等输送含有毒污染物的废水或者含病原体的污水的，处10万元以上15万元以下罚款；

2. 利用无防渗漏措施的沟渠、坑塘等存贮含有毒污染物的废水或者含病原体的污水的，处15万元以上20万元以下罚款；

3. 利用无防渗漏措施的沟渠、坑塘等输送其他废弃物的，处5万元以上10万元以下罚款；

4. 利用无防渗漏措施的沟渠、坑塘等存贮其他废弃物的，处10万元以上15万元以下罚款；

5. 造成较大社会影响或有其他严重情节的，处15万元以上20万元以下罚款。

§9.3.1《中华人民共和国水污染防治法》第八十一条第一款　有下列行为之一的，由县级以上地方人民政府环境保护主管部门责令停止违法行为，处十万元以上五十万元以下的罚款；并报经有批准权的人民政府批准，责令拆除或者关闭：

(一)在饮用水水源一级保护区内新建、改建、扩建与供水设施和保护水源无关的建设项目的；

(二)在饮用水水源二级保护区内新建、改建、扩建排放污染物的建设项目的；

(三)在饮用水水源准保护区内新建、扩建对水体污染严重的建设项目，或者改建建设项目增加排污量的。

裁量标准：

1. 在饮用水水源准保护区内新建、扩建对水体污染严重的建设项目，或者改建建设项目增加排污量的，处10万元以上30万元以下罚款；

2. 在饮用水水源二级保护区内新建、改建、扩建排放污染物的建设项目的，处30万元以上40万元以下罚款；

3. 在饮用水水源一级保护区内新建、改建、扩建与供水设施和保护水源无关的建设项目的，处40万元以上50万元以下罚款；

4. 造成较大社会影响或有其他严重情节的，处40万元以上50万元以下罚款。

§9.3.2《中华人民共和国水污染防治法》第八十一条第二款　在饮用水水源一级保护区内从事网箱养殖或者组织进行旅游、垂钓或者其他可能污染饮用水水体的活动的，由县级以上地方人民政府环境保护主管部门责令停止违法行为，处二万元以上十万元以下的罚款。个人在饮用水水源一级保护区内游泳、垂钓或者从事其他可能污染饮用水水体的活动的，由县级以上地方人民政府环境保护主管部门责令停止违法行为，可以处五百元以下的罚款。

裁量标准：

1. 在饮用水水源一级保护区内组织进行旅游、垂钓或者其他可能污染饮用水水体的活动的，处2万元以上5万元以下罚款；

2. 在饮用水水源一级保护区内从事网箱养殖的，处5万元以上10万元以下罚款；

3. 个人在饮用水水源一级保护区内游泳、垂钓或者其他可能污染饮用水水体的活动的，处500元罚款。

十、其他违反大气污染防治管理制度类

§10.1《中华人民共和国大气污染防治法》第四十九条第二款　将淘汰的设备转让给他人使用的，由转让者所在地县级以上地方人民政府环境保护行政主管部门或者其他依法行使监督管理权的部门没收转让者的违法所得，并处违法所得两倍以下罚款。

裁量标准：

1. 违法所得不足10万元的，没收转让者的违法所得，并处以违法所得1倍罚款；

2. 违法所得10万元以上，没收转让者的违法所得，并处违法所得2倍罚款；

3. 造成较大社会影响或有其他严重情节的，没收转让者的违法所得，并处违法所得2倍罚款。

§10.2《中华人民共和国大气污染防治法》第五十五条　违反本法第三十五条第一款或者第二款规定，未取得所在地省、自治区、直辖市人民政府环境保护行政主管部门或者交通、渔政等依法行使监督管理权的部门的委托进行机动车船排气污染检测的，或者在检测中弄虚作假的，由县级以上人民政府环境保护行政主管部门或者交通、渔政等依法行使监督管理权的部门责令停止违法行为，限期改正，可以处五万元以下罚款；情节严重的，由负责资质认定的部门取消承担机动车船年检的资格。

裁量标准：

1. 在机动车排气污染检测中弄虚作假，初次违法的，处1万元以上3万元以下罚款；经责令限期改正但逾期不改正的，处3万元以上5万元以下罚款；

2. 未取得省环境保护主管部门委托进行机动车排气污染检测的，处1万元以上3万元以下罚款；经责令限期改正但逾期不改正的，处3万元以上5万元以下罚款；

3. 造成较大社会影响或有其他严重情节的，处4万元以上5万元以下罚款。

§10.3.1《中华人民共和国大气污染防治法》第五十六条第（一）项　违反本法规定，有下列行为之一的，由县级以上地方人民政府环境保护行政主管部门或者其他依法行使监督管理权的部门责令停止违法行为，限期改正，可以处五万元以下罚款：

（一）未采取有效污染防治措施，向大气排放粉尘、恶臭气体或者其他含有有毒物质气体的；

裁量标准：

1. 未采取有效污染防治措施，向大气排放粉尘、恶臭气体的，处1万元以上3万元以下罚款；

2. 未采取有效污染防治措施，向大气排放其他含有毒物质气体的，处3万元以上4万元以下罚款；

3. 造成较大社会影响或有其他严重情节的，处5万元罚款。

§10.3.2（二）未经当地环境保护行政主管部门批准，向大气排放转炉气、电石气、电炉法黄磷尾气、有机烃类尾气的；

裁量标准：

1. 未经当地环境保护行政主管部门批准，向大气排放转炉气、电石气、电炉法黄磷尾气、有机烃类尾气的，处1万元以上4万元以下罚款；

2. 造成较大社会影响或有其他严重情节的，处5万元罚款。

§10.3.3（三）未采取密闭措施或者其他防护措施，运输、装卸或者贮存能够散发有毒有害气体或者粉尘物质的；

裁量标准：

1. 未采取密闭措施或者其他防护措施，运输、装卸或者贮存能够散发粉尘物质的，处1万元以上3万元以下罚款；

2. 未采取密闭措施或者其他防护措施，运输、装卸或者贮存能够散发有毒有害气体的，处3万元以上4万元以下罚款；

3. 造成较大社会影响或有其他严重情节的，处5万元罚款。

§10.3.4（四）城市饮食服务业的经营者未采取有效污染防治措施，致使排放的油烟对附近居民的居住环境造成污染的。

裁量标准：

1. 注册资金在10万元以下的，处1万元以上3万元以下罚款；

2. 注册资金在10万元以上20万元以下的，处3万元以上4万元以下罚款；

3. 注册资金在20万元以上的，处4万元以上5万元以下罚款；

4. 未取得营业执照的，处4万元以上5万元以下罚款；

5. 造成较大社会影响或有其他严重情节的，处4万元以上5万元以下罚款。

§10.4《中华人民共和国大气污染防治法》第五十七条　违反本法第四十一条第一款规定，在人口集中地区和其他依法需要特殊保护的区域内，焚烧沥青、油毡、橡胶、塑料、皮革、垃圾以及其他产生有毒有害烟尘和恶臭气体的物质的，由所在地县级以上地方人民政府环境保护行政主管部门责令停止违法行为，处二万元以下罚款。

违反本法第四十一条第二款规定，在人口集中地区、机场周围、交通干线附近以及当地人民政府划定的区域内露天焚烧秸秆、落叶等产生烟尘污染的物质的，由所在地县级以上地方人民政府环境保护行政主管部门责令停止违法行为；情节严重的，可以处二百元以下罚款。

裁量标准：

1. 个人在人口集中地区和其他依法需要特殊保护的区域内，焚烧沥青、油毡、橡胶、塑料、皮革、垃圾以及其他产生有毒有害烟尘和恶臭气体的物质的，处1万元以下罚款；造成较大社会影响或有其他严重情节的，处1万元以上2万元以下罚款；

2. 单位在人口集中地区和其他依法需要特殊保护的区域内，焚烧沥青、油毡、橡胶、塑料、皮革、垃圾以及其他产生有毒有害烟尘和恶臭气体的物质的，处1万元以上2万元以下罚款；造成较大社会影响或有其他严重情节的，处2万元罚款。

3. 在人口集中地区、机场周围、交通干线附近以及当地人民政府划定的区域内露天焚烧秸秆、落叶等产生烟尘的物质，情节严重的，处200元以下罚款。

§10.5.1《广东省机动车排气污染防治条例》第三十三条第一款　违反本条例第十五条规定，新建加油站未按照国家标准配套安装油气回收系统的，或者已建加油站未在国家标准规定的期限内完成油气回收综合治理设施安装的，由县级以上环境保护主管部门责令限期改正，并处一万元以上五万元以下罚款。

裁量标准：

1. 已建加油站未在国家标准规定的期限内完成油气回收综合治理设施安装的，处1万元以上3万元以下罚款；

2. 新建加油站未按照国家标准配套安装油气回收系统的，处3万元以上5万元以下罚款；

3. 经责令限期改正但逾期不改正、造成较大社会影响或有其他严重情节的，处4万元以上5万元以下罚款。

§10.5.2《广东省机动车排气污染防治条例》第三十三条第二款　新登记油罐车未完成油气回收系统安装的，或者在用油罐车未在国家标准规定的期限内完成油气回收综合治理设施安装的，由县级以上环境保护主管部门责令限期改正，并处三千元以上三万元以下罚款。

裁量标准：

1. 在用油罐车未在国家标准规定的期限内完成油气回收综合治理设施安装的，处3000元以上2万元以下罚款；

2. 新登记油罐车未完成油气回收系统安装的，处1万元以上3万元以下罚款；

3. 经责令限期改正但逾期不改正、造成较大社会影响或有其他严重情节的，处2万元以上3万元以下罚款。

§10.6《广东省机动车排气污染防治条例》第三十四条　违反本条例第十六条规定，机动车所有人或者驾驶人擅自拆除、闲置、更改在用机动车排气污染控制装置，造成装置失效使机动车排气污染超过规定标准的，由环境保护主管部门责令改正，并处五百元以上一千元以下罚款。

裁量标准：

1. 机动车所有人或者驾驶人擅自拆除、闲置、更改在用机动车排气污染控制装置，造成装置失效使机动车排气污染超过规定标准的，处500元以上800元以下罚款；

2. 机动车所有人或者驾驶人擅自拆除、闲置、更改在用机动车排气污染控制装置，造成装置失效使机动车排气污染超过规定标准，经责令改正但拒不改正的，处1000元罚款。

§10.7《广东省机动车排气污染防治条例》第三十五　条违反本条例第十八条第一款规定，未经省环境保护主管部门委托从事机动车排气污染定期检测的，由县级以上环境保护主管部门责令其停止违法行为，限期改正，并可以处一万元以上五万元以下罚款。

裁量标准：

1. 未经省环境保护主管部门委托从事机动车排气污染定期检测的，处1万元以上3万元以下罚款；

2. 未经省环境保护主管部门委托从事机动车排气污染定期检测，经责令限期改正但逾期未改正的，处3万元以上5万元以下罚款；

3. 造成较大社会影响或有其他严重情节的，处4万元以上5万元以下罚款。

§10.8《广东省机动车排气污染防治条例》第三十六条　受委托的机动车环保检验机构违反本条例第十九条规定的，由县级以上环境保护主管部门或者其他有关行政主管部门责令其停止违法行为，限期改正，并可以处一万元以上五万元以下罚款；情节严重的，由省环境保护主管部门解除其承担机动车排气污染定期检测的委托关系，并向社会公告。

（第十九条　受委托的机动车环保检验机构应当遵守下列规定：

（一）依据法定的检测方法、检测标准对机动车排气污染进行检测；

（二）检测使用的仪器、设备，应当按规定向质量技术监督主管部门申请计量检定；

（三）出具真实、准确的机动车排气污染检测结果；

（四）实时向当地地级以上市环境保护主管部门及公安机关交通管理部门传递相关检测数据，并接受其监督；

（五）建立机动车排气污染检测档案；

（六）不得以任何方式经营或者参与经营机动车维修业务。）

裁量标准：

1. 受委托的机动车环保检验机构未依据法定的检测方法、检测标准对机动车排气污染进行检测的，处1万元以上3万元以下罚款；

2. 受委托的机动车环保检验机构检测使用的仪器、设备未按规定向质量技术监督主管部门申请计量检定的，处2万元以上3万元以下罚款；

3. 受委托的机动车环保检验机构出具的机动车排气污染检测结果不真实、准确的，处3万元以上5万元以下罚款；

4. 受委托的机动车环保检验机构未实时向当地地级以上市环境保护主管部门及公安机关交通管理部门传递相关检测数据并接受其监督的，处1万元以上3万元以下罚款；

5. 受委托的机动车环保检验机构未建立机动车排气污染检测档案的，处1万元以上3万元以下罚款；

6. 受委托的机动车环保检验机构经营或者参与经营机动车维修业务的，处3万元以上5万元以下罚款；

7. 造成较大社会影响或有其他严重情节的，处4万元以上5万元以下罚款。

§10.9《广东省机动车排气污染防治条例》第三十八条　违反本条例第二十四条规定，已实施与排气有关的维修后待出厂的机动车经环境保护主管部门抽检,排气污染物超过机动车注册登记时国家规定的机动车污染物排放标准的,由环境保护主管部门责令维修机构限期整改,并可以处每车次五百元以上一千元以下的罚款。

裁量标准:

1. 小型车每车次处500元罚款;

2. 中型车每车次处800元罚款;

3. 大型车每车次处1000元罚款。

十一、其他违反环境噪声污染防治管理制度类

§11.1《中华人民共和国环境噪声污染防治法》第五十二条　违反本法第十七条的规定,对经限期治理逾期未完成治理任务的企业事业单位,除依照国家规定加收超标准排污费外,可以根据所造成的危害后果处以罚款,或者责令停业、搬迁、关闭。

前款规定的罚款由环境保护行政主管部门决定。责令停业、搬迁、关闭由县级以上人民政府按照国务院规定的权限决定。

裁量标准:执行第二章§11.3《广东省实施〈中华人民共和国环境噪声污染防治法〉办法》第三十二条第(六)项的裁量标准。

§11.2《中华人民共和国环境噪声污染防治法》第五十六条　建筑施工单位违反本法第三十条第一款的规定,在城市市区噪声敏感建筑的集中区域内,夜间进行禁止进行的产生环境噪声污染的建筑施工作业的,由工程所在地县级以上地方人民政府环境保护行政主管部门责令改正,可以并处罚款。

裁量标准:执行第二章§11.4《广东省实施〈中华人民共和国环境噪声污染防治法〉办法》第三十二条第(八)项的裁量标准。

§11.3《广东省实施〈中华人民共和国环境噪声污染防治法〉办法》第三十二条第(六)项　违反本办法的规定,有下列情形之一者,由县级以上环境保护行政主管部门或者其他依照法律、法规行使环境噪声监督管理权的部门责令其改正,并根据情节轻重给予处罚:

(六)违反本办法第十三条、第十四条规定,对经限期治理逾期未完成治理任务的企业事业单位或者个体工商户,除依照国家规定加收超标准排污费外,可以根据所造成的危害和损失处以1万元以上10万元以下的罚款,或者责令其停业、搬迁、关闭。罚款由环境保护行政主管部门决定。责令停业、搬迁、关闭由作出限期治理决定的人民政府决定或者由作出限期治理决定的环境保护行政主管部门报请人民政府决定;责令中央直接管辖的企业事业单位停业、搬迁、关闭的,须报经国务院批准。

裁量标准:

1. 超标3分贝以下的,处1万元以上5万元以下罚款;

2. 超标3分贝以上不足5分贝的,处5万元以上8万元以下罚款;

3. 超标5分贝以上的,处8万元以上10万元以下罚款;

4. 造成较大社会影响或有其他严重情节的,处8万元以上10万元以下罚款。

§11.4《广东省实施〈中华人民共和国环境噪声污染防治法〉办法》第三十二条第(八)项　违反本办法的规定,有下列情形之一者,由县级以上环境保护行政主管部门或者其他依照法律、法规行使环境噪声监督管理权的部门责令其改正,并根据情节轻重给予处罚:

(八)违反本办法第十八条、第二十条、第二十一条规定,拒不执行环境保护行政主管部门限制施工作业时间者,县级以上环境保护行政主管部门可以处以3000元以上1万元以下罚款。

裁量标准:

1. 拒不执行环境保护行政主管部门限制施工作业时间的,处3000元以上1万元以下罚款;

2. 造成较大社会影响或有其他严重情节的,处1万元罚款。

十二、其他违反固体废物污染防治管理制度类

§12.1.1《中华人民共和国固体废物污染环境防治法》第六十八条第一款第(二)项、第二款　违反本法规定,有下列行为之一的,由县级以上人民政府环境保护行政主管部门责令停止违法行为,限期改正,处以罚款:

(二)对暂时不利用或者不能利用的工业固体废物未建设贮存的设施、场所安全分类存

放,或者未采取无害化处置措施的;

有前款第二项行为的,处一万元以上十万元以下的罚款。

裁量标准:

1. 涉及一般工业固体废物数量10吨以下或者危险废物1吨以下的,处1万元以上3万元以下罚款;

2. 涉及一般工业固体废物数量10吨以上20吨以下或者危险废物数量1吨以上5吨以下的,处3万元以上5万元以下罚款;

3. 涉及一般工业固体废物数量20吨以上30吨以下或者危险废物数量5吨以上10吨以下的,处5万元以上8万元以下罚款;

4. 涉及一般工业固体废物数量30吨以上或者危险废物数量10吨以上的,处8万元以上10万元以下罚款;

5. 造成社会较大影响或有其他严重情节的,处8万元以上10万元以下罚款。

§12.1.2(三)将列入限期淘汰名录被淘汰的设备转让给他人使用的;

有前款第三项行为的,处一万元以上十万元以下的罚款。

裁量标准:

1. 将列入限期淘汰名录被淘汰的设备转让给他人使用的,处1万元以上5万元以下罚款;

2. 将列入限期淘汰名录被淘汰的设备转让给他人使用,经责令限期改正但逾期不改正的,处5万元以上10万元以下罚款;

3. 造成较大社会影响或有其他严重情节的,处8万元以上10万元以下罚款。

§12.1.3(五)在自然保护区、风景名胜区、饮用水水源保护区、基本农田保护区和其他需要特别保护的区域内,建设工业固体废物集中贮存、处置的设施、场所和生活垃圾填埋场的;

有前款第五项行为的,处一万元以上十万元以下的罚款。

裁量标准:

1. 贮存、处置、填埋能力为1000立方米以下的,处1万元以上3万元以下罚款;

2. 贮存、处置、填埋能力为1000立方米以上5000立方米以下的,处3万元以上5万元以下罚款;

3. 贮存、处置、填埋能力为5000立方米以上10000立方米以下的,处5万元以上8万元以下罚款;

4. 贮存、处置、填埋能力为10000立方米以上的,处8万元以上10万元以下罚款;

5. 造成较大社会影响或有其他严重情节的,处8万元以上10万元以下罚款。

§12.1.4(六)擅自转移固体废物出省、自治区、直辖市行政区域贮存、处置的;

有前款第六项行为的,处一万元以上十万元以下的罚款。

裁量标准:

1. 转移5吨以下的,处1万元以上3万元以下罚款;

2. 转移5吨以上10吨以下的,处3万元以上5万元以下罚款;

3. 转移10吨以上20吨以下的,处5万元以上8万元以下罚款;

4. 转移20吨以上的,处8万元以上10万元以下罚款;

5. 造成较大社会影响或有其他严重情节的,处8万元以上10万元以下罚款。

§12.1.5(七)未采取相应防范措施,造成工业固体废物扬散、流失、渗漏或者造成其他环境污染的;

有前款第七项行为的,处一万元以上十万元以下的罚款。

裁量标准:

1. 扬散、流失、渗漏或者造成其他环境污染的固体废物数量5吨以下的,处1万元以上3万元以下罚款;

2. 扬散、流失、渗漏或者造成其他环境污染的固体废物数量5吨以上10吨以下的,处3万元以上5万元以下罚款;

3. 扬散、流失、渗漏或者造成其他环境污染的固体废物数量10吨以上20吨的以下,处5万元以上8万元以下罚款;

4. 扬散、流失、渗漏或者造成其他环境污染的固体废物数量20吨以上的,处8万元以上10万元以下罚款;

5. 造成较大社会影响或有其他严重情节的,处8万元以上10万元以下罚款。

§12.1.6(八)在运输过程中沿途丢弃、遗撒工业固体废物的。

有前款第八项行为的,处五千元以上五万元以下的罚款。

裁量标准:

1. 在运输过程中沿途丢弃、遗撒工业固体废物数量1吨以下的,处2万元以下罚款;

2. 在运输过程中沿途丢弃、遗撒固体废物数量1吨以上3吨以下的,处1万元以上3万元以下罚款;

3. 在运输过程中沿途丢弃、遗撒固体废物数量3吨以上的,处3万元以上5万元以下罚款;

4. 造成较大社会影响或有其他严重情节的,处5万元罚款。

§12.2《中华人民共和国固体废物污染环境防治法》第七十一条　从事畜禽规模养殖未按照国家有关规定收集、贮存、处置畜禽粪便,造成环境污染的,由县级以上地方人民政府环境保护行政主管部门责令限期改正,可以处五万元以下的罚款。

裁量标准:

1. 常年存栏量在500头猪、30000羽鸡、100头牛以下或其他同规模的畜禽养殖场,处1万元以下罚款;

2. 常年存栏量在500头以上1000头以下猪、30000羽以上60000羽以下鸡、100头以上200头以下牛或其他同规模的畜禽养殖场,处以1万元以上3万元以下罚款;

3. 常年存栏量在1000头以上猪、60000羽以上鸡、200头以上牛或其他同规模的畜禽养殖场,处3万元以上5万元以下罚款;

4. 造成较大社会影响或有其他严重情节的,处3万元以上5万元以下罚款。

§12.3《中华人民共和国固体废物污染环境防治法》第七十三条　尾矿、矸石、废石等矿业固体废物贮存设施停止使用后,未按照国家有关环境保护规定进行封场的,由县级以上地方人民政府环境保护行政主管部门责令限期改正,可以处五万元以上二十万元以下的罚款。

裁量标准:

1. 应封场3万立方米以下的,处5万元以上10万元以下罚款;

2. 应封场3万立方米以上5万立方米以下的,处10万元以上15万元以下罚款;

3. 应封场5万立方米以上的,处15万元以上20万元以下罚款;

4. 造成较大社会影响或有其他严重情节的,处15万元以上20万元以下罚款;

§12.4.1《中华人民共和国固体废物污染环境防治法》第七十五条第一款第(一)项、第二款　违反本法有关危险废物污染环境防治的规定,有下列行为之一的,由县级以上人民政府环境保护行政主管部门责令停止违法行为,限期改正,处以罚款:

(一)不设置危险废物识别标志的;有前款第一项行为的,处一万元以上十万元以下的罚款。

裁量标准:

1. 不设置危险废物识别标志,当事人属于初犯,能主动改正违法行为,或有其它情节轻微情形的,处1万元以上5万元以下罚款;

2. 不设置危险废物识别标志,经责令限期改正但逾期不改正的,处5万元以上8万元以下罚款;

3. 造成较大社会影响或有其它严重情节的,处8万元以上10万元以下罚款。

§12.4.2(六)不按照国家规定填写危险废物转移联单或者未经批准擅自转移危险废物的;

有前款第六项行为的,处二万元以上二十万元以下的罚款。

裁量标准:

1. 涉及危险废物数量5吨以下的,处2万元以上5万元以下罚款;

2. 涉及危险废物数量5吨以上10吨以下的,处5万元以上10万元以下罚款;

3. 涉及危险废物数量10吨以上20吨以下的,处10万元以上15万元以下罚款;

4. 涉及危险废物数量20吨以上的,处15万元以上20万元以下罚款;

5. 造成较大社会影响或有其他严重情节

的,处18万元以上20万元以下罚款。

§12.4.3(七)将危险废物混入非危险废物中贮存的;

有前款第七项行为的,处一万元以上十万元以下的罚款。

裁量标准:

1.混入量1吨以下的,处1万元以上3万元以下罚款;

2.混入量1吨以上5吨以下的,处3万元以上5万元以下罚款;

3.混入量5吨以上10吨以下的,处5万元以上8万元以下罚款;

4.混入量10吨以上的,处8万元以上10万元以下罚款;

5.造成较大社会影响或有其他严重情节的,处8万元以上10万元以下罚款。

§12.4.4(八)未经安全性处置,混合收集、贮存、运输、处置具有不相容性质的危险废物的;

有前款第八项行为的,处一万元以上十万元以下的罚款。

裁量标准:

1.混合量1吨以下的,处1万元以上3万元以下罚款;

2.混合量1吨以上5吨以下的,处3万元以上5万元以下罚款;

3.混合量5吨以上10吨以下的,处5万元以上8万元以下罚款;

4.混合量10吨以上的,处8万元以上10万元以下罚款;

5.造成较大社会影响或有其他严重情节的,处8万元以上10万元以下罚款。

§12.4.5(九)将危险废物与旅客在同一运输工具上载运的;

有前款第九项行为的,处一万元以上十万元以下的罚款。

裁量标准:

1.载运危险废物1公斤以下的,处1万元以上3万元以下罚款;

2.载运危险废物1公斤以上5公斤以下的,处3万元以上5万元以下罚款;

3.载运危险废物5公斤以上10公斤以下的,处5万元以上8万元以下罚款;

4.载运危险废物10公斤以上的,处8万元以上10万元以下罚款;

5.造成较大社会影响或有其他严重情节的,处8万元以上10万元以下罚款。

§12.4.6(十)未经消除污染的处理将收集、贮存、运输、处置危险废物的场所、设施、设备和容器、包装物及其他物品转作他用的;

有前款第十项行为的,处一万元以上十万元以下的罚款。

裁量标准:

1.未经消除污染的处理将收集、贮存、运输、处置危险废物的容器、包装物及其他物品转作他用的,处1万元以上4万元以下罚款;

2.未经消除污染的处理将收集、贮存、运输、处置危险废物的设施、设备转作他用的,处4万元以上6万元以下罚款;

3.未经消除污染的处理将收集、贮存、运输、处置危险废物的场所转作他用的,处5万元以上8万元以下罚款;

4.造成较大社会影响或者有其他严重情节的,处8万元以上10万元以下罚款。

§12.4.7(十一)未采取相应防范措施,造成危险废物扬散、流失、渗漏或者造成其他环境污染的;

有前款第十一项行为的,处一万元以上十万元以下的罚款。

裁量标准:

1.扬散、流失、渗漏或者造成其他环境污染的危险废物数量1吨以下的,处1万元以上3万元以下罚款;

2.扬散、流失、渗漏或者造成其他环境污染的危险废物数量1吨以上2吨以下的,处3万元以上5万元以下罚款;

3.扬散、流失、渗漏或者造成其他环境污染的危险废物数量2吨以上5吨以下的,处5万元以上8万元以下罚款;

4.扬散、流失、渗漏或者造成其他环境污染的危险废物数量5吨以上的,处8万元以上10万元以下罚款;

5.造成较大社会影响或有其他严重情节的,处8万元以上10万元以下罚款。

§12.4.8(十二)在运输过程中沿途丢弃、遗撒危险废物的;

有前款第十二项行为的,处一万元以上十万元以下的罚款。

裁量标准:

1.在运输过程中沿途丢弃、遗撒危险废物1吨以下的,处1万元以上3万元以下罚款;

2.在运输过程中沿途丢弃、遗撒危险废物1吨以上2吨以下的,处3万元以上5万元以下罚款;

3.在运输过程中沿途丢弃、遗撒危险废物2吨以上5吨以下的,处5万元以上8万元以下罚款;

4.在运输过程中沿途丢弃、遗撒危险废物5吨以上的,处8万元以上10万元以下罚款;

5.造成较大社会影响或有其他严重情节的,处8万元以上10万元以下罚款。

§12.5《中华人民共和国固体废物污染环境防治法》第七十六条　违反本法规定,危险废物产生者不处置其产生的危险废物又不承担依法应当承担的处置费用的,由县级以上地方人民政府环境保护行政主管部门责令限期改正,处代为处置费用一倍以上三倍以下的罚款。

裁量标准:

1.代处置费用不足20万元的,处代为处置费用1倍罚款;

2.代处置费用20万元以上30万元以下的,处代为处置费用2倍罚款;

3.代处置费用为30万元以上的,处代为处置费用3倍罚款;

4.造成较大社会影响或有其他严重情节的,处代为处置费用3倍罚款。

§12.6《废弃危险化学品污染环境防治办法》第二十五条　危险化学品的生产、储存、使用单位在转产、停产、停业或者解散时,违反本办法规定,有下列行为之一的,由县级以上环境保护部门责令限期改正,处以一万元以上三万元以下罚款:

(一)未按照国家有关环境保护标准和规范对厂区的土壤和地下水进行检测的;

(二)未编制环境风险评估报告并报县级以上环境保护部门备案的;

(三)未将环境恢复方案报经县级以上环境保护部门同意进行环境恢复的;

(四)未将环境恢复后的检测报告报县级以上环境保护部门备案的。

裁量标准:

1.未按照国家有关环境保护标准和规范对厂区的土壤和地下水进行检测的,处1万元以上3万元以下罚款;

2.已编制环境风险评估报告但未报县级以上环境保护部门备案的,处1万元罚款;

3.未编制环境风险评估报告的,处1万元以上2万元以下罚款;

4.未将环境恢复方案报经县级以上环境保护部门同意进行环境恢复的,处1万元以上3万元以下罚款;

5.未将环境恢复后的检测报告报县级以上环境保护部门备案的,处1万元以上2万元以下罚款;

6.造成较大社会影响或有其他严重情节的,处2万元以上3万元以下罚款。

§12.7《电子废物污染环境防治管理办法》第二十一条　违反本办法规定,有下列行为之一的,由所在地县级以上人民政府环境保护行政主管部门责令限期整改,并处3万元以下罚款:

(一)将未完全拆解、利用或者处置的电子废物提供或者委托给列入名录(包括临时名录)且具有相应经营范围的拆解利用处置单位(包括个体工商户)以外的单位或者个人从事拆解、利用、处置活动的;

(二)拆解、利用和处置电子废物不符合有关电子废物污染防治的相关标准、技术规范和技术政策的要求,或者违反本办法规定的禁止性技术、工艺、设备要求的;

(三)贮存、拆解、利用、处置电子废物的作业场所不符合要求的;

(四)未按规定记录经营情况、日常环境监测数据、所产生工业电子废物的有关情况等,或者环境监测数据、经营情况记录弄虚作假的;

(五)未按培训制度和计划进行培训的;

（六）贮存电子废物超过一年的。

裁量标准：

1. 将未完全拆解、利用或者处置的电子废物提供或者委托给列入名录（包括临时名录）且具有相应经营范围的拆解利用处置单位（包括个体工商户）以外的单位或者个人从事拆解、利用、处置活动的，处2万元以上3万元以下罚款；

2. 拆解、利用和处置电子废物不符合有关电子废物污染防治的相关标准、技术规范和技术政策的要求，或者违反本办法规定的禁止性技术、工艺、设备要求的，处1万元以上2万元以下罚款；

3. 贮存、拆解、利用、处置电子废物的作业场所不符合要求的，处1万元以上2万元以下罚款；

4. 未按规定记录经营情况、日常环境监测数据、所产生工业电子废物的有关情况等的，处1万元以上2万元以下罚款；

5. 环境监测数据、经营情况记录弄虚作假的，处2万元以上3万元以下罚款；

6. 造成较大社会影响或有其他严重情节的，处3万元罚款。

十三、其他违反放射性污染防治管理制度类

§13.1《中华人民共和国放射性污染防治法》第四十九条第（一）项　违反本法规定，有下列行为之一的，由县级以上人民政府环境保护行政主管部门或者其他有关部门依据职权责令限期改正，可以处二万元以下罚款：

（一）不按照规定报告有关环境监测结果的；

裁量标准：

1. 未按时报送有关环境监测结果的，处1万元罚款；

2. 不报、拒报有关环境监测结果的，处2万元罚款；

3. 造成较大社会影响或有其他严重情节的，处2万元罚款。

§13.2《中华人民共和国放射性污染防治法》第五十三条　违反本法规定，生产、销售、使用、转让、进口、贮存放射性同位素和射线装置以及装备有放射性同位素的仪表的，由县级以上人民政府环境保护行政主管部门或者其他有关部门依据职权责令停止违法行为，限期改正；逾期不改正的，责令停产停业或者吊销许可证；有违法所得的，没收违法所得；违法所得十万元以上的，并处违法所得一倍以上五倍以下罚款；没有违法所得或者违法所得不足十万元的，并处一万元以上十万元以下罚款；构成犯罪的，依法追究刑事责任。

裁量标准：

1. 没有违法所得的，处1万元以上5万元以下罚款；造成较大社会影响或有其他严重情节的，处5万元以上10万元以下罚款；

2. 违法所得不足10万元的：

（1）违法所得5万元以下的，没收违法所得，并处1万元以上5万元以下罚款；

（2）违法所得5万元以上10万元以下的，没收违法所得，并处5万元以上10万元以下罚款；

（3）造成较大社会影响或有其他严重情节的，没收违法所得，并处8万元以上10万元以下罚款；

3. 违法所得10万元以上：

（1）违法所得10万元以上20万元以下的，没收违法所得，并处违法所得1倍罚款；

（2）违法所得20万元以上30万元以下的，没收违法所得，并处违法所得2倍罚款；

（3）违法所得30万元以上40万元以下的，没收违法所得，并处违法所得3倍罚款；

（4）违法所得40万元以上50万元以下的，没收违法所得，并处违法所得4倍罚款；

（5）违法所得50万元以上的，没收违法所得，并处违法所得5倍罚款；

（6）造成较大社会影响或有其他严重情节的，没收违法所得，并处违法所得5倍罚款。

§13.3.1《中华人民共和国放射性污染防治法》第五十四条第一款第（一）项、第二款　违反本法规定，有下列行为之一的，由县级以上人民政府环境保护行政主管部门责令停止违法行为，限期改正，处以罚款；构成犯罪的，依法追究刑事责任：

（一）未建造尾矿库或者不按照放射性污染防治的要求建造尾矿库，贮存、处置铀（钍）

矿和伴生放射性矿的尾矿的；

有前款第(一)项行为的，处十万元以上二十万元以下罚款。

裁量标准：

1. 不按照放射性污染防治的要求建造尾矿库，贮存、处置铀(钍)矿和伴生放射性矿的尾矿的，处10万元以上15万元以下罚款；

2. 未建造尾矿库的，处15万元以上20万元以下罚款；

3. 造成较大社会影响或有其他严重情节的，处20万元罚款。

§13.3.2(二)向环境排放不得排放的放射性废气、废液的；

有前款第(二)项行为的，处十万元以上二十万元以下罚款。

裁量标准：

1. 向环境排放不得排放的放射性废气、废液的，处10万元以上15万元以下罚款；

2. 造成较大社会影响或有其他严重情节的，处15万元以上20万元以下罚款。

§13.3.3(三)不按照规定的方式排放放射性废液，利用渗井、渗坑、天然裂隙、溶洞或者国家禁止的其他方式排放放射性废液的；

有前款第(三)项行为的，处十万元以上二十万元以下罚款。

裁量标准：

1. 不按照规定的方式排放放射性废液的，处10万元以上15万元以下罚款；

2. 利用渗井、渗坑、天然裂隙、溶洞或者国家禁止的其他方式排放放射性废液的，处15万元以上20万元以下罚款；

3. 造成较大社会影响或有其他严重情节的，处15万元以上20万元以下罚款。

§13.3.4(四)不按照规定处理或者贮存不得向环境排放的放射性废液的；

有前款第(四)项行为的，处一万元以上十万元以下罚款。

裁量标准：

1. 不按照规定处理或者贮存不得向环境排放的放射性废液，量小活度低的，处1万元以上3万元以下罚款；

2. 不按照规定处理或者贮存不得向环境排放的放射性废液，量大活度低的，处3万元以上5万元以下罚款；

3. 不按照规定处理或者贮存不得向环境排放的放射性废液，量小活度较高的，处5万元以上8万元以下罚款；

4. 不按照规定处理或者贮存不得向环境排放的放射性废液，量大活度较高的，处8万元以上10万元以下罚款；

5. 造成较大社会影响或有其他严重情节的，处10万元罚款。

§13.4《中华人民共和国放射性污染防治法》第五十五条第(一)项　违反本法规定，有下列行为之一的，由县级以上人民政府环境保护行政主管部门或者其他有关部门依据职权责令限期改正；逾期不改正的，责令停产停业，并处二万元以上十万元以下罚款；构成犯罪的，依法追究刑事责任：

(一)不按照规定设置放射性标识、标志、中文警示说明的；

裁量标准：

1. 不按照规定设置中文警示说明，经责令限期改正但逾期不改正的，责令停产停业，并处2万元以上3万元以下罚款；

2. 不按照规定设置放射性标识、标志，经责令限期改正但逾期不改正的，责令停产停业，并处3万元以上5万元以下罚款；

3. 经责令限期改正但逾期不改正，造成较大社会影响或有其他严重情节的，责令停产停业，并处5万元以上10万元以下罚款；

§13.5《中华人民共和国放射性污染防治法》第五十六条　产生放射性固体废物的单位，不按照本法第四十五条的规定对其产生的放射性固体废物进行处置的，由审批该单位立项环境影响评价文件的环境保护行政主管部门责令停止违法行为，限期改正；逾期不改正的，指定有处置能力的单位代为处置，所需费用由产生放射性固体废物的单位承担，可以并处二十万元以下罚款；构成犯罪的，依法追究刑事责任。

裁量标准：

1. 产生的放射性固体废物量小活度低的，处5万元以下罚款；量大活度低的，处5万元以上10万元以下罚款；量小活度高的，处10万元以上15万元以下罚款；量大活度高的，处15万元以上20万元以下罚款。

2. 产生的废放射源属Ⅴ类放射源的，处5万元以下罚款；属Ⅳ类放射源的，处5万元以上8万元以下罚款；属Ⅲ类放射源的，处8万元以上12万元以下罚款；属Ⅱ类放射源的，处12万元以上15万元以下罚款；属Ⅰ类放射源的，处15万元以上20万元以下罚款。

3. 造成较大社会影响、污染严重或有其他严重情节的，处15万元以上20万元以下罚款。

§13.6.1《放射性同位素与射线装置安全和防护条例》第五十七条第（一）项　违反本条例规定，生产、销售、使用放射性同位素和射线装置的单位有下列行为之一的，由县级以上人民政府环境保护主管部门责令停止违法行为，限期改正；逾期不改正的，处1万元以上10万元以下的罚款：

（一）在室外、野外使用放射性同位素和射线装置，未按照国家有关安全和防护标准的要求划出安全防护区域和设置明显的放射性标志的；

裁量标准：

1. 在室外、野外使用放射性同位素和射线装置，未按照国家有关安全和防护标准的要求划出安全防护区域和设置明显的放射性标志的，处1万元以上5万元以下罚款；

2. 造成较大社会影响或有其他严重情节的，处5万元以上10万元以下罚款。

§13.6.2（二）未经批准擅自在野外进行放射性同位素示踪试验的。

裁量标准：

1. 未经批准擅自在野外进行放射性同位素示踪试验的，处1万元以上5万元以下罚款；

2. 造成较大社会影响或危害后果的，处8万元以上10万元以下罚款。

§13.7《放射性同位素与射线装置安全和防护条例》第五十八条　违反本条例规定，生产放射性同位素的单位有下列行为之一的，由县级以上人民政府环境保护主管部门责令限期改正，给予警告；逾期不改正的，依法收缴其未备案的放射性同位素和未编码的放射源，处5万元以上10万元以下的罚款，并可以由原发证机关暂扣或者吊销许可证：

（一）未建立放射性同位素产品台账的；

（二）未按照国务院环境保护主管部门制定的编码规则，对生产的放射源进行统一编码的；

（三）未将放射性同位素产品台账和放射源编码清单报国务院环境保护主管部门备案的；

（四）出厂或者销售未列入产品台账的放射性同位素和未编码的放射源的。

裁量标准：

1. 未建立放射性同位素产品台账，经责令限期改正，给予警告但是逾期不改正的，依法收缴其未备案的放射性同位素，处5万元以上6万元以下罚款；

2. 未按照国务院环境保护主管部门制定的编码规则，对生产的放射源进行统一编码，经责令限期改正，给予警告但是逾期不改正的，依法收缴其未编码的放射源，处5万元以上6万元以下罚款；

3. 未将放射性同位素产品台账和放射源编码清单报国务院环境保护主管部门备案的，经责令限期改正，给予警告但是逾期不改正的，依法收缴其未备案的放射性同位素和未编码的放射源，处5万元以上6万元以下罚款；

4. 出厂或者销售未列入产品台账的放射性同位素和未编码的放射源的，经责令限期改正，给予警告但是逾期不改正的，依法收缴其未备案的放射性同位素和未编码的放射源，处6万元以上8万元以下罚款；

5. 造成较大社会影响或有其他严重情节的，处8万元以上10万元以下罚款，并可以暂扣或者吊销许可证。

§13.8.1《放射性同位素与射线装置安全和防护条例》第五十九条第（一）项　违反本条例规定，生产、销售、使用放射性同位素和射线装置的单位有下列行为之一的，由县级以上人民政府环境保护主管部门责令停止违法行为，限期改正；逾期不改正的，由原发证机关指定有处理能力的单位代为处理或者实施退役，费用由生产、销售、使用放射性同位素和射线装置的单位承担，并处1万元以上10万元以下的罚款：

（一）未按照规定对废旧放射源进行处理的；

裁量标准：

1. 属Ⅴ类放射源或Ⅲ类射线装置的，处1万元以上3万元以下罚款；

2. 属Ⅳ类放射源的，处3万元以上5万元以下罚款；

3. 属Ⅲ类放射源或Ⅱ类射线装置的，处5万元以上7万元以下罚款；

4. 属Ⅱ类放射源的，处7万元以上9万元以下罚款；

5. 属Ⅰ类放射源或Ⅰ类射线装置的，处10万元罚款；

6. 造成严重社会影响或有其他严重情节的，并处8万元以上10万元以下罚款。

§13.8.2（二）未按照规定对使用Ⅰ类、Ⅱ类、Ⅲ类放射源的场所和生产放射性同位素的场所，以及终结运行后产生放射性污染的射线装置实施退役的。

裁量标准：

1. 未按照规定对使用Ⅲ类放射源的场所和生产放射性同位素的场所，以及终结运行后产生放射性污染的射线装置实施退役，经责令限期改正但逾期不改正的，处1万元以上5万元以下罚款；

2. 未按照规定对使用Ⅱ类放射源的场所和生产放射性同位素的场所，以及终结运行后产生放射性污染的射线装置实施退役，经责令限期改正但逾期不改正的，处5万元以上8万元以下罚款；

3. 未按照规定对使用Ⅰ类放射源的场所和生产放射性同位素的场所，以及终结运行后产生放射性污染的射线装置实施退役，经责令限期改正但逾期不改正的，处8万元以上10万元以下罚款；

4. 造成较大社会影响或有其他严重情节的，处8万元以上10万元以下罚款。

§13.9.1《放射性同位素与射线装置安全和防护条例》第六十条第（一）项　违反本条例规定，生产、销售、使用放射性同位素和射线装置的单位有下列行为之一的，由县级以上人民政府环境保护主管部门责令停止违法行为，限期改正；逾期不改正的，责令停产停业，并处2万元以上20万元以下的罚款；构成犯罪的，依法追究刑事责任：

（一）未按照规定对本单位的放射性同位素、射线装置安全和防护状况进行评估或者发现安全隐患不及时整改的；

裁量标准：

1. 经责令限期改正但逾期不改正的，责令停产停业，属Ⅴ类放射源或Ⅲ类射线装置的，并处2万元以上5万元以下罚款；

2. 经责令限期改正但逾期不改正的，责令停产停业，属Ⅳ类放射源或Ⅱ类射线装置的，并处5万元以上8万元以下罚款；

3. 经责令限期改正但逾期不改正的，责令停产停业，属Ⅲ类放射源的，并处8万元以上10万元以下罚款；

4. 经责令限期改正但逾期不改正的，责令停产停业，属Ⅱ类放射源的，并处10万元以上15万元以下罚款；

5. 经责令限期改正但逾期不改正的，责令停产停业，属Ⅰ类放射源或Ⅰ类射线装置的，并处15万元以上20万元以下罚款；

6. 经责令限期改正但逾期不改正的，责令停产停业，造成较大社会影响或有其他严重情节的，并处15万元以上20万元以下罚款。

§13.9.2（二）生产、销售、使用、贮存放射性同位素和射线装置的场所未按照规定设置安全和防护设施以及放射性标志的。

裁量标准：

1. 未按照规定设置放射性标志，经责令限期改正但逾期不改正的，责令停产停业，并处5万元以下罚款；

2. 未按照规定设置安全和防护设施的，经责令限期改正但逾期不改正的，责令停产停业：

（1）属Ⅴ类放射源或Ⅲ类射线装置的，并处2万元以上5万元以下罚款；

（2）属Ⅳ类放射源或Ⅱ类射线装置的，并

处5万元以上8万元以下罚款；

（3）属Ⅲ类放射源的，并处8万元以上10万元以下罚款；

（4）属Ⅱ类放射源的，并处10万元以上15万元以下罚款；

（5）属Ⅰ类放射源或Ⅰ类射线装置的，并处15万元以上20万元以下罚款；

（6）造成较大社会影响或有其他严重情节的，并处15万元以上20万元以下罚款。

十四、违反清洁生产管理制度类

§14.1《中华人民共和国清洁生产促进法》第四十条　违反本法第二十八条第三款规定，不实施清洁生产审核或者虽经审核但不如实报告审核结果的，由县级以上地方人民政府环境保护行政主管部门责令限期改正；拒不改正的，处以十万元以下的罚款。

（第二十八条　使用有毒、有害原料进行生产或者在生产中排放有毒、有害物质的企业，应当定期实施清洁生产审核，并将审核结果报告所在地的县级以上地方人民政府环境保护行政主管部门和经济贸易行政主管部门。）

裁量标准：

1.使用有毒、有害原料进行生产或者在生产中排放有毒、有害物质的企业虽经清洁生产审核但不如实报告审核结果，经责令限期改正但拒不改正的，处3万元以上6万元以下罚款；

2.使用有毒、有害原料进行生产或者在生产中排放有毒、有害物质的企业不实施清洁生产审核，经责令限期改正但拒不改正的，处6万元以上10万元以下罚款；

3.造成较大社会影响或有其他严重情节的，处8万元以上10万元以下罚款。

§14.2《中华人民共和国清洁生产促进法》第四十一条　违反本法第三十一条规定，不公布或者未按规定要求公布污染物排放情况的，由县级以上地方人民政府环境保护行政主管部门公布，可以并处十万元以下的罚款。

（第三十一条　根据本法第十七条规定，列入污染严重企业名单的企业，应当按照国务院环境保护行政主管部门的规定公布主要污染物的排放情况，接受公众监督。）

裁量标准：

1.未按规定要求公布主要污染物排放情况的，处3万元以上5万元以下罚款；

2.不公布主要污染物排放情况的，处5万元以上10万元以下罚款；

3.造成较大社会影响或有其他严重情节的，处8万元以上10万元以下罚款。

广东省环境保护厅关于《广东省环境保护条例》的环境行政处罚自由裁量权裁量标准（征求意见稿）

（编者注：编辑本标准时，本标准尚为征求意见稿，适用时请对照最终制定稿）

序号	违法行为	具体违法事实与情节	裁量标准	处罚依据
1	擅自撤销或者变动环境保护主管部门确定的环境质量监测点（断面）的	擅自变动环境保护主管部门确定的环境质量监测点（断面）的	处2万元以上3万元以下罚款	《广东省环境保护条例》第六十四条第一款：违反本条例第十二条第二款规定，擅自撤销或者变动环境保护主管部门确定的环境质量监测点（断面）的，由县级以上人民政府环境保护主管部门责令改正，并处二万元以上五万元以下罚款。
		擅自撤销环境保护主管部门确定的环境质量监测点（断面）的	处3万元以上4万元以下罚款	
		造成较大社会影响或者有其他严重情节的	处4万元以上5万元以下罚款	

续表

序号	违法行为	具体违法事实与情节	裁量标准	处罚依据
2	环境监测机构未按照环境监测规范从事环境监测活动,造成监测数据失实的	造成一次监测数据失实的	处2万元以上3万元以下罚款	《广东省环境保护条例》第六十四条第二款:违反本条例第十二条第三款规定,环境监测机构未按照环境监测规范从事环境监测活动,造成监测数据失实的,由县级以上人民政府环境保护主管部门责令改正,并可处二万元以上五万元以下罚款。
		造成两次监测数据失实的	处3万元以上4万元以下罚款	
		造成三次以上监测数据失实的	处4万元以上5万元以下罚款	
		造成较大社会影响或者有其他严重情节的		
3	环境监测机构弄虚作假,隐瞒、伪造、篡改环境监测数据的	隐瞒环境监测数据的	1. 处10万元以上13万元以下罚款; 2. 并对直接负责的主管人员和其他责任人员处2万元以上3万元以下罚款。	《广东省环境保护条例》第六十四条第二款:违反本条例第十二条第三款规定,环境监测机构弄虚作假,隐瞒、伪造、篡改环境监测数据的,由县级以上人民政府环境保护主管部门处十万元以上二十万元以下罚款,并可对直接负责的主管人员和其他责任人员处二万元以上五万元以下罚款。
		伪造、篡改环境监测数据的	1. 处13万元以上16万元以下罚款; 2. 并对直接负责的主管人员和其他责任人员处3万元以上4万元以下罚款。	
		隐瞒、伪造、篡改环境监测数据两次以上的	1. 处16万元以上20万元以下罚款; 2. 并对直接负责的主管人员和其他责任人员处4万元以上5万元以下罚款。	
		造成较大社会影响或者有其他严重情节的		
4	虚报、瞒报、拒报、迟报或者伪造、变造、篡改环境统计资料的	迟报环境统计资料的	处1万元罚款	《广东省环境保护条例》第六十五条:违反本条例第十三条第二款规定,虚报、瞒报、拒报、迟报或者伪造、变造、篡改环境统计资料的,由县级以上人民政府环境保护主管部门责令改正,并可处一万元以上二万元以下罚款;情节严重的,并处二万元以上五万元以下罚款。
		虚报、瞒报、拒报或者伪造、变造、篡改环境统计资料的	处2万元罚款	
		虚报、瞒报、拒报、迟报或者伪造、变造、篡改环境统计资料两次以上的	处3万元以上4万元以下罚款	
		造成较大社会影响或者有其他严重情节的	处4万元以上5万元以下罚款	
5	未依法取得排污许可证排放污染物的	未依法取得排污许可证排放污染物的	处10万元以上13万元以下罚款	《广东省环境保护条例》第六十六条第一款:违反本条例第二十一条第一款规定,企业事业单位和其他生产经营者未依法取得排污许可证排放污染物的,由县级以上人民政府环境保护主管部门责令其立即停止排放污染物,并处十万元以上二十万元以下罚款;拒不停止排放污染物的,报经有批准权的人民政府批准,责令停业、关闭。
		未依法取得排污许可证排放含一类水污染物、持久性有机污染物或者其他有毒物质的	处13万元以上16万元以下罚款	
		国控或者省控、市控重点污染源未依法取得排污许可证排放污染物的		
		造成较大社会影响或者有其他严重情节的	处16万元以上20万元以下罚款	

续表

序号	违法行为	具体违法事实与情节	裁量标准	处罚依据
6	不按照排污许可证的要求排放污染物的	不按照排污许可证的要求排放污染物的	处10万元罚款	《广东省环境保护条例》第六十六条第一款:违反本条例第二十一条第一款规定,企业事业单位和其他生产经营者不按照排污许可证的要求排放污染物的,由县级以上人民政府环境保护主管部门责令限期改正,并可处十万元以上二十万元以下罚款;拒不改正或者造成较大社会影响的,吊销其排污许可证,并报经有批准权的人民政府批准,责令停业、关闭。
		不按照排污许可证的要求排放污染物,超标1倍以下或者超总量20%以下的	处12万元以上14万元以下罚款	
		国控或者省控、市控重点污染源不按照排污许可证的要求排放污染物,超标1倍以下或者超总量20%以下的	处14万元以上16万元以下罚款	
		不按照排污许可证的要求排放污染物,超标1倍以上或者超总量20%以上的		
		不按照排污许可证的要求排放含一类水污染物、持久性有机污染物或者其他有毒物质的		
		造成较大社会影响或者有其他严重情节的	处16万元以上20万元以下罚款	
7	未依法建立载明防治污染设施运行、维护、更新和污染物排放等情况的管理台账,经责令限期改正但是逾期不改正的	经责令限期改正后已建立管理台账,但载明内容不全面的	处2万元以上3万元以下罚款	《广东省环境保护条例》第六十七条第一款:违反本条例第二十三条第二款规定,企业事业单位和其他生产经营者未依法建立载明防治污染设施运行、维护、更新和污染物排放等情况的管理台账的,由县级以上人民政府环境保护主管部门责令限期改正;逾期不改正的,处二万元以上五万元以下罚款。
		国控或者省控、市控重点污染源经责令限期改正后已建立管理台账,但是载明内容不全面的	处3万元以上4万元以下罚款	
		经责令限期改正但是逾期仍未建立管理台账的	处4万元以上5万元以下罚款	
		造成较大社会影响或者有其他严重情节的		
8	未经批准擅自拆除、闲置环境噪声污染防治设施的	未经批准擅自拆除、闲置环境噪声污染防治设施的	处5万元以上7万元以下罚款	《广东省环境保护条例》第六十七条第二款:违反本条例第二十三条第三款规定,企业事业单位和其他生产经营者未经批准擅自拆除、闲置环境噪声污染防治设施的,由县级以上人民政府环境保护主管部门责令限期改正,并处五万元以上十万元以下罚款。
		在噪声敏感建筑物集中区域内,未经批准擅自拆除、闲置环境噪声污染防治设施的	处7万元以上8万元以下罚款	
		造成较大社会影响或者有其他严重情节的	处8万元以上10万元以下罚款	

续表

序号	违法行为	具体违法事实与情节	裁量标准	处罚依据
9	受委托单位未按照法律、法规和相关技术规范的要求运营防治污染设施或者实施污染治理，或者在运营防治污染设施或者实施污染治理中弄虚作假的	受委托单位未按照法律、法规和相关技术规范的要求运营防治污染设施或者实施污染治理的	处5万元以上7万元以下罚款	《广东省环境保护条例》第六十七条第三款：违反本条例第二十三条第五款规定，受委托单位未按照法律、法规和相关技术规范的要求运营防治污染设施或者实施污染治理，或者在运营防治污染设施或者实施污染治理中弄虚作假的，由县级以上人民政府环境保护主管部门责令改正，处五万元以上十万元以下罚款。
		受委托单位在运营防治污染设施或者实施污染治理中弄虚作假的	处7万元以上9万元以下罚款	
		造成较大社会影响或者有其他严重情节的	处9万元以上10万元以下罚款	
10	未按照规定办理排污申报手续或者变更申报手续，经责令限期改正但是逾期不改正的	未按照规定办理排污变更申报手续，经责令限期改正但是逾期不改正的	处5万元以上7万元以下罚款	《广东省环境保护条例》第六十八条第一款：违反本条例第二十四条第一款、第二款、第三款的规定，企业事业单位和其他生产经营者未按照规定办理排污申报手续或者变更申报手续的，由县级以上人民政府环境保护主管部门责令限期改正；逾期不改正的，处五万元以上十万元以下罚款。
		未按照规定办理排污申报手续，经责令限期改正但是逾期不改正的	处7万元以上9万元以下罚款	
		排放含一类水污染物、持久性有机污染物或者其他有毒物质未按照规定办理排污变更申报手续，经责令限期改正但是逾期不改正的	处9万元以上10万元以下罚款	
		排放含一类水污染物、持久性有机污染物或者其他有毒物质未按照规定办理排污申报手续，经责令限期改正但是逾期不改正的		
		造成较大社会影响或有其他严重情节的		
11	重点排污单位不公开或者不如实公开环境信息的	重点排污单位不按照本条例第二十四条第四款规定的内容公开环境信息的	处10万元以上12万元以下罚款	《广东省环境保护条例》第六十八条第二款：违反本条例第二十四条第四款规定，重点排污单位不公开或者不如实公开环境信息的，由县级以上人民政府环境保护主管部门责令改正，处十万元以上二十万元以下罚款，并予以公告。
		重点排污单位公开环境信息的内容不真实、弄虚作假的	处12万元以上15万元以下罚款	
		重点排污单位不公开环境信息的	处15万元以上18万元以下罚款	
		造成较大社会影响或有其他严重情节的	处18万元以上20万元以下罚款	

续表

序号	违法行为	具体违法事实与情节	裁量标准	处罚依据
12	未按照国家和本省规定设置、管理排污口的	未按照国家和本省规定设置、管理排污口的	处5万元以上7万元以下罚款	《广东省环境保护条例》第六十九条第一款:违反本条例第二十五条第一款规定,企业事业单位和其他生产经营者未按照国家和本省规定设置、管理排污口的,由县级以上人民政府环境保护主管部门责令限期改正,并处五万元以上十万元以下罚款;逾期不改正的,处二十万元以上五十万元以下罚款;情节严重的,报经有批准权的人民政府批准,责令停业、关闭。
		未按照国家和本省规定设置、管理排污口,并且排放含一类水污染物、持久性有机污染物或者其他有毒物质的	处7万元以上9万元以下罚款	
		造成较大社会影响或者有其他严重情节的	处9万元以上10万元以下罚款	
	未按照国家和本省规定设置、管理排污口,经责令限期改正但是逾期不改正的	未按照国家和本省规定设置、管理排污口,经责令限期改正但是逾期不改正的	处20万元以上30万元以下罚款	
		未按照国家和本省规定设置、管理排污口,并且排放含一类水污染物、持久性有机污染物或者其他有毒物质,经责令限期改正但是逾期不改正的	处30万元以上40万元以下罚款	
		造成较大社会影响或者有其他严重情节的	处40万元以上50万元以下罚款	
13	未按照规定设置标志牌,经责令限期改正但是逾期不改正的	未按照规定设置标志牌,经责令限期改正但是逾期不改正的	处2万元以上3万元以下罚款	《广东省环境保护条例》第六十九条第一款:违反本条例第二十五条第一款规定,企业事业单位和其他生产经营者未按照规定设置标志牌的,由县级以上人民政府环境保护主管部门责令限期改正;逾期不改正的,处二万元以上五万元以下罚款。
		国控或者省控、市控重点污染源未按照规定设置标志牌,经责令限期改正但是逾期不改正的	处3万元以上4万元以下罚款	
		造成较大社会影响或者有其他严重情节的	处4万元以上5万元以下罚款	
14	通过非核定的排污口排放污染物或者从污染物处理设施的中间工序引出并排放污染物的	通过非核定的排污口或者从污染物处理设施的中间工序引出排放污染物的	处5万元以上7万元以下罚款	《广东省环境保护条例》第六十九条第二款:违反本条例第二十五条第二款规定,企业事业单位和其他生产经营者通过非核定的排污口排放污染物或者从污染物处理设施的中间工序引出并排放污染物的,由县级以上人民政府环境保护主管部门责令限期改正,并处五万元以上十万元以下罚款。
		通过非核定的排污口或者从污染物处理设施的中间工序引出排放含一类水污染物、持久性有机污染物或者其他有毒物质的	处7万元以上9万元以下罚款	
		造成较大社会影响或者有其他严重情节的	处9万元以上10万元以下罚款	
15	自动监控设施的管理运营单位弄虚作假,隐瞒、伪造、篡改自动监控数据的	隐瞒自动监控数据的	处5万元以上7万元以下罚款	《广东省环境保护条例》第七十条:违反本条例第二十六条第二款规定,自动监控设施的管理运营单位弄虚作假,隐瞒、伪造、篡改自动监控数据的,由县级以上人民政府环境保护主管部门处五万元以上十万元以下罚款。
		伪造、篡改自动监控数据的	处7万元以上9万元以下罚款	
		造成较大社会影响或者有其他严重情节的	处9万元以上10万元以下罚款	

续表

<table>
<tr><th>序号</th><th>违法行为</th><th colspan="2">具体违法事实与情节</th><th>裁量标准</th><th>处罚依据</th></tr>
<tr><td rowspan="3">16</td><td rowspan="3">污染物集中处理单位不正常运行或者未经环境保护主管部门同意停止运行污染物集中处理设施的</td><td colspan="2">不正常运行污染物集中处理设施的</td><td>处20万元以上30万元以下罚款</td><td rowspan="3">《广东省环境保护条例》第七十一条第一款:违反本条例第二十七条第二款规定,污染物集中处理单位不正常运行或者未经环境保护主管部门同意停止运行污染物集中处理设施的,由县级以上人民政府环境保护主管部门责令限期改正,并处二十万元以上五十万元以下罚款。</td></tr>
<tr><td colspan="2">未经环境保护主管部门同意停止运行污染物集中处理设施的</td><td>处30万元以上40万元以下罚款</td></tr>
<tr><td colspan="2">造成较大社会影响或者有其他严重情节的</td><td>处40万元以上50万元以下罚款</td></tr>
<tr><td rowspan="3">17</td><td rowspan="3">污染物集中处理单位未向当地环境保护主管部门报告企业事业单位和其他生产经营者交付处理的污染物的种类、数量、浓度等信息,或者发现企业事业单位和其他生产经营者交付处理的污染物的种类、数量、浓度发生重大变化,未立即报告当地环境保护主管部门的</td><td colspan="2">污染物集中处理单位发现企业事业单位和其他生产经营者交付处理的污染物的种类、数量、浓度发生重大变化,未立即报告当地环境保护主管部门的</td><td>处5万元以上7万元以下罚款</td><td rowspan="3">《广东省环境保护条例》第七十一条第二款:违反本条例第二十七条第三款规定,污染物集中处理单位未向当地环境保护主管部门报告企业事业单位和其他生产经营者交付处理的污染物的种类、数量、浓度等信息,或者发现企业事业单位和其他生产经营者交付处理的污染物的种类、数量、浓度发生重大变化,未立即报告当地环境保护主管部门的,处五万元以上十万元以下罚款。</td></tr>
<tr><td colspan="2">污染物集中处理单位未向当地环境保护主管部门报告企业事业单位和其他生产经营者交付处理的污染物的种类、数量、浓度等信息的</td><td>处7万元以上9万元以下罚款</td></tr>
<tr><td colspan="2">造成较大社会影响或者有其他严重情节的</td><td>处9万元以上10万元以下罚款</td></tr>
<tr><td rowspan="9">18</td><td rowspan="9">建设单位未依法提交建设项目环境影响评价文件或者环境影响评价文件未经批准,擅自开工建设的</td><td colspan="2">填报环境影响登记表的建设项目</td><td>处10万元罚款</td><td rowspan="9">《广东省环境保护条例》第七十二条:违反本条例第二十九条第三款规定,建设单位未依法提交建设项目环境影响评价文件或者环境影响评价文件未经批准,擅自开工建设的,由负有环境保护监督管理职责的部门责令停止建设,处十万元以上二十万元以下罚款,并可以责令恢复原状。</td></tr>
<tr><td rowspan="4">编制环境影响报告表的建设项目</td><td>主体工程未建成但是已停止建设的</td><td>处10万元以上12万元以下罚款</td></tr>
<tr><td>正在建设或者主体工程已建成但是尚未投入生产、使用的</td><td>处12万元以上14万元以下罚款</td></tr>
<tr><td>主体工程已投入生产或者使用的</td><td>处14万元以上16万元以下罚款</td></tr>
<tr><td>造成较大社会影响或者有其他严重情节的</td><td>处16万元以上17万元以下罚款</td></tr>
<tr><td rowspan="4">编制环境影响报告书的建设项目</td><td>主体工程未建成但是已停止建设的</td><td>处16万元以上17万元以下罚款</td></tr>
<tr><td>正在建设或者主体工程已建成但是尚未投入生产、使用的</td><td>处17万元以上18万元以下罚款</td></tr>
<tr><td>主体工程已投入生产或者使用的</td><td>处18万元以上19万元以下罚款</td></tr>
<tr><td>造成较大社会影响或者有其他严重情节的</td><td>处19万元以上20万元以下罚款</td></tr>
</table>

续表

<table>
<tr><th>序号</th><th>违法行为</th><th>具体违法事实与情节</th><th>裁量标准</th><th>处罚依据</th></tr>
<tr><td rowspan="3">19</td><td rowspan="3">油码头、加油加气站、储油储气库(区)和油罐车、气罐车等未按照规定安装油气回收装置的</td><td>油罐车、气罐车等未按照规定安装油气回收装置的</td><td>处10万元以上13万元以下罚款</td><td rowspan="3">《广东省环境保护条例》第七十三条第一款:违反本条例第三十五条第四款规定,油码头、加油加气站、储油储气库(区)和油罐车、气罐车等未按照规定安装油气回收装置的,由县级以上人民政府环境保护主管部门责令改正,并处十万元以上二十万元以下罚款;拒不改正的,责令停产整治。</td></tr>
<tr><td>油码头、加油加气站和储油储气库(区)等未按照规定安装油气回收装置的</td><td>处13万元以上18万元以下罚款</td></tr>
<tr><td>造成较大社会影响或者有其他严重情节的</td><td>处18万元以上20万元以下罚款</td></tr>
<tr><td rowspan="2">20</td><td rowspan="2">饮食服务业经营者未按照规定设置油烟净化设施的</td><td>饮食服务业经营者未按照规定设置油烟净化设施的</td><td>处2万元以上4万元以下罚款</td><td rowspan="2">《广东省环境保护条例》第七十三条第二款:饮食服务业经营者未按照规定设置油烟净化设施的,由县级以上人民政府环境保护主管部门责令改正,处二万元以上五万元以下罚款;拒不改正的,责令停业整治。</td></tr>
<tr><td>造成较大社会影响或者有其他严重情节的</td><td>处4万元以上5万元以下罚款</td></tr>
<tr><td rowspan="2">21</td><td rowspan="2">服装干洗和机动车维修等项目未按照规定设置异味或者废气处理装置的</td><td>服装干洗和机动车维修等项目未按照规定设置异味或者废气处理装置的</td><td>处1万元罚款</td><td rowspan="2">《广东省环境保护条例》第七十三条第二款:服装干洗和机动车维修等项目未按照规定设置异味或者废气处理装置的,由县级以上人民政府环境保护主管部门责令改正,处一万元以上二万元以下罚款;拒不改正的,责令停业整治。</td></tr>
<tr><td>造成较大社会影响或者有其他严重情节的</td><td>处2万元罚款</td></tr>
<tr><td rowspan="3">22</td><td rowspan="3">企业事业单位和其他生产经营者未依法编制突发环境事件应急预案,或者突发环境事件发生后,未及时启动突发环境事件应急预案的</td><td>未依法编制突发环境事件应急预案,情节严重的</td><td>处5万元以上7万元以下罚款</td><td rowspan="3">《广东省环境保护条例》第七十五条:违反本条例第四十一条规定,企业事业单位和其他生产经营者未依法编制突发环境事件应急预案,或者突发环境事件发生后,未及时启动突发环境事件应急预案的,由县级以上人民政府环境保护主管部门责令改正;情节严重的,处五万元以上十万元以下罚款。</td></tr>
<tr><td>突发环境事件发生后,未及时启动突发环境事件应急预案,情节严重的</td><td>处7万元以上9万元以下罚款</td></tr>
<tr><td>造成较大社会影响或者导致突发环境事件的损失扩大的</td><td>处9万元以上10万元以下罚款</td></tr>
</table>

续表

序号	违法行为	具体违法事实与情节	裁量标准	处罚依据
23	在县级以上人民政府有关主管部门划定的畜禽禁养区从事畜禽养殖业的	在县级以上人民政府有关主管部门划定的畜禽禁养区从事畜禽养殖业（养殖数量尚未达到规模化畜禽养殖场标准），经责令停止违法行为拒不停止的	处5万元以上7万元以下罚款	《广东省环境保护条例》第七十七条：违反本条例第四十九条规定，在县级以上人民政府有关主管部门划定的畜禽禁养区从事畜禽养殖业的，由县级以上人民政府环境保护主管部门责令停止违法行为；拒不停止违法行为的，处五万元以上十万元以下罚款，并报县级以上人民政府责令拆除或者关闭。
		在县级以上人民政府有关主管部门划定的畜禽禁养区从事畜禽养殖业，并且养殖数量达到规模化畜禽养殖场标准，经责令停止违法行为拒不停止的	处7万元以上9万元以下罚款	
		造成较大社会影响或有其他严重情节的	处9万元以上10万元以下罚款	

备注：

1. 同时符合同一违法行为的两个以上具体违法事实与情节认定标准的，择重予以认定。

2. 存在以下情形之一，可以认定为“严重情节”：

（1）经责令改正但是拒不改正或者逾期不改正的（属于违法行为构成要件的除外）；

（2）违法行为持续或者继续时间6个月以上的；

（3）法律、法规、规章及上级机关规范性文件规定的从重处罚情节。

3.《广东省环境保护厅环境行政处罚自由裁量权裁量标准（试行）》（广东省环境保护厅于2011年1月21日以粤环〔2011〕7号文发布，自2011年2月1日起施行）中关于《广东省环境保护条例》的相关规定，自《广东省环境保护厅关于〈广东省环境保护条例〉的环境行政处罚自由裁量权裁量标准》施行之日起同时废止。

关于印发《浙江省海洋与渔业行政处罚自由裁量权标准》的通知（节选）

（浙海渔法〔2010〕26号）

各市、县（市、区）海洋与渔业行政主管局：

为推进海洋与渔业行政处罚规范化建设，提高海洋与渔业系统依法行政能力和水平，维护行政管理相对人的合法权益，根据《中华人民共和国行政处罚法》等有关法律、法规的规定，按照国务院《全面推进依法行政实施纲要》和《关于加强市、县政府依法行政的决定》要求，结合我省海洋与渔业执法实际，我局研究制定了《浙江省海洋与渔业行政处罚自由裁量权标准》，现印发给你们，请遵照执行。

特此通知。

附件：浙江省海洋与渔业行政处罚自由裁量权标准

二〇一〇年十二月十六日

主题词：海洋与渔业行政处罚裁量权标准通知

抄送：农业部、国家海洋局，省政府办公厅，省政府法制办。

浙江省海洋与渔业局办公室 2010年12月16日印发

附件：

浙江省海洋与渔业行政处罚自由裁量权标准

一、基本原则

（一）遵循公正、公开、公平原则，维护海洋与渔业行政管理秩序，保护公民、法人和其他组织的合法权益。

（二）以事实为依据，以法律为准绳原则，实施行政处罚与违法行为的事实、性质、情节以及社会危害程度相当。

（三）遵循行政处罚的法定程序原则，执法流程合法有效。

（四）坚持综合裁量原则，全面分析违法行为的主体、客体、主观和客观等因素，处罚与教育相结合。

二、量罚情节

（一）从轻处罚的情节

1. 主动消除或减轻违法行为危害后果的；

2. 受他人胁迫而实施违法行为的；

3. 配合海洋与渔业行政主管部门及其所属执法机构查处违法行为有立功表现的；

4. 行为人已满十四周岁不满十八周岁的；

5. 法律、法规、规章规定应当从轻处罚的其他情形。

（二）从重处罚的情节

1. 同时违反两项以上法律、法规、规章规定的；

2. 违法行为造成社会影响较大的；

3. 逃避、抗拒、阻碍执法检查的；

4. 一年内因违法行为被处罚两次以上的；

5. 为首组织或聚众违法的；

6. 拒不接受调查或在接受调查时故意隐瞒事实，提供虚假情况或材料的；

7. 违法行为严重损害国家和社会公共利益或造成严重后果的；

8. 法律、法规、规章规定应当从重处罚的其他情形。

（三）一般处罚的情节

不具备或不符合关于从轻、从重处罚情节的，适用一般情节予以处罚。

情节严重——具备1—2项从重情节的，按“情节严重”裁量；

情节特别严重——具备3项或3项以上从重情节的按“情节特别严重”裁量；

既有从轻情形，同时又具有从重情形的，可适用一般情节量罚（情节之间采取折中原则）；情况复杂的，应当在综合考量、研究的基础上，在合法、合理的幅度范围内，经集体讨论决定予以裁量。

三、比例尺度

即比例原则，要求行政主体的行政活动在合法的范围内，合理的比例和协调（在具体行政处罚自由裁量中，有明确裁量幅度的按裁量幅度处理，没有明确裁量幅度的按比例尺度掌握）。

（一）罚款金额以倍数计算的，从重处罚不得低于中间倍数；从轻处罚应低于中间倍数；一般处罚按中间倍数处罚。

（二）罚款金额以数额计算的，从重处罚不得低于最高与最低罚款数额的平均值；从轻处罚应低于平均值；一般处罚按最高与最低罚款数额的平均值处罚。

（三）只规定最高罚款数额没规定最低罚款数额的，从轻处罚按最高罚款数额的20%以下确定，一般处罚按最高罚款数额的50－20%之间确定；

（四）只规定最低罚款数额没规定最高罚款数额的，从重处罚按最低罚款数额的5倍以上确定；一般处罚按最低罚款数额的5－2倍之间确定。

四、行政处罚

具体行政处罚参见列表。

五、其他

本标准未尽事项，按相关的法律、法规的规定办理。

渔业行政处罚

(一)渔业资源生态保护

序号	违法行为	违法条款	处罚依据	处罚标准	违法情节	裁量幅度		备注
1	违反禁渔区、禁渔期规定进行捕捞	《中华人民共和国渔业法》第三十条第一款	《中华人民共和国渔业法》第三十八条第一款	没收渔获物和违法所得,处五万元以下的罚款;情节严重的,没收渔具,吊销捕捞许可证;情节特别严重的,可以没收渔船;构成犯罪的,依法追究刑事责任。	从轻	没收渔获物和违法所得	处6000元以下罚款	在罚款幅度内,按渔船的马力大小、资源破坏程度、当事人实际承受能力及其危害程度裁量。 考虑到海洋地区与淡水地区诸多不同因素,内陆水域机动渔船、非机动渔船或徒手作业的在罚款幅度内可适度从轻裁量。
					一般		处6000元至20000元罚款	
					严重	没收渔具、吊销捕捞许可证	处20000元至30000元罚款	
					特别严重	没收渔船	处30000元至50000元罚款	
2	未取得捕捞许可证擅自进行捕捞	《中华人民共和国渔业法》第二十三条第一款	《中华人民共和国渔业法》第四十一条	没收渔获物和违法所得,并处十万元以下的罚款;情节严重的,并可以没收渔具和渔船。	从轻	没收渔获物和违法所得	处10000元以下罚款	同上
					一般		处10000元至50000元罚款	
					严重	可以没收渔具和渔船	处50000元至80000元罚款	
					特别严重		处80000元至100000元罚款	
3	使用炸鱼、毒鱼、电鱼等破坏渔业资源的方法进行捕捞的	《中华人民共和国渔业法》第三十条第一款	《中华人民共和国渔业法》第三十八条第一款	没收渔获物和违法所得,处五万元以下的罚款;情节严重的,没收渔具,吊销捕捞许可证;情节特别严重的,可以没收渔船;构成犯罪的,依法追究刑事责任。	从轻	没收渔获物和违法所得	处6000元以下罚款	同上
					一般		处6000元至20000元罚款	
					严重	没收渔具,吊销捕捞许可证	处20000元至30000元罚款	
					特别严重	可没收渔船	处30000元至50000元罚款	
4	使用禁用渔具、捕捞方法进行捕捞作业的	《中华人民共和国渔业法》第三十条第一款	《中华人民共和国渔业法》第三十八条第一款	没收渔获物和违法所得,处五万元以下的罚款;情节严重的,没收渔具,吊销捕捞许可证;情节特别严重的,可以没收渔船;构成犯罪的,依法追究刑事责任。	从轻	没收渔获物和违法所得	处6000元以下罚款	同上
					一般		处6000元至20000元罚款	
					严重	没收渔具吊销捕捞许可证	处20000元至30000元罚款	
					特别严重	可没收渔船	处30000元至50000元罚款	
5	使用小于最小网目尺寸的网具进行捕捞	《中华人民共和国渔业法》第三十条第一款	《中华人民共和国渔业法》第三十八条第一款	没收渔获物和违法所得,处五万元以下的罚款;情节严重的,没收渔具,吊销捕捞许可证;情节特别严重的,可以没收渔船;构成犯罪的,依法追究刑事责任。	从轻	没收渔获物和违法所得	处6000元以下罚款	同上
					一般		处6000元至20000元罚款	
					严重	没收渔具,吊销捕捞许可证	处20000元至30000元罚款	
					特别严重	可以没收渔船	处30000元至50000元罚款	

续表

序号	违法行为	违法条款	处罚依据	处罚标准	违法情节	裁量幅度		备注
6	违反捕捞许可证关于作业类型、场所、时限和渔具数量的规定进行捕捞	《中华人民共和国渔业法》第二十五条	《中华人民共和国渔业法》第四十二条	没收渔获物和违法所得,可以并处五万元以下的罚款;情节严重的,并可以没收渔具,吊销捕捞许可证。	从轻	没收渔获物和违法所得	处6000元以下罚款	同上
					一般		处6000元至20000元罚款	
					严重	没收渔具,吊销捕捞许可证	处20000元至30000元罚款	
					特别严重		处30000元至50000元罚款	
7	制造、销售禁用渔具	《中华人民共和国渔业法》第三十条第一款	《中华人民共和国渔业法》第三十八条第三款	没收非法制造、销售的渔具和违法所得,并处一万元以下的罚款。	从轻	没收非法制造、销售的渔具和违法所得	处3000元以下罚款	
					一般		处3000元至5000元罚款	
					严重		处5000元至8000元罚款	
					特别严重		处8000元至10000元罚款	
8	涂改、买卖、出租或者以其他形式转让捕捞许可证	《中华人民共和国渔业法》第二十三条第三款	《中华人民共和国渔业法》第四十三条	没收违法所得,吊销捕捞许可证,可以并处一万元以下的罚款;伪造、变造、买卖捕捞许可证,构成犯罪的,依法追究刑事责任。	从轻	没收违法所得,吊销捕捞许可证,	处3000元以下的罚款	
					一般		处3000元至5000元罚款	
					严重		处5000元至8000元罚款	
					特别严重		处8000元至10000元罚款	
9	未经批准在水产种质资源保护区从事捕捞活动	《中华人民共和国渔业法》第二十九条	《中华人民共和国渔业法》第四十五条	责令立即停止捕捞,没收渔获物和渔具,可以并处一万元以下的罚款	从轻	责令立即停止捕捞,没收渔获物和渔具	处3000元以下的罚款	在罚款幅度内,按渔船的马力大小和破坏资源的程度裁量。
					一般		处3000元至6000元罚款	
					严重		处6000元至8000元罚款	
					特别严重		处8000元至10000元罚款	
10	在禁渔期向违禁作业的渔船供油、供冰,代冻、收购、销售违禁渔获物的	《浙江省渔业管理条例》第四十八条	《浙江省渔业管理条例》第五十九条第(四)项	没收渔获物、违法所得和渔具,处三万元以下罚款。	从轻	没收渔获物、违法所得和渔具	处10000元以下罚款	
					一般		处10000元至15000元罚款	
					严重		处15000元至25000元罚款	
					特别严重		处25000元至30000元罚款	

续表

序号	违法行为	违法条款	处罚依据	处罚标准	违法情节	裁量幅度		备注
11	不按规定缴纳渔业资源增殖保护费	《浙江省渔业管理条例》第十九条第一款	《浙江省渔业管理条例》第五十条	责令限期缴纳;逾期不缴纳的从滞纳之日起按日加收滞纳款千分之二的滞纳金;情节严重的,处滞纳款的一倍以上五倍以下罚款。	从轻	责令限期缴纳;逾期不缴纳的	按日加收滞纳款千分之二的滞纳金	
					一般			
					严重		处滞纳款一倍以上五倍以下罚款	
					特别严重			
12	渔获物中幼鱼超过规定比例的	《中华人民共和国渔业法》第三十条第一款	《中华人民共和国渔业法》第三十八条第一款	没收渔获物和违法所得,处五万元以下的罚款;情节严重的,没收渔具,吊销捕捞许可证;情节特别严重的,可以没收渔船;构成犯罪的,依法追究刑事责任。	从轻	没收渔获物和违法所得	处8000元以下罚款	
					一般		处8000元至15000元罚款	
					严重	没收渔具吊销捕捞许可证可没收渔船	处15000元至30000元罚款	
					特别严重		处30000元至50000元罚款	
13	在禁渔区、禁渔期内销售非法捕捞的渔获物	《中华人民共和国渔业法》第三十条第一款	《中华人民共和国渔业法》第三十八条第一、二款	没收渔获物和违法所得,处五万元以下的罚款;情节严重的,没收渔具,吊销捕捞许可证;情节特别严重的,可以没收渔船;构成犯罪的,依法追究刑事责任。	从轻	没收渔获物违法所得	处8000元以下罚款	
					一般		处8000元至15000元罚款	
					严重	没收渔具吊销捕捞许可证可没收渔船	处15000元至30000元罚款	
					特别严重		处30000元至50000元罚款	
14	无正当理由使水域、滩涂荒芜满一年的	《中华人民共和国渔业法》十一条第一款	《中华人民共和国渔业法》第四十条第一款	由发放养殖证的机关责令限期开发利用;逾期未开发利用的,吊销养殖证,可以并处一万元以下的罚款	从轻	责令限期开发利用;逾期未开发利用的,吊销养殖证	处3000元以下的罚款	
					一般		处3000元至6000元罚款	
					严重		处6000元至8000元罚款	
					特别严重		处8000元至10000元罚款	
15	外国人、外国渔船擅自进入中华人民共和国管辖水域从事渔业生产或渔业资源调查活动的	《中华人民共和国渔业法》第八条第一款	《中华人民共和国渔业法》第四十六条	责令其离开或者将其驱逐,可以没收渔获物、渔具,并处五十万元以下的罚款;情节严重的,可以没收渔船;构成犯罪的,依法追究刑事责任。	从轻	责令其离开或者将其驱逐,可以没收渔获物、渔具	处10万元至20万元罚款	
					一般		处20万元至30万元罚款	
					严重	可以没收渔船	处30万元至40万元罚款	
					特别严重		处40万元至50万元罚款	

（二）渔港渔业船舶管理

序号	违法行为	违法条款	处罚依据	处罚标准	违法情节	裁量幅度		备注
3	大中型海洋捕捞渔船未按规定填写渔捞日志	《浙江省渔业管理条例》第二十一条第二款	《浙江省渔业管理条例》第五十二条	责令限期改正，拒不改正的，处五千元以下罚款。	从轻	责令限期改正，拒不改正的	处1000元以下罚款	
					一般		处1000元至2000元罚款	
					严重		处2000元至3000元罚款	
					特别严重		处3000元至5000元罚款	
4	渔港水域内违法装卸危险物品、违法施工作业的	〈浙江省渔港渔业船舶管理条例》第十四条、第十七条	《浙江省渔港渔业船舶管理条例》第四十一条	责令立即停止作业，并处以五千元以上三万元以下的罚款。	从轻	责令立即停止作业	处5000元至8000元罚款	
					一般		处8000元至10000元罚款	
					严重		处10000元至20000元罚款	
					特别严重		处20000元至30000元罚款	
14	在渔港内的航道、港池、锚地和停泊区从事有碍海上交通安全的捕捞、养殖活动的	《中华人民共和国渔业港航监督行政处罚规定》	《中华人民共和国渔业港航监督行政处罚规定》第十条第（三）项	责令其停止作业，并对船长或直接责任人予以警告，并可处500元以上1000元以下罚款：	从轻	责令其停止作业	处500元至600元罚款	
					一般		处600元至700元罚款	
					严重		处700元至800元罚款	
					特别严重		处800元至1000元罚款	
15	渔船非法使用化学消油剂、未持防污证书、未如实记录排污行为的	《中华人民共和国渔业港航监督行政处罚规定》	《中华人民共和国渔业港航监督行政处罚规定》第十二条	对船长予以警告，情节严重的，并处100元以上1000元以下罚款	从轻	警告		
					一般			
					严重	情节严重的	处100元至600元罚款	
					特别严重		处600元至1000元罚款	

（三）水产品质量安全与水产养殖

序号	违法行为	违法条款	处罚依据	处罚标准	违法情节	裁量幅度	备注
1	使用禁用兽药	《兽药管理条例》第三十九条	《兽药管理条例》第六十二条	责令改正； 无害化处理； 处1万元以上5万元以下罚款。	从轻	处1万元至1.8万元	结合考虑： ①禁药残留浓度 ②养殖场规模 ③可能已销售数量 ④用药范围和时间跨度 ⑤用于成体还是幼体
					一般	处1.8万元至3.4万元	
					严重	处3.4万元至4.2万元	
					特别严重	处4.2万元至5万元	

续表

序号	违法行为	违法条款	处罚依据	处罚标准	违法情节	裁量幅度	备注
2	将人用药品用于动物	《兽药管理条例》第四十一条第四款	《兽药管理条例》第六十二条	责令改正； 无害化处理； 处1万元以上5万元以下罚款。	从轻	处1万元至1.8万元	结合考虑： ①该人用药是否存在允许兽用剂型 ②该人用药的现实危害 ③养殖场规模 ④用药范围和时间跨度
					一般	处1.8万元至3.4万元	
					严重	处3.4万元至4.2万元	
					特别严重	处4.2万元至5万元	
3	直接使用原料药	《兽药管理条例》第四十一条第三款	《兽药管理条例》第六十八条	责令改正； 处1万元以上3万元以下罚款。	从轻	处1万元至1.4万元	结合考虑： ①养殖场规模 ②用药范围和时间跨度 ③换算成制剂药后，其使用剂量是否明显过量 ④是否属人用原料药
					一般	处1.4万元至2.2万元	
					严重	处2.2万元至2.6万元	
					特别严重	处2.6万元至3万元	
4	未建立养殖用药记录或记录不真实完整	《兽药管理条例》第三十八条	《兽药管理条例》第六十二条	责令改正； 无害化处理； 处1万元以上5万元以下罚款。	从轻	处1万元至1.8万元	结合考虑： ①用药记录缺失程度 ②是否存在造假迹象 ③是否存在无法解释的记号、暗语 ④养殖场规模 ⑤是否有贮存禁用兽药等严重问题
					一般	处1.8万元至3.4万元	
					严重	处3.4万元至4.2万元	
					特别严重	处4.2万元至5万元	
5	在水产品初级加工中使用国家禁用的或者不符合质量标准的保鲜剂、防腐剂、着色剂	《浙江省渔业管理条例》第三十三条第(四)项	《浙江省渔业管理条例》五十五条第(三)项； 《浙江省食用农产品安全管理办法》第三十九条	责令改正； 处三万元以下罚款； 无害化处理，不能无害化处理的，予以销毁。	从轻	处1万元以下罚款	结合考虑： ①是否属于禁用物质 ②限用物质超标程度 ③可能已销售数量 ④使用范围及时间跨度 ⑤生产者规模
					一般	处1万元至1.8万元	
					严重	处1.8万元至2.4万元	
					特别严重	处2.4万元至3万元	
6	生产或销售的水产品中含有禁用的有毒有害物质或者有毒有害物质超标	《浙江省食用农产品安全管理办法》第八条第二款	《浙江省食用农产品安全管理办法》第三十九条	无害化处理，不能无害化处理的予以销毁； 可处1000元以上20000元以下罚款。	从轻	处0.8万元以下罚款	结合考虑： ①是否含有禁用物质 ②限用物质超标程度 ③主观故意的可能性 ④不合格产品的数量 ⑤可能已销售数量 ⑥生产者规模
					一般	处0.8万元至1.2万元	
					严重	处1.2万元至1.6万元	
					特别严重	处1.6万元至2万元	
7	经营的水产苗种不符合质量标准	《浙江省水产种苗管理办法》第二十二条第一款	《浙江省水产种苗管理办法》第二十九条	责令限期改正； 处1000元以上10000元以下罚款。	从轻	处0.1万元至0.3万元	结合考虑： ①是否含有禁药残留 ②主观故意可能性 ③不合格苗种 ④可能已销售数量 ⑤对购苗者的损害程度 ⑥经营者规模
					一般	处0.3万元至0.6万元	
					严重	处0.6万元至0.8万元	
					特别严重	处0.8万元至1万元	

续表

序号	违法行为	违法条款	处罚依据	处罚标准	违法情节	裁量幅度	备注
8	养殖企业或农业合作社未建立或未按规定保存生产记录的	《农产品质量安全法》第二十四条	《农产品质量安全法》第四十七条	责令限期改正； 逾期不改正的，可处二千元以下罚款。	从轻	处500元以下罚款	结合考虑： ①是否曾被责令改正 ②有否伪造 ③生产者规模 ④记录缺失程度
					一般	处500元至1000元	
					严重	处1000元至1500元	
					特别严重	处1500元至2000元	
9	在国有水域无证或超越养殖证范围从事生产，妨碍航运或泄洪的	《渔业法》第十一条第一款	《渔业法》第四十条第三款	责令限期拆除养殖设施； 可以并处一万元以下的罚款。	从轻	处0.2万元以下罚款	结合考虑： ①非法养殖的面积和时间跨度 ②妨碍航道或泄洪的危害程度 ③对水体环境的危害程度 ④是否已着手自行拆除
					一般	处0.2万元至0.5万元	
					严重	处0.5万元至0.8万元	
					特别严重	处0.8万元至1万元	
10	非法生产、进口、出口水产苗种	《渔业法》第十六条第三款	《渔业法》第四十四条第一款	没收苗种； 没收违法所得； 处五万元以下罚款。	从轻	处1万元以下罚款	结合考虑： ①是否无生产许可证 ②对环境与生态的危害性 ③对购苗户造成的现实损害 ④非法生产的数量和时间跨度 ⑤苗种场规模
					一般	处1万元至3万元	
					严重	处3万元至4万元	
					特别严重	处4万元至5万元	
11	水产种苗生产场所、品种发生变化而没有重新办理审批手续	《浙江省水产种苗管理办法》第十六条	《浙江省水产种苗管理办法》第二十九条	责令限期改正； 并可处1000元以上10000元以下罚款。	从轻	处0.1万元至0.3万元	结合考虑： ①生产场所或品种变化对生态和环境的影响 ②是否达到原先的基本生产条件 ③迟延办理审批的时间跨度 ④苗种场规模
					一般	处0.3万元至0.5万元	
					严重	处0.5万元至0.8万元	
					特别严重	处0.8万元至1万元	
12	养殖、销售未经国家或省批准的外来水生物种	《浙江省渔业管理条例》第三十八条第一款	《浙江省渔业管理条例》第五十七条第一款	没收非法养殖、销售的水产品； 没收违法所得； 处3万元以下罚款。	从轻	处1万元以下罚款	结合考虑： ①存在的生态风险程度 ②是否属国家明令禁止品种 ③已养殖或销售数量 ④发生逃逸的可能性 ⑤当事人规模大小
					一般	处1万元至1.8万元	
					严重	处1.8万元至2.4万元	
					特别严重	处2.4万元至3万元	
13	不及时合理处置被污染或含有病原体的水体和病死的养殖生物	《浙江省渔业管理条例》第三十三条第(五)项	《浙江省渔业管理条例》第五十五条第(三)项	责令改正； 处三万元以下罚款。	从轻	处1万元以下罚款	结合考虑： ①污染物的危险程度 ②污染物的排放数量 ③对邻近水体的污染程度 ④对邻近养殖户的现实损害 ⑤接纳水域的水质要求
					一般	处1万元至1.8万元	
					严重	处1.8万元至2.4万元	
					特别严重	处2.4万元至3万元	

续表

序号	违法行为	违法条款	处罚依据	处罚标准	违法情节	裁量幅度	备注
14	偷捕、抢夺他人养殖的水产品的，或者破坏他人养殖水体、养殖设施的		《渔业法》第三十九条	责令改正，可以处二万元以下的罚款；造成他人损失的，依法承担赔偿责任	从轻	处0.1万元至0.5万元	按其程度裁量
					一般	处0.5万元至0.8万元	
					严重	处0.8万元至1.2万元	
					特别严重	处1.2万元至2万元	

(四)渔业环境保护

序号	违法行为	违法条款	处罚依据	处罚标准	违法情节	裁量幅度	备注
1	造成内陆水域渔业污染事故	按污染肇事的不同原因，对照《水污染防治法》相应条款。	《水污染防治法》第八十三条第二款	对造成一般或较大水污染事故损失的，按直接损失的20%数额处罚；对造成重大或特大水污染事故损失的，按直接损失的30%数额处罚。	直接损失额小于100万元	按直接损失额20%罚款	备注： ①虽造成污染死鱼事故，但没有违法排污的，不作罚款 ②计算直接损失时，可酌情扣除养殖者自身因素、环境本底因素、天气因素等影响部分 ③非主观故意的违法排污，并积极采取补救措施的，可酌情减轻罚款
					直接损失额大于100万元	按直接损失额30%罚款	
2	造成海洋水域渔业污染事故	按污染肇事不同原因，对照《海洋环境保护法》条款。	《海洋环境保护法》第九十一条第二款	按造成直接损失的30%数额处罚，但最高不超过三十万元。	最高不超过30万元		同上
3	拒绝接受渔业行政主管部门对内陆水域渔业污染事故的监督检查，或弄虚作假	《水污染防治法》第二十七条	《水污染防治法》第七十条	责令改正； 处一万以上十万元以下罚款	从轻	处1万元至3万元	结合考虑： ①抗拒程度 ②造假程度 ③当事人规模大小 ④污染事故大小
					一般	处3万元至5万元	
					严重	处5万元至8万元	
					特别严重	处8万元至10万元	
4	拒绝接受渔业行政主管部门对海洋渔业污染事故的现场检查，或者弄虚作假	《海洋环境保护法》第十九条第二款	《海洋环境保护法》第七十五条	警告； 处二万元以下的罚款。	从轻	处0.4万元以下罚款	同上
					一般	处0.4万元至1.2万元	
					严重	处1.2万元至1.6万元	
					特别严重	处1.6万元至2万元	
5	在渔业资源洄游通道建闸、筑坝，未按要求采取补救措施	《浙江省渔业管理条例》第三十九条第一款	《浙江省渔业管理条例》第五十八条第(一)项	责令改正； 处十万元以下罚款。	从轻	处2万元以下罚款	结合考虑： ①该水域对渔业资源的重要性 ②是否采取过补救措施 ③自行采取补救措施的实际效果 ④已造成的渔业资源损害 ⑤责令改正后的预期修复效果
					一般	处2万元至5万元	
					严重	处5万元至8万元	
					特别严重	处8万元至10万元	

续表

序号	违法行为	违法条款	处罚依据	处罚标准	违法情节	裁量幅度	备　注
6	对渔业资源有严重影响的水下爆破、勘探、采砂等施工作业,未按要求采取防护措施	《浙江省渔业管理条例》第四十条第一款	《浙江省渔业管理条例》第五十八条第(二)项	责令改正; 处十万元以下罚款。	从轻	同上	结合考虑: ①该段水域对渔业资源的重要性 ②施工作业的范围、时间和强度 ③是否采取过补救措施 ④自行采取补救措施的实际效果 ⑤已造成的渔业资源损害
					一般		
					严重		
					特别严重		
7	擅自围填国有水域中的重要养殖场所或具有重要经济价值水产品种的渔业水域	《浙江省渔业管理条例》第四十条第二款	《浙江省渔业管理条例》第五十八条第(三)项	责令改正; 处十万元以下罚款。	从轻	同上	结合考虑: ①该水体对渔业生产和渔业资源的重要性 ②已围填的面积和时间跨度 ③已造成的渔业资源损害 ④责令改正后的预期恢复效果
					一般		
					严重		
					特别严重		

(五)水生野生动物保护

序号	违法行为	违法条款	处罚依据	处罚标准	违法情节	裁量幅度	备　注
1	非法捕捉、杀害国家重要保护水生野生动物	《水生野生动物保护实施条例》第十二条第一款	《水生野生动物保护实施条例》第二十六条	有捕获物的,收没捕获物、工具和违法所得,吊销特许捕捉证;并处捕获物价值10倍以下罚款; 没有捕获物的处以10000元以下罚款。	从轻	有:处2倍价值以下罚款 无:处0.1万元至0.3万元	结合考虑: ①捕捉行为的主观故意性。(误捕后在合理时间内自行放生的不处罚) ②对水生野生动物已造成的伤害 ③放生后存活的可能性 ④国家实施救助和放生的成本
					一般	有:处2倍至6倍价值罚款 无:处0.3万元至0.5万元	
					严重	有:处6倍至8倍价值罚款 无:处0.5万元至0.8万元	
					特别严重	有:处8倍至10倍价值罚款 无:处0.8万元至1万元	
2	非法出售、收购国家重点保护的水生野生动物或其产品的	《水生野生动物保护实施条例》第十八条	《水生野生动物保护实施条例》第二十八条	由工商行政管理部门或者其授权的渔业行政管理部门没收实物和违法所得;可以并处相当于实物价值10倍以下罚款。	从轻	处2倍价值以下罚款	结合考虑: ①属天然水生野生动物还是养殖产品 ②最初来源是否清楚、合法 ③用于驯养还是食用消费 ④如属养殖产品,该品种是否属允许养殖和利用品种 ⑤如属天然水生野生动物,考虑已造成伤害、放生后存活可能性、救助和放生成本
					一般	处2倍至6倍价值罚款	
					严重	处6倍至8倍价值罚款	
					特别严重	处8倍至10倍价值罚款	
3	非法运输、携带国家重点保护的水生野生动物或其产品的	《水生野生动物保护实施条例》第二十条	《水生野生动物保护实施条例》第二十八条	由工商行政管理部门或者其授权的渔业行政管理部门没收实物和违法所得;可以并处相当于实物价值10倍以下罚款。	从轻	同上	同上
					一般		
					严重		
					特别严重		

续表

序号	违法行为	违法条款	处罚依据	处罚标准	违法情节	裁量幅度	备注
4	未取得驯养繁殖许可证或超越许可范围，驯养繁殖国家重点保护的水生野生动物	《水生野生动物保护实施条例》第十七条第一款	《水生野生动物保护实施条例》第三十条	没收违法所得，处3000元以下罚款；可以并处没收水生野生动物，吊销驯养繁殖许可证。	从轻	处600元以下罚款	结合考虑： ①天然水生野生动物还是养殖子代 ②是否属允许养殖品种 ③最初来源是否清楚、合法 ④是否具备基本的驯养条件 ⑤已驯养的规模大小
					一般	处600元至1800元	
					严重	处1800元至2400元	
					特别严重	处2400元至3000元	

海监行政处罚

序号	类别	违法行为	处罚依据	处罚标准	违法情节	裁量幅度	备注
1	非法占用海域的	非法占用海域	《中华人民共和国海域使用管理法》第四十二条。	没收违法所得、并处非法占用海域面积应缴纳的海域使用金5－15倍罚款	从轻	5－8倍	以面积大小确定裁量幅度
					一般	9－11倍	
					从重	12－15倍	
		非法占用海域（填海）	《中华人民共和国海域使用管理法》第四十二条	处非法占用海域面积应缴纳的海域使用金10－20倍	从轻	10－13倍	
					一般	14－17倍	
					从重	18－20倍	
		非法占用海域（围海）	《中华人民共和国海域使用管理法》第四十二条	处非法占用海域面积应缴纳的海域使用金10－20倍	从轻	10－13倍	
					一般	14－17倍	
					从重	18－20倍	
2	海域使用权期满，未办理有关手续仍继续使用海域的	海域使用权期满未办理有关手续继续使用海域	《中华人民共和国海域使用管理法》第四十五条。	责令限期办理，可以并处一万元以下的罚款； 拒不办理的，以非法占用海域论处	从轻	5千元以下	以面积大小确定裁量幅度
					一般	5千元－7千元	
					从重	8千元－1万元	
3	擅自改变海域用途的	擅自改变用海类型和海域用途（将海域用途改为填海型项目用海）	《中华人民共和国海域使用管理法》第四十六条。	责令限期改正，没收违法所得，并处5－15倍以下的罚款	从轻	5－8倍	以面积大小确定裁量幅度
					一般	9－11倍	
					从重	12－15倍	
		擅自改变用海类型和海域用途（将海域用途改为围海型项目用海）	《中华人民共和国海域使用管理法》第四十六条	责令限期改正，没收违法所得，并处5－15倍以下的罚款	从轻	5－8倍	
					一般	9－11倍	
					从重	12－15倍	
		除改为围海型、填海型以外的其他擅自改变海域用途	《中华人民共和国海域使用管理法》第四十六条	责令限期改正，没收违法所得，并处5－15倍以下的罚款	从轻	5－8倍	
					一般	9－11倍	
					从重	12－15倍	
4	海域使用权终止，原海域使用权人逾期拒不拆除用海设施和构筑物的	海域使用权终止不按规定拆除用海设施和构筑物	《中华人民共和国海域使用管理法》第四十七条。	责令限期拆除；逾期不拆除的，处五万元以下的罚款	从轻	5千元以下	以面积大小确定裁量幅度
					一般	5千元－3万元	
					从重	3万元－5万元	
5	拒不接受海洋行政主管部门监督检查、不如实反映情况或者不提供有关资料的	拒不接受监督检查、不如实反映情况或者不提供有关资料	《中华人民共和国海域使用管理法》第四十九条。	责令限期改正，给予警告，可以并处二万元以下的罚款	从轻	6千元以下	以不配合程度为裁量幅度
					一般	6千元－1万元	
					从重	1万元－2万元	

续表

序号	类别	违法行为	处罚依据	处罚标准	违法情节	裁量幅度	备　注
6	向海域非法排放污染物或其他物质的；未取得倾倒许可证向海洋倾倒废弃物的；因发生事故或者其他突发性事件，造成海洋环境污染事故而不立即采取处理措施的	向海域排放本法禁止排放的污染物或其他物质的	《中华人民共和国海洋环境保护法》第七十三条	责令限期改正，并处三万元以上二十万元以下的罚款	从轻	3万元－5万元	以海域环境功能区类别为裁量幅度
					一般	5万元－8万元	
					从重	8万元－20万元	
		不按规定向海洋排放污染物，或者超过标准排放污染物的	《中华人民共和国海洋环境保护法》第七十三条	责令限期改正，并处二万元以上十万元以下的罚款	从轻	2万元－4万元	
					一般	4万元－6万元	
					从重	6万元－10万元	
		未取得倾倒许可证向海洋倾倒废弃物的	《中华人民共和国海洋环境保护法》第七十三条	责令限期改正，并处三万元以上二十万元以下的罚款	从轻	3万元－6万元	
					一般	6万元－10万元	
					从重	10万元－20万元	
		因发生事故或者其他突发性事件，造成海洋环境污染事故而不立即采取处理措施的	《中华人民共和国海洋环境保护法》第七十三条	责令限期改正，并处二万元以上十万元以下的罚款	从轻	2万元－4万元	以发生环境事件情节为裁量幅度
					一般	4万元－6万元	
					从重	6万元－10万元	
7	不按照规定申报，甚至拒报污染物排放有关事项，或者在申报时弄虚作假的；发生事故或者其他突发性事件不按照规定报告的；不按照规定记录倾倒情况，或者不按照规定提交倾倒报告的	因发生事故不按照规定申报，甚至拒报污染物排放有关事项，或者在申报时弄虚作假	《中华人民共和国海洋环境保护法》第七十四条	警告或处二万元以下的罚款	从轻	5千元以下	以违法情节为裁量幅度
					一般	5千元－8千元	
					从重	8千元－2万元	
		发生事故或者其他突发性事件，不按照规定报告	《中华人民共和国海洋环境保护法》第七十四条	警告或处五万元以下的罚款	从轻	1万元以下	以对海洋环境造成的损害程度为裁量幅度
					一般	1万元－2.5万元	
					从重	2.5万元－5万元	
		不按照规定记录倾倒情况，或者不按照规定提交倾倒报告的	《中华人民共和国海洋环境保护法》第七十四条	警告或处二万元以下的罚款	从轻	5千元以下	以对海洋环境造成的损害程度为裁量幅度
					一般	5千元－1万元	
					从重	1万元－2万元	
8	拒绝现场检查，或者在检查时弄虚作假的	拒绝现场检查，或者在检查时弄虚作假的	《中华人民共和国海洋环境保护法》第七十五条	警告，并处二万元以下的罚款	从轻	5千元以下	以不配合程度为裁量幅度
					一般	5千元－1万元	
					从重	1万元－2万元	
9	造成海洋生态系统及海洋水产资源、海洋保护区破坏的	造成海洋生态系统及海洋水产资源、海洋保护区破坏	《中华人民共和国海洋环境保护法》第七十六条	责令限期改正和采取补救措施，并处一万元以上十万元以下的罚款；有违法所得的，没收其违法所得	从轻	1万元－2万元	以造成直接经济损失程度为裁量幅度
					一般	2万元－5万元	
					从重	5万元－10万元	
10	违反规定进行海洋工程建设项目（环境影响报告书未经核准，擅自开工建设；海洋工程环境保护设施未申请验收或者经验收不合格即投入运行）的	海洋环境影响报告书未经核准，擅自进行海洋工程建设	《中华人民共和国海洋环境保护法》第八十三条	责令其停止施工或者生产、使用，并处5万元以上20万元以下的罚款	从轻	5万元－6万元	以海洋工程规模为裁量幅度
					一般	6万元－10万元	
					从重	10万元－20万元	

续表

序号	类别	违法行为	处罚依据	处罚标准	违法情节	裁量幅度	备注
11	海洋工程建设项目未建成环境保护设施、环境保护设施未达到规定要求即投入生产、使用的	海洋工程环境保护设施未建成,或者未达规定要求即投入运行	《中华人民共和国海洋环境保护法》第八十三条	处5万元以上20万元以下的罚款	从轻	5万元-6万元	以海洋工程环保设施建成情况为裁量幅度
					一般	6万元-10万元	
					从重	10万元-20万元	
12	使用含超标放射性或有毒有害物质材料从事海洋工程项目建设的	使用含超标放射性或有毒有害物质材料从事海洋工程项目建设	《中华人民共和国海洋环境保护法》第八十四条	处5万元以下的罚款、并责令其停止该建设项目的运行,直到消除污染危害	从轻	1万元以下	以海域损坏程度为裁量幅度
					一般	1万元-3万元	
					从重	3万元-5万元	
13	不按规定倾倒废弃物的	不按规定倾倒废弃物的,或者向已经封闭的倾倒区倾倒废弃物	《中华人民共和国海洋环境保护法》第八十六条	警告并处三万元以上二十万元以下的罚款,对情节严重的,可以暂扣或者吊销许可证	从轻	3万元-8万元	以海域功能区类别为裁量幅度
					一般	8万元-12万元	
					从重	12万元-20万元	
14	海洋工程的性质、规模、地点、生产工艺或者拟采取的环境保护措施发生重大改变,未重新编制环境影响报告书报原核准该工程环境影响报告书的海洋主管部门核准的;自环境影响报告书核准之日起超过5年,海洋工程方开工建设,其环境影响报告书未重新报原核准该工程环境影响报告书的海洋主管部门核准的;海洋工程需要拆除或者改作他用时,未报原核准该工程环境影响报告书的海洋主管部门批准或者未按要求进行环境影响评价的	未依法重新报批海洋工程环境影响评价报告书的	《防治海洋工程建设项目污染损害海洋环境管理条例》第四十七条	责令停止建设、运行,限期补办手续,并处5万元以上20万元以下的罚款	从轻	5万元-10万元	以项目建设情况为裁量幅度
					一般	10万元-15万元	
					从重	15万元-20万元	
15	擅自拆除或者闲置环境保护设施的;未在规定时间内进行环境影响后评价或者未按要求采取整改措施的	擅自拆除或者闲置海洋工程环境保护设施的	《防治海洋工程建设项目污染损害海洋环境管理条例》第四十八条	责令限期改正;逾期不改正的,责令停止运行,并处1万元以上10万元以下的罚款	从轻	1万元-4万元	以项目规模情况为裁量幅度
					一般	4万元-7万元	
					从重	7万元-10万元	
		海洋工程未在规定时间内进行环境影响后评价或者未按要求采取整改措施的	《防治海洋工程建设项目污染损害海洋环境管理条例》第四十八条	责令限期改正,逾期不改正的责令停止运行,并处1万元以上10万元以下的罚款	从轻	1万元-4万元	以项目规模情况为裁量幅度
					一般	4万元-7万元	
					从重	7万元-10万元	

续表

序号	类别	违法行为	处罚依据	处罚标准	违法情节	裁量幅度	备注
16	造成领海基点及其周围环境被侵蚀、淤积或者损害的；违反规定在海洋自然保护区内进行海洋工程建设活动的	建设海洋工程造成领海基点及其周围环境被侵蚀、淤积或者损害，未在限定期限内恢复原状	《防治海洋工程建设项目污染损害海洋环境管理条例》第四十九条	责令停止建设、运作，限期恢复原状；逾期未恢复原状的，承担所需费用，并处恢复原状所需费用1倍以上2倍以下的罚款	从轻	1倍	以造成损害程度为裁量幅度
					一般	1－1.5倍	
					从重	1.5－2倍	
		违反规定在海洋自然保护区内进行海洋工程建设活动，未在限定时间内恢复原状	《防治海洋工程建设项目污染损害海洋环境管理条例》第四十九条	责令停止建设、运作，限期恢复原状；逾期未恢复原状的，承担所需费用，并处恢复原状所需费用1倍以上2倍以下的罚款	从轻	1倍	以在海洋自然保护区所处位置为裁量幅度
					一般	1－1.5倍	
					从重	1.5－2倍	
17	在围填海工程中使用的填充材料不符合有关环境保护标准的	在围填海工程中使用的填充材料不符合有关环境保护标准，拒不改正的	《防治海洋工程建设项目污染损害海洋环境管理条例》第五十条	责令限期改正；逾期不改正的，责令停止建设、运行，并处5万元以上20万元以下的罚款	从轻	5万元－10万元	以不符合有关环境保护标准的填充材料的方量为裁量幅度
					一般	10万元－15万元	
					从重	15万元－20万元	
18	未按规定报告污染物排放设施、处理设备的运转情况或者污染物的排放、处置情况的；未按规定报告其向水基泥浆中添加油的种类和数量的；未按规定将防治海洋工程污染损害海洋环境的应急预案备案的；在海上爆破作业前未按规定报告海洋主管部门的；进行海上爆破作业时，未按规定设置明显标志、信号的	未按规定报告海洋工程污染排放设施、处理设备运转情况或者污染物排放、处置情况的；未按规定将防治海洋工程污染损害海洋环境的应急预案备案的	《防治海洋工程建设项目污染损害海洋环境管理条例》第五十一条	责令限期改正，逾期不改正的，处1万元以上5万元以下的罚款	从轻	1万元－2万元	以海域环境功能区为裁量幅度
					一般	2万元－3万元	
					从重	3万元－5万元	
		未按规定报告其向水基泥浆中添加油的种类和数量的	《防治海洋工程建设项目污染损害海洋环境管理条例》第五十一条	责令限期改正，逾期不改正的，处1万元以上5万元以下的罚款	从轻	1万元－2万元	以违法后果为裁量幅度
		在海上爆破作业前未在限定期限内按规定报告海洋主管部门的或作业时未在限定期限内按规定设置明显标志、信号的			一般	2万元－3万元	
					从重	3万元－5万元	
19	进行海上爆破作业时未采取有效措施保护海洋资源的，海洋主管部门责令限期改正而逾期未改正的；在重要渔业水域进行炸药爆破或者进行其他可能对渔业资源造成损害的作业，未避开主要经济类鱼虾产卵期的	进行海上爆破作业时未在限定期限内采取有效措施保护海洋资源的	《防治海洋工程建设项目污染损害海洋环境管理条例》第五十二条第一款	责令限期改正，逾期不改正的，处1万元以上10万元以下的罚款	从轻	1万元－4万元	以违法地点所处地域为裁量幅度
					一般	4万元－7万元	
					从重	7万元－10万元	
		在重要渔业水域进行炸药爆破或者进行其他可能对渔业资源造成损害的作业，未避开主要经济类鱼虾产卵期的	《防治海洋工程建设项目污染损害海洋环境管理条例》第五十二条第二款	警告、责令停止作业，并处5万元以上20万元以下的罚款	从轻	5万元－10万元	
					一般	10万元－15万元	
					从重	15万元－20万元	

续表

序号	类别	违法行为	处罚依据	处罚标准	违法情节	裁量幅度	备注
20	海水养殖者未按规定采取科学的养殖方式,对海洋环境造成污染或者严重影响海洋景观的	海水养殖者未在限定期限内按规定采取科学的养殖方式,对海洋环境造成污染或者严重影响海洋景观的	《防治海洋工程建设项目污染损害海洋环境管理条例》第五十四条	责令限期改正;逾期不改正的,责令停止养殖活动,并处清理污染或者恢复海洋景观所需费用1倍以上2倍以下的罚款	从轻	1倍-1.2倍	以海域环境功能区为裁量幅度
					一般	1.2-1.5倍	
					从重	1.5-2倍	
21	建设单位未按规定缴纳排污费,逾期拒不缴纳的	建设单位未在限定的时间内按规定缴纳排污费的	《防治海洋工程建设项目污染损害海洋环境管理条例》第五十五条	责令限期缴纳;逾期拒不缴纳的,处应缴纳排污费数额2倍以上3倍以下的罚款	从轻	2倍	以排污量为裁量幅度
					一般	2-2.5倍	
					从重	2.5-3倍	
22	擅自移动或者破坏自然保护区界标的;未经批准进入自然保护区或者在自然保护区内不服从管理机构管理的;不向自然保护区管理机构提交活动成果副本的	擅自移动或者破坏自然保护区界标	《中华人民共和国自然保护区条例》第三十四条	责令其改正,并可根据不同情节处以100元以上5000元以下的罚款	从轻	100-1000元	以违法情节为裁量幅度
					一般	1000-3000元	
					从重	3000-5000元	
		未经批准进入自然保护区或者在自然保护区内不服从管理机构管理的	《中华人民共和国自然保护区条例》第三十四条	责令其改正,并可根据不同情节处以100元以上5000元以下的罚款	从轻	100-1000元	
					一般	1000-3000元	
					从重	3000-5000元	
		不向自然保护区管理机构提交活动成果副本的	《中华人民共和国自然保护区条例》第三十四条	责令其改正,并可根据不同情节处以100元以上5000元以下的罚款	从轻	100-1000元	
					一般	1000-3000元	
					从重	3000-5000元	
23	在自然保护区从事有关违规活动的	在自然保护区进行捕捞、开矿、挖沙等活动的	《中华人民共和国自然保护区条例》第三十五条	没收违法所得,责令停止违法行为,限期恢复原状或者采取其他补救措施;对自然保护区造成破坏的,可以处以300元以上10000元以下的罚款	从轻	300-3000元	以在自然保护区所在区域为裁量幅度
					一般	3000-6000元	
					从重	6000-10000元	
24	自然保护区管理机构拒绝行政主管部门监督检查或者在被检查时弄虚作假的	自然保护区管理机构拒绝行政主管部门监督检查或者在被检查时弄虚作假的	《中华人民共和国自然保护区条例》第三十六条	处300元以上3000元以下的罚款	从轻	300-1000元	以检查时配合情况为裁量幅度
					一般	1000-1500元	
					从重	1500-3000元	
		委托保护电缆管道未备案					

续表

序号	类别	违法行为	处罚依据	处罚标准	违法情节	裁量幅度	备　注
27	违反海洋功能区划、海洋环境保护规划或者重点海域环境保护专项规划开发利用海洋资源的;采挖海砂、开发海岛及周围海域资源的,未采取严格的生态保护措施造成海洋生态环境破坏的;在半封闭海湾、入海河口兴建影响潮汐通道、行洪安全以及明显降低水体交换能力和纳潮量的工程建设项目	非法采挖海砂造成海洋生态环境破坏	《浙江省海洋环境保护条例》第四十五条第(五)项	责令限期整治和恢复,没收违法所得;情节严重的,处五万元以上十万元以下罚款	从轻	5-6万元	以采挖海砂的方式及生产能力为裁量幅度
					一般	6-8万元	
					从重	8-10万元	
28	在无居民海岛采石、挖海砂、采伐林木或者采集生物、非生物样本的;在无居民海岛进行生产、建设活动或者组织开展旅游活动的	违反本法规定,在无居民海岛采石、挖海砂、采伐林木或者采集生物、非生物样本的	《中华人民共和国海岛保护法》第四十七条第一款	责令停止违法行为,没收违法所得,可以并处二万元以下的罚款	从轻	0.6万元以下	以破坏生态资源的多少为裁量幅度
					一般	0.6-1.3万元	
					从重	1.3-2万元	以活动的规模大小为裁量幅度
		在无居民海岛进行生产、建设活动或者组织开展旅游活动的	《中华人民共和国海岛保护法》第四十七条第二款	责令停止违法行为,没收违法所得,并处二万元以上二十万元以下的罚款	从轻	2-8万元	
					一般	8-14万元	
					从重	14-20万元	
29	进行严重改变无居民海岛自然地形、地貌的活动的	违反本法规定,进行严重改变无居民海岛自然地形、地貌的活动的	《中华人民共和国海岛保护法》第四十八条	责令停止违法行为、处以五万元以上五十万元以下的罚款	从轻	5-20万元	以改变的严重程度为裁量幅度
					一般	20-35万元	
					从重	2-8万元	
30	在领海基点保护范围内进行工程建设或者其他可能改变该区域地形、地貌活动,在临时性利用的无居民海岛建造永久性建筑物或者设施,或者在依法确定为开展旅游活动的可利用无居民海岛建造居民定居场所的	在领海基点保护范围内进行工程建设或者其他可能改变该区域地形、地貌活动,在临时性利用的无居民海岛建造永久性建筑物或者设施,或者在依法确定为开展旅游活动的可利用无居民海岛建造居民定居场所的	《中华人民共和国海岛保护法》第五十条	责令停止违法行为,处以二万元以上二十万元以下的罚款	从轻	2-8万元	以工程建设规模大小为裁量幅度
					一般	8-14万元	
					从重	14-20万元	

北京市发展和改革委员会关于印发规范碳排放权交易行政处罚自由裁量权规定的通知

（京发改规〔2014〕1号）

各有关单位：

按照北京市人民代表大会常务委员会《关于北京市在严格控制碳排放总量前提下开展碳排放权交易试点工作的决定》，市发展改革委制定了《关于规范碳排放权交易行政处罚自由裁量权的规定》，现印发给你们，请认真贯彻落实。

特此通知。

北京市发展和改革委员会

2014年5月6日

关于规范碳排放权交易行政处罚自由裁量权的规定

第一条 为进一步促进依法实施行政处罚工作制度化、规范化、标准化，严格规范碳排放权交易行政处罚自由裁量权的行使，维护相关法人单位的合法权益，根据《中华人民共和国行政处罚法》、北京市人民代表大会常务委员会《关于北京市在严格控制碳排放总量前提下开展碳排放权交易试点工作的决定》（以下简称《决定》）等法律、法规、规章及规范性文件，制定本规定。

第二条 市发展改革委对碳排放权交易违法行为实施行政处罚的，适用本规定。

第三条 本规定所称碳排放权交易行政处罚自由裁量权是指市发展改革委在法定行政处罚权限内，对碳排放权交易违法行为是否给予行政处罚、给予何种行政处罚和给予何种幅度行政处罚的自主决定权。

第四条 行使碳排放权交易行政处罚自由裁量权，应当遵循处罚法定、过罚相当、综合裁量的原则，确保行使行政处罚自由裁量权的合法性和合理性。

第五条 市发展改革委对碳排放权交易违法行为进行处罚时，处罚种类、幅度应参照《北京市碳排放权交易行政处罚自由裁量权执行标准（试行）》（简称《执行标准》）执行。

对于违法行为的事实、情节、主观和客观等因素基本相同的同类违法行为，市发展改革委所使用的法律依据、处罚种类和幅度应当基本相同或接近。

第六条 当事人有下列情形之一的，不予处罚：

（一）《决定》第四条规定的，年综合能源消耗2000吨标准煤（含）以上的法人单位在责令改正期限5个工作日内完成碳排放报告报送的；

（二）《决定》第四条规定的，重点碳排放单位在责令改正期限5个工作日内完成第三方核查报告报送的；

（三）《决定》第四条规定的，重点排放单位在责令期限10个工作日内完成碳排放配额履约的；

（四）其他不予处罚的情形。

第七条 当事人有下列情形之一的，从轻处罚：

（一）首次违法且在责令改正期结束后主动改正违法行为的；

（二）《决定》第三条规定的，重点碳排放单位在责令报送第三方核查报告期限内已委托第三方核查机构核查且认真配合核查工作的；

（三）《决定》第三条规定的，重点碳排放单位超出其配额许可范围10%以内进行排放且不履约的；

（四）其他应当从轻处罚的情形。

第八条 当事人有下列情形之一的，从重处罚：

（一）经执法机构多次提醒、催报，仍以不正当理由拒绝报送碳排放报告、第三方核查报告或履约的；

（二）两次及以上实施同一违法行为的；

（三）《决定》第四条规定的，重点碳排放单位在责令改正期限内仍未委托第三方核查机构核查的；

（四）《决定》第四条规定的，重点碳排放单位超出其配额许可范围20%以上进行排放且不履约的；

（五）拒不配合、妨碍执法人员进行调查取证的；

（六）其他应当从重处罚的情形。

第九条 第六条至第七条未提到的情形，属于《执行标准》中的“一般处罚情形”。

第十条 本规定自2014年5月6日起实施。

附件：北京市碳排放权交易行政处罚自由裁量权参照执行标准（试行）

附件：

北京市碳排放权交易行政处罚自由裁量权参照执行标准（试行）

序号	违法行为名称	法规依据	违法情节	适用主体	自由裁量适用情形	处罚幅度
1	未按规定报送碳排放报告	北京市人民代表大会常务委员会《关于北京市在严格控制碳排放总量前提下开展碳排放权交易试点工作的决定》第四条：“未按规定报送碳排放报告或者第三方核查报告的，由市人民政府应对气候变化主管部门责令限期改正；逾期未改正的，可以对排放单位处以5万元以下的罚款。”	（1）责令限期5个工作日内报送碳排放报告	年能源消耗2000吨标准煤（含）以上的法人单位	不予处罚	无
			（2）逾期仍未报送碳排放报告		从轻处罚	处3万元以下罚款
					一般处罚	处3万元以上4万元以下罚款
					从重处罚	处4万元以上5万元以下罚款
2	未按规定报送第三方核查报告	北京市人民代表大会常务委员会《关于北京市在严格控制碳排放总量前提下开展碳排放权交易试点工作的决定》第四条：“未按规定报送碳排放报告或者第三方核查报告的，由市人民政府应对气候变化主管部门责令限期改正；逾期未改正的，可以对排放单位处以5万元以下的罚款。”	（1）责令限期5日内报送第三方碳排放报告	重点排放单位	不予处罚	无
			（2）逾期仍未报送第三方核查报告		从轻处罚	处3万元以下罚款
					一般处罚	处3万元以上4万元以下罚款
					从重处罚	处4万元以上5万元以下罚款
3	重点排放单位超出配额许可范围进行排放的	北京市人民代表大会常务委员会《关于北京市在严格控制碳排放总量前提下开展碳排放权交易试点工作的决定》第四条：“重点排放单位超出配额许可范围进行排放的，由市人民政府应对气候变化主管部门责令限期履行控制排放责任，并可根据其超出配额许可范围的碳排放量，按照市场均价的3至5倍予以处罚。”	（1）在责令限期10个工作日内完成履行控制排放责任	重点排放单位	不予处罚	无
			（2）逾期仍未完成履行控制排放责任		从轻处罚	按照市场均价的3倍对该单位超出其配额许可范围的碳排放总量（未履约排放量）予以罚款
					一般处罚	按照市场均价的4倍对该单位超出其配额许可范围的碳排放总量（未履约排放量）予以罚款
					从重处罚	按照市场均价的5倍对该单位超出其配额许可范围的碳排放总量（未履约排放量）予以罚款

注：1. 表格中每一档次罚款数额均包含本数。

2. 市场均价为本市碳排放权场内交易前六个月成交均价。

广东省碳排放管理试行办法

(粤府令2013年第197号)

第一章 总 则

第一条 为实现温室气体排放控制目标,发挥市场机制作用,规范碳排放管理活动,结合本省实际,制定本办法。

第二条 在本省行政区域内的碳排放信息报告与核查,配额的发放、清缴和交易等管理活动,适用本办法。

第三条 碳排放管理应当遵循公开、公平和诚信的原则,坚持政府引导与市场运作相结合。

第四条 省发展改革部门负责全省碳排放管理的组织实施、综合协调和监督工作。

各地级以上市人民政府负责指导和支持本行政辖区内企业配合碳排放管理相关工作。

各地级以上市发展改革部门负责组织企业碳排放信息报告与核查工作。

省经济和信息化、财政、住房城乡建设、交通运输、统计、价格、质监、金融等部门按照各自职责做好碳排放管理相关工作。

第五条 鼓励开发林业碳汇等温室气体自愿减排项目,引导企业和单位采取节能降碳措施。提高公众参与意识,推动全社会低碳节能行动。

第二章 碳排放信息报告与核查

第六条 本省实行碳排放信息报告和核查制度。

年排放二氧化碳1万吨及以上的工业行业企业,年排放二氧化碳5千吨以上的宾馆、饭店、金融、商贸、公共机构等单位为控制排放企业和单位(以下简称控排企业和单位);年排放二氧化碳5千吨以上1万吨以下的工业行业企业为要求报告的企业(以下简称报告企业)。

交通运输领域纳入控排企业和单位的标准与范围由省发展改革部门会同交通运输等部门提出。根据碳排放管理工作进展情况,分批纳入信息报告与核查范围。

第七条 控排企业和单位、报告企业应当按规定编制上一年度碳排放信息报告,报省发展改革部门。

控排企业和单位应当委托核查机构核查碳排放信息报告,配合核查机构活动,并承担核查费用。

对企业和单位碳排放信息报告与核查报告中认定的年度碳排放量相差10%或者10万吨以上的,省发展改革部门应当进行复查。

省、地级以上市发展改革部门对企业碳排放信息报告进行抽查,所需费用列入同级财政预算。

第八条 在本省区域内承担碳排放信息核查业务的专业机构,应当具有与开展核查业务相应的资质,并在本省境内有开展业务活动的固定场所和必要设施。

从事核查专业服务的机构及其工作人员应当依法、独立、公正地开展碳排放核查业务,对所出具的核查报告的规范性、真实性和准确性负责,并依法履行保密义务,承担法律责任。

第九条 碳排放核查收费标准由省价格主管部门制定。

第三章 配额发放管理

第十条 本省实行碳排放配额(以下简称配额)管理制度。控排企业和单位、新建(含扩建、改建)年排放二氧化碳1万吨以上项目的企业(以下简称新建项目企业)纳入配额管理;其他排放企业和单位经省发展改革部门同意可以申请纳入配额管理。

第十一条 本省配额发放总量由省人民政府按照国家控制温室气体排放总体目标,结合本省重点行业发展规划和合理控制能源消费总量目标予以确定,并定期向社会公布。

配额发放总量由控排企业和单位的配额加上储备配额构成,储备配额包括新建项目企业配额和市场调节配额。

第十二条 省发展改革部门应当制定本省配额分配实施方案,明确配额分配的原则、方法、以及流程等事项,经配额分配评审委员会评审,并报省人民政府批准后公布。

配额分配评审委员会,由省发展改革部门和省相关行业主管部门,技术、经济及低碳、能源等方面的专家,行业协会、企业代表组成,其中专家不得少于成员总数的三分之二。

第十三条 控排企业和单位的年度配额,由省发展改革部门根据行业基准水平、减排潜力和企业历史排放水平,采用基准线法、历史排放法等方法确定。

第十四条 控排企业和单位的配额实行部分免费发放和部分有偿发放,并逐步降低免费配额比例。

每年7月1日,由省发展改革部门按照控排企业和单位配额总量的一定比例,发放年度免费配额。

第十五条 控排企业和单位发生合并的,其配额及相应的权利和义务由合并后的企业享有和承担;控排企业和单位发生分立的,应当制定配额分拆方案,并及时报省、市发展改革部门备案。

第十六条 因生产品种、经营服务项目改变,设备检修或者其他原因等停产停业,生产经营状况发生重大变化的控排企业和单位,应当向省发展改革部门提交配额变更申请材料,重新核定配额。

第十七条 控排企业和单位注销、停止生产经营或者迁出本省的,应当在完成关停或者迁出手续前1个月内提交碳排放信息报告和核查报告,并按要求提交配额。

第十八条 每年6月20日前,控排企业和单位应当根据上年度实际碳排放量,完成配额清缴工作,并由省发展改革部门注销。企业年度剩余配额可以在后续年度使用,也可以用于配额交易。

第十九条 控排企业和单位可以使用中国核证自愿减排量作为清缴配额,抵消本企业实际碳排放量。但用于清缴的中国核证自愿减排量,不得超过本企业上年度实际碳排放量的10%,且其中70%以上应当是本省温室气体自愿减排项目产生。

控排企业和单位在其排放边界范围内产生的国家核证自愿减排量,不得用于抵消本省控排企业和单位的碳排放。

1吨二氧化碳当量的中国核证自愿减排量可抵消1吨碳排放量。

第二十条 新建项目企业的配额由省发展改革部门根据地级以上市发展改革部门审核的碳排放评估结果核定。新建项目企业按照要求足额购买有偿配额后,方可获得免费配额。

第二十一条 省发展改革部门采取竞价方式,每年定期在省人民政府确定的平台发放有偿配额。竞价底价由省发展改革部门会同价格主管部门确定。

竞价发放的配额,由现有控排企业和单位、新建项目企业的有偿发放配额加上市场调节配额组成。

第二十二条 本省实行配额登记管理。配额的分配、变更、清缴、注销等应依法在配额登记系统登记,并自登记日起生效。

第四章 配额交易管理

第二十三条 本省实行配额交易制度。交易主体为控排企业和单位、新建项目企业、符合规定的其他组织和个人。

第二十四条 交易平台为省人民政府指定的碳排放交易所(以下简称交易所)。交易所应当履行以下职责:

(一)制订交易规则。

(二)提供交易场所、系统设施和服务,组织交易活动。

(三)建立资金结算制度,依法进行交易结算、清算以及资金监管。

(四)建立交易信息管理制度,公布交易行情、交易价格、交易量等信息,及时披露可能导致市场重大变动的相关信息。

(五)建立交易风险管理制度,对交易活动进行风险控制和监督管理。

(六)法律法规规定的其他职责。

交易规则应当报省发展改革部门、省金融主管部门审核后发布。

第二十五条 配额交易采取公开竞价、协议转让等国家法律法规、标准和规定允许的方式进行。

第二十六条 配额交易价格由交易参与方根据

市场供需关系确定,任何单位和个人不得采取欺诈、恶意串通或者其他方式,操纵交易价格。

第二十七条 交易参与方应当按照规定缴纳交易手续费。交易手续费收费标准由交易所提出,报省价格主管部门核定后执行。

第二十八条 本省探索建立跨区域碳排放交易市场,鼓励其他区域企业参与本省碳排放权交易。

第五章 监督管理

第二十九条 省发展改革部门应当定期通过政府网站或者新闻媒体向社会公布控排企业和单位、报告企业履行本办法的情况。

省发展改革部门应当向社会公开核查机构名录,并加强对核查机构及其核查工作的监督管理。

第三十条 本省建立企业碳排放信息报告与核查系统和碳排放配额交易系统。控排企业和单位、报告企业应当按照要求在相应系统中开立账户和报送有关数据。

第三十一条 控排企业和单位对年度实际碳排放量核定、配额分配等有异议的,可依法向省发展改革部门提请复核。对年度实际碳排放量核定有异议的,省发展改革委部门应当委托核查机构进行复查;对配额分配有异议的,省发展改革部门应当进行核实,并在20日内作出书面答复。

第三十二条 省发展改革部门应当建立控排企业和单位、核查机构以及交易所信用档案,及时记录、整合、发布碳排放管理和交易的相关信用信息。

第三十三条 同等条件下,支持已履行责任的企业优先申报国家支持低碳发展、节能减排、可再生能源发展、循环经济发展等领域的有关资金项目,优先享受省财政低碳发展、节能减排、循环经济发展等有关专项资金扶持。

第三十四条 鼓励金融机构探索开展碳排放交易产品的融资服务,为纳入配额管理的单位提供与节能减碳项目相关的融资支持。

第三十五条 配额有偿分配收入,实行收支两条线,纳入财政管理。

第六章 法律责任

第三十六条 违反本办法第七条规定,控排企业和单位、报告企业有下列行为之一的,由省发展改革部门责令限期改正;逾期未改正的,并处罚款:

(一)虚报、瞒报或者拒绝履行碳排放报告义务的,处1万元以上3万元以下罚款。

(二)阻碍核查机构现场核查,拒绝按规定提交相关证据的,处1万元以上3万元以下罚款;情节严重的,处5万元罚款。

第三十七条 违反本办法第十八条规定,未足额清缴配额的企业,由省发展改革部门责令履行清缴义务;拒不履行清缴义务的,在下一年度配额中扣除未足额清缴部分2倍配额,并处5万元罚款。

第三十八条 交易所有下列行为之一的,由省发展改革部门责令改正,并处1万元以上5万元以下罚款:

(一)未按照规定公布交易信息的;

(二)未建立并执行风险管理制度的。

第三十九条 从事核查的专业机构违反本办法第八条第二款规定,有下列情形之一的,由省发展改革部门责令限期改正,并处3万元以上5万元以下罚款:

(一)出具虚假、不实核查报告的;

(二)未经许可擅自使用或者发布被核查单位的商业秘密和碳排放信息的。

第四十条 发展改革部门、相关管理部门及其工作人员,违反本办法规定,有下列行为之一的,由其上级主管部门或者监察机关责令改正并通报批评;情节严重的,对负有责任的主管人员和其他责任人员,由任免机关或者监察机关按照管理权限给予处分;涉嫌犯罪的,移送司法机关依法追究刑事责任:

(一)在配额分配、碳排放核查、碳排放量审定、核查机构管理等工作中,谋取不正当利益的;

(二)对发现的违法行为不依法纠正、查处的;

(三)违规泄露与配额交易相关的保密信息,造成严重影响的;

(四)其他滥用职权、玩忽职守、徇私舞弊的违法行为。

第七章 附 则

第四十一条 企业碳排放信息报告核查、配额分配、金融服务支持等具体规定由省发展改革、金融部门依据本办法另行制定。

第四十二条 本办法下列用语的含义：

（一）碳排放配额，是指政府分配给企业用于生产、经营的二氧化碳排放的量化指标。1吨配额等于1吨二氧化碳的排放量。

（二）新建项目配额，是指发展改革部门根据新建项目碳排放评估报告核定新建项目建成后预计年度碳排放量，并据此发放的配额。

（三）市场调节配额，是指政府为应对碳排放市场波动及经济形势变化，用于调节碳市场价格，预留的部分碳排放配额，其数量为现有控排企业和单位配额总量的5%。

（四）中国核证自愿减排量，是指国家发展改革委根据《温室气体自愿减排交易管理暂行办法》备案的温室气体自愿减排项目所产生的核证减排量。

第四十三条 本办法自2014年3月1日起施行。

北京市关于挥发性有机物排污收费标准的通知

（京发改〔2015〕2003号）

各有关单位：

为改善本市环境质量，发挥经济手段促进治污、减排的作用，根据财政部、国家发展改革委、环保部《关于印发〈挥发性有机物排污收费试点办法〉的通知》（财税〔2015〕71号）、市政府《关于印发北京市2013年－2017年清洁空气行动计划的通知》（京政发〔2013〕27号），经市政府批准，现就本市挥发性有机物排污收费有关事宜通知如下：

一、对本市行政区域内的石油化工、汽车制造、电子、包装印刷、家具制造行业征收挥发性有机物排污费，具体行业范围见附件。

二、为体现奖优罚劣，鼓励深度治理，根据排污者挥发性有机物污染控制措施情况，实施差别化的排污收费政策。通过挥发性有机物清洁生产评估、排放浓度低于本市排放限值的50%（含50%），且当月未因污染环境受到环保部门处罚的，收费标准为每公斤10元；存在未安装废气治理设施，或废气治理设施运行不正常，或挥发性有机物超出本市排放标准等环境污染行为的，收费标准为每公斤40元；其他情况收费标准为每公斤20元。挥发性有机物排放量的核算办法，由市环保局按照国家有关规定，并结合本市实际情况制定发布。

三、每一排放口排放的挥发性有机物均征收挥发性有机物排污费，不受对前3项污染物征收排污费限制。征收挥发性有机物排污费后，不再对大气污染物中单项有机物征收排污费。

四、各区县环保局应加强收费情况信息公开，按规定实行收费公示，收费时开据市财政局印制的财政票据。排污费的缴纳和使用，按照国家和本市有关规定执行。

五、各级价格、财政、环保部门要密切配合，切实做好政策实施的宣传解释工作，依各自职责切实加强对排污费征收和资金管理的监督检查。

六、本通知自2015年10月1日起执行。特此通知。

附件：挥发性有机物排污收费行业范围表

北京市发展和改革委员会

北京市财政局北京市环境保护局

2015年9月1日

附件：

挥发性有机物排污收费行业范围表

行业	行业分类		说明
	代码	类别名称	
家具制造	C2110	木制家具制造	指以天然木材和木制人造板为主要材料，配以其他辅料（如油漆、贴面材料、玻璃、五金配件等）制作各种家具的生产活动
包装印刷	C2311	书、报刊印刷	
	C2319	包装装潢及其他印刷	指根据一定的商品属性、形态，采用一定的包装材料，经过对商品包装的造型结构艺术和图案文字的设计与安排来装饰美化商品的印刷，以及其他印刷活动
石油化工	C2511	原油加工及石油制品制造	指从天然原油、人造原油中提炼液态或气态燃料以及石油制品的生产活动
	C2614	有机化学原料制造	指以石油馏分、天然气等为原料，生产有机化学品的工业
	C2641	涂料制造	指在天然树脂或合成树脂中加入颜料、溶剂和辅助材料，经加工后制成的覆盖材料的生产活动
	C2642	油墨及类似产品制造	指由颜料、联接料（植物油、矿物油、树脂、溶剂）和填充料经过混合、研磨调制而成，用于印刷的有色胶浆状物质，以及用于计算机打印、复印机用墨等的生产活动
	C2651	初级形态塑料及合成树脂制造	包括通用塑料、工程塑料、功能高分子塑料的制造
	C2652	合成橡胶制造	指人造橡胶或合成橡胶及高分子弹性体的生产活动
	C2653	合成纤维单（聚合）体制造	指以石油、天然气、煤等为主要原料，用有机合成的方法制成合成纤维单体或聚合体的生产活动
	C5990	仓储业	指含汽油、柴油等挥发性有机液体化学品的储存活动
汽车制造	C3610	汽车整车制造	指由动力装置驱动，具有四个以上车轮的非轨道、无架线的车辆，并主要用于载送人员和（或）货物，牵引输送人员和（或）货物的车辆制造，还包括汽车发动机的制造
	C3620	改装汽车制造	指利用外购汽车底盘改装各类汽车的制造
电子	C3922	通信终端设备制造	指固定或移动通信终端设备的制造
	C3963	集成电路制造	指单片集成电路、混合式集成电路的制造
	C3969	光电子器件及其他电子器件制造	指光电子器件、显示器件和组件，以及其他未列明的电子器件的制造
	C3972	印制电路板制造	指在绝缘板上通过常规或非常规的印刷工艺，使导电元件、触点或电感器件、电阻器和电容器等其他印刷元件组成的电路及专用元件的制造

注：行业分类依据为《国民经济行业分类》（GB/T 4754－2011）

广东省严控废物处理行政许可实施办法

（粤府令2009年第135号）

第一条 为了加强对严控废物处理行政许可的管理，根据《广东省固体废物污染环境防治条例》及有关法律法规，结合本省实际，制定本办法。

第二条 本办法适用于在本省行政区域内以《广东省严控废物名录》（见附件）规定的类别和处理方式处理严控废物的活动。

第三条 处理严控废物不得采用国家禁止、淘汰的工艺技术或方法。

采用严控废物处理方式从事处理严控废物活动的，按本办法申领严控废物处理许可证。

第四条 省人民政府环境保护主管部门是严控废物处理活动的管理部门，负责严控废物处理许可证的审查颁发。县级以上人民政府环境保护主管部门负责严控废物处理的监督管理。

第五条 申领严控废物处理许可证的单位应当具备以下条件：

（一）有两名以上具有两年固体废物污染治理经历的环境工程专业或者相关专业中级以上职称的技术人员；

（二）严控废物处理项目选址符合省严控废物处理规划，处理设施和工艺符合省严控废物处理技术规范，具备试生产或生产条件。

（三）有保证严控废物处理安全的规章制度、事故应急救援措施。

第六条 申领严控废物处理许可证的程序：

（一）申请人向有权审批该严控废物处理项目环境影响评价文件的所在地县级以上人民政府环境保护主管部门提出书面申请，同时提交有关材料。受理申请的环境保护主管部门应当在收到申请材料之日起5日内一次告知申请人申请材料是否正确齐备，若申请材料未齐备的，应当告知需补正事项，申请材料正确齐备的，应当受理。

（二）受理申请的环境保护主管部门应当在收到申请材料之日起20日内完成初审，上报省人民政府环境保护主管部门审定，同时报地级以上市人民政府环境保护主管部门备案。

（三）省人民政府环境保护主管部门应当对申请单位的经营场地与设施进行现场核查，并在20日内做出决定。符合条件的，向申请人颁发严控废物处理许可证，并予以公告；不符合条件的，应当书面通知申请人并告知理由。

第七条 严控废物处理许可证包括下列主要内容：

（一）单位名称、地址、负责人；

（二）处理设施地址；

（三）处理方式；

（四）处理范围、类别及处理规模；

（五）有效期限；

（六）证书编号和发证日期。

第八条 严控废物处理许可证持证单位变更工商登记的，应当自工商变更登记之日起15日内，向原发证机关申请办理严控废物处理许可证变更手续。

第九条 有下列情形之一的，严控废物处理许可证持证单位应当按照原申请程序，重新申领严控废物处理许可证：

（一）调整严控废物处理工艺的；

（二）增加严控废物类别的；

（三）新建或者改建、扩建、迁建原有严控废物处理设施的；

（四）处理严控废物超过许可年处理规模20%以上的。

第十条 处于试生产或者试运行阶段，符合行政许可条件的，颁发有效期不超过1年的严控废物处理许可证。

正式生产或者正式运行，符合行政许可条件的，颁发有效期为5年的严控废物处理许可证。

本条第一款规定的持证单位应当在竣工验收合格之日起10日内按照第六条规定的程

序,申领本条第二款规定的严控废物处理许可证。试生产或者试运行期满未能通过建设项目环境保护验收的,或者在竣工验收合格后未按时申领本条第二款规定的严控废物处理许可证的,该严控废物处理许可证自动失效。

本条第二款规定的严控废物处理许可证有效期届满,持证单位继续从事严控废物处理活动的,应当于届满40日前按照第五条、第六条的规定重新申领严控废物处理许可证。

第十一条 严控废物处理单位应当建立严控废物处理情况档案,如实记载其利用、处置的严控废物类别、来源、去向等事项,并于每年1月30日前书面向发证机关及所在地县级以上环境保护主管部门报告上一年度严控废物处理活动情况。

第十二条 省人民政府环境保护主管部门应当建立、健全严控废物处理许可证的档案管理制度,定期向社会公布审批颁发严控废物处理许可证的情况。

第十三条 严控废物处理许可证持证单位终止处理严控废物活动的,应当对处理设施、场所采取污染防治措施,并对未处理的严控废物及其产品做出妥善处理。

严控废物处理许可证持证单位应当在采取前款规定措施之日起20日内向原发证机关提出注销申请,由原发证机关进行现场核查合格后注销严控废物处理许可证。

第十四条 禁止无严控废物处理许可证从事严控废物处理活动。

禁止不按严控废物处理许可证的规定从事处理活动。

禁止将严控废物提供给无严控废物处理许可证的单位处理。

禁止伪造、变造、转让、转借、租赁严控废物处理许可证。

第十五条 违反本办法第八条规定的,由县级以上人民政府环境保护主管部门责令限期改正;逾期不改正的,由原发证机关处5000元以上1万元以下罚款。

第十六条 违反本办法第九条、第十条第三款、第十条第四款规定的,由县级以上人民政府环境保护主管部门责令停止违法行为,并处1万元以上3万元以下罚款。

第十七条 违反本办法第十一条规定的,由县级以上人民政府环境保护主管部门应当责令其限期改正,逾期不改正的,由原发证机关暂扣或者吊销严控废物处理许可证。

第十八条 违反本办法第十三条第一款规定的,由县级以上人民政府环境保护行政主管部门责令限期改正;逾期不改正的,处1万元以上3万元以下的罚款;造成污染事故,构成犯罪的,依法追究刑事责任。

第十九条 违反本办法第十四条第一款、第二款规定的,由县级以上人民政府环境保护主管部门责令停止违法行为,没收违法所得;情节严重的,并处违法所得一倍以下的罚款。

违反本办法第十四条第二款规定的,由发证机关吊销严控废物处理许可证。

违反本办法第十四条第三款、第四款规定的,由县级以上人民政府环境保护主管部门责令停止违法行为,并处以1万元以上3万元以下的罚款。

第二十条 县级以上环境保护主管部门有下列行为之一的,依法给予责任人行政处分;构成犯罪的,依法追究刑事责任:

(一)向不符合本办法规定条件的单位颁发严控废物处理许可证的;

(二)对符合本办法规定条件的单位不予以颁发严控废物处理许可证的;

(三)不按照本办法规定期限和程序审批和颁发严控废物许可证的;

(四)在严控废物处理许可证管理工作中有其他未履行职责行为的。

第二十一条 本办法自2009年5月1日起施行。

附件：

广东省严控废物名录

编号	严控废物类别	需许可的处理方式
HY01	覆铜板的边角料及残次品	收集、贮存、处理、处置
HY02	印染废水处理污泥	收集、贮存、处理、处置
HY03	造纸废水处理污泥	收集、贮存、处理、处置
HY04	味精和酒精发酵废液	收集、贮存、处理、处置
HY05	饮食业产生的食物加工废物和废弃食物及植物油加工厂产生的残渣	收集、贮存、处理、处置
HY06	城镇集中式生活污水处理厂产生的污水处理污泥	收集、贮存、处理、处置

深圳经济特区机动车排气污染防治条例（节选）

（2012年6月28日深圳市第五届人民代表大会常务委员会第十六次会议修正）

第一章　总　　则

第二条　特区内机动车排气污染防治适用本条例。

本条例所称机动车，是指由内燃机驱动或者牵引的机动车辆，但铁路机车除外。

本条例所称机动车排气污染，是指由排气管、曲轴箱和燃油系统向大气排放和蒸发各种污染物所造成的污染。

第三条　机动车排气污染超过规定标准的，不得上路行驶。

第四条　对在用机动车实行排气污染定期检测与强制维护制度。具体办法由深圳市人民政府（以下简称市政府）制定。

第六条　市政府根据机动车排气污染防治的需要，发布机动车环保车型目录和在用机动车高排放车型目录，对在特区内行驶的机动车实施环保分类标志管理制度。市政府可以根据大气环境质量状况，对使用特定环保分类标志的机动车采取限制区域、限制时间行驶的排气污染防治交通管制措施。具体办法由市政府制定。

第九条　市环境保护部门应当会同市公安机关交通管理部门、市交通行政管理部门建立机动车排气污染防治数据信息传输系统及共享数据库，建立和完善机动车排气污染防治定期联系协调制度。

市环境保护部门应当建立和完善机动车排气污染监测制度，定期向社会公布全市和区域性的机动车排气污染监测情况和有关数据。

第二章　排气污染防治

第十条　制造、改装、组装机动车及车用发动机的经营者，应当将机动车排气污染防治纳入产品质量管理内容，配置必要的机动车排气污染检测设备，产品经排气污染检测合格后方可出厂。

前款规定的经营者应当将出厂机动车的排气污染检测情况报市环境保护部门备案。

第十一条　购买未列入环保车型目录机动车的，市公安机关交通管理部门不予办理机动车登记。

购买不符合市政府规定的排气污染标准的城市公交及道路客运机动车的，市交通行政管理部门不予办理营运手续。

购买车用发动机用于客运车辆的，应当符合前款之规定。

第十二条　从事机动车排气污染防治维修业务的

企业,应当具备相应的资质,并遵守下列规定:

(一)排气污染防治使用的测量仪器,应当经质量技术监督行政管理部门检测合格,并按规定向质量技术监督行政管理部门申请周期检定;

(二)严格按照大气污染防治的要求和有关技术规范进行维修,使维修后的机动车排气污染稳定达到规定的标准,并提供相应的维修服务质量保证;

(三)对大修、发动机总成维修及排气污染防治专项维修的机动车应当进行排气污染检测,符合规定标准的方可出厂;

(四)对大修、发动机总成维修及排气污染防治专项维修的机动车号牌、维修项目及维修情况进行记录,并通过数据传输网络向市交通行政管理部门实时传输、备份维修记录。

第十三条 销售车用燃油的单位和个人,应当明示油品质量标准。销售车用燃油应当加入清净剂,并保证清净效果达到规定的标准。

禁止销售不符合规定标准的车用燃油及其清净剂。

市质量技术监督行政管理部门应当会同市环境保护部门对车用燃油质量进行监督检查。

第十四条 城市公交及道路客运企业应当按市政府有关规定使用清洁车用燃料。

第十六条 抽检、路检或者定期检测不合格的机动车应当进行排气污染防治强制维护,取得由具有相应资质的机动车排气污染防治维护单位出具的排气污染防治维护合格凭证,并进行排气污染复检。

第十七条 市公安机关交通管理部门应当依据国家机动车强制报废有关规定,对维修或者改造后排气污染仍不符合规定标准的机动车予以强制报废。

列入在用机动车高排放车型目录的机动车到达报废年限后不得继续使用。

排气污染超过规定标准的机动车不得进入旧车市场进行交易。

第三章 排气污染检测

第十八条 在用机动车应当按照国家规定的机动车安全技术检验周期将机动车送市环境保护部门委托的机动车排气污染检测单位进行定期检测。检测合格的,由环境保护部门发放相应的机动车环保分类标志。

机动车环保分类标志由市环境保护部门统一制作,不得转让、转借、涂改、伪造。不得使用过期的机动车环保分类标志。

第十九条 环境保护部门可以在机动车停放地对在用机动车排气污染状况进行检测,对制造、维修出厂及销售环节的机动车排气污染状况应当进行监督抽检。

第二十条 市公安机关交通管理部门应当会同环境保护部门和市交通行政管理部门对在道路上行驶的机动车的排气污染状况进行路面检测。

在道路上行驶的排放黑烟或者其他明显可见污染物的机动车由市公安机关交通管理部门进行查处。

第二十四条 从事机动车排气污染定期检测的单位,应当按物价部门规定的收费项目和标准收取检测费。

有关行政管理部门对机动车排气污染进行路检、抽检的,不得收取费用。

第四章 社会监督

第二十五条 任何单位和个人有权对机动车排气污染超标行为向环境保护、公安机关交通管理部门举报。

市环境保护部门应当会同市公安机关交通管理、交通行政管理部门建立机动车排气污染超标举报联合处理制度。举报者要求反馈举报处理结果的,处理部门应当自收到举报之日起十五个工作日内反馈。

第二十六条 环境保护部门可以聘任环保社会监督员,协助开展机动车排气污染防治监督。

环保社会监督员上岗前,环境保护部门应当进行法律和环保专业知识培训。

第二十七条 环保社会监督员对行驶中排放明显可见黑烟的机动车,应当向环境保护部门举报,同时填写《黑烟车辆报告单》。

环境保护部门在接到《黑烟车辆报告单》后,应当在七个工作日内会同市公安机关交通管理部门或者市交通行政管理部门向机动车所有者或者使用者发出《机动车排气检测通知书》。

第二十八条 机动车所有者或者使用者应当在收到《机动车排气检测通知书》后七个工作日

内到指定的检测单位进行排气污染检测，检测单位应当将检测结果报环境保护部门。

第五章 法律责任

第二十九条 违反本条例第十条规定，制造、改装、组装的机动车及车用发动机产品经排气污染检测不合格的，由市环境保护部门责令改正，没收违法所得，并按机动车或者车用发动机每台处以一万元以上三万元以下罚款。

第三十条 违反本条例第十二条规定或者弄虚作假的，由市交通行政管理部门责令限期改正，并处以五千元以上一万元以下罚款。

第三十一条 违反本条例第十三条第一款规定，未按规定在车用燃油中加入清净剂的，由市质量技术监督行政管理部门责令改正，并处以五万元罚款；拒不改正的，由工商行政管理部门责令停业整顿。

违反本条例第十三条第二款规定，销售不符合规定标准车用燃油及其清净剂的，由市质量技术监督行政管理、工商行政管理部门依照有关法律、法规的规定进行处罚。

第三十二条 违反本条例第十四条规定，未按市政府有关规定使用清洁燃料的，由市交通行政管理部门责令改正，并处以一万元以上五万元以下罚款；拒不改正的，责令停业整顿。

第三十三条 违反本条例第十六条规定，不对机动车进行排气污染防治强制维护的，市公安机关交通管理部门可以暂扣机动车，责令进行强制维护，并按机动车每台处以二千元罚款，强制维护费用由机动车所有者承担。

第三十四条 未取得相应的机动车环保分类标志的机动车不得进入排气污染防治交通管制限行区域。

违反前款规定的，由市公安机关交通管理部门对机动车驾驶员处以三百元罚款。

第三十五条 违反本条例第十八条第一款规定，未进行排气污染定期检测或者定期检测不合格的机动车上路行驶的，由市公安机关交通管理部门按机动车每台处以一千元罚款。违反本条例第十八条第二款规定，机动车使用转让、转借、涂改、伪造或者过期的环保分类标志上路行驶的，由市公安机关交通管理部门按机动车每台处以二千元罚款。

第三十六条 在用机动车在停放地经排气污染检测不合格的，由环境保护部门责令限期维修，并按机动车每台处以五百元罚款。

城市公交及道路客运机动车线路排气污染检测不合格率超过百分之十的，环境保护部门除按前款规定进行处罚外，可以对线路经营者处以一万元以上五万元以下罚款，并由市交通行政管理部门暂扣检测不合格机动车营运证。

第三十七条 在道路上行驶的机动车排气污染超标、排放黑烟或者其他明显可见污染物的，市公安机关交通管理部门可以暂扣机动车或者行驶证，责令限期维修，并按机动车每台处以五百元罚款。

第三十八条 违反本条例第二十一条规定，未取得市环境保护部门委托而从事机动车排气污染定期检测业务的，由市环境保护部门责令改正，没收违法所得，并处以三万元以上五万元以下罚款。

第三十九条 违反本条例第二十二条规定或者弄虚作假的，由市环境保护部门责令限期改正，并处以一万元以上五万元以下罚款；情节严重的，解除委托检测关系。

第四十条 违反本条例第二十八条规定，逾期不按《机动车排气检测通知书》要求进行排气污染检测的，由市公安机关交通管理部门按机动车每台处以五百元罚款。

第四十一条 当事人对行政处罚不服的，可以依法申请行政复议或者提起行政诉讼。

第四十二条 行政管理部门及其工作人员限定机动车所有者或者使用者购买其指定的排气污染防治产品的，对主管人员和直接责任人员依法给予行政处分。

第四十三条 行政管理部门不按本条例规定履行职责的，对负有直接责任的主管人员和其他直接责任人员依法给予行政处分。

第四十四条 环境保护监督管理人员或者其他行政管理部门工作人员滥用职权、玩忽职守、徇私舞弊的，依法给予行政处分；构成犯罪的，依法追究刑事责任。

三、典型地方性司法指导文件

浙江省高级人民法院关于依法审理、执行环境资源行政案件若干问题的纪要

（浙高法〔2014〕188号）

本省各级人民法院：

为加强对环境资源行政案件审理、执行工作的指导，充分发挥人民法院行政审判职能作用，依照《中华人民共和国行政诉讼法》、《中华人民共和国行政强制法》、《中华人民共和国环境保护法》等法律的规定，结合我省实际，制定本纪要。

一、关于环境资源行政案件当事人的诉权保护

1. 切实提高对依法受理环境资源行政案件重要性的认识。环境资源行政争议是新形势下环境资源争议的多发形态，行政诉讼是解决环境资源行政争议、监督行政机关依法行使职权的基础法律制度。依法受理环境资源行政案件，是环境资源行政诉讼制度的基础，也是满足人民群众日益增长的环境司法需求的重要前提。全省各级法院要严格依法受理环境资源行政案件，畅通权利救济渠道。
2. 准确把握环境资源行政诉讼的起诉条件。要依照《行政诉讼法》的规定，结合环境资源类案件的特点，准确把握起诉条件，尤其是要准确界定利害关系人的范围，充分保障公民、法人和其他组织的环境资源行政诉权。
3. 加大对环境资源行政诉讼原告的法律指导和援助力度。积极会同政府法制、司法等部门推动建立环境资源行政诉讼法律援助机制，落实资金保障，及时主动为环境资源行政诉讼原告提供法律指导和援助。
4. 探索试点检察机关提起行政公益诉讼制度。经报省高院同意后，有条件的地区可会同当地检察机关探索开展环境资源行政公益诉讼试点。试点法院应探索研究环境资源行政公益诉讼案件在受理条件、审查标准以及裁判方式等方面的规则，总结积累通过行政公益诉讼维护环境公共利益的经验。

二、关于环境资源行政案件的管辖

5. 完善环境资源行政案件的异地管辖、提级管辖、集中管辖等制度。对跨行政区域、社会影响重大以及其他可能受到不当干预的环境资源行政案件，原则上应报请上级人民法院指定异地法院管辖或提级管辖。经报省高院批准，没有列为行政案件相对集中管辖试点地区的中级人民法院，可以根据实际情况确定一家或几家基层法院集中审理环境资源行政案件，确保此类案件的依法、高效审理。
6. 合理确定环境资源非诉行政案件的管辖。申请强制执行环境资源行政决定，由作出行政决定的行政机关所在地的基层人民法院受理；执行对象为不动产的，由不动产所在地的基层人民法院受理。如果由被申请人所在地等基层人民法院管辖更为合适的，上级人民法院可指定由该基层人民法院管辖。上级人民法院有权管辖下级人民法院审查的非诉行政案件。

三、关于环境资源行政案件的专业化审判

7. 探索环境资源行政案件的专业化审判模式。本着“确有需要、因地制宜、分步推进”的原则，有条件的法院可以根据集中管辖或者提级管辖的情况，设立专门的环境资源行政案件审判

合议庭，或者由行政审判庭（非诉审查庭、行政二庭）加挂“环境资源审判庭”牌子，努力提升环境资源审判的专业化水平。

8. 开展行政诉讼一并解决相关环境资源民事争议工作。对因同一环境资源纠纷引发的行政争议和民事争议，要根据《行政诉讼法》（2014年修正）第六十一条的规定，积极开展行政诉讼一并审理解决相关民事争议工作，避免不同审判组织对同一行政行为作出矛盾认定，有效提升人民法院实质性化解环境资源争议的能力和效率。

9. 充分发挥专业人员在环境资源行政案件审判、执行工作中的作用。各地法院可会同环保等部门建立由各领域环境资源专业人员组成的专家库，在审理、执行重大疑难案件、研讨疑难专业问题、制定规范性文件时，充分听取专业人员意见；可以聘请环境资源领域的专业人员担任陪审员，运用专业技术知识有效化解行政争议；对被诉行政行为涉及环境资源专门性问题，当事人可以向法庭申请由相关专业人员出庭进行说明，法庭也可以通知专业人员出庭说明。必要时，法庭可以组织专业人员进行对质。

四、关于环境资源行政案件审理中的法律适用

10. 环评审批与工商注册登记、核发营业执照之间的法律关系。对于环评审批与工商注册登记、核发营业执照之间的关系问题，《浙江省环境污染监督管理办法》（2014年修正）第二十四条规定，依法必须经许可审批的涉及环境保护的经营活动，县级以上人民政府环境保护行政主管部门必须依法审批，工商行政主管部门必须凭许可审批部门批准的环境影响评价文件办理注册登记手续，核发营业执照。该规章规定明确，可依法参照适用。

11. 对未经环评审批且完成建设的行为进行处罚的法律适用。《环境保护法》（2014年修订）第六十一条规定，建设单位未经环评审批，擅自开工建设的，由负有环境保护监督管理职责的部门责令停止建设，处以罚款，并可以责令恢复原状。未经环评审批且已完成建设的行为相比未经环评审批而正在建设的行为更具危害性，行政机关对其比照正在建设的行为进行处罚的，人民法院应予支持。

12. 对既未经环评审批又违反“三同时”行为进行处罚的法律适用。行政机关根据全国人大常委会法工委《关于建设项目环境管理有关法律适用问题的答复意见》（法工委复〔2007〕2号）规定的精神，就违反环评审批和违反“三同时”（即建设项目中防治污染的设施，应当与主体工程同时设计、同时施工、同时投产使用）规定的行为分别作出相应处罚的，人民法院应予支持。

13. 环保“按日处罚”的法律适用。《环境保护法》（2014年修订）规定了“按日处罚”制度，极大地提高了环境违法的成本。对行政机关依照《环境保护法》（2014年修订）的规定进行按日处罚的，人民法院应按照行政处罚的正当程序要求进行审查，确保“按日处罚”制度的依法有效实施。

14. 对行政机关应主动公开政府信息范围的把握。《环境保护法》（2014年修订）扩大了行政机关应主动公开的政府环境信息范围，包括环境质量、环境监测、突发环境事件以及环境行政许可、行政处罚、排污费的征收和使用情况、环境违法者名单、建设项目环境影响报告书全文等信息。公民、法人或者其他组织向行政机关申请获取上述相关信息后，对行政机关的答复或者逾期不予答复不服的，可以向人民法院提起诉讼。

15. 对国家秘密、商业秘密等不予公开事由的审查。行政机关以申请公开的信息属于国家秘密、商业秘密、个人隐私或者危及“三安全一稳定”为由不予公开的，应当证明申请公开的信息符合《保密法》、《反不正当竞争法》以及其他相关法律规范规定的要件。对于能够区分处理而没有区分处理的，人民法院可以在判决中指明需要区分的内容并责令被告重新作出处理。

16. 行政机关不履行环境保护、查处违法、信息公开等法定职责案件审理中的法律适用。对起诉行政机关不履行环境保护、查处违法、信息

公开等法定职责案件，经审查确认被告未履行法定职责的，应当判决被告在一定期限内履行；判决履行没有意义的，人民法院可判决确认违法，同时判决责令被告采取补救措施；给原告造成损失的，依法判决被告承担赔偿责任。行政机关未在法定期限内申请人民法院强制执行环境资源行政决定，行政决定的利害关系人以行政机关不履行法定职责为由提起诉讼的，人民法院应予支持。

五、关于环境资源非诉行政案件的强制执行

17. 依法受理审查环境资源非诉行政案件。行政机关就罚款、责令停产停业等行政决定申请人民法院强制执行并符合受理条件的，人民法院应及时依法受理审查并作出是否准予执行的裁定。企业事业单位和其他生产经营者直接负责的主管人员和其他直接责任人员承担《环境保护法》(2014 年修订)第六十三条规定的法律责任，不影响申请强制执行环境资源行政决定。

18. 支持利害关系人申请人民法院强制执行环境资源行政决定。行政机关在法定期限内不申请人民法院强制执行环境资源行政决定的，行政决定的利害关系人在行政机关申请执行期限届满之日起三个月内向人民法院提出强制执行申请的，人民法院可予受理。对申请人客观上难以提供的有关材料，人民法院可以向作出行政决定的行政机关调取。

19. 依法支持申请人提出的保全申请。申请人申请人民法院强制执行前或人民法院受理非诉执行申请后，有证据证明义务人有转移或者隐匿财物迹象，或者义务人迟延履行将使行政决定难以执行或者失去意义的，可以申请人民法院采取保全措施。人民法院审查后认为符合保全条件的，可采取必要的保全措施。利害关系人申请保全的，应当提供相应的财产担保。

20. 加大环境资源非诉行政案件的审查、执行力度。对具备法定执行效力的责令停产停业等环境资源行政决定，人民法院在裁定准予执行后，应根据省高院与省环保厅协商一致后下发的《关于加强环境资源类行政案件审理和执行工作保障生态文明建设的通知》(浙高法〔2011〕368 号)确定的“法院监督协调、环保部门具体组织实施”的环保非诉行政案件执行工作机制，加大强制执行工作力度，确保案件的及时有效执结。对行政机关因情况紧急，为保障公共安全或社会稳定而申请人民法院立即执行的环境资源行政决定，法院应当立即受理审查并依法及时作出裁定；法院裁定准予执行的，有关主体应依法及时组织实施。

21. 加大对拒不执行行为的司法惩戒力度。对重大复杂案件的强制执行，人民法院要与环保部门共同向当地党委政府汇报，积极争取各方面的支持配合。要根据环保非诉行政案件的特点，结合各地实际，创新工作方式方法，充分运用各种强制措施，提高案件的有效执结率。对被执行人拒不执行的，依法予以罚款、拘留，情节严重构成犯罪的，依法移送有关机关追究刑事责任。对被执行人拒不停止生产的，可视情采取查封主要生产设施、设备，或通知有关单位停止为被执行人提供生产所需的水、电等措施，督促被执行人履行法定义务。

22. 明确责令停产停业案件的后续执行问题。责令停产停业案件执行后，被执行人停产停业状态持续不足 15 日，又恢复生产经营的，应作为同一案件继续执行；被执行人停产停业状态持续时间超过 15 日的，可以结案。结案后又恢复生产经营的，另案处理。

六、关于环境资源非诉行政执行的“裁执分离”

23. 推动建立“裁执分离”下的多部门联动执行机制。各地法院要就推进环境资源非诉行政案件“裁执分离”，积极与政府、环保部门等进行协商与沟通。对已经推行环保非诉行政执行“裁执分离”的地区，法院要积极会同环保部门向当地党委政府汇报沟通，共同推动建立政府主导、多部门参与的联动执行机制，特别是推动与电力、供水等部门会签协助执行文件，以停电停水为突破口，有力保障责令停产停业等行政决定的强制执行效力。

24. 依法支持“裁执分离”后行政机关采取的组织实施措施。法院裁定准予执行责令停产停业等行政决定并交由行政机关组织实施，行政机关采用查封现场、停水停电等必要组织实施措施实现行政决定内容的，被执行人或其他利害关系人以行政机关无权采取上述组织实施措施为由提起行政诉讼的，人民法院不予支持。

25. 支持公安机关依法处置违法阻挠组织实施活动的行为。公安机关依照《治安管理处罚法》等规定对被执行人及其他人员无理阻挠行政机关组织实施活动的违法行为依法进行行政处罚的，被执行人及其他人员以公安机关超越职权等为由提起行政诉讼的，人民法院不予支持。

七、关于与环境资源保护相关职能部门的良性互动

26. 加强与环境资源保护相关职能部门之间的协调联动。推动建立与检察机关、公安机关和环境资源保护行政执法机关以及电力、供水等部门之间的环境资源保护工作衔接和信息共享机制。加强与环境资源保护行政执法机关和司法鉴定主管部门的沟通，推动完善环境资源司法鉴定和损害结果评估机制。

27. 加大环境资源审判中的司法公开与司法宣传力度。在全省环境资源行政案件中全面落实审判流程公开、裁判文书公开以及执行信息公开，自觉接受社会公众监督。邀请人大代表、政协委员、社会公众等旁听有重大影响的环境资源案件庭审，增强环境资源审判的公开性和公信力。充分运用传统媒体和微信、微博、新闻客户端等新媒体，通过公开审判、以案说法、发布环境资源司法重要新闻和典型案例等形式，宣传环境资源保护法律法规，提高公众的环境资源保护意识。

28. 积极发送司法建议延伸审判职能。对于环境资源行政案件审理、执行中发现的问题，人民法院应根据《行政诉讼法》及《最高人民法院印发〈关于加强司法建议工作的意见〉的通知》（法〔2012〕74 号）的相关规定积极向有关机关发送司法建议；适时发布《全省环境资源行政审判白皮书》，增进社会公众对环境资源司法保护制度及保护状况的全面客观了解。

29. 推动建立科学合理的败诉责任追究制度。对行政机关败诉以及被裁定不予执行的环境资源行政案件，人民法院可向败诉或申请强制执行机关的上级及同级政府法制等部门抄送裁判文书。推动政府建立科学合理的败诉责任追究制度。

浙江省高级人民法院
2014 年 12 月 22 日

江苏省高级人民法院　江苏省人民检察院关于依法办理环境保护案件若干问题的实施意见（办理行政案件部分）

（2013 年 10 月 21 日江苏省高级人民法院审判委员会第 25 次会议，2013 年 11 月 1 日江苏省人民检察院检察委员会第 11 次会议通过）

为深入贯彻党的十八大精神，全面落实省委关于实施生态文明建设工程的决策部署，加快推进美丽江苏建设，现就全省法院、检察院充分发挥司法职能作用，统一正确适用法律，依法妥善处理环境保护案件，深入推进我省生态文明法治建设，提出如下意见。

一、发挥刑事司法职能，依法严厉打击环境污染犯罪行为

二、强化环境保护行政案件的法律监督，促进依法行政

13. 坚持对被诉环保行政行为的合法性审查原

则。人民法院和人民检察院办理环境保护行政案件,应当依法支持和监督环保机关或者其他负有环境保护监管职能的机关(以下简称环保行政主管机关)履行环境监管职责,切实维护社会公众的环境权益,促进生态文明建设。

14. 规范立案程序,充分保护当事人诉权。认真落实《最高人民法院关于依法保护行政诉讼当事人诉权的意见》,依法受理环境保护行政案件,对符合立案条件的,应当在法定期限内立案受理,不得以任何方式拖延案件的受理。对于情况紧急、可能会造成严重污染环境后果的,应当及时立案受理。

15. 完善管辖制度,防止和排除非法干预。对有可能受到非法干预的环境保护行政案件,上级人民法院可以提级管辖或者指定管辖,保障人民法院依法独立公正行使审判权。

16. 对于起诉环保行政主管机关不依法履行环境保护职能,不及时查处环境违法行为等行政不作为案件,人民法院要及时受理审理。对于环保行政主管机关无正当理由未履行法定职责的,应当判决其限期履行法定职责。

17. 对于起诉环保行政主管机关责令限期改正、停止生产或者采取查封、扣押等行政强制措施的行政案件,人民法院对被诉行政强制措施事实依据充分、程序合法的,应当予以维持,支持环保主管机关依法作出行政行为。

18. 对于环境保护行政许可案件,人民法院应当严格依据环境保护相关法律、法规和行政许可法的规定,对被诉行政许可行为进行合法性审查,发现其存在超越法定职权、降低许可标准、违反法定程序的,人民法院应当判决撤销。

19. 对于环境保护行政处罚案件,被处罚对象违法事实清楚、证据确凿充分,处罚决定适用法律、法规正确,程序合法的,人民法院应当判决予以维持。对行政处罚显失公正的,人民法院应判决变更或撤销。

20. 对于环境保护政府信息公开行政案件,人民法院应当依照《政府信息公开条例》的要求,对被诉行政行为的合法性进行审查,督促行政机关及时主动公开环境政府信息,依法保护公众的知情权、参与权、监督权。

21. 人民法院和人民检察院应当通过对环境保护行政(申诉)案件的办理,强化环保行政主管机关的证据意识,督促其优先采用现场勘察、实地走访、现场取样等行政执法方式。对于证据可能灭失或事后难以取得的,应当督促环保行政主管机关及时采取证据保全措施。

22. 因环保行政主管机关的违法行政行为给当事人的合法权益造成损害的,人民法院应当根据国家赔偿法的相关规定,及时判决环保行政主管机关予以赔偿。对于相关人员涉嫌职务犯罪的,人民检察院应当依法查办,追究相关责任人员的法律责任。

23. 及时受理、审查环境保护非诉行政执行案件,人民法院对符合执行条件的应当及时予以强制执行,支持环保行政主管机关依法履行环境保护职责。对不及时执行可能会造成重大环境污染后果或者社会公众合法环境权益遭受严重侵害的案件,可以根据环保行政主管机关的申请,采取相关措施,制止环境违法行为,防止污染损害进一步扩大。

24. 严格规范行政诉讼协调工作,坚持合法协调、有限协调的原则,不得以协调变相支持违法的环境行政行为,更不得以协调使危害环境的行为规避处罚。

25. 人民法院审理环境保护行政案件,应当通知环保行政主管机关的负责人出庭应诉,重大案件应通知其主要负责人出庭应诉。人民法院应与同级人民政府法制办公室等部门协调配合,共同推进行政机关负责人出庭应诉工作。

三、依法办理环境污染公益诉讼民事案件,切实保障民生

四、健全完善工作机制,努力形成加强环境保护的合力

第五章 办理环保案件主要涉及的强制性标准（列举，内容略）

一、环境质量强制性标准

(一)大气环境质量标准,包括:

《环境空气质量标准》(GB 3095—2012)

《保护农作物的大气污染物最高允许浓度》(GB 9137—88)

(二)水环境质量标准(含水质标准),包括:

《地表水环境质量标准》(GB 3838—2002)

《生活饮用水卫生标准》(GB 5749—2006)

《景观娱乐用水水质标准》(GB 12941—91)

《渔业水质标准》(GB 11607—89)

《海水水质标准》(GB 3097—1997)

《农业灌溉水质标准》(GB 5084—92)

(三)土壤环境质量标准,包括:

《土壤环境质量标准》(GB 15618—1995)

《海洋沉积物质量标准》(GB 18668—2002)

《展览会用地土壤环境质量评价标准(暂行)》(HJ 350—2007)

《温室蔬菜产地环境质量评价标准》(HJ 333—2006)

《食用农产品产地环境质量评价标准》(HJ 332—2006)

《拟开放场址土壤中剩余放射性可接受水平规定(暂行)》(HJ 53—2000)

《农用地土壤环境质量标准》(2016年)

《建设用地土壤污染风险筛选指导值》(2016年)

(四)声环境质量标准,包括:

《声环境质量标准》(GB 3096—2008)

《城市区域环境振动标准》(GB 10070—88)

《机场周围飞机噪声环境标准》(GB 9660—88)

(五)其他环境质量标准,包括:

《电磁环境控制限值》(GB 8702—2014》

《电离辐射防护与辐射源安全基本标准》(GB 18871—2002)

《电磁辐射防护规定》(GB 8702—88)

《区域生物多样性评价标准》(HJ 623—2011)

二、污染物排放与污染控制标准

(一)大气污染物排放标准,包括:

1.《大气污染物综合排放标准》(GB 16297—1996);

2.重点工业行业大气污染物排放标准:

《合成树脂工业污染物排放标准》(GB 31572—2015)

《石油化学工业污染物排放标准》(GB 31571—2015)

《石油炼制工业污染物排放标准》(GB 31570—2015)

《再生铜、铝、铅、锌工业污染物排放标准》(GB 31574—2015)

《无机化学工业污染物排放标准》(GB 31573—2015)

《锅炉大气污染物排放标准》(GB 13271—2014)

《锡、锑、汞工业污染物排放标准》(GB 30770—2014)

《电池工业污染物排放标准》(GB 30484—2013)

《水泥工业大气污染物排放标准》(GB 4915—2013)

《砖瓦工业大气污染物排放标准》(GB 29620—2013)

《电子玻璃工业大气污染物排放标准》(GB 29495—2013)

《炼焦化学工业污染物排放标准》(GB 16171—2012)

《铁合金工业污染物排放标准》(GB 28666—2012)

《轧钢工业大气污染物排放标准》(GB 28665—2012)

《炼钢工业大气污染物排放标准》(GB 28664—2012)

《炼铁工业大气污染物排放标准》(GB 28663—2012)

《钢铁烧结、球团工业大气污染物排放标准》(GB 28662—2012)

《铁矿采选工业污染物排放标准》(GB 28661—2012)

《橡胶制品工业污染物排放标准》(GB 27632—2011)

《火电厂大气污染物排放标准》(GB 13223—2011)

《平板玻璃工业大气污染物排放标准》(GB 26453—2011)

《钒工业污染物排放标准》(GB 26452—2011)

《稀土工业污染物排放标准》(GB 26451—2011)

《硫酸工业污染物排放标准》(GB 26132—2010)

《硝酸工业污染物排放标准》(GB 26131—2010)

《镁、钛工业污染物排放标准》(GB 25468—2010

《铜、镍、钴工业污染物排放标准》(GB 25467—2010)

《铅、锌工业污染物排放标准》(GB 25466—2010)

《铝工业污染物排放标准》(GB 25465—2010)

《陶瓷工业污染物排放标准》(GB 25464—2010)

《合成革与人造革工业污染物排放标准》(GB 21902—2008)

《电镀污染物排放标准》(GB 21900—2008)

《煤层气(煤矿瓦斯)排放标准(暂行)》(GB 21522—2008)

《储油库大气污染物排放标准》(GB 20950—2007)

《煤炭工业污染物排放标准》(GB 20426—2006)

《工业炉窑大气污染物排放标准》(GB 9078—1996)

3. 其他特殊行业大气污染物排放标准:

《饮食业油烟排放标准(试行)》(GB 18483—2001)

《火葬场大气污染物排放标准》(GB 13801—2015)

《汽油运输大气污染物排放标准》(GB 20951—2007》

《加油站大气污染物排放标准》(GB 20952—2007)

4. 特殊大气污染物排放标准:

《恶臭污染物排放标准》(GB 14554—93)

《生活垃圾焚烧污染控制标准》(GB 18485—2014)

《危险废物焚烧污染控制标准》(GB 18484—2001)

《轻型汽车污染物排放限值及测量方法(中国第五阶段)》(GB 18352. 5—2013)

《城市车辆用柴油发动机排气污染物排放限值及测量方法(WHTC 工况法)》(HJ 689—2014)

(二)水污染物排放标准,包括:

1.《污水综合排放标准》(GB 8978—1996)

2. 重点工业行业水污染物排放标准:

《合成树脂工业污染物排放标准》(GB 31572—2015)

《石油炼制工业污染物排放标准》(GB 31570—2015)

《再生铜、铝、铅、锌工业污染物排放标准》(GB 31574—2015)

《无机化学工业污染物排放标准》(GB 31573—2015)

《电池工业污染物排放标准》(GB 30484—2013)

《制革及毛皮加工工业水污染物排放标准》(GB 30486—2013)

《合成氨工业水污染物排放标准》(GB 13458—2013)

《柠檬酸工业水污染物排放标准》(GB 19430—2013)

《麻纺工业水污染物排放标准》(GB 28938—2012)

《毛纺工业水污染物排放标准》(GB 28937—2012)

《缫丝工业水污染物排放标准》(GB 28936—2012)

《纺织染整工业水污染物排放标准》(GB 4287—2012)

《炼焦化学工业污染物排放标准》(GB 16171—2012)

《铁合金工业污染物排放标准》(GB 28666—2012)

《钢铁工业水污染物排放标准》(GB 13456—2012)

《铁矿采选工业污染物排放标准》(GB 28661—2012)

《弹药装药行业水污染物排放标准》(GB 14470.3—2011)

《橡胶制品工业污染物排放标准》(GB 27632—2011)

《发酵酒精和白酒工业水污染物排放标准》(GB 27631—2011)

《钒工业污染物排放标准》(GB 26452—2011)

《磷肥工业水污染物排放标准》(GB 15580—2011)

《稀土工业污染物排放标准》(GB 26451—2011)

《硫酸工业污染物排放标准》(GB 26132—2010)

《硝酸工业污染物排放标准》(GB 26131—2010)

《镁、钛工业污染物排放标准》(GB 25468—2010)

《铜、镍、钴工业污染物排放标准》(GB 25467—2010)

《铅、锌工业污染物排放标准》(GB 25466—2010)

《铝工业污染物排放标准》(GB 25465—2010)

《陶瓷工业污染物排放标准》(GB 25464—2010)

《油墨工业水污染物排放标准》(GB 25463—2010)

《酵母工业水污染物排放标准》(GB 25462—2010)

《淀粉工业水污染物排放标准》(GB 25461—2010)

《制糖工业水污染物排放标准》(GB 21909—2008)

《混装制剂类制药工业水污染物排放标准》(GB 21908—2008)

《生物工程类制药工业水污染物排放标准》(GB 21907—2008)

《中药类制药工业水污染物排放标准》(GB 21906—2008)

《提取类制药工业水污染物排放标准》(GB 21905—2008)

《化学合成类制药工业水污染物排放标准》(GB 21904—2008)

《发酵类制药工业水污染物排放标准》(GB 21903—2008)

《合成革与人造革工业污染物排放标准》(GB 21902—2008)

《电镀污染物排放标准》(GB 21900—2008)

《羽绒工业水污染物排放标准》(GB 21901—2008)

《制浆造纸工业水污染物排放标准》(GB 3544—2008)

《杂环类农药工业水污染物排放标准》(GB 21523—2008)

《皂素工业水污染物排放标准》(GB 20425—2006)

《煤炭工业污染物排放标准》(GB 20426—2006)

《啤酒工业污染物排放标准》(GB 19821—2005)

《味精工业污染物排放标准》(GB 19431—2004)

《兵器工业水污染物排放标准　火炸药》(GB 14470.1—2002)

《兵器工业水污染物排放标准　火工药剂》(GB 14470.2—2002)

《烧碱、聚氯乙烯工业水污染物排放标准》(GB 15581—95)

《航天推进剂水污染物排放与分析方法标准》(GB 14374—93)

《肉类加工工业水污染物排放标准》(GB 13457—92)

《海洋石油开发工业含油污水排放标准》(GB 4914—85)

《船舶工业污染物排放标准》(GB 4286—84)

3.其他特殊行业水污染物排放标准：

《城镇污水处理厂污染物排放标准》(GB 18918—2002)

《畜禽养殖业污染物排放标准》(GB 18596—2001)

《医疗机构水污染物排放标准》(GB 18466—2005)

《污水海洋处置工程污染控制标准》(GB 18486—2001)

《船舶污染物排放标准》(GB 3552—83)

《汽车维修业水污染物排放标准》(GB 26877—2011)

(三)固体废物污染控制标准,包括:

1. 危险废物污染控制标准:

《危险废物贮存污染控制标准》(GB 18597—2001)

《危险废物填埋污染控制标准》(GB 18598—2001)

《危险废物焚烧污染控制标准》(GB 18484—2001)

《含多氯联苯废物污染控制标准》(GB 13015—91)

2. 医疗废物污染控制标准:

《医疗废物转运车技术要求》(GB 19217—2003)

《医疗废物焚烧炉技术要求(试行)》(GB 19218—2003)

《医疗废物转运车技术要求(试行)》(GB 19217—2003)

3. 生活垃圾污染控制标准:

《生活垃圾焚烧污染控制标准》(GB 18485—2014)

《生活垃圾填埋场污染控制标准》(GB 16889—2008)

4. 工业固废污染控制标准:

《水泥窑协同处置固体废物污染控制标准》(GB 30485—2013)

《一般工业固体废物贮存、处置场污染控制标准》(GB 18599—2001)

《进口可用作原料的固体废物环境保护控制标准》(GB 16487)

5. 涉农固废污染控制标准:

《农用粉煤灰中污染物控制标准》(GB 8173—87)

《城镇垃圾农用控制标准》(GB 8172—87)

《农用污泥中污染物控制标准》(GB 4284—84)

(四)环境噪声排放标准,包括:

1.《建筑施工场界环境噪声排放标准》(GB 12523—2011)

2.《铁路边界噪声限值及其测量方法》(GB 12525—2008)

3.《工业企业厂界环境噪声排放标准》(GB 12348—2008)

4.《社会生活环境噪声排放标准》(GB 22337—2008)

5. 车辆噪声排放标准:

《摩托车和轻便摩托车定置噪声排放限值及测量方法》(GB 4569—2005)

《三轮汽车和低速货车加速行驶车外噪声限值及测量方法(中国Ⅰ、Ⅱ阶段)》(GB 19757—2005)

《摩托车和轻便摩托车加速行驶噪声限值及测量方法》(GB 16169—2005)

《汽车加速行驶车外噪声限值及测量方法》(GB 1495—2002)

《汽车定置噪声限值》(GB 16170—1996)

(五)《室内装饰装修材料有害物质限量》标准,包括:

《室内装饰装修材料人造板及其制品中甲醛释放限量》(GB 18580—2001)

《室内装饰装修材料溶剂型木器涂料中有害物质限量》(GB 18581—2001)

《室内装饰装修材料内墙涂料中有害物质限量》(GB 18582—2001)

《室内装饰装修材料胶粘剂中有害物质限量》(GB 18583—2001)

《室内装饰装修材料木家具中有害物质限量》(GB 18584—2001)

《室内装饰装修材料壁纸中有害物质限量》(GB 18585—2001)

《室内装饰装修材料聚氯乙烯卷材地板中有害物质限量》(GB 18586—2001)

《室内装饰装修材料地毯、地毯衬垫及地毯用胶粘剂中有害物质释放限量》(GB 18587—2001)

《混凝土外加剂中释放氨限量》(GB 18588—2001)

《建筑材料放射性核素限量》(GB 6566—

2001)

三、典型技术规范、方法标准

(注:部分规范和标准是推荐性规范和标准,因在实践中有重要实用价值,故列举备查。)

(一)环境影响评价/污染评估与治理技术规范、方法标准

《建设项目主要污染物排放总量指标核定技术方法》(环发〔2014〕197号)

《环境影响评价技术导则 总纲》(HJ 2.1—2011)

《规划环境影响评价技术导则 总纲》(HJ 130—2014)

《环境影响评价技术导则 钢铁建设项目》(HJ 708—2014)等

《建设项目环境影响评价政府信息公开指南(试行)》(环办〔2013〕103号)

《尾矿库环境风险评估技术导则(试行)》(HJ 740—2015)等

《生态环境状况评价技术规范》(HJ 192—2015)

《矿山生态环境保护与恢复治理方案(规划)编制规范(试行)》

《矿山生态环境保护与恢复治理技术规范(试行)》

《海洋生态损害评估技术指南(试行)》(国海环字〔2013〕583号)

《农业环境污染事故损失评价技术准则》(NY/T 1263)

《农业环境污染事故司法鉴定经济损失估算实施规范》(SF/Z JD0601001)

《海洋溢油生态损害评估技术导则》(HY/T 095—2007)

《医疗废物集中处置技术规范(试行)》(环发〔2003〕206号)

《突发环境事件应急处置阶段环境损害评估推荐方法》(环办〔2014〕118号)

《渔业污染事故经济损失计算方法(GB/T 21678—2008)》

《水域污染事故渔业损失计算方法规定》

《污染死鱼调查方法(淡水)》(农渔函〔1996〕62号)

(二)典型环境监测技术规范、方法标准

《环境空气质量指数(AQI)技术规定(试行)》(HJ 633—2012)

《环境空气　硝基苯类化合物的测定　气相色谱法》(HJ 738—2015)

《环境空气　硝基苯类化合物的测定　气相色谱—质谱法》(HJ 739—2015)

《固定污染源废气　挥发性有机物的测定　固相吸附—热脱附/气相色谱—质谱法》(HJ 734—2014)

《泄漏和敞开液面排放的挥发性有机物检测技术导则》(HJ 733—2014)

《固定污染源废气　挥发性有机物的采样　气袋法》(HJ 732—2014)等

《石化行业VOCs排放量计算办法》

《包装印刷行业VOCs排放量计算办法》

《水质　百菌清及拟除虫菊酯类农药的测定　气相色谱-质谱法》(HJ 753—2015)

《水质　铊的测定　石墨炉原子吸收分光光度法》(HJ 748—2015)

《水质　酚类化合物的测定气相色谱-质谱法》(HJ 744—2015)

《水质　钴的测定5-氯-2-(吡啶偶氮)-1,3-二氨基苯分光光度法》(HJ 550—2015)

《水质　硝基苯类化合物的测定　气相色谱-质谱法》(HJ 716—2014)

《近岸海域水质自动监测技术规范》(HJ 731—2014)

《近岸海域环境监测点位布设技术规范》(HJ 730—2014)

《水质　多氯联苯的测定　气相色谱—质谱法》(HJ 715—2014)等

《土壤和沉积物　多氯联苯的测定　气相色谱—质谱法》(HJ 743—2015)

《土壤和沉积物　挥发性芳香烃的测定　顶空/气相色谱法》(HJ 742—2015)

《土壤和沉积物　挥发性有机物的测定　顶空/气相色谱法》(HJ 741—2015)

《土壤　氧化还原电位的测定　电位法》(HJ 746—2015)

《土壤　氰化物和总氰化物的测定　分光光度法》(HJ 745—2015)

《土壤和沉积物 铍的测定 石墨炉原子吸收分光光度法》(HJ 737—2015)

《固体废物 铍 镍 铜和钼的测定 石墨炉原子吸收分光光度法》(HJ 752—2015)

《固体废物 镍和铜的测定 火焰原子吸收分光光度法》(HJ 751—2015)

《固体废物 总铬的测定 石墨炉原子吸收分光光度法》(HJ 750—2015)

《固体废物 总铬的测定 火焰原子吸收分光光度法》(HJ 749—2015)

《固体废物 挥发性卤代烃的测定 顶空/气相色谱—质谱法》(HJ 714—2014)

《固体废物 挥发性卤代烃的测定 吹扫捕集/气相色谱—质谱法》(HJ 713—2014)等

《固体废物鉴别导则(试行)》(国家环境保护总局公告2006年第11号)

《危险废物鉴别技术规范》(HJ/T 298—2007)

《危险废物鉴别标准通则》(GB 5085.1—2007)等

(三)其他技术规范、方法标准

1. 全国《土地等级》标准和《全国工业用地出让最低价标准》

2.《海洋特别保护区分类分级标准》(HY/117—2010)

3.《中国海监执法标准体系》(HY/T 137—2011)

《海洋石油勘探开发环境保护执法检查规范》(HY/T 138—2011)

四、与办案相关的重要名录、目录、名单、清单

(一)《建设项目环境影响评价分类管理名录》(2015)

(二)有毒有害物质名录:

《国家危害废物名录》、《危险货物品名表》(GB 12268)、《危险化学品名录》、《国家危险废物名录》和《剧毒化学品目录》、《POPs公约》受控名录、《中国禁止或严格限制的有毒化学品名录》、《重点环境管理危险化学品目录》、《海运污染危害性货物名录》、《进口废物管理目录》(2015年)(含《禁止进口固体废物目录》、《限制进口类可用作原料的固体废物目录》、《自动许可进口类可用作原料的固体废物目录》)、《中国进出口受控消耗臭氧层物质名录》、《中国受控消耗臭氧层物质清单》、苯胺等"我国十四类环境优先污染物黑名单"、《医疗废物分类目录》、《国家禁用和限用农药名录(2014)》、《种植业生产使用低毒低残留农药主要品种名录(2014)》、农业部《饲料、养殖中禁用药物和物质清单》;

(三)国家《淘汰落后生产能力、工艺和产品的目录》、各省市《限制类、淘汰类生产工艺、装备和产品指导目录》、《废弃电器电子产品处理目录》(2014年版)、《国家鼓励的节水设备(产品)目录(2015年版)》、《第三方节能量审核机构和投资额审核机构目录》;

(四)《国家控制重点排污单位名录》、各省市《重点排污单位名录》,各省市《环境违法企业黑名单》、《重点控排企业名单》、《办理突发环境事件应急预案备案企业名单》、各省市《应急停产限产企业名单》;

(五)动植物保护名录:

《国家重点保护野生动物名录》、《濒危野生动植物种国际贸易公约》附录一、附录二物种目录、《国家重点保护野生植物名录》;

五、地方例简单列举:

广东省《大气污染排放限值》(DB 44/27—2001);

《山东省区域性大气污染物综合排放标准》(DB 37/2376—2013);

《山东省海洋生态损害赔偿和损失补偿评估方法》(DB 37/T1448—2009);

《广东省企业碳排放核查规范(2014版)》;

北京市《挥发性有机物排污收费标准》(京发改〔2015〕2003号);

《广东省严控废物名录》等。

鸣　谢

特别感谢以下人士和单位的赞助出版：

实业家王忠平先生；

广东省环境保护基金会；

华祖园(北京)投资有限公司；

广州市荔湾区环境保护局；

北京市盈科律师事务所总部。

感谢中国人民大学法学院在职研究生刘梦佳律师助理的辅助。

感谢中山大学法学院周畅同学的参与。

感谢珠江环境报社的信息支持。

编　者

2015年12月

图书在版编目(CIP)数据

环境保护案件实例解析与办案实用法规大全 / 陈勇儒主编. —北京:法律出版社,2016.1
ISBN 978 - 7 - 5118 - 8733 - 7

Ⅰ.①环… Ⅱ.①陈… Ⅲ.①环境保护法—汇编—中国 Ⅳ.①D922.689

中国版本图书馆 CIP 数据核字(2015)第 277216 号

环境保护案件实例解析与办案实用法规大全
陈勇儒 主编

策划编辑 朱海波
责任编辑 朱海波
装帧设计 汪奇峰

开本 A5
版本 2016 年 2 月第 1 版
出版 法律出版社
总发行 中国法律图书有限公司
印刷 固安华明印业有限公司

印张 22.5 **字数** 1128 千
印次 2016 年 2 月第 1 次印刷
编辑统筹 大众出版分社
经销 新华书店
责任印制 沙 磊

法律出版社/北京市丰台区莲花池西里 7 号(100073)
电子邮件/info@ lawpress. com. cn
网址/www. lawpress. com. cn
销售热线/010 - 63939792/9779
咨询电话/010 - 63939796

中国法律图书有限公司/北京市丰台区莲花池西里 7 号(100073)
全国各地中法图分、子公司电话:
第一法律书店/010 - 63939781/9782
重庆公司/023 - 65382816/2908
北京分公司/010 - 62534456
西安分公司/029 - 85388843
上海公司/021 - 62071010/1636
深圳公司/0755 - 83072995

书号:ISBN 978 - 7 - 5118 - 8733 - 7
定价:66.00 元
(如有缺页或倒装,中国法律图书有限公司负责退换)